Zwischen Jülich und Kurköln II

Festschrift der Joseph-Kuhl-Gesellschaft zum 80. Geburtstag
von Günter Bers

Zugleich „Neue Beiträge zur Jülicher Geschichte", Bd. XXXIV

Hrsg. von Heinz Andermahr und Horst Wallraff

im Namen des Vorstandes der Joseph-Kuhl-Gesellschaft

2020

Das Emblem stellt das Wappen des Herzogtums Jülich in der um das Jahr 1500 üblichen Gestaltung dar. Der Entwurf stammt von Lothar Müller-Westphal, Düren, Heraldiker und Grafik-Designer. Dieses nachgezeichnete Wappen befindet sich auf dem Einband des 3. Bandes der *Neuen Beiträge zur Jülicher Geschichte*.

Impressum:

Verlag der Joseph-Kuhl-Gesellschaft/Gesellschaft für die Geschichte der Stadt Jülich und des Jülicher Landes e.V.

Geschäftsstelle: Dr. Weyer-Str. 4
                          52328 Jülich

© Ammianus Verlag (www.ammianus.eu)
Druck: TZ-Verlag GmbH Roßdorf bei Darmstadt
Gestaltungsvorlage: Norbert Kaluza (Vista Visuelle Konzepte)
Satz: Heinz Andermahr
Name des Titels der Festschrift: Dr. Klaus Pabst

Die Autoren sind für den Inhalt ihrer Beiträge und die Reproduktionsrechte ihrer Abbildungen selbst verantwortlich

Der Landschaftsverband Rheinland und die Kultur- und Naturstiftung der Sparkasse Düren gewährten großzügige Druckkostenzuschüsse.

Gefördert durch:

Vorwort der Herausgeber

Wer sich mit der Geschichte des Rheinlandes befasst, stößt immer wieder auf den Namen Günter Bers. Seit 45 Jahren Professor für rheinische Landesgeschichte an der Universität zu Köln, Autor und Herausgeber einer Vielzahl von Publikationen und Mitbegründer der *Joseph-Kuhl-Gesellschaft,* deren besonderes Anliegen es ist, die Geschichte der Stadt Jülich und des Jülicher Landes zu erforschen, sind unter seiner Ägide bislang 32 Bände der *Neuen Beiträge zur Jülicher Geschichte,* 75 Bände des *Forums Jülicher Geschichte* und 30 Bände der *Kleinen Schriftenreihe* erschienen.

Kaum ein anderer geschichtlich orientierter Verein im Rheinland vermag eine solche Publikationsdichte vorzuweisen. Aus Anlass des 80. Geburtstages von Günter Bers legt der Vorstand der Joseph-Kuhl-Gesellschaft der Öffentlichkeit nun diese Festschrift vor, in der Schüler, Kollegen und nicht zuletzt Freunde von Günter Bers Aspekte der rheinischen Geschichte im Raum *Zwischen Jülich und Kurköln II* von der Römerzeit bis zur Gegenwart beleuchten.

Zwei Jahrzehnte nach der ersten Festschrift, die unter gleichem Titel anlässlich des 60. Geburtstages von Günter Bers im Jahre 2000 erschienen war, möchte die Joseph-Kuhl-Gesellschaft nun mit dem vorliegendem umfänglichen Sammelband den mittlerweile als Nestor der Geschichtsforschung für das - titelgebende - Gebiet *Zwischen Jülich und Kurköln* anzusprechenden Jubilar ein weiteres Mal ehren und zugleich einen gewissen Neustart hinsichtlich des - optischen - Erscheinungsbildes der *Neuen Beiträge zur Jülicher Geschichte* initiieren, deren Layout seit der Gründung der Gesellschaft vor dreißig Jahren unverändert geblieben ist.

Die Herausgeber sind erfreut, dass fast alle Autoren, die um die Teilnahme an dieser Festschrift gebeten wurden, einen Beitrag geliefert haben. Leider hat der überraschende Tod des ehemaligen Aachener Archivdirektors Dr. Thomas R. Kraus es verhindert, dass auch ein Aufsatz über den Kanton Jülich in französischer Zeit diese Publikation bereichern konnte.

Die Herausgeber und Autoren hoffen, mit dieser Festschrift nicht nur dem Jubilar eine Freude zu machen, sondern allen an der rheinischen Geschichte *Zwischen Jülich und Kurköln* Interessierten eine ebenso ansprechende wie anspruchsvolle Lektüre zu offerieren.

Bergheim und Köln im Juni 2020

Heinz Andermahr   Horst Wallraff

Grußwort

Der Altersjubilar Prof. Dr. Günter Bers, den es hier zu ehren und würdigen gilt, gehört zu jenem erlauchten Kreis von Menschen, die ihre Berufung zu ihrem Beruf gemacht und sich dabei höchste Anerkennung und Achtung erworben haben. Mir war es im Jahr 2013 vergönnt, ihm im Namen des Bundespräsidenten das Bundesverdienstkreuz am Bande zu überreichen. Das ist eine der höchsten Auszeichnungen, mit denen unser Staat außergewöhnliches Wirken seiner Bürger honoriert.

Seitdem ist das Schriftenverzeichnis des Historikers Günter Bers um beinahe 20 weitere Beiträge zur Geschichte unserer Heimat, insbesondere des Jülicher Landes, gewachsen. Wer derart produktiv ist, gibt zu erkennen, dass er mit viel Leidenschaft bei der Sache ist und aus Freude arbeitet.

Die Leidenschaft, Vergangenes im wahrsten Sinne des Wortes auszubuddeln und ans Tageslicht zu befördern, zeigte sich schon beim Schüler Günter Bers, der vor dem Wiederaufbau Jülichs bei archäologischen Sondierungen half und dabei eine römische Goldmünze und einen römischen Schreibgriffel aus Bronze entdeckte. Bis zu seiner ersten Veröffentlichung dauerte es dann nicht mehr lange. Bereits 1957, also mit nur 17 Jahren, publizierte er einen kurzen Beitrag mit dem Titel *Die Jülicher Zitadelle. Ein genial durchdachtes Festungswerk.*

Das war der Startschuss für eine überaus erfolgreiche akademische Karriere. Während der Jahrzehnte hat Günter Bers eine äußerst beeindruckende Produktivität an den Tag gelegt, wie sein Schriftenverzeichnis zeigt. Da sich seine orts- und regionalgeschichtlichen Recherchen schwerpunktmäßig auf das Gebiet des früheren Herzogtums Jülich zwischen Rhein und Maas beziehen, sind seine Beiträge immer auch ein Gewinn für die Menschen, die heute hier leben. Mit der Gründung der Joseph-Kuhl-Gesellschaft im Jahr 1989, deren Vorsitzender er bis heute ist, hat Günter Bers die Erforschung der Jülicher Geschichte weiter vorangetrieben und sie einer breiteren Öffentlichkeit zugänglich gemacht.

Für seine vielfältigen Verdienste ist Günter Bers unter anderem auch mit der Ehrenmedaille seiner Heimatstadt Jülich und dem Rheinlandtaler des Landschaftsverbandes Rheinland ausgezeichnet worden. Das unterstreicht seine herausragende Leistung als Wissenschaftler und Heimatforscher, der es stets verstanden hat, seine Forschungsergebnisse über den akademischen Betrieb hinaus publik zu machen. Mögen dem Jubilar noch viele gesunde Jahre vergönnt sein, damit er sich auch weiterhin so produktiv und erhellend mit dem Kreis Düren und dem Rheinland befassen kann.

Wolfgang Spelthahn
Landrat des Kreises Düren

Grußwort

Zweifellos ist Professor Dr. Günter Bers zunächst eine bedeutende Persönlichkeit seiner Heimatstadt Jülich, der er seit Kindheitstagen auf vielfache Weise verbunden ist. Der Geschichte unserer Nachbarstadt, ihres ehemaligen Herzogtums sowie derjenigen des Altkreises Jülich sind große Teile seines immensen wissenschaftlichen Opus und seiner Publikationen gewidmet. Aber im Rahmen seiner regionalgeschichtlichen Forschungen hat sich Günter Bers auch immer wieder Dürener Themen zugewendet und damit die Erkenntnisse über unsere Lokalhistorie bereichert. Manches Mal hat mich der mit dieser Festschrift verdientermaßen zu Ehrende mit einem Besuch im Dürener Rathaus überrascht und erfreut, wenn er in unserem Stadt- und Kreisarchiv gearbeitet hat.

Günter Bers ist äußerst breit interessiert und hat zu einem großen Spektrum historischer Themen und Fragestellungen geforscht und veröffentlicht: zu politischen, sozialen, kulturellen, wirtschaftlichen ebenso wie zu solchen aus dem Bereich der Kirchen- und Frömmigkeitsgeschichte. Was mich persönlich an der Arbeitsweise von Günter Bers besonders beeindruckt, ist, dass es ihm gelingt, nationale und europäische Geschichte im Rahmen lokaler und regionaler Ereignisse und Geschehensabläufe zu illustrieren. Die *große* Geschichte wird im *Kleinen* des Alltags örtlicher Gegenebenheiten dargestellt und damit unmittelbarer erfahrbarer und lebendig. Zugleich werden damit Zusammenhänge und gegenseitige Abhängigkeiten historischer Abläufe auf verschiedenen Ebenen deutlich. In den Worten von Günter Bers heißt dies: *in überschaubaren Räumen ein Panorama der ‚großen' Geschichte bieten*.

Eine weitere Facette der Arbeit von Günter Bers möchte ich hervorheben. In der Vermittlung von Geschichte hat er neben Fachhistorikerinnen und Fachhistorikern sowie den Studierenden immer auch die sogenannten interessierten Laien im Blick. Auf diese Weise leistet er nicht zuletzt mit seinen Arbeiten aus der Zeit der Weimarer Republik und der Nationalsozialistischen Diktatur wertvolle Beiträge zur politischen Bildung, die gerade auch heute wieder nottun.

So gibt es für uns Gratulanten viele Gründe, dem Altersjubilar zu danken! Gottes Segen, alles Gute und weitere Schaffenskraft! Ad multos annos!

Paul Larue
Bürgermeister der Stadt Düren

Grußwort

Runde Geburtstage sind immer etwas Besonderes. Gerne dürfen diese etwas aufwendiger gefeiert werden. Und dies macht die Joseph-Kuhl-Gesellschaft/Gesellschaft für die Geschichte der Stadt Jülich und des Jülicher Landes e.V. mit der vorliegenden gewichtigen Publikation: Sie ist ihrem Gründungsvorsitzenden Prof. Dr. Günter Bers zu seinem 80. Geburtstag gewidmet. Einem Historiker kann man wohl keine größere Freude machen, als mit mehreren hundert Seiten, die sich mit den Themen beschäftigen, die er ein ganzes Forscherleben verfolgt hat. Die Stadt Jülich und ihre Bürgerinnen und Bürger können dankbar sein, dass der Jubilar mehr als 60 Jahre seines Lebens der Erforschung der Geschichte seiner Geburtsstadt gewidmet hat. In unzähligen Aufsätzen, Dokumentationen, Miszellen, Büchern und Vorträgen hat es sich Günter Bers zur Aufgabe gemacht, immer neue Aspekte der vielschichtigen Vergangenheit Jülichs aus zahlreichen Archiven im In- und Ausland ans Licht zu bringen. Neben einer Gesamtdarstellung der Jülicher Geschichte, die inzwischen drei Auflagen erlebt hat, sind es die Detailstudien, die eine unglaubliche thematische Bandbreite aufweisen: Von der Stadtwerdung im 13. Jahrhundert, über das Alltags- und Sozialleben in der *Idealstadt* der Renaissance, das religiöse Leben im Barock, die Bevölkerungsentwicklung in der Sattelzeit um 1800, das politische Geschehen im 19. und 20. Jahrhundert, die Schrecken der Zeit des Nationalsozialismus und des Zweiten Weltkriegs bis zur Nachkriegsgeschichte, um nur einige Stichworte zu nennen. Dass die Geschichte der Stadt Jülich ihren festen Platz in der Rheinischen Landesgeschichte hat, ist nicht das geringste Verdienst von Günter Bers, der auf seine Weise zum Markenbotschafter unserer Stadt geworden ist. Die Aufsatzsammlung trägt den Titel *Zwischen Jülich und Kurköln* und greift damit nicht nur die thematischen Steckenpferde des Jubilars auf, sondern auch seine Lebensmittelpunkte: seine Geburtsstadt Jülich, sein mehrere Jahrzehnte umfassendes Wirken an der Universität zu Köln und seinen Wohnort Brühl. Als oberster Repräsentant der Stadt Jülich, aber auch ganz persönlich, gratuliere ich Günter Bers zu seinem 80. Geburtstag, zu dieser beeindruckenden Festschrift und uns selbst dafür, dass ein so eifriger Erforscher unserer Vergangenheit unter uns weilt. Und das hoffentlich noch viele Jahre!

Axel Fuchs
Bürgermeister der Stadt Jülich

Grußwort

Mit Prof. Dr. Günter Bers, Träger des Rheinlandtalers und verschiedener weiterer Auszeichnungen, feiert ein sympathischer und versierter Chronist der Gemeinde Aldenhoven in diesen Tagen seinen 80. Geburtstag.

Günter Bers hat uns in Aldenhoven viele wissenschaftlich akribisch erarbeitete und gleichzeitig oft spannende und lesenswerte Einblicke in die Geschichte des Ortes Aldenhovens und der Gemeinde beschert. Dabei hat er nicht nur die großen Daten und Ereignisse beleuchtet, sondern hat insbesondere die kleinen Dinge des Lebens analysiert und das Leben der einfachen Leute beschrieben. So hat er sich mit dem Heiratsverhalten in der Gemeinde, den Hinterlassenschaften von Bürgermeistern und Schöffen, dem Leben jüdischer Mitbürgerinnen und Mitbürger, der Bevölkerungsentwicklung in verschiedenen Epochen, dem Leben in napoleonischer Besatzungszeit und nicht zuletzt auch der Geschichte von Zwangsarbeitern zur Zeit der NS-Herrschaft befasst.

Noch im vergangenen Frühjahr durfte ich aus seinen Händen persönlich sein neuestes Aldenhoven-Werk *Aldenhoven zwischen Dorf und Stadt* entgegennehmen, aus dem zu erfahren ist, wie knapp und warum Aldenhoven möglicherweise unter napoleonischer Zeit am Erhalt von Stadtrechten vorbeigeschlittert ist - und das, obgleich der Ort bereits zahlreiche typische Stadtmerkmale vorweisen konnte.

Nun ist Aldenhoven zwar heute keine Stadt, aber Dank Prof. Dr. Günter Bers wissen wir wenigstens warum. Sein früh in der Schulzeit durch den Fund eines römischen Schreibgriffels gewecktes Interesse für die Geschichte hat ihn sein Leben lang nicht mehr losgelassen und es hat ihn auch viele Male nach Aldenhoven als Nachbarort seiner Geburtsstadt Jülich geführt. Veröffentlichungen über unsere Gemeinde Aldenhoven bilden einen Schwerpunkt seiner Arbeit und ungezählte Stunden dürfte er alleine dafür in den verschiedenen Archiven verbracht haben.

Damit hat Günter Bers sich in hohem Maße um die Gemeinde Aldenhoven verdient gemacht. Sein Name wird für immer mit der Aldenhovener Geschichtsschreibung verbunden bleiben. Ich danke ihm für sein Lebenswerk ganz besonders herzlich und wünsche ihm noch eine lange und gesunde Schaffenszeit.

Ralf Claßen
Bürgermeister der Gemeinde Aldenhoven

Inhaltsverzeichnis

Michael Klöcker

Günter Bers - Weg und Werk

Kindheit und Jugend/Ehe und Familie

Nach der Totalzerstörung seiner Geburtsstadt Jülich durch ein US-Bombardement am 16. November 1944 wuchs Günter Bers in der umgebauten Ruine eines Hühnerstalles auf: zwei Zimmer und Küche für seine Eltern und ihn, den am 2. September 1945 geborenen Stammhalter. *„Freundlich-streng"*,[1] so erinnert er sich später, war der Erziehungsstil seiner Eltern. Schon früh wurde im Elternhaus auch durch Onkel Wilhelm und Tanten, die Volksschullehrerinnen waren, ein intensives Interesse für die Heimatgeschichte geweckt. Am Jülicher Gymnasium verstärkte der Geschichtslehrer Johannes Halbsguth dieses Interesse. Halbsguth war ein schlesischer Flüchtling, der an der Breslauer Universität vor seiner Habilitation stand und in Jülich noch heute durch die *„Dr. Halbsguth-Straße"* gegenwärtig ist. Der Gymnasiast Bers gehörte zu den Schülern, die bei den Erdarbeiten zum Wiederaufbau Jülichs halfen und gezielt nach römischen Fundamenten suchten. Er entdeckte dabei in den Ruinen nahe seines Elternhauses eine Goldmünze des Kaisers Nero und einen römischen Schreibgriffel aus Bronze, der noch heute im Stadtgeschichtlichen Museum liegt. Kein Wunder also, dass sein erster Berufswunsch Archäologe war. Begeistert sammelte er Briefmarken: *„Ich habe durch das Briefmarken-Sammeln sehr viel über die Geographie der Erde, über ferne Länder und Geschichte gelernt."* Der verständnisvolle Vater nahm es dann auch *„selbstverständlich"* hin, dass sein Sohn, statt dem Vorbild des promovierten Vaters folgend Zahnmedizin zu studieren und dessen erfolgreiche Zahnarztpraxis zu übernehmen, an der Rheinischen Friedrichs-Wilhelms-Universität in Bonn Geschichte und Romanistik studierte.

Der Lebensweg von Bers bleibt lebenslang von einer vorbildlich im Elternhaus erlebten Zugehörigkeit zur römisch-katholischen Kirche geprägt, die allerdings rationale Kritik an kirchlichen Missständen keineswegs ausschließt. Schon früh fallen in seinem äußeren Erscheinungsbild vorteilhafte Merkmale auf: eine dauerhaft schlanke Figur des heute 1,80 m großen Mannes, grau-grüne Augen und - von Zeit zu Zeit - eine auffällige schwarze Baskenmütze über dem vollen Haar. Hilfreich war und ist sicherlich seine vegetarische Ernährung, die jedoch den maßvollen Genuss von Weißwein nicht ausschließt: Hinweis auf eine undogmatische Lebensweise jenseits übertriebener Askese.

Auf seine eigene *„glückliche Ehe, 48 Jahre lang"*, blickt er zurück *„mit nur einem einzigen Wermutstropfen"*, dass nämlich seine Frau, mit der er seit 1968 in Brühl nahe seinem Berufsort Köln lebte, *„nicht mit nach Jülich ziehen wollte"* und mit dem Eingeständnis, dass *„ich immer mit Geschichte beschäftigt war und wohl nicht genügend präsent war für Sohn und Tochter"*.

---

[1] Die Originalzitate stammen aus Interviews des Verfassers mit Günter Bers 2019.

Lokal- und Regionalhistoriker:
1. Programmatik/Forschungsfelder

Der jugendliche Bers sah sich konfrontiert mit einer *„hohen negativen Aufladung"* der Begriffe *„Heimat", „Heimatforschung"* - insbesondere angesichts der verhängnisvoll völkischen Instrumentalisierung in der Ära des Nationalsozialismus.[2] Es galt, die daraufhin noch verbreitete nationalistische Emotionalisierung zu überwinden; *„diese spielte in meiner eigenen Arbeit keine Rolle mehr".* Stattdessen ging und geht es ihm um eine möglichst um Objektivität bemühte Ausschöpfung und Analyse aller vorhandenen historischen Quellen *„vor Ort".* So wird er zu einem Protagonisten einer *„Neuen Orts- und Regionalgeschichte"* in Korrespondenz mit weiteren neuen Richtungen der Geschichtswissenschaft wie: Geschichte als Historische Sozialwissenschaft, Moderne Sozialgeschichte, Neue Kulturgeschichte, Alltagsgeschichte, Mündliche Geschichte, Historische Anthropologie, Umweltgeschichte. Breite Forschungsfelder eröffnen sich daraufhin für die Rheinische Landesgeschichte: ein weit gespannter Bogen von einer umfassenden Territorialgeschichte (Kurköln, Jülich-Kleve-Berg, die Reichsstädte Aachen und Köln, Kreise, Kleinstädte), der Kirchengeschichte, der Sozial- und Wirtschaftsgeschichte, der Geschichte der politischen Bewegungen und Parteien bis hin zu alltäglichen Phänomenen; alle diesbezüglichen Forschungsthemen sind jeweils in Hinsicht auf die überörtlichen Determinanten zu reflektieren. *„Die gesteigerte Bedeutung internationaler Vernetzungen hat mich zunehmend beschäftigt."*

2. Hochschullehrer

Seine Hochschulkarriere beginnt nicht durch *„Klüngelei",* etwa Nepotismus oder parteipolitische Unterstützung, vielmehr durch eine wissenschaftliche Veröffentlichung. 1968 beendete Bers an der Bonner Universität seine Promotion mit einer von dem bekannten Rheinischen Landeshistoriker Franz Petri betreuten Dissertation über den Geldrischen Erbfolgekrieg 1543.[3] Schon vorher hatte er in der Zeitschrift des Aachener Geschichtsvereins einen Artikel über eine Kommende (Einkünfte-Übertragung), eine Niederlassung des Deutschen Ordens, veröffentlicht. Dieser Artikel gefiel Heinrich Neu, damals Ordinarius für Rheinische Landesgeschichte an der Erziehungswissenschaftlichen Hochschule Rheinland/Abteilung Köln, sehr. Bei einem Gespräch im Katalogsaal der Bonner Universitätsbibliothek bot Neu ihm daraufhin die Stelle eines Wissenschaftlichen Assistenten an. 4 ½ Jahre blieb Bers Assistent am Geschichtsseminar der Erziehungswissenschaftlichen Hochschule in Köln, die bald in die Universität zu Köln integriert wurde. Für den wissenschaftlichen Nachwuchs galt die Devise: *„Wer schreibt, der bleibt."* Der produktive, durch viele Veröffentlichungen ausgewiesene Bers musste sich deshalb wenig Sorgen um ein vorzeitiges Berufsende machen. Zwischen den Kollegen am Seminar herrschte ein von ihm als *„sehr gut"* empfundenes Einvernehmen. Die Seminardirektoren agierten durchweg *„wohlwollend".* Nur ab und zu galt es, bei den beiden Kollegen, die übersteigerten Wert auf strikt hierarchisches Verhalten

---

[2]   Siehe den Beitrag von Horst Wallraff in dieser Festschrift.

[3]   Günter BERS, Die Allianz Frankreich-Kleve während des Geldrischen Krieges (Jülich'sche Fehde) 1539-1543. Urkunden und Korrespondenzen, Diss. Köln 1969.

legten, Distanz zu wahren. Brückenschläge zu benachbarten Fachvertretern gelangen und führten teils zu Kooperationen. In Anerkennung seiner Leistungen stieg Bers kontinuierlich die Karriereleiter hoch: Akademischer Rat, Akademischer Oberrat, kumulative Habilitation 1977, schließlich „Außerplanmäßiger Professor" 1980.

Bei den Studenten/Studentinnen war er bald als engagierter und freundlicher Dozent beliebt. Es gelang ihm in beachtlichem Ausmaß, seine eigene Begeisterung für die Geschichte auf den akademischen Nachwuchs zu übertragen und einige Studenten/Studentinnen so sehr zu aktivieren, dass sie selber zu Geschichtsforschern/-innen wurden, Dissertationen verfassten.

Schwerpunktmäßig beschäftigte Bers sich - anhaltend bis heute - mit den Facetten der Kirchen-/Katholizismusgeschichte, les- und hörbar in Studien und Vorträgen. Die

Brandbreite seiner diesbezüglichen Untersuchungen reicht von Heiligen und Seligen, Wallfahrten, bestimmten Klöstern bzw. Kirchen, Diakonie bis hin zu Katholikentagen.

Innerhalb des Seminars entwickelte sich zwischen ihm und mir als Modernem Sozialhistoriker eine fruchtbare Arbeitsgemeinschaft, getragen von gemeinsamen Interessen und Zielsetzungen. Wir diskutierten, besuchten gemeinsam Archive, Tagungen und Ausstellungen. Er wagte es damals, trotz der verbreiteten Feindlichkeit gegen den Kommunismus, die parteiliche und gewerkschaftliche Genese der kommunistischen Bewegung am Rhein gezielt ins Visier zu nehmen. Die gelegentliche Apostrophierung als „Roter Bers" störte ihn nicht. Auf der Grundlage von Archivquellen, parteioffiziellen Berichten und behördlichen Überwachungsberichten legte er Editionen zur rheinisch-kommunistischen Bewegung vor. In deren Einleitungen wird die Parteigeschichte historisch eingeordnet, auch die Lebensläufe der einzelnen Akteure werden rekonstruiert. Die systematische historische Erforschung der Arbeiterbewegung in den Rheinlanden mit all ihren Richtungen und Formen wurde dann für das Team Bers/Klöcker ein langjähriges Unternehmen, für das wir viele Mitarbeiter/Mitarbeiterinnen gewannen und jeweils die Finanzierung der Publikationen sicherstellten. Hauptergebnis: die von 1974 bis 2001 erschienene Schriftenreihe „Die Arbeiterbewegung in den Rheinlanden" (24 Bände); in den ersten Bänden dieser Schriftenreihe dokumentieren wir die Frühgeschichte der Sozialdemokratie in den Regierungsbezirken Köln und Aachen.

3. Organisator geschichtswissenschaftlicher Projekte

Bis heute zeichnet Bers ein waches Gespür für geschichtswissenschaftliche Lücken aus, die sowohl systematische Quellen-Recherchen erfordern als auch Publizität, um fachintern und öffentlich für wirksame Geschichtsvermittlungen zu sorgen. Die daraus resultierenden Herausforderungen nahm und nimmt er wirklich ernst. Deshalb zieht er sich nach intensiven Studien nicht nur in sein stilles Kämmerlein zurück, vielmehr tritt er im universitären Rahmen und weit darüber hinaus tatkräftig als Forscher und zugleich Organisator mit Management-Qualitäten hervor. Vielfältige Leistungen sind dabei zu bewältigen: ein erfolgreiches Netzwerk von inspirierten und engagierten Mitarbeitern/-innen diesseits und jenseits der Universität bilden, die Forschungsinhalte strukturieren, die Mitarbeiterinnen motivieren und beraten, schließlich für die Verbreitung der Forschungsergebnisse sorgen - vorweg durch die jeweils sichergestellte Publikation.

Die vielen unterschiedlichen historischen Themen, die er bearbeitet hat, finden wir in dem umfangreichen Verzeichnis seiner Publikationen, das im Jahr 2000 sein Sohn Marian zusammen mit Wolfgang Herborn und Helmut Scheuer vorgelegt haben.

Die Rheinische Landesgeschichte und speziell die Historie seiner Heimatstadt Jülich spielen dabei eine besondere Rolle. Bereits 1957 trat Bers dem wiedergegründeten Jülicher Geschichtsverein bei, publizierte dort seinen ersten lokalhistorischen Beitrag und wurde ständiger Mitarbeiter der von diesem Verein herausgegebenen *„Jülicher Heimatblätter"*. Dort engagierte er sich bald als Schriftleiter (1967) und stellvertretender Vorsitzender (1969-1989). Nach *„unüberbrückbaren Differenzen innerhalb des Jülicher Geschichtsvereins"* gipfelte sein lokalhistorisches Engagement 1989 in der Gründung der *„Joseph-Kuhl-Gesellschaft"*, um neue Forschungen zur Geschichte der Stadt Jülich und des Jülicher Landes zu initiieren, voranzutreiben und in der Öffentlichkeit bekannt zu machen. *„Geographischer Betrachtungshorizont ist das frühere Herzogtum Jülich zwischen Rhein und Maas, das 500 Jahre lang die Region zutiefst geprägt hat."*

Bis heute werden die Ziele der Kuhl-Gesellschaft durch drei Schriftenreihen anvisiert: das *„Forum Jülicher Geschichte"* (bisher 76 Bände), *„Neue Beiträge zur Jülicher Geschichte"* (bisher 32 Bände), *„Kleine Schriftenreihe"* (bisher 30 Bände). Ergebnis: eine für die Lokal- und Regionalgeschichte ländlicher Räume außergewöhnliche und vorbildliche Publikationsdichte. Als Autor, Initiator und Organisator prägt Bers die Kuhl-Gesellschaft anhaltend.

4. Ehrungen

Bei aller Bescheidenheit blickt Bers *„mit Freude"* auf die außergewöhnlichen Ehrungen, die er erhalten hat: Der Landschaftsverband Rheinland zeichnete ihn 2016 für sein ehrenamtliches Engagement und seine quellengesättigte, Kritik nicht aussparende lokal-/regionalhistorische Arbeit mit dem Rheinlandtaler aus. Dieser wurde ihm am 2. Mai im Jülicher Rathaus von Anne Henk-Hollstein vor einer illustren Festgemeinde von Wissenschaftlern/-innen und der regionalen politischen Prominenz überreicht. Bemerkenswert: Landrat Wolfgang Spelthahn äußerte sich in seinem Grußwort besorgt über zunehmende Umtriebe aus der rechten politischen Ecke, die dringend kulturhistorische Aufklärung erfordern würden. Schon 2013 war Günter Bers im Jülicher Kreishaus am 13. Oktober in einer kleinen Feierstunde mit dem Bundesverdienstkreuz am Bande des Verdienstordens der Bundesrepublik Deutschland geehrt worden.

5. Ausblicke

Wie sieht die Zukunft der Rheinischen Landesgeschichte aus, deren Perfektionierung ihn lebenslang beschäftigt hat? Diese Fragestellung beantwortet Bers mit nüchternem Realismus und überwiegend mit hoffnungsvollem Optimismus. „*Das Interesse an Lokal-, Regionalgeschichte wird immer bleiben, die Perspektiven sind allerdings dauerndem Wandel unterworfen. Themen, die heute vermehrt Interesse finden, wie die Umweltkatastrophe, werden in den Vordergrund treten. Mich hat schon früh die Umweltgeschichte bewegt, und ich habe daraufhin gezielt Umweltgeschichten der Erft und der Eifel-Rur initiiert.*" Als „*notwendig und sinnvoll*" plädiert er für ein „*sinnvolles Gleichgewicht zwischen der Verstädterung des Landes und der Verländlichung der Städte*".

Bers, der in einer katholisch-liberalen Familien-Umgebung mit einem „*Gottesverständnis im Sinne der abrahamitischen Religionen*" aufgewachsen ist, ist anhaltend an kirchengeschichtlichen Entwicklungen und Perspektiven interessiert geblieben. „*Mir ist es wichtig, dass spätere Generationen sich mit dem Glauben an Gott identifizieren.*" Voller Optimismus blickt er daher auf eine religiös geprägte Zukunft künftiger Generationen. Dahinter steht seine durch lebensgeschichtliche Erfahrungen fundierte und durch seine historischen Studien verstärkte Überzeugung: „*Glaube versetzt Berge.*"

Wolfgang Gunia

Frühe Jahre
„Früh übt sich, was ein Meister werden will..."

Dieses Zitat von Wilhelm Tell (Schiller III, 1) passt gut zu Günter Bers, der bereits als Schüler am *„Staatlichen Gymnasium Jülich"* erste Beiträge im Heimatkalender des ehemaligen Kreises Jülich veröffentlichte. Da war er gerade mal siebzehn und achtzehn Jahre alt.

Abb.1: Abiturientia 1961 am Staatlichen Gymnasium Jülich. 1. Reihe in der Mitte Oberstudiendirektor Dr. Hermann Cramer, neben ihm der für Günter Bers wichtige Klassenlehrer Dr. Johannes Halbsguth. Günter Bers selbst steht in der obersten Reihe sechster v. l. (mit Brille). (Foto aus „Festschrift 100 Jahre Abitur am Jülicher Gymnasium 1905-2005", S.103).

Auch thematisch zeichnet sich damals schon der spätere Regional- und Landeshistoriker ab: Sein erster Beitrag war der Jülicher Zitadelle gewidmet, die 1957 noch eine Ruine war, und kaum einer konnte zu dieser Zeit ahnen, dass dort im Jahre 1972 das

„*Staatliche Gymnasium*" der Stadt einziehen würde.[1] Die Beschäftigung des Schülers Günter Bers mit der Zitadelle hatte daher 1957 nichts mit der späteren Schule in der Zitadelle zu tun, zumal das Staatliche Gymnasium am Neußer Platz gerade einen neuen Klassentrakt bekommen hatte. Den jungen Historiker interessierte die Zitadelle aus stadtgeschichtlicher und regionalgeschichtlicher Sicht. In seinem Beitrag widmet er sich auch nicht der kunsthistorischen Seite des Bauwerks, sondern er beschreibt die Zitadelle aus militärischer Sicht als Verteidigungsanlage. Dazu sei angemerkt: Der Festungsforscher Hartwig Neumann veröffentlichte seine wichtigen Beiträge über die Zitadelle erst wesentlich später: 1971 erschien von ihm „*Die Zitadelle Jülich. Ein Gang durch die Zitadelle*" und 1986 „*Großer Zitadellenführer*"[2]. Da war das Gymnasium in der Zitadelle schon im Bau bzw. bereits seit 1972 bezogen.

1958 erschien ein weiterer Beitrag von Günter Bers zur Jülicher Geschichte, der sich mit dem ehemaligen „*Sepulchrinerinnenkloster St. Joseph zu Jülich*" beschäftigte.[3] Das Kloster lag an der heutigen Großen Rurstraße vor der Einmündung der Stiftsherrenstraße.[4] Dass sich ein damals Achtzehnjähriger einem nicht mehr bestehenden Jülicher Kloster widmete und seine Freizeit mit den nötigen Recherchen verbrachte, ist zumindest nicht typisch für diese Altersgruppe. Zudem handelte es sich dabei um eine größere Abhandlung von immerhin rund fünfundzwanzig Druckseiten. Sie setzte bereits eine erhebliche Forschungsarbeit bei dem Schüler Bers voraus, der erst zwei Jahre später die Reifeprüfung ablegen sollte. Der Beitrag erschien auch dem „*Jülicher Geschichtsverein*" so interessant, dass er ihn als Sonderdruck aus dem Heimatkalender des Kreises Jülich im Dezember 1958 als Nr. 2 der „*Jülicher Heimatblätter*" auch selbst veröffentlichte.[5] Bers verfügte also bereits damals über ein umfassendes kirchengeschichtliches Wissen und auch über ein besonderes Interesse an diesem Themenkreis. Und dieses Interesse sollte ihn auch noch zu zahlreichen weiteren Publikationen anregen. Ebenso früh beherrschte er bereits das wissenschaftliche Arbeiten mit einem großen Apparat mit Fußnoten, Literaturhinweisen und Quellenangaben.

Mit zwei weiteren Beiträgen von 1958 und 1959 bleibt Bers ebenso im Jülicher Umfeld. Einer widmet sich dem Pfarrdorf (Titz-) Mündt und der andere der Kommende Kiringen auf dem westlichen Rurufer wohl in der Nähe des späteren und heutigen Brückenkopfes. Hier werden zusätzliche Akzente seines Arbeitens sichtbar, dessen Bereich er aus der Stadt Jülich in die Region und zu weiteren kirchlichen Institutionen

---

[1]   Günter BERS, Die Jülicher Zitadelle - ein genial durchdachtes Festungswerk, in: Heimatkalender des Kreises Jülich 1957, S. 97-101.

[2]   Das erstgenannte Werk erschien als Nr. 8 der „*Heimatkundlichen Schriftenreihe des Jülicher Landes*" im Verlag Jos. Fischer Jülich, das zweitgenannte eigenständig im selben Verlag.

[3]   Günter BERS, Die Geschichte des ehemaligen Sepulchrinerinnenklosters St. Joseph zu Jülich, in: Heimatkalender des Kreises Jülich 1959, S. 47-71.

[4]   Bis 1972 hieß das Straßenstück der Großen Rurstraße zwischen Post und Marktstraße Sepulchrinerstraße (Horst DINSTÜHLER, Die Straßennamen der Stadt Jülich und ihrer Ortsteile (Schriftenreihe des Jülicher Landes 22), Jülich 2004, S. 262.

[5]   Günter BERS, Die Geschichte des ehemaligen Sepulchrinerinnenklosters St. Joseph in Jülich. Sonderdruck aus dem Heimatkalender des Kreises Jülich 1959, Nr. 2 der Jülicher Heimatblätter. Mitteilungen des Jülicher Geschichtsvereins, Jülich Dezember 1958. (Der „*Jülicher Geschichtsverein*" von 1923 wurde nach dem Zweiten Weltkrieg 1957 wiederbegründet.)

hinein erweitert.[6] Deutlich ist auch, dass ihn besonders Menschen, ihr Wirken und ihr Schicksal, zur Forschung ermunterten, besonders dann, wenn sie aus dem Jülicher Land stammen, so der 71. Großmeister des Malteserordens, Ferdinand von Hompesch zu Bolheim (1744-1805), Sohn eines *„herzoglich-jülichschen Erbhofjägermeisters"*, der

in den Wirren der französischen Revolution zwei Jahre lang von 1797-1799 als bisher einziger Deutscher den Malteser-Orden leitete.[7] Aus Güsten stammte Johannes Petrus Wagener (1654-1730), an den Bers in einem kurzen Aufsatz in den Jülicher Heimatblättern 1960 erinnerte. 1683 bat Wagener in der Jülicher Kartause Vogelsang um Aufnahme in den Orden. Von 1723 an war er Prior der bedeutenden Kölner Kartause St. Barbara, die 1334 der Kölner Erzbischof Walram von Jülich (1304-1349) ins Leben gerufen hatte.[8] Und um noch einen anderen Jülicher kümmerte sich Günter Bers in seinen frühen Jahren, um Gerhard von Jülich, wohl einen um 1272 geborenen illegitimen Sohn des Jülicher Grafen Wilhelm IV., der 1278 in Aachen von Bürgern der Stadt umgebracht wurde. Gerhard studierte Rechtswissenschaft in Bologna, der ältesten und berühmtesten europäischen Universität, und wurde dort auch promoviert. Später leitete er im Rheinland verschiedene Kommenden der Johanniter.[9]

Abb. 2: Elternhaus von Günter Bers, Jülich, Römerstraße 10. Blick von der Dr. Weyerstraße aus. Sonnenuhr mit der Unterschrift „Vita cum hora fugit." („Das Leben zerrinnt mit jeder Stunde."). (Foto: W. Gunia, Okt. 2019).

Erst etliche Jahre nach dem Ende seiner Schulzeit - Abitur 1961 - beschäftigte Bers sich auch mit der Geschichte seiner Schule. In der Festschrift *„50 Jahre Jülicher Geschichtsverein 1973"* erschien ein Beitrag zur Geschichte des Jülicher Gymnasiums unter dem Titel *„Das Jülicher Gymnasium 1572- 1664"*, der für die frühe Zeit dieser

6   Günter BERS, Die Geschichte des Pfarrdorfes Mündt, in: Heimatkalender des Kreises Jülich 1958, S. 68-72. (Ergänzungen im Heimatkalender des Kreises Jülich 1960, S.139); derselbe, Die Geschichte der Johanniter-Kommende St. Johannes in Kiringen bei Jülich, in: Jülicher Heimatblätter. Mitteilungen des Jülicher Geschichtsvereins 4, 1959, S. 6-18.

7   DERSELBE, Der Malteser Großmeister Ferdinand von Hompesch - ein Sohn des Jülicher Landes, in: Heimatkalender des Kreises Jülich 1960, S. 140. (Siehe dazu auch: Wikipedia-Die freie Enzyklopädie: Stichwort: Großmeister des Malteserordens).

8   DERSELBE, Johannes Petrus Wagener O. Cart. (1654-1730), in: Jülicher Heimatblätter. Mitteilungen des Jülicher Geschichtsvereins 6, Dezember 1960, S.11-12.

9   DERSELBE, Der Johanniterkomtur Doctor decretorum Gerhard von Jülich, in: Jülicher Heimatblätter. Mitteilungen des Jülicher Geschichtsvereins 12, Dezember 1962, S. 6-8.

Schule bis heute bedeutsam ist.[10] Zusammen mit der 1975 erschienenen Abhandlung von Herbert Lepper *„Das Gymnasium Jülich und seine Vorgängeranstalten 1816-1945"*[11] bildet der Aufsatz von Bers die Grundlage für jede weitere Beschäftigung mit der Geschichte des seit 1972 in der Zitadelle angesiedelten *„Gymnasiums Zitadelle der Stadt Jülich". „Zugeeignet sei dieser Beitrag meinen Jülicher Freunden",* sagt Lepper im Vorwort seiner Abhandlung. Zu diesen Freunden ist auch Günter Bers zu zählen. Herbert Lepper war ebenfalls Abiturient des Jülicher Gymnasiums im Jahre 1958.[12] Die beiden kannten sich gut seit ihrer Schulzeit.

Der Oberstufenschüler Günter Bers hatte andere Interessen und Hobbys als die Mehrzahl seiner Klassenkameraden. Er war weniger auf dem Sportplatz zu finden als

Abb. 3: Grabstätte Wilhelm Bers auf dem Kommunalfriedhof in Jülich an der Haubourdinstraße gegenüber der Priestergrabstätte (Foto, W. Gunia, Okt. 2019).

beim Studium in Archiven und alten Schriften. In der Abiturzeitung von 1961[13] vermerkten seine Konabiturienten denn auch über ihn *„Fachmann für Klöster. Bevorzugte Lektüre: Heimatkalender und Sittengeschichten."* Deswegen muss die Frage erlaubt sein: Wie kommt ein junger Mann - damals hätte man von einem *„Halbstarken"* gesprochen - dazu, sich mit Regional- und Kirchengeschichte zu beschäftigen statt Sport zu treiben und seinen Vergnügungen nachzugehen? Wer waren seine Vorbilder, seine Impulsgeber? Hätte es damals wie heute an Gymnasien die Möglichkeit weitgehend freier Fächerwahl für die Leistungskurse in der Oberstufe gegeben, wäre Günter Bers die Wahl wohl nicht schwergefallen: Er hätte mit Sicherheit Geschichte gewählt.

Sein Schulweg war von der Entfernung her sehr bequem, denn sein Elternhaus stand und steht noch heute an der Römerstraße/Ecke Dr. Weyer-Straße. Zur Schule am Neußer Platz waren nur wenige hundert Meter zurückzulegen, aber diesen Weg ging er nicht immer in bester Stimmung. Denn dem Vernehmen nach war seine Beziehung zur Schule nicht immer glücklich.[14] Das

---

[10] DERSELBE, Das erste Jülicher Gymnasium 1572-1664, in: Beiträge zur Jülicher Geschichte. Mitteilungen des Jülicher Geschichtsvereins 40, Dezember 1973, S. 61-79.

[11] Herbert LEPPER, Das Gymnasium Jülich und seine Vorgängeranstalten (1816-1945), in: Beiträge zur Jülicher Geschichte. Mitteilungen des Jülicher Geschichtsvereins 42, Dezember 1975, S. 1-67. - Herbert Lepper (1935-2014) war von 1972-1997 Leiter des Aachener Stadtarchivs. Er hatte einen Lehrauftrag an der RWTH Aachen und war von 1984-1995 auch Vorsitzender des Aachener Geschichtsvereins und anschließend dessen Ehrenvorsitzender. (Wikipedia-Die freie Enzyklopädie, Stichwort: Herbert Lepper).

[12] Festschrift wie Bildunterschrift Abb.1, S. 100.

[13] Exemplar im Archiv W. Gunia.

[14] Persönliche Hinweise auf G. Bers verdankt der Autor ehemaligen Mitschülern, Freunden und Bekannten von G. Bers.

Elternhaus hatte sein Großvater Heinrich Bers gebaut, der von 1887 bis 1921 Lehrer war, zuerst noch am Jülicher Progymnasium, das dann zum *„Königlichen"* und schließlich zum *„Staatlichen Gymnasium"* wurde.[15] Gab es in der eigenen Familie, in der Verwandtschaft Personen, die als Vorbild oder Motivator gewirkt haben, dass Bers sich so intensiv der Historie zuwandte?

Da war sein Onkel Wilhelm Bers (1889-1972), Abiturient des Jülicher Gymnasiums von 1908, geistlicher Oberstudienrat am ehemaligen Mädchengymnasium in Siegburg,[16] Ehrenmitglied des Jülicher Geschichtsvereins und ausgezeichnet mit dem

päpstlichen Ehrentitel *„Monsignore"*.[17] Er hatte sehr viele Aufsätze zu geschichtlichen Fragen - meist religionsgeschichtlichen Inhalts - veröffentlicht und dabei nicht selten auch die Jülicher Geschichte im Blick. Er war ein Bruder des Vaters von Günter Bers, des Zahnarztes Dr. Josef Bers (1893-1968), der es lieber gesehen hätte, wenn sein Sohn die Zahnarztpraxis weitergeführt hätte. Er war daher mit dem beruflichen Werdegang des Sohnes keineswegs glücklich. Im Heimatkalender des Kreises Jülich finden sich zwischen 1951 und 1972 dreiunddreißig Beiträge aus der Feder von Wilhelm Bers mit meist kirchengeschichtlichen Themen aus dem Jülicher Land. So schrieb er über den Jesuitengeneral Goswin Nickel aus Koslar,[18] über Walram von Jülich, Erzbischof von Köln[19] und über Christina von Stommeln, deren Reliquien in der Jülicher Propsteikirche aufbewahrt werden[20]. Es kam immer wieder vor, dass Onkel und Neffe in denselben Heften des Jülicher Heimatkalenders zu verschiedenen Themen publizierten.[21]

Abb. 4: Dr. Johannes Halbsguth (1901-1966) zu Beginn der 1960er Jahre (Foto aus dem Nachruf wie Anm. 19. Ursprünglich aus dem Privatarchiv Barbara Pachur).

Stärkeren Einfluss noch als der Onkel übte auf den Schüler Günter Bers aber sein Deutsch- und Geschichtslehrer am *„Staatlichen Gymnasium"* in Jülich aus, der Oberstudienrat Dr. Johannes Halbsguth (1901-1966). Der politisch engagierte Schlesier

---

[15] Festschrift wie Bildunterschrift, Abb. 1, S. 173, Nr.4.

[16] Gymnasium Siegburg Alleestraße. (https://de.wikipedia.org/wiki/Gymnasium_Siegburg_Alleestra%C3%9Fe; http://gymnasium-alleestrasse.de/- Zugriff 30.12.2019).

[17] Festschrift wie Bildunterschrift, Abb.1, S. 82. Nachruf auf W. Bers in der Jülicher Volkszeitung vom 01.08.1972.

[18] Heimatkalender des Kreises Jülich 1954, S. 50.

[19] Heimatkalender des Kreises Jülich 1956, S. 85.

[20] Heimatkalender des Kreises Jülich 1958, S. 112.

[21] In den Heften des Heimatkalenders des Kreises Jülich von 1957, 1959, 1960, 1965, 1966, 1967 und 1969 finden sich Artikel sowohl von Günter wie auch von Wilhelm Bers (Register A4 des Heimatkalenders des Kreises Jülich, in: Jülicher Geschichtsblätter. Jahrbuch des Jülicher Geschichtsvereins 85/86, 2017/2018, Jülich 2019, S. 250 und 251).

Halbsguth kam 1949 als Heimatvertriebener nach Jülich, wurde Stadtverordneter der CDU und stellvertretender Bürgermeister. Er war es, der die römische Vergangenheit Jülichs aus den Trümmern der völlig zerstörten Stadt ans Tageslicht hob, indem er alle Neubauten archäologisch begleitete und mit einem „Römisch-Germanischen Arbeitskreis" engagierter Laien nach den Überbleibseln der römischen Stadt suchte: „Die bei den Aufbauarbeiten der zerstörten Stadt zu Tage tretenden römischen Reste reizten ihn, die römische Siedlung zu erforschen [...] Fast 15 Jahre lang berichtete er in etwa hundert Aufsätzen (meist in der Jülicher Volkszeitung veröffentlicht) über seine Ausgrabungen. Zur Bewahrung seiner Funde schuf er das Römisch-Germanische Museum." So fasst es Günter Bers selbst im Nachruf auf seinen Lehrer zusammen.[22] Halbsguth war auch dabei, als der Jülicher Geschichtsverein 1957 neu gegründet wurde.[23]

Dass dieser Lehrer wichtig für Günter Bers war, liest man schon in einem Online-Presseartikel, der anlässlich des 65. Geburtstages des nunmehrigen Professors Günter Bers erschien: „Das Interesse für seine „Scholle" wuchs bei dem gebürtigen Jülicher

Abb. 5: Im Jahre 1995 ehrte die Stadt Jülich Dr. Halbsguth durch die Widmung einer Straße im Wohnbaugebiet „Am Blauen Stein". (Horst Dinstühler, Die Straßennamen der Stadt Jülich, wie Anm. 4, S. 117) (Foto: W. Gunia, Okt. 2019).

früh durch Anregungen aus dem Familienkreis. Prägend aber, so schildert Prof. Bers es in einem Aufsatz, führte ihn sein Lehrer, Dr. Halbsguth, an die Geschichte und ihre Erforschung heran."[24] Zur hohen Wertschätzung und Dankbarkeit, die Günter Bers seinem Lehrer bis heute entgegenbringt, sei noch einmal auf seinen Nachruf in den „Jülicher Heimatblättern" verwiesen, wo er schreibt: „Die Wehmut der Zurückbleibenden wird gelindert durch die Gegenwart seiner Werke und seines unverlierbaren Vermächtnisses einer edlen Menschlichkeit, die [...] er seinen zahlreichen Schülern ins Herz zu pflanzen vermocht hat."[25] Bei dem prägenden Einfluss dieses Lehrers, der auch Stellvertretender Vorsitzender des Jülicher Geschichtsvereins war, verwundert es nicht, dass auch Günter Bers - wie sein Lehrer - zu denen gehörte, die den Jülicher Geschichtsverein 1957 wiederbegründeten - wohl gemerkt: mit siebzehn Jahren.[26]

Heute klagen viele, gerade auch historische Vereine, darüber, dass ihnen junge Mitglieder fehlen. Es war aber auch in den fünfziger Jahren etwas Besonderes, wenn ein Siebzehnjähriger in einen Geschichtsverein eintrat. Und da hatte der Lehrer Johannes Halbsguth Einfluss und Vorbildfunktion. Auch der schon oben genannte Herbert

---

[22] Jülicher Heimatblätter. Mitteilungen des Jülicher Geschichtsvereins 18/19, November 1967, S. 20.

[23] Jülicher Heimatblätter. Mitteilungen des Jülicher Geschichtsvereins, Mitgliederverzeichnis.

[24] „das Jülicht" - www.das-juelicht.de/vereine/artikel/1220.php (Zugriff am 29.12.2019).

[25] Wie Anm. 22.

[26] Wie Anm. 23.

Lepper war Schüler von Halbsguth, auch er veröffentlichte schon früh im *„Jülicher Hei-matkalender"*[27], auch er studierte Geschichte, und auch er gehörte zu den ersten Mit-gliedern des 1957 wiedergegründeten *„Jülicher Geschichtsvereins von 1923"*.[28]

Wie viele andere ist auch Günter Bers durch Kindheit und Jugend stark auf seine Heimatstadt geprägt, und das liegt nicht zuletzt an den oben dargelegten Beziehungen *seiner* Familie zu *seinem* Gymnasium, an dem er 1961 die Reifeprüfung ablegte, an dem er den Leh-rer fand, der ihm sein Berufs- und Lebensziel schmackhaft machte, das auch schon sein Onkel Wilhelm Bers bis zum Abitur 1908 besuchte und an dem sein Großvater vierunddreißig Jahre lang als Lehrer gearbeitet hatte.

Abb. 6: Heinrich Bers (1854-1923), der Großvater von Günter Bers, war Lehrer am Gymnasium in Jülich und Er-bauer des Hauses an der Römerstraße (Foto: Privatarchiv W. Gunia).[29]

---

[27] Siehe Register A4 des *„Heimatkalenders"* wie oben Anm. 21, S.253 Stichwort Lepper, Her-bert.

[28] Wie Anm. 23.

[29] Nach Ausweis der Unterrichtsverteilungen in den Schulberichten der Jahre 1894/95 bis 1914/15, die im Archiv des Gymnasiums Zitadelle vorliegen, unterrichtete H. Bers in den Fächern Griechisch, Latein, Deutsch und Geschichte/Erdkunde.

Marcell Perse

Vicus IVLIACVM - der Forschungsstand zum römischen Mittelzentrum am Rurübergang

„*Vita cum hora fugit*" mahnt die Umschrift einer Sonnenuhr an der Rückseite des Elternhauses des Jubilars an der Römerstraße 10 in Jülich - das Leben entflieht mit jeder Stunde. „*Was ist Zeit, das Vergehen von Zeit?*" Diese Frage des legendären Mönches von Heisterbach in der Paraphrase von Dieter Kühn hat Günter Bers sein Leben lang beschäftigt.[1] Auslösender Impuls dafür war seinem Erzählen nach die römische Vergangenheit seiner Heimatstadt Jülich, der er nicht nur durch den Wohnort seiner Kindheit an der römischen Fernstraße „*Via Belgica*" begegnete, sondern besonders intensiv auch durch die Aktivitäten seines Gymnasiallehrers Dr. Johannes Halbsguth (Abb. 1), der für seine Tätigkeit als „*ehrenamtlicher staatlicher Vertrauensmann für kulturgeschichtliche Bodenaltertümer*" häufig auch ältere Schüler involvierte (Abb. 2), wodurch auch Bers schon früh mit Zeugnissen der römischen Geschichte ganz praktisch in Kontakt kam. So wie sich Halbsguth als Schlesier durch die Beschäftigung mit Jülichs Vergangenheit eine neue Heimat schuf,[2] hat auch Bers sich durch seine lebenslange Auseinandersetzung mit der Geschichte seines Geburtsortes

Abb. 1: Studienrat Dr. Johannes Halbsguth in der Baugrube Pfennings & Frechen an der Nordwestecke des Marktplatzes im Bereich der Apsisfundamente der ehemaligen Jesuitenkirche. Jülich, Markt 11, Fundbericht 201, Mai 1953.

Abb. 2: Ein Schüler von Halbsguth posiert für ein Zeitungsfoto (Unsere Heimat, 4. Jg., Nr. 2, S. 1, Zeitungsbeilage der Jülicher Volkszeitung, Nr. 60, 13.03.1952). Römischer Mauersockel aus wiederverwendeten oder zweckentfremdeten Dachziegeln, wahrscheinlich Sockel für eine Fachwerkwand. Jülich, Baierstraße 6-8, Fundbericht 184, Oktober 1950.

---

[1] Dieter KÜHN, Neidhart aus dem Reuental, Frankfurt a.M. 1988, S. 7.

[2] Günter BERS, Dr. phil. Johannes Halbsguth. 1901-1966, in: JHBL, Nr. 18/19, Nov. 1967, S. 20 f.; vgl. jetzt auch Bernhard DAUTZENBERG/Marcell PERSE, Die Römer „*auf'm Atom*" - Die Ansiedlung der Kernforschungsanlage und die Forschungsgeschichte der Jülicher Archäologie, in: Förderverein Museum Jülich e.V. (Hrsg.), MinervaPreis 2010, Jülich 2011, S. 16-21, bes. S. 16 f., Abb. 1.

eine andere Heimatqualität geschaffen. Diese Art der Beschäftigung mit Geschichte zeigt, dass mit dem Spruch der Sonnenuhr nicht nur ein nichtiges Verrinnen von Lebenszeit gemeint sein kann, sondern alle gelebten Viten zu einer Gesamtgeschichte zusammenfließen, deren Erinnern und Bedenken ein konstitutives Merkmal des Menschseins ist.

Als der Verfasser 1985 als Student nach Jülich kam, um seine Abschlussarbeit über die Stadtgeschichte Jülichs nach archäologischen Quellen zu schreiben, begann ein reger Fluss von Notizzetteln, mit denen Bers diese Arbeit durch zahlreiche Hinweise auf in Zeitungen des 19. und 20. Jahrhunderts versteckte Fundmeldungen unterstützte - ein Informationsfluss, der bis heute angehalten hat. Die von Bers geäußerte Erwartung, seine 1989 vorgelegte Stadtgeschichte möglichst bald um ein archäologisches Pendant für die römische Gründungszeit vom Verfasser ergänzt zu sehen, hat sich leider aufgrund der Fund- und Aufgabendichte bislang nicht erfüllen lassen. Die von Peter Josef Tholen vom Rheinischen Landesmuseum Bonn in den Bonner Jahrbüchern 1975 veröffentlichte archäologisch-topographische Studie ist als Überblick nach wie vor maßgeblich.[3] Heinz Günter Horn und Peter Noelke erarbeiteten auf dieser Basis 1987 Überblicksartikel zum Wissen über den vicus Iuliacum.[4] Der Verfasser hat im Rahmen seiner Magisterarbeit 1988[5] und den nachfolgenden Publikationen des Museums[6] Erkenntnisfortschritte in vielen Teilaspekten dokumentiert. Auf einem höheren Synthesegrad wurde der Sachstand aber nur 2000 für den Eintrag im Reallexikon der Germanischen Altertumskunde[7] und zuletzt 2008 für das EU-Projekt „Erlebnisraum Römerstraßen" zur Via Belgica referiert, im Druck erschien jedoch nur eine sehr komprimierte Form.[8]

Der nachfolgende Beitrag basiert auf der 2008 erarbeiteten Übersicht und wurde für die jetzige Publikation mit Nachträgen aus dem letzten Jahrzehnt aktualisiert. Die Darstellung fasst die Forschungslage für die römische Geschichte Jülichs der frühen und mittleren Kaiserzeit nach 35 Jahren Beschäftigung mit der Stadtarchäologie zusammen. Thema ist vor allem die Straßensiedlung des 1. bis 3. Jahrhunderts mit einem Ausblick auf die nachfolgende, vom Bau eines Defensivkastells geprägte, spätantike

---

[3] Peter Josef Tholen, Iuliacum - Jülich. Eine topographische Studie, in: BJb, Bd. 175, 1975, S. 231-255, bes. S. 233-235, Abb. 3 verdankt die Charakterisierung der Straßensiedlung den Vorarbeiten von Waldemar Haberey, Jülich, in: BJb, Bd. 151, 1951, S. 300-304.

[4] Christoph B. Rüger, Jülich. Römische Siedlung (vicus), in: Heinz Günter Horn (Hrsg.), Die Römer in Nordrhein-Westfalen, Stuttgart 1987, S. 447-450 und Peter Noelke, Zum Stand der Erforschung des römischen Jülich bis 1986, in: BzJG, Bd. 56, 1988, S. 11-18, bes. S. 12 f.

[5] Marcell Perse, Zusammenfassende Darstellung der archäologischen Strukturen der Jülicher Innenstadt anhand der Ausgrabungsergebnisse im Zuge der Kanalsanierung 1987, Jülich 1988.

[6] Derselbe, Beiträge zur Jülicher Archäologie (XII), in: JGBl, Bd. 87, 2019, S. 10-14.

[7] Derselbe, Juliacum, in: Reallexikon der Germanischen Altertumskunde, Bd. 16, Berlin/New York 2000, S. 106-113.

[8] Derselbe, Vicus Iuliacum - Mittelzentrum und Töpferort am Rurübergang, in: Jürgen Kunow (Hrsg.), Erlebnisraum Römerstraße. Via Belgica (Materialien zur Bodendenkmalpflege im Rheinland, Bd. 18/2), Aachen 2008, S. 63-69. - Vgl. auch die in der jüngst erschienenen Überblicks-Stadtgeschichte von Guido von Büren/Wolfgang Hommel, Jülich: Geschichte der Festungs- und Forschungsstadt, Jülich 2020, S. 11-18 gegebene Darstellung.

Abb. 3: Luftfoto der Zitadelle und Kernstadt von Jülich 1987, Blick nach Südsüdwesten. Als Über-leger markiert sind der Verlauf der römischen Hauptstraße und die Ausdehnung des Siedlungs-bereiches des vicus Iuliacum.

Phase. Neben einer kursorischen Gesamtdarstellung bietet der Beitrag über die Anmerkungen ein Findbuch zu den zahlreichen verstreuten Einzelpublikationen, die im Laufe der Arbeit am Jülicher Museum entstanden sind.[9] Bei dem reichen Abbildungsmaterial liegt der Schwerpunkt auf zusammenfassenden Plandarstellungen und bislang unpublizierten oder schwer zugänglichen Fotos. Wichtige Abbildungen mit gutem Publikationszugriff werden dagegen über Anmerkungen erschlossen.

Kernstadt

Die Renaissance, Wiedergeburt der Antike, prägt Jülich bis heute. Die Schlossfestung Zitadelle, an der der erhaltene gradlinige Verlauf der Römerstraße von Köln abrupt endet (Abb. 3 u. 33), ist das imposante Wahrzeichen der Stadt, auf deren römische

---

[9]   Die von Guido von Büren und dem Verf. bearbeitete Bibliografie zur Jülicher Museumsarbeit erscheint seit 2007 gedruckt in den JGBl in einem Turnus von fünf Jahren. Hierbei wurde der Zeitraum von 1987-2005 für die erste Veröffentlichung zusammengefasst: Nr. 1-406, 1987-2005, in: JGBl, Bd. 72/73, 2004/2005, S. 213-250; Nr. 407-620, 2006-2010, in: JGBl, Bd. 76-78, 2008-2010, S. 405-428 und Nr. 621-838, 2011-2015, in: JGBl, Bd. 82-84, 2014-2016, S. 395-419. Die Einträge sind über die Internetseite des Museums www.museum-zitadelle.de digital recherchierbar. Einen kommentierten Überblick zu den archäologischen Beiträgen bietet PERSE 2019 a (wie Anm. 6), S. 11-14 und DERSELBE, Von Iuliacum bis Jülich - 25 Jahre Archäologie am Museum Zitadelle, in: AiR 2018, 2019, S. 223-226.

Abb. 4: Hauptphasen der Stadtentwicklung Jülichs: Vicus mit Straßen, Töpferbezirken und Gräberfeldern 1.-3. Jh. / Kastell, später Grafenburg 4.-14. Jh. / mittelalterliche Stadtmauer 14.-16.
Jh. / frühneuzeitliche Befestigung mit Zitadelle 16.-19. Jh. Markierte Fundstellen:

1 - Kreuzung Baier-/Kapuzinerstraße mit römischem Straßenbefund (Abb. 7); 2 - Einmündung
Grünstraße/Kleine Rurstraße mit antiker Ellbachbrücke; 3 - Mittelalterliches Rurtor Hexenturm,
A. 14. Jh. mit anschließender römischer Straßenflucht (Abb. 9); 4 - Römisches Parzellengrenz-
gräbchen im Bereich des spätantik-fränkischen Gräberfeldes (Abb. 15); 5 - Fundensemble mit
Streifenhausgrundrissen Römerstraße 2 d-f und Römerstraße 13 Ecke Neusser Straße (Abb.
11); 6 - Referenzprofil Kölnstraße 3 (Abb. 27).

Wurzeln vereinzelte Denkmäler hinweisen.[10] Das Straßenraster der Innenstadt mit ihren geschlossenen Baublocks geht auf die Planung des italienischen Architekten Alessandro Pasqualini nach dem Stadtbrand 1547 zurück, so dass dort bis auf den Bereich im Umfeld des mittelalterlichen Rurtores *„Hexenturm"* - jenseits des innerstädtischen Verlaufes des Ellbaches entlang der Grünstraße, der vom Brand verschont blieb - keine Straßenkontinuität gegeben ist. Außerdem bedingt die Idealstadtplanung mit einer Stadtmauer in gleicher italienischer Befestigungsmanier wie die Zitadelle eine Zweiteilung der archäologischen Bereiche. Seit Errichtung des spätantiken Kastells,[11] der späteren Grafenburg,[12] entwickelten sich die *„Stadtschalen"*[13] konzentrisch um den Nukleus des Polygonalkastells im Bereich des heutigen Marktplatzes. Die ursprüngliche römische Siedlungsstruktur war jedoch linear an der römischen Fernstraße orientiert (Abb. 3 u. 4).[14] Die Stadtmauer der Frühen Neuzeit mit ihrem Graben trennt als massive Störung die langgezogene römische Straßensiedlung in einen Teil im Bereich

---

[10] Heutige Besucher Jülichs stoßen auf die römische Vergangenheit außer im Museum in der Stadt in Form der *„Römerstraße"*, eines *„Sarkophages"* (Aschenkiste) auf dem Schloßplatz, von Spolien im Turm der Propsteikirche und im mittelalterlichen Rurtor *„Hexenturm"* sowie durch die Pflastermarkierung der römischen Fernstraße und der spätantiken Kastellmauer auf und um den Marktplatz. Marcell PERSE, Von der römischen Straßenstation zur mittelalterlichen Stadt, in: Jülich bunt, Jülich 1994, S. 5-24, bes. S. 11, 14, 20, 22 f.; Wolfgang HOMMEL (Hrsg.), Jülich - Stadtführer. Beschreibung der Jülicher Wanderwege mit allen Sehenswürdigkeiten, Jülich 1998, S. 32-41; Marcell PERSE, Römerstraße Via Belgica. Teilstrecke Köln-Jülich. Geradewegs vom Rhein zur Rur, Köln 2011, S. 53-58.

[11] Marcell PERSE, Das Bild des Kastells Juliacum - Aspekte zur Archäologie der Spätantike und des Frühen Mittelalters in Jülich, in: Bernd PÄFFGEN/Ernst POHL/Michael SCHMAUDER (Hrsg.), Cum grano salis. Beiträge zur europäischen Vor- und Frühgeschichte. Festschrift für Volker Bierbrauer, Friedberg 2005, S. 129-142 mit älterer Literatur; DERSELBE 2000 (wie Anm. 7), S. 107-109. Zur neuesten Aufdeckung 2018 vgl. DERSELBE, Beiträge zur Jülicher Archäologie (XI), in: JGBl, Bd. 85/86, 2017/2018, S. 13-17.

[12] DERSELBE, Jülich im Bild (0–1900), in: JGBl, Bd. 72/73, 2004/2005, S. 49–80, bes. S. 55-58; Friedrich LAU, Jülichsche Städte, Bd. II, Jülich (Publikation der Gesellschaft für Rheinische Geschichtskunde, Bd. 29), Bonn 1932, S. 4-7.

[13] Marcell PERSE, Städtebau im Hinterhof. Archäologische Aspekte zur städtebaulichen Diskussion in Jülich, in: NBzJG, Bd. 3.II, 1992, S. 175-185; DERSELBE, Stadtarchäologie in Jülich - Archéologie urbaine à Jülich - Stadsarcheologie in Gulik, in: Spurensicherung. Archäologische Denkmalpflege in der Euregio Maas-Rhein. Kunst und Altertum am Rhein, Bd. 136, Mainz 1992, S. 353-358, Abb. 183.

[14] Vgl. z.B. die Rekonstruktionszeichnung der bisherigen Vorstellung vom Bild des vicus bei PERSE 2011 (wie Anm. 10), S. 11. Man muss sich jedoch davor hüten, dass die Suggestionskraft einmal gefundener Bilder und Interpretationsmodelle der bekannten Fundstellen nicht die Erkenntnismöglichkeiten einer möglicherweise differenzierteren Struktur der Siedlung verstellt; vgl. den Abschnitt Ausblick am Ende des Beitrages.

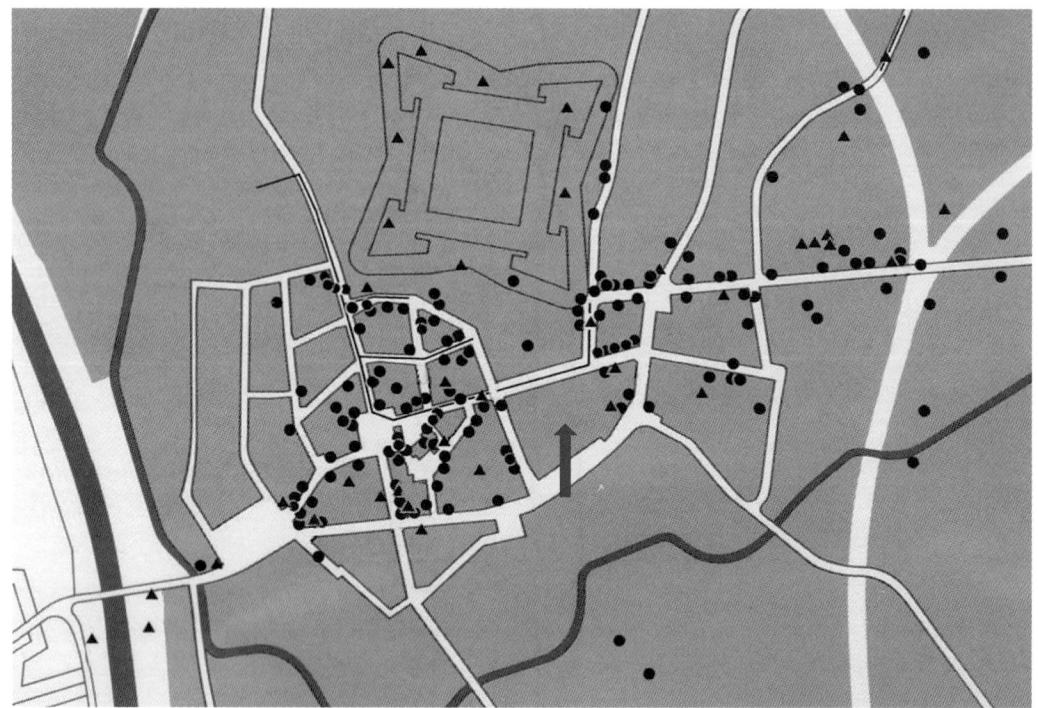

Abb. 5: Die Fundstellenverteilung in der Jülicher Innenstadt zeigt deutlich die Trennung (Pfeil) durch die Stadtbefestigung des 16. Jahrhunderts (Punkte: Altfunde bis 1985, Dreiecke: Aktivitäten 1987-1989).

der heutigen Kernstadt und den heute als Peripherie empfundenen östlichen Teil entlang der „Römerstraße".[15] Fundstellenkartierungen Jülichs zerfallen daher augenfällig in zwei Bereiche (Abb. 5).[16]

Die thematische Abfolge des Artikels wurde aus der dominanten Funktion der römischen Straße für die Topographie des Ortes entwickelt. Über die Rekonstruktion des Verlaufs dieser Achse kommt die Darstellung zur Einbindung in das römische Fern- und Regionalstraßennetz. Damit assoziiert ist die Darlegung der Bebauungsstruktur

---

[15] Vgl. den Befund des Stadtgrabens vor dem Kölner Tor im Zuge der Kanalsanierung der oberen Kölnstraße in Höhe des Schlossplatzes: Rolf CLEMENS/Marcell PERSE, Neue Ergebnisse der Kanalarchäologie in der Köln- und Kurfürstenstraße 1989, in: BzJG, Bd. 58, 1990, S. 3-10, Abb. 1; Karin DRECHSEL/Marcell PERSE/Paul WAGNER, Stadtarchäologie in Jülich, in: AiR 1989, 1990, S. 81-87, bes. S. 83, Abb. 35. - Durch die unterschiedliche Art der Folgenutzung der Flächen inner- und außerhalb der Renaissance-Stadtmauer divergieren in beiden Bereichen sowohl die Erhaltungsbedingungen als auch die Forschungsgeschichte, s. Marcell PERSE, Beiträge zur Jülicher Archäologie (VII), in: JGBl, Bd. 67/68, 1999/2000, S. 78-103; DERSELBE, „Atome und Synthese" - zur Situation der Jülicher Archäologie, in: JGBl, Bd. 66, 1998, S. 117-120.

[16] Die Kartierung wurde erstellt für den Beitrag DRECHSEL u.a. 1990 (wie Anm. 15), S. 81, Abb. 34. Zu den mit Dreieck markierten neueren Fundstellen vgl. Paul WAGNER, Drei Jahre Grabungsschwerpunkt Jülich, in: AiR 1989, 1990, S. 88-92. - Ein aktuelles Fundstellenbild ergibt sich jeweils aus den Kartierungen des Ortsarchives im LVR-Amt für Bodendenkmalpflege im Rheinland, Bonn.

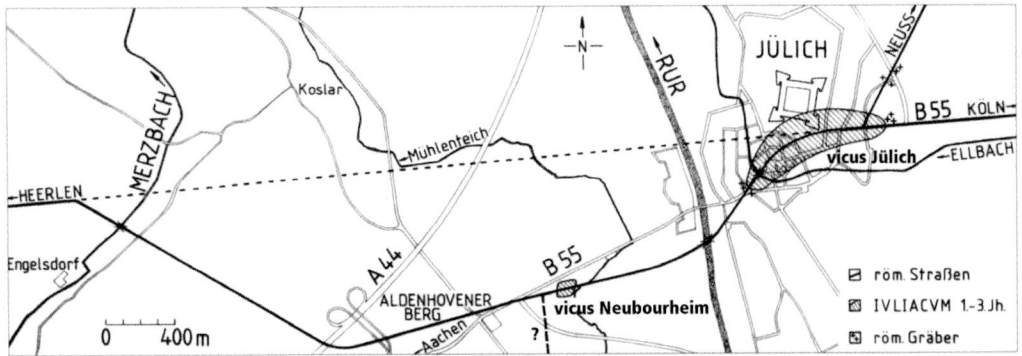

Abb. 6: Rekonstruktion des Verlaufs der römischen Fernstraße Köln-Gallien (heute „Via Belgica" genannt) durch das Rurtal.

einschließlich der Frage nach Kultstätten. Importbelege nehmen wiederum auf die Infrastrukturanbindung Bezug. Die Frage nach dem Stellenwert des Militärs für die Siedlung wird als Abschluss des ersten Aufsatzteils behandelt.

Im zweiten folgen grobe Entwicklungslinien von der Siedlungsgründung über die Bebauungsentwicklung und die in den Gräberfeldern erfassten Perioden. Der dritte Bereich stellt chronologisch kaum differenzierte allgemeine Gewerbenachweise und die in groben Zügen bekannte Entwicklung der Töpfereien des Ortes vor. Abschließend werden die Veränderungen des Ortes in der Spätantike in den Aspekten Befestigungsbau, Siedlungsreduktion und Gräberfelder zusammengefasst.

Hauptstraße

Während man den Namen des vicus Iuliacum seit Widukind von Corvey im 10. Jahrhundert gerne auf Iulius Caesar beziehen wollte, gab die neuere Forschung der allgemeinen Ableitung aus dem Gentiliz Iulius den Vorzug.[17] Statt dieser personenbezogenen Herleitung, zu der es keine regionale Parallele gibt, scheint die Deutung als Ortsnamen-Tautologie aus keltisch *„ialo"* und dem im Rheinland belegten *„Lich"*, beide für Lichtung, freier Platz, plausibel.[18] Ein solcher wurde als Etappenort auf der wichtigen Ost-West-Fernstraße von der Provinzhauptstadt Köln nach Innergallien ausgebaut. Die gradlinige römische Straßenflucht verschwenkt im Bereich des vicus nach Südwesten, um die günstigste Stelle zum Rurübergang zu nutzen (Abb. 6).[19] In einer ersten

---

17 RÜGER 1987 (wie Anm. 4), S. 447 noch mit vermutetem Bezug zu Caesar. - Am Niederrhein sind aufgrund der Bürgerrechtsverleihungen iulischer Kaiser zahlreiche Iulii belegt (NOELKE 1988, (wie Anm. 4), S. 11 f.; PERSE 2000 (wie Anm. 7), S. 108; Werner ECK, Köln in römischer Zeit (Geschichte der Stadt Köln, hrsg. von Hugo STEHKÄMPER, Bd. 1), Köln 2004, S. 303.

18 Vgl. z.B. der für den Tagebau Hambach umgesiedelte Ort Lich-Steinstraß an der Römerstraße Köln-Jülich (Eberhard GRAFFMANN, Zur Geschichte des Namens Jülich, in: JGBl, Bd. 67/68, 1999/2000, S. 357-365, bes. S. 363).

19 Die Lage des Rurüberganges Abb. 6 kann bislang nur zwischen der Straßenflucht des vicus und der Achse der Fundstelle „Wackersmühle" (vicus Neubourheim) auf dem westlichen Rurufer interpoliert werden, s. Marcell PERSE, Römerstraßen auf Abwegen - die Rurtalquerung der Straße Köln–Bavai, in: AiR 1991, 1992, S. 64-67 (aufgrund des von der Redaktion nicht mit abgedruckten Lageplanes sind die dort im Text angegebenen Nummern allerdings

Abb. 7: Kanalsanierung Kapuzinerstraße, Kreuzung Baierstraße (28.8.1987, s. Abb. 8), Südprofil mit den hellen Kieslagen der römischen Hauptstraße, darüber dunklere humos-kiesige Schichten des mittelalterlichen Altmarktes. Darauf wurde der rote-schwarze Brandschutt des Stadtbrandes von 1547 mit verziegeltem Fachwerklehm planiert, auf dem die Straßenstickung der neuzeitlichen und modernen Pflasterung liegt. Die Unterkante des römischen Straßenkörpers liegt nur 1,65 m unter der heutigen Straße, vgl. Perse 1988 a (wie Anm. 5), S. 94. Direkt neben dem Straßenbefund fanden sich römische Siedlungsschichten des frühen 1. Jh. n. Chr.

Planungs- und Bauphase scheint es zumindest westlich der Rur Ansätze für eine gradlinige Fortsetzung der Trasse durch das Rurtal gegeben zu haben, die sich aber offensichtlich nicht halten konnte.[20] Im vicus östlich der Rur ist im Befundbild nur die abknickende Straßenführung belegt.[21] Am Ostrand des vicus ergab sich an der Kreuzung der heutigen Römerstraße mit der Großen Rurstraße und Neusser Straße die Möglichkeit, eine Streifenhausbebauung auf beiden Seiten der römischen Fernstraße zu dokumentieren (Abb. 11) und bei der Kanalsanierung der Neusser Straße den Straßenrand zu schneiden. Die antike Straßenbreite maß hier 15 m.[22]

---

nicht lokalisiert und könnten z.T. fälschlich auf Abb. 53 bezogen werden). Zur Stelle der südlichen Abweichung Römerstraße Ecke Kurfürstenstraße vgl. CLEMENS/PERSE 1990 (Anm. 15), S. 8, Abb. 1, Nr. 21.

[20] Manuel HOFMANN, Zwei Gräben - Neues zur Via Belgica, in: AiR 2009, 2010, S. 103-105. Archäologische Nachweise einer durchgängigen gradlinigen Fortsetzung der Trasse, wie sie in der ursprünglichen Flucht wieder nach Querung des Rur- und Merzbachtales westlich ab Engelsdorf zu greifen ist, konnten trotz entsprechender Sondagen im Zuge des Via Belgica-Projektes durch die Prospektionsabteilung des LVR-Amtes für Bodendenkmalpflege im Rheinland 2007 nicht erbracht werden. Vgl. auch Johannes HALBSGUTH, Zur Topographie des urgeschichtlichen, römischen und frühmittelalterlichen Jülichs, in: BzJG, Bd. 57, 1989, S. 3-18, hier S. 13, Anm. 13. - Zum Verlauf am westlichen Rurtalrand vgl. schon Josef HAGEN, Römerstraßen der Rheinprovinz. Erläuterungen zum geschichtlichen Atlas der Rheinprovinz, Bd. 8, Bonn 1931, S. 210, Abb. 76 nach Vermessungen des Jülicher Kulturamtes: *„Natürlich kann die Straße den Fluß nicht im Zuge ihrer schnurgeraden westlichen Bahn überschritten haben.";* vgl. auch die Karte bei Bernd PÄFFGEN/Marcell PERSE, Eine römische Standarte aus Freialdenhoven, in: AiR 1990, 1991, S. 88-90, Abb. 75.

[21] Im vicus-Bereich östlich der Rur kann als intensiv beobachteter Aufschluss vor allem die Kanalsanierung Düsseldorfer Straße 1987 genannt werden, wo im südlichen Areal des spätantik-fränkischen Gräberfeldes Schloßstraße keine ältere römische Straßensituation zu erkennen war. Dieser Abschnitt ließ auch keine dichtere römische Fundstreuung erkennen, so dass er augenscheinlich außerhalb des eigentlichen vicus-Areals lag, vgl. Marcell PERSE, Ausgrabungen, Funde und Befunde 1988. Jülich, in: BJb Bd. 190, 1990, S. 477 f., Abb. 32.

[22] Bernhard DAUTZENBERG/Franz KEMPKEN/Simon MATZERATH/Marcell PERSE, Neue Ausgrabungen an der Via Belgica im römischen Jülich, in: AiR 2009, 2010, S. 101-103, hier S. 102, Abb. 123.

Abb. 8: Befunde zur römischen Hauptstraße und angrenzender Bebauung und Brunnen (rot) im Zentrum des vicus Iuliacum mit Befunden aus der Kanalarchäologie 1987, beim Bau des Alten Rathauses und der Apotheke am Markt 1951 und der Propsteikirche 1997. Die Breite der Straße verändert sich im Laufe der Nutzungszeit. 1 - Südprofil mit Römerstraßenbefund Kapuzinerstraße Kreuzung Baierstraße (Abb. 7); 2 - Fundstelle Architekturteile (Abb.18); 3 – Referenzprofil Kölnstr. 3 (Abb. 27).

31

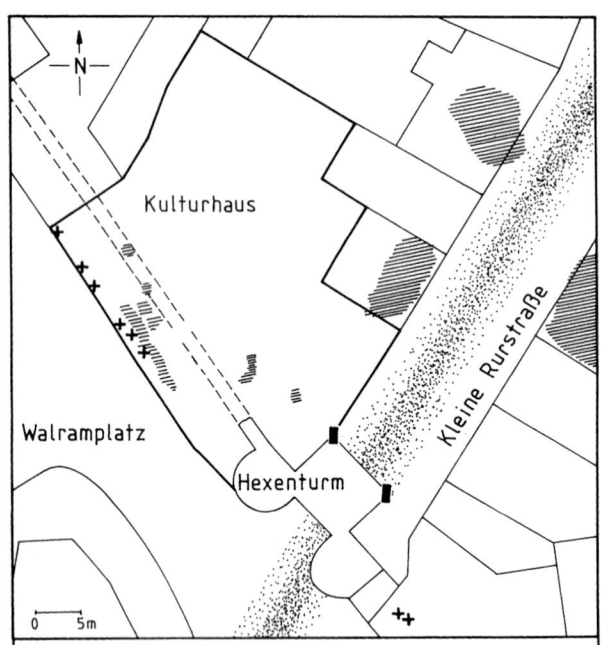

Abb. 9: Römische Spuren im Bereich der unteren Kleinen Rurstraße: römische Fernstraße, Siedlungsfunde, Brandgräberfeld und Spolien im mittelalterlichen Rurtor „Hexenturm".

Der weitere Verlauf dieser Hauptstraße des vicus ist im Innenstadtbereich durch verschiedene Aufschlüsse gesichert.[23] Angeschnitten wurde sie im Kreuzungsbereich der heutigen Römerstraße mit der Kurfürstenstraße, das Höhenprofil der Schloßstraße hat nicht von ungefähr in dem Abschnitt, wo sie die ehemalige römische Straße überquert, ihr Maximum und der Kiesdamm der antiken Straße trat auch beim Bau der Wohnblocks in der Kapuzinerstraße 11-15 zutage. Beobachtungen im Kreuzungsbereich (Abb. 4, Nr. 1) von Kapuziner- und Baierstraße (Abb. 7) sowie östlich und westlich des heutigen Marktplatzes zeichnen ihren weiteren Verlauf nach (Abb. 8).[24] Für das Siedlungsbild prägend war der Ellbach, der im Bereich der heutigen Einmündung der Grünstraße in die Kleine Rurstraße überbrückt wurde (Abb. 4, Nr. 2). Eichenpfosten einer dendrochronologisch um 220-230 n. Chr. datierten Brückenbauphase fanden sich 1950.[25] Im anschließenden unteren Teil der Kleinen Rurstraße liegt die heutige Straße wieder in römischer Flucht, da hier beim Stadtbrand des 16. Jahrhundert ein Viertel mit mittelalterlicher Bebauung überlebte und so die antike Achse überlieferte. Entsprechend steht das mittelalterliche Rurtor Hexenturm auf der Flucht der römischen Straße und markiert mit seinen römischen Grabsteinspolien und den beim Bau des Kulturhauses 1989 an der Front zur Schützenstraße aufgedeckten Brandgräbern (Abb. 9) zugleich das Westende des Siedlungsbereiches (Abb. 4, Nr. 3).[26] Zwei römische Grabdenkmäler - möglicherweise stammen sie direkt aus der hier gelegenen ehemaligen

23 Marcell PERSE, Die Römerstraße in Jülich, in: BzJG, Bd. 57, 1989, S. 20-24, S. 39, Abb. 4.

24 DERSELBE 1988 a (wie Anm. 5), S. 90-104; DERSELBE 2004/2005 (wie Anm. 12), S. 52 f., Abb. 3.

25 Marcell PERSE, Die römische Straße vom Rhein nach Gallien - Schnittpunkt Jülich, in: Ulrich BORSDORF/Heinrich Theodor GRÜTTER/Ferdinand SEIBT (Hrsg.), Transit Brügge - Novgorod. Eine Straße durch die europäische Geschichte, Essen 1997, S. 83-87, bes. S. 84; PERSE 2000 (wie Anm. 7), S. 107; DERSELBE u.a., Fahndung nach Augustus. Suche nach den Wurzeln der Euregio. Ausst.-Kat. Maastricht - Heerlen - Aachen - Jülich, Jülich 2014, S. 47.

26 Vgl. zu den Gräbern auf dem Baugrundstück des Kulturhauses WAGNER 1990 (wie Anm. 16), S. 90, Abb. 44 und Marcell PERSE u.a., Das Jülicher Kulturhaus am Hexenturm, in: Jahrbuch des Kreises Düren 1993, 1992, S. 50-59, hier S. 51. - Vgl. Alfred SCHULER/Marcell PERSE, Ausgrabungen, Funde und Befunde 2000. Jülich, in: BJb, Bd. 202/203, 2002/2003, S. 464

römischen Nekro-
pole - sind am stadt-
seitigen Torhaus er-
kennbar: das be-
kannte Totenmahl-
relief an der Nord-
ostecke, welches
durch seine in mili-
tärischen Kreisen
tradierte Darstel-
lungsform wohl auf
einen Veteranen
hinweist[27] und ein
Togatus mit Schrift-
rolle über dem Trep-
penzugang im Nord-
westen (Abb. 10).[28]
Der Gräberfeldbe-
fund an der Rurseite
spricht für ein Ende
des vicus vor der
Rur, obwohl man
angesichts der Be-
funde von Streifen-
häusern auf dem

Abb. 10: Spolie eines römischen Grabdenkmals des 2. Viertels des 2. Jahrhunderts n. Chr. mit Darstellung eines Mannes in Toga, Sandstein, 68 × 85 × 27 cm, Museum Zitadelle Jülich Inv.-Nr. 1992-0008. Die Schriftrolle in seiner Hand verweist auf das römische Bürgerrecht. a - Foto im Mauerverbund Hexenturm vor dem Ausbau; b - Rekonstruktion mit Inschriftenfeld.

Westufer im vicus Neubourheim (Abb. 6 u. 12) auch an eine Doppelsiedlung oder Gesamtsiedlung beiderseits der Rur denken könnte, deren Zusammenhang durch die Erosion des Rurlaufes jedoch nur schwer zu rekonstruieren ist (s.u.).

---

mit Ausläufer des vicus und Straßenrest bei der Kanalsanierung „Am Aachener Tor". Im Jahr 2000 wurden in westlicher Verlängerung der Tordurchfahrt des Hexenturms Lagen der römischen Kiestrasse unter mittelalterlichem Pflaster dokumentiert (Norbert BARTZ, Fundbericht NW 1999/1145, Bibl. Museum Jülich).

[27] Peter NOELKE, Unveröffentlichte ‚Totenmahlreliefs' aus der Provinz Niedergermanien, in: BJb, Bd. 174, 1974, S. 545-560, bes. S. 545-548, Nr. 1, Abb. 1-3, zum militärischen Kontext S. 558, wobei der Verweis auf eine Benefiziarierstation als möglicher Hintergrund S. 559 nicht belegbar ist. Vgl. auch DERSELBE., Jülich. Römische Steindenkmäler, in: HORN 1987 (wie Anm. 4), S. 450 u. Il était une voie. Itinéraires antiques au nord de l'Empire romain = Er was eens een weg. Wegen in de oudheid in het noorden van het Romeinse reik. Ausst.Kat. Musée/Site d'Archéologie Bavay und Thermenmuseum Heerlen, Mons-en-Baroeul 2011, S.151, Kat.-Nr. 23.

[28] Beide Reliefs wurden im Vorfeld der Museumseröffnung 1992 durch Abgüsse ausgetauscht. Die Originale befinden im Jülicher Museum, Inv.-Nr. 1992-0008 (Togatus) und 1992-0011 (Mahlrelief).

Abb. 11: Jülich, Römerstraße 2d-f (südlich) und 13 (nördlich). Streifenhausbebauung an der antiken Fernstraße im Ostteil des vicus (Norden Fundbericht NW 1997/1044; Süden Fundbericht NW 2007/1031).

Fernstraßen

Die Ausrichtung des vicus am Verlauf der Hauptstraße kennzeichnet Iuliacum als typische Verkehrssiedlung, die ihre Entstehung der Anlage der heute *„Via Belgica"* genannten Fernstraße von Köln nach Innergallien verdankt. Diese Straße verbindet den Korridor der fruchtbaren Lösszone von Nordfrankreich bis zur Jülicher Börde mit der dicht besiedelten Rheingrenze und ihren Militärlagern und Städten.

Trotz anderslautender Mutmaßungen der heimatgeschichtlichen Forschung ergab die systematische Prospektion der Jülicher Innenstadt im Verlauf der Kanalsanierungs-schnitte 1987-1989 keine Anzeichen einer keltischen Vorgängersiedlung.[29] Die aus der Tabula Peutingeriana und dem Itinerarium Antonini als Straßenstation *„Iuliacum"* be-kannte Siedlung stellt im römischen Rheinland einen zentralen Ort dar, der zum Gebiet der Kölner Colonia gehörte.[30] In Jülich zweigte eine Straße nach Neuss ab.[31] Diese beim Neubau der FH 2007 angeschnittene Straße wurde dort auf 135 m Länge freige-legt, war mit 5 m Breite der Kiestrasse zwischen zwei Gräbchen[32] aber deutlich schma-ler als die Hauptroute Jülich-Köln mit einer gekiesten Mittelfahrbahn von ca. 7 m Breite und seitlichen unbefestigten Sommerwegen, die mit Begrenzungsgräben über Land auf rund 25 m Breite kam.[33] Die Einmündung der von Neuss kommenden Straße in den vicus ist nicht genau lokalisierbar. Indizien für deren Lokalisierung sind einmal die römischen Brandgräber an der Jan-von-Werth-Straße in Höhe der Eisenbahnbrücke (vgl. Abb. 33),[34] welche häufig in der Nähe einer Straße angelegt wurden. Möglicher-weise könnte auch die Schräge der Streifenhäuser nördlich der Römerstraße an der

---

[29] PERSE 1999/2000 (wie Anm. 15), S. 84, Anm. 16; DERSELBE 1988 a (wie Anm. 5), S. 117; DERSELBE 1990 (wie Anm. 21), S. 478. Erstmals angezweifelt wurde die Behauptung der kel-tischen Vorgängersiedlung von Emil Pauls in der Rezension von Josef Kuhls Stadtgeschi-chte, in: Zeitschrift des Aachener Geschichtsvereins, Bd. 16, 1894, S. 182 ff.

[30] NOELKE 1988 (wie Anm. 4), S. 11. Vgl. Jürgen KUNOW, Zentrale Orte in der Germania inferior, in: Archäolog. Korrespondenzbl., Bd. 18, 1988, S. 55-67, bes. Abb. 5 (Straßen) u. Abb. 6, Nr. 18 (Einzugsgebiet Iuliacum); ECK 2004 (wie Anm. 17), S. 16-18 u. S. 303, die Grenzziehung des Colonia-Gebietes nach Westen zwischen Jülich und Heerlen ist unklar. Vgl. auch Peter ROTHENHÖFER, Die Wirtschaftsstrukturen im südlichen Niedergermanien. Untersuchungen zur Entwicklung eines Wirtschaftsraumes an der Peripherie des Imperium Romanum (Kölner Studien zur Archäologie der römischen Provinzen, Bd. 7), Rahden/Westf. 2005, S. 20, Abb. 2; S. 28, Abb. 4 u. S. 32 ff.

[31] Vgl. PERSE 1990 (wie Anm. 21), S. 482 f.; DERSELBE 1997 (wie Anm. 25), S. 84, Anm. 22.

[32] Johannes ENGLERT, Ausgrabungen auf dem Gelände des FH-Solar Campus Jülich 2007-2008, in: JGBl, Bd. 82-84, 2014-2016, S. 25-38, hier S. 28-32, bes. S. 29. Vgl. einen Anschnitt der Straße nach Neuss im Tagebau Garzweiler: Surendra K. ARORA, Die Römerstraße war auf dem Kolluvium erbaut, in: AiR 2001, 2002, S. 65-67 und den Luftbildbefund bei Pattern: Marcell PERSE, Auf der Suche nach einem Gründungsfaktor für Pattern, in: August ENGEL (Hrsg.), 1100 Jahre Pattern 893-1993, Jülich 1993, S. 14-24.

[33] Zusammenfassend Jeanne-Nora ANDRIKOPOULOU-STRACK, Zu Fuß, zu Pferd, im Wagen - auf der Via Belgica von Köln nach Rimburg, in: KUNOW 2008 (wie Anm. 8), S. 17-29, bes. S. 21, Abb. 5. Auch auf der Via Belgica gibt es eine ursprünglich gekieste Mittelfahrbahn von 4,90 m Breite, die durch spätere Ausbesserungen und Verbreiterungen auf 7 m anwuchs. Der Straßenbefund Richtung Neuss an der FH Jülich wies nur ein schwaches Kiesband ohne erkennbare spätere Überarbeitung auf. Vgl. auch Wolfgang GAITZSCH, Von der Via Belgica zur Sophienhöhe - Straßenforschung im Tagebau Hambach, in: KUNOW 2008 (wie Anm. 8), S. 31-43. Eine kolorierte Rekonstruktion der Straßengesamtanlage bei PERSE 2011 (wie Anm. 10), S. 12 f.; vgl. auch DERSELBE u.a. 2014 (wie Anm. 25), S. 22 f.

[34] PERSE 1990 (wie Anm. 21), S. 482 f.; vgl. auch Hartmut GALSTERER, Tonflasche mit Graffito, in: Marcell PERSE (Hrsg.), Einhundertmal. Erinnerungsschätze aus der Sammlung des Muse-ums Jülich, Aachen 2018, S. 58 f., Kat.-Nr. 19. – Der relativ große Abstand dieses Gräber-areals zum Bereich des vicus lässt vermuten, dass sich auch Siedlungsflächen in der Nähe befanden, obwohl sich bei der Kanalsanierung der Jan-van-Werth-Straße zwischen Neusser Platz und Bahnunterführung keine römischen Funde nachweisen ließen (Fundbericht NW 2013/0142).

heutigen Kreuzung mit der Neusser Straße (Abb. 4, Nr. 5) auf die Einmündung dieser Straße hindeuten (Abb. 11).[35]

Zusätzlich zu den beiden von den Römern neu angelegten Fernstraßen ist eine schon aus vorrömischer Zeit stammende Verkehrsführung entlang des östlichen Rurtalrandes zu vermuten.[36] Auch für die westliche Terrassenkante des Rurtales wird eine solche Verkehrsführung angenommen - beides sind jedoch lediglich Hypothesen aufgrund von Fundstellenverteilungen, topographischer Plausibilität und Altstraßenbelegen der historischen Geographie, die nicht durch archäologische Straßenbefunde verifiziert sind.[37] Auf dem westlichen Rurufer gab es Luftbildindizien für eine Abzweigung von der Fernstraße nach Süden unmittelbar westlich des vicus bei Neubourheim (Abb. 6),[38] die sich im Befund anderer Luftbildaufnahmen nun jedoch als eher nicht römerzeitlich darstellt (Abb. 12).[39] Die bislang archäologisch nicht näher fassbare Gabelung der Fernstraße mit einem Zubringer nach Aachen ist am Aldenhovener Berg anzunehmen, man vermutet diese Verbindung im Bereich der späteren Aachener

---

[35] Allerdings sind auch die Streifenhausgrundstücke mit ihren Grenzgräbchen südlich der Straße nicht regelhaft rechtwinklig zur Hauptstraße angelegt, vgl. Anm. 92.

[36] Vgl. die Hypothese von Marcell PERSE/Richard PETROVSZKY, Ein Bronzegriff mit Meisterstempel aus einem römischen Gutshof bei Jülich. Bemerkungen zu den gestempelten Kellen und Sieben des Typs Egger 162, in: Archäolog. Korrespondenzbl., Bd. 22, 1992, S. 403-420, hier S. 403 f., Anm. 7, Abb. 1. Die vermutete Straßenführung kreuzt die Römerstraße im Bereich des Michelsberger Erdwerkes, vgl. Heinrich STOMMEL, Perspektiven der Römerstraße in der Festungsstadt Jülich, in: KUNOW 2008 (wie Anm. 8), S. 190 f., Abb. 3; Leo GILLESSEN, Römerstraßen beiderseits der unteren Rur, in: Heimatkalender des Kreises Heinsberg, Bd. 2, 1974, S. 132-138, bes. S. 132 ff., Karte 1.

[37] GILLESSEN 1974 (wie Anm. 36), S. 134 f., Karte 1. – Vgl. die Kartenübersicht auf neuestem Stand der Annahmen ROTHENHÖFER 2005 (wie Anm. 30), S. 28, Abb. 4.

[38] Die Hypothesen von HAGEN 1931 (wie Anm. 20), Kartenblatt 2 von römischen Straßen nach Eschweiler im Verlauf der modernen Verbindung Bourheim-Fronhoven und einer Indetalrandstraße - so auch THOLEN 1975 (wie Anm. 3), Abb. 1 - konnten bislang archäologisch nicht verifiziert werden. Vgl. lediglich die von der römischen Fernstraße im Bereich der Fundstelle Wackersmühle (vicus Neubourheim, Abb. 6) abzweigende Struktur auf dem Luftbild, STOMMEL 2008 (wie Anm. 36), S. 118, Abb. 2 (in Publ. fälschlich als Blick nach Nordwesten bezeichnet, ist aber Blick nach Süden); vgl. dazu Anm. 39. Vgl. auch Holger KOMNICK/Marcell PERSE, „Das Geld liegt auf der Straße" - Neufunde aus einer „mansio" im Rurtal bei Jülich, in: AiR 2007, 2008, S. 93-95, bes. S. 94, Abb. 92. - Das LVR-Amt für Bodendenkmalpflege im Rheinland, Außenstelle Titz-Höllen (Mitteilung Wolfgang GAITZSCH 29.04.2008) hat im Rahmen der Braunkohlearchäologie bei Inden eine Uferrandstraße erfasst (Fundbericht WW 2005/91) und eine angeblich römische Straße Kirchberg-Geuenich dokumentiert (Fundbericht WW 2007/74).

[39] Bei Erstpublikation der Rurtalquerung durch PERSE 1992 (wie Anm. 19), S. 66 wurde das negative Bewuchsmerkmal einer nach Süden von der römischen Kiesstrasse der Fernstraße abgehenden linearen Struktur als möglicherweise römische Straßenabzweigung angesprochen (Abb. 53, Nr. 8, Abb. 52 u. 54). Das Luftbild von 1993 (hier Abb. 12) zeigt jedoch (obwohl die Lage des Befundes unmittelbar an der Parzellengrenze die Situation verunklärt), dass die Struktur der Via Belgica an dieser Stelle von dem nach Süden ziehenden schmaleren Band geschnitten und offensichtlich sekundär überprägt wurde. Dies spricht gegen eine römische Zeitstellung.

Abb. 12: Luftbildbefund südwestlich von Wackersmühle (li.o.), Blick nach Südosten, August 1993. Zwischen dem Mühlenteich und der Aachener Landstraße ist deutlich das negative Bewuchsmerkmal der römischen Kiestrasse der Via Belgica erkennbar mit randlichen Bebauungsspuren des vicus Neubourheim (Abb. 6). Überprägt wird der römische Befund durch spätere Strukturen wie z.B. dem positiven Bewuchsmerkmal des Grabens einer Sternschanze der Belagerung 1621/22. Die westliche Fortsetzung der römischen Fernstraße wird gekappt von einer jüngeren schmalen Wegestruktur, die von Süden kommend die Römerstraße am Rande des Fruchtwechsels auf dem Acker schneidet.

Landstraße (Abb. 6 u. 13).[40] Die Strecke Jülich-Aachen gewann in nachrömischer Zeit zunehmend an Bedeutung, aber die Via Belgica blieb als Verbindung nach Antwerpen noch bis in die Frühe Neuzeit bestehen,[41] ehe sie mit dem Niedergang der Handelsmetropole in der Mitte des 17. Jahrhunderts stark an Bedeutung verlor und sich im 19. Jahrhundert - zumal in einer zunehmend vom Steinkohlebergbau geprägten und umorganisierten Landschaft - im Kartenbild zwischen Rur und Wurm nur noch in Teilstücken wiederfinden lässt. Ein wichtiger Indikator der Bedeutungsverlagerung von der

---

[40] HAGEN 1931 (wie Anm. 20), S. 245 f.; Maria KRANZHOFF, Aachen als Mittelpunkt bedeutender Straßenzüge zwischen Rhein, Maas und Mosel in Mittelalter und Neuzeit, in: Zeitschrift des Aachener Geschichtsvereins, Bd. 51, 1929, S. 1-63, hier S. 16-23; Marcell PERSE, Die Lage des Jülicher Siechenhauses am Aldenhovener Berg mit Standortfaktor Römerstraße, in: NBzJG, Bd. 3.II, 1992, S. 186-192.

[41] Guido VON BÜREN/Marcell PERSE, Vom Winde verweht – die Via Belgica westlich der Rur, in: AiR 2010, 2011, S. 21-23; vgl. P. H. MEURER, *„Itinera ex Colonia egredientia".* Das rheinische Fernstraßennetz um 1600 nach Kölner Itinerardrucken, Landesgeschichte als multidisziplinäre Wissenschaft, in: Festschrift Franz Irsigler, Trier 2001, S. 541-558, bes. S. 548 u. 556, Karte 3. So ist die alte römische Verbindung Jülich-Heerlen neben der hochrangigeren Route Jülich-Aachen auch noch in einer Karte von 1539 verzeichnet: Peter H. MEURER, Op het spoor van de kaart der Nederlanden van Jan van Hoirne, in: CAERT-THRESOOR, Bd. 21.2, 2002, S. 33-40.

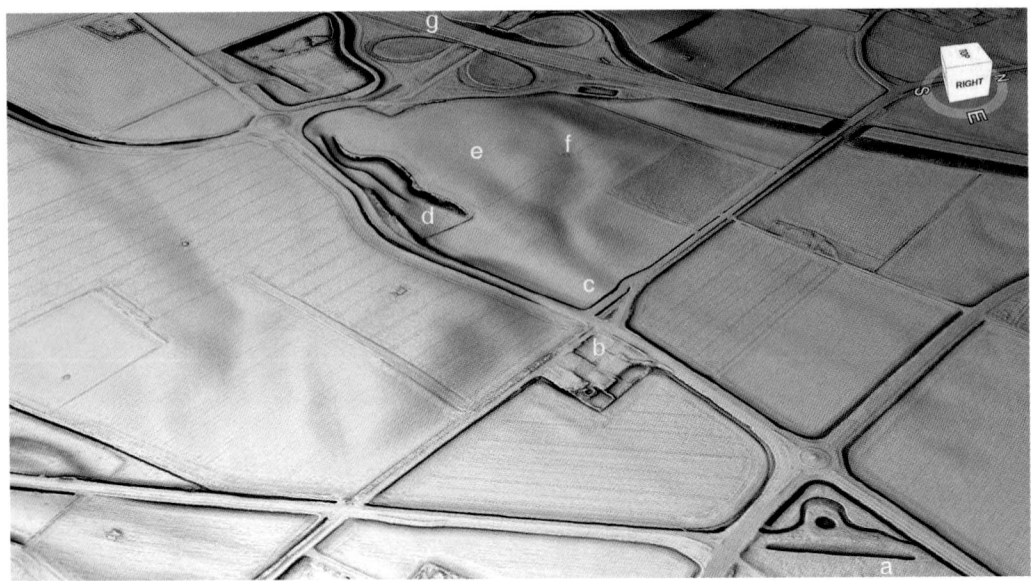

Abb. 13: Darstellung des Geländereliefs am Aldenhovener Berg westlich des vicus Neubourheim (a). Beim Gasthof Königshäuschen (b) am Hangfuß bei der heutigen Straßenkreuzung nach Koslar (im Urkataster 1821 „Sieghaus Weg") gabelt sich die historische Straßenführung in den Ast Richtung Aachen und der Route nach Heerlen. Im Zwickel dieser Wegscheide lag im Mittelalter das Jülicher Siechenhaus (c), vgl. Perse 1992 (wie Anm. 40). Die mit Airborne Laser Scanning ermittelten Höhendaten zeigen einmal den Verlauf der Aachener Landstraße mit zwei direkt danebenliegenden Vorgängertrassen als Hohlwege (d). Auf dem Hang nördlich der Aachener Straße ist Richtung Autobahnkreuz Jülich-West die sich wiederum gabelnde Wegeführung (e/f) der ursprünglich römischen Fernstraße Via Belgica zu erkennen (im Urkataster 1821 „Maastrichter Strass"). Hinter dem Autobahnkreuz Richtung Engelsdorf (g) ist im Luftbildbefund die römische Straße mit ihren typischen randlichen Gräben nachgewiesen (Abb. 14). Die Ausprägung unterschiedlicher Wegeführungen ist an Hängen mit größerem Gefälle wie hier (Flurbezeichnung im Urkataster 1821 „Bergauf und Bergab") nicht ungewöhnlich und den unterschiedlichen Bedürfnissen von Berg- und Talfahrern und unterschiedlich beladenen Fahrzeugen geschuldet. Dazu kommen Verlagerungen aufgrund von Erosionsvorgängen.

Verbindung nach Antwerpen zur Aachener Landstraße ist der Aldenhovener Berg, an dem die tiefer eingeschnittenen Hohlwegbildungen des in der Neuzeit zunehmenden Handelsverkehrs sich in Richtung Aachen eingeprägt hat (Abb. 13). Im Höhenrelief ist die ursprüngliche Trasse nach Heerlen aber deutlich nachweisbar und jenseits des unvollendeten Autobahnkreuzes Jülich-West sind die Straßengräben der Via Belgica als positives Bewuchsmerkmal auch im Luftbild dokumentiert - eine grafisch ansprechende Verdichtung von Verkehrsgeschichte über zwei Jahrtausende (Abb. 14).

Bebauungsstruktur

Durch die systematische Längsschnittprospektion der Innenstadt im Rahmen der Kanalsanierungen 1987-1989 ist die vicus-Bebauung auf der nördlichen Seite der rö-

Abb. 14: Luftbildsicht auf das Autobahnkreuz Jülich-West der A44 mit dem Landesbetrieb Straßenbau an der Aachener Landstraße. Blick nach Südwesten, 1990. Im eingesäten Feld Richtung Engelsdorf (u. re.) ist die typische Form der Via Belgica mit zwei randlichen Gräben erkennbar. Im gepflügten Acker des Rurtalhanges (o. li.) zeichnen sich die beiden eingeschnittenen Trassen der Berg- und Talfahrt hell ab (s. Abb. 13 e/f).

mischen Hauptstraße recht gut einzuschätzen.[42] Die Grundstückstiefe der langschmalen Streifenhausbebauung betrug ca. 120 m, sofern man aufgrund dieser Länge nicht doch von einem bislang nicht dokumentierten Parallelweg zur Hauptstraße ausgehen will, der die Parzellentiefe teilte. Beim Bau der Tiefgarage an der Schloßstraße konnte während der Grabung des spätantik-fränkischen Gräberfeldes ein Befund dokumentiert werden, der wohl die hintere Parzellengrenze der langschmalen Streifenhausgrundstücke darstellt (Abb. 4, Nr. 4). Bei dieser zum vicus des 1.-3. Jahrhunderts gehörenden Struktur handelt es sich um einen flachen Graben (Abb. 15).[43] Ähnliche Markierungen sind zur Parzellierung von Streifenhausgrundstücken an der Römerstraße belegt (Abb. 4, Nr. 5). Das auf dem Grundstück der Tiefgarage Schloßstraße dokumentierte Gräbchen muss bei Anlage der Nekropole noch erkennbar gewesen sein, so dass Bestattungen auf seine Ausrichtung Bezug nahmen. Die Zahl von mittelkaiserzeitlichen

---

[42] PERSE 1988 a (wie Anm. 5), S. 105-110; DERSELBE 1990 (wie Anm. 21), S. 477, Abb. 32,1-8; DERSELBE 2004/2005 (wie Anm. 12), S. 52.

[43] Karin DRECHSEL/Marcell PERSE, Renaissancezeitliche Zitadelle als römischer Fundplatz, in: AiR 1990, 1991, S. 43-45, bes. S. 44, Abb. 26, Nr. 4; Heike PÖPPELMANN [früher Aouni], Das spätantik-frühmittelalterliche Gräberfeld von Jülich, Kr. Düren (Bonner Beiträge zur Vor- und Frühgeschichtlichen Archäologie, Bd. 11), Bonn 2010, S. 17, Taf. 95-112, Gr. 1. - Ein System rechtwinkliger Sohlgräbchen als Parzellierung des 1. Jahrhunderts n. Chr. wurde auch auf dem Grundstück Römerstraße 2 dokumentiert: Peter HENRICH/Thomas IBELING, Neue Streifenhäuser an der Römerstraße im vicus Iuliacum, in: AiR 2007, 2008, S. 90-93, bes. S. 91, Abb. 88, vgl. Abb. 11 im vorliegenden Beitrag.

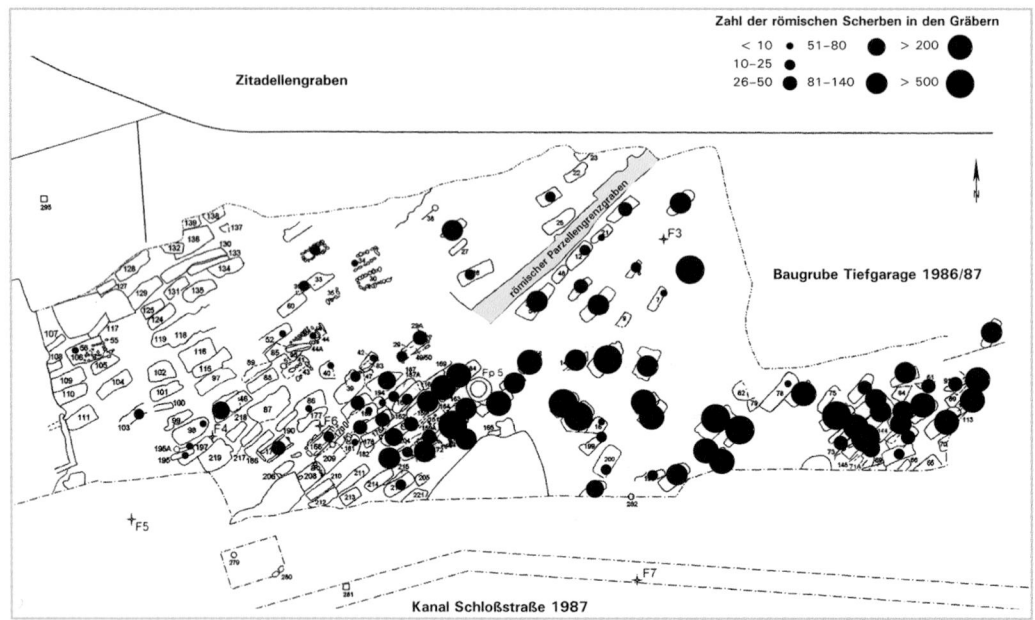

Zahl der römischen Scherben in den Gräbern

< 10 • 51–80 ● > 200 ●
10–25 • 81–140 ● > 500 ●
26–50 ● > 500 ●

Zitadellengraben

Baugrube Tiefgarage 1986/87

Kanal Schloßstraße 1987

Abb. 15: Grabungsfläche beim Bau der Tiefgarage Schloßstraße 1986/87 mit Parzellengrenz-gräbchen des vicus und darüber liegendem spätantik-fränkischem Gräberfeld. Die Anlage der Gräber nimmt noch auf die ältere Grabenmarkierung Bezug, was ihre Langlebigkeit bezeugt. Die Kartierung von Streuscherben der Siedlungszeit in den Grabverfüllungen belegt den Charakter der Grabenmarkierung als Grenze des Siedlungsbereiches, da die Siedlungsabfälle jenseits der Markierung stark abnehmen.

Streufund-Scherben in der Grabgrubenverfüllung der späteren Gräber nimmt jenseits des Gräbchens signifikant ab (Abb. 15).[44] Dies spricht dafür, dass mit dieser Graben-struktur tatsächlich die Begrenzung der Siedlungsparzellen gekennzeichnet war, so dass außerhalb der Grundstücke nur deutlich weniger Keramikabfall in den Boden und damit auch in die späteren Grabgruben gelangte. Beiderseits der Hauptstraße waren nach den Beobachtungen der Kanalarchäologie 1987 ca. 60 m intensiver bebaut, bis ca. 100 m finden sich extensive Bauspuren, der äußere Siedlungsrand fiel im Bereich des Kanalschnittes Düsseldorfer Straße durch eine Ziegelkonzentration auf.[45]

Die Areale südlich der Hauptstraße sind nicht so einfach zu überblicken. Zum einen liegen hier keine großflächigen Aufschlüsse vor und zum anderen handelte es sich nicht um eine homogene Siedlungsfläche. Der Bereich war offensichtlich je nach Nähe zum Ellbach unterschiedlich geprägt. In den nur kleinräumigen Aufschlüssen können

---

[44] Die Kartierung wurde von Heike PÖPPELMANN 1992 für die Jülicher Museumsplanung erar-beitet, aber nicht publiziert. - Tünde KASZAB-OLSCHEWSKI, Siedlungsstruktur und Keramikpro-duktion – Das Beispiel Jülich, in: Rei Cretariae Romanae Favtorvm Acta, Bd. 44, 2016, S. 373-379, hier S. 374 weist bei Überlegungen zur historischen Topographie des römischen vicus in Jülich auf die Langlebigkeit von Parzellierung und ihrer Markierung in römischen Siedlungen hin.

[45] PERSE 1988 a (wie Anm. 5), S. 116; DERSELBE 1990 (wie Anm. 21), S. 478.

die Ausschnitte von Geländerelief und Feuchtbodenbereichen bislang nicht zusammenfassend interpretiert werden.[46] Durch die Orientierung von Gewerbebauten hin zum Brauchwasser wird es hier wahrscheinlich auch andere Parameter der Bebauung gegeben haben. In diesem Teil der Siedlung gibt es mehrere Hinweise auf Wege abseits der Hauptstraße, die eventuell auf eine größere Komplexität des Ortes im Vergleich zu reinen Straßensiedlungen an einer Hauptstraße hindeuten könnten.[47] Allerdings bleibt bei der geringen Größe der Aufschlüsse die Unsicherheit, dass es sich dabei auch um befestigte Hofflächen o.ä. handeln kann, da eine Rekonstruktion des Siedlungsbildes als reines Straßendorf mit Streifenhausbebauung auf dem Hintergrund der bisherigen Befunde auch ein sehr stimmiger Ansatz zu sein scheint (s. u. Abb. 30). Die Beobachtungen sind insgesamt nicht differenziert genug, um eindeutig als nur einzeilige beidseitige Bebauung an der Hauptstraße mit langgestrecktem Hinterhofbereich interpretiert zu werden.

Es ist gut vorstellbar, dass man von einer komplexeren Siedlungsstruktur ausgehen muss, in der es auch Parallelstraßen und gesondert erschlossene Viertel gab. Dies ist in der undifferenzierten Punktwolke von Einzelbeobachtungen (Abb. 5) bislang jedoch nicht zu erkennen, denn das Detailwissen zur Bebauungsstruktur des vicus ist trotz zahlreicher Fundstellen weiterhin mäßig.[48] Dies ist ein typisches Symptom eines Fundortes, der in der Nachkriegszeit aus logistischen Gründen eher am Rande des möglichen Wirkungskreises der amtlichen Bodendenkmalpflege des Landesmuseums Bonn lag. Die sehr verdienstvolle ehrenamtliche Betreuung in der Wiederaufbauphase nach dem Krieg hat als *„Feierabendarchäologie"* zwar viele Lesefunde und Profilbeobachtungen dokumentiert, aber nur selten die Chance gehabt, zusammenhängende Flächen systematisch zu untersuchen. Dort, wo man Aussagen über die Art der Bauten zu machen können glaubt, sind Streifenhäuser nachgewiesen (Abb. 8) - man muss allerdings relativieren, dass die meisten nur punktuell aufgedeckten Mauerreste ggf.

---

[46] WAGNER 1990 (wie Anm. 16), S. 89 (Grabung Zü 88/23); Bernhard DAUTZENBERG, Jülich, Kreis Düren. Archäologische Aufarbeitung Große Rurstraße Jülich NW 97/1016. Schleiden-Land Bericht Nr. 4, 2001, Bibl. Museum Jülich, Abschnitt 3.1.

[47] PERSE 2004/2005 (wie Anm. 12), S. 53, Anm. 11; DERSELBE 1988 a (wie Anm. 5), S. 113 f. bzw. DERSELBE 1990 (wie Anm. 21), S. 478, Abb. 32, Nr. 19; CLEMENS/PERSE 1990 (wie Anm. 15), S. 6 bzw. Marcell PERSE, Ausgrabungen, Funde und Befunde 1989. Jülich, in: BJb, Bd. 191, 1991, S. 555, Nr. 4 u. S. 583, Abb. 29,13. Es sei darauf hingewiesen, dass der Befund einer Pfostenständerreihe (HABEREY 1951 (wie Anm. 3), S. 302, Abb. 43 (vgl. Abb. 8 im vorliegenden Beitrag) eine innere Baustruktur und keine nach Südosten gerichteten Portikus darstellt. - Vgl. allgemein zu vicus-Strukturen Ursula HEIMBERG, Siedlungsstrukturen in Niedergermanien, in: JGBI, Bd. 67/68, 1999/2000, S. 189-240, bes. S. 219 u. Cornelius ULBERT, Zivile Kleinsiedlungen im Rheinland, in: Alexander HEISING (Hrsg.), Neue Forschungen zu zivilen Kleinsiedlungen (vici) in den römischen Nordwest-Provinzen. Akten der Tagung Lahr 21.-23.10.2010, Bonn 2013, S. 7-40, Jülich S. 18 ff., Nr. 13.

[48] Zur Forschungsgeschichte THOLEN 1975 (wie Anm. 3), S. 231; PERSE 1988 a (wie Anm. 5), S. 88; DERSELBE 1999/2000 (wie Anm. 15), S. 90-92; eine Fundstellenübersicht bietet DRECHSEL u.a. 1990 (wie Anm. 15), S. 82 f., Abb. 34; vgl. auch Wolfgang WEGENER, Jülich - eine archäologische Bestandsaufnahme, in: JGBI, Bd. 67/68, 1999/2000, S. 283-295, bes. Abb. 4/5.

Abb. 16: Rekonstruktionsidee einer Deckenmalerei aus einem römischen Gebäude unter dem Flügel des Alten Rathauses an der Kölnstraße (Abb. 8) anhand von zwei erhaltenen Putzfragmenten mit zweifarbiger Bemalung (rotbrauner Doppelkreis, grüne Blätter), Museum Zitadelle Jülich, Inv.-Nr. 1951-0222 (8,0 × 6,3 cm) u. 1951-0224 (5,8 × 3,0 cm), s. Brossok/Perse 1991 (wie Anm. 51), S. 481 f., Abb. 2,7.

auch für andere Interpretationen herangezogen werden könnten und interpolierte Verbindungen möglicherweise auch Befunde kombinieren, die ursprünglich nicht zusammengehörten.[49]

Ein Fundensemble am Ostrand des vicus (Abb. 4, Nr. 5) zeigt exemplarisch einen Ausschnitt der römischen Hauptstraße mit beidseitiger Streifenhausbebauung und einer Portikus zur Straße (Abb. 11),[50] wie wir sie für den größten Teil der Siedlung annehmen können. Im Ort sind Räume mit Fußbodenheizung und einfacher Felder-Wandmalerei - sogar Deckenmalerei ist nachgewiesen (Abb. 16) - sowie Steinkeller (Abb. 17) belegt.[51] Eine wesentliche Abweichung von diesem Bebauungsmuster konnte bislang nur im Bereich des heutigen Marktplatzes bemerkt werden, wo sich eine starke Konzentration großer Architekturbruchstücke aus Sand- und Kalkstein fanden (Abb. 8), die auf repräsentativere Architektur in diesem Bereich hinweist, ohne dass wir deren genaueres Aussehen erschließen könnten (Abb. 18). Möglicherweise lässt sich hier ein Forum annehmen (vgl. Abb. 30), wobei die an ein *„Marktrecht"* sicherlich auch in römischer Zeit gebundene administrative Funktion und deren Verortung in Beziehung zur Colonia eine bislang völlig unbeantwortbare Frage ist.[52] Die in der Trasse des Kanalsammlers u.a. zufällig angetroffenen Säulenteile, ein mächtiger Kalksteinblock mit Klammer und Hebe-

[49] Vgl. Marcell PERSE, IVLIACVM – Fachwerkhäuser an der Römerstraße, in: JGBl, Bd. 63, 1995, S. 133-148; DERSELBE 2004/2005 (wie Anm. 12), S. 51 f. Eine kolorierte Bebauungsrekonstruktion bei PERSE 2011 (wie Anm. 10), S. 11.

[50] HENRICH/IBELING 2008 (wie Anm. 43); die Streifenhäuser nördlich der Straße stehen schräg zur Achse der Fernstraße, s. Eric P. G. WETZELS, Streifenhäuser im römischen Jülich, in: AiR 1998, 1999, S. 60-62, bes. S. 60 mit Verweis auf unmotivierte Schrägen im vicus Bonn.

[51] Fußbodenheizung: z.B. Norbert BARTZ/Marcell PERSE, Fußbodenheizung auf Raten, in: AiR 1997, 1998, S. 61-63, Abb. 40. - Wandmalerei: Anette BROSSOK/Marcell PERSE, Römische Wandmalerei aus Jülich, in: Kölner Jb für Vor- u. Frühgesch., Bd. 24, 1991, S. 477-483 u. Renate THOMAS, Römische Wandmalerei, in: PERSE 2018 (wie Anm. 34), S. 52 f., Kat.-Nr. 16. - Steinkeller: WAGNER 1990 (wie Anm. 16), S. 91 (Grabung Zü 89/49); PERSE 1991 (wie Anm. 47), S. 555, Nr. 4 u. S. 583, Abb. 29, Nr. 16 u. Foto PERSE 1994 (wie Anm. 10), S. 12.

[52] Steinkonzentration: Marcell PERSE, Jülich - Sondagen der archäologischen Strukturen im Rahmen der Innenstadtsanierung, in: AiR 1987, 1988, S. 61-63, hier S. 62 f.; DERSELBE 1988 a (wie Anm. 5), S. 100 f., Anm. 342 u. 348; DERSELBE 1990 (wie Anm. 21), S. 477 f., Abb. 32, Nr. 9-12. - Eine anregende Gesamtinterpretation der bekannten Teilbefunde im vicus mit Parzellenrekonstruktion und Ausweisung eines mutmaßlichen Forums als Marktfläche gibt

Abb. 17: Aufdeckung des Steinkellers (2,50 × 3,00 m) eines römischen Streifenhauses bei der Kanalsanierung Kurfürstenstraße September 1989 vor Haus Nr. 10 (Fundbericht Zü 1989-0049). Vgl. Perse 1991 (wie Anm. 47), S. 555 u. S. 583, Abb. 29, Nr. 16. Unter dem Schirm ist der Zugang des Kellers erkennbar (von Osten). Nach einem Brand des zugehörigen Hauses im 3. Jahrhundert wurde er verfüllt, Wagner 1990 (wie Anm. 16). Der Befund erscheint im Rahmen der sonstigen dokumentierten römischen Mauerreste in Jülich solitär, da meist keine entsprechend großflächigen Aufschlüsse beobachtet wurden. Es handelt sich jedoch um einen häufigen Baubefund, der an vielen Stellen nur nicht als solcher erkannt worden sein wird. Neben der Baugrube Besprechung von Grabungsleiter Rolf Clemens, Grabungstechnikerin Karin White-Rahneberg und Paul Wagner, Leiter der damaligen Außenstelle Zülpich des Rheinischen Amtes für Bodendenkmalpflege (LVR).

löchern von ehemals ca. 43 × 140 × 49 cm, der zum fugenlosen Versetzen auf Anschluss gearbeitet ist (Abb. 18), oder eine Halbsäule aus Sandstein mit den beeindruckenden Maßen von 125 × 72 × 52 cm [53] sind mit den bislang dokumentierten Bau- und Mauerstrukturen im vicus nicht zu verbinden und verweisen auf die große Lücke uns bislang unbekannter Bauten, die unsere Vorstellung vom Aussehen der Siedlung noch einmal sehr stark verändern könnten. An der Fundstelle im Bereich des heutigen Marktplatzes würde man sich in der Antike einen zentralen Platz vorstellen, der für die

---

KASZAB-OLSCHEWSKI 2016 (wie Anm. 44), S. 374 f., Abb. 2/3 (vgl. Abb. 30 im vorliegenden Beitrag). - ROTHENHÖFER 2005 (wie Anm. 30), S. 33 betont, dass vici keine eigenständige Verwaltungseinheit gewesen wären, aber bestimmte Funktionen mussten rein praktisch sicherlich von Köln aus an die konkreten Marktorte delegiert werden.

[53] Museum Zitadelle Jülich, Kalksteinblock Inv.-Nr. FB 1987-D-217-001 mit seitlicher Anathyrose, Sandsteinhalbsäule Inv.-Nr. FB 1987-D-211.

Abb. 18: Steinfunde aus der archäologischen Begleitung der Kanalsanierung Düsseldorfer Straße/Markt 1987. Im Vordergrund eine Säulentrommel aus rotem Sandstein, Museum Zitadelle Jülich, Inv.-Nr. FB 1987-D-208, H. 65 cm, Dm. 57 cm. Dahinter ein korinthisches Kapitell, Inv.-Nr. FB 1987-D-200, H. 45, Dm. 40/60 cm und rechts dahinter ein großer Kalksteinblock zur mörtellosen Versetzung mit Metallklammern, Inv.-Nr. FB 1987-D-217-001, 43 × 140 × 49 cm. Die Häufung der Steinfunde im Bereich des heutigen Marktplatzes (Abb. 8) könnte auf ein öffentliches Gebäude verweisen.

anzunehmende Marktfunktion des Ortes genutzt wurde. Zu den zentralen Einrichtungen des Ortes wird sicherlich auch eine Thermenanlage gehört haben, die allerdings bislang nicht lokalisiert ist - eine Interpretation der Hypokaustanlage unter der Kirche als Thermenrest ist nachweislich falsch (Abb. 19).[54]

Die Ränder der Siedlung sind im Südwesten und im Osten durch Gräberfelder an der Hauptstraße beschrieben, wobei sich der Übergang von Siedlungs- bzw. Gewerbebereich und Gräberfeldern im Osten mit der Zeit verschiebt (vgl. Abb. 33).[55] Die Ausdehnung nördlich der Straße ist durch die Fundstreuung und den erwähnten Parzellengrenzgraben (Abb. 4, Nr. 4) fassbar, südlich der Straße muss diese Grenze stärker interpoliert werden. Insgesamt rechnet man mit ca. 13 ha Siedlungsfläche, für die man über 1.000 Einwohner annimmt - vielleicht aber auch mit 16-20 ha und entsprechend höherer Einwohnerzahl bis zu 2.000, die im zeitlichen Verlauf erheblich geschwankt haben wird.[56]

---

[54] BARTZ/PERSE 1998 (wie Anm. 51); HEIMBERG 1999/2000 (wie Anm. 47), S. 220; PERSE 2004/2005 (wie Anm. 12), S. 54; noch falsch Michael DODT, Römische Badeanlagen in Niedergermanien - eine Verbreitungskarte zum aktuellen Forschungsstand, in: AiR 2006, 2007, S. 96-99, Abb. 91,8.

[55] Zu den Nekropolen s. Raymund GOTTSCHALK, Gräber nördlich der Römerstraße in Jülich, in: JGBl, Bd. 67/68, 1999/2000, S. 297-314; DERSELBE, Spätrömische Gräber im Umland von Köln (Rheinische Ausgrabungen, Bd. 17), Darmstadt 2015, S. 225-233; PERSE 2005 (wie Anm. 11), S. 136 f. Zum Forschungsstand des Gräberfeldes an der Römerstraße siehe jetzt Thomas IBELING/Marcell PERSE/Oliver UNGERATH, Schritte ins Dunkel - römische Brandgräber des vicus Iuliacum an der Via Belgica, in: AiR 2015, 2016, S. 127-129; Bernhard DAUTZENBERG/Marcell PERSE, „Nicht schon wieder" - römische Brandgräber des vicus Iuliacum in der Mariengartenstraße, in: AiR 2016, 2017, S. 32 f. u. DERSELBE, Beiträge zur Jülicher Archäologie (X), in: JGBl, Bd. 82-84, 2014-2016, S. 17-21.

[56] PERSE 2004/2005 (wie Anm. 12), S. 52, Anm. 9 und HEIMBERG 1999/2000 (wie Anm. 47), S. 216, Anm. 48; KUNOW 1988 (wie Anm. 30), S. 60 nimmt 10 ha an, auf jeden Fall zählte Jülich dort zur Kategorie der mittleren Zentralorte von 9-15 ha. Vgl. ECK 2004 (wie Anm. 17), S. 312 mit Pauschalschätzung von 100 Personen pro ha. Vgl. auch ROTHENHÖFER 2005 (wie Anm. 30), S. 26. - Neuerdings von Tünde KASZAB-OLSCHEWSKI, Die römischen Töpfereien von Jülich, in: Lutz GRUNWALD (Hrsg.), Den Töpfern auf der Spur. Orte der Keramikherstellung im Licht der neuesten Forschung (46. Internationales Symposium Keramikforschung des Arbeitskreises für Keramikforschung und des Römisch-Germanischen Zentralmuseums Mainz vom 16. bis zum 20. September 2013 in Mayen), Mainz 2015, S. 63-70, bes. S. 65-67, Abb.

Abb. 19: Beim neoromanischen Umbau der Propsteikirche 1899 wurde eine römische Hypo-
kaustheizung angeschnitten. Zusammen mit weiteren Funden von Hypokaustziegeln aus dem
Umfeld erwuchs daraus die These einer Thermenanlage, Tholen 1975 (wie Anm. 3), S. 235. Bei
der Kirchensanierung 1997 wurde die Fortsetzung des Befundes von 1899 aufgedeckt und er-
wies sich nur als kleiner beheizter Raum (Fundbericht NW 1997-1038, 31.10.1997). Funde in
der Umgebung könnten darauf zurückzuführen sein, dass viele der nebeneinander aufgereihten
Streifenhäuser einen solchen Raum mit Hypokaustum hatten.

Es ist zu bedenken, dass unsere Vorstellung von der flächigen Ausdehnung der Siedlung chronologisch kaum differenziert ist und die Gesamtpunktwolke von Funden nur
eine sehr annäherungsweise Vorstellung von der Siedlungsfläche vermittelt, da sie
nicht zwischen bewohnten Bereichen, Werkstattarealen, Lagergebäuden, Abfallstreifen o.ä. und sonstwie verlagerten Artefakten differenziert.

Kultanlagen

Tempel sind in Jülich bislang nicht lokalisierbar und ihre Existenz nur sekundär
durch Spolien von Weihedenkmälern zu erschließen.[57] Indizien für die Lage von Wei-
hebezirken ergeben sich aus der Spolienverteilung jedoch bislang nicht. Die bekannten
Belege sind weniger unter dem Aspekt einer Zentralfunktion für das Umland zu sehen,
in dem gerade für den am deutlichsten im Fundaufkommen fassbaren Matronenkult

---

2 dargestellte Überlegungen umschreiben eine größere Siedlungsfläche von 16-20 ha, vgl.
auch DIESELBE, 2016 (wie Anm. 44), S. 374; vgl. Abb. 30 im vorliegenden Beitrag.

[57] Frank BILLER, Kultische Zentren und Matronenverehrung in der südlichen Germania Inferior
(Osnabrücker Forschungen zu Altertum und Antiken-Rezeption, Bd. 13), Rahden 2008,
S. 56-83.

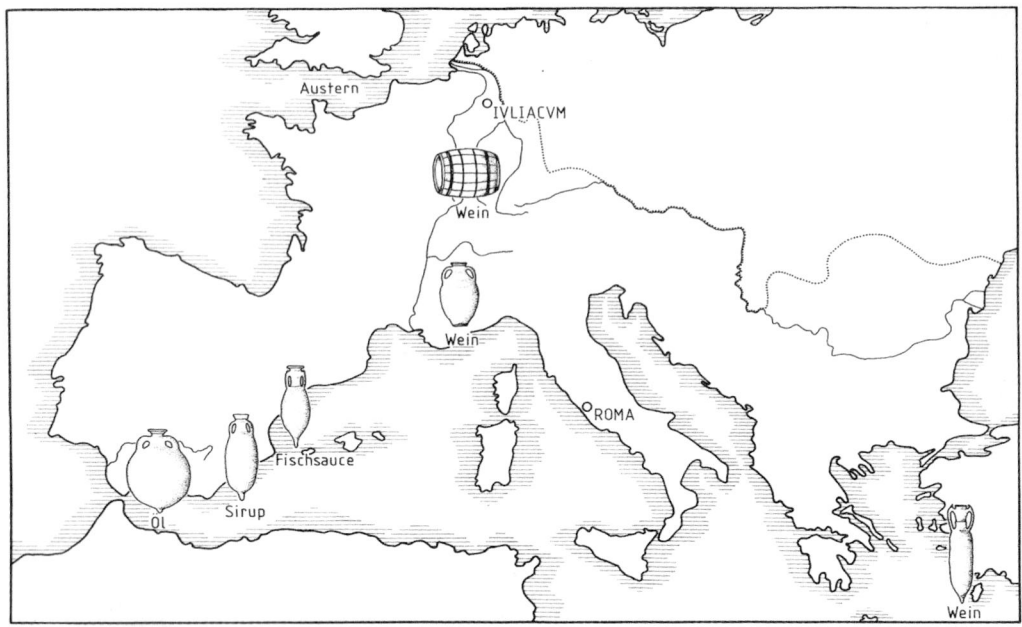

Abb. 20: Übersicht zur Herkunft von Feinkostimporten im römischen Jülich, die durch den Fund von Transportbehältern wie Amphoren oder Fässern nachgewiesen sind.

dezentral eigene Tempelbezirke nachgewiesen sind.[58] Im Hinblick auf die Lage an der Fernstraße ist es auffällig, dass in Jülich Matronengruppen inschriftlich belegt sind, die eine weite Verbreitung im Rheinland haben, was auf Mobilität verweist.[59] Die weihenden Personen sind meist mit dem Militär verbunden, so auch der Offiziers-Veteran der VI. Legion, der eine Weihung an die Rumanehischen Matronen in Jülich setzte. Die seit dem 16. Jahrhundert publizierte Inschrift spielt für die Anfangsdatierung des Matronenkultes im Rheinland eine wichtige Rolle.[60] Für einen zentralen Platz der Sied-

---

[58] BILLER 2008 (wie Anm. 57), S. 83-95; zu Tempelbezirken der Matronen bei Merzenhausen und Mersch s. Heinz FORSTER/Marcell PERSE, Äpfel und Birnen - Jülicher Matronenernte, in: AiR 1998, 1999, S. 80-82 u. Marcell PERSE, Spurensicherung römischer Matronenheiligtümer bei Jülich, in: JGBl, Bd. 76-78, 2008-2010, S. 249-258.

[59] PERSE 2008-2010 (wie Anm. 58), S. 249-251, Abb. 3 mit einer Kartierung Stand 1992 nach Brigitte Beyers unpubliziertem Corpus der Matronenweihungen im Rheinland, LVR-Landesmuseum Bonn (erstellt für die Arbeit von Christoph B. RÜGER, Anm. 60).

[60] CIL, Bd. XIII, Nr. 7869; Christoph B. RÜGER, Beobachtungen zu den epigraphischen Belegen der Muttergottheiten in den lateinischen Provinzen des Imperium Romanum, in: Matronen und verwandte Gottheiten (Beihefte der BJb, Bd. 44), Köln 1987, S.1-30, hier S. 10 ff. mit der interessanten, aber falschen Deutung des Weihenden der damals als verschollen angesehenen Inschrift als Explorator (was eine Anwesenheit im Rheinland auch nach Verlegung der VI. Legion begründen sollte); dagegen Marcell PERSE, Matronentempel als Museumsinszenierung, in: AiR 1992, 1993, S. 202-204, bes. S. 203 f., Abb. 179 mit der als *„ex pilo"* verbesserten Lesung des für die Museumsplanung in Jülich vom Verfasser im Magazin des Landesmuseums Bonn wieder aufgefundenen Steins. Die Errichtung des Votivs kann nicht lange nach Verlegung der nur bis 122 n. Chr. im Rheinland stationierten Legion erfolgt worden sein, ggf. aber auch schon deutlich früher.

lung kann die Aufstellung eines Jupitermonumentes aus dem 1. Viertel des 2. Jahrhunderts angenommen werden, auf der die *„vicani Iuliacenses"* als Weihende genannt sind.[61] Dieser exzeptionelle Fund wirft die Frage nach einer Art Selbstverwaltung der vici auf, denn dieses Weihemonument in Jülich impliziert eine Möglichkeit zu organisiertem kooperativen Handeln. Die in Niedergermanien weit verbreitete Form von Jupiterweihungen in Säulen- bzw. Pfeilerform, in der römische Bildtradition mit einheimischen Religionsvorstellungen verbunden wurde, hat in Jülich und Umgebung ein hohes Fundaufkommen, so dass hier entsprechende Werkstätten vermutet werden.[62]

Importe

Reflektiert man die Lage des vicus Iuliacum an der Fernstraße im Spiegel des Fundspektrums, geben manche Fundgattungen offensichtlichere Hinweise zur Herkunft und zu Fragen von Handel und Import als andere, bei denen die Provenienz nur über aufwändige Materialanalysen oder typologische Forschungen zu erhärten ist. Als offensichtliche Importe sind neben den *„klassischen"*, über Amphorenfunde belegbaren Nahrungs- und Genussmitteln wie Wein, Olivenöl, Fischsauce und Austern (Abb. 20)[63] sowie feinem Tafelgeschirr (auch über die bekannte Terra Sigillata hinaus),[64] ebenso die verwendeten Steinmaterialien für Bauten sowie Weihe- und Grabdenkmäler zu nennen.[65] Lothringischer Kalkstein und solcher aus dem Maastal, feiner Nievelsteiner

---

[61] Peter NOELKE, Die Iupitersäulen und -pfeiler in der römischen Provinz Germania inferior (Beih. BJb, Bd. 41), Köln 1981, Kat.-Nr. 186; DERSELBE., Bildersturm und Wiederverwertung am Beispiel der Iuppitersäulen in den germanischen Provinzen des Imperium Romanum, in: Bericht der Römisch-Germanischen Komission, Bd. 87, 2006, S. 273-386, hier S. 326 f., Abb. 34 (allerdings mit der falschen Annahme, dass der Stein für die sekundäre Verwendung in der spätantiken Kastellmauer spoliert wurde; die Sekundärverwendung erfolgte jedoch für einen frühen Kirchenbau); ECK 2004 (wie Anm. 17), S. 309, Abb. 127; Tilmann BECHERT, Germania Inferior. Eine Provinz an der Nordgrenze des Römischen Reiches, Mainz 2007, S. 3 u. 38, Abb. 24; Eberhard GRAFFMANN, Sockel einer Jupiterweihung, in: PERSE 2018 (wie Anm. 34), S. 38 f., Kat.-Nr. 9. - Die Frage nach Art und Umfang lokaler Selbstverwaltung mit der Möglichkeit auf Geldmittel zurückzugreifen ist in der Forschung bislang völlig offen, ROTHENHÖFER 2005 (wie Anm. 30), S. 33 betont lediglich, dass vici nicht als eigene Verwaltungseinheit anzusehen sind. Es gab jedoch sicherlich für solche Mittelzentren lokalen Handlungsbedarf, der in irgendeiner Weise als delegierte Funktion aus dem Zentralort Köln vor Ort wahrgenommen werden musste, vgl. z.B. Anm. 52 zum *„Marktrecht"*

[62] Peter NOELKE, Neufunde von Jupitersäulen und -pfeilern in der Germania inferior seit 1980 nebst Nachträgen zum früheren Bestand, in: BJb, Bd. 210/211, 2010/2011, S. 149-374, hier S. 241.

[63] Ursula HEIMBERG, Zu den römischen Amphoren aus Augst und Kaiseraugst, in: Germania, Bd. 75.1, 1997, S. 298-307, bes. S. 304 f., Tab. 1. Die Kartierung der Jülicher Amphorenherkunftsorte Abb. 20 entstand für die Museumsplanung 1992. Zur Beziehung von Öllampen und Olivenölimport s. GOTTSCHALK 1999/2000 (wie Anm. 55), S. 312. - Zu den Nahrungsmittelimporten in Niedergermanien allgemein und dem Rückgang der Olivenöleinfuhr ROTHENHÖFER 2005 (wie Anm. 30), S. 212 ff.

[64] Vgl. Glanztonware (früher *„Firnisware"* genannt) mit in Barbotinetechnik aufwändig erstelltem Reliefdekor aus Köln: Werner OENBRINK, Die Kölner Jagdbecher im römischen Rheinland, in: Kölner Jb für Vor- u. Frühgesch., Bd. 31, 1998, S. 71-252, hier S. 105, Abb. 67 u. S. 206 f., Kat.-Nr. 1200-1208.

[65] Einen Überblick zum Forschungsstand gibt Peter NOELKE, Bildhauerwerkstätten im römischen Germanien, in: BJb, Bd. 206, 2006, S. 87-144, hier S. 102-107; einen kurzgefassten

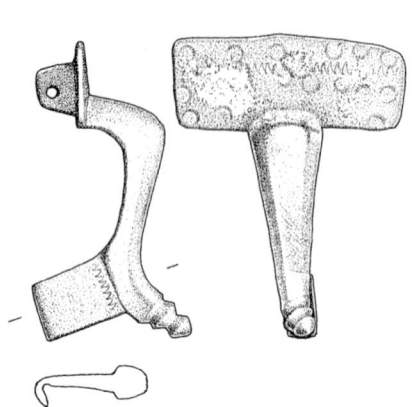

Abb. 21: Mitteldonauländische Fibel aus der Grabung beim Bau des Stadthauses Matzerath, Römerstraße 2d-f (Abb. 11). Kniefibel mit doppelt profiliertem Fußknopf, längsgestelltem Nadelhalter und rechteckiger Kopfplatte, mit Kreisaugenpunzen und Wolfszahnmuster als Verzierung, 2. Jh./frühes 3. Jh., Kupferlegierung, 5,7 × 4,4 × 5,1 cm, Museum Zitadelle Jülich, Inv.-Nr. NW 2007-1031-128-01.

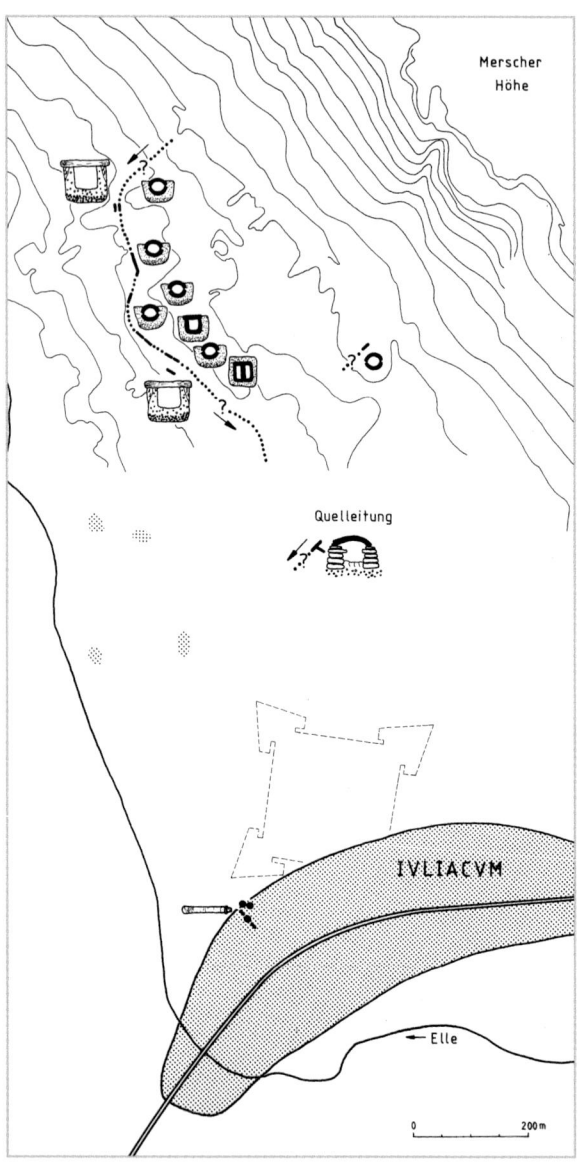

Abb. 22: Übersicht über Wasserleitungsfundstellen im römischen Jülich: Am Hang der Merscher Höhe wurde aus verschiedenen Formziegeln eine Leitung errichtet, die später in paralleler Führung als eine durchgängige Mörtelgussrinne ausgeführt wurde (Fundstellen Nordviertel: Fundbericht 350, Petternicher Straße 27; Fundbericht 214 u. 320B, Heinrich-Hertz-Straße 4–6 u. 7; Fundbericht 307, Einsteinstraße 5/7; Fundbericht 443, Max-Planck-Straße 16; Fundbericht 309, Gutenbergstraße/Bahn). Näher am Rand des vicus sind Anschnitte einer Quell-Leitung (Fundbericht 301, Artilleriestraße 32) und Tonrohrfunde (Fundbericht 198, Schloßstraße 4) kartiert.

Überblick ermöglicht Peter NOELKE, Iuppitersäulen und -pfeiler in Niedergermanien - Neufunde aus 25 Jahren, in: Heinz Günter HORN u. a. (Hrsg.), Von Anfang an. Archäologie in Nordrhein-Westfalen, Mainz 2005, S. 128-137, bes. S. 131. - Zusammenfassend ROTHENHÖFER 2005 (wie Anm. 30), S. 22 u.102-117.

Bildhauersandstein aus Herzogenrath neben anderen Sandsteinvarietäten aus weiteren regionalen Vorkommen und für Bauten Tuff aus dem Neuwieder Becken, dazu Mayener Basalt für Mühlsteine[66] - es gibt eine breite Vielfalt und die üblichen makroskopischen Einordnungen sind nicht immer zutreffend, hier gibt es noch viel systematischen Forschungsbedarf.[67]

Auch der Fund einer Münze aus Tabae im kleinasiatischen Karien stellt die Fernverkehrsanbindung des Ortes anschaulich an einem Einzelstück dar.[68] Ebenso wie der Fund einer Fibel eines Typs, der im Bereich der mittleren Donau bis zur Adria verbreitet ist. Diese Stücke belegen nicht nur Handelsströme, sondern auch die Mobilität von Personen im römischen Reich (Abb. 21).[69]

Wasserversorgung

Die Wasserversorgung der Siedlung geschah in der Regel durch Brunnen vor und neben den Häusern oder im Hinterhofbereich (vgl. Abb. 8).[70] Am Nordrand des vicus sind Reste einer Tonröhrenleitung gefunden worden. Von Quellhorizonten an der Merscher Höhe wurden Wasserleitungen aus verschiedenen Ziegeleiprodukten - u. a. auch mit zweckentfremdeten Dachziegeln oder Wandheizungsziegeln - und parallel (wahrscheinlich zeitversetzt) in einer Mörtelgussrinne an die Siedlung herangeführt (Abb. 22).[71] Am nördlichen Siedlungsrand im Bereich der Schloßstraße 4 wurden Tonrohre einer Wasserleitung gefunden, die wohl als Unterverteilung innerhalb des vicus zu deuten sind.[72] Die diskutierte Option einer Fernwasserleitung von einem bei Hoengen zu vermutenden Quellgebiet zur Versorgung des vicus ist eine Möglichkeit, die

---

[66] Hildegard SANDEK, Römische Mühlsteine aus Jülich, in: JGBl, Bd. 60, 1992, S. 90-113.

[67] Vgl. dazu Gerhard REISS, Diskussion zu den Steinmaterialien zweier Meilensteine der Via Belgica, in: JGBl, Bd. 76-78, 2008-2010, S. 241-248 basierend auf seiner unpublizierten Magisterarbeit, DERSELBE, Studien zur Herkunft und Verwendung der Steinmaterialien römischer Denkmäler im Rheinland, Köln 2007; Expl. in Bibl. Museum Jülich, Sign. AR 3780.

[68] Bernd PÄFFGEN, Die Fundmünzen aus der Grabung Jülich Schloßstraße 1986/1987, in: JGBl, Bd. 85/86, 2017/2018, S. 23-46, hier S. 24, Abb. 1 (= Holger KOMNICK, FMRD, Bd. VI,2,/1, Mainz 2008, S. 446, Fst. Nr. 2274, Objekt-Nr. 10, Museum Zitadelle Jülich, Inv.-Nr. FB-1986-F-804); vgl. auch den Fund einer frühseverischen Kleinbronze aus dem thrakischen Philippopolis (heute Plovdiv, Bulgarien) von der Fundstelle des kleinen vicus bei Neubourheim jenseits der Rur (Fundstelle „Wackersmühle", vgl. hier Abb. 6), KOMNICK/PERSE 2008 (wie Anm. 38), S. 95, Abb. 94.

[69] Peter HENRICH/Thomas IBELING, Eine mitteldonauländische Fibel aus Jülich, in: AiR 2009, 2010, S. 115 f.

[70] Zusammenstellung der Brunnen bei PERSE 2004/2005 (wie Anm. 12), S. 52, Anm. 6/7; vgl. auch DERSELBE, Die Römer und das Wasser. Spuren entlang der Via Belgica in und um Jülich, in: Jahrbuch des Kreises Düren 2013, 2012, S. 53-61, dabei S. 54, Abb. 2 ein römischer Brunnenkranz vom Bauplatz des Alten Rathauses. Die dortige Befundlage bei HABEREY 1951 (wie Anm. 3), S. 303 f., Abb. 44, vgl. Abb. 8 im vorliegenden Beitrag.

[71] THOLEN 1975 (wie Anm. 3), S. 237 ff., Abb. 3; PERSE 1999/2000 (wie Anm. 15), S. 91, Abb. 8.

[72] PERSE 2012 (wie Anm. 70), S. 59 f., Abb. 19; Wilhelm SCHARENBERG, Römische Wasserleitungen in Jülich, in: JHBl, Nr. 15, Nov. 1963, S. 1-6, hier S. 5 f.

anhand von erhaltenen Befunden konstruiert, aber durch die im engeren Rurtal fehlende und auch unwahrscheinliche Erhaltung weiterer Spuren jedoch nicht bewiesen werden kann.[73]

Militär

Für den strategisch wichtigen Ort Iuliacum mit seinen mächtigen Befestigungsbauten der Spätantike[74] und der Frühen Neuzeit ist immer wieder auch für die frührömische Zeit der strategisch-militärische Aspekt betont worden.[75] Indes schlägt er sich im Kleinfundspektrum bislang nicht signifikant nieder[76] und ist für das 1.-3. Jahrhundert auch baulich nicht fassbar. Ziegelstempel der legio I, VI und XXX belegen nicht mehr als den Transport von Bauziegeln aus Legionsziegeleien nach Jülich, ohne den Verwendungszweck entsprechend eindeutig zu charakterisieren (Abb. 23).[77] Ob man durch die Verwendung solcher Ziegelprodukte einen öffentlichen Bau mit daraus ableitbarer Förderung durch den Kaiser oder Statthalter erschließen kann, ist wahrscheinlich, aber bislang unklar (vgl. Abb. 30). Erhalten war bei der Ausschachtung der Tiefgarage an der Schloßstraße 1986 (östlich Abb. 4, Nr. 4) leider nur ein minimaler Befundrest eines Bodenplattengevierts (Abb. 23), der keine näheren Aufschlüsse über die Art des ehemaligen Gebäudes und dessen Größe geben konnte.

---

[73] NOELKE 1988 (wie Anm. 4), S. 13 nach Jens LÜNING/Jörg SCHALICH, Eine römische Wasserleitung im Merzbachtal bei Aldenhoven, in: Kölner Jb für Vor- u. Frühgesch., Bd. 16, 1978/1979, S. 111-124. PERSE 2012 (wie Anm. 70), S. 58 f., Abb. 18 mit abwägender und vorsichtig positiver Beurteilung (die Größe des Leitungsquerschnitts der Mörtelgussrinne ist größer als die vergleichbaren Leitungen für Gutshöfe), nachdem DERSELBE 1999/2000 (wie Anm. 15), S. 92, Anm. 36, Abb. 8 mit älterer Literatur die Theorie einer solchen Fernwasserleitung noch eher abgelehnt hatte.

[74] Zuletzt Marcell PERSE, Beiträge zur Jülicher Archäologie (XI), in: JGBl, Bd. 85/86, 2017/2018, S. 10-22, hier S. 13-17.

[75] THOLEN 1975 (wie Anm. 3), S. 241 f.; PERSE 1988 a (wie Anm. 5), S. 88 mit älterer Lit.; PERSE 1999/2000 (wie Anm.15), S. 81-86, Abb. 5.

[76] Rut WIRTZ, Römische Fibeln und Beschläge aus Jülich. Forum Jülicher Geschichte, Bd. 7, Jülich 1992, S. 15: *„Einen deutlichen Beleg für die militärische Vergangenheit des römischen Jülich - insbesondere als Standort einer Benefiziarierstation, die immer wieder einmal diskutiert wird - können die vorgestellten Fibeln und Beschläge nicht liefern."* Obwohl verschiedene Fibel- und Beschlagtypen aus militärischem Kontext bekannt sind, ebd. S. 6-9, und Streufunde eines Schildbuckels und einer Lanzenspitze vorliegen, ebd. S. 8, Taf. 13, 95/96. - Der Beleg von Veteranen in Jülich durch Totenmahlreliefs (Anm. 27) und die Weihung CIL, Bd. XIII, Nr. 7869 (Anm. 60) ist nicht mit der Präsenz aktiven Militärs zu verwechseln. Vgl. auch Anm. 77.

[77] RÜGER 1987 (wie Anm. 4), S. 447 sieht Lieferungen der VI. Legion an eine Benefiziarierstation in Jülich; anders PERSE 1994 (wie Anm. 10), S. 8, Abb. und DERSELBE 1999/2000 (wie Anm. 15), S. 81 f. Es bleibt zu diskutieren, inwiefern unsere Vorstellungen zur Verteilung von Benefiziarierstationen zu sehr durch unsere heutigen Bilder von Straßenmeistereien und Autobahnpolizei geprägt sind. Ein solcher Posten muss sich im Fundgut nicht in der Breite niederschlagen, die jüngste Aufdeckung entsprechender Befunde in Aachen war auch überraschend: Andreas SCHAUB/Klaus SCHERBERICH, Benefiziarier in Aachen, in: Christoph EGER (Hrsg.), Warenwege - Warenflüsse, Handel, Logistik und Transport am römischen Niederrhein, Mainz 2018, S. 221-228. - ROTHENHÖFER 2005 (wie Anm. 30), S. 154 f. betont, dass Legionsziegel nur im Rahmen öffentlich geförderter Bauten Verwendung finden konnten. Damit könnten sie ein Indiz für einen öffentlichen Bau in Jülich sein.

Abb. 23: Restbefund von vier römischen Ziegelbodenplatten beim Bau der Tiefgarage Schloß-straße 1986 (a), Ausrichtung 340° Nord – 160° Süd, OK 82,83 m ü. NN. Blick nach Süden Rich-tung Einmündung der Baierstraße, Plattenmaß ca. 20 × 20 × 5 cm. Zwei Platten stammen aus Legionsziegeleien und weisen Ziegelstempel LIMPF (legio I Minervia Pia fidelis, Bonn, 3,4 × 6,5 cm) und L.XXX.VV (legio XXX Ulpia victrix, Vetera-Xanten, 2,3 × 9,6 cm) auf. Museum Zitadelle Jülich, Inv.-Nr. FB 1986-F-31.10.-1/2.

Auch über sekundäre Indizien wie Terra-Sigillata-Geschirr mit Namensritzung - häufig anzutreffen im Kontext von Militärangehörigen zur Kennzeichnung ihres Privatbesitzes bei gemeinsamer Unterbringung - ist in Jülich keine Konzentration von Soldaten zu erschließen. Im Gegensatz zum benachbarten Heerlen (NL), dem nächsten großen vicus an der Via Belgica Richtung Westen, einen Tagesmarsch entfernt, wo zahlreiche Sigillata-Teller und Gefäße mit Namens-Graffitti aus einem engen chronologischen Abschnitt der frühen Kaiserzeit gefunden wurden, sind aus Jülich bislang gerade ein Dutzend Belege bekannt.[78]

Siedlungsgründung

Zur Anfangsdatierung des vicus gibt es noch keine umfassende Untersuchung, da die gut dokumentierten Profile bislang nicht zusammenhängend bearbeitet sind und insgesamt nur wenige Funde vorliegen. Hier haben die eingeschränkten Möglichkeiten der *„Feierabendarchäologie"* von Halbsguth in der Nachkriegszeit und der ebenso ehrenamtlichen Betreuung der zweiten Bauwelle in Folge der Ansiedlung der KFA in den 1960er-Jahren mit den Aktivitäten des Römisch-Germanischen Arbeitskreises[79] bislang noch nicht genügend Ergänzung durch reguläre Grabungen der Bodendenkmalpflege erhalten, bei denen es möglich ist, größere Planumsbereiche systematisch zu untersuchen und statistisch relevante Mengen an Kleinfunden zu bergen, was im Profil wegen der Unterhöhlungsgefahr nur schwer gelingt. Diese Begrenzung schränkte auch die *„Kanalarchäologie"* des Verfassers 1987-1989 ein, die zwar als lineare Prospektion der Innenstadt gute Ergebnisse zum Überblick der Großstrukturen und Siedlungsbereiche erreichte, aber ebenfalls nur eine geringe Bergungsquote stratifizierter Funde ermöglichte, obwohl gerade die Frage nach der Siedlungsgründung prioritär verfolgt wurde (Abb. 27).[80] Für die Ausstellung *„Fahndung nach Augustus"* zum 2000. Todestag des ersten römischen *„Kaisers"* 2014 hat die Euregionale Vicusgruppe für Maastricht, Heerlen, Aachen und Jülich alle verfügbaren Belege für die augusteische Gründung der Orte zusammengestellt. Dabei war es sehr erhellend zu sehen, dass die Menge des Fundmaterials selbst der vier Orte zusammen für diese allererste Siedlungsphase sehr überschaubar ist. Die wichtigsten frühen Belege sind z.T. nur sehr kleinteilig erhalten, so dass sie bei Bauarbeiten nicht auffallen - ein wichtiger Hinweis auf die Notwendigkeit systematischer und dauerhafter archäologischer Betreuung einer Stadt.[81]

---

[78] PERSE u.a. 2014 (wie Anm. 25), S. 29 u. 40.

[79] DERSELBE, Beiträge zur Jülicher Archäologie (IV), in: JGBl, Bd. 63, 1995, S. 130-154; DERSELBE 1999/2000 (wie Anm. 15), S. 90 ff.; DAUTZENBERG/PERSE 2011 (wie Anm. 2); Marcell PERSE, Nachruf Dr. Wilhelm Scharenberg (26.3.1935–22.3.2016), in: JGBl, Bd. 85/86, 2017/2018, S. 489-494.

[80] DERSELBE 1988b (wie Anm. 52), S. 63; DERSELBE 1988 a (wie Anm. 5), S. 117, DERSELBE 1990 (wie Anm. 21), S. 478. Vgl. auch ROTHENHÖFER 2005 (wie Anm. 30), S. 35.

[81] PERSE u.a. 2014 (wie Anm. 25), S. 38-48 u. Resümee Wim DIJKMAN/Karen JENESON/Marcell PERSE/Andreas SCHAUB/Klaus SCHERBERICH/Gilbert SOETERS, *„Fahndung nach Augustus"* - zur Gründungsphase römischer vici in der Euregio Maas-Rhein, in: AiR 2014, 2015, S. 90-92.

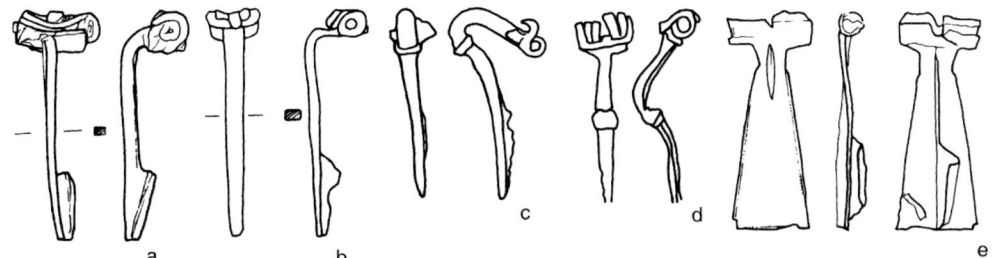

Abb. 24: Frührömische Fibeln aus Jülich, Kupferlegierung, Museum Zitadelle Jülich. a/b – Einfache Gallische Fibeln (Typ Almgren 241), 1. Hälfte 1. Jh., L. 5,8 cm, Kanalsanierung Kurfürstenstraße Süd, römischer Abfallstreifen, Inv.-Nr. FB 1989-H-574-297/298; c/d Knickfibeln (Typ Almgren 19), augusteisch-tiberisch, L. 4,8 cm, Kanalsanierung Düsseldorfer Straße, Inv.-Nr. FB 1987-D-240/244; Fibel mit breitem Fuß (Typ Riha 4.8), frühaugusteisch-2. Hälfte 1. Jh., L. 5,5 cm, Kanalsanierung Kurfürstenstraße Süd, römischer Abfallstreifen, Inv.-Nr. FB 1989-H-574-296. – Alle Typen sind in augusteischer Zeit belegt, haben aber eine längere Laufzeit, so dass sie alleine nicht zwingend zur Frühdatierung der Siedlungsgründung herangezogen werden können.

Aufgrund des bislang verfügbaren Materials geht man für Jülich von einer Gründung um Christi Geburt bzw. Anfang des 1. Jahrhundert n. Chr. aus.[82] Die 2008 bearbeitete Münzreihe aller Jülicher vicus-Grabungen deutet darauf hin, dass *„aus Sicht der Fundmünzen eine Anfangsdatierung in spätaugusteisch-tiberischer Zeit zu suchen ist"*.[83] Die Analyse der Fibeln kam zu dem Ergebnis, dass eine augusteische Gründung im Licht dieser Fundgattung möglich scheint (Abb. 24), aber nicht zwingend bewiesen werden kann, ein Siedlungsbeginn aber noch im 1. Viertel des 1. Jahrhunderts gesichert ist.[84] Stratigrafische Befunde zum Siedlungsbeginn sind nur vereinzelt mit differenzierbarer Keramik dokumentiert. Die Kanalarchäologie erbrachte z. B. solche Komplexe aus der Kapuzinerstraße (bei Abb. 4, Nr. 1)[85] und im Zusammenhang mit einem nur als kleiner Restbefund erhaltenen Gräbchen im Kreuzungsbereich Kurfürsten-/Kölnstraße.[86] Aussagen sind aufgrund der geringen Fundmengen bislang jedoch unsicher, zumal die oft vereinzelten Funde (oft aus Altgrabungen) als Einzelstücke aufgrund möglicher länge-

---

[82] THOLEN 1975 (wie Anm. 3), S. 235; PERSE 1988 a (wie Anm. 5), S. 94 ff., 102, 111 f.; DERSELBE 1991 (wie Anm. 47); DERSELBE u.a. 2014 (wie Anm. 25), S. 36-53.

[83] Mitteilung von Holger Komnick vom 14.03.2008: *„Von 356 erfassten Münzen (Stand 10.2.2008) für den Band ‚Die Fundmünzen der Römischen Zeit in Deutschland (FMRD) VI,2' stammen von den 300 Einzelfunden (nur vicus-Bereich, ohne Schatz- und Kollektivfunde) 45,33 % aus dem 1. bis zur 1. Hälfte 3. Jahrhundert, 4 % aus der 2. Hälfte 3. Jahrhundert und 44,67 % aus dem 4. Jahrhundert (6 % Sonstige). Es fällt auf, dass die Antoniniane der 2. Hälfte des 3. Jahrhunderts nur in geringer Zahl vertreten sind."* Vgl. eine weitergehende Ausdeutung des Münzspektrums im Kontext der Nachbarorte in der Euregio ist ein Desiderat der Forschung, einen ersten Überblick gab die Ausstellung PERSE u. a. 2014 (wie Anm. 25), S. 42 f. u. 48.

[84] WIRTZ 1992 (wie Anm. 76), S. 5 f. u. 15; PERSE u.a. 2014 (wie Anm. 25), S. 44 f. u. 48.

[85] DERSELBE 1988 a (wie Anm. 5), S. 94 f., Abb. 31/32.

[86] DRECHSEL u.a. 1990 (wie Anm. 15), S. 85 f.; CLEMENS/PERSE 1990 (wie Anm. 15), S. 6, Abb. 1, Nr. 13; PERSE 1991 (wie Anm. 47); DERSELBE, Beiträge zur Jülicher Archäologie (V), in: JGBl, Bd. 64, 1996, S. 161-168, hier S. 161, Abb. 3; DERSELBE u.a. 2014 (wie Anm. 25), S. 41.

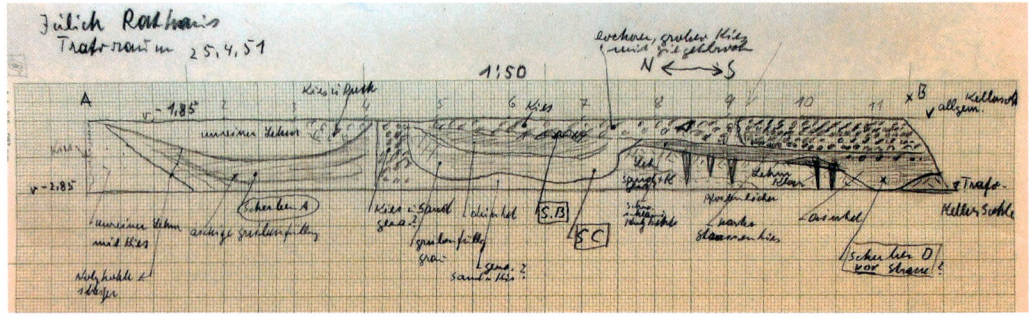

Abb. 25: Altes Rathaus am Markt, Ostprofil A-B vom 25.4.1951 (Lage s. Abb. 8). Die stratigraphische Abfolge von Pfosten und Funden vor einer Verbreiterung und Befestigung der römischen Hauptstraße mit Kies (Profilmeter 5–11) verweist auf eine Detailchronologie der Frühphase des vicus, die bislang nicht differenziert werden kann.

rer Verwendungszeiten nur bedingt zur Feindatierung taugen und auch markante Keramiktypen zeitlich oft nicht eng genug eingrenzbar sind. Im Vergleich z. B. mit entsprechenden Funden aus Heerlen oder Aachen, die tendenziell leicht früher einsetzen, ist über die Keramik in Jülich bislang erst ein spätaugusteischer Beginn zu belegen.[87] Interessante Befunde von Altgrabungen, wie beim Bau des Rathauses am Markt 1951, sind noch nicht systematisch ausgewertet und im Zweifelsfall auch mit zu wenig geborgenem Fundmaterial verbunden. Ein Beispielprofil zeigt jedoch, dass wir in der frühen Phase mit differenzierten Entwicklungsprozessen rechnen müssen, die mit der pauschalen Frage nach der Gründungszeit der Siedlung nicht erfasst werden (Abb. 25).[88] Dort wurden Pfostenspuren und Siedlungsreste unter der Kiesstrasse bis in die Mitte des späteren Ausbaues der römischen Hauptstraße dokumentiert. Eine Bearbeitung müsste hier klären, inwieweit die Hölzer zum Straßenbau zu rechnen und Funde der 2. Hälfte des 1. Jahrhunderts n. Chr. unter dem randlichen Bereich der Kiesstraße auf eine Verbreiterung im Laufe der Nutzung zurückzuführen sind. Bei der Dokumentation der Grabung Römerstraße 2 wurde eine vergleichbare Entwicklung im Befund dokumentiert, bei der eine frühkaiserzeitliche randliche Befestigung der Straße mit Pfostenstellungen und Flechtwerk von den Portikusfundamenten der ab Mitte des 1. Jahrhunderts angelegten Streifenhäuser überlagert wird (Abb. 11).[89] Ein an der Fundstelle Rathaus unter dem massiven Kieskörper der Straße geborgener Scherbenkomplex scheint den regelhaften Ausbau der Kiesstraße im Zentrum des vicus in augusteisch-tiberische Zeit zu datieren.[90]

---

[87] DERSELBE u.a. 2014 (wie Anm. 25), S. 41, 48.

[88] PERSE u.a. 2014 (wie Anm. 25), S. 37. Das Südende des Ostprofils liegt in Höhe des Innenhofwinkels des Rathauses, vgl. HABEREY 1951 (wie Anm. 3), Abb. 44.

[89] Funde unter der Straßenverbreiterung: LVR-Landesmuseum Bonn, Inv.-Nr. 51.489, u.a. mit Formen Hofheim 26 Bb, 66 u. 87 A. - Zum parallelen Befund Römerstraße 2 HENRICH/IBELING 2008 (wie Anm. 43), S. 90 ff., Abb. 91.

[90] LVR-Landesmuseum Bonn, Inv.-Nr. 51.491, darunter ein Randbruchstück eines *„rauwandigen Topfes mit nach außem gebogenem Rand"* Typ Haltern 57c (vgl. Karin GOETHERT-POLASCHEK, Die früheste Gebrauchskeramik der Trierer Kaiserthermen, in: Trierer Zeitschr., Bd. 47, 1984, S. 119-147, hier S. 139 f.).

Abb. 26: Bei der Kanalsanierung Düsseldorfer Straße/Marktplatz wurden Spuren von Holzbauten des 2. Jh. aufgedeckt, die sich im feuchten Sediment erhaltenen hatten (31.07.1987), Perse 1988a (wie Anm. 5), S. 102 u. Anl. 2, Nr. 49. Der bis 4,80 m hinabreichende Befund muss nicht zwingend ein Gebäude sein, sondern könnte auch der Geländeterrassierung gedient haben.

Bebauungsentwicklung

Neuere Grabungen direkt an der Römerstraße am östlichen Ende des vicus (Abb. 4, Nr. 5), bei denen es möglich war, zusammenhängende Flächen zu untersuchen, stellen in einem exemplarischen Ausschnitt - Hauptstraße mit beidseitiger Streifenhausbebauung (Abb. 11) - eine Siedlungsentwicklung vor,[91] wie sie in groben Zügen auch an anderen Stellen des vicus beobachtet wurde. Die gekieste römische Fernstraße ist hier - anders als bei der genannten Profildokumentation beim Rathausbau (Abb. 25) - relativchronologisch die älteste fassbare Struktur, an dieser Stelle sogar mit seitlicher Flechtwerk-Einfassung. Auf die Achse der Straße nimmt eine Grundstücksparzellierung Bezug,[92] deren Markierung mit Sohlgräbchen hier im 2. Viertel des 1. Jahrhunderts erfolgt. Die frühkaiserzeitliche Holzbauphase in Holz-Erde-Technik datiert tiberisch-claudisch. Ab dem frühen 2. Jahrhundert werden die Bauten mit gleichen Fluchten durch Streifenhäuser mit Steinfundamenten ersetzt. Dieser Umbruch in der Bausubstanz vollzog sich in der Siedlung nicht synchron. Bei Grabungen auf dem heutigen

---

[91] HENRICH/IBELING 2008 (wie Anm. 43).

[92] Vgl. auch die Ausrichtung des in der Kurfürstenstraße dokumentierten Streifenhauses in dem Bereich der Straße, wo diese bereits leicht nach Süden verschwenkt, die Ausrichtung der Bebauung und dadurch zurückzuschließen auch die Parzellierung jedoch der gradlinigen Achse der Straße folgt, CLEMENS/PERSE 1990 (Anm. 15), S. 8. KASZAB-OLSCHEWSKI 2016 (wie Anm. 44), S. 374 verweist auf den langfristigen Bestand der Parzellierungseinteilung.

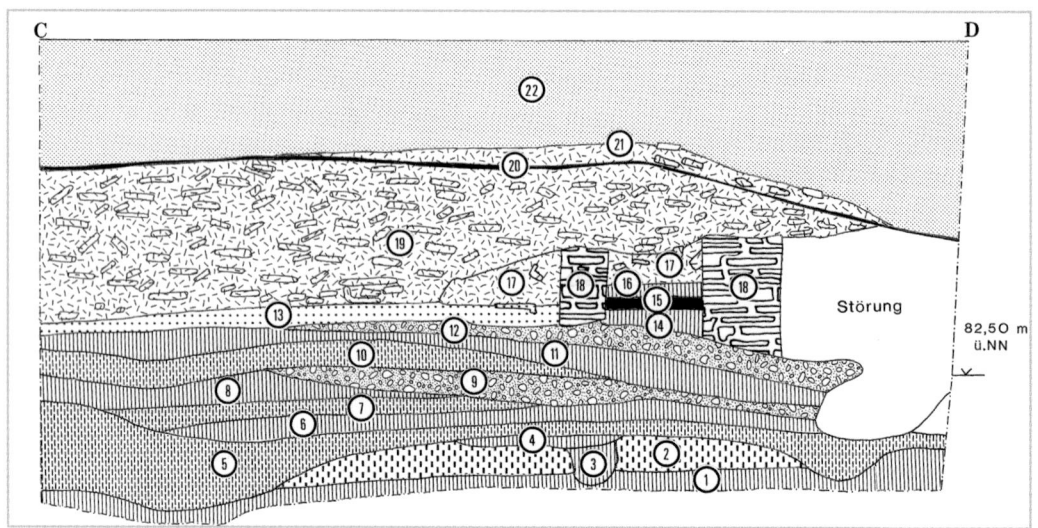

Abb. 27: Nachuntersuchung der Grabung Kölnstraße 3 [Tholen 1965 (wie Anm. 94)] durch Dr. Wilhelm Scharenberg, Leiter des Römisch-Germanischen Museums Jülich, April-Mai 1963 (Fundbericht 303). Nordprofil mit Schichtenabfolge von Holz- zu Steinbauten und einer Zerstörungsschicht (19-21). 1 - brauner, strak eisenschüssiger Lehm, gewachsener Boden; 2 - graue, humose Lehmschicht, gewachsen, alte Oberfläche; 3 - kleine Grube, Füllung lehmig, mit kleinen Kieseln, Mörtelbröckchen und Holzkohlestückchen (Pfosten ?); 4 - hellgelbe, feste Lehmschicht, darin einzelne Holzkohlestückchen; 5 - dunkelgraue, humose Schichte, stark durchsetzt mit Holzkohlenpartikelchen, stellenweise etwas kiesig, darin Knochen und Scherben, vereinzelt Ziegelbröckchen (1. Hälfte 2. Jh.); 6 - gelbe, feste Lehmschicht; 7 - dunkelgraue, strak humose Schicht, darin kleine Kiesel, Holzpartikelchen, inkohlte Holzstücke, größere Ziegelbrocken und Scherben; 8 - gelbe, feste Lehmschicht ohne Funde; 9 - humose Kiesschichtungen, ohne Funde, nach Westen in dunkelgraue humose Trampelschichten übergehend; 10 - dunkelgraue, feste humose Trampelschichten, stellenweise olivgrün schimmernd, ohne Funde; 11 - gelbe Lehmschicht, stellenweise mit kleinen Kieseln durchsetzt, etwas eisenschüssig, keine Funde; 12 - Schicht aus groben Ziegeln, etwas humos, stellenweise olivgrün verfärbt; 13 - dunkelgraue bis olivgrün verfärbte Trampelschicht, sehr fest, darin Schlacke und Scherbchen, Laufhorizont zu Mauer 18 (nach der Mitte 2. Jh.); 14 - Lehmschicht, sehr fest, ohne Funde, zwischen zwei Mauerzügen, die zusammengehören; 15 - Brandschicht, darin Scherben und eine Münze des Hadrianus (Ende 2./frühes 3. Jh.); 16 - Lehmschicht, gelb, sehr fest, keine Funde; 17 - Schuttschicht, humos, darin sehr viele gelbliche Mörtelbrocken und Dachziegelbrocken; 18 - Mauer aus Grauwackebruchsteinen mit Ziegeldurchschuss in gelblichem Mörtel. Außenseite mit Putzresten, darin Fugenstrich; 19 - Schuttschichten, humos, viele Ziegelbrocken, wenig Scherben; 20 - dünne Brandschicht; 21 - Schicht aus verziegelten Lehmbrocken, darin Dachziegelbrocken (4. Jh.); 22 - Mittelalterliche und moderne Schuttschichten.

Marktplatz wurden Pfosten mit dendrochronologischer Datierung 123 bzw. 128(?) und 164(?) n. Chr. gesichert (Abb. 26).[93] Etwas weiter östlich auf dem Grundstück Kölnstraße 3 (Abb. 4, Nr. 6) zeigt ein gut dokumentiertes Profil den Übergang von Holz- zu Steinbauphasen ab der Mitte des 2. Jahrhunderts (Abb. 27).[94] Teilweise handelt es sich bei den Mauerfunden ggf. nicht um Teile kompletter Steinbauten, sondern um Sockel für Fachwerkaufbauten, die im archäologischen Befund häufig nicht getrennt werden können oder nicht differenziert angesprochen wurden (vgl. Abb. 2).[95]

---

[93] PERSE 1990 (wie Anm. 21), S. 478 mit Ergebnissen von Burkhard Schmidt, Köln und Mechthild Neyses, Trier.

[94] Peter Josef THOLEN, Jahresbericht 1963. Jülich, in: BJb, Bd. 165, 1965, S. 436-439; vgl. auch PERSE 2017/2018 (wie Anm. 79), S. 491, Abb. 2.

[95] Vgl. PERSE 1995 (wie Anm. 49).

Nekropolen

Was die Gräberfelder betrifft, fehlen bislang Funde des frühen und mittleren 1. Jahrhunderts. Das größte Bestattungsareal liegt nördlich der Einfallstraße von Köln, südlich der Straße sind nur vereinzelt Gräber nachgewiesen (vgl. Abb. 33).[96] Mit der Kanalsanierung in der Mariengartenstraße 2015 und der dabei möglichen Aufdeckung eines relativ ungestörten Streifen des Brandgräberfelds[97] wurde deutlich, wie ausschnitthaft die Kenntnis der Nekropole durch Einzelfundbeobachtungen bislang ist.[98] Weitere Nekropolen lagen am Südwestende des vicus zur Rur hin (Abb. 9)[99] und an der noch nicht genau erfassten Straße nach Neuss.[100] Es blieben nur Teile weniger Grabmonumente erhalten (Abb. 10), darunter Totenmahlreliefs und Inschriften sowie Spolien größerer Grabbauten.[101] Besonders hervorzuheben ist ein Pfeilergrabmal mit Darstellung von Mars und Rhea Silvia im Giebel (ähnlich der Igeler Säule), das durch die Rezeption des Mythos von der göttlichen Abstammung der Römer ein interessantes Licht auf das Selbstbild einer romanisierten Familie in der 2. Hälfte des 2. Jahrhunderts n. Chr. wirft.[102]

Gewerbe

Für die Bewertung der Zentralität eines Ortes ist der Nachweis von spezialisierten Gewerben von Bedeutung, deren Zeugnisse jedoch unterschiedlichen Filtern der Erhaltung unterliegen. Metallverarbeitung sowie Töpfereien und Ziegeleien gehören aufgrund der eindeutigen und deutlichen Befunde zu den am besten nachweisbaren Gewerbebetrieben eines vicus. Für Einzelfunde muss zwischen häuslichem Handwerk für den Eigenbedarf und das unmittelbare Umfeld und Gewerben mit Bedeutung für ein größeres Einzugsgebiet unterschieden werden, was ohne aussagekräftige Befundkomplexe schwierig ist.[103]

---

[96] GOTTSCHALK 1999/2000 u. 2015 (wie Anm. 55).

[97] IBELING u.a. 2016 (wie Anm. 55); Benjamin GNADE, Vom Übergang der Seele in die Unterwelt, in: JGBl, Bd. 87, 2019, S. 17-114.

[98] DAUTZENBERG/PERSE 2017 (wie Anm. 55) u. PERSE 2014-2016 (wie Anm. 55).

[99] Wie Anm. 26.

[100] Wie Anm. 34.

[101] NOELKE 1974 (wie Anm. 27), S. 450 f.; CIL, Bd. XIII, Nr. 7872-7876; Jeanne-Nora ANDRIKOPOULOU-STRACK, Grabbauten des 1. Jahrhunderts n. Chr. im Rheingebiet (Beih. BJb, Bd. 43), 1986, S. 187, Nr. U8 (Attis).

[102] Gerhard BAUCHHENSS/Marcell PERSE, Ein Grabmalrelief mit Mars und Rhea Silvia, in: AiR 1992, 1993, S. 69 f.; Gerhard BAUCHHENSS, Rhea Silvia oder Venus? Ein mythologisches Relief aus Jülich, in: Kotinos. Festschr. Erika Simon, Mainz 1992, S. 433-436 u. Taf. 95; DERSELBE, Relief mit Mars und Rhea Silvia, in: Perse 2018 (wie Anm. 34), S. 46 f., Kat.-Nr. 13.

[103] Eine Übersicht zu den in Jülich nachgewiesenen Gewerben s. ROTHENHÖFER 2005 (wie Anm. 30), S. 266 f. - Ein Bleigusskuchen (Museum Zitadelle Jülich, Inv.-Nr. FB 1989-H-575-085) aus dem Bereich eines im Kanal Kurfürstenstraße angeschnittenen Streifenhauses wäre genauer zu untersuchen, s. DRECHSEL u.a. 1990 (wie Anm. 15), S. 84 u. S. 82, Abb. 35, Nr. 20.

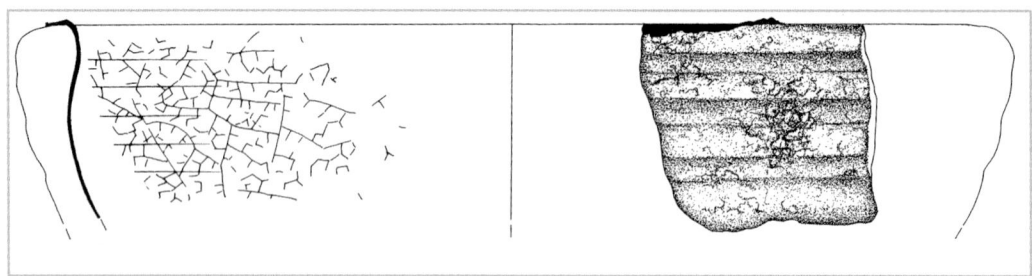

Abb. 28: Randbruchstück eines Glashafens aus grob gemagertem hellbeigem Ton mit Glasschmolz auf Innenwandung und Lippe. Rekonstruktion als Gefäß mit ca. 34,8 cm Durchmesser (H. noch 7,3 cm), Kanalsanierung Kurfürstenstraße Süd, römischer Abfallstreifen, Museum Zitadelle Jülich, Inv.-Nr. Inv.-Nr. FB 1989-H-542-214.

Funde von Webgewichten sind zunächst einmal dem häuslichen Bereich zuzuordnen.[104] Ebenso gehörten Mühlsteinfunde in der Regel zu privaten Haushalten, eine Ausnahme stellen Großmühlen dar, die möglicherweise einem Bäckereibetrieb zuzuschreiben sind.[105] Der Befund eines Backofens in Verbindung mit einer Herdstelle hat dagegen keinen gewerblichen Charakter.[106] Ob man für spezialisierte Arbeiten wie Brunnen- oder Wasserleitungsbau, die man nur sekundär über ihre Konstruktionen und nicht durch Werkstätten erfasst, ebenfalls Fachleute im vicus annehmen kann oder diese Kompetenz wandernden oder in der nächstgrößeren Stadt ansässigen Betrieben zuschreibt, ist unklar.

Die römischen Werkzeugfunde aus Jülich geben keine spezifischen Gewerbehinweise für das mittelkaiserzeitliche Jülich.[107] Durch Produktionsreste nachweisbar ist Knochen- und Geweihschnitzerei (allerdings nicht chronologisch differenziert)[108] und Abfall einer Knochenleimsiederei.[109] Der Fund eines benutzten Glashafen-Fragmentes

104 Vgl. auch den mutmaßlichen Befund eines Webstuhles PERSE 1991 (wie Anm. 47), S. 555 u. 583, Abb. 29, 19.

105 Hildegard SANDEK, Römische Mühlsteine aus Jülich, in: JGBl, Bd. 60, 1992, S. 90-113; zu Großmühlen ebd., Kat.-Nr. 9-14, bes. Nr. 13.

106 Ursula IBLER, Ein römischer Bronzekessel mit eisernem Kesselhaken aus Jülich, in: AiR 1991, 1992, S. 87-88.

107 Wolfgang GAITZSCH, Römische Eisenfunde aus Jülich und Umgebung, in: JGBl, Bd. 66, 1998, S. 51-116 belegt lediglich für das spätantike Kastell Eisenverhüttung und eine Schmiede.

108 THOLEN 1975 (wie Anm. 3), S. 237. Vgl. LVR-Landesmuseum Bonn, Inv.-Nr. 50.1590 (Bahnhofstraße 1, Knochenlager 300x200x80 cm); 53.482 (Markt 11, abgesägte Geweihsprosse) u. 69.0176,06 (Grünstraße 11, abgesägte Geweihrose) sowie eine weitere abgesägte Geweihsprosse Museum Jülich, Inv.-Nr. 1950-0384 (Große Rurstraße 72: Johannes HALBSGUTH, Pfahlanlage in der Sepulchrinerstraße, in: Jülicher Volkszeitung, Nr. 154, 8.7.1950, S. 7 = Fundbericht 177, Grundstück Holzgreve). - Geweihschnitzerei ist auch im Kontext spätantiker Befestigungen häufig anzutreffen. Für die Streufunde in Jülich ist ein Bezug zum spätantiken Kastell bislang mangels datierender Beifunde nicht nachweisbar.

109 Untersucht wurden die Tierknochen aus dem in der südlichen Kurfürstenstraße angeschnittenen römischen Abfallstreifen, DRECHSEL u.a. 1990 (wie Anm. 15), S. 84 f. Die Tierknochen wurden am Institut für Urgeschichte der Universität Tübingen untersucht (Susanne C. MÜNZEL, Faunenauswertung der vicus-Grabung Jülich, Kanal südliche Kurfürstenstraße 1989, Bericht 4.6.1990). Die Interpretation der Schlacht- und Zerlegespuren führt zur Interpreta-

aus dem bei der Kanalsanierung Kurfürstenstraße angeschnittenen römischen Abfallstreifen verweist auf Glasverarbeitung (Abb. 28).[110] Gusstiegel belegen Buntmetallverarbeitung, wobei die Analyse des verbliebenen Bodensatzes den Nachweis für eine Messinglegierung ermöglichte (Abb. 29).[111] Nur über stilistische Kriterien von Matronensteinen, Jupitermonumenten und Bauornamentik erschlossen werden kann die Existenz von Steinmetz- und Bildhauerwerkstätten in der Region, die man sich am ehesten im zentralen Ort Iuliacum vorstellen möchte bzw. die von diesem Standort aus dann auf den Bauplätzen der Umgebung agierten.[112]

Abb. 29: Gusstiegel für eine Messinglegierung, 10 × 7 cm, Mündungs-Dm. 6,3 cm und Fragmente eines zweiten Tiegels aus der Baugrube Stüssgen, Kölnstraße 3, 22.5.1950 (Fundbericht 175). Zum Vergleich ein unbenutzter Tiegel aus rauhwandigem Ton aus der Grabung beim Bau des Alten Rathauses am Markt, 8,9 × 5,9 cm, Mündungs-Dm. 4,4 cm. Beide 2./3. Jh., Museum Zitadelle Jülich, Inv.-Nr. R-20-01 u.1951-0126.

tion als Vorbereitung zur Knochenleimsiederei: „Alle Beobachtungen passen sehr gut zusammen, um eine Optimierung der Leimsubstanz, mit einem hohen Anteil von Knochenleim (Glutin) und einem möglichst geringen Anteil von Knorpelleim (Chondrin), belegen zu können." Ein Verwendungsbeispiel von Knochenleim beim Bau von Brunnenkästen erwähnt Wolfgang GAITZSCH, Grundformen römischer Landsiedlungen im Westen der CCAA, in: BJb, Bd. 186, 1986, S. 397-427, hier S. 421. - Vgl. ROTHENHÖFER 2005 (wie Anm. 30), S. 184.

[110] Zur Fundlage DRECHSEL u.a. 1990 (wie Anm. 15), S. 85 u. S. 82, Abb. 35, Nr. 15; Wolfgang GAITZSCH, Spätrömische Glashütten im Hambacher Forst - Produktionsort der ECVA-Fasskrüge, in: BJb, Bd. 201, 2001, S. 83-241, hier S. 110, Anm. 104, Abb. 19,5. - Es kann jedoch nicht ausgeschlossen werden, dass der Glashafen nicht aufgrund seiner Nutzung in Jülich in den Boden gekommen ist, sondern als Vorlage für die Fertigung entsprechender Gefäße in einer lokalen Töpferei dienen sollte.

[111] THOLEN 1975 (wie Anm. 3), S. 237; Analysebericht des Instituts für Archäometallurgie im Deutschen Bergbaumuseum Bochum vom 27.8.1992 (Labor-Nr. D 37/5, Dünnschliffuntersuchung): „Die Art der Schlacke mit hohen Silikatanteilen und reichlich Zinkoxidpartikeln neben Spinellen und Eisenoxid lässt vermuten, dass es sich nicht um Gusstiegel handelt, sondern dass in diesen Tiegeln Messing nach dem Zementationsverfahren (Ausfällung aus Lösung durch Zugabe eines leichter oxidierbaren Metalls, wie z.B. Eisenschrott) gewonnen wurde." Zum zinkhaltigen Galmei aus dem Stolberger Raum zur Messinglegierung vgl. HEIMBERG 1999/2000 (wie Anm. 47), S. 211 u. ROTHENHÖFER 2005 (wie Anm. 30), S. 96 f. u. 122 f. - Weitere Tiegelfragmente und Schlacken unter der römischen Kiesstraße am Markt (wie Anm. 88-90, vgl. Abb. 25 in vorliegenden Beitrag) s. LVR-Landesmuseum Bonn, Inv.-Nr. 51.491. Ein unbenutzter Gusstiegel Typ Niederbieber 110 vom selben Fundort im Museum Jülich, Inv.-Nr. 51, 126 (mit auf Abb. 29).

[112] PERSE 1999/2000 (wie Anm. 15), S. 94 ff.; DERSELBE, Zur Rekonstruktion des gallo-römischen Umgangstempels „Heidenburg" bei Düren-Hoven, in: Dürener Geschichtsblätter, Bd. 84, 1997, S. 455-466, bes. S. 465 f.; NOELKE 2010/2011 (wie Anm. 62), S. 241. Vgl. ROTHENHÖFER 2005 (wie Anm. 30), S. 180 f.

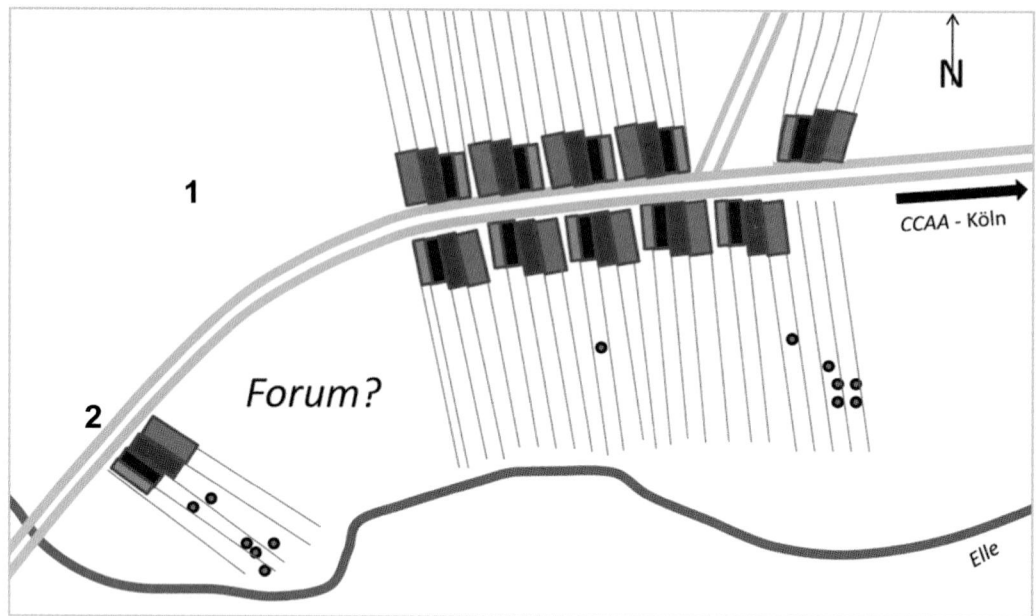

Abb. 30: Rekonstruierte Siedlungsstruktur im Zentrum des vicus Iuliacum nach Kaszab-Olschewski 2016, Abb. 3 mit Ergänzung der mutmaßlichen Lage öffentlicher Gebäude. 1 - Ziegelstempel (Abb. 23); 2 - Architekturfragmente (Abb. 18). Kartiert ist die Lage der Töpferofenbefunde (Punkte).

Töpfereien

Ein prägender Faktor für das römische Ortsbild ebenso wie für die archäologische Befundlage sind die Töpfereien der Siedlung. Eine Produktionsstätte liegt in der nördlichen Peripherie des Ortes[113] und weitere innerhalb eines gemischtwirtschaftlich aufgestellten vicus im Hinterhofbereich der Streifenhausparzellen (Abb. 30).[114] Damit fassen wir die im Fundmaterial am deutlichsten ausgeprägte Zentralfunktion Iuliacums für das Umland, ohne dass man den vicus damit auf die Funktion als Töpfersiedlung reduzieren könnte.[115] Das sicherlich noch lückenhafte Befundbild der Produktion im vicus selbst zeigt verschiedene Strukturen, die jedoch alle die Nähe des Ellbaches als Brauchwasserlieferant suchen. Ein Ofen aus dem 1. bis frühen 2. Jahrhundert wurde

---

[113] Nördlich außerhalb des vicus sind Töperöfen des 2. Jahrhunderts ergraben worden, die wohl einer kleinen externen Gewerbeansiedlung zuzurechnen sind: THOLEN 1975 (wie Anm. 3), S. 237, Abb. 3, wobei die Fließrichtung der Wasserleitung nach Befund wohl umzukehren ist und dadurch eine Zuordnung zum Gewerbebetrieb aufgrund des Reliefs unwahrscheinlich wird (s. o. Anm. 71). Möglicherweise kann man aber die Herkunft der Ziegelprodukte und Dachziegelfehlbrände, die beim Wasserleitungsbau beobachtet wurden, auf diesen Produktionsort beziehen. Vgl. KASZAB-OLSCHEWSKI 2016 (wie Anm. 44), S. 374.

[114] Zusammenfassend Karl Heinz LENZ/Hans MOMMSEN/Marcell PERSE, Charakterisierung der römischen Keramik aus Jülich durch Neutronenaktivierungsanalyse, in: AiR 2006, 2007, S. 120-123; THOLEN 1975 (wie Anm. 3), S. 236 f., Abb. 3 und jetzt KASZAB-OLSCHEWSKI 2016 (wie Anm. 44), S. 374 f., Abb. 3 (entspricht Abb. 30 im vorliegendem Beitrag).

[115] HEIMBERG 1999/2000 (wie Anm. 47), S. 208; ROTHENHÖFER 2005 (wie Anm. 30), S. 139 f. - Vgl. zu Töpfersiedlungen im Überblick Wolfgang CZYSZ, Römische Töpferdörfer, in: Archäologie in Deutschland, H. 1/2008, S. 34-37.

in der oberen Kölnstraße 44 erfasst.[116] Im Bereich der Propsteikirche und des nebenliegenden Pastorats Stiftsherrenstraße 15 kamen dagegen mehrphasige Ofengruppen zutage, die an ein Handwerkerquartier mit den Werkstäten im hinteren Teil von Streifenhausparzellen denken lassen (Abb. 30).[117] Ab vespasianischer bis trajanischer Zeit wurde hier einfaches Gebrauchsgeschirr gefertigt. Funde aus einem römischen Töpferofen beim Umbau des Langschiffes der Propsteikirche 1878[118] belegen auch rauhwandige Becher mit Tonschlicker- und Barbotine-Dekor als Jülicher Produkte.[119] Der Betrieb wurde nach bisheriger Lesart in den Bereich der heutigen Wilhelmstraße 12-16 verlagert, wo Töpferwaren ab ca. 120 n. Chr. nachweisbar sind. Einfaches Gebrauchsgeschirr wie Flaschen, Schüsseln, Töpfe und Reibschüsseln wurden dort bis ins 3. Viertel des 2. Jahrhunderts produziert (Abb. 31).[120] Ein typisches Merkmal ist eine Ware

Abb. 31: Keramikvitrine mit Produkten der römischen Töpfereien und Ziegeleien in Jülich im Museum im Kulturhaus 1992. Schwerpunkt der von der Mitte des 1. bis 3. Viertels des 2. Jh. fassbaren Produktion war einfaches Trink-, Koch- und Essgeschirr, die Kopftöpfe und Reibschüsseln häufig mit rotbrauner Engobe.

[116] THOLEN 1975 (wie Anm. 3), S. 236, Anm. 37 (E. 2./A. 3. Jh.); Karl Heinz LENZ, Töpfereien im römischen Jülich. Ungedr. Typoskript Jülich 1990; Bibliothek Museum Jülich, Sign. Jül 270, datierte den Ofen Kölnstr. 44 Mitte 1. Jh.; vgl. eine Nachgrabung Fundbericht Zü 92/38 (LVR-Amt für Bodendenkmalpflege im Rheinland, Ortsarchiv Bonn).

[117] KASZAB-OLSCHEWSKI 2016 (wie Anm. 44), S. 374 f., Abb. 2/3; THOLEN 1975 (wie Anm. 3), S. 236; LENZ 1990 (wie Anm. 116); Grabungsfoto PERSE u.a. 2014 (wie Anm. 25), S. 32. - Ob in der Bauhofstraße angetroffene Tonentnahmegruben diesem Töpferbezirk zuzurechnen sind, bleibt fraglich, da man sich für die Produktionskapazität eines solchen Betriebes eine umfänglichere Lagerstätte vorstellen würde: Alfred SCHULER, Archäologische Untersuchungen auf einem Baugrundstück an der Bauhofstraße in Jülich, Kreis Düren (NW 95/1019). Land-Bericht Nr. 4 (1996, Bibliothek Museum Jülich), S. 3 zu Grube 12 u. 13: *„Die unmittelbare Nachbarschaft zu diversen fleckenartig verteilten Süßwassertonlinsen im Sediment könnte für eine Interpretation dieser Befunde als Ton- bzw. Lehmentnahmegruben sprechen."*

[118] THOLEN 1975 (wie Anm. 3), S. 236, Abb. 2, Nr. 2 mit älterer Lit.

[119] Die im Zweiten Weltkrieg verlorenen Funde mit Tonschlickerverzierung im Aachener Suermondt-Museum wurden beschrieben von Anton C. KISA, Denkschrift aus Anlaß des fünfundzwanzigjährigen Bestandes des Suermondt-Museums, Aachen 1903, S. 20 u. DERSELBE, Die römischen Antiken in Aachen, in: Westdt. Zeitschr., Bd. 25, 1906, S. 34. Vgl. als Siedlungsfunde in Jülich PERSE 1988 a (wie Anm. 5), S. 106, Abb. 35, 3-6.

[120] KASZAB-OLSCHEWSKI 2016 (wie Anm. 44), S. 77 ff., Abb. 8. Die jüngsten Untersuchungen zu den römischen Töpfereien in Jülich s. KASZAB-OLSCHEWSKI, Neues zu der Jülicher Tonwarenproduktion, in: Bernd LIESEN (Hrsg.), Zwischen Töpfer und Verbraucher. Internationales Kolloquium 27.-29. März 2019. Xantener Berichte (im Druck).

mit rotem Farbüberzug bei Töpfen und Reibschüsseln, die sich in einigen villae des Umlandes wiederfinden lässt.[121] Es besteht eine große Ähnlichkeit zum Produktionsspektrum von Heerlen, der nächsten größeren Straßenstation an der Via Belgica Richtung Westen, wo ebenfalls Töpfe mit rotem Farbüberzug produziert wurden.[122] Das Typenspektrum von Jülich und auch die rotgefärbte Ware werden im letzten Viertel des 2. Jahrhunderts von einem Großbetrieb in Düren-Soller fortgeführt, was man als Teil eines nicht nur Jülich betreffenden Umschwunges sehen kann.[123] Allerdings ist die Enddatierung des Töpfereigewerbes in Jülich damit nicht zweifelsfrei klar. Es sind bislang keine spätantiken Brennöfen bekannt, aber aufgrund von Gefäßbeigaben mit Fehlbrandspuren in Bestattungen des Kastellgräberfeldes ist eine lokale Produktion auch in der Spätantike zur Diskussion gestellt worden.[124] Die Beeinträchtigungen der dafür angeführten Gefäße sind allerdings nicht so gravierend und von der Erscheinungsform und Qualität der sonstigen Gefäßbeigaben signifikant abweichend, dass damit ein starkes Indiz für lokale Produktion gewonnen wäre.[125] Bis auf weiteres ist also doch von deren Ende im 3. Viertel des 2. Jahrhunderts auszugehen, wobei die Analyse einzelner Warenarten und deren Verbreitung eventuell weitergehende Aussagen dazu ermöglicht.[126]

Durch Neutronen-Aktivierungs-Analysen (NAA) ist für die Töpfereibetriebe im vicus Iuliacum aufgrund eines charakteristischen *„Fingerprints"* trotz der räumlichen Verlage-

---

[121] LENZ 1990 (wie Anm. 116) führt Parallelen aus Heerlen, Aachen-Schönforst und Düren-Soller an; vgl. LENZ u.a. 2007 (wie Anm. 114), S. 121; DERSELBE, Jülicher Kochtopf, in: PERSE 2018 (wie Anm. 34), S. 62 f., Kat.-Nr. 21.

[122] Julie VAN KERCKHOVE/Gerard L. BOREEL, A characterization of the pottery production in Heerlen (Limburg, the Netherlands): fabric analysis and typo-chronology, in: Bernd LIESEN (Hrsg.), Römische Keramik in Niedergermanien (Xantener Berichte, Bd. 27), Darmstadt 2014, S. 241-286, bes. S. 275 f., Abb. 16. Die Typenvielfalt in Heerlen ist allerdings wesentlich größer als in Jülich bislang nachgewiesen werden konnte, was zumindest z.T. mit dem unterschiedlichen Forschungsstand zusammenhängen wird. In Heerlen wurde eine wesentlich größere Anzahl von Öfen aufgedeckt. Das daraus bekannte Typenspektrum der Produktion reicht von Feinkeramik bis großen Vorratsgefäßen.

[123] Vgl. HEIMBERG 1999/2000 (wie Anm. 47), S. 209; ROTHENHÖFER 2005 (wie Anm. 30), S. 135 f.; GNADE 2019 (wie Anm. 97), S. 22 ff.

[124] KASZAB-OLSCHEWSKI 2015 (wie Anm. 56), S. 67 u. DIESELBE 2016 (wie Anm. 44), S. 376 f., bes. Anm. 23 u. 34.

[125] PÖPPELMANN 2010 (wie Anm. 43), Grab 10.2, 11.3, 74.7, 81.4, 82.6, 141.5 in Abgleich mit der Fotodokumentation der ab 1992 im Museum Jülich ausgestellten Gefäße. Der Fehlbrand eines sicherlich nicht in Jülich gefertigten Spruchbechers aus einer Bestattung an der Römerstraße spricht eher dafür, dass Gefäße mit kleinen Fehlern in der Spätantike durchaus gehandelt wurden und auch fern des Herstellungsortes in den Boden gelangten. Gottschalk 2015 (wie Anm. 55), S. 344, Grab 3.1, Taf. 104,1. Ob eine absichtsvolle Tendenz zur Verwendung solcher B-Ware im Funeralkontext besteht, wäre auf breiterer Basis zu klären.

[126] KASZAB-OLSCHEWSKI 2016 (wie Anm. 44), S. 376, Anm. 23 moniert zu Recht die Aussage bei VAN KERCKHOVE/BOREEL 2014 (wie Anm. 122), S. 275 zu einem Produktionsende in Jülich um 140. - Marion BRÜGGLER, Villa rustica, Glashütte und Gräberfeld: die kaiserzeitliche und spätantike Siedlungsstelle HA 132 im Hambacher Forst, Rheinische Ausgrabungen, Bd. 63, Mainz 2009, S. 140 f. vermutet bei der bis ins 3. Jh. (ggf. bis in die Spätantike) laufenden Warenart 2.2 eine Produktion in Jülich.

rung innerhalb des vicus im 2. Jahrhundert eine geochemische Gleichheit der Tonmasse, d.h. eine Kontinuität in Bezug auf die genutzten Tongruben belegt.[127] Darüber hinaus sind auch Dachziegel aus dem gleichen Tonvorkommen mit gleicher Tonaufbereitung bekannt, was auf Fertigung von Baukeramik im Werkstattverbund mit den Töpfereien schließen lässt. Der rote Farbüberzug wurde bei den Dachziegeln dazu verwendet, um den weiß brennenden Ton der Gefäßkeramik bei der Ausformung als Dachziegel dem marktüblichen Rot anzugleichen.[128] Durch das NAA-Referenzmuster konnten Keramikfunde aus dem Hambacher Forst, Kerkrade, Bornheim und Bonn als Jülicher Produktion identifiziert werden, was einen Einblick in den Absatzbereich in einem Radius von ca. 50-70 km ermöglicht.[129] Jüngere Arbeiten bestimmen die Jülicher Keramik aufgrund makroskopischer Charakteristika, was einem zukünftigen engmaschigeren Nachweis der Verbreitung ohne aufwändige Analysen zuträglich ist.[130] Besonders interessant ist die Zuschreibung eines Kultgefäßes aus dem Mithräum von Bornheim-Sechtem an das Jülicher NAA-Keramikmuster.[131] Die offensichtlich rituell bestatteten Scherben lassen sich mit dem bisherigen Kenntnisstand zur Jülicher Töpferei zunächst nicht verbinden. Neben Gebrauchsgeschirr waren bislang nur Räucherkelche als Sonderformen des Jülicher Produktionsspektrums bekannt.[132] Eine Datie-

---

[127] LENZ u.a. 2007 (wie Anm. 114); KASZAB-OLSCHEWSKI 2015 (wie Anm. 56), S. 64.

[128] KASZAB-OLSCHEWSKI 2016 (wie Anm. 44), S. 377 f. bringt mit Verweis auf gallische Parallelen zusätzlich den Aspekt erhöhter Bruchsicherheit in die Diskussion ein. - ULBERT 2013 (wie Anm. 47), S. 10 weist auf die Herstellung von Baukeramik in Jülich hin.

[129] LENZ u.a. 2007 (wie Anm. 114), S. 122; Beitrag Hans MOMMSEN, in: Tünde KASZAB-OLSCHEWSKI, Siedlungsgenese im Bereich des Hambacher Forstes 1.-4. Jh. n. Chr. Hambach 512 und Hambach 516 (BAR Internat. Ser., Nr. 1585), Oxford 2006, S. 211-215; Hans MOMMSEN/Alexander SCHWEDT/Gerard TICHELMANN, Produktionsortbestimmung von 21 Proben von Gefäßen römischer Keramik von Heerlen und Kerkrade-Holzkuil durch Neutronenaktivierungsanalyse, in: Gerard TICHELMANN (Hrsg.), Het villacomplex Kerkrade-Holzkuil (ADC ArcheoProjecten rapport, Nr. 155), Amersfoort 2005, S. 388-398; KASZAB-OLSCHEWSKI 2015 (wie Anm. 56), S. 64, Abb. 1. - Aktuell werden Jülicher Töpfereifunde rauhwandiger Ware mit rotbrauner Engobe aus der Grabung Sittard-Dominicaan (NL) im Grabungsbericht von Lieke van Diepen u. Maurice Janssen (Saga-Archäologie) bearbeitet.

[130] Julie VAN KERCKHOVE/Annick LEPOT/Barbara BORGERS/Sonja WILLEMS, Understanding consumption patterns in the *civitas Tungrorum* through the identification of the 'NOOR1' Ware, in: Rei Cretariae Romanae Favtorvm Acta, Bd. 43, 2014, S. 783-790, bes. S. 786. Vgl. auch GNADE 2019 (wie Anm. 97), S. 23 f.

[131] Hans MOMMSEN/Alexander SCHWEDT/Peter KREBS, Provenance determination of 5 sherds from the Mithraeum of Bornheim-Sechtem, in: Journal of Roman Archaeology, Bd. 17, 2004, S. 363 f.; vgl. Cornelius ULBERT/Johann-Christoph WULFMEIER, Mithras im Vorgebirge. Neue Funde aus Sechtem, in: AiR 2001, 2002, S. 54-56. DIESELBEN, Das Mithräum von Bornheim-Sechtem bei Bonn. Baubefunde und Fundumstände, in: Marleen MARTENS/Guy DE BOE (Hrsg.), Roman Mithraism: the Evidence of the Small Finds, Brüssel 2004, S. 81-88; DIESELBEN, Ein Mithräum in Bornheim-Sechtem bei Bonn, in: Fundort Nordrhein-Westfalen, Köln 2000, S. 302 f. - Vgl. ein möglicherweise auch als Kultgefäß anzusprechendes Objekt mit Schlangenzier aus Heerlen bei VAN KERCKHOVE/BOREEL 2014 (wie Anm. 122), S. 268, Abb. 9, Nr. 833.

[132] THOLEN 1975 (wie Anm. 3), S. 236, Anm. 36; LENZ 1990 (wie Anm. 116), S. 33, Typ 12.

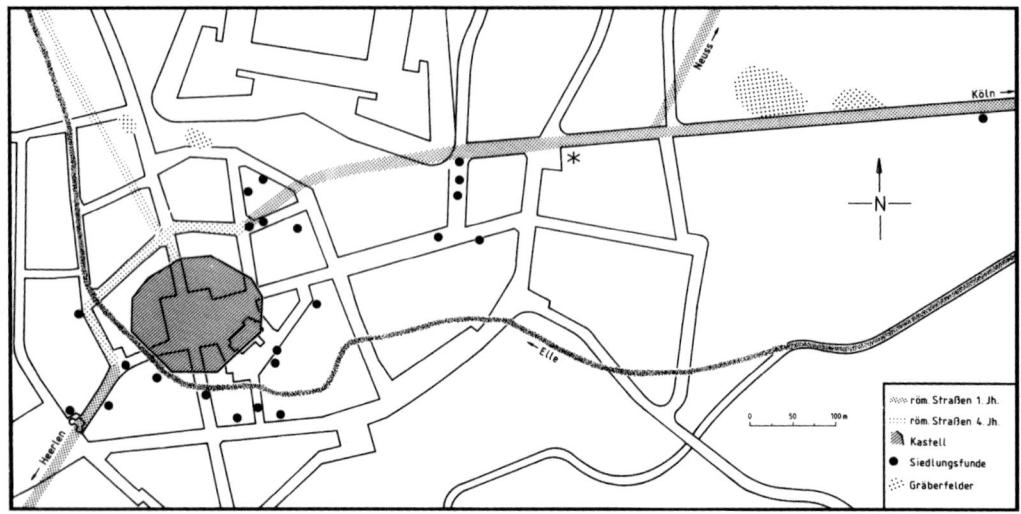

Abb. 32: Streuung der spätantiken Funde im Umfeld des Kastells Iuliacum (Stern - Fundstelle Römerstraße 2 d-f, Fundbericht NW 2007-1031; Abb. 11).

rung des Kultgefäßes in dem bislang für Jülich nachgewiesenen Produktionszeitraum ist möglich.[133]

Spätantikes Kastell

Das Wissen zur Struktur Iuliacums im 3./4. Jahrhundert ist lückenhaft. Zwar ist es gelungen, den Bereich eines spätantiken Polygonalkastells, das als Sperrbefestigung im Zentrum des Ortes auf die Fernstraße gesetzt wurde (Abb. 4 u. 32), relativ genau zu umreißen.[134] Die Lage im Siedlungsbereich wurde wahrscheinlich durch den Bereich eines mutmaßlichen Forums determiniert, dessen Randbebauung wichtiges Steinspolienmaterial für den Bau der Befestigung liefern konnte.[135] Aber der Zeitpunkt

---

[133] Mitteilung Cornelius Ulbert 2.5.2008: *„Auf dem Estrichboden und im Schacht des jüngeren Mithräums wurden 25 Münzen aus der 2. H. 4. Jh. gefunden - es ist also aller Wahrscheinlichkeit nach bis in diese Zeit genutzt worden. Dies heißt nicht, dass das Mithräum (auch die jüngere Bauphase) nicht auch sehr viel älter sein kann, sie sind ja z.T. erstaunlich langlebig. Nach der etwas intensiveren Durchsicht der (wenigen) sonstigen Beifunde aus den Kultschächten des jüngeren Mithräums (Statuette, Firnisbecher) stammen diese Funde fast ausschließlich aus dem 2. Jh. Sie sind aber eben sekundär in diesen kultischen Zusammenhang geraten. In der Verfüllung des Mithräums gibt es aber auch jüngere Funde. Leider gibt es für die Datierung der 1. Bauphase als einzigen verwertbaren Hinweis das Fragment einer ebenfalls sekundär verbauten Schuppensäule, die Bauchhenß ebenfalls in das 2. Jh. datiert. Sonst gab es leider nichts, außer der glasierten Schlange in dem Schacht. Die Datierung der ersten Bauphase (1. H. 4. Jh.) war lediglich eine Vermutung im Zusammenhang mit den übrigen Gebäuden (villa) drumherum.“* Vgl. Gerhard BAUCHHENSS, Skulpturen aus dem neuen Fundplatz von Bornheim Sechtem, in: Fundort Nordrhein-Westfalen, Köln 2000, S. 304 f.

[134] PERSE 2005 (wie Anm. 11) mit älterer Lit.; dazu DERSELBE 2017/2018 (wie Anm. 11).

[135] KASZAB-OLSCHEWSKI 2016 (wie Anm. 44), S. 376 hat diesen Gedanken erstmals formuliert. Zu einem mutmaßlich als Spolie im nördlichen Torbau des Kastells wiederverwendeten Herkulesrelief s. PERSE 2019 a (wie Anm. 6), S. 9 u. S. 15 f., Anm. 5.

der Errichtung ist jedoch noch unklar, denn ob sich die für den sehr ähnlichen Kastell-befund in Aachen angenommene Errichtung schon Ende des 3. Jahrhunderts für Aachen und Jülich als haltbar erweist oder für beide doch eher eine konstantinische Datierung in Analogie zu Jünkerath, Bitburg und Neumagen anzunehmen ist, bleibt eine wichtige Forschungsfrage.[136] Bislang ist durch die wenigen Funde aus oder unter dem Fundament des Kastells lediglich ein ungenauer terminus post quem ab Ende des 3. Jahrhunderts abzuleiten.[137] Die mit dem Bau des Kastells in Zusammenhang ge-brachte Zerstörungs- und Planierschicht im Stadtzentrum (Abb. 27) scheint zwar durch-aus eine plausible Interpretation zu sein, aber die zugrunde liegenden punktuellen Be-funde sind bislang weder in ihrer Ausdehnung noch bezüglich der genauen Datierung und kausalen Verbindung zum Befestigungsbau geklärt.[138] Die Numismatik konstatiert für Jülich ein auffälliges Fehlen der Antoniniane der 2. Hälfte des 3. Jahrhunderts, was auf einen massiven Einschnitt hindeutet, den man mit den erwähnten Zerstörungs-schichten, mutmaßlichen Germaneneinfällen und der Errichtung des Kastells in Ver-bindung bringen könnte.[139] Von der Innenbebauung des Jülicher Kastells sind keine Strukturen bekannt. Die nachgewiesene Eisenverarbeitung scheint für spätantike Be-festigungen allgemein ein typisches Merkmal zu sein.[140]

Spätantike Siedlung

Der Siedlungsbereich extra muros mit einer gegenüber der vorherigen Siedlungs-bebauung wahrscheinlich reduzierten Fläche ist bislang noch nicht einzuschätzen. Eine Kartierung spätantiker Einzelfunde scheint eine weitere Nutzung auch der Sied-lungsbereiche außerhalb des befestigten Areals anzudeuten (Abb. 32). Die Kartierung beruht jedoch zumeist auf nicht stratifizierten Einzelfunden. Der spätantike Fund-schleier muss nicht in jedem Fall ein Siedlungsanzeiger sein. Kann man solche Einzel-funde wie bei der Untersuchung der Streifenhaus-Befunde beim Bau des Stadthauses

---

[136] PERSE 2005 (wie Anm. 11), S. 134 f.; PERSE 2017/2018 (wie Anm. 11), S. 17. Vgl. Donata KYRITZ/Andreas SCHAUB, Neues vom Aachener Markt: das spätrömische Kastell und sein Nachleben, in: AiR 2015, 2016, S. 154-157, bes. S. 156. – Vgl. als guten Überblick neuer-dings Ferdinand Heimerl, Die Befestigung von Bitburg im Kontext spätrömischer Wehran-lagen in Nordostgallien, in: Der Limes, 14. Jg., 2020, Heft 1, S. 34-38, bes. S. 37.

[137] PERSE 2005 (wie Anm. 11), S. 134 f., Abb. 5, Nr. 1-4. Die noch von BILLER 2008 (wie Anm. 57), S. 58 f. referierte konstantinische Datierung aufgrund von Sigillata basiert nach THOLEN 1975 (wie Anm. 3), S. 244, Anm. 90 nur auf einer einzelnen Scherbe einer Bilder-schüssel. Das recht undifferenzierte Randbruchstück LVR-Landesmuseum Bonn, Inv.-Nr. 51.471 kann den bisherigen ungenauen terminus post quem des Jülicher Kastellbaus ab Ende des 3. Jh. nicht genauer eingrenzen.

[138] PERSE 2005 (wie Anm. 11), S. 136. Ein Jupiterpfeiler NOELKE 2010/2011 (wie Anm. 62), S. 231 ff., Abb. 83 u. S. 345 ff., Kat.-Nr. 313 ist ebenfalls antik intentionell zerschlagen in den Boden gekommen, PERSE 1988 a (wie Anm. 5), S. 107 f., Abb. 36. Ggf. ist er im Sinne eines Bildersturms, ähnlich den Beobachtungen bei NOELKE 2006 (wie Anm. 61), zu inter-pretieren.

[139] Vgl. Anm. 83. HENRICH/IBELING 2008 (wie Anm. 43), S. 92 kann für die Grabung Römer-straße 2 die Verbindung des Fehlens von Prägungen des 3. Jh. und auch einer entspre-chenden Lücke in den Keramikfunden aufzeigen, die dort auf ein Wüstfallen der Wohnbe-bauung zurückzuführen ist.

[140] GAITZSCH 1998 (wie Anm. 107), S. 51-57.

Matzerath (Abb. 11) an der Römerstraße 2d-f (Abb. 4, Nr. 5) durch die Einbindung in einen Fundkontext werten, stellt sich heraus, dass die Wohnbebauung dort im 3. Jahrhundert aufgelassen wurde.[141] Unter den spätantiken Streufunden wurde bei dieser Grabung eine Ziegelschuttlage beobachtet, die die mittelkaiserzeitliche Siedlungsphase überlagert. Anscheinend wurde hier der periphere Teil der Straßensiedlung aufgegeben. Dies könnte man mit den entsprechenden Zerstörungs- und Planierschichten im Zentrum parallelisieren und plausibel mit der Kastellbauphase verbinden. Wenn die spätantiken Funde in diesem Bereich nachweislich keine Belege für eine Fortsetzung der Wohnnutzung sind, ist dadurch unklar, inwiefern auch die Kartierung der sonstigen Streu- und Einzelfunde (Abb. 32) ein realistisches Bild des Siedlungsbereiches außerhalb des Kastells zeichnet[142] oder ob der Bereich nur von einer innerhalb der Mauern wohnenden Bevölkerung weiter begangen und anderweitig genutzt wurde. Aufgrund der von Streufund-Aufsammlungen bei Baustellenbeobachtungen der Wiederaufbauphase nach dem Krieg dominierten Quellenlage fehlt bislang jeglicher Nachweis einer außerhalb der Befestigung fortbestehenden Wohnbebauung - wobei der Nachweis von Innenbebauung des Kastells ebenfalls fehlt. Weitergehende Fragen wie nach der Art der Bemannung des Kastells und deren kasernierter oder familiär verteilter Unterbringung sind auf dieser Grundlage nicht beantwortbar.

Nördlich des Kastells wurde ab der Mitte des 4. Jahrhunderts eine neue Nekropole angelegt, die den Rand des ehemaligen Siedlungsbereiches des vicus, der durch ein noch erkennbares Grenzgräbchen kenntlich war, überprägte (Abb. 15 u. 32). Dies ist ein Hinweis darauf, dass der Siedlungsbereich in der Spätantike auf jeden Fall kleiner wurde. Nicht von ungefähr treten auch im Bereich des bis ins 5. Jahrhundert genutzten traditionellen Bestattungsplatzes an der Nordseite der Römerstraße zwischen Jan-von-Werth-Straße, Starenweg und Amselweg die spätantiken Bestattungsareale in den Ausläufern früherer römischer Siedlungsperipherie auf (vgl. Abb. 33).[143] Die Nekropole rückte näher an die wohl schrumpfende Siedlung heran.[144] Bei der Kanalsanierung der Neusser Straße ab Römerstraße nordwärts ließ sich 2009 dieser Ansatz verifizieren. Es wurde wiederum eine ausgedehnte Planierschicht mit grobem Ziegelbruch aus der

---

141 Der Ausgräber Thomas Ibeling beschrieb die Befundlage so: *„Auffällig ist die geringe Anzahl der Keramikfragmente des 3. Jahrhunderts sowie das Fehlen von Münzen dieser Zeitstellung. Die nur spärlich vorhandene spätantike Keramik schließt in Verbindung mit den wenigen Gruben aus dieser Zeit eine intensive spätantike Besiedlung aus. Daraus lässt sich ableiten, dass dieser Teil des vicus spätestens nach den Germaneneinfällen des 3. Jahrhunderts wüst fiel und sich die Bewohner in den Bereich der spätantiken Befestigung zurückzogen. Die wenigen Funde aus dem 4. Jahrhundert, darunter mehrere aus dem Ziegelbruchhorizont bzw. der jüngeren Verfüllung des Straßengrabens geborgenen Bronzemünzen des 4. Jahrhunderts sowie das Fragment einer Zwiebelknopffibel Typ Keller 2/3 sind mit der Benutzung der Straße und/oder durch spätantiken Steinraub zu erklären.“* HENRICH/IBELING 2008 (wie Anm. 43), S. 92 f.

142 So PÖPPELMANN 2010 (wie Anm. 43), S. 281.

143 GOTTSCHALK 2015 (wie Anm. 55), S. 225-233 u. 254-257; PÖPPELMANN 2010 (wie Anm. 43), S. 281.

144 PÖPPELMANN 2010 (wie Anm. 43), S. 279.

2. Hälfte des 3. Jahrhunderts dokumentiert. Dazu kommt der Einzelfund eines vollständig erhaltenen spätantiken TS-Tellers im Kanal Neusser Straße (nordwestlich nahe Abb. 4, Nr. 5), der mutmaßlich als Rest einer Bestattung anzusprechen ist.[145]

Kastellgräberfeld

In der Kastellnekropole (bei Abb. 4, Nr. 4) lassen sich germanische Bevölkerungsteile und drei Generationen eines Oberhauptes dieser Gruppe nachweisen, die als römische Söldner nach Jülich gekommen sind.[146] Die Belegungsabfolge dort und die frühe mittelalterliche Geschichte Jülichs weisen auf die Kontinuität einer romanisch-germanischen Mischbevölkerung hin, die durch den Schutz des Kastells auch unruhige Zeiten überstand.[147] Immerhin bildet das römische Kastell kontinuierlich für rund 1000 Jahre die Befestigung Jülichs, ehe sie von der mittelalterlichen Stadtmauer im 14. Jahrhundert abgelöst wurde - eine deutlich längere Nutzung als die 200 Jahre der Nachfolgerin oder die gut 300 Jahre der Renaissancestadtmauer.[148] Mit dieser teilweise fortbestehenden Romanitas sind bislang jedoch keine Belege für frühes Christentum zu verbinden, das in den ländlichen Gegenden im Gegensatz zu den Städten und Kastellorten am Rhein offenbar erst spät Verbreitung gefunden hat.[149]

Über diesen Zeitenwechsel ins frühe Mittelalter sind wir durch die Gräberfeldfunde vergleichsweise gut informiert, während die Veränderung des vicus im 3. Jahrhundert weiter eines der bislang am wenigsten geklärten Forschungsthemen darstellt. Als roter Faden zieht sich lediglich die Bedeutung des Ortes aufgrund seiner Lage an der wichtigen Fernstraße nach Gallien durch, die hier eine Sicherung mit dem Kastellbau als wichtig erscheinen ließ.

Ausblick

Wenn man die Puzzleteile der hier versuchten Übersicht zum Forschungsstand des römischen Jülichs betrachtet, wird deutlich, dass die meisten Teile noch fehlen. Dies soll die Leistungen der mit viel Engagement durchgeführten ehrenamtlichen Archäologie der Nachkriegszeit von Dr. Halbsguth und dem Römisch-Germanischen Arbeitskreis nicht schmälern, die wichtige Beobachtungen dokumentieren und eindrucksvolle Funde sichern konnten. Diese Arbeiten haben den Stellenwert einer flächigen Prospektion, dank derer wir überhaupt in der Lage sind, ein Phantombild der römischen

---

[145] Bernhard DAUTZENBERG/Franz KEMPKEN/Simon MATZERATH/Marcell PERSE, Neue Ausgrabungen an der Via Belgica im römischen Jülich, in: AiR 2009, 2010, S. 101-103, bes. S. 202 f., Abb. 123/124.

[146] PÖPPELMANN, Gräberfeld (wie Anm. 43), S. 268-270, 284, 334-341 u. 349 f.; vgl. dazu auch die Rezensionen von Raymund GOTTSCHALK und Jörg KLEEMANN, in: JGBl, Bd. 85/86, 2017/2018, S. 366-394.

[147] Griffig formuliert KLEEMANN ebd., S. 376, dass die Nachfolger der im Jülicher Kastell des 5. Jh. stationierten germanischen Föderaten im 6. Jh. als *letzte Römer* den Befehl an die Merowinger im so gesehen *spät fränkisch gewordenen Rheinland* abtraten.

[148] Zuletzt PERSE 2017/2018 (wie Anm. 11), S. 14 f.

[149] Winfried SCHMITZ, Die spätantik-frühmittelalterlichen Grabinschriften aus Jülich, in: JGBl, Bd. 85/86, 2017/2018, S. 47-55, bes. S. 55.

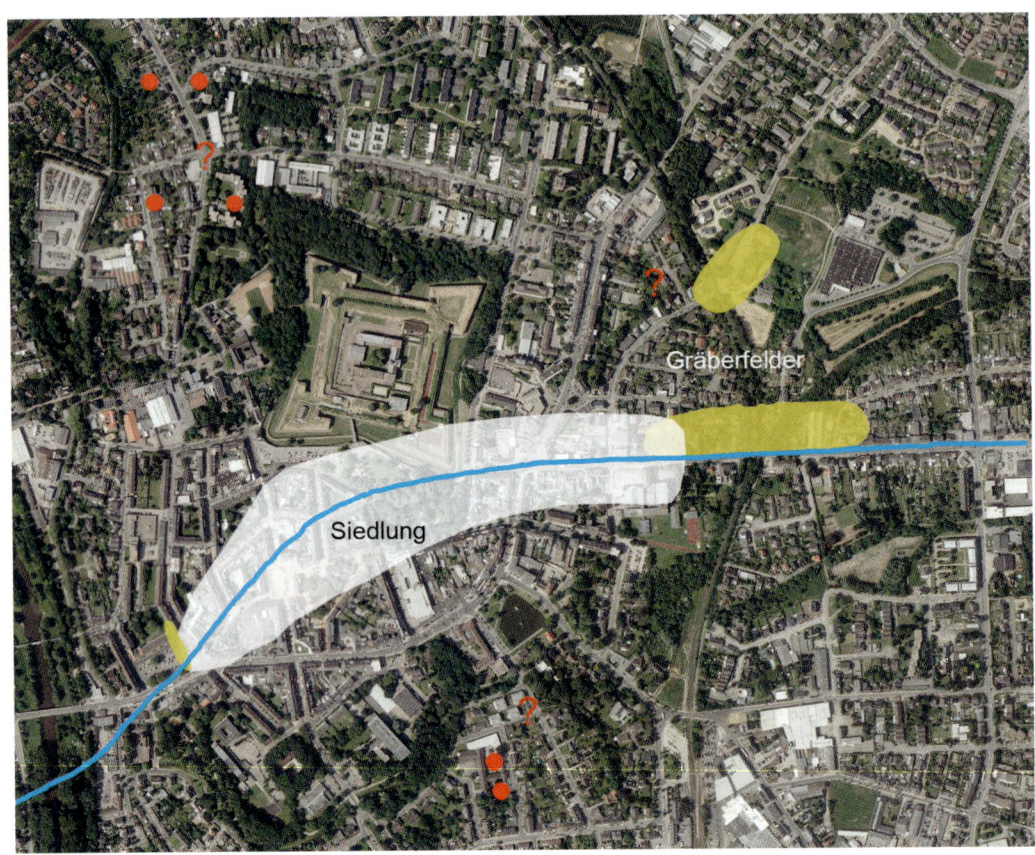

Abb. 33: Luftfoto Jülichs mit Einblendung unserer bisherigen Vorstellung vom Siedlungsbereich des vicus an der Via Belgica als Hauptstraße. Nach Norden, Westen und Süden haben die Festungsanlagen der frühen Neuzeit die Topographie stark überprägt, so dass der Übergang der Siedlungsbereiche ins Umfeld nicht gut einschätzbar ist, zumal es im Norden und Süden Fundnachrichten von nicht näher untersuchten Fundstellen gibt, die auf ein differenzierteres und komplexeres Siedlungsbild hindeuten könnten.

Siedlungsentwicklung zu zeichnen, sind aber geprägt durch den Filter anfallender Gelegenheiten gepaart mit meist nur summarischer Untersuchungsmöglichkeit. Auch die Kanalarchäologie des Verfassers 1987-1989 gehört in eine ähnliche Kategorie: durch die große Ausdehnung der langen Kanalschnitte war ein guter Überblick über Siedlungsbereiche zu gewinnen, detailliertere Fragen mussten jedoch im Duktus der dort möglichen Grabungsmethoden außen vor bleiben. Was dem Netzwerk der Erkenntnis im Kernstadtbereich nun schon seit längerem fehlt, sind systematische und nicht zu kleinteilige Flächengrabungen, wie sie bislang einzig bei Errichtung des Stadthauses Matzerath in der Peripherie der römischen Siedlung möglich waren (Abb. 11).

Fortschritte können sich in Zukunft ergeben durch die Auswertung des vorhandenen Fundmaterials im euregionalen Kontext.[150] Und durch den Vergleich mit parallelen Entwicklungen wie z.B. in Heerlen, wo die Vorstellung von der dortigen Siedlungstruktur

---

150   Mit großer Dankbarkeit freue ich mich seit 2012 über die Zusammenarbeit in der von Karen Jeneson, Thermenmuseum Heerlen, initiierten Euregionalen Vicusgruppe: PERSE 2019 b

sich immer mehr vom rein linearen Ein-Straßen-Dorf an der Via Belgica löst und eine vielfältige Flächennutzung erkennbar wird.[151] Um eine über die bisherige Interpretation als monolineares Straßendorf (Abb. 33) hinausgehende Siedlungsstruktur des vicus Iuliacum/Jülich zu erkennen, muss man sie zunächst einmal für möglich halten. Um eine möglicherweise differenziertere Sichtweise in den Punktwolken von kleinräumigen Einzelbeobachtungen auszumachen, ist es wichtig, sich immer wieder versuchsweise vom gewohnten Narrativ zu lösen. Der Festungsbau der frühen Neuzeit (Abb. 4) und die Erosionsrinne des sich verlagernden Rurlaufes verunklären den Übergang vom Kernbereich des vicus in die Peripherie derart, dass das Verhältnis der westlich der Rur dokumentierten Streifenhausbebauung (Abb. 6, vicus Neubourheim; Abb. 12) zum bislang als eigentlicher vicus betrachteten Siedlungsbereich östlich der Rur ebenso wie die Gestaltung des Flussüberganges offen bleiben muss.[152] Gleiches gilt für die Frage

Abb. 34: Römischer Baubefund mit Resten einer Hypokaustanlage südlich der Promenadenschule, nördlich Frankenstraße 6, 9.11.1954.

des Verhältnisses der nördlich des vicus nachgewiesenen Töpfersiedlung zum Ort und der Anbindung der im Jülicher Nordviertel dokumentierten Wasserleitungsstränge (Abb. 22).[153] Auch die römischen Grabfunde im Bereich der Jan-van-Werth-Straße liegen so weit von den sonstigen Befunden des vicus entfernt, das dort zusätzliche unbekannte Befundbereiche zu interpolieren sind, obwohl bei der Kanalsanierung der Straße 2013 südwestlich im Zwischenbereich zum vicus keine Spuren zu beobachten waren. Im Bereich der westlichen Artilleriestraße/Linnicher Straße bis zu den Bauflächen der Seniorenwohnungen Berliner Straße und der Nordschule wurden römische

---

(wie Anm. 9), S. 225, Abb. 3 u. DERSELBE 2019 a (wie Anm. 6), S. 14 f., Abb. 2. Archäologische und museale Einrichtungen der Städte Maastricht, Heerlen, Aachen und Jülich mit dem Lehrstuhl für Alte Geschichte der RWTH Aachen und neuerdings dem Regionalarchäologen von Tongeren (B) betreiben grenzübergreifenden Informationsaustausch und stoßen Forschungs- und Ausstellungsprojekte an. Wichtige Hinweise verdankt der vorliegende Beitrag Andreas Schaub und Klaus Scherberich, Aachen, Gilbert Soeters, Maastricht und Alain Vanderhoeven, Tongeren. Tünde Kaszab-Olschewski, Köln, und Raymund Gottschalk, Düsseldorf, steuerten gute Anregungen bei. Guido von Büren, Susanne Richter und Wolfgang Schneiders vom Jülicher Museumsteam haben freundlicherweise die aufwändige Korrekturarbeit übernommen.

[151] PERSE u.a. 2014 (wie Anm. 25), S. 51.

[152] ULBERT 2013 (wie Anm. 47), S. 18 f., Nr. 12 u. 13, Abb. 8-10.

[153] THOLEN 1975 (wie Anm. 3), S. 237 u. 240.

Siedlungsspuren bemerkt, aber nicht genauer untersucht, so dass wir den Übergang des vicus ins Umland nach Norden nicht einschätzen können (Abb. 33).[154] Auch nach Süden dünnt unsere Kenntnis und Wahrnehmung der römischen Nutzung sichtlich aus. Jenseits der als Durchgangsstraße beim Wiederaufbau vergrößert und begradigt angelegten Großen Rurstraße und dem vorgelagerten Grünzug der heutigen Promenade kamen z.B. 1958 im Freigelände südlich der Promenadenschule (GGS Süd) die Reste eines römischen Gebäudes mit Fußbodenheizung zum Vorschein (Abb. 34).[155] Seine Erhaltung verdankt dieses Befundfragment nur seiner Lage außerhalb des ehemaligen Glacis der Festung mit seiner Geländeüberformung und der Umführung des Ellbaches um die ehemalige Festungsstadt. Das Verhältnis der Fundstelle im Bereich der ehemaligen pfälzischen Militärgärten zum vicus blieb unklar (Abb. 33).

Die wichtigste Ressource für die Forschung sind unberührte Bodenarchive, die in der Zukunft weitere Aufschlüsse ermöglichen.[156] Sinn von Bodendenkmalpflege ist es, diese auch möglichst unangetastet zu erhalten. Denn einmal sind unsere Fragestellungen nicht optimal entwickelt, da noch unausgewertetes Material von 70 Jahren Nachkriegsarchäologie der Bearbeitung harrt. Und zum anderen wäre es gut, in Abstimmung mit den Belangen einer lebendigen Stadt und ihren unabweisbaren Bedürfnissen möglichst zusammenhängende Bereiche für die Untersuchung mit zukünftig sicherlich noch weiter entwickelten Grabungsmethoden oder auch minimalinvasiver oder zerstörungsfreier bzw. zerstörungsarmer Archäologie zu erhalten. In diesem Sinne ist der Bodendenkmalschutz innerstädtischer Flächen, wie Markt- und Kirchplatz sowie der Innenhöfe der Bebauungskarrees, vorausschauende Stadtgeschichtsforschung, denn dieses Bewahren ist nicht nur ein unbestimmtes Vertagen, sondern die Lehre aus der bisher unter Baudruck und Zeitumständen suboptimal zerrstückelten Quellenlage zur Stadtgeschichte der Frühzeit. Langfristige und nachhaltige Stadtentwicklung kann und sollte auch dieser Dimension unserer Entwicklung mit Bezug zur Herkunft Rechnung tragen können.

Abkürzungen:

AiR	Archäologie im Rheinland
BJb	Bonner Jahrbücher
BzJG	Beiträge zur Jülicher Geschichte
CIL	Corpus Inscriptionum Latinarum
JGBl	Jülicher Geschichtsblätter
JHBl	Jülicher Heimatblätter
NBzJG	Neue Beiträge zur Jülicher Geschichte

---

[154] Römisch-Germanischer Arbeitskreis Jülich, Fundberichte 335, 337 (192 c) u. 340 (Unterlagen im Museum Zitadelle Jülich), leider alle nur summarisch beobachtet.

[155] Römisch-Germanischer Arbeitskreis Jülich, Fundbericht 212 (Jülicher Nachrichten 8.11.1958 mit falscher Bezeichnung als Thermenbefund aufgrund des Hypokaustums). Beim Bau der Schule 1954 kamen ebenfalls römische Scherben zum Vorschein (Museum Zitadelle Jülich, Inv.-Nr. 1954-0011 bis 0017). Auch ein römisches Grab soll in diesem Bereich aufgedeckt worden sein: Carl BROCKMÜLLER, Entwurf einer historisch-, statistisch-, medizinischen Topographie der Stadt und des Kreises Jülich, Jülich 1839, S. 2 f.

[156] Vgl. schon PERSE 1992 (wie Anm. 13).

Heinz Andermahr

Christianisierung an Erft und Rur in der Spätantike und im Frühmittelalter

1. Einführung

Im Jahr 2007 veröffentlichte der Archäologe und Kölner Hochschullehrer Sebastian Ristow eine Publikation mit dem Titel *„Frühes Christentum im Rheinland"*.[1] Seine Untersuchung legte die archäologischen Quellen zum frühchristlichen Rheinland neu und erstmals geschlossen vor. Etliche bisher als christlich bestimmte Befunde relativierte er mit den Hinweisen *„nicht vor christlichem Hintergrund zu sehen"* oder *„unsicher"*. Bei manchen dieser kritischen Infragestellungen vermag man dem Autor nicht ohne Bedenken zu folgen, zumal er keine Begründungen für seine Einsichten mitliefert. Woran die Arbeit jedoch leidet, ist die völlige Ausklammerung der erzählenden Quellen und Urkunden des Mittelalters und der Frühen Neuzeit. So missionierten an Erft und Rur der Angelsachse Willibrord sowie der mutmaßliche Franke Irmund. Die in den erzählenden Quellen genannten Missionsorte belegen die Christianisierung nicht minder als die archäologischen Befunde. Dieses Defizit soll hier behoben werden, zumindest für den Untersuchungsraum. Außerdem sind die archäologischen Erkenntnisse des Werkes von Sebastian Ristow um neue Grabungen nach 2007 ergänzt worden.

Der Autor dieser Zeilen wählt eine begrenzte Region: den Raum an Erft und Rur. Nur in einem solch eingeschränkten Bereich ist das Thema umfassend zu diskutieren. Folgenden Fragen soll nachgegangen werden: Wie entwickelte sich hier die Christianisierung in der Spätantike und im Frühen Mittelalter? Gab es Kontinuitäten, Unterschiede zwischen beiden Epochen, zwischen den Siedlungen (*„vici"*) und dem ländlichen Bereich? Lassen sich die Missionsorte in den erzählenden Quellen auch archäologisch belegen? Sind zeitliche Schwerpunkte in den Stadien der Christianisierung festzustellen? Wer initiierte die Christianisierung: der Kölner Bischof, die Hausmeier bzw. merowingischen Könige oder Adlige? Auf all diese bislang nicht gestellten Fragen sollen hier Antworten gefunden werden.

2. Die Christianisierung an Erft und Rur in der Spätantike

Die frühesten christlichen Ursprünge Galliens finden sich in Südfrankreich. Von dort aus breitete sich das Christentum die Rhone aufwärts aus und erreichte schon Ende des 3. Jahrhunderts die Kaiserstadt Trier. Von hier aus gewann es Einfluss auch auf die beiden germanischen Provinzen, in denen sich die Christen bereits zu Beginn des 4. Jahrhunderts organisierten.

---

[1] Sebastian RISTOW, Frühes Christentum im Rheinland. Zeugnisse der archäologischen und historischen Quellen an Rhein, Maas und Mosel (Jahrbuch 2006 des Rheinischen Vereins für Denkmalpflege und Landschaftsschutz), Münster 2007.- Siehe auch: Erwin GATZ/Marcel ALBERT (Hrsg.), 1700 Jahre Christentum in Nordrhein-Westfalen. Ein Atlas zur Kirchengeschichte, Regensburg 2013, S. 20-28..

Der erste gesicherte Hinweis auf die Anwesenheit von Christen in Köln stammt aus dem Jahr 313, als dort ein Bischof Maternus erwähnt wird.[2] Es muss also damals eine bischöflich verfasste Gemeinde gegeben haben. Das Bekenntnis Kaiser Konstantins zum Christentum seit 312 dürfte viele Stadtbewohner bewogen haben, sich der neuen Religion anzuschließen. Der Einflussbereich des Bischofs erstreckte sich auf das städtische Territorium Kölns, die *„civitas Agrippinensium"*, also vom Vinxtbach im Süden bis nach Krefeld im Norden und im Westen fast bis nach Aachen. Wie weit das Christentum in den Siedlungen außerhalb des Zentralorts und in den zahlreichen Einzelgehöften (*„villae rusticae"*) die Bevölkerung erfasste, ist nur in Ansätzen zu erkennen. Man hätte gerne gewusst, wie die Christen in Jülich, Neuss und Zülpich, die dem Bischof in Köln unterstanden, seelsorgerisch betreut wurden, ob sie bereits in einer Form organisiert waren, wie es später einer Pfarrei entsprach. Doch bisher lassen uns die Quellen in dieser Frage völlig im Stich.[3]

Abb. 1: Grabsteinfragment aus Jülich (Foto: Schmitz, S. 53).

Mit Erlassen des Kaisers Theodosius von 391 für den Osten des römischen Reiches und von 392 für den Westen wurde das Christentum durch Verordnung zur staatstragenden Religion. Die Ausübung der übrigen Kulte war damit erstmalig durch ein Gesetz generell verboten. 407/08 und schließlich 415 sollten Kultbilder und -gegenstände aus dem öffentlichen Raum, also aus Tempeln, Thermen usw., entfernt werden.[4]

Im Raum zwischen Erft und Rur sind lediglich vier archäologische Befunde bekannt, die christlich zu deuten und in die Zeit der Spätantike zu datieren sind. Sie stammen aus den Siedlungen (*„vici"*) Jülich, Zülpich und Neuss sowie aus einem Gräberfeld bei Elsdorf.

Bei archäologischen Ausgrabungen 1986/87 in Jülich wurden zwei Grabsteine mit Inschriften gefunden. Winfried Schmitz hat beide interpretiert und 2017/18 in den Jülicher Geschichtsblättern vorgestellt.[5] Von besonderem Interesse ist hier der zweite Stein (Abb. 1). Die Jülicher Inschrift wurde bei Ausgrabungen eines Bestattungsplatzes gefunden, der vom zweiten Viertel des 4. bis mindestens in das dritte Viertel des

---

[2] Werner ECK, Köln in römischer Zeit. Geschichte einer Stadt im Rahmen des Imperium Romanum (Geschichte der Stadt Köln 1), Köln 2004, S. 628 ff.

[3] Ebd., S. 645.

[4] RISTOW, Frühes Christentum im Rheinland (wie Anm. 1), S. 3; Harald von PETRIKOVITS, Altertum (Rheinische Geschichte 1), 2. Aufl. Düsseldorf 1980, S. 252 ff.

[5] Winfried SCHMITZ, Die spätantik-frühmittelalterlichen Grabinschriften aus Jülich, in: Jülicher Geschichtsblätter 85/86, 2017/18, S. 47 ff.; siehe auch: Marcell PERSE, Fragmente von zwei spätantiken Grabinschriften aus der Kastellnekropole, in: Jülicher Geschichtsblätter 67/68, 1999/2000, S. 353-356

7. Jahrhunderts genutzt worden war. Der Friedhof befand sich am Rande des *„vicus"*, etwa 120 m nördlich des Kastells. Die Belegung stellt auch ein Indiz dar für die Siedlungskontinuität von der römischen zur fränkischen Zeit. Das Sandsteinfragment war ursprünglich Teil einer recht großen Grabplatte und wurde in einem fränkischen Grab aus dem ersten Drittel des 5. Jahrhunderts aufgefunden. Es war dort wiederverwendet worden, also älter als das fränkische Grab. Leider ist der Grabstein nicht vollständig erhalten. Die fragmentierte antike Inschrift gibt in der letzten Zeile möglicherweise ein Todesdatum an. Dies ist aber umstritten. Winfried Schmitz gelangt zu dem Fazit: *„Sollte aber in der letzten Zeile das Todesdatum angegeben sein, wird man den Grabstein als einen christlichen auffassen müssen."*[6]

Abb. 2: Goldglasschale mit Taube und Ölzweig (Foto: Ristow, Frühes Christentum, Tafel 7).

Im Bonner Landesmuseum wird ein Glasgefäß aufbewahrt, das dem 4. Jahrhundert zugeordnet wird (Abb. 2). Es ist bei einer Grabung in Zülpich geborgen worden. Es handelt sich um das Bodenfragment einer Goldglasschale. Sie zeigt eine Taube, die auf einen im linken Teil des rechteckigen Bildfeldes dargestellten Ölzweig blickt.[7] Die Taube gilt in der Ikonographie des Neuen Testaments als christliches Symbol für den Heiligen Geist. Im 1. Buch Mose, Kapitel 8, bringt eine Taube einen frischen Ölzweig zu Noah auf der Arche. So wurde die Taube mit dem Ölzweig zum Zeichen des Friedens.

In Neuss bargen Archäologen aus einem römischen Frauengrab ein Kästchen aus Glas, welches als eines der bemerkenswertesten frühchristlichen Fundstücke gilt. Auf dem mit Goldfolie belegten Kästchen sind alt- und neutestamentliche Szenen mit Beischriften dargestellt, dazu auf dem Deckel die Darstellung eines lebenden Christus zwischen Petrus und Paulus. Das Kästchen wurde 1847 in einem Steinsarkophag zusammen mit anderen Beigaben gefunden und ist schon kurze Zeit nach der Auffindung verschollen.[8]

Außerhalb der *„vici"* hat sich bislang erst ein Befund ergeben, der einwandfrei auf christliche Vorstellungen schließen lässt. 1996 stießen Archäologen im Tagebau Hambach (Stadt Elsdorf) auf das Gräberfeld einer spätantiken Glashütte.[9] Als

---

[6] Ebd., S. 54.

[7] RISTOW, Frühes Christentum im Rheinland (wie Anm. 1), S. 442.

[8] Ebd., S. 401.

[9] Wolfgang GAITZSCH, Das Gräberfeld einer spätantiken Glashütte, in: Archäologie im Rheinland 1996, Mönchengladbach 1997, S. 72 ff.; Siehe auch: Wolfgang GAITZSCH/Anna-Barbara FOLLMANN-SCHULZ/K. Hans WEDEPOHL/Gerald HARTMANN/Ursula TEGTMEIER, Spätrömische

Grabbeigaben fand man zwei spätantike Glasschalen mit kreuzförmigem Ornament auf dem Schalenboden (Abb. 3). Sie sind Ende 4./Anfang 5. Jahrhundert zu datieren. *„Dieses Gefäß stellt eine Vorform der älteren merowingerzeitlichen Glasschalen mit Christogramm dar."*[10]

Alle anderen bisher bekannten christlichen Zeugnisse aus der Region an Erft und Rur stammen aus dem Frühmittelalter. Warum es so wenige spätantike christliche Befunde in der hier untersuchten Region gibt, hängt auch mit folgender Entwicklung zusammen: Sie sind am ehesten in den städtischen Siedlungen, den *„vici"*, zu erwarten; diese aber fielen zu einem großen Teil den Stürmen der Völkerwanderungszeit zum Opfer.

Abb. 3: Glasschale aus Elsdorf mit kreuzförmig verziertem Boden (Ristow, Tafel 87).

Ab 257/58 erfolgte der erste schwere Frankeneinfall in die Provinz Niedergermanien, dann ein weiterer 274. Die meisten römischen Siedlungen (*„vici"*) wurden damals zerstört und geplündert. Einige gingen in diesem Sturm unter, andere erholten sich mühsam. Vier Jahre nach dem Tod Kaiser Konstantins (341) überschritten Frankenstämme erneut den Limes. Besonders 352 und 353 suchten sie das Rheinland heim. Im Jahr 356 führte der römische Cäsar Julian einen Feldzug in Niedergermanien. Seine Kavallerie stieß dabei in der Nähe Jülichs auf eine Plündererschar von 600 Franken, die das von Garnisonen ungeschützte Land brandschatzten.[11]

Diese Germaneneinfälle hinterließen Spuren in der römischen Besiedlung. Wie sah das bei den vici an Erft und Rur aus?

Der vicus Mülfort bei Mönchengladbach wurde 274 von den Franken vollständig zerstört. Es siedelten sich nach dieser Katastrophe jedoch wieder Menschen an. Spätestens 352 wurden die Römer durch den zweiten Frankeneinfall endgültig aus Mülfort vertrieben. Das Gebiet war danach für mehrere Jahrhunderte nicht mehr bewohnt.[12]

Auch der vicus Euskirchen-Billig (Belgica vicus) scheint von den Frankeneinfällen des 3. und 4. Jahrhunderts betroffen gewesen zu sein. Die Siedlung wurde von den Bewohnern jedoch nicht aufgegeben. Siedlungsspuren sind noch bis zum

---

Glashütten im Hambacher Forst - Produktionsort der ECVA-Fasskrüge, in: Bonner Jahrbücher 200, 2000, S. 83 ff.

[10] GAITZSCH, Das Gräberfeld einer spätantiken Glashütte (wie Anm. 9), S. 73.

[11] Jürgen KUNOW, Die Militärgeschichte Niedergermaniens, in: Heinz Günter Horn, Die Römer in Nordrhein-Westfalen, Stuttgart 1987, S. 27-138, hier besonders S. 89 ff.; Ammianus Marcellinus, Römische Geschichte, hrsg. von Wolfgang SEYFARTH, Darmstadt 1968, Buch 17, Kapitel 2.

[12] Dieter HUPKA, Die römischen Siedlungsfunde, gewerblichen Reste und Straßenbefunde in Mönchengladbach-Mülfort, Diss. Köln 2015, S. 104.

5. Jahrhundert feststellbar. Dann aber endete die Siedlungskontinuität.[13] Die Franken übernahmen den Namen für ihre Siedlung in Billig.

Der vicus Marcomagus in Nettersheim entwickelte sich in der römischen Kaiserzeit zu einem umfangreichen Siedlungsbezirk mit Tempelanlage und Benefiziarierstation und einem Kleinkastell. Hier verlief die römische Reichsstraße von Trier nach Köln. Im letzten Drittel des 3. Jahrhunderts wurde die Siedlung von einer Brandkatastrophe heimgesucht, wohl in Folge der Frankeneinfälle. Der vicus bestand vom 1. bis ins frühe 5. Jahrhundert. Im Frühmittelalter wurde Marcomagus nicht wieder besiedelt.[14]

Die Siedlung Mariaweiler-Marcodurum bei Düren verdankt ihre Existenz einem wichtigen Rurübergang. Dort sind römische Funde vom 1. bis 3. Jahrhundert nachweisbar. Der vicus scheint also ein Opfer der Frankeneinfälle ab 258 geworden zu sein.[15] Er wurde nicht wieder aufgebaut, sondern fiel öde. Die Gegend um Mariaweiler wurde zwischen ca. 260 und dem frühen 4. Jahrhundert wieder bevölkert, der vicus als Steinbruch genutzt. In merowingischer Zeit entstand in der Nähe ein fränkischer Hof, dessen Bewohner in der nahen Trümmerstelle ihre Bestattungen vornahmen.

Der vicus Zülpich (Tolbiacum) wurde in spätrömischer Zeit zu einem Straßenkastell ausgebaut. Achäologische Untersuchungen von Gräberfeldern haben gezeigt, dass die Siedlung den Übergang von der römischen zur fränkischen Zeit kontinuierlich überstand.[16] Als *„oppidum", „civitas", „castrum" und „castellum"* wird der Ort des Öfteren in der Merowinger- und Karolingerzeit erwähnt.[17] Im 6. bis 8. Jahrhundert war Zülpich mehrfach Aufenthaltsort fränkischer Könige und Hausmeier. Im Frühen Mittelalter wurde Zülpich Vorort einer gleichnamigen Grafschaft.[18]

Der vicus Jülich-Juliacum erhielt in der Spätantike ein polygonales Kastell. Im Gräberfeld an der Römerstraße wurde bis ins 5. Jahrhundert bestattet, nördlich des

---

[13] Harald von Petrikovits, Belgica (Euskirchen-Billig), in: Nordöstliches Eifelvorland - Euskirchen, Zülpich, Bad Münstereifel, Blankenheim, Teil 2: Exkursionen (= Römisch-Germanisches Zentralmuseum Mainz (Hrsg.), Führer zu Vor- und frühgeschichtlichen Denkmälern 26), Mainz 1974, S. 142 ff.

[14] Salvatore Ortisi/Imke Ristow, Nettersheim: vicus mit Matronenheiligtum, in: Vera Rupp/Heide Birley (Hrsg.), Landleben im römischen Deutschland, Stuttgart 2012, S. 105 ff.; Salvatore Ortisi, Der vicus bei Nettersheim (Kr. Euskirchen) und die römische Besiedlung des oberen Urfttals, in: Martin Grünewald/Stephan Wenzel (Hrsg.), Römische Landnutzung in der Eifel. Neue Ausgrabungen und Forschungen (RGZM-Tagungen 16), Mainz 2012, S. 279 ff.; Mariola Hepa/Michelle Forrest/Salvatore Ortisi, Neue Untersuchungen im vicus von Nettersheim, in: Archäologie im Rheinland 2009, Stuttgart 2010, S. 89 ff.

[15] Johannes Heinrichs, Ein vicus der frühen und mittleren römischen Kaiserzeit bei Düren-Mariaweiler (Marcodurum): Topographie, siedlungsgeschichtlich relevante Lesefunde (Münzen und Fibeln), Orts- und Regionalgeschichte, in: Kölner Jahrbücher 39, 2006, S. 7 ff.

[16] Kurt Böhner, Siedlungen des frühen Mittelalters am Nordostrand der Eifel, in: Nordöstliches Eifelvorland - Euskirchen, Zülpich, Bad Münstereifel, Blankenheim, Teil 1: Einführende Aufsätze (Führer zu vor- und frühgeschichtlichen Denkmälern 25), hrsg. vom Römisch-Germanischen Zentralmuseum, Mainz 1974, S. 111 ff.

[17] Rheinischer Städteatlas Zülpich, Lieferung I, Nr. 5, bearb. von Klaus Flink, 1972.

[18] Heinz Andermahr, Zülpichgau und Grafschaft Zülpich im Mittelalter, in: Neue Beiträge zur Jülicher Geschichte 21, 2009, S. 7 ff.

Befestigungsringes entstand ab Mitte des 4. Jahrhunderts eine Kastellnekropole, in der germanische Bevölkerungsteile nachgewiesen sind. Die Belegungsabfolge bis mindestens zum Ende des dritten Viertels des 7. Jahrhunderts und die frühe mittelalterliche Geschichte des Ortes deuten auf eine Siedlungskontinuität hin.[19] Im Frühmittelalter wurde Jülich Vorort einer gleichnamigen Grafschaft.[20]

Der vicus Tiberiacum in Bergheim-Thorr kontrollierte den Übergang der römischen Reichsstraße Köln-Bavai über die Erft. Diese Verkehrsverbindung kreuzte in Thorr die Römerstraße Trier-Neuss. Tiberiacum scheint die Frankeneinfälle des 3. Jahrhunderts überstanden zu haben, wie Keramik- und Münzfunde belegen. Vermutlich war Tiberiacum bis zum Beginn des 5. Jahrhunderts besiedelt, dann aber wurde die Siedlung aufgegeben. Die Franken siedelten sich etwa 1 km nördlich an und übernahmen den Namen *„Tiberiacum"* für ihre Siedlung (Zieverich).[21]

Nicht weit von Thorr (2 Meilen Entfernung) lag an der römischen Reichsstraße Köln-Boulogne-sur-Mer der vicus Elsdorf. Seine Existenz ist durch Luftbilder bekannt. Leider kennen wir seinen Namen nicht. In unmittelbarer Nähe des vicus befand sich auch ein gallorömischer Umgangstempel. Aufgrund von Oberflächenfunden und eines Grabes kann man den Zeitraum der Existenz dieses vicus zwischen dem 1. und dem 4. Jahrhundert belegen.[22] Er wird ein Opfer der Frankeneinfälle im 4. Jahrhundert geworden sein.

Der vicus in Nörvenich entstand spätestens in augusteischer Zeit an der Straßenkreuzung der römischen Straße Zülpich-Neuss und einer regionalen West-Ost-Verbindung, die vom Rhein kommend über Nörvenich nach Düren-Mariaweiler verlief. Die Siedlung überstand die Frankeneinfälle des 3. und 4. Jahrhunderts. Münz- und Oberflächenfunde belegen eine Besiedlung bis zum beginnenden 5. Jahrhundert. Dann wurde der Ort von der Bevölkerung verlassen. Eine Siedlungskontinuität mit dem mittelalterlichen Nörvenich ist nicht feststellbar.[23]

In Neuss („*Novaesium"*) gab es schon früh ein Legionslager, das aber bei dem Frankeneinfall 256/57 oder 276 zerstört und nicht wiederaufgebaut wurde. Nicht weit von der Neusser Garnison entstand ein vicus. Die Siedlung reichte vom Obertor der mittelalterlichen Stadt bis zum Münster St. Quirin. Wie ein spätrömischer Friedhof des 3. und

---

[19] Marcell PERSE, Vicus Iuliacum - Mittelzentrum und Töpferort am Rurübergang, in: Erlebnisraum Römerstraße Via Belgica (Materialien zur Bodendenkmalpflege im Rheinland 18/2), Aachen 2008, S. 63 ff.

[20] Heinz ANDERMAHR, Der frühmittelalterliche Jülichgau, in: Beiträge zur Jülicher Geschichte 57, 1989, S. 44 ff.

[21] DERSELBE, Bergheim. Geschichte einer rheinischen Stadt (Forum Jülicher Geschichte 42), 2005, S. 26 f.; Eva COTT, Der vicus in Bergheim-Thorr, in: LVR (Hrsg.), Erlebnisraum Römerstraße Via Belgica (wie Anm. 18), S. 55 ff.

[22] Jeanne-Nora ANDRIKOPOULOU-STRACK, Der vicus von Elsdorf, in: Erlebnisraum Römerstraße Via Belgica (wie Anm. 18), S. 59 ff.

[23] Petra TUTLIES/Hans-Dieter PÜTZ, Bevor die *„Möwen"* kommen - präventive Bodendenkmalpflege auf einem altbekannten Fundplatz, in: Archäologie im Rheinland 2012, Stuttgart 2013, S. 115 ff.

4. Jahrhunderts zeigt, überstand diese Siedlung die Germaneneinfälle. Seit der Mitte des 5. Jahrhunderts hat es in Neuss allem Anschein nach einen fränkischen Hof gegeben. *„Der Fortbestand oder die Neubesiedlung des antiken Novaesium kann für das Frühmittelalter grundsätzlich angenommen werden."*[24]

Von den Siedlungen *(„vici")* zwischen Erft und Rhein haben also nur Neuss, Zülpich und Jülich die Wirren der Völkerwanderungszeit überlebt. Das hatte Auswirkungen auf die Christianisierung in der hier untersuchten Region.

3. Die Christianisierung an Erft und Rur im Frühmittelalter (Einleitung)

In den Wirren der Völkerwanderungszeit ist das Christentum im Rheinland nicht untergegangen. Es hielt sich mit seinen Institutionen aufgrund der verbliebenen romanischen Restbevölkerung vorwiegend in den größeren, aber auch manch kleineren Städten. Nach dem Sieg der Franken über die Alemannen in der Schlacht von Zülpich 496/97 konvertierte Chlodwig zum Christentum. Die Söhne und Enkel Chlodwigs gingen im 6. Jahrhundert n. Chr. zu einer entschiedenen Christianisierungspolitik über. Zusätzliche Impulse verliehen ihr irische und angelsächsische Missionare.[25]

Eine neue Phase in der Geschichte der merowingischen Kirche wurde eingeleitet durch den Iren Columban, der 590 mit 12 Gefährten sein Heimatkloster Bangor verließ und im frankoburgundischen Teilreich nahe der austrasischen Grenze die Abteien Fontaine, Annegray und Luxeuil gründete. Columban gab der merowingischen Kirche nicht nur monastische, sondern auch missionarische Impulse. Durch die Verbindung Columbans mit dem fränkischen Königtum setzte der Zustrom des fränkischen Adels in seine Klöster ein. Mit der Zeit wandelte sich das irische zu einem *„irofränkischen Mönchtum".*[26]

Eine weitere Innovation des Mönchtums und der christlichen Mission setzte mit den angelsächsischen Missionaren ein, vor allem mit Willibrord und Bonifatius. Im Auftrag des fränkischen Hausmeiers Pippin des Mittleren und später auch des Papstes begann der angelsächsische Priester Willibrord 690 mit der Mission der Friesen. Er wurde dabei von einer Schar von zwölf Gefährten begleitet.[27] Sein Bischofssitz wurde Utrecht.

---

[24] RISTOW, Frühes Christentum im Rheinland (wie Anm. 1), S. 100; HORN, Die Römer in Nordrhein-Westfalen (wie Anm. 11), S. 580 ff.; siehe auch: Heinrich CHANTRAINE, Das römische Neuss, Stuttgart 1984.

[25] Theodor SCHIEFFER, Winfrid-Bonifatius und die christliche Grundlegung Europas, Neudruck Darmstadt 1980, S. 81 ff.; Friedrich PRINZ, Frühes Mönchtum im Frankenreich, Neudruck München 1988, S. 121 ff.; Eugen EWIG, Frühes Mittelalter (Rheinische Geschichte 1.2), Düsseldorf 1980, S. 55 ff.

[26] PRINZ, Frühes Mönchtum im Frankenreich (wie Anm. 25), S. 121 ff.; EWIG, Frühes Mittelalter (wie Anm. 25), S. 68 ff.; Heinz LÖWE (Hrsg.), Die Iren und Europa im frühen Mittelalter (Veröffentlichungen des Europa Zentrums Tübingen. Kulturwissenschaftliche Reihe), 2 Bde., Stuttgart 1982.

[27] Erwähnt aus der umfänglichen Literatur sei hier: Arnold ANGENENDT, Willibrord im Dienste der Karolinger, in: Annalen des historischen Vereins für den Niederrhein 175, 1973, S. 63 ff.; DERSELBE, Das Frühmittelalter. Die abendländische Christenheit von 400 bis 900, Stuttgart 1990, S. 203 ff.; Camille WAMPACH, Willibrord. Sein Leben und Lebenswerk, Luxemburg 1953, S. 199 ff.

698 schenkte ihm Irmina von Oeren Land, auf dem er das Kloster Echternach gründete, als dessen Abt er wirkte. Willibrord missionierte jedoch nicht nur die Friesen, sondern unternahm auch Missionsreisen in die Eifel und an den Niederrhein.

Der monastische Organisationsgrad und der Missionseifer waren auf den beiden Inseln in der Nordsee offenbar weiterentwickelt als auf dem Festland. Die irischen Missionare teilten mit den zeitlich späteren angelsächsischen Missionaren die Motivation, das Evangelium zu verbreiten und die *„Heiden"* zu bekehren. Die Christianisierung West- und Mitteleuropas durch die iroschottische Kirche erfolgte unabhängig von Rom. Dagegen wurde die *„universalmissionarische"* Aktivität der Angelsachsen maßgeblich von Papst Gregor dem Großen initiiert und begleitet.[28] Ein weiteres Unterscheidungsmerkmal der angelsächsischen Missionare gegenüber den irischen lag in der engen Kooperation mit den fränkischen Herrschern und der Einbindung in die bestehende Kirchenorganisation.[29]

3.1 Frühmittelalterliche Spuren des Christentums in Jülich, Zülpich, Neuss (?), Düren, Rommerskirchen und Güsten

a) Der *„vicus"* Jülich

An der Schloßstraße in Jülich wurde ein spätantik-frühmittelalterliches Gräberfeld archäologisch untersucht. Die Auswertung nahm Heike Pöppelmann vor, welche ihre Erkenntnisse in einer 1997 eingereichten Bonner Dissertation vorlegte.[30] Für uns von besonderem Interesse ist in diesem Zusammenhang eine Beigabe aus einem Mädchengrab. Die runde, verzierte Fibel stammt aus dem 7. Jahrhundert. Die Vorderseite ist mit einem Knotenmuster aus ineinander geschlungenen, abstrahierten Tieren versehen. Solche tierförmigen Ornamente gehen auf heidnische germanische Vorstellungen zurück. Interessant ist im Vergleich dazu die Verzierung der Rückseite. Während der Rand mit runden und dreieckigen Stempeln punziert worden ist, ist im zentralen Bereich ein Ornament zu erkennen, das als *„Chi-Rho Christusmonogramm"* interpretiert werden kann. Auf der Fibel sind also heidnische und christliche Elemente vermischt.[31]

Weiter Indizien für christliche Spuren in Jülich stellen der älteste Vorgängerbau der mittelalterlichen Kirche St. Mariä Himmelfahrt - eine etwa 11,50 breite Saalkirche - dar,

---

[28] Lutz E. von Padberg, Mission und Christianisierung. Formen und Folgen bei Angelsachsen und Franken im 7. und 8. Jahrhundert, Stuttgart 1995, S. 32 ff., hier S. 42 ff.

[29] Derselbe, Die Christianisierung Europas im Mittelalter, Stuttgart ²2009, S. 84 ff.

[30] Heike Pöppelmann, Das spätantik-frühmittelalterliche Gräberfeld von Jülich, Kr. Düren (= Bonner Beiträge zur Vor- und Frühgeschichtlichen Archäologie 11), Bonn 2010.

[31] Ebd., S. 124 ff. und 234 ff.; siehe hierzu auch die ausführliche Rezension von Raymund Gottschalk in: Jülicher Geschichtsblätter 85/86, 2017/18, S. 376 ff.

ein dort gefundener trapezförmiger Sarkophag und beigabenlose Bestattungen.[32]

Die Kirche in Jülich wird erstmals 945 erwähnt, als der Kölner Erzbischof Wichfried sie dem Kölner Ursulastift, also der Kölner Kirche schenkte. Wichfried dürfte sie als Fiskalgut von seiner Familie erhalten haben. Er war ein Bruder des Pfalzgrafen Gottfried. Die Jülicher Kirche war der Maria geweiht.[33] Bekannterweise waren die ältesten Kirchen im Rheinland Petrus oder Maria geweiht.[34] In vielen spätrömischen *„castra"* und *„vici"* besaß der Erzbischof die Kirchen, meist als Schenkung der Könige.[35] In welcher Zeit jedoch diese Kirchen vom Erzbischof oder den Bürgern erbaut wurden, wissen wir nicht.

Kein einziges dieser vorgestellten Beispiele kann allein die Anwesenheit von Christen in Jülich verbürgen, aber zusammen genommen lassen sie sich nicht einfach wegdiskutieren. In Jülich dürfte im Frühmittelalter eine christliche Gemeinde existiert haben. Inwiefern diese jedoch aus der spätantiken Gemeinde hervorgegangen ist, lässt sich bislang nicht klären.

b) Der *„vicus"* Zülpich

Aufgrund von Münz- und Keramikfunden kann für Zülpich eine romanische Besiedlung noch für die 1. Hälfte des 5. Jahrhunderts nachgewiesen werden. Bei Ausgrabungen auf dem Markt von Zülpich vor wenigen Jahren wurden 61 frühmittelalterliche Körpergräber eines fränkischen Reihengräberfeldes entdeckt. Die Beigaben aus den neun unberaubten Gräbern lassen auf eine Anlage des Friedhofs in der ersten Hälfte des 6. Jahrhunderts schließen. Die am Ort verbliebenen Romanen und die sich neu ansiedelnden Germanen verfassten die Inschriften der Grabsteine in einem ungelenk geschriebenen und sprachliche Fehler aufweisenden Latein. Dies ist als Beleg zu werten für den *„unsicheren Fortbestand römischer Kultur"*.[36]

Da Zülpich in fränkischen Quellen des 6. Jahrhunderts wieder erwähnt wird, kann dieser Ort als Beispiel für die Kontinuität der römisch-romanischen und fränkischen Besiedlung gelten. Gregor von Tours (538-594) berichtet über die turmbewehrte Stadtmauer. Zülpich entwickelte sich im 6. Jahrhundert zu einer königlichen Pfalz (bis 9. Jahrhundert).

Die Kirche in Zülpich wird bereits 848 als *„templum"* erwähnt und war dem heiligen

---

[32] RISTOW, Frühes Christentum im Rheinland (wie Anm. 1), S. 267, 355 und Katalog Nr. 173; Ruth Maria PLUM, Die merowingerzeitliche Besiedlung in Stadt und Kreis Aachen sowie im Kreis Düren (Rheinische Ausgrabungen 49), Mainz 2003, S. 116 ff.

[33] Handbuch der Historischen Stätten: Nordrhein-Westfalen, hrsg. von Manfred GROTEN u.a., Stuttgart ³2006, S. 515.

[34] Friedrich Wilhelm OEDIGER, Das Bistum Köln von den Anfängen bis zum Ende des 12. Jahrhunderts (Geschichte des Erzbistums Köln 1), Köln ²1972, S. 218.

[35] Ebd., S. 222.

[36] Winfried SCHMITZ, Zwei neue spätantik-frühmittelalterliche Grabsteine aus Zülpich, in: Jürgen KUNOW (Hrsg.), 25 Jahre Archäologie im Rheinland 1987-2011, Stuttgart 2012, S. 135 ff. Zum Gräberfeld selbst siehe: Stephan WEBER, Neue Erkenntnisse zur römischen und fränkischen Epoche Zülpichs, in: ebd., S. 132 ff.

Petrus geweiht.[37] Wie bereits gesagt, gehörte das Patrozinium des Petrus zu den ältesten Kirchen im Rheinland. Der Kult des Petrus wurde durch iroschottische und angelsächsische Missionare verbreitet. Vor allem Kirchen auf königlichem Besitz weisen das Patrozinium des heiligen Petrus auf.[38] Als Pfalzort dürften die Könige die Christianisierung Zülpich gefördert haben. Sie werden hier auch (seit dem 6. Jahrhundert?) über eine Pfalzkapelle verfügt haben.

c) Der „vicus" Neuss

Bei Ausgrabungen unter der Münsterkirche St. Quirinus erfasste man über dem Bereich des spätrömischen Friedhofs aus dem 3. und 4. Jahrhundert ein Mauerfragment mit Teilen einer nordwärts gerichteten kleinen Apsis. Dieser Kirchenbau soll zwischen dem 4. und 9. Jahrhundert entstanden sein. Ob es sich hierbei um eine spätrömische Totengedächtniskapelle („cella memoriae") oder eine fränkische Saalkirche handelt, war lange Zeit nicht zu entscheiden.[39] Neue Auswertungen der Befunde der angeblichen „cella memoriae" in St. Quirinus/Neuss datieren den Bau der Kapelle jedoch einwandfrei in das 9. Jahrhundert.[40] In Neuss sind also bislang keine frühmittelalterlichen Spuren des Christentums zu finden.

d) Königshof und Pfalz Düren

Im Verlauf des 7. Jahrhunderts entstand in Düren eine fränkische Siedlung. Innerhalb der erstmals 748 genannten Siedlung Düren („villa quae dicitur Duria") befand sich ein Königshof, der im Laufe des 8. Jahrhunderts zur königlichen Pfalz („palacium regium") ausgebaut wurde.[41] Die ost- und westfränkischen Hausmeier Karlmann und Pippin hielten 747 im Hofgut Düren eine gemeinsame Reichsversammlung und Synode ab. Weitere Reichstage fanden in den Jahren 761, 775 und 779 statt.

Eine Kapelle wird in der schriftlichen Überlieferung 775 genannt. Unter der heutigen katholischen Pfarrkirche St. Anna fand 1952 eine archäologische Grabung statt.[42] Der älteste dort festgestellte christliche Kultbau war eine Saalkirche mit schmaler, dreigeteilter Vorhalle und einer Mittelempore. Er wurde von dem Ausgräber, Wilhelm Lehmbruck, aufgrund eines Grabes mit Beigaben und einer Münze in die Zeit um 700 datiert.

---

[37] Rheinischer Städteatlas Zülpich, Lieferung I, Nr. 5, bearb von Klaus FLINK, 1972.

[38] Jakob TORSY, Die kirchliche Erschließung der Landbezirke im Raum um Köln, in: Das erste Jahrtausend. Kultur und Kunst im werdenden Abendland an Rhein und Ruhr, Bd. 2, Düsseldorf 1964, S. 728.

[39] RISTOW, Frühes Christentum im Rheinland (wie Anm. 1), S. 98 f.; Hugo BORGER, Die Ausgrabungen an St. Quirin zu Neuss in den Jahren 1959-1964 (Vorbericht), in: Rheinische Ausgrabungen 1, Köln 1968, S. 170 ff.

[40] Tanja POTTHOFF, Capella statt cella. Neue Forschungen zu St. Quirinus, in: 25 Jahre Archäologie im Rheinland 1987-2011, hrsg. von Jürgen KUNOW u.a., Stuttgart 2012, S. 153 ff.

[41] Rheinischer Städteatlas Düren, Lieferung II, Nr. 9, bearb. von Klaus FLINK, 1974. - Siehe hierzu auch: Dietmar FLACH, Zur Geschichte des Dürener Reichsgutes, in: Dürener Geschichtsblätter 71, 1982, S. 5 ff.

[42] Wilhelm LEHMBRUCK, Die Ausgrabungen unter der Annakirche in Düren, in: Dürener Geschichtsblätter 64, 1975, S. 5 ff.

Die Siedlung selbst dürfte jedoch älter sein, da als Lesefund im Grabungsbezirk eine merowingische Münze aus der Zeit Dagoberts I. (+639) gefunden wurde. Natürlich weiß man nicht, wie lange diese Münze in Gebrauch war. Wilhelm Lehmbruck vermutet, dass dieser früheste Bau *als Hofkirche der villa Duria gegründet wurde und vielleicht gleichzeitig die Funktion der ersten Gemeindekirche ausübte.*[43] Vor der Überführung der Anna-Reliquie von Mainz nach Düren im Jahr 1501 war diese Kirche dem heiligen Martin geweiht.

Der frühmittelalterlichen Siedlung in Düren ist keine römische Besiedlung vorausgegangen. Da die älteste Kirche um 700 erbaut wurde, wird die Christianisierung hier vielleicht bereits Ende des 7. Jahrhunderts eingesetzt haben. Die Christianisierung dürfte von den fränkischen Hausmeiern vorangetrieben worden sein. Ob die Christianisierung auf Willibrord zurückgeht, wie es vermutet worden ist[44], lässt sich nicht sagen, würde aber zeitlich gut passen.

Abb. 4: Grabinventar mit Goldblattkreuz aus Rommerskirchen (Ristow, Tafel 23).

e) Rommerskirchen

Rommerskirchen ist die Gründung eines Franken mit Namen Romarich. Dieser Romarich kann jedoch nicht mit dem gleichnamigen Großen am Hofe der merowingischen Könige Theudebert II. und Chlotar II. identisch sein, wie Hans Georg Kirchhoff glaubt.[45] Der in den Quellen überlieferte Romarich war Gründer des Klosters Remiremont und ist 653 gestorben. Er kann also die zeitlich spätere Kirche in Rommerskirchen nicht gegründet haben.

Die katholische Pfarrkirche St. Peter in Rommerskirchen wurde 1945 bis auf den Westturm zerstört. Vor der Errichtung eines Neubaues erfolgte 1950 bis 1951 eine archäologische Grabung.[46] Die älteste Kirche war eine Saalkirche aus Stein mit Chor (Länge 15,6 m; Breite 7,05 bis 7,15 m), die man nach neueren Erkenntnissen in die Zeit um 700 datiert. An keiner Stelle wurden Spuren eines älteren Holzbaues gefunden. Unter dem Fußboden kamen 44 merowingerzeitliche Gräber zutage. Die Bestattungen sind nach dem Bau der Kirche

---

[43] Ebd., S. 52.

[44] Ebd., S. 51.

[45] Hans Georg Kirchhoff, Heimatchronik des Kreises Grevenbroich (Heimatchronik der Städte und Kreise des Bundesgebietes 40), Köln 1971, S. 25.

[46] Frank Siegmund, Merowingerzeit am Niederrhein. Die frühmittelalterlichen Funde aus dem Regierungsbezirk Düsseldorf und dem Kreis Heinsberg (Rheinische Ausgrabungen 34), Köln 1998, S. 391 ff. mit weiteren Literaturangaben.

vorgenommen worden. Im Grab 136 fand man als Beigabe ein Kreuz aus Gold, das eindeutig als christlich zu werten ist und aus dem 1. Drittel des 8. Jahrhunderts stammt (Abb. 4).

Die Kirche in Rommerskirchen entstand also zur gleichen Zeit wie diejenige in Düren. Sie war wie die Kirche in Zülpich dem heiligen Petrus geweiht.

Rommerskirchen lag in einem Gebiet, das ursprünglich zum Gillgau gehört haben könnte, einem rheinischen Krongutsbezirk.[47] Stommeln und Butzheim werden in Urkunden als Bestandteil des Gillgaues erwähnt. Die diesen beiden Orten direkt benachbarte Siedlung Rommerskirchen dürfte ursprünglich mit ziemlicher Sicherheit auch zum Gillgau gehört haben. Möglicherweise war Romarich, der Namengeber und Gründer des Ortes, der Verwalter oder Lehnsträger dieses Königsgutes. Später wurde der wahrscheinlich königliche Besitz in Rommerskirchen an verschiedene Klöster und Stifte im Raum Köln und im Bergischen veräußert: an das Domstift, St. Gereon, St. Kunibert, St. Maria im Kapitol, den Deutschen Orden und das Kloster Altenberg.[48] Von der ehemaligen Bedeutung zeugen zwei Fakten: Rommerskirchen war der Hauptort eines sehr großen Landgerichtes wie auch eines ausgedehnten Pfarrbezirkes.

f) Güsten

Im Raum Güsten lag in der Merowinger- und Karolingerzeit ein größerer Krongutsbezirk, dessen Hauptort Rödingen war.[49] Am 7. Mai 846 übertrug Kaiser Lothar I. einem Vasallen des Grafen Matfrid namens Rotgar auf Lebenszeit seine der heiligen Märtyrerin Justina geweihte Kapelle („*capella*") in Güsten.[50] Ferner bestätigte er, dass dieser Kapelle der gesamte Zehnt aus der königlichen Siedlung („*villa*") Rödingen zukommen sollte. Weitere Bestimmungen betreffen die Stellung der „*matricularii*" aus Rödingen, die bei der Güstener Kapelle Dienstleistungen versahen und über deren Einsetzung an eben diesem heiligen Ort („*in eodem sancto loco*") künftig allein der genannte Rotgar entscheiden durfte. Unter den „*matricularii*" versteht man arme Männer, möglicherweise auch niedrige Geistliche, die untergeordnete Leistungen wie Wachen, Küsterdienste usw. verrichteten.[51] Die Bezeichnung „*matricularii*" besagt, dass es sich hier um einen Personenkreis handelt, der in einer Matrikel, also in einer Liste, verzeichnet stand. Es waren Personen, die an einer Pfründe teilhatten. Diese Institution der „*matricularii*" ist im Rheinland fast unbekannt und im Kölner Diözesansprengel nur an der Domkirche nachzuweisen. Sie ist sehr alt und wurde in merowingischer Zeit als

---

[47] Heinz ANDERMAHR, Kölngau und Gillgau. Versuch der Lösung eines Problems der mittelalterlichen rheinischen Grafschaftsverfassung, in: Annalen des Historischen Vereins für den Niederrhein 219, 2016, S. 7 ff.

[48] Handbuch der Historischen Stätten (wie Anm. 33), S. 911.

[49] Helga HEMGESBERG, Zur frühmittelalterlichen Reichsabtei St. Justina (Jülich-Güsten), in: Geschichte im Bistum Aachen 2, 1994, S. 57 ff.; Wolfgang HERBORN, Aspekte der Geschichte des Ortes [Titz-] Rödingen im Mittelalter, in: Neue Beiträge zur Jülicher Geschichte 7, 1996, S. 71 ff.

[50] MGH Diplomata Karolinorum. Die Urkunden der Karolinger 3: Die Urkunden Lothars I. und Lothars II., hrsg. von Theodor SCHIEFFER, Berlin/Zürich 1966, Nr. 96 (Lot I).

[51] J. F. NIERMEYER, Mediae latinitatis lexicon minus, Leiden 1976, S. 663.

Einrichtung für die Armenfürsorge an Domkirchen und Abteien geschaffen.[52]

König Lothar II. gab die Kirche und „*villa*" Güsten am 18. Januar 859 auf Lebenszeit an Otbert zu Lehen, der ebenfalls ein Gefolgsmann Matfrids und möglicherweise Sohn Rotgars war.[53] Auf Bitten Otberts und seiner Frau Hildigard übertrug Ludwig der Deutsche die Güstener Kirche („*capella quae vocatur ad sanctam Iustinam*") schließlich am 20. Oktober 871 dem Kloster Prüm.[54] In der Urkunde von 871 begrenzte der König die Anzahl der Geistlichen („*clerici*") in Güsten und Oberbachem auf insgesamt 20 Personen. Wieviele davon auf Güsten entfielen, wissen wir nicht. Damals bestand in Güsten also noch eine Kongregation von Geistlichen.

Helga Hemgesberg vertritt die These, in Güsten habe bereits in karolingischer Zeit eine Reichsabtei oder ein Reichsstift gelegen, deren/dessen Anfänge sie aus diffizilen Gründen, besonders wegen des Ortsnamens und des Patroziniums, in die Merowingerzeit (vor 751) zurückdatiert.[55] Die im Urkundentext benutzte Formel „*locus sanctus*" (heiliger Ort) wird in den Kanzleien der damaligen Zeit synonym mit den entsprechenden lateinischen Begriffen „*monasterium, coenobium*", „*cellula*", also Kloster, verwandt. Helga Hemgesberg weist darauf hin, Güsten könne bereits im Jahr 785 in einer erzählenden Quelle erwähnt worden sein, in welcher von einer „*cellam in Francia, quae appellatur Iustina*" die Rede ist.[56] Der Begriff „*cella*" bezeichnet im mittelalterlichen Latein entweder eine Mönchzelle oder ein Kloster. Die „*Mönchzelle*" scheidet jedoch aus, da hier 871 eine unbekannte Zahl von Klerikern lebte.

Den Untergang der Abtei verlegt sie in die Zeit nach dem Normanneneinfall 881/82. Die Güstener Abtei sank danach von einer Abtei oder einem Stift zu einer einfachen Gemeindekirche herab. Das Prümer Urbar von 893 überliefert, die Abtei besitze in Güsten 26 Mansen, deren Inhaber zu Geld- und Naturalabgaben sowie Dienstleistungen verpflichtet waren. Außerdem gab es dort 220 Morgen Herrenland, Wiesen für 30 Karren Heu und Wald zur Mästung von 100 Schweinen. Damals gab es an der Güstener Kirche lediglich noch einen Priester.[57]

Sollten die Überlegungen von Helga Hemgesberg zutreffen, dürfte in Güsten bereits vor 751 eine Reichsabtei oder ein Reichsstift bestanden haben. Welche Funktion diese Kirche einnahm, darauf werden wir noch zu sprechen kommen.

---

[52] HEMGESBERG, Zur frühmittelalterlichen Reichsabtei St. Justina (Jülich-Güsten) (wie Anm. 49), 57 f.

[53] MGH Diplomata Karolinorum. Die Urkunden der Karolinger 3: Die Urkunden Lothars I. und Lothars II (wie Anm. 50), Nr. 11 (Lot II).

[54] MGH Diplomata Regum Germaniae Ex Stirpe Karolinorum 1: Die Urkunden Ludwigs des Deutschen, Karlmanns und Ludwigs des Jüngeren, hrsg. von P. KEHR, Berlin 1934, Nr. 141.

[55] HEMGESBERG, Zur frühmittelalterlichen Reichsabtei St. Justina (Jülich-Güsten) (wie Anm. 49), S. 57 ff. „[…] *dann ergibt sich selbst bei vorsichtigem Urteil, daß St. Justina keine Gründung seiner* [Karls des Großen] *näheren Vorfahren war, sondern in die Merowingerzeit hinaufreicht.*" (S. 66).

[56] Ebd., S. 64.

[57] Ingo SCHWAB, Rheinische Urbare 5: Das Prümer Urbar (Publikationen der Gesellschaft für Rheinische Geschichtskunde 20), Düsseldorf 1983, S. 232.

2.2 Frühmittelalterliche Spuren des Christentums an Erft und Rur auf dem Land

Die bislang älteste Spur christlicher Vorstellungen im ländlichen Raum der Erftregion im Frühmittelalter ist am Grab des vornehmen fränkischen Kriegers zu Morken zu beobachten, dessen Bestattung um 600 erfolgte.[58]

Bei der Anlage des Grabes und der Art der Beigaben gingen Heidnisches und Christliches noch eine enge Verbindung ein. Dem Verstorbenen hatte man Rüstung, Gebrauchsgegenstände und Nahrung mit ins Grab gegeben. In den Mund hatte man ihm eine Goldmünze gelegt, damit er den Fährmann Charon für die Überfahrt ins Totenreich bezahlen konnte. Mit dieser Münze lässt sich das Grab auch datieren. Sie zeigt das Bildnis des oströmischen Kaisers Tiberius II. Constantinus, der 578-582 in Konstantinopel regierte. Da sie fast prägefrisch ist, wird der Tote gegen Ende des 6. Jahrhunderts bestattet worden sein. Der wertvolle vergoldete Helm des Morkener Herrn zeigt christliche Motive. Das Grab des Herrn von Morken wurde unter den Fundamenten der 1897 abgebrochenen Morkener Pfarrkirche gefunden. Deren erster Vorgängerbau aus Stein wurde frühestens im 11. Jahrhundert errichtet. Er war dem heiligen Martin geweiht. Möglicherweise war diesem Bau ein älterer Holzbau voraufgegangen. Jedenfalls lag das Grab an bevorzugter Stelle vor dem Chor der ältesten nachweisbaren Kirche, und dies scheint kein Zufall gewesen zu sein.

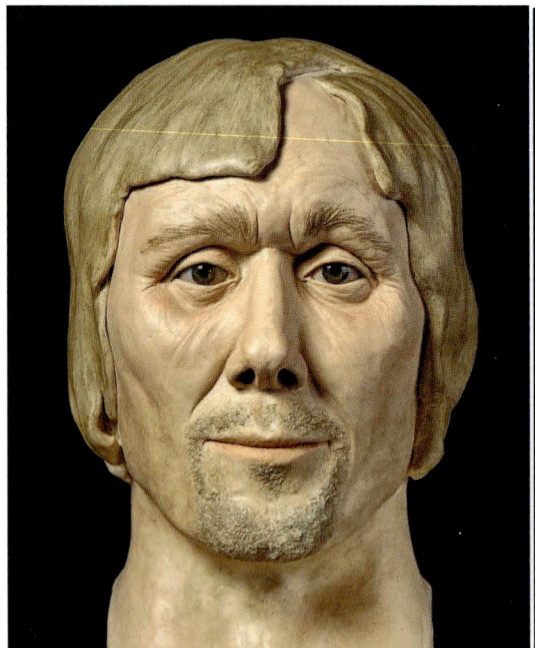 

Abb. 5: Rekonstruktion des Gesichtes des Herrn von Morken anhand des Schädels (https://www.archaeologie-online.de/blog/gesichtsrekonstruktion-des-herrn-von-morken-in-bonn-2821/).

Abb. 6: Prunkhelm des Herrn von Morken (Ristow, Tafel 22).

---

[58] Kurt BÖHNER, Das Grab des fränkischen Herren aus Morken im Rheinland, Köln/Graz 1959, S. 6 ff.

Das Grab des Herrn von Morken war nach Osten ausgerichtet. *„Leider sind die Bemühungen, auch unter der Morkener Martinskirche Spuren einer Holzkirche zu finden, vergeblich gewesen. Trotzdem lässt die OSO-Richtung, nach welcher die fränkischen Gräber und die späteren Kirchenanlagen übereinstimmend ausgerichtet sind, annehmen, daß zwischen beiden eine Holzkirche als Zwischenglied bestand, die die Richtung der Gräber übernommen und weiter überliefert hat."*[59]

Die Ausrichtung der Kirche aus dem 11. Jahrhundert orientiert sich an der Achse des Grabes des Herrn von Morken. Ein möglicher hölzerner Vorgängerbau der Steinkirche, der etwa gleichzeitig mit dem Grab errichtet wurde, ist mehrfach in der Fachliteratur diskutiert worden, konnte jedoch auch nach erneuter Durchsicht der Grabungsbefunde nicht belegt werden.[60] Auf der anderen Seite: Warum sollte man im 11. Jahrhundert noch Kenntnis des Grabes des Herrn von Morken gehabt haben, wenn keine hölzerne Vorgängerkirche bestand?

Der Herr von Morken dürfte zu den adligen Gefolgsleuten der Merowingerkönige gehört haben und von ihnen mit Fiskalgut im Gillgau ausgestattet worden sein. Diese Schicht in der Umgebung des Königs wird eher christianisiert gewesen sein als die einfache Bevölkerung.

Etwa zeitgleich oder auch etwas jünger als die Kirche in Düren dürfte die dem heiligen Martin geweihte Kirche in Düren-Derichsweiler gewesen sein. Sie trug das gleiche Patrozinium wie die Kirchen in Düren und Morken. Derichsweiler war ursprünglich ein Königshof mit einem zugehörigen großen Forstbezirk, der bereits 888 erwähnt wird.[61] 1987/88 erfolgte eine archäologische Grabung in der zur Ruine gewordenen alten Kirche. Der Ausgräber veröffentlichte 1988 einen Vorbericht der Grabung.[62] Als ältesten Bau ermittelte er eine Holzkirche aus dem 8. Jahrhundert. Zu teilweise stark abweichenden Aussagen führte dann eine Neubearbeitung der Befunde durch Rüdiger von Schnurbein.[63]

Die Kirche war auf einem merowingerzeitlichen Gräberfeld errichtet worden. Das älteste Grab konnte dem späten 6. bzw. frühen 7. Jahrhundert zugewiesen worden. *„Der älteste nachweisbare Vorgängerbau ist demnach eine steinerne einschiffige Saalkirche mit Rechteckchor mit einer lichten Länge von 17,5 m und einer Breite von 6,4 m*

---

[59] Ebd., S. 34 f.

[60] Hermann HINZ, Die Ausgrabungen auf dem Kirchberg in Morken, Kreis Bergheim (Erft) (Rheinische Ausgrabungen 7), Düsseldorf 1969, S. 63 ff.; Elke NIEVELER, Neue Fragen an alte Funde. Das Grab des Herrn von Morken und das Gräberfeld Bedburg-Königshoven, in: Matthias WEMHOFF/Michael RIND, Bewegte Zeiten - Archäologie in Deutschland, Petersberg 2018, S. 214 f.; Berichte aus dem Landesmuseum Bonn 2/2011, S. 13 ff., 1/2012, S. 12 ff., 2/2012, S. 9 ff.

[61] Heinrich TICHELBÄCKER, Reichsgut, Forsthoheit und Zoll im Raum Düren (888-1794) (Forum Jülicher Geschichte 16), 1996, S. 7 ff.

[62] Wilfried Maria KOCH, Ausgrabungen in der ehemaligen Pfarrkirche St. Martin in Düren-Derichsweiler, in: Archäologie im Rheinland 1987, Köln 1988, S. 104 f.

[63] Ruth Maria PLUM, Die merowingerzeitliche Besiedlung in Stadt und Kreis Aachen sowie im Kreis Düren (wie Anm. 32), S. 196 f. Die Magisterarbeit von Rüdiger von Schnurbein war mir leider nicht zugänglich, sondern nur über die Publikation von Ruth Maria Plum erschließbar.

im Saal und 3,9 m im Chor."[64] Die Kirche orientierte sich an einem merowingerzeitlichen Grab unter der Mitte des Triumphbogens. *„So wird man den zeitlichen Abstand zwischen merowingerzeitlichem Gräberfeld und ersten Kirchenbau nicht allzu groß annehmen wollen.*"[65] Dieses Grab ist jedoch leider nicht zu datieren. Rüdiger von Schnurbein betont, dass die Existenz eines dem Steinbau vorausgehenden Holzbaues letztlich auch nicht auszuschließen sei. Insgesamt sind die Aussagen der Archäologen hinsichtlich der Datierung sehr unbefriedigend. An der Südseite der alten Kirche war ein Grabstein mit frühchristlicher Inschrift eingemauert. Die epigraphische Bearbeitung des Steins steht noch aus. Ein weiterer Grabstein stammt aus dem Kunsthandel und wird in das 7./8. Jahrhundert datiert. Er trägt eine von einem Kreuz eingeleitete christliche Inschrift. Aufgrund eines Hinweises auf der Kopie im Rheinischen Landesmuseum in Bonn soll er aus Derichsweiler stammen.[66] Ob er aber wirklich Derichsweiler zuzuordnen ist, bleibt ungewiss.

Um 700 und in den ersten Jahrzehnten danach unterschied sich die königliche Grundherrschaft bzw. der königliche Forsthof Derichsweiler in nichts von Düren selbst. Wenn es auf dem Königshof in Düren zu einem Kirchenbau kam - wahrscheinlich auf Anregung Pippins des Mittleren - wird auch Derichsweiler dieser Entwicklung gefolgt sein. Inwiefern das auf alle größeren königlichen Grundherrschaften im Raum um Aachen zutrifft, müsste noch untersucht werden. Die Kirche in Derichsweiler könnte nach dem Vorbild in Düren um 700 oder im frühen 8. Jahrhundert von dem königlichen Amtsträger errichtet worden sein. Sie wird als Gotteshaus sowohl für den königlichen Amtsträger und seine Familie wie auch für die örtliche Bevölkerung gedient haben.

Weitere Befunde für das Christentum an Erft und Rur sollen im Folgenden kurz vorgestellt werden. Die Auflistung entstammt dem Katalog von Sebastian Ristow, lediglich die beiden letzten Befunde gehen auf neue Grabungen zurück.

Bedburg
Kreuzförmige Fibel, 6. Jh. (unsicher)

Birkesdorf (Stadt Düren)
- Bronzeschnalle mit Ankerkreuz auf dem Beschlag, Einzelfund, 6./1. Hälfte 7. Jh.
- Fingerring mit Kreuz, Einzelfund, Ende 6./1. Hälfte 7. Jh.
- Bei einem Frauengrab am Fußende eine Anzahl von Kiesel in Form eines Kreuzes, merowingerzeitlich (unsicher)

Brühl
Grabstein mit christlicher Grabinschrift für das 16-jährige Mädchen Rignedrudis. Über dem Text ein Christogramm, 6./7. Jh. (Abb. 7)

---

[64] Ebd., S. 196.
[65] Ebd., S. 197.
[66] RISTOW, Frühes Christentum im Rheinland (wie Anm. 1), S. 341.

Abb. 7: Grabstein der fränkischen Christin Rignedrudis aus Brühl (Ristow, Tafel 40).

Abb. 8: Christlicher Grabstein der Cheldofrida aus Inden (Ristow, Tafel 88).

Elsdorf
Kreuzförmige Bronzefibel, 7. Jh., Streufund

Hochkirchen (Gemeinde Nörvenich)
Beschlag einer Gürtelgarnitur. Auf dem Beschlag ein Weinrankenmotiv, 2. Hälfte 7. Jh. (unsicher)

Hürth
- Goldfibel mit gleicharmigem Kreuz auf dem zentralen Buckel aus eingefassten Almandinen und vier auf die Kreuzarme ausgerichteten Fischen, 6./7. Jh.
- Leicht trapezförmige Kalksteinplatte mit gerahmtem Stabkreuz und Kreisornamenten, spätmerowingerzeitlich
- Scheibenfibel aus Gold mit ornamentalen Kreuzmotiven, 7. Jh.

Inden
Grabstein aus der 1944 zerstörten Kirche, 7. Jh. Im unteren Bereich mit Zirkelschlagornamentik versehene christliche Grabinschrift für die domina Cheldofrida (Abb. 8).

Iversheim (Stadt Bad Münstereifel)
- Bronzefibel in Form eines Kreuzes, Gräberfeld, 2. Drittel 7. Jh.
- Bronzefibel. Sechstrahliger Stern mit gleicharmigem Kreuz auf dem Mittelfeld, Gräberfeld, Ende 7. Jh. (unsicher)

Abb. 9: Kreuzfibel aus Frauengrab im Gräberfeld Iversheim (Ristow, Tafel 85).

- Scheibenfibel mit innen kreuzförmig angeordneten Steinen, Gräberfeld, 7. Jh. (unsicher)
- Kreuzfibel, Gräberfeld, 7. Jh.
- Beschlag aus Bronze mit eingraviertem Kreuz, Gräberfeld, 7. Jh.
- Saxschneide mit kreuzförmiger Verzierung, Gräberfeld, 7. Jh. (unsicher)
- Scheibenfibel aus Gold mit kreuz- bzw. strahlenförmig angelegten Ornamenten, Gräberfeld, 7. Jh. (unsicher)
- Kreuzförmig durchbrochener Anhänger, Gräberfeld, 7. Jh. (unsicher)
- Scheibenfibel mit kreuzförmig angeordneten Steinen, Gräberfeld, 1./2. Drittel, 7. Jh. (unsicher)
- Fingerring mit X-förmigem Ornament, Gräberfeld, merowingerzeitlich (unsicher)
- Kreuzfibel aus Bronze, Gräberfeld, 7. Jh.
- Goldscheibenfibel mit kreuzförmiger Aufteilung, Gräberfeld, 7. Jh. (unsicher)
- Grabstein, mit einem schräggestellten Kreuz verziert, Gräberfeld, 7. Jh. (unsicher)

Lich-Steinstraß (Stadt Jülich)
Damentasche mit Beschlägen, u.a. einem kreisförmig umrahmten Kreuzornament, Gräberfeld, 7. Jh. (unsicher)

Nettersheim
- Mit einer Kette verbundene Bronzefibeln mit kreuzförmiger Innenzier, Gräberfeld 6./7. Jh. (unsicher)
- Bronzefibel mit kreuzförmiger Innenzier, Streufund, 6./7. Jh.

Rödingen (Gemeinde Titz)
Scheibenfibel mit En-face-Darstellung, Gräberfeld, 6,/7. Jh. (unsicher)

Weidesheim (Stadt Euskirchen)[67]

- Bronzene, kreuzförmig durchbrochene Zierscheibe aus einem merowingischen Gräberfeld, Mitte des 6./Anfang des 7. Jh. (Abb. 11)
- Bronzefibel in Kreuzform mit geraden Armen aus einem merowingischen Gräberfeld, 2. Hälfte 7. Jh. (Abb. 10)

*Abb. 10 (links):
Bronzefibel aus
Weidesheim*

*Abb. 11: (rechts):
Zierscheibe aus
Weidesheim*

Weyer (Stadt Mechernich)[68]

- Matronenstein, der durch die spätere Anbringung von vier Kreuzen und eines Reliquienbehältnisses als Bestandteil eines christlichen Altares der um 1200 erbauten romanischen Pfarrkirche St. Cyriakus diente. Die Kirche wurde über einem fränkischen Gräberfeld errichtet. Der Ort wird bereits 871 durch königliche Schenkung als Besitz der Abtei Prüm erwähnt.[69] Der um 1200 erbauten Kirche könnte eine Holzkirche voraufgegangen sein. Die Einordnung des Steines in das Frühmittelalter ist jedoch unsicher.

Von den hier vorgestellten christlichen Befunden außerhalb der Siedlungen (*„vici"*) lassen sich acht in das 6./7. Jahrhundert (= 34%), 19 in das 7. Jahrhundert (= 65 %) datieren. Je ein Befund stammt aus dem 6. und 8. Jahrhundert.

3. Christliche Missionare an Erft und Rur
3.1. Die Missionierung Willibrords in der Erftregion

Wie bereits ausgeführt worden ist, missionierte Willibrord (658-739) vorübergehend auch am Mittellauf der Erft.

In Kirdorf (Stadt Bedburg) habe der heilige Willibrord, so berichtet die Legende, die heidnischen Bewohner zum Christentum bekehrt, indem er ihnen das schlechte

---

[67] Marcel EL-KASSEM, Das merowinigische Gräberfeld von Weidesheim, in: Archäologie im Rheinland 2007, Stuttgart 2008, S. 125 ff.

[68] Wilfried Maria KOCH, St. Cyriakus in Weyer - das Ende einer Legende, in: Archäologie im Rheinland 1991, Köln 1992, S. 81 ff.

[69] MGH Diplomata Regum Germaniae Ex Stirpe Karolinorum 1 (wie Anm. 54), Nr. 141; Anton KÖNEN, 1125 Jahre Weyer (871-1996), o.O. 1996.

Wasser ihres Brunnens in klares Trinkwasser verwandelte.[70] Außer in Kirdorf wirkte Willibrord damals in Berg b. Mechernich, Linnich-Ederen, Geilenkirchen, Wassenberg-Birgelen und Welchenberg.[71] Hier entstanden in der Folge teils Kirchen, wo getauft und gepredigt wurde. Gegen Ende seines Lebens zog sich Willibrord nach Echternach zurück, wo er 739 gestorben ist.

Am ausführlichsten sind wir über Bedburg-Kirdorf und Mechernich-Berg informiert.

898 schenkte König Zwentibold Güter in Kirdorf dem Stift Essen. Jedoch auch das Kloster Echternach war in Kirdorf begütert, wie für das Jahr 1306 bezeugt ist.[72] Das Patronatsrecht der dem heiligen Willibrord geweihten Pfarrkirche übte um 1300 das Stift Essen aus. Diese Schenkung in Kirdorf hatte Willibrord wohl durch den fränkischen Hausmeier Pippin den Mittleren erhalten und seinem Kloster zukommen lassen.

Neben dem Willibrordus-Brunnen in Kirdorf errichtete man eine kleine Kapelle (nicht zu verwechseln mit der Pfarrkirche), die später durch einen Neubau direkt über dem Brunnen ersetzt wurde, der aber 1966 abgerissen wurde.[73] Noch zu Beginn des 20. Jahrhunderts, 1908, nahmen 800 Gläubige an der Prozession zur Kapelle statt.

Eng verbunden mit Kirdorf war Blerichen (Stadt Bedburg). Dort besaß die Abtei Echternach Besitz, der ihr vorübergehend entzogen worden war und 997 durch Kaiser Otto III. wieder bestätigt wurde.[74] In Blerichen gab es keine Kirche oder Kapelle. Der Ort gehörte zur Pfarrei Kirdorf. In Blerichen ist ein merowingerzeitliches Gräberfeld archäologisch untersucht worden. Das Gräberfeld wurde seit dem späten 5. Jahrhundert bis zur Mitte des 7. Jahrhunderts belegt.[75] Möglicherweise zog sich die Nutzung auch noch einige Jahrzehnte länger hin, bis der Friedhof in Kirdorf diese Funktion übernahm.

Im Jahr 699 schenkte Irmina von Oeren dem Kloster Echternach den Hof (*„villa"*) Berg bei Mechernich.[76] 997 setzte Kaiser Otto III. die Mönche von Echternach wieder in den Besitz von Berg ein, der offenbar entfremdet worden war.[77] Die Hofkirche war dem heiligen Willibrord geweiht. Zum Königsgut in Berg gehörten möglicherweise auch Floisdorf, Eicks, Hergarten, Abenden, Froitzheim und Drove. Die Kirchen in Eicks, Hergarten, Abenden, Froitzheim und Drove waren dem heiligen Martin geweiht. Dietmar Flach, der sich ausführlich mit dem Krongut im Raum Aachen beschäftigte, denkt an eine *„großräumig gelenkte Erschließung". „Sie könnte vom Königtum über Düren oder*

[70] Hans Georg KIRCHHOFF/Heinz BRASCHOß/Franz SCHOSER, Heimatchronik des Kreises Bergheim (Heimatchroniken der Städte und Kreise des Bundesgebietes 43), Köln 1974, S. 39; Leonard KORTH, Volkstümliches aus der Erftniederung, Bonn 1891, S. 41.

[71] WAMPACH, Willibrord (wie Anm. 27), S. 323.

[72] Camille WAMPACH, Urkunden- und Quellenbuch zur Geschichte der altluxemburgischen Territorien bis zur burgundischen Zeit 8, Luxemburg 1951, Nr. 189 von 1306.

[73] Heinz-Toni DOLFEN, Kirdorf. Geschichte und Geschichten, o.O. 2018, S. 35.

[74] WAMPACH, Urkunden- und Quellenbuch zur Geschichte der altluxemburgischen Territorien bis zur burgundischen Zeit 1, Luxemburg 1935, Nr. 209.

[75] Elke NIEVELER, Die merowingerzeitliche Besiedlung des Erftkreises und des Kreises Euskirchen (Rheinische Ausgrabungen 48), Tübingen 2003, S. 29 ff.

[76] Dietmar FLACH, Das Reichsgut im Düren-Vlattener Raum. Versuch einer Bestandsaufnahme, in: Rheinische Vierteljahrsblätter 52, 1988, S. 58.

[77] WAMPACH, Urkunden- und Quellenbuch zur Geschichte der altluxemburgischen Territorien bis zur burgundischen Zeit 1 (wie Anm. 74), Nr. 209.

Zülpich ausgegangen sein."[78] Die Schenkung war gedacht, um das Missionswerk Willibrords zu fördern. Willibrord dürfte diesen königlichen Gutsbezirk auch bald christianisiert haben. Ob dies aber bereits 699 oder kurz danach geschah, wissen wir nicht.

Wie in Kirdorf erinnert eine alte Tradition auf dem Welchenberg bei Grevenbroich daran, dass das niederrheinische Land um 700 noch keineswegs vollständig christianisiert war.[79]

Eine Stelle in der von Alkuin, dem Gelehrten und Berater Karls des Großen, verfassten Vita des heiligen Willibrord (zwischen 782 und 797 entstanden) berichtet davon, Willibrord sei während einer Missionsreise zu einem Dorf namens *„Walichrum"* (*„ad quandam villam Walichrum nomine"*) gekommen, in dem ein Götzenbild (*„idolum"*) des alten Irrglaubens überdauert hatte, welches Willibrord zerstörte.[80] Michael Kaiser tendiert dazu, diese Nachricht Alkuins auf den Welchenberg bei Grevenbroich zu beziehen, während die meisten anderen Autoren sie mit der niederländischen Insel Walcheren in Verbindung bringen.[81] Aber auch Welchenberg bei Grevenbroich kommt für die Überlieferung Alkuins in Frage, da sich hier wohl eines der größten Matronenheiligtümer des Rheinlandes befand.

Abb. 12: Willibrordusbrunnen, Welchenberg (Foto: Stadtarchiv Grevenbroich).

Die erste zuverlässige Überlieferung, in der dieses Ereignis auf den Welchenberg verlegt wird, findet sich im Jahr 1719 bei Johannes Knippenbergh.[82] Seine Aussage basiert angeblich auf älteren Archivaufzeichnungen im Kloster Welchenberg, die allerdings verloren gegangen sind. In deutscher Übersetzung lautet der lateinische Text: *„Willibrord zog von der Maas gegen den Rhein durch das Kölner Land und verkündete überall dem Volk das Wort des Heils; es gab zu der Zeit in dieser Gegend das Götzenbild namens Walchus, das von der umwohnenden Bevölkerung auf einem bewaldeten Berg eifrig verehrt wurde. Der Mann Gottes bemühte sich mit allen Mitteln, das Volk von dieser Ruchlosigkeit abzubringen; nachdem er deshalb Walchus zerstört hatte, baute er an derselben Stelle eine Kirche; nachdem diese im Laufe der Zeit verfallen war, begannen die*

[78] FLACH, Das Reichsgut im Düren-Vlattener Raum (wie Anm. 76), S. 58.

[79] Michael KAISER, Ein gallo-römisches Matronenheiligtum auf dem Welchenberg?, in: Almanach für den Kreis Neuss 1989, S. 68 ff; Wilhelm LAUTH, Willibrordus und Welchenberg, in: Beiträge zur Geschichte der Stadt Grevenbroich 7, 1988, S. 7 ff.

[80] Paul DRÄGER (Hrsg.), Alkuin, Vita sancti Willibrordi. Das Leben des Heiligen Willibrord, Trier 2008, S. 34 f.

[81] KAISER, Ein gallo-römisches Matronenheiligtum auf dem Welchenberg? (wie Anm. 79), S. 68; LAUTH, Willibrordus und Welchenberg (wie Anm. 79), S. 18; WAMPACH, Willibrord (wie Anm. 27), S. 320.

[82] Johannes KNIPPENBERGH, Historia ecclesiastica ducatus Geldriae, Brüssel 1719, S. 42.

Mönche vom dritten Orden des hl. Franziskus etwa im 13. Jahrhundert, in einem gro-
ßen Kloster den Berg zu bewohnen, und fügten dem Turm, der noch übergeblieben
war, eine Kirche hinzu. Dieser Turm, so lautet die Volksüberlieferung, sei derselbe, in
dem einst Walchus verehrt worden war. Von diesem Götzenbild trägt der mons Walchi,
in der Volkssprache Welchenbergh genannt, noch heute seinen Namen. Patron des
Ortes ist der heilige Willibrord, dessen Insignien dortselbst als Reliquien aufbewahrt
werden und durch dessen Verdienste Gott nicht aufhört, den frommen Besuchern die-
ses Ortes viele Gnaden zu erweisen."[83]

Wie wir hören, zerstörte Willibrord zwar das Götzenbild, beließ aber das Heiligtum
der Bevölkerung und wandelte es in eine christliche Stätte um. Er handelte dabei ganz
im Sinne Papst Gregors des Großen, der in einem Brief von 601 angemahnt hatte,
heidnische Kultorte müssten keineswegs zerstört werden. Er begründete dies damit,
„gut gebaute Heiligtümer müssten erhalten und umgewidmet werden, damit das Volk
den Irrglauben aus dem Herzen verbannt und, den wahren Gott erkennend und anbe-
tend, an den vertrauten Orten wie gewohnt zusammenkommt."[84] Gregor empfahl also,
heidnische Tempel in christliche Kirchen umzuwandeln.

Wichtige Ergänzungen zu diesen Vorgängen liefert später Vinzenz von Zuccalmaglio.[85] Willibrord habe nach der Zerstörung des heidnischen Heiligtums auf dem
Welchenberg mit seinem Bischofsstab in den Boden gebohrt und eine Quelle hervorsprudeln lassen. Diese Quelle, der Heilkraft zugeschrieben wurde, heiße noch heute
das Willibrordusbrünnlein. Dieses Ereignis soll im Jahr 709 stattgefunden haben; leider
ist allerdings die Jahreszahl nicht zu belegen. Der Willibrordusbrunnen in Welchenberg
(Grevenbroich-Neuenhausen) führt nach dem Absenken des Grundwassers durch den
Tagebau heute kein Wasser mehr.

Auf dem Welchenberg stand im Mittelalter eine Kirche, die erstmals 1308 erwähnt
wird und dem heiligen Willibrord geweiht war und eigentümlicherweise keinen Pfarr-
sprengel besaß. Die Kirche hat bis zum 15. Jahrhundert bestanden und wurde durch
das Kloster Welchenberg abgelöst. Welchenberg gehörte bis 1798 als weitentfernter
Außenposten zum Kirchspiel Kirdorf in der Herrschaft Bedburg. Dieser Zusammenhang ist der stärkste Beweis dafür, dass die Willibrordus-Überlieferungen in Kirdorf und
Welchenberg geschichtliche Tatsachen widerspiegeln.[86]

Der Name *„Welchenberg"* leitet sich von dem mittelhochdeutschen Wort *„walch"* ab.
Damit sind *„Heiden"* gemeint. Welchenberg bedeutet also *„Heidenberg"*.

Michael Kaiser interpretiert die Überlieferung des Welchenberg zurecht als Erinnerung an ein heidnisches Matronenheiligtum. Er schreibt: *„Der Legende nach bestand*

---

[83] Text zitiert nach: Kaiser, Ein gallo-römisches Matronenheiligtum auf dem Welchenberg? (wie
      Anm. 79), S. 69.

[84] Von Padberg, Mission und Christianisierung (wie Anm. 28), S. 153.

[85] Vincenz von Zuccalmaglio (Pseudonym Montanus), Die Vorzeit der Länder Cleve-Mark, Jü-
      lich-Berg und Westphalen, Bd. 1, hrsg. von Wilhelm von Waldbrühl, Elberfeld 1870. Text
      wiedergegeben nach Kaiser, Ein gallo-römisches Matronenheiligtum auf dem Welchenberg?
      (wie Anm. 79), S. 69 f.

[86] Vgl. Kirchhoff/Braschoß/Schoser, Heimatchronik des Kreises Bergheim (wie Anm. 70), S.
      41 f.; Kirchhoff, Heimatchronik des Kreises Grevenbroich (wie Anm. 45), S. 28 f.

noch Ende des 7./Anfang des 8. Jahrhunderts auf dem Welchenberg ein heidnisches Heiligtum […] Nach der Volksüberlieferung wurde das Götzenbild in einem Turm verehrt […] Der Legende nach wurde das Götzenbild durch den heiligen Willibrord zerstört, der Turm in einen Kirchbau eingebunden, die zugehörige Quelle christlich umgedeutet. Hinsichtlich des Turms erinnern wir uns […] des massiven, turmartigen Kernbaus („cella") eines gallo-römischen Umgangstempels."[87]

Das Wasser des Willibrordusbrunnen galt als heilkräftig und wurde bis zum 20. Jahrhundert zum Ort von Wallfahrten.

Michael Kaiser hat noch auf einen interessanten Zusammenhang hingewiesen: 1958 wurden am Rand einer Braunkohlengrube ca. 150 m östlich von Morken-Harff bei Baggerarbeiten in einem alten Erftbett zahlreiche, meist zertrümmerte Matronenweihesteine und Architekturreste gefunden.[88] Mit den Steinfragmenten war eine spätantike oder frühmittelalterliche Furt durch die Erft ausgelegt worden. „Die Steine müssen aus einem in der Nähe befindlichen Matronenheiligtum dorthin verschleppt worden sein, dabei liegt die Verbringung des nach Tonnen zählenden Materials über den Wasserweg nahe. Ein Matronenheiligtum wurde bei den weiteren Abgrabungen des Tagebaues nicht gefunden. Dabei zeigt die enorme Zahl von 250 bis 300 Weihesteinresten, weit mehr als bei jedem anderen Matronenheiligtum bisher gefunden, daß das Heiligtum, aus dem die Steine verschleppt wurden, in römischer Zeit große Bedeutung hatte und stark frequentiert wurde. Überdies wiesen die Inschriften, mit nur einer Ausnahme, alle den gleichen Matronenbeinamen auf, nämlich „Matrones Austriahenes"."[89] Der Welchenberg liegt nur ca. 3,5 km Luftlinie vom Fundort der Steine entfernt. Für den Abtransport des Steinmaterials vom Welchenberg zur Erft wäre nur eine Distanz von rund einem Kilometer zu bewältigen gewesen.

3.2. Irmund
Der in Mündt verehrte heilige Irmund

Die erste schriftliche Aufzeichnung über den in Mündt verehrten heiligen Irmund geht auf das Jahr 1639 zurück. Damals wurden von der Jesuitenniederlassung in Köln drei Patres, darunter der Hagiograph Theodor Rhay, nach Mündt entsandt, um für das vielbändige Heiligenwerk „Acta Sanctorum" Auskünfte über das Leben des heiligen Irmund zu gewinnen.[90]

Die gesamte Aufzeichnung der Jesuiten soll hier in der Übersetzung von August Hintzen wiedergegeben werden:[91]

„Nicht weit von Jülich zwischen den Flüssen Rur und Erft liegt der nicht unbekannte Weiler Mündt, wo der heilige Hirt Irmund am 28. Januar unter zahlreichem Zulauf des

---

[87] KAISER, Ein gallo-römisches Matronenheiligtum auf dem Welchenberg? (wie Anm. 79), S. 83.

[88] Hans Georg KOLBE, Die neuen Matroneninschriften von Morken-Harff, Kreis Bergheim, in: Bonner Jahrbücher 160, 1960, S.50 ff.

[89] KAISER, Ein gallo-römisches Matronenheiligtum auf dem Welchenberg? (wie Anm. 79), S. 85.

[90] Acta Sanctorum, Ianuarii, Tomus II, Antwerpen 1643, S. 842 f.

[91] August HINTZEN, St. Irmund. Ein alter Heiliger des Erzbistums Köln, in: F. W. LOHMANN (Hrsg.), Historisches Archiv des Erzbistums Köln. Quellen und Hinweise zu bistumsgeschichtlichen Forschungen 2, Köln 1929, S. 103 ff, hier besonders S. 104-106.

Volkes, das dort seine Andacht verrichtet, verehrt wird. Dieser habe, so sagt man, zur Zeit des heiligen Severinus, Bischofs von Köln, gegen Anfang des 5. Jahrhunderts gelebt, als jener Teil Belgiens, der Niedergermanien genannt wurde, unter den Bischöfen von Köln und Tongern mit Eifer in die Geheimnisse unserer Religion eingeführt wurde, bevor die Barbaren von jenseits des Rheins in diese Landstriche und weiter in Gallien eindrangen. Doch ist außer dieser Volksüberlieferung kein anderer Beweis für die Zeit, in welcher der heilige Irmund gelebt hat, vorhanden, wenn man nicht die Zeit der Trockenheit, die unten erwähnt wird, für dieselbe hält, zu deren Abwendung die Reliquien des heiligen Bischofs Severin von der Stadt Bordeaux nach Köln überführt wurden.

Die Lebensumstände und die Taten des heiligen Irmund sind fast unbekannt, weil die holländischen Soldaten im Jahre 1602, als sie nach Verheerung des Luxemburger Landes nach Hause zurückkehrten, die Ausstattungsgegenstände der Kirche zu Mündt geplündert und alle Briefe und die übrigen Urkunden und selbst die Standbilder der Heiligen durch Feuer vernichtet haben. Was aber über den heiligen Irmund gefunden werden konnte und durch das öffentliche Gutachten der Geistlichen und Schöffen von Mündt bezeugt ist, haben wir durch die Bemühung und die Güte unseres Theodor Rhay erhalten.

Dieser schreibt in einem von Köln am 29. November 1639 datierten Briefe folgendermaßen: „Als ich anfangs Oktober seinen heiligen Brunnen besuchte, sah ich etwa acht Bauersleute mit ihren Flaschen Wasser schöpfen. Freundlich frage ich sie, warum sie wohl aus weitentfernten Orten kämen, um dieses Wasser mit heimzubringen? Einstimmig antworteten sie, daß es Mensch und Vieh, wenn sie trinken, die Gesundheit bewahre oder verschaffe. Das Zeugnis der schlichten Leute über ihren schlichten und unschuldigen Hirten gefiel mir. Das Wasser dieses Brunnens, welches 12 oder 13 Monate zur Heilung des Viehes aufbewahrt war, fand ich in verschiedenen Dörfern so klar und rein, daß es sich in Farbe, Geschmack und Geruch vom frischen gar nicht unterschied."

Brief der Mündter über die Verehrung und die Wunder des heiligen Irmundus.

„Wir unterzeichnete Seelsorger und wir Gottschalk Greven, Rutger Isenberg und Jakob von Wirth, Schöffen des Dingstuhls Mündt im Amte Jülich, bezeugen und machen öffentlich bekannt, daß die ehrwürdigen und gelehrten Patres Theodor Rhay, Heinrich Offermann und M. Johann Aldenhoven auf Befehl der Oberen aus dem Kloster der Gesellschaft Jesu in Köln zu uns geschickt wurden, um eine eingehende Untersuchung über das Leben, die Taten, die Tugenden und die Wunder unseres Patrons, des heiligen Irmund, anzustellen. Sie haben diesen Befehl in der besten Weise ausgeführt. Da sie über dies einen öffentlichen Ausweis der Schöffen wünschten, haben wir gern und freudig diese Bitte erfüllt. Zu dem Ende ließen wir die vornehmsten älteren Männer dieser Gemeinde vor uns kommen, welche unter Eid erklärten, daß sie aus der älteren Ueberlieferung ihrer Vorfahren vernommen, daß der vorgenannte heilige Irmund, berühmt durch einen makellosen Lebenswandel und durch die öffentliche Hut der Herden, in einer Einöde („eremus") oder einem Wäldchen („silvula") gewohnt hat, von dem noch zu unserer Zeit ein Teil zwischen Mündt, Gackrath, Keskorb und Kirchherten zu sehen ist. Er hat in einem sehr trockenen und dürren Sommer, als Menschen und Vieh nicht ohne Gefahr des Verschmachtens an Wassermangel und großem Durst litten, im festen Vertrauen auf Gott mit dem Hirtenstabe in die Erde gestoßen und eine sehr

reichliche Quelle hervorgebracht, welche auch in unserer Zeit seinen Namen bewahrt und Irmund-Brunnen, im Volksmunde „Sanct Irmuntz Peutz" genannt wird.

Nicht weit davon sieht man Spuren eines Tempels („vestigia templi") und einen Kirchhof („coemeterium") „Der alte Kirchhoff zue Mündt". Wir glauben, daß unsere mit höchstem Lob genannten Vorfahren diese Anlagen zum Andenken an den vorerwähnten Heiligen errichtet, aber später zur bequemeren Benutzung durch die Bewohner und zur Förderung der Frömmigkeit hierher nach Mündt verlegt haben, damit da seine heiligen Ueberreste mit der schuldigen Verehrung aufbewahrt würden, wie es jetzt auch geschieht.

Die genannte Quelle ist bis auf den heutigen Tag durch Gottes Gnade von einer solchen Wirksamkeit und Kraft, daß sie kranke Menschen und Tiere bald gesund macht, wenn man aus ihr nach vorhergegangener schuldiger frommer Verehrung der heiligen Reliquien Wasser schöpft und es ihnen zu trinken gibt. Wegen dieser und vieler anderen Wunder pflegt man das Standbild des heiligen Irmund von seiner Stelle auf dem Altare, wo es zur öffentlichen Verehrung von seiten der allerwärts herbeiströmenden Menschen aufgestellt ist, herabzunehmen und es in feierlicher Prozession und mit heiligem Gepränge durch die Pfarrei herumzutragen.

Im Jahre 1602 aber zogen holländische Truppen nach Verwüstung des Herzogtums Luxemburg durch das Jülicher Land in ihre Heimat zurück. Außer anderen gottesräuberischen Handlungen haben sie auch die Kirche von Mündt mit barbarischer Wut geschändet. Sie warfen die auf den Altären stehenden Bilder herunter, bekleideten sich mit den priesterlichen Gewändern, läuteten mit den Glocken wie zu einem Begräbnisse, trugen zur Verspottung der Heiligen die Statuen nach Art eines Leichenzuges umher und verbrannten sie inmitten der Kirche durch Feuer. Die Spuren davon sind noch in der Kirche zu sehen. Mit diesen Statuen ist auch das Standbild des heiligen Irmund und der Schrein, worin er ruhte, durch das Feuer vernichtet worden. Jedoch blieben durch die Kraft Gottes alle seine Gebeine, wie auch die Leinwand, mit welcher sie umhüllt waren, mitten in den Flammen unversehrt und unverletzt.

Dieses bezeugen und sagen unter Eid aus die Augenzeugen Goddart, zu jener Zeit Küster der Kirche in Mündt, Johann Knobben und Johann Wollbeck, ehrbare Männer von tadellosem Namen. Diese hatten traurig eine Zeitlang die wilde Wut der Kirchenschänder angesehen, und nachdem das Standbild wie auch der Schrein schon lange verzehrt waren, haben sie voll heiligen Eifers die Reliquien aus den Flammen und der Asche durch Gottes wunderbare Fügung unversehrt herausgezogen.

Es kommt noch etwas Erwähnenswertes hinzu. Eine Jungfrau namens Catharina, damals in Köln als Dienstmädchen beschäftigt, jetzt aber daselbst mit dem Ratsherrn dieser Stadt, Johann Schurmann, verheiratet, hatte einen kleinen Teil der Reliquien in einer Art von dreister Frömmigkeit entwendet und trug sie in ein Agnus Dei eingeschlossen am Halse. Sie wurde aber Tag und Nacht von einer andauernden Unruhe gequält, bis sie den von ihr heimlich weggenommenen kleinen Reliquienteil wieder zu den aus den Flammen übriggebliebenen Reliquien zurückgebracht hatte.

Ein Glasfenster unserer Kirche zeigt heute ein Bild des heiligen Irmund, welches dem Standbilde, das, wie wir oben erwähnten, von den Flammen verbrannt ist, nicht unähnlich ist. Ein Heiligenschein umleuchtet das Angesicht. Die Hand mit dem Hirtenstabe hält einen ziemlich großen Rosenkranz. Das Gewand ist das der Eremiten. Einen

Hund führt er am Riemen. Mehrere Fohlen, Kühe und Esel umgeben ihn.

Wir Seelsorger wissen teils aus eigener Erfahrung, daß sich das Obenerwähnte wirklich zugetragen hat, teils haben wir es durch die unverfälschte und getreue Erzählung unserer Vorfahren vernommen. Zum Zeugnis für all dieses unterschreiben wir auf Wunsch diesen Brief und bekräftigen ihn mit unserer eigenen Handschrift. Ebenso haben wir obenerwähnte Schöffen zum Zeugnis für diese Dinge mit dem gewöhnlichen Siegel unseres Dingstuhles wegen unserer sicheren Kenntnis bekräftigen lassen.

> *Verhandelt zu Mündt, den 10. November 1639*
> *Ich Werner Busch, Ortspfarrer, bezeuge mit eigener Hand.*
> *Johann Kobens, zur Zeit Vikar des Altares*
> *Der allerseligsten Jungfrau Maria und des heiligen Irmund."*

Keiner der Autoren, die sich bislang mit der Gestalt des Irmund beschäftigten[92], hat bezweifelt, dass sich hinter der Legende eine historische Person verbirgt. Es gibt jedoch drei verschiedene Möglichkeiten, sie in einen zeitlichen Horizont einzubetten.

Lebte Irmund in der zweiten Hälfte des 4. Jahrhunderts n. Chr.?

Nach den Aufzeichnungen der Bollandisten (Gesellschaft der Herausgeber und Autoren der Acta Sanctorum) lebte Irmund zur Zeit des Kölner Bischofs Severin. Wie haben wir diese Aussage zu bewerten?

Severin ist der dritte überlieferte Bischof von Köln. Er trat sein Amt in der 2. Hälfte des 4. Jahrhunderts an. Severins um 900 geschriebene Lebensgeschichte berichtet, er sei als Bischof der Nachfolger des auf einer Kölner Synode 346 abgesetzten Bischofs Euphrates gewesen. Dies ist jedoch eine spätere Legende, deren Wahrheitsgehalt sich heute nicht bestätigen lässt. Wenn überhaupt etwas über Severin einigermaßen glaubwürdig ist, dann allenfalls die Nachricht bei Gregor von Tours, Severin sei Kölner Bischof gewesen zum Todeszeitpunkt Martins von Tours (+ 396/397). Nach neueren Untersuchungen amtierte er als Kölner Bischof wahrscheinlich von 375 bis in das frühe 5. Jahrhundert.[93] Gesicherte Nachrichten über Severins Wirken fehlen völlig. Seine Gebeine wurden im Kölner Stift St. Severin aufbewahrt. Eine Untersuchung der Relikte ergab, dass sie aus der Zeit um 400 stammen.[94]

Möglicherweise hatten die Mündter Einwohner den Jesuiten berichtet, Irmund habe zur Zeit einer großen Trockenheit gelebt. Vielleicht brachten die drei gelehrten Patres

---

[92] HINTZEN, St. Irmund (wie Anm. 91), S. 103 ff.; Leo de JONG, Irmundus. Glaubensbote unserer Heimat, in: Heimatkalender des Kreises Jülich 1953, S. 87 ff.; Günter BERS, Geschichte des Pfarrdorfs Mündt, in: Heimatkalender des Kreises Jülich 1958, S. 68 ff.; Heinz ANDERMAHR, Grundzüge einer Geschichte der Pfarrei Mündt (Gem. Titz), in: Beiträge zur Jülicher Geschichte 52, 1984, S. 3 ff; Ekkart SAUSER, Irmund (Irmonz) von Jülich, in: Biographisch-Bibliographisches Kirchenlexikon (BBKL) 17, Herzberg 2000, Sp. 673 f.; Dieter P. J. WYNANDS, Irmundus vom Hahnerhof. Anmerkungen zur Vita und Kult eines Heiligen des Jülicher Landes, in: Rheinisch-westfälische Zeitschrift für Volkskunde 49, 2004, S. 257 ff.

[93] Joachim OEPEN (Hrsg.), Der heilige Severin von Köln. Verehrung und Legende. Befunde und Forschungen zur Schreinsöffnung von 1999 (Studien zur Kölner Kirchengeschichte 40), Siegburg 2011, S. 481.

[94] Ebd., S. 167.

diese Trockenheit mit einer in den Quellen überlieferten Dürre zur Zeit des Bischofs Severin in Verbindung.

Jüngst hat der in Bergheim geborene und in München lehrende Prähistoriker Bernd Päffgen einen weiteren Grund, warum Irmund in die Lebenszeit Severins datiert werden konnte, ins Spiel gebracht. Die Vita des Bischofs Severin (*„Vita et translatio S. Severini"*), welche im 9. oder 10. Jahrhundert verfasst wurde, erwähnt, zur Zeit des Bischofs Severin habe ein gewisser Eremit sich durch besondere Tugendwerke ausgezeichnet (*„eremitam quemdam praecipuis virtutum operibus floruisse"*). Er sei der Sohn eines einflussreichen Adligen gewesen. Vor seiner Hochzeit begegnete er der Erscheinung einer Jungfrau, welche ihn animierte, die Nachfolge Christi anzutreten. Daraufhin verließ er sein Zuhause und zog sich an einen entfernten Platz der Einsamkeit bei Köln zurück und führte dort ein von nur Wenigen leicht nachzuahmendes Leben (*„A quo in remotiora eremi loca ductus, vitam laudabilem et paucis imitabilem duxit"*).[95]

Der Name dieses Einsiedlers wird in der Vita leider nicht genannt. Bernd Päffgen bezieht ihn jedoch auf den in Mündt verehrten Irmund. Nach Bernd Päffgen sei der Vita *„eine mündliche Tradition aus der Zeit der Abfassung der Vita eingeschoben [worden], die jünger erscheint und durchaus mit einem merowingerzeitlichen Heiligen in Verbindung zu bringen ist."*[96] Warum wurde dieser Passus jedoch später in die Vita eingeschoben? Das geht aus dem Text der Vita selbst hervor. Dort wird vom Verfasser gesagt: *„Wie mir erzählt wurde […]"*. Und Bernd Päffgen fährt fort: *„Der heilige Irmundus dürfte in der Merowingerzeit als Einsiedler gelebt haben. Da man in den Kölner Bischofslisten jedoch als älteren Bischof vor Ebergisel (ca. 570 bis 593) nur Severin kannte, setzte man die Begebenheiten in seine Amtszeit."*[97]

Diesen interessanten Äußerungen Päffgens ist Folgendes zu entnehmen: Der in der Vita des Bischofs Severin aus dem 9./10. Jahrhundert erwähnte Eremit könnte eventuell mit dem in Mündt verehrten Irmund zu identifizieren sein, was jedoch keineswegs sicher ist. Träfe diese Annahme jedoch zu, ist die Passage der Vita über Irmund ein Einschub aus späterer Zeit, der in die Jahre vor 570 zu datieren ist (Amtsantritt Ebergisels). Wir hätten es hier also nicht mit einem Heiligen aus der Spätantike, sondern mit einem solchen aus dem Frühmittelalter zu tun.

Die Thesen von Hans Georg Kirchhoff und Reinhard Schmoeckel

Hans Georg Kirchhoff hat 2003 einen Aufsatz mit dem Titel *„Die Rätsel von Mündt"* veröffentlicht.[98] Er geht darin u.a. auf die Person des Irmund ein wie auch auf eine Notiz des Olympiodor, 411 sei in einem Ort Moundiakon in der Provinz Niedergermanien der römische General Jovinus von dem Alanen Goar und dem Burgunder Guntiarius zum Gegenkaiser ausgerufen worden. Er versucht dann, zwischen diesen beiden

---

[95] Edition und Übersetzung der *„Vita et Translatio Sancti Severini"* ebd., S. 557 und 570.

[96] Ebd., S. 570, Anm. 87.

[97] Ebd., S. 490, Anm. 262. Über merowingische Einsiedler siehe: Margarete WEIDEMANN, Kulturgeschichte der Merowingerzeit nach den Werken Gregors von Tours (Monographien des Römisch-Germanischen Zentralmuseums 3), 2 Bde., Mainz 1982, hier Bd. 1, S. 245 f.

[98] Hans Georg KIRCHHOFF, Die Rätsel von Mündt. Mundiacum 411 und das niederrheinische Burgunderreich, in: Neue Beiträge zur Jülicher Geschichte 14, 2003, S. 7 ff.

Ereignissen eine Verbindung herzustellen, da er die Lebenszeit des Irmund in die Amtszeit des Bischofs Severin legt.

Der aus Ägypten stammende, griechisch schreibende oströmische Geschichtsschreiber Olympiodor (gest. kurz nach 425 n. Chr.) stand den Ereignissen von 411 relativ nahe. Er lokalisiert den Ort Mundiacum (griech. Moundiakon) in der Provinz Niedergermanien. Dort sind zwei Orte, Münz und Mündt, mit Mundiacum identifiziert worden.[99] Ob es sich bei Mundiacum jedoch tatsächlich um Mündt handelt, ist nicht mit Sicherheit zu belegen.

Sind die Überlegungen Hans Georg Kirchhoffs bereits sehr spekulativ, so übertrifft ihn hierin Reinhard Schmoeckel bei weitem. Er setzt die Erhebung des Jovinus zum Kaiser im Jahr 411 in Mündt als Tatsache voraus wie auch die zeitliche Einordnung des Irmund in das 4. Jahrhundert. Aus diesen *„Fakten"*, die im Grunde Hypothesen sind, entwickelt er den Gedanken, Irmund sei der Anführer der Leibwache des Jovinus gewesen. Als Begleiter des Jovinus auf seinem Kriegszug nach Südgallien sei er dort mit dem Christentum in Berührung gekommen und habe den neuen Glauben mit in seine Heimat zurückgebracht.[100]

Bei so vielen Hypothesen kann einem schon im Kopf schwindlig werden. Hier wird ein ausschweifendes Spekulationsgespinst konstruiert.

Gegen die Annahme, die Lebenszeit des Irmund in das 4. Jahrhundert einzuordnen, spricht das vollständige Fehlen von Spuren des Christentums außerhalb der Städte im Raum von Rur und Erft in dieser Zeit.

Lebte Irmund im 9./10. Jahrhundert, als am Hahnerhof eine dörfliche Siedlung entstand?

Nach den Ausführungen der Jesuiten von 1639 lagen der alte Friedhof und die Überreste einer Kirche nicht weit vom Weiher am Hahnerhof. Irmund habe in einer Einöde oder einem kleinen Wald gelebt, von dem 1639 noch Reste zwischen Mündt, Jackerath, Kaiskorb und Kirchherten zu sehen waren. Der alte Friedhof und die Überreste einer Kirche werden am so genannten Hahner Feldkreuz lokalisiert. Dort gibt es auch auf modernen Karten die Fluren *„Am alten Kirchhof"* und *„In der Alten Mundt"*. Diese Stätte liegt etwa 1800 m östlich von Mündt und 300 m südlich des Hahnerhofes. Am Ort der aufgegebenen Begräbnisstätte errichtete der Pächter des Hahnerhofes 1685 ein heute noch vorhandenes großes Steinkreuz mit der Aufschrift *„IN HONOREM S. IRMUNDI CONFESSORIS ET LOCI IN MUND PATRONI EX OBLATIS SACELLI EREXIT - WERNERUS OFFERMANNS; VILLICUS IN VILLA GALLICANA ANNO 1685,11.9."* Noch zu Anfang des 19. Jahrhunderts nahm der Friedhof ein 25 Ar großes unbeackertes und mit Dornengestrüpp bewachsenes Flurstück ein. Bald darauf nutzte der Eigentümer des Hahnerhofes den alten Kirchhof als Acker und verwendete die beschrifteten Steine als Küchenpflasterung, wodurch die Inschriften mit der Zeit

---

[99] Reiner MÜLLER, Die Burgunden am Niederrhein 410-443, Jülich 1924. Zahlreiche Historiker und geschichtsinteressierte Laien sind ihm in dieser Auffassung gefolgt.

[100] Reinhard SCHMOECKEL, Irmundus, ein christlicher Bekenner im heiligen Bezirk, in: Thidrek-Forum e.V. (Hrsg.), Die Rätsel von Mündt/Mundiacum und St. Irmundus. Burgunder und Nibelungen in der Jülicher Börde (Forschungen zur Thidreksaga 4), Bonn 2007, S. 105 ff.

unleserlich wurden.[101] Heute sind sie nicht mehr vorhanden.

Auf diesem Acker entdeckte Hermann Hinz bei der archäologischen Landesaufnahme eine mittelalterliche Wüstung.[102] Er sammelte viele kleine Scherben von blaugrauer Kugeltopfware und einige von Reliefbandamphoren sowie von bemalter Pingsdorfkeramik auf. Außerdem stieß er auf menschliche Röhrenknochen und vereinzelt auf römische Bautrümmer, die seiner Einschätzung nach wohl in Zweitverwendung für mittelalterliche Bauten benutzt worden waren. Diese Lesefunde stuft Hermann Hinz von der spätkarolingischen Zeit (840-925/31) bis ins frühe 13. Jahrhundert ein. Wie die Gebeine auf einen Friedhof hinweisen, so bezeugt die mittelalterliche Scherbenstreuung eine kleine Siedlung, die offenbar bald nach 1200 wüst geworden ist.

Bei einer erneuten Begehung stellten Mitarbeiter des Bonner Landesmuseums 1974 die nördliche Fortsetzung der von Hermann Hinz registrierten Fundstelle fest.[103] Mittelalterliche Scherben, römische Keramikreste, Ziegelbruch und Liedberger Sandsteinbrocken traten zutage.

Irmund kann nicht im 9./10. Jahrhundert gelebt haben. Zu dieser Zeit war unsere Region längst christianisiert. Außerdem ist der Name Irmund seit der späten Karolingerzeit nicht mehr in schriftlichen Quellen zu finden. Er war das Opfer einer Modeerscheinung der Vornamen geworden.

Die Wüstung am Hahner Feldkreuz dürfte später zum Pfarrbezirk von Mündt gehört haben. In Mündt gab es nur die Pfarrkirche und einen größeren Hof. Die Pfarrkirche von Mündt schaut auf ein hohes Alter zurück, gehört in ihren ältesten Bestandteilen wohl noch dem ersten Jahrtausend an.[104] Anlässlich des Einbaues einer Fußbodenheizung erfolgten 1974 Notgrabungen.[105] Als Resultat ergaben sich Teile von zwei Vorgängerbauten der heutigen Kirche. Der älteste Bau wies einen Rechteckchor auf, etwa 3,5 Meter im Quadrat messend, der dem Typ einer frühmittelalterlichen Saalkirche entspricht. Für den frühesten Kirchenbau traten leider keine datierenden Funde zutage. Vom Bautyp her lässt er sich ins 9. bis 10. Jahrhundert einordnen.

Die Mündter Kirche dürfte zur Pfarrkirche der im 9. Jahrhundert entstandenen Siedlung zwischen Mündt und dem Hahnerhof geworden sein, die nach 1200 wüst geworden ist. Warum nicht die vermutete Kirche *„Am Alten Kirchhof"* in die Rolle der Pfarrkirche schlüpfte, sondern eine Kirche in Mündt erbaut wurde, ist schwierig zu beantworten. Möglicherweise hing das mit dem Kirchenherrn zusammen, dem Kölner Erzbischof.

Irmund als Zeitgenosse der irischen Missionare?

Die Scherbenfunde des Areals *„Am alten Kirchhof"* setzen zwar erst in karolingischer

---

[101] ANDERMAHR, Grundzüge einer Geschichte der Pfarrei Mündt (wie Anm. 92), S. 17.

[102] Hermann HINZ, Kreis Bergheim (Archäologische Funde und Denkmäler des Rheinlandes 2), Düsseldorf 1969, S. 334; siehe auch: LVR, Amt für Bodendenkmalpflege, Ortsarchiv, Stadt Bedburg, Bodendenkmal Nr. 45.

[103] Bonner Jahrbücher 176, 1976, S. 438.

[104] Paul CLEMEN, Die Kunstdenkmäler des Kreises Jülich, Düsseldorf 1902, S. 192 ff.

[105] Bonner Jahrbücher 176, 1976, S. 453 ff.

Zeit ein, als sich im Umfeld der Kirche und des Kirchhofes eine Siedlung entwickelte. Der alte Kirchhof und die Kirche könnten jedoch älter sein und noch ins 7. Jahrhundert zurückreichen. Argumente hierfür werde ich noch beibringen. Solche frühen Kirchenbauten waren in jeder Hinsicht bescheiden: *„oft ein Holzpfostenbau [...], in den Außenmaßen zuweilen gerade vier mal sechs Meter groß, dem Grundriß nach fast immer ein Saalbau und in der Chorgestaltung mit eingezogenem Rechteck oder kleiner Apside oder auch nur mit innerer Abschrankung des Altarraumes."*[106] Etwas mehr als ein Viertel aller archäologisch untersuchten Kirchen im Rheinland haben eine Holzkonstruktion als Vorgängerbau. Diese Holzkirchen ersetzte man dann durch kleine steinerne Saalkirchen, an die man im Laufe der Zeit Rechteckchöre anfügte. Später ging man dann zu Saalerweiterungen mit halbrunder Chorapsis über.[107]

Abb. 13: Beispiel einer frühen dörflichen Holzkirche (Foto: Angenendt, Frühmittelalter, S. 280).

Die frühe Kirche am Hahnerhof muss jedoch bereits aus Stein erbaut worden sein, da 1639 noch *„Spuren einer Kirche"* zu sehen waren. Holz wäre nach so langer Zeit längst verrottet. Vielleicht war dem ersten Holzbau ein Bau aus Stein gefolgt.

Für die Einordnung Irmunds in das 7. Jahrhundert spricht auch folgendes Indiz: Im Jahr 2013 konnte nördlich des Hahnerhofes in Richtung Jackerath ein merowingerzeitliches Gräberfeld untersucht werden.[108] Die 50 Gräber waren überwiegend nach Osten orientiert. Das allein schon mit dieser Ausrichtung ein Bekenntnis zum christlichen Glauben verbunden war, ist jedoch zu bezweifeln.[109] Anhand der Beigaben lassen sich die Bestattungen von der Mitte des 6. bis zur Mitte des 7. Jahrhunderts datieren. Eine zugehörige Siedlung wurde nicht gefunden. Jackerath kommt hierfür nicht in Frage, da der Ort der hoch-/spätmittelalterlichen Rodeperiode angehört. Der Einzelhof Kaiskorb liegt 1000 m vom Gräberfeld entfernt, der Hahnerhof 700 m. Bei Kaiskorb wie auch

---

[106] ANGENENDT, Das Frühmittelalter (wie Anm. 27), S. 279 f.

[107] Vgl. Günther BINDING, Vorromanische Kirchenbauten (Geschichtlicher Atlas des Rheinlandes, Beiheft XII/3), Köln 1996, S. 16-18.

[108] Johannes ENGLERT/Rudolf NEHREN, Noch ein Rätsel im *„heiligen Bezirk"*. Ein merowingerzeitliches Gräberfeld am Autobahnkreuz Jackerath, in: Archäologie im Rheinland 2013, Stuttgart 2014, S. 157 ff.

[109] Vgl. Ursula KOCH, Die Menschen und der Tod. Stätten der Totenruhe - Grabformen und Bestattungssitten der Franken, in: Die Franken - Wegbereiter Europas (Ausstellungskatalog), Bd. 2, 2. Aufl. Mainz 1997, S. 723 ff.

beim Hahnerhof ist nicht auszuschließen, dass es sich hier ursprünglich nicht um Einzelhöfe, sondern um Siedlungen handelte. Da das Gräberfeld ab etwa 650 nicht mehr belegt wurde, müssen die Begräbnisse anderswo stattgefunden haben. Wenn Irmund wirklich ein Zeitgenosse der irischen Mission war und die 1639 aufgezeichnete Legende einen Wahrheitshalt besitzt, könnte Irmund am Hahner Feldkreuz um 650 eine kleine Kirche erbaut und einen Friedhof angelegt haben. Dann hätten die Bestattungen der umliegenden Orte fortan dort stattgefunden, ehe die Mündter Pfarrkirche später diese Funktion übernahm. Weit und breit gab es in der Nähe keine andere derart frühe Kirche, welche diese Funktion hätte übernehmen können.

Es ist nicht auszuschließen, dass direkt am Weiher des Hahnerhofes in römischer Zeit ein Matronenheiligtum bestand. Dafür spricht folgender Hinweis. In einem Heft mit geschichtlichen Notizen von Thomas Joppen von 1850 wurde berichtet, auf dem *„alten Kirchhof"* seien auch *„Grabsteine"* gefunden worden. Einen dieser Steine habe man nach Köln zum Verbleib in der Wallrafschen Sammlung verbringen lassen. Dieser Stein habe die Inschrift gehabt: *„Mater cum duabus filiabus"*.[110] Die Überlieferung dieser Inschrift ist natürlich völlig unsinnig. Wahrscheinlich formulierte Thomas Joppen in Latein, was auf dem Stein zu sehen war. Jedenfalls deutet diese Überlieferung auf einen Matronenstein hin. Da aber nicht nur ein Stein gefunden wurde, sondern gleich mehrere, ist das als Indiz auf ein Matronenheiligtum zu werten. Möglicherweise wurden die Steine dann in Zweitverwendung am späteren Hahner Feldkreuz verbaut. Ob sie zum Bau einer christlichen Kapelle verwendet wurden oder als Grabsteine dienten, bleibt der Spekulation bzw. einer künftigen archäologischen Grabung überlassen. Wie Willibrord auf dem Welchenberg könnte Irmund ein heidnisches (römisches) Matronenheiligtum in eine christliche Kultstätte umgewidmet haben.

Vielleicht darf man zur Datierung auch die Legende, Irmund habe das Vieh der umwohnenden Einwohner gehütet, nicht außer Acht lassen, denn darin könnte man, worauf bereits Hermann Hinz aufmerksam machte, einen Nachklang der bei den irischen Missionaren so beliebten Hirten-/Schäfertradition vermuten.[111] Dazu passt auch die Überlieferung, er habe mit seinem Hirtenstab in die Erde gestoßen und eine Heilquelle für Menschen und Vieh hervorsprudeln lassen. Dieser Topos findet sich bei den irischen[112], aber ebenfalls bei den angelsächsischen Missionaren, so auch bei Willibrord[113].

Schlussbetrachtung

Der Mediävist Eugen Ewig schreibt in seinem Buch *„Frühes Mittelalter"* in der Reihe *„Rheinische Geschichte"* folgenden Satz: *„Aus diesen Nachrichten geht hervor, daß die Kölner Kirche seit der Wende vom 6. zum 7. Jahrhundert auf eigenen Füßen stand und das Bekehrungswerk im Raum zwischen Neuß und Nimwegen [also auch an Erft und*

---

[110] HINTZEN, St. Irmund (wie Anm. 91), S. 116.

[111] Vgl. Georg SCHREIBER, Irland im deutschen und abendländischen Sakralraum, Köln 1956, S. 19.

[112] Ebd., S. 53.

[113] DRÄGER (Hrsg.), Alkuin, Vita sancti Willibrordi (wie Anm. 80), S. 37.

Rur] *spätestens im frühen 7. Jahrhundert abgeschlossen war.*"[114] Gegen diese kühne Behauptung sprechen jedoch die hier vorgetragenen Indizien.

Die Region um den Hahnerhof war Königsgut.[115] Der Hahnerhof lag im Bereich des Gillgaues, eines Krongutsbezirkes. In der Umgebung des Hahnerhofes lag umfängliches Krongut: so in Morken, Königshoven, Kirchherten und Bedburg. Möglicherweise zählte das Gebiet des Hahnerhofes auch noch zum Gillgau. Der Gillgau stellte die nordöstliche Fortsetzung des Kützgaues dar.[116] Möglicherweise missionierte Irmund um 650 hier im Auftrag Grimoalds des Älteren (643-662) und wandelte ein römisches Heiligtum in eine christliche Stätte um. Die weit und breit früheste Kirche in der Region an Erft und Rur dürfte um 650 am Hahner Feldkreuz bei Münd entstanden sein.

Abb. 14: Kapelle mit Weiher am Hahnerhof (Frank Kretzschmar, Kirchen, Klöster und Kapellen im Erftkreis, Köln 1984, S. 82 f.).

Etwas später als die Missionierung in der Region des Hahnerhofes erfolgte die Christianisierung in Kirdorf und Welchenberg durch Willibrord. Kirdorf gehörte zum

---

[114] EWIG, Frühes Mittelalter (wie Anm. 25), S. 57.

[115] ANDERMAHR, Grundzüge einer Geschichte der Pfarrei Mündt (wie Anm. 92), S. 3 ff.

[116] DERSELBE, Kölngau und Gillgau (wie Anm. 47), S. 7 ff.

Kützgau. Dieser Gau war ein Krongutsbezirk.[117] Möglicherweise missionierte Willibrord im Auftrag Pippins des Mittleren auf dessen Eigengütern. Er kam hier auch nicht dem Kölner Bischof in die Quere, der sein eigenes Missionswerk vorantrieb. Der Name „*Kirdorf*" deutet darauf hin, das Kirdorf im Kützgau wahrscheinlich die erste Kirche besaß, weil der Name sonst keinen Sinn ergibt. Kirdorf muss also zuvor anders geheißen haben.

In zeitlicher Nähe zu dem Bekehrungswerk in Kirdorf und Welchenberg ist der Bau der christlichen Kirchen auf weiterem Königsgut zu sehen. Die Kirche in Düren, die relativ exakt zu datieren ist, wurde etwa 700 erbaut; die ebenfalls dem heiligen Martin geweihte Kirche in Derichsweiler wahrscheinlich zur gleichen Zeit oder etwas später. Die Kirche in Rommerskirchen reicht ebenfalls in die Zeit um 700 zurück. Es kann kein Zufall sein, dass die drei letztgenannten Kirchen um 700 entstanden. Hier wird es sich um eine großräumig gelenkte Aktion durch den Hausmeier Pippin den Mittleren handeln. Die drei oben genannten Kirchen dürften nicht die einzigen gewesen sein.

Alle diese Kirchen entstanden auf Königsgut. Das Krongut spielte hinsichtlich der Kirchen eine Sonderrolle. Der König besaß das Eigentumsrecht an den auf seinem Boden errichteten Kirchen. Die bei den königlichen Höfen und Siedlungen entstandenen Gotteshäuser wurden zwar vom Bischof geweiht, blieben aber Eigentum des Herrschers. Die räumliche Grundlage für den Sprengel der späteren Königspfarreien bildeten die königlichen Grundherrschaften (*„fiski"*).[118]

Es mag relativ einfach gewesen sein, mit den finanziellen Mitteln der Hausmeier bzw. der merowingischen Könige Kirchen auf Königsgut zu erbauen, aber ungleich schwerer, diese mit geeigneten Priestern zu besetzen. Vielleicht bestand die Funktion der Reichsabtei Güsten, übrigens des einzigen frühen Klosters an Erft und Rur, darin, den geistlichen Nachwuchs auszubilden, welcher diese um 700 neu gegründeten Kirchen seelsorgerisch betreuen sollte. Träfen diese Überlegungen zu, dürfte auch die Reichsabtei Güsten um 700 für diesen Zweck errichtet worden sein. Vielleicht war Güsten eine ähnliche Rolle zugedacht wie dem Kloster Susteren zwischen Roermond und Sittard, das Plektrud 714 im Auftrag ihres tödlich erkrankten Gemahls Pippin an Willibrord übertrug.[119]

Ein Blick auf die Karte 2 zeigt eine deutliche Massierung christlicher Befunde im nördlichen Raum an Erft und Rur zwischen Rommerskirchen im Osten und Geilenkirchen im Westen. Nach Süden in Richtung Eifel dünnt diese Schicht merklich aus, was wohl auch damit zusammenhängt, dass die Besiedlung in dieser Region nachlässt.

Es haben sich bislang zwei Ergebnisse für die Christianisierung an Erft und Rur gezeitigt. Erstens: Die Christianisierung an Erft und Rur ist aufgrund der hier vorgestellten archäologischen Zeugnisse und schriftlichen Quellen um etwa 100 Jahre später anzusetzen als bisher von Eugen Ewig angenommen. Dies passt auch recht gut zu neueren Forschungsresultaten der Archäologie, wonach die fränkischen

---

[117]   Ebd.

[118]   Ewig, Frühes Mittelalter (wie Anm. 25), S. 46 ff.

[119]   Ebd., S. 77; Rudolf Schieffer, Die Karolinger, ⁵2014, S. 32. Eine Biographie Pippins des Mittleren wie auch eine gründliche Darstellung seiner Kirchenpolitik fehlt bis heute.

Reihengräberfelder ebenso wie die Beigabensitte im Laufe des 7. Jahrhunderts (spätestens um 700) aufgegeben wurden.[120]

Zweitens: Es kann zwar ein bloßer Zufall sein, dass die frühesten bislang archäologisch untersuchten Kirchengründungen auf Königsgut entstanden. Aber möglicherweise spielte der fränkischen Hausmeier Pippin der Mittlere hier eine Vorreiterrolle und ging dem bischöflichen Missionswerk zeitlich voraus. Leider lassen sich die Kirchen in Jülich und Zülpich bislang nicht datieren.

---

[120] KOCH, Die Menschen und der Tod (wie Anm. 109), hier besonders S. 736 f.

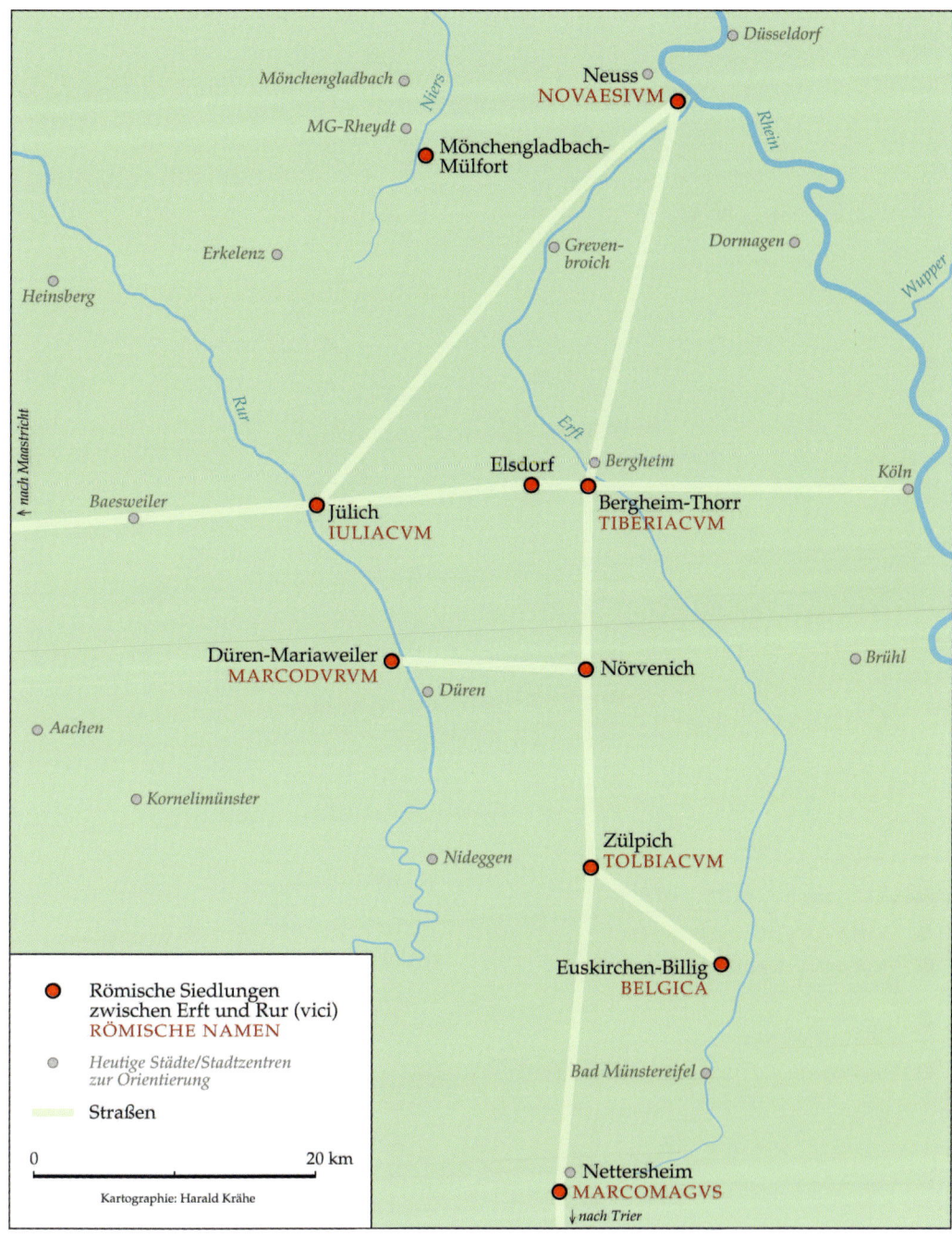

Abb. 15: Römische Siedlungen („vici") zwischen Erft und Rur

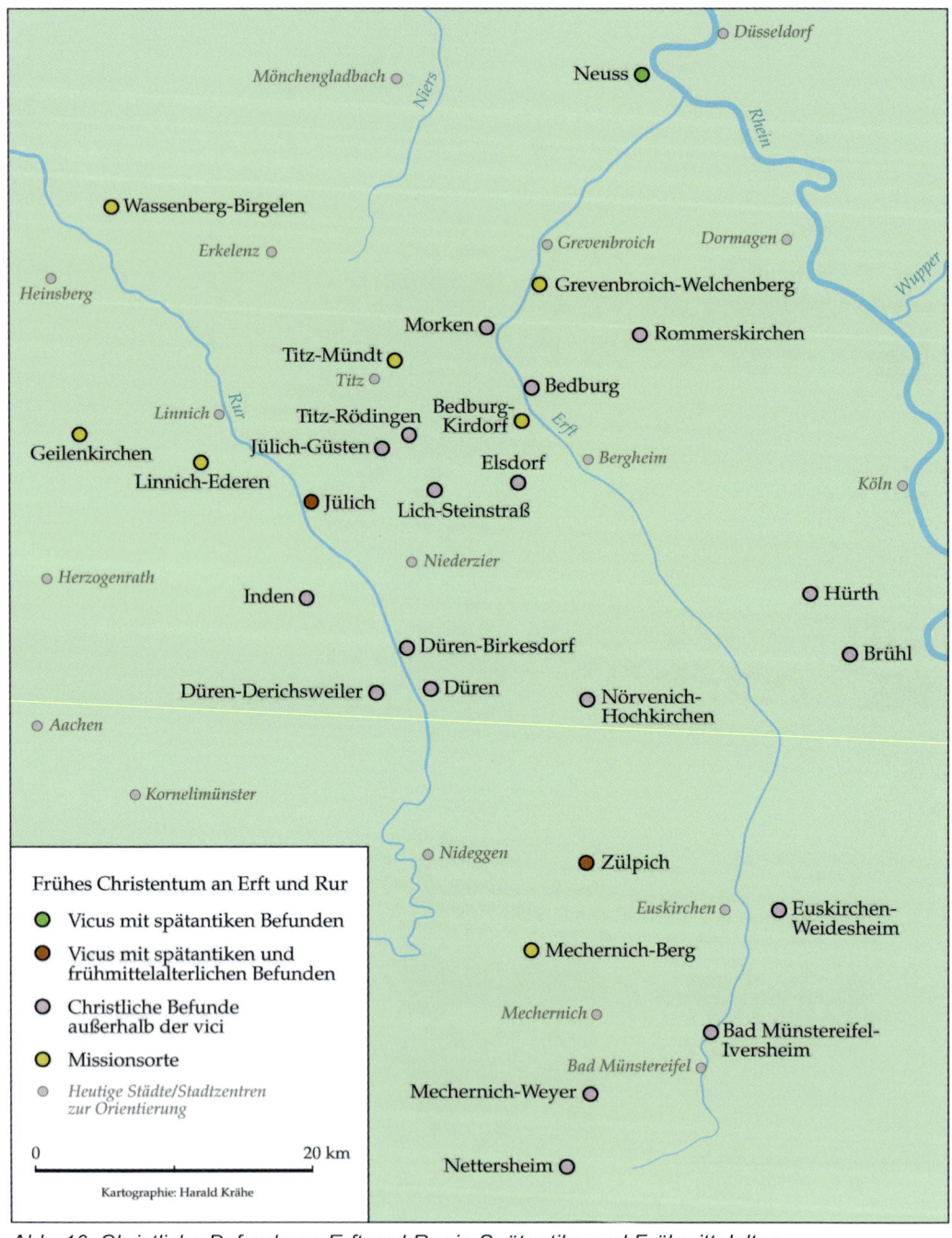

Abb. 16: Christliche Befunde an Erft und Rur in Spätantike und Frühmittelalter

Rudolf A.H. Wyrsch

Die Jakobus-Wallfahrt des heiligen Arnold von Arnoldsweiler in den unterschiedlichen Beschreibungen seines Lebens

Vorbemerkungen

Vor der Vollendung des Kölner Doms im Jahr 1880 wurde eine durch den Bildhauer Peter (Dominicus) Fuchs (1829-1898) angefertigte Archivoltenfigur an der westlichen Seite des Nordportals (gegenüber dem Hauptbahnhof) angebracht. Sie stellte den hl. Arnold von (Düren-)Arnoldsweiler († um 800) dar, wie er in einen Pilgermantel gehüllt auf einem Thron sitzt, vor dem ein Fisch liegt, und wie er einen Pilgerstab umklammert, an dem eine Kalebasse hängt. Im Zweiten Weltkrieg wurde dieses Bild leider zerstört. Doch zum Glück blieb von ihm ein 1878 geschaffenes Gipsmodell erhalten, das heute noch in der Modellkammer im Nordturm der gotischen Kathedrale aufbewahrt wird.[1] Warum man den seit langer Zeit im Kölner Erzbistum als Heiligen verehrten Arnold als Santiago-Pilger und nicht als Zither- oder Harfenspieler abgebildet hat, kann nur vermutet werden. Vielleicht waren sich das Domkapitel und der Dombaumeister darin einig, die Reihe der Darstellungen, auf denen St. Arnold als Hofmusiker Karls des Großen zu sehen ist, nicht zu verlängern. Möglicherweise kannten sie auch die wahrscheinlich von Quirin (Gregor) Nevels (* 1768 Aachen, † 1836 Düren)[2] aus dem Lateinischen übersetzte Arnoldusvita mit der darin enthaltenen Jakobuswallfahrt[3] sowie die eine oder andere der poetischen Nacherzählungen, die bis dahin entstanden waren und denen bis heute noch weitere folgen sollten. Im vierten Teil der 1824 in Düren gedruckten *Lebensbeschreibungen der Heiligen Gottes* von Matthäus Vogel ist auf den Seiten 425-437 unter der Überschrift *Der heil [ige] Arnoldus,*

Abb. 1: Archivoltenfigur des heiligen Arnold [als Jakobspilger], Gipsmodell [vom 8.11.1878 in der Modellkammer D 374 Nr. 108 (142)]: Hohe Domkirche Köln, Dombauhütte Köln (Foto von 1992: nach dem Original von Peter Fuchs (1829-1898), einst am Maternusportal um 1880 bis um 1945).

---

[1] Vgl. Rudolf A.H. WYRSCH, Dr. Arnold Steffens (1851-1923). Ein Kölner Domherr aus dem Jülicher Land (Forum Jülicher Geschichte 73), Jülich 2020, S. 358, Abb. 8.

[2] Vgl. Matthäus VOGEL/Quirin NEVELS u. a., Leben Christi, der Apostel und der Heiligen Gottes nebst Auslegung und Erklärung der Episteln und Evangelien, Bd. 1, Düren 1831.

[3] Vgl. Matthäus VOGEL, Lebensbeschreibungen der Heiligen Gottes, 4. Teil, Düren 1824, S. 425-437.

Beichtiger [hier so statt „*Bekenner*" für „*confessor*"] ein Nachtrag eingefügt,[4] in dem die erste wörtliche Übersetzung eines großen Teils der Arnoldsweiler Abschrift der lateinischen Arnoldusvita[5] (einschließlich der abgebrochenen Wallfahrt nach Santiago de Compostela) enthalten ist. Es fehlen lediglich die erste und zweite Lesung der ersten Nokturn des nächtlichen Stundengebetes am 18. Juli, dem Fest des heiligen Arnold. Stattdessen folgt auf die deutsche Lebensbeschreibung eine „*Christliche Nutzanweisung*", die der aus Niederzier stammende und spätere Kölner Domkapitular Dr. Arnold Steffens (1851-1923) möglicherweise nicht gekannt hat und die er deswegen in seiner Arnoldus-Monografie von 1887 mit keinem Satz würdigt. Einen eventuell gleichzeitig veröffentlichten Sonderdruck mit dem genannten Nachtrag wird er ebenfalls nicht gekannt haben; denn sonst hätte er bestimmt darauf hingewiesen.

Zum allerersten Mal wurde die Arnoldusvita in dem 1618 posthum herausgegebenen Werk „*De Probatis Sanctorum Vitis*" von Laurentius Surius († 1578) abgedruckt.[6] In fast allen mehr oder weniger vollständigen Abschriften der Arnoldusvita einschließlich der ersten drei Druckausgaben kommt der hl. Arnold als Jakobspilger vor. Die einzige Ausnahme bildet das Brüsseler-Bollandisten-Fragment, wo nur der anderswo ausgelassene Anfang der legendären Lebensbeschreibung von St. Arnold erhalten geblieben ist.[7] Auch in den gedruckten Übersetzungen der lateinischen Arnoldusvita ins Deutsche durch Quirin Gregor Nevels [1824][8], Arnold Steffens (1887)[9] und Aegidius Müller (1888)[10] wird zwar bei Nevels und Müller der Anfang der Lebensbeschreibung weggelassen, aber nie das Ende mit der Santiago-Wallfahrt. Teile der deutschen Lebensbeschreibung des hl. Arnold durch Nevels, die auch die Santiago-Wallfahrt betreffen, wurden 1852 zusammen mit umfangreichen Erläuterungen im Kreis Jülicher Correspondenz- und Wochenblatt veröffentlicht.[11] Hinter dem nicht genannten Verfasser verbirgt sich vermutlich Heinrich Bone.[12] Große Ähnlichkeit mit dem Text von Nevels weist schließlich die Arnoldslegende auf, die 1928 in der Heimatbeilage zum Jülicher

---

4   Frdl. Hinweis von Herrn Wilhelm Schall (1930-2018) in Kreuzau-Untermaubach. Der Nachtrag (ebd., S. 433-437) stammt höchstwahrscheinlich doch nicht von Binterim, sondern von Nevels, 1802-1832 Vikar der ehemaligen Franziskaner-Kirche in Düren (Wilhelm HEINRICHS, St. Marien in Düren. Vom Franziskanerkloster zur Marienkirche, Aachen 1999, S. 62). Vgl. Rudolf A.H.WYRSCH, Der heilige Arnold von Arnoldsweiler. Legende und Geschichte der Verehrung eines rheinischen Heiligen (Forum Jülicher Geschichte 9), Jülich 1994, S. 132, Nr. 74.

5   Vgl. WYRSCH, Der heilige Arnold (wie Anm. 4), S. 117, Nr. 4.

6   Vgl. ebd., S. 124, Nr. 35. Hier handelt es sich wohl nicht um die 2., sondern um die 3. Auflage.

7   Vgl. ebd., S. 126, Nr. 46.

8   Vgl. WYRSCH, Dr. Arnold Steffens (wie Anm. 1), S. 77-112 u. 120.

9   Vgl. ebd., S. 112-123.

10 Vgl. Aegidius MÜLLER, Das heilige Deutschland. Geschichte und Beschreibung sämtlicher im deutschen Reiche bestehender Wallfahrtsorte, 1. Aufl. Köln 1887, 2. Aufl. Köln 1888, S. 61 ff.; vgl. WYRSCH, Der heilige Arnold (wie Anm. 4), S. 146, Nr. 144.

11 Vgl. Kreis Jülicher Correspondenz- und Wochenblatt, Nr. 9-12, 31.1-11.2.1852.

12 Vgl. WYRSCH, Der heilige Arnold (wie Anm. 4), S. 137, Nr. 103.

Kreisblatt den Leserinnen und Lesern präsentiert wurde.[13] Die wortgetreue Übersetzung eines Teils der Kölner-Kanonikus-Alfter-Abschrift durch Aegidius Müller dagegen wurde anscheinend von niemandem nachgedruckt.[14] Anders erging es da der einzigen vollständigen Übersetzung durch Arnold Steffens. Wurde im St. Michaelskalender von 1893 noch auf ihn verwiesen[15], so fehlt auf einem Gebetszettel aus der Zeit um 1890 jedweder Hinweis auf den eigentlichen Übersetzer bzw. Urheber.[16] Dies ist leider auch in der Heimatbeilage zur Dürener Zeitung von 1929 der Fall.[17] In dem Beitrag, der höchstwahrscheinlich von Josef Arnolds stammt, wird u.a. betont, dass man die Santiago-Wallfahrt einschließlich der dort erwähnten Ringgeschichte als nichtig fortgelassen habe.[18]

Bis heute ist Arnold Steffens der Einzige, der die lateinische Lebensbeschreibung des heiligen Arnold von Arnoldsweiler vollständig übersetzt hat.[19] Wegen des sogenannten Kulturkampfes hatte er die Priesterweihe nicht in Köln, sondern in Innsbruck empfangen und war anschließend von 1876 bis 1886 in den belgischen Pfarreien Thuillies und La Louvière Belgien als Vikar tätig.[20] In den Jahren 1882, 1883, 1884 und 1885 sollte er jeweils eine Zeit lang in seiner Heimat eine schwere Erkrankung auskurieren[21], wodurch er sich dort auch mit der Verehrung seines Namenspatrons beschäftigen konnte[22]. Ob er dabei u.a. die Nacherzählungen der Arnoldusvita in deutscher Prosa von Jacob Schmid (1739), Johann Eduard Domainko (1833)[23], Johann Peter Dethier (1833)[24], Ludwig Bechstein (1853)[25], M[üller, Aegidius?] (1859)[26], Max Jähns (1872)[27],

---

13 Vgl. Theo HAMACHER, Zur Geschichte unserer Wälder/Die Arnoduslegende, in: Rur-Blumen, Heimatbeilage zum Jülicher Kreisblatt, Nr. 5, 4.2.1928, S. 3-11.

14 Vgl. WYRSCH, Der heilige Arnold (wie Anm. 4), S. 146, Nr. 144.

15 Vgl. N.N., Der hl. Arnoldus von Arnoldsweiler, in: St. Michaelskalender 1893, Sp. 151-156; vgl. WYRSCH, Der heilige Arnold (wie Anm. 4), S. 148, Nr. 156.

16 Vgl. Gebetszettel mit der Lebensbeschreibung des hl. Arnoldus [einschließlich der Santiago-Wallfahrt, hrsg. von Peter Gerhard KLEEFF?], Mönchengladbach o.J.; vgl. WYRSCH, Der heilige Arnold (wie Anm. 4), S. 146, Nr. 146 u. S. 223, Abb. 9.

17 Vgl. [Josef ARNOLDS?], Die Lebensgeschichte Arnoldi, in: Heimat-Blätter der Dürener Zeitung Nr. 1, 11.1.1929, S. 5 ff. (vgl. WYRSCH, Der heilige Arnold (wie Anm. 4), S. 161, Nr. 231).

18 Vgl. [Josef ARNOLDS?], Die Lebensgeschichte Arnoldi (wie Anm. 17), S. 5.

19 Vgl. Arnold STEFFENS, Der heilige Arnoldus von Arnoldsweiler. Historisch-kritisch dargestellt, Aachen 1887, S. 26-32 (deutsch) u. 104-108 (lateinisch).

20 Vgl. WYRSCH, Dr. Arnold Steffens (wie Anm. 1), S. 77-112.

21 Vgl. STEFFENS, Der heilige Arnold (wie Anm. 19), S. 7-11.

22 Vgl. ebd., S. 87-89, 92-96, 98-102.

23 Vgl. Johann Eduard DOMAINKO, Die ganze christkatholische Lehre [...], 2. Aufl. Graz 1833, S. 469-473 (Der heilige Arnoldus, ein Musiker).

24 Vgl. Johann Peter DETHIER, Beiträge zur vaterländischen Geschichte des Landkreises Bergheim, Köln 1833, S. 23 f.

25 Vgl. Ludwig BECHSTEIN, Deutsches Sagenbuch, Leipzig 1853, S. 107, Nr. 118 (Umrittener Wald).

26 Vgl. [Aegidius] M[ÜLLER?], Der heilige Arnoldus von Arnoldsweiler, in: Verkündiger für den Kreis Düren, Nr. 14 vom 14.2.1859, S. 1.

27 Vgl. Max JÄHNS, Roß und Reiter, Leipzig 1872, S. 428 f.

Arnold Schmitz[28] und Nicolaus Thoemes (1879)[29] sowie die Arnoldus-Gedichte von Peter Josef Fischbach (1832)[30], Heinrich Bone (1838/39)[31], A[nton] B[interim] (1838)[32], Karl Simrock (1838-1865)[33] und Wilhelm Belzar (1847)[34] gelesen hat, ist nicht bekannt. In seiner Arnoldus-Monografie hat er keinen dieser Autoren erwähnt und nur das 18-strophige Gedicht *„Der Bürgelwald"* von Hermann Müller in den Anhang eingefügt.[35]

I. Die Jakobus-Wallfahrt in den Nacherzählungen der Arnolduslegende

In deutscher Sprache wurde die Arnoldusvita zwar immer wieder, aber leider oft nur bruchstückhaft oder sehr frei nacherzählt. In deutscher Prosa finden sich von 1739 bis 1998 Nacherzählungen der Arnoldusvita in mindestens 40 deutschen Buchausgaben mit Legenden, Sagen und Geschichten, die von etwa zwölf Nacherzählern eigenständig bearbeitet wurden, und zwar beginnend mit dem Buch von Jacob Schmid bis hin zu den Sagen der Rheinlande. Doch den meisten von ihnen war St. Arnold als Santiago-Pilger nicht erwähnenswert. Fündig wird man nur bei Schmid (1739), Domainko (1833), Aegidius Müller (1887), Henßen (1935 und 1955), Weitershagen (1959 und 1973) und Guthausen (1996), der den Schlussteil der Arnolduslegende in Anlehnung an Henßen nacherzählt.

1. *„Der heilige Saiten-Spihler und Beichtiger Arnoldus"* [...], in: *„Die Spihlende Hand Gottes mit denen Menschlichen Hertzen auf Erden"* [...] von Jacob Schmid (Augsburg und Regensburg 1739), S. 60-71, hier S. 67-70:

„[...] *Ubrigens aber name Arnoldus immer mehrers in der Christlichen Vollkommenheit zu, wie auch, und forderist in Verachtung deß zeitlichen Weesens; damit er aber auch seine Schulden, die er durch menschliche Gebrechlichkeit bey GOtt etwann angeschriben, annoch in diesem Leben auslöschen, und Verzeyhung seiner Sünden erhalten möchte, stellete er eine Wallfahrt zu St. Jacob nacher Compostell in Spannien an, allein er wurde bemüssiget von seiner angefangenen Reiß widerum nachzulassen, und zuruck zu kehren, wegen entstandener Hungers-Noth, die* [68] *dazumahlen allenthalben entsetzlich eingerissen. Liesse sich also GOtt der HErr mit dem guten Willen*

---

28 Vgl. [Arnold Schmitz], Leben des hl. Arnoldus, Bekenners, in: Beiträge zur Geschichte von Eschweiler und Umgegend [hrsg. von Leopold Neuhöfer], Bd. 1, Tl. 3 [1872], S. 457.

29 Vgl. Nicolaus THOEMES, St. Arnoldus, der Harfenspieler Kaiser Karls des Großen, in: Stadt Gottes, 2. Jg., Steyl/NL 1879, S. 13 f.

30 Vgl. [Peter Josef] FISCHBACH, Arnolds Schnellritt, in: Verkündiger am Rhein vom 9.12.1832, S. 327; DERSELBE, Der hl. Arnold, in: Niederrheinischer Geschichtsfreund, Nr. 8, Kempen a. Rhein, 30. April, 15. Mai, 31. Mai 1884.

31 Vgl. Heinrich BONE, Gedichte, Düsseldorf 1838, S. 237-241 (Arnold); DERSELBE, Legenden, Köln 1839, S. 170-174 (Arnold); DERSELBE, Malerische Beschreibung der Eisenbahn zwischen Köln und Aachen [...], Köln 1841, S. 19-23 (Legende vom hl. Arnold).

32 Vgl. A.B., Der heilige Arnold, in: Beiblatt zu Nr. 100 der Rheinischen-Provinzial-Blätter vom 16.12.1838, S. 235 f. laut frdl. Mitteilung von Herrn Prof. Dr. Günter Bers am 28.2.2013.

33 Vgl. Karl SIMROCK, Das malerische und romantische Rheinland (= Das malerische und romantische Deutschland 9), 1. Aufl. Leipzig 1838, 3. Aufl. ebd. 1851.

34 Vgl. Wilhelm BELZAR, Himmelsschlüssel, Wien 1847, S. 44–47 (St. Arnold).

35 Vgl. STEFFENS, Der heilige Arnold (wie Anm. 19), S. 125-128.

seines Dieners, an statt deß Wercks befridigen. Von dieser verhinderten Reiß hebte Arnoldus an auf eine andere Reiß seine Gedancken zu schlagen, welche niemand ruckständig machen kan, und wir alle wanderen müssen, nemlichen jene zur Ewigkeit.

Durch sothane Gedancken angetriben, als er im Heimreisen begriffen, zu einem Fluß kommen, batte er gähling GOtt den HErrn, daß wann er gegenwärtiges Jahr annoch von seiner Sterblichkeit sollte aufgelöset werden, er ihme solches auf einerley Weiß offenbahren, oder anzeigen möchte. Wehrend solcher Bitt ziehet er den Ring hervor, den er bey sich truge, und durch welchen er die oben beschribene Kayserliche Gnad erhalten, und wirfft selben in das vorbey flüssende Wasser, zugleich seine Bitt zu Gott widerhollend, daß, wann seine Göttliche Majestät ihne dises Jahr von der Welt abzuberuffen beschlossen, er zum gewissen Zeichen den Ring widerum überkommen möchte. Solchemnach machet sich Arnoldus wohl getröst widerum weiters, und begibt sich in die Herberg einer sehr frommen Wittfrauen: damit dise aber wegen seiner nit beschwäret wurde, beflisse sich der heilige Mann durch nutzliche Hand-Arbeit ihme selbst das Stücklein Brod zu gewinnen und seiner Hauß-Mutter darvon auch mitzutheilen, wie auch, und forderist denen Armen, ob er schon selbst arm ware, und Gott zu lieb den Kayserlichen Hof und alles, was der Welt ist, verlassen; gerad so vil behielte er für sich als zum nothwendigen Unterhalt und Kleydung erforderet wurde.

Als nun Arnoldus in solchen Wercken beschäfftiget von Tag zu Tag mehrers auf sein Hinscheiden aus dieser Welt bedacht ware / hat GOtt die Bitt seines Dieners erhöret, und ihme folgender Gestalt das vor der Thür anruckende Sterb-Stündlein angedeutet. Er ward eines Tags gewöhnlicher massen mit Allmosengeben beschäfftiget, und gabe unter andern einigen darvon etliche Silber-Müntz; dise gehen Schnurstracks auf den Marckt, kaufen darum einen Fisch ein, und bringen selben nach Hauß, als sie nun selben geöffnet, in Willens solchen zur Speiß zuzubereiten, sihe, da finden sie in dem Ingeweyd deß Fisches eben den Ring, welchen zuvor der Heilige in das Wasser geworffen, um den Willen GOttes, wegen seines Hinscheidens zu erforschen. Sie zwar, so den Ring gefunden, wusten nichts von dem Geheimnuß, sondern verwunderten sich allein darüber, wie der Fisch den Ring verschluckt habe. Jedoch denckten sie ihrem Gutthäter, der ihnen darzu das Geld gegeben, darvon Nachricht zu geben.

Giengen also voll der Freuden zu dem heiligen Mann, zeigten ihme an, was sie für einen glücklichen Kauff gethan, und verehren ihme gar den Ring, der von Gold gewesen. Er name selben mit Danck auf, erkannte aber augenblicklich, daß ihne GOtt erhöret, und durch disen gefundenen Ring seinen baldigen Todt angekündet, darob er sich von Hertzen erfreuet, daß endlich die Zeit ankäme, welche ihne von den Banden seines sterblichen Leibs auflösen, und mit nächstem vor das Angesicht GOttes, welches er verhoffte von Ewigkeit zu Ewigkeit anzusehen, vorstellen werde: darumen er auch hertzlichen Danck seinem GOtt und HErrn erstattete: hernach aber sich auch danckbahrlich einstellte gegen disen armen Leuthlein, die ihme den gefundenen Ring überreicht, und ihnen so vil Silbers gabe, so vil der Ring am Werth sich belauffte. Allhier bemercke ich nur, daß aller Umständen nach sich dises in seiner Ruckreiß von Compostell [so], dahin der Die[70]ner GOttes zwar nit gelanget, in Franckreich, und bekanntlich in der Landschafft Aquitania, bey dem Fluß Garonne zugetragen habe, nit weit wo sich selbiger in das Mittelländische Meer ergüsset: in welchem er seinen Ring,

wie obengesagt, geworffen / und aus welchem nachmahls der Fisch mit dem Ring ge-
fangen worden. […]. Ex actis Sanctorum Sollerii tom. 4. Julii, ad diem 18. Ejusdem."[36]

2. „Die ganze christkatholische Lehre in Beyspielen […] zur Belehrung und Er-bauung für Jedermann" von Johann Eduard Domainko, Graz 1833, S. 469–473:

„[…] So handelte Arnold, der übrigens in christlicher Vollkommenheit täglich zu-nahm, und sogar zur Abbüßung seiner kleinern Fehler, wovon auf diesem Erdenrunde Niemand frey ist, vom Kaiser die Erlaubniß erbath, nach St. Jakob zu Compostell [so!] in Spanien zu wallfahrten. Allein auf diesem Wege fand er so viele Hindernisse, daß er unverrichteter Sache umkehren mußte. […]."[37]

3. „Arnoldsweiler", in: „Das heilige Deutschland. Geschichte und Beschreibung sämmtlicher im deutschen Reiche bestehender Wallfahrtsorte" von Aegidius Müller, 2. Aufl., Köln 1887, S. 61-63:

„[…] Nachdem Arnoldus Alles, was er besaß, an die Armen gespendet hatte, flehte er beständig zu Gott dem Herrn, daß dieser ihn so lange leben lasse, bis er alle seine Sünden auf Erden getilgt habe, und in dieser Gesinnung beschloß er, eine Pilgerreise zum h. Jakobus in Compostella [so!] zu machen. Allein Gott, welcher allein Herr der zukünftigen Zeiten ist, fügte es so, daß er von seinem Vorhaben absehen mußte. Als er an den Fluß Garonne gekommen, war in der dortigen Gegend eine verheerende Hungersnoth ausgebrochen, wodurch er an der Fortsetzung der Pilgerfahrt gehindert ward. Er kehrte dort bei einer armen Witwe ein, nur darauf bedacht, diese sowie die anderen Nothleidenden jener Gegend durch Almosen zu unterstützen. Sodann betete er ohne Unterlaß zu Gott, dieser möge ihm durch ein Zeichen zu erkennen geben, wann das letzte Jahr seines irdischen Lebens herangekommen sei. Und im Vertrauen auf Erhörung warf er den Ring, den ihm einst der König gegeben, in den Fluß, in der Erwartung, dieser werde ihm von [S. 63] Gott wieder zugeführt werden, wenn sein letz-tes Lebensjahr angebrochen sei. Und Gott hatte sein Gebet erhört.

Eines Tages kamen wie gewöhnlich Arme zu ihm und begehrten Speise und Trank, um ihren Hunger zu stillen. Da aber der Heilige keine Lebensmittel vorräthig hatte, so gab er ihnen Geld, damit sie auf dem Markte sich Speise kaufen könnten. Diese nun kauften nebst anderen Speisen auch einen Fisch und als sie diesen ausweideten, fan-den sie im Magen desselben einen goldenen Ring. Sie beschlossen, denselben ihrem Wohlthäter zu überbringen, welcher bald erkannte, daß es derselbe Ring war, den er vor einiger Zeit in den Fluß geworfen hatte. Hoch erfreut darüber, daß der Herr sein Gebet erhört habe, beschloß er nun, nach Hause zurückzukehren, um sich dort auf den Tod vorzubereiten."

---

[36] https://books.google.de/books?id=B6BcAAAAcAAJ&pg=PA61&dq=heiliger+arnoldus&hl=de&sa=X&ved=0ahUKEwjFlszk8qPbAhXC6CwKHfr7BTgQ6AEIOTAD#v=onepage&q&f=false. Für den frdl. Hinnweis sei Herrn Kilian Inden aus Düren-Arnoldsweiler (2018) gedankt. Vgl., Jean-Baptist SOLLIER, Martyrologium Usuardi monachi, Antwerpen 1714, S. 410 f.

[37] Für den freundlichen Hinweis im Jahr 2018 sei Herrn Kilian Inden aus Düren-Arnoldsweiler gedankt.

4. „Der Tod des hl. Arnoldus", in: „Sang und Sage" am Rhein, Bd. 2 (Volk am ewigen Strom), hrsg. von Gottfried Henßen u. Adam Wrede, Essen an der Ruhr 1935, S. 28-31 Nr. 18:

„Als Arnoldus schon betagt war, beschloß er, eine Pilgerfahrt nach dem Grabe des hl. Jakobus von Compostella [so!] zu machen. Allein Gott fügte es, daß er seine Reise nicht zu Ende führen konnte; […]."

5. „Arnold, der Edelmann", in: „Zwischen Dom und Münster" von Paul Weitershagen, 1. Aufl., Köln 1959, 3. Aufl., Köln 1973, S. 147-150, hier S. 149:

„[…] Im hohen Alter noch wollte Arnold zum Grabe des heiligen Jakobus von Compostella [so!] pilgern. […]." Vgl. Wyrsch, Der heilige Arnold (wie Anm. 4), S. 3 f.

6. „Der Ring im Fisch", in: „Sagen und Legenden aus Eifel und Ardennen" von Karl Guthausen, Band 3, Aachen 1996, S. 173 (n[ach] G[ottfried] Henßen):

„Als Sl. Arnold schon alt war, faßte er den Entschluß, eine Wallfahrt zum Grabe des hl. Jakobus nach Compostela zu machen. Gott fügte es jedoch, daß Arnold seine Reise nicht zu Ende führen konnte. Als er in das Gebiet des Flusses Garonne kam, herrschte dort eine große Hungersnot. Alle Mittel, die er bei sich hatte, teilte er mit den Bedürftigen und suchte das Elend zu lindern, soweit es in seinen Kräften stand.

Um vorbereitet dem Tod entgegensehen zu können, bat er Gott, er möge ihm an einem Zeichen zu erkennen geben, wenn sein Ende bevorstand. Im Vertrauen darauf, daß Gott sein Gebet erhören werde, warf er den Ring, den er einst von Kaiser Karl dem Großen erhalten hatte, in den Fluß. Falls dieser Ring ihm wieder vor Augen kommen werde, wollte er ihn als Zeichen ansehen, daß seine letzte Stunde bald kommen werde.

Viele Monate lebte Arnold schon im Notgebiet, da kauften die Leute, bei denen er wohnte, eines Tages einen Fisch. Als man ihn aufschnitt, fand man in seinem Magen einen goldenen Ring. Arnold hatte den Leuten viel Gutes erwiesen. Daher wollten sie ihrem Wohltäter eine Freude machen und brachten ihm den Ring. Arnold erkannte sofort sein Eigentum und beschloß, wieder ins Jülicher Land zurückzukehren und sich dort auf den Tod vorzubereiten. […]."

In der überlieferten Arnoldusvita steht allerdings, dass Arnold bei einer Witwe wohnte und armen Leuten Geld gab, die sich davon einen Fisch kauften.[38]

7. „Arnold wou op reis" [= Arnold wollte reisen], in: „Kampioen?" [= Ein Meister?] von Beatrijs (Beatrix) van der Hallen, Brügge [um 1936], S. 98.

Der umfangreiche Bericht aus der Zeit um 1936 über den Champion Sint Arnold in flämischer Sprache[39], der auf Seite 101 mit der Frage *„Is 'n heilige geen kampioen?"* (Ist ein Heiliger kein Champion?) endet, erinnert sehr an die Apokryphen, die verborgenen Bücher der Bibel, in denen sich unter anderem Erzählungen über die Kindheit

---

38 Vgl. Steffens, Der heilige Arnoldus (wie Anm. 19), S. 29 f.

39 Beatrijs [Beatrix] van der Hallen, Kampioen? [= Meister?], Brügge/Belgien o.J. [um 1936], S. 9-101, bes. S. 96-101. Vgl. Wyrsch, Der heilige Arnold (wie Anm. 4), S. 167, Nr. 266.

Jesu befinden[40]. Obwohl in der überlieferten Lebensgeschichte des hl. Arnold aus-drücklich betont wird, dass man seine Jugendgeschichte und Herkunft lieber mit Still-schweigen übergehen will, als ihnen mit ungewissen Angaben den Stempel der Wahr-scheinlichkeit aufzudrücken, wird hier auf 71 Seiten all das berichtet, was sich möglich-erweise ereignet haben könnte, bevor auf nur 20 Seiten von der Not der Menschen am Rand des Bürgewaldes, von Arnolds Schnellritt, von einem Geschenk des Kaisers und von einer Reise nach Spanien die Rede ist. Die Ringlegende wird wie bei Arnulf von Metz an die Mosel verlegt und soll zeigen, dass Gott Arnolds frühere Sünden vergeben hat. Erst danach beginnt die Santiago-Wallfahrt, die St. Arnold zu Pferd („*te paard*") gemacht haben soll. Die Übersetzung einiger Sätze aus dem Abschnitt „Arnold wou op reis" [= Arnold wollte reisen.], S. 96-101, könnte etwa so lauten:

„*Arnold* […] *bat* […] *den Kaiser, nach Spanien reisen zu dürfen, um dort das Grab des heiligen Apostels Jakobus zu besuchen. Er wollte nämlich eine Wallfahrt machen. Das Grab war in Compostela, in einer der größten Städte Spaniens.* […] *Arnold wollte dorthin pilgern. Ganz allein wollte er den weiten Weg auf seinem Pferd zurücklegen, auch wenn es noch so mühsam sein sollte. Und der Kaiser, sein Herr, fand das gut. So begann Arnold seine Pilgerreise. - Aber ach, er war noch nicht lange auf dem Weg, da kamen so viele Schwierigkeiten und Hindernisse, sodass er nach kurzer Zeit umkehren musste.* […].*"*

II. Die Jakobus-Wallfahrt in den Arnoldusgedichten

In deutscher Poesie wurde das Arnoldusleben mindestens 16-mal von 1832 bis 1954 nachgedichtet, angefangen mit Peter Josef Fischbach,[41] dem einige mehr oder weniger erwähnenswerte Poeten bzw. Verseschreiber nacheiferten. Allerdings haben Hermann Müller, Heinrich Bone und Josef Schregel die Wallfahrt des hl. Arnold nach Santiago überhaupt nicht berücksichtigt, und bei Josepf Braun muss man schon sehr genau hinsehen, um im letzten seiner 28 epischen Lieder unter der Überschrift „*Des Sängers Heimgang*" etwas zu entdecken, was sich darauf beziehen könnte.

1. „Der h[l]. Arnold" von Peter (Josef) Fischbach (Düsseldorf 1843)

1843 veröffentlichte der damalige Bensberger Friedensrichter und zuvor in Düren als Referendar tätig gewesene Geschichtsforscher Peter (Josef) Fischbach in Düssel-dorf unter dem Titel „*Heilige Geschichten und Sagen*" eine Anzahl von „*Dichtungen mit mehreren bildlichen Darstellungen nach Cathar*[ina] *Fischbach geb. Severin* […].*"* 1836 hatte er (* 1808 Düren, † 1870 Berlin als Mitglied des Preußischen Abgeordnetenhau-ses) in Düsseldorf die aus Eschweiler [bei Aachen] stammende Malerin Catharina Se-verin (1804-1872) geheiratet, wie Dorothea Eimert in „*Auf den Spuren Dürener Frauen*", Düren 2002, S. 125-130, berichtet. In fünf mehrstrophigen Gedichten schildert Fischbach das Leben des hl. Arnold. Im fünften Gedicht „*Arnolds Ende*" lässt der Düs-seldorfer Dichter Karl den Großen vor seinem Harfenspieler sterben. Woher er dies

---

[40] Vgl. Erich WEIDINGER, Die Apokryphen. Verborgene Bücher der Bibel, Augsburg 1990.

[41] Vgl. [Peter Josef] FISCHBACH, Arnolds Schnellritt, in: Verkündiger am Rhein vom 9.12.1832, S. 327. Vgl. WYRSCH, Der heilige Arnold (wie Anm. 4), S. 134 f., Nr. 86.

weiß, ist nicht erklärlich. In der lateinischen Arnoldusvita steht nichts darüber. Im Verlauf der einzelnen Strophen erhält Arnold als Greis mit schneeweißem Haar im Traum den Befehl eines Engels, seinen Ring ins Wasser der Garonne in Südfrankreich zu werfen, was Arnold auch tut. Anschließend macht er sich auf seinen Heimweg und wartet als Gast in der Hütte einer Witwe im Bürgewald auf ein Zeichen für seine bevorstehende Todesstunde. Erst nach einem Jahr taucht sein Ring in einem Fisch wieder auf.

„Arnolds Ende
Der Kaiser starb. Arnoldus, sein Genoß,
Der seinen Schmerz in Tränen reich ergoß,
Und reicher noch in seiner Saiten Beben,
Verschmähte, fernerhin am Hof zu leben.
[...]
Des Alters Schnee bedeckte schon sein Haar.
Nach Ruhe sehnte sich der müde Aar;
Ein einsam Plätzchen sucht er auf im Forste,
Wo er zum Tode sich bereitend horste.

Und suchend suchend naht er der Garonne Saum,
Da ruht er eine Weil', und sieh! Ein Traum,
Ein Traum von oben nahet seiner Seele:
Ein Engel bringet ihm des Herrn Befehle:

‚Am Walde, den du einst umritten hast,
Grüßt einer Wittwe Hütte dich als Gast;
Dort fahre fort, bis deine Tage enden,
Den Wittwen und den Waisen Trost zu spenden.

Den Ring, den einst dir Kaiser Carol gab,
Wirf ihn hinab in dieses Wellengrab!
Sein Wiederfinden diene dir als Kunde,
Daß eingetreten deine Todesstunde!'

Aufwachend wirft der Greis mit gläub'gem Sinn
Den theuren Ring dem Schlund der Wellen hin,
Nach Ginnersweiler lenkt er seine Schritte,
Und kehrt bewillkommt in der Wittwe Hütte.

Hier lebet er sein heil'ges Leben fort;
Der Wittwen und der Waisen Trost und Hort;
Da überrascht nach Jahreslauf am Tische
Ein Ring ihn, den man fand in einem Fische."
[...]

Dass St. Arnold in der Arnoldusvita das Ufer der Garonne als Santiago-Pilger erreicht, verschweigt Fischbach. Vielleicht war er der Meinung, dass man dies zur Genüge aus der *„Lebensbeschreibung des heiligen Arnoldus"* kannte, die wahrscheinlich vom damaligen Vikar der Hauptpfarre St. Anna und späteren ersten Pfarrer der neuen Pfarre St. Marien in Düren stammt. Um 1824 wurde dort vermutlich durch Quirin Gregor

Nevels (1768-1836) ohne Namens- und Jahresangabe eine teilweise Übersetzung der Arnoldus-Legende veröffentlicht und ebenda 1824 in einem Nachtrag des 4. Teils der *„Lebensbeschreibungen der Heiligen"* von Matthäus Vogel abgedruckt.

2. *„St. Arnold, der Wohlthäter"* von Johann Krauthausen (Düren 1892)

Am 16. Juli 1892 erschien dieses Gedicht in der Nr. 98 der Dürener Volkszeitung.

„Noch weiß das Volk zu künden / Sankt Arnolds hohen Preis,
Wie er so gut gewesen, / Der edle Sängergreis.

Sein Name wär' vergessen, / Verschollen längst sein Ruhm,
Hätt' er sich nicht gegründet / Ein ewig' Heiligthum.

Das ist des Volkes Liebe, / Der Armen Dankbarkeit,
Die bleibt und wanket nimmer / Im Wechsellauf der Zeit.

Sie schrieb des Edlen Namen / Tief in des Herzens Grund,
That kommenden Geschlechtern / Treu seine Liebe kund.
[…]
Zu Sankt Jacobi Grabe / Zog er von Gau zu Gau,
Doch Gott rief ihn zurücke / Zur heimatlichen Au.

Dort sollt zur Ruh er legen / Des Lebens Pilgerstab,
Bei seinem Volke finden / Ein glorreich Ehrengrab."
[…]

Besonders die erste Hälfte des Gedichtes, das besser *„Des Sängers List"* heißen würde, erinnert sehr an die letzten Strophen in Ludwig Uhlands berühmter Ballade *„Des Sängers Fluch"* aus dem Jahr 1814, in dem uns das sprichwörtliche Gegenteil von Krauthausens Gedicht vor Augen gestellt wird:

„Doch vor dem hohen Tore, da hält der Sängergreis,
Da faßt er seine Harfe, sie aller Harfen Preis,
An einer Marmorsäule, da hat er sie zerschellt,
Dann ruft er, daß es schaurig durch Schloß und Gärten gellt:

‚Weh euch, ihr stolzen Hallen! Nie töne süßer Klang
Durch eure Räume wieder, nie Saite noch Gesang, [...].
Dein Name sei vergessen, in ew'ge Nacht getaucht,
Sei, wie ein letztes Röcheln, in leere Luft gehaucht!"
[…].

3. *„Der heilige Arnoldus, Harfenspieler Karls des Großen"* von Friedrich Schulte (Zülpich 1894)

Selbst als Pfarrer von Wollersheim (jetzt Stadt Nideggen/Kr. Düren) kam Friedrich Schulte, der 1871-1887 Vikar in Arnoldsweiler und 1880-1887 zusätzlich Pfarrverwalter gewesen war, nicht vom heiligen Arnold und seiner Grabeskirche los. So veröffentlichte er 1894 im Selbstverlag unter dem Titel *„Der heilige Arnoldus. Harfenspieler Karls des Großen. Poetisch dargestellt von Fr. Schulte, Pfarrer in Wollersheim, vordem Vikar in*

Arnoldsweiler" 24 Gedichte, die er in Zülpich drucken ließ. Er verfügte, dass der volle Ertrag seiner Schrift für den Neubau der Kirche in Arnoldsweiler verwendet werden solle. In den hier vorgestellten Gedichten Nr. 20-23 schildert er den Sänger und Harfenspieler am Hofe Karls des Großen als Jakobspilger, wobei allerdings zu bemerken ist, dass Friedrich Schulte wie schon Peter (Josef) Fischbach in seinen Arnoldus-Gedichten davon ausging, Arnold habe Karl den Großen überlebt und sei erst nach dessen Tod zum Grab des Apostels Jakobus des Älteren gepilgert.

„[Nr. 20] Seine Pilgerfahrt.

Von Spanien weit kommt her die Kund, / Es sei geglückt ein großer Fund:
Das alte Grab, es fand sich wieder, / Das barg des heil'gen Jakob Glieder.

Aus jedem Volk der Christenheit / Ging Schaar um Schaar im Pilgerkleid
Nach Compostella [so!], um in Hulden / Zu finden Tilgung aller Schulden.

Auch Arnold denkt an's Endgericht, / Das selbst ein frommes Herz anficht;
Drum will auch er sich Ablaß holen; / Der Papst hat selbst ihn anempfohlen.

Er hüllt sich bald ins Bußgewand / Und zog von da in's ferne Land;
Schon sieht sein Aug' den Fluß Garonne / Im Frankenreich zur Abendsonn(e).

[Nr. 21] Die Pilgerfahrt wird unterbrochen.

Der Reise Gott jetzt Halt gebot / Durch Räuberfurcht und Hungersnoth,
Die alle Weg und Steg bedräuen, / Nicht grausam Tod, nicht Plündrung scheuen.

So wie Elias Herberg nahm / Bei einer Witwe lobesam,
So ließ auch Arnold nun sich pflegen / Von einer Wittwe, ihr zum Segen.

Es lohnt der Herr der Hände Fleiß; / Doch Arnolds Herz, von Liebe heiß,
Gab Alles jetzt wie einst den Armen, / Daß Gott auch ihm gönn' sein Erbarmen.

Die Sehnsucht faßt nun sein Gemüth, / nach Wilre es ihn mächtig zieht;
Das Alter drückt, und vor dem Sterben / Säh gern er seiner Liebe Erben.

[Nr. 22] Er wirft den Ring in den Fluß.

Arnoldus geht an Ufersrand, / Er streift den Ring von seiner Hand
Und wirft ihn in das Spiel der Wellen; / Er will in Gottes Hut ihn stellen.

Und spricht: ,O Herr, gieb diesen Ring / Zurück mir, wenn du glaubst, es ging
Gar bald mit mir zum düst'ren Grabe; / In Wilre ich erwählt es habe.'

Nicht lange, sieh, da kommen Leut, / Und Einer frohen Auges beut
Arnoldus einen Fisch zur Linken, / Und rechts siehst einen Ring du blinken.

,O Herr, wir kauften diesen Fisch / Mit deinem Geld für unsren Tisch,
Und sieh, er ist der Wiederbringer / Des Rings, der einst an deinem Finger.'

[Nr. 23] Er kehrt zurück nach Wilre und stirbt.

Arnoldus kennt des Himmels Rath; / Bald steht er auf der Heimath Pfad.
In Aachen geht er zu dem Grabe / Des Kaisers zu der letzten Gabe.

Noch einmal tönt da Harf und Lied; / Ach Harf und Lied, es klingt so müd:
‚Für mich, o Kaiser, innig bete, / Da ich den Weg zum Tod betrete.'

Nun zieht er weiter Schritt für Schritt, / Auf seinen Lippen nur die Bitt:
‚Nach Wilre möcht ich gern gelangen, / Noch eh' der Tod mich hält umfangen.'

Und immer müder wir der Tritt, / Und immer matter wird der Blick,
In seine Kirch schwankt er mit Noth, / Noch ein Gebet, - da ist er todt."

4. „Dem Minnesänger Gottes und des Kaisers, dem heiligen Arnold" von Josef Arnolds (o.O. 1931, 1935 und 1943)

Josef Arnolds übersetzte die sechste Strophe seines Gedichtes „*Caritatis, Poenitentiae, Fidei Doctori*" und veröffentlichte sie als fünfte Strophe unter dem Titel „*Dem Minnesänger des Herrn*" folgendermaßen:

> *„Warst ein Vorbild heil'ger Buße, - / noch als Greis mit müdem Fuße*
> *wallst du nach Sankt Jakobs Ort; / steh' uns bei am Lebensende,*
> *daß uns dann der Heiland spende / seiner Kirche Gnadenhort."*[42]

Sechs Seiten nach diesem Gedicht bezeichnete Arnolds den Jakobusverehrer Arnold als „*sanctus artifex*", d.h. als heiligen [Musik]meister, und als „*Dei et imperatoris musicus*", d.h. als Gottes und des Kaisers Musiker. Obwohl selbst Karl der Große, des hl. Arnold königlicher bzw. kaiserlicher Herr, „*zum mindesten in Legende, Kunst und Literatur des Mittelalters, ein früher Jakobspilger*" war, wurde in Arnolds „*Wilrer Weihespiel*" (Jülich 1936) auf Seite 18 die Bußfahrt, von der St. Arnold abgezehrt und todmüde heimkehrte, lediglich mit der Feststellung bedacht, dass sie lang und hart gewesen sei.[43]

5. „Heiliger Arnold, sei gegrüßt!" von Rudolf A.H. Wyrsch (2014)

Das um 1460 von Hermann Greven in der Kölner Kartause St. Barbara aufgeschriebene lateinische Reimgebet „*Gaude, sancte cytharista*" wurde zweimal sinngemäß übersetzt, teilweise 1994[44] und vollständig 2014. In der fünften Strophe der letzten Übersetzung wird der Ring erwähnt, den der hl. Arnold der Legende nach während seiner Santiago-Wallfahrt in die Garonne bzw. Gironde geworfen hat.

> *„5. Heiliger Arnold freue dich!*
> *Gut zu Ende ging dein Leben. Gott hat dir Bescheid gegeben;*

---

[42] Vgl. WYRSCH, Der heilige Arnold (wie Anm. 4), S. 166, Nr. 264

[43] Vgl. ebd., S. 169, Nr. 275.

[44] Vgl. ebd., S. 89, Nr. 14.

denn dein Ring als klares Zeichen sollte wieder dich erreichen.["45]

III. Die Jakobus-Wallfahrt in den Arnoldusliedern

1. *„Lied zum h[l]. Arnoldus"* von Friedrich Schulte (Aachen 1887) M: Wilhelm Geyr

In dem kleinen, erstmals 1887 herausgegebenen Gebetbuch *„Bruderschaft u. Andacht vom heiligen Arnoldus, Pfarrpatron in Arnoldsweiler"*[46] der 1886 kirchlich errichteten Bruderschaft fand die Jakobus-Wallfahrt ihren gebührenden Platz. So kann man auf Seite 9 die folgende Einleitung zur damaligen vierten Strophe eines Arnoldus-Liedes lesen: *„In den letzten Jahren seines Lebens machte sich der h[l]. Arnoldus auf nach dem fernen Lande Spanien zum Grabe des h[l]. Apostels Jakobus. Er wollte auf dieser beschwerlichen Pilgerfahrt vollends abbüßen seine Sünden. Mit gottergebenem Sinn trug er auf diesem Wege auch die Plage einer Hungersnoth, die ihn zwang, für sich und Andere den Lebensunterhalt mit harter Arbeit zu erwerben."*

Auf den Seiten 9 und 10 folgt der entsprechende Teil eines Kirchenliedes, dessen Text vom damaligen Arnoldsweiler Pfarrverwalter Friedrich Schulte und dessen Melodie vom seinerzeitigen Musikdirektor Wilhelm Geyr stammt. Seit dem Jahr 1880, in dem Pfarrer Simon Josef Hessel gestorben war und wegen des sogenannten Kulturkampfes kein Nachfolger ernannt werden konnte, bemühte sich der mit der Pfarrverwaltung (bis 1887) betraute Vikar Schulte († 1933) um die offizielle kirchliche Anerkennung dafür, dass man den hl. Arnold von Arnoldsweiler († um 800) als wirklichen Heiligen verehren dürfe. Dank der kräftigen Mithilfe von Arnold Steffens († 1923), der 1851 in Niederzier ganz in der Nähe von Arnoldsweiler geboren wurde und seit 1882 immer wieder in seiner Heimat eine schwere Krankheit auskurieren sollte, war sein Einsatz für die päpstliche Anerkennung der Arnoldus-Verehrung von Erfolg gekrönt; denn sie erfolgte 1886, und ihre Bestimmungen wurden durch den Kölner Erzbischof Philipp Krementz († 1899) bekannt gegeben. Daraufhin errichtete Schulte nicht nur eine rein religiöse St.-Arnoldus-Bruderschaft als Gegenstück zur damaligen St.-Arnoldus-Schützengilde, sondern verfasste auch zwei Lieder zu Ehren des hl. Arnold. Das Pilgerlied, das ursprünglich mit *„Arnoldus, heil'ger Mann"* begann, hat heute sechs Strophen und beginnt mit den Worten *„Arnoldus Schutzpatron"*. Der Text der jetzigen fünften Strophe lautete 1887 und 1899:

> *„Du liebtest Einsamkeit / Und zogst in Frömmigkeit*
> *Nach Sanct Jakobi Grab / Am Pilgerstab,*
> *Zu büßen alle Schuld, / Zu suchen Gottes Huld;*
> *So stiegst Du treu hinan / Die Tugendbahn."*[47]

Anschließend sind als fünfte Einleitung diese Sätze abgedruckt: *„Der h[l]. Arnoldus bat Gott um ein Zeichen seines nahen Todes; und der Herr gab ihm ein Zeichen. Von da an war der h[l]. Arnoldus noch mehr als sonst darauf bedacht, sich auf die Ankunft*

---

[45] WYRSCH, Dr. Arnold Steffens (wie Anm. 1), S. 91.

[46] Vgl. WYRSCH, Der heilige Arnold (wie Anm. 4), S. 222, Abb. 8.

[47] Vgl. ebd., S. 144 f., Nr. 142, u. S. 151, Nr. 175 sowie Lieder- und Gebetsheft der Pfarrgemeinde St. Arnoldus in Düren-Arnoldsweiler von 2012, Nr. 5.

des Herrn vorzubereiten, so daß er auch wirklich in einem seligen Tode entschlief." Und darauf folgt damals wie heute als letzte Strophe:

> *„Es führte Gottes Hand / Dich heim in unser Land,*
> *Wo er ein glorreich Grab / Zum Lohn Dir gab.*
> *Erfleh' uns Trost im Leid, / Hilf uns im letzten Streit,*
> *Daß vor des Herrn Gericht / Wir zagen nicht."*

2. „Christiani jubilate" von Joseph Husmann (Aachen 1932), übersetzt mit „Christen jubelt" von Jean Weisweiler

Nach dem Arnolduslied von Friedrich Schulte sollten noch 45 Jahre vergehen, ehe der damalige Aachener Oberpfarrer und Ehrendomherr Joseph Husmann die Verehrerinnen und Verehrer des hl. Arnold mit einem achtstrophigen lateinischen Lied beglücken konnte, von dem heute in Arnoldsweiler besonders die erste Strophe nach der Meldodie *„Urbs aquensis, urbs regalis"* (= *„Aachen, Kaiserstadt, du hehre"*) mit Inbrunst gesungen wird, allerdings in einer deutschen Übersetzung durch Jean Weisweiler. In der fünften Strophe heißt es über die Jakobswallfahrt des hl. Arnold folgendermaßen:

> *„5. Hin nach Spanien ging sein Sinnen, / Seinen Heil'gen galt sein Minnen,*
> *Ehren wollt' er ihr Gebein.*
> *Doch der Hunger schlug in Bande / Jene heißen, hehren Lande*
> *Und Arnoldus kehrte heim."*[48]

Joseph Husmann schrieb seinen lateinischen Liedtext 1932, und ein Jahr später veröffentlichte er in der Kirchenzeitung Arnoldsweiler seinen lateinischen Hymnus *„In honorem Sancti Arnoldi"* (Zu Ehren des hl. Arnold) mit neun Strophen. Eine leider nicht so gut gelungene Übersetzung durch Husmann befindet sich im Bischöflichen Diözesanarchiv Aachen (Pfarre Arnoldsweiler A 075, Lieder- und Gebetstexte, Bl. 132 f.). In der sechsten Strophe ist zwar von Arnolds Spanienwallfahrt die Rede, aber das sollte man sich besser ersparen.

3. „Ave, holder Harfenspieler" von Arnold Ortmanns (Mausbach 1933)

Im Bruderschafts-Gebetbuch von 1936 bzw. in einem späteren Pilger-Gebetbüchlein von 1952 [?] steht außer den bereits erwähnten Arnoldusgesängen ein weiteres Arnolduslied, dessen Text und Melodie vom damaligen Pfarrer Arnold Ortmanns aus dem rheinischen Mausbach bei Stolberg stammen und für dessen fünfte Strophe er sich diese Zeilen ausgedacht hatte:

> *„Unschuld wallt am Pilgerstabe /Büßend nach St. Jakobs Grabe,*
> *Heimwärts drängt dich Hungersnot.*
> *Geht mein Pilgerschaft zu Ende, / Gnädig dann dich zu mir wende,*
> *Steh' uns bei im bittern Tod!"*[49]

---

[48] Vgl. Lieder- und Gebetsheft der Pfarrgemeinde St. Arnoldus in Düren-Arnoldsweiler von 2012, Nr. 14.

[49] Vgl. ebd. Nr. 4.

4. „Als ein guter Freund der Armen" von Rudolf A. H. Wyrsch (Westerstede 2011)
M: Kilian Inden (Arnoldsweiler 2012):

> *„3. Arnold wollte Sünden büßen, / eine Wallfahrt er begann. /*
> *Doch statt Jakobs Grab zu grüßen, / er sich auf den Tod besann. /*
> *Um die Heimkehr zu erreichen, / schickte Gott ihm klare Zeichen: /*
> */:Hungersnot und einen Ring; / Hungersnot und einen Ring.:/"*[50]

5. „Dir, Sankt Arnold, danken wir" von Rudolf A. H. Wyrsch (Westerstede 2012)

M: *„Großer Gott, wir loben dich"* im Gotteslob 1975, Nr. 257 und 2013, Nr. 380:

„6. *Zeitig noch vor deinem Tod / warst als Pilger du zu sehen. /*
Aber eine Hungersnot / ließ dich nicht mehr weitergehen. /
Deine Hilfe war begehrt. / Sie ist jetzt noch lobenswert.

7. *Während einer Hungerszeit / hast du Brot und Geld gegeben. /*
Gern warst du dazu bereit. / Auch die Armen solllen leben. /
Deine Hilfe war begehrt. / Sie ist jetzt noch lobenswert.

8. *Bald schon kauften Arme Fisch / von dem Geld, das sie bekamen. /*
Plötzlich lag auf ihrem Tisch / dein Ring, den sie an sich nahmen. /
Deine Hilfe war begehrt. / Sie ist jetzt noch lobenswert.

9. *Durch den dir geschenkten Ring / sollte schnellstens klar dir werden, /*
dass die Zeit zu Ende ging, / die geschenkt dir war auf Erden. /
Deine Hilfe war begehrt. / Sie ist jetzt noch lobenswert.

10. *Deutlich zeigte sich zum Schluss, / wann dein Leben sollte enden. /*
Durch den Ring aus einem Fluss / ließ dir Gott ein Zeichen senden. /
Deine Hilfe war begehrt. / Sie ist jetzt noch lobenswert."[51]

IV. Die Jakobus-Wallfahrt in den St. Arnoldus-Bruderschafts-Gebetbüchern

Im ältesten Gebetbuch der zu Pfingsten 1886 in Arnoldsweiler (heute Stadtteil von Düren) errichteten rein religiösen St. Arnoldus-Bruderschaft[52] stehen die folgenden Sätze: *„In den letzten Jahren seines Lebens machte sich der hl. Arnoldus auf nach dem fernen Lande Spanien zum Grabe des hl. Apostels Jakobus. Er wollte auf dieser beschwerlichen Pilgerfahrt vollends abbüßen seine Sünden. Mit gottergebenem Sinn trug er auf diesem Wege auch die Plage einer Hungernot, die ihn zwang, für sich und Andere den Lebensunterhalt mit harter Arbeit zu erwerben."*[53]

In der *„Andacht zu Ehren des hl. Arnoldus"* im Bruderschaftsgebetbuch von 1936 (S 7-30) gibt es - ähnlich wie bereits in den Bruderschaftsgebetbüchern von 1887 und

---

[50] Ebd. Nr. 3.

[51] Ebd. Nr. 7.

[52] Vgl. WYRSCH, Der heilige Arnold (wie Anm. 4), S. 20.

[53] Bruderschaft u. Andacht vom heiligen Arnoldus, Pfarrpatron in Arnoldsweiler, Aachen 1887, S. 9. Vgl. das Bruderschafts-Gebetbuch von 1899, S. 10.

1899 - drei Seiten mit den Themen „*Bußgesinnung* und *Vollendung*", bei denen Arnolds Pilgerfahrt zum Grabe des hl. Apostels Jakobus erwähnt wird.

„**Bußgesinnung**. [...] *Losgelöst von allen irdischen Banden betete Arnoldus, Gott möge ihn nicht von dieser Welt abberufen, bis er ihm den völligen Nachlaß der Sünden gewährt hätte. Um Buße zu tun, unternahm er die weite beschwerliche Pilgerfahrt nach Spanien zum Grabe des hl. Apostels Jakobus, des Bruders des hl. Johannes, um sich dessen Schutz für den Rest seiner irdischen Pilgerfahrt zu erflehen. Er sollte sie nicht vollenden. Eine Hungersnot zwang ihn in Südfrankreich zur Heimkehr. Gott wollte, er solle in der Heimat sterben. [...].*[54]

Vollendung. [...] *Pilger sind wir auf Erden und haben hier keine bleibende Stätte. Drum bat Arnoldus Gott um ein Zeichen seines nahen Todes. Auf der Pilgerfahrt gab Gott es ihm. In die Heimat zurückgekehrt, war er nur darauf bedacht, sich auf die Ankunft des Herrn vorzubereiten, und er starb eines seligen Todes.*"[55]

Vor dem Liedteil der „*Andacht zu Ehren des hl. Arnoldus*" ist eine „**Litanei vom hl. Arnoldus** *(Zum Privatgebrauch)*" abgedruckt, u.a. mit diesen Bitten:

„[...] *Heiliger Arnoldus - Bitte für uns!* [...] *Frommer Pilger* - [*Bitte für uns!*]"[56]

Auf den Seiten 45 f. befindet sich ein angebliches „**Gebet zum hl. Jakobus dem Aelteren**", dass sich aber eigentlich an den Heiland Jesus Christus richtet und nur durch den folgenden Ruf erweitert wird: „*Hl. Jakobus! Bitte für uns! Amen.*"

Denn davon war Pfarrer Johannes Dautzenberg als Herausgeber des kleinen Bruderschafts-Gebetbuches von 1936 überzeugt:

„*Sankt Arnoldus war ein eifriger Verehrer des hl. Jakobus und machte sich in beschwerlicher Pilgerfahrt auf zu seinem Grabe. Auf ein Zeichen von oben jedoch kehrte er zurück, um in Arnoldsweiler eines gottseligen Todes zu sterben.*"

V. Die Jakobus-Wallfahrt in einem Heft mit Gebeten und Gesängen zur Arnoldus-Wallfahrt (Düren 2014)

In dem von Monsignore Norbert Glasmacher herausgegebenen Heft verlegt Wilhelm Arnolds die Jakobus-Wallfahrt des hl. Arnold von Arnoldsweiler in das Jahr 792: „*Arnold begann wahrscheinlich 792 eine Pilgerreise zum Grab des heiligen Apostels Jakobus im heutigen Santiago de Compostela (Galizien* [lies: Galicien], *Spanien). [...]. Wegen der Missernte begann eine Hungersnot, die auch 793 noch mehrere Monate anhielt und wohl das gesamte fränkische Reich traf. Deshalb musste Arnold seine Pilgerreise an der Gironde abbrechen. Er kehrte nach Wilre zurück, wo er am 18. Juli starb und in der von ihm erbauten Kapelle bestattet wurde.*"[57]

Zu diesen Behauptungen heißt es u.a. in einer Rezension: „*Was das Jakobusgrab in Santigo de Compostela und St. Arnolds Pilgerreise dorthin betrifft, war Robert Plötz, 1987-2012 Präsident der u.a. wissenschaftlich orientierten Deutschen St. Jakobus-*

---

[54] Bruderschafts-Gebetbuch der Pfarre Arnoldsweiler, Geilenkirchen 1936, S. 12.

[55] Ebd., S. 13.

[56] Ebd., S. 15.

[57] Norbert GLASMACHER (Hrsg.), Der Heilige Arnoldus. Sein Leben, sein Wirken, sein Erbe. Gebete und Gesänge zur Wallfahrt, Heft 2, Düren [Selbstverlag] 2014, S. 43.

Gesellschaft, schon 1982 anderer Meinung als die in der Fußnote 61 [von Arnolds, S. 43] genannten Autoren [...]."[58]

Schlussbemerkungen

Im Gegensatz zu Arnold Steffens ließ Wilhelm Arnolds in seiner Arnoldus-Monografie weder die lateinische Arnoldusvita noch deren deutsche Übersetzung veröffentlichen[59], weil er das Leben und Wirken des heiligen Arnold von Arnoldsweiler als bekannt voraussetzte.[60] Arnold Schmitz ließ 1872 dem Abdruck der lateinischen Stockheimer-Abschrift der Arnoldusvita von 1759 keine Übersetzung folgen.[61] Dafür stellte er eine kurze deutsche Zusammenfassung voran unter der Überschrift *„Leben des hl. Arnoldus, Bekenners".*[62] Dass ihm darin nach der Schilderung des Schnellrittes um den Bürgewald der Bericht von der Jakobuswallfahrt nicht zu kurz geriet, ist genauso bemerkenswert wie sein Versuch, die Hungersnot in Südfrankreich mit einer Pest zu verknüpfen[63] und St. Arnolds Aufenthalt in der dortigen Gegend auf *„mehrere Jahre"* auszudehnen. Wesentlich knapper fiel die erste lateinische Zusammenfassung der Arnoldusvita aus. Sie steht als Erklärung unter einem Kupferstich, den Richard Collin 1667 in Antwerpen angefertigt hat. In ihr ist u.a. die Rede von den *„egeni"* (den Armen): *„[...] quorum etiam manibus recipere meruit repertum intra Piscem Anulum abiectum olim in Garumnam, ut inde sibi Deo annuente [= adnuente] restitutus propinquae fieret mortis*

Abb. 2: Kupferstich von 1667, in Antwerpen angefertigt von Richard Collin (1626/27- um 1697) nach einer Zeichnung von Abraham van Diepenbeeck vor 1667 (Foto von 1991: Bischöfliches Zentralarchiv Regensburg, Slg. Hartig-Heilige - Nr. 7 (I/7).

---

58 Rudolf A. H. WYRSCH, Rezension in: Neue Beiträge zur Jülicher Geschichte XXVIII, 2015, S. 198-201, hier S. 200.

59 Wilhelm ARNOLDS, Arnold von Arnoldsweiler. Geschichte und Überlieferung (Libelli Rhenani, hrsg. von Heinz FINGER, Bd. 61), Köln 2015.

60 Vgl. Dieter WYNANDS, Rezension von Wilhelm ARNOLDS, Arnold von Arnoldsweiler, in: Neue Beiträge zur Jülicher Geschichte XXX, 2017, S. 174 f., hier S. 174.

61 Vgl. [Arnold SCHMITZ], Leben des hl. Arnoldus, Bekenners, in: Beiträge zur Geschichte von Eschweiler und Umgegend [hrsg. von Leopold Neuhöfer], Bd. 1, Tl. 3 [1872], S. 458-461, 473-475.

62 Vgl. ebd., S. 457. Dass aus *„Ginnetzweiler"* in der Stockheimer-Abschrift von 1759 ein *„Ginnelsweiler"* wurde, mag ein Lesefehler sein. Dass sich aber das lat. *„Geronda"* für Gironde in einen Fluss namens *„Gerneda"* verwandelte, ist nur schwer zu verstehen.

63 Die Pest griff erst 1348 auf Spanien und Frankreich über; vgl. Der Große Herder, Bd. 7, 5. Aufl., Freiburg im Breisgau 1955, Sp. 264.

nuntius [= Der Ring, den er, St. Arnold,] *einst in die Garonne bzw. Gironde geworfen hatte, wurde ihm verdientermaßen durch die Armen wiederausgehändigt, nachdem er in einem Fisch entdeckt worden war, um so zum versprochenen göttlichen Boten seines nahe bevorstehenden Todes zu werden."* [64]

Ausführlicher als in dieser Bildunterschrift wurde der Hauptinhalt der Lebensgeschichte des hl. Arnold - gewissermaßen als ein Summarium - im lateinischen Text des von der Ritenkongregation am 18. Februar 1886 genehmigten Offiziums dargelegt, und zwar in den Lectiones IV-VI der zweiten Nokturn, einem Teil des Matutin genannten kirchlichen Nachtgebetes.[65] Die sechste Lesung beschreibt u.a. das Ende der Jakobus-Wallfahrt[66] und wurde im Kirchlichen Anzeiger für die Erzdiözese Köln Nr. 9/1886 veröffentlicht.[67] Außer bei Steffens kann man sie in den jeweiligen Kölner Eigenteilen des Römischen Breviers nachlesen, die für die Zeitspanne von 1886 bis mindestens 1905 in der Erzbischöflichen Diözesan- und Dombibliothek in Köln eingesehen bzw. ausgeliehen werden können.[68] Wer dies tut, wird leider Folgendes feststellen: Vom ehemaligen umfangreichen Stundengebet am Arnoldusfest mit den zahlreichen Wechsel- bzw. Anwortgesängen, die auf den Tagesheiligen in stets neuer Form Bezug nehmen,[69] ist nicht mehr viel übrig geblieben. Verschwunden ist z.B. der Antwortgesang nach der früheren sechsten Lesung, in dem traurig festgestellt wird, dass der hl. Arnold die Hoffnung aufgeben musste, Santiago de Compostela als Pilger zu erreichen, und statt dessen am Ufer der Garonne stand, wo er durch ein Wunder einen Hinweis auf seinen baldigen Tod erhalten hatte. Getilgt ist der Satz *„Ubi per miraculum, mortis sanctitatisque suae accepit indicium",*[70] den man ganz frei als kleinen Vers wie folgt übersetzen könnte: *„Des Frommen Leben muss dem Tode weichen. Das zeigt ein Ring als wahrhaft göttlich Zeichen."*

Erich Stephany, der das ganze Arnoldusleben kannte, äußerte sich 1959 über die Santiago-Wallfahrt des hl. Arnold folgendermaßen:

„Gegen Ende seines Lebens ging er auf Pilgerfahrt; die Lebensbeschreibung will wissen nach Santiago de Compostela in Spanien. Aber Gott hat es anders beschlossen. Eine Hungersnot verwehrt ihm einen ungestörten Verlauf der Wallfahrt, ein Wunder mit dem von Karl dem Großen geschenkten Ring kündet ihm an, daß er noch im gleichen Jahr sterben werde. Daraufhin kehrt er zurück, um von dem ihm zur Heimat gewordenen Arnoldsweiler die Pilgerfahrt in die Ewigkeit anzutreten."[71]

Anschließend schildert Stephany in einer *„Bilderfolge"* der von Peter Hecker 1952 zum zweiten Mal in der Arnolduskapelle zu Arnoldsweiler gemalten Fresken auch die

[64] Vgl. WYRSCH, Der heilige Arnold (wie Anm. 4), S. 93 u. 218, Abb. 4.

[65] Vgl. STEFFENS, Der heilige Arnoldus (wie Anm. 19), S. 112-114.

[66] Vgl. ebd., S. 113 f.

[67] Vgl. Kirchlicher Anzeiger für die Erzdiözese Köln Nr. 9, 1.5.1886, S. 66, Nr. 45.

[68] Vgl. WYRSCH, Der heilige Arnold (wie Anm. 4), S. 143, Nr. 134; S. 149, Nr. 161; S. 150 f., Nr. 170; S. 152, Nr. 179; S. 153, Nr. 185.

[69] Vgl. STEFFENS, Der heilige Arnoldus (wie Anm. 19), S. 97-109.

[70] Ebd., S. 105.

[71] Erich STEPHANY, Die Arnoldus-Kapelle, in: Kirchenzeitung für das Bistum Aachen, Nr. 29, 19.7.1959, S. 12-14, hier S. 13.

Jakobus-Wallfahrt des hl. Arnold.[72]

„Er geht auf Pilgerfahrt in die Ferne und versenkt seinen Ring in die Gironde (18). Durch ein Wunder finden Arme, die sich von seinem Almosen einen Fisch erstanden, den Ring im Magen des Fisches, den sie ihrem Wohltäter verehren (19). Gemahnt durch dieses göttliche Zeichen, kehrt Arnold, jetzt ein Greis, in die Heimat zurück."[73]

Beide Fresken gehören zu der einzigen bildlichen Lebensbeschreibung des heiligen Arnold, die jedoch mehr Ereignisse enthält als die lateinische Arnoldusvita.

Abb. 3 (links): Fresko Nr. 18 von 1952, in der Arnolduskapelle zu Arnoldsweiler gemalt von Peter Hecker (1884-1971) (Foto: Rudolf A. H. Wyrsch).
[Vgl. Forum Jülicher Geschichte 9, 1994, S. 110 betr. 1952 II]

Abb.4 (rechts): Fresko Nr. 19 von 1952, in der Arnolduskapelle zu Arnoldsweiler gemalt von Peter Hecker (1884-1971) (Foto: Rudolf A. H. Wyrsch). Vgl. die letzten Zeilen aus dem Gedicht Nr. 22 von Friedrich Schulte (Zülpich 1894): „O Herr, wir kauften diesen Fisch / Mit deinem Geld für unsren Tisch, Und sieh, er ist der Wiederbringer / Des Rings, der einst an deinem Finger."[74]

---

[72] Vgl. WYRSCH, Der heilige Arnold (wie Anm. 4), S. 110 betr. 1952 II, und Wilhelm ARNOLDS, Peter Hecker - Das Te Deum. Fresken in der Arnolduskapelle, in: Analecta Coloniensia, Bd. 4, Köln 2004, S. 286-324.

[73] Vgl. *Stephany,* Die Arnoldus-Kapelle (wie Anm. 71), S. 13.

[74] Vgl. Lieder- und Gebetsheft (wie Anm. 51), Nr. 6, 6.-10. Strophe von *„Dich, St. Arnold, wir verehren"* von Rudolf A.H. Wyrsch (Westerstede 2012). Stophe 10: *„Gott ließ dir ein Zeichen senden durch den Ring an deiner Hand. Wann dein Leben sollte enden, wurde dir durch ihn bekannt. Sankt Arnoldus, Freund der Armen wurdest du durch dein Erbarmen. Deshalb loben wir dich sehr; deshalb loben wir dich sehr."* M: *„Alles meinem Gott zu Ehren"* im Gotteslob 1975, Nr. 615 und 2013, Nr. 455.

Lutz Jansen

Ritterschaft und Adelssitze im Herzogtum Jülich

Statt einer Einleitung: Forschungsstand und Quellen

„Anfänglich hatte allein der Besitz eines landtagsfähigen Ritterguts zur Mitgliedschaft im Kollegium der Ritterschaft und damit zur Teilnahme am Landtag berechtigt. Spätestens seit dem Beginn des 17. Jahrhunderts kam als zweites Element der Nachweis adliger Abstammung hinzu, um andere soziale Gruppen, wie die Nobilitierten [der frühneuzeitliche Briefadel, Verf.], *auszuschließen.“*[1]

„Der Ort der Verhandlungen zwischen Landständen und Landesherr war seit dem späten 15. Jahrhundert der Landtag. […] Zum Landtag war nur zugelassen, wer seine adlige Abstammung nachgewiesen hatte und [!, Verf.] *im Besitz eines landtagsfähigen Rittergutes war.“*[2]

Selbst wenn Michael Kaiser seinen zweiten Satz nicht zwingend auf den ersten beziehen sollte, wohnt seiner und der Aussage von Hans-Werner Langbrandtner eine gewisse Unschärfe über die Ursprünge der Landtagsfähigkeit des Jülicher Adels inne. In diesem Territorium hatten sich während des späten Mittelalters zwei Landstände herausgebildet, die Einfluss auf die landesherrliche Politik ausübten: Die Kommunen als Wirtschaftszentren, vertreten durch die vier *„Hauptstädte“* Jülich, Düren, Münstereifel und Euskirchen[3], sowie der ritterbürtige Adel, die *„Ritterschaft“*. Um die Erforschung der Städte haben sich besonders Klaus Flink, Margret Wensky, Wolfgang Löhr, Heinz Andermahr und der Jubilar Günter Bers verdient gemacht. Die *„Ritterschaft“*, der zweite Landstand im Herzogtum Jülich, dessen aus dem landsässigen Adel rekrutierte Angehörige für die verfassungsmäßige Ausübung der landesherrlichen Macht auf der lokalen Ebene eine essentielle Rolle spielten, stellte die weitaus meisten der zu den Landtagen zugelassenen Personen.

Den Ausgangspunkt für eine vor einigen Jahren begonnene Studie über die landtagsfähigen Sitze des Jülicher Adels stellt der *„Codex Welser“* dar, eine Topographie

---

[1] Hans-Werner LANGBRANDTNER, Ahnenprobe und Aufschwörung, in: Gudrun GERSMANN/Hans-Werner LANGBRANDTNER (Hrsg.), Adlige Lebenswelten im Rheinland. Kommentierte Quellen der Frühen Neuzeit (Vereinigte Adelsarchive im Rheinland, Schriften 3), Köln u. a. 2009, S. 178-186, hier S. 182.

[2] Michael KAISER, Landstände und Landtag, in: GERSMANN/LANGBRANDTNER, Lebenswelten (wie Anm. 1), S. 338-344, hier S. 341.

[3] Georg von BELOW, Die landständische Verfassung in Jülich und Berg bis zum Jahre 1511 [1], in: Zeitschrift des Bergischen Geschichtsvereins 21, 1885, S. 173-256, hier S. 205-236; DERSELBE, Landtagsakten von Jülich-Berg, 1400-1610, 1: 1400-1562 (Publikationen der Gesellschaft für Rheinische Geschichtskunde 11,1), Düsseldorf 1895, S. 1-155, hier S. 18-23; DERSELBE, Territorium und Stadt. Aufsätze zur deutschen Verfassungs-, Verwaltungs- und Wirtschaftsgeschichte (Historische Bibliothek 11), München/Berlin ²1923, S. 95-98; Peter KOOF, Die Entstehung der altjülichschen Städte, Dissertation Bonn 1926; Klaus FLINK, Die Privilegien der jülichschen Hauptstädte. Zur Stadtbildung im Herzogtum Jülich, in: Dürener Geschichtsblätter 84, 1997, S. 35-69.

des Herzogtums Jülich von 1723.[4] Aus verschiedenen Gründen war der Abschluss dieser Arbeit bisher nicht zu realisieren. Die Handschrift enthält Darstellungen von 191 Adelssitzen. Ein auf der Basis dieser relativ späten Quelle, der Landtagsliste von 1610/1611, der Matrikel von 1734 sowie der einschlägigen Literatur erstellter Katalog zeigt, dass die Zahl der landtagsfähigen Rittersitze im Herzogtum Jülich zwischen etwa 1500 und 1800 noch erheblich größer war.[5] Vermutlich liegt die Zurückhaltung der Forschung in der großen Zahl der ritterbürtigen Familien bzw. der ihre männlichen Mitglieder zur Teilnahme an den Landtagen qualifizierenden Adelssitze begründet. Das Quellenmaterial, das für eine Untersuchung der eng miteinander verknüpften Themen *„Ritterschaft"* als Landstand und *„landtagsfähige Adelssitze"* im Herzogtum Jülich im Spätmittelalter und in der Frühen Neuzeit zu berücksichtigen ist, besitzt einen entsprechenden Umfang. Die Einsicht in Archivalien war mir aus verschiedenen Gründen nicht möglich, weshalb diese Arbeit über die beiden Kernbereiche der Verfassungsgeschichte des Herzogtums Jülich vor allem als eine Anregung zur intensiven Beschäftigung mit der Materie verstanden werden soll. Als Basis dienten die Urkundenbücher von Lacomblet (Niederrhein) und Kaemmerer (Düren).[6]

Mit dem verfassungsrechtlichen Status der *„adelichen seess"* im Herzogtum Jülich-Berg und den daran gebundenen Privilegien hat sich besonders Georg von Below

---

[4] Der *Codex Welser* ist in drei Exemplaren überliefert: 1. Historisches Archiv der Stadt Köln, Plankammer 1/650, seit etwa 1980 verschollen; 2. Bayerische Staatsbibliothek München, Handschriften- und Inkunabelabteilung, Codex germanicus 2635; 3. Sächsische Landesbibliothek - Staats- und Universitätsbibliothek Dresden, Mscr. Dres. P. 24. Ein weiteres Exemplar mit einer ähnlichen Gestaltung und der Verfasserangabe *„Frid*[rich] *Wilh*[elm] *von Clar*[en]*beck, Obristleutnant"* von 1716 im Geheimen Staatsarchiv in Berlin-Dahlem, Allgemeine Kartensammlung, Hauptabteilung XI,10, wurde im Zweiten Weltkrieg zerstört. Vgl. Heinrich WATENPHUL, Eine Burgenhandschrift, in: Burgen und Schlösser 20 (8), 1919, S. 74-77; Wilhelm GÜTHLING, Jülich-Bergische Landesaufnahmen im 18. Jahrhundert, in: Düsseldorfer Jahrbuch 40, 1938, S. 289-313, hier S. 296-301 u. S. 304-306; Peter H. MEURER, Der *„Codex Welser".* Eine frühe Topographie des Herzogtums Jülich von 1723, in: Beiträge zur Jülicher Geschichte 44, 1977, S. 1-42; Hans Otto BRANS, Johann Franz (von) Welser, Verfasser des Codex Welser 1723. Ergänzungen zu seiner Biographie und seinem familiären Umfeld, in: Neue Beiträge zur Jülicher Geschichte 28, 2015, S. 83-94; Peter H. MEURER, Eine neue Überlieferungslage zum *„Codex Welser"* (1723), in: Neue Beiträge zur Jülicher Geschichte 30, 2017, S. 117-141.

[5] Eine nicht sicher interpretierbare Quelle von 1509 nennt für die Herzogtümer Jülich und Berg zusammen eine Zahl von 400 auszuschickenden Einladungen an die Ritterschaft - die Räte erhielten 26, die Städte 36 Einladungen -, eine Berufungsliste von 1513 lediglich 118 Namen inklusive der Räte und 17 Teilnehmer der Städte: BELOW, Landtagsakten 1 (wie Anm. 7), S. 28. A. OPPERMANN, Burg Thorr und ihre Besitzer, in: Jahrbuch des Kreises Bergheim 1938, S. 101-104, hier S. 102, gibt 283 immatrikulierte Sitze an. Das *„Verzeichniß der Jülicher Rittersitze welche zum Regierungsbezirk Achen gehören"*, von etwa 1820 enthält 159 Positionen: Johann Friedrich BENZENBERG, Ueber Provinzial-Verfassung, mit besonderer Rücksicht auf die vier Länder Juelich, Cleve, Berg und Mark 2: Urkunden, Hamm 1821, Beilagen (nach S. 254), S. 108-112, Nr. 8.

[6] Theodor Josef LACOMBLET, Urkundenbuch für die Geschichte des Niederrheins, 4 Bde., Düsseldorf 1840-1858 (in Folge: LAC. UB) - Walter KAEMMERER, Urkundenbuch der Stadt Düren 748-1500, 2 Bde. (Beiträge zur Geschichte des Dürener Landes 12/13), Düren 1971-1974 (in Folge: UB Düren).

beschäftigt.[7] Bis heute stellen seine Ausführungen, die maßgeblich auf Quellen des 16. und 17. Jahrhunderts beruhen, die Grundlage jeder Beschäftigung mit dem Thema dar. Auf die von Below und anderen edierten Quellen stützt sich die mehr auf Strukturen ausgerichtete Arbeit von Rainer Walz, während Michael Kaiser lediglich eine Übersicht bietet.[8] Die Abschlussarbeit von Hildegard Krause[9] erntete zwar Kritik wegen der nicht herangezogenen Quellen.[10] Sie enthält jedoch wichtige Hinweise zum verfassungs-rechtlichen Verständnis der Rittersitze sowie besonders zum konstitutionellen Verfahren der Adelsapprobation, und bietet außerdem prägnante Beispiele für die Immatrikulation der Adligen bzw. deren Verweigerung durch die zuständige Landtagskommission.

---

[7] Below, Verfassung [1] (wie Anm. 3), S. 173-256; DERSELBE, Die landständische Verfassung in Jülich und Berg bis zum Jahre 1511 [2], in: ebd. 22, 1886, S. 1-79, hier bes. S. 31-34; DERSELBE, Geschichte der direkten Staatssteuern in Jülich und Berg bis zum geldrischen Erbfolgekrieg [1], in: ebd. 26, 1890, S. 1-84; DERSELBE, Geschichte der direkten Staatssteuern in Jülich und Berg bis zum geldrischen Erbfolgekrieg [2], in: ebd. 28, 1892, S. 1-205; DERSELBE, Urkunden und Akten zur Geschichte der Steuern in Jülich und Berg, in: ebd. 29, 1893, S. 1-132; DERSELBE, Beiträge zur Verfassungs-, Verwaltungs- und Wirthschaftsgeschichte des Niederrheins, vom 16. bis zum 18. Jahrhundert, in: Jahrbuch des Düsseldorfer Geschichtsvereins 7, 1893, S. 1-35; DERSELBE, Zur Entstehung der Rittergüter, in: Jahrbücher für Nationalökonomie und Statistik 64, 1895, S. 526-550 u. S. 837-857; DERSELBE, (Einleitung zu) Landtagsakten 1 (wie Anm. 3), S. 1-155; DERSELBE, Landtagsakten von Jülich-Berg, 1400-1610, 2: 1563-1589 (Publikationen der Gesellschaft für Rheinische Geschichtskunde 11,2), Düsseldorf 1907; DERSELBE, Territorium (wie Anm. 3), S. 53-160; vgl. auch Georg DROEGE, Über die Rechtsstellung der Burgen und festen Häuser im späteren Mittelalter, in: Arnold MOCK (Hrsg.), Beiträge zur niederrheinischen Burgenkunde (Niederrheinisches Jahrbuch 4), Krefeld 1959, S. 22-27.

[8] Rainer WALZ, Stände und frühmoderner Staat. Die Landstände von Jülich-Berg im 16. und 17. Jahrhundert (Bergische Forschungen 17), Neustadt a. d. Aisch 1982, hier bes. S. 39-63; KAISER, Landstände (wie Anm. 2), S. 338-344. Vgl. auch Rudolf VIERHAUS, Die Landstände in Nordwestdeutschland im späteren 18. Jahrhundert, in: Dietrich GERHARD (Hrsg.), Ständische Vertretungen in Europa im 17. und 18. Jahrhundert (Veröffentlichungen des Max-Planck-Instituts für Geschichte 27), Göttingen ²1974, S. 72-93, hier S. 85 f.

[9] Hildegard KRAUSE, Die Qualifikation zur Ritterschaft auf den Landtagen der nordwestdeutschen Territorien in der frühen Neuzeit, unter besonderer Berücksichtigung der Herzogtümer Jülich und Berg, Magisterarbeit Köln 1987. Günter Bers (Brühl) brachte mir die ungedruckte Arbeit 2008 zur Kenntnis. Wie die Recherchen ergaben, wurde das bei den Prüfungsunterlagen befindliche Exemplar unter Berufung auf die im Jahr 2002 erfolgte Aufhebung der 50-jährigen Aufbewahrungsfrist im Kölner Universitätsarchiv aussortiert und vernichtet (!). Für diesbezügliche Auskünfte danke ich Sylvia Strick und Andreas Freitäger (Universität Köln). Der angekündigte Teilabdruck in „Neue Beiträge zur Jülicher Geschichte" - vgl. Harm KLUETING, Reichsgrafen - Stiftsadel - Landadel. Adel und Adelsgruppen im niederrheinisch-westfälischen Raum im 17. und 18. Jahrhundert, in: Rudolf ENDRES (Hrsg.), Adel in der Frühneuzeit. Ein regionaler Vergleich, Köln/Wien 1991, S. 17-53, hier S. 23, Anm. 17 - ist unterblieben. Die aktuelle Adresse der Verfasserin war nach 30 Jahren nicht festzustellen. Dem Betreuer der Arbeit, Harm Klueting, ist es gelungen, einen Ausdruck der Arbeit ausfindig zu machen, den er mir in großzügiger Weise im Februar 2009 zur Verfügung gestellt hat.

[10] Hugo ALTMANN, Literatur-Sammelbericht nördliches Rheinland von den Anfängen bis 1815, Teil 1: Erscheinungsjahre 1983-1987, mit einigen Nachträgen ab 1978, in: Blätter für deutsche Landesgeschichte 141/142 (2), 2005/2006, S. 701-894, hier S. 728 f.

Die Listen der Jülicher Teilnehmer an den Landtagen der Jahre 1610/1611[11] und 1720[12] sowie die Neufassung des Jülicher Ritterzettels von 1734[13] zeigen, dass diese Matrikeln nur wenige Informationen bieten: Das erste Dokument stellt eine Anwesenheitsliste der ritterbürtigen Besitzer der anerkannten Adelssitze dar. Am Beginn der einzelnen Ämter sind jeweils die Amtmänner aufgeführt, die nicht Mitglied der Ritterschaft waren, jedoch fast alle einen landtagsfähigen Rittersitz besaßen. Bei den Rittersitzen wird zuerst der Name des Adligen und danach bei fast allen Personen derjenige des Gutes genannt. Unter den 262 Positionen sind in den beiden Jahren nur vier aktuelle Einschreibungen von Mitgliedern der Ritterschaft erfolgt: *„Anno 1611 am 1. Mai hat der Güligscher Ritterschafts-Syndicus referirt, dieweil das Haus Fischenich auf dem Ritterzettul erfindlich, und die von der Ritterschaft ahn Conraden Quaden Person Qualifiication kein Bedenken hätten, das derwegen er dem Ritterzettul einzuverleiben, welches den Herren Rethen referirt, sich deshalb gefallen laßen, und die Einschreibung bevolhen. A. Weschpfennig. A. Stein. J. Bavir. A. Ketzgen. O. Pabst."*[14] Außerdem wurde der *„Amtmann zu Wassenberg auf Befehl* [am] *3. Februar 1611 eingeschrieben"*, und zu Johann von Nievelstein zu Geilrath ist vermerkt: *„ist bevolhen einzutragen"*; Werholdt Hoen zu Carthiels zu Dürboslar schließlich wurde *„am 3ten Februar 1611 laut*

---

11 *„Gülichscher Ritterzettul de anno 1610 und 1611"*. Anton FAHNE, Geschichte der Kölnischen, Jülichschen und Bergischen Geschlechter in Stammtafeln, Wappen, Siegeln und Urkunden 2: Ergänzungen und Verbesserungen A-Z, Düsseldorf 1853, S. XII-XIV. - Zu den Düsseldorfer Landtagen von 1610 und 1611, bei denen erstmals die possidierenden Mächte Kurbrandenburg und Pfalz-Neuburg gemeinsam tagten, vgl. Friedrich KÜCH (Hrsg.), Landtagsakten von Jülich-Berg 1624-1653, 1: 1624-1630 (Publikationen der Gesellschaft für Rheinische Geschichtskunde 2,1), Düsseldorf 1925, S. 1*-8*; Hans GOLDSCHMIDT, Die Landstände von Jülich-Berg und die landesherrliche Gewalt 1609-1610, in: Zeitschrift des Aachener Geschichtsvereins 34 (2), 1912, S. 175-236. - Zu der angespannten Situation zwischen den brandenburgischen Kurfürsten und den jülich-bergischen Landständen im 17. Jahrhundert vgl. Johannes KRUDEWIG, Der *„Lange Landtag"* zu Düsseldorf, 1591, in: Jahrbuch des Düsseldorfer Geschichts-Vereins 16, 1902, S. 1-133; Ernst OPGENOORTH, Stände im Spannungsfeld zwischen Brandenburg-Preußen, Pfalz-Neuburg und den niederländischen Generalstaaten: Cleve-Mark und Jülich-Berg im Vergleich, in: Peter BAUMGART (Hrsg.), Ständetum und Staatsbildung in Brandenburg-Preußen: Ergebnisse einer internationalen Fachtagung (Veröffentlichungen der Historischen Kommission zu Berlin 55), Berlin/New York 1983, S. 243-262; Heinz OLLMANN-KÖSLING, Der Erbfolgestreit um Jülich-Kleve (1609-1614). Ein Vorspiel zum Dreißigjährigen Krieg (Theorie und Forschung 442 = Geschichte 5), Regensburg 1996; Michael KAISER, Kleve und Mark als Komponenten einer Mehrfachherrschaft: Landesherrliche und landständische Entwürfe im Widerstreit, in: Michael KAISER/Michael ROHRSCHNEIDER (Hrsg.), Membra unius capitis. Studien zu Herrschaftsauffassungen und Regierungspraxis in Kurbrandenburg (1640-1688) (Forschungen zur Brandenburgischen und Preußischen Geschichte, N. F. Beiheft 7), Berlin 2005, S. 99-119; Herfried MÜNKLER, Der Dreißigjährige Krieg. Europäische Katastrophe, deutsches Trauma, 1618-1648, Berlin ⁶2018, S. 101-120.

12 *„Verzeichniß deren beim Landtag von 1720 in Düsseldorf gegenwärtig gewesenen Jülich- und Bergischen Landständen, I. Jüligsche Ritterbürtige"*. BENZENBERG, Provinzial-Verfassung 2 (wie Anm. 5), Beilagen (nach S. 254), S. 9 f., Nr. 34.

13 *„Ritter Zettul des Herzogtumbs Gulich wie derselb Bey der in Janu[ari]s 1734 abgehaltener Deputation im Beysein der Churf[ürstliche]r Commitirter H[err]en Räthen undt der Landständischer H[err]en Deputirten Concertirt worden ist."* KRAUSE, Qualifikation (wie Anm. 9), Anlage 2.

14 FAHNE, Geschlechter 2 (wie Anm. 11), S. XII.

Befehl eingeschrieben".[15] Die Landtagsfähigkeit des Wilhelm von Blittersdorf, dessen Rittersitz Birgelen im Amt Wassenberg lag, ließ sich nicht klären: *„Ob er auch wegen seines Hauses von Alters mit den Freien zu steuern pfleg, zu erkundigen"*.[16]

Während in der Anwesenheitsliste von 1720 ebenfalls zuerst die lediglich 50 Landtagsteilnehmer und dann ihre jeweiligen Rittersitze aufgeführt werden, sind in der umfangreichen Matrikel von 1734 an erster Stelle die 281 anerkannten Rittersitze im Herzogtum Jülich aufgelistet. Bei 57 Gütern sind die Namen derjenigen Adligen annotiert, die seit dem Jahr 1683 neu aufgeschworen worden waren. Die übrigen *„Ritterzettel"* bzw. *„Matrikeln"*, die seit 1492 angelegt worden waren, stellen Verzeichnisse von ritterbürtigen Adligen oder von landtagsfähigen bzw. steuerfreien Rittersitzen oder von adligen Gütern im Jülicher Territorium dar, die ganz verschiedenen Zwecken - Besteuerung, Landtagsverschreibungen oder Kriegsdienste - dienten und in einigen Fällen lediglich eine Auswahl enthalten.[17] Diese Quellen im Landesarchiv Nordrhein-Westfalen, Abteilung Rheinland, in Duisburg[18] dürften, geht man von den drei oben behandelten Listen aus, keine wesentlichen Informationen über die Landtagsqualität der Rittersitze enthalten. Wichtiger für unser Thema sind die von Hildegard Krause ausführlich herangezogenen Protokolle der Verhandlungen, in denen über die Landtagsfähigkeit der Rittersitze entschieden worden ist.

Eine weitgehend unbeachtete Quelle stellen die Akten des 1495 eingerichteten Reichskammergerichtes zu Speyer, seit 1689 bis 1806 in Wetzlar, dar. Bei den zivilrechtlichen Appellationsprozessen ist in der Regel über beträchtliche Geldsummen bzw. Naturaleinkünfte verhandelt worden.[19] Es gibt daher kaum ein rheinisches Adelsgeschlecht bzw. einen rheinischen Adelssitz, aus dessen Umfeld zwischen etwa 1500 und 1800 nicht die Anfechtung eines Urteils über den Besitzerwechsel einer Immobilie, über die Einkünfte aus einem Gut oder über eine Erbauseinandersetzung vor diese höchste Instanz gelangt ist. Die Durchsicht der in Übersichten edierten Prozesse[20] zeigte jedoch, dass vor dem Reichskammergericht nur in ganz wenigen Fällen über die verfassungsrechtliche Qualität eines - vermeintlich - steuerfreien Adelssitzes bzw. eines freiadligen Gutes verhandelt worden ist bzw. in den Akten konkrete Bemerkungen über die Kriterien der Zulassung gemacht werden. Über die Landtagsfähigkeit des

---

15 Ebd. S. XIII.

16 Ebd, S. XV. Es dürfte sich um Haus Ophoven handeln; vgl. dazu das Kapitel über die Matrikel von 1734.

17 BELOW, Rittergüter (wie Anm. 7), S. 837-840.

18 In Folge: LA NRW Rheinland.

19 Kaiser Karl V. von Habsburg erteilte 1530 Herzog Johann von Jülich-Kleve-Berg das Privileg, dass der Streitwert eines vor seinen Gerichten geführten Prozesses für die Zulassung einer Appellationsklage vor dem Reichskammergericht mindestens 200 Gulden betragen müsse: LAC. UB 4 (wie Anm. 6), S. 648 f., Nr. 528.

20 Hugo ALTMANN u. a. (Bearb.), Das Hauptstaatsarchiv Düsseldorf und seine Bestände 9: Reichskammergericht, 10 Bde. (Veröffentlichungen der Staatlichen Archive des Landes Nordrhein-Westfalen, Reihe A), Siegburg 1988-2003; in Folge: RKG. Vgl. Anja AMEND-TRAUT, Zivilverfahren vor dem Reichskammergericht. Rückblick und Perspektiven, in: Friedrich BATTENBERG/Bernd SCHILDT (Hrsg.), Das Reichskammergericht im Spiegel seiner Prozeßakten. Bilanz und Perspektiven der Forschung, Köln u. a. 2010, S. 125-155.

130

Inhabers eines anerkannten Rittersitzes wurden überhaupt keine Prozesse geführt, da Appellationen von Urteilen *„in possessorio salvo petitorio"* an das Reichskammergericht nicht zulässig waren. Schließlich enthalten die privaten Adelsarchive der nördlichen Rheinlande einige relevante Quellen für unseren Themenkomplex. Eine systematische Durchsicht der in unterschiedlicher Ausführlichkeit und teilweise an entlegenen Stellen erfolgten Veröffentlichungen von Archivbeständen war nicht möglich; hier wird der eine oder andere Zufallsfund das Bild sicher noch abrunden oder sogar schärfen können.[21] Die vorliegende Untersuchung beschränkt sich weitgehend auf das Herzogtum Jülich, mit Ausgriffen auf das Herzogtum Kleve und das Erzstift Köln.

Die *„Ritterschaft"*

Dieser erste Landstand des Herzogtums Jülich[22] besaß seine wesentlichen Funktionen in der verfassungsgemäßen Ausübung der landesherrlichen Macht, d. h. in der

---

[21]   Im Bestand Burgau im Stadtarchiv Düren finden sich die Bezeugung der adligen Abstammung des Johann Heinrich von Elmpt zu Burgau über drei Generationen aus dem Jahr 1635, *„unvermenget mitt einiger burgerschafft oder bastards arth"*, sowie ein Attest von 1740 über die 1698 erfolgte Aufschwörung der Ahnen des Hieronymus von Elmpt zu Burgau: Hans Joachim DOMSTA (Bearb.), Inventar des Archivs von Schloß Burgau im Stadtarchiv Düren, 1. Teil, in: Dürener Geschichtsblätter 72, 1983, S. 11-77, hier S. 46 f., Nr. 41 u. S. 64, Nr. 82. - Im Archiv Haus Rath bei Düren liegt der Adelsbeweis für Anna von Gymnich zu Eicks für eine Approbation vor dem Domkapitel zu Trier, aufgestellt durch Dietrich von Palant zu Breitenbend, Amtmann zu Wassenberg: Armin TILLE/Johannes KRUDEWIG (Bearb.), Übersicht über den Inhalt der kleineren Archive der Rheinprovinz 2 (Publikationen der Gesellschaft für Rheinische Geschichtskunde 19,2), Bonn 1904, S. 272 f., Nr. 47. - Der Bestand von der Vorst zu Lombeck im Archiv Lüftelberg enthält den umfangreichen Briefwechsel über die Kandidatur der Maria Antonetta von der Vorst-Lombeck († 1762) für das Amt der Äbtissin des Kanonissenstiftes Vilich bei Bonn mit Unterlagen über ihre Ahnenprobe von 1727, der die zeitgenössische Lobby-Arbeit deutlich macht: Wolf-Dietrich PENNING (Bearb.), Das Adelsarchiv Lüftelberg (Quellen zur Geschichte des Rhein-Sieg-Kreises 10), Siegburg 1984, S. 180-195, A 162/1-35 u. A 163/1-22. Vgl. Wolf-Dietrich PENNING, Familienpolitik des kurkölnischen Hofadels im 18. Jahrhundert. Die Äbtissinnenwahl in Vilich im Jahre 1727, in: Rheinische Vierteljahrsblätter 41, 1977, S. 88-102.

[22]   Zur Entwicklung des Territoriums: Christoph Jakob KREMER, Akademische Beiträge zur Gülch- und Bergischen Geschichte 3, hrsg. von Andreas LAMEY, Mannheim 1781, S. 1-166; LAC. UB 4 (wie Anm. 6), S. VIII-XIV u. S. XX-XXII; Wilhelm Graf von MIRBACH, Beiträge zur Geschichte der Grafen von Jülich, in: Zeitschrift des Aachener Geschichtsvereins 11, 1889, S. 98-159; DERSELBE, ebd. 12, 1890, S. 163-226; DERSELBE, ebd. 13, 1891, S. 123-149; Thomas R. KRAUS, Jülich, Aachen und das Reich. Studien zur Entstehung der Landesherrschaft der Grafen von Jülich bis zum Jahre 1328 (Veröffentlichungen des Stadtarchivs Aachen 5), Aachen 1987; DERSELBE, Stationen auf dem Wege zur Jülicher Landesherrschaft, in: Rheinische Vierteljahrsblätter 63, 1999, S. 90-123; Wilhelm JANSSEN, Die niederrheinischen Territorien im Spätmittelalter. Politische Geschichte und Verfassungsentwicklung 1300-1500, in: Rheinische Vierteljahrsblätter 64, 2000, S. 45-167, hier S. 47-126. Eine Übersicht über die Verwaltungsstrukturen im späten Mittelalter bietet: Wilhelm Graf von MIRBACH, Zur Territorialgeschichte des Herzogthums Jülich. Beilage zu den Programmen der Rheinischen Ritterakademie zu Bedburg von 1874 [1] und 1881 [2]. Vgl. außerdem: Richard JENTJENS, Reinald IV., der zweite und letzte Regent in den vereinigten Herzogtümern Geldern u. Jülich (1402-1423). Ein Beitrag zur niederrheinischen Geschichte, Dissertation Münster 1913; Franz PETRI, Territorienbildung und Territorialstaat des 14. Jahrhunderts im Nordwestraum, in: Hans PATZE (Hrsg.), Der deutsche Territorialstaat im 14. Jahrhundert 1 (Vorträge und Forschungen 13,1), München 1970, S. 383-483, hier S. 418 f.; Heinz ANDERMAHR, Graf

lokalen Verwaltung sowie beim Militär. Die Gruppe hat sich aus diffusen ständischen Anfängen im 13. Jahrhundert mit einer bisweilen etwas unklaren Abgrenzung der „*comes*", „*liberi*", „(*viri*) *nobiles*", „*ministeriales*", „*domini*", „*fideles*", „*armigeri*" und „*milites*" herausgebildet.[23] Die Quellen fließen bis zum frühen 14. Jahrhundert sehr spärlich. Im Jahr 1269 verbürgten sich 28 Grafen, Ritter und Herren für die Rückkehr Herzog Walrams von Limburg in die Gefangenschaft des Erzbischofs von Köln. Zeugen waren die „*viri nobiles Henricus de Lutzellenburg, Henricus filius suus primogenitus, Wilhelmus et Wilhelmus primogenitus suus Juliacensis, Godefridus Senensis, Adolfus de Monte, Henricus de Kesselle, comites, Gerardus de Lutzellenburg dominus de Dûrboi, Bruno de Brûnsberg, Theodericus dominus de Heymesberg, Lodewicus de Randenrode, Wilhelmus de Vrenze, Fredericus de Lovenberg, Winandus de Schinne, et nos Wernerus de Rode, Lodewicus de Berge, Allexander burgravius de Limburg, Godefridus de Huchelbacg, Theodericus de Elnere, Godeschalcus de Winthovele, Henricus frater Allexandri predicti, Wilhelmus Mûlrepesch, Winemarus Frambalg, Giselbertus de Wise,*

Gerhard VII. von Jülich (1297-1328) (Schriften zur rheinischen Geschichte 8), Bonn 1988; Clemens von Looz-Corswarem, Geldern und die Nachbarn Kleve, Jülich und Berg vom Spätmittelalter bis 1543, in: Johannes Stinner/Karl-Heinz Tekath (Hrsg.), Gelre - Geldern - Gelderland. Geschichte und Kultur des Herzogtums Geldern (Veröffentlichungen der staatlichen Archive des Landes Nordrhein-Westfalen D,30 = Veröffentlichungen des Historischen Vereins für Geldern und Umgegend 100), Geldern 2005, S. 123-128; Clemens von Looz-Corswarem, Das Verhältnis der Territorien Kleve und Jülich-Berg zu Geldern um 1500 und der Vertrag von Orleans, in: Ralf G. Jahn u. a. (Hrsg.), *„Ein guter Nachbar ist ein edel Kleinod".* Das Herzogtum Geldern im Spannungsfeld von Bündnis und Konkurrenz an Maas, Rhein und IJssel, Geldern 2005, S. 126-134.

[23] Below, Verfassung [1] (wie Anm. 7), S. 178-187; Otto Paul Clavadetscher, *Nobilis, edel, fry,* in: Helmut Beumann (Hrsg.), Historische Forschungen für Walter Schlesinger (Festschrift für Walter Schlesinger 1), Köln/Wien 1974, S. 242-251; Josef Fleckenstein, Zum Problem der Abschließung des Ritterstandes, in: Beumann, Forschungen (wie vor), S. 252-271; Josef Fleckenstein, Das Rittertum der Stauferzeit, in: Württembergisches Landesmuseum Stuttgart (Hrsg.), Die Zeit der Staufer. Geschichte - Kunst - Kultur. Katalog zur Ausstellung 3: Aufsätze, Stuttgart 1977, S. 103-112; Josef Fleckenstein, Die Entstehung des niederen Adels und das Rittertum, in: Derselbe (Hrsg.), Herrschaft und Stand. Untersuchungen zur Sozialgeschichte im 13. Jahrhundert (Veröffentlichungen des Max-Planck-Instituts für Geschichte 51), Göttingen [2]1979, S. 17-39; Gisela Meyer, Untersuchungen zu Herrschaft und Stand in der Grafschaft Jülich im 13. Jahrhundert, in: Fleckenstein, Herrschaft (wie vor), S. 137-156, hier S. 142-156; Werner Rösener, Bauer und Ritter im Hochmittelalter. Aspekte ihrer Lebensform, Standesbildung und sozialen Differenzierung im 12. und 13. Jahrhundert, in: Lutz Fenske u. a. (Hrsg.), Institutionen, Kultur und Gesellschaft im Mittelalter. Festschrift für Josef Fleckenstein zu seinem 65. Geburtstag, Sigmaringen 1984, S. 665-692; Josef Fleckenstein, Über den engeren und den weiteren Begriff von Ritter und Rittertum (*miles* und *militia*), in: Gerd Althoff u. a. (Hrsg.), Person und Gemeinschaft im Mittelalter. Karl Schmid zum fünfundsechzigsten Geburtstag, Sigmaringen 1988, S. 379-392; Karl-Heinz Spiess, Ständische Abgrenzung und soziale Differenzierung zwischen Hochadel und Ritteradel im Spätmittelalter, in: Rheinische Vierteljahrsblätter 56, 1992, S. 181-205, hier S. 185 f.; Janssen, Territorien (wie Anm. 22), S. 130-132; Roger Sablonier, Schriftlichkeit, Adelsbesitz und adliges Handeln im 13. Jahrhundert, in: Otto Gerhard Oexle/Werner Paravicini (Hrsg.), Nobilitas. Funktion und Repräsentation des Adels in Alteuropa (Veröffentlichungen des Max-Planck-Instituts für Geschichte 133), Göttingen 1997, S. 67-100; Johanna Maria van Winter, Die geldrische Ritterschaft, in: Stinner/Tekath, Gelre (wie Anm. 22), S. 287-290; Werner Hechberger, Adel, Ministerialität und Rittertum im Mittelalter (Enzyklopädie Deutscher Geschichte 72), München [2]2010, S. 17-37 u. S. 72-106.

Gerardus de Lûmirs, Theodericus de Brakelle, Henricus de Herle et Renzunus dictus antiquus de Rode, milites, proximi consanguinei, partim fideles et castrenses".[24] Wir fassen in dieser Urkunde erstmals einen größeren Kreis des Adels im Jülicher Machtbereich, ohne die soziale Stellung der beteiligten Personen in jedem Einzelfall zuverlässig bestimmen zu können. Es handelt sich bis einschließlich der Person des Winand von Schinnen um Edelfreie, bei den im Anschluss genannten Personen wahrscheinlich um Ministerialen bzw. beamtete Dienstmannen.

Wilhelm V. (1328-1361), als Wilhelm I. 1336 zum Markgrafen und 1356 zum Herzog erhoben[25], brachte die erste Expansionsphase des Jülicher Territoriums nach der Schlacht von Worringen (1288) zum Abschluss. Seine kostspieligen außen- und innenpolitischen Aktivitäten und die Verwaltungsreform gingen allerdings (auch) zu Lasten seiner adligen Vasallen. Der Adel befürchtete durch die Einsetzung von kündbaren Beamten als Amtmänner[26] die Verdrängung des althergebrachten Lehnssystems und damit den Verlust seiner Eigenständigkeit. Die strukturellen Probleme bei der Integration dieser Gruppe, die keineswegs vollkommen rückhaltlos für ihren Landesherrn agierte, in das Territorium werden nicht zuletzt durch den *„Ritteraufstand"* von 1349 aufgezeigt.[27] Die Teilnahme von Wilhelms Söhnen an der Rebellion und dessen Gefangenschaft von November 1349 bis Juni 1351 stürzten das Herzogtum in eine gefährliche Existenzkrise. Der Adel konnte aber in der Folge sowohl auf der politischen als auch auf der sozialen Ebene in das Territorium einbezogen werden, wenn auch nur mit Zugeständnissen des Landesherrn.

---

[24] UB Düren 1 (wie Anm. 6), S. 34 f., Nr. 73.

[25] Fritz TRAUTZ, Die Könige von England und das Reich 1272-1377. Mit einem Rückblick auf ihr Verhältnis zu den Staufern, Heidelberg 1961, bes. S. 198-204; Gisela MEYER, Graf Wilhelm V. von Jülich. Markgraf und Herzog (1328-1361), Dissertation Bonn 1968; Wilhelm JANSSEN, Wilhelm von Jülich (um 1299-1361), in: Bernhard POLL (Hrsg.), Rheinische Lebensbilder 6, Köln/Bonn 1975, S. 29-54; Manfred GROTEN, Unser lieber gnädiger Herr. Beobachtungen zum Herrschaftsverständnis Wilhelms V. von Jülich (gest. 1361), in: Rheinische Vierteljahrsblätter 65, 2001, S. 197-221; Wilhelm JANSSEN, Wilhelm von Jülich (um 1300-1361). Graf, Markgraf und Herzog, in: Neue Beiträge zur Jülicher Geschichte 19, 2007, S. 123-131.

[26] Wilhelm JANSSEN, Landesherrliche Verwaltung und landständische Vertretung in den niederrheinischen Territorien 1250-1350, in: Annalen des Historischen Vereins für den Niederrhein 173, 1971, S. 85-122, hier S. 88-101 u. S. 118-121. Zu den Verhältnissen im Herzogtum Geldern vgl. Willi NIKOLAY, Die Ausbildung der ständischen Verfassung in Geldern und Brabant während des 13. und 14. Jahrhunderts. Ein Beitrag zur Entstehung und Konsolidierung mittelalterlicher Territorien im Nordwesten des Alten Deutschen Reiches (Rheinisches Archiv 118), Bonn 1985, bes. S. 88-98; Olav MOORMAN VAN KAPPEN, Einführende Bemerkungen zur landständischen Entwicklung am Niederrhein im Spätmittelalter und in der Frühen Neuzeit, in: Johann Friedrich Gerhard GOETERS/Jutta PRIEUR (Hrsg.), Der Niederrhein zwischen Mittelalter und Neuzeit. Referate der 4. Niederrhein-Tagung des Arbeitskreises Niederrheinischer Kommunalarchivare (Studien und Quellen zur Geschichte von Wesel 8), Wesel 1986, S. 43-63; Sabine OPHEYS, Die Entwicklung der Landstände im Herzogtum Geldern bis 1418, in: Geldrischer Heimatkalender 2002 (2001), S. 183-190; Stefan FRANKEWITZ, Adel und Territorialisierung in der Grafschaft Geldern im 13. Jahrhundert, in: Rheinische Vierteljahrsblätter 70, 2006, S. 105-133, hier S. 106 f., S. 113-117 u. S. 132.

[27] LAC. UB 3 (wie Anm. 6), S. 383 f., Nr. 478, S. 385 f., Nr. 480, S. 408, Nr. 502 u. S. 451 f., Nr. 545; BELOW, Verfassung [2] (wie Anm. 7), S. 54 f. mit Anm. 200; MEYER, Wilhelm (wie Anm. 25), S. 126-128; JANSSEN, Territorien (wie Anm. 22), S. 139-152.

Die „Ritterschaft" des 14. Jahrhunderts setzte sich (auch) im Herzogtum Jülich aus einem Konglomerat von abhängigen Dienstleuten mit Verwaltungsämtern der unteren und mittleren Ebene, dem in sich differenzierten niederen Adel sowie „abgesunkenen" Angehörigen von edelfreien Geschlechtern zusammen[28] - wobei die Abgrenzung in Ermangelung von aussagekräftigen Quellen wiederum unklar ist: In den regionalen Urkunden des mittleren 14. bis frühen 15. Jahrhunderts tragen Adlige die Bezeichnungen „Ritter", „Wapelinck", „Knape van den wapen" oder „Junker". Der Aufstieg zu einem „ritterlichen" landsässigen Geschlecht gelang im 14. Jahrhundert in Einzelfällen auch reichen Patriziern mit einem entsprechenden Lebensstil, etwa den Kölner Familien Overstolz und Raitz nach dem Erwerb der Burg Efferen bei Hürth bzw. der Burg Frens bei Bergheim.[29]

Die Jülicher „Ritterschaft" als Landstand wird erstmals 1348 erwähnt: „mit willen uns gemeynen rayts, unser rittere ind unser scheffenen van unsen steden ind van unsenem lande".[30] Wesentliche Kriterien für die Zugehörigkeit zu dem exklusiven Zirkel der „Ritter" waren nach zeitgenössischen Quellen eine „rittermäßige" Lebensweise, in politischer Hinsicht eine geographische (Lehns-) Bindung an das Territorium.[31] Die Mitgliedschaft im Adel war also über die Merkmale „Verhalten" und „Besitz" der einzelnen Person definiert, während eine „ritterbürtige" Abstammung im späten Mittelalter nicht die ihr von der Forschung mitunter beigemessene Bedeutung besaß. Einen Einblick in die

---

[28] BELOW, Verfassung [2] (wie Anm. 7), S. 178-187; Volker RÖDEL, Reichslehenswesen, Ministerialität, Burgmannschaft und Niederadel. Studien zur Rechts- und Sozialgeschichte des Adels in den Mittel- und Oberrheinlanden während des 13. und 14. Jahrhunderts (Quellen und Forschungen zur hessischen Geschichte 38), Darmstadt/Marburg 1979, S. 494-511; Karl-Heinz SPIESS, Aufstieg in den Adel und Kriterien der Adelszugehörigkeit im Spätmittelalter, in: Kurt ANDERMANN/Peter JOHANEK (Hrsg.), Zwischen Nicht-Adel und Adel (Vorträge und Forschungen 53), Stuttgart 2001, S. 1-26, hier S. 7-9; Joachim SCHNEIDER, Spätmittelalterlicher deutscher Niederadel. Ein landschaftlicher Vergleich (Monographien zur Geschichte des Mittelalters 52), Stuttgart 2003, S. 41-46; HECHBERGER, Adel (wie Anm. 23), S. 38-55 u. S. 107-117.

[29] Franz WILLEMS, Stolberger Burgherren aus dem Geschlecht Overstolz-Efferen 1 (Beiträge zur Stolberger Geschichte und Heimatkunde 4a), Stolberg 1962, S. 28-35 u. S. 50-53; Hans KISKY, Wasserburgen und Schlösser im Landkreis Köln. Versuch eines Kataloges, in: Johann KÖLLEN u. a., Siegel und Wappen, Burgen und Schlösser im Landkreis Köln, Köln-Zollstock 1966, S. 39-104, hier S. 74 f. - Lutz JANSEN, Schloß Frens. Beiträge zur Kulturgeschichte eines Adelssitzes an der Erft (Schriften zur Bergheimer Geschichte 5), Bergheim 2008, S. 45 f. Vgl. Thomas ZOTZ, Städtisches Rittertum und Bürgertum in Köln um 1200, in: Lutz FENSKE u. a. (Hrsg.), Institutionen, Kultur und Gesellschaft im Mittelalter. Festschrift für Josef Fleckenstein zu seinem 65. Geburtstag, Sigmaringen 1984, S. 609-638; Gerhard FOUQUET, Stadt-Adel. Chancen und Risiken sozialer Mobilität im späten Mittelalter, in: Günther SCHULZ (Hrsg.), Sozialer Aufstieg. Funktionseliten im Spätmittelalter und in der frühen Neuzeit. Büdinger Forschungen zur Sozialgeschichte 2000 und 2001 (Deutsche Führungsschichten in der Neuzeit 25), München 2002, S. 171-192, hier bes. S. 175 u. S. 180-184; Kurt ANDERMANN, Zwischen Zunft und Patriziat. Beobachtungen zur sozialen Mobilität in oberdeutschen Städten des späten Mittelalters, in: ANDERMANN/JOHANEK, Nicht-Adel (wie Anm. 28), S. 361-382.

[30] LAC. UB 3 (wie Anm. 6), S. 373, Nr. 464. BELOW, Verfassung [1] (wie Anm. 7), S. 15 nennt das Jahr 1364 (nach LAC. UB 3 [wie Anm. 6], S. 555-560, Nr. 657, hier S. 559) („unser ritterschaf"). Vgl. BELOW, Territorium (wie Anm. 7), S. 80-92.

[31] SPIESS, Aufstieg (wie Anm. 28), S. 6 f. u. S. 9-19 nach: BELOW, Territorium (wie Anm. 7), S. 87.

persönliche Zusammensetzung der „*rittere*" des Herzogtums Jülich im 14. und 15. Jahrhundert geben die Zeugenlisten in jenen Urkunden, die in finanzieller oder territorialpolitischer Hinsicht das Land in seiner Gesamtheit betrafen und deshalb der Zustimmung durch die Landstände bedurften. Die geringe Zahl landesherrlicher Urkunden mit landständischer Beteiligung und der Umstand, dass in manchen Verträgen der Herzöge über wichtige Rechtsgeschäfte nur wenige oder überhaupt keine Ritter als Zeugen begegnen, wurden bereits angemerkt.[32] Einige Dokumente wurden nur durch hohe Beamte wie den Erbmarschall, Amtmänner o. ä. bezeugt. Die Zuziehung von Adligen zu „*territorialen*" Urkunden durch den Landesherrn zwischen etwa 1300 und 1500 war starken Schwankungen unterworfen: Im 14. Jahrhundert erscheinen zwischen vier und 22 Adlige als Zeugen, die als Stellvertreter der Jülicher Ritterschaft gelten dürfen; erst im Anschluss sind die wichtigen Städte des Herzogtums angeführt.[33] Dieser Befund zeigt, dass im Herzogtum Jülich das „*Land*" im 14. Jahrhundert wesentlich von der Ritterschaft getragen worden ist, und dass die Städte erst seit dem späten 14. Jahrhundert die Führungsrolle bei den Landständen übernahmen. Es gibt allerdings Ausnahmen: Markgraf Wilhelm I. und sein Sohn Gerhard holten 1347 die Zustimmung der Städte Jülich, Düren, Zülpich, Münstereifel, Bergheim, Grevenbroich und der Dörfer Aldenhoven und Mönchengladbach sowie anderer Städte, Dörfer und „*ihrer gemeinen Lande und Leute*" für ein Finanzgeschäft ein[34]; eine Urkunde von 1369 wird von Städten und Amtleuten bezeugt[35]; eine Urkunde von 1377 bezeugten lediglich zwei Jülicher Räte.[36] Angehörige des Jülicher Adels als Zeugen fehlen in allen drei Verträgen, wie auch in gleichzeitigen und späteren Urkunden über Bündnisse und Familienangelegenheiten häufig nur die handelnden Dynasten siegeln.

---

[32] BELOW, Rittergüter (wie Anm. 7), S. 837-844; Wybe Jappe ALBERTS, Zur Entstehung der Stände in den weltlichen Territorien am Niederrhein, in: Max BRAUBACH u. a. (Hrsg.), Aus Geschichte und Landeskunde. Forschungen und Darstellungen. Franz Steinbach zum 65. Geburtstag gewidmet von seinen Freunden und Schülern, Bonn 1960, S. 333-349, hier S. 342 f. mit Anm. 39.

[33] In diese Kategorie gehören die Urkunden: LAC. UB 3 (wie Anm. 6), S. 112 f., Nr. 151 (1315), S. 320 f., Nr. 405 (1344), S. 474-476, Nr. 567 (1357), S. 699-702, Nr. 794 (1377), S. 884-887, Nr. 1000 (1394); LAC. UB 4 (wie Anm. 6), S. 58-61, Nr. 55 (1410) u. S. 236-240, Nr. 206 (1433); UB Düren 1 (wie Anm. 6), S. 70 f., Nr. 73 (1331), S. 117-122, Nr. 113 (1358), S. 136-138, Nr. 131 (1361 = LAC. UB 3 [wie Anm. 6], S. 518 f., Nr. 617), S. 138-145, Nr. 132 (1361 = LAC. UB 3 [wie Anm. 6], S. 521-525, Nr. 621), S. 155-163, Nr. 139 (1364 November 11), S. 169-180, Nr. 146 (1375 März 30), S. 215-220, Nr. 186 (1393 Dezember 28; neben dem Jülicher Erbmarschall Heinrich von Harff siegeln zehn „*rittere*" und drei „*knapen*") u. S. 226-231, Nr. 191 (1397 Juli 3); UB Düren 2 (wie Anm. 6), S. 262-269, Nr. 216 (1409 Oktober 6), S. 307-315, Nr. 238 (1423 August 24), S. 330-332, Nr. 249 (1427 Oktober 1), S. 334-344, Nr. 253 (1429 April 16), 344-348, Nr. 254 (1429 Juli 13), S. 364-367, Nr. 268 (1438 Februar 12), S. 408-413, Nr. 293 (1444 September 4), S. 417-422, Nr. 297 (1445 November 21), S. 488-490, Nr. 338 a (1457 Oktober 26), S. 489 f., Nr. 338 b (1462 März 10), S. 502-507, Nr. 348 (1462 September 23), S. 518-525, Nr. 359 (1469 Februar 4), S. 525-531, Nr. 360 (1469 April 19), S. 536-540, Nr. 364 (1469 August 12) u. S. 670-673, Nr. 436 a (1496 Februar 2).

[34] UB Düren 1 (wie Anm. 6), S. 95 f., Nr. 89.

[35] LAC. UB 3 (wie Anm. 6), S. 595-597, Nr. 693.

[36] LAC. UB 3 (wie Anm. 6), S. 694, Nr. 791.

In der erwähnten Zeugenliste von 1269 wird nur der Edelfreie Dietrich von Heinsberg als „*dominus*" bezeichnet. Im 14. Jahrhundert werden die Zeugen weitgehend als „*Herren*" tituliert, wie etwa die Urkunde über einen Gütertausch zwischen Herzog Wilhelm II. von Jülich und seinem Schwager Reinhard von Schönforst von 1361 zeigt: „*unser vyer erf-amptlude, as heren Cristiain van Durffendale můmbůir, unz erfsschencke, heren Reynart van den Bůncgarde, unsen erfkemener, heren Frambach van Birgel, unsen erfmarschalc, ind Schynman van Vredenaldenhoven, unsen erfdroissis; vort unse lieve vrunt, ind rait, as heren Mathijs van Stůmbel, her Johann marschalc van Alfter, heren Rost van Bynsvelt, heren Werner van Breydenbeynt, heren Adåm van Ederen, heren Reynart Rost van Disternich, heren Rycalt Vammeroide, heren Tielman Vůyrre van Wijs, heren Steven van Droeve, heren Gerarde Rost van Wijlre, heren Wilhelm van Můysbach, heren Werner van Vlatten, heren Daniel van Eirnich, heren Godart van den Buncgarde, ind heren Wijnant van Roere, rittere*".[37]

Dagegen wird im 15. Jahrhundert bei einigen Zeugen zwischen dem Vornamen und dem Geschlechternamen statt des „*van*" ein „*here zo*" eingeschoben bzw. dem Nachnamen mit einer Besitzangabe angehängt. Waren diese Personen, die in den Zeugenlisten nicht kategorisch vor den „*ritterbürtigen*" Adligen stehen, im Besitz von Unterherrschaften? Diese autonomen „*Herrlichkeiten*" besaßen die niedere, teilweise auch die hohe Gerichtsbarkeit, und waren von Steuern befreit.[38] Ihr militärischer, verwaltungstechnischer, wirtschaftlicher und gesellschaftlicher Mittelpunkt war eine Burg. Die älteren Allodialherrschaften der Edelfreien wurden auf verschiedenen Wegen in die Territorien integriert und meist in ein landesherrliches Amt überführt. Noch im späten

---

[37] UB Düren 1 (wie Anm. 6), S. 138-145, Nr. 132.

[38] DROEGE, Territorien, S. XLIX, zufolge bestanden im Herzogtum J ü l i c h etwa 40 Herrlichkeiten. Die mitgeteilten Zahlen schwanken: Moriz RITTER, Zur Geschichte der deutschen Finanzverwaltung im 16. Jahrhundert, in: Zeitschrift des Bergischen Geschichtsvereins 20, 1885, S. 1-32, hier S. 7 f., und Stefan WAGNER, Staatssteuern in Jülich-Berg von der Schaffung der Steuerverfassung im 15. Jahrhundert bis zur Auflösung der Herzogtümer in den Jahren 1801 und 1806 (Kölner Vorträge und Abhandlungen zur Sozial- und Wirtschaftsgeschichte 27), Köln 1977, S. 52, nennen für das 16. Jahrhundert 57, für das 18. Jahrhundert 43 Unterherrschaften; davon waren 21 lehnbar und 22 allodial. Der Ritterzettel von 1734 führt 38 Unterherrschaften auf: KRAUSE, Qualifikation (wie Anm. 9), Anhang 2. Heinz ANDERMAHR, Landesburgen und Lehnsburgen in der Grafschaft und Markgrafschaft sowie im Herzogtum Jülich. Ein Forschungsbericht, in: Neue Beiträge zur Jülicher Geschichte 32, 2019, S. 7-12, hier S. 10 f., nennt 50 Unterherrschaften. Vgl. BELOW, Staatssteuern (wie Anm. 7), S. 183-198; BELOW, Steuern (1893) (wie Anm. 7), S. 64-70, Nr. 52-53; In den vier Quartieren des Herzogtums G e l d e r n bestanden 1569 insgesamt 54 Herrlichkeiten: FRANKEWITZ, Adel (wie Anm. 27), S. 118. Zu K u r k ö l n vgl. Wolf-Dietrich PENNING, Herrschaft - Anspruch und Durchsetzung im Erzstift Köln am Ende des 17. Jahrhunderts. Eine Fallstudie zum Phänomen der Unterherrschaft, in: Annalen des Historischen Vereins für den Niederrhein 201, 1998, S. 167-182. Zur Genese und verfassungsrechtlichen Qualität der (Unter-) Herrschaften im späten Mittelalter und in der frühen Neuzeit vgl. Hermann AUBIN, Die Entstehung der Landeshoheit nach niederrheinischen Quellen. Studien über Grafschaft, Immunität und Vogtei (Historische Studien 143), Berlin 1920, S. 419-421; Hans WELTERS, Die Wasserburg im Siedlungsbild der Oberen Erftlandschaft (Beiträge zur Landeskunde der Rheinlande III,4), Bonn 1940, S. 49-52 u. S. 94; FRANKEWITZ, Adel (wie Anm. 27), S. 119-133; Wilhelm JANSSEN, Unterherrschaft. Anmerkungen zu einem Strukturmerkmal niederrheinischer Territorien in der frühen Neuzeit, in: Rheinische Vierteljahrsblätter 76, 2012, S. 152-175.

Mittelalter entstanden aber - mit Einverständnis des Landesherrn - Herrlichkeiten mit bisweilen sehr geringem Landbesitz.[39]

Die Jülicher Gebietsgewinne im späten Mittelalter umfassten besonders das Herzogtum Berg (1423; die Heinsberger Quart seit 1469), vorübergehend das *„Oberquartier"* des Herzogtums Geldern (1371/1379-1423) sowie weitere, heute z. T. auf niederländischem Staatsgebiet gelegene Herrschaften wie Heinsberg, Geilenkirchen, Millen und Monschau. Herzog Gerhard hatte 1423 den Jülicher Landständen die Zusicherung machen müssen, dass er *„onse lande ind ampten bestellen ind reigeren mit unsen undersaessen ind neit mit vreymden"* wolle.[40] Im Gegenzug für die zunehmende finanzielle Belastung des werdenden Territorialstaates forderten die selbstbewussten Adligen - sie werden in dieser Zeit als *„Junker"*, *„Ritter"* oder *„Knape van wapen"* bezeichnet - verstärkt seit dem mittleren 15. Jahrhundert ein Mitspracherecht bei den Entscheidungen ihres Landesherrn. Der überschuldete Herzog Gerhard von Jülich-Berg und seine Frau Sophia von Sachsen verkauften bzw. schenkten 1450 für den Fall, dass Gerhard ohne Kinder sterben würde oder dass ihnen zwar noch Kinder geboren würden, diese aber keine Nachkommen hinterließen, das Herzogtum Berg, die Herrschaft und Stadt Blankenberg, die Grafschaft Ravensberg sowie die Städte Sinzig und Remagen mit Zubehör für 104.000 Gulden an den Kölner Erzbischof Dietrich von Moers und das Erzstift; mit sofortiger Wirkung traten die Eheleute dem Erzbistum das Land Blankenberg ab, und beide Parteien schlossen ein gegenseitiges Schutz- und Hilfsbündnis.[41] Als Siegler herangezogen wurden *„unse lieve reede ind getruwen unse amptlude ind vort burgermeistere, scheffen ind reede unser stede"* der betroffenen Gebiete - die Ritterschaft blieb außen vor! Die *„gemeyn reede, ritterschaff und stede des lantz van Guilge"* schlossen deshalb 1451 ein Bündnis (*„Einung"*) über ihre gemeinsame Haltung in dieser Situation.[42] Diese für den Fortbestand nicht nur der Jülicher Stände wichtige Urkunde wurde von 24 Adligen gesiegelt: *„her Werner here zo Palant ind zo Breidenbendt, her Goidert van Harve landroiss zo Guilg, her Engelbert Nijt van Birgel erfmarschalck etc., her Wilhem van Nesselroide, her Wilhem van Vlatten, her Daem van Hetzingen ein landdrost und her Johan van Geisbusch here zo Boilhem, her Wernher vanme Roide, her Goidert van den Bongarde erfkemener etc., her Werner van*

---

[39] Herzog Johann II. von Kleve-Mark erhob 1497 den Adelssitz Wissen mitsamt Zubehör zur Herrlichkeit, die Wessel van dem Loe, sein Amtmann in der Liemersch, zu Lehen erhielt, desgleichen 1498 das Haus Diersfordt des Adolf von Wylich, seines Amtmannes zu Ringenberg: Theodor ILGEN (Bearb.), Quellen zur inneren Geschichte der rheinischen Territorien. Herzogtum Kleve 1: Ämter und Gerichte. Entstehung der Ämterverfassung und Entwicklung des Gerichtswesens vom 12. bis ins 16. Jahrhundert 2: Quellen 1 (Publikationen der Gesellschaft für Rheinische Geschichtskunde 38), Bonn 1921, S. 488-490, Nr. 399 bzw. S. 410 f., Nr. 401.

[40] LAC. UB 4 (wie Anm. 6), S. 167 f., Nr. 149.

[41] LAC. UB 4 (wie Anm. 6), S. 353-358, Nr. 294; BELOW, Landtagsakten 1 (wie Anm. 7), S. 2, S. 36, S. 51-53 mit Anm. 131 u. S. 93. Vgl. Dieter SCHELER, Rendite und Repräsentation. Der Adel als Landstand und landesherrliche Gläubiger in Jülich und Berg im Spätmittelalter, in: Rheinische Vierteljahrsblätter 58, 1994, S. 121-132, hier bes. S. 122 f.

[42] UB Düren 2 (wie Anm. 6), S. 446-448, Nr. 316 a. Identische Namen enthält der Betrittsvertrag des Gerhard von Loon von 1452: LAC. UB 4 (wie Anm. 6), S. 367 f., Nr. 301; UB Düren 2 (wie Anm. 6), S. 448 f., Nr. 316 b. Vgl. WALZ, Stände (wie Anm. 8), S. 64 f.

Hompesch, her Wilhem van Lynsenich, her Johan van Schoenroide, her Heynrich van Kruythusen, ritter, Karselis van Palant here zo Wildenberg, Reynart van Harve, Heynrich Speys van Bulleshem, Reynart Speys van Bulleshem, Johan van Birgell, Scheiffart vanme Roide genat van Kudelshegge, Baldewyn van Berghe, Conrait van Ruyschenberg, Heynrich van Plettenbergh". Vertreten sind zunächst die Inhaber der erblichen Hofämter. Es überwiegen wiederum die „Herren", denen wenige „einfache" Adlige folgen. Werner von Palant, Johann von Geisbusch und Werner von Palant werden als „Herr zu …" nach ihren Unterherrschaften tituliert, und nur Heinrich von Krauthausen wird als „Ritter" bezeichnet. Nachdem den Eheleuten aber doch Kinder geboren worden waren, konnte 1469 der nachfolgende Erzbischof Ruprecht von der Pfalz gegen Zahlung von 45.000 Gulden zum Verzicht auf die Ansprüche bewogen werden[43]; lediglich Sinzig und Remagen verblieben noch bis zum mittleren 16. Jahrhundert in kurkölnischem Besitz.[44]

In der nächsten „Einung" der „ritterschaft des lantz von Gulich" von 1464, die sich gegen die Bereicherung der adligen Beamten des Herzogs richtete, ist die aus allen Quellen herausragende Zahl von 78 Personen namentlich aufgelistet, denen in neun Fällen eine Unterherrschaft und in sechs Fällen ein Rittersitz zugeordnet ist[45]: „Daem herr zo Burchaue ritter, Reinhart Schellart van Obbendorp ritter h. zo Gurzenich, Lepart van Hembach ritter, Joh. Vanm Birgel, Henrich Speiss van Bullesheim wonende zo Bobbenheim, Reinh. Speiss h. zo Bullesheim, Joh. van Lulstorpf, Frambach van Weyer h. zo Schweinheim, Hinrich van Ruissenbourg h. zo Setterich, Harper van Ruissenbourg, Dederich van Betgenhausen, Joh. van Binsfelt, Werner h. zo Binsfelt, Reinh. van Binsfelt, gebroedere, Joh. van Schoenraede, Wilh. van Schoenraede, gebroedere, Raeban van Plettenberg, Joh. Speiss van Bullesheim, wonende zo Bullheim, Hinrich Speiss wonende zo Loirsfelt, Joh. Speiss wonende zu Vrechen, Friedr. van Steppenraide, Paen van den Bongart, Joh. van Ruissenbourg, Hinrich van Langel, Joh. van Hetzongen, Joh. van Weissweiler gen. van Verken, Gerh. van Houltorp, Henr. van Vlatten, Joh. van Levendale gen. van Patteren, Joh. van Vlatten, Goiswyn Brente h. zo Vernich, Goiswyn Brente h. zo Wachendorf, Reinh. Brente gebroedere, Arnold van Upheim, Wilh. van Goistorp, Arn. van Efferen, Gerhart sein son, Hinrich vam Houltz, Reinh. Buck van Liechtenberg gen. van Golsheim, Sander van Efferen, Dederich van Leroide, Krummel van Eynatten wonende zo Vlamersheim, Bernh. van Weverden h. zo Droefe, Wilh. Gryn, Goert Gryn van Aldenhoven, gebroedere, Joh. Gryn, Loef van Linzenich, Joh. van Linzenich, Otto van Pufflink, Wilh. Van Broich, Daem van Broich, Tilman van den Broich, Godart van Immendorp, Daem Duytzsche van der Kuylen, Reinh. Raue van Ousheim, der stam van Geless, Hinrich vame Vorste, Reinh. Oesse van Walhausen, Joh. Wilderaide, Loidwich van Oylmessheim, den man spricht Mulstroe, Otto van Buischfelt, Theiss Walrave, Sibgin und Joh. van Neuekirchen,

---

43 LAC. UB 4 (wie Anm. 6), S. 432-434, Nr. 344; Theodor Josef LACOMBLET (Hrsg.), Archiv für die Geschichte des Niederrheins 4, Düsseldorf 1863, S. 283.

44 LAC. UB 4 (wie Anm. 6), S. 701, Nr. 558.

45 Hans GOLDSCHMIDT, Eine Einung der Jülicher Ritterschaft aus dem Jahre 1464, in: Westdeutsche Zeitschrift für Geschichte und Kunst 30 (1), 1911, S. 100-109. Vgl. WALZ, Stände (wie Anm. 8), S. 65.

gebroedere, Gyliss van Geuwenich, Bruin van Deissbach, Wilh. ind Gottart van Fran-
kenhoven, gebroidere, Herman Styrne van Harve wonende zo Baisweiler, Herm. van
Boelendorp, Hinrich van Hoegerbach, Hinr. van Hoegerbach sein son, Aelof vame
Sande, Lambrecht vame Zweivel, Werner Schanart van Irnich, Herm. van Geyen, den
man spricht ,Groeffe', Schilling van Geistorp, Joh. van Groenaue." Wir fassen in dieser
Urkunde wahrscheinlich einen Großteil der Angehörigen der Jülicher Ritterschaft; eine
Prosopographie könnte die soziale Zusammensetzung der Gruppe erhellen.

Durch eine ebenso engagierte wie glückliche Heiratspolitik gelang im ausgehenden
Mittelalter unter Herzog Johann III. († 1539) die Vereinigung des Herzogtums Jülich-
Berg mit dem Herzogtum Kleve-Mark und der Grafschaft Ravensberg. Einer der wichtigsten Verträge des Jülicher Territoriums ist ein darauf bezügliches Dokument vom 25.
November 1496: Herzog Wilhelm IV. von Jülich-Berg und Herzog Johann II. von Kleve-
Mark schlossen anlässlich der Eheverbindung ihrer Kinder Maria von Jülich und Jungherzog Johann von Kleve unter Beteiligung ihrer beider *„rede, ritterschafften ind stede"*
ein gegenseitiges Schutz- und Trutzbündnis (*„Erbunion"*).[46] Gesiegelt wurde die Urkunde allerdings nur von 21 Jülicher Rittern - keineswegs die höchste Zahl bei den
landesherrlichen Verträgen des 15. Jahrhunderts: Gottschalk von Harff zu Alsdorf,
Landdrost, Heinrich von Hompesch zu Wickrath, Hofmeister, *„rittere"*, Dietrich von Burtscheid, Erbhofmeister, Engelbrecht Hurt von Schönecken zu Beaufort, Erbmarschall,
Johann von dem Bongart, Erbkämmerer, Emont von Palant zu Maubach, Amtmann zu
Nideggen, Wilhelm von Nesselrode zu Rheydt, Amtmann zu Grevenbroich, Werner von
Hompesch zu Wachendorf, Johann von Palant zu Wildenburg und (Noth-) Berg, Amt-
mann zu Wilhelmstein, Johann von Harff, *„son"*, zu Alsdorf, Amtmann zu Geilenkirchen,
Wilhelm von Gertzen zu Sintzich, Hermann von Hochsteden, Amtmann zu Kaster,
Gerhard von Berg gen. Blens, Heinrich Hoen von dem Pesch, Werner von dem
Bongart, *„rittere"*, Gerhard von Hoemen, Heinrich von Vlatten, Erbschenk, Werner von
Palant zu Breitenbend, Amtmann zu Boslar und Wassenberg, Johann von Horrich zu
Süggerath, Adam von Berghe gen. Trips, Johann von Holtmühlen und Dietrich Voess.

Einige verwaltungstechnisch und territorialpolitisch wichtige Punkte seien hier eingeschoben: Im ausgehenden 15. Jahrhundert etablierte sich Düsseldorf als Residenzstadt der 1423 vereinigten Herzogtümer Jülich und Berg; hier wurde die Verwaltung
konzentriert.[47] Seit der Verwaltungsreform in den Vereinigten Herzogtümern Jülich-

---

[46] UB Düren 2 (wie Anm. 6), S. 677-685, Nr. 440 (S. 684). Vgl. Otto HÖTZSCH, Stände und
Verwaltung von Cleve und Mark in der Zeit von 1666 bis 1697 (Urkunden und Aktenstücke
zur Geschichte der inneren Politik des Kurfürsten Friedrich Wilhelm von Brandenburg 2),
Leipzig 1908, S. 258 f. sowie den Ehevertrag zwischen Johann und Maria mit demselben
Datum, der von 22 Jülicher Rittern gesiegelt worden ist: LAC. UB 4 (wie Anm. 6), S. 587-592,
Nr. 474. Vgl. WALZ, Stände (wie Anm. 8), S. 65 f.

[47] Edmund SPOHR, Düsseldorf. Stadt und Festung, Düsseldorf ²1979, S. 24-27. Der erste gemeinsame Landtag der Jülicher und Bergischen Stände fand 1464 statt: JANSSEN, Territorien
(wie Anm. 22), S. 145; vgl. Heinrich HELBIG, Fürsten und Landstände im Westen des Reiches
im Übergang vom Mittelalter zur Neuzeit, in: Rheinische Vierteljahrsblätter 29, 1964, S. 32-
72, hier S. 52 f. u. S. 64-68. Noch 1478 und 1514 veranstaltete die Bergische Ritterschaft
eigene *„Rittertage"* zu Opladen: LAC. UB 4 (wie Anm. 6), S. 499, Nr. 400; LACOMBLET, Archiv
1 (wie Anm. 47), S. 103-110.

Berg und Kleve-Mark im mittleren 16. Jahrhundert[48] wurden die Stände jeweils durch einen Rechtsbeamten, den *Syndicus*, vertreten.[49] Der weiteren Ausdehnung des Territoriums nach Nordwesten, die Jülich unter Herzog Wilhelm V. *dem Reichen* († 1592) mit dem bereits eingeleiteten Erwerb des Herzogtums Geldern zu einer bedeutenden Fraktion im Nordwesten des Reiches gemacht hätte, setzte das gewaltsame Einschreiten Kaiser Karls V. im Geldrischen Erbfolgekrieg (1542/43) ein Ende. Das reduzierte Herzogtum Jülich-Kleve-Berg wurde nach dem Erlöschen der Familie im Mannesstamm (1592) und einem längeren Streit um die Erbfolge (1609/1614) zum Annex des Pfälzischen Kurfürstentums mit der Residenz in Mannheim und 1794 bzw. 1801/1806 nach der Besetzung bzw. Annektion der Rheinlande durch Frankreich mediatisiert.

Im 15. Jahrhundert hatte sich jedenfalls die Gruppe derjenigen adligen Familien formiert, welche über die Heiratspolitik ihren Stand nach außen abschirmten. Zieht man die Bestimmungen für die Aufnahme in den 1444 durch Herzog Gerhard von Jülich-Berg gestifteten ritterlichen Hubertusorden heran[50], so musste der Kandidat spätestens im mittleren 15. Jahrhundert wohl auch für die Aufnahme in die *„Ritterschaft"* vier adlige Ahnen vorweisen (Ahnenprobe bzw. Aufschwörung).[51] Aus dieser frühen Zeit liegen jedoch keine konkreten Nachrichten über die zugrunde liegenden Kriterien vor. Wie bereits bemerkt, hat Karl-Heinz Spiess herausgestellt, dass das Merkmal der *„Ritterbürtigkeit"* für eine *„adlige"* Person im 15. Jahrhundert keine wesentliche Rolle spielte, sondern dass für die Zugehörigkeit zu diesem Stand soziale und wirtschaftliche Komponenten im realen Leben bestimmend waren.[52]

In einem Bericht von 1560 aus dem Amt Wassenberg lesen wir bezüglich der Zugehörigkeit zur *„Ritterschaft"*: *„Thewus v. Baexen ist van wegen seines vatters van adelichem herkomen, sein moder aber eines burgers us Ruremunde dochter gewesen.*

---

48 Kurt SALLMANN, Organisation der Zentralverwaltung von Jülich-Berg im 16. Jahrhundert [1], in: Jahrbuch des Düsseldorfer Geschichts-Vereins 17, 1902, S. 35-97; DERSELBE, Organisation der Zentralverwaltung von Jülich-Berg im 16. Jahrhundert [2], in: Jahrbuch des Düsseldorfer Geschichts-Vereins 18, 1903, S. 1-29; Kurt ERDMANN, Der Jülich-Bergische Hofrat bis zum Tode Johann Wilhelms (1716), in: Düsseldorfer Jahrbuch 41, 1939, S. 1-121, hier S. 8-19; Wilhelm JANSSEN, Neue Wege und Formen territorialer Verwaltung am Niederrhein im Übergang zur frühen Neuzeit, in: Rheinische Vierteljahrsblätter 58, 1994, S. 133-148, hier bes. S. 143 f. Vgl. Johann Josef SCOTTI (Hrsg.), Sammlung der Gesetze und Verordnungen, welche in den ehemaligen Herzogthümern Jülich, Cleve und Berg und in dem vormaligen Großherzogthum Berg über Gegenstände der Landeshoheit, Verfassung, Verwaltung und Rechtspflege ergangen sind. Vom Jahr 1475 bis zu der am 15. April 1815 eingetretenen Königlich Preuß. Landes-Regierung 1 [1475–1766], Düsseldorf 1821, S. 38, Nr. 50 u. Nr. 52 (Lehnsordnung bezüglich der Mannlehen, 1555)

49 WALZ, Stände (wie Anm. 8), S. 40 f.; KRAUSE, Qualifikation (wie Anm. 9), S. 9.

50 Theodor Josef LACOMBLET (Hrsg.), Archiv für die Geschichte des Niederrheins. Erste Abtheilung: Sprach- und Rechtsalterthümer 1, Düsseldorf 1832, S. 399-403, hier S. 401 § 7: *„Item sall eyn ieklich broeder van gueder Ritterschaff syn van synen vier anchen"*.

51 BELOW, Rittergüter (wie Anm. 7), S. 534 mit Anm. 23. Vgl. Friedrich W. EULER, Wandlungen des Konnubiums im Adel des 15. und 16. Jahrhundert, in: Hellmuth RÖSSLER (Hrsg.), Deutscher Adel [1]: 1430-1555, Büdinger Vorträge 1963 (Schriften zur Problematik der deutschen Führungsschichten in der Neuzeit 1), Darmstadt 1965, S. 58-94, hier S. 61 f.; SPIESS, Aufstieg (wie Anm. 28), S. 16 f. Eine frühe Bestätigung der edelfreien Abstammung durch den Kölner Erzbischof Wilhelm von Gennep von 1352: LAC. UB 3 (wie Anm. 6), S. 418, Nr. 514.

52 Vgl. Anm. 31.

Werner Agriss, desselben vatter ist vurmahels ein schutz zo hoeve gewesen; van wegen der anchfrauen mach auch etwas mangels sein", und in einem solchen von 1564 aus dem Amt Brüggen: *„die Augrissen, Kipshoven […], wilche als vom adel sich ausgeben und darfur halten, deren elteren aber ein deils mit irer bestetnus sich verniederigt"*.[53] Im späten 16. und im 17. Jahrhundert wurde von dem Probanden der Nachweis von acht adligen Ahnen verlangt.[54] Die ältesten überlieferten Jülicher Ahnenproben aus dem Jahr 1649 weisen acht adlige Urgroßeltern aus.[55] War bei der über zwei Generationen reichenden Approbation im späten Mittelalter noch die Befragung von lebenden Zeitzeugen möglich gewesen, so mussten nun für die früheren Vorfahren relevante Dokumente beigebracht werden, wodurch das institutionalisierte Verfahren eine erhebliche Komplexität erhielt.[56]

Die Konditionen und Modalitäten der Aufnahmezeremonie des adligen Besitzers eines Rittersitzes in die Bergische Ritterschaft bzw. in die Landtagsmatrikel wurden im Mülheimer Landtagsbeschluss von 1656 fixiert.[57] Zusammen mit der Jülicher Ritterschaft wurde auf einem gemeinsamen Landtag 1659 eine veränderte Fassung dieser Statuten verabschiedet.[58] Der rechtsmündige, d. h. zwischen 18 und 25 Jahre alte Inhaber[59] des anerkannten Rittersitzes musste auf dem Landtag eine Probation über acht adlige Ahnen[60] vorlegen, die dann bis zum nächstfolgenden Landtag durch eine Kommission geprüft wurde. Wenn keine Zweifel an der Ritterbürtigkeit des Kandidaten bestanden, erfolgte dessen Aufschwörung durch zwei etablierte Angehörige der

---

53 BELOW, Rittergüter (wie Anm. 7), S. 533.

54 Ebd., S. 533 f. mit Anm. 21; LANGBRANDTNER, Ahnenprobe (wie Anm. 1), S. 181-183. Vgl. Wolf D. PENNING, Zwischen Fürstengunst und Ständewiderstand. Eine spanische Rangerhöhung für einen brabantischen Adligen am kurkölnischen Hof und dessen Integrationsprobleme im Erzstift des 17. Jahrhunderts, in: Annalen des Historischen Vereins für den Niederrhein 208, 2005, S. 119-154.

55 Anton FAHNE, Denkmale und Ahnentafeln in Rheinland und Westphalen 4, Düsseldorf 1880, S. 1-60, hier S. 3–5; BELOW, Rittergüter (wie Anm. 7), S. 533, Anm. 21; KRAUSE, Qualifikation (wie Anm. 9), S. 46.

56 Entsprechend besitzt der zeitgenössische Ratgeber von Johann Georg ESTOR, Practische Anleitung zur Anenprobe so bei den Teutschen Erz- und Hochstiften, Ritterorden und Ganerbschaften gewoenlich, Marburg 1750, einen Textumfang von 528 Seiten - und am Schluss eine *„Nachricht für den Buchbinder, wie die in Kupfer gestochene Anenbäume anzukleben sind"* (ich habe die Ausführung nicht auf Korrektheit überprüft). Zu Stammtafeln und Ahnenproben vgl. auch Arnold ROBENS, Elementar-Werckchen der Wapenkunde, Düsseldorf/Aachen 1790, S. 113-172.

57 BELOW, Rittergüter (wie Anm. 7), S. 536, Anm. 32 u. S. 539 mit Anm. 51; KRAUSE, Qualifikation (wie Anm. 9), S. 47-49, Anlage 3.

58 KRAUSE, Qualifikation (wie Anm. 9), S. 47-49, Anlage 4. Zur Organisation der Landtage vgl. BELOW, Landtagsakten 1 (wie Anm. 7), S. 14-53.

59 BELOW, Rittergüter (wie Anm. 7), S. 539 mit Anm. 51 u. S. 840, Anm. 17; Hermann CONRAD, Deutsche Rechtsgeschichte 1: Frühzeit und Mittelalter, Karlsruhe ²1962, S. 398.

60 KRAUSE, Qualifikation (wie Anm. 9), S. 48 u. S. 63. Allerdings wurde bereits von den Teilnehmern der Düsseldorfer Hochzeit des Jahres 1585 der Nachweis von acht adligen Vorfahren verlangt: Diederich GRAMINEUS, Beschreibung derer Fürstlicher Güligscher Hochzeit […], Köln 1587 (unpag.); Friedrich von KLOCKE, Westdeutsche Ahnenproben mit feierlichen Umzügen im 16., 17. und 18. Jahrhundert, in: Mitteilungen der Westdeutschen Gesellschaft für Familienkunde 12 (1), 1940, Sp. 1-24, hier Sp. 1-6.

Ritterschaft und anschließend der Eintrag in die Matrikel. Dabei fungierten die bereits bestätigten Mitglieder der Ritterschaft in ihrer Gesamtheit im Auftrag des Landesherrn als Entscheidungsträger. Dieses Gremium war am besten in der Lage, die Einhaltung der geforderten Konditionen zu überprüfen. Entscheidungen gegen einen Probanden waren nicht ungewöhnlich: So wurde bei den Landtagsverhandlungen von 1566 notiert, dass „auch die ritterschaft bei den ritterzetteln etliche zusetz getan" habe. „Und als Joh. v. Loevenich vogt zu Caster mit darin gesetzt zu werden begert, ist ime solchs abgeschlagen"[61]. Nur selten sind Fälle überliefert, bei denen die Aberkennung der Landtagsfähigkeit zu Lebzeiten eines rechtsbrüchigen Inhabers erfolgte: Unter dem Amt Bergheim wurde im Ritterzettel von 1566–1570 notiert, dass Heinrich von Zweiffel [zu Fischenich] keine Einladung zum Landtag „geschrieben sei, weil der Herzog ihm zuvor die Hand hat abnehmen lassen".[62] Diese Verstümmelung, das sichtbare Zeichen für die Ehrlosigkeit des Delinquenten, dürfte mit einem Meineid in Zusammenhang gestanden haben. Der Erbkämmerer Wilhelm von dem Bongart (!) und andere Adlige, die 1544 nicht zum Jülicher Landtag berufen worden waren, vermuteten, dass sie bei Herzog Wilhelm V. zu Unrecht in Ungnade gefallen wären.[63]

Johann von Horrig zu Brachelen schrieb bezüglich des Rittersitzes Horrig bei Hückelhoven am 11. Februar 1604 an Herzog Johann Wilhelm I. von Jülich-Berg: „Der Herzog hat seinen Vater, D. [Adam?] von Horrig zu Brachelen, stets zu den Landtagen verschrieben. Da der nun gestorben, so möchte der Herzog mich als seinen Son und Erben [...] dem alten loblichen Prauch nach anstatt des Vaters in das Ritterbuch schreiben". Im Ritterzettel vom 12. Februar heißt es dazu: „iusserunt [...] inscribi filium Joh. v. Horrich zu Brachelen. Und hat der Durwerter Sinzig angezeigt, (dass) dieses den Ständen gefallen".[64] Auf diesem, zu Hambach abgehaltenen Landtag wurde am 18. Februar in die Matrikel eingetragen: „Der Director Hans Otto v. Sintzig samt der Gulischer Ritterschaft Syndicis haben angezeigt, der H. Marschalk und andere HH. Rete wie gleichfals die von der Ritterschaft hetten bewilligt, den Supplicanten Wilhelmen v. Frankeshoven uf den Ritterzettul zu schreiben".[65] Im frühen 17. Jahrhundert war die Zuordnung des approbierten Adligen zu einem anerkannten Rittersitz, wie auch die Liste der Landtagsteilnehmer von 1610/1611 zeigt, (noch) nicht der bestimmende Faktor bei der Immatrikulation - die „adlige" Stellung der Person dominierte. Einhundert Jahre später hatten sich die Verhältnisse verändert, wie nicht nur die Matrikel von 1734 zeigt: Der jülich-bergische Geheime Rat Ambrosius Bernhard Freiherr von der Reven klagte 1723 bzw. 1724 gemeinsam mit dem Geheimen Rat gegen die Ritterschaft des Herzogtums Berg auf Zulassung zum bergischen ritterschaftlichen Kollegium. Die

---

61 BELOW, Rittergüter (wie Anm. 7), S. 527.

62 Ebd., S. 539. Die Familie von Zweiffel ist im späten 16. Jahrhundert im Amt Bergheim lediglich im Besitz des Rittersitzes Fischenich nachweisbar: Robert STEIMEL, Siegel und Wappen im Landkreis Köln, in: KÖLLEN u. a., Siegel (wie Anm. 29), S. 105-198, hier S. 150.

63 BELOW, Landtagsakten 1 (wie Anm. 7), S. 511-515, hier S. 514 § 4.

64 DERSELBE, Rittergüter (wie Anm. 7), S. 535 mit Anm. 30 (nach LA NRW Rheinland, Rittersitze, fol. 354).

65 Ebd., S. 527. Weitere Beispiele bei BELOW, Rittergüter (wie Anm. 7), S. 534-536 mit Anm. 25, S. 27 u. S. 30 f.

Ritterschaft hatte ihm die weitere Anerkennung mit der Begründung verweigert, er besitze inzwischen weder das Haus Vorst, für das er 1693/94 aufgeschworen worden sei - das Gut hatten seine verschuldeten Eltern tatsächlich 1693 veräußert -, noch ein anderes landtagsfähiges Gut im Herzogtum Berg. Sie bemängelten, dass von der Reven, ohne dass sie gehört worden waren, eine Anweisung des Geheimen Rates, ihn weiter zuzulassen, erschlichen hatte.[66]

Die Jülicher Ritterschaft beschloss schließlich 1749, die Ahnenprobe für die Zulassung zu den Landtagen auf sechzehn Vorfahren auszudehnen; die Statuten wurden 1752 durch den Landesherrn angenommen. Der Proband musste unverändert den Besitz eines Rittersitzes nachweisen, doch sollte jetzt bei sämtlichen Wappen der Vorfahren außerdem deren *„Hauß"* benannt werden, also der jeweilige als landtagsfähig anerkannte Rittersitz.[67] Entsprechend des häufig unklaren Status' der Vorfahren der vierten Generation finden sich in den Landtagsakten dieser Zeit zahlreiche Nachrichten über die unstandesgemäße Abstammung der *„adligen"* Kandidaten von bürgerlichen Vorfahren, weshalb ihnen die Aufschwörung und damit die Teilnahme an den Landtagen verweigert worden sind.[68]

Der *„adeliche Seeß"*

Die landtagsfähigen Adelssitze haben ihre Wurzeln in den mittelalterlichen Burgen, nach denen sich im 12. Jahrhundert zunächst die Edelherrengeschlechter zu benennen begannen.[69] Die kleineren Burgen des dieser Praxis folgenden niederen Adels und der Ministerialen bildeten seit dem späten 13. Jahrhundert, deutlich verstärkt im 14. Jahrhundert, das Fundament für die herrschaftliche Konsolidierung der territorialen Binnenstrukturen. Es galt demzufolge für die Landesherren, die lokale Ausübung ihrer Herrschaft durch die Einbeziehung dieser Befestigungen bzw. Verwaltungssitze zu sichern[70], selbst wenn die gerne postulierten *„Burgengürtel"* aus verschiedenen Gründen

---

66 RKG 1 (wie Anm. 20), S. 352 f., Nr. 343 (B 761a/2836).

67 KRAUSE, Qualifikation (wie Anm. 9), S. 50 f. (nach LA NRW Rheinland, Bergische Ritterschaft II 2 1/2).

68 BELOW, Rittergüter (wie Anm. 7), S. 533. Vgl. Kurt NIEDERAU, Urkunden als Belege zu Ahnenproben, dargestellt am Beispiel der Herren von und zum Haus, in: Hanns Peter NEUHEUSER u. a. (Hrsg.), Archiv und Geschichte. Festschrift Rudolf Brandts (Landschaftsverband Rheinland, Archivberatungsstelle, 11. Archivheft), Köln/Bonn 1978, S. 89-97.

69 Karl SCHMID, Zur Problematik von Familie, Sippe und Geschlecht, Haus und Dynastie beim mittelalterlichen Adel, in: Zeitschrift für die Geschichte des Oberrheins 105, 1957, S. 1-62, hier S. 13 f. u. S. 31-38; Georg DROEGE, Pfalzgrafschaft, Grafschaften und allodiale Herrschaften zwischen Maas und Rhein in salisch-staufischer Zeit, in: Rheinische Vierteljahrsblätter 26, 1961, S. 1-21; Hans-Martin MAURER, Die Entstehung der hochmittelalterlichen Adelsburg in Südwestdeutschland, in: Zeitschrift für die Geschichte des Oberrheins 117, 1969, S. 295-332, hier bes. S. 318-321; Thomas BILLER, Die Adelsburg in Deutschland. Entstehung - Gestalt - Bedeutung, München ²1998, S. 45-72; Manfred GROTEN, Die Stunde der Burgherren. Zum Wandel adliger Lebensformen in den nördlichen Rheinlanden in der späten Salierzeit, in: Rheinische Vierteljahrsblätter 66, 2002, S. 74-110.

70 AUBIN, Landeshoheit (wie Anm. 38), S. 395-402; Wilhelm JANSSEN, Burg und Territorium am Niederrhein im späten Mittelalter, in: Hans PATZE (Hrsg.), Die Burgen im deutschen Sprachraum. Ihre rechts- und verfassungsgeschichtliche Bedeutung 1 (Vorträge und Forschungen 19,1), Sigmaringen 1976, S. 283-324, hier S. 297 u. S. 315-319.

- insbesondere wegen der zeitlichen Staffelung der Gründung, der mitunter rasch wechselnden Besitzverhältnisse sowie der kleinflächigen Verzahnung der Territorien - nicht wirklich eine übergeordnete militärstrategische Funktion einnehmen konnten.[71] Die enge rechtliche Verbindung zwischen der Burg und dem *„Ritter"* zeigt der geläufige Verkauf von Burgen *„mit mannen, burchtmannen und dienstmannen"*.[72]

Die Gründung einer Wehranlage konnte im Mittelalter nur mit der ausdrücklichen Genehmigung des Landesherrn erfolgen; selbst die Verstärkung von bereits vorhandenen Wehrbauten war lediglich mit dessen Erlaubnis möglich. Zunächst dem König als Regalie vorbehalten, wurde die Befestigungshoheit seit dem späten 12. Jahrhundert von den Grafen, Vögten und Herzögen usurpiert.[73] Die *„Constitutio in favorem principum"* Kaiser Friedrichs II. von 1232[74] legalisierte bereits von den Fürsten praktizierte Verhältnisse (*„statuentes, quatenus nullum novum castrum vel civitas in fundis ecclesiarum, vel occasione advocacie per nos vel per quemquam alium sub pretextu quolibet construantur"*). Der etwa gleichzeitig verfasste Sachsenspiegel (III, 66, § 3) definiert die *„Burg"* über die Stärke ihrer Befestigungen: *„Ohne die Erlaubnis des Richters darf man nur so tief graben, wie ein Mann die Erde mit einem Spaten herauswerfen kann, ohne daß er einen Absatz braucht. Mit Holz oder Stein darf man drei Stockwerke*

---

71 Hans WELTERS, Lechenich - Bastion im kurkölnischen Burgengürtel, in: Arnold MOCK (Hrsg.), Beiträge zur niederrheinischen Burgenkunde (Niederrheinisches Jahrbuch 4), Krefeld 1959, S. 31-37, hier S. 36 f.; WELTERS, Wasserburg (wie Anm. 38), S. 91-103.

72 LAC. UB 3 (wie Anm. 6), S. 457 f., Nr. 548 (Hardenberg bei Neviges, 1355) u. S. 521-525, Nr. 621 (Monschau, 1361).

73 Erich SCHRADER, Das Befestigungsrecht in Deutschland von den Anfängen bis zum Beginn des 14. Jahrhunderts, Göttingen 1909, S. 30-86; Herwig EBNER, Die Burg als Forschungsproblem mittelalterlicher Verfassungsgeschichte, in: PATZE, Burgen 1 (wie Anm. 70), S. 11-55, hier S. 43-47; Hans-Martin MAURER, Rechtsverhältnisse der hochmittelalterlichen Adelsburg vornehmlich in Südwestdeutschland, in: Hans Patze (Hrsg.), Die Burgen im deutschen Sprachraum. Ihre rechts- und verfassungsgeschichtliche Bedeutung 2 (Vorträge und Forschungen 19,2), Sigmaringen 1976, S. 77-190, hier S. 89-104. Vgl. auch BELOW, Rittergüter (wie Anm. 7), S. 532 f. mit Anm. 18. In diesem Zusammenhang sei auf die Vorgänge um die Burgen Vorst bei Frechen (1292) und Konradsheim bei Lechenich (1354) hingewiesen; vgl. dazu Leonhard ENNEN/Gottfried ECKERTZ, Quellen zur Geschichte der Stadt Köln 3, Köln 1867, S. 343, Nr. 379; LAC. UB 3 (wie Anm. 6), S. 433 f., Nr. 534; Hans Joachim DOMSTA, Burg Konradsheim im Mittelalter. Untersuchungen zur Besitz- und Baugeschichte, in: NEUHEUSER, Archiv (wie Anm. 58), S. 61-77, hier S. 61 f. u. S. 75-77.

74 Ludwig WEILAND (Hrsg.), Constitutiones et acta publica imperatorum et regum 2: Inde ab a. MCXCVIII usque ad a. MCCLXXII (1198-1272) (Monumenta Germaniae Historica, Legum sectio IV), Hannover 1896, S. 211-213, Nr. 171, hier S. 212; Erich KLINGELHÖFER, Die Reichsgesetze von 1220, 1231/32 und 1235. Ihr Werden und ihre Wirkung im deutschen Staat Friedrichs II. (Quellen und Studien zur Verfassungsgeschichte des Deutschen Reiches in Mittelalter und Neuzeit 8,2), Weimar 1955, S. 61-96, hier bes. S. 67 f., S. 119 u. S. 170-184, mit Beispielen aus dem 13. Jahrhundert; Erich KLINGELHÖFER, Die Reichsgesetze von 1220, 1231/32 und 1235, in: Gunther G. WOLF (Hrsg.), Stupor mundi. Zur Geschichte Friedrichs II. von Hohenstaufen (Wege der Forschung 101), Darmstadt ²1982, S. 161-203, hier bes. S. 186-191; Alexander COULIN, Befestigungshoheit und Befestigungsrecht, Leipzig 1911, S. 67-99; SCHRADER, Befestigungsrecht (wie Anm. 73), S. 88-113; Thomas ZOTZ, Burg und Amt - zur Legitimation des Burgenbaus im frühen und hohen Mittelalter, in: Erik BECK u. a. (Hrsg.), Burgen im Breisgau. Aspekte von Burg und Herrschaft im überregionalen Vergleich (Freiburger Forschungen zum ersten Jahrtausend in Südwestdeutschland 18 = Veröffentlichung des Alemannischen Instituts Freiburg 79), Ostfildern 2012, S. 141-151.

übereinander bauen, nämlich ein Stockwerk unter der Erde und zwei Stockwerke dar-über; der Eingang in das untere Gemach darf höchstens in Kniehöhe über dem Boden liegen. Die Zäune oder Staketen oder Mauern um den Hof dürfen höchstens so hoch sein, daß ein auf dem Pferd sitzender Mann noch die Oberkante erreichen kann. Zin-nen und Brustwehren auf den Mauern sind nicht gestattet."[75] Das Jülicher Landrecht von 1537 bezeichnet die niederadlige Burg, den *„Rittersitz"*, als *„Ansedell [...] so wie derselvyge myt synen graven und zuynen gelegen ist"*.[76]

Entsprechend zahlreich sind landesherrliche Bestimmungen über die Errichtung o-der den Ausbau von Burgen seit dem 13. Jahrhundert: König Wilhelm von Holland ver-kündete 1255, dass niemand ohne die Erlaubnis des Dietrich von Kleve, Grafen von Saarbrücken, in dessen Vogteibezirk Wulferen eine Befestigung oder eine Burg er-bauen dürfe: *„municionem aliquam sive castrum construere possit vel debeat preventa ratione, quod utique per principes et magnates imperii adiudicatum extitit eidem, quod municionem aliquam sive castrum in suis districtibus prelibatis de iure non possit vel debeat construere sine sua licencia et plenaria voluntate"*.[77] Der Knappe Isebrand gen. Prajt von Friemersheim gelobte 1345 dem Grafen Dietrich von Moers, der ihm gestattet hatte, auf dem in seiner Gerichtsbarkeit gelegenen, von Heinrich III., Vogt von Neersen, zu Lehen rührenden Hofe *„upper Hart"* südöstlich von Rheinberg einen Burgbau zu errichten (*„struendi et fodendi"*), daraus keinen Schaden zufügen zu wollen und sein *„Haus"* nicht stärker zu befestigen *„sed tantummodo de lignis et terra sine lapidibus"*.[78] Herzog Johann I. von Kleve bescheinigte 1477 dem Thomas Hottmann, seinem Richter in der Düffel, dass er *„vur en deel iairen eyn nyhe stenen berchfrede bij syns vaeders*

---

75 Carl Robert SACHSE, Sachsenspiegel oder Sächsisches Landrecht, Heidelberg 1848, S. 284; Karl August ECKHARDT (Hrsg.), Sachsenspiegel [1]: Landrecht (Monumenta Germaniae His-torica. Fontes iuris Germanici Antiqui N. S. 1,1), Göttingen/Frankfurt ³1973, S. 169; Christoph DAUTERMANN, Die Bauvorschriften des Sachsenspiegels und ihre Behandlung in den Codices picturati, in: Ruth SCHMIDT-WIEGAND/Dagmar HÜPPER (Hrsg.), Der Sachsenspiegel als Buch. Vorträge und Aufsätze (Germanistische Arbeiten zu Sprache und Kulturgeschichte 1), Frank-furt a. M. u. a. 1991, S. 261-284 u. S. 496-514, Taf. 72-90 Abb. 1-24, hier S. 277 f.; Claus-dieter SCHOTT/Ruth SCHMITZ-WIEGAND (Hrsg.), Eike von Repgow. Der Sachsenspiegel, Zürich ³1996, S. 213; Hans-Wilhelm HEINE, Burg und Recht - Zum Burgenbaurecht im *„Sachsen-spiegel"*, in: Georg Ulrich GROSSMANN/Hans OTTOMEYER (Hrsg.), Die Burg. Wissenschaftlicher Begleitband zu den Ausstellungen *„Burg und Herrschaft"* und *„Mythos Burg"*, Berlin u. a. 2010, S. 56-63, hier S. 56 f. Vgl. Heiner LÜCK, Der Sachsenspiegel. Das berühmteste deut-sche Rechtsbuch des Mittelalters, Darmstadt 2017, S. 106-109.

76 LACOMBLET, Archiv 1 (wie Anm. 47), S. 111-147 (*„Ordenonge und principaill Articulen des lantrechten, so wie die selvygen van aldem herkomen byst noch her in dit jair funfftzienhon-dert seven und dryssich in deme furstendomp Guylich gebruycht und gehalden synt wor-den"*), hier S. 133 § XXIX.

77 ILGEN, Quellen (wie Anm. 39), S. 12 f., Nr. 11. Zu Rosendahl vgl. ILGEN, Quellen (wie Anm. 39), S. 445 f., Nr. 362 (1477).

78 Landesarchiv NRW, Abteilung Rheinland, Moers, Urk. 17. 1343 hatte Isebrand dem Kölner Erzbischof Walram von Jülich sein Haus auf der Hart zum Lehen aufgetragen und sich ver-pflichtet, dasselbe nur mit Holz und Wällen gegen nächtliche Überfälle zu befestigen: *„aream sive monticulum ... cum omnibus aedificiis, fossatis et munitionibus ... in ipsa area domum edificare possim et illam munire ... quod a nocturnis periculis latronum et inimicorum in ea me et mea valeam conservare"*: LAC. UB 3 (wie Anm. 6), S. 312, Nr. 393. Vgl. FAHNE, Ge-schlechter 2 (wie Anm. 11), S. 44.

huyse ingen Rosendail, ind tot vestinge ind beschudde unss lands wail gelegen, getym-mert" habe. Hottmann bat daraufhin den Herzog, sein angrenzendes Gut „Cranenguet-ken" mit den zugehörigen Ländereien schatz- und dienstfrei zu stellen, was der Lan-desherr gestattete.[79]

Eine der Grundlagen für die Landtagsqualifikation des männlichen Adligen im 16. bis 18. Jahrhundert war, wie beschrieben, der persönliche Besitz eines adligen „se-ess", welcher nach der Genehmigung durch das landständische Kollegium mit der Ein-tragung in die Matrikel anerkannt worden ist.[80] Der (gleichzeitige) Besitz eines freiadli-gen bzw. allodialen Gutes, das von gewissen Abgaben und Kontributionen befreit war, reichte für die Qualifikation zum Landtag nicht aus.[81] *„Nun aber seint noch etliche vom Adel und andere, so sich unter die Zal der adelicher Personen rechnen, welche keine adeliche Seess, sundern uf adeligen freien Hoven und Gueter ire Sitz und Wonung haben"*, heißt es dazu in einer Quelle aus dem Jahr 1577.[82] Der adlige Besitzer musste den Adelssitz als Wohnsitz nutzen. Wenn ein Rittersitz an einen Halbwinner verpachtet war und nicht von dem adligen Inhaber selbst bewohnt und bewirtschaftet wurde, war der Pächter für seine Einkünfte vollständig steuerpflichtig. Walraf von Schellart zu Schinnen, der Inhaber des Gutes Muthagen, erhob 1719 bzw. 1731 eine Klage vor dem Reichskammergericht gegen die Gemeindevertreter von Hünshoven bei Geilenkirchen, betreffend die Abgabenfreiheit und das Verfahrensrecht. Während er das Gut für einen freien Rittersitz und damit für abgabenfrei hielt, hatte die Gemeinde den Besitz als frei-adliges Gut, bei welchem von denjenigen Teilen, die von Pächtern bewirtschaftet wur-den, Gewinn und Gewerb erhoben werde, eingestuft und 40 Morgen zugehörigen Lan-des in den Steueranschlag der Gemeinde einbezogen. Schellart erklärte, 1719 gegen die Gemeinde ein Urteil des jülich-bergischen Geheimen Rates erwirkt zu haben, mit dem die Steuerfreiheit festgestellt worden sei, und das ohne Einwände rechtskräftig geworden sei. Die Gemeinde habe dann 1726 beim Landesherrn um Restitution er-sucht und diese, ohne dass neue Fakten oder Dokumente vorgebracht werden muss-ten bzw. konnten, durch dieselbe Instanz an Schellart vorbei zugestanden bekommen. Unter den Beweismitteln befindet sich eine gesiegelte Urkunde des Vogtes, des Kell-ners und der Schöffen des Gerichtes Geilenkirchen, dass nach dem Wegzug des Halb-winners Johann Janßen im Jahr 1693 der damalige Besitzer des Gutes Muthagen,

---

[79] ILGEN, Quellen (wie Anm. 39), S. 445 f., Nr. 362.

[80] BELOW, Rittergüter (wie Anm. 7), S. 838 u. S. 842; KRAUSE, Qualifikation (wie Anm. 9), S. 10 f., mit weiterer Literatur.

[81] BELOW, Rittergüter (wie Anm. 7), S. 528-532. Vgl. WELTERS, Wasserburg (wie Anm. 38), S. 49 mit Anm. 22. Ein frühes Beispiel: Herzog Johann von Lothringen, Brabant und Limburg privilegierte 1303 den *„fidelis noster"* Gerlach *de Buscoducis* dahingehend, das alle Perso-nen, welche die namentlich genannten Güter des Empfängers *„bauen"*, von allen Lasten (*„exactionibus, expedicionibus, vecturis, angariis, serviciis, honeribus quiscunque"*) frei sein sollten, ausgenommen bei der Ausstattung einer Tochter, der Wehrhaftmachung eines Soh-nes oder dem Loskauf des Herrn aus der Gefangenschaft: TILLE/KRUDEWIG, Archive 2 (wie Anm. 21), S. 25, Nr. 1 (Archiv Haus Kirchberg bei Jülich).

[82] BELOW, Rittergüter (wie Anm. 7), S. 528 f. Zur Besteuerung der freiadligen Güter vgl. SCOTTI, Gesetze (wie Anm. 51), S. 117, Nr. 398 (1651), S. 128, Nr. 440 (1658), S. 131, Nr. 459 (1660), S. 134, Nr. 479 (1662), S. 174, Nr. 639 (1678), S. 272, Nr. 1033 (1708), S. 280, Nr. 1061 (1709) u. S. 281, Nr. 1065 (1710).

Walraf von Schellart, bis zu seinem Tod 1721 auf dem Gut gewohnt und es selbst bewirtschaftet habe. Das Reichskammergericht entschied zugunsten von Schellart; die Gemeinde Hünshoven wurde zur Rückzahlung der Abgaben verpflichtet.[83]

Waren mehrere ritterbürtige Personen anteilige Besitzer eines landtagsfähigen Adelssitzes, so wurde lediglich einer von ihnen zu den Landtagen berufen.[84] Besaß ein Adliger mehrere Rittersitze, so hatte er auf den Landtagen nur eine Stimme.[85] Wenn das *„Haus"* durch einen nicht ritterbürtigen Inhaber in Besitz oder zu Lehen genommen wurde, ruhte dessen Landtagsqualität bis zur erneuten Übernahme durch eine altadlige Person. *„Peter vom Heit gen. Hungerkhausen besitzt die Niderailpe*[86] *[…], das haus hat wenig zu bedeuten und er hat sich an eines hausmans dochter bestat* (verheiratet, Verf.) *[…] und verwust das gut wider meines g. h. gebotter und verbotter nicht wenig"*; in demselben Jahr (1577) hatte Franz von Holtmühlen das Gut Wambeck (Wambach) im Amt Brüggen in Besitz, *„wilches furmals ein adelicher seeß gewesen, aber verfallen […]; tut er dasselbig itze durch halfleute bewonen und bauen".*[87] Beide Inhaber hatten ihren Rittersitz nicht ausreichend in Stand gehalten, Peter vom Heit überdies noch unstandesgemäß geheiratet, weshalb sie ihre Berechtigung zur Teilnahme an den Landtagen verloren haben.[88] Auch Johann von Steinen hatte im Amt Kaster *„keinen sess, sitzt uf eim hausmanshove und hat sich an ein schlechte person verheiratet."*[89]

Offenbar war der bauliche Zustand des Rittersitzes bereits im späten Mittelalter von Relevanz: Als 1433 Werner von Palant, Herr zu Breitenbend, das Haus Nothberg bei Eschweiler an seinen Sohn Johann übergab, wurde das Gebäude als *„baubedürftig"* bezeichnet.[90] Wilhelm von Orsbeck, Amtmann zu Neuenahr, Sinzig und Remagen, berichtete 1562, dass Reinhard Beissel von Gymnich zu Schmidtheim *„seinen alten und nit wol gebauten adelichen sitz zu Ramershoffen gelegen"* habe.[91] Der Bergheimer Vogt Jakob Weierstraß schrieb 1579 an Herzog Wilhelm V. von Jülich: Wilhelm von Harff besitzt zu Niederaußem einen Hof, den vorher die von Plettenberg gehabt haben. Es sei noch *„ein bergfreit mit einem graven umbher erfindlich",* weshalb Wilhelm von Harff den Hof *„fur ein adelichen seess"* angesehen und daher *„in allen stuiren (obwol*

---

83   RKG 8 (wie Anm. 20), S. 238-240, Nr. 5045 (S 819/2749). Vgl. hierzu BELOW, Steuern (1893) (wie Anm. 7), S. 53, Nr. 41.

84   BELOW, Rittergüter (wie Anm. 7), S. 539 u. S. 841.

85   Im ausgehenden 18. Jahrhundert bestanden im Herzogtum Jülich noch 92 ritterbürtige Familien: ROBENS, Wapenkunde (wie Anm. 56), S. 178-240. Das *„Verzeichniß der Jülicher Rittersitze welche zum Regierungsbezirk Achen gehören"* von etwa 1820 enthält dem gegenüber 159 Positionen: BENZENBERG, Provinzial-Verfassung 2 (wie Anm. 5), Beilagen (nach S. 254), S. 108-112, Nr. 8.

86   Haus Niederalpe in Reichshof-Alpe: Albrecht BRENDLER, Burgen, Schlösser, Adelssitze. Eine Entdeckungsreise zu den historischen Zentren der Macht im Oberbergischen Land, Wiehl 2008, S. 19.

87   BELOW, Rittergüter (wie Anm. 7), S. 529.

88   Ebd., S. 529 f., mit weiteren Beispielen.

89   Ebd., S. 529.

90   TILLE/KRUDEWIG, Archive 2 (wie Anm. 21), S. 29, Nr. 7 (Pfarrarchiv Laurensberg).

91   BELOW, Rittergüter (wie Anm. 7), S. 531, Anm. 14.

jetziger zeit ein halfman darauf wonet) fur frei gehalten haben" wollte".[92] Erst nach dem Dreißigjährigen Krieg war die gründliche Instandhaltung des Rittersitzes nicht mehr unbedingt erforderlich; nun qualifizierten auch stark verfallene Anlagen aufgrund ihrer *„Tradition"* den Besitzer für den Landtag, und besonders wegen der Steuerfreiheit wurde mitunter ein nur mehr geringer Baubestand *„konserviert"*.[93]

Gleichwohl fällt nicht erst in der Frühen Neuzeit die Ermittlung der konkreten Parameter, die einen feudalen Wohnsitz ursprünglich zum anerkannten Adelssitz qualifizierten, schwer: War die Landtagsfähigkeit während des späten Mittelalters von dem adligen Besitzer der ländlichen *„Burg"* in der Art einer *„Berührungsreliquie"* auf den Rittersitz übergegangen, wie Marcus Weidner vermutete, der freilich die (spät)mittelalterliche Burg als Grundlage vehement bestritten hat?[94] Bereits frühe Quellen betonen jedenfalls die erhebliche Bedeutung der Wehrhaftigkeit: Der Knappe Heinrich von Büderich *„machte"* auf einer bis dahin unbefestigten Hofstätte in Ossum bei Linn ein festes *„Haus"*, das der Kölner Erzbischof Dietrich von Moers 1422 von den Pachtzahlungen befreit und in ein erzstiftisches Offenhaus und Mannlehen umgewandelt hat, das spätere landtagsfähige Haus Gripswald.[95] Das Haus Kaldenberg bei Düsseldorf-Wittlaer wurde vor 1577 *„in kurzen jaren durch L. v. Hanxler erbut und wirt auch durch inen bewont"*, und auch Wilhelm von Blittersdorf, der 1577 *„uf dem Wevelsbroicher hoeve, den er zum adelichen ansehnlichen seeß erbout"*, im Amt Wassenberg gesessen hat, wurde als landtagsfähig anerkannt.[96] Einem Bericht aus demselben Jahr über die Ämter Nörvenich und Düren ist zu entnehmen: *„Das haus zu Buir, welches vorhin ein adelich frei gut und hof gewesen, hat der itziger inhaber Bertram v. Ahr in kurzen jairn zu einem adelichen seess erbauet"*.[97]

In diesen Fällen wurde also ein Hof bzw. ein adliges Gut durch nicht näher benannte bauliche Maßnahmen in einen Adelssitz transformiert. Es kann sich dabei wohl nur um

---

[92] Ebd., S. 531, Anm. 14 u. S. 540, Anm. 54.

[93] So jedenfalls Friedrich Everhard Freiherr von MERING, Geschichte der Burgen, Rittergüter, Abteien, Klöster in den Rheinlanden und den Provinzen Jülich, Cleve, Berg und Westphalen 3, Köln 1836, S. 5: *„Eine verfallene Burg oder der Schornstein auf dem Platz, wo sie gestanden, berechtigte den Eigenthümer, wenn er sonst von ritterbürtigem Adel war, den Landtag zu besuchen."* Nach BELOW, Rittergüter (wie Anm. 7), S. 538, musste der Rittersitz auch in der Frühen Neuzeit bewohnbar sein.

[94] Marcus WEIDNER, Die Matrikel der landtagsfähigen (und *„dubiosen"*) Häuser des Fürstbistums Münster von 1704. Entstehungsursachen - Prüfverfahren - Funktion - Verzeichnis (mit einer Liste der um 1655 zum Landtag verschriebenen Mitglieder der Münsterschen Ritterschaft), in: Westfälische Zeitschrift 147, 1997, S. 93-178, hier S. 95 f. mit Anm. 11. BELOW, Landtagsakten 1 (wie Anm. 7), S. 7 u. S. 17, sah in der Burg die Grundlage für die Zulassung zu den Landtagen.

[95] Guido ROTTHOFF, Das Lehns- und Ständewesen, in: Klaus FLINK (Red.), Kurköln. Land unter dem Krummstab. Essays und Dokumente (Schriftenreihe des Kreises Viersen 35 a = Veröffentlichungen der staatlichen Archive des Landes Nordrhein-Westfalen 22), Kevelaer 1985, S. 268-280, hier S. 274 u. S. 279 (nach LA NRW Rheinland, Kurköln Urk. 1633). Walther FÖHL, Wasserumwehrte Häuser und feste Höfe im Kreisgebiet Kempen-Krefeld, in: Gudrun LOEWE, Kreis Kempen-Krefeld (Archäologische Funde und Denkmäler des Rheinlandes 3), Düsseldorf 1971, S. 96-120, hier S. 97.

[96] BELOW, Rittergüter (wie Anm. 7), S. 529.

[97] Ebd., S. 528-532 mit Anm. 11 u. 14, mit weiteren Beispielen.

die Anlegung von Befestigungen handeln. Wegen der überwiegend flachen Topographie bestanden im Jülicher Territorium nur wenige Höhenburgen. Deshalb spielten ein umgebender Wassergraben respektive eine Zugbrücke die wesentliche Rolle für die Anerkennung einer adligen Behausung als landtagsfähiger Rittersitz.[98] Wiederum frühe Quellen hierfür sind die Beschwerde des Kölner Erzbischofs Wikbold von Holte gegen Johann von Löwenberg, der um 1300 die Burg Reitersdorf bei Honnef mit einer *„ponte versatili"* wesentlich verstärkt hatte[99], sowie die Erlaubnis König Ludwigs *des Bayern* von 1336, dass der Ritter Heinrich von Sinzig eine *„aufziehende werfenbrugge"*, einen Vorhof zu derselben und eines befestigten Walles *„bi der veste ze Bouenberg"* (das heutige Schloß Ahrenthal bei Sinzig) errichten dürfe, welche er dann vom Reich zu Lehen empfangen sollte.[100] Ein Schreiben des Konrad Behr von Lahr zu Müntz, des Schultheißen von Linnich, an Herzog Wilhelm V. von Jülich-Kleve-Berg von 1583 bezüglich der Besteuerung von Haus Rischmühlen bei Linnich, das im Besitz des Johann von Zievel war, bestätigt dies: *„Weil nu [...] nit on, obwol ged. haus Reischmullen villicht fur ein alt stamhaus reputiirt worden, das dannoch solchs mit keiner zogbrugken bevestigt"*, so möge der Herzog die Entscheidung über eine Eintragung in die Matrikel treffen. Wilhelm V. hatte offenbar keine Bedenken hinsichtlich der nicht vorhandenen Zugbrücke, weshalb der herzogliche Sekretär Gabriel Mattenclot auf dem Rand des Dokuments notierte: (von der Steuer) *„frei zu lassen"*.[101] *„Johan v. Zeuel zu Rischemullen"* wurde entsprechend als Teilnehmer an den Düsseldorfer Landtagen 1610 und 1611 zugelassen.[102]

Der Deutschordenskommende Gürath bei Grevenbroich wurde in einem seit 1652 vor dem Reichskammergericht geführten Appellationsprozess der Status eines freiadligen Gutes - und damit die eingeschränkte Steuerfreiheit - mit der Begründung abgesprochen, es handele sich um einen einfachen Hof ohne umgebenden Wassergraben und ohne Zugbrücke.[103] Das Urteil erscheint allerdings gleich aus zwei Gründen unverständlich: Noch die Tranchot-Karte aus dem frühen 19. Jahrhundert zeigt den Hof mit einem umgebenden Wassergraben, und das Gut war nicht im Besitz eines Adligen, sondern Eigentum einer geistlichen Institution. Auch Quellen des späten 16. und 17.

---

[98] So bereits BELOW, ebd., S. 529.

[99] LAC. UB 2 (wie Anm. 6), S. 625-627, Nr. 1064; Lutz JANSEN, Fallgitter und Zugbrücke - Torbauten mittelalterlicher und frühneuzeitlicher Wehrbauten im Rheinland, in: Guido von BÜREN/Alfred SCHULER (Red.), Die Burg in der Ebene (Forschungen zu Burgen und Schlössern 17), Petersberg 2018, S. 308-343, hier S. 314.

[100] Joseph STRANGE, Beiträge zur Geschichte der adeligen Geschlechter 10, Köln 1871, S. 135; Armin TILLE (Bearb.), Übersicht über den Inhalt der kleineren Archive der Rheinprovinz 1 (Publikationen der Gesellschaft für Rheinische Geschichtskunde 19,1), Bonn 1899, S. 115, Nr. 7 (Archiv von Spee auf Schloss Heltorf bei Düsseldorf); JANSEN, Fallgitter (wie Anm. 99), S. 316. Der Kölner Erzbischof Wilhelm von Gennep trennte 1352 auf Bitten des Heinrich von Sinzig das von seinem Vater Rollmann auf dessen allodialem Besitz erbaute Schloss Bovenberg, nun *„Ahrental"* genannt, Lehen und Offenhaus des Erzstiftes Köln, von der 1331 durch Erzbischof Heinrich von Virneburg damit im Lehnsverhältnis verbundenen Burg Dattenberg bei Linz: LAC. UB 1 (wie Anm. 6), S. 415, Nr. 10.

[101] BELOW, Rittergüter (wie Anm. 7), S. 531, Anm. 14.

[102] FAHNE, Geschlechter 2 (wie Anm. 11), S. XIII. Vgl. RKG 9 (wie Anm. 20), S. 700 f., Nr. 6321.

[103] RKG 8 (wie Anm. 20), S. 767 f., Nr. 5612.

Jahrhunderts aus dem benachbarten Herzogtum Geldern (Oberquartier) ist zu entnehmen, dass für die Anerkennung eines Rittersitzes in der frühen Neuzeit die Existenz eines (befestigten) vorgelagerten Wirtschaftshofes sowie einer Zugbrücke erforderlich war, die wiederum einen Umfassungsgraben voraussetzt.[104]

In dem benachbarten Kurfürstentum Köln hatte Erzbischof Maximilian Heinrich von Wittelsbach auf dem Landtag vom 24. Januar 1669 angeordnet, dass bis zum 11. März des Jahres durch besondere *„verordnete commissarien alle in diesem ertzstift vorhandene unnd sich für adelich ausgebende sitzer oder häuser"* festzustellen und von deren sämtlichen Inhabern *„uber eines jeden qualität glaubhaften schein und beweisthumb einziehen zu lassen"* sein sollte. Daraufhin bezeugten der Bürgermeister, die Schöffen und der Rat zu Linn, dass: 1. Das Gut Vorwinkel bei Linn immer als adliger Sitz gegolten habe und von den Ritterbürtigen von Eill erbaut worden sei; 2. das Haus mit Gräben umgeben sei; 3. die Besitzer die Jagd und andere Rechte ausübten; 4. die Inhaber immer zu den Landtagen eingeladen worden seien; 5. es in alten Urkunden als *„adliges Gut"* bezeichnet werde; 6. Vorwinkel ausschließlich als Adelssitz in Anschlag gebracht worden sei, wie sich aus dem *„gemeinen descriptionsbuch"* ergebe.[105] Die Prüfung der eingereichten Unterlagen ergab allerdings wohl Unstimmigkeiten, denn erst 1687 wurde Jost Wirich von Pelden gen. Cloudt zu Lauersforst, Bloemersheim und Sollbrüggen durch den Kölner Dompropst Franz Bernhard von Nassau-Hadamar mit dem Vorwinckeler Hof belehnt.[106] Ein anderes Verfahren auf derselben Grundlage wurde deutlich schneller beendet: Wolfgang Günther Freiherr von Norprath zu Mülhausen und Dyckhoff sowie der Amtmann, der Schultheiß und die Schöffen von Linn und Uerdingen bestätigten Johann Albert von Loen zu Schweppenburg als dem ritterbürtigen Besitzer des adligen Hauses Rath im Amt Uerdingen (bei Krefeld-Elfrath), dass dieses Gut *„wegen seiner baulichen Ausstattung - mit einem alten viereckigen Turm aus Unckel- und Tuffstein, der nur von außen erstiegen werden könne, und mit zwei anderen Türmen und einer Ringmauer von der ungefähren Höhe eines halben Mannes sowie mit Gräben und Zugbrücken - und vorgewiesener Brieffschafften und Urkunden als Adelssitz bezeugt ist."*[107] Diese Angaben genügten, und Johann Albert wurde bereits am 14. März 1669 mit Haus Rath belehnt.[108]

Hiergegen kann eingewendet werden, dass eine Befestigung durch Mauer und Graben nicht auf die landtagsfähigen Rittersitze beschränkt war, sondern auch bei adligen Gütern begegnet - insbesondere die Region um Kempen ist reich an derartigen Anlagen. Weshalb galt aber die Landtagsqualifikation in ihren Ursprüngen im späten

---

[104] Johann Ulrich Freiherr von CRAMER, Wetzlarische Nebenstunden 2, Ulm 1756, § 12: Es sei das *„nobile praedium non simpliciter nobile"*, sondern müsse *„sed ponte et fossa"* befestigt sein [das Zitat konnte in diesem Band nicht ausfindig gemacht werden].

[105] TILLE/KRUDEWIG, Archive 2 (wie Anm. 21), S. 87 f., Nr. 12 (Archiv Schloß Namedy).

[106] Ebd., S. 88, Nr. 13 (Archiv Schloß Namedy).

[107] Guido ROTTHOFF (Bearb.), Urkundenbuch der Stadt und des Amtes Uerdingen (Inventare nichtstaatlicher Archive 10), Krefeld 1968, S. 329, Nr. 1056; PENNING, Lüftelberg (wie Anm. 21), S. 222, Urk. 99.

[108] ROTTHOFF, Urkundenbuch (wie Anm. 107), S. 329, Nr. 1057. Der mittelalterliche Steinturm ist erhalten; vgl. Jens WROBLEWSKI/André WEMMERS, Theiss Burgenführer Niederrhein, Stuttgart 2001, S. 116 f.

Mittelalter nur für bestimmte befestigte Hofanlagen? Hildegard Krause hat in diesem Zusammenhang das Lehnsrecht (wieder) in die Diskussion eingebracht.[109] Georg von Below hatte einen Zusammenhang zwischen dem Lehnswesen und der Landtagsqualifikation der Rittersitze verneint.[110] Das Lehnrecht[111] und das besonders im 14. Jahrhundert praktizierte Offenhausrecht[112] - das Letztere diente der Festigung der Herrschaft, nicht der militärischen Auseinandersetzung - spielten eine wichtige Rolle in der Innenpolitik der mittelalterlichen Territorien, die noch keine in sich geschlossenen *„Staaten"* darstellten. Im Gegensatz zu dem ständisch anders strukturierten Erzbistum Köln[113] konnten im Herzogtum Jülich die landtagsfähigen Rittersitze auch in weiblicher

---

[109]   KRAUSE, Qualifikation (wie Anm. 9), S. 58 f.

[110]   BELOW, Rittergüter (wie Anm. 7), S. 538 f. mit Anm. 46 (widersprüchlich). Waren nach der Reformation auch die zum Protestantismus konvertierten Adligen als Inhaber eines anerkannten Rittersitzes zu den Jülicher Landtagen zugelassen? Vgl. BELOW, Verfassung 1 (wie Anm. 7), S. 193, Anm. 74.

[111]   Karl-Heinz SPIESS, Lehnsrecht, Lehnspolitik und Lehnsverwaltung der Pfalzgrafen bei Rhein im Spätmittelalter (Geschichtliche Landeskunde 18), Wiesbaden 1978; RÖDEL, Reichslehenswesen (wie Anm. 28); Hans Kurt SCHULZE, Grundstrukturen der Verfassung im Mittelalter 1: Stammesverband, Gefolgschaft, Lehnswesen, Grundherrschaft, Stuttgart u. a. ⁴2004, S. 73-94; Karl-Heinz SPIESS, Das Lehnswesen in Deutschland im hohen und späten Mittelalter, Stuttgart ³2009; DERSELBE, Das Lehnswesen in den frühen deutschen Lehnsverzeichnissen, in: Jürgen DENDORFER/Roman DEUTINGER (Hrsg.), Das Lehnswesen im Hochmittelalter. Forschungskonstrukte - Quellenbefunde - Deutungsrelevanz (Mittelalter-Forschungen 34), Ostfildern 2010, S. 91-102; Stefan WEINFURTER, Lehnswesen, Treueid und Vertrauen. Grundlagen der neuen Ordnung im hohen Mittelalter, in: DENDORFER/DEUTINGER, Lehnswesen (wie vor), S. 443-462; Steffan PATZOLD, Das Lehnswesen, München 2012; Roman DEUTINGER, Vom Amt zum Lehen. Das Beispiel der deutschen Herzogtümer, in: Karl-Heinz SPIESS (Hrsg.), Ausbildung und Verbreitung des Lehnswesens im Reich und in Italien im 12. und 13. Jahrhundert (Vorträge und Forschungen 76), Ostfildern 2013, S. 133-158; Kurt ANDERMANN, Verbreitung, Strukturen und Funktion des Lehnswesens im Umkreis von Fürsten, Grafen, Herren und Prälaten vom 11. bis in die Mitte des 13. Jahrhunderts, in: SPIESS, Ausbildung (wie vor), S. 307-336.

[112]   Die Burgenpolitik der Jülicher Dynasten im Mittelalter wurde bisher nicht zusammenfassend untersucht. Der Edelherr Gerlach von Myllendonk bekannte sich 1243 als Lehnsmann Graf Wilhelms IV. von Jülich und erklärte, ihm seine nicht näher bezeichneten *„domorum nostrarum necessariam apercionem"*: LAC. UB 2 (wie Anm. 6), S. 147, Nr. 283. Engelbert *„miles"* von Disternich trug 1287 sein *„castrum"* Disternich dem Grafen Walram von Jülich zu Lehen und Offenhaus auf: KREMER, Beiträge (wie Anm. 22), S. 174, Nr. 150; LAC. UB 2 (wie Anm. 6), S. 494, Nr. 832. Der Ritter Gerhard von Alfter trug 1301 sein *„domum nostrum et area sitas infra fossatum"* Kirspenich dem Grafen Gerhard von Jülich zum Offenhaus und Lehen auf: KREMER, Beiträge (wie Anm. 22), S. 234, Nr. 220; LAC. UB 3 (wie Anm. 6), S. 6, Nr. 9. Noch in Lehnsurkunden von 1561 und 1696 (!), als in Zeiten der stehenden Heere die militärische Bedeutung solcher *„Kleinburgen"* obsolet war, wird die Stellung des kurkölnischen Rittersitzes Hoeningen bei Hülchrath als Offenhaus hervorgehoben: TILLE/KRUDEWIG, Archive 2 (wie Anm. 21), S. 272, Nr. 45 u. S. 275, Nr. 60 (Archiv Haus Rath bei Düren).

[113]   Ferdinand WALTER, Das alte Erzstift und die Reichsstadt Cöln. Entwicklung ihrer Verfassung vom fünfzehnten Jahrhundert bis zu ihrem Untergang (Das alte Erzstift und die Reichsstadt Cöln, ihre geistliche und weltliche Verfassung und ihr Recht 1), Bonn 1866, S. 387-395; Günther TÜCKING, Der Streit zwischen dem Kurfürsten Joseph Klemens von Köln und seinen Landständen in den Jahren 1688-1701, Dissertation Würzburg 1934, S. 1-3; Anton SCHULTE, Die kurkölnischen Landstände unter der Administration des Domkapitels (1702-1714), Dissertation Bonn 1949, S. 4-7; Dietrich DEHNEN, Kurfürst Josef Clemens von Köln und die Landstände des Erzstifts in den Jahren 1715-1723, Dissertation Bonn 1952, S. 4-

Linie sowie von geistlichen Institutionen zu Lehen gehen. Zur Überprüfung dieses Aspektes wäre ein systematischer Abgleich zwischen den Lehen des späten Mittelalters und den landtagsfähigen Rittersitzen der Frühen Neuzeit im Herzogtum Jülich erforderlich, der hier nicht geleistet werden kann. Sowohl der einfache Lehnsträger als auch der Inhaber einer Unterherrschaft konnte (zumindest) im 14. Jahrhundert das Lehnsverhältnis einseitig aufkündigen.[114] Der Umfang der zugehörigen Ländereien spielte für die Qualifikation eines Rittersitzes in den meisten rheinischen Territorien keine Rolle[115] - es galten juristische, nicht wirtschaftliche Konditionen. Außerdem war für die Immatrikulation unerheblich, ob der Rittersitz ein allodiales Gut oder ein Lehen des Grundherrn darstellte.[116]

In einigen Fällen haben sich die Inhaber der Rittersitze ihre Rechte erschlichen, wie eine herzogliche Verfügung von 1682 deutlich macht: In Jülich und Berg gab es damals verschiedene Häuser, Höfe, Güter und Ländereien, *„welche im jar 1596 resp. den gewin- und gewerb-, auch gemeinen steuren und schatz underworfen gewesen, nach gem*[eltem] *1596. [jar] aber zu atlichen auf landtäge beschriebenen sitzen gemacht und dem ritterzettul einverleibt, auch dieser ursachen halber und sonsten von erm*[elten] *gewin- und gewerb-, fort gemeinen steuren und schatz befreiet"*, weshalb *„solcher last anderen undertanen und gütern accrescirt und aufgeburdet"* worden sei. Diese Regelung verstieße gegen die Rezesse von 1672 und 1675. Die herzoglichen Beamten sollten deshalb dafür sorgen, dass die *„1596 den gewin- und gewerb-, auch gemeinen steuren und schatz beweislich underworfen gewesene häuser, höf, güter und ländereien, ungeachtet dieselbe folgents zu atlichen auf landtäge beschriebenen sitzen*

9; Georg DROEGE, Verfassung und Wirtschaft in Kurköln unter Dietrich von Moers (1414-1463) (Rheinisches Archiv 50), Bonn 1957, S. 100-108; HELBIG, Landstände (wie Anm. 50), S. 40-45 u. S. 60 f.; Wilhelm JANSSEN, Eine landständische Einung kurkölnischer Städte aus den Jahren 1362/63, in: Werner BESCH u. a. (Hrsg.), Die Stadt in der europäischen Geschichte. Festschrift Edith Ennen, Bonn 1972, S. 391-403; Karsten RUPPERT, Die Landstände des Erzstifts Köln in der frühen Neuzeit. Verfassung und Geschichte, in: Annalen des Historischen Vereins für den Niederrhein 174, 1972, S. 47-111; Wolf-Dietrich PENNING, Die weltlichen Zentralbehörden im Erzstift Köln von der ersten Hälfte des 15. bis zum Beginn des 17. Jahrhunderts (Veröffentlichungen des Historischen Vereins für den Niederrhein 14), Bonn 1977, S. 34-46; ROTTHOFF, Ständewesen (wie Anm. 95), S. 273 f.; Ulf BRÜNING, Wege landständischer Entscheidungsfindung. Das Verfahren auf den Landtagen des rheinischen Erzstifts zur Zeit Clemens Augusts, in: Frank Günter ZEHNDER (Hrsg.), Im Wechselspiel der Kräfte. Politische Entwicklungen des 17. und 18. Jahrhunderts in Kurköln (Der Riss im Himmel. Clemes August und seine Epoche 2), Köln 1999, S. 160-184. WALTER, Erzstift (wie vor), S. 67-71 (nach: Kaspar Anton von MASTIAUX, Historisch geographische Beschreibung des Erzstiftes Köln. Eine noethige Beilage zu des Herrn C. R. Bueschings Erdbeschreibung, Frankfurt a. M. 1783, S. 196-210), nennt für Kurköln 238 landtagsfähige Rittersitze (dazu kommt noch der Inhaber der Erbvogtei); hiernach PENNING, Fürstengunst (Anm. 54), S. 139.

114 LAC. UB 3 (wie Anm. 6), S. 792, Nr. 900; FRANKEWITZ, Adel (wie Anm. 27), S. 116.

115 BELOW, Rittergüter (wie Anm. 7), S. 537 f. mit Anm. 36-37 u. S. 852-855. Unter den niederrheinischen Territorien wurde lediglich im Herzogtum Kleve seit dem 17. Jahrhundert für die Landtagsfähigkeit ein Wert des Gutes von 6.000 Reichstalern gefordert: HÖTZSCH, Stände (wie Anm. 46), S. 246-252.

116 BELOW, Rittergüter (wie Anm. 7), S. 538 f. mit Anm. 46; WELTERS, Wasserburg (wie Anm. 38), S. 96.

erhoben worden, in vorigen anschlag wieder gebracht, anbei des hinderstants halber beständige liquidation a dato des haubtrecessus unverzüglich gepflogen und diese unsere gnädigste verortnung zu menniglichen wissenschaft von den canzelen obg. euch gnädigst anvertrauten ambts publicirt werde".[117]

Die wichtigsten Privilegien der anerkannten Rittersitze waren die beinahe vollständige Steuerfreiheit, das Recht zur groben Jagd auf Haarwild und zur niederen Jagd auf Hasen, Kaninchen und Feldhühner, die Befreiung von Schatz und Diensten, die Zollfreiheit und die Befreiung von Einquartierungen, welches Vorrecht besonders seit dem späten 16. Jahrhundert eine wichtige Rolle spielte.[118] Dabei betrafen die Steuerfreiheit, die auch ein nichtadliger Inhaber des Rittersitzes, dem allerdings der Besuch der Landtage verwehrt war, sowie ein im Betrieb wirtschaftender Pächter bzw. Halfe genossen, sowie die Jagd- und Fischereirechte nur den Rittersitz selbst, nicht aber die übrigen, im Besitz seines Inhabers befindlichen (adligen) Güter. Die Jülicher Ritterschaft konnte mit dem Hauptrezess von 1672 und dem Deklarationsrezess von 1675 das durch den Landesherrn angegriffene Privileg der Steuerfreiheit der Adelssitze konservieren[119], welches erst mit dem Alten Reich sein Ende fand.

Die genannten Privilegien begründeten die geradezu zwanghafte Standorttradition der landtagsfähigen Adelssitze. Eine räumliche Verlegung oder Neugründungen waren ausgesprochen selten und wurden erst im Barockzeitalter in nennenswerter Zahl vorgenommen. So erlaubte Herzog Wilhelm V. von Jülich-Kleve-Berg 1581 dem Alexander von Drimborn, auf seinen bei einer Erbteilung erhaltenen lehnbaren Ländereien im Kirchspiel Born bei Millen *„einen adelichen sees zu bauen und aufzurichten zugelassen, auch solche adeliche wonung mit allen privilegien und freiheiten, damit andere seessen und unsere lehen in unserm furstentumb Gulich ins gemein von unsern vorfaren gotseliger gedechtnus und uns versehen, sonderlich das die adeliche einhaber ermeltes sitz der ort jagen, windhitzen, velthuener fangen, das auch gerurter Alexander eine rossmullen alda, darauf sein und keines andern korn und fruchten (bei verlierung solcher gegebener freiheit) zu malen, setzen und bauen oder sonst ungezwungen seins gefallens, da ime und seinen erben geliebt, vor sich und sein hausgesind gleich andern unsern Gulichischen vam adel malen lassen"*.[120] Derselbe Alexander vermeldete im Jülicher Ritterzettel von 1585, dass sein Bruder Wilhelm *„ritterlicher güter*

---

[117] SCOTTI, Gesetze (wie Anm. 51), S. 186 f., Nr. 693; BELOW, Beiträge (wie Anm. 7), S. 17, Nr. 22.

[118] BELOW, Rittergüter (wie Anm. 7), S. 539-543, S. 844-847 u. S. 850. Eine Übersicht der sonstigen, *„eingeschränkten"* Privilegien bei BELOW, Rittergüter (wie Anm. 7), S. 541-550. Zur groben Jagd auf Haarwild mit Hunden vgl. TILLE, Archive 1 (wie Anm. 100), S. 187, Nr. 4 (Archiv Schloss Lüftelberg, 1672 Okt. 17).

[119] SCOTTI, Gesetze (wie Anm. 51), S. 161-164, Nr. 591, hier S. 161 f. § 3; BENZENBERG, Provincial-Verfassung 2 (wie Anm. 5), S. 15-28, hier S. 19 f. bzw. S. 29-41, hier S. 32 f.; Ernst BAUMGARTEN, Der Kampf des Pfalzgrafen Philipp Wilhelm mit den jülich-bergischen Ständen von 1669–1672 [III], in: Jahrbuch des Düsseldorfer Geschichtsvereins 22, 1908/09 (1909), S. 101-183, hier S. 149-172; Helmuth CROON, Stände und Steuern in Jülich-Berg im 17. und vornehmlich im 18. Jahrhundert (Rheinisches Archiv 10), Bonn 1929, S. 6-8; WAGNER, Staatssteuern (wie Anm. 38), S. 65-68.

[120] BELOW, Beiträge (wie Anm. 7), S. 5 f., Nr. 7 (nach LA NRW Rheinland, Jülich-Berg, Amt Born u. Sittard, Rechnung 1579-1584); KRAUSE, Qualifikation (wie Anm. 9), S. 15 u. S. 17.

abkumbsten und zudem zu Dorweiss einen ritterlichen seess hette, der mit heufigen unterlehnen versehen und gleichwol nimmer hierher verschrieben wurde und aber sämtliche ritterschaft als ratsamb und gut erachtret, dass gem. W. v. D. künftiglich bei der landschaftsversamblung nutz-, dienstlich und zierlich, so lest die genzliche rittergesellschaft sich wol gefallen, dass derselb W. auch unerfordert uf die ritterzedel gesetzt werde".[121]

Johann Friedrich Freiherr von Goltstein, der jüngere Bruder des Johann Wilhelm von Goltstein zu Breill, seit 1652 jülichscher Amtmann zu Münstereifel, hatte bei der Teilung des elterlichen Erbes landwirtschaftliche Güter in Niederaußem und Oberaußem erhalten. Da Johann Wilhelm wegen der Rittersitze Breill und Bohlendorf zum Jülicher Landtag zugelassen war, Johann Friedrich jedoch keinen landtagsfähigen Rittersitz im Herzogtum sein Eigen nennen konnte, sah er sich veranlasst, eine solche Anlage zu errichten. Herzog Wolfgang Wilhelm schenkte zu diesem Behuf 1649 seinem *„ambstverwalteren zu MünsterEiffel Johan Friedrich von Goltstein demselben die im dorff Elßig gelegenen platz der burgfriedt genant welche ungefehr drittehalb Viertel eines morgen groß ist, worauff dem augenschein nach vor vielen Jahren ein adtlich gebew gestanden hatt."* Durch Beschluss *„der gulischer Herren landtständen von der Ritterschafft"* wurde das *„adtliches guth dem Ritterzettul incorporirt"*, mit der Begründung: *„Weilen im dorff Elßig ambts MünsterEyffel angegebener maßen vor geraumer Zeit von Jahren, ein adtlich guth gewesen."*[122] In einem späteren Ritterzettel wird angegeben: *„Der adliche seeß daselbst findet sich erst in den Ritterzettul cancellaria, welche ab anno 1654 gebrauchet worden, wo bey dem Cantzleren Grafen von Goltstein, jetzigen possessoris Excellenz zur justification, daß Elsig anno 1649 mit bewilligung gülicher landständen von der Ritterschaft zum Rittersitz, umb zu den landtägen beschrieben zu werden, gemachet. Also ist der im dorff Elsig gelegener platzen, der Bergfried genant, gnädigst confirmirt, einige original-documenta producirt"* worden.[123] Der anstelle eines verfallenen Rittersitzes neu erbaute Adelssitz (*„Tradition"!*) im nordöstlichen Teil des Dorfes Elsig wurde schließlich als Lehen an Johann Friedrich von Goltstein gegeben.[124]

---

[121] BELOW, Rittergüter (wie Anm. 7), S. 535.

[122] KRAUSE, Qualifikation (wie Anm. 9), S. 16.

[123] Hans WELTERS, Burg Elsig. Eine untergegangene Wasserburg, in: Heimatkalender für den Landkreis Euskirchen 10, 1962, S. 49-56, hier S. 50 f. (nach LA NRW Rheinland, Jülich'sche Ritterschaft, Nr. 5-9).

[124] Die Ansicht im *Codex Welser* von 1723, bezeichnet *„Elsing H^r. Graff v: Goldstein"*, zeigt eine zweiteilige Anlage mit Wassergräben. Um 1820 war das Herrenhaus verschwunden; die Vorburg wurde im 19. Jahrhundert durch den heute *„die Burg"* genannten Bauernhof ersetzt. Vgl. Hans KISKY, Burgen, Schlösser und Hofesfesten im Kreise Euskirchen (Veröffentlichungen der Geschichts- und Heimatfreunde des Kreises Euskirchen e.V., A-Reihe 6), Euskirchen 1960, S. 87; JANSSEN, Wüstungsfrage (wie Anm. 122), S. 94; HERZOG, Burgen (wie Anm. 122), S. 37, S. 41 u. S. 249 f. mit Abb. 110; Lutz JANSEN, Ein unbemerkter Totalverlust. Beiträge zur Geschichte des Adelssitzes Bohlendorf bei Bergheim (Teil 2), in: Jahrbuch des Bergheimer Geschichtsvereins 13, 2004, S. 42-99, hier S. 61 f. Johann Friedrich von Goltstein hatte bereits am 20. Januar 1649 der durch Kriegsnot bedrängten Gemeinde Elsig ein Darlehen über 1.100 Reichstaler gewährt: TILLE, Archive 1 (wie Anm. 100), S. 207, Nr. 1 (Abschrift im Pfarrarchiv Elsig). Vergleichbare Fälle betrafen Dietrich von Syberg, fürstlich pfalz-neuburgischer Geheimrat und Amtmann zu Münstereifel und Tomberg sowie

Dennoch waren die landtagsfähigen Rittergüter über die Jahrhunderte einem ständigen Wandel durch kriegerische Ereignisse, Veränderungen der Besitzverhältnisse, Rechtsverstöße der Inhaber usw. unterworfen. Der Vergleich zwischen der Liste der Landtagsteilnehmer von 1610/1611 und der Matrikel von 1734 macht Differenzen deutlich, die teilweise auf den desaströsen Auswirkungen des Dreißigjährigen Krieges beruhen.[125] Einige Rittersitze verschwanden bereits in der frühen Neuzeit und sind daher in den ältesten überlieferten Matrikeln des späten 16. Jahrhunderts nicht erfasst: Gottfried von Vernich hatte 1306 das „castrum Soynich" bei Oberelvenich (Kreis Euskirchen), ein Lehen der Abtei Prüm, dem Grafen Gerhard von Jülich zum Offenhaus aufgetragen. Die Anlage ist zwischen 1422, als sie an Rolmann von Geisbusch, den Besitzer des benachbarten Adelssitzes Bollheim verkauft wurde, und 1586 untergegangen.[126] Herzog Wilhelm von Jülich-Kleve-Berg belehnte 1563 Rütger Kochs zu Eckenhagen anstelle der Witwe des Adolf von Freckhausen und deren unmündiger Tochter mit dem „alten steinen strunck binnen Muich", wo früher ein Burghaus gestanden hatte, zur Erbauung einer „häuslichen Wohnung".[127] In einem Bericht von 1577 heißt es: Goddart von Promel hat im Amt Grevenbroich einen „hof zu Millendorf [...] und wie ich bericht, sol ein adelich seess vor menschengedenken, da jetzo der halfen einen garden hat, gestanden haben".[128] Ganz ungewöhnlich ist der Fall der Burg Kirspenich bei Münstereifel: Im Jahr 1301 von Gerhard von Alfter dem Grafen Gerhard IV. von Jülich als Offenhaus aufgetragen, wurde die Burg seit 1576 nicht von den adligen Eigentümern, sondern von Pächtern bewohnt. Franz Thomas Heinrich Freiherr von Friemersdorf gen. Pützfeld zu Kallmuth, der die Anlage 1731 erwarb, musste daher 1744 eine (Neu-) Belehnung durch den Kurfürsten Karl Philipp von Pfalz-Neuburg, Herzog von Jülich-Berg, beantragen.[129]

Die Landtagsqualifikation - der Jülicher Ritterzettel von 1734

Im Herzogtum Jülich qualifizierte sich zwischen etwa 1450 und 1800 der ritterbürtige

Landdrost und Obristkämmerer der Grafschaft Mark, auf Haus Eicks bei Kommern (1624), und Johann Friedrich Freiherrn von Schaesberg, pfalzgräflicher Amtmann, Rat und Landhofmeister, auf Haus Merzenich bei Zülpich (1650): HERZOG, Burgen (wie Anm. 122), S. 41, S. 240 u. S. 384.

125 BELOW, Rittergüter (wie Anm. 7), S. 527.

126 LAC. UB 3 (wie Anm. 6), S. 36 f., Nr. 49; Ernst von OIDTMAN, Bollheim bei Zülpich und seine Besitzer, insbesondere die Herren von Hompesch, in: Zeitschrift des Aachener Geschichtsvereins 6, 1884, S. 133-180, hier S. 140; WELTERS, Wasserburg (wie Anm. 38), S. 66 f., S. 84, S. 86 u. S. 138; Walter JANSSEN, Studien zur Wüstungsfrage im fränkischen Altsiedelland zwischen Rhein, Mosel und Eifelnordrand 2: Katalog (Beihefte der Bonner Jahrbücher 35,2), Köln/Bonn 1975, S. 115 f.; Harald HERZOG, Burgen und Schlösser. Geschichte und Typologie der Adelssitze im Kreis Euskirchen (Veröffentlichungen des Vereins der Geschichts- und Heimatfreunde des Kreises Euskirchen A,17), Köln ²1991, S. 409 u. S. 486.

127 TILLE, Archive 1 (wie Anm. 100), S. 321, Nr. 2 (Abschrift im Bürgermeisteramt Much).

128 BELOW, Rittergüter (wie Anm. 7), S. 529.

129 TILLE, Archive 1 (wie Anm. 100), S. 183, Nr. 1. Vgl. FAHNE, Geschlechter 2 (wie Anm. 11), S. 44; Ernst POLACZEK (Bearb.), Die Kunstdenkmäler des Kreises Rheinbach (Die Kunstdenkmäler der Rheinprovinz 4,II), Düsseldorf 1898, S. 55; HERZOG, Burgen (wie Anm. 124), S. 321.

Adlige erst durch den Besitz eines landtagsfähigen Adelssitzes für die Teilnahme an den Ständeversammlungen.[130] Zu dieser Gruppe kamen die Inhaber der vier - seit 1336 erblichen - Hofämter: Truchseß, Schenk, Marschall und Kämmerer[131] sowie die etwa 30 Amtmänner auf den Landesburgen und in den Städten des Herzogtums.[132] Die Letzteren rekrutierten sich mehrheitlich aus dem Adel und besaßen in aller Regel einen landtagsfähigen Adelssitz. Daneben nahmen die adligen und die bürgerlichen Mitglieder des landesherrlichen Geheimen Rates sowie Deputierte der Jülicher Städte an den Landtagen teil.[133] Die an die anerkannten Rittersitze geschickten gedruckten Einladungen zu den Jülicher Landtagen („Beschreibungen") erfolgten im 15. Jahrhundert meist nach Jülich, Düren oder Birkesdorf, seit dem 16. Jahrhundert überwiegend nach Düsseldorf. Die Tagungen fanden in dieser Zeit nach Bedarf statt. Die Kompetenzen des Landtages betrafen das Territorium, die Außenpolitik bzw. das Kriegswesen, die Jurisdiktion, die Verwaltung, die Polizei und den Finanzhaushalt des Herzogtums.[134] Bei schwerwiegenden Interessenkonflikten zwischen den Landständen und dem Herzog, die insbesondere die immensen Ausgaben für militärische Zwecke - die Versorgung des stehenden Heeres und den Festungsbau - aus den Steuereinnahmen zum Inhalt hatten, konnten mehrere Tagungen in einem Kalenderjahr stattfinden. Der letzte Generallandtag der fünf vereinigten Länder Jülich, Berg, Kleve, Mark und Ravensberg wurde 1611 in Düsseldorf einberufen.[135] Mit dem Hauptrezess von 1672 verpflichtete sich der kurpfälzische Landesherr, die Jülicher Stände mindestens einmal jährlich zu einem Landtag einzuladen[136], der im Düsseldorfer Rathaus und meist gemeinsam mit den beiden bergischen Ständen stattfand.[137] Es gab jedoch besonders im späten 17. und auch noch im 18. Jahrhundert Jahre, in denen kein Landtag einberufen worden

---

130 OPPERMANN, Thorr (wie Anm. 5), S. 102, nennt 283 immatrikulierte Sitze (ohne Jahr). Das „Verzeichniß der Jülicher Rittersitze welche zum Regierungsbezirk Achen gehören" von etwa 1820 enthält 159 Positionen: BENZENBERG, Provinzial-Verfassung 2 (wie Anm. 5), Beilagen (nach S. 254), S. 108-112, Nr. 8.

131 Vgl. MEYER, Untersuchungen (wie Anm. 23), S. 139-142; KRAUS, Jülich (wie Anm. 22), S. 89.

132 Zur Funktion der Amtmänner vgl. Carl-August AGENA, Der Amtmann im 17. und 18. Jahrhundert. Ein Beitrag zur Geschichte des Richter- und Beamtentums, Dissertation Göttingen 1972, S. 6-21.

133 Leo MÜLFARTH, Johann Wilhelm von Pfalz-Neuburg und die jülich-bergischen Landstände 1679-1716, Dissertation Köln 1963, S. 10-13 u. S. 22. Zu den landesherrlichen Räten des Herzogtums Jülich vgl. BELOW, Verfassung [2] (wie Anm. 7), S. 253-255; Franz BURGHARDT, Die Geheimen Räte der Herzogtümer Jülich und Berg 1692-1742 (Kölner Genealogische Blätter 12/13), Köln 1992; Olaf RICHTER, Die jülich-bergischen Räte und der Erbfolgestreit, in: Manfred GROTEN u. a. (Hrsg.), Der Jülich-Klevische Erbstreit 1609. Seine Voraussetzungen und Folgen. Vortragsband (Publikationen der Gesellschaft für Rheinische Geschichtskunde, Vorträge 36), Düsseldorf 2011, S. 111-136.

134 BELOW, Landtagsakten 1 (wie Anm. 7), S. 72-155; CROON, Stände (wie Anm. 119), S. 1-5.

135 KRAUSE, Qualifikation (wie Anm. 9), S. 63.

136 BENZENBERG, Provincial-Verfassung 2 (wie Anm. 5), S. 15-28, hier S. 28; MÜLFARTH, Landstände (wie Anm. 133), S. 22-25.

137 Johann Friedrich BENZENBERG, Ueber Provincial-Verfassung, mit besonderer Rücksicht auf die vier Länder: Jülich, Cleve, Berg und Mark 1, Hamm 1819, S. 61 f.; MÜLFARTH, Landstände (wie Anm. 133), S. 10-13; SPOHR, Düsseldorf (wie Anm. 50), S. 34-39.

ist.[138] Der Kurfürst war übrigens nicht zur Teilnahme verpflichtet, sondern konnte durch seinen Statthalter in Düsseldorf vertreten werden.[139]

Die Adligen mussten dagegen seit dem späten 16. Jahrhundert an den Landtagen teilnehmen[140], die in der Regel mehrere Wochen, bisweilen aber auch Monate dauerten und deshalb für den Teilnehmer einen hohen Aufwand bedeuteten. Kost und Logis wurden zwar erstattet, und seit dem mittleren 16. Jahrhundert wurde außerdem den ritterbürtigen Teilnehmern an den Landtagen eine Diät von jeweils vier, den Vertretern der Städte von jeweils zwei Reichstalern pro Tag aus der Landeskasse gewährt.[141] Dennoch enthalten die Landtagsakten zahlreiche Entschuldigungsschreiben von Angehörigen der Ritterschaft für ihr Fernbleiben. Als Begründung wird häufig das hohe Alter der betreffenden Person angegeben, daneben insbesondere in Kriegszeiten das Bestreben, sein Haus nicht unbeobachtet lassen zu wollen.[142] Die vier „Hauptstädte" des Herzogtums haben dagegen zumindest bis in das späte 17. Jahrhundert durchweg ihre Gesandten zu den Landtagen geschickt. Wegen einer deutlich anderen Ausrichtung der Kommunen, die man als eine „gewerbliche" bezeichnen könnte, gerieten die Städte deutlich seltener in Konflikt mit dem Landesherrn als die Mitglieder der Ritterschaft, die den Erhalt ihrer feudalen Privilegien in den Vordergrund stellten.

Die Zahl der Teilnehmer an den Landtagen schwankt: So nahmen an dem „Beschwerde"-Landtag 1513 für das Herzogtum Jülich 118 Mitglieder der Ritterschaft (inklusive der Räte) teil, während die Ritterzettel aus dem späten 16. und beginnenden 17. Jahrhundert deutlich höhere Zahlen enthalten, nämlich 1563 deren 159, dann 1607 sogar 180 und im Jahr 1609 „one Rät und Erben" immerhin 150 Teilnehmer.[143] Diese auffallende Steigerung führte Georg von Below zum Einen auf die Gebietsgewinne um 1500 zurück (Born, Brüggen und Wassenberg 1494; Neuenahr 1546), außerdem auf die Möglichkeit, dass die Inhaber von Unterherrschaften in der Liste von 1513 eventuell noch keine Berücksichtigung gefunden hätten.[144] Die lediglich 27 auf dem Landtag von 1526 anwesenden Mitglieder der bergischen Ritterschaft, inklusive der Räte, hielten sich jedenfalls für beschlussfähig.[145]

---

[138] CROON, Stände (wie Anm. 119), S. 5.

[139] MÜLFARTH, Landstände (wie Anm. 133), S. 171.

[140] BELOW, Landtagsakten 1 (wie Anm. 7), S. 17; KAISER, Landstände (wie Anm. 2), S. 341. Dagegen sind BELOW, Territorium² (wie Anm. 7), S. 113 f. und MÜLFARTH, Landstände (wie Anm. 133), S. 11 der Ansicht, dass die Adligen (im späten 17. Jahrhundert?) nicht zum Besuch der Landtage verpflichtet gewesen seien.

[141] BELOW, Landtagsakten 1 (wie Anm. 7), S. 39; MÜLFARTH, Landstände (wie Anm. 133), S. 13.

[142] MÜLFARTH, Landstände (wie Anm. 133), S. 11 (nach LA NRW Rheinland, Jülich-Berg II (Teil IV), Nr. 5474).

[143] BELOW, Rittergüter (wie Anm. 7), S. 842, Anm. 24; DERSELBE, Landtagsakten 1 (wie Anm. 7), S. 28.

[144] DERSELBE, Rittergüter (wie Anm. 7), S. 842, Anm. 24; DERSELBE, Landtagsakten 1 (wie Anm. 7), S. 28. Die von Below ebenfalls genannten Königshöfe in Remagen und Sinzig waren bereits 1336 durch König Ludwig den Bayern an Markgraf Wilhelm I. von Jülich geschenkt worden. Vgl. RKG 7 (wie Anm. 20), S. 240-243, Nr. 4470.

[145] BELOW, Verfassung [2] (wie Anm. 7), S. 25, Anm. 91.

Nach dem Dreißigjährigen Krieg ging die Zahl der Teilnehmer rapide zurück: Den Landtag, der am 4. Juni 1671 in Düsseldorf begann, haben *„von der bergischen Ritterschaft etwas über 15 Ritterbürtige [...] besucht; die jülichsche Ritterschaft war bedeutend zahlreicher vertreten. Die einzige Urkunde, welche aus ihrem Protokolle erhalten ist, trägt* [allerdings] *die Unterschrift von* [lediglich] *27 Ritterbürtigen.*"[146] In den Jahren um 1700 nahmen jeweils 40 bis 70 Adlige aus den beiden (!) Herzogtümern Jülich und Berg an den Landtagen teil.[147] Den Düsseldorfer Landtag von 1720 besuchten aus dem Herzogtum Jülich 48 Adlige[148], d. h. nur wenig mehr als ein Viertel der Besitzer der allein im *Codex Welser* aufgeführten Rittersitze - wobei, wie erwähnt, längst nicht alle Anlagen in dieser Aufstellung erfasst sind. Selbst wenn man die häufige Kumulation mehrerer Sitze in der Hand eines einzelnen Adligen besonders im 17. und 18. Jahrhundert berücksichtigt, besteht eine auffallende Diskrepanz zwischen der großen Zahl der immatrikulierten Rittersitze und den tatsächlich zu den Landtagen erschienenen Adligen. Die mitunter sehr geringe Präsenz macht deutlich, dass die Mitglieder der Ritterschaft nicht mehr primär an der Ständevertretung interessiert waren, sondern sich auf die Privilegien ihrer Rittersitze fokussierten. Auf den Landtagen fanden neben den innenpolitischen Verhandlungen jedoch auch die wichtigen Aufschwörungen (*„Approbationen"*) des adligen Nachwuchses statt[149], mit denen sich die feudale Schicht in einem permanenten Kreislauf über ein eng gewobenes Netzwerk ihre kollektive Exklusivität gesichert hat - und damit auch die einträglichen Domherrenstellen, Präbenden und geistlichen Pfründen der nachgeborenen Söhne und unverheirateten Töchter.[150]

Gemäß einer Anweisung Herzog Wilhelms V. von 1548 sollten die Jülicher Amtleute Listen der Ritterschaft für ihre Ämter erstellen, worin die Mitglieder mit ihren Rittersitzen zu erfassen seien.[151] Die Realisierung ließ offenbar auf sich warten, denn noch 1563 bat die Ritterschaft den Herzog, ihnen den alten Ritterzettel der Jahre 1475 bis 1511

---

[146] Ernst BAUMGARTEN, Der Kampf des Pfalzgrafen Philipp Wilhelm mit den jülich-bergischen Ständen von 1669-1672 [II], in: Jahrbuch des Düsseldorfer Geschichtsvereins 19, 1904, S. 1-63, hier S. 48.

[147] MÜLFARTH, Landstände (wie Anm. 133), S. 13.

[148] *„Verzeichnis deren beim Landtag von 1720 in Düsseldorf gegenwärtig gewesenen Jülich- und Bergischen Landständen, I. Jüligsche Ritterbürtige"*: BENZENBERG, Provincial-Verfassung 2 (wie Anm. 5), Beilagen (nach S. 254) S. 9 f., Nr. 34.

[149] Zur adligen Abstammung als Kriterium der Landtagsfähigkeit vgl. KRAUSE, Qualifikation (wie Anm. 9), S. 35-62.

[150] Friedrich KEINEMANN, Das Domstift Mainz und der mediate Adel. Der Streit um die Zulassung von Angehörigen der landsässigen Ritterschaften zu Mainzer Dompräbenden, in: Historisches Jahrbuch 89, 1969, S. 153-170; Heinz DUCHHARDT, Die Aufschwörungsurkunde als sozialgeschichtliche und politische Quelle. Beobachtungen an Mainzer Urkunden aus dem Jahrhundert nach dem Westfälischen Frieden, in: Archiv für mittelrheinische Kirchengeschichte 26, 1974, S. 125-141; Elizabeth HARDING, Land-Adel. Landsässige Ritterschaften zwischen regionaler Orientierung und territorialer Integration, in: Heike DÜSELDER u. a. (Hrsg.), Adel und Umwelt. Horizonte adeliger Existenz in der Frühen Neuzeit, Köln u. a. 2008, S. 159-179.

[151] BELOW, Territorium (wie Anm. 7), S. 136; DERSELBE, Landtagsakten 2 (wie Anm. 7), S. 25-28, Nr. 8, hier S. 27, § 15.

mitteilen zu lassen[152], worauf dieser antworten ließ: Dieser Ritterzettel sei hier nicht vorhanden, *„wie man auch nit weiss, ob er zu Dusseldorf zu finden. Jedoch will m. g. f. und h. darnach suchen lassen und, da er gefunden, der ritterschaft nit verhalten"*. Erst im Jahr 1586 wurde schließlich ein neuer Ritterzettel erstellt, der offenbar die Grundlage für die Landtagsmatrikel der Jahre 1610 und 1611 bildete.

Im Februar 1730 wurde schließlich in Düsseldorf eine Kommission aus den herzoglichen Räten und Vertretern der beiden Ritterschaften gebildet, die ein aktuelles Verzeichnis aller anerkannten Rittersitze in den Herzogtümern Jülich und Berg, einen *„Ritterzettel"*, erstellen sollte.[153] Die Verhandlungen dieser Kommission dauerten gute acht Monate. Für die beinahe 300 proklamierten Besitzungen wurden 55 Ritterzettel des 16. bis frühen 18. Jahrhunderts überprüft.[154] Konkrete Merkmale für die Anerkennung der Rittersitze werden in den Verhandlungsprotokollen nicht genannt. Die Einschreibung der als *„landtagsfähig"* anerkannten Güter in die neue Matrikel erfolgte weitgehend nach dem *„Ansehen"*, *„Herkommen"* bzw. der *„Tradition"* des Gutes, die offenbar in zahlreichen Fällen allein aus der wiederholten Eintragung desselben in die älteren Ritterzettel hervorging, insbesondere in die bis dahin ausführlichste Matrikel aus dem Jahr 1596 (*„Annus regulativum"*).[155] Sicher spielten auch gute Beziehungen in dem durch familiäre Verbindungen dicht geknüpften Netz des rheinischen Adels und zur Düsseldorfer Verwaltung eine wichtige Rolle. Unstimmigkeiten und offene Fragen wurden mit den lokalen Amtmännern auf dem Schriftweg geklärt. Einige strittige Fälle konnten zum Vorteil des betroffenen Adligen geregelt werden: Obwohl das Gut Ophoven bei Wassenberg lediglich in dem zuletzt erstellten Ritterzettel von 1720 eingetragen war, versuchte der damalige Besitzer von Mirbach[156], eine Einschreibung in die neue Matrikel zu erreichen, indem er dem Landtag im Oktober 1730 Ausschreibungen von 1722, 1723, 1724 und 1776 präsentierte. Nachdem die Ritterschaft keine Entscheidung

152 BELOW, Landtagsakten 2 (wie Anm. 7), S. 33-40, Nr. 11, hier S. 37 f., § 18.

153 Ausführlich mit Berücksichtigung der Beratungsprotokolle: KRAUSE, Qualifikation (wie Anm. 9), S. 19-31. Vgl. WEIDNER, Matrikel (wie Anm. 94).

154 KRAUSE, Qualifikation (wie Anm. 9), S. 26.

155 Ebd., S. 32 u. S. 58. Die Identifizierung dieses Dokumentes ist mir nicht gelungen. Es dürfte sich um den Anhang zu der *„Publikation einer, mit Einwilligung der Landstände aufgestellten, Lehens-Gerichts-Ordnung, wonach alle Lehens-Irrungen von zwei dazu zu kommittirenden Herzogl. Räthen instruirt und abgeurtheilt, in 2ter Instanz von höchstens 6 resp. 7 dazu zu ernennenden Lehn-Mannen entschieden, die fernere Apell aber an das Kaiserl. Kammergericht gerichtet werden soll"*, vom 24. September 1596 handeln: SCOTTI, Gesetze (wie Anm. 51), S. 61, Nr. 153.

156 KRAUSE, Qualifikation (wie Anm. 9), S. 28 (nach LA NRW Rheinland, Jülicher Ritterschaft II b 1, Protokoll vom 15. Januar 1734). Der Antragsteller ist unklar: Carl Adolph Joseph Freiherr von Mirbach zu Harff, Immendorf, Fürth, Ruhrkempen, Virnich, Enzen, Gustorf, Leiffart, Ophoven, Pfalz-Neuburgischer Geheimrat und Amtmann zu Randerath, war bereits 1729 gestorben, seine sieben Kinder im Jahr 1730 ebenfalls bereits verstorben oder noch unmündig. Wahrscheinlich wurden die Ansprüche durch seine Ehefrau, Gabriela Godefrida Felicitas geb. Freiin von Schaesberg zu Kriekenbeck († 27. Juli 1785), wahrgenommen. Die biographischen Daten nach Joseph STRANGE, Beiträge zur Genealogie der adligen Geschlechter 5, Köln 1867, S. 56.

gefasst hatte[157], widersetzten sich die kurfürstlichen Räte der Einschreibung mit dem Hinweis auf die fehlende Erwähnung in älteren Ritterzetteln. Die Entscheidung wurde aber schließlich von den ritterschaftlichen Deputierten „ad Referendum Corpori undt zu Einhohlung deßelben Näheren schlußes ahngenohmen"[158] - der Rittersitz Ophoven wurde in die Matrikel eingeschrieben.

Am Ende der Beratungen waren noch drei Fälle aus unterschiedlichen Gründen ungeklärt: Die Einschreibung des Gutes „Niederemb" bei Elsdorf wurde wegen eines laufenden Prozesses vor dem Reichskammergericht „super qualitate Libertatis praedy" ausgesetzt.[159] Der Fischerhof in Niederaußem bei Bergheim war in den Ritterzetteln von 1596, 1654/1668 und 1720 eingetragen. Anlässlich der 1707 durch den Landesherrn ausgeschriebenen Ritter- und Lehnssteuer war das Gut von seinen damaligen Besitzern aber als „simples freyes guth" bezeichnet und die Steuer entrichtet worden. Dieser Umstand veranlasste die kurfürstlichen Räte, der Einschreibung zu widersprechen, obwohl die Ritterschaft bereits einen positiven Beschluss gefasst hatte. Nur wenn die „dermaligen possessores dieses obstaculum auß dem weeg geräumt undt die Rittersitzlichkeit beßer probiret hätten", könne „das guth als ein Rittersitz" eingeschrieben werden.[160] Schließlich beschloss die Ritterschaft, das Gut Engelsdorf bei Aldenhoven, das ebenfalls als „ein freyes guth" bezeichnet und nur in zwei älteren Ritterzetteln (zuletzt 1574) aufgeführt war, nicht einzuschreiben. Die Kommission folgte diesem Urteil mit dem Zusatz: „daß wan in künfftigen Zeiten etwa von deren Besitzeren beßere proben, als bißhero, gefunden worden, beygebracht werden könten, das Gut in den Ritterzettel eingetragen werden könnte".[161]

Das endgültige Verzeichnis wurde erst 1734 für beide Territorien getrennt vorgelegt. Es ist alphabetisch nach Ämtern[162] gegliedert und enthält für das Herzogtum Jülich 281

---

[157]   KRAUSE, Qualifikation (wie Anm. 9), S. 28 (nach LA NRW Rheinland, Jülicher Ritterschaft II b 1, Protokoll vom 15. Januar 1734).

[158]   Ebd., S. 28 f. (nach LA NRW Rheinland, Jülicher Ritterschaft II b 1, Protokoll vom Januar 1730).

[159]   Ebd., S. 29 f. (nach LA NRW Rheinland, Jülicher Ritterschaft II b 1, Protokoll vom 27. März 1730). Wahrscheinlich handelt es sich um den sogenannten Ritzenhof in Niederembt (Hahnenstraße 53): Annaliese OHM/Albert VERBEEK, Kreis Bergheim 3 (Die Denkmäler des Rheinlandes 17), Düsseldorf 1971, S. 32.

[160]   KRAUSE, Qualifikation (wie Anm. 9), S. 29 f. Der früher mit einem Wassergraben umgebene Fischerhof (Alte Landstraße 66) liegt etwa 100 m nordwestlich der Pfarrkirche von Niederaußem: Hermann HINZ, Kreis Bergheim (Archäologische Funde und Denkmäler des Rheinlandes 2), Düsseldorf 1969, S. 158, Abb. 43 u. S. 305.

[161]   KRAUSE, Qualifikation (wie Anm. 9), S. 30 (nach LA NRW Rheinland, Jülicher Ritterschaft II b 1, Protokoll vom 15. Januar 1734). Vgl. Paul CLEMEN, Die Kunstdenkmäler des Kreises Jülich (Die Kunstdenkmäler der Rheinprovinz 8,I), Düsseldorf 1902, S. 63-68; Helmut HOLTZ, Haus und Herrlichkeit Engelsdorf, in: Jahrbuch des Kreises Düren 1988 (1987), S. 116-120; Kristin DOHMEN/Christina NOTARIUS/Oliver ZAHN, Die Spindeltreppe von Burg Engelsdorf: Untersuchungen zu Bedeutung, Konstruktion und Zustand als Voraussetzung für ein Erhaltungskonzept, in: Jahrbuch der rheinischen Denkmalpflege 42, 2011, S. 138-147.

[162]   Zur Genese und Einteilung der zuletzt etwa 30 Jülicher Ämter vgl. MIRBACH, Territorialgeschichte (wie Anm. 22); H. LOEWE, Ein gereimtes Aemterverzeichniss der Jülich-Kleveschen Lande, in: Zeitschrift des Aachener Geschichtsvereins 23, 1901, S. 408-410; KRAUS, Jülich (wie Anm. 22), S. 238-255; JANSSEN, Verwaltung (wie Anm. 51), S. 142.

Rittersitze, von denen 38 den Mittelpunkt einer Unterherrschaft darstellten.[163] Auch Rittersitze, die durch Einträge in den älteren Matrikeln anerkannt waren, sich aber zu diesem Zeitpunkt in bürgerlichem Besitz befanden, sollten in die Liste aufgenommen werden.[164] Die bereits erwähnte Ablehnung der Rittergüter Ophoven, Niederaußem, Niederembt und Engelsdorf wurde durch entsprechende Marginalien vermerkt. Mehrere weitere, überhaupt nicht oder nur in wenigen älteren Ritterzetteln eingetragene, adlige Güter - das *„Haus zu Ruhren"*[165], Kellersberg bei Alsdorf, Heimersheim bei Ahrweiler, Oberwinter bei Remagen, Tegelen bei Venlo (NL), Mutzerath bei Stommeln und Hasenfeld bei Heimbach - wurden ebenfalls ausgeschieden, jedoch bis auf Mutzerath[166] durch eine Marginalie in den Protokollen vermerkt.[167]

Gut Noithausen bei Grevenbroich war seinerzeit Gegenstand eines Prozesses vor dem Reichskammergericht, der jedoch nicht die Landtagsfähigkeit, sondern die Zugehörigkeit zur Deutschordensherrschaft Elsen betraf. Trotz des umstrittenen Status wurde das Gut des Grafen [NN.] von Schwerin in die Matrikel von 1734 eingeschrieben, *„weilen ersagtes guth in gar vielen Ritterzettulen"* eingetragen war.[168] Jedoch wurde der Besitz bereits 1765 - als einziger! - wieder aus der Matrikel gestrichen, worüber eine Randnotiz informiert: *„Das Rittersitz Nothausen ist vi Conclusi vom 10. febr(uari)s 1765 aus dem Ritterzettel getilget worden".*[169] Ausschlaggebend war die *„territoriale Superiorität"* des Gebietes um Haus Noithausen, die nämlich durch den Deutschen Orden als dem Landesherrn der Reichsherrlichkeit Elsen bereits seit etwa zwei Jahrhunderten vor Gericht beansprucht worden war.[170]

---

[163] KRAUSE, Qualifikation (wie Anm. 9), Anlage 2. Zu den Unterherrschaften vgl. bei Anm. 38.

[164] Ebd., S. 22.

[165] In Betracht kommen: 1. Der ehemals wasserumwehrte Hof Rur südwestlich von Orsbeck (Kreis Heinsberg) im damaligen Amt Heinsberg (?), 1481 erwähnt: Wilhelm PIEPERS, Archäologie im Kreis Heinsberg 1. Bodendenkmäler und Funde im ehemaligen Kreis Geilenkirchen-Heinsberg (Schriftenreihe des Kreises Heinsberg 5), Heinsberg 1989, S. 460; 2. Der „Roerhof" (heute Raherhof) südöstlich von Breyell (Kreis Viersen) im damaligen Amt Brüggen, 1372 durch Herzog Wilhelm II. von Jülich schatz- und dienstfrei gestellt: FÖHL, Häuser (wie Anm. 95), S. 114; Josef FUNKEN, Breyell - aus der Geschichte, Nettetal-Breyell 1980, S. 202-211.

[166] KRAUSE, Qualifikation (wie Anm. 9), S. 28 f., Anm. 1 (nach LA NRW Rheinland, Jülicher Ritterschaft II b 1, Protokoll vom 24. März 1734 und Anlage N. 87). Der *Codex Welser* von 1723 zeigt Haus Mutzerath als eine ausgedehnte zweiteilige Anlage mit umgebenden Wassergräben. Vgl. Paul CLEMEN/Ernst POLACZEK (Bearb.), Die Kunstdenkmäler des Landkreises Köln (Die Kunstdenkmäler der Rheinprovinz 4,I), Düsseldorf 1897, S. 183 f.; KISKY, Wasserburgen (wie Anm. 29), S. 93-95.

[167] KRAUSE, Qualifikation (wie Anm. 9), S. 28 f.

[168] Ebd., S. 30 f. (nach LA NRW Rheinland, Jülicher Ritterschaft II b 1, Protokoll vom 14. Januar 1734).

[169] Ebd., Anlage 2, S. 5.

[170] Ebd., S. 30 f. mit Anm. 4 u. Anlage 2, S. 5 (nach LA NRW Rheinland, Bergische Landstände Bll 11.11.21, und LA NRW Rheinland, Landstände Jülich 124: Landtagsprotokoll mit Anlage N. 56). Vgl. Brigitte JANSSEN/Walter JANSSEN, Burgen, Schlösser und Hofesfesten im Kreis Neuss (Schriftenreihe des Kreises Neuss 10), Neuss ²1985, S. 208-213; Cornelia SCHULTE, Der Besitzatlas des Deutschen Ordens in Elsen. Die topographische Erfassung der Reichsherrlichkeit Elsen des Deutschen Ordens 1759-1761, Grevenbroich 2000, S. 52-54.

Fazit

Die „*Ritterbürtigkeit*" als *ein* Parameter für die Zulassung zu den Landtagen hat ihren Ursprung in dem sozio-kulturellen Netzwerk und dem praktizierten Lebensstil der jeweiligen Person im späten Mittelalter, die das viel beschworene „*höfische ritterliche Ideal*" zu erlangen suchte, und ist, wie eine „*moderne*" Lebensführung heutzutage, nicht zuletzt wesentlich von der jeweiligen Finanzkraft des Adligen abhängig gewesen. Bereits in dieser Zeit waren indessen der Lehnsbesitz oder das allodiale Eigentum einer Burg innerhalb des Territoriums ein ebenso wichtiges Merkmal für die Zulassung des ritterbürtigen Inhabers zu den Landtagen.[171] Die „*Landtagsfähigkeit*" der Rittersitze war zunächst über ihre Wehrhaftigkeit, in der fortschreitenden Neuzeit dann zunehmend über die „*Platztradition*" definiert. Der Immobilienbesitz war als eine quasi „*technische*" Lösung durch die landständischen Gremien deutlich klarer zu beurteilen als die häufig komplexe Überprüfung der adligen Abstammung des Probanden über eine allmählich zunehmende Zahl von Generationen. Die mittelalterlichen Wehrbauten des ländlichen Raumes verloren im 16. Jahrhundert ihre militärische Bedeutung für die

---

Noithausen war seit 1400 Offenhaus der Erzbischöfe von Köln: LAC. UB 3 (wie Anm. 6), S. 953 f., Nr. 1074.

[171] BELOW, Rittergüter (wie Anm. 7), S. 529, S. 531 f., S. 837, S. 841-844 u. S. 847-857; DERSELBE, Territorium² (wie Anm. 7), S. 89 mit Anm. 1 u. S. 124; KLUETING, Adelsgruppen (wie Anm. 9), S. 40-53. Vgl. WELTERS, Wasserburg (wie Anm. 38), S. 49 mit Anm. 22; HARDING, Land-Adel (wie Anm. 150), S. 171 f., spricht in ihrer sozialhistorisch ausgerichteten Untersuchung in diesem Zusammenhang von „*landtagsfähigen Grundstücken*". Wie im Herzogtum Jülich, so gehörte auch im Herzogtum Geldern und in der Grafschaft Mark der Besitz eines anerkannten Rittergutes zu den „*conditiones sine qua non*" für die Landtagsfähigkeit des Besitzers: Heinrich HOLTHAUSEN, Verwaltung und Stände des Herzogtums Geldern preußischen Anteils im 18. Jahrhundert, Dissertation Bonn 1916, S. 20; Rudolf SCHULZE, Die Landstände der Grafschaft Mark bis zum Jahre 1510, in: Konrad BEYERLE (Hrsg.), Deutschrechtliche Beiträge. Forschungen und Quellen zur Geschichte des Deutschen Rechts 1 (4), Heidelberg 1908, S. 179-359; JENTJENS, Reinald IV. (wie Anm. 22), S. 144-157; ALBERTS, Stände (wie Anm. 32), S. 337-339 u. S. 346-348; HELBIG, Landstände (wie Anm. 50), S. 53-56 u. S. 69 f.; Hans-Joachim BEHR, Die Ausbildung landständischer Verfassungen, in: Ferdinand SEIBT u. a. (Hrsg.), Vergessene Zeiten. Mittelalter im Ruhrgebiet. Katalog zur Ausstellung im Ruhrland-Museum Essen, 26. September 1990 bis 6. Januar 1991, Bd. 2, Essen 1990, S. 211-214; Kurt NIEDERAU, Die märkische Ritterschaft im Jahre 1597, in: Der Märker 36 (3), 1987, S. 117-119, hier S. 117. Ebenso musste der landtagsfähige Rittersitz im Herzogtum Kleve - im späten 17. Jahrhundert waren in diesem Territorium 45, in der Grafschaft Mark 92 Güter qualifiziert - gemäß den Landtagsrezessen von 1649 und 1660 „*von alters*" als solcher gegolten haben, außerdem aber einen Wert von 6.000 Reichstalern besitzen: HÖTZSCH, Stände (wie Anm. 46), S. 246-252; Leo WOLLENHAUPT, Die Cleve-Märkischen Landstände im 18. Jahrhundert (Historische Studien 158), Berlin 1924, S. 3 f. Vgl. Karl NITZSCH, Die Ravensbergische Territorialverfassung im Mittelalter (bis 1535), Dissertation Halle 1902, S. 58-66; ALBERTS, Stände (wie Anm. 32), S. 344 f.; HELBIG, Landstände (wie Anm. 50), S. 55 f. u. S. 68 f.; Klaus FLINK, Territorialbildung und Residenzentwicklung in Kleve, in: Klaus FLINK/Wilhelm JANSSEN (Hrsg.), Territorium und Residenz am Niederrhein. Referate der 7. Niederrhein-Tagung des Arbeitskreises niederrheinischer Kommunalarchivare für Regionalgeschichte (25.-26. September 1992 in Kleve) (Klever Archiv 14), Kleve 1993, S. 67-96, hier S. 73-76; Dieter SCHELER, Die Stützen der Herrschaft: Der Adel in Kleve und Geldern, in: JAHN, Geldern (wie Anm. 22), S. 40-46.

Landesherrschaft, der als Ausgleich für die Steuerfreiheit des Adels geleistete Kriegsdienst[172] ging mit der Aufstellung der stehenden Heere zurück. Gleichzeitig begann
nach dem Abschluss der ständischen Konsolidierung des Adels und der territorialen
Verdichtung der Länder im mittleren 16. Jahrhundert die Vorrangstellung des ritterbürtigen Adels am Hof und in der Verwaltung durch den in seine Positionen vorrückenden
nobilitierten Briefadel[173] sowie durch die mit großem Engagement agierenden bürgerlichen Beamten und gelehrten (Geheim-) Räte zu schwinden. Diese Gruppen stellten
eine starke soziale, berufliche und wirtschaftliche Konkurrenz für den alten Geburtsadel
dar. Dieser musste sich in Konsequenz in der Neuzeit ein anderes Mittel der Beweis-
sicherung seiner selbst suchen, um seine Kaste abzuschließen, eben die Approbation
über die altadligen Vorfahren, die sukzessive auf immer mehr Generationen ausgedehnt worden ist.[174] In den weltlichen Territorien im Nordwesten des Reiches wurde
der Nachweis der (alt-) adligen Abstammung des Probanden allmählich ausgedehnt,
bis im 18. Jahrhundert sechzehn adlige Vorfahren über vier Generationen für eine erfolgreiche Aufschwörung bei der Ritterschaft und die Zulassung zu den höheren

---

[172] BELOW, Rittergüter (wie Anm. 7), S. 535 f. Anm. 31, S. 550 mit Anm. 93 u. S. 850-852, in
diesen Zusammenhang gehört die Appellationsklage der Jülicher Städte von 1587 wegen
der Steuerbefreiung der Ritterschaft, die seinerzeit die als Ausgleich verstandenen Kriegsdienste nicht mehr ableistete: Georg von BELOW, Prozeß der Städte gegen die Ritterschaft
von Jülich am Reichskammergericht, in: Zeitschrift des Bergischen Geschichtsvereins 40,
1907, S. 1-29; Ulrike TORNOW, Die Verwaltung der Jülich-Bergischen Landsteuern während
der Regierungszeit des Pfalzgrafen Wolfgang Wilhelm (1609–1653), Dissertation Bonn
1974, S. 35-38; WAGNER, Staatssteuern (wie Anm. 38), S. 23 f., S. 39-41 u. S. 46-50; RKG
3 (wie Anm. 20), S. 553 f., Nr. 2160 (G 888/2894). Vgl. BELOW, Staatssteuern (wie Anm. 7),
S. 8-12; BELOW, Verfassung [1] (wie Anm. 7), S. 190-193; Georg SCHMIDT, Voraussetzung
oder Legitimation? Kriegsdienst und Adel im Dreißigjährigen Krieg, in: OEXLE/PARAVICINI,
Nobilitas (wie Anm. 23), S. 431-451.

[173] SPIESS, Aufstieg (wie Anm. 28), S. 21-25.

[174] Francis Ludwig CARSTEN, Princes and Parliaments in Germany. From the Fifteenth to the
Eighteenth Century (Studies presented to the International Commission for the History of
Representative and Parliamentary Institutions 19), Oxford 1959, S. 258-347; RÖSSLER, Adel
[1] (wie Anm. 48); Hellmuth RÖSSLER (Hrsg.), Deutscher Adel [2]: 1555-1740. Büdinger Vorträge 1964 (Schriften zur Problematik der deutschen Führungsschichten in der Neuzeit 2),
Darmstadt 1965; Günter BIRTSCH, Die landständische Verfassung als Gegenstand der Forschung, in: GERHARD, Vertretungen (wie Anm. 8), S. 32-55; Peter-Michael HAHN, Ein Ge-
burtsstand zwischen Beharrung und Bewegung: Der niedere Adel in der frühen Neuzeit, in:
SCHULZ, Aufstieg (wie Anm. 29), S. 193-219; Kurt ANDERMANN/Sönke LORENZ (Hrsg.), Zwischen Stagnation und Innovation. Landsässiger Adel und Reichsritterschaft im 17. und 18.
Jahrhundert. Drittes Symposion *„Adel, Ritter, Ritterschaft vom Hochmitttelalter bis zum modernen Verfassungsstaat"* (20./21. Mai 2004, Schloss Weitenburg) (Schriften zur südwest-
deutschen Landeskunde 56), Ostfildern 2005; Ronald G. ASCH, Staatsbildung und adlige
Führungsschichten in der Frühen Neuzeit: Auf dem Weg zur Auflösung der ständischen
Identität des Adels? in: Geschichte und Gesellschaft. Zeitschrift für Historische Sozialwissenschaft 33 (2), 2007, S. 375-397; Regina SCHÄFER, Zwischen den Fürsten - Gruppierungen im Ritteradel im ausgehenden Mittelalter, in: Joachim SCHNEIDER (Hrsg.), Kommunika-
tionsnetze des Ritteradels im Reich um 1500 (Geschichtliche Landeskunde 69), Stuttgart
2012, S. 67-89; Gerhard AMMERER u. a. (Hrsg.), Adel im 18. Jahrhundert. Umrisse einer
sozialen Gruppe in der Krise (Querschnitte 28), Innsbruck u. a. 2015.

geistlichen Institutionen nachgewiesen werden mussten.[175] Außerdem waren die Privilegien der ritterbürtigen Adligen permanent dem Versuch einer Demontage durch die Herzöge von Jülich bzw. die Kurfürsten von der Pfalz ausgesetzt, die sich neue Quellen zur Finanzierung ihrer Haushalte erschließen wollten. Die soziale Abschließung des zunehmend in Traditionen erstarrten rheinischen Adels sollte auch diesen Begehrlichkeiten des Landesherrn entgegenwirken.

Bis zum Ende des Alten Reiches musste aber unverändert für die Zulassung zu den Landtagen neben der altadligen Abstammung der Besitz eines anerkannten Rittersitzes nachgewiesen werden, der die Verknüpfung mit dem Territorium gewährleistete. Die ehemaligen kleinen Adelsburgen bildeten dieses strukturelle Fundament. Schließlich bezeichnen sich die (höhergestellten) Adelsgeschlechter in dieser Tradition bis in die Gegenwart als *„Haus"*, nicht etwa als *„Sippe"* oder *„Familie".*

---

[175] BENZENBERG, Provincial-Verfassung 1 (wie Anm. 137), S. 240; KRAUSE, Qualifikation (wie Anm. 9), S. 37 u. S. 46 f. mit Anm. 2. Kaiser Leopold I. von Habsburg ernannte 1704 Klaus Ludwig von Surmont zum *„nobilis eques vexillarius seu vexilliter"*, als ob er mit vier Ahnen *„de nobili genere, domo ac familia veterum vexillariorum"* entsprossen sei: TILLE/KRUDEWIG, Archive 2 (wie Anm. 21), S. 122, Nr. 5 (Archiv Schloß Rurich).

Wolfgang Löhr

Leben und Sterben zweier rheinischer Adliger am Ende des Mittelalters - Heinrich von Hompesch und Emont von Palant

Heinrich II. von Hompesch (ca. 1448-1501)[1] und Emont II. von Palant (ca. 1445-1510)[2] entstammten jeweils einer im Aachener Raum beheimateten stiftsfähigen Adelsfamilie und konnten beim Start ins Leben von fast identischen Chancen ausgehen. Sie kannten sich gut, da der eine wie der andere gleichzeitig in Diensten des jülich-bergischen Landesherrn stand. Beide streckten ihm bei seinen ständigen finanziellen Nöten Geld vor, erledigten für ihn diplomatische Aufträge und siegelten mit ihm zusammen Urkunden.[3] Außerdem verband Heinrich und Emont die Mitgliedschaft im erlesenen Hubertusorden.[4] Doch treten in den schriftlichen Quellen, die über sie berichten, neben Gemeinsamkeiten ebenso gravierende Abweichungen in ihren Biografien zu Tage. Dies geht auch aus ihren Testamenten hervor, auf die hier ein besonderes Augenmerk gerichtet werden soll. Der Rückblick auf ihre Curricula Vitae lässt zu, insgesamt von einem erfüllten Leben zu sprechen.

Die Jugendjahre

Geburtsdaten der beiden Hauptpersonen dieser Untersuchung sind nicht überliefert. Deshalb sind wir jedes Mal auf eine Erschließung angewiesen.[5] Trotz der damit verbundenen Ungenauigkeit dürfen wir annehmen, dass sie fast gleichaltrig gewesen sind, nur ist Heinrich mit etwa 53 Jahren früher gestorben als Emont, der ihn um etwa 10 Jahre überlebt haben wird. Für damalige Verhältnisse brachten es beide zu einem ansehnlichen Alter.[6] Über Heinrichs und Emonts Jugend wissen wir so gut wie nichts. Doch ungeachtet des Wenigen, was überliefert ist, ist ein Unterschied unübersehbar: Emont wuchs ab etwa dem vierten Lebensjahr als Vollwaise auf, denn seine Eltern waren bereits 1451 gestorben, vielleicht an der Pest.[7] Heinrich hingegen wurde in einer

---

[1] Vgl. dazu Wolfgang LÖHR, Auch ein letzter Ritter: Heinrich II. von Hompesch (ca. 1448-1501) (Joseph-Kuhl-Gesellschaft, Kleine Schriftenreihe 29), Jülich 2019 (im Folgenden: LÖHR, Hompesch).

[2] Vgl. dazu Gisela MEYER, Die Familie von Palant im Mittelalter (Veröffentlichungen d. Max-Planck-Instituts f. Geschichte 24), Göttingen 2004 (im Folgenden: MEYER, Palant). Zu den Lebensdaten vgl. Exkurs *„Die Lebensdaten Emonts II. von Palant"* am Ende dieses Beitrags.

[3] Als Beispiele für die Mitbesiegelung vgl. LAV NRW R Paffendorf, Urk. Nr. 452 = 1484, Urk. Nr. 512 = 1499; ebd. Nesselrode-Ehreshoven, Urk. Nr. 442 = 1494. Auf die finanziellen Unterstützungen wird später im Text verwiesen.

[4] Bayerische Staatsbibliothek München, Cod. icon. 318, fol. 66 v; LÖHR, Hompesch (wie Anm. 1), S. 16.

[5] Zu den Lebensdaten Heinrichs vgl. LÖHR, Hompesch (wie Anm. 1), S. 8-10.

[6] Ebd., S. 10.

[7] MEYER, Palant (wie Anm. 2), S. 368.

intakten Familie groß. Wenn es auch damals üblich war, die jungen Adligen mit 12 bis 14 Jahren zu Verwandten oder an einen fremden Hof zu schicken[8], so blieben doch bis zu diesem Zeitpunkt Gefühlsbindungen zu den Eltern mindestens *„nicht völlig un-ausgebildet"*[9], und sie wurden auch später noch gepflegt. Neben der Liebe zu Gott galt die zu den Eltern und Geschwistern durchaus als zulässig[10], und die Liebe der Eltern zu ihren Kindern gänzlich zu leugnen, wäre *„überzogen"*.[11] Ob Emont der Tod und das Fehlen seiner Eltern und Geschwister[12] in der Jugend belastet und eine *„seelische Wunde"* hinterlassen hat, können wir nicht beantworten.

Eine richtige Familie erlebte Emont erst 1456, als sein Onkel Karsilius III., der Herr zu Breitenbend bei Linnich war und acht Kinder hatte[13], die Vormundschaft über ihn übernahm.[14] Da zählte er bereits ca. 11 Jahre. Zwar war der Kreis der Bezugspersonen während der fünf Jahre, die er zuvor bei seinem ersten Vormund Werner II., seinem für damalige Verhältnisse hochbetagten Großvater[15], zugebracht hatte, umfangreicher als in einer heutigen *„Kernfamilie"*[16], aber es war keine genuine Familie. Natürlich hat ihn der Umstand, als einziges Kind überlebt zu haben, davor bewahrt, sich u.U. mit anderen Geschwistern wegen des Erbes auseinandersetzen zu müssen. Dies bekam er vollständig und sogar noch zusätzlich eine Pfandschaft aus der Nachlassenschaft seines Großvaters. Der hatte jedoch in seinem Testament seine Söhne ausdrücklich darum gebeten, ihrem Neffen den ihm zustehenden Erbanteil nicht vorzuenthalten (*„dat myne soene zo des vorss. jongen behoiff weder stellen ind keren wat ich dan gehaven hain"*)[17]. Daran haben sie sich gehalten. Bei Heinrich war das anders. Da er ein wenig

---

8   Thomas ZOTZ, Ritterliche Welt und höfische Lebensformen, in: Josef FLECKENSTEIN, Rittertum und ritterliche Welt, Berlin 2002, S. 173-229, hier S. 190.

9   Vgl. dazu Heinz REIF, Westfälischer Adel (Kritische Studien zu Geschichtswissenschaft 35), Göttingen 1979, S. 109. Was hier für die Zeit von 1770-1860 gesagt wird, kann auch auf das Spätmittelalter übertragen werden.

10   Gudrun GERSMANN u.a. (Hrsg.), Adlige Lebenswelten im Rheinland, Köln u.a. 2009, S. 38. Hier und im Folgenden werden nicht die Verfasserinnen und Verfasser der einzelnen Beiträge eigens genannt.

11   Donald G. ASCH, Europäischer Adel in der Frühen Neuzeit, Köln u.a. 2008, S. 105.

12   Vgl. dazu den Exkurs am Ende dieses Beitrags.

13   Herbert M. SCHLEICHER, Ernst von Oidtman und seine genealogisch-heraldische Sammlung, Bd. 11, Köln 1996, S. 658. Vgl. auch MEYER, Palant (wie Anm. 2). S. 505, dort sind 5 Kinder genannt. Nach Eberhard QUADFLIEG (Die Bastarde derer von Palant, Genealogisches Jahrbuch, Bd. 20, 1980, S. 163-166, hier S. 166) war einer seiner Söhne namens Karsilius, der bei Meyer fehlt, in erster Ehe mit einer sonst unbekannten Schwester Heinrichs von Hompesch verheiratet. Ihr Vorname wird nicht genannt.

14   MEYER, Palant (wie Anm. 2), S. 369.

15   Bei seiner Eheschließung 1393 muss er mündig, also mindestens 18 Jahre alt gewesen sein. Dann ist er ca. 1375 geboren und zählte bei der Übernahme der Vormundschaft 76 und bei seinem Tod 81 Jahre; vgl. dazu MEYER, Palant (wie Anm. 2), S. 69, 368, 504. Zur Mündigkeit vgl. den Exkurs am Ende dieses Beitrags.

16   GERSMANN, Lebenswelten (wie Anm. 10), S. 19.

17   MEYER, Palant (wie Anm. 2), S. 482.

skrupulös war, hat er noch kurz vor seinem Tod bereut, seinen Bruder Johann benachteiligt zu haben[18], und schon in jungen Jahren musste er sich mit Erbsachen beschäftigen.[19]

Emonts Onkel Karsilius III. hat die Hauptlast getragen, ihm eine standesgemäße Erziehung angedeihen zu lassen.[20] Ob es während der Zeit, als Emont unter dessen Vormundschaft stand, zu Erziehungsproblemen gekommen ist, muss offen bleiben. Es hätte durchaus Streit geben können, da dieser nicht die gleiche Autorität wie ein leiblicher Vater besaß.[21] Es macht immerhin erstaunen, dass es Karsilius nicht gelungen ist, für Emont eine Ehefrau aus dem Adelsstand zu finden. Das gehörte normalerweise zum Auftrag eines Vormunds. Stattdessen heiratete Emont erst kurz vor seinem Tod eine *„Bürgerliche",* überschritt damit soziale Schranken und verhielt sich nicht standesgemäß, wenn das nicht sogar in Adelskreisen als Affront empfunden wurde. Eine andere vormundschaftliche Verpflichtung hat Karsilius selbstverständlich vorbildlich erfüllt: Emont erlernte erfolgreich das *„Ritterhandwerk".*[22] Davon zeugen sein Auftritt als einer der *„mannen van wapen"* bei der Verteidigung der Burg Valkenburg bei Maastricht[23] und seine Teilnahme an mindestens zwei Turnieren[24]. Diese stellten hohe Anforderungen an Geschicklichkeit und Tapferkeit der Beteiligten und waren *„ein komplizierter und höchst gefährlicher Sport".*[25] Der spätere Kaiser Maximilian I. zum Beispiel wurde 1481 in Arnheim bei einem Turnier verletzt und stach *„einen Ritter zu Tode."*[26] Trotzdem bleibt auffällig, dass Emont nie den Titel eines Ritters wie sein Großvater Werner II.[27] oder sein Onkel Dietrich[28] geführt hat. Dies unterscheidet ihn beträchtlich von Heinrich, der sich bis zuletzt Ritter nannte und sich mit diesem Stand so identifizierte, dass er auf der Umschrift seines Siegels nur diese Titulatur verwandte, auch noch nach seiner Belehnung mit der reichsunmittelbaren Herrschaft Wickrath 1488.[29] Für Maximilian I., unter dem es zu *„einer neuen Ritterbegeisterung kam"*[30], verkörperte er das Ideal eines Ritters par excellence. Deshalb legte der Kaiser schriftlich fest, ihn in seinem *„Triumphzug",* einem den Glanz seiner Herrschaft bezeugenden Werk mit

---

18 Löhr, Hompesch (wie Anm. 1), S. 46.

19 Gersmann, Lebenswelten (wie Anm. 10), S. 11 f.

20 Meyer, Palant (wie Anm. 2), S. 368 f.

21 Reif, Adel (wie Anm. 9), S. 91.

22 Reinhard Pohanka, Das Rittertum, Wiesbaden 2011, S. 107.

23 Meyer, Palant (wie Anm. 2), S. 317.

24 Ebd., S. 381 f. Die dort genannten anderen Turniere sind vermutlich erdichtet, vgl. dazu Löhr, Hompesch (wie Anm. 1), S. 4.

25 Richard Barber/Juliet Barker, Die Geschichte des Turniers, Düsseldorf u.a. 2001, S. 14.

26 Pohanka, Rittertum (wie Anm. 22), S. 211.

27 Gelders Archief Arnheim, Heeren en Graven van Culemborg, Nr. 446 = 1403 (Im Folgenden GA Culemborg).

28 Ebd., Nr. 1930 = 1469.

29 Löhr, Hompesch (wie Anm. 1), S. 23.

30 Pohanka, Rittertum (wie Anm. 22), S. 211.

monumentalen Holzdrucken, abbilden zu lassen[31], obgleich Heinrich da schon mehr als zehn Jahre tot war.

Die Frage, ob Emont überhaupt formal zum Ritter erhoben worden ist[32], kann man nicht zufriedenstellend beantworten. Nie wird er so tituliert. Um mit dieser Würde ausgezeichnet zu werden, musste man zwar tief in die Tasche greifen[33], aber da Emont schon in jungen Jahren finanziell gut dastand[34], kann es an den hohen Kosten nicht gelegen haben. Hatte er dies vielleicht für nicht notwendig erachtet, um seine gesellschaftliche Bedeutung zu manifestieren, oder war ihm keine Gelegenheit geboten worden, sich auf dem Schlachtfeld durch persönliche Tapferkeit auszuzeichnen?[35] Mag sein! Im Gegensatz zu Heinrich, der jederzeit über einige Soldaten verfügte, ist Emont auch nicht als Kommandant oder gar als militärischer Unternehmer hervorgetreten. Stattdessen musste er selbst einmal Söldner in Dienst nehmen, weil er über keine eigenen Bewaffneten verfügte.[36] Heinrich indes, Spross einer alten, ihre militärische Tradition stets betonenden Soldatenfamilie[37], leitete bereits mit etwa 26 Jahren eine Militäraktion zum Schutz Grevenbroichs im Zusammenhang mit der Belagerung der Stadt Neuss durch Herzog Karl den Kühnen von Burgund.[38] Fünf Jahre später stand er dem späteren Kaiser Maximilian in Flandern bei.[39] Wie das im Einzelnen verlaufen ist, entzieht sich unserer Kenntnis. Maximilian hat ihm seine Hilfe jedenfalls nie vergessen. Heinrichs militärische Tüchtigkeit blieb nicht unentdeckt. Deshalb stieg er zum jülichschen Marschall auf.[40] Das war nicht etwa nur ein Ehrentitel. Ein militärischer Erfolg Heinrichs sprach sich rund: 1498 besetzte er mit einigen Soldaten im Auftrag Maximilians Erkelenz.[41] Schon sein bloßes Anrücken hatte bewirkt, dass sich die Stadt ohne Blutvergießen ergab. Zur Gesichtswahrung ließ man heimlich ein Stadttor öffnen. Zwei Jahre später verschaffte Heinrich sein Ruf als herausragender Militärkommandant die Bestellung zu einem der sechs Unterführer des Reichsheeres durch den Reichstag zu Augsburg.[42] Übrigens hat der Herzog von Jülich-Berg Emont trotz des Fehlens des Rittertitels zum Mitglied des Hubertusordens gemacht[43], in dem er sogar die Würde

---

[31] Löhr, Hompesch (wie Anm. 1), S. 30; vgl. die Abbildung in: Annalen des Historischen Vereins für den Niederrhein, Bd. 219, 2016, S. 54; im Folgenden AHVN.

[32] Zur Problematik der Rittererhebung vgl. Werner Hechberger, Adel, Ministerialität und Rittertum im Mittelalter (Enzyklopädie Deutscher Geschichte 72), München ²2010, S. 105 f.

[33] Zotz, Ritterliche Welt (wie Anm. 8), S. 201.

[34] Meyer, Palant (wie Anm. 2), S. 369 f.

[35] Pohanka, Rittertum (wie Anm. 22), S. 112 f.

[36] Meyer, Palant (wie Anm. 2), S. 355.

[37] Löhr, Hompesch (wie Anm. 1), S. 6-8.

[38] Ebd., S. 16.

[39] Ebd., S. 28 f.

[40] Ebd., S. 16.

[41] Ebd., S. 25.

[42] Ebd., S. 9.

[43] Bayerische Staatsbibliothek München, Cod. icon. 318, fol. 66 v.

eines Brudermeisters erreichte.[44] Heinrich hatte aber als Marschall im Orden eine Sonderstellung inne.[45]

In Diensten des Landesherrn

Bereits in jungen Jahren standen Heinrich und Emont in Fortsetzung der Familientradition in Diensten ihres Landesherrn: Heinrich ab 1471 mit etwa 23[46] und Emont ab 1474 mit etwa 26 Jahren.[47] Beide nahmen die Stelle eines Amtmanns wahr, doch Heinrich fungierte schon zusätzlich als herzoglicher Rat, was Emont erst zwei Jahre später erreichte.[48] Er hat auch nur zwei Amtmannschaften (Nideggen und Zülpich) wahrgenommen, während Heinrich sechs Mal in Jülich-Berg (Grevenbroich, Monschau, Münstereifel, Heinsberg, Brüggen, Millen) und zwei Mal in anderen Territorien (Vianden, Krickenbeck[49]) zum Amtmann ernannt worden ist. Diese Ämterhäufung hatte zur Folge, dass er für die eigentliche Arbeit „Angestellte" einsetzen und bezahlen musste. Öfters diente Heinrich nicht nur seinem Herzog, sondern zusätzlich anderen Herren: Er wurde Burggraf des Landes Limburg[50] und zeitweise Landdrost und Statthalter der Grafschaft Moers. Für Graf Vinzenz von Moers führte er obendrein mehrfach Verhandlungen, und der bezeichnete ihn sogar als seinen Freund.[51] Ein besonders enges Verhältnis hatte Heinrich zu dem schon mehrfach genannten Maximilian, den er in dessen Kampf um das Herzogtum Geldern unterstützte.[52] Diese zahlreichen Verpflichtungen außerhalb des Herzogtums Jülich-Berg kollidierten nicht mit Heinrichs Diensten für seinen Herzog, weil er sich im gegebenen Fall neutral verhielt.[53] Auch Emont beschränkte sich nicht auf das Herzogtum Jülich-Berg: Er unterhielt Kontakte zu Burgund „wegen der Vormundschaft über die Kinder" seines Onkels Dietrich, war Drost zu Valkenburg[54] und besaß die Pfandschaft über das kölnische Lehen Zülpich.[55] Doch bei den Diensten außerhalb des Herzogtums übertraf ihn Heinrich um ein Vielfaches.

Dessen Aufstieg am heimischen jülich-bergischen Hof beruhte nicht auf einer ererbten Stellung, sondern auf seiner herausragenden Begabung. Da konnte Emont nicht mithalten, der nie über den Rang eines Rats hinauskam. Heinrich hingegen nahm nicht nur, wie bereits erwähnt, die Stellung eines jülichschen Marschalls ein, sondern erreichte die Position eines Hofmeisters. Damit hatte er sich innerhalb von 24 Jahren

---

44 Ebd., fol. 17 v.

45 Löhr, Hompesch (wie Anm. 1), S. 16.

46 Ebd.

47 Ebd., S. 37.

48 Meyer, Palant (wie Anm. 2), S. 372.

49 Dieses Amt hat er wohl nie innegehabt, obgleich er zum dortigen Amtmann ernannt worden war. Vgl. dazu Löhr, Hompesch (wie Anm. 1), S. 24.

50 Ebd., S. 17.

51 Ebd., S. 20.

52 Ebd., S. 23-27.

53 Ebd., S. 47.

54 Meyer, Palant (wie Anm. 2), S. 355.

55 Ebd., S. 465.

konsequent, aber nicht rasch, bis an die Spitze des Hofs hochgearbeitet.[56] Man kann ihn als einen wirklichen Staatsmann[57] im Umkreis Wilhelms IV. von Jülich-Berg bezeichnen. Der versah ihn mit wichtigen Aufträgen und konnte ihm vertrauen. Abgeschwächt gilt dies ebenfalls für Emont, der zum Beispiel 1488 mit Heinrich und zwei weiteren jülich-bergischen Räten zu Kaiser Friedrich III. mit der schwierigen Mission geschickt wurde, um ihm zu erläutern, warum ihr Herzog nicht an einem von Reichsoberhaupt geplanten Feldzug teilnehmen könne.[58] Ein weiteres Beispiel: 1499 zählte Emont - übrigens auch Heinrich - zu den Statthaltern des Herzogtums für die Zeit der Abwesenheit Wilhelms IV. auf seiner Reise nach Frankreich.[59] Das macht deutlich, dass auch er über ein Führungstalent verfügte. Seine Treue zum Herzog hielt sein Leben lang an wie die Heinrichs. Noch 1502 war Emont im Auftrag des Herzogs Wilhelm IV. tätig.[60] Sowohl er wie auch Heinrich konnten diplomatische Erfolge für ihn verbuchen. Heinrich verdankte das Herzogtum die Rückkehr des Amtes Brüggen[61], und Emont trug zusammen mit Bertram von Nesselrode zum Zustandekommen des Vergleichs mit Ambrosius von Virmond bei, der daraufhin auf Stadt und Land Monschau verzichtete.[62]

Die Besitzverhältnisse und der finanzielle Rahmen

Heinrich und Emont waren durch Erbschaften von landwirtschaftlichen Gütern, Höfen, Renten u.a.m. abgesichert und besaßen eine (Unter-)Herrschaft, mit der sie identifiziert wurden. So hieß Heinrich nach dem Tod seines Erbonkels Godart spätestens seit 1480 „Herr von Tetz"[63] und Emont ab 1465 „Herr von Maubach".[64] Schon als junge Männer betätigten sich die zwei als Finanziers, da sie über ausreichende Mittel verfügten.[65] Heinrich konnte bereits mit etwa 23 Jahren für 4.400 Gulden[66] bürgen. Emont vermochte sogar 1469 im Alter von etwa 21 Jahren, dem Herzog insgesamt 6.800 oberländische Gulden vorzustrecken.[67] Seine erste Finanzaktion startete er bereits vier

---

[56] LÖHR, Hompesch (wie Anm. 1), S. 16 f. Die Zahl 14 (S. 17) ist in 24 zu ändern.

[57] Otto R. REDLICH, Jülich und Geldern am Ausgang des 15. Jahrhunderts, in: Beiträge zur Geschichte des Niederrheins, Bd. 9, 1895, S. 38-75, hier S. 43.

[58] LÖHR, Hompesch (wie Anm. 1), S. 29; MEYER, Palant (wie Anm. 2), S. 376.

[59] MEYER, Palant (wie Anm. 2), S. 378; REDLICH, Jülich (wie Anm. 57), S. 55, Anm. 1.

[60] MEYER, Palant (wie Anm. 2), S. 380, 382.

[61] LÖHR, Hompesch (wie Anm. 1), S. 18 f.

[62] MEYER, Palant (wie Anm. 2), S. 399.

[63] LÖHR, Hompesch (wie Anm. 1), S. 11 f.

[64] GA Culemborg (wie Anm. 27), Nr. 1782. Zur zusätzlichen Belehnung mit Bachem vgl. MEYER, Palant (wie Anm. 2), S. 388. Maubach gehört heute als Untermaubach zur Gemeinde Kreuzau/Kreis Düren. Die Angaben zu Edmund (= Emont) von Palant in der Europäischen Burgendatenbank (Ebidat) zur Burg Maubach sind zu korrigieren.

[65] LÖHR, Hompesch (wie Anm. 1), S. 15 f.; MEYER, Palant (wie Anm. 2), S. 370-374.

[66] Armin TILLE/Johannes KRUDEWIG, Übersicht über den Inhalt der kleineren Archive der Rheinprovinz, Bd. 2, Köln 1904, S. 269, Nr. 23.

[67] MEYER, Palant (wie Anm. 2), S. 371.

Jahre zuvor.[68] Er stieg also noch früher als Heinrich in das Geldgeschäft ein. Die eben genannte Summe von 6.800 Gulden ist in ihrer Höhe atemberaubend. Man bedenke, die Kosten für den Unterhalt der zehn Personen Burgbesatzung in Randerath beliefen sich 1465/66 pro Jahr auf etwa 52 Gulden[69], der dortige Burgkaplan erhielt für Kost und Kleidung jährlich etwas mehr als 14 Gulden[70], und die Jahrespacht für die Randerather Ölmühle brachte etwas mehr als 10 Gulden ein.[71]

Anders als Heinrich blieb Emont trotz seiner guten monetären Ausgangslage wegen seiner vielen *„Käufe, Bürgschaften und Verpflichtungen"* im Laufe seines Lebens nicht frei von *„finanziellen Engpässen"*.[72] Dennoch darf man ihn als wohlhabend bezeichnen. Allerdings zählte er nicht wie Heinrich zu den *„Finanzmagnaten"*[73] seiner Zeit und war auch *„kein finanzielles Genie"*[74] wie eine Generation vor ihm Wilhelm von Nesselrode, Herr zum Stein. Außerdem konnte er sich nicht an dem elitären Spiel namens *„Pfand-schaftsgolf"* beteiligen.[75] Er besaß lediglich aus der Erbschaft seines Großvaters Werner II. die kurkölnische Pfandschaft Zülpich, die ihm obendrein viel Ärger machte.[76] Heinrich hingegen kaufte vier Pfandschaften und hantierte dabei mit gewaltigen Geld-mengen: 1482 erwarb er die Burggrafschaft Limburg für 4.000 Gulden als Pfand[77], 1493 die von Oedt für ein Darlehen von 3.300 Gulden[78], 1494/95 die von Brüggen[79] im Wert von 6.000 Gulden[80] und 1497 die von Wachtendonk für 6.000 rheinische Gold-gulden.[81] Bis auf Oedt, das er seinem Stiefsohn Adolf von Quadt überließ, hatte er alle Pfänder bis an sein Lebensende behalten. Ein Sonderfall blieb das geldrische Lehen Wickrath, das Heinrich 1485 von dem damaligen römisch-deutschen König und Herzog von Burgund, dem späteren Kaiser Maximilian I., für 5.000 Gulden gekauft hatte, und das 1488 zu einer reichsunmittelbaren Herrschaft erklärt wurde.[82] Damit erhielt er die

---

[68] GA Culemborg (wie Anm. 27), Nr. 1782 = 1465.

[69] Leo GILLESSEN, Die ältesten Kellnereirechnungen des Jülicher Amtes Randerath, Aachen 2003, S. 23; Umrechnung gemäß ebd., S. 13.

[70] Ebd., S. 24.

[71] Ebd., S. 16.

[72] MEYER, Palant (wie Anm. 2), S. 394, vgl. auch ebd., S. 391.

[73] Severin CORSTEN, Claes van Zysse (†1507). Ein Beamter des Herzogs von Jülich, in: Neue Beiträge zur Jülicher Geschichte, Bd. 16, 2004, S. 17-25, hier S. 20.

[74] Leonie Gräfin von NESSELRODE, Das Gedächtnis des Wilhelm von Nesselrode in Bödingen und Ehrenstein, Siegburg 2013, S. 36.

[75] Hans van HALL, Het hertogdom Limburg en de landen van Overmaze, in: Paul Tummers u.a. (Hrsg.), Limburg. Een geschiedenis, Bd. 1, Maastricht 2015, S. 323-340, spricht S. 328 und passim von *„verpandingsgolf"*.

[76] MEYER, Palant (wie Anm. 2), S. 372, 382-384.

[77] LÖHR, Hompesch (wie Anm. 1), S. 17.

[78] Ebd., S. 18.

[79] Ebd., S. 19.

[80] Ebd., S. 42.

[81] Ebd., S. 20 ff.

[82] Ebd., S. 22 f.

Würde eines Territorialherrn, was niemanden anderen seiner landsässigen Standes-genossen bisher gelungen war. Sie leiteten lediglich *„ihre Machtbefugnisse von Herr-schaftsrechten und Privilegien"* ihres Landesherrn ab.[83] Heinrich unterstand indes von 1488 an als Herr von Wickrath unmittelbar dem Kaiser und nahm den gleichen Rang wie andere Territorialherren ein, allerdings ohne aufgrund seiner Reichsunmittelbarkeit politische Mitwirkungsrechte im Reich wahrnehmen zu können.[84] Das mag auch ein Motiv unter anderen dafür gewesen, selbst jetzt noch in Diensten seines ersten Herrn, des Herzogs von Jülich-Berg, zu bleiben. Am Rande sei erwähnt, dass Maximilian I. zehn Jahre nach Wickrath ebenfalls die Herrschaft Rimburg (bei Übach-Palenberg) und Gronsveld (bei Maastricht) im Besitz Dietrichs II. von Bronckhorst-Batenburg (†1508) den Status der Reichsunmittelbarkeit verlieh, indem er sie *„zu einer rechten herschaft"* erhob und seinen Besitzer in die *„schargemeinschaft der des Heyligen Reichs rechtgeborn edeln freyhern"* berief.[85] Eine Begründung dafür fehlt. Vermutlich war es die Belohnung für Dietrichs Unterstützung der burgundisch-habsburgischen Po-litik im Streit um Geldern[86], in dem Heinrich, wie berichtet, ebenfalls auf Seiten Maxi-milians gestanden hatte.[87] Doch wurde er bemerkenswerterweise nicht ausdrücklich in die Schar der Freiherren aufgenommen.

Eheschließung Heinrichs 1473

Besonderheiten und Unterschiede lassen sich bei Heinrich und Emont bei der Wahl ihrer Ehefrauen und bei dem Zeitpunkt ihrer Eheschließung feststellen. Heinrich heira-tete mit etwa 25 Jahren mit Sophia von Burscheid eine Witwe mit sechs Kindern.[88] Sie war mit 33/34 Jahren ein ganzes Stück älter als er. Heinrich schloss die Ehe mit ihr, um sie und ihre Kinder gesellschaftlich abzusichern, was dem adligen *„Tugend- und Wertesystem"*[89] entsprach. Außerdem erhöhte er mit dieser Eheschließung zusätzlich seinen politischen Einfluss, da Heinrichs Schwiegervater Dietrich I. von Burscheid zur Führungsschicht Jülich-Bergs sowie Burgunds gehörte. Obendrein besaß Sophia eine weitere Attraktivität: Sie verfügte über eine beträchtliche Mitgift von 5.000 Gulden. Nach der Heirat hat Heinrich sie deshalb in seine finanziellen Aktionen einbezogen.

---

[83] Norbert BECKER, Wickrath im Mittelalter, in: Wolfgang Löhr (Hrsg.), Loca Desiderata. Mön-chengladbacher Stadtgeschichte, Bd. 1, Mönchengladbach ²2005, S. 387-452, hier S. 443.

[84] Vgl. dazu Th. Jacques van RENSCH, Licht op het zonneleen Gronsveld (Werken uitgegeven door Koninklijk Geschied- en Oudheidkundig Genootschap 23), Maastricht 2017, S. 192 f. = Erhebung Rimburgs und Gronsvelds in den Status der Reichsunmittelbarkeit.

[85] Ebd., S. 191-193, vgl. auch Gerhard KÖHLER, Historisches Lexikon der deutschen Länder, München 1992, S. 213; Die Urkunde befindet sich im Archiv Schloss Rimburg, Mappe 1, Nr. 23.

[86] RENSCH, Gronsveld (wie Anm. 84), S. 192.

[87] LÖHR, Hompesch (wie Anm. 1), S. 23-25.

[88] Ebd., S. 12-14.

[89] Ebd., S. 3.

Eheschließung Emonts 1508

Emont war bei seiner Heirat 1508[90] mit ca. 61 Jahren recht alt, und seine Frau Christina („*Stine*") Eichmartz war nicht ebenbürtig, wie eingangs erwähnt. Sie gehörte nicht dem Adel an, sondern einer angesehenen Nideggener Familie. Der 1489 auftretende Schöffe Peter Eichmartz wird vermutlich ihr Bruder gewesen sein.[91] Somit fallen beim Vergleich der Eheschließungen der beiden zwei gravierende Differenzen, Herkunft der Bräute und Alter der Ehepartner, ins Auge. Aber auch das Fehlen einer Mitgift bei Christina darf nicht übersehen werden. Die Möglichkeit anderer Palanter, sich größeren Besitz zu „*erheiraten*", bot sich in diesem Fall nicht.[92] Christina war freilich nicht gänzlich mittellos. Ein Wiesengrundstück bei Nideggen, über das sie verfügte, hatte ihr Emont bereits 1496, zwölf Jahre vor ihrer Eheschließung, übertragen.[93] Daraus lässt sich weiterhin zweifelsfrei schließen, dass sie sich schon lange kannten, ehe sie 1508 heirateten, und das tat Emont, um sie nach seinem Ableben, das er vor Augen hatte, ausreichend zu versorgen. Zwei Jahre später war er ja bereits tot. Ob die beiden schon vor der Heirat und wenn ja ab wann zusammengelebt haben, darüber kann man nur spekulieren. Emont starb zwar in Christinas Haus in Nideggen, seine persönliche Habe befand sich indes, wie aus seinem Testament hervorgeht[94], noch in den Burgen Maubach und Engelsdorf.[95] Dies sieht eher nach einem gelegentlichen und nicht nach einem dauerhaften Aufenthalt bei ihr aus. Bei seiner Heirat 1508 schloss Emont mit Christina einen Vertrag ab, der ihr vier Höfe als Leibzucht zusprach, die sie auch nach seinem Tod erhalten hat. Darüber später mehr. Mit der eben genannten Wiese hat sie 1520 die Stiftung dreier Erbmemorien („*erffmemorien ind gedechtnyss*") - eine für sich selbst, eine für Emont und eine für ihre Eltern sowie für Freunde und Verwandte - fundiert.[96]. Fünf Jahre später ist sie gestorben.[97] Somit hat sie Emont um etwa 15 Jahre überlebt und wird sicher ein Stück jünger als er gewesen sein. Vergessen hat sie ihn nicht, sonst hätte sie nicht ein Jahrgedächtnis für ihn bestellt.

Noch eine letzte Anmerkung: Kinder hatten beide Ehepaare, ob gewollt oder unge-

---

[90] MEYER, Palant (wie Anm. 2), S. 399.

[91] Jörg FÜCHTNER, Inventar des Archivs der Stadt Nideggen bis 1794 (Inventare nichtstaatlicher Archive 15), Köln 1973, Nr. 53.

[92] MEYER, Palant (wie Anm. 2), S. 460.

[93] LAV NRW R Stift Jülich, Urkunde Nr. 93.

[94] GA Culemborg (wie Anm. 27), Nr. 1397; MEYER, Palant (wie Anm. 2), S. 484-493. Die geringfügigen Abweichungen dieser Transkription von der Vorlage und die dortigen Auslassungen können weitgehend vernachlässigt werden, weil sie hier belanglos sind. Die wörtlichen Zitate stammen aus der Vorlage im Gelders Archief (wie Anm. 27). Sie ist nicht das Authenticum, sondern eine nicht fehlerfreie Abschrift. In ihr wird Christina (*Stine*) an einer Stelle fälschlicherweise zu Katharina (*Kathrien*).

[95] GA Culemborg (wie Anm. 27), Nr. 1397. In Maubach hatte er Betten stehen, und in Engelsdorf besaß er eine Schlafkammer. Zu Engelsdorf vgl. die Angaben bei der Europäischen Datenbank (Ebidat). Ein Hinweis auf Emont fehlt.

[96] MEYER, Palant (wie Anm. 2), S. 399.

[97] Ebd., S. 402.

wollt, nicht. Damit nahmen die Männer Heinrich und Emont in Kauf, dass *„die Kontinuität ihres Geschlechts"*[98] endete. Die Großfamilie starb damit freilich nicht aus. Deshalb
traten nach ihrem Hinscheiden neben ihren Ehefrauen Verwandte als Erben auf. Doch
gab es einen auffälligen Unterschied: Heinrich behandelte seine Stiefkinder so, als wären es seine eigenen. Daher überließ er dreien von ihnen aufgrund des Erbvertrags
von 1492 die Herrschaft Wickrath, den größten Besitz, den er hatte, und nicht jemandem aus seiner Familie.[99] Das hing zwar auch mit der Mitgift der Mutter seiner Stief-
söhne zusammen, aber er hätte sich so nicht entscheiden müssen, er hatte ja genug
zu verteilen.

Emonts und Heinrichs letzter Wille

1510 regelte Emont seine Hinterlassenschaft. Am fünften November, einen Tag vor
seinem Tod, diktierte er sein Testament, das er *„mit willen"* seiner Ehefrau Christina
abgefasst hatte.[100] Sie machte indessen, wie man aus der Formulierung annehmen
könnte, keine eigenen Verfügungen über ihren Besitz und erschien darin lediglich als
Erbin unter anderen. Heinrich und seine Frau Sophia hingegen ließen 1496 ein ge-
meinschaftliches Testament aufsetzen[101], das sie 1500 noch ergänzten.[102]
Diese letztwilligen Verfügungen wurden von öffentlichen Notaren aufgenommen.
Einen solchen offiziellen Rechtsakt erachteten beide für sicherer als mündliche Abspra-
chen, die vergessen werden konnten. Die Testamente beginnen wie in einer mittelalterlichen Urkunde mit einer Invocatio, der Anrufung Gottes, die in dem Testament E-
monts ebenso wie die Datierung in Latein und nicht wie das Gemeinschaftstestament
des Ehepaars Hompesch in Deutsch gehalten ist.[103] Welche Sprache verwandt wurde,
war zwar rechtlich irrelevant, die Abfassung in Latein zeugte aber von der Fähigkeit
des Notars, diese altehrwürdige, auch in der kirchlichen Liturgie benutzte Sprache zu
benutzen. Dadurch hob sich die Einleitung des Testaments von den anderen rechtlichen Erklärungen in deutscher Sprache ab. Dass Emont auf Latein bestanden hat, ist
eher unwahrscheinlich. Es war wohl eher eine Laune des Notars.
In beiden Testamenten folgt nach den einleitenden Sätzen der herkömmliche Hinweis auf die Unsicherheit der Stunde des Todes.[104] Die in der Regel sich anschließende
„Sana-Mente-Formel" finden wir in Emonts Testament, sie fehlt aber zunächst im Gemeinschaftstestament der Hompeschs, wird aber später nachgeholt. Bei Emont vermisst man die durch das Ehepaar Hompesch festgelegte Verfügung, vor dem Tod die

---

[98] Asch, Adel (wie Anm. 11), S. 102.

[99] Löhr, Hompesch (wie Anm. 1), S. 42.

[100] Meyer, Palant (wie Anm. 2). S. 484.

[101] Löhr, Hompesch (wie Anm. 1), S. 30-39; vgl. auch Günter Bers, Das Testament des Heinrich
von Hompesch, Herrn zu Tetz und Wickrath (Beiträge zur Jülicher Geschichte 28), 1969.

[102] Löhr, Hompesch (wie Anm. 1), S. 43-46.

[103] GA Culemborg (wie Anm. 27), Nr. 1397 (fehlt bei Meyer, Palant); Löhr, Hompesch (wie Anm.
1), S. 31.

[104] Löhr, Hompesch (wie Anm.1), S. 31, auch für das Folgende.

Kommunion empfangen zu wollen. Das wird der Notar oder Emont vielleicht für selbstverständlich gehalten haben. Ein Zeichen einer minderen Frömmigkeit sollte man darin nicht sehen. Dann empfehlen die Eheleute sowie Emont ihre Seelen Gott, dem Allmächtigen, und auffälligerweise Maria, der gebenedeiten Mutter und Magd (*„sinre gebenedider moeder inde maghet"*), wie es bei Emont heißt. Das hing mit dem besonderen Rang zusammen, den Maria im Mittelalter beim hohen und niederen Adel einnahm.[105] Kaiser Karl IV. (†1378) etwa schrieb in seiner Autobiografie, *„er habe seit seiner Jugend die Tageszeiten der seligen und glorreichen Jungfrau Maria gebetet."*[106] Ferner wurde die Muttergottes schon seit dem 15. Jahrhundert in dem weitverbreiteten Gebet *„Ave Maria"* um einen guten Tod ersucht.[107] Anders als beim Ehepaar Hompesch fehlt bei Emont eine Anrufung der Dreifaltigkeit. Dies hängt vermutlich damit zusammen, dass der Notar ein anderes Formular benutzte. Auch hier steckt wohl keine religiöse Aussage dahinter.

Weiter geht es in beiden Testamenten mit den Dispositionen für die Grablege: Der Familientradition gemäß will das Ehepaar Hompesch in der Kirche der Johanniter in Kieringen bei Jülich und Emont bei den Franziskanern in Aachen in der Nikolauskirche an der Großkölnstraße begraben werden. Es entspricht ihrem Selbstverständnis, in diesen Kirchen an der Seite ihrer Vorfahren zu ruhen, weil sie dort *„auch nach ihrem Tod als gegenwärtige Rechtspersonen"*[108] anwesend und im Kreise der Familie bleiben wollten. Bei Emont schließen sich jetzt Anweisungen über die Empfangnahme seines Leichnams durch die vier Orden (*„veir orden"*)[109] am Aachener Stadttor (*„an der portzen"*) und über den Ablauf seines Begräbnisses sowie die dabei entstehenden Ausgaben an Geld und Naturalien an. Solche Direktiven finden sich bei Heinrich und Sophia erst in der späteren Ergänzung und sind erheblich knapper.[110] Bei ihnen trifft man, um ein Beispiel herauszugreifen, auf keinerlei Angaben über die Menge und Größe der Kerzen, die vor und um ihrem Grab stehen sollten. Emont schreibt hingegen acht Kerzen (also je vier links und rechts vom Grab) von drei Pfund und eine doppelt so schwere von sechs Pfund vor dem Grab vor.[111] Außerdem legt er die Menge der Leuchter (*„tortijs"*) fest: zwölf längliche (*„lange"*). Ebenso viele große (*„tzwelff groisse"*) sind in der Pfarrkirche (*„moederkirche"*) zu Nideggen vorgesehen anlässlich seiner Gedächtnismesse, die dort am Tag seines Begräbnisses in Aachen gehalten wird. Sie werden seinem Willen gemäß anschließend weitergegeben, drei an die Stiftskirche in Nideggen, die ja zugleich die Ordenskirche der Hubertusritter ist, zu denen Emont zählt. Ferner sind für die Beleuchtung (*„gelucht"*) der Nideggener Pfarrkirche Johann Baptist zwölf Pfund Wachs zu kaufen. Zusätzlich bestimmt er, dass dort wie in sieben anderen

---

[105] Ebd., S. 32.

[106] Michael Borgolte, Weltgeschichte der Stiftungsgeschichte, Darmstadt 2017, S. 480.

[107] Lexikon für Theologie und Kirche, Bd. 1, Freiburg i.Br. ³1993, Sp. 1306, im Folgenden LThk.

[108] Nesselrode, Bödingen (wie Anm. 74), S. 12.

[109] Damit sind wahrscheinlich die Augustiner, Dominikaner, Franziskaner und Karmeliten gemeint.

[110] Löhr, Hompesch (wie Anm. 1), S. 44 f.

[111] Meyer, Palant (wie Anm. 2), S. 484 f.

Kirchen (Embken, Gressenich, Koslar, Kreuzau, Linnich[112], Nideggen Johann Evangelist, Zülpich) und in der Kapelle von Untermaubach für ihn eine Jahresmesse gefeiert wird. Dafür sieht er eine große Zahl an Priestern (jeweils zwischen 8 und 16) vor. Das ist ganz *„mittelalterlich"* gedacht: Eine Messe hatte einen *„Wert vor Gott"*, den nichts übertreffen konnte, und stellte *„das Frömmigkeitswerk schlechthin"* dar.[113] Außerdem dotiert Emont das Melatenhaus bei Nideggen (*„melatenkotten, huys"*)[114] und bestimmt minutiös, wer dort aufgenommen werden soll. Die Testate für Nideggen hängen sicher damit zusammen, dass er dort als Amtmann gewirkt hatte und seine Frau Christina zu Hause war. Auch zu den anderen Orten*, „an denen er Begängnisse und erbliche Memorien stiftete",* hat er besondere persönliche Beziehungen gehabt.[115]

Es fällt auf, dass Emont anders als das Ehepaar Hompesch kaum Klöster und Stifte und keine Bruderschaften bedenkt, sieht man einmal vom Hubertusorden ab. Erwähnt werden die vier Aachener Klöster, die seine Leichenfahrt mit einem mit schwarzem Tuch verhangenen Wagen vornehmen mussten, außerdem die Observanten in Düren, die Kreuzherren in Schwarzenbroich bei Langerwehe und als einziges Frauenkloster die Prämonstratenserinnen in Füssenich bei Zülpich. Die Franziskaner in Aachen fördert er natürlich, weil er wie seine Ahnen in ihrer Kirche bestattet werden will. Mit dem Konvent hatte er noch kurz vor seinem Tod ein Abkommen u.a. über die Pflege der Grabstätte ausgehandelt.[116] Für seine Leichenfeier in Aachen macht er genaue Angaben: Es sollen zweihundert Messen gelesen werden, für die jeder Zelebrant sechs Albus erhält. Das ist nicht wenig: Das Ehepaar Hompesch ließ es mit drei Albus bewenden, also der Hälfte[117], und auch bei anderen Messen zu ihrem Gedächtnis zahlten sie weniger als Emont. Zusätzlich erhält nach Emonts Willen jeder der Aachener Franziskanerminoriten (*„broeder"*) an Emonts Begräbnistag freie Kost (*„cost"*). Für den eigentlichen Leichenschmaus gibt er keine Anweisungen. Obendrein bekommt das Franziskanerkloster in Aachen beim Vierwochenamt (*„drissich"*) 15 Malter Roggen und die anderen drei Aachener Klöster, die bei seinem Begräbnis mitwirken und ebenfalls das Vierwochenamt halten sollen, 10 Malter Roggen. Auch die Armen in Aachen kommen bei seinem Begräbnis gut weg: Sie erhalten jeder ein Brot, von denen 60 einen Malter ausmachen (*„der seestzich op eyn malder gaint"*), ein halbes Pfund Speck und an Geld einen Schilling. Bei dem Begräbnis der Hompeschs ist nur von der Übergabe einer Bettelbüchse die Rede. Die eigenen Hausarmen werden von ihnen aber gut bedacht.[118]

---

[112] Über die Stiftungen der Palanter für die Pfarrkirche in Linnich vgl. Wolfgang LÖHR, Linnich (Rheinischer Städteatlas XVIII Nr. 93), Köln 2010, S. 11; Gisela MEYER, Stiftungen und Totengedenken der Palanter im Mittelalter, in: AHVN, Bd. 201, 1998, S. 47-100, hier S. 85-98.

[113] NESSELRODE, Bödingen (wie Anm. 74), S. 12.

[114] Ob es mit dem Nideggener Siechenhaus (vgl. dazu Klaus FLINK, Nideggen [Rheinischer Städteatlas III Nr. 20], Köln 1976, S. 11 identisch ist, sei dahingestellt.

[115] MEYER, Stiftungen (wie Anm. 112), S. 75 f.

[116] MEYER, Palant (wie Anm. 2), S. 400.

[117] LÖHR, Hompesch (wie Anm. 1), S. 32.

[118] Ebd., S. 34.

Die Franziskaner-Observanten in Düren, die auch das Ehepaar Hompesch bedenkt und deren Familie ebenfalls zu den Wohltätern des Klosters gehört[119], erhalten nach Emonts Tod ein Fuder (= über 900 Liter) Wein, damit sie beim Herrgott für ihn beten (*„dat sy onsen herengot vur mich bidden"*). Das ist sehr großzügig. Wein war das teuerste Konsumgut überhaupt. Dafür musste man in Jülich 1493 etwa 173 Mark bezahlen.[120] Das entsprach 1499/1500 fast dem Dreifachen der Kosten für Kost und Kleidung, das dem Burgkaplan in Randerath pro anno gezahlt wurde.[121]

Schließlich bekamen die Kreuzherren in Schwarzenbroich, die einem Orden angehörten, der bekanntlich bei Heinrich und Sophia hoch im Kurs stand[122], sechs Malter Roggen, damit sie für ihn beteten. Die besondere Affinität des Ehepaars Hompesch zu den Kreuzherren beruht wahrscheinlich auf deren Absicht, die kirchliche Praxis zu reformieren. Deshalb übertrugen sie ihnen das von ihnen gegründete Kloster in Wickrath. Eine Vorliebe für irgendeine religiöse Gemeinschaft lässt sich bei Emont nicht feststellen. So etwas lag ihm fern. Der Kontakt zu Schwarzenbroich, dem sein Großvater Werner II. einmal einen Kelch geschenkt hatte[123], war nicht etwa wegen dieser Verbindung zustande gekommen, sondern weil er dem Konvent sein Gut zu Krauthausen bei Erkelenz hatte verkaufen müssen in der Hoffnung, es später rückerwerben zu können.[124] Als Zeichen einer religiös-konservativen Haltung muss man die Tatsache deuten, dass er die von den Franziskanern in Aachen *„im Zuge der Reformierung des Ordens"* aufgegebene Pflege der Grabstätte der Familie Palant nicht akzeptiert und sie durch neue Verhandlungen rückgängig gemacht hat.[125]

Auf weitere Seelgeräte Emonts und die dafür vorgesehenen Ausgaben soll hier nicht weiter in extenso eingegangen werden.[126] Eine seiner Bitten darf aber nicht übergangen werden: Er ersucht seine Testamentsvollstrecker, um seine Seele von der Last zu befreien (*„mine sele da vaen gequit werde"*), für ihn die versprochenen Wallfahrten (*„bidwech"*) zur Muttergottes nach Aachen, Einsiedeln in der Schweiz und (Eschweiler)-Nothberg[127] zu machen sowie mit der bisher wöchentlich gelesenen Messe fortzufahren, die er gestiftet hatte, weil die seit Jahren fällige Pilgerfahrt zur hl. Lucia (*„zo Sent Lucien"*) vermutlich in Metz(-Vallières)[128], das über 250 km entfernt lag und selbst mit

[119]   Ebd., S. 35, 38.

[120]   Wolfgang HERBORN, Die Jülicher Lebensmittelpreise am Ende des Mittelalters, in: Gesammelte Aufsätze zur Jülicher Territorialgeschichte (Forum Jülicher Geschichte 39), Jülich 2005, S. 207-218, hier S. 209.

[121]   GILLESSEN, Randerath (wie Anm. 69), S. 24.

[122]   LÖHR, Hompesch (wie Anm. 1), S. 40.

[123]   MEYER, Palant (wie Anm. 2), S. 141.

[124]   Ebd., S. 395.

[125]   Ebd., S. 400.

[126]   Vgl. dazu MEYER, Stiftungen (wie Anm. 112), S. 73-77.

[127]   Über den Kontakt seines Großvaters Werner II. zu Nothberg vgl. MEYER, Palant (wie Anm. 2), S. 141.

[128]   Von Metz war der Lucienkult in Deutschland und in ganz Europa ausgegangen, vgl. dazu LThK 6, 1997, Sp. 1082. Andere nicht überzeugende Vorschläge bei MEYER, Stiftungen (wie Anm. 112), S. 76 mit Anm. 211.

dem Pferd erst nach einem Ritt von mehreren Tagen[129] zu erreichen war, noch immer ausstand. Hinter diesem allen steckt die Überzeugung, mit den Dotationen schneller aus dem Fegefeuer befreit zu werden, um in den Himmel zu kommen und zudem seine Memoria zu verewigen. Da unterscheiden sich die Aussteller der Testamente nicht, wenn man einmal davon absieht, dass das Ehepaar Hompesch keine Wallfahrtsversprechen gemacht hat. Dabei drängt sich die Frage auf, ob das damit zusammenhängt, dass Wallfahrten im späten Mittelalter in der Kritik standen? Schlägt sich hier unter Umständen ebenfalls eine gewisse kirchenreformerische Überzeugung durch, wie wir sie bereits bei der Förderung der Kreuzherren vermutet haben? Dazu würde zusätzlich passen, dass die Hompeschs bei der „gezählten Frömmigkeit"[130], also bei der Anzahl der für sie zu lesenden Messen, hinter Emont zurückbleiben. Bei ihm muss man schon von fast obsessiven Zügen[131] sprechen. Insgesamt kann es Emont, was die Höhe des „Seelenheilkapitals" angeht, trotz der Akkumulierung der Seelgeräte natürlich nicht mit Heinrich und Sophia aufnehmen, die durch die Gründung eines Klosters und dessen solide Fundierung[132] ihm weit voraus waren. Dieses Manko hängt wohl mit Emonts geringerem Vermögen zusammen. Er hat deshalb vermutlich auch keinen eigenen Altar gestiftet, wie es viele andere Angehörige des Niederadels im Spätmittelalter taten, und dies nicht erst kurz vor ihrem Tod. Als zum Beispiel Emonts Zeitgenossen Bertram und Margarethe von Nesselrode 1465 den Dreifaltigkeitsaltar in Bödingen bei Hennef stifteten, waren sie erst zwischen fünfundzwanzig und dreißig Jahre alt.[133] Auch Emonts Großvater Werner II. dotierte Altäre.[134] Emont blieb hier untätig. Aber immerhin hat er aus dem Erbe seines Onkels, des Propstes am Aachener Marienstift Reynart, die Kosten für ein Jahrgedächtnis übernommen, das für diesen und das Geschlecht („gantze geschleicht") Palant in der Kapelle zu Maubach von sechs Priestern gefeiert werden sollte.[135]

Emonts Bemühen, sein Begräbnis zum öffentlichen Ereignis zu machen, ist ganz konventionell. Damit unterscheidet er sich jedoch von dem Ehepaar Hompesch, das ausdrücklich angeordnet hatte, seine Totenfeier nicht prunkvoll zu gestalten.[136] Sie wollten und konnten auf eine theatralische Selbstdarstellung verzichten. Aber immerhin trug auch ihre Dienerschaft bei ihrem Begräbnis schwarz[137], und damit wurde ihr Tod im wahrsten Sinn des Wortes ebenfalls unübersehbar.

Heinrich und Emont verzichten anders als etwa ihre Zeitgenossen aus der Familie

---

129 Zur Reisegeschwindigkeit vgl. Paul MÜNCH, Lebensformen der Frühen Neuzeit, Frankfurt a.M. 1998, S. 425-428.

130 So der Titel der Frühmittelalterlichen Studien, Bd. 29, 1995.

131 Vgl. NESSELRODE, Bödingen (wie Anm. 74), S. 8.

132 LÖHR, Hompesch (wie Anm. 1), S. 39-42.

133 NESSELRODE, Bödingen (wie Anm. 74), S. 10.

134 MEYER, Palant (wie Anm. 2), S. 138, 140.

135 MEYER, Stiftungen (wie Anm. 112), S. 72 mit Anm. 185.

136 LÖHR, Hompesch (wie Anm. 1), S. 33 f., auch für das Folgende.

137 Ebd., S. 44.

Nesselrode auf die Errichtung eines eigenen Epitaphs *„als eine steinerne und fast un-vergängliche Urkunde".*[138] Sie machten nicht einmal eine Aussage darüber, ob sie die Aufstellung einer weniger kostspieligen Grabplatte etwa wenigstens aus Messing er-warten[139], wie sie Werner von Palant eine Generation zuvor in der Pfarrkirche von Lin-nich hinterlassen hatte.[140] So entsteht kein erfassbares und dauerhaftes Denkmal für sie, obgleich beide sonst doch alles taten, um zukünftig nicht vergessen zu werden. Wenn auch dieser Verzicht auf ein dauernd sichtbar bleibendes Zeichen beiden ge-meinsam ist, so gibt es indes wieder eine gravierende Differenz in ihren Testamenten: Bei Emont vermisst man das Eingeständnis der Hompeschs, möglicherweise unge-rechtfertigt Gut erworben zu haben (*„off wir eynich unrechtferdisch guet hetten"*) und damit schuldig geworden zu sein. Dafür bitten sie um Verzeihung. Das ist Emont völlig fremd. Bis auf die formelhafte Verwendung des Begriffs *„arme Seele"* (*„mine arme sele"*) findet man bei ihm nichts dergleichen. Ersuchen um eine Absolution gar, wie sie Heinrich dreimal ausspricht, fehlen.[141] Nicht verwunderlich ist es jedoch, wenn man bei Emont keine Entschuldigung dafür findet, sich womöglich im militärischen Kampfe schuldig gemacht zu haben.[142] Er ist als Kämpfer nur in jungen Jahren in Erscheinung getreten. Deshalb hat er auch nicht wie Heinrich verschiedenen kirchlichen Einrichtun-gen Harnisch, Streitross und Waffen vermacht.[143] Solche zum äußeren Erscheinungs-bild eines Ritters gehörende Objekte[144] besaß er offensichtlich nicht, und das ist noch einmal ein Hinweis darauf, wie wenig *„soldatisch"* er gewesen ist.

Schon in den Eheverträgen sorgten Heinrich und Emont dafür, dass nach ihrem vermutlich zeitigeren Tod ihre Witwen wirtschaftlich gut versorgt waren und verstärkten dies später noch: Heinrich in einer Testamentsergänzung von 1500[145] und Emont in seinem Testament von 1510.[146] Sehen wir uns letzteres etwas genauer an und verglei-chen es dann und wann mit den Verfügungen Heinrichs: Emont bestätigt Christina die vier im Ehevertrag genannten Höfe mit Ackerland, Weiden, Wald und Weingärten als Leibzucht. Nach ihrem Tod erhalten Emonts nächste Erben noch ein Jahr lang die Er-träge aus diesen Gütern. Danach fallen sie nicht an die Familie Palant zurück, sondern an Christinas Erben. Emonts persönliche Ausstattungsstücke (*„gereide"*) gehen nur teilweise an seine Ehefrau. Sie bekommt einige wenige Möbel: Zwei seiner besten Bet-ten aus der Burg Maubach, einen Tisch (*„taeffel"*) aus seinem Wohnzimmer (*„kaemer"*) sowie an Behältnis für Wertsachen (*„tresoir"*), das in der Schlafkammer auf Burg En-gelsdorf bei Aldenhoven steht, außerdem ein paar silberne Geräte (Kannen, zwei Schalen, ein Kreuz) und Gegenstände, die er Christina zu Lebzeiten geschenkt hat

---

138   NESSELRODE, Bödingen (wie Anm. 74), S. 57.

139   Vgl. dazu ebd., S. 57-63.

140   MEYER, Stiftungen (wie Anm. 112), S. 91-93.

141   LÖHR, Hompesch (wie Anm. 1), S. 38.

142   Ebd., S. 44.

143   Ebd., S. 37 f.

144   HECHBERGER, Adel (wie Anm. 32), S. 35.

145   LÖHR, Hompesch (wie Anm. 1), S. 46.

146   MEYER, Palant (wie Anm. 2), S. 401 f.

(„*wilch ich ijr in mynme leven overgelevert hain*"). Zahl und Wert der Gegenstände fallen weit hinter den Besitz des Ehepaars Hompesch zurück.[147] Emonts Hinterlassenschaft wirkt hier fast ärmlich. Die von Christina in Nideggen und im gleichnamigen Amt an Emont gebrachten („*an mich braicht hat*") Grundstücke („*erffguede*") fallen an sie und ihre Erben zurück. Sie scheint also recht geschäftstüchtig gewesen zu sein und verfügte über so viel Besitz, dass sie einen eigenen Verwalter („*kelner*") benötigte, der im Testament erwähnt wird. Bei seinem Tod erhält Christinas Küche das Fleisch von zwei Ochsen und den Speck von acht Schweinen, zwei Fuder Wein (halb rot, halb weiß), zwanzig Malter Roggen, acht Malter Gerste, sechs Malter Hafer und zwei Ackerpferde mit dem dazugehörigen Ackergerät. Außerdem bekommt sie 100 Goldgulden, welche die Erben binnen Jahresfrist zu zahlen haben, sodann die Emont aus dem Hof zu Kelz bei Vettweiß zustehenden Hühner ein Leben lang und wegen ihrer Treue („*so sy minre getruweliche gewaret hait*") 24 Gulden für sechs Ellen englischen Tuchs für den Trauerflor („*floren*"). Das entspricht in etwa dem Jahreslohn des Burgkaplans zu Kaster.[148] Ein Hinweis fehlt, wo Christina nach ihrem Tod begraben werden sollte. Für Sophia hingegen war als letzte Ruhestätte selbstverständlich die Erbgrabstätte der Hompeschs in Kieringen vorgesehen.[149] Es Heinrich gleichzutun und Christina bei den Palantern in der Franziskanerkirche in Aachen begraben zu lassen, wagte Emont offensichtlich nicht. Dies hätte nach einem Verstoß gegen adlige Verhaltensregeln ausgesehen. Allein schon mit seiner Heirat hatte er die festgelegten Grenzen weit überschritten wie niemand sonst aus der Familie der Palanter, die bekanntlich zahlreiche Bastarde hinterließen[150], die jedoch nicht als „*outcasts*" behandelt wurden. Einen hat Emont, wie wir gleich sehen werden, in seinem Testament bedacht.

Der größte Teil des Erbes Emonts fiel, der adligen Ordnung entsprechend, an seine Verwandten. Genannt seien sein Vetter („*neeff*") Johann von Palant, Drost zu Valkenburg, der ihm als Amtmann von Nideggen nachfolgen soll, und dessen Schwester Anna, beides Kinder seines Onkels Dietrich, über die er die Vormundschaft („*momberschaff*") hatte[151], sowie sein Vetter Johann, Herr zu Laurenzberg bei Aachen.[152] Ebenfalls wurde die Verwandtschaft („*maegen*") seiner Mutter, die Familie von Bodberg, gemäß des zwischen seinen Eltern geschlossenen Ehevertrags („*hylich*") bedacht. Heinrich hingegen hinterließ, wie schon erwähnt, seine wichtigste Habe nicht den Blutsverwandten, sondern seinen Stiefkindern, vergaß aber seine beiden Brüder nicht, die sich nicht beklagen konnten.[153]

---

147 LÖHR, Hompesch (wie Anm. 1), S. 38 f.

148 LAV NRW R Jülich-Berg III R Kaster 1 fol. 7 r/v = 1510/11.

149 LÖHR, Hompesch (wie Anm. 1), S. 32.

150 Vgl. dazu QUADFLIEG, Bastarde (wie Anm. 13); Alfred BLOEMER, Die Bastardlinie Palandt in Linnich, in: Mitteilungen der Westdeutschen Gesellschaft für Familienkunde, Nr. 26, 1974, S. 201-206; DERSELBE, Die Familie Paland aus Güsten, in: Mitteilungen der Gesellschaft für Familienkunde, Nr. 27, 1976, S. 155 f.

151 Vgl. dazu MEYER, Palant (wie Anm. 2), S. 349-355.

152 Ebd., S. 402, 478.

153 LÖHR, Hompesch (wie Anm. 1), S. 42 f., 46.

Einige auffallende Testate in Emonts Testament seien noch ergänzend herausgegriffen, weil sie etwas über seine persönliche Mildtätigkeit aussagen: Der Priesteramtskandidat Emont Hermans bekommt sechs Ellen englischen Tuchs für einen Rock, wenn er seine erste Messe liest (*„as hie sine eirste misse doin sall"*), Wilhelm, der Stallknecht, 70 oberländische Gulden zum Unterhalt seines Pferdes, Arret, Emonts Schreiber, 15 Gulden kurrent ebenfalls zum Unterhalt seines Pferdes und Mettel, die Magd Christinas, fünf Gulden kurrent für einen Rock. Die Einkünfte aus den Brüchten im Amt Nideggen, von denen Emont der zehnte Pfennig zusteht, ist den Armen zu zahlen, ebenso eine Kurmut, die noch aussteht. Seinen besten langen, gefütterten Mantel (*„tabbart"*) vermacht er Johann von Friemersheim. Für den Bastard Johann von Palant sind 18 Gulden kurrent vorgesehen, damit er sich einen rohen (*„ruwe"*) Mantel kaufen kann. Beide haben für Emont zu beten wie auch andere Nichtkleriker. Eine solche Gebetsverpflichtung von Einzelpersonen fehlt im Gemeinschaftstestament der Hompeschs. Sie wenden sich nur an Kollektive. Von den offenstehenden Rechnungen, die Emont zu zahlen hat und weit über 1.500 Gulden ausmachen, sei nur eine erwähnt: Bei dem Goldschmied *Sweyt* in Köln waren noch acht Gulden für zwei Diademe (*„kronen"*)[154] zu bezahlen. Wer diesen Schmuck bekommen hatte, sagt er nicht. War es vielleicht Christina?

Fazit: Emonts Testament unterscheidet sich von dem des Ehepaars Hompesch dadurch, dass darin die Übergabe des Besitzes an seine Familie eine entscheidendere Rolle spielt. Bei Heinrich fällt auf, dass er seine Stiefkinder seinen beiden Brüdern vorzieht, die aber auch nicht schlecht versorgt bleiben. Bei seinem unendlichen Reichtum hatte er keine Mühen damit, sie ausreichend zu bedenken. Was die Zahl der Messen, die zu lesen waren, anbelangt, hat Emont die Hompeschs erheblich übertroffen. Dennoch blieb er hinter ihrem *„Seelenheilkapital"* gewaltig zurück, wenn man in Rechnung stellt, dass Heinrich und Sophia ein Kloster gestiftet haben und er nicht einmal einen Altar. Aber allen ist gemeinsam die Absicht, möglichst viel für ihr Seelenheil zu tun und das Bemühen, auf Dauer in Erinnerung zu bleiben.

Bei Emont erfährt man aus seinem Vermächtnis außerdem, anders als bei Heinrich, etwas über sein persönliches Verhältnis zu seiner Ehefrau. Er bedankt sich für ihre Treue, wie oben erwähnt, und nennt sie *„liebreich"* (*„genadesse"*)[155], was darauf schließen lässt, dass die Ehe kein Zweckbündnis gewesen ist, sondern eine Liebesbeziehung.[156] Ob die Familie Palant Christina trotz ihrer fehlenden Standesmäßigkeit akzeptiert und ihre Rolle als *„Geschäftspartnerin"* Emonts anerkannt hat, wissen wir nicht sicher. Doch hätte er sich dann bei einer spürbaren Ablehnung von Seiten seiner Verwandtschaft für sie *„in auffallend starkem Maße"* eingesetzt[157] und einzelnen Familienmitgliedern *„in schwierigen Situationen"* geholfen?[158]

---

154   Vgl. dazu Deutsches Wörterbuch von Jacob und Wilhelm Grimm (Online-Ausgabe) [im Folgenden DWB], Bd. 11, Sp. 2361 Lemma *„Krone"* (Zugriff 19.10.19).

155   Vgl. dazu DWB, Sp. 598 Lemma *„gnädig"* (Zugriff 19.10.19).

156   Über die *„eheliche Liebe"* vgl. Reif, Adel (wie Anm. 9), S. 107; Asch, Adel (wie Anm. 11), S. 105.

157   Meyer, Palant (wie Anm. 2), S. 395.

158   Ebd., S. 398.

Jedoch sollte man nicht übersehen, dass er in seinem Testament seine nächsten Verwandten zur Eintracht („*indrach*") in Anbetracht des Erbes Christinas aufruft und sie vor Arglist („*argelist*") warnt. Das muss keine bloße Floskel gewesen sein. Diese haben seinen Wünschen entsprochen. Erst nach Christinas Tod, die wohl keine Erben hinterließ, hat es wegen ihrer Leibgewinngüter Probleme gegeben.[159]

Schlussbetrachtung

Heinrich von Hompesch und Emont von Palant konnten bei ihrem „*Start ins Leben*" von fast gleichen Voraussetzungen ausgehen. Beide kamen aus dem Niederadel, beide dienten traditionell am Hof und beide waren finanziell gut versorgt. Dennoch nahm ihr Lebenslauf eine unterschiedliche Entwicklung. Emont war zwar wohlhabend, blieb indessen hinter dem „*Finanzmagnaten*" Hompesch weit zurück. Der übertraf ihn auch beim Dienst am Hof, dessen höchste Funktion er erreichte. Noch signifikanter ist dessen Bedeutung als Soldat, Diplomat, Staatsmann und Wegbegleiter des Erzherzogs und römisch-deutschen Königs Maximilian I., dessen Zeit als Kaiser er nicht mehr erlebt hat. Völlig außergewöhnlich war Heinrichs Aufnahme in den Kreis der reichsunmittelbaren Herren. Damit stellte er alle seine Standesgenossen im Herzogtum Jülich-Berg in den Schatten. Heinrich und Emont gemeinsam ist die „*kostenträchtige*" Sorge um ihr Seelenheil und der damit verbundene Wille, eine Grundlage für ihre Memoria zu schaffen, sowie ihr Bemühen, ihre Ehefrauen gut abzusichern. Emonts Ehe ist sicher nicht arrangiert gewesen, und Vorteile hatte er davon wegen der fehlenden Mitgift ganz und gar nicht. Er blieb ihr bis zu seinem Tod verbunden, obgleich sie nicht ebenbürtig war und eine solche Verbindung als unerwünscht galt.[160] Gerade der niedere Adel legte besonderen Wert darauf, die ständische Geschlossenheit zu bewahren.[161] Ein Weiteres: Beide Frauen sind aus dem breiten Schatten ihrer Männer hervorgetreten und verfügten über „*Spielräume weiblicher Selbstbehauptung*".[162] Sophia hatte Anteil an den finanziellen Transaktionen Heinrichs und zeigte ihre Selbstständigkeit zusätzlich durch das Führen eines eigenen Siegels.[163] Christina war beim Erwerb von Grundstücken im Namen Emonts aktiv. Schließlich: Beide Frauen und ihre Ehemänner konnten aufgrund einiger aussagekräftiger Quellen, besonders der Testamente, als Menschen von Fleisch und Blut ein wenig Gestalt annehmen.

Exkurs: Die Lebensdaten Emonts II. von Palant

Das Sterbedatum Emonts geht aus der Abschrift des mit der Abfassung des Testaments beauftragten Nideggener Notars Walram Tzinsmeister eindeutig hervor. Demnach starb Emont am 6. November 1510, einem Mittwoch. Fälschlicherweise schrieb

---

[159]   Ebd., S. 402 f.

[160]   Anke HUFSCHMIDT, Adlige Frauen im Weserraum zwischen 1570 und 1700 (Veröffentlichungen d. Historischen Kommission f. Westfalen XXII A, Bd. 15), Münster 2001, S. 160.

[161]   Vgl. auch GERSMANN, Lebenswelten (wie Anm. 10), S. 2.

[162]   ASCH, Adel (wie Anm. 11), S. 103.

[163]   LÖHR, Hompesch (wie Anm. 1), S. 14.

Tzinsmeister Freitag.[164] Emont starb im Haus seiner Ehefrau Christina Eichmartz in Nideggen um acht Uhr am Morgen. Diesem genauen Zeitpunkt maß man *„große Bedeutung"* zu, *„da sie den Übertritt des Menschen ins Jenseits kennzeichnete."*[165] Am Tag zuvor hatte er seinen letzten Willen schriftlich festhalten lassen. Das Todesdatum Emonts ist folglich unstrittig. Woran er starb, ist nicht überliefert. Ob ein längeres Siechtum vorausgegangen ist, wissen wir nicht, scheint aber eher unwahrscheinlich. Nachdenklich macht nämlich, dass sein Testament von vielem Unerledigten zeugt wie offene Rechnungen und ausstehende Wallfahrten. Sein letztes bezeugtes Auftreten in der Öffentlichkeit, und zwar als Oberhaupt des Palanter Familienverbands[166], datiert auf den August 1509, eineinviertel Jahr vor seinem Tod. Vielleicht ist er eine Zeit danach krank geworden, hatte auf Genesung gehofft, die dann nicht eintrat und musste Hals über Kopf einen Tag vor seinem Tod sein Testament aufnehmen lassen.[167]

Schwieriger wird es, Emonts Geburtsdatum zu erschließen. Gisela Meyer gibt in ihrer groß angelegten Geschichte der Familie Palant ohne Begründung als Geburtsdatum *„um 1450"* an.[168] Das scheint zu spät. Erstmals erwähnt wird Emont 1456[169], zwei weitere Male 1460[170], zu einem Zeitpunkt, als er noch unter Vormundschaft steht, was auch festgehalten ist. Die in einer der beiden Urkunden verwandte Bezeichnung Junker (*„joncker"*)[171], die auch in einer Urkunde von 1461 auftaucht[172], besagt nicht, dass er noch ein Kind ist, sondern dass er dem Adel angehört, da in den Urkunden auch *„erwachsene"* Adlige so bezeichnet werden. Juncker bedeutete hier Adliger an sich.[173] Auch Christina Eichmartz nennt 1520 ihren verstorbenen Ehemann Emont so.[174]

Entscheidend für die Bestimmung von Emonts Geburtsjahr ist eine Urkunde von 1465[175], welche die Verleihung eines Lehens an ihn festhält. Dazu war die Mündigkeit erforderlich, und die erreichte man erst zwischen dem 18. und 25. Lebensjahr.[176] Träfe *„um 1450"* zu, wäre er bei der Übernahme des Lehens erst 15 Jahre alt gewesen. Das ist höchst unwahrscheinlich. Ein Weiteres kommt hinzu: 1466 gehörte er als einer der *„mannen van wapen"* zu den Verteidigern der Burg Valkenburg.[177] Nimmt man als Geburtsjahr ca. 1450 an, wäre er etwa 16 Jahre alt gewesen. Das ist schwer vorstellbar,

164 GA Culemborg (wie Anm. 27), Nr. 1397. Der 6. November war aber nicht, wie im Testament angegeben, ein Freitag, sondern ein Mittwoch.
165 GERSMANN, Lebenswelten (wie Anm. 10), S. 28.
166 MEYER, Palant (wie Anm. 2), S. 400.
167 Ebd., S. 484.
168 Ebd., S. 399.
169 Ebd., S. 369.
170 Ebd., S. 370; LAV NRW R Nesselrode-Ehreshoven, Urkunde Nr. 320.
171 LAV NRW R Nesselrode-Ehreshoven, Urkunde Nr. 320.
172 Ebd., Urkunde Nr. 326.
173 Vgl. dazu DWB, Bd. 10, Sp. 2400, Lemma *„Junker"* (Zugriff 31.10.19).
174 LAV NRW R, Stift Jülich, Urk. 93 Transfix.
175 MEYER, Palant (wie Anm. 2), S. 370.
176 Hermann CONRAD, Deutsche Rechtsgeschichte, Bd. 1, Karlsruhe ²1982, S. 398.
177 MEYER, Palant (wie Anm. 2), S. 317.

denn für einen solchen militärischen Einsatz musste man in der Regel das 20. Lebensjahr überschritten haben.[178]

Da das Datum der Heirat seiner Eltern Emont I. und Ida von Bodberg mit Februar 1441 feststeht [179], konnte das erste Kind frühestens Ende 1441 zur Welt kommen. Das muss nicht Emont gewesen sein, da er noch eine Schwester und einen Bruder (*„suester, broeder"*; in dieser Reihenfolge) gehabt hat, was aus seinem Testament unanfechtbar hervorgeht.[180] Also war er nicht zwingend der Erstgeborene, sondern wird vielmehr das dritte Kind gewesen sein, wofür einiges spricht. Setzen wir den üblichen Abstand von 20 Monaten zwischen den Geburten voraus[181], kam das zweite etwa 1443 und das dritte etwa 1445 zur Welt. Wenn wir dieses Jahr als Geburtsjahr Emonts akzeptieren, war er bei der Lehensvergabe etwa 20 Jahre alt und hatte das damit Erwachsenenalter erreicht.[182] Ferner nahm er dann mit ca. 21 an einer militärischen Operation teil[183] und wurde mit ca. 29 Jahren Amtmann von Nideggen.[184] Alles das scheint plausibel. Auch die Teilnahme an einem Turnier 1481[185], also mit angenommenen 36 Jahren, spricht nicht gegen das Geburtsjahr 1445. In diesem Alter wird er gerade noch von der Konstitution her in der Lage gewesen sein, eine solche Strapaze durchzustehen. Deshalb scheint es im Übrigen schwer vorstellbar, er hätte erst mit 25 Jahren - das höchstmögliche Alter - die Mündigkeit erhalten, dann wäre er 1440 geboren worden und noch mit 41 Jahren bei einem Turnier aufgetreten. Eine solche körperliche Herausforderung[186] hätte er wahrscheinlich nicht durchgestanden. Fazit: Wir können bei Emont von Palant von einer Geburt um 1445 ausgehen. Bei seinem Tod war er demnach ca. 65 Jahre alt.

---

[178] POHANKA, Rittertum (wie Anm. 22), S. 113.

[179] MEYER, Palant (wie Anm. 2), S. 368.

[180] GA Culemborg (wie Anm. 27), Nr. 1397.

[181] Wolfgang LÖHR, Ein Kamel für Graf Hermann von den Bergh, in: Rien van den BRAND u.a. (Hrsg.), Epitaph für Stefan Frankewitz, Geldern 2015, S. 45-78, hier S. 48 mit Anm. 18.

[182] Das Wachstum der Jungen war noch später, nämlich erst Mitte der Zwanziger abgeschlossen, vgl. dazu MÜNCH, Lebensformen (wie Anm. 129), S. 222 f.

[183] MEYER, Palant (wie Anm. 2), S. 317.

[184] GA Culemborg (wie Anm. 27), Nr. 2080 = 1474.

[185] MEYER, Palant (wie Anm. 2), S. 375, 381.

[186] LÖHR, Hompesch (wie Anm. 1), S. 9.

Paul Hoffmann

Die adligen Familien von Eschweiler und von Hüchelhoven

Es ist guter Brauch, dass man bei der Wahl des Themas für einen Aufsatz in einer Festschrift sich nach dem Interesse des Empfängers richtet. Professor Günter Bers kenne ich schon lange und uns verbindet auch das gemeinsame Interesse bei der Erforschung der Geschichte des Herzogtums Jülich. Daneben hat Günter Bers sich vor allem um die Erforschung der Gemeinde Aldenhoven verdient gemacht. Nur ganz wenige Gemeinden können auf so viele Bücher zu ihrer Geschichte zurückblicken. Als Archivar sichtet und erschließt man viele Quellen und hat leider in der Berufszeit nicht die Zeit, um alle Erkenntnisse zu Papier zu bringen. Als Archivar stößt man oft aus Zufall auf Quellen, die man eigentlich nicht sucht, deren Existenz einem aber im Gedächtnis bleiben. In der Handschrift 17 der Jülich-Bergischen Repertorien und Handschriften, dem Kartular der Grafen und Markgrafen von Jülich mit Urkunden von 1224-1340, findet sich unter der Nummer 202 folgender Eintrag: *„Paul Hüggelhoven und seine Gattin Margarethe von Eschweiler tragen ihr Haus Aldenhoven dem Markgrafen von Jülich zum Offenhaus auf."* Danach wird das *„Haus Aldenhoven"* Lehen des Herzogtums Jülich. Dies soll das Thema meines Aufsatzes in dieser Festschrift sein. Günter Bers kennt diese Urkunde aus der Edition in Lacomblet[1], Bd. 3, S. 254 f., Nr. 318. Dort heißt es aber nicht Aldenhoven, sondern Aldendorp und wird in originaler Schreibweise mit *„Auldendorp"* angegeben. Die originalen Schreibweisen in den Urkunden weichen häufig von den heutigen ab. Im Niederländischen steht die Silbe *„ouden"* für *„Alten"*, insofern ist gegen eine vorsichtig normalisierte Schreibweise von *„Auldendorp"* in *„Altendorf"* nichts einzuwenden. Die Veränderung von *„dorp"* in *„hoven"* ist allerdings sehr weitreichend. Da in der Urkunde eine genauere Angabe der Lage fehlt, sind wir auf die Angaben des Kontextes angewiesen. Hierfür gebe ich Inhalt der Urkunde als Regest wieder:

1337 Oktober 22

Ritter Paul (*„Pauwels"*) von Hüchelhoven (*„Huchgelhaven"*) und seine Ehegattin Margarete von Eschweiler (*„Eschwilre"*) bekunden, dass sie für sich und ihre Erben dem Markgrafen Wilhelm von Jülich (*„Guylghe"*) und dessen Erben ihr Haus zu Adendorf (*„Auldendorp"*) samt Gräben und Vorburg zum Offenhaus aufgetragen und von ihm als Lehen wieder zurück empfangen haben. Ferner haben sie sich wegen der ihnen bezüglich des Nachlasses des verstorbenen Herrn *„Karsilis van Eschwylre"*, des Bruders der Margarete, erwiesenen Gunst verpflichtet, dem Markgrafen und seinen Erben allzeit in Treue beizustehen.
Siegler: Die Aussteller (1, 2), ferner auf deren Bitte Gerard, Herr zu Landskron (*„zu Lanzcronen"*), Oheim des Ausstellers (3); Hermann, Dechant zu Aachen (*„Aychge"*)

---

[1] Theodor Joseph LACOMBLET, Urkundenbuch für die Geschichte des Niederrheins 3, Düsseldorf 1853, S. 254, Nr. 318.

und Propst zu Kaiserswerth („*Werde*") (4); Jacob von dem Bongart (*„van deme Bungart"*) (5), Johann von Vlatten (6), Baldewin von *„Raede"* (7), Ritter.
„Datum 1337 des neisten daichgs der helichger eifdusent meychgde."

Ausf.: LAV NRW R, Jülich, Urk. 133 (Paul von Hückelhoven (!) und seine Frau Margarethe von Eschweiler tragen die Burg Adendorf zum Lehen des Markgrafen Wilhelm von Jülich. Mitsiegler: Gerhard Herr zu Landskron, Hermann, Dechant zu Aachen und Probst zu Kaiserswerth („*Werde*"), Jakob von der „*Bungart*", Johann von Vlatten und Balduin von „*Raede*").

Abschr.: LAV NRW R, Jülich, Rep. u. Hs. 17, Nr. 202; München, Samml. Redinghoven, Bd. 28, Bl. 991.

Bem.: Rückvermerk: *„dat hues tot Auldendorp mit sinen tobehoeren is open hues eyns hertogen van Gulich"*, 1337 (14. Jh.), *„Paulus von Huchelhouen, Ritter, traget sein hauß Auldendorp auff, und empfängt daselb widder zu Lehn und offen hauß"* 1337 (15. Jh.), ad caps. 82 (18. Jh.).

Druck: Theodor Joseph Lacomblet, Urkundenbuch für die Geschichte des Niederrheins 3, Düsseldorf 1853, S. 254, Nr. 318 (*„Pauwels von Huchgelhaven, Auldendorp"*; unvollständig).

Siegel: Sieben Siegel, 1, 5, 6 erhalten, 2, 3, 4 und 7 beschädigt.

Reg.: Ernst von Oidtman und seine genealogisch-heraldische Sammlung in der Universitäts-Bibliothek zu Köln. Aus den handschriftl. Aufzeichnungen für den Druck bearbeitet, ergänzt und mit Registern versehen von Herbert M. Schleicher, Bd. 2, Köln 1992, S. 378 ohne Quelle; Bd. 9, Köln 1995, S. 473 f.; Bd. 14, S. 638; Wilhelm Mummenhoff, Regesten der Reichsstadt Aachen 2: 1301-1350 (= Publ. der Gesellschaft für Rhein. Geschichtsk., Bd. 47, 2), Köln 1937, S. 280, Nr. 604; LAV NRW R, Findbuch 102.07.1, S. 46 Adendorf (*„Auldendorp"*).

Theodor Joseph Lacomblet hat einige Formeln im Text gekürzt und die Bestätigung der Mitsiegler weggelassen.

Da die Ausfertigung dieser Urkunde heute noch vorhanden ist, ist es nicht schwierig festzustellen, dass die Angabe von Aldenhoven fehlerhaft war. Diese Angabe Aldenhoven findet sich auch bei Anton Fahne.[2] Dort heißt es: *„Paul v. H., Ritter + vor 1362, h. Greta v. Eschweiler, Erbin zu Aldenhoven und des Schultheisamtes zu Eschweiler."* Offensichtlich stützt sich Anton Fahne auf den zuerst erwähnten Eintrag.[3] Wäre die Ausfertigung nicht überliefert, wäre es sehr viel schwieriger, wenn nicht unmöglich, diese Burg zu lokalisieren. Im Band 2 der Sammlung Ernst von Oidtman auf S. 378 findet sich die Angabe wieder: *„Aus dieser Familie besiegelt 1337 Jacob von Bongard, Ritter, den Brief, worin Paul von Hüchelhoven dem Markgrafen Wilhelm von Jülich das Haus Aldenhoven zum Offenhaus aufträgt."* Da diese Mappe 118 von dem

---

[2] Anton Fahne, Geschichte der Kölnischen, Jülichschen und Bergischen Geschlechter mit Stammtafeln, Wappen, Siegeln und Urkunden 1, Köln 1848, S. 178.

[3] LAV NRW R, Jülich-Berg, Rep. und Hs 17, Nr. 202.

Bongard zur Heyden vermisst wird, kann diese Angabe nicht von Ernst von Oidtman stammen, der sich mit der Geschichte der Adligen im Rheinland sehr gut auskannte.

Die ersten drei Bände dieser Sammlung habe ich für die Zeitschrift „Neue Beiträge zu Jülicher Geschichte"[4] besprochen. Bei vermissten Mappen gibt Schleicher in dem ersten Band dann an „Rekonstruktion nach Fahne, Köln. Geschl. I" an. Dabei handelt es sich nicht um eine Rekonstruktion, sondern um einen sehr dürftigen Ersatz. In dem Band 9 dieser Edition aus dem Jahre 1995 druckt Herbert M. Schleicher auf den Seiten 473 bis 477 „Die Geschichte der Burg zu Adendorf von E. von Oidtman" ab. Ernst von Oidtman hat die Nachweise zu der Familie Hüchelhoven auf die heute vermissten[5] Mappen 666, 668 und 669 aufgeteilt. Es darf bezweifelt werden, dass er die Familie Hückelhoven[6] auf drei Mappen aufgeteilt hat, um sie dann als eine Familie anzusehen. Die Gemeinde Hückelhoven gehörte im Mittelalter und in der Frühen Neuzeit zum Gericht Doveren im Amt Wassenberg des Herzogtums Jülich. Zweifellos hat es ein Adelsgeschlecht Hückelhoven gegeben, aber dazu gehörte wohl nicht der Ritter Paul von Hüchelhoven. Der Name dieses Geschlechtes taucht in den Urkunden sowohl in der Schreibweise Hückelhoven als auch Hüchelhoven mit den entsprechenden Abweichungen auf. In der Forschung werden adlige Familien allgemein nach der heutigen Schreibweise des Ortes benannt. Daher wählt Ernst von Oidtman die Schreibweise Hüchelhoven für die Nachkommen des Paul von Hüchelhoven. Hüchelhoven ist heute Teil der Stadt Bergheim, d. h. dieser Ort liegt eher im Süden und nicht an der Grenze der Niederlande. In der heimatlichen Forschung neigt man dazu, die angeheirateten Adligen eher in der Nähe zu suchen als weiter weg. Aldenhoven lag auch näher als Adendorf.[7] Erschwert wurde die Suche durch die Tatsache, dass sich für dieses jülichschs Lehen keine nachfolgenden Urkunden finden ließen. Ob es zu einer erneuten Belehnung kam, ist ungewiss.

Adendorf gehört zur Gemeinde Wachtberg an der Grenze zu Rheinland-Pfalz. Anton Fahne erwähnt in Band I jedoch nur eine Familie Hüchelhoven, führt wohl noch eine andere Familie, die mit einem anderen Wappen in Köln vorkommt, auf. Dieses Wappen taucht weder in der Mappe 666 noch in 668 und 669 auf. Ansonsten werden verschiedene genealogische Zusammenhänge von einzelnen Namensträgern Hüchelhoven benannt, deren Zugehörigkeit untereinander unklar bleibt.

Eine „Rekonstruktion nach Fahne" stand hier vor einer besonderen Schwierigkeit, nämlich eine Familie bei Fahne auf mehrere Mappen aufzuteilen. Die Mappe 666 trägt den Namen „Hüchelhoven", die Mappe 668 „Hückelhoven I bei Erkelenz" und die

---

[4] Neue Beiträge zur Jülicher Geschichte, hrsg. von Günter BERS in Verbindung mit der Joseph-Kuhl-Gesellschaft. Gesellschaft für die Geschichte der Stadt Jülich und des Jülicher Landes, Bd. 4, Teil 2, 1993, S. 214-217.

[5] Bereits 1938 vermisst, siehe: Wilhelm KISKY, Die Sammlung Ernst von Oidtman in der Universitäts- und Stadtbibliothek in Köln, in: Rheinische Heimatpflege 10, 1938, H. 3, S. 347-360, die damals fehlenden Hefte sind unterstrichen.

[6] Leo GILLESSEN, Die Ortschaften des Kreises Heinsberg. Ihre Namen, Topographie und Geschichte, Heinsberg 1993 (Schriftenreihe des Kreises Heinsberg 7), S. 222 mit Belegen zu den originalen Schreibweisen.

[7] Bereits 1880 identifizierte Ernst von OIDTMAN diesen Ort mit Adendorf, in: Beiträge zur Geschichte von Eschweiler und Umgegend 1, 1880, S. 378.

Mappe 669 *„Hückelhoven II in Sittard"*. In Band II bei Anton Fahne[8] S. 67 taucht unter *„Hüchelhoven"* noch ein Zusatz auf: *„Es gibt zwei Sitze dieses Namens: einer liegt bei Bedburg, der andere bei Erkelenz. Letzterer war der Stammsitz der Dynasten. Ich finde von ihnen noch: 1299 Henrich und Jakob, Brüder, 1308 Stephan, Ritter. 1331 Wilhelm, erhält von chur Köln einen Mansus zu Venicheim zu Lehn. 1396 Wilhelm; dann Paul v. H. mit Marg. v. Eschweiler (Seite 178) einen Sohn hatte, der mit einer Hompesch eine Tochter zeugte, die sich an einen Birgel verheirathete."* Fahne wählte für diese Familie die Schreibweise *„Hüchelhoven"*, nicht *„Hückelhoven"*. Alle drei Mappen werden vermisst. D. h. hier sollten die Einträge auf drei Mappen verteilt werden, bei denen Ernst von Oidtmann für die Mappe 666 nur Hüchelhoven gewählt hat, dagegen für die Mappen 668 und 669 die Bezeichnung *„Hückelhoven"*. Die hier vorgelegten Erkenntnisse sind eine Fortführung der oben genannten Besprechung aus dem Jahr 1993. Nach der Erläuterung im zweiten Band hielt Anton Fahne Hückelhoven für den Stammsitz dieser Dynastenfamilie Hüchelhoven. Herbert M. Schleicher fügte die Forschungen von Walter Kaemmerer in die Mappe 666. Auf diese Wahl komme ich noch zurück. Im Übrigen waren verwandtschaftliche Verbindungen um Paul von Hüchelhoven bei Johann Wilhelm von Mirbach-Harff[9] in seiner *„Geschichte der Familie Merode"* bereits genauer dargestellt, der allerdings Hinweise von Oidtman erhalten hatte.

Nachdem alle Mappen ediert wurden, habe ich in den Meerbuscher Geschichtsheften Bd. 35, S. 77 darauf hingewiesen, dass die Mappe 43 Backum auch noch aus einem Teil, nämlich 43a[10] besteht, der nicht mit ediert wurde. Das gilt auch für ähnliche Fälle. Dabei ist Mappe 43a heute noch erhalten und beschreibt Quellen, die heute nicht mehr vorhanden sind. Auf der einen Seite werden Mappen vermisst, auf der anderen Seite fehlen Teile in der Edition. Zunächst will ich auf die Rekonstruktion der fehlenden Mappen 666, 668 und 669 eingehen. Hier gibt Herbert M. Schleicher *„Rekonstruktion nach versch. Quellen"* an.

Zunächst wird die allgemeine Einführung von Anton Fahne (Bd. 1, S. 178) abgedruckt. Danach folgt eine Genealogie, die Walter Kaemmerer[11] im Jahre 1968 erstellt hat, lange nach dem Tod von Ernst von Oidtman. Walter Kaemmerer erwähnt auch die Urkunde vom 22. Oktober 1337 und bezeichnet die Gleichsetzung von *Auldendorp* mit Altdorf, Kr. Jülich, bei Mummenhoff[12] als unzutreffend. Dieser Hinweis

---

[8]   FAHNE, Geschichte der Kölnischen, Jülichschen und Bergischen Geschlechter mit Stammtafeln, Wappen, Siegeln und Urkunden 2 (wie Anm. 2), Köln 1853, S. 67.

[9]   Johann Wilhelm von MIRBACH-HARFF, Geschichte der Familie Merode 2 / von E. Richardson [d.i. Ernst Graf. von Mirbach-Harff], Prag 1881, S. 241 f.

[10] Paul HOFFMANN, Der Rittersitz Hamm in Strümp, in: Meerbuscher Geschichthefte 35, 2018, S. 77.

[11] Walter KAEMMERER, Eschweiler in seiner Geschichte 2: Ascvilare: 800 bis 1800 (Veröffentlichungen des Bischöflichen Diözesanarchivs Aachen 27), Eschweiler 1968, S. 71 ff.

[12] Wilhelm MUMMENHOFF, Regesten der Reichsstadt Aachen (einschließlich des Aachener Reiches und der Reichsabtei Burtscheid) (Publ. der Gesellschaft für Rheinische Geschichtskunde 47, 2), Köln 1937, S. S. 280, Nr. 604.

fehlt bei Herbert M. Schleicher, danach folgt die Stammtafel des Reinhard von „Uchilhovin", Ritter, 1251/54 (1260+).[13]

Beide, Walter Kaemmerer und Wilhelm Mummenhoff, kannten sich aus der gemeinsamen Arbeit im Stadtarchiv Aachen. Beide sind hervorragende Historiker. Walter Kaemmerer hätte sich nicht träumen lassen, dass einmal seine Erkenntnisse als die von Ernst von Oidtman ausgegeben werden würden.

Eine Rekonstruktion der Erkenntnisse von Ernst von Oidtman müssen von seinen Schriften und seinen handschriftlichen Notizen ausgehen. Seine gesamten gedruckten Arbeiten sind sehr umfangreich und keineswegs einfach zu ermitteln, da sie häufig an entlegener Stelle publiziert wurden. Die Bibliographie seiner Schriften wurde von Eberhard Quadflieg[14] erstellt, die Herbert M. Schleicher[15] in dem ersten Band seiner Edition abdruckt. Die oben erwähnte Skizze der „Geschichte der Burg zu Adendorf von E. von Oidtman", die photographisch wiedergegeben wurde, wurde in Fraktur gesetzt und gedruckt. In der Bibliographie der Schriften von Ernst von Oidtman konnte ich sie nicht feststellen. Durch die Edition von Herbert M. Schleicher konnte ich über die Register aller Bände Erwähnungen der Familie „Hüchelhoven" relativ leicht ermitteln. Herbert M. Schleicher war das während der Edition nicht möglich, sonst wären die Bände nicht so schnell erstellt worden. In der Masse etwas zu finden ist nicht so einfach. Einige Teile, die nicht mehr an der richtigen Stelle lagen, wurden von Herbert M. Schleicher umgepackt, was er auch in der Edition angemerkt hat.

Herbert M. Schleicher hat aber nicht nur einzelne Familien den drei Mappen zugeordnet, sondern auch Wappen. Der Mappe 666 wurde das Wappen[16] im Band I von Anton Fahne zugeordnet, erkennbar an der Übernahme der Abbildung mit der Beschreibung „In Silber ein roter Querbalken. Helm mit: Brackenkopf mit dem Balken als Halsband." Im Zusatz des 2. Bandes von Anton Fahne[17] werden keine neuen Wappen erwähnt. Zur Mappe 668 übernimmt Herbert M. Schleicher zwei Wappenabbildungen von Lothar Müller-Westphal:[18] „In Silber ein schwarzer Balken, oben rechts von einem Mohrenkopf begleitet. Auf dem Helm mit schw.-silb. Decken ein Mohrenrumpf zwischen zwei silbernen Wimpeln." Lothar Müller-Westphal bezeichnet das Wappen bei Anton Fahne ausdrücklich als falsch. Bei Siegeln kann man keine Farben erkennen. Wie man einen roten von einem schwarzen Balken auf einem Siegel erkennen will, ist mir schleierhaft. Lothar Müller-Westphal zeigt das Wappen (in Silber ein schwarzer Balken, oben rechts von einem Mohrenkopf begleitet) zu dem Sohn

---

[13] Kreuz hinter der Jahreszahl bedeutet bei Genealogen als tot in diesem Jahr überliefert.

[14] Eberhard QUADFLIEG, Schriften von Ernst von Oidtman, in: Mitteilungen der Westdeutschen Gesellschaft für Familienkunde Jg. 42, H. 4, Sp. 381-394.

[15] Ernst von Oidtman und seine genealogisch-heraldische Sammlung in der Universitäts-Bibliothek zu Köln. Aus den handschriftl. Aufzeichnungen für den Druck bearbeitet, ergänzt und mit Registern versehen von Herbert M. SCHLEICHER (Veröffentl. der Westdeutschen Gesellschaft für Familienkunde 58), Bd. 1, Köln 1992, S. 29-44.

[16] FAHNE, Geschichte der Kölnischen, Jülichschen und Bergischen Geschlechter 1 (wie Anm. 2), S. 178 dort gibt es nur dieses Wappen.

[17] Ebd., S. 67.

[18] Lothar MÜLLER-WESTPHAL, Lothar: Wappen und Genealogien Dürener Familien (Beiträge zur Geschichte des Dürener Landes 20), Düren 1989, S. 485-486.

Heinrich des Ehepaars Paul von „*Hückelhoven*" und Margarethe von Eschweiler. Er folgt also Walter Kaemmerer, der sich für die Schreibweise „*Hückelhoven*" entschieden hatte. Für Lothar Müller-Westphal handelt es sich dabei um ein „*jülichsches Uradelgeschlecht, dessen Stammsitz Hückelhoven bei Wassenberg ist*".

Doch kehren wir zu den Ergänzungen in der Form der Ergebnisse von Walter Kaemmerer zurück. Nach Walter Kaemmerer tauchte Paul von Hüchelhoven in der Urkunde 1337 auf, ohne dass man seine Eltern oder weitere Vorfahren kennt, das heißt aber auch, dass er keine Verbindung zu den früheren Mitgliedern, die er in der Nähe von Hückelhoven lokalisierte, finden konnte.

In der Urkunde von 1337 wird aber ein Verwandter genannt, nämlich Gerhard, Herr zu Landskron, sein Oheim. Trotz intensiver Suche[19] konnte ich diese Verwandtschaft nicht ermitteln, wohl war in der Literatur zu dem Geschlecht Landskron auch die Urkunde von 1337 aufgeführt. Wohl konnte ich eine Urkunde[20] vom 27. November 1321 ermitteln, die von Wilhelm, Graf von Neuenahr, Friedrich von Ehrenberg und Heinrich von Hückelhoven als Schiedsrichter ausgestellt wurde zwischen Gerhard von Landskron und dessen Vetter Gerhard von Landskron. Sowohl der Vorname Heinrich in der Familie von Hüchelhoven und der Familie von Hückelhoven als auch der Vorname Gerhard in der Familie von Landskron sind häufig anzutreffen. Es fehlt an Angaben in den Urkunden, die es gestatten würden, diese besser zuordnen zu können.

Wichtig ist jedoch auch, dass beide Familien verwandt sind und zwar unabhängig davon, ob sie räumlich oder weit von einander entfernt sind. Streit schlichten zwischen zwei Verwandten eben auch häufig Verwandte oder gute Freunde. Die Schiedsleute fällen ihren Urteilsspruch mit ausdrücklicher Zustimmung des Erzbischofs Heinrich von Köln. Der Erzbischof von Köln hängt sein Siegel an auf Bitten der beiden Gerhard sowie Gerhards, des Sohnes Ottos von Landskron.

Die letzte Urkunde von 1321 ist schon lange bekannt.[21] Einen verwandten Vertreter der Familie Landskron konnte auch Heinz Andermahr[22] nicht ermitteln. Sowohl für Walter Kaemmerer als auch für Heinz Andermahr handelt es sich bei Hückelhoven und Hüchelhoven sehr wahrscheinlich um eine Familie, ohne dass beide hierfür einen klaren Beleg anführen können. Ich halte es mit Ernst von Oidtman für besser, so lange man einen solchen Beleg nicht anführen kann, sie besser zu trennen. Einen

---

[19] Hans FRICK, Quellen zur Geschichte der Herrschaft Landskron a. d. Ahr (Publ. der Gesellschaft für Rheinische Geschichtskunde 56), hrsg. von Theresia ZIMMER, 2 Bde., Bonn 1966-1968.

[20] Koblenz, Landeshauptarchiv, Bestand 53C025 Herrschaft Landskron, Urk. 1072.

[21] Wilhelm KISKY, Die Regesten der Erzbischöfe von Köln (Publ. der Gesellschaft für Rheinische Geschichtskunde 21, 4), Bd. 4, Bonn 1915, S. 293, Nr. 1270; Hans FRICK, Quellen zur Geschichte von Bad Neuenahr (Wadenheim / Beul / Hemmessen), Bad Neuenahr 1933, S. 113, Nr. 615; DERSELBE, Quellen zur Geschichte der Herrschaft Landskron a. d. Ahr (wie Anm. 19), S. 76 f., Nr. 222.

[22] Heinz ANDERMAHR, Burg Hüchelhoven und die Anfänge der Herren von Hüchelhoven in Bergheim, in: Geschichte in Bergheim. Jahrbuch des Bergheimer Geschichtsvereins e. V. 17, 2008, S. 31-56.

Literaturhinweis[23] von Lothar Müller-Westphal, der auch Heinz Andermahr Hinweise gab, druckt Herbert M. Schleicher in der Mappe 668 Hückelhoven bei Erkelenz ab. Ernst von Oidtman[24] behandelt die Wappen und Siegel mit diesem Aussehen. Herbert M. Schleicher zählt auch diese Wappenträger zu der Familie von Hückelhoven. Unter der Anmerkung 48 schreibt Oidtman: *„Dieses Geschlecht Hückelhoven ist sehr zu unterscheiden von dem der Hüchelhoven a. d. Gillbach, aus welchem die späteren Erbschultheiße zu Eschweiler a. d. Inde hervorgegangen sind, welches einen Balken im Wappen führte."* Nach Heinz Andermahr führten nur die Adligen aus Hüchelhoven ein Siegel. Herbert M. Schleicher bildet in dieser Mappe 668 zwei Wappen, das Wappen mit dem Schildchen im Schild und das Wappen, was Paul von Hüchelhoven nachweislich besaß, ab. Paul von Hüchelhoven taucht in dem Lehnsrevers vom 22. Oktober 1337 zwar auf, in dem er und seine Frau Margarethe von Eschweiler die Auftragung ihres Hauses erwähnen, aber nur Eschweiler liegt in der Nähe, nicht Hüchelhoven. Nach Heinz Andermahr[25] gab es in Hüchelhoven (Kr. Bergheim) jedoch keine Burganlage. In der Urkunde von 1337 ist von einem Haus mit Vorburgen die Rede. Vorburgen sind Befestigungen.

Heinz Andermahr verweist auf einen Artikel von Anja Ostrowitzki[26], in dem eine Burg in Adendorf erwähnt wird. Anja Ostrowitzki erwähnt auch, dass sie in den Besitz der adligen Familie von der Leyen gelangte. Anja Ostrowitzki ist die wohl beste Kennerin der Urkunden zu Adendorf. Diese Kenntnisse hat sie durch die Neuverzeichnung des Adelsarchivs der Familie von der Leyen, das im Landeshauptarchiv Koblenz liegt, gewonnen. Im Vorwort zu dieser Erschließung verweist Anja Ostrowitzki eigens auf die Burg in Adendorf.

In diesem Zusammenhang möchte ich darauf hinweisen, dass die gedruckte Abhandlung von Ernst von Oidtman bezüglich Adendorf sich in der Mappe 730 *„von der Leyen I (von Gondorf)"* befindet. Der Besitz der Familie von der Leyen liegt noch weiter ab von Erkelenz. In dem Adelsarchiv von der Leyen sind noch einige Urkunden zu finden, die auch die Genealogie von Heinz Andermahr ergänzen. Ich zitiere eine davon nach der Erschließung von Anja Ostrowitzki:

1301 Januar 11

Heinrich von Zülpich (*„Tulpeto"*) verkauft seinen Anteil am Zehnten in Adendorf

---

[23] *„Dieses Geschlecht Hückelhoven ist sehr zu unterscheiden von dem der Hüchelhoven a. d. Gillbach, aus welchem die späteren Erbschultheiße zu Eschweiler a. d. Inde hervorgegangen sind, welches einen Balken im Wappen führte."*

[24] Ernst von OIDTMAN, Die klevische Wappengruppe Schildchen im Schild, in: Mitteilungen der Westdeutschen Gesellschaft für Familienkunde 4, 1924-1926, Sp. 249-255, hier Sp. 253 f, Nr. 13.

[25] ANDERMAHR, Burg Hüchelhoven und die Anfänge der Herren von Hüchelhoven (wie Anm. 22), S. 30

[26] Anja OSTROWITZKI, Wachtberg, Adendorf, in: Handbuch der Historischen Stätten Nordrhein-Westfalen (Kröners Taschenausgabe 273), hrsg. vom den Landschaftsverbänden Rheinland und Westfalen-Lippe, 3. Aufl. Stuttgart 2006, S. 1034; DIESELBE, Inventar der mittelalterlichen Urkunden des Archivs der Fürsten von der Leyen im Landeshauptarchiv Koblenz (Veröffent-lichungen der Landesarchivverwaltung Rheinland-Pfalz 112), Koblenz 2010.

(„*Adendorp*"), der vom Trierer Domkapitel lehnsrührig ist, für 250 Mark Denar an den Knappen Heinrich von Hüchelhoven („*Ugillenhouen*"), dessen Ehefrau Agnes und deren Erben. Er behält sich für eine Frist von 18 Jahren ein Wiederkaufsrecht vor. Davon ausgenommen sind die ersten drei Jahre. Der Wiederkauf ist jedes Jahr in der Zeit nach der Ernte bis Mariä Reinigung möglich. Ein Wiederkaufsrecht steht außerdem dem Schwager des Ausstellers, dem Ritter Reinhard genannt Hoengen („*Honegin*"), und den Kindern zu, die dieser gemeinsam mit der Schwester des Ausstellers hat, und den Kindern des Ausstellers. Da Heinrich von Zülpich dem Trierer Domkapitel von demselben Zehnten jährlich vier Mark als Pension zahlt, sollen Heinrich und seine Ehefrau in die Verpflichtung eintreten. Die pfarrlichen und kirchlichen Rechte der Kirche in Adendorf sind davon unberührt.

Zeugen: Reinhard genannt Hoengen, dessen Sohn Reinhard, Hildger von Bedburg („*Beytburc*") und Reinhard von Adendorf, Pfarrer, Jakob von Hüchelhoven („*Ugelhoven*"), Stephan von Aldenhoven („*Alshoven*") und Sibert genannt „*Hoinreschilt*".

Siegler: Wilhelm Graf von Neuenahr („*Nùennare*") (1), Reinhard genannt Hoengen („*Hùnegin*") (2), Daniel von Bachem („*Bacheym*") (3).

„*... feria quarta proxima post Epiphaniam Domini 1301.* "

> Ausf.: Landeshauptarchiv Koblenz, Bestand 48 Reichsherrschaft Reichgrafschaft und Reichsfürstentum von der Leyen, Urk. 5326
> Siegel: 1) anhängendes Siegel, restauriert, Wachs, braun, rund, ca. 45 mm, im Wappenschild ein Adler, Umschrift: „(...) *Nuwena* (...)". 2) anhängendes Siegel, Wachs, gelb, rund, ca. 23 mm, im Bild ein Reiter, Umschrift: „ (...) *HAR* (...)". 3) anhängendes Siegel, restauriert, Wachs, gelb, rund, 38 mm, im Wappenschild zwei Schrägbalken, Umschrift: „*S. D (...) S DE (...) CHEIM*".
> Reg.: Anja Ostrowitzki, Inventar der mittelalterlichen Urkunden des Archivs der Fürsten von der Leyen im Landeshauptarchiv Koblenz, Koblenz [2010], S. 15 f., Nr. 5.

In dieser Erschließung sind die Eltern des Paul von Hüchelhoven genannt, nämlich Heinrich, im Jahre 1301 noch Knappe, und seine Mutter Agnes. Aber es sind auch noch andere Mitglieder der Familie von Hüchelhoven aufgeführt: Jakob von Hüchelhoven („*Ugelhoven*"), Stephan von Aldenhoven („*Alshoven*").

Im Folgenden nutze ich die Erkenntnisse von Heinz Andermahr, der wie ich auch Mitglied der Joseph-Kuhl-Gesellschaft ist. Zusammen gelingt es uns, diese interessante, wenig erforschte Adelsfamilie doch deutlicher zu fassen. Heinrich ist ab 1311 bis 1325 sicher belegt, der erwähnte Jakob dürfte sein Bruder sein, verheiratet mit Aleidis, und der Stefan von „*Alshoven*", der sich auch von Hüchelhoven nannte, dürfte mit Mechthild verheiratet und für den Zeitraum 1306-1315 belegt sein. Da beide in dieser Urkunde von 1301 als Zeugen auftreten, sind sie mit Sicherheit volljährig. Heinrich ist bereits verheiratet und tritt handelnd auf, er ist der Käufer. Es ist im Rahmen dieser Arbeit nicht möglich, den Besitz dieser Familie von Hüchelhoven zu behandeln. Heinz Andermahr hat über die Vererbung von Besitz Paul von Hüchelhoven als Sohn des Heinrich von Hüchelhoven ermittelt. Ernst von Oidtman[27] hat seinerseits darauf verwiesen, dass Heinrich und Paul von Hüchelhoven dasselbe Wappen führen. Der Benennung durch Anja Ostrowitzki des Stephan von Alshoven als Stephan von Aldenhoven dürfte der gleiche Fehler wie bei „Auldendorf" zugrundeliegen.

Neben dem Wappen erläutert Ernst von Oidtman die Besitzverhältnisse der Familie von Hüchelhoven noch weit nach dem Erbfall von Heinrich an Paul von Hüchelhoven. Leider nennt er zwar Ausstellungsdaten von Urkunden, aber nicht immer die dazu gehörigen Archive. Seine Erkenntnisse fußen jedoch im Gegensatz zu vielen Heimatforschern auf Quellen. Die Urkunde, an der dasselbe Wappen wie das von Paul von Hüchelhoven hängt, liegt heute im Bergischen Urkundenarchiv unter der Signatur 120[28] und wurde von Hans Frick[29] im Jahr 1933 beschrieben. Es ist schon verblüffend, dass die Heimatforschung um Eschweiler nur auf die direkte Umgebung fixiert war.

Die Genealogie der Herren von Hüchelhoven nach Walter Kaemmerer[30] in der Mappe 666 bleibt bruchstückhaft. Vor allem die Festlegung darauf, dass die Herren von Hüchelhoven „sich ausnahmslos als Vassallen des Kölner Erzbischofs" zeigen, irritiert.

Erzbischof Balduin von Trier belehnt am 15. November 1325[31] den Ministerialen Heinrich von Hüchelhoven („Hugilhoven") und dessen Ehefrau Agnes mit dem Hof, der volkssprachlich „Cumle"[32] heißt, gelegen in Adendorf („Adindorp") gegenüber der Kirche, mit allem unten in der Urkunde aufgezählten Zubehör nach ligischem Lehnsrecht. Am gleichen Tag, dem 15. November 1325, stellte Heinrich von Hüchelhoven den Lehnrevers[33] für seinen Lehnherrn aus. Drei Siegel hingen daran, das des Ausstellers, das des Trierer Domkapitels und das des Wilhelm von Neuenahr. Heute hängen nur die beiden ersten noch daran. Das dritte ist verloren. Interessanterweise hat man sich bei der Erschließung dieser Urkunde für die Schreibweise des Familiennamens für Hückelhoven entschieden. In der Urkunde selbst steht „Hugilhoven", was auch die Trierer Kanzlei des Erzbischofs Balduin gebrauchte. Bei der archivischen Beschreibung dieser Urkunde wählte man

---

27 OIDTMAN, Sammlung (wie Anm. 15), Bd. 9, Köln 1995, S. 473.

28 LAV NRW R, Berg, Urk. 120.

29 FRICK, Quellen zur Geschichte von Bad Neuenahr (wie Anm. 21), S. 116 f., Nr. 630.

30 OIDTMAN, Sammlung (wie Anm. 15), Bd. 9, Köln 1995, S. 10.

31 Ausf.: Koblenz, Landeshauptarchiv, Bestand 48 Reichsherrschaft Reichgrafschaft und Reichsfürstentum von der Leyen, Urk. 5004; Abschr.: Koblenz, Landeshauptarchiv, Kartular (erwähnt in: Adam GOERZ, Regesten der Erzbischöfe zu Trier, Trier 1861, S. 71 (zu Adindorp im Kölnischen!); Druck: Karl LAMPRECHT, Deutsches Wirtschaftsleben im Mittelalter 3: Quellensammlung, Leipzig 1885, S. 139-141, Nr. 113; Siegel: 1 und 2 ab; Regest: Paul HEUSGEN, Die Pfarreien der Dekanate Meckenheim und Rheinbach. Mit 3 Urkunden-Beilagen und einer Karte (Gesch. der Pfarreien der Erzdiözese Köln, NF., hrsg. von Friedrich LOHMANN), Köln 1926, S. 387; OSTROWITZKI, Inventar der mittelalterlichen Urkunden des Archivs der Fürsten von der Leyen im Landeshauptarchiv Koblenz, Koblenz (wie Anm. 26), S. 18 f., Nr. 9.

32 Auch in der Schreibweise Cunle, zum Teil in Koblenz auch als Cond fälschlicherweise identifiziert.

33 Bestätigung der Belehnung und der Bedingungen; Ausf.: Koblenz, Landeshauptarchiv, Bestand 1A Urkunden der geistlichen und staatlichen Verwaltung, Urk. 11483.

Hückelhoven.[34] Der Belehnung ging die Beilegung eines Streites zwischen Heinrich von Hüchelhoven und dem Trierer Domkapitel vorauf. Die Urkunde hierzu ist schon lange bekannt, da sie von Karl Lamprecht[35] ediert wurde. Auf diese Edition weist die Erschließung im Landeshauptarchiv in Koblenz bei zwei Ausfertigungen[36] hin, die aber voneinander abweichen. Nach der Erschließung unterscheiden sie sich nur durch die erhaltenen Siegel. Nur bei einer Ausfertigung ist ein Teil des Siegels von Heinrich von Hüchelhoven erhalten, bei der anderen ist es verloren. Nach der Erschließung hängen an beiden das Siegel des Erzbischofs Baldewin von Trier. Die Edition von Karl Lamprecht gibt aber die Siegelankündigung des Erzbischofs von Köln so wieder: *„In cuius rei testimonium et perpetuam firmitatem sigillum reverendi in Christo patris ac domini Henrici sancte Coloniensis ecclesie archiepiscopi sacri imperii per Italiam archicancellarii una cum sigillo mei Henrici predicti, quo ego Agnes eius sum contenta, presentibus sunt appensa. et nos Henricus die gratie sancte Coloniensis ecclesie archiepiscopus predictus sigillum nostrum ad preces dictorum coniugum una cum sigillo Henrici hiis litteris duximus apponendum in testimonium omnium premissorum.“*

Aus dieser Tatsache, dass der Erzbischof Heinrich von Köln bei der Beilegung des Streites als Siegelzeuge zugegen war, hat Wilhelm Kisky[37] interessanter Weise *„unter Zustimmung des Erzbischofs Heinrich“* gemacht. Die andere Urkunde, die sonst denselben Inhalt hat, trägt an einem Pergamentstreifen das grüne spitzovale Siegel des Erzbischofs von Trier mit einem etwas defekten Rücksiegel. So lauten die Angaben bei Lamprecht. Nach der Erschließung[38] ist heute das Siegel des Erzbischofs Baldewin zerbrochen. Bei der Belehnung waren also zwei mächtige Lehnherren des Heinrich von Hüchelhoven zugegen. Wegen dieses außergewöhnlichen Vorgangs gelangten diese Urkunden zur Edition durch Karl Lamprecht. Einmal mehr wird deutlich, dass die Erkenntnisse um die Familie von Hüchelhoven schon mal genauer waren als in letzter Zeit. Ernst von Oidtman kannte diese Edition, da er dieses Werk selbst häufig genug zitierte. Wilhelm Kisky gibt die Edition durch Karl Lamprecht an. Oidtman zitiert die Urkunde nach Kisky: *„Eine Urkunde vom 15. 11. 1325 im Staats-Archiv Koblenz meldet, dass Ritter Heinrich von Hugilshoven und seine Gattin Agnes sich unter Zustimmung des Erzbischofs Heinrich (v. Virneburg) von Köln vergleichen mit dem Domkapitel zu Trier wegen eines Hofes Cumbe und des Zehnt im Dorf Adendorf. Erzbischof Balduin von Trier besiegelt den Vertrag.“*

Heinrich von Hüchelhoven war nicht ein unbedeutender Ritter, sondern wurde häufiger als Vertrauter bei Schlichtungen durch den Erzbischof Heinrich eingesetzt. Beide, Walter Kaemmerer und auch Heinz Andermahr, haben ihr Interesse auf die Genealogie des Adelsgeschlechts von Hüchelhoven gerichtet. Ernst von Oidtman geht es auch um die Bedeutung.

---

[34] Diese Beschreibung stammt nicht von Anja Ostrowitzki.

[35] LAMPRECHT, Deutsches Wirtschaftsleben im Mittelalter 3 (wie Anm. 31), S. 141-144, Nr. 114.

[36] Koblenz, Landeshauptarchiv, Bestand 1D Domkapitel, Urk. 320 und auch 321.

[37] KISKY, Regesten der Erzbischöfe von Köln 4 (wie Anm. 21), S. 376 f., Nr. 1559.

[38] Wohl Koblenz, Landeshauptarchiv, Bestand 1D Domkapitel, Urk. 321.

Den Namen dieses Geschlechtes stammt nach Ernst von Oidtman[39] von einem Burghaus Hugilhoven oder Hüchelhoven a. d. Gillbach. *„1329 besiegelt Ritter Heinrich eine Urkunde der Eheleute Wilhelm von Neuenare und Ponzetta mit einem Balken, überhöht von einem Menschenhaupt im Wappenschild. Die genannten Heinrich und seine Gattin Margaretha, geb. von Eschweiler (a. d. Inde), tragen nun am 22. 10. 1337 dem Markgrafen Wilhelm von Gülich und seinen Erben ihr Haus zu Auldendorp (Adendorf) mit Graben und Vorburg zum Offenhaus und Lehn auf, d. h. der Markgraf konnte jeder Zeit über ihr Burghaus und sie als seine Helfer in Fehdezeiten verfügen."*

Die vorher erwähnte Urkunde von 1329 zitierte Ernst von Oidtman nur, weil Heinrich von Hüchelhoven als Mitsiegler erwähnt wird und sein Siegel damals noch vorhanden war. Die Quelle nennt er nicht, aber ließ sich ermitteln, da sie von Hans Frick[40] beschrieben wird.

Das Siegel des Paul von Hüchelhoven an der Urkunde von 1337 ist für mich nicht ganz sicher zu erkennen. Auf dem Schild ist ein Balken zu sehen und in der heraldisch rechten Ecke befand sich eine Figur, die für mich nicht erkennbar ist. Seine Frau Margarete von Eschweiler hat ihr eigenes Siegel daran gehängt. Nach Andrea Stieldorf[41] reichte für das Gesamthandsprinzip, nachdem sie durch den Tod ihres Bruders Karsilis von Eschweiler Erbin des Hauses Eschweiler geworden war, für die 1337 gemeinsam mit ihrem Mann vorgenommene Lehnsauftragung an Jülich sein Siegel alleine nicht mehr aus (Hinweis auf Jülich, Urk. 133).

Andrea Stieldorf hält es sogar für möglich, dass das nur an dieser Urkunde belegte Siegel eigens für dieses Rechtsgeschäft gefertigt wurde. Siegel spielen in genealogischer Hinsicht für die Forschung eine große Rolle.

Weniger als ein Jahr vorher, nämlich am 24. April 1336, gebrauchte seine Frau Margarethe sein Siegel als ihres für ihre Bestätigung des Sachverhalts. Dieser Urkunde kommt insofern größere Bedeutung zu, da Heinz Andermahr glaubte, dass Ernst von Oidtman diese Urkunde nicht kannte. Leider sind von Paul von Hüchelhoven nur wenige Urkunden im Verhältnis zu seinem Vater erhalten, die er selbst ausgestellt hat oder in denen er erwähnt wurde. Bevor ich eine Übersicht gebe, möchte ich daraufhin weisen, dass eben diese Tatsache dazu geführt hat, dass man Paul von Hüchelhoven vorher keinen Familienbesitz derer von Hüchelhoven nachweisen konnte. Sein Vater starb wahrscheinlich 1329. Ernst von Oidtman[42] schreibt dazu: *„Er soll um das Jahr 1330 von Ritter Winand von Waldeck meuchelmöderisch erschlagen worden sein."* Vorsichtig wie Ernst von Oidtman war, hat er dieser wohl aus einer Chronik[43]

---

39 OIDTMAN, Sammlung (wie Anm. 15), Bd. 9, Köln 1995, S. 473 f.

40 AV NRW R, Berg, Urk. 120; OIDTMAN, Sammlung (wie Anm. 15), Bd. 9, S. 473; FRICK, Quellen zur Geschichte von Bad Neuenahr (wie Anm. 21), S. 116 f., Nr. 630.

41 Andrea STIELDORF, Rheinische Frauensiegel. Zur rechtlichen und sozialen Stellung weltlicher Frauen im 13. und 14. Jahrhundert, Köln u.a. 1999 (= Rhein. Archiv 142), S. 239.

42 OIDTMAN, Sammlung (wie Anm 15), Bd. 9, Köln 1995, S. 473.

43 FAHNE, Geschichte der Kölnischen, Jülichschen und Bergischen Geschlechter 1 (wie Anm. 2), S. 179 *„Guden. II, 1365";* Valentin Ferdinand von GUDENUS, Codex diplomaticus, sive, Anecdotorum res moguntinas, francicas, trevirenses, Colonienses, Finitimarvmqve Regionvm : Nec Non Ius Germanicum et S. R. I. Historiam Vel Maxime Illustrantium, Bd. 2, Francofurti et Lipsiae: Springius et Garbe 1747, S. 1362 ff.

stammenden Angabe nicht ganz getraut. Daran ist aber nicht zu zweifeln, da Theresia Zimmer[44] hierzu aus dem Nachlass von Hans Frick Angaben zur Aburteilung des Mörders aus Rechnungen publiziert hat. D. h. der Erbfall trat mit dem Tod seines Vaters 1329 ein. Dieses Datum liegt weit vor dem Jahr 1337, dem Jahr der Auftragung des Hauses Adendorf. Damit kann nicht der Hof in Adendorf, der volkssprachlich „Cumle" heißt, gemeint sein, da dieser Hof ein Lehen des Trierer Erzbischofs war. Auftragen kann man nur allodialen Besitz, d. h. eigenen Besitz mit allen Rechten. Der Hof Cumle ist auch nicht im allodialen Besitz des Paul von Hüchelhoven nachweisbar. Heinz Andermahr hat die Genealogie mit der Generation des Paul von Hüchelhoven abgebrochen, Walter Kaemmerer konnte die Vorfahren des Paul von Hüchelhoven nicht ermitteln, beide haben nicht im Landeshauptarchiv Koblenz nach Quellen gesucht. Doch erst möchte ich die Urkunden zu Paul von Hüchelhoven benennen. Die Quelle der Beschreibungen habe ich unter „Reg…"[45] benannt.

1333 Januar 16

Die Ritter Herbort von Helden, Hermann von Scherfgin und Johann von Moirsbach, von den Kölner Bürgern Peter „Birclin van der Velin" und Coingin Nase" gewählte Schiedsleute („segere") in deren Streit „mit Frentzgin, Butzschares" Sohn, teilen dem Erzbischof Walram mit, dass sie mit den von der Gegenpartei gekorenen Schiedsleuten - den Rittern Gerhard von Landskron, Heinrich Roilmann von Sinzig („Sintzghe") und „Pawilz" von Hüchelhoven („Hůychlouen") - nicht nur zu einem einhelligen Urteil kommen konnten, und geben ihm deshalb ihre Entscheidung in dieser Sache bekannt: Als die beiden genannten Kölner Bürger aus dem Gefängnis zu Bilstein („usser me stocke zu Bilstein"), in dem Graf Otto von Nassau („Nassowe") sie 21 Tage gefangengehalten hat, freigelassen wurden, hatten sie dem Dietrich von Oetgenbach („Oitgenbach") eidlich zugesichert, sich an einem genannten Tag in Blankenheim („Blankin-") einzufinden und sich dort dem Gericht des Grafen Otto zu stellen. Das haben sie auch getan, Graf Otto aber und Dietrich von Oetgenbach, die ebenfalls dort waren, sind nicht an sie herangetreten, obwohl sie sich 10 Tage in Blankenberg, und zwar in aller Öffentlichkeit, aufgehalten haben. Damit sind die Forderungen, die Frentzgin [wegen der von ihm geleisteten Bürgschaft] an sie stellt, gegenstandslos geworden.
„Gheven des saterdais na andage druzeindais 1333."
    Abschr.: HAStK, HUA 1391 (Insert)
    Reg.: Mitteilungen aus dem Stadtarchiv Köln, Bd. 6, S. 10; Wilhelm Janssen, Regesten der Erzbischöfe von Köln, Bd. 5, S. 24, Nr. 131.

1334 Oktober 31

Ritter Paul von Hüchelhoven („Hugelhoven") macht dem Grafen Wilhelm von Jülich nach Empfang von 200 Mark 20 Mark Rente aus dem Dorf Arzdorf (!) zu Lehen. Mitsiegler: die Ritter Gerhard von Landskron und Johann Schultheiß von Eschweiler.
„… 1334 tertia feria post festum beatorum gereonis et sociorum eius"

---

[44] FRICK, Quellen zur Geschichte der Herrschaft Landskron a. d. Ahr 1 (wie Anm. 1), S. 96 f., Nr. 267.

[45] Regesten sind Beschreibungen der Taten (lat.: Res gestae).

Absch.: LAV NRW R, Jülich, Rep. u. Hs. 17, Bl. 33b, Nr. 174
Reg.: Findbuch

1335 Mai 8

„Heer Pauwels van Huyckelhoven, ridder, heeft bewijst XX merck sjaers an erffenisse, in den brieve genoempt, erflich van Gelre te leen te halden.

Huychelhoven leen. Universis presentes literas inspecturis ego Paulus de Huychelhoven, miles, notum facio tenore presencium, publice protestando [In B en Nr. 22 staat: Protestantes] quod, cum ego effectus sim [In B en Nr. 22 staat: sum] fidelis magnifici domini mei domini Reynaldi, comitis Gelrensis et Zutphaniensis, et ob michi in parata pecunia tradiderit et integraliter persolverit cc marcas denariorum pagamenti Coloniensis, ideo in signum homagii et fidelitatis mei assigno dicto domino comiti XX marcas anui et perpetui redditus pagamenti Coloniensis in bonis meis allodialis infrascriptis, scilicet X iurnales prati, sitis apud Hilberoide, trium maldrorum siliginis redditibus infra Hilberoide, eciam XIIII iurnales terre arabilis site apud Beennproide. Quos quidem XX marcarum redditus predictos ego et mei heredes a dicto domino comite et suis heredibus in feodum debebimus perpetim possidere. In cuius rei testimonium sigillum meum duxi presentibus literis apponendum. Et ad maiorem rei evidenciam sigilla honestorum virorum, dominorum Cononis de Bolendorp et Rudolphi de Stumbele, militum, fidelium dicti domni comtis, ad meam peticionem presentibus sunt appens, quod nos Cono de Bolendorp et Rudolphus de Stumbele, milites predicti, profitemur esse verum. Datum anno Domini MCCCXXXV, feria secunda post Invencionem sancte Crucis.“

Druck: P.N. van Doorninck/J. S. Van Veen, Acten betreffende Gelre en Zutphen 1107-1415. Naar de drie Handschriften: A dat alste Register en I oldste register te Arnhem, zoomede B Nr. 22 te Dusseldorp, uitgegeven, Haarlem 1908, S. 333, S. 360, fol. 108.

1336 April 24

Ritter Paul von Hüchelhoven und seine Frau Margarethe verkaufen dem Kapitel von St. Gereon in Köln 5 Hufen Ackerland mit dessen Lehnleuten, Zinsen und Gefällen in den Kirchspielen Oeckoven (*„Udinhoven“*), Hönningen (*„Hoyngen“*) für 2431 Mark und stellen zu Treuhänder Stephan *„Ailshoven“*, Kanoniker zu St. Kunibert, Heinrich *„Moyng“*, Hermann *„Sobbe“* von Ingendorp, Andreas *„van me Roitgyne“*, Johann von Sinsteden (*„Synsteden“*) und Philipp von *„Polheym“*, die sich zusammen mit Paul verpflichten, sobald sie über einen Fehler der Warandie[46] benachrichtigt werden, persönlich oder durch je einen berittenen Knecht für jeden Treuhänder zu Köln in einer zu Köln durch die Herren von St. Gereon anzuweisenden ehrbaren Herberge Einlager zu halten, bis der Fehler behoben ist.

Siegelankündigung: Aussteller und Treuhänder (*„In quorum omnium testimonium ego Paulus predictus meum sigillum una cum sigillis fideiiussorum meorum predictorum duxi presentibus litteris apponendum, quo sigillo ego Greta predicta vtor pro me“*).

Datum a. D. 1336 in crastino b. Georgii m.“

Ausf.: HAStK, St. Gereon, Urk. 149

---

46 Gewährleistung.

Abschr.: HAStK, St. Gereon, B Fol. 75; R.B 46b-47a

Druck: P. Joerres, Urkunden-Buch des Stiftes St. Gereon zu Köln, Bonn 1893, S. 365, Nr. 347 (teilw.).

Siegel: Mit den Siegeln des Paul und der Bürgen mit Ausnahme des Heinrich und des Philipp.

Reg.: Ernst von Oidtman, Sammlung, Bd. 10, S. 541 und 556 (Andreas *„vanme Roitgyne"* unter den Treuhändern des Ritters Paul von Hüchelhoven, als dieser dem Kapitel von St. Gereon 5 Mansen Land in den Pfarreien *„Udinhoven"* und Höngen (*„Hoyngen"*) am Gillbach verkaufte. Der Name des Andreas steht zwischen den Namen: Hermann Sobbe von Ingendorp und Johann von Sinsteden.); Ernst von Oidtman, Die Die Burg Frankenberg und ihre Besitzer, in: ZGAV 45, 1925, S. 204; Andrea Stieldorf, Rheinische Frauensiegel. Zur rechtlichen und sozialen Stellung weltlicher Frauen im 13. und 14. Jahrhundert (Rheinisches Archiv 142), Köln 1999, S. 239, zugl.: Bonn, Univ., Diss., 1997.

1338 Mai 2

Wilhelm Herr von Braunsberg (*„Brunsbergh"*) und von *Ysenburg* und seine Frau Agnes von Virneburg vermachen dem Markgrafen Wilhelm von Jülich bei ihrem kinderlosen Ableben die Burgen *„Ysenburg"* und zu den *„Dorph"*. (*„Hyedestorph"* und *„Bassenhe ym)"*.

Zeugen: *„Walrave"* von Salm, Hermann, Dechant zu Aachen, Johann von Vlatten, Balduin von Raede, Paul von Hüchelhoven (*„Vichelhoven"*), Johann von Hembach, Johann von Herten, Rentmeister des Markgrafen, Reinhard von Schönau (*„Schonowen"*), Kuno von der Putze, Ludwig von *„Clebergh"*, Dietrich von Braunsberg, Ritter, Eberhard Rodel von *„Hedestorpch"*, Johann von Braunsberg.

„… brunsbergh 1338 des neisten daichs na sente Walburge dage der helicher juncfrowen."

Ausf.: LAV NRW R, Jül. Urk. 138a (von Koblenz abgegeben)

Abschr.: Rep. u. Hs. 17, Bl. 10b-11b, Nr. 33, 34 und 35, Bl. 44b, Nr. 232.

Siegel: alle 6 Siegel ab.

Druck: Lacomblet, Bd. 3, S. 316 f., Anm. 2

Reg.: Internet.

1340 November 12

Eheberedung für Cuno von Vischenich und Gutgin von Binsfeld, Tochter des verstorbenen Goswin von Binsfeld. Seine Eltern *„Coinze"* von Vischenich, Ritter, und Lise stellen Bürgen: Philipp von Kendenich, Gobel Jüdde, Scheiffart von Merode (*„Scheyvart vame Roide"*), Hermann von Bachem (*„Bacheim"*), Paul (*„Pauwel"*) von Hüchelhoven, Heinrich von Gymnich (*„Gimmenich"*), Godart Winter; Herr Gerard von *„Wedindorp"*, Ritter, und Johann von Vischenich, Knappe. Die Brautleute sollen erhalten: ein Gut zu *„Belle"*, gleichzeitig Wittum für die Braut. Nach der Eltern Tod Haus Vissenich, Hof zu Meschingen, Gut zu Berge mit Gericht und Herrschaft, jedoch sollen die Söhne Johann und Bruyn von Vischenich, Kanoniker zu Bonn, das Gut zu Berge lebenslänglich besitzen.

Abschr.: Darmstadt, Samml. Alfter

Reg.: Oidtman, Bd. 6, S. 12

Herzog Wilhelm von Jülich [1], Graf von Valkenburg und Herr von Monschau, Gerhard ältester Sohn zu Jülich, Graf von Berg und Ravensberg, und Graf Dietrich von Loen und Chiney schließen eine Eheberedung zwischen Philippa, Tochter Wilhelms, und Godart von Heinsberg, Herrn zu Dalenbroch, Neffen Dietrichs.
Mitsiegler: Graf Johann von Sayn (4), Graf Wilhelm von Wied (5), Arnold Herr von Blankenheim (6), Johann Herr von Reifferscheid (7), Walrav von Salmen (8), Reinhard Herr von Schönforst (9), „Oiste" von „Eltzlo" (10), Mathias von Stommel („Stummel") (11), Werner von Breitenbend (12), Gerhard von Wedendorp (13), Adam von Ederen (14), Godart von der Heyden (15), Karsilius von Palant (16), Bernhard von Kinzweiler (17), Karsilius von Merode (18), Stephan von Drove („Droyve") (19), Rabodo von Kinzweiler (20), Christian von Durffendal (21), Tilman „Vuyrren" von „Wysse" (22), Wilhelm von Sintzig (23), Heinrich von Hüchelhoven („Huchelhouen"), Schultheiß zu Eschweiler (24), Johann von Verken (25), Mulard von „Broyche" (26), Emund von Engelsdorf („Endelstorp") (27).
Ausstellungsort: Maastricht.
„... dynstachs na purificatio."
    Ausf.: LAV NRW R, Jülich, Urk. 240
    Druck: Theodor Joseph Lacomblet, Urkundenbuch 3, S. 474-476, Nr. 567
    Siegel: 27 Siegel, es fehlen 9, 10, 16, 17, 21, 22, 24, 25
    Reg.: Internet

Heinrich, Sohn des verstorbenen Paul von Hüchelhoven, und Grete, Eheleute, erklären, dass sie mit dem verstorbenen Ritter Wilhelm gen. Bove von der Heyden, dem gestrengen Herrn Conrad von Lösnich („Lussenich") am 29.9.1352, als deren Bürgen, die Urkunde besiegelt haben: Paul von Eych, Heinrich, sein Bruder, Peter von Eych, Dietrich gen. Hust von Ulmen, Ritter; Richard und Dietrich von Eych, des gen. Herrn Peters Bruder. Da von den Ausstellern Wilhelm Bove, der Geisel war, und Paul von Eych, der Bürge gewesen, verstorben sind, so setzen sie an Boves Stelle den Ritter von Dadenberg, des alten Rulmans Sohn von Sinzich, und an Pauls Stelle zu Bürgen, den Friedrich, Vogt von Waldorf. Beide besiegeln neben den Ausstellern die Urkunde vom 1.1.1365.
    Ausf.: Herrn Kessler, Landrat zu Bitburg
    Siegel: 3 Siegel ab.
    Reg.: 30. Jahresbericht der Gesellschaft für Rhein. Geschichte, 1910, S. 44; Ernst von Oidtman, Sammlung, Bd. 5, S. 128.

    Daraus ergibt sich, dass sein Sohn Heinrich zum ersten Mal 1357 als Schultheiß von Eschweiler erwähnt wird, d. h. am 7. Februar 1357 war Paul von Hüchelhoven wohl schon verstorben. Über die Aufteilung des Erbes von Paul von Hüchelhoven wissen wir im Prinzip genauso wenig wie über seinen gesamten Besitz. Leider stirbt die Familie des Paul von Hüchelhoven nach seinem Sohn Heinrich im männlichen Stamm wohl aus, so dass auch spätere Quellen mühselig ermittelt werden müssen. Dafür ist eine

Übersicht der Nachkommen nicht unwichtig. Anders als Walter Kaemmerer kannte Ernst von Oidtman[47] noch einen unehelichen Sohn des Heinrich von Hüchelhoven, nämlich Paul von Hüchelhoven gen. Mertz.[48] Heinrich hatte drei eheliche Töchter, nämlich: Johanna, Margarethe und Gertrud, und keinen ehelichen Sohn. Die Tochter Margarethe hielt Walter Kaemmerer[49] für die jüngste Tochter, und zwar aus der dritten Ehe des Heinrich von Hüchelhoven mit Margarethe von Verken. Die älteste Tochter Johanna schloss am 9. 10.1403 eine Eheberedung mit Frambach Nyt von Birgel. Johanna stammte aus der ersten Ehe des Heinrich mit Agnes von Hompesch. Hompesch ist ein kleiner Ort im Amt Boslar. Mit der Entstehung des Amtes Boslar habe ich mich in mehreren Beiträgen auseinandergesetzt. Diese Ehe kannte Ernst von Oidtman[50] und hat sich mit den Vorfahren des Arnold von Harff intensiv beschäftigt. Arnold von Harff ist vor allem durch seine Pilgerreise nach Jerusalem bekannt geworden. Am Grab des Arnold von Harff sind 32 Wappen seiner Vorfahren zu sehen. Die Auflösung hat Oidtman 1913 publiziert: Paul von Hüchelhoven führt er dort unter den Ahnen auf. Unter den Ahnen finden sich auch Mitglieder der Familie von Büderich. Die Mappe 171 zu der Familie von Büderich wird ebenfalls schon 1938 vermisst. Das Gleiche gilt für die Mappe 158 Broichhausen[51], die Familie von Broichhausen gehört ebenfalls zu den Ahnen des Arnold von Harff. Abgedruckt hat Herbert M. Schleicher eine Rekonstruktion nach verschiedenen Quellen. Die Geschichte der Familie von Büderich habe ich in den Meerbuscher Geschichtsheften[52] in sechs Beiträgen publiziert. Der sogenannte niedere Adel hat keineswegs nur lokale Bedeutung, und die Erforschung dieser Adelsfamilien wird nur voranschreiten, wenn man eine solche Sehweise aufgibt. Ernst von Oidtman hatte schon bessere Erkenntnisse gewonnen, die leider zum Teil wieder verschüttet waren. Es ist das Verdienst von Herbert M. Schleicher, diese Sammlung besser benutzbar gemacht zu haben.

Die zweite[53] Tochter des Heinrich von Hüchelhoven, Margarethe, war bereits 1391 mit Heinrich von Harff verheiratet. Die dritte Tochter Gertrud war mit Rutger von Eller[54] („*Elnar*") verheiratet. Gertrud von Hüchelhoven nahm Johann von Kempenich zum zweiten Ehemann.

[47] OIDTMAN, Sammlung (wie Anm. 15), Bd. 9, Köln 1995, S, 474.

[48] Koblenz, Landeshauptarchiv, Bestand 54M Adelige und andere Familien: M: (1152)-(1899), 51 Familie von Miehlen genannt von Dieblich, Urk. 748; Koblenz, Landeshauptarchiv, Bestand 53C025 Herrschaft Landskron, Urk 2648 f. 100b (Insert); Nürnberg, Germ. Nationalmuseum, 3474, fol. 38 f.

[49] KAEMMERER, Eschweiler in seiner Geschichte (wie Anm. 11), Bd. 2, S. 73

[50] Ernst von OIDTMAN, Rheinische Ahnentafeln, in: Mitteilungen der Westdeutschen Gesellschaft für Familienkunde 1, 1913, S. 8, Ahnentafel 3.

[51] Siehe dazu auch Meerbuscher Geschichtshefte 18, 2001, S. 30 f.

[52] Meerbuscher Geschichtshefte 17, 2000, S. 4-20; 18, 2001, S. 29-48; 19, 2002, S. 94-117; 20, 2003, S. 130-142; 22, 2005, S. 40-68; 23, 2006, S. 119-132.

[53] OIDTMAN, Sammlung (wie Anm. 15), Bd. 7, Köln 1994, S. 577 und Bd. 9, Köln 1995, S. 475.

[54] OIDTMAN, Sammlung (wie Anm. 15), Bd. 5, Köln 1994, S. 152

Die erste Tochter Johanna war immerhin mit dem Erbmarschall des Herzogtums Jülich Winnemar Frambach Nyt von Birgel[55] verheiratet. Wenn es auch so aussah, als ob ich mich mit Adligen in Kurköln beschäftige und nicht mit Adligen aus dem Herzogtum Jülich, sind wir doch mitten im adligen Geflecht des Herzogtums Jülich. Ernst von Oidtman nennt auch den Titel dieses jül. Erbmarschalls zu Eschweiler, Rode, Adendorf bei Mechernich, Bovenberg, Holzheim, Saive Charnoir, 1/2 Tomburg usw. und verweist auf seine ausführliche Abhandlung: in: Beiträge zur Geschichte von Eschweiler I, S. 378 ff.[56] Dort kann man die Vererbung des Erbmarschallamtes bequem verfolgen. Dieses Amt gelangt dann an die Hurt von Schöneck. Die Mappe 679 Hurt von Schöneck wird ebenfalls schon seit 1938 vermisst. Hier druckt Herbert M. Schleicher die Abhandlung von Joseph Strange[57] zu dieser Familie ab. Im Besitz dieser Familie war auch das Haus Pesch, das im heutigen Meerbusch liegt, genauso wie Gripswald, ein Rittersitz der Familie von Büderich. Beide Häuser liegen im Kurkölnischen. Sollte man sich die Frage stellen, wie man dann wieder nach Aldenhoven zurückkommt. Nichts leichter als das. Cecilia Hurt von Schöneck war verheiratet mit Daem von Hetzingen. Aus dieser Ehe stammte eine Tochter Barbara, die Johann Gryn zu Nierstein heiratete. Dieser Johann von Gryn gehört zur Familie Gryn von Aldenhoven, Mappe 508. Mir kann niemand erzählen, dass Ernst von Oidtman sich nicht dieser Verbindung bewusst war. 1492 erhielt Johann Gryn von Aldenhoven 9 Morgen Benden als Bornsches Lehen, was in einem Lehnbuch der Mannkammer Boslar überliefert ist. Dann bin ich wieder bei meinen Erforschungen[58] des Amtes Boslar. Dieser Johann war wohl ein Vorfahre von dem vorher genannten Johann, verheiratet mit Barbara von Hetzingen. Der zuletzt genannte Johann von Gryn heiratete nach dem Tod seiner ersten Frau Barbara 1580 Catharina von der Kollenburg, Tochter des Adolf von Broich gen. von der Kollenburg und der Adelheid von Büderich.[59] Diese Familie habe ich bei den 32 Ahnen des Arnold von Harff schon genannt. Solche Verbindungen der adligen Familien lassen sich nur dann darstellen, wenn man sich schon ein bisschen auskennt und vor allem nicht Fahne für einen Ersatz der Oidtmanschen Forschungen hält. Walter Kaemmerer kannte zum Beispiel die erste Ehe der Johanna von Hüchelhoven mit Reinhard von Schönforst nicht, wohl Ernst von Oidtman.[60] Nach Florian Gläser kannte Oidtman diese Ehe. Florian Gläser behauptet

---

[55] Ebd., Bd. 2, Köln, 1992, S. 126 f.

[56] Ebd., Bd. 2, Köln, 1992, S. 126 gibt nur S. 378 ff. an, siehe aber: 378-382, 405-408, 409-411, 425-431.

[57] Joseph STRANGE, Die Herren Hurt von Schoeneck zu Ringsheim, in: Beiträge zur Geschichte der adligen Geschlechter, H. 3, Cöln 1866, S. 1-7.

[58] Die Fehdeansage des französischen Königs Karl VI. an Wilhelm II., Herzog von Jülich (1388), in: Neue Beiträge zur Jülicher Geschichte 28, 2015, S. 30-50; Probleme hinsichtlich der Entstehung des Amtes Boslar im Spätmittelalter, in: Neue Beiträge zur Jülicher Geschichte 31, 2018, S. 19-33, 32, 2019, S. 36-44.

[59] OIDTMAN, Sammlung (wie Anm. 15), Bd. 6, Köln 1994, S, 690; Kurt NIEDERAU, Zu den von Broich genannt von der Kollenburg (II), in: Heimatbuch des Kreises Viersen 49, 1998, S. 116; Paul HOFFMANN, Die Herren von Büderich (Teil V), in: Meerbuscher Geschichtshefte 22, 2005, S. 56, 61.

[60] OIDTMAN, Sammlung (wie Anm. 15), Bd. 14, 1997, S. 292.

aber, dass sie nach von Oidtman eine Tochter des Ritters Paul von Hückelhoven, Schultheiß von Eschweiler, und der Margarethe von Eschweiler sei. In der Tat steht das so im Band 14[61] zu lesen: *„Johanna von Hüchelhoven-Eschweiler, T. des Ritters Paul und der Margarethe von Eschweiler"*. Eine Tochter dieses Ehepaars findet sich nicht bei Walter Kaemmerer. Daher nimmt Florian Gläser diese Angabe nicht ernst, weiß aber, dass eine Johanna von Hüchelhoven Reinhard von Schönforst geheiratet hat. Er weiß auch wie bei Ernst von Oidtman angegeben, dass Johanna und Reinhard zwei Töchter hatten: Johanna und Catharina von Schönforst. Daher schreibt er in der Anmerkung 1169 auf S. 244: *„Diese wäre dann möglicherweise eine Tochter Heinrichs von Hückelhoven, der 1358 nicht nur als Schultheiß von Eschweiler, sondern auch - zusammen mit Reinhard von Schönau - als Vasall Herzog Wilhelms I. von Jülich belegt ist."* Dabei übersieht er, dass Heinrich von Hückelhoven eine Tochter Johanna hatte, die 1403 eine Eheberedung mit Winnemar Frambach Nyt von Birgel schloss. Die Ehe ist auch gut überliefert. Dann gab es entweder zwei Töchter Johanna oder die Ehe mit Winnemar Frambach Nyt von Birgel war ihre zweite Heirat. 1403 lebte ihr erster Ehemann Reinhard von Schönau noch. D. h. das bedingt dann aber eine Scheidung, die in dieser Zeit äußerst selten ist. Nach der Quelle, auf die sich Ernst von Oidtman stützt, hat Florian Gläser garnicht erst gesucht. Außerdem hat er die Schreibweise Hüchelhoven von Oidtman in Hückelhoven geändert. Die Rekonstruktionen nach verschiedenen Quellen durch Herbert M. Schleicher legt es nahe, einfach etwas aus bisheriger Forschung zu übernehmen und zu ändern. Die Mappen 666, 668 und 669 zitiert Florian Gläser nicht, aber die Mappe 666 bringt auch keine Angaben zu Heinrich von Hückelhoven, Sohn des Paul von Hückelhoven. Da ich mit der Arbeitsweise von Ernst von Oidtman durch die intensive Nutzung dieser Sammlung ein bisschen vertraut bin, bin ich vorsichtig. Heinz Andermahr kennt im Übrigen diese Tochter Johanna ebenfalls nicht.

Offensichtlich fußt die Angabe zu der Tochter auf folgender Urkunde, dabei bitte ich zu bedenken, dass es nur sehr wenige Zeugnisse zu Paul von Hückelhoven gibt:

1359 September 28

Margaretha, Witwe Pauls von Hüchelhoven, ihr Sohn Heinrich, Schultheiß von Eschweiler und ihre Tochter Johanna bekunden den Verkauf ihres Gutes zu Doetzdorf (*„Dutzeldorp"*) in der Pfarre Rommerskirchen (*„Rumerskirchen"*) mit ungefähr 137 Morgen Ackerland und Zubehör, teils ihr freies Eigentum (*„eygingut"*), teils von dem Hofe des Ursulastiftes (*„eccles. s.s. undecim milium virginum"*) zu Köln in Büsdorf (*„Buystorp"*) abhängig (*„hoyffgut"*), unter Angabe der Lage der einzelnen Stücke und der auf den genannten Hof erfallenden und aus demselben an das Ursulastift und Johann gen. *„Krudegil"* zu entrichtenden Abgaben, indem sie zugleich als Bürgen die Ritter Wilhelm gen. *„Buve"* van der Heyden, Zilmann van *„Hasemverde"*, die Knappen Amelius v. Breitenbend (*„Breydenbende"*), Wilhelm und Heinrich von Hüchelhoven (*„Huchelhoven"*) und Johann gen. Zobbe stellen, bei Strafe der Einlagerung wie gewöhnlich.

---

[61] Ebd. S. 292

„Datum anno domini Millesimo tricentesimo quinquagesimo nono in vigilia b. Michaelis archangeli."

    Ausf.: HAStK, Best. 239 (Kunibert), U 3/260

    Abschr.: ebenda, RH 2, fol. 174 v

    Reg.: Internet

Am Rande sei hier noch vermerkt, dass der hier erwähnte Amelius Breitenbend nicht zu der Familie Palant gehört, er siegelt mit einem im Schild aufgerichteten gekrönter Löwen. Breitenbend gehört zu dem Amt Boslar. Mit der Erforschung der Adligen aus diesem Amt beschäftige ich mich seit einiger Zeit. Nur deswegen bin ich in der Lage, diese Abhandlung vorzulegen. Oidtman hat sich auch sehr intensiv mit diesem Thema beschäftigt und kannte diese Quelle.[62] Sein Wissen überstieg das von Anton Fahne bei weitem.

Paul von Hüchelhoven und Margarethe von Eschweiler[63] hatten einen Sohn Heinrich und zwei Töchter: Iburgis und Johanna. Nach Ernst von Oidtman war diese Iburgis mit Heinrich von Dattenberg verheiratet.

Wir stehen heute noch am Anfang der Erforschung der Familie von Hüchelhoven. Die Erkenntnisse von Walter Kaemmerer haben uns zurückgeworfen und in falscher Richtung geleitet. So verfasste der leider bereits verstorbene Archivar der Stadt Aachen, Thomas R. Kraus, folgende[64] Regesten:

1357 Juli 10

Frau Ida, Schultheißin zu Eschweiler (*„ich, vrauwe Ide, schulteissinne zu Eschwilre"*), bittet Bürgermeister, Schöffen, Rat und gemeine Bürger der Stadt Aachen (*„Ayghen"*) um Erlaubnis, ihr Vieh über die Inde in den Aachener Gemeindewald die Atsch treiben zu dürfen, ohne ihren (Aachens) Zorn oder den der Aachener Untersassen in Haaren und Würselen zu erregen (*„dat ir mich gunnen wyldt, dat myn vee over die Ende in die Eyghe, die ure gemeynde is, gain moege, oin uren ind urre burger zorn van Haren ind van Wurselden"*). Sie werde ihr Vieh dort nur solange weiden lassen, wie die Adressaten es erlauben, denn sie wüsste, dass sie dort sonst kein Recht zum Bleiben hätte.

Siegler: die Ausstellerin.

„... de gegeven is in deme iair na goitz geburde 1357, des mondags vur sinte Margreten dach."

    Abschr.: LAV NRW R, RKG, Nr. 15 (A 65/80), Bd. 2, Bl. 483 a-b

    Reg.: Thomas R. Kraus, Regesten der Reichsstadt Aachen 3 (1351-1365), S. 145, Nr. 212.

---

[62] OIDTMAN, Sammlung (wie Anm. 15), Bd. 2, Köln 1992, S. 706.

[63] Ebd., Bd. 9, Köln 1995, S. 474.

[64] Siehe auch in Bd. 3, S. 310 f., Nr. 489; in: Bd. 4, S. 6 f., Nr. 14, S. 66 f., Nr. 146; in: Bd. 5, S. 47 f., Nr. 85; S. 155, Nr. 360, S. 345, Nr. 630.

Frau Ida, Schultheißin von Eschweiler (*„vrauwe Yde, schulteissinne zu Eschwilre"*), und ihr Enkel (*„eynckelen"*), Ritter Heinrich von Hückelhoven (!) (*„Hukelhouen"*), erklären, dass sie es seit langer Zeit gewöhnt seien, ihr Vieh zu Eschweiler über die Inde in die Allmende der Stadt Aachen, die Atsch, zu treiben. Sie bekennen, dass dies mit Gunst, Willen und Gnade von Rat und Bürgern der Stadt Aachen (*„des kunencligen stoyls zu Ayghen"*) geschehen sein, dass sie an diesem Gemeindebesitz kein Recht hätten und ihr Vieh nur weiden lassen dürfen, wenn Bürgermeister, Rat und Bürger zu Aachen ihre Zustimmung dazu gegeben haben.

Siegler: 1, 2 die Aussteller.

„... gegeven is in deme iar na goitz geburde 1359, up sinte Servays dach des heiligen confessoirs."

> Abschr.: LAV NRW R, RKG 15 (A 65/80), Bd. 2, fol. 483 b-484 a.
>
> Reg.: Thomas R. Kraus, Regesten der Reichsstadt Aachen 3, 1351-1365 (= Publ. der Gesells. f. Rhein. Geschichtsk. 47), Düsseldorf 1999, S. 196, Nr. 300.

Es handelt sich bei dem Ritter Heinrich, Enkel der Ida, nicht um die Familie von Hückelhoven, sondern um den Sohn des Paul von Hüchelhoven. Nach Kaemmerer werden im Allgemeinen die Mitglieder der Familie von Hüchelhoven einfach nach Hückelhoven umbenannt. Das krasseste Beispiel dieser Art ist Stephan von Hüchelhoven. Heinz Andermahr kennt zwei Mitglieder dieser Familie: 1. Stefan von Hüchelhoven, verheiratet mit Mechtild. 2. Ein Sohn dieses Ehepaars mit Namen Stefan.

Die Urkunde vom 29. Juni 1315 gibt die beste Übersicht über diese Familie.

Ritter Stephan von Alshoven, seine Gattin Mechtild und ihre Kinder: Mechtild, Klosterjungfrau zu Meer, Christina zu Heinsberg, Goda, Gattin Jordans, Johann, Stephan, Lysa, Agnes und Christina sowie die Brüder des Ritters Stephan verkaufen dem Domkapitel ihren Hof zu Alshoven im Kirchspiel Nettesheim mit 5 Hufen Ackerland und eine Hufe Waldung, mit der Mühle, den Weiden und Zinsgefällen für 2800 Mark, jeden Morgen zu 7 Mark gerechnet, und geloben, die Mühle und eine Hufe vom Lehensverbande des Grafen von Jülich bzw. des Herrn von Reifferscheid zu befreien. Sie stellen zu Bürgen: die Ritter Jakob und Heinrich von Hüchelhoven, Rabodo von Fliesteden (*„Vliesteden"*), Friedrich von *„Wevelkoven"*, Sobbo von Ingendorf, Rabodo von *„Boitge"* und Eberhard von Ingendorf. Unter dem Zeugnisse des Dietrich von Kleve, Grafen von Hülchrath.

„D. Nezzisheim in die bb. Petri et Pauli."

> Ausf.: HAStK, Best. 210 (Domstift), U 3/895.
>
> Siegel: 5.
>
> Reg.: Internet.

Ernst von Oidtman kannte diese Urkunde und hat dafür eine eigene Mappe angelegt, die Mappe 15 Alshoven. Das ergibt sich aus der Stammtafel bei Oidtman, wo er wie Heinz Andermahr bei den einzelnen Kindern und seiner Frau jeweils 1315 angibt. Als Siegel führte Stephan von Alshoven einen Balken im Schild überhöht von fünflätzigem Turnierkragen.[65] Die zuerst aufgeführte Tochter war ins Kloster Meer eingetreten. Mit der Erforschung der Geschichte des Klosters Meer beschäftige ich mich ebenfalls. Das Kloster Meer, ein Prämonstratenserinnenkloster, lag im heutigen Meerbusch. Oidtman kannte keinen Bruder dieses Stephan mit Namen Reinhard. Wohl Heinz Andermahr[66], der als Quelle dafür Archivalien des Klosters Altenberg angibt. In dieser Mappe 15 Alshoven gibt Ernst von Oidtman[67] noch eine Urkunde vom 23. Februar 1312 aus dem St. Andreaskloster in Köln an, in der Jakob von Hugilhoven als Bruder des Ausstellers, verheiratet mit Mechtild bezeichnet wird. Diese Angabe stimmt nicht mit dem Stammbaum in Mappe 15 und mit der bei Heinz Andermahr überein.

Ich bin noch nicht soweit, dass ich einen Stammbaum der Familie von Hüchelhoven erstellen kann.

Herbert M. Schleicher hat in die Mappe 668 einen Hinweis von Lothar Müller-Westphal eingefügt, und zwar einen Stephan Hückelhoven aus dem Jahre 1354, den er in der Abhandlung von Ernst von Oidtman: Die klevische Wappengruppe Schildchen im Schild, in: Mitteilungen der Westdeutschen Gesellschaft 4, Sp. 249-255[68] gefunden hat. Die Urkunde, die dem zugrunde liegt, befindet sich im Archiv des Klosters Dalheim. Die Äbtissin im Jahre 1354 war Bela von Glimbach. Glimbach gehört auch zum Amt Boslar.

Es könnte sich aber auch um den Sohn des vorher genannten Stephan handeln. Im 14. Jahrhundert habe ich bislang keine Vertreter der Familie von Hüchelhoven gefunden, die schon im 13. Jahrhundert vorkommen. Daher ist es wahrscheinlicher, dass dieser Stephan von Hüchelhoven der Sohn von Stephan und Mechtild ist. Dieser Hinweis hätte daher eher in die Mappe 666 gehört. Einen Zusammenhang zwischen der Familie von Hüchelhoven und der Familie von Hückelhoven bei Erkelenz konnte bisher nicht gefunden werden, wie Kaemmerer ausdrücklich betont.

Im Band 2 der Sammlung Mappe 123 Schilling von Bornheim ist aus den Mitteilungen der Westdeutschen Gesellschaft für Familienkunde eine Frage des Wilhelm von Mirbach-Harff abgedruckt: *„Wer war nun aber Conrad von Lossenich?"* Worauf Ernst von Oidtman[69] anwortete:

„Conrad von Lössenich, 1324-1346 zu Lössenich, Ritter, heiratet Aleid von Bruch (Brucken) an der Salm 1337. Zwei Kinder: Conrad von Lössenich, Ritter 1346-1368 heiratet vor 1348 Ydberga von Eschweiler, Witwe des Arnold Vogt von Bornheim a. d.

---

[65] Arnold von LEDEBUR, Archiv für Deutsche Adels-Geschichte, Genealogie, Heraldik und Sphragistik, Bd. 1, Berlin 1863, S. 5 Stephan von Aylshoven einen Querbalken mit Turnierkragen.

[66] Die Archivalien vom 7. November 1306, LAV NRW R, Altenberg, Urk. 280 und Kopiar 2 f, S. 885; Hans MOSLER, Urkundenbuch der Abtei Altenberg 1, Bonn 1912, S. 418 f., Nr. 529 und 530.

[67] Oidtman, Sammlung (wie Anm. 15), Bd. 1, Köln 1992, S. 216; HAStK, Best. 201 (St. Andreas), Urk. 1/45.

[68] Hier Spalte 253, Nr. 13.

[69] OIDTMAN, Sammlung (wie Anm. 15), Bd. 2, 1992, S. 435 f., 436

Buschfeld. Lisa von Lössenich, verstorben 1393, heiratet in erster Ehe 17. 10. 1330 Cuno von Pirmont, in zweiter Ehe 31.1. 1351 Heinrich Beyer von Boppard, Ritter."

Auch hier hat sich für dieses Geschlecht die Schreibweise Lösnich nach der geographischen Bezeichnung des Ortes Lösnich an der Mosel durchgesetzt. Der Vater der Aleid von Bruch war Dietrich von Bruch[70], ein Lehnmann des Erzbischofs von Trier. D. h. Paul von Hüchelhoven war nicht der einzige, der aus dem Süden stammte und zur Familie von Eschweiler eine Beziehung aufnahm. Beide, Paul von Hüchelhoven und Conrad von Lösnich[71], waren Lehnmannen des Erzbischofs von Trier. Obwohl für Paul von Hüchelhoven kein direkter Nachweis überliefert ist, muss man davon jedoch ausgehen, dass die Urkunde vom 15. November 1325, der Lehnsrevers seines Vaters, auch für seine Erben dafür ausreicht. Er hat offensichtlich das Erbe seines Vaters angetreten, da der Sohn Heinrich des Paul von Hüchelhoven im Besitz seines Großvaters nachweisbar ist. Besitz und Funktionen sind für Genealogen von großer Bedeutung. Dieses hat zu Recht Ernst von Oidtman[72] immer wieder betont. Dieses lässt sich auch durch seinen Hinweis auf eine sonst vor ihm in der Literatur nicht berücksichtigte Quelle[73] belegen: *„Späterhin müssen sie doch Anteil an den von Heinrich von Hüchelhoven hinterlassenen Liegenschaften gehabt haben, denn am 14. 2. 1420 verkaufen diese Eheleute [Gertrud von Hüchelhoven und Johann von Kempenich] ihren ererbten Anteil an Burg Eschweiler, Burg Bovenberg, ein Haus zu Aachen, Gut zu Affden und Hof zu Wylre an Herzog Reinald von Gülich-Geldern. Im Besitz eines Gutes zu Adendorf, ebenso wie der Burghäuser zu Eschweiler und Bovenberg findet sich indeß späterhin der Gatte der ältesten Tochter Johanna von Hüchelhoven, nämlich Frambach Nyt von Birgell."*

Diese Urkunde vom 12. Februar 1420 hat Oidtman[74] 1879 im Niederrheinischen Geschichtsfreund vollständig abgedruckt. Die Eheleute verkaufen ihre Güter vor dem Statthalter *„Heymerich von Drueten"* und den Mannen von Lehen Johann und Symon von Birgel. Die Schöffen von Jülich hängten ihr Siegel an die Urkunde für die Schöffen und Lehnleute zu Eschweiler, Schöffen und Mannen von Nothberg (*„Noitberge"*) und Schöffen von Titz. Der Heimerich von Droeten entstammte einer adligen Familie aus Geldern in den Niederlanden und war mit Bela von Bongart verheiratet, und sein Vater Wilhelm von Droeten war der Landdrost zu Jülich. Dieses Adelsgeschlecht besaß auch den Rittersitz Latum in Meerbusch.[75] Nach meinen Forschungen hat Wilhelm Herzog von Jülich und Geldern den Vater aus den Niederlanden mitgebracht und mit der Verwaltung des Herzogtums beauftragt. Der Tätigkeitsbereich eines Landdrosten[76] ist

---

70 Ebd. Bd. 3, 1992, S. 114.

71 Koblenz, Landeshauptarchiv, Bestand 1A Urkunden der geistlichen und staatlichen Verwaltung, Urk. 4700.

72 OIDTMAN, Sammlung (wie Anm. 15), Bd. 9, S. 475

73 Darmstadt, Universitäts- und Landesbibliothek, Samml. Alfter, Bd. 34; siehe OIDTMAN, Sammlung (wie Anm. 15), Bd. 3, 1992, S. 388.

74 Nr. 15, S. 59-60.

75 Siehe: Meerbuscher Geschichtshefte 32, 2015, S. 109-136.

76 Brigitte KASTEN/Margarete BRUCKHAUS, Die jülich-kleve-bergischen Hof-, Hofämter- und Regimentsordnungen 1456/1521 bis 1609 (Residenzforschungen, hrsg. von der Residenzen-

noch schlecht erforscht, und dabei handelt es sich nicht um das Erbdorstenamt und auch nicht um die Tätigkeit eines Amtmanns. Sein Sohn, der in der Urkunde vom 12. Februar 1420 erwähnt wird, war Amtmann des Amtes Wilhelmstein und Statthalter des Herzogs in der Mannkammer Wilhelmstein. Die Burg Eschweiler liegt im Amt Wilhelmstein.

Uns interessiert aber auch, was der Herzog von Jülich mit dem erworbenen Gut macht. In dem Aufsatz von Oidtman über die Burg zu Eschweiler[77], leicht nachlesbar: Der Herzog Reinald von Geldern-Jülich gibt am gleichen Tag[78] die erworbenen Güter als Lehen an Frambach von Birgel in Gegenwart der Lehnmannen und Räte Gottfried von Bongart, Erzkämmerer[79], der Ritter Wilhelm Vlatten und Goswin Brent von Vernich. Die Belehnung selbst wird von Heimerich von Droeten, jülichschen Rat und Amtmann von Wilhelmstein und auch Statthalter des Herzogs, vollzogen. Der 1420 verkaufte Besitz blieb als Lehen in der Familie.

Doch kehren wir zurück zu dem Lehnmann Paul von Hüchelhoven. Tatsächlich wurde der Sohn von Paul von Hüchelhoven, namlich Heinrich, mit der Burg von Eschweiler belehnt, man darf diese Burg nicht mit der Burg in Adendorf verwechseln. Die Quelle wurde von P. N. Doornink in: Acten betreffende Gelre en Zutphen 1377-1397, uit het Staatarchief te Dusseldorp Register B no 24 naar het oorspronkelijke handschrift, Haarlem 1901, S. 193, fol. 73 ediert: *„Int jair onss Heren dusent CCCXCIII des godesdages na Lucie hebben tot Gulick ontfangen hoer leen van ons genedigen heren heren Willem, hertogen van Gelre ende van Gulich. Item Heinrich, scholtos van Eswijlren, die borgh tot Eswijlren ende dat huys tot Bavenberg met sijnen tobehoere ende den hoff tot Wyss ende een borchleen tot Nydeggen."*

Diese Handschrift wurde vom Hauptstaatsarchiv Düsseldorf seiner Zeit an das Rijksarchief in Arnheim abgegeben. Erwähnt hat diese Quelle Wolfgang Löhr in dem Rheinischen Städteatlas zu Eschweiler.[80] Er verweist darauf, dass *„nach dem Tod Heinrichs von Eschweiler die Burg im Erbgang die Familien von Birgel, Hurt von Schönecken, Hetzingen"* besaßen. Diese Erbfolge trifft auch auf den Besitz der Familie von Hüchelhoven in der Gegend von Adendorf zu. Eine Tatsache, die so deutlich ist, dass nicht einmal die Bezeichnung *„Heinrich von Eschweiler"* irritiert, da Heinich von Hüchelhoven eindeutig im Besitz der Burg von Eschweiler war wie auch der Burg Adendorf. In beiden Urkunden aus dem Jahr 1420 wird er Heinrich von Eschweiler genannt.

Ernst von Oidtman beschäftigte vielmehr die Frage, wo dieses Haus Adendorf lag,

---

Kommission der Akademie der Wissenschaften zu Göttingen 26), Ostfildern 2015, S. 190-192 *„Ordnung des Gulichischen landtrosten";* Joseph STRANGE, Die Landdroste des Lands von Jülich während des fünfzehnten und sechzehnten Jahrhunderts, in: DERSELBE (Hrsg.), Beiträge zur Genealogie der adligen Geschlechter 1, Cöln 1864, S. 54-56.

[77] OIDTMAN, Die Besitzer der Burg Eschweiler, in: Beiträge zur Geschichte von Eschweiler und Umgegend 1, 1880, S. 379. Die Jahreszahl findet sich im Schriftenverzeichnis des Ernst von Oidtman. Ist aber keineswegs sicher.

[78] DERSELBE in: Niederrheinischer Geschichtsfreund 1879, Nr. 16, S. 64.

[79] Er ist auch als Landdrost nachweisbar, LAV NRW R, Jülich, Urk.

[80] Lieferung 90, Köln 2008, S. 3.

das 1337 von Paul von Hüchelhoven und Margarethe von Eschweiler zu Lehen aufgetragen wurde. Das Haus „Cumbe" kann es nicht gewesen sein, da es ein Lehen des Erzbischofs von Trier war. Die Genealogie von Heinz Andermahr bricht mit der Generation des Paul von Hüchelhoven ab.

Diese Abhandlung will keine komplette Genealogie bieten, da ich dafür bedeutend mehr Zeit benötige und in den letzten Wochen so gut wie alle Bibliotheken und Archive geschlossen wurden.

In der Urkunde vom 22. Oktober 1337, in der Paul von Hüchelhoven sein Haus Adendorf dem Grafen von Jülich aufträgt, wird ein Jakob von dem Bongart erwähnt, der nach Oidtman zur Familie von dem Bongart zur Heyden gehörte. Auf die Rekonstruktion nach Fahne (Mappe 118) hatte ich bereits hingewiesen. Jetzt wähle ich eine andere Methode, um die Meinung von Oidtman dazu zu verdeutlichen. Herbert M. Schleicher druckt das Schriftenverzeichnis von Ernst von Oidtman im ersten Band der Sammlung ab und führt auf S. 33, Nr. 82 die Abhandlung: Zur ältesten Geschichte der Güter Bongart, Bovenberg und Holzheim bei Weisweiler, in: Zeitschrift des Aachener Geschichtsvereins 6, 1884, S. 248-252 an. Die Abhandlung enthält einen genealogischen Abriss der Familie von dem Bongart zur Heyden. Er kritisiert, dass Strange ohne Kenntnis der Siegel dieser Familie von dem Bongart Mitglieder verschiedener Zweige durcheinander geworfen hat. In einer Anmerkung verweist er auch auf einen Artikel in der Zeitschrift: Beiträge zur Geschichte von Eschweiler I, S. 268-270: H.: Die adeligen Häuser Bongart, Bovenberg und Holzheim. Außerdem auf einen Beitrag, den er selbst in dieser Zeitschrift[81] veröffentlicht hat, der aber auch im Schriftenverzeichnis fehlt: Zur Geschichte des Rittersitzes Holzheim bei Nothberg. Direkt dahinter folgt noch eine Urkunde von Wilhelm und Goedert Gryn von Aldenhoven, die Oidtman[82] ebenfalls veröffentlicht hat. Natürlich fehlen im Schriftenverzeichnis noch andere Publikationen, darauf hat schon Eberhard Quadflieg hingewiesen, dass es unmöglich ist, alle Beiträge in den Zeitschriften aufzuführen. Dem kann ich nur zustimmen. In Mappe 669 druckt Herbert M. Schleicher zwei Seiten aus von Fürth[83], Beiträge, ab mit der Bemerkung „leider unvollständig". In demselben Band, dritte Abteilung, hat Ernst von Oidtman[84]: I. Die von Weworden genannt Droiff, veröffentlicht. Die eigentlich von Hermann Ariovist von Fürth entstandene Darstellung ist keineswegs ohne die Mitarbeit von Oidtman entstanden. Die Schwierigkeit, methodisch sauber die Auffassung von Ernst von Oidtman im zeitlichen Ablauf aus seinen Publikationen wiederzugeben, um Veränderung und Beseitigung von Irrtümern richtig zu erkennen, steht vor der Notwendigkeit, sein gesamtes Werk besser zu

---

[81] OIDTMAN, in: Beiträge zur Geschichte von Eschweiler I (wie Anm. 77), S. 277-278.

[82] Fehlt ebenfalls im Schriftenverzeichnis.

[83] Hermann Ariovist von FÜRTH, XVIII. Familie von Hückelhoven, in: DERSELBE (Hrsg.), Beiträge und Material zur Geschichte der Aachener Patrizier-Familien 2, Zweite Abtheilung (und) dritte Abtheilung, 1. Anhang, 2. Anhang [jeweils eigene Seitenzählung], Bonn 1882, S. 64-67. Siehe auch: Mitteilungen über die im Herzogtum Jülich früher ansässig gewesene Familie von Hückelhoven und einen Teil ihrer Verwandten (1873), in: Deutscher Herold 4, 1873, S. 21-22.

[84] In: von FÜRTH (Hrsg.), Beiträge und Material zur Geschichte der Aachener Patrizier-Familien 2 (wie Anm. 83), S. 3-10.

überblicken. Aber eine Rekonstruktion nach Fahne ist auszuschließen. Nach der Warnung von Oidtmans ist es schwierig, die Forschungen von Strange[85] einfach zu übernehmen.

Gottfried von dem Bongart, Vater des Arnold von dem Bongart, der am 21. Januar 1304 sein Haus zur Heyden[86] zum Offenhaus dem Grafen Gerhard von Jülich aufträgt, ist der erste aus der Linie zur Heyden. Eine der ältesten Beschreibungen des Familienwappens von dem Bongart zur Heyden bot Ernst von Oidtman[87] anhand einer Urkunde von 1289 aus dem Kloster Wenau. Fest steht jedoch, dass Jacob von dem Bongart in der Urkunde vom 22. Oktober 1337 zu dem Zweig zur Heyden gehörte, ebenso wie Wilhelm gen. Bove von der Heyden, der auch zur Familie von dem Bongart gehörte.

Zum Schluss möchte ich noch auf eine Urkunde[88] vom 6. Februar 1362 eingehen, die für die Familie von Eschweiler von großer Bedeutung ist und auch vollständig ediert wurde. Diese Veröffentlichung habe ich nur selten zitiert gefunden. Sie dürfte ebenfalls von Ernst von Oidtman stammen. Sicher hat er den Inhalt gekannt. Es handelt sich um die wohl älteste Dotationsurkunde der Kirche in Eschweiler und wurde von dem Notar des Kölner Hofs Gottfried von Doveren, Geistlicher der Lütticher Diözese, am 16. August 1362 ungefähr um 1 Uhr niedergeschrieben.

Ich gebe hier die gedruckte leicht normalisierte Fassung wieder.[89]

„Im Namen des Herrn. Amen. Im Jahr der Geburt desselben 1362, der fünfzehnten Indiktion, den 16. Tag des Monates August, ungefähr um 1 Uhr, habe ich, Gottfried, öffentlicher, unterschriebener Notar in Gegenwart der unterschriebenen Zeugen sorgfältig eingesehen und von Wort zu Wort durchgelesen die unten ausgefertigte Urkunde, die nicht durchgestrichen, nicht ausgelöscht, nicht in einem Theile gefälscht, mit den ächten (!) Siegeln besiegelt ist, deren in der Urkunde Erwähnung geschieht, so wie sie beim ersten Anblick sich zeigte; ihr Inhalt mit diesen Worten:

Im Namen des Herrn wünsche ich Ydebergis, Schultheißin in Eschweiler an der Inde, Witwe des Herrn Johannes des Schultheißen in Eschweiler, des Ritter seligen Andenkens, daß es zur Kenntnis aller, die diesen Brief sehen oder hören werden, gelangen möge, wie ich, innerlich ergriffen von Schmerz über meine Vergehungen, es bei mir erwogen habe, daß alles Irdische im Laufe der Zeit aus dem Andenken der Menschen verschwindet, wenn es nicht durch fortdauernde Gründe und Denkmale befestigt wird. Wissend also, daß ich sterben werde, und da ich die Stunde meines Todes nicht erforschen kann und wünsche, dem Ende dieses meines vergänglichen

---

85   Joseph STRANGE, Genealogie der Herren und Freiherren von Bongart, Cöln [u.a.] 1866.

86   LAV NRW R, Jülich, Urk. 32 1303 in die Agnetis virginis.

87   Ernst von OIDTMAN, Memorienbuch des Klosters Wenau mit Index und Anhang. Regesten der im Staats-Archiv zu Düsseldorf vorhandenen das Kloster Wenau betreffenden Urkunden, in: Zeitschrift des Aachener Geschichtsvereins 4, 1882, S. 314 f.

88   Schenkungs-Urkunde für die Altäre und die damit verbundenen Vikarien zur seligsten Jungfrau Maria und zum h. Apostel und Evangelisten Johannes in Eschweiler, aus dem Jahre 1362, in: Beiträge zur Geschichte von Eschweiler und Umgegend 1, 1875, S. 47-52 (ohne Quelle).

89   Abschr.: München, Bay. Staatsbibliothek, Sammlung Redinghoven, Bd. 65, S. 407 (OIDTMAN, Sammlung (wie Anm. 15), Bd. 7, S. 634).

Lebens zuvorzukommen, meiner Vernunft mächtig, nach vorheriger guter Ueberlegung, mit Rath und Hülfe der Grete, meiner einigen vielgeliebten Tochter, wie auch des Ritters Heinrich von Hüchelhoven (Hugilhoven), meines lieben Neffen, und einiger anderen meiner Freunde, nämlich: des Herrn Theoderich von Binsfeld (Bynswelt), des Herrn von Hochstaden (Hostaden) und des Tilmann von Hasenwert, Ritter, wie auch der Schildknappen, der Brüder Gottfried und Otto von Hasenwert, zugleich auch der Schöffen von Eschweiler, nämlich Wilhelm, gen. Pröfft, Gerhard, gen. Vlugge, Tillman der Schmied und deren Genossen, und auch der Schöffen von Titz, nämlich Cuno, gen. Bragalt (Bragholt), Gerhard von Betgenhausen (Bettgenhusen), Hermann, gen. Bruchmann (Brughmann), Johannes, gen. Stutenbecker, und deren Genossen, deren unten genannte Renten unter dem Gerichtstuhl von Titz gelegen sind, und mit erlangter freien Einwilligung der vorbenannten Grete und Heinrich: Zur Ehre Gottes und der allerseligsten Jungfrau Maria, wie auch zum Heile meiner und meines vielgeliebten Herrn Seele, und unserer Vorfahren und nachfolgenden Erben, gebe ich einige unten beschriebene Renten, die ich bis jetzt in Weiler bei Hasselt [heute Hasselsweiler, Ortsteil der Gemeinde Titz im Kreis Düren] und in der Nähe daselbst friedlich und ruhig gehabt und besessen habe, mit einem Stück Weinberg, gelegen in Homberg, Kölner Diöcese, welches gewöhnlich genannt wird „der Rover", in der Größe, wie es da liegt, in freier Schenkung und allein um Gotteswillen erblich und unwiderruflich mit der Schenkung und Verzichtung; und indem ich genau zur selben Zeit mündlich und schriftlich für immer mich jener entäußere, und ebenfalls mit Zustimmung und nach geschehener Besitz-Entäußerung der Vorgenannten: meiner Tochter Grete und meines Neffen Heinrich und zu gleicher Zeit in Gegenwart ebenderselben Vorgenannten und der übrigen Zeugen, habe ich also die Schenkung gemacht in der vorgenannten Form und Weise, den Personen und Orten, wie es unten besagt ist, sodaß die jährlich meine und der übrigen Genannten Jahrgedächtniß am Tage meines Begräbnisses halten in guter Treue sorgen sollen, daß es für alle Zukunft gehalten werde, diese Renten aber wurden mir von verschiedenen Personen bezahlt und demnach habe ich sie verschiedenen Personen und Orten verteilt in folgender Weise: So also, daß Ingeram gen. Pellart jährlich bezahlen wird vier Malter und 3 Sümmer Weizen von fünf Morgen pflügbaren Landes gelegen in der Flur von Sevenich [heute Ortsteil von Titz] in drei Stücken, deren eins liegt nahe bei dem Gute des Herrn Werner von Breitenbend [bei Linnich], das andere bei dem Gute des Herrn Johann von Müntz[90] [bei Boslar], das dritte liegt bei dem Gute des Fräulein Kunigunde von Pattern [es gab im Kreis Jülich zwei Gemeinden mit dem Namen Pattern]; diese Renten aber hat er bis jetzt mir gegeben, die an dem Altare der seligsten Jungfrau Maria wie auch an dem Altare des heiligen Johannes des Apostels und Evangelisten. die sich in der Kirche von Eschweiler an der Inde befinden, in unserem Auftrage Dienst halten, so daß diese dieselben gleichmäßig unter sich theilen und jährlich haben sollen. Ebenso wird Wimar von Sevenich bezahlen vier Malter und drei Sümmer von sechs Morgen pflügbaren Landes gelegen in der Flur von Spiel in drei Stücken, von denen eines liegt bei des Renard von Geersdorf, das andere bei dem

---

[90] Dieses Geschlecht weist dasselbe Wappen wie die Familien von Hompesch und von Hasenwert auf.

Gute der Heilwig, gen. Hofnails (Hoefnails) von Spiel, das dritte ist gelegen bei dem Gute des Herrn Pastors von Spiel; hiervon werden zwei Malter gegeben werden der Bruderschaft der armen Seelen, die zu Aachen in dem Kloster der Predigerbrüder besteht, zu welcher Bruderschaft ich den obengenannten Weinberg zuerst vermacht und nun in Wirklichkeit übergeben habe. Ebenso werden von derselben Summe der Rente drei Sümmer vom Kloster der Minderbrüder zu Aachen, ebenso drei Sümmer dem Kloster der Augustiner, ebenso drei Sümmer dem Kloster der Karmeliter, ebenso drei Sümmer dem Kloster in Burtscheid [Aachen], ebenso das Übrige, welches verbleibt, den Schwestern, die zu Aachen auf dem Graben wohnen, gegeben. Ebenso wird Johannes Dowin sechs Sümmer Weizen von fünf Vierteln Land, gelegen an dem Sevenicher Pfad, bei dem Gute des Pastors von Spiel [heute Ortsteil von Titz], bezahlen, wovon drei Sümmer dem Kloster zu Wenau und drei Sümmer dem Kloster zu Schwarzenbroich gegeben werden sollen. Ebenso wird das Fräulein Agnes von Weiler sieben Sümmer Weinzen bezahlen von einem Stück Land, nemlich 2 Morgen, welches sie theilweise in ihrem Hofplatz eingezogen hat; hiervon soll ein Malter dem Gasthaus in Dürwiß gegeben werden in der Weise, daß, wenn durch einen Priester dort Dienst gehalten wird, dieser es zu seinen Bedürfnissen erhalten wird, sonst, wünsche ich, möge es zum Nutzen der Armen gelangen; die übrigen zwei Sümmer sollen an die vorgenannten Schwestern abgeführt werden. Ebenso soll Henkyn Nese von Sevenich ein Malter Weizen bezahlen von einem Hofplatz, worauf er gebaut hat, dieses wird er zur Hälfte meiner Enkelin Fica von Hasenwerth, der Nonne im Kloster gen. zen Wyer bei Köln unter dem Titel der Nutznießung geben, und zur Hälfte dem Kloster daselbst, so daß, wenn sie den Weg alles Fleisches gegangen sein wird, es dem Kloster vollständig verbleiben wird. Ebenso wird Peter, gen. Kremer, sechs Sümmer Weizen bezahlen von fünf Morgen Land gelegen an der Aggermaar bei dem Gute des vorgenannten Fräulein Agnes; davon wird er drei Sümmer der Lysa, der Tochter des Werner von Hasselt, die Nonne im Kloster von Hergenweide jenseits der Maas ist, unter dem Titel der Nutznießung geben, die übrigen drei Sümmer dem Kloster daselbst, und wenn sie gestorben sein wird, wird alles vollständig dem Kloster verbleiben. Ebenso soll Jordan von Müntz ein Malter Weizen bezahlen, welches er geben wird dem Hirten der Kirche zu Hasselt bei Weiler, unter dieser Bedingung, daß alles und jedes Vorgenannte fest und gültig unter dem Namen und in der Kraft eines Testaments oder meines letzten Willen ewig sein soll. Es ist dieses aber verhandelt worden unter dem Zeugnisse der vorgenannten Schöffen in folgender Weise, daß wir oft genannte Ydebergis, Grete und Heinrich diesen Gütern entsagt haben und uns derselben mündlich und schriftlich in freiem Willen entäußert haben, und in gleichem Willen versprechen wir in guter Treue, daß wir gegen diese unsere Schenkung für jetzt und immer niemals etwas thun oder geschehen lassen werden durch Gewalt, oder irgend ein weltliches oder geistliches Gericht, weder gemeinsam noch einzeln, weder durch uns noch durch andere, weder öffentlich noch geheim. Zum Zeugnis, zur Bestärkung und Befestigung dieser Handlung sind unsere Siegel: der Ydbergis, der Grete und des Heinrich, wie oben genannt, mit unserem Willen an dieses Gegenwärtige angehängt worden. Überdies haben wir oftgenannte Ydbergis, Grete und Heinrich inständig und einmüthig die verschiedenen, vorgenannten Schöffen von Titz und von Eschweiler gebeten und bitten sie, daß sie die Güte haben wollten, die

Siegel ihres Schöffenstuhls zur größeren Sicherheit und Kundmachung zugleich mit unseren Siegeln an dieses Gegenwärtige zu hängen.

Wir aber: Wilhelm Proefft, Gerhard, gen. Vlughe, Tillman genannt Schmied, Schöffen von Eschweiler an der Inde mit unseren Mitschöffen, wie auch Cuno, gen. Bragholt, Gerhard von Bettgenhausen, Hermann, gen. Brughmann, Johannes, gen. Stutenbecker mit unseren Schöffen, haben, weil das Gegenwärtige uns bekannt ist und wir die betreffenden Zeugengebühren empfangen haben, auf die dringenden Bitten der Frau Ydebergis und der Frau Grete, der oben Genannten und des vorerwähnten Ritters, des Herrn Heinrich von Hüchelhoven (Hugilhoven), auch deren Siegel an dem Gegenwärtigen hängen gesehen, haben auch Sorge getragen, daß die Siegel unseres Schöffenstuhls von dem beiderseitigen Gerichts-Sitze zugleich mit den Siegeln jener an das Gegenwärtige gehängt worden. Auch ist bestimmt worden, daß, wenn ein oder mehrere Siegel, die an dieser Urkunde hängen, durch Gewalt oder Nachlässigkeit zerbrochen sind oder zerbrochen werden sollen, deßwegen diese Urkunde keine geringere Gültigkeit haben soll, solange ein Siegel davon hängen wird. Und wir gestatten Alle und Einzeln in guter Treue und jeder von uns vollständig, daß, wenn das Siegel von irgend Einem zerbrochen sein und er ersucht werden sollte, er durch Erneuerung seines Siegels diese Urkunde abermals bestätigt wird.

Gegeben und verhandelt im Jahre des Herrn 1362 am Sonntage nach der Reinigung der seligen Jungfrau Maria, welcher war am 6. Februar. Verhandelt wurde dies vor der Klosterschule der Kollegiatskirche zum h. Johannes dem Apostel und Evangelisten in Nideggen (Nidecken), Kölner Diözese, gegenwärtig waren daselbst Herr Matthias, Pastor in Alt-Salm (veteris salmis), Lütticher Diözese, und Gerard gen. Mostart, Stiftsherrn der vorgenannten Kollegiatskirche des h. Evangelisten Johannes, wie auch Johannes, gen. Korff von Kaster, Geistlicher der Kölner Diözese, die als Zeugen zu dem gegenwärtigen besonders gerufen und gebeten waren, Und ich Gottfried von Doveren, Geistlicher der Lütticher Diözese, kraft kaiserlicher Vollmacht öffentlicher und vereideter Notar des Kölner Hofes, habe die unterschriebene Urkunde getreu abgeschrieben und übersetzt und in diese öffentliche Form gebracht, eine Vergleichung von Wort zu Wort angestellt, nichts hinzugefügt noch hinweggenommen, was den Sinn oder ein Wort oder die Bedeutung verändern könnte, habe mit eigener Hand geschrieben und mit der gewohnten herkömmlichen Unterschrift gezeichnet, gebeten und aufgefordert zum Zeugnisse für das Vorstehende; die Einschiebung zwischen die Zeilen aber, die oben über die fünfzehnten Linie gemacht worden ist, nämlich das Wort „Land", heiße ich gut, als wenn sie in der richtigen Ordnung der Zeile eingeschrieben wäre.

Unter dem Jahr, der Indiktion, dem Monate, Tag, Stunde und Ort wie oben gesagt."

Der Ehemann der Ausstellerin Ydebergis, der Schultheiß Johann von Eschweiler, ist bereits sehr viel früher verstorben. Ihre Kinder Karsilius und Greta werden beide erwähnt. Aus der Familie Hasenwert werden: Tilman, Ritter, wie auch die Brüder Gottfried und Otto von Hasenwert und nicht zuletzt ihre Enkelin, Fica, genannt. Nach dem Stammbaum bei Kaemmerer ist die Abstammung von dem Ehepaar Margarete von Eschweiler und Paul von Hüchelhoven unsicher. In der Tat ist mir auch keine Quelle bekannt, die das belegt. Ganz sicher ist aber diese Fica Nonne im Kloster gen. „zen Wyer" bei Köln die Enkelin der Ydebergis. Sie könnte auch genauso gut von dem

Sohn Karsilis abstammen. In beiden Fällen trüge sie den Familiennamen von Hüchelhoven oder von Eschweiler, aber nicht Hasenwert. Nach Walter Kaemmerer stammt Ydbergis möglicherweise selbst aus der Familie von Hasenwert. Was meines Erachtens nicht möglich ist, es sei denn Ydebergis wäre vorher in erster Ehe mit einem Manne aus der Familie von Hasenwert verheiratet gewesen und hätte mit diesem einen Sohn gehabt, dessen Tochter Fica war. Aus welche Familie Idebergis stammt, wissen wir nicht. Für eine zweite Ehe gibt es keine Anzeigen. Aus der Mappe 568 geht klar hervor, dass Ernst von Oidtman[91] diese Urkunde von 16. August 1362 gekannt hat. Nach ihm heiratete ein nicht mit Namen bekanntes männliches Mitglied der Familie Hasenwert eine unbekannte Tochter des Ehepaars Johann von Eschweiler und der Idebergis. Diese unbekannte Tochter hatte ihrerseits die Tochter Fica.

Aus anderen Zeugnissen schloss Oidtman, dass diese Fica einen Bruder namens Wilhelm hatte, der der Schwager des Frambach von Birgel war, der die Tochter Johanna von Hüchelhoven, Tochter der Idebergis, geheiratet hatte. Bei genealogischen Forschungen zeigt sich immer wieder, man sollte möglichst breit nach Daten suchen. Alle diese Fakten waren schon zur Zeit von Walter Kaemmerer bekannt. Bei dem männlichen Mitglied handelt es sich um Gottfried von Hasenwert[92] ("Godart"), Knappe, der in der Urkunde von 1362 auch mit seinem Bruder Otto genannt wird. Die Tochter der Idebergis heißt Hedwig und ist die Ehefrau des Gottfried von Hasenwert. Die Urkunde, in der diese Fakten stehen, stammt vom 2. Februar 1364, die heute im Hatzfeldt-Wildenburgischen Archiv zu Schönstein an der Sieg liegt. Zwei weitere schon vorher aus einem Reichskammergerichtsprozeß zitierte Urkunden, ausgestellt von Idebergis, Schultheißin von Eschweiler, vom 10. Juli 1357 und vom 13. Mai 1359, letztere zusammen mit ihrem Enkel Heinrich, und die Urkunde von 1364 waren Walter Kaemmerer unbekannt. In diesem Prozess klagt Bürgermeister und Rat der Stadt Aachen gegen Herzog Wilhelm von Jülich-Kleve-Berg sowie seinen Amtmann zu Wilhelmstein und Boslar Werner von Palant zu [Laurenz]berg, der mit Margarethe von dem Bongart, Witwe des Arnold von Harff, Ritter zu Nierhoven, und des Karsilius von Palant zu Breitenbend verheiratet war. Der Vater des Wilhelm von Palant war bereits Amtmann zu Wilhelmstein. Bei der Erforschung der Geschichte des Amtes Wilhelmstein wäre man ebenfalls auf die Familie Droeten gestossen wie auf diesen Reichskammergerichtsprozeß, den ich leider nicht mehr intenisver studieren konnte. Nach der Urkunde 1364 ist Idebergis wohl in dem Jahr verstorben. Die Eheleute Gottfried von Hasenwert und seine Frau Hedwig von Eschweiler tauschen ein Stück Land, das in der vorher erwähnten Urkunde von 1362 benannt wird.

Der Stammbaum der Familie von Eschweiler-Hückelhoven nach Walter Kaemmerer blieb hinter den von Oidtman bereits gesicherten Angaben zurück. Die Frage, wann erbte Paul von Hüchelhoven was, ist nur bedingt zu beantworten. Er war mit Sicherheit

---

91 OIDTMAN, Sammlung (wie Anm. 15), Bd. 7, S. 633.

92 Schönstein, Hatzfeldtsches Archiv, Urk. 72 (Perg., beschädigt.); Jost KLOFT, Inventar des Urkundenarchivs der Fürsten von Hatzfeldt-Wildenburg zu Schönstein/Sieg 1 (= Inventare nichtstaatlicher Archive, hrsg. von Archivberatungsstelle, Landschaftsverband Rheinland, Bd. 18), Köln 1975, S. 40 f., Nr. 79; Thomas R. KRAUS, Regesten der Reichsstadt Aachen 3, 1351-1365 (= Publ. der Gesells. f. Rhein. Geschichtsk. 47), Düsseldorf 1999, S. 310 f., Nr. 489.

nicht der Haupterbe seines Vater nach dessen Ermordung, sondern hat erst nach anderen Brüdern das Erbe angetreten. Das Erbe der Familie von Eschweiler konnte er wohl auch nicht so antreten wie sein Sohn Heinrich. Seine Schwiegermutter verstarb erst nach ihm, außerdem war auch noch eine Schwester seiner Frau zu versorgen. Entweder durch den Heiratsvertrag, den wir nicht kennen, oder durch Rentenzahlungen, die uns auch unbekannt sind.

Für die vergleichsweise unbekannte Familie von Hasenwert hat Ernst von Oidtman ein Faszikel angelegt. Die Faszikel wurden erst nach seinem Tod in Mappen nummeriert. Herbert M. Schleicher gibt als Nummer der Mappe 568 an, er druckt aber eine Kopie aus der Mappe 568a und aus der Mappe 568c ab. Was ist mit der Mappe 568b? Ich darf in diesem Zusammenhang noch einmal an meine Besprechung, die ich seiner Zeit auf Bitte von Herrn Bers angefertigt habe, erinnern. Eine Mappe zur Familie von Eschweiler gibt es nicht, obwohl er zahlreiche Artikel zu Eschweiler erstellt hat, die er fast alle in: *„Beiträge zur Geschichte von Eschweiler und Umgegend"* publiziert hat, zum Teil anonym. Ohne eine Stoffsammlung, wie Oidtman sie anzulegen pflegte, hätte ich diesen Beitrag auch nicht abfassen können.

Oidtman hat sich auch mit der Lage der Burg Adendorf beschäftigt und verwies hierfür auf die Urkunde vom 22. Dezember 1453, die Johann von Schöneck zu Olbrück und zu Bürresheim der Junge, einziger ehelicher Sohn des Peter von Schöneck, ausgestellt hat. Darin trägt er die Burg und Herrschaft Kempenich, das Galscheider (*„Galgenscheit"*) Gericht und der Wald *„Vorst"*, die die Grafen von Virneburg (*„Virnemburg"*) für 5000 Gulden an Erzbischof Rhaban verschrieben hatten, ebenso Burg und Herrschaft Schöneck auf dem Hunsrück (*„Hundsrücke"*), den Hof zu Cond [so in der archivischen Erschließung] (*„Cunbe"*) und das Berghaus zu Adendorf (*„Adendorff"*), das von Erzbischof Balduin an Ritter Heinrich von Hüchelhoven (*„Hugelhouen"*), dem Uronkel Johanns des Jungen, und an seine Frau Agnes verlehnt war, dem Erzbischof von Trier auf. Nach dem Tod seines Vaters Peter hatten seine Schwäger und Schwestern, vor allem sein Vetter Johann von Schöneck der Alte und seine ehemalige Frau Margarethe Quadt ihm sein Erbe verweigert. Diese Urkunde ist in zwei Ausfertigungen[93] und auch in einem Revers des Erzbischofs von Trier überliefert. Sie wurde schon 1825 von Wilhelm Günther abgedruckt, so dass es nicht verwunderlich ist, dass Oidtman[94] den Text ausführlich wiedergibt. Der Hof *„Cunbe"* war Lehen des Trierer Domstifts und konnte deswegen nicht die aufgetragene Burg sein. Bei der Burg dürfte es sich um das hier erwähnte Berghaus handeln. Hier werden auch die Eltern des Paul von Hüchelhoven ausdrücklich in dem Besitz erwähnt. Die Vererbung bis zum Aussteller wird gestreift. Offensichtlich war das Haus in Adendorf nur kurze Zeit ein jülichsches Lehen.

Bei dieser Abhandlung habe ich die Familie von Hückelhoven kaum erwähnt, weil es uns zu weit abgebracht hätte von dem eigentlichen Thema. Hier jedoch noch eine Bemerkung:

---

93 Koblenz, Landeshauptarchiv, Bestand 1A Urkunden der geistlichen und staatlichen Verwaltung, Urk. 7830 und Bestand 54S Adelige und andere Familien: S: (1152)-1865, Urk. 467.

94 OIDTMAN, Sammlung (wie Anm. 15), Bd. 9, S. 475.

Im Rahmen des Projekts *„Die jülich-kleve-bergischen Hof-, Hofämter- und Regimentsordnungen 1456/1521 bis 1609"* wurde auch eine vorläufige Übersicht der am jülich-kleve-bergischen Hof tätigen Personen erstellt. Auf Bitten von Frau Kasten und Frau Bruckhaus habe ich auch an diesem Unternehmen mitgearbeitet. Leider wurde der Teil nicht gedruckt. Unter den Personen war auch ein Küchenmeister mit Namen Alff von Hückelhoven. Dabei dürfte es sich um die Familie Hückelhoven gehandelt haben. Ich drucke hier die archivalischen Nachweise aus dieser Übersicht ab:

Hückelhoven, Alff von, zu Nideggen

1455 Bürge für Schulden der Herzogin (JB I 96/6^V, 8^V)

1462 Abrechnung über die Schulden, die die Herzogin bei ihm hat, mit Christian zum Pütz (JB I 97/7)

1466 *„gesessen zu Randerath"*, erhält 26 oberländ. Gulden für seine Vorauslagen und Herbergsdienste (?) (JB I 97/39-42) (Jül.-Berg I, 1338 mit schreibweise Huxhaven)

1469 Küchenmeister (1461-1469), macht Abrechnung über seine Ausgaben (JB I 89/)

1469 Sept. 6: soll nach Nideggen kommen (JB I 104/9)

1469 Sept. 8: Schreiben an Christian zum Pütz, Benachrichtigung über Überfall (JB I 104/11)

Hückelhoven, Alff von ? (anonym)

1479 Küchenmeister, 2 Pferde, 1 Knecht (JB I 49/7^V)

1490 Küchenmeister, 3 Pferde (JB I 49/11)."

Erkenntnisse wachsen manchmal langsam, auch war Ernst von Oidtman[95] sich im Jahre 1880 nicht sicher, dass Paul von Hüchelhoven der Sohn des Heinrich von Hüchelhoven war. Später jedoch war er sich sicher. Auch ich selbst würde gerne noch einige Probleme intensiver untersuchen, wozu ich nicht mehr komme, weil ich noch mitten in der Sichtung der Quellen durch die Schließung der Bibliotheken und Archive feststecke. Ich werde später zusammen mit Heinz Andermahr noch weitere Angaben machen.

An dieser Stelle will ich nur noch auf eine Erkenntnis von Oidtman[96] hinweisen: *„Die Hasewert wurden, wie es mir scheint, von den Greyn von Aldenhoven beerbt."* Diese Verbindung dürfte zu der Gleichsetzung von *„Auldendorp"* und Aldenhoven geführt haben.

In dem Band 7 der Sammlung, S. 638[97] werden zwei Seiten abgedruckt, deren Quelle Herbert M. Schleicher nicht kennt. Dabei werden die Deutsche

---

[95] OIDTMAN, Die Besitzer der Burg Eschweiler, in: Beiträge zur Geschichte von Eschweiler und Umgegend 1, 1880, S. 379 *„Ein Vorfahr Paul's war wohl Heinrich von Hüchelhoven."*

[96] DERSELBE, Sammlung (wie Anm. 15), Bd. 7, S. 634.

[97] Mappe 568.

Ordenskommende Kiringen[98], der Hof Nierstein[99], die Familie Hasewert[100] und das Testament[101] von Hompesch aus dem Jahre 1486 erwähnt. Nicht zuletzt werden auch Ländereien in der Pfarrei Boslar[102] erwähnt. Ich bin davon überzeugt, dass Herrn Bers mit einem Blick feststellen wird, woraus sie stammen.

---

[98] Günter BERS, Die Geschichte der Johanniter-Kommende St. Johannes in Kiringen bei Jülich, in: Jülicher Heimatblätter 1, 1959, Nr. 4.

[99] Zwischen Jülich und Koslar.

[100] HAStK, Best. 1 (Haupturkundenarchiv (HUA)), U 1/4176; OIDTMAN, Sammlung (wie Anm. 15), Bd. 7, S. 633; Darmstadt, Samml. Alfter, Bd. 34, S. 290.

[101] Günter BERS, Das Testament des Heinrich von Hompesch, Herrn von Tetz und Wickrath (1486), in: _Beiträge zur Jülicher Geschichte 28, 1969, 23 Seiten.

[102] Fußt wohl auch auf Christian QUIX, Die Commende Keringen, in: Beiträge zur Geschichte der Stadt Aachen und ihrer Umgebungen: mit 12 Urkunden versehen, nebst den annales aquenses, Bd. 3, Aachen 1838, S. 121, Anm. 1.

Dieter P.J. Wynands

Anmerkungen zu einigen Pilgerzeichen auf der alten Würselener Balbinaglocke

Zu dem imposanten Geläut der Würselener Pfarrkirche St. Sebastian gehört die 1432 gegossene Balbinaglocke. Zwar ist die ebenfalls noch geläutete Marienglocke rund 50 Jahre älter, doch weist die 133 cm hohe, 1.300 Kilogramm schwere, auf *„e"* gestimmte und bereits mit einer deutschen Inschrift versehene Balbinaglocke eine bemerkenswerte, bislang von der Fachliteratur übersehene Besonderheit auf.

Auf dem oberen Glockenmantel sind Medaillons mit Szenen aus dem Herrenleben abgebildet sowie insgesamt fünf zwischen sieben und neun Zentimeter hohe Reliefs, von denen je zwei doppelt vorkommen. Trotz der etwas verschwommenen Kontur lassen sich die aufrecht stehenden Gestalten durch ihre Attribute nahezu eindeutig als Quirinus von Neuss, Papst Kornelius und Bischof Servatius identifizieren.

Abb. 1: Die Würselener Balbinaglocke (Foto: Karl Heinz Klinkenberg, Würselen).

Können die Medaillons vorläufig noch nicht genau klassifiziert werden, so handelt es sich bei den kleinen Heiligendarstellungen eindeutig um eine Sonderform der Wallfahrtsdevotionalien, nämlich um mittelalterliche Pilgerzeichen. In der Entstehungszeit der Balbinaglocke endete allmählich die Zeit der weiten, beschwerlichen und völkerverbindenden Fernwallfahrten, zu deren herausragenden Zielen neben Jerusalem, Rom und Santiago de Compostela auch Aachen und Canterbury gehörten. Während ihrer *„heiligen Reise"* besuchten die Menschen auch gerne in nicht allzuweiter Entfernung ihres Weges gelegene kleinere Gnadenorte. Und nicht nur am eigentlichen Zielort, sondern auch während dieser Anschlusswallfahrten erwarben sie Mitbringsel, die ihre Anwesenheit am

„heiligen Ort" dokumentierten. Diesem Verlangen verdanken die spätestens seit dem 12. Jahrhundert bezeugten Pilgerzeichen ihre Entstehung. Bis weit ins 15. Jahrhundert hinein handelt es sich um flache, kleinformatige, meist durchbrochene Reliefdarstellungen mit der Abbildung des am Wallfahrtsort verehrten Heiligen oder des entsprechenden Heiltums. In der Regel wurden diese Gittergüsse am Wallfahrtsort selbst hergestellt und vertrieben. Der Billigkeit und leichten Fertigkeit wegen bestehen sie meist aus leicht schmelzbaren Metallen. Für den Guss dieser Blei-Zinn-Legierung dienten Modeln aus Schiefer oder Speckstein, seltener aus Metall.

Die Pilgerzeichen waren mehr als eine fromme Erinnerung. Sie sicherten ihren Trägern während der Wallfahrt einen gewissen Schutz, da reisende Pilger als sakrosant galten. Noch wichtiger dürfte für viele die Annahme gewesen sein, dass die Macht des Heiligen in seiner Abbildung präsent sei. So gewannen die Pilgerzeichen mitunter die Bedeutung einer Berührungsreliquie und wurden in (Altar-) Gräbern, Reliquiaren oder an Gnadenbildern niedergelegt. Auch dienten sie abergläubigen und volksmedizinischen Praktiken. Innen oder außen über der Stalltüre oder auf Bienenkörben geheftet, in die Viehtränke gelegt oder im Acker gegen Unkraut und Ungeziefer vergraben, sollten sie magische Kräfte ausstrahlen und dem Bösen wehren.

Abb. 2: Rekonstruierte Medaillons der Pilgerzeichen Servatius, Kornelius und Quirinus (Foto: wie Abb. 1).

Solchermaßen geschätzt wundert es nicht, Pilgerzeichen auch auf Glocken wiederzufinden. Dem Glockengießer ging es weniger darum, den Glockenmantel zu verzieren, ausschlaggebend dürfte der Gedanke an die apotropäische Wirkung gewesen sein, zumal der Volksglaube dem Glockenklang ohnehin eine Unwetter und Dämonen bannende Kraft zusprach. Dank dieser Praxis hat sich das Wissen um mittelalterliche Pilgerzeichen gehalten. Obwohl zu ihrer Entstehungszeit Massenartikel, von denen einst zehntausende, vereinzelt sogar hunderttausende Exemplare hergestellt wurden, sind nur wenige auf die Gegenwart überkommen. Meist leicht zerbrechlich und von geringem Gehalt, galten sie Nachgeborenen als *„wertlose"* Überbleibsel. Immerhin haben sich einige in der Feuchtigkeit von Flüssen und Brunnen erhalten. Aber noch in der zweiten Hälfte des 19. Jahrhunderts missachteten sie Archäologen, nicht wissend, dass Größen wie Albrecht Altdorfer und Johannes Gutenberg mit dem Entwurf und der Herstellung solcher Devotionalien befasst waren.

Die Heiligen der Pilgerzeichen auf der alten Würselener Balbinaglocke verweisen in die dem Mittelalter vorgelagerten Antike, in deren Spätphase sich das Christentum auch im Land zwischen Rhein und Maas verfestigte.

Von den zahlreichen Heiligen, die den Namen Quirinus tragen, dürfte Quirinus von Neuss zu den bekanntesten gehören, bildet er doch zusammen mit Antonius dem Einsiedler, Papst Kornelius und Bischof Hubertus die beliebte Schar der vier heiligen

Marschälle. Quirinus von Neuss, der Name bedeutet soviel wie Mann aus Quirinum und wird zuweilen auch als Lanzenschwinger gedeutet, soll unter Kaiser Hadrian (117-138) als Tribun gefangene Christen bewacht und, beeindruckt von deren Wunderkraft, sich mit seiner Tochter Balbina habe taufen lassen, worauf er alsbald mit den übrigen Christen das Martyrium erlitt und in der Praetextatuskatakombe an der Via Appia be-

Abb. 3: Relief auf der Würselener Glocke mit Kornelius (Foto: wie Anm. 1).

stattet wurde. Sein Gedenktag ist der 30. April. Dargestellt wird er als Ritter mit Lanze oder Banner und Schild, auf dem sich, in Anlehnung an den lateinischen Namen für den Vorort des kurkölnischen Niederstifts - Novaesia - wohin bedeutende Reliquien gelangten - neun Kugeln befinden. Als Attribute können ferner Hund und Palme vorkommen. Angerufen wurde Quirinus vor allem bei Geschwüren (Pest) und Gicht, als Soldaten- und Ritterheiliger, ferner bei Pferdekrankheiten und Viehseuchen.

Der Erhaltungszustand dieses Würselener Pilgerzeichens ist nicht von bester Qualität, doch lassen sich bei der aufrecht stehenden und von einem Nimbus umgebenen Gestalt Ritterrüstung, Mantelumhang, Lanze, Fahne und eventuell auch Schild erkennen. Bemerkenswert ist, dass die Glocke auf den Namen Balbina getauft ist, gilt diese Heilige doch - so es sich nicht um eine der legendären Gefährtinnen der Ursula von Köln handelt (21. Oktober) - als Tochter des Quirinus. Zudem war sie die ursprüngliche Patronin der Würselener Sebastianuskirche (31. März).

Wie Quirinus von Neuss so gehört auch Papst Kornelius zur Gruppe der vier heiligen Marschälle. Sein Gedenktag ist der 16. September. Er leitete von 251 bis 253 die römische Kirche und setzte sich für eine mildere Bußpraxis gegenüber Christen ein, die in der Verfolgung ihren Glauben verleugnet hatten. Eine erneute Verfolgungswelle führte zu seiner Verbannung, in der er starb. Sein Martyrium ist nicht gesichert. Der Leichnam kam nach Rom in die Calixtuskatakombe. Um 875 stiftete Kaiser Karl der Kahle bedeutende Korneliusreliquien der südlich von Aachen im Tal der Inde gelegenen Benediktinerabtei, die daraufhin den Namen Kornelimünster annahm. Kornelius wird als Helfer bei Ohrenleiden, Fallsucht und Krämpfen sowie als Viehpatron verehrt. Letzteres Patronat entstand, weil der Name Kornelius mit dem lateinischen Wort für Horn, cornu, assoziiert und auf das Hornvieh bezogen wurde. Das Horn ist auch das ikonographische Kennzeichen des mit Kreuzstab (der Bischof von Rom trägt keinen Krummstab) und Tiara (obwohl die dreifache Papstkrone erst später entstand) ausgewiesenen Papst. - Das Würselener Pilgerzeichen lässt ferner Albe und Kasel erkennen. Unklar ist, ob zu seinen Füßen eine menschliche Gestalt kniet. Es könnte sich um einen Pilger, vielleicht sogar um einen Fallsüchtigen handeln. Nach einem 1685 gedruckten

Heiltumsbüchlein sollen Epileptiker soviel Korn erbetteln, als sie selbst wiegen, dieses verkaufen und den Erlös als Opfergabe nach Kornelimünster schicken.

Servatius ist der erste geschichtlich bezeugte Bischof von Tongern. Sein Gedenktag ist der 13. Mai, weshalb er zu den sogenannten Eisheiligen gehört. Der Rufname bedeutet soviel wie der Gerettete. Gegen Ende des 4. Jahrhunderts starb er und wurde außerhalb der römischen Siedlung des heutigen Maastricht bestattet, wohin alsbald auch vorübergehend der Bischofssitz verlegt wurde, ehe er maasaufwärts nach Lüttich kam. Servatius trat als heftiger Gegner des Arianismus auf und stärkte so den katholischen und orthodoxen Glauben, wonach Christus mit Gott wesenseins und nicht nur wesensähnlich sei. Vermutlich reiste er 366/384 nach Rom. Der Legende nach soll er dort vom hl. Petrus den Silberschlüssel erhalten haben, der zu seinem wichtigsten Attribut wurde und seine Anhänglichkeit an die römische Kirche zeigt. Nach dem Vandaleneinfall von 406, den er als Hunneneinfall vorausgesagt haben soll, verbreitete sich sein Kult von der Maastrichter Servatiuskirche aus in Westeuropa, besonders an Rhein und Mosel. Im Spätmittelalter wurde Servatius als Folge des Annenkultes als Vetter Jesu in die hl. Sippe aufgenommen. Servatius ist Patron der Lahmen. Gläubige rufen ihn an für gutes Gelingen, gegen Fußleiden, Rheumatismus, Fieber, Todesfurcht, Frostschäden, Mäuse und Ratten. - Das Würselener Pilgerzeichen weist Servatius durch Mitra und Krummstab als Bischof aus, der mit Albe und Kasel bekleidet ist. In seiner Rechten hält er den Schlüssel. Seine Füße stehen auf einem Drachen, der die Irrlehre des Arianismus symbolisiert.[1]

Abb. 4: Relief auf der Würselener Glocke mit Servatius (Foto: wie Anm. 1).

[1] Ursula HAGEN, Die Wallfahrtsmedaillen des Rheinlandes in Geschichte und Volksleben (= Werken und Wohnen 9), Köln 1973; Kurt KÖSTER, Mittelalterliche Pilgerzeichen und Wallfahrtsdevotionalien, in: Rhein und Maas. Kunst und Kultur 800-1400, Bd. 1, Köln 1972, S. 140-160; Erich WIMMER, Quirinus, in: LThK 3/8, 777; Georg SCHWAIGER, Kornelius, in: LThK 3/2, 1313 f.; Angela REINERS-BAUMAN, Servatius, in: LThK 3/9, 492; Dieter P.J. WYNANDS, Geschichte der Wallfahrten im Bistum Aachen (= Veröffentlichungen des Bischöflichen Diözesanarchivs Aachen 41), Aachen 1986; DERSELBE, Sankt Sebastian in Würselen, Aachen 1998.

Wolfgang Schmitz

Buchdrucker und Klöster in Köln. Ihre Beziehungen im 15. Jahrhundert - Perspektiven und Erfordernisse

Köln beherbergte im Mittelalter und in der frühen Neuzeit eine große Zahl von Klöstern, die den Ruf der Stadt als *„sancta Colonia"* mitbegründet haben. Diese Ordensniederlassungen waren von sehr unterschiedlicher Bedeutung und haben ebenso unterschiedlich die Bildungs- und Kulturlandschaft Kölns geprägt. Dies bewirkten sie beispielsweise durch ihr Engagement im Schulwesen und in der Wissenschaft, sichtbar an z.T. beachtlichen klösterlichen Buchbeständen, in denen wir die damals wichtigste Sparte der Bibliotheken sehen dürfen.[1] Die erhaltenen Kataloge begann man für das deutsche Sprachgebiet im großen Unternehmen der Mittelalterlichen Bibliothekskataloge zu sammeln.[2] Die Buchbestände sind im Laufe der Zeit, nicht zuletzt durch die Säkularisation, in alle Winde zerstreut. In den letzten Jahrzehnten sind weltweit Inkunabelkataloge mit detaillierten Exemplarbeschreibungen und vielen Provenienzen erschienen. Auf ihnen beruht der wichtige Index von Paul Needham *„Index possessorum incunabulorum (IPI)"*, der Besitzeinträge in Inkunabeln in einer Datenbank sammelt und der Forschung gesichertere Aussagen über Käufer und Leser in der Inkunabelzeit ermöglicht.[3]

Außerdem waren die Klöster seit der Spätantike der Träger des Schriftwesens, wenn auch seit dem Hochmittelalter zunehmend Laienkreise hinzutraten. Den Weg, die klösterlichen Skriptorien durch eigene Klosterdruckereien fortzusetzen, sehen wir verschiedentlich im 15. Jahrhundert bei Ordensniederlassungen in vielen europäischen Ländern, so in Deutschland in Nürnberg, Augsburg usw.; er wurde aber in Köln nicht beschritten.[4] Es stellte sich als wesentlich heraus, dass die Betreibung von eigenen

---

[1]   Klemens LÖFFLER, Kölnische Bibliotheksgeschichte im Umriss, Köln 1923; Wolfgang SCHMITZ, Die mittelalterliche Bibliotheksgeschichte Kölns, in: Ornamenta Ecclesiae, Köln 1985, S. 136-148.

[2]   Mittelalterliche Bibliothekskataloge Deutschlands und der Schweiz, (bislang) Bd. 1-4, München 1918-2009, das Erzbistum Köln ist bislang nicht bearbeitet; Mittelalterliche Bibliothekskataloge Österreichs, Bd. 1-5, Wien 1915-1971.

[3]   https://ipi.cerl.org/cgi-bin/search.pl *„IPI contains some 32,000 entries of personal names, institutional names, monograms, and arms pertaining to the ownership of incunabula. They were extracted by Paul Needham from some 200 published catalogues of incunabula with provenance information, augmented with information from his personal research, and placed in a word file of some 1,267 pages or 500,565 words. The version offered here dates to March 2010. Of course most of these entries are of relevance to provenance research on manuscripts and later printed books as well, as these characters owned and collected books of many periods, not just incunabula."*

[4]   Wolfgang SCHMITZ, Klösterliche Buchkultur auf neuen Wegen? Die Entstehungsbedingungen von Klosterdruckereien im ersten Jahrhundert nach Gutenberg, in: Buch und Bibliothekswissenschaft im Informationszeitalter. Fs. Paul Kaegbein zum 65. Geburtstag, München 1990, S. 345-362; Hans-Jörg KÜNAST, Klosterdruckereien vom Spätmittelalter bis zum beginnenden 19. Jahrhundert - ein kirchlicher Impuls für Urbanisierungsprozesse, in: Urbanisierung und

Druckereien mit ihrem hohen Investitionsaufwand, dem Personal, der Beschaffung und Lagerung des Papiers usw. viel aufwändiger als bei den klösterlichen Schreibstuben und deshalb nur sehr bedingt ein Weg klösterlicher Verkündigung und Betätigung war. Was lag da näher, als dass die neu sich in Köln ansiedelnden Buchdrucker die Verbindung zu den Klöstern suchten, in denen sie handschriftliche Vorlagen für ihre Drucke oder in den Mönchen kompetente Editoren und Korrektoren finden konnten. Köln wurde aufgrund der hier sich bündelnden hervorragenden Bedingungen zu einer der wichtigsten Druckerstädte Deutschlands, ja Europas. Grundlegend war die Bedeutung als Handelsstadt mit weitreichenden Handelsbeziehungen und der Lage an den großen sich hier kreuzenden Handelsstraßen, das Vorhandensein von Kapitalien, die zur Einrichtung und zum Betrieb der Offizinen unerlässlich waren, die Zahl der Klöster und Bildungseinrichtungen mitsamt der Universität mit ihren oben erwähnten Möglichkeiten, schließlich die große Einwohnerzahl als größte Stadt des damaligen Deutschland mit einer respektablen Zahl von lesefähigen und damit potentiellen Kunden. In Deutschland steht demzufolge die Domstadt mit rd. 1500 Ausgaben bis zum Jahr 1500 unangefochten an der Spitze, in Europa nimmt sie nach Venedig, Paris und Rom den vierten Platz ein.

Aber die Beziehung zwischen den Druckern und den Klöstern ist noch viel komplexer, so dass es sich lohnt, ihr einmal in einer eigenen Studie für das 15. Jahrhundert nachzugehen. Das soll hier im Rahmen eines Festschriftenbeitrages für unseren verdienten Jubilar Günter Bers geschehen, der sich unermüdlich mit Themen der Stadt Köln und Kurkölns beschäftigt hat. Angesichts dieses Rahmens und zusätzlich der Corona-Krise mit mehrwöchigen Bibliotheksschließungen geschuldet, kann hier nur eine Skizze mit ersten Ergebnissen und vor allem methodische Ausführungen über künftige Verfahrensweisen geboten werden, denen detaillierte Studien und Untersuchungen folgen müssen.

1. Handschriften als Vorbilder für Drucktypen in Köln

Die frühen Drucker gestalteten ihre ersten Drucktypen selbst entweder nach dem Muster der Offizin, in denen sie das Druckerhandwerk gelernt hatten, oder nach dem Vorbild der Handschriften, die sie regional vorfanden. Manchmal überschnitten sich die Vorbilder. Gerade im Spätmittelalter hatten sich die Buchstabenformen in den einzelnen Regionen und Orten, teilweise für die einzelnen Ordensgemeinschaften sehr differenziert entwickelt, so dass der Paläograph sie entsprechend zuordnen kann.[5] Das schuf eine gewisse Kontinuität im Schriftbild und ermöglichte den Lesern eine

---

Urbanität, München 2008, S. 127-153. Es gab vereinzelt Klosterbibliotheken im europäischen Raum bis zur Säkularisation, z.B. in Ottobeuren, St. Gallen, Tegernsee usw.; Falk EISERMANN, A Golden Age? Monastic Printing Houses in the Fifteenth Century, in: Print Culture and Peripheries in Early Modern Europe, hrsg. von Benito Rial Costas, Leiden/Boston 2013, S. 37-67.

[5] Bernhard BISCHOFF, Paläographie des römischen Altertums und des abendländischen Mittelalters, Berlin 1979, S. 175-186; Hans FOERSTER/Thomas FRENZ, Abriß der lateinischen Paläographie, Stuttgart ³2004, S. 223-256, ebd. z.B. S. 250: *„Die Bastarda tritt in vielen, geographisch unterschiedlichen Varianten auf."*

Vertrautheit mit dem neuen Medium[6], unbeschadet des grundsätzlichen Unterschiedes zwischen Hand- und Druckschriften: *„Das gegliederte Ganze der handschriftlichen Buchstaben-, Silben- und Wortfolge mußte in seine Bestandteile aufgelöst und sodann erst wieder zu einem organischen Ganzen zusammengesetzt werden. [...] Jede Type stellt eine Stilisierung der idealen Buchstabenform dar; sie ist unveränderlich und mit anderen Kompositionsteilen beliebig zusammensetzbar. Sie entwickelt also ein Eigenleben, während die handgeschriebenen Buchstaben in der Textseite nur im Zusammenhang miteinander lebten."*[7]

Otto Mazal hat in seiner umfassenden und höchst verdienstvollen Studie zwar die regionale und lokale Gebundenheit der Druckschriften im 15. Jahrhundert verfolgt, konnte aber hier - schon aufgrund fehlender grundlegender Einzeluntersuchungen - selten konkret werden. Er beobachtete dagegen die Abhängigkeit der Drucktypen der einzelnen Drucker voneinander. Severin Corsten hat diesen Vorbildcharakter der Handschriften für die frühen Druckschriften in Köln in seiner Assessorarbeit von 1954 - auf Studien des niederländischen Franziskaners Bonaventura Kruitwagen fußend - eindrücklich und bahnbrechend herausgearbeitet.[8] Als methodisches Problem sah er auf der handschriftlichen Seite eine bislang unzureichende Aufarbeitung der Schriftgeschichte des Kölner Raumes und ihrer klösterlichen Skriptorien.

In den ersten 20 Jahren nach Einführung des Buchdrucks in Köln durch Ulrich Zell (um 1465) war schon eine ungewöhnlich große Zahl von Offizinen parallel in Köln tätig. Wir registrieren im Anschluss an Voulliémes Verzeichnis Ulrich Zell, Arnold ter Hoernen, Johann Koelhoff d.Ä., Nicolaus Götz, Goswin Gops, Bartholomäus von Unkel, Konrad Winters, Peter Bergmann, Johann Guldenschaff, Heinrich Quentel, Ludwig von Renchen, dazu einige Notnamen, die teilweise bekannten Druckern zugewiesen werden.[9]

Exemplarisch kann man diese Abhängigkeit der frühen Drucktypen von der Gestaltung zeitgenössischer Handschriftenformen bei Arnold ter Hoernen nachvollziehen, der Ende der 60er Jahre neben dem Prototypographen Ulrich Zell eine weitere Offizin gründete. Sein erster datierter Druck stammt von 1470 (VK 1048 = GW M38815).

Ter Hoernens Type 1 ist 1470 noch stark gemischt (GfT 221)[10] und enthält fast alle Majuskeln und Minuskeln des sog. Dictys-Druckers (GfT 226, 227), das ist einer der typischen Notnamen, da er seine Produkte weder firmierte noch datierte. In den ersten

---

6   Otto MAZAL, Paläographie und Paläotypie. Zur Geschichte der Schrift im Zeitalter der Inkunabeln, Stuttgart 1985, S. 31-37; Wolfgang SCHMITZ, Grundriss der Inkunabelkunde. Das gedruckte Buch im Zeitalter des Medienwechsels, Stuttgart 2018, S. 253-259.

7   MAZAL (wie Anm. 6), S. 35.

8   Severin CORSTEN, Die Anfänge des Kölner Buchdrucks, Köln 1955 (Arbeiten aus dem Bibliothekar-Lehrinstitut des Landes Nordrhein-Westfalen, H. 8); Bonaventura KRUITWAGEN OFM, De Münstersche schrijfmeester Herman Strepel (1447) en de schriftsoorten van de broeders van het Gemeene Leven en de Windersheimers, T1-3, in: Het Boek 22, 1933/34, S. 210 ff., 23, 1935/36, S. 1 ff. und 129 ff.

9   VK = Ernst VOULLIÉME, Der Kölner Buchdruck des 15. Jahrhunderts, Bonn 1903 [ND mit Nachwort von Severin Corsten, Düsseldorf 1978].

10 GfT = Veröffentlichungen der Gesellschaft für Typenkunde des XV. Jahrhunderts, Tafel 1-2460, Osnabrück 1907-1943.

Jahren nach 1470 verschwinden die Dictys-Formen aus ter Hoernens Type, die Minuskeln dann ganz. Corsten hat aus dieser Entwicklung geschlossen, dass ter Hoernen auch der Drucker der vorangehenden Dictys-Type gewesen ist. Statt Ulrich Zell und bei den Majuskeln der Kölnischen Handschriftentradition verpflichtet zu sein, nimmt der gebürtige Niederländer (aus Hoorn an der Zuidersee) durch deren Ausscheiden eine Anknüpfung an die niederländische Schreibtradition vor. Schon Kruitwagen wies diesbezüglich auf das Kloster Weidenbach mit seiner Schrift hin.[11] Diese Fraterherren-Niederlassung übte Schriftformen aus, die zwischen Rotunda und Bastarda einzuordnen sind: Die Majuskeln sind verkleinerte Rotunda-Typen, die Minuskeln weisen Bastarda-Charakter auf, wobei bei ihnen der Einfluss Zells zu spüren ist (z.B. HAStK W 8° 31 und W 4° 96). Diese Fraterherrenschrift finden wir nicht nur im Kloster Weidenbach, sondern auch bei anderen Kölner Klöstern, so im Kloster Herrenleichnam (HAStK W f 164), das der Windesheimer Kongregation angehörte und damit in engster Bindung zu den Brüdern vom gemeinsamen Leben stand, aber auch bei den Kölner Kartäusern und den Kreuzbrüdern. Die Einheitlichkeit ist aber in diesen beiden Klöstern nicht so streng durchgeführt wie bei den Fraterherren.[12]

Die Neuprägung von ter Hoernens Type 1, ihre Lösung von der Dictys-Type, hängt vermutlich zusammen mit einem Wechsel des geistlichen Standpunktes 1470 (GfT 222). Er hat sich damals besonders dem Kartäuserkloster St. Barbara angeschlossen.

Ter Hoernens kleine Texttype 2 zeigt besonders die Beziehung zu den Kartäusern. Sie wurde erstmals 1474 verwendet und vielleicht für den Druck von Rolevincks Fasciculus temporum geschnitten (GfT 223). Die Vorlage fand Corsten für viele Einzelheiten in der Handschrift HAStK W f 258, fol. 139 ff., so dass die beiden Texttypen ter Hoernens (Type 1 und 2) auf Schriften aus der Kartause zurückgehen. In diesem Sinne hat der Drucker die ursprünglichen Minuskeln, die auf Zell zurückgingen, aufgegeben und durch Bastardformen (a, f, s) ersetzt.

Ter Hoernens Type 3 ist eine Auszeichnungsschrift, die zwar bereits 1479 von Heinrich Quentel benutzt wurde (GfT 279), aber wir dürfen sie auf ter Hoernen, der sie ab 1480 nutzte, zurückführen, weil bei ihm diese Type am reichsten entwickelt ist, obwohl er nicht alle Formen verwendete, sondern an einigen Sonderformen festgehalten hat (GfT 224). Sie ist offenbar von ihm an mehrere andere Kölner Drucker verkauft worden, so neben Quentel an Guldenschaff, Retro minores, Trierer und Metzer Drucker um 1482/83, denn die Typen wurden offenbar auf dieselben Matrizen gegossen. Als Vorlage diente wieder eine Handschrift aus dem Weidenbachkloster in der Fraterherrenrotunda (HAStK W 8° 237).

Bei ter Hoernens Typen 3 und 5 dachte Ernst Voulliéme an Sonderformen im Mainzer Charakter (vgl. GfT 224), aber Corsten konnte ermitteln, dass die Stilmischung in dieser Auszeichnungsschrift der Kölner Schreibtradition entsprach, wie sie in der Weidenbachschrift, aber besonders in der Kartause existierte.

Das Schicksal dieser Auszeichnungsschrift ter Hoernens zeigt bei den anderen Druckern eine Auslese und Reinigung der Type, die damit nicht mehr dem Vorbild der

---

[11] KRUITWAGEN (wie Anm. 8), hier T. 3, S. 148.

[12] LÖFFLER (wie Anm. 1), S. 67 ff. und 74; zu den Kreuzherren Robert HAAß, Die Kreuzherren in den Rheinlanden (Rheinisches Archiv 23), Bonn 1932, S. 79 f.

Handschrift unbedingt folgen, sondern sich emanzipieren im Hinblick auf Vereinheitlichung und Vereinfachung. Das ist offenbar Ende der siebziger, Anfang der achtziger Jahre der Fall gewesen. Damals erlosch die Anziehungskraft der handschriftlichen Formen als direkte Vorlagen, die die Typographie bisher begleitet hatten. Die Typographie hatte einen Normierungsprozess erlebt und zu eigenen Gesetzmäßigkeiten gefunden: *„Wenn wir das Alphabet dann bei den übrigen Kölner Druckern nur noch ganz rein finden, dann bedeutet das, daß diese nicht mehr so sehr unter dem Einfluß der Handschriftentradition stehen. Der Drucker begann sich von dem Vorbild der Handschrift zu emanzipieren, indem er gewisse irrationale Elemente ausschied."*[13]

2. Vorlagen aus den Klosterbibliotheken für Drucke/ Klösterliche Mitarbeiter

Stand bisher die Abhängigkeit der Drucktypen von den klösterlichen Skriptorien im Mittelpunkt, so ist ein weiteres Feld der Zusammenarbeit zu ermitteln. Es geht um die bereits erwähnten klösterlichen Vorlagen für Drucke aus den Klosterbibliotheken, um Ordensangehörige als Mitarbeiter, Herausgeber, Autoren, Editoren von Werken, nicht zuletzt von Ordensschriftstellern. Die Bedeutung von Ordensmitgliedern als Autoren von in Köln gedruckten Drucken ist evident. Ernst Voulliéme hat in seiner genannten Bibliographie der Kölner Drucke insgesamt ca. 1270 Ausgaben zusammengestellt (heute sind fast 300 Ausgaben mehr bekannt).[14] Davon sind nach meiner Zählung ca. 320 von Mitgliedern der verschiedenen Orden verfasst worden. An erster Stelle stehen mit ca. 170 Ausgaben unangefochten die Dominikaner, gefolgt von den Franziskanern mit etwa 65, dann kommen die Kartäuser mit ca. 50 (und zusätzlichen Meldungen im GW). Weitere fallen deutlich ab: die Zisterzienser (19), die Augustinereremiten (9) sowie die Benediktiner, Prämonstratenser und Karmeliten. Selbst wenn die Zahlen nur ein ungefähres Bild geben, so ist es doch eindeutig und erklärt sich aus der Bedeutung der Dominikaner und Franziskaner als Wissenschaftsorden und der starken Ausrichtung des Kölner Buchdrucks auf die Wissenschaften. Beachtlich sind die Ausgaben von Kartäusern, die gerade in Köln ein großes schriftstellerisches Wirken entwickelten.

Ein noch weiteres Feld wäre eine Zusammenarbeit der Kölner Drucker mit den Buchbinderwerkstätten in den Klöstern oder mit deren Rubrikatoren. Dazu muss man im Augen behalten, dass lange die Drucke von den Offizinen als Halbfertigprodukte ausgeliefert wurden: Sie mussten durch handschriftliche Einfügung von Initialen, Überschriften, Rubrikzeichen fertiggestellt und gebunden werden. Es war Aufgabe des Käufers, diese Fertigstellung vorzunehmen und einen Rubrikator (oder gar Buchmaler) und einen Buchbinder seiner Wahl und seiner Finanzkraft damit zu beauftragen. Das alles vollzieht sich also auf Seiten der Kunden und kann nicht unter eine Zusammenarbeit der Drucker mit den Klöstern zugerechnet werden. Seltener gab es allerdings, dass die Drucker diese Ausmalung für Einzelexemplare oder Teile der Auflage und die Buchbindung vornehmen ließen, so dass sie dann vollständige Produkte verkauften.[15] Das

---

[13] CORSTEN (wie Anm. 8), S. 39.

[14] Nach Incunabula Short Title Catalogue: 1531.

[15] SCHMITZ, Grundriss der Inkunabelkunde (wie Anm. 6), S. 105-107, 310-312. Es gibt Beispiele der Rubrikation usw. im Auftrag der Verleger bei den Schöffers in Mainz, Drach in Speyer und Koberger in Nürnberg.

können wir aber jedenfalls bislang nicht für Köln beobachten.

Eine Aufgabe wäre hier, da sich diese Frage nur auf der Ebene der Exemplare, nicht des Drucks an sich klären lässt, eine systematische Durchsicht der Inkunabelkataloge nach Kölner klösterlichen Rubrikatoren und Buchbindern bei in Köln gedruckten Inkunabeln. Aber dann stellt sich die Frage nach der Beauftragung durch die Verleger (Vollprodukt) oder doch nur durch die Käufer, die außerhalb unserer Betrachtung steht.

Unsere Kenntnis von klösterlichen Vorlagen im Kölner Buchdruck ist bislang noch rudimentär, die Erforschung steckt noch in den Anfängen. Herausgreifen wollen wir die Kölner Kartause, weil sich an ihr für Köln bislang einzigartig das Zusammenwirken mit dem Drucker in vielfältiger Weise aufzeigen lässt.[16] Für die monumentalen Kölner Bilderbibeln, die 1478/79 in zwei parallelen, sprachlich unterschiedenen Ausgaben erschienen, wird als eine Quelle für die Fassung der Psalmen eine um 1460 entstandene Handschrift in kölnischer Schriftsprache erwogen, die einst der Kölner Kartause gehört hat und sich jetzt in der Staatsbibliothek Berlin unter Cod. germ. fol. 516 befindet.[17] Sie war auch Vorlage für die Holzschnitte der Kölner Bilderbibeln.[18]

In Deutschland hatte die Kölner Kartause eine besonders weithin ausstrahlende Bedeutung für den Orden, die Stadt, die Region und weit darüber hinaus.[19] Obwohl durch den Erzbischof Walram erst 1334, also relativ spät wie alle Kartausen im deutschen Sprachgebiet, gegründet, wurde sie zur angesehenen Stätte, der von den Fürsten und Großen der Zeit und natürlich in reichem Maße auch von den Kölner Bürgern viele Stiftungen zuflossen.

Wie für den Orden typisch verfügte auch das Kölner Kloster über eine große Bibliothek.[20] Zwar hatte 1451 eine verheerende Brandkatastrophe fast den ganzen Buchbestand vernichtet, aber man begann zügig mit dem Wiederaufbau des Bibliotheksgebäudes und des Buchbestandes, wobei zunächst noch eine intensive Abschreibetätigkeit, dann aber auch der Kauf von Drucken eine Rolle spielte. Um 1500 sollen bereits an die 500 Handschriften, viele aus den eigenen Reihen, vorhanden gewesen sein. Das war für die eigene spirituelle und wissenschaftliche Tätigkeit der Mönche eine unverzichtbare Ressource. Sie stellten ihre Bestände auch anderen zur Verfügung.

---

[16] Eine solche Verbindung lässt sich auch für die Kartause Basel zum Buchdruck feststellen, vgl. SCHMITZ, Grundriss (wie Anm. 6), S. 147, A. 133.

[17] Vgl. Gerhard ISING, Der Psalter der Kölner Bibelfrühdrucke, in: Niederdeutsche Mitteilungen 25, 1969, S. 5-23; Die Kölner Bibel 1478/79. Studien zur Entstehung und Illustrierung der ersten niederdeutschen Bibel von Rudolf KAUTZSCH u.a., Hamburg 1979.

[18] Wolfgang SCHMITZ, 500 Jahre Buchdruck in Köln, Köln 1999, Nr. 4, S. 86.

[19] Zu den Kartäusern einführend: Die Kartäuser. Orden der schweigenden Mönche, hrsg. von Marijan ZADNIKAR u.a., Köln 1983; Grundlegend für die Beschäftigung mit der Kölner Kartause ist immer noch: Die Kölner Kartause um 1500, hrsg, von Werner SCHÄFKE, Köln 1991; von der älteren Literatur sei erwähnt Christel SCHNEIDER, Die Kölner Kartause von ihrer Gründung bis zum Ausgang des Mittelalters (Veröffentlichungen des Historischen Museums der Stadt Köln 2), Bonn 1932; Joseph GREVEN, Die Kölner Kartause und die Anfänge der katholischen Reform in Deutschland, Münster 1935; Gérald CHAIX, Réforme et Contre-Réforme catholiques. Recherches sur la chartreuse de Cologne au xvie siècle (Analecta Cartusiana 80), Salzburg 1981.

[20] LÖFFLER (wie Anm. 1), S. 30: *„Die beste Kölner Bibliothek aber war die der Kartäuser",* SCHNEIDER (wie Anm. 19), S. 9 f. und 90 ff.

Jedenfalls konnte die reiche Bibliothek der Kartäuser nützlich sein, wenn auch die Rekonstruktion des Handschriftenbestandes durch Marks fast nur im engeren Sinne theologische Texte auflistet.[21] Es bleibt noch zu prüfen, wieweit diese Handschriften als Vorlage von Drucken gedient haben können.

Die Kartause repräsentierte eine außergewöhnliche Spiritualität und geistlich-geistige Schöpfungskraft mit großer schriftstellerischer Wirksamkeit.[22] Das gilt beispielsweise vor allem in der mystischen Theologie: *„So hat die Kölner Kartause St. Barbara bei der Überlieferung von Werken bedeutender Mystiker u.a. der Zisterzienserinnen von Helfta und der flämischen und rheinischen Mystik durch Abschrift, Übersetzung und Edition eine sehr wichtige Vermittlerrolle gespielt."*[23] Aber die Kartäuser waren vielseitig. James Hogg konstatiert: *„Die Betätigung als Schriftsteller hatte in der Kölner Kartause Tradition."*[24]

Von besonderem Interesse ist Werner Rolevinck, Mitglied des Kölner Kartäuserklosters seit 1447 und ein wichtiger und vielseitiger Schriftsteller (+1502),[25] der fruchtbarste Autor des Klosters in dieser Zeit.

Rolevinck schreibt über die Kartäuser: *„Was die Wissenschaft anbelangt, so bezweifle ich sehr, daß es irgendein Fach gebe, was zu ergreifen sie sich scheuen."*[26] Der gebürtige Westfale, der einst die Kölner Universität als Student besucht hatte, schrieb mit *„De laude antiquae Saxoniae nunc Westfaliae dicta"* ein Lob Westfalens und vielleicht die älteste Kulturgeschichte einer deutschen Landschaft mit Einblicken ins westfälische Brauchtum am Ende des Mittelalters (Köln 1474). Sein *„Libellus de regimine rusticorum"* (Bauernspiegel) gibt einen gründlichen Einblick in die damalige sozialgeschichtliche Stellung der Bauern. Vor allem aber sein *„Fasciculus temporum"*, eine kurzgefasste annalistische, in der graphischen Gestaltung durchkomponierte Aufbereitung der Weltgeschichte mit Bildern, war ein Bestseller mit einer weiten europäischen Verbreitung in immer wieder aktualisierten Neuauflagen auch in anderen Sprachen.[27]

---

21 Joachim VENNEBUSCH, Die Bücher der Kölner Kartäuser. Zur Geschichte der Klosterbibliothek (1451-1794), in: Die Kartause in Köln, hrsg. von Rainer SOMMER, Köln 1978, S. 77-104; Richard Bruce MARKS, The medieval manuscript library of the Charterhouse of St. Barbara in Cologne (Analecta Cartusiana 21/22), Salzburg 1974.

22 James HOGG, Die Kartause. Köln und Europa. Gelehrte Kartäuser zwischen Reform, Reformation und Gegenreformation, in: Die Kölner Kartause (wie Anm. 19), S. 169-191.

23 Gerard ACHTEN, Die Kartäuser und die mittelalterlichen Frömmigkeitsbewegungen, ebd. S. 138-145, hier S. 143. Bei KNAUS und VENNEBUSCH ca. 50 Handschriften aus der Kölner Kartause; vgl. Hermann Josef ROTH, Kartäuserspiritualität. Am Beispiel der Kölner Kartäuser um 1500, in: Die Kölner Kartause (wie Anm. 19), S. 213-224.

24 HOGG (wie Anm. 14), S. 173.

25 LMA 9, Sp. 8; LThK (3. Aufl.), Bd. 7, Sp. 1368; VL², Bd. 8, Sp. 153 ff, LGB², Bd. 6, S. 343 f.

26 SCHNEIDER (wie Anm. 19), S. 91.

27 Erstausgabe GW M38692 ROLEVINCK, Werner, Fasciculus temporum, Köln: Arnold ter Hoernen 1472. 2° VKoo; GW M38693 ROLEVINCK, Werner, Fasciculus temporum, Köln: Arnold ter Hoernen 1474. 2° VK 1026; GW M38682 ROLEVINCK, Werner: Fasciculus temporum, Köln: Nikolaus Götz [um 1473]. 2°VK 1027; GW M38695 ROLEVINCK, Werner, Fasciculus temporum, [Köln]: Konrad [Winters] 8.XI.1476. 2°VK 1028; GW M38684 ROLEVINCK, Werner, Fasciculus temporum, [Köln]: Nikolaus Götz [1478]. 2° VK 1029; GW M38685 ROLEVINCK, Werner, Fasciculus temporum, [Köln]: Heinrich Quentell 1479. 2° VK 1030; GW M38687 ROLEVINCK,

Dabei wurden die Erstausgaben seiner Schriften von Kölner Druckern herausgegeben, fast ausschließlich von Arnold ter Hoernen, vielfach sind sie damals nur in Köln erschienen.[28] Die einzige Ausnahme, Rolevincks *„Modus vivendi canonicorum"* bleibt

---

Werner, Fasciculus temporum, [Köln]: Heinrich Quentell 1480. 2° VK 1031; GW M38688 RoLEVINCK, Werner, Fasciculus temporum, [Köln]: Heinrich Quentell 1481. 2° VK 1032; GW M38689 ROLEVINCK, Werner, Fasciculus temporum, [Köln: Ludwig von Renchen(?) 1483]. 2° VK 1033. GW M38691 ROLEVINCK, Werner, Fasciculus temporum, [Köln: Ludwig von Renchen(?) 1483]. 2°

Francisco J. CORNEJO, Iconografía de las ilustraciones del 'Fasciculus temporum', de Werner Rolevinck, in: Gutenberg-Jahrbuch 2011, S. 27-55; vgl. auch Cartusiana.org (mit Online-Bibliographie) [7.VII.2014]; Falk EISERMANN, Die ganze Welt in einem Buch. Der Sammelband 2° Lit. B 1 der Barther Kirchenbibliothek, in: Einblicke. Bücher aus der Barther Kirchenbibliothek im Fokus, hrsg. Christian HEITZMANN u. Falk EISERMANN, Rostock 2016, S. 35-54, hier S. 41-44 (m. Abb.); vgl. Margaret BINGHAM STILLWELL, The Fasciculus Temporum. A Genealogical Survey of Editions before 1480, in: Bibliographical Essays. A Tribute to Wilberforce Eames Cambridge, (Mass.) 1924, S. 409-440.

[28] Zu ihm Literatur LGB² Bd. 7, S. 379 f. Erstausgabe: GW M38668 ROLEVINCK, Werner, De contractibus. Daran: Gutachten des Konstanzer Konzils zum Rentkauf, [Köln: Arnold ter Hoernen um 1475]. 4° VK 1053, Anm. Zum angedruckten Gutachten siehe GW M10854. Hier in der vollständigen Fassung. Zur Druckvorlage sagt ROLEVINCK: *„Haec omnia ex carta conscripta per copiam ante approbaciones prefatorum summorum pontificum videlicet circa annos domini MCCCCXVI ipso sacro consilio Constanciensi sedente"*, (Bl. 12a–b);

Erstausgabe: GW M38823 ROLEVINCK, Werner, De forma visitationum monasticarum, [Köln: Arnold ter Hoernen um 1475]. 4° VK 1054.

Erstausgabe? GW M38766 ROLEVINCK, Werner, Formula vivendi canonicorum, [Köln: Arnold ter Hoernen(?)]. 4° VK 1034; GW M38767 ROLEVINCK, Werner, Formula vivendi canonicorum, [Köln: Arnold ter Hoernen um 1476]. 4° VK 1035; GW M38769 ROLEVINCK, Werner: Formula vivendi canonicorum, [Köln: Arnold ter Hoernen um 1478]. 4° VK 1036; GW M38770 ROLEVINCK, Werner, Formula vivendi canonicorum, [Köln: Heinrich Quentell um 1485]. 4° VK 1037.

Erstausgabe: GW M38824 ROLEVINCK, Werner, De fraterna correctione, [Köln: Arnold ter Hoernen um 1477]. 4° VK 1055.

Erstausgabe: GW M38774 ROLEVINCK, Werner, De laude antiquae Saxoniae nunc Westphaliae dictae, [Köln: Arnold ter Hoernen um 1475]. 4° VK 1043.

Erstausgabe: GW M38775 ROLEVINCK, Werner, Legenda de sancto Servatio, praecedit tabula confluentina, Köln: Arnold ter Hoernen 4.III.1472. 4° VK 1038.

Erstausgabe: GW M38776 ROLEVINCK, Werner, De magnificando merito, [Köln: Konrad Winters]. 4° VKoo;

Erstausgabe: GW M38777 ROLEVINCK, Werner, De origine nobilitatis, [Köln: Arnold ter Hoernen um 1472]. 4°, VK 1044.

Erstausgabe GW M38779 ROLEVINCK, Werner, Paradisus conscientiae, Köln: Arnold ter Hoernen 1475. 2° VK 1045.

Erstausgabe: GW M38815 ROLEVINCK, Werner, De praesentatione beatae Mariae virginis, Köln: Arnold ter Hoernen 1470. 4° VK 1048. GW M38816 ROLEVINCK, Werner: De praesentatione beatae Mariae virginis, [Köln: Arnold ter Hoernen] 1470. 4° VK 1049. GW M38810 ROLEVINCK, Werner, De praesentatione beatae Mariae virginis, [Köln: Drucker des Dictys (Arnold ter Hoernen) um 1471]. 4° VK 1050; GW M38811 ROLEVINCK, Werner, De praesentatione beatae Mariae virginis, [Köln: Drucker des Dictys (Arnold ter Hoernen) um 1471]. 4° VK 1051. M38812 ROLEVINCK, Werner, De praesentatione beatae Mariae virginis, [Köln]: Goswin Gops 1475. 4° VK 1052.

noch abzuklären.[29] Die kontinuierliche Zusammenarbeit hatte ihren Grund: Das komplizierte Layout, das verschiedentlich den Setzern arge Schwierigkeiten machte, meisterte ter Hoernen mit außerordentlicher Geschicklichkeit. Er hat dabei enge Kontakte zum Verfasser unterhalten und die Druckvorlagen im Kloster abgeholt und die Korrekturen wieder hinbringen müssen. Eine Besonderheit liegt bei der Erstausgabe: GW M38779 Rolevinck, Werner: Paradisus conscientiae, Köln: Arnold ter Hoernen 1475. 2° vor, da hier die als Druckvorlage dienende Handschrift identifiziert werden konnte.[30] Dabei ist rekonstruierbar, dass Rolevinck hier, aber auch bei seinem berühmten „Fasciculus temporum" intensiven Anteil an der Drucklegung seiner Werke nahm und selbst in den Satzprozess eingegriffen hat. Außerdem gibt es einen Druck, in dem mutmaßlich Rolevinck selbst Korrekturen durchgeführt hat.[31] Schon für die Drucklegung seines Fasciculus 1474 bei ter Hoernen, für deren Layout und Gestaltung er, wie er in seinem Vorwort verrät, genaue Vorstellungen hatte, muss er umfangreich mit seinem Druckerverleger kommuniziert haben.[32]

Die Drucklegung von Rolevincks Schriften nahm bis ca. 1475 so gut wie ausschließlich ter Hoernen vor, dann traten weitere Drucker wie Nikolaus Götz, Goswin Gops, Konrad Winters, Heinrich Quentel, in den 80er Jahren Ludwig von Renchen hinzu.

Erstausgabe: GW M38780 ROLEVINCK, Werner, Quaestiones duodecim notabiles, [Köln: Arnold ter Hoernen um 1472]. 2° VK 1046; GW M38781 ROLEVINCK, Werner, Quaestiones duodecim notabiles, [Köln: Arnold ter Hoernen um 1475]. 2° VK 1047.

Erstausgabe: GW M38782 ROLEVINCK, Werner, De regimine rusticorum, [Köln: Arnold ter Hoernen um 1472]. 4° VK 1039. GW M38783 ROLEVINCK, Werner, De regimine rusticorum, [Köln: Arnold ter Hoernen um 1478]. 4° VK 1040; GW M38784 ROLEVINCK, Werner, De regimine rusticorum, [Köln: Bartholomäus von Unkel um 1480]. 4° VK 1041.

Erstausgabe: GW M38789 ROLEVINCK, Werner, De venerabili sacramento et valore missarum, [Köln: Arnold ter Hoernen um 1472]. 4° VK 1042.

29   GW M38817 ROLEVINCK, Werner, Modus vivendi canonicorum. - Septem modi formandi salutares meditationes singulis diebus hebdomadae accommodandas. - Heinrich URDEMANN, Dialogus super libertate ecclesiastica inter Hugonem, Oliverium et Catonem, [Leipzig: Markus Brandis um 1485]. 4°

30   GW M38779 ROLEVINCK, Werner, Paradisus conscientiae, Köln: Arnold ter Hoernen 1475. 2° VK 1045; Druckvorlage: Köln HistArch, W 122. Vgl. Margaret LANE FORD, Author's Autograph and Printer's Copy. Werner Rolewinck's „Paradisus Conscientiae", in: Incunabula. Studies in Fifteenth-Century Printed Books presented to Lotte Hellinga, hrsg. Martin DAVIES, London 1999, S. 109-128, Nr 14.

31   Inkunabelkatalog der Universitäts- und Landesbibliothek Düsseldorf, hrsg. von Günter GATTERMANN, Wiesbaden 1994, Nr. 858; SCHMITZ, Grundriss (wie Anm. 6), S. 165, Anm. 205.

32   Margaret B. STILLWELL (wie Anm. 27), S. 410-412. Ter Hoernen schreibt im Kolophon seiner Ausgabe von 1474, dass seine Ausgabe geschaffen wurde „secundum primum exemplar quod ipse venerabilis autor proprijs conscripsit manibus ad finem usque deducta per me arnoldum ther huernen" (= nach dem ersten Exemplar, das der verehrungswürdige Autor mit eigenen Händen geschrieben hat bis zum Ende geführt durch mich Arnold ter Hoernen). Lotte HELLINGA/Margaret LANE FORD, Addition or Deletion. A Controversial Variant in Werner Rolevinck's „Fasciculus Temporum", in: Essays in Honor of William Todd, Austin 1991, S. 60-79; Margaret LANE FORD (wie Anm. 30), S. 109-128; Johan MARTENS, The Fasciculus temporum of 1474. On form and content of the incunable, in: Quaerendo 22, 1992, S. 198-204; DERSELBE, Ter Hoernen and Rolevinck, a new angle on an interesting collaboration, in: Quaerendo 27, 1997, S. 300-306.

Auch Bartholomäus von Unckel wird erschlossen (GW M38784), bei der Vieldeutigkeit seiner Typographie bleibt aber die Möglichkeit, dass Heinrich Quentel der Drucker war, der andere Rolevinck-Drucke firmierte. Ter Hoernen blieb bis zum Ende seiner Tätigkeit 1481/82 bei den Kartäuserdrucken gut im Geschäft, wenn auch nicht mehr in der Intensität wie vor 1475.

Rolevinck hat über seinen *„Fasciculus"* auf die Kölnische Chronik von 1499 gewirkt, wie deren unbekannter Verfasser selbst mitteilt: „[…] *der geystliche ind andechtige vader Wernerus eyn broder van den Carthuser orden in Coellen, der ouch gemacht hait eyn boich van den geschichten der tzijt. Ind is genoempt vp latynsch Fasciculus temporum Vp duytsch Dat gebuntgyn der tzijden Vnd ich hayn muntlich van ym me gehoirt van der anheununge der Stat Coellen dan he beschreuen hait in dem vurscreuen boiche […]"* (ebd. fol. 35 r).

Dieser direkte Kontakt muss nach der Regel des Ordens in der Kartause stattgefunden haben.

Es mag verwundern, dass ein so ausgeprägt zurückgezogener Orden wie die Kartäuser solche Kontakte nach außen unterhalten hat. Aber in den Städten übernahmen die Kartäuser im 15. Jahrhundert Aufgaben außerhalb des Klosters: *„Die räumliche Nähe zu den geistigen Zentren der Zeit scheint auch eine entscheidende Voraussetzung und Bedingung für die literarische Tätigkeit der Mönche gewesen zu sein."*[33] In den

Abb.: Rolevinck, Fasciculus temporum 1474, Gründung Kölns; Ex. der USB Köln.

Kartausen der großen Städte u.a. in Köln lebten die bedeutenden Autoren. Neue Mönche oft reiferen Alters traten später als schon etablierte und z.T. berühmte Persönlichkeiten ein und behielten, ohne das Ordensideal von Kontemplation, Einsamkeit und Schweigen zu verletzten, eine stärkere unmittelbare Wirkungsmöglichkeit nach außen.[34] So erklärt sich die Beteiligung Rolevincks, der ja durch seine vielseitigen Werke ausgeprägt nach außen wirken wollte.

---

[33] Die Kartäuser (wie Anm. 19), S. 161, Anm. 21.

[34] Götz-Rüdiger TEWES, Die Kölner Universität und das Kartäuserkloster im 15. Jh. - eine fruchtbare Beziehung, in: Die Kölner Kartause (wie Anm. 19), S. 154-168; Gerhard JARITZ, Klosteralltag im Spätmittelalter. Das Beispiel der Kartäuser, in: Kartäuserregel und Kartäuserleben (Analecta 113/3), Salzburg 1985, S. 57-68.

Rolevinck hatte eine sehr positive Einstellung zum Buchdruck und seine neuen Möglichkeiten der Textverbreitung, die ganz im Sinne des Ordensideals des apostolischen Wirkens durch das Buch verstanden werden dürfen.[35] Der Kartäuser führt das in seinem *„Sermo de prasentatione beatae mariae virginis"*, Köln: ter Hoernen 1470 (VK 1048) explizit aus: *„et quia nulla alia via cicius et facilius potuit plurimis personis communicari, procuravi solicite eundem per artem impressoriam librorum ad magnam numerositatem multipliucari in civitate coloniensi per discretum virum Arnoldum terhoernen [...]"* (fol. 1v) (= und weil ich mich auf keinem anderen Weg schneller und leichter mit vielen Personen austauschen konnte, habe ich es sorgfältig unternommen, es durch die Buchdruckerkunst in großer Zahl in der Stadt Köln durch den klugen Herrn Arnold ter Hoernen zu vervielfältigen). Es bleibt die Frage, ob das berühmte Lob des Buchdrucks in der Kölnischen Chronik auf Anregungen Rolevincks zurückgeht, seine Gedanken gehen jedenfalls in die gleiche Richtung (fol. CCCXIv-CCCxiiv). Rolevinck hatte die Erfindung des Buchdrucks als bemerkenswert in seine Weltgeschichte aufgenommen: *„Et impresso res librorum multiplicantur in terra ortum sue artis habentes in maguncia."*

Wenn die Offenheit in der Kartause gegenüber der neuen Buchdruckerkunst so groß war: Welche weiteren Kartäuser-Autoren sind dann in der Inkunabelzeit in Köln gedruckt worden? Wir konstatierten ja eingangs ca. 50 Ausgaben.

Mehrere stammten aus den Niederlanden, zu denen Köln und das Niederrheingebiet traditionell sehr enge kulturelle, wirtschaftliche und geistige Beziehungen unterhielten.

Da ist zunächst **Adrianus Cartusiensis,** ein Kleriker in der Kartause S. Gertruydenberg (Grafschaft Holland), der um 1410 lebte und *„De remediis utriusque fortunae"* schrieb. Zwei Ausgaben sind ganz früh in Köln gedruckt worden, damit stammt die Erstausgabe auf jeden Fall aus Köln.[36]

Unter den Autoren ist auch einer der zentralen Autoren des Ordens im 15. Jahrhundert, **Dionysius Carthusianus,** auch Dionysius Rijckel.[37] Er wurde 1402/03 in Rijckel bei St. Trond als Heinrich von Leeuwen geboren; 1421 wurde er an der Kölner Universität immatrikuliert und 1422 magister artium. 1425 trat er in die Kartause Roermond ein und war 1466–69 Prior der von ihm gegründeten Kartause Hertogenbosch. Er starb am 12. März 1471 in Roermond. Seine Bedeutung als Ordensschriftsteller ist kaum zu überschätzen. Er schrieb an die 200 Werke, u.a. Bibelkommentare, Kommentare von für Scholastiker und Mystiker wichtigen Texten, Schriften zur Reform der Kirche,

---

[35] Hans WIDMANN, Vom Nutzen und Nachteil der Erfindung des Buchdrucks - aus der Sicht der Zeitgenossen des Erfinders, Mainz 1973, S. 13 f. und 17.

[36] GW 227 Adrianus CARTUSIENSIS, De remediis utriusque fortunae, [Köln: Ulrich Zell um 1470]. 4° VK 5;

GW 228 Adrianus CARTUSIENSIS, De remediis utriusque fortunae, Köln: Arnold ter Hoernen 8.II.1471. 4° VK 6.

Da GW 227 nur ungefähr datierbar ist, bleibt die Möglichkeit, dass doch GW 228, und damit der Druck von ter Hoernen, der ältere und die Erstausgabe ist.

[37] Die Kartäuser (wie Anm. 19), S. 349 f.; LThK 3, S. 406-07 von Karel Swenden; VL² 2, Sp. 166-178 von Martin Anton Schmidt; LMA 3, Sp.1092-1094 von Dennis D. Martin.

bekämpfte häretische Ansichten, war Vermittler der großen Scholastiker und behandelte viele Fragen des christlichen Lebens für seine Zeitgenossen im Dienste von Verkündigung, Lehre und Seelsorge. Deshalb war er ein gerne angesprochener Ratgeber von geistlichen und weltlichen Würdenträgern. 1451 f. begleitete er Nikolaus von Kues auf seiner Visitationsreise an Maas und Rhein. Noch im 16. Jahrhundert waren seine Werke im Kampf gegen die Reformation von Bedeutung. Die Wertschätzung des Ordens für das Kölner Kloster, speziell Dietrich Loher, führte dazu, dass er diesem im 16. Jahrhundert die Edition seiner Werke nach den Autographen anvertraute, für die dann Kölner Verleger tätig wurden.[38] Von Dionysius gibt es in Köln eine einzige Ausgabe im 15. Jahrhundert bei Arnold ter Hoernen von *„De sacramento altaris et missae celebratione"* zum liturgischen Vollzug, wie wir es als Thema bei den Kartäusern häufig finden.[39] Ein weiteres von Voulliéme für Dionysius reklamiertes Werk, das *„Speculum aureum animae peccatricis"* (VK 373 und 374) wird in GW heute **Jacobus de Gruytrode** (GW M 10724–10801) zugewiesen. Es ist auffällig, dass bei der Bedeutung und handschriftlichen Verbreitung der zahlreichen Werke des Dionysius die Drucküberlieferung mit GW 8412-8422 sehr mager ist. Vielleicht stand eine Gesamtausgabe der Werke, wie dann in Köln ab 1530 geschehen, schon lange in der Absicht,

Ein weiterer niederländischer Kartäuser war **Jacobus de Gruytrode**, der um 1400/10 in Gruitrode (Belgisch Limburg) geboren wurde und am 12. Februar 1475 in Lüttich verstorben ist. Vermutlich 1427 trat er in den Kartäuserorden ein, war seit dem 21. Januar 1440 Prior der Lütticher Kartause, vorübergehend 1445 Prior in Zierikzee, ab 1447 wieder in Lüttich. 1452 bestellte ihn das Generalkapitel zum Ordensdiffinitor. Er war Verfasser zahlreicher, durchweg anonymer Schriften, so dass eine zweifelsfreie Zuweisung der einzelnen Schriften nicht immer möglich ist. Er war im Kloster auch als Buchbinder tätig.

In der spärlich vorhandenen Forschung besteht keine Einigkeit über Authentizität und Zuschreibung der einzelnen Schriften. So ist die Zuordnung des *„Speculum aureum animae peccatricis"* zweifelhaft.[40] Es ist zweimal, beides recht spät, 1493 und 1494 in Köln bei Heinrich Quentel erschienen, wobei der spätere ein Nachdruck des vorhergehenden ist. Da die etwas frühere Antwerpener Ausgabe von 1487 exemplarmäßig nicht nachweisbar ist, sind vielleicht die Kölner Ausgaben doch Erstausgaben?[41]

In **Johannes Heynlin de Lapide** greifen wir einen berühmten Gelehrten des 15. Jahrhunderts, der erst spät zum Kartäuserorden fand. Geboren um 1430 in Stein/Pforzheim wurde er früh Professor an der Sorbonne. Als deren Rektor ließ er 1469 drei

---

38 Gérald Chaix , Communautés religieuses et production imprimée à Cologne au xvie siècle, in : Le Livre dans L'Europe de la Renaissance, hrsg. von Pierre Aquilon u.a., Paris 1988, S. 93-105.

39 GW 8418 Dionysius Carthusianus, De sacramento altaris et missae celebratione, [Köln: Arnold ter Hoernen um 1472]. 4° VK 375.

40 Zu den dt. Übersetzungen des *„Speculum aureum animae peccatricis"* vgl. VL², Bd. 3, Sp. 91-92, Bd. 6, Sp.707-708, Bd. 11, Sp. 548-549.

41 GW 12 Sp. 241b Jacobus de Gruytrode, Speculum aureum animae peccatricis, Antwerpen 1487. 4°; GW 13841 Jacobus de Gruytrode, Speculum aureum animae peccatricis, [Köln: Heinrich Quentell um 1493]. 4°; GW 13842 Jacobus de Gruytrode, Speculum aureum animae peccatricis, [Köln: Heinrich Quentell um 1494]. 4° VK 374.

Buchdrucker aus Deutschland kommen, die an der Sorbonne die erste französische Druckerei errichteten.[42] Später gehörte er zu den Mitgründern der Universität Tübingen. Ab 1483 war er Münsterprediger in Basel. Auch dort wirkte er bei der Einrichtung einer Druckerei mit.[43] 1487 trat er in die Kartause Basel ein, der er 283 Druckbände seiner Bibliothek stiftete (heute in der UB Basel). Er starb am 12. März 1496. Seine Kanzelpredigten waren berühmt, seine Philosophie war scholastisch, während sein Humanismus neue Formen suchte.[44]

Die Kölner Ausgabe seines „Resolutorium dubiorum circa clebrationem missarum occurentium", einer Schrift zur Liturgie der hl. Messe für den Seelsorgeklerus, ist aber keine Erstausgabe, denn zumindest geht eine Basler Ausgabe bei Froben 1492 voran. Die Baseler Kartause war Wohnort des Verfassers, die Kölner Ausgaben datieren aber immerhin früh. Basel war ebenfalls eine herausragende Druckerstadt, so dass nahelag, dass Heynlin, der mit dem Buchdruck wohl vertraut war, sein Werk zuerst einem örtlichen Buchverlag anvertraute, zumal die Kartäuser sehr gute Beziehungen zu Basler Firmen unterhielten.[45] Die Schrift hat eine große internationale Verbreitung in vielen Druckerstädten erfahren.

Einen der wenigen gebürtigen Kölner Kartäuser als Autor fassen wir in **Henricus de Piro (= von Birnbaum)**. In Köln 1403 geboren, war er Professor der Rechtswissenschaften in Köln und wurde dort 1435 Kartäuser und dann nacheinander in anderen Kartausen Prior. 1473 ist er in der Kölner Kartause gestorben. Er verfasste ordensrechtliche Studien, dazu passt das in Köln erschienene Werk „Super Institutiones" als Erstausgabe des Werkes, jetzt nach dem Tod des langjährigen vertrauten Druckers ter Hoernen bei anderen Druckern.[46]

Vom Zisterzienserorden zu dem noch strengeren Kartäuserorden wechselte **Jacobus de Clusa**, geboren ca. 1381, nach seiner Geburtsstadt auch Jacobus de Jüterbog, der seit 1401 Zisterzienser des Klosters Paradies (bei Meseritz, daher auch **Jakob**

---

42 Ferdinand GELDNER, Die deutschen Inkunabeldrucker. Ein Handbuch der deutschen Buchdrucker des XV. Jahrhunderts, Stuttgart 1970, Bd. 2, S. 189-192.

43 Heynlin von LAPIDE, in: LGB², Bd. 3, S. 464 von Severin Corsten.

44 Die Kartäuser (wie Anm. 19), S. 355 f.; LThK 5, Sp. 1055; VL² 3, Sp. 1213-1219 von Beat Matthias von Scarpatetti,

45 GW M07810 Johannes de LAPIDE, Resolutorium dubiorum circa celebrationem missarum occurentium, Basel: Johann Froben 1492. 8°; GW M07817 Johannes Heynlin de LAPIDE, Resolutorium dubiorum circa celebrationem missarum occurentium, Köln: Heinrich Quentell 1493. 4°, VK 568; GW M07816 Johannes de LAPIDE, Resolutorium dubiorum circa celebrationem missarum occurentium, Köln: Heinrich Quentell 1493. 4°VK 569; GW M07818 Johannes de LAPIDE, Resolutorium dubiorum circa celebrationem missarum occurentium, Köln: Heinrich Quentell 1495. 4° VK 570; GW M07821 Johannes de LAPIDE, Resolutorium dubiorum circa celebrationem missarum occurentium, Köln: [Retro Minores für] Heinrich Quentell 1498. 4° VK 571; GW M07819 Johannes de LAPIDE, Resolutorium dubiorum circa celebrationem missarum occurrentium, Köln: Heinrich Quentell 1501. 4° (!) VK 572; GW M07820 Johannes de LAPIDE, Resolutorium dubiorum circa celebrationem missarum occurentium, Köln: Heinrich Quentell 1500. 4° VK 573.

46 Die Kartäuser (wie Anm. 19), S. 355; LThK 5, Sp. 176; GW 12257 Henricus de PIRO, Super Institutiones, [Köln: Johann Koelhoff d.Ä. um 1482]. 2°, VK 552; GW 12256 Henricus de PIRO, Super Institutiones, [Köln: Konrad Winters um 1481]. 2°, VK 553. Es ist die Erstausgabe des Werkes.

vom Paradies), ab 1420 in Krakau studierte, dort lange Jahre als Universitätsprofessor und Prediger wirkte, bis er wohl nach 1442 in Erfurt in die dortige berühmte Kartause eintrat und dennoch trotz seines vorgerückten Alters mit rund 150 Titeln eine fruchtbare Tätigkeit als Schriftsteller entfaltete, so dass er ebenfalls zu den bedeutenden Kartäuserautoren zählen kann. Er war ein engagierter Verfechter der Kirchen- und Klosterreform, dabei ein entschiedener Konziliarist. Sein Werk war weit gefächert zu Ekklesiologie, Spiritualität, Ethik und Moraltheologie, Frömmigkeit und Volksglauben. Es zeigt ihn vielfach als Vertreter einer mystischen Theologie, die eher vom Herzen als vom Verstand ausging und in einer lebendigen Verwirklichung der christlichen Kardinaltugenden ihr Ziel sah. Diese Ausrichtung machte ihn zum gefragten Ratgeber nicht nur der geistlichen und weltlichen Großen. 1465 ist er gestorben.[47]

Seine Schrift *„De contractibus"*, eine Arbeit zur Ethik und Moraltheologie, 1452 entstanden, erschien wieder als Erstausgabe bei Arnold ter Hoernen um 1473 in Köln, während *„De animabus exutis a corporibus"*, eine Schrift zum Volksglauben von 1454, erst 1496 von Hermann Bungart in Köln als spätere Ausgabe veröffentlicht wurde.[48] Wenn der frühe Kölner Druck - wie wir wahrscheinlich machen - in enger Anlehnung an die Kölner Kartäuser entstand, ist Mertens Formulierung: *„Die zwischen 1470 und 1520 erschienenen Drucke berücksichtigen allein die Bedürfnisse des Weltklerus […]. Eine 1534 von den Kölner Kartäusern geplante Gesamtausgabe unterblieb, wohl nicht nur aus äußeren Gründen,"* zu gewichten.[49]

Bis heute bekannt ist **Ludolf de Saxonia**, der um 1300 geboren, Dominikaner wurde und dann um 1340 in die Straßburger Kartause eintrat, in der er nach vorübergehendem Aufenthalt in den Kartausen Koblenz und Mainz 1378 starb.[50] Seine berühmte *„Vita Christi"*, ein Erbauungsbuch zur Christusnachfolge, war von großer Wirkung. Im 16. Jahrhundert öffnete es dem verwundeten und Orientierung suchenden jungen Offizier Ignatius von Loyola den Weg zu seiner Berufung als Gründer des Jesuitenordens. Wieder finden wir dieses berühmte Werk als Erstausgabe im Kölner Buchdruck, dann dort noch mehrfach gedruckt.[51]

---

[47] Die Kartäuser (wie Anm. 19), S. 357; VL², Bd. 4, Sp. 478-487 von Dieter Merten, bes. Sp. 483; LMA 5, Sp. 291 von Manfred Gerwing.

[48] GW M10854 Jacobus de JÜTERBOG, De contractibus. Daran: Gutachten des Konstanzer Konzils zum Rentkauf, [Köln: Arnold ter Hoernen um 1473]. 4°, VK 612; GW M10837 Jacobus de JÜTERBOG, De animabus exutis a corporibus etc., Köln: Hermann Bungart 8.V.1496. 4° VK 611.

[49] MERTEN (wie Anm. 47), Sp. 486.

[50] VL², Bd. 5, Sp. 967-977 von Walter BAIER; Die Kartäuser (wie Anm. 19), S. 364; LMA 5, Sp. 2167 von Manfred GERWING; LThK 6, Sp. 1189 von O. Karrer.

[51] GW M19197 Ludolphus de Saxonia, Vita Christi (Auszug), [Köln: Arnold ter Hoernen, um 1472]. 2° VK 758.
GW M19196 Ludolphus de Saxonia, Vita Christi, [Köln: Arnold ter Hoernen um 1475]. 4° VK 759.
GW M19194 Ludolphus de SAXONIA, Vita Christi, Köln: Nikolaus Götz 30.IV.1474. 2° VK 760. In Köln Erstausgabe des vollständigen Werkes; GW M19195 Ludolphus de SAXONIA, Vita Christi, Köln: [Ludwig von Renchen] 1487. 2° VK 762. VK 761 wird heute von GW anders zugesprochen an GW M19199 Ludolphus de SAXONIA, Vita Christi, [Lyon: Matthias Huss]. 2° Aber dort die Anm.: Zuordnungen zu GW M19199 bzw. M19201 müssen geprüft werden.

Köln bot sich bei dem frühen Beginn des Buchdrucks in der Stadt (1465) als Publikationsstelle an. Wir können feststellen, dass hier Anfang der 70er Jahre eine deutliche Konzentration von Kartäuserschriften stattfand. Nahezu alle erschienen bei Arnold ter Hoernen, der offenbar sich stark im Umkreis der Kartause bewegte und demzufolge seine Drucktypen nach Vorbild der dort üblichen handschriftlichen Formen gestaltete. Es ist evident, dass der Kartäuser Werner Rolevinck, ein begeisterter Anhänger der neuen Buchdruckerkunst und ihrer Verbreitungsmöglichkeiten, bei der Zusammenarbeit eine große Rolle gespielt hat. Arnold ter Hoernen war auch aufgrund seiner Qualität der Drucker seines Vertrauens. Wir werden aber über die zahlreichen Rolevinck-Ausgaben hinaus eine enge Zusammenarbeit ter Hoernens mit der Kölner Kartause beobachten dürfen, denn er schuf vielfach die frühen Kartäuserausgaben bis zu seinem Geschäftsende 1481/82. Die Textauswahl vermutlich unter Mitwirkung der Kartause verdient eine genaue Analyse durch Ordenstheologen und -historiker: Welche Ausgaben und warum die Kölner Kartäuser für den Buchdruck ausgewählt haben. Immer wieder dürfte Rolevinck hier eine bedeutende Rolle gespielt haben. Auch die späteren Ausgaben bei anderen Druckern nach ter Hoernens Tod können von der Kölner Kartause inspiriert worden sein (zumal Rolevinck bis 1502 lebte), und die Kartause spielte im 16. Jahrhundert weiter eine besondere Rolle im Editionswesen.

3. Drucker als Buchhändler und Zulieferer

Nach VK hat Ulrich Zell, Kölns Erstdrucker, als Buchhändler zum Kloster Weidenbach bei den Brüdern vom gemeinsamen Leben Beziehungen gehabt (S. V). Jakob Schnorrenberg fasst das genauer. Er verneint noch einmal, dass die Brüder im Weidenbach Zell am Anfang bei sich aufgenommen hätten und den Buchdruck selbstständig ausübten. Statt dessen: Dass Zell mit dem Kloster *„in Verbindung gestanden, will ich durchaus nicht leugnen, wie dies ja auch die verschiedenen handschriftlichen Eintragungen in seinen dem Kloster Weidenbach gehörigen Drucken zu besagen scheinen. Einer späteren Untersuchung mag es vorbehalten bleiben, ob nicht gerade die Meisterwerke der Schreibkunst der Brüder vom gemeinsamen Leben im Kloster Weidenbach von Einfluss auf die Gestaltung der ersten Kölner Drucke, sei es im Schriftguss, sei es in der ganzen Anlage gewesen sind. Die Beziehungen indessen, die Zell mit den Fraterherren unterhielt, sind rein geschäftlicher Natur gewesen; das Kloster bezog von ihm seinen Bedarf an gedruckten Büchern [...]. Es soll hier auch nicht die Möglichkeit bestritten werden, dass das Kloster vielleicht dann und wann dem Kölner Protomagister artis impressoriae Handschriften zur Vervielfältigung durch den Druck geliehen hat. Weil aber Zell die Erzeugnisse seiner Presse dem Kloster nicht schenkte, so mussten sie eben beschafft werden, daher der Ausdruck ‚procurare‘, den Wyss bereits aaO. so deutet.“*[52]

Zwei Sammelbände mit Zell-Drucken aus dem Besitz der Fraterherren sind heute im Bestand der Universitäts- und Stadtbibliothek Köln. Nicht gemeint sind hier Geschenke an den Konvent oder Belegexemplare:

---

[52] Jakob Schnorrenberg, Noch einmal J.P.A. Madden und die Druckerei im Kloster Weidenbach zu Köln, in: ZfB 12, 1895, S. 502-507, hier S. 505 f.

- Ennen 1, 1-4, laut Inka alles Drucke von Ulrich Zell um 1470-72 (GW 2993, 10838, M15291, M33619).
- Ennen 2, 6-7 ebf. Zelldrucke um 1470-72 (GW 11440, M38480)

Beide sind offenbar von den Fraterherren bei Zell als Buchhändler gekauft worden.[53]

4. Stiftungen für Drucker und ihre Familien (Seelsorge)

Prinzipiell unabhängig von den beruflichen Kontakten der Drucker zu den Klöstern ist der seelsorgerische Bereich, d.h. Klöster als der Ort, an dem die Familien ihren geistlichen Mittelpunkt fanden bis hin zu Familienstiftungen (Totengedächtnis) und Grablege in Klosterkirchen, die eine Nähe zu einem bestimmten Haus und Orden verraten. Die Stiftung von Messen, liturgischen Gebrauchs- und Kunstgegenständen bis zu Altären und Kapellen und Kirchenfenstern, in unserem Bereich auch von Büchern bildeten seit dem Mittelalter wichtige Bestandteile der religiösen Memoria.[54] Seit dem 16. Jahrhundert können wir das bei den Druckern/Verlegern mehrfach feststellen wie bei den Kölner Dominikanern in Hl. Kreuz. Hier sind einige sehr bedeutende Familien vertreten.[55] Mit Walter Fabritius (+1572), Anton Hierat (+1627) und Bernhard Wolter (+1636) waren es Angehörige der führenden Verlagshäuser.

Für das 15. Jahrhundert stehen entsprechende Nachforschungen noch aus. Gab es eine Grablege Zells bei den Kreuzherren? Es muss systematisch anhand der Literatur bzw. der Quellen geprüft werden, ob und wo einzelne Drucker bzw. ihre Familien in den Klosterkirchen ihre Grablege gefunden haben.

Druckerverleger haben vielfach den Klöstern Bücher geschenkt.[56] Darunter sollen natürlich nicht Belegexemplare als Gegenleistung für die Zurverfügungstellung von Handschriften als Druckvorlagen verstanden werden.[57] Einzelne Beobachtungen können schon mitgeteilt werden: Es fehlt nicht an Belegen, dass der frühe Kölner Buchdruck besondere Beziehungen zu den Kreuzbrüdern gehabt hat. Das zeigt ein Buch aus dem Besitz von Ulrich Zell, nämlich Franciscus Lucas Patavinus, *„Sermones super epistolas et evangelia"*, Köln: Johann Koelhoff 1483. Es erhielt im Kreuzbrüderkloster

---

[53] Johann Jakob MERLO, Ulrich Zell, Kölns erster Drucker (Veröffentlichungen der Stadtbibliothek Köln, Beih. 3), Köln 1900, S. 26 f.

[54] Michael BORGOLTE, Die Stiftungen des Mittelalters in rechts- und sozialgeschichtlicher Sicht, in: ZRG KA 74, 1988, S. 71-94; DERSELBE (Hrsg.), Stiftungen und Stiftungswirklichkeiten vom Mittelalter bis zur Gegenwart, Berlin 2000.

[55] Diethelm EIKERMANN, *„Pro perpetua memoria"* - Die Grabstätten in der alten Kölner Dominikanerkirche Heilig Kreuz und die sozialen Verflechtungen in der Kölner Führungsschicht. Versuch einer Gräbererfassung 1252 bis 1750 (Nekrologium), in: JbKGV 82, 2013/14, S. 7-91.

[56] Zum Vergleich: Karl-Georg PFÄNDTNER, Bücher für die Memoria. Erhard Ratdolts Schenkungen an das Karmeliterkloster St. Anna in Augsburg, in: Augsburg macht Druck, Augsburg 2017, S. 74-85.

[57] Das wird z.B. von Johannes Amerbach in Basel berichtet: *„Um wissenschaftlich einwandfreie Texte zu bekommen, entlieh er Handschriften aus der Basler Kartause, der er jeweils ein Exemplar seiner neuesten Drucke schenkte."* (Ferdinand GELDNER, Inkunabeldrucker, Bd.1, Stuttgart 1970, S. 118).

Köln die Eintragung „*Hunc librum **cum pluribus aliis** recepimus a* (gestrichen, darüber von anderer Hand: ex) *parte magistri Ulrici impressoris pie memorie, ut fideliter pro eo et suis oremus quatinus in librum vite nomen eius scribatur.*" (deutsch = Dieses Buch haben wir mit (noch) mehr anderen von Seiten des Druckers Meister Ulrich frommen Andenkens erhalten, damit wir getreu für ihn und die Seinen beten, damit sein Name ins Buch des Lebens eingetragen werde).[58]

Das verweist auf das gegenseitige Geben und Nehmen zwischen Druckern und Klöstern. Es bezog sich nicht nur auf den Druck und die Lieferung von Vorlagen bzw. begleitende Aufsicht durch die Mönche, sondern auch auf die Seelsorge. Die Drucker empfahlen ihr Seelenheil der klösterlichen Fürbitte, so z.B. stifteten Koelhoff und seine Frau Bilie (Mabilia?) bei den Karmelitern am Waidmarkt ein Erbgedächtnis mit 120 Gulden. Über die weiteren Beziehungen zu den Karmelitern ist allerdings nichts bekannt.[59]

Kontakt zum Minoritenkloster dokumentiert auch die folgende Nachricht: Als das Minoritenkloster am 4. Februar 1479 eine reformierte Regel feierlich einführte, befand sich Johann Koelhoff d.Ä. unter den Zeugen.[60]

Schluss

Für die ersten Drucker in Köln waren also einige Ordensgemeinschaften wie die Kartäuser von größter Bedeutung, erkennbar an den Drucklettern, die ter Hoernen und andere in engster Anlehnung an die bei diesen Klöstern üblichen Schreibgewohnheiten entwickelt haben. Bei der Kartause konnte, namentlich bei Werner Rolevinck, eine engere Zusammenarbeit bei den gedruckten Titeln deutlich gemacht werden. Konkret bei dem Drucker ter Hoernen kann man sehen, dass Inhalt (Kartäuserautoren) und Form (Typographie) eng zusammengehen, wobei natürlich die Typographie auch für nicht-kartäusische Texte (Petrarca) verwendet worden ist, sie zeigt dann lediglich seine enge Beziehung zu diesem bedeutenden Kloster und seiner geistig-geistlichen Ausstrahlung.

Ter Hoernen war der Kartäuserdrucker der 70er Jahre in Köln, nicht nur derjenige Rolevincks, sondern für diese Jahre der Kartäuserdrucke überhaupt. Die Mitwirkung anderer Kölner Drucker muss noch eingeordnet werden, sie war aber offenbar subsidiär. Köln war damals das Zentrum in Europa, in dem in großem Maße Texte der Kartäuser durch den Druck vervielfältigt wurden. Bei der straffen Führung des Ordens durch das Generalkapitel und die Grande Chartreuse bleibt zu hinterfragen, ob dies mit Wissen, wenn nicht Billigung des Ordens erfolgte. Das muss an den Quellen geprüft werden, ebenso - soweit möglich - die Frage, an wen sich die Texte im Sinne des Verkündigungsauftrags der Kartäuser richten sollten. Wieder ist Mertens Formulierung zu den frühen Drucken des Jacobus de Clusa zu zitieren: „*Die zwischen 1470 und 1520 erschienenen Drucke berücksichtigen allein die Bedürfnisse des Weltklerus […].*"[61] Wie

---

[58] USB Köln GB IV 6035, vgl. Rudolf JUCHHOFF, Aufgang und Blütezeit des Kölner Buchdrucks, in: Fünf Jahrhunderte Schwarze Kunst in Köln, Köln 1953, S 9 ff, bes. S. 12 mit Abbildung des Eintrags.

[59] Leonhard ENNEN, Geschichte Kölns, Bd. 3, 1875, S. 1038.

[60] Mitteilungen aus dem Stadtarchiv Köln 38, S. 202, Nr. 13479.

[61] Vgl. Anm. 49.

ist die Distribution der frühen Kartäuserdrucke zu sehen, wieweit gingen sie an die Ordensniederlassungen?

Die Zusammenarbeit mit der Kartause lässt sich gut herauslesen, auch wenn noch viele Fragen offen sind. Es bleibt zu bestimmen, ob und wie die anderen Ordensniederlassungen wie Dominikaner und Franziskaner, von denen viele Autoren gedruckt wurden, sich bei der Drucklegung engagiert haben.

Jürgen Elvert

Conquest of Paradise?
Spaniens Landnahme in Amerika und ihre Folgen

Am Anfang des spanischen Überseeimperiums steht bekanntlich ein grandioser Irrtum: Christoph Kolumbus wollte gen Westen segeln, nach Japan, Indien und ins Reich des Großen Khan gelangen und schließlich für Spanien fruchtbare, dichtbesiedelte Ländereien voller Bodenschätze, Gold- und Silberreserven, Perlen und Edelsteine entdecken.[1] Dass er von seiner ersten Fahrt überhaupt nach Spanien zurückkehren konnte und nach drei weiteren Fahrten in seiner Heimat verstarb, verdankten er und seine Mannschaft letztlich aber nur einem Zufall: der so nicht geplanten Landung in der Karibik. Dabei war die erste Reise des Kolumbus keineswegs ein leichtfertiges und fahrlässig vorbereitetes Unternehmen, sondern eine trotz mancherlei Rückschlägen ebenso langfristig wie sorgfältig geplante Expedition. Die Idee, dass man auf dem westlichen Seeweg nach Indien schneller vorankommen könnte als auf der langwierigen und mühsamen Tour nach Süden entlang der afrikanischen Westküste und um das Kap der Guten Hoffnung herum, war keineswegs neu, als Kolumbus dieses Projekt aufgriff und nach Investoren suchte, die ihm die Reise finanzierten. Die am 17. April 1492 unterzeichneten *„Kapitulationen von Santa Fé"* regelten die Finanzierung der Erkundungsfahrt und sicherten Kolumbus allerlei politische und ökonomische Privilegien im Falle des Erfolges zu: den vererbbaren Titel eines Admirals, die Erhebung in den erblichen Adelsstand, die Aussicht auf Ernennung zum Vizekönig und Gouverneur in neu entdeckten Gebieten samt allen mit dem Amt verbundenen Rechten sowie eine steuerfreie zehnprozentige Gewinnbeteiligung an allen materiellen Gewinnen aus der Fahrt. [2]

Auch wenn es üblich war, privates Engagement bei Überseefahrten großzügig zu entlohnen, sind die Zugeständnisse, die Kolumbus aushandeln konnte, höchst bemerkenswert, da sie weitaus umfassender ausfielen als alle Konzessionen, die jemals zuvor von staatlicher Seite privaten Unternehmen zugestanden worden waren. Dennoch blieb das finanzielle Risiko der Krone begrenzt: Kolumbus übernahm die Kosten für Charter und Ausrüstung der *„Santa María"*, das Flaggschiff der kleinen Expeditionsflotte, und die Krone verpflichtete sich zur Zahlung der Heuer für die Besatzungen aller drei Schiffe. Für die Bereitstellungs- und Ausrüstungskosten der beiden kleineren Karavellen *„Niña"* und *„Pinta"* musste die bei der Krone hoch verschuldete Stadt Palos einstehen.[3]

---

[1] Nach Lincoln Paine, The Sea and Civilization. A Maritime History of the World, New York 2013, S. 390.

[2] Zum Kontext der Vorgeschichte der Kolumbus-Fahrt vgl.: Jürgen Elvert, Europa, das Meer und die Welt. Eine maritime Geschichte der Neuzeit, München 2018, S. 80 ff.

[3] Vgl. Annerose Menninger, Historienfilme als Geschichtsvermittler. Kolumbus und Amerika im populären Spielfilm, Stuttgart 2010, S. 43 f.

Die Zugeständnisse, die das spanische Königspaar Kolumbus gemacht hatte, offenbaren, welche Hoffnungen man in den Kolumbus-Plan setzte. Und der Genueser wusste nur zu gut, welche Erwartungen er bei seinen Gönnern geweckt hatte, so dass der Erfolgsdruck, den er verspürte, erheblich gewesen sein dürfte. Die Förderung durch die spanische Krone war ihm letztlich zuteilgeworden, weil er versprochen hatte, einen Seeweg über „Çipango" (Japan) und „Cathay" nach Indien zu finden. In den Reiseunterlagen, die er vom spanischen Hof erhalten hatte, befand sich ein Referenzschreiben des Königspaares an den Kaiser von China, in dem unter anderem das Recht zur christlichen Mission erbeten wird. Die ökonomischen Erwartungen dürften aber noch weit größer gewesen sein als die politischen und die missionarischen, schließlich hatten die Erfolge der portugiesischen Rivalen auf diesem Gebiet Maßstäbe gesetzt.[4]

Die Auswahl der Tauschobjekte, die die Seereisenden an Bord mit sich führten, bietet interessante Einblicke in die Selbstwahrnehmung der Europäer, die sich ganz offensichtlich von vornherein den Menschen, auf die man zu treffen hoffte, überlegen fühlten. Auch dass Kolumbus sich ausbedungen hatte, den Titel und die damit verbundenen Rechte des Vizekönigs und Gouverneurs der zu entdeckenden Gebiete tragen zu dürfen, ist ein Indiz dafür, dass die Landnahme ganz selbstverständlich zu den erklärten Zielen der spanischen Überseefahrten gehörte.[5] Daran war Kolumbus nicht ganz schuldlos, da er bei der Vorstellung seiner Ziele den Eindruck erweckt hatte, er würde gleichsam in das Zentrum eines Paradieses segeln. Sich ein so lohnendes Ziel mit einheimischen Herrschern teilen zu müssen, war da eine wenig attraktive Perspektive. Es ging bei der Errichtung des spanischen Überseeimperiums also von Beginn an um drei Dinge: die christliche Mission, den Aufbau möglichst profitabler Handelsbeziehungen und die Annexion möglichst großer, fruchtbarer und reicher Landstriche.

Dazu reiste Kolumbus insgesamt viermal über den Atlantik. Seine zweite Reise begann am 25. September 1493 in Cadíz. Dieses Mal stach ein durchaus eindrucksvolles Geschwader in See: 17 Schiffe transportierten insgesamt an die 1500 Personen verschiedener Berufe und unterschiedlicher Herkunft, dazu Proviant, Waffen, Werkzeug, Saatgut, Zuchtvieh, Hunde und Pferde. Größe, Zusammensetzung und Ausrüstung der Flotte zeigen, dass Kolumbus' Bericht auch die Skeptiker am spanischen Hof überzeugt hatte. Nun sollten die spanischen Ansprüche auf das in der Karibik entdeckte Land einschließlich der dort lebenden Menschen, ihrer Wirtschaftskraft sowie der vorhandenen Bodenschätze für die spanische Krone durchgesetzt werden. Gemäß der europäischen Tradition gab es dafür zwei Möglichkeiten: Entweder unterwarf sich die dort lebende Bevölkerung dem damit verbundenen Herrschaftsanspruch, oder man musste versuchen, diesen mit Gewalt durchzusetzen. Dazu befand sich ein Trupp Soldaten mitsamt Ausrüstung an Bord. Bauern sollten in dem fernen Land für die Ernährung der Kolonisten sorgen, Ärzte für deren körperliches und Geistliche für ihr seelisches Wohlergehen. Darüber hinaus sollten sie für die Missionierung der indigenen Bevölkerung Sorge tragen. Und schließlich sollten Beamte der Krone darüber wachen,

---

[4]   Ebd., S. 44 f.
[5]   ELVERT (wie Anm. 2), S. 87.

dass alles ordnungsgemäß vonstattenging und vor allem die Krone die Einnahmen erhielt, die ihr gebührten.

Die Erwartungen der Reisenden an eine Zukunft auf der „anderen" Seite des Meeres waren hoch. Kolumbus hatte in seinem Bericht über die erste Reise ein Bild entworfen, das in der Tat an paradiesische Verhältnisse erinnerte. Folglich erwarteten die Kolonisten, fruchtbare Landstriche voller Gold vorzufinden, in denen fügsame Menschen in einfacher, aber edler Natürlichkeit friedlich miteinander lebten. Das alles unterschied sich grundlegend von den Lebensbedingungen in Spanien, wo die jahrhundertelange Rekonquista soeben erst erfolgreich abgeschlossen worden war.[6] Noch war die Wirtschaftskraft des Landes erheblich geschwächt, und überall zeigten sich Spuren der Zerstörung. Kurzum: Auf Kolumbus lastete auch diesmal ein hoher Erfolgsdruck, erst recht da die Krone und eine Reihe privater Finanziers, von denen nicht wenige persönlich an Bord der Schiffe waren, viel Geld in diese zweite Reise gesteckt hatten. Allseits erwartete man eine hohe Rendite, und Kolumbus war dafür verantwortlich, dass sich die Investitionen rechneten.

Die erste spanische Siedlung in der Karibik, nach der Königin La Isabela benannt, wurde auf Hispaniola errichtet. Die dort lebenden Taíno waren auf fünf Stämme verteilt. Im Norden der Insel, dem ersten Siedlungsgebiet der Spanier, siedelnden die Marién und Maguá. Im Zentrum und an der Südküste lebten die Managuá, im Südosten die Higüey und im Südwesten die Jaragua. Kolumbus' wichtigster Verbündeter war Guacanagarix, der Kazike der Marién, da die Spanier sich auf dessen Stammesterritorium niedergelassen hatten. Deren Präsenz freilich stärkte die Position des Kaziken im Machtgefüge der fünf Taíno-Stämme Hispaniolas erheblich. Die Spanier bauten La I sabela in den folgenden Monaten zu einer veritablen Kleinstadt aus, zumeist mit Holzhäusern, lediglich die „Residenz" des Kolumbus war bereits aus Stein erbaut worden. In der ersten Kirche auf amerikanischem Boden konnte im Januar 1494 die erste Messe gefeiert werden, im Frühjahr desselben Jahres reiften auf den Feldern um die Siedlung aufgrund der guten klimatischen Bedingungen bereits die ersten Früchte, auch die mitgebrachten Zuchttiere vermehrten sich prächtig. Um das angebaute Getreide verarbeiten zu können und damit die Ernährung der Bewohner wieder an europäische Gewohnheiten anzupassen, ordnete Kolumbus den Bau einer Getreidemühle an, für die eigens ein Kanal durch die Siedlung angelegt wurde. Hinzu kam im Frühjahr 1494 der Ausbau des örtlichen Straßennetzes in Verbindung mit einer Plaza.[7]

So grundlegend derlei Maßnahmen aus der Perspektive eines langfristig angelegten Siedlungsbaus auch waren, verstanden sie sich nicht von selbst. Kolumbus musste öfter Strenge walten lassen, denn viele seiner Mitstreiter hatten sich in der Hoffnung in das amerikanische Abenteuer gestürzt, nach kurzer Zeit mit den Taschen voller Gold nach Spanien zurückkehren zu können. Doch die Goldfunde in der Umgebung La Isabelas waren verhältnismäßig spärlich. Eine Erkundungsexpedition ins Landesinnere, die sich im Frühjahr 1494 auf den Weg gemacht hatte, um herauszufinden, ob sich die zutage geförderte Goldmenge in einigen der Flusstäler nicht durch gezielten Bergbau

---

[6] David ABULAFIA, Stripped Assets. The Opening of the Atlantic and the Discovery of Mankind, in: History Today 58/5, May 2008, S. 37-43, hier S. 40.

[7] MENNINGER (wie Anm. 3), S. 57.

vergrößern ließ, kehrte mit ernüchternden Ergebnissen zurück. Die Goldausbeute, die Kolumbus im Februar 1494 an Bord einer Flotte von zwölf Schiffen nach Spanien transportieren ließ, blieb mit einem Wert von rund 30.000 Dukaten eher bescheiden.[8] Sicherheitshalber fragte er in seinem Begleitschreiben an die spanische Krone, ob nicht eine Teilfinanzierung des Kolonialprojekts durch Sklavenhandel möglich sei. Daneben bat er um Nahrungsmittelnachschub, Arzneimittel und weiteres Zuchtvieh.[9] Die Goldgier seiner Mitstreiter konnte er so jedoch nicht stillen. Deshalb machte er sich im März 1494 erneut auf die Suche nach dem Festland und dem Großen Khan. Den Oberbefehl über die Siedler in La Isabela übertrug er während seiner Abwesenheit seinem Bruder Giacomo und einem Rat. Diese jedoch schafften es nicht, die Disziplin der Siedler auf Dauer aufrechtzuerhalten. Als Kolumbus Ende September 1494 nach La Isabela zurückkehrte, war die Siedlung in Aufruhr. Siedlertrupps zogen brandschatzend über die Insel und vergingen sich dabei an Taíno-Frauen. Entsprechend aufgebracht reagierte die Urbevölkerung. Die Übergriffe gegen Siedler nahmen zu. Vier mächtige Kaziken schlossen sich zu einem Bündnis gegen die Spanier zusammen, nur Guacanagarix hielt mangels Alternativen zu den Spaniern. Um Ruhe und Ordnung auf der Insel wiederherzustellen und das Siedlungsprojekt nicht insgesamt scheitern zu lassen, musste Kolumbus weitreichende Maßnahmen ergreifen und die Insel auf Dauer befrieden, und das hieß, die Urbevölkerung endgültig zu unterwerfen. Dazu stellte er eine 200 Mann starke Truppe zusammen, 20 davon beritten, bis an die Zähne bewaffnet und in Begleitung von 20 Bluthunden. Mit den Hilfstruppen des Guanagarix zog diese kleine Armee nun über die ganze Insel. Die Ureinwohner zeigten sich insbesondere von den Pferden und den Hunden der Spanier beeindruckt und suchten ihr Heil in der Flucht, wann immer sie auf die Spanier trafen. Am Ende des Feldzugs hatten die siegreichen Spanier unter den aufständischen Taíno ein furchtbares Blutbad angerichtet, von dem diese sich nie wieder erholen sollten.[10]

Nun suchten Kolumbus und sein zwischenzeitlich nachgereister Bruder Bartolomé politische und gesellschaftliche Strukturen nach europäischem Vorbild auf Hispaniola einzurichten, um die spanische Herrschaft zu erleichtern und vor allem die Einnahmen zu verbessern. Ein System von Zwangstributen verpflichtete jeden Ureinwohner aus der Gegend um Ciboa, wo man die Goldfunde gemacht hatte, zur Abgabe einer Falkenschelle voller Gold pro Quartal, alle anderen Taíno mussten stattdessen je 25 Pfund Baumwolle liefern. Damit war der Weg vorgezeichnet zur Einführung des sogenannten „repartimiento"-Systems, über das besonders verdienstvollen Siedlern Land zugesprochen wurde. Die auf diesem Land lebenden Ureinwohner dienten den so ausgezeichneten Siedlern zugleich als Arbeitskräfte bei der Bewirtschaftung des Landes. Rechtlich gesehen handelte es sich dabei zwar nicht um Sklaven, doch schützte dieser Status sie gleichwohl nicht vor der gnadenlosen Ausbeutung durch die neuen Herren. Bartolomé de Las Casas sollte später darüber berichten, dass diese „freien" Landarbeiter

---

[8] Ebd.

[9] Ebd.

[10] Ebd.

von ihren Herren zumeist behandelt würden *„wie auf der Straße liegende Exkremente".*[11]

Für die Taíno Hispaniolas und der Karibik insgesamt begann damit der Untergang. Die Schätzungen über die in der Karibik zum Zeitpunkt der Ankunft der Spanier lebenden Ureinwohner schwanken erheblich. Ältere Schätzungen gehen von rund 200.000 Menschen aus, neuere Zahlen schwanken zwischen drei und nahezu sechs Millionen. Eine exakte Zahl wird sich mangels genauerer Unterlagen vermutlich niemals ermitteln lassen.[12] Allerdings lassen sich die Gründe, die zum völligen Aussterben der Kulturen der karibischen Ureinwohner geführt haben, drei Ursachenbündeln zuordnen. Zum einen waren es sicher die Gewaltakte der Konquistadoren, insbesondere im Zuge der ersten Welle der Eroberung in den 1490er Jahren. Dabei handelte es sich teilweise um entsetzliche Gräueltaten, doch sie waren numerisch nicht so signifikant, dass sie eine ganze Population zum Aussterben hätten bringen können. Zweitens führte die Verbreitung europäischer Krankheiten wie Windpocken und Masern zu einem erheblichen Rückgang der indigenen Bevölkerung der Karibik. Zumeist waren davon die Bewohner der dichter besiedelten Gebiete betroffen, während die Gegenden mit indigener Streubesiedlung nur geringe oder gar keine Verluste durch Krankheiten zu beklagen hatten. Hier war das dritte Ursachenbündel, nämlich die Folgen von Zwangsarbeit, deutlich spürbarer. Die Zwangsarbeit brachte das traditionelle gesellschaftliche Gleichgewicht der Taíno völlig aus den Fugen, führte zu einem erheblichen Rückgang ihrer eigenen Agrarproduktion und zu Hungersnöten. Außerdem waren die Ureinwohner nicht an die mit Zwangsarbeit verbundene harte körperliche Arbeit in den Goldminen, im Straßenbau und im Transportwesen gewöhnt, was die Zahl der Opfer noch weiter ansteigen ließ. Um 1510 lebten etwa 10.000 Menschen europäischer Herkunft auf Hispaniola. Diese Zahl genügte, um unter einigen Hunderttausend Taíno große demographische Verwüstungen anzurichten. Alle drei Ursachenbündel zusammengenommen führten letztlich dazu, dass Mitte des 16. Jahrhunderts die Taíno-Kultur in der Karibik nicht mehr existierte. Das heißt freilich nicht, dass die Taíno insgesamt ausgestorben wären. So lassen neuere Genanalysen darauf schließen, dass beispielsweise ein Großteil der Bevölkerung Puerto Ricos genetische Nachkommen der Taíno sind, auch konnten sich in manchen abgelegenen Gegenden der Karibik, insbesondere auf Kuba, bis heute Spuren der Taíno-Kultur behaupten.[13]

Gelegentlich stößt man in der einschlägigen Forschungsliteratur auf den Vorwurf, das Vorgehen des Kolumbus gegen die Ureinwohner der Karibik sei ein Genozid gewesen.[14] Ich halte dies für unsinnig, denn ein Genozid an den Taíno hätte bedeutet, dass Kolumbus bewusst auf eine mögliche Einnahmequelle seiner auf schwachen finanziellen Füßen stehenden Kolonie verzichtet hätte. Auch hätte ein Genozid im krassen Widerspruch zu dem von ihm auf Hispaniola eingeführten *„repartimiento"*-System gestanden, weil dies auf dem Prinzip der Zwangsarbeit beruhte. Vielmehr scheinen

---

[11] ELVERT (wie Anm. 2), S. 100.

[12] ABULAFIA (wie Anm. 6), S. 41.

[13] Tom SMITH, Discovery of the Americas, 1492-1800, New York 2005, S. 34.

[14] Vgl. dazu z. B. Tink TINKER/Mark FREELAND, Thief, Slave Trader, Murderer. Christopher Columbus and the Caribbean Population Decline, in: Wicazo Sa Review 23/1, 2008, S. 25-50.

sowohl das „*repartimiento*"-System mit seinen Folgen als auch die Versklavung beson-ders renitenter „*native Americans*" Ausdruck eines mit seiner Aufgabe eigentlich über-forderten Gouverneurs gewesen zu sein. Dieser versuchte nichts anderes, als eine funktionsfähige und finanziell unabhängige Kolonie ins Leben zu rufen, um den Erwar-tungen gerecht zu werden, die er selbst bei seinen Gönnern und Förderern und darüber hinaus in der europäischen Öffentlichkeit geweckt hatte. Er war mithin ein Gefangener seines eigenen Plans und seiner erfolgreichen ersten Reise. Mit dieser hatte er die Tür zur Errichtung des spanischen Kolonialreichs in der Neuen Welt aufgestoßen, auch wenn er bis an sein Lebensende an der Illusion festhalten sollte, den Seeweg nach China und Indien gefunden zu haben.

Die Menschen, die in den ersten Jahrzehnten der Conquista Mittel- und Südameri-kas den gefährlichen Weg in die Neue Welt wagten, hatten zumeist kaum Interesse daran, als Siedler amerikanischen Boden urbar zu machen. Es ging ihnen darum, mög-lichst rasch zu Reichtum zu gelangen, der ihnen ein sorgenfreies Leben vorzugsweise in der europäischen Heimat bescheren sollte. Solange aber die Grundversorgung mit Lebensmitteln aus eigener kolonialer Produktion und mit anderen überlebenswichtigen Gütern nicht gewährleistet war, musste alles - Material, Waffen und Vorräte - übers Meer herangeschafft werden. Das stieß an Grenzen, denn der Transport war zeitauf-wendig und gefährlich, Totalverluste als Folge von Schiffbruch keine Seltenheit. Eine auf Dauer erfolgreiche Eroberung der Neuen Welt war also nur möglich, wenn die dort lebenden Europäer nach und nach in jeder Hinsicht autark wurden. Dies war den Zeit-genossen durchaus bewusst. Deshalb stach nur zehn Jahre nach Kolumbus' erstem Aufbruch am 13. Februar 1502 von Sanlúcar de Barrameda aus ein aus etwa 30 Schif-fen bestehendes Geschwader in See. Kommandiert wurde es von Nicolás de Ovando, dem Spross einer wohlhabenden Adelsfamilie aus der südlichen Extremadura und en-gem Vertrauten des spanischen Königspaares. Die Schiffe sollten an die 2.500 Kolo-nisten nach Hispaniola bringen. Die Passagiere waren mit Sorgfalt ausgesucht worden; sie stellten einen Querschnitt der spanischen Gesellschaft dar und verfügten über alle Fähigkeiten und Fertigkeiten, die zum Aufbau und zum Unterhalt einer von Zufuhren aus dem Mutterland weitgehend unabhängigen überseeischen Siedlung vonnöten wa-ren. 30 Schiffe für eine so gefährliche Reise zu organisieren, das allein war eine große organisatorische und finanzielle Leistung, und es zeigt, welche Bedeutung das Unter-nehmen hatte und welche Erwartungen die Krone und die beteiligten Finanziers in sein Gelingen setzten.[15]

Der Atlantik bildete in den ersten Jahren der europäischen Expansion also eine Art Brücke, die man in der Hoffnung auf ein besseres Leben betrat, allerdings nicht unbe-dingt in der neuen, sondern bevorzugt in der alten Heimat. Unabhängig von den Zielen, welche die Reisenden verfolgten, die gewissermaßen im Kielwasser von Kolumbus den Atlantik überquerten, bildeten Schiffe die tragenden Pfeiler dieser „*transatlanti-schen Brücke*". In den ersten zwölf Jahren nach Kolumbus' erster Atlantikquerung, also zwischen 1492 und 1504, wurden nicht weniger als 85 transatlantische Erkundungs-fahrten in westlicher Richtung unternommen. Das Karibische Meer und dessen

---

[15] ELVERT (wie Anm. 2), S. 106.

Inselwelt stellte in der frühen Phase der spanischen Conquista neben der Erkundung des transatlantischen Seegebiets durch die Europäer das Hauptziel der von Spanien auslaufenden Schiffe dar. Immerhin lagen seit der Rückkehr des Kolumbus von seiner ersten Reise Informationen über dessen transatlantischen Kurs und die Topographie der Karibik vor. Es waren also keine Reisen ins Unbekannte mehr, zumal alle verfügbaren Informationen über die meteorologischen und räumlichen Gegebenheiten in den iberischen Monarchien seit dem 15. Jahrhundert systematisch gesammelt und ausgewertet worden waren. Dazu wurde im Jahre 1504 auf Geheiß der Krone in Sevilla die „Casa de la Contratación" gegründet. Die eigentliche Aufgabe dieser Behörde war es, der chronisch klammen Monarchie Zugriff auf Einnahmen aus der Neuen Welt zu sichern. Da diese Einnahmen zu Beginn des 16. Jahrhunderts noch sehr spärlich flossen, handelte es sich bei der Einrichtung der „Casa" also um eine Investition in die Zukunft. Damit die „Casa" möglichst viel Wirkung entfalten konnte, wurde sie mit umfassenden Vollmachten ausgestattet und ihr Handlungsrahmen weit abgesteckt. Jeglicher Schiffsverkehr zwischen Alter und Neuer Welt musste über Sevilla abgewickelt werden; das Personal der „Casa" führte sorgfältig Buch über alle ein- und auslaufenden Schiffe und deren Ladung. Die im Amerikaverkehr eingesetzten Schiffe durften nur Kapitänen anvertraut werden, die eine Lizenz der „Casa" vorlegen konnten. Weiterhin war die „Casa" zuständig für die Versorgung der spanischen Kolonien in der Neuen Welt sowie den Handel zwischen den einzelnen Kolonien. So mussten auch Gewinne, die im inter-kolonialen Handel erwirtschaftet wurden, über diese Behörde versteuert werden. Allein das zeigt schon den Anspruch auf, der an die „Casa" gestellt wurde. In vollem Umfang war er kaum zu erfüllen, schließlich war wegen der für damalige Verhältnisse enormen Distanz zwischen Alter und Neuer Welt eine lückenlose Überwachung der inneramerikanischen Handelsströme gar nicht möglich, zumal Korruption und Schmuggel auf beiden Seiten des Atlantiks weit verbreitet waren. Dennoch wurde in der „Casa" so sorgfältig wie möglich Buch geführt, so dass unser Wissen um den Verkehr zwischen Spanien und seinen transatlantischen Eroberungen im 16. und 17. Jahrhundert vergleichsweise gut und differenziert ist. Beispielsweise wurden etwa 150.000 Personen namentlich erfasst, die in jener Zeit von Europa nach Amerika reisten, um dort ihr Glück zu suchen.[16]

Das sollte sich in der Regel als ein sehr schwieriges Unterfangen erweisen. Denn abgesehen davon, dass das Verhältnis der europäischen und indigenen Kulturen zueinander lange Zeit auf beiden Seiten vom völligen Fehlen auch nur rudimentärer Kenntnisse der Besonderheiten der jeweils anderen Seite geprägt war, fehlte insbesondere den Europäern zumeist auch die Bereitschaft, die Besonderheiten der „indígenas", auf die sie im Zuge der Eroberung des amerikanischen Kontinents stießen, zu verstehen. Der vermeintlich niedrigere zivilisatorische Entwicklungsstand der „indígenas" erleichterte es den Europäern vielmehr, den ursprünglichen Bewohnern Amerikas jene Kompetenzen abzusprechen, die sie als gleichwertige Menschen und erst recht als ernstzunehmende Partner ausgezeichnet hätten. Stattdessen überforderte das Aufeinandertreffen zweier so unerhört verschiedener Kulturen beide Seiten. Sie

---

[16] Ebd.

verfügten nicht über das relevante Wissen und die notwendigen Techniken, um die jeweils anderen als das einzuordnen, was sie waren: Menschen auf einer bestimmten zivilisatorischen Entwicklungsstufe.[17]

Auf der Seite der Indios führte das Fehlen entsprechenden Wissens dazu, dass sie die so offensichtlich anderen, mit völlig unbekannten technischen Mitteln und Möglichkeiten ausgerüsteten Europäer für Götter hielten, mit denen man sich tunlichst gut stellte. Und auf Seiten der Europäer war es durchaus üblich, den Indios aufgrund ihrer Lebensweise und mangelnden technischen Fähigkeiten die *„humanitas"*, also den Status zivilisierter und kulturell gereifter Menschen, zu verweigern und sie stattdessen als *„homunculi"*, als affengleiche Wesen, zu begreifen, die von Natur aus den Europäern untergeordnet, im Vergleich zu ihnen minderwertig waren. Daraus leiteten Zeitgenossen wiederum das Recht ab, diese *„homunculi"* wenn schon nicht wie Tiere jagen, dann doch wenigstens versklaven zu dürfen. Derartige Kategorisierungsmuster waren in Europa weit verbreitet und hielten sich hartnäckig. So nutzte beispielsweise Hernán Cortés in seinen Berichten über die Begegnung mit der hochentwickelten aztekischen Zivilisation, in denen auch die letztliche Unterwerfung und Zerstörung geschildert wird, Elemente aus Caesars *„Bellum Gallicum"*. Cortés verglich das seiner Verantwortung unterliegende Vorgehen der Europäer nämlich mit dem der Römer bei der Eroberung der gallischen, vermeintlich barbarischen Zivilisationen und rechtfertigte sein Vorgehen mit der Behauptung, dass es sich um eine zivilisatorische Mission handle, die auch den Azteken letztlich zum Vorteil gereichen würde, da sie von den Segnungen der (europäischen) Zivilisation profitieren würden.[18]

Mit solchen Behauptungen ließen sich die eigentlichen Ziele der Konquistadoren trefflich verschleiern. Diesen ging es durchaus nicht darum, die Bewohner der Neuen Welt mit den Segnungen der europäischen Zivilisation zu versehen. Bei manchen mag die christliche Mission ein Motiv gewesen sein, doch zuallererst ging es um die Eroberung von Land in der Hoffnung, dort reichlich Gold, Silber, Edelsteine, Perlen oder andere hochwertige Handelsgüter zu finden, diese zu erbeuten und mit den Erlösen nicht nur die zahlreichen Gläubiger zu befriedigen, sondern auch selbst zu Reichtum zu gelangen. Nur so ist zu erklären, warum sich Tausende von Europäern in der Alten Welt oftmals hoch verschuldet auf die gefährliche Reise übers Meer machten.

Kolumbus hatte den Europäern die Tür zu einer neuen Welt geöffnet und deren Phantasie gehörig beflügelt. Diese wurde im Verlauf des 16. Jahrhunderts durch Reiseberichte noch weiter angeregt, in denen von einer Welt zu lesen war, in der es Gold, kostbare Gewürze und fruchtbare Ländereien im Überfluss gebe und in der seltsam anmutende Wesen wie Sirenen, Zyklopen, Amazonen lebten, welche die Europäer bis dahin nur aus der griechischen Mythologie kannten. Nicht von ungefähr entstand so Mitte des 16. Jahrhunderts die Legende vom *„El Dorado"*, jenem sagenhaften Goldland inmitten des nördlichen Südamerika. Dem Ziel, dieses zu finden, haben sich jahrzehntelang Tausende von Konquistadoren aus Spanien und anderen europäischen

---

[17] Urs BITTERLI, Die *„Wilden"* und die *„Zivilisierten"*. Grundzüge einer Geistes- und Kulturgeschichte der europäisch-überseeischen Begegnung, München ³2004, S. 81-160.

[18] Christian SCHÄFER, Juan Ginés de Sepúlveda und die politische Aristotelesrezeption im Zeitalter der Conquista, in: Vivarium, 40/2, 2002, S. 242-271, hier S. 264-268.

Nationen verschrieben. Sie haben dafür bereitwillig ihr Leben riskiert - und ebenso bereitwillig all jene Angehörigen indigener Ethnien getötet, die es wagten, sich ihnen in den Weg zu stellen. Als gute europäische Christen kannten sie natürlich das fünfte Gebot, doch bezog sich dies wie alle anderen Gebote und Grundsätze europäischer Moralvorstellungen auf den Umgang von Menschen miteinander, nicht auf den Umgang mit menschenähnlichen Wesen auf einer niedrigeren zivilisatorischen Entwicklungsstufe, die entweder als nicht missionierbar galten oder erst durch die Mission zu Christenmenschen geformt werden mussten.

Den Konquistadoren ging es in der Regel um Gewinnmaximierung, sie handelten allerdings im Namen der spanischen Krone. Diese wiederum wollte über die Entdeckung und Eroberung neuer Länder zunächst mit dem im Indischen Ozean erfolgreichen Rivalen Portugal gleichziehen oder diesen sogar überflügeln. In der Zeit Karls V. dienten die stetig wachsenden Einnahmen der Krone aus den transatlantischen Edelmetalleinfuhren dann der Finanzierung kostspieliger Feldzüge in Europa, bei denen es einerseits um den Zusammenhalt des Alten Reiches ging und andererseits um die kriegerische Auseinandersetzung mit der französischen Krone, die danach strebte, sich aus dem vermeintlichen habsburgischen Klammergriff zu befreien. Letztlich profitierten von den Einnahmen aus den Edelmetallimporten allerdings in erster Linie die Gläubiger des Kaisers, zunächst vor allem die oberdeutschen Handelshäuser der Fugger und Welser. Nach dem Rücktritt Karls V. und der damit verbundenen Teilung der Herrschaft über das Alte Reich und Spanien, der in Spanien mit einem Schuldenmoratorium einherging, übernahmen dann Genueser Bankhäuser die Rolle als Hauptgläubiger der spanischen Krone.[19]

Wer waren diese Konquistadoren? Einer der frühesten von Konquistadoren nachgelassenen schriftlichen Zeitzeugnissen ist der Reisebericht des Straubingers Ulrich Schmidel, der zwischen 1535 und 1554 im Gebiet des heutigen Argentinien, Paraguay und Bolivien an diversen Kampagnen teilnahm und wohl zu den Gründervätern der Stadt Buenos Aires gezählt werden muss.[20]

Weshalb Schmidel 1535 an Bord eines von 14 Schiffen ging, die von Cadiz aus in das Gebiet des Río de la Plata segeln sollten, wissen wir nicht. Es ist anzunehmen, dass aufgrund des vielfältigen Engagements oberdeutscher Kaufleute im Rahmen der Erschließung Mittel- und Südamerikas Anfang der 1530er Jahre die Möglichkeiten, die sich erfolgreichen Konquistadoren in der Neuen Welt boten, auch in den dortigen Hansestädten Gesprächsthema waren. Möglicherweise hatte Schmidel auf einer Reise nach Antwerpen davon gehört, dass ein Konsortium um den Ulmer Kaufmann Sebastian Neidhart und die Nürnberger Welser-Gesellschaft ein Schiff für die Überfahrt nach Amerika ausrüsten wollte. Neidhart zählte in den 1530er Jahren zu den größten Juwelenhändlern Europas. Er hatte das Recht auf die Ausrüstung eines Expeditionsschiffes erworben, weil er Karl V. im Jahr 1530 einen Kredit über 40.000 Dukaten gewährt hatte, der in Sevilla mit Perlen aus Amerika zurückgezahlt werden sollte. Da der kaiserliche

---

[19] Magda von der HEYDTCOCA, Andean Silver and the Rise of the Western World, in: Critical Sociology 31, 2005, Nr. 4, S. 481-513, hier S. 492.

[20] Zu Schmidel vgl.: Robert LEHMANNNITSCHE, Ulrich Schmidel. Der erste Geschichtsschreiber der La Plata-Länder 1535-1555, München [2]1912.

Hof bei Fälligkeit nicht zahlen konnte und zudem mit weiteren Krediten bei Neidhart in der Kreide stand, räumte man dem Ulmer Kaufmann das Recht ein, sich direkt am Amerikahandel zu beteiligen. Die von Jakob Welser gegründete Nürnberger Welser-Gesellschaft, die eng mit den Augsburger Welsern verflochten war, verfügte zu diesem Zeitpunkt bereits über jahrzehntelange Erfahrungen im Handel mit Indien und dem südlichen Amerika. So hatte Karl V. dem Augsburger Bartholomäus Welser beispielsweise 1528 die Statthalterschaft über Venezuela übertragen. Schmidel berichtet, dass unter den rund 3.000 Teilnehmern *„seiner"* Expedition ungefähr 500 *„Hoch-"*, also Oberdeutsche, Niederländer und Sachsen waren, von denen sich etwa 80 an Bord des von den Neidharts und Welsern ausgestatteten Schiffes befanden, *„wohl gerüstet mit Büchsen und Gewehr"*.

Am 6. Januar 1536 erreichten die Schiffe die Mündungsbucht des Río de la Plata. Einige Wochen später begannen die Kolonisten, unter ihnen auch Frauen und Kinder, mit dem Bau einer Siedlung, der sie den Namen *„Nuestra Señora de Buenos Ayres"* gaben. Die 72 Stuten und Hengste, die sie an Bord der Schiffe nach Amerika mitgeführt hatten, fühlten sich in ihrer neuen Heimat sehr wohl, vermehrten sich prächtig und bildeten den Grundstock für die zahlreichen Wildpferdherden, die es heute noch im Süden Amerikas gibt.

Zunächst scheinen Siedler und Einheimische friedlich nebeneinander gelebt und Handel miteinander getrieben zu haben. Schmidel berichtete über kulturelle Kontakte zu den Kerandís, die an der Mündungsbucht des Río de la Plata siedelten. Vermutlich benötigten die Kolonisten die von den Einheimischen angebotenen Waren dringend zum Überleben, denn als diese eines Tages nicht erschienen, entsandten die Konquistadoren eine kleine Delegation zu den Indios, die allerdings wohl allzu selbstbewusst auftrat, denn die Gesandten wurden von den Indios *„abgebläut"* und ins Lager zurückgeschickt. Daraufhin organisierten die Konquistadoren eine Strafexpedition aus 300 Fußsoldaten und 30 Reitern, die den Befehl hatten, alle Indios zu töten. Die Gegenwehr der Kerandís war heftig. Sie konnten sechs Reiter und 20 Fußsoldaten töten. Von Schmidel erfahren wir auch einiges über die Kampftaktik der Indios: Gegen die Kavallerie setzten sie *„boleadores"* ein, steinerne Kugeln an einer langen Schnur, mit denen die Pferde zu Fall gebracht wurden. Die Infanteristen wurden mit Speeren bekämpft. Allerdings war der Widerstand bald gebrochen: Nachdem die deutlich besser bewaffneten Konquistadoren Schmidel zufolge etwa 1.000 Indios getötet hatten, suchten die Überlebenden ihr Heil in der Flucht.

Die Verstärkung der Mauer um das Lager sollte die Konquistadoren vor möglichen neuen Angriffen der Indios schützen, allerdings wurde ihre Versorgungslage zunehmend kritischer. In ihrer Not verzehrten die Siedler Katzen, Mäuse, Schlangen *„und ander Ungeziefer"*, auch *„Schuh und Leder"*, doch das konnte ihren Hunger nicht stillen. Es sollte noch schlimmer kommen. Schmidel berichtet von drei Spaniern, die in ihrer Verzweiflung ein Pferd gestohlen und verzehrt hatten. Unter der Folter gestanden sie die Tat und wurden gehängt; ihre Körper ließ man zur Abschreckung nicht vom Galgen nehmen. Daraufhin seien nachts *„andere Spanier"* gekommen, welche die Schenkel der Hingerichteten *„abgehauen und verzehrt"* hätten: *„item ein Spanier aß seinen Bruder, der da gestorben war in der Stadt Buenos Aires"*.

Aller Rückschläge zum Trotz: Zwischen 1492 und 1500 hatten die Konquistadoren in der Karibik und dem heutigen Venezuela und Panama bereits etwa 50.000 Quadratkilometer erschlossen. 15 Jahre später war das Gebiet auf etwa 300.000 Quadratkilometer angewachsen und bildete einen Raum, in dem etwa drei Millionen Amerindianer lebten. Diese Größenordnungen und die damit verbundene Steigerung der Einnahmen aus Übersee, nicht zuletzt auch das Vorgehen der Konquistadoren in der Neuen Welt - also deren Verhalten gegenüber der indigenen Bevölkerung -, bedurfte einer Rechtsgrundlage, die das Verhältnis zwischen Krone, Konquistadoren und indigener Bevölkerung regelte. Zunächst war das die *„capitulación"*, ein Vertrag, in dem sich der Konquistador gegenüber der Krone verpflichtete, die Inbesitznahme eines neuen Territoriums im Namen der Krone durchzuführen, für die zivile Besiedlung der neu gegründeten Kolonien durch europäische Kolonisten zu sorgen und die Missionierung der *„indígenas"* - sofern sie denn missionsfähig waren - auf eigene Kosten zu betreiben. Die *„capitulación"* war also eine Art königliche Lizenz an einen Privatunternehmer, für die dieser ein Fünftel *(„quinto real")* der erbeuteten Edelmetalle und sonstiger Schätze an die Krone abzuführen hatte. Nach der erfolgreichen Eroberung eines neuen Territoriums erhielten die Finanziers eines solchen Unternehmens in der Regel den Titel eines Vizekönigs, Gouverneurs oder eines Generalkapitäns. Hernán Cortés etwa wurde nach der Eroberung Mexikos zum Generalgouverneur und Francisco Pizarro González nach der Eroberung Perus zum Generalkapitän ernannt. Nach Unterzeichnung der *„capitulación"* oblag es dem Unternehmer, seine Expedition auszurüsten und Seeleute, Priester, Soldaten sowie Siedler anzuwerben. Konquistadoren waren in der Regel keine königlichen Soldaten oder Söldner, die einen festen Sold oder eine feste Heuer erhielten, sondern Freiwillige, die für den Kauf ihrer Ausrüstung selbst aufkommen mussten und sich dafür zumeist hoch verschuldeten.[21]

Dass bei der Etablierung spanisch-europäischer Herrschaft in Lateinamerika oftmals Waffen aus dem Bergischen Land zum Einsatz kamen, ist hierzulande nur wenig bekannt. Doch waren Schwerter aus Solingen, Remscheid oder Gevelsberg bei den Konquistadoren in Mittel- und Südamerika ebenso beliebt wie bei den für Portugal oder die niederländische Ostindienkompanie tätigen Söldnern in Südostasien.[22] Schon im Verlauf des Mittelalters hatte dieser Teil des Rheinlandes Spezialisten aus ganz Europa angezogen, die im Bergischen ausgezeichnete Rahmenbedingungen für die Anfertigung von Metallwaffen vorfanden, so dass diese Region am Beginn der Frühen Neuzeit als eine Art *„Kompetenzzentrum"* für die Herstellung von Klingen genoss. Die Nähe zum Handelsplatz Köln erwies sich dabei ebenso vorteilhaft, denn von hier aus ließen sich die Bergischen Metallwaren vergleichsweise problemlos in alle Teile der Welt verschiffen.

Der Einsatz von Waffen war jedoch nur ein Mittel, das die Europäer zur Sicherung

---

[21] Michael R. WELTON, First Encounters: New Worlds and Old Maps, in: The Canadian Journal for the Study of Adult Education/La Revue canadienne pour l'étude de l'éducation des adultes 21/2, März 2009, S. 67-79.

[22] Angelika EPPLE, Globale Machtverhältnisse, lokale Verflechtungen. Die Berliner Kongokonferenz, Solingen und das Hinterland des kolonialen Waffenhandels, in: Christof DEJUNG/Martin LENGWILER (Hrg.), Ränder der Moderne. Neue Perspektiven auf die Europäische Geschichte (1800-1930), Köln usw 2016, S. 65-91, hier S. 79.

ihrer Macht auf der anderen Seite des Atlantiks einsetzten. So bemühte sich Nicolás de Ovando, als Nachfolger von Kolumbus neuer Gouverneur der neu entdeckten *„Inseln und des Festlandes"*, nach seiner Ankunft auf Hispaniola im Jahr 1502 um die weitere Festigung der Rechtsgrundlagen vor Ort. In seiner Begleitung gelangten einige Persönlichkeiten in die Neue Welt, die sich im Verlauf der spanischen Kolonisation Ibero-Amerikas noch einen Namen machen sollten, etwa Bartolomé de Las Casas, der als Chronist der frühen spanischen Kolonisation und Verteidiger der Rechte der *„indígenas"* hervortreten, oder Juan Ponce de León, der Florida entdecken sollte, sowie Francisco Pizarro González, der einige Dekaden später das Inkareich eroberte. Sie hatten in der *„Neuen Welt"* mit denselben Problemen zu kämpfen wie Kolumbus: Infolge ausbleibenden Nachschubs, ungünstiger geographischer und klimatischer Verhältnisse, erheblicher Probleme beim Anbau von Nahrungsmitteln und fehlender Resistenz gegen unbekannte Krankheitserreger starben schon in den ersten Monaten von Ovandos Amtszeit Hunderte von Siedlerinnen und Siedlern. Auch er musste schließlich einsehen, dass die spanische Kolonie nur erfolgreich auf- und ausgebaut werden konnte, wenn es gelang, die indigene Bevölkerung in die Aufbauarbeiten einzubeziehen. Doch die hatte sich nach Kolumbus' ersten entsprechenden Versuchen in die unzugängliche Bergwelt der Insel geflüchtet, wo sie sich vor dem Zugriff der spanischen Kolonisten entzogen hatten und für die Kolonisten an eine ernsthafte Gefahr bei der weiteren Erschließung der Insel darstellten. Ovando bewirkte daher die Ausstellung eines königlichen Erlasses, der es den Siedlern offiziell gestattete, Angehörige der indigenen Bevölkerung zu Arbeitsdienstleistungen oder ersatzweise zu Tributzahlungen heranzuziehen. Deren Höhe und Art wurde in der Regel zwischen den einzelnen *„encomenderos"* und den Kaziken der betroffenen Ethnien ausgehandelt. Im Gegenzug hatten die Siedler die ihnen nunmehr rechtmäßig zugewiesenen einheimischen Arbeitskräfte zu schützen, sie im christlichen Glauben zu unterweisen und *„gerecht"* zu entlohnen - wobei sie selber festlegten, was *„gerecht"* war. Im Rahmen dieses Systems, das sich vergleichsweise rasch aus der spanischen Leibeigenengesetzgebung heraus entwickelte und lediglich so lange gelten sollte, bis es durch ein ausgefeilteres und besser an die Umstände in Übersee angepasstes Rechtssystem ersetzt werden konnte, verloren die *„indígenas"* de iure zwar nicht ihre persönliche Freiheit, aber ihre Arbeitsautonomie, und damit wurden sie de facto zu Leibeigenen der Siedler. Für die Indigenen, die in der Hauswirtschaft, in den Gold- und Silberminen, auf den Plantagen oder beim Perlentauchen eingesetzt wurden, bedeutete es oftmals die hemmungslose Ausbeutung ihrer Arbeitskraft unter gesundheitsschädigenden oder gar unmenschlichen Arbeitsbedingungen.[23]

Der sich daran entzündende Disput über die Frage nach dem Umgang mit der indigenen Bevölkerung in der Neuen Welt ist als Teil einer umfassenderen Auseinandersetzung von zumeist spanischen Rechtsgelehrten des 16. Jahrhunderts zu sehen, in dem es zumindest zum Teil um deutlich weiter gehende juristische Problemkonstellationen ging, so zum Beispiel um die Frage nach dem Schutz Unschuldiger vor Unrecht.

---

[23] Siehe dazu: Ronald W. BATCHELDER/Nicolas SANCHEZ, The Encomienda and the Optimizing Imperialist: An Interpretation of Spanish Imperialism in the Americas, in: Public Choice 156, 2013, S. 45-60, hier S. 48.

Dieser Diskurs, der Rechtsgelehrte bis in die Gegenwart umtreibt und in dem es heute um die Frage geht, wann und wie bewaffnete Interventionen zum Schutze Unschuldiger rechtlich zulässig sind, mag als Beleg dafür genügen, in welchem Maß das Aufeinandertreffen von Europäern und Nichteuropäern den Rechtsdiskurs in Europa beeinflusst hat und bis heute prägt. Menschen- und Völkerrechtsfragen rückten damit in den Orbit des neuzeitlichen europäischen Rechtsdiskurses. Unter dem Eindruck der Globalisierungsprozesse seit dem 19. Jahrhundert wurden sie dann, oftmals nicht unwidersprochen, wiederum von Europa in die Welt hinausgetragen.

Am Beispiel der spanisch-europäischen Landnahme in Amerika lässt sich zeigen, dass und wie Menschen und ihr Handeln die europäische Zivilisation, wie wir sie heute kennen, formten. Ebenso nachhaltig beeinflussten sie den Verlauf der Weltgeschichte, jedoch nicht im Sinne einer *„Europäisierung"* der Welt, sondern als Akteure in einem jahrhundertelangen und zumeist über das Meer geführten Austauschprozess. Dieser erscheint als eine Art Dialog zwischen Europa und der Welt, durch den die Gestalt der Welt ebenso geformt und geprägt wurde wie die Europas und der auf diese Weise Europa und die Welt in ein neues Verhältnis zueinander stellte, ja einander näherbrachte. Eine wesentliche Rolle dabei spielte die moderne Schifffahrt, denn erst sie machte es möglich, die getrennten Erdteile über das Meer zu vernetzen und das Schicksal der auf ihnen lebenden Menschen miteinander zu verknüpfen.

Harald Goder

Die Vorsteher des Jülicher Stadtdorfes Stetternich bis zum Ende des Ancien Régime (1794) - eine verfassungsrechtliche und prosopographische Untersuchung (Teil 1)

Aus Anlass der kommunalen Neugliederung im Jahre 1972 und der damit verbundenen Eingemeindung der Gemeinde Stetternich in die Stadt Jülich erschien 1971 im Auftrag der Gemeinde und der Amtsverwaltung Stetternich aus der Feder des Journalisten Leo de Jong das Buch „Stetternich. Einst und morgen".[1] Hierin beschäftigt sich ein Kapitel mit dem Verhältnis zwischen Vorsteher und Pfarrer in der ersten Hälfte des 18. Jahrhunderts und eines mit der Auflistung der Ortsvorsteher und Bürgermeister Stetternichs.[2] In letzterem werden für den Untersuchungszeitraum sieben Personen aufgelistet, von denen der für 1747 genannte X. Weck jedoch auszuschließen ist.[3] Die Eile zur Herstellung des Buches[4] lässt verstehen, dass zu diesem besonderen Thema damals keine tiefere Forschung betrieben werden konnte. Es dürfte das zu Grunde gelegt worden sein, was der Journalist und Stetternicher Heimatforscher Josef Rahier

---

[1]   Leo DE JONG, Stetternich. Einst und morgen, Stetternich 1971. Von Sommer bis Dezember 1970 war er mit dem Erstellen eines Heimatbuches für den zum damaligen Amt Stetternich gehörenden Ort Hambach beschäftigt gewesen; vgl. Geleitwort zu: Leo DE JONG, Hambach - ein Heimatbuch 1970, Stetternich 1970 [S. 4]. Wie für das Stetternicher Buch zeichnete bereits für dieses Buch die Stetternicher Amtsverwaltung als Verlag. Im Jahr zuvor (1969) hatte er das Buch „Unvergängliche Heimat Laurenzberg" publiziert, welches von der Amtsverwaltung Dürwiß herausgegeben worden war. Zu ihm vgl. die biographische Anmerkung bei Uwe CORMANN, Das Chorkreuz in der Propsteikirche St. Mariä Himmelfahrt (1964), in: Neue Beiträge zur Jülicher Geschichte 30, 2017, S. 83-96, hier: S. 84, Anm. 5.

[2]   Vgl. ebd. S. 34-35, 98-99.

[3]   Vgl. ebd. S. 99. Ein „X. Weck" gehörte 1747 nicht zu den Einwohnern Stetternich; vgl. Josef RAHIER, Stetternich unter der Herrschaft Jülichs, in: Heimat-Kalender des Kreises Jülich 10, 1960, S. 55-62, hier: S. 59-62. Wohl findet sich die Witwe des Johann Christoph Heck; vgl. ebd. S. 61 (Nr. 43); Chantal KRÖBER, Die Einwohner der „Haupt- und Residenzstadt" Jülich einschließlich der Stadtdörfer Stetternich und Broich im Jahre 1745. Sozialstrukturelle Analyse einer amtlichen Bevölkerungsliste (Forum Jülicher Geschichte 38), Jülich 2004, S. 165 (Nr. 520). Auch wenn „X" für eine Abkürzung des Vornamens Christoph zu lesen ist und das „W" auf einen Lesefehler für das „H" beruhen kann, so scheidet Christoph Heck dennoch als Vorsteher im Jahr 1747 aus, da er bereits 1731 verstarb.

Von Einzelnachweisen aus den Stetternicher Kirchenbüchern des 17. und 18. Jahrhunderts wird hier und im Folgenden abgesehen, da die Menge der Daten - vor allem im prosopographischen Anhang - die vorliegende Darstellung zu voluminös machen würde. Für den Untersuchungszeitraum sind die in der zweiten Hälfte der dreißiger Jahre des 17. Jahrhunderts einsetzenden Matrikel im Stadt- und Kreisarchiv Düren wie auch im Landesarchiv Nordrhein-Westfalen, Abteilung Rheinland (Duisburg), einsehbar.

[4]   Vgl. Dankeswort des Autors.

bis dahin für die Ortsgeschichte vor 1800 in Erfahrung gebracht hatte.[5] Vor de Jong setzte sich mit der Thematik - soweit bekannt - nur der Oberstudienrat Fritz Aldefeld[6] im Rahmen in seiner 1947 erstellten, unveröffentlichten Arbeit *„Die Geistlichen in Stetternich im 17. und 18. Jahrhundert, insbesondere nach den Urkunden im Stetternicher Pfarrarchiv"*[7] auseinander.[8] Diese schlummerte aber in selbigem Archiv und wurde bisher nicht rezipiert. Grundsätzliches zur Thematik der Vorsteher im ländlichen Bereich des Herzogtums Jülich findet sich in der 2018 erschienenen Arbeit von Kaulen über Landwirtschaft und Steuerwesen im Dingstuhl Pier und Merken.[9]

Die vereinzelten Erwähnungen von Vorstehern Stetternichs in den unterschiedlichsten bisher erschienenen Veröffentlichungen samt den dort genannten Belegen ermöglichten sowohl eine Quellenerschließung als auch einen Blick auf weitere Suchoptionen. Dementsprechend sind als Quellen für die vorliegende Untersuchung zu nennen: im Diözesanarchiv Aachen das 1677 angelegte Rentbuch[10] der Pfarre Stetternich sowie das 1714 angelegte Bruderschaftsbuch der Stetternicher St. Sebastianus-Bruderschaft[11], im Stetternicher Bestand des Jülicher Pfarrarchivs Heilig Geist vornehmlich die Kirchenrechnungen und Verpachtungsprotokolle, im Historischen Archiv der

---

[5] Denn de Jong weist auf Rahier in seinem Dankeswort ganz besonders hin. Zu letzterem vgl. Harald GODER, Straßen und Wege, in: Rolf BERNS (Hrsg. u.a.), Stetternich. Einst und morgen. 2. Buch 1972-2002, Düren 2002, S. 64-69, hier: S. 67.

[6] Aldefeld stieß im Rahmen seiner genealogischen Forschungen auf das Pfarrarchiv Stetternich. Im Mittelpunkt seiner Forschungen standen vor allem das älteste Kirchenbuch (1637-1769) und das 1677 angelegte Rentbuch der Pfarre. Mehrere diesbezügliche, maschinenschriftlich erhaltene Arbeiten befinden sich zum einen im derzeitigen Stetternicher Bestand des Pfarrarchivs Heilig Geist Jülich, zum andern im Stadt- und Kreisarchiv Düren (Nachlaß Geuenich, Nr. 208) sowie im Bischöflichen Diözesanarchiv Aachen (Mappe F 1979/203). Zu Aldefeld vgl. Herbert M. SCHLEICHER (Bearb.), 80.000 Totenzettel aus Rheinischen Sammlungen, Bd. 1 (Veröffentlichungen der Westdeutschen Gesellschaft für Familienkunde. Neue Folge 37), Köln 1987, S. 60.

[7] Es wurde das 88seitige, maschinenschriftliche Manuskript *„Die Geistlichen in Stetternich im 17. und 18. Jahrhundert, insbes. nach den Urkunden im Stetternicher Pfarrarchiv"* im Stetternicher Bestand des Pfarrarchivs Heilig Geist Jülich herangezogen. Das im Stadt- und Kreisarchiv Düren (Nachlaß Geuenich, Nr. 208) vorliegende Manuskript endet bereits mit Seite 78.

[8] Vgl. ebd. S. 11, 43, 52. Hierauf wird jeweils innerhalb der vorliegenden Untersuchung eingegangen.

[9] Heinz KAULEN, Landwirtschaft und Steuerwesen im Dingstuhl Pier und Merken in den Jahren 1694/1695. Auswertung und Wiedergabe der Steuerakten (Beiträge zur Geschichte des Dingstuhls Pier und Merken 2), Düren 2018, S. 24, 26, 35, 40, 89, 134, 162, 227.

[10] Als Hinweis auf diese Quelle vgl. ALDEFELD (wie Anm. 7), S. 11, 79. Zur Signatur des Buches: Bischöflichen Diözesanarchiv Aachen [künftig: BDA], Pfarrarchiv Stetternich, A 001 [vormals Handschrift 654].

[11] Interessanterweise wurde dieses Buch (BDA, Pfarrarchiv Stetternich, A 002 [vormals Handschrift 621]) weder von Rahier noch de Jong als Quelle für eine Benennung von Vorstehern herangezogen. Auch bei Fischer erfolgt kein Hinweis hierzu; vgl. Adolf FISCHER, Das alte Stetternicher Sebastianus-Bruderschaftsbuch, in: Rur-Blumen. Heimatbeilage zum Jülicher Kreisblatt (17. Januar 1931), Nr. 3; (24. Januar 1931) Nr. 4; (31. Januar 1931) Nr. 5; jeweils ohne Seitenzählung.

Erzdiözese Köln die Visitationsprotokolle der Stetternicher Pfarre[12] sowie Aktenstücke zur Besetzung der Stelle des dortigen Vikars[13], im Nordrhein-Westfälischen Landesarchiv Duisburg eine 1717 erstellte Spezifikation der Bewohner, der steuerbaren Ländereien und des Viehs[14], Klagen bzw. Verhöre vor dem Jülicher Stadtgericht[15] sowie gerichtliche Einträge in die Jülicher Kauf- und Obligationsbücher[16]. Vor allem aber birgt das Stadtarchiv Jülich[17] reichhaltiges Quellengut für die vorstehende Untersuchung, so diverse Aktenstücke[18], die Ratsprotokolle[19] und die Steuerregister[20].

Auf der Grundlage dieser Quellen lässt sich die von de Jong vorgelegte Liste von 6 Vorstehern nach jetzigem Stand um 22 Personen folgendermaßen erweitern[21]:

1647	Wilhelm Offermans (Custodis)[22]		
1693 - 1696	Wilhelm Lützeler		
1696 - 1698	Willibrord Custodis	und	Peter Wolff

---

[12] Für diese Quellenart vgl. Harald GODER, Zur Geschichte der Wolfshovener Kapelle und der Wallfahrt zum Hl. Wendelin in Jülich-Stetternich, in: Beiträge zur Jülicher Geschichte 54, 1986, S. 47-68, hier S. 58, Anm. 54.

[13] Als Hinweis auf diese Quellenart vgl. Hermann DEITMER (Bearb.), Die Kölner Generalvikariatsprotokolle als personengeschichtliche Quelle, Bd. 4 (Veröffentlichungen der Westdeutschen Gesellschaft für Familienkunde. Neue Folge 12), Köln 1979, S. 154. Deitmer interpretiert das in der Akte aufgeführte Amt des Vorstehers als Kirchenvorsteher, ein Amt, das es jedoch damals in Stetternich nicht gab.

[14] Vgl. Harald GODER, Die Sozialstruktur des Jülicher Stadtdorfes Stetternich zu Beginn des 18. Jahrhunderts, in: Beiträge zur Jülicher Geschichte 57, 1989, S. 88-109, hier S. 102-105.

[15] Als Hinweis auf diese Quellenart vgl. ALDEFELD (wie Anm. 7), S. 36, 42-43; DE JONG (wie Anm. 1), S. 34.

[16] Für diese Quellenart vgl. GODER (wie Anm. 12), S. 54, Anm. 36.

[17] Für die vielfältige Unterstützung sei Herrn Dr. Horst Dinstühler wie auch Frau Susanne Richter recht herzlich gedankt.

[18] Als Hinweis auf diese Quellen vgl. RAHIER (wie Anm. 3), S. 57, 62; DERSELBE, Straßenbau zu Herzog Karl Theodors Zeiten, in: Jülicher Volkszeitung (7. September 1974), Nr. 206; GODER (wie Anm. 14), S. 101, 107.

[19] Als Hinweis auf diese Quellenart vgl. Joseph KUHL, Geschichte der Stadt Jülich, insbesondere des früheren Gymnasiums zu Jülich, Teil 3, Jülich 1894 (Nachdruck Jülich 1989), S. 88; KRÖBER (wie Anm. 3), S. 21. Lediglich für den Zeitraum von Oktober 1768 bis Oktober 1786 wurde auf die zeitintensive Einsicht in die Ratsprotokolle verzichtet, da in anderen Aktenstücken wie auch in den Steuerregistern Namen und Aufgaben der Vorsteher für diese Zeitspanne ausreichend dokumentiert sind. Für das 17. Jahrhundert konnte auf eine von Herrn Dr. Dinstühler erstellte Erfassung der Ratsprotokolle zurückgegriffen werden, die eine schnellere Bearbeitung erlaubte. Hierfür sei ihm recht herzlich gedankt.

[20] Als Hinweis auf diese Quellenart vgl. Uwe HEYER, Die Berufsstruktur in der Stadt Jülich im 18. Jahrhundert, in: Beiträge zur Jülicher Geschichte 55, 1987, S. 153-162, hier S. 154, 158; GODER (wie Anm. 14), S. 106; KAULEN (wie Anm. 9).

[21] Die Belege für die Amtszeiten erfolgen im Anhang I bei den jeweiligen Personen. Der Anhang wird als Teil 2 dieser Arbeit in den Neuen Beiträgen zur Jülicher Geschichte 2021 veröffentlicht.

[22] Zur Personenidentität vgl. Stadt- und Kreisarchiv Düren, Nachlaß Geuenich, Nr. 208, hier: Fritz ALDEFELD, Die ältesten Familien Custodis und Offermans in Stetternich und die Entstehung des dortigen Fam.-Namens Custodis, maschinenschriftliches Manuskript 1947, S. 2-3, 8.

1698 - 1704	Friedrich Weitz	und	Heinrich Freundt
1707	Stephan Schnitzler	und	Johannes Biermans
1710 - 1716	Stephan Schnitzler	und	Wilhelm Hilgers
1717	Wilhelm Hilgers		
1718	Willibrord Custodis	und	Stephan Schnitzler
1718	Willibrord Custodis	und	Andreas Lützeler
1718 - 1719	Gerhard Gutrath	und	Heinrich Dahmen
1720 - 1731	Wilhelm Hilgers		
1731 - 1743	Johannes Peltzer		
1743	Caspar Schmitz		
1744 - 1746	Martin Schröder		
1747 - 1749	Johann Peter Lützeler		
1750	Christoph Kroppenberg		
1751 - 1757	Anton Custodis		
1757 - 1759	Matthias Offergelt		
1759 - 1760	Philipp Hilgers		
1761	Johannes Zimmermann		
1762 - 1773	Peter Krifft		
1773 - 1776	Theodor Giesen		
1777 - 1784	Matthias Bruckman		
1785 - 1786	Jakob Keller		
1787 - 1788	Peter Lexis		
1789 - 1790	Martin Schopen		
1791 - 1794	Johannes Lexis		

Bei den festgestellten kontinuierlichen Amtszeiten wird hier jeweils die erste und letzte bisher bekannte Erwähnung als Vorsteher aufgeführt.[23] Für das 17. und das beginnende 18. Jahrhundert wie auch zu einzelnen Amtszeiten dürften weitere Ergänzungen zu finden sein.

Das vielfältige Quellengut in Bezug auf die Stadt Jülich und dem dortigen Stadtgericht liegt in dem besonderen Verhältnis des Dorfes Stetternich zur Stadt Jülich begründet. In einer 1416 von Herzog Rainald von Jülich-Geldern ausgestellten Urkunde über die Verleihung eines Steuererhebungsrechtes zugunsten der Stadt Jülich werden Stetternich wie auch die Dörfer Broich und Petternich *„vor Zeiten und von alters her"* als zum Dingstuhl (Gericht) Jülich zugehörig und darin als zu Steuern sowie (Hand- und Spann-) Diensten verpflichtet beschrieben, was auch für die Zukunft so festgeschrieben wurde.[24] Somit beschreibt die Urkunde nicht nur die schon lange bestehende gerichtliche Anbindung an das Stadtgericht Jülich, sondern auch die Unterordnung unter dem Steuerbezirk bzw. die Steuerhoheit der Stadt. Die auch genannte Dienstbarkeit für die Stadt zeigt an, dass die Dörfer nicht nur fiskalisch zur Stadt gehörten, sondern

---

[23] Auf acht Abweichungen in der Ersterwähnung einer Person, die sich nur in der Quellengruppe der Jülicher Steuerregister finden, wird gesondert eingegangen. Auch wenn sie als fehlerhafte Datierung angesehen werden, werden sie bei der jeweiligen Person im Anhang I in Bezug auf seine Amtszeit aufgeführt.

[24] Vgl. Günter BERS, Zwei Akzise-Privilegien für die Stadt Jülich aus den Jahren 1490 und 1563, in: Neue Beiträge zur Jülicher Geschichte 2, 1991, S. 56-63, hier S. 59, 62; Joseph KUHL, Geschichte der Stadt Jülich, insbesondere des früheren Gymnasiums zu Jülich, Teil 1, Jülich 1890 (Nachdruck Jülich 1988), S. 186.

ein Teil von ihr waren. Die Einwohner waren Außenbürger der Stadt, als welche sie auch beispielsweise 1630 benannt wurden.[25] Entsprechend wird nach der Niederlegung des Dorfes Petternich[26] bei der Erbhuldigung 1666 von der *„Haubstatt Gulich sambt den Nachbaren der darunder gehoriger Dörffer Stetterich und Broch"*[27] gesprochen und charakterisiert das 1786 angefertigte Lagerbuch des Amtes Jülich die Dörfer als zugehörig *„zu dem Stadt District"*[28] und betitelt die Ausführungen mit *„Beschreibung der Stadt Jülich und darzu gehörigen Dörfer"*.[29] Seit wann es diese Zugehörigkeit gab, ist bislang offen. Sie könnte bis in Frühmittelalter zurückreichen.[30] Mit der Eroberung Jülichs durch die französischen Revolutionstruppen am 3. Oktober 1794[31] gilt die Bemerkung Kuhls *„Die alte Welt war abgeschlossen, eine neue hatte begonnen [...]."*[32] Daher endet die vorliegende Untersuchung mit dem Jahr 1794. Für die folgende Zeit bis zur administrativen Umgestaltung im April 1798 bleibt es nämlich unklar, in welchem Umfang in Stetternich die alte, noch zu schildernde Ordnung in Bezug auf den Vorsteher und seine Aufgaben weiterhin Bestand hatte.[33] Zumindest personell scheint sie aber bis zur Umgestaltung teilweise fortgeführt worden zu sein.[34]

Die Zugehörigkeit der besagten Dörfer zur Stadt Jülich zeigt sich auch darin, dass sie sich an (Kriegs-) Lasten wie Fouragelieferungen, Kontributionen und Ein-

---

[25] Vgl. Friedrich MAHLERT, Die Dienstleistungen der Dörfer Stetternich und Broich, ein Streit zwischen Schultheiß und Magistrat 1631-39, in: Rur-Blumen. Blätter für Heimatgeschichte (Beilage zum Jülicher Kreisblatt (2. August 1924), Nr. 30, ohne Seitenzählung.

[26] Vgl. Günter BERS, Jülich. Geschichte einer rheinischen Stadt, Jülich ¹1989, S. 113.

[27] Landesarchiv Nordrhein-Westfalen, Abteilung Rheinland [künftig LAV NRW R], Jülich-Berg II, Nr. 2383, fol. 93 v.

[28] LAV NRW R, Jülich-Berg III, R Jülich, Nr. 159, fol. 52 v.

[29] Ebd. fol. 53 r (als Beispiel).

[30] Vgl. MAHLERT (wie Anm. 25); BERS (wie Anm. 26), S. 112; KRÖBER (wie Anm. 3), S. 14. Worauf sich DE JONG (wie Anm. 1) bezieht, wenn er schreibt (S. 45), dass seit dem Jahr 1320 - an anderer Stelle *„spätestens 1320"* (S. 98) - Stetternich zur Stadt Jülich gehörte, ist unklar. Ein entsprechendes Schriftstück in Bezug auf Stetternich konnte nicht eruiert werden. Jedoch kann aus einer 1320 an Schultheiß, Schöffen und Einwohner Jülichs gerichteten Urkunde Graf Gerhards (KUHL (wie Anm. 24), S. 187) die damalige Zugehörigkeit Petternichs zur Stadt geschlossen werden.

[31] Vgl. KUHL (wie Anm. 19), S. 62, 65-66.

[32] Ebd. S. 67.

[33] Zu den beständigen Änderungen vgl. ebd. S. 68-69, 86-98.

[34] Für den Zeitraum vom Oktober 1794 bis zum April 1798 konnten derzeit nur fünf Belege zur Thematik ermittelt werden, ohne dass hierzu eigens recherchiert wurde; vgl. KUHL (wie Anm. 19), S. 88; LAV NRW R, Jülicher Gerichte, Nr. 417, fol. 3, 27, 36; BDA, Pfarrarchiv Stetternich, A 002, pag. 237. Von den darin bezeugten drei Vorstehern gehören zwei - Johannes Lexis und Jakob Keller - dem untersuchten Personenkreis an, so dass dies bei ihrer Amtszeit im Anhang I mitangeführt wird. Johannes Lexis kann hierbei jedoch unbeachtet bleiben, da sich seine Amtszeit - ungeachtet der Eroberung des Landes durch die französischen Revolutionstruppen - erst einmal fortsetzte. Sein Nachfolger Matthias Saur nannte sich im Februar und Mai 1796 in einem ansonsten deutschsprachigen Schriftstück mit der neuen Zeit gehend statt Vorsteher *„Maire"* (Bürgermeister). Der im April 1798 ernannte Munizipalagent Martin Schopen (KUHL (wie Anm. 19), S. 98) gehört hingegen wiederum dem untersuchten Personenkreis an, so dass auch bei ihm dies vermerkt wird. Doch dürften für seine Ernennung andere Kriterien gegolten haben als für seinen Amtsantritt als Vorsteher.

quartierungen beteiligen mussten, die der Stadt Jülich auferlegt wurden.[35] Auf Broich und Stetternich entfiel hierbei ein Drittel der Lasten. Unter Beachtung der Leistbarkeit bzw. der beständigen Armut eines Gros der Stetternicher Bevölkerung hatte Broich von diesem Drittel wiederum zwei Drittel und Stetternich ein Drittel aufzubringen.[36] Dass es dabei wegen Lieferungs- bzw. Zahlungsschwierigkeiten oder vermeintlichen oder wirklichen Ungerechtigkeiten zu Reibereien mit dem Rat kam, versteht sich.[37] Entsprechend erfolgt auch in einem solchen Zusammenhang - Beteiligung an den Kosten der Einquartierung eines lothringischen Regiments[38] - 1647 die erste Erwähnung eines Vorstehers von Stetternich.[39] Selbstverständlich war dies nicht die erste Auseinandersetzung zwischen dem Dorf und dem Jülicher Magistrat. So berichtet Dinstühler, der das 16. und beginnende 17. Jahrhundert für die Stadt Jülich untersuchte, von einem Streit um die Bezahlungsart einer landesherrlichen Steuer, des Schatzes[40], um 1563.[41] Jedoch weist sein ausführliches Werk für den bearbeiteten Untersuchungszeitraum keinen Vorsteher aus. Entsprechend findet sich bei der Abrechnung von Kostgeldern für Hand- und Spanndienste im 16. Jahrhundert kein Hinweis.[42] Auch bei Mahlert, der einen Konflikt um die Dienstleistungen der Dörfer in den dreißiger Jahren des 17. Jahrhunderts beschreibt[43], wird kein Vorsteher erwähnt. Es ist daher denkbar, dass - durch die Drangsale des Dreißigjährigen Krieges in den dreißiger und vierziger Jahren bedingt[44] - es für notwendig erachtet wurde, dass das Dorf nunmehr durch eine Person in den Fällen repräsentiert wurde, in denen es um etwas ging, was die örtliche Gemeinschaft, die Gesamtheit betraf. Die Person war somit für alle Beteiligten innerhalb und außerhalb des Dorfers Ansprechpartner. Dies könnte vom Jülicher Rat zur Vereinfachung von Abläufen für die Dörfer initiiert worden sein, aber auch von Schultheiß Wilhelm Weyer[45] in seiner gegen den Rat gerichteten Politik sowie ebenso von der

---

35 Vgl. BERS (wie Anm. 26), S. 112.

36 Vgl. RAHIER (wie Anm. 3), S. 55; KRÖBER (wie Anm. 3), S. 14. Zur Armut vgl. BERS (wie Anm. 26), S. 112; GODER (wie Anm. 14), S. 91, 95, 96-97.

37 Vgl. RAHIER (wie Anm. 3), S. 55, 56; DERSELBE, Die Dörfer Broich und Stetternich „seit alters" zu Jülich gehörig, in: Jülicher Volkszeitung (1. Juni 1967), Nr. 124; Günter BERS, Don Gabriel de la Torre - Ein spanischer Gubernator der Stadt und Festung Jülich (1641-1660). Zur Stadtgeschichte im Dreißigjährigen Krieg (Forum Jülicher Geschichte 64), Jülich 2013, S. 42.

38 Vgl. Vgl. StAJ, Rep. I, Bund 83, Nr. 1, 3-5, 8, 9, 30, 32; Josef RAHIER, Die wehrhaften Broicher Bürger attackierten Schützen des Jülicher Pfändungs-Kommandos, in: Jülicher Volkszeitung (7. Juni 1967), Nr. 129.

39 Vgl. StAJ, Rep. I, Bund 83, Nr. 4, 5, 30, 32.

40 Vgl. Stefan WAGNER, Staatssteuern in Jülich-Berg von der Schaffung der Steuerverfassung im 15. Jahrhundert bis zur Auflösung der Herzogtümer in den Jahren 1801 und 1806 (Kölner Beiträge und Abhandlungen zur Sozial- und Wirtschaftsgeschichte 27), Köln 1977, S. 18-20.

41 Vgl. Horst DINSTÜHLER, Wein und Brot, Armut und Not. Wirtschaftskräfte und soziales Netz in der kleinen Stadt. Jülich im Spiegel vornehmlich kommunaler Haushaltsrechnungen des 16. und beginnenden 17. Jahrhunderts (Forum Jülicher Geschichte 31), Jülich 2001, S. 208-209.

42 Vgl. beispielsweise für die Zeit von 1566 bis 1569 StAJ, Rep. I, B 2, pag. 97, 138, 140, 268.

43 Vgl. MAHLERT (wie Anm. 25).

44 Vgl. DE JONG (wie Anm. 1), S. 40-43.

45 Weyer war von 1624/25 bis zu seinem Tod 1653 Schultheiß von Jülich. Als landesherrlicher Vertreter wollte er die fürstliche Gewalt verstärken und machte mittels der schuldigen

jeweiligen Dorfgemeinschaft selbst und dann - zur Wahrung eines gemeinsamen Vor-
gehens - in Absprache mit dem jeweils anderen Dorf. Wer das Amt eines Vorstehers
zuerst kreierte, ob Rat oder Schultheiß, ob in Broich oder in Stetternich, mag dahingestellt sein. Aber am Ende des Prozesses stand ein vom Jülicher Magistrat als Ansprechpartner akzeptierter Repräsentant des jeweiligen Dorfes. Selbstverständlich
muss der 1647 genannte Vorsteher nicht der erste Amtsträger in Stetternich gewesen
sein. Aber die ansonsten fehlenden Quellen werden als Indiz angesehen, dass das
Amt erst in der ersten, ab dem Erbfall des Herzogtums (1609) unruhigen Hälfte des 17.
Jahrhunderts entstand. Aldefelds Aussage, dass das Vorsteheramt ein Ersatz für die
fehlende Beteiligung an der Schöffenbank des Jülicher Gerichts war[46], entbehrt sowohl
bei ihm als auch überhaupt jedweder beweisführenden Grundlage.

Die bekannt gewordenen Quellen geben keine Auskunft darüber, wie man das Amt
eines Vorstehers erlangen konnte bzw. erhielt. Aber durch sie kann eine Ernennung
durch den Jülicher Magistrat oder durch den Jülicher Schultheiß als Vertreter des Landesherrn vor Ort[47] ausgeschlossen werden. Denn hierzu fehlt jedweder direkter oder
indirekter Beleg. 1698 heißt es in einem Protokoll des Stadtgerichts Jülich: *„Sind zo
newen Vorstehern angesetzt worden* [...]".[48] Leider wird nicht gesagt, durch wen dies
geschah. Gemäß Kaulen wählten die sogenannten Meistbeerbten eines jeden Dorfes
des Dingstuhls Pier und Merken aus ihren Reihen auf Zeit die Vorsteher.[49] Auch für
Stetternich weisen die vielfach verwendete, zwischen 1714 und 1796 bezeugte Formel
„Vorsteher und Meistbeerbte"[50] sowie die noch zu besprechenden Aufgaben, die Vorsteher und Meistbeerbte gemeinsam bewältigen mussten, auf diesen Personenkreis
hin. Im Gegensatz zu den Begriffen *„Nachbarn"* bzw. *„sämtliche Benachbarte"*[51], *„(gemeine) Eingesessene"*[52], *„Einwohner"*[53] oder *„(ganze/sämtliche) Gemeinde"*[54], die

---

Dienstleistungen der Dörfer Broich und Stetternich gegen den Rat Front; vgl. LAV NRW R,
Nachlaß Friedrich Lau, Nr. 26, Blatt 409; MAHLERT (wie Anm. 25); BERS (wie Anm. 26), S. 80.

46 Vgl. ALDEFELD (wie Anm. 7), S. 52.

47 Vgl. MAHLERT (wie Anm. 25); BERS (wie Anm. 26), S. 75; Günter BERS/Sabine GRAUMANN,
Funktions-Eliten einer Territorial-Hauptstadt. Jülich in regionalen Staatskalendern 1748-1800
(Forum Jülicher Geschichte 26), Jülich 1998, S. 25. Der Landesherr war durch seinen Schult-
heiß, welcher den Vorsitz des Stadt- und Hauptgerichts Jülich innehatte, in der Stadt präsent.

48 Vgl. LAV NRW R, Stadtverhör Jülich, Nr. 115, hier Protokoll vom 1. Dezember 1698.

49 Vgl. KAULEN (wie Anm. 9), S. 35, 40.

50 Vgl. als Auswahl StAJ, Rep. I, A 12, fol. 4 r; A 17, fol. 54 v; A 20, fol. 10 r; A 28, fol. 25 r; A
35, fol. 41 r; A 47, fol. 8 v; A 77, fol. 36 v; Bund 14, Nr. 13; Bund 46, Nr. 4, 5, 7; Bund 67, Nr.
9, 40; Bund 68, Nr. 41; LAV NRW R, Jülicher Gerichte, Nr. 417, fol. 3 r, 27 r, 36 r; BDA,
Pfarrarchiv Stetternich, A 001, pag. 269.

51 Vgl. StAJ, Rep. I, A 4, fol. 36 r; A 22, fol. 41 v; Bund 83, Nr. 8, 9, 14.

52 Vgl. StAJ, Rep. I, A 4, fol. 20 v; A 8, fol. 53 r; A 49, fol. 51 r; Bund 14, Nr. 13; Bund 68, Nr. 21
a, 22, 42 a.

53 Vgl. StAJ, Rep. I, Bund 46, Nr. 6; Bund 83, Nr. 1.

54 Vgl. StAJ, Rep. I, A 5, hier: 1704/05, fol. 32 v; A 8, fol. 53 r; A 76, fol. 34 r; D 17, fol. 80 r, 84
v; Bund 46, Nr. 4 [fol. 5 r]; ehem. Depositum Stadt Jülich beim Hauptstaatsarchiv Düsseldorf
62, Nr. 3-4; LAV NRW R, Jülicher Gerichte, Nr. 407, fol. 143 r; BDA, Pfarrarchiv Stetternich,
A 001, pag. 269.

jeweils die Gesamtheit der am Ort ansässigen Bevölkerung kennzeichneten, verweist der Begriff „Meistbeerbte" auf die kleinere Gruppe[55] der am Ort wohnenden Bewohner, die steuerbaren Landbesitz in der Gemarkung Stetternich besaßen. Denn wie die mit dem Begriff „Meistbeerbten" betitelten Personen zeigen, handelt es sich trotz des irreführenden Zusatzes „meist" keineswegs nur um die, die zu einem bestimmten Zeitpunkt über den meisten bzw. größten Grundbesitz am Ort verfügten, sondern allgemein um solche, die dort steuerbaren Landbesitz besaßen.[56] Daher findet sich auch die in ihrer Bedeutung klarere, zwischen 1718 und 1789 bezeugte Formel „Vorsteher und (sonstige) Beerbte".[57] Die ermittelten 28 Amtsträger zeigen, dass sie zur Gruppe der Meistbeerbten gehörten. Die zeitliche Abfolge der Vorsteher lässt auf keine irgendwie geartete Rotation unter den Meistbeerbten, sondern auf eine Wahl schließen. Das gemeinsame Auftreten von Vorsteher und Meistbeerbten sowie die gemeinsam zu bewältigenden Aufgaben lassen fernerhin den Schluss zu, dass die Wahl durch die Gruppe der Meistbeerbten erfolgte.[58]

Falls eine Wahl jährlich stattfand[59], wäre sie sicherlich an einem bestimmten Tag des Jahres vorgenommen worden. Denn dies ist analog zur jährlichen Neubesetzung der Ämter des Kirchmeisters[60] sowie des Brudermeisters der St. Sebastianus-Bruderschaft[61] denkbar.[62] Doch zeigen die ermittelten Amtszeiten der Vorsteher zum einen, dass sein Amt nicht obligatorisch jährlich neu besetzt wurde. Sie lassen zum andern - selbst wenn man eine Wiederwahl an einem jährlichen Wahltag berücksichtigt - auch

---

[55] 1723 heißt es, dass viele Ortsbewohner über keinen Landbesitz verfügen würden; vgl. StAJ, Rep. I, Bund 46, Nr. 5.

[56] Vgl. auch KAULEN (wie Anm. 9), S. 35, 226. Zum steuerbaren Land in Stetternich vgl. GODER (wie Anm. 14), S. 92; StAJ, Rep. I, Bund 46, Nr. 4-5. Steuerfreies Land besaßen nur die beiden Güter Lindenberg und Wolfshoven, die Kirche, ein Armenfonds und die St. Sebastianus-Bruderschaft; vgl. GODER (wie Anm. 14), S. 92-93, wobei dort leider das steuerfreie Land mit „steuerbar" betitelt wurde.

[57] Vgl. StAJ, Rep. I, A 11, fol. 9 r; A 36, fol. 75 r; D 44, fol. 54 v; D 47, fol. 54 v; D 57, fol. 79 v; D 67, fol. 5 v; D 68, fol. 5 v; Bund 68, Nr. 21 a.

[58] Das Recht, am Vogelschuss der Bruderschaft teilzunehmen, war ebenfalls daran gebunden, in Stetternich „beerbt" zu sein. Dies war so wichtig, dass es im ersten Punkt der Statuten von 1663 festgehalten wurde. Entsprechend wurde 1711 bei der Aufnahme eines neuen Mitglieds aus Jülich eigens darauf hingewiesen, dass er „annoch beerbt in Stetterich" sei; vgl. BDA, Pfarrarchiv Stetternich, A 002, pag. 7, 27.

[59] Dies zieht ALDEFELD (wie Anm. 7), S. 43, 52 in Betracht.

[60] Das Amt des Kirchmeisters ist bereits 1550 in Stetternich bezeugt. Er kümmerte sich um die Einnahmen und Ausgaben der Kirche und legte zum Ende seiner Amtszeit seine Aufstellung (Kirchenrechnung) zur Prüfung vor; vgl. Otto Reinhard REDLICH, Jülich-Bergische Kirchenpolitik am Ausgange des Mittelalters und in der Reformationszeit, Bd. 2,1 (Publikationen der Gesellschaft für Rheinische Geschichtskunde 28, 2/1), Düsseldorf 1986 = Bonn 1911, S. 423; BDA, Pfarrarchiv Stetternich, A 001, pag. 5-6, 70-85.

[61] Gemäß den Statuten von 1663 hatte der Brudermeister diverse Ordnungsfunktionen und kümmerte sich um die Einnahmen und Ausgaben der Bruderschaft. Die erstellte Rechnung legte er am Ende seiner Amtszeit zur Prüfung vor; vgl. BDA, Pfarrarchiv Stetternich, A 002, pag. 7-14, 217-237.

[62] Vgl. zur jährlichen Neubesetzung dieser Ämter ab der zweiten Hälfte des 17. Jahrhunderts BDA, Pfarrarchiv Stetternich, A 001, pag. 70-85; A 002, pag. 73-78.

keinen Zeitraum und somit denkbaren Tag erkennen, an dem Wechsel gehäuft stattgefunden hätten, so dass auf einen jährlichen Wahltag zurückgeschlossen werden könnte. Es ist daher davon auszugehen, dass zu einer Wahl geschritten wurde, wenn eine Neubesetzung - aus welchen Gründen auch immer - zu veranlassen war.

Hier stellt sich die Frage, nach welchen Kriterien denn jemand zum Vorsteher gewählt wurde.

Wie beim landesherrlichen Erlass zur Neubesetzung der Stelle eines Ratsverwandten im Jülicher Magistrat vom 24. September 1639 ist als erstes die Tüchtigkeit einer Person zu nennen.[63] Es musste mithin eingeschätzt werden, ob der zu Wählende seinen Aufgaben nachkommen konnte, dem Ort vorstehen bzw. ihn gegenüber anderen vertreten konnte. Neben Redegewandtheit und sicherem Auftreten war auch der jeweilige Charakter ein Kriterium für die Tüchtigkeit.[64] Standhaftigkeit und für etwas einzutreten waren gefragt, Ängstlichkeit, aber auch ein aufbrausendes Wesen konnten dagegen eher hinderlich sein. Zehn Personen, die vor ihrer Amtsübernahme als Meistbeerbte in Verbindung mit dem Jülicher Magistrat bezeugt sind[65], kannten mithin bereits das Gefühl, vor den Rat mit seinen selbstbewussten Persönlichkeiten[66] zu treten und dort Rede und Antwort zu stehen. Sicherlich war es aber auch wichtig, um der nötigen Autorität willen integer und im Dorf geachtet zu sein. Das Beherrschen der Schreibkunst war anscheinend nicht letztentscheidend. So wiesen im Juni 1647 die Dörfer Broich und Stetternich in einem Schreiben an den Rat auf eine Verzögerung *„auß mangel Scribenten"*[67] hin. Bei sechs, über den gesamten Zeitraum verteilten Stetternicher Vorstehern ist bezeugt, dass sie nicht schreiben konnten oder darin beeinträchtigt waren.[68] Bezüglich des Lesens und des für eine Amtsführung wichtigen Rechnens können jedoch keine Angaben gemacht werden. Einer der Vorsteher hatte das Jülicher Jesuitengymnasium, einer sogar die Kölner Universität besucht.[69] 18 der Vorsteher (ca. 64%) hatten vorher bereits in einem Amt (Kirchmeister, Brudermeister oder Steuerheber) ihre Tüchtigkeit bewiesen.[70]

Die Übernahme eines Amtes ist auch mit der Frage verbunden, ob man die Zeit zu seiner Ausübung hat und - wenn ja - auch bereit ist, dieselbe zu investieren. Die zehn Personen, die vor ihrer Amtsübernahme bereits als Meistbeerbte in Verbindung mit

---

63 Vgl. MAHLERT (wie Anm. 25).

64 So wird Peter Krifft im Stetternicher Sterbebuch als tugendhafter Mann (*„vir virtuosus"*) charakterisiert.

65 Siehe im Anhang I Bruckman, Anton Custodis, Freundt, Giesen, Keller, Kroppenberg, Peter Lexis, Offergelt, Peltzer und Weitz.

66 Vgl. BERS (wie Anm. 26), S. 78.

67 StAJ, Rep. I, Bund 83, Nr. 14; vgl. auch RAHIER (wie Anm. 37); DE JONG (wie Anm. 1), S. 43.

68 Siehe im Anhang I Bruckman, Freundt, Johannes Lexis, Andreas Lützeler, Offergelt und Wolff. Bei allen anderen konnte eine Unterschrift oder ein Schriftstück von ihnen gesehen werden oder aus ihren vorherigen Ämtern gefolgert werden, dass sie schreiben konnten.

69 Siehe im Anhang I Anton und Willibrord Custodis.

70 Siehe im Anhang I Biermans, Anton Custodis, Willibrord Custodis, Dahmen, Freundt, Giesen, Gutrath, Keller, Krifft, Kroppenberg, Peter Lexis, Andreas Lützeler, Johann Peter Lützeler, Wilhelm Lützeler, Peltzer, Schnitzler, Weitz und Zimmermann.

dem Magistrat bezeugt sind, werden vom notwendigen Zeitaufwand des Vorsteheramtes ein Gespür erhalten haben. Dies könnte für den einen oder anderen der bezeugten Meistbeerbten, die nicht Vorsteher geworden sind[71], ein Grund gewesen sein, von der Übernahme dieser Funktion abzusehen. Der Zeitaufwand erklärt auch, warum kein haupterwerblicher Tagelöhner Vorsteher wurde bzw. werden konnte. Dahingegen gehörten 14 Amtsträger (50%) zu Beginn ihrer Amtszeit der Gruppe der Ackerer an.[72] Fernerhin waren sieben Personen als Ackermann und in einem zusätzlichen Beruf (Branntweinbrenner, Küster, Wirt und Zimmermann) tätig[73], so dass insgesamt 21 Personen (79%) mit einer Landwirtschaft haupterwerblich in Verbindung standen. Merkwürdig ist jedoch, dass das Steuerregister von 1793 für Stetternich keinen Ackerer, auch nicht in Zweittätigkeit ausweist, wohingegen die Bevölkerungsliste von 1798 zumindest sechs aufführt.[74] Interessant ist auch, dass acht Amtsinhaber als Wirt, Brauer oder Branntweinbrenner tätig waren.[75] Sie waren im Dorf bekannt, und eventuell wurde ihre Beredsamkeit und ihr Auftreten geschätzt. Pächter der beiden im Ort in Verpachtung stehenden größeren Güter (Lindenberg und Wolfshoven [bis 1748][76]) finden sich dagegen nicht[77] - wahrscheinlich, weil sie keinen eigenen Landbesitz in Stetternich besaßen. Über solchen verfügten jedoch die beiden nachgewiesenen Küster[78] - vielleicht auch ein Grund, warum kein weiterer Küster (kirchlicher Bedienstete) dieses Amt ausübte. Unabhängig von der Frage eines eigenen Grundbesitzes und somit der Zugehörigkeit zu den Meistbeerbten findet sich der jeweilige in Stetternich ansässige

---

71 Als Beispiel für eine bezeugte, aber nicht Vorsteher gewordene Person sei auf den des Schreibens unerfahrenen Franz Dahmen († 1757), Bruder des Heinrich Dahmen und Schwiegervater des Philipp Hilgers, verwiesen. Er war Ackermann und besaß 1745 an Ackerland 15 Morgen, 1 Viertel, 3 Pinten. Sein Haus gehörte 1747 zu den besten des Ortes. Als Meistbeerbter wird er 1737, 1738, 1739, 1741, 1743, 1746, 1748 und 1752 genannt; vgl. StAJ, Rep. I, D 20, fol. 46r ; D 21, fol. 54 r; D 22, fol. 54 r; D 24, fol. 54 v; D 27, fol. 54 v; D 29, fol. 49 r, 54 ½ r; D 31, fol. 54 v; D 36, fol. 54 v; RAHIER (wie Anm. 3), S. 62.

72 Siehe im Anhang I Bruckman, Willibrord Custodis, Dahmen, Freundt, Giesen, Wilhelm Hilgers, Keller, Krifft, Kroppenberg, Johannes Lexis, Andreas Lützeler, Offergelt, Schmitz und Schopen.

73 Siehe im Anhang I Anton Custodis, Wilhelm Custodis, Gutrath, Philipp Hilgers, Peter Lexis, Peltzer und Zimmermann.

74 Vgl. StAJ, Rep. I, D 70, fol. 67 v; LAV NRW R, Roer-Departement, Nr. 1724 I, fol. 159 a, 159-163; Günter BERS, Eine Stadt im Niedergang und ein Hilferuf des Jülicher Rates (1790), in: Neue Beiträge zur Jülicher Geschichte 28, 2015, S. 141-148, hier S. 143.

75 Siehe im Anhang I Anton Custodis, Peter Lexis, Johann Peter Lützeler, Wilhelm Lützeler, Peltzer, Schnitzler, Schröder und Zimmermann.

76 Der Hof wurde 1748 durch die Gemeinde Stetternich gekauft und stand danach nicht mehr zur Verpachtung an; vgl. Harald GODER, Die Wolfshovener Eremitage bei Jülich-Stetternich, in: Beiträge zur Jülicher Geschichte 55, 1987, S. 137-152, hier S. 140-141.

77 Anton Custodis war nicht während seiner Zeit als Pächter Lindenbergs Vorsteher von Stetternich; siehe Anmerkung 215 der vorliegenden Arbeit.

78 Siehe im Anhang I Wilhelm Custodis und Philipp Hilgers. Es muss jedoch offenbleiben, ob Custodis noch 1647 den Küsterdienst versah. Denn seine Ausübung des Küsterdienstes lässt sich derzeitig nur für 1641 belegen. 1652 ist ein anderer Amtsinhaber bezeugt; vgl. ALDEFELD (wie Anm. 7), S. 7.

landesherrliche Bedienstete (Amtsjäger)[79] ebenfalls nicht unter den Vorstehern - wahrscheinlich, da in der Vertretung des Ortes schnell ein Interessenskonflikt gegenüber der Landesherrschaft auftreten konnte. Die beiden armen Schanzenmacher[80] dürften zu Beginn ihrer Amtstätigkeit sehr wahrscheinlich einen anderen Beruf ausgeübt haben. Das ermittelte Berufsspektrum der Vorsteher zu Beginn ihrer jeweiligen Amtszeit zeigt, dass sie eine gewisse Unabhängigkeit von einem Dienstherrn hatten und der funktionsbedingte Zeitaufwand für sie möglich war. Da die Dorfbevölkerung bei bestimmten Berufstätigkeiten des Amtsinhabers zu seiner gefragten Kundschaft gehörte oder im Falle einer Pachtung der Stetternicher Bier- und Weinakzise eine gewisse Rentabilität seitens ihrer als Pächter agierenden Vorsteher[81] erwünscht war, konnte gemäß den noch zu behandelnden Aufgaben im Umgang mit einzelnen Ortsansässigen ein gewisser Interessenskonflikt entstehen. Im Vorfeld einer Amtsübernahme mag dies berücksichtigt worden sein; diesbezügliche Konflikte während der Amtszeit sind nicht überliefert.

Auch wenn die ermittelten Vorsteher als Meistbeerbte über einen gewissen Landbesitz verfügten, stellt sich die Frage, ob dessen Größe eine entscheidende Rolle bei der Auswahl besaß. Zu den Besitzverhältnissen zur Zeit des Amtsantritts oder zumindest in der ersten Zeit der Amtsführung lassen sich bei 26 der 28 ermittelten Personen[82] (mithin ca. 93%) Angaben machen. Da längst nicht jeder der Meistbeerbten über Weiden (Benden) verfügte[83], wird zur Besitzerfassung lediglich das jeweilige Ackerland für einen Vergleich herangezogen. Entsprechend ergibt sich folgende Aufstellung:

Es hatten   6 Personen[84]   einen Besitz von unter 4 Morgen[85] Ackerland,

---

[79] Der 1667 als Jäger und im Bruderschaftsbuch beim undatierten Sterbeeintrag als Amtsjäger bezeugte Heinrich Lexis († nach 1694) amtierte etwa 30 Jahre. Sein Nachfolger wurde der seit etwa 1695 in Diensten stehende, im Taufbuch ab Oktober 1703 bezeugte Christoph Heck († 28. März 1731). Ihm folgte der 1734 in die Bruderschaft eintretende Amtsjäger Nikolaus Aßmann († 1790 im [nominellen] 56. Dienstjahr). Ihm folgte sein 1786 als Amtsjäger bezeugter Sohn Franz Aßmann († 1822); vgl. LAV NRW R, Jülicher Gerichte, Nr. 400, fol. 191 v; BDA, Pfarrarchiv Stetternich, A 002, pag. 34, 152; StAJ, Rep. I, A 10, hier: 1717/18, fol. 43 v; A 54, fol. 35 r; D 10, fol. 52 r; D 33, fol. 48 v; DE JONG, wie Anm. 1, S. 37-38; GODER (wie Anm. 14), S. 103, 106; KRÖBER (wie Anm. 3), S. S. 82, 162 (Nr. 460); Seiner Kurfürstlichen Durchleucht zu Pfalz […] Hof- und Staats-Kalender für das Jahr 1786, S. 367 (https://books.google.de/books?id=YiFKAAAAcAAJ&printsec=frontcover&hl=de&source=gbs_ge_summary_r&cad=0#v=onepage&q&f=false [11. Juni 2020]).

[80] Siehe im Anhang I Biermans und Wolff. Sie bestritten ihren Lebensunterhalt mit der Anfertigung von Reisigbündeln; vgl. GODER (wie Anm. 14), S. 91.

[81] Anton Custodis und Johannes Peltzer waren Pächter dieser Akzise während ihrer Amtszeit. Zum Problem nicht ordnungsgemäßen Bezahlung der Akzise vgl. DE JONG (wie Anm. 1), S. 32.

[82] Lediglich zu Wilhelm Custodis und Friedrich Weitz fehlen Angaben zur Größe ihres Ackerbesitzes.

[83] So besaßen beispielsweise 1714 abgesehen vom Hof Wolfshoven nur acht Ortsansässige steuerbare, nicht öde oder wüst liegende Benden; vgl. StAJ, Rep. I, Bund 46, Nr. 4 [fol. 4 r].

[84] Siehe im Anhang I Biermans, Gutrath, Johann Peter Lützeler, Schnitzler, Schröder und Wolff.

[85] 1826/27 entsprach dem am Ort gebräuchlichen Morgen ein Wert von 31,686 Ar. Ein Morgen hielt 4 Viertel, das Viertel wiederum je 4 Pinten; vgl. GODER (wie Anm. 14), S. 92 Anm. 25.

5	Personen[86]	einen Besitz zwischen	5 und 9 Morgen,
9	Personen[87]	einen Besitz zwischen	10 und 14 Morgen,
3	Personen[88]	einen Besitz zwischen	15 und 19 Morgen sowie
3	Personen[89]	einen Besitz über	20 Morgen.

Mithin verfügten die Vorsteher keineswegs jeweils über den meisten Landbesitz am Ort. Das Gros (14 Personen) besaß einen Besitz zwischen 5 und 14 Morgen Ackerland. Interessanterweise besaßen sechs Amtsträger - drei von ihnen waren Wirt bzw. Brauer[90] - im Zeitraum bis 1749 sogar nur eine geringe Fläche. Mithin hatte dies bis dahin keine besondere Relevanz für eine Amtsübernahme. Dagegen hatten zehn der zwölf, nach 1749 amtierenden Vorsteher einen Besitz über 10 Morgen, die beiden übrigen zumindest über fünf.[91] Die Besitzgröße hatte mithin in der zweiten Hälfte des 18. Jahrhunderts an Bedeutung zugenommen. Eventuell konnte man es sich nur noch mit einem größeren Besitz wirtschaftlich leisten, dem Vorsteheramt nachzugehen.

Wenn schon bei der Besetzung der Schöffenstellen am Stadt- und Hauptgericht Jülich wie auch bei der Besetzung der Jülicher Ratsstellen, mithin also bei der Zusammensetzung des dortigen Magistrats für das 17. und 18. Jahrhundert von einer Vetternwirtschaft, ja sogar von einer Oligarchie gesprochen werden kann[92], so stellt sich auch für die Besetzung des Vorsteheramtes die Frage nach der Relevanz von Familie und Verwandtschaft. In der Tat lassen sich drei „Familien-Clans"[93] ausmachen: Custodis, Hilgers-Dahmen und Lützeler, wobei Stiefkindschaft, das Einheiraten in eine Sippe bzw. Schwägerschaft berücksichtigt wurden. Im Zeitraum von 1647 bis 1788 übernahmen mindestens sieben Mitglieder der Familie Custodis im weitesten Sinne das Vorsteheramt.[94] Bildung und Besitz des Willibrord und Anton Custodis, aber auch die verwandtschaftliche Verbindung der Sippe zur Residenzstadt Düsseldorf und zu den Jülicher Magistratsfamilien, „in deren Kreis einzudringen nicht einfach war"[95], waren hierbei sicherlich von Bedeutung. Was das Besondere der beiden anderen Sippen ausmacht, muss dagegen derzeitig offenbleiben. Im Zeitraum von 1710 bis 1786 übernahmen sieben Mitglieder der Sippe Hilgers-Dahmen das Vorsteheramt, von denen einer - Matthias Bruckman - während seiner Amtszeit durch Heirat mit der Familie Lützeler

---

86 Siehe im Anhang I Freundt, Giesen, Wilhelm Hilgers, Andreas Lützeler und Zimmermann.

87 Siehe im Anhang I Bruckman, Philipp Hilgers, Keller, Krifft, Kroppenberg, Johannes Lexis, Peter Lexis, Peltzer und Schopen.

88 Siehe im Anhang I Dahmen, Offergelt und Schmitz.

89 Siehe im Anhang I Anton Custodis, Willibrord Custodis und Wilhelm Lützeler.

90 Siehe im Anhang I Johann Peter Lützeler, Schnitzler und Schröder.

91 Siehe im Anhang I Giesen und Zimmermann.

92 Vgl. Hans GOLDSCHMIDT, Vetternwirtschaft im alten Herzogtum Jülich, in: Zeitschrift des Aachener Geschichtsvereins 32, 1910, S. 377-381; BERS (wie Anm. 26), S. 77-78.

93 Vgl. BERS (wie Anm. 26), S. 77-78.

94 Siehe im Anhang I Anton Custodis, Wilhelm Custodis (I), Willibrord Custodis, Krifft, Peter Lexis, Schröder und Zimmermann. Fernerhin ist Wilhelm Custodis (II) als Vorsteher denkbar; vgl. Anmerkung 221 der vorliegenden Arbeit.

95 BERS (wie Anm. 26), S. 78. Siehe hierzu im Anhang I die dargestellten Verbindungen unter Punkt (2) bei Anton und Willibrord Custodis sowie fernerhin Anhang II.

verbunden wurde.[96] Aus dieser Sippe finden sich von 1693 bis 1784 vier bzw. fünf Mitglieder, von denen wiederum einer - Wilhelm Lützeler - durch die Heirat einer Custodis-Witwe mit dieser Familie verbunden war.[97] Wenn auch eine Eheschließung unter den drei Sippen eine Ausnahme bildete, so waren sie doch durch Patenschaften und das Trauzeugenamt miteinander verbunden. Die drei Clans wechselten sich von 1693 bis 1788 in der Besetzung des Vorsteheramtes in keiner festgelegten Reihenfolge ab und stellten in dieser Zeitspanne 17 Vorsteher. Es gab lediglich drei Unterbrechungen (1698-1710, 1731-1743 und 1757-1759). Das bedeutet für das 18. Jahrhundert bzw. bis 1794, dass die drei Clans insgesamt etwa 70 Jahre amtierten. Dies macht deutlich, dass sie bei der Auswahl eines Vorstehers eine gewichtige Rolle spielten. Den 17 Vorstehern stehen von 1698 bis 1794 zehn gegenüber, die nicht ihren Clans angehören.[98] Sie waren entweder Mit-Vorsteher oder amtierten alleine. Fünf von ihnen[99] waren mit den Clans durch Patenschaften oder das Trauzeugenamt verbunden, was wiederum die Relevanz der besagten Sippen aufzeigt. Aber diese zehn Vorsteher machen auch deutlich, dass unter den Meistbeerbten keine Oligarchie herrschte. Es mag bei der Entscheidung für die zehn Personen dahingestellt sein, ob es sich jeweils um einen Kompromiss-Kandidaten handelte, da man sich bei einer Wahl nicht einigen konnte, oder ob keiner aus den Clans amtieren wollte. In beiden Fällen wurde dann der Weg für sie frei.

Hatte schon die familiäre Verbundenheit eine gewichtige Bedeutung, so stellt sich fernerhin die Frage, ob man als Zugezogener dem Ort vorstehen durfte. Diese Frage hatte keine Bedeutung. Denn mindestens 16 der 28 ermittelten Vorsteher (56%) stammten nicht aus Stetternich, was doch beachtlich ist.[100] Neun von ihnen hatten vor

---

[96]   Siehe im Anhang I Bruckman, Dahmen, Philipp Hilgers, Wilhelm Hilgers, Keller, Kroppenberg und Schmitz. Die Verwandtschaft Hilgers-Dahmen ergibt sich aus der Dispens von der Verwandtschaft im 4. Grad für Philipp Hilgers und Elisabeth Dahmen. Das 9 Jahre nach ihrer Eheschließung entdeckte Ehehindernis legt von dem Bewusstsein Zeugnis ab, verwandt zu sein; vgl. Johannes VOGEL (Bearb. u.a.), Die Kölner Generalvikariatsprotokolle als personengeschichtliche Quelle, Bd. 5 (Veröffentlichungen der Westdeutschen Gesellschaft für Familienkunde. Neue Folge 23), Köln 1984, S. 65. Heinrich Dahmen, Onkel der Elisabeth, der nicht mit den Hilgers verwandt war, wird hier subsumiert.

[97]   Siehe im Anhang I Bruckman, Giesen, Andreas Lützeler, Johann Peter Lützeler und Wilhelm Lützeler. Bruckman, der bereits bei Hilgers-Dahmen aufgeführt wird, wird hier als fünfter nochmals genannt, auch wenn er nicht zu Beginn seiner Amtszeit zur Sippe Lützeler gehörte. Denn er hatte erst im zweiten Teil seiner Amtszeit eine Lützeler-Tochter geehelicht.

[98]   Siehe im Anhang I Biermans, Freundt, Gutrath, Johannes Lexis, Offergelt, Peltzer, Schnitzler, Schopen, Weitz und Wolff.

[99]   Siehe im Anhang I Biermans, Gutrath, Peltzer, Weitz und Wolff.

[100] Siehe im Anhang I Biermans, Freundt, Giesen, Gutrath, Keller, Krifft, Kroppenberg, Peter Lexis, Offergelt, Peltzer, Schmitz, Schopen, Schröder, Weitz, Wolff und Zimmermann.
         Die ursprünglich vom nahe Stetternich gelegenen Hof Kivittenklang stammenden Kroppenberg und Peter Lexis werden hier mitaufgeführt, da der Hof nicht zu Stetternich zählte, wie ein 1714 erstelltes Verzeichnis von freien und steuerbaren Ländereien (StAJ, Rep. I, Bund 46, Nr. 4) aufzeigt, und unklar ist, seit wann sie selbst in Stetternich wohnten. Zur Lage des den Jülicher Jesuiten gehörenden Hofes Kivittenklang vgl. Joseph KUHL, Geschichte der Stadt Jülich, insbesondere des früheren Gymnasiums zu Jülich, Teil 2, Jülich 1893 (Nachdruck Jülich 1989), S. 217-219; Hartwig NEUMANN, Stadt und Festung Jülich auf bildlichen

ihrem Amtsantritt als Vorsteher bereits in einem anderen Amt (Kirchmeister, Bruder-meister oder Steuerheber) ihre Tüchtigkeit bewiesen und waren somit keine Unbe-kannten.[101] Dies gilt ebenso für sechs der acht Personen, die in einen der drei Clans eingeheiratet hatten.[102] Von den sieben ohne vorheriges Amt[103] bildet Caspar Schmitz dahingehend eine Ausnahme, dass er bereits etwa ein Jahr nach seiner Einheirat in die Sippe Hilgers-Dahmen Vorsteher wurde. Die anderen sechs waren mindestens fünf Jahre am Ort, so dass ein Bekanntheitsgrad gegeben war. Um so mehr verwundert es, dass Vorsteher Anton Custodis 1756 von der Beschwernis sprach, dass das Dorf im-mer mehr mit fremden Personen angefüllt werde.[104]

Ob das Alter bei der Übernahme des Vorsteheramtes von Bedeutung war, kann leider in Ermanglung entsprechender Daten nicht beantwortet werden. Denn nur von 13 der ermittelten Vorsteher (ca. 46%) ist ihr Alter beim (ersten) Amtsantritt bekannt.[105] Abgesehen vom jüngsten mit 24 Jahren und dem ältesten mit 58 Jahren waren die meisten (9) in ihren dreißiger und vierziger Lebensjahren, was sicherlich als Tendenz auch auf die anderen, altersgemäß unbekannten Amtsinhaber übertragen werden kann.

Bezüglich der Kriterien für eine Wahl zum Vorsteher kann abschließend als Fazit festgehalten werden, dass die Meistbeerbten es bevorzugten, wenn man seine Tüch-tigkeit in einem vorher ausgeübten Amt bewiesen hatte, von Beruf Ackermann war, über einen Ackerlandbesitz zwischen 5 und 14 Morgen verfügte, zwischen dreißig und fünfzig Lebensjahre zählte und einem der drei „Familien-Clans" (Custodis, Hilgers-Dah-men, Lützeler) angehörte.

Nach derzeitigem Quellenstand sind von 1696 bis 1719 jeweils zwei zeitgleich

---

Darstellungen. Von der Tabula Peutingeriana bis zur Grundkarte der 2. Hälfte des 20. Jahrhunderts (Architectura militaris 5), Bonn 1991, S. 347 („Cense des Jesuites" zwischen Stetternich bzw. Lindenberg und der Kartause bei Jülich). Kirchlich gehörte der Hof zur Pfarre Jülich, wenngleich auch Taufen Ende des 17. Jahrhunderts (so 1673, 1683, 1685 und 1689) oder Beerdigungen zu Beginn des 18. Jahrhunderts (so 1722) in Stetternich stattfanden, wo-bei der Hof anfangs auch gemäß der Gewannung als Hof „auf der Heiden" bezeichnet wurde; vgl. ALDEFELD (wie Anm. 7), S. 17; Willi DOVERN, Familienbuch Sankt Mariä Himmelfahrt Jü-lich, Bd. 1-4 [mit durchgehender Paginierung] (Jülicher Genealogische Blätter 12 = Deutsche Ortssippenbücher. Reihe B: 97), Jülich/Frankfurt am Main 2000, S. 451-452 (Nr. 1852), 1103-1104 (Nr. 4521-4525), 1373 (Nr. 5644), 1733-1734 (Nr. 7147), 1916 (Nr. 7903), 1968-1969 (Nr. 8114).

[101] Siehe im Anhang I Giesen, Gutrath, Keller, Krifft, Kroppenberg, Peter Lexis, Peltzer, Weitz und Zimmermann.

[102] Siehe im Anhang I Giesen, Keller, Krifft, Kroppenberg, Peter Lexis, Schmitz, Schröder und Zimmermann.

[103] Siehe im Anhang I Biermans, Freundt, Offergelt, Schmitz, Schopen, Schröder und Wolff.

[104] Vgl. StAJ, Rep. I, A 45, fol. 33 r („[...] sondern auch zum Beschwär der Gemeinde das dorf mit mehr und mehreren frembden angefüllet werde").

[105] Siehe im Anhang I Bruckman (58 Jahre), Anton Custodis (33), Willibrord Custodis (24), Phi-lipp Hilgers (47), Wilhelm Hilgers (29), Keller (51), Kroppenberg (43), Johannes Lexis (39), Peter Lexis (49), Andreas Lützeler (49), Johann Peter Lützeler (40), Wilhelm Lützeler (36) und Schopen (39).

amtierende Vorsteher für Stetternich bezeugt.[106] Daher kann dies kein Ergebnis dessen sein, dass die Meistbeerbten sich über Jahre hinweg bei einer Wahl nicht einigen konnten. Sie waren wohl zeitweise der Meinung, dass der Ort besser durch zwei Personen zu vertreten sei bzw. die anstehenden Aufgaben besser durch zwei Personen zu bewältigen seien. So sind beispielsweise auch im Jülicher Stadtdorf Broich (1647 und 1703) oder in den Dörfern Pier und Merken (1694/95) jeweils zwei Vorsteher bezeugt.[107] Trotz der gleichbleibenden Abfolge bei der Nennung oder bei den Unterschriften eines jeweiligen Duos - beispielsweise Custodis/Wolff oder Schnitzler/Hilgers - ist nicht erkennbar, dass der Zweitgenannte oder Zweitunterschreibende der Rangniedrigere wäre oder gleichsam Stellvertreter des Erstgenannten. Denn beide nennen sich Vorsteher, oder der zweite bezeichnet sich selbst gleichrangig als *„Mit-Vorsteher".*[108] Fernerhin bezeugen die Quellen zum einen ihre gemeinsame Nennung bzw. ihr gemeinsames Auftreten, zum andern zwischenzeitlich aber auch ein alleiniges Agieren von einem der beiden Vorsteher. Da nicht davon auszugehen ist, dass die Meistbeerbten ständig ihre Meinung in Bezug auf die zahlenmäßige Vertretung des Ortes änderten, zeigt dies, dass auf Grund der Gleichrangigkeit jeder im Duo auch alleine agieren durfte und konnte. Dies dürfte für beide eine zeitliche Entlastung gewesen sein. Die 1718 und 1719 gehäuft auftretenden Änderungen des Duos führten dann ab 1720 zur alleinigen Vertretung des Dorfes durch eine Person.

Wie die Selbstbezeichnung *„zeitlicher Vorsteher"*[109] verdeutlicht, war die Wahl nur auf Zeit. Es muss offenbleiben, ob bei Unfähigkeit, Schädigung des Ortes oder Amtsmissbrauch eine Amtsenthebung oder eine Abwahl erfolgte. Eine Absetzung - sei es durch die Meistbeerbten, den Jülicher Magistrat, den Schultheiß oder den Landesherrn - ist nicht überliefert. Wenn fernerhin auch kein Rücktritt bezeugt ist, so war doch gemäß den festgestellten Amtszeiten ein Ende der Amtsführung jederzeit möglich. Spätestens bei der Vorlage der zu prüfenden, noch zu besprechenden Rechnungslegung war ein Zeitpunkt erreicht, an dem ein Vorsteher sein Amt niederlegen konnte oder die Meistbeerbten ihm ihr Misstrauen aussprechen konnten. Kein Vorsteher verstarb in seinem Amt.

Lediglich einmal bezeichnet sich ein Vorsteher als *„vereydter Vorsteher"*[110]. Dies könnte ein Hinweis darauf sein, dass nach einer Wahl ein Amtseid vor den Meistbeerbten oder/und einem Ortsgeistlichen erfolgte. Auch eine Vereidigung vor dem Jülicher

---

106   Vgl. die entsprechenden Ausführungen samt Belegen zu den Amtszeiten von Biermans, Willibrord Custodis, Dahmen, Freundt, Gutrath, Wilhelm Hilgers, Andreas Lützeler, Schnitzler, Weitz und Wolff im Anhang I.

107   Vgl. StAJ, Rep. I, Bund 83, Nr. 4, 5, 30, 32; GODER (wie Anm. 14), S. 90, Anm. 13; KAULEN (wie Anm. 9), S. 40, 89.

108   Vgl. LAV NRW R, Stadtverhör Jülich, Nr. 172, hier: Schriftsatz vom 12. Juli 1710 und 13. Juni 1712; Nr. 174, hier: Protokolle vom 20. Juni und 22. Dezember 1713; StAJ, Rep. I, Bund 46, Nr. 4 [fol. 6 v].

109   Vgl. LAV NRW R, Stadtverhör Jülich, Nr. 172, hier: Schriftsatz vom 12. Juli 1710 und 13. Juni 1712; Nr. 174, hier: Protokolle vom 22. Dezember 1712 und 20. Juni 1713; StAJ, Rep. I, Bund 46, Nr. 4 [fol. 6v].

110   LAV NRW R, Stadtverhör Jülich, Nr. 126, hier: Schreiben zur Präsentation eines neuen Vikars 3. April 1698; vgl. auch ALDEFELD (wie Anm. 7), S. 52.

Schultheiß ist denkbar. Die Protokolle des Jülicher Rats weisen weder eine Vereidigung vor ihm noch eine Bekanntgabe an ihn über den Amtsantritt eines neuen Vorstehers aus. 1790 wird jedoch im Ratsprotokoll von der künftigen *„Anordnung"* eines neuen Vorstehers gesprochen.[111] Da ein landesherrlicher Erlass von 1738 ebenfalls von der *„Anordnung"* der den Amtleuten präsentiert werdenden Vorsteher spricht[112], verbirgt sich hinter diesem Begriff eine Inamtsnahme eines neuen Vorstehers vor einem landesherrlichen Vertreter. Da der Jülicher Rat bei der künftigen *„Anordnung"* zugleich auch eine neue Aufgabe an den künftigen Amtsinhaber vergeben wollte, scheint diese *„Anordnung"* vor ihm und dem Schultheiß als landesherrlichen Vertreter stattgefunden zu haben, wenngleich solches Herkommen sich leider nicht in den Protokollen findet.

Die vielfältigen Aufgaben des Vorstehers lassen sich mit einem Satz umschreiben: Er vertrat die Interessen des gesamten Dorfes bzw. der Gemeinde.[113] Dies machte er durch die Amtsbezeichnung *„Vorsteher"* hinter seiner Unterschrift deutlich, oder der Titel wurde im Anschluss an sein Merkzeichen hinzugefügt. Gelegentlich wurde seine Stellvertretung auch eigens durch die Aussage bekräftigt, dass er namens der Gemeinde handle.[114]

Die Vertretung der Interessen des Dorfes beinhaltete mannigfache Aufgaben. Sie lassen sich drei Bereichen zuordnen, die nicht voneinander getrennt waren, sondern sich überlappten: eine Vertretung des Dorfes gegenüber der Stadt Jülich bzw. über sie gegenüber den Ansprüchen und (fiskalischen) Forderungen der Landesherrschaft, hiermit eng zusammenhängend ein Kümmern um das Wohlergehen und die Belange des Dorfes bzw. seiner Bevölkerung sowie zum dritten eine Vertretung der Gemeinde gegenüber Belangen der Ortskirche.

Im Bereich *„Stadt und Landesherrschaft"* hat sich in Bezug auf die Aufgaben eines Vorstehers das meiste Quellengut erhalten, was auch zeigt, dass in diesem Bereich für ihn die meisten Aufgaben anfielen.

Seine Mitwirkung bei der Verteilung der jährlichen Landsteuern - nicht des Schatzes - auf den Ort und seine Bewohner dürfte ihn besonders in Anspruch genommen haben, wobei er aber in dieser Aufgabe gemeinsam mit den Meistbeerbten bzw. mit ihrer Unterstützung agierte.[115] Die Stadt erhielt durch landesherrliches Mandat jährlich die Höhe der für sie veranschlagten Steuer mitgeteilt. Von ihr entfielen zwei Drittel auf die

---

111 Vgl. StAJ, Rep. I, A 77, fol. 53 r.

112 Vgl. Johann Joseph SCOTTI (Hrsg.), Sammlung der Gesetze und Verordnungen [...] in den ehemaligen Herzogthümern Jülich, Cleve und Berg und in dem vormaligen Großherzogthum Berg [...], Theil 1, Düsseldorf 1821, S. 356 (Nr. 1417).

113 Vgl. KAULEN (wie Anm. 9), S. 40.

114 Vgl. LAV NRW R, Stadtverhör Jülich, Nr. 126, hier: Schreiben zur Präsentation eines neuen Vikars 3. April 1698; Historisches Archiv des Erzbistums Köln [künftig AEK], Dec[anatus] Jul[iacensis], Stetternich, Nr. 1, hier: Schreiben vom 30. März 1703; Generalvikariatsprotokolle [künftig GVP] 52 (1723), fol. 365 v; 58 (1729), fol. 297 r; StAJ, Rep. I, D 17, fol. 80 r, 84 v.

115 Vgl. StAJ, Rep. I, D 1-70; Helmuth CROON, Stände und Steuern in Jülich-Berg im 17. und vornehmlich im 18. Jahrhundert (Rheinisches Archiv 10), Bonn 1929, S. 192; WAGNER (wie Anm. 40), S. 88-89; KAULEN (wie Anm. 9), S. 24-39.

Stadt und ein Drittel auf die beiden Stadtdörfer. Hiervon wiederum hatte Stetternich ein Drittel aufzubringen, mithin ein Neuntel der gesamten veranschlagten Steuer Jülichs. Zu dieser Summe kamen dann noch jährlich wiederkehrende Ausgaben wie beispielsweise für die Schreibarbeiten des Stadtschreibers, für das Gehalt des Vorstehers, für das Hebgeld des Steuerhebers (Steuereinnehmers) sowie zeitlich begrenzt für Diäten der Meistbeerbten sowie eine Zulage für den Vorsteher, für die Zahlungsverpflichtung der Gemeinde für ein Jahrgedächtnis (1722-1744)[116], für *„gemeine Notturff, weilen die Gemeinde keine gemeins Mittelen hat"* (1728-1738)[117] sowie für Mittel zugunsten außergewöhnlicher Zwecke wie beispielsweise Unkosten für einen *„in dießen dorfs Stetternich district"*[118] geschossenen Wolf (1757), für die Reparatur der Landstraße zwischen Jülich und Aldenhoven (1767), für die Herstellung der Rurdämme bei Kellenberg und Barmen (1768, 1769), für eine Brücke über die Wurm bei Geilenkirchen (1770) oder für die Uferbefestigung der Maas im westlichsten Zipfel des Jülicher Herzogtums (1767 und ab 1772).[119] Die Gesamtsumme und die Höhe ihrer Umlage auf die einzelnen zu besteuernden Einheiten (Acker, Benden sowie zeitweise Personen, Kühe, Pferde, Fohlen u.a.)[120], wurden von Rat, Vorsteher und Meistbeerbten festgelegt, in einem sogenannten Directorium repartitionis des Dorfs Stetternich schriftlich festgehalten und die Richtigkeit der Feststellungen von Vorsteher und Meistbeerbten darin ab 1728/29 bestätigt. Die Meistbeerbten erhielten hierfür zeitweise ein *„Umlage-Geld"* bzw. *„Repartitions-Diäten"* (1722-1729)[121], welche in die Gesamtsumme der Repartition einflossen. Gemäß dem im Directorium festgelegten Umlageschlüssel erfolgte die Verteilung der aufzubringenden Gesamtsumme auf die einzelnen Steuerpflichtigen des Ortes, was in einem, dem Directorium sich anschließenden Verzeichnis

---

116 Die Gemeinde hatte 1695 zur Bezahlung einer Kontribution 218 Reichstaler beim Jülicher Kanoniker Heinrich Oligschleger († 1700) aufgenommen. Statt einer von ihm geforderten Rückzahlung konnte sich erst 1709 mit seinem Erben und Neffen Hermann Heinrich Hecking insofern geeinigt werden, dass mit 100 Reichstaler aus der Gesamtsumme ein Jahrgedächtnis in der Stetternicher Kirche fundiert wurde, die Gemeinde die Restsumme an ihn zu begleichen und jährlich 5% Zinsen für die verbliebenen 100 Reichstaler an die Kirche zu zahlen habe. Statt der 5 Reichstaler weisen die Steuerregister im oben angegebenen Zeitraum aber nur 1 Reichstaler und 24 Albus aus. Die Verpflichtung bestand auch nach 1744. Denn erst 1791 wurden die 100 Reichstaler von der Gemeinde abgelöst; vgl. StAJ, Rep. I, A 4, fol. 4; A 5, hier 1704/05, fol. 32 v; D 8, fol. 43 r; D 28, fol. 46 v; LAV NRW R, Stadtverhör Jülich, Nr. 115; BDA, Pfarrarchiv Stetternich, A 001, pag. 268-269; DOVERN (wie Anm. 100), S. 1364, (Nr. 5602). Für eine Umlage anderer Zins- und Pachtzahlungen der Gemeinde mittels der Repartition findet sich kein Beleg. Entsprechung wurden diese wohl aus den jährlichen Einnahmen der Gemeinde bestritten.
117 Vgl. StAJ, Rep. I, D 13, fol. 48 r; D 22, fol. 46 r.
118 Vgl. StAJ, Rep. I, D 42, fol. 46 ½ v.
119 Vgl. StAJ, Rep. I, D 48, fol. 46 r; D 49, fol. 46 r; D 50, fol. 85 r; D 51, fol. 84 v-85 r; D 52, fol. 76 v-77 r; D 53, fol. 87 v; D 70, fol. 58 r.
120 So war beispielsweise 1731 der Steueranschlag zur Bezahlung der Gesamtsumme auf (Acker-) Land und Benden pro Morgen 1 Reichstaler 10 Albus, für jede Person [ab bestimmten Alter] 1 Reichstaler, für jedes Pferd 1 Reichstaler und für jede Kuh 40 Albus; vgl. StAJ, Rep. I, D 15, fol. 46 v.
121 Vgl. StAJ, Rep. I, D 7 (unfol.); D 8, fol. 43 v; D 9, fol. 49 r; D 10, fol. 47 v; D 11, fol. 46 v; D 14, fol. 46 r.

(„*Subdivisionszettel*") festgehalten wurde. Dessen Richtigkeit wurde von Vorsteher und Meistbeerbten bereits ab 1725/26 attestiert. Bei der Verteilung waren eingetretene Veränderungen der persönlichen Situation eines Steuerpflichtigen durch Vererbung oder An- und Verkauf von Ländereien, bei der Personenzahl des Haushalts oder des Viehbestands zu berücksichtigen. Dies oblag dem Vorsteher. Denn 1722 heißt es, dass er „*vor Verfertigung des Zettels wie von alters her bräuchlich*" einen Reichstaler erhalte, wobei dies 1723 mit dem Zusatz „*Ab- und Ansetzung der Länderey*" verdeutlicht wurde. Diese Zulage wurde ihm aber nur bis 1736 gewährt, sie floss ebenfalls in die Gesamtsumme der Repartition ein.[122] Da im Ratsprotokoll 1793 immer noch von der „*vom Vorsteher eingebrachten Ab- und Ansetzung*" gesprochen wird[123], ist das ein Indiz dafür, dass die Aufgabe der Veränderungserfassung bei ihm verblieb. Denn die Festsetzung des oder ein Vorschlag für den Umlageschlüssel bzw. Hebesatz kann mit dem Begriffspaar „*Ab- und Ansetzung*" nicht gemeint sein.[124] Es ist sehr wahrscheinlich, dass die Meistbeerbten, die ja die Richtigkeit des Steuerverzeichnisses mitbestätigten, den Vorsteher bei dieser mühsamen Arbeit unterstützten. Darüber hinaus führte die jährlich wiederkehrende Besteuerung Vorsteher und Meistbeerbte öfters vor den Rat, sei es auf Aufforderung (mit Strafandrohung) hin, weil noch irgendetwas beizubringen war, oder sei es, dass sie sich gemeinsam oder der Vorsteher alleine um säumige Steuerzahler oder um Steuernachlass kümmerten oder Beschwerde über das gewaltsame Vorgehen gegen Steuerschuldner führten.[125] Besonders mit den Besitzern bzw. Pächtern des Hofes von Wolfshoven gab es bis 1748 Streit, da dieselben eine Steuerfreiheit beanspruchten, die von der Gemeinde jedoch bestritten wurde.[126] Denn durch eine Vermehrung der steuerbaren Ländereien hätte sich die Steuerlast auf das einzelne Landstück und somit für alle Steuerpflichtigen verringert. Fernerhin sind die Vernehmungen der Vorsteher und die von ihnen geforderten Listen in Bezug auf steuerbare, steuerfreie und landesherrliche Ländereien sowie Güter im Besitz der Geistlichkeit, in Bezug auf die Familien- bzw. Personenzahl, die Armen des Ortes, den Bestand an Nutztieren sowie den Wert der Häuser im Zusammenhang mit der landesherrlichen

---

[122] Vgl. StAJ, Rep. I, D9, fol. 49 r; D 10, fol. 47 r; D 11, fol. 46 r; D 13, fol. 48 r; D 14, fol. 46 r; D 15, fol. 46 r; D 16, fol. 46 r; D 17, fol. 46 r; D 18, fol. 46 r; D 19, fol. 46 r; D 20, fol. 46 r.

[123] Vgl. StAJ, Rep. I, D 70, fol. 5 r.

[124] Vgl. StAJ, Rep. I, D 35, fol. 1 ¼ v, 1 1/6 v-1 1/7 r.

[125] Vgl. beispielsweise StAJ, Rep. I, A 4, fol. 20 v-21 r, 36, 162 v, 176 r; A 7, pag. 84; A 10, hier: 1716/17, fol. 12 v; hier: 1717/18, fol. 43 v, 44; A 11, fol. 13 v, 14 v, 20 r; A 12, fol. 4-5, 7, 12 v, 13 r, 37 v, 46 v-47 r, 54 v, 55 v, 58 v; A 13, fol. 44 v, 47, 50 r, 54 r; A 14, fol. 12 v-13 r, 13 v, 40 v, 50 v, 54; A 15, fol. 16 v, 30, 43 v, 47 r; A 16, fol. 15 v, 18 r, A 17, fol. 54 v; A 18, fol. 10 v; A 19, fol. 10 v, 24 r, 41 v-42 r, A 20, fol. 10 r, 38 r; A 21, hier: 1728/29, fol. 12 r; hier: 1729/30, fol. 12 r, 13 v; hier: 1730/31, fol. 21 v; A 25, fol. 34 v; A 26, fol. 11 v; A 27, fol. 17 v; A 28, fol. 23 r, 24 v, 25 r; A 29, fol. 8 r, 14 r, 20 r, 21 v, 23 v; A 30, fol. 21 v, 36 r; A 31, fol. 25 v, 26 r, 30 r; A 32, fol. 60 v; A 35, fol. 14 v, 78 r, 96, 97 r; A 39, fol. 22 v-23 r; A 41, fol. 27 v, 30 v, 31 v; A 47, fol. 8 v-9 v; A 54, fol. 35 r, 39 v; A 76, fol. 38.

[126] Vgl. LAV NRW R, Jülich-Berg IV, Nr. 633, fol. 1 r; Jülicher Gerichte, Nr. 407, fol. 143; StAJ, Rep. I, A 16, fol. 19 r; A 17, fol. 15 r; A 18, fol. 33, 34 v, 35 r; A 24, fol. 32 v; D 33, fol. 52 1/3 r; Bund 46, Nr. 4 [fol. 1 r-2 r]; GODER (wie Anm. 12), S. 54.

Besteuerung und Besitzstandswahrung zu sehen.[127] Als der Rat schließlich 1790 auch noch darauf drängte, dass sich der Vorsteher zusätzlich um den Einzug der landesherrlichen Steuer des Schatzes wie andernorts kümmern sollte, verweigerte sich der Amtsinhaber Martin Schopen diesem Ansinnen. Eine Eskalation mit der Beschlagnahme seines Vermögens konnte nur durch die Annahme eines Schopen entlastenden Vorschlages des Ortspfarrers Hermann Joseph Geich[128] verhindert werden. Die Umsetzung des damit gekoppelten Beschlusses, dass der Schopen nachfolgende Vorsteher aber den Schatz einzuziehen habe, wurde jedoch beim entsprechenden Amtswechsel (zwischen 26. Juli 1790 und 15. Juni 1791) nicht verfolgt.[129]

Nicht nur für die Besteuerung, sondern auch für die - sofern möglich - umlagemäßige Beteiligung des Dorfes (ein Neuntel einer Gesamtforderung bzw. die Hälfte des Anteils von Broich) an den der Stadt Jülich auferlegten Lasten für Festungs- und fremdes Militär wie Kontributionen, Fouragelieferungen, Einquartierungen sowie Hand- und Spanndiensten war der Vorsteher verantwortlicher Ansprechpartner des Rates. Er hatte sich (bei Strafandrohung) um die Erledigung zu kümmern und Berichte zu Besonderheiten wie dem Durchmarsch von fremdem Militär abzugeben. Umgekehrt brachte er aber auch Beschwerden des Dorfes über die zu erbringenden Leistungen oder über das Vorgehen des Militärs, aber auch dortige „Widersetzlichkeit" gegen ihn bezüglich der Einquartierung vor den Magistrat.[130] Von ihm vorzulegende Listen über das bei den Bewohnern eingelagerte Getreide (1740-1794) stehen ebenfalls im Zusammenhang mit (erwarteten) Leistungen für das Militär.[131] Außerdem oblag ihm gegen Ende des Untersuchungszeitraumes die Abwicklung von Fouragelieferungen an die

---

[127] Vgl. LAV NRW R, Jülich-Berg IV, Nr. 633; Stadtverhör Jülich, Nr. 172, hier: Spezifikation bezüglich Pferde 1. Oktober bis 10. Dezember 1711; StAJ, Rep. I, A 10, hier: 1717/18, fol. 18 r; A 15, fol. 26 v, 30, 40 v, 54; A 18, fol. 10 v; A 32, fol. 18, 60 v; A 34, fol. 8 r; A 35, fol. 45 r; A 36, fol. 61 v; A 75, fol. 19 v; A 80, fol. 71 r; D 5 (unfol., Erwähnung einer durchgeführten Spezifikation); Bund 37, Nr. 3-4; Bund 46, Nr. 3-7, 15, 16, 18, 23, 24; RAHIER (wie Anm. 3), S. 56-62; GODER (wie Anm. 14), S. 89, 97-105, 107-109; KRÖBER (wie Anm. 3), S. 21, 103-104, 161-165 (Nr. 447-521).

[128] Geich war seit 1788 Pfarrer von Stetternich und wechselte 1810 auf die Pfarrstelle von Merken, wo er 1821 verstarb; vgl. Joseph JANSSEN/Friedrich LOHMANN, Hrsg.), Der Weltklerus in den Kölner Erzbistums-Protokollen. Ein Necrologium Coloniense 1661-1825 A - Z, München 1983 = Köln 1935/36, Sp. 456 (G 77); DE JONG (wie Anm. 1), S. 108.

[129] Vgl. StAJ, Rep. I, A 77, fol. 36 r-37 r, 45 v, 46 r, 53. Geich schlug Martin Zimmermann (1748-1816), Sohn des Johannes Zimmermann und Schwiegersohn des Philipp Hilgers, als Schatzeinnehmer vor. Der vom Magistrat Akzeptierte war in dieser Funktion noch 1792/93 tätig; vgl. StAJ, C 71, fol. 12 r.

[130] Vgl. StAJ, Rep. I, A 3, fol. 65 v-66 r; A 4, fol. 53 r, 175 r; A 5, hier: 1703/04, fol. 46 r; A 21, hier: 1728/29, fol. 20 v; hier: 1729/30, fol. 39 v-40 r; A 25, fol. 49 v; A 26, fol. 15 v, 35 v, 36 v; A 31, fol. 8 r; A 32, fol. 4, 9 v-11 r, 13 r, 15 r, 27 v, 40 r, 52 v, 58 r, 59 r, 60 v, 62 r, 109 r; A 33, fol. 33 r-34 r, 60 r, 61 r; A 35, fol. 35 v, 37 r, 38 v, 41 r, 59 r; A 46, fol. 27 r, 35 r, 45 r; A 47, fol. 33 v, 51, 64 v, 64 v, 66 v; A 48, fol. 13 r, 14 r, 26 v; A 50, fol. 31 r, 32 r, 39 v, 45, 46, 48 r, A 51, fol. 34 r; A 52, fol. 8 r, 9 v, 19 r; A 79, fol. 16 v; A 80, fol. 29 v, 32 v; A 81, fol. 32 r, 34 v, 53 r, 71 r; A 82, fol. 5 r; D 4, hier: 1705/06; D 25, fol. 46-55; Bund 46, Nr. 2; Bund 83, Nr. 4-5, 30, 32; MAHLERT (wie Anm. 25).

[131] Vgl. StAJ, Rep. I, A 30, fol. 52 r; A 31, fol. 8 r, 22 r; A 50, fol. 27 r, 29 r; Bund 46, Nr. 13-14; ehem. Depositum Stadt Jülich beim Hauptstaatsarchiv Düsseldorf 62, Nr. 28.

Landespolizei.[132]

Die für das Militär zu leistenden Hand- und Spanndienste gehörten mit zu den der Stadt Jülich schuldigen Hand- und Spanndiensten, welche als Recht des Herzogs in den Dörfern 1416 an die Stadt übergegangen war.[133] Deren Organisation oblag dem Vorsteher, wobei die Beteiligten in der Regel wenigstens ein Kostgeld erhielten.[134] Zu den Diensten gehörten auch die zu leistenden Arbeiten bei Instandsetzung, Reparatur oder Neuanlage von Straßen und Wegen, wobei die Gemeinde sich fernerhin an den Unkosten der Maßnahmen zu beteiligen hatte. Um Arbeit und Geldausgabe gering zu halten, informierte der Vorsteher den Rat über aufgetretene Schäden.[135] Als der jeweilige Amtsjäger 1731 wie auch 1760 ebenfalls Hand- und Spanndienste der Bewohner - Abtransport des geschlossenen Wilds - einforderte, zeigte der Vorsteher solches beim Rat an und verwies auf die Exklusivität der Dienste für die Stadt.[136]

Nicht nur zur eigenen Kenntnis, sondern auch zur Kundgabe im Ort wurden dem Vorsteher im 18. Jahrhundert vor dem Rat durch den Stadtschreiber oder Stadtdiener diverse landesherrliche Erlasse mit dem Ziel vermeldet, dass er sich um ihre Einhaltung zu kümmern habe.[137] Dies geschah somit unabhängig vom Publizierungsmodus der Kanzelverkündigung in der Kirche.[138]

Fernerhin erhielt er durch den Rat diverse Anordnungen, den Aufenthalt bestimmter Personen - verdächtige fremde Personen (1729), Bettler (1729), Deserteure (1720, 1767), junge, nicht zu den Ortsansässigen zählende Männer (1748), preußische Werber (1726), Juden (1729) und Zigeuner (1725) - im Ort festzustellen und darüber Bericht zu erstatten.[139] Dies war in einigen Fällen mit dem Recht der Ingewahrsnahme verbunden.[140] Dem Aufspüren fremder, verdächtiger Personen diente auch die vom Rat bzw. der Landesherrschaft angeordnete (nächtliche) Durchsuchung („Visitation") des Ortes durch die Bürgerwache der Stadt Jülich, über deren Durchführung der

---

132 Vgl. Alwin Reiche, Vom bewaffneten Hausmann zum Polizisten (Veröffentlichungen des Jülicher Geschichtsvereins 16), Jülich 1997, S. 132.

133 Vgl. Bers (wie Anm. 26), S. 75.

134 Beispielsweise erhielt eine Person 1770 beim Wegebau am Tag 20 Albus. Ein fünfpfündiges Roggenbrot kostete in diesem Jahr 9 Albus im Durchschnittspreis; vgl. StAJ, Rep. I, Bund 68, Nr. 30; Matthias Vaßen, Wirtschafts- und Verfassungs-Geschichte der Stadt Jülich vom großen Stadtbrande 1547 bis zum Einzug der Franzosen 1794, Jülich 1926, S. 105.

135 Vgl. StAJ, Rep. I, A 10, hier: 1717/18, fol. 20 r; A 21, fol. 35 r; A 25, fol. 16 v; A 51, fol. 54 v; A 53, fol. 31 v; Bund 67, Nr. 9-11, 15-16, 19, 32, 40-41, 50, 52; Bund 68, Nr. 19, 30, 42 a, 71-73; Mahlert (wie Anm. 25); Rahier (wie Anm. 3), S. 55.

136 Vgl. StAJ, Rep. I, A 21, hier: 1730/31, fol. 26 v; A 49, fol. 51 r. Die im Protokoll nicht namentlich erwähnten Amtsjäger waren 1731 kurz vor seinem Tod Christoph Heck und 1760 Nikolaus Aßmann; vgl. Anmerkung 79 der vorliegenden Arbeit.

137 Vgl. StAJ, Rep. I, A 20, fol. 39 r, 40r; A 21, hier: 1728/29, fol. 36 v; A 31, fol. 7 v; A 45, fol. 19 v; A 81, fol. 39 r; Bund 67, Nr. 19.

138 Vgl. zu diesem Modus beispielsweise Scotti (wie Anm. 112), S. 460 (Nr. 1742 XVIII); Goder (wie Anm. 14), S. 109; StAJ, Rep. I, A 21, hier: 1730/31, fol. 27 r.

139 Vgl. StAJ, Rep. I, A 12, fol. 63 r; A 17, fol. 40 r, 43 v; A 19, fol. 9 v; A 21, hier: 1728/29, fol. 25 v-26 r; 26 v, 39r; A 37, fol. 26.

140 Vgl. Scotti (wie Anm. 112), S. 284 (Nr. 1080); StAJ, Rep. I, A 21, hier: 1728/29, fol. 25 v-26 r.

Vorsteher informiert wurde und der sie auch begleitete.[141] Denn 1725 wurde er hierbei nicht nur beschimpft, sondern auch mit einer Flinte geschlagen.[142] Außerdem hatte der Vorsteher Auskunft zu geben, wer von der Ortsbevölkerung in fremden Militärdiensten stände (1727, 1731), und einen Bericht über die Eremiten zu Wolfshoven (1788) zu erstatten.[143]

Fernerhin führte der örtliche Brandschutz den Vorsteher vor den Rat der Stadt. Zum einen gab es hierzu angeordnete Ortsbegehungen des Vorstehers zur Inaugenscheinnahme der Kamine und zur Lagerung von brennbaren Materialien in deren Nähe, zum andern berichtete dieser mit den Meistbeerbten über Brände. Die Ortsbegehungen wie auch die Brandberichte konnten zu weiteren Anordnungen durch den Rat führen.[144]

Der angesprochene Brandschutz macht die Überlappung der Arbeitsbereiche des Vorstehers deutlich und lenkt zu seinen Aufgaben im Bereich *Dorf bzw. Gemeinde und Ortsbevölkerung* über.

1714 sprachen die beiden Vorsteher in einer eingeforderten Auflistung der freien und steuerbaren Ländereien von der Gemeinde zu Stetternich als Besitzerin von 20 Morgen Wald und kennzeichneten sie somit gegenüber dem Landesherrn als Rechtssubjekt.[145] Der Vorsteher vertrat alleine oder gemeinsam mit den Meistbeerbten die Gemeinde, das heißt die Gesamtheit der Ortsbevölkerung, wenn diese gleichsam als Rechtssubjekt handelte. Abgesehen von den bereits angeführten Vertretungen gegenüber der Stadt Jülich bzw. dem Landesherrn und von dem noch zu behandelnden kirchlichen Bereich geschah solches zum einen bei Aufnahmen und Rückzahlungen von Kapitalien[146], bei ausstehenden Geldforderungen zugunsten der Gemeinde[147], bei der Anpachtung von Gerechtsamen (Weid- und Schweidgang)[148] sowie beim einzigen ermittelten Kauf, dem Ankauf des Hofes Wolfshoven samt Ländereien (1748).[149] Zum andern betraf dies die Vertretung bei Streitigkeiten[150], bei landesherrlichen

---

141 Vgl. beispielsweise StAJ, Rep. I, A 10, hier: 1717/18, fol. 25 v, 27 v; A 11, fol. 69 v; A 14, fol. 31 r; A 25, fol. 34 v; A 28, fol. 42 v; A 33, fol. 10 v, 13 r, 77 r, 82 r; A 34, fol. 78 r; A 38, fol. 34 r; A 43, fol. 13 v. Zu den Visitationen vgl. REICHE (wie Anm. 132), S. 40-41; zur Bürgerwache vgl. BERS (wie Anm. 26), S. 21.

142 Vgl. StAJ, Rep. I, A 25, fol. 34 v.

143 Vgl. StAJ, Rep. I, A 20, fol. 3 v; A 22, fol. 3 v; A 76, fol. 16 v.

144 Vgl. StAJ, Rep. I, A 22, fol. 41 v-42 r; A 34, fol. 36 r, 38, 39 r; A 50, fol. 32; A 52, fol. 6 v-7 v; A 79, fol. 25 r, 26 r; A 80, fol. 6 v.

145 Vgl. StAJ, Rep. I, Bund 46, Nr. 4 [fol. 5 r]. Da die Vorsteher sich selbst als Vorsteher des Dorfs Stetternich bezeichneten [fol. 1 r] und zugleich von der Gemeinde zu Stetternich als Waldbesitzerin sprachen, zeigt dies die damalige Synonymität der Begriffe, die sich bis zum Ende des 18. Jahrhunderts (1796) durchzieht; vgl. LAV NRW R, Jülicher Gerichte, Nr. 417, fol. 3, 27, 36.

146 Vgl. LAV NRW R, Jülicher Gerichte, Nr. 411, fol. 248 v-249 r; Nr. 417, fol. 3, 27, 36; StAJ, Rep. I, A 4, fol. 4 r; A 5, hier: 1704/05, fol. 32 v; A 50, fol. 24 v; Bund 68, Nr. 21 a, 22, 28 a.

147 Vgl. StAJ, Rep. I, A 8, fol. 53, 54 r, 56 r, 68.

148 Vgl. StAJ, Rep. I, A 56, fol. 28 r, 31; Bund 14, Nr. 13.

149 Vgl. LAV NRW R, Jülicher Gerichte, Nr. 407, fol. 143-144; GODER (wie Anm. 12), S. 54.

150 Vgl. LAV NRW R, Stadtverhör Jülich, Nr. 115, 117, 126, 148, 200; StAJ, Rep. I, A 17, fol. 15 r; A 18, fol. 33, 34 v, 35 r; A 54, fol. 14 v-15 r, 22 v, 28 r, 29 v, 43 v, 44; A 55, fol. 23; A 76, fol. 33 v-34 r; A 79, fol. 16 v; ehem. Depositum Stadt Jülich beim Hauptstaatsarchiv

Vermessungsangelegenheiten und der Grenzbegehung des Orts.[151]

Auch bei seinem Einsatz für (einzelne) Bewohner vertrat er die Gemeinschaft aller und verlieh somit durch seine Anwesenheit bzw. Unterschrift mit dem Zusatz „Vorsteher" einer Handlung mehr Gewicht. Solches wird bei der Prüfung der Rechnung des Brudermeisters[152] oder seinem Auftreten als Zeuge deutlich.[153] Zu Beginn des 18. Jahrhunderts kümmerten sich die Vorsteher um die Nutzung der Vikarie als Schulgebäude[154], Vorsteher Stephan Schnitzler hat sogar für eine bestimmte Zeit die „Kinderschull gehalten"[155]. Schadensbesichtigungen und -meldungen gehörten außerdem zu seinem Metier.[156] Vorsteher Wilhelm Hilgers kümmerte sich um ein Findelkind und die Ernährung eines Stetternich zugewiesenen Zigeunerkindes.[157] Fast schelmisch half der Vorsteher dem Stephan Schnitzler im Streit mit dem örtlichen Vikar, der Schnitzlers Pferd sichergestellt hatte, indem er jenes aus der Verwahrung entfernte.[158] Zeigt dieser Vorfall schon Züge von Vorteilswirtschaft, so übte Vorsteher Anton Custodis 1756 direkten Protektionismus aus: Da zwei Schneider am Ort bereits kein genügendes Auskommen mit ihrer Arbeit hatten, verhinderte er 1756 mittels des Jülicher Rates die Ansiedlung eines dritten.[159]

Die Gemeinde wurde für wichtige Informationen oder Entscheidungen wie auch für die Rechnungslegung des Vorstehers (durch dreimaligen Glockenschlag [1698])

Düsseldorf 62, Nr. 4. Bei der 1648 vor dem Reichskammergericht (RKG) vorgebrachten Klage der Dörfer Broich und Stetternich gegen den Herzog waren, wie die Namen der Zeugen es zeigen, Broicher Einwohner die Betroffenen. Stetternich schloss sich mithin nur der Klage an. Bewohner oder Vorsteher von Stetternich werden nicht genannt; vgl. LAV NRW R, RKG 1949/5834.

151 Vgl. StAJ, Rep. I, A 36, fol. 75 r; Bund 39, Nr. 17.

152 Vgl. BDA, Pfarrarchiv Stetternich, A 002, pag. 218, 220-222, 224-226, 228-232; StAJ, Bund 52 b, Nr. 11.

153 Vgl. LAV NRW R, Stadtgericht Jülich, Nr. 6 d, hier: Bezeugung 7. April 1712; Stadtverhör Jülich, Nr. 172, hier: Schriftsatz vom 28. April 1712; Nr. 174, hier: Protokolle vom 22. Dezember 1712, 20. Juni, 18. August und 22. Dezember 1713; BDA, Pfarrarchiv Stetternich, A 002, pag. 261, 298.

154 Vgl. LAV NRW R, Stadtverhör Jülich, Nr. 126, 200; ALDEFELD (wie Anm. 7), S. 33-34, 36.

155 ALDEFELD (wie Anm. 7), S. 53. Die Quelle konnte leider nicht eruiert werden.

156 Vgl. LAV NRW R, Stadtverhör Jülich, Nr. 172, hier: Schriftsatz vom 13. Juni 1712 und 7. September 1714.

157 Vgl. StAJ, Rep. I, A 14, fol. 28 r; A 17, fol. 51.

158 Vgl. DE JONG (wie Anm. 1), S. 34. Die Quelle konnte leider nicht im Original eingesehen werden, so dass Datierung und die Person des Vorstehers offenbleiben müssen.

159 Vgl. StAJ, Rep. I, A 45, fol. 33 r, 34 r. Die beiden, nur wenig Ackerland besitzenden Schneider waren Friedrich Bebber, Schwiegersohn des Heinrich Dahmen, und Wilhelm Strasbourg; vgl. StAJ, Rep. I, D 40, fol. 48 r, 50 v. Custodis sprach neben den wirtschaftlichen Aspekten aber auch von der abzuwehrenden Beschwernis, dass das Dorf immer mehr mit Fremden angefüllt werde. Dabei kam die in Frage stehende Person aus dem Nachbarort Hambach (!), und besagter Strasbourg, für den er eintrat, stammte auch nicht aus Stetternich, sondern wahrscheinlich aus Jülich; vgl. DOVERN (wie Anm. 100), S. 1772 (Nr. 7300, 7302). Custodis hatte wohl eher Angst, dass immer mehr Unvermögende die Steuern nicht zahlen könnten.

zusammengerufen.[160] 1776 wird die Schule „*qua loco convocationum communitatis*"[161] bezeichnet. Das Einberufen der Zusammenkunft gehörte zweifelsohne zu den Rechten und Pflichten des Vorstehers.

Zu seinen Aufgaben gehörte fernerhin am Ende seiner Amtszeit die Rechnungslegung über die getätigten Einnahmen und Ausgaben.[162] Diese Rechnungen sind anscheinend nicht erhalten geblieben.[163] Die Ablage bzw. Prüfung der Rechnung geschah gemäß Beschreibung des Pfarrers Adolph Seegers[164] in der zweiten Hälfte des 17. Jahrhunderts vor dem Jülicher Schultheiß als Vertreter des Landesherrn und der „*ganzen Nachbarschaft*" (Gemeinde). 1761 mahnt jedoch der Jülicher Rat bei drei ehemaligen Vorstehern die fristgerechte Ablage der Rechnung an. Da der Magistrat ohne Hinweis auf den Schultheiß der Mahnende ist, hatte die Rechnungslegung inzwischen vor ihm zu geschehen - unabhängig von einer vorhergehenden oder nachfolgenden Ablage vor der Gemeinde. Entsprechend legte der Broicher Vorsteher 1790 seine Rechnung zur Ablage und Revision dem Rat vor.[165]

In derselben Beschreibung berichtet Seegers außerdem von einer Abgabe eines feisten Kalbes zum „*Fastelabendtseßen*" an den Jülicher Schultheiß.[166] Zur Lieferung des Kalbes oder Zahlung einer entsprechenden Geldsumme war die Gemeinde verpflichtet. Die Abgabe stand nicht in einem Zusammenhang mit der Rechnungslegung und war somit keine Gratifikation für seine dortige Mühewaltung.[167] Bereits aus der Schatzzahlung Stetternichs war eine bestimmte Summe an den Schultheiß abzugeben; und es verwundert daher nicht, dass er 1716 neben dem Landesherrn und Jülicher Bürgermeister im Gedenkstein zur Grundsteinlegung des Kirchturms eigens erwähnt wird.[168] Die dargestellten Verbindungen der Gemeinde zum Schultheiß bilden den Hintergrund, warum dieser landesherrliche Vertreter in die vorausgegangenen Überlegungen zur Entstehung des Vorsteheramtes und der Inamtsnahme eines neuen Vorstehers einbezogen wurde. Die Gemeinde hatte die Kalb-Abgabe zur Zeit Seegers aus

---

160 Vgl. LAV NRW R, Stadtverhör Jülich, Nr. 115, hier: Rechnungslegung 16. Februar 1698; StAJ, Rep. I, A 31, fol. 8 r.

161 BDA, Pfarrarchiv Stetternich, A 002, pag. 235.

162 Vgl. StAJ, Rep. I, A 5, fol. 50; A 50, fol. 64 v; A 55, fol. 23 v; KAULEN (wie Anm. 9), S. 24, 40.

163 Es haben sich zwar zwei Abrechnungen der Vorsteher erhalten, jedoch beziehen sie sich auf die Steuerzahlungen; vgl. LAV NRW R, Stadtverhör Jülich, Nr. 115, hier: Rechnungslegung 16. Februar 1698; Nr. 165, hier: Rechnungslegung 1. November 1698. 1677 verweist Seegers bei Anlage des Rentbuches auf die originalen „*Gemeindtenrechnungen*" (BDA, Pfarrarchiv Stetternich, A 001, pag. 6).

164 Seegers war von 1665 bis zu seinem Tod 1700 Pfarrer von Stetternich; vgl. ALDEFELD (wie Anm. 7), S. 9-44; DE JONG (wie Anm. 1), S. 107.

165 Vgl. BDA, Pfarrarchiv Stetternich, A 001, pag. 5-6; StAJ, Rep. I, A 50, fol. 64 v; A 78, fol. 15 r.

166 So hielt der Schultheiß am Montag vor Aschermittwoch 1603 sein großes Festessen; vgl. DINSTÜHLER (wie Anm. 41), S. 279, 297-298, Anm. 405.

167 Vgl. BDA, Pfarrarchiv Stetternich, A 001, pag. 5-6.

168 Vgl. StAJ, Rep. I, C 1, fol. 121 v; RAHIER (wie Anm. 3), S. 55; Karl FRANCK-OBERASPACH/Edmund RENARD (Bearb.), Die Kunstdenkmäler des Kreises Jülich (Die Kunstdenkmäler der Rheinprovinz 8,1), Düsseldorf 1982 = Düsseldorf 1902, S. 227.

den Kircheneinkünften finanziert und war hiernach gezwungen, dieselben zurückzuerstatten. Daraufhin wurde ihr Kapitalwert in die Gesamtsumme der Repartition einbezogen, bis dies dem Rat nicht mehr statthaft erschien. Entsprechend führte 1755 der Vorsteher Anton Custodis bezüglich der Richtigkeit der Abgabe bzw. der Verweigerung der Repartition beim Landesherrn Klage. Denn eine Finanzierung per Umlage war sicherlich einfacher als eine weitere Belastung der geringfügigen Einnahmen der Gemeinde.[169] Es blieb zumindest beim Wegfall der Repartition.[170]

Die zeitweise Finanzierung der Kalb-Abgabe aus den Kircheneinnahmen lenkt zum dritten Aufgabenbereich des Vorstehers über. Er betrifft die Angelegenheiten zwischen der Gemeinde und der Pfarre bzw. dem Pfarrer. Eine Unterscheidung zwischen der weltlichen (Zivil-) Gemeinde und der konfessionsgebundenen (Kirchen-) Gemeinde gab es im Untersuchungszeitraum für Stetternich nicht, zumal die Bevölkerung gemäß Ausweis der kirchlichen Visitationsprotokolle gänzlich katholisch war.[171]

In einer 1700 erfolgten Klage über eventuell noch ausstehende Kircheneinnahmen gegen die Testamentsvollstrecker des verstorbenen Pfarrers Seegers bezeichneten sich die beiden Vorsteher als Mit-Provisoren der Kirche.[172] Unabhängig von der Frage, warum nicht der damalige, für die Kircheneinnahmen zuständige Kirchmeister, sondern die Repräsentanten der Gemeinde agierten, ist diese einmalige Selbstbezeichnung bzw. die damit ausgesprochene Fürsorge um die Kirche und deren Einnahmen nicht nur in der Einheit von weltlicher und kirchlicher Gemeinde zu sehen, sondern besonders in der Baupflicht der Gemeinde für das Kirchengebäude. Das von den damaligen Vorstehern und dem Vizekurat unterzeichnete Visitationsprotokoll von 1716 führt zwar aus, dass Baumaßnahmen aus den Kircheneinkünften finanziert würden[173] - mithin ohne die Gemeinde (!) -, doch gibt das 1740 von Vorsteher und Pfarrer unterzeichnete Protokoll eine weitaus differenzierte, für die Gemeinde ungünstigere Verteilung der Lasten: die Bauunterhaltung des Chores der Kirche oblag dem Pfarrer, des Turmes und Anhängsel der Gemeinde („*communitas*"). Das übrige (so das Kirchenschiff) war

---

169 Die Gemeinde besaß lediglich aus ihrem Waldbesitz von 20 Morgen geringe Einkünfte; vgl. StAJ, Rep. I, Bund 46, Nr. 4 [fol. 5 r]; GODER (wie Anm. 14), S. 93-94.

170 Vgl. BDA, Pfarrarchiv Stetternich, A 001, pag. 5-6; StAJ, Rep. I, A 44, fol. 24 v; D 7 (unfol.); D 8, fol. 43 v; D 11, fol. 46 r; D 15, fol. 46 r; D 22, fol. 46 r; D 34, fol. 46 ½ r; D 35, fol. 46 v; D 36, fol. 46 v; ehem. Depositum Stadt Jülich beim Hauptstaatsarchiv Düsseldorf 62, Nr. 3-4; ALDEFELD (wie Anm. 7), S. 11. Die Repartition war bereits zwischen 1739 und 1749 nicht erfolgt, wurde dann aber wieder aufgenommen, da der Schultheiß mit einer Geldeintreibung drohte (D 34, fol. 46 1/2 r). Dann fehlt sie wieder seit 1752/53 (D 37). Ob die Abgabe weiterhin bezahlt werden musste, bleibt offen.

171 Vgl. AEK, Dec. Jul., Visitationsprotokoll B, fol.127 v („*Nulli acatholici*" [1658]), Visitationsprotokoll C, pag. 229 („*omnes sunt catholici*" [1716]); Visitationsprotokoll D, pag. 73 („*omnes catholici*" [1740]).

172 Vgl. LAV NRW R, Stadtverhör Jülich, Nr. 148; ALDEFELD (wie Anm. 7), S. 42-43. Leider werden die Namen der Vorsteher nicht genannt.

173 Vgl. AEK, Dec. Jul., Visitationsprotokoll C, pag. 225 (quaestio 6), 227 (quaestio 56). Der als „*Vicecuratus*" (pag. 230) unterzeichnende Werner von Pier († 1724) fungierte hier von 1711 bis 1717; vgl. JANSSEN/LOHMANN (wie Anm. 128), Sp. 1120-1121 (P 244); ALDEFELD (wie Anm. 7), S. 59-60.

aus den Einkünften der Gemeinde und aus den Kircheneinnahmen zu finanzieren.[174] Fehlende Einkünfte der Kirche bedeuteten mithin Mehrausgaben für die Gemeinde, wollte man nicht die Baufälligkeit des Gotteshauses und damit eventuelle Lebensgefahr einfach hinnehmen. Dass die Baulasten von 1740 trotz anderslautendem Protokoll auch schon 1716 und vorher galten, zeigt nicht nur die besorgte Klage der Vorsteher von 1700, sondern auch eine erst 1787 erfolgte Anzeige von Pfarrer und Kirchmeister vor dem Jülicher Rat gegen die Gemeinde um Gelder, die 1716 für den Bau des Kirchturms von der Gemeinde verwendet worden waren.[175] Diese besondere Rolle der Gemeinde erklärt fernerhin, warum deren Repräsentanten nicht nur die Visitationsprotokolle unterzeichneten, sondern auch als Prüfer der Kirchenrechnungen und als Zeuge bei Messstiftungen und Verpachtungen fungierten[176] sowie für den Jülicher Magistrat in Bezug auf die Kirchenrechnungen und deren Vorlage zur Prüfung durch den Rat mit verantwortlich waren.[177]

Wie die Klage von 1787 und die Rückerstattung der Gemeinde von Abgaben an den Schultheiß aufzeigen, war die Verschränkung zwischen Gemeinde und Kirche keineswegs stets harmonisch und hatte für jeden Part auch negativen Seiten. 1775 wurde

---

[174] Vgl. AEK, Dec. Jul., Visitationsprotokoll D, pag. 70 ([6. Cujus sumptibus conserventur seu reparentur?] *„Chorus sumptibus Pastoris, turris et appendix Communitatis, cetera sumptibus Communitatis et Eccelisae")*, 71 ([56. Cujus sumptibus Campanae et Campanile conserventur et reparentur?] *„Communitatis")*; Visitationsprotkoll E, hier: Protokoll für Stetternich 1740.

[175] Vgl. StAJ, Rep. I, A 74, fol. 41; A 75, fol. 16 v. Man wollte gegenüber der Gemeinde eine Rückerstattung von 300 Reichstaler, welche 1716 für den Turmbau aus der Dotation einer Stiftungsmesse genommen worden waren. Das damalige Vorgehen des Griffs in die Kirchenkasse könnte der 1716 geäußerten Sichtweise entsprechen, dass die Baulast und deren Finanzierung bei der Kirche lag. Spätestens 1740 wurde dies anders beurteilt und von den Vorstehern als richtig attestiert. Es erfolgte aber hierbei kein Hinweis auf eine zwischenzeitlich getätigte neue Übereinkunft zur Baulast zwischen Gemeinde und Kirche, für die es fernerhin auch keinen Beleg gibt. Dies spricht für eine Geltung der 1740 beschriebenen Baulast auch für 1716. Es mag daher dahingestellt sein, ob die Vorsteher 1716 wider besseren Wissens damals die Richtigkeit des Protokolls gerne attestierten und somit die Baupflicht der Gemeinde auf die Kirche abwälzen wollten. Es kann aber auch sein, dass der Vizekurat aus Unkenntnis die Frage zur Baulast falsch beantwortete, die Vorsteher in gutem Glauben das in lateinischer Sprache verfasste Protokoll einfach unterzeichneten und im selben Jahr die Gemeinde gemäß ihrer Finanzierungspflicht bei der Kirche 300 Reichstaler für den Turmbau aufnahm, aber fernerhin *„vergaß"*, die Zinsen zu zahlen, welche stattdessen aus den Einnahmen der Kirche bestritten wurden. Der die Baulast des Turms kennende Pfarrer schrieb hierzu im Rentbuch: *„[...] ob das recht seye, urtheile Jedermann"*(BDA, Pfarrarchiv Stetternich, A 001, pag. 285). Der Fall wurde aber erst 1787 angegangen. Wie er nach Januar 1788 ausging, ist den Ratsprotokollen nicht überliefert. Auch im Rentbuch ist keine Rückzahlung der 300 Reichstaler vermerkt. Die Forderung konnte letztlich wohl auf Grund einer fehlenden Schuldanerkenntnis der Gemeinde nicht geltend gemacht werden.

[176] Vgl. AEK, Dec. Jul., Visitationsprotokoll C, pag. 230; Visitationsprotokoll D, pag. 73; Visitationsprotkoll E, hier: Protokoll für Stetternich 1740; BDA, Pfarrarchiv Stetternich, A 001, pag. 74, 81, 82, 84, 85, 282; Pfarrarchiv Heilig Geist Jülich, Bestand Pfarre Stetternich, Kirchenrechnungen 1753, 1755, 1756, 1767-1769, 1773/74-1775/76; Verpachtung der Kirchenbenden 1786, 1787, 1792.

[177] Vgl. StAJ, Rep. I, A 20, fol. 39 r, 40r; A 21, hier: 1729/30, fol. 3 v-4 r; A 22, fol. 10, 11 r, 39 r, 40 r, 41 v; A 43, fol. 10 r, 12 v-13 r; A 51, fol. 4 r.

zwar ein Streit um eine an der St. Wendelinus-Kapelle zu Wolfshoven haftende Rente zugunsten der Gemeinde entschieden; diese gab aber dann die Rente 1779 an die Stetternicher Vikarie.[178]

Bis 1748 besaßen Gemeinde und Pfarrer gemeinsam das Präsentationsrecht für eine 1680 durch Stiftung des damaligen Besitzers von Gut Lindenberg errichtete Vikarsstelle, wobei der Vorsteher eigens jeweils anzeigte, dass er namens (und mit Zustimmung) der ganzen Gemeinde agiere. Da es hierbei nicht ohne Streitigkeiten zwischen Gemeinde und Pfarrer abging, einigte man sich 1748 auf einen neuen Modus: Gemeinde und Pfarrer legen dem jeweiligen Herrn von Lindenberg zwei bis drei Kandidaten vor, aus denen dieser den Vikar wählt und präsentiert.[179]

Bei der Besetzung der Küsterstelle hatte die Gemeinde ebenfalls ein Mitspracherecht, wie es die Visitationsprotokolle von 1716 und 1740 aufzeigen.[180] Doch haben sich hierzu keine weiteren Schriftstücke erhalten, so dass eine Involvierung des Vorstehers nur zu folgern ist. Interessant ist allenfalls, dass im Untersuchungszeitraum nachgewiesenermaßen nur dreimal (1641, 1645 und ab 1736) die Stelle mit einem Mitglied von zwei der drei führenden Clans des Ortes besetzt worden war.[181]

Das einmal bezeugte Kümmern des Vorstehers um die sonntägliche Ordnung in Stetternich war zwar im Sinne der Kirche lobenswert, aber keineswegs uneigennützig. Denn das zur Anzeige vor dem Jülicher Stadtgericht gebrachte sonntägliche Kegeln vor der Frühmesse, vor dem Hochamt und während der *„Christenlehre"* fand beim Wirt Wilhelm Lützeler statt. Der auf Grund der *„Schwäche"* des Ortspfarrers anzeigende und so für ihn handelnde Vorsteher Stephan Schnitzler besaß aber bei seinem Wirtshaus nicht die Attraktion einer Kegelbahn.[182] Sein Agieren (gegen das lukrative Geschäft des Berufskollegen) war zwar keineswegs ein Amtsmissbrauch, aber eine gewisse Vorteilsnahme.

---

178 Vgl. GODER (wie Anm. 12), S. 56; Pfarrarchiv Heilig Geist Jülich, Bestand Pfarre Stetternich, Inkorporationsakt einer Roggenrente in die Vikarie 1779.

179 Vgl. AEK, GVP 52 (1723), fol. 365 v, 58 (1729), fol. 297; 81 (1748), fol. 504; Dec. Jul., Stetternich, Nr. 1; Visitationsprotokoll B, fol. 127v (6); Visitationsprotokoll C, pag. 228 (84); Visitationsprotokoll D, pag. 72 (83); Visitationsprotkoll E, hier: Protokoll für Stetternich 1740 (83); LAV NRW R, Stadtverhör Jülich, Nr. 126, hier: Schreiben zur Präsentation eines neuen Vikars 3. April 1698; ALDEFELD (wie Anm. 7), S. 16, 33, 52; JANSSEN/LOHMANN (wie Anm. 128), Sp. 180 (B 1328), 227 (C 174), 274 (C 600). Schriftstücke mit Erwähnung des Vorstehers ab dem neuen Modus konnten nicht eruiert werden. Solche könnten im Familienarchiv der jeweiligen Besitzer Lindenbergs zu finden sein.

180 Vgl. AEK, Dec. Jul., Visitationsprotokoll C, pag. 229 (111); Visitationsprotokoll D, pag. 73 (ad 111); Visitationsprotkoll E, hier: Protokoll für Stetternich 1740 ([111. Custos [...] a quibus admissus?] „[...] *admissus a Pastore et Communitate anno 1736*").

181 Vgl. im Anhang I Wilhelm Custodis und Philipp Hilgers; ALDEFELD (wie Anm. 7), S. 5, 7, 26-29, 88. Gemäß Eintrag im Stetternicher Taufbuch vom 12. Februar 1645 ist der Pate Gottfried Custodis hier einmalig als Küster bezeugt. Er war ein Sohn von Wilhelm Custodis (I); vgl. Pfarrarchiv Heilig Geist Jülich, Bestand Pfarre Stetternich, hier: Fritz ALDEFELD, Mein Ahnenstamm Dahmen aus Stetternich bei Jülich, maschinenschriftliches Manuskript 1949, S. 6.

182 Vgl. ALDEFELD (wie Anm. 7), S. 44-45; DE JONG (wie Anm. 1), S. 34. Die zugrundeliegende Quelle konnte nicht eruiert werden. Die Kegelbahn befand sich in Lützelers Baumgarten; vgl. ebd. S. 32.

Mit der Übernahme des Vorsteheramts konnten keine Privilegien wie beispielweise eine Steuerminderung oder eine Begünstigung bei Einquartierung von Soldaten eruiert werden. Nur einmal ließ sich eine gewisse Vorteilsnahme im Amt feststellen. Wohl erhielt der Vorsteher für seine nicht *„vergnügungssteuerpflichtige"* Tätigkeit ein Gehalt. Ein landesherrlicher Erlass von 1696 sprach den Vorstehern statt Diäten oder Steuerfreiheiten ein jährliches Gehalt von 8 Reichstalern für ihre Verrichtungen zu, wobei solches gemäß Edikt von 1702 mit den ausgeschriebenen Steuern zu repartieren sei.[183] Entsprechend ist eine solche Repartition für 1704 und für zwei Vorsteher 1719/20 eine von 16 Reichstaler belegt.[184] Von 1722 bis 1737 betrug das Gehalt für den einen Vorsteher sogar 12 Reichstaler[185], wozu noch von 1722 bis 1736 die bereits erwähnte Zulage von einem Reichstaler für die Verfertigung der Subdivisionszettel kam. Außerdem erhielt er 1719 für eine erstellte Spezifikation der Ländereien eine Sondergratifikation von einem Reichstaler. 1722 und 1723 wird er auch beim *„Umlage-Geld"* der Meistbeerbten mitgenannt.[186] Von 1738 bis zum Ende des Untersuchungszeitraums betrug sein Gehalt dann die erlassgemäße Höhe von 8 Reichstalern.[187] Besondere Gehaltsaufbesserungen gab es nicht mehr. 1789 gebot der Rat dem Stetternicher und Broicher Vorsteher *„bey Verlust ihres Gehalts"* zur Steuerrepartition zu erscheinen.[188] Das ihm zustehende Gehalt erklärt auch, warum der Vorsteher in den anschließenden Subdisionszetteln auch als solcher ausgewiesen ist. Wo keine weitere Nennung eines Berufs erfolgt, entsteht der Eindruck, als wenn die Person ein *„hauptamtlicher"* Vorsteher wäre[189], was er keineswegs war.

Durch die Ablegung und Prüfung seiner Rechnung wie auch die Mitarbeit der Meistbeerbten in Steuerangelegenheiten oder bei wichtigen Rechtsgeschäften der Gemeinde war eine Amtskontrolle des Vorstehers gegeben. Jederzeit waren fernerhin Klagen gegen bzw. über ihn vor dem Stadtgericht[190] oder vor dem Magistrat[191] möglich. Umgekehrt klagte der Vorsteher auch vor dem Rat über einzelne Einwohner oder sogar sämtliche Eingesessene (1762) bei Behinderung in seinen Aufgaben oder zu großer Beeinträchtigung seiner Person.[192]

Das für den Stetternicher Vorsteher Dargestellte findet seine Parallelität in der Publikation von Kaulen in Bezug auf die Vorsteher im Dingstuhl Pier und Merken.[193]

---

183   Vgl. SCOTTI (wie Anm. 112), S. 227 (Nr. 845), 254 (Nr. 944); KAULEN (wie Anm. 9), S. 227; WAGNER (wie Anm. 40), S. 47.

184   Vgl. LAV NRW R, Stadtverhör Jülich, Nr. 165, hier: Steuerbuch 1704; StAJ, Rep. I, D 5 (unfol.).

185   Vgl. StAJ, Rep. I, D 7 (unfol.); D 8, fol. 43 v; D 15, fol. 46 r; D 20, fol. 46 r.

186   Vgl. StAJ, Rep. I, D 5 (unfol.); D 7 (unfol.); D 8, fol. 43 v.

187   Vgl. StAJ, Rep. I, D 21, fol. 46 r; D 30, fol. 46 v; D 40, fol. 46 v; D 50, fol. 86 r; D 60, fol. 75 v; D 70, fol. 58 v.

188   Vgl. StAJ, Rep. I, A 76, fol. 38 r.

189   So GODER (wie Anm. 14), S. 95.

190   Vgl. LAV NRW R, Stadtverhör Jülich, Nr. 117, 126, 200; DE JONG (wie Anm. 1), S. 34.

191   Vgl. StAJ, Rep. I, A 54, fol. 22 v, 28 r, 43 v; A 55, fol. 23; Bund 68, Nr. 76.

192   Vgl. StAJ, Rep. I, A 25, fol. 34 v; A 52, fol. 9 v; A 80, fol. 29 v, 52 v-53 r; A 81, fol. 84 v.

193   Vgl. KAULEN (wie Anm. 9), S. 24, 40, 58, 77, 85, 89, 226-227.

Fernerhin kann auf Grund der Durchsicht des Quellenmaterials von einer Gleichheit der Aufgaben und Rechte der Vorsteher der Stadtdörfer Stetternich und Broich in Bezug auf das gesprochen werden, was sie und die Mitarbeit der Meistbeerbten sowie ihre Aufgabenbereiche in Bezug auf Stadt bzw. Landesherrschaft und Dorf betrifft.

Klaus Pabst

Rurdorf und Welz - Zwei limburgische Exklaven vor den Toren von Jülich[1]

Betrachtet man eine Territorialkarte des nördlichen linken Rheinufers aus der Zeit vor 1796, so fallen neben den Großterritorien Jülich-Berg, Kurköln und Kurtrier, den Reichsstädten Aachen und Köln und kleineren geistlichen Territorien zahlreiche weitere Gebiete ins Auge, die im Laufe der historischen Entwicklung eine gewisse Selbständigkeit erlangt hatten. Aber nicht alle regierten sich selbst. Manche waren auch Exklaven (geographisch vom Mutterland getrennte Gebietsteile) größerer Nachbarländer wie Kerpen und Lommersum, die beide seit 1288 zu Brabant und damit später zu den spanischen Niederlanden gehörten, oder die seit 1609 brandenburgischen Herzogtümer Geldern und Kleve.

Zwei kleine limburgische Exklaven, die Dörfer Rurdorf (Roerdorp) und Welz (Weltz), lagen geradezu vor den Toren von Jülich. Am linken Ufer der Rur nahe bei Linnich gelegen, konnten sie trotz ihrer Lage im Zentrum des Herzogtums Jülich ihre historisch bedingte Bindung an das Herzogtum Limburg und mit diesem an die seit 1477 habsburgischen, 1555 spanischen und seit 1740 österreichischen Niederlande bis in die französische Zeit (1794-1814) hinein bewahren. Erst der Anfall an Preußen nach dem Wiener Kongress (1815) machte dieser Sonderstellung ein Ende. In der Gemeindegebietsreform 1969 verloren beide Dörfer ihre Selbständigkeit und wurden Ortsteile der Stadt Linnich.

Rurdorf, das wahrscheinlich ältere der beiden Dörfer, wurde 935 erstmals in einer Urkunde erwähnt, als der Kölner Erzbischof Wichfrid es dem Kölner Ursulastift schenkte.[2] Seit dem 13. Jahrhundert gehörte es als Exklave zur Herrschaft Herzogenrath und damit zum Herzogtum Limburg. Die 1550 erstmals erwähnte Kapelle wurde allerdings schon immer von Linnich aus bedient. 1790 gelang die Erhebung zur eigenen Pfarre, in der Conrad Seulen als Pfarrer amtierte.[3] 1800 wurde Rurdorf französische Mairie, aber nicht im Roerdepartement, sondern ebenso wie Welz im Kanton Herzogenrath des Arrondissement Maastricht im schon 1795 geschaffenen Departement Meuse-Inférieure (Niedermaas).[4] Kirchlich wurde es nunmehr allerdings Welz

---

1 Infolge coronabedingter Schließungen war die Nutzung externer Informationsquellen (Archive und Bibliotheken) zur Erstellung dieses Beitrags leider nicht möglich. Er beruht deshalb ausschließlich auf der eigenen Bibliothek und früheren Forschungen des Verfassers.

2 Helmut RÖNZ, Art. Linnich-Rurdorf, in: Handbuch der Historischen Stätten Nordrhein-Westfalen, hrsg. von den Landschaftsverbänden Rheinland und Westfalen-Lippe durch Manfred GROTEN et al., Stuttgart ³2006, S. 676.

3 Le Grand Calendrier de Herve pour l'Année 1794, Herve 1794, S. 142.

4 E[lisabeth] M.Th.W. NUYENS, De tegenwoordige Provincies Limburg en omliggende gebieden in de Franse tijd (1802) (Historische Atlas van Limburg, I. Serie: Staatkundige Kaarten), Assen 1977, S.14 In den Listen der Mairien des Roerdepartements, die 1806 und öfter im *„Almanach"* oder im *„Annuaire"* des Departements erschienen, werden Rurdorf und Welz

unterstellt. In preußischer Zeit 1816 zur selbständigen Bürgermeisterei erhoben, erhielt es 1837 auch wieder eigene Pfarrrechte. Die 1852 erbaute Pfarrkirche St. Pankratius wurde im Zweiten Weltkrieg stark beschädigt, aber 1957 erneuert.

Mit der Eingliederung in das neu geschaffene Amt Linnich verlor die Bürgermeisterei Rurdorf bereits 1936 einen Teil ihrer Selbständigkeit, um am 1. Juli 1969 auf Grund eines Gesetzes über die Gemeindegebietsreform ganz in der Nachbarstadt aufzugehen.

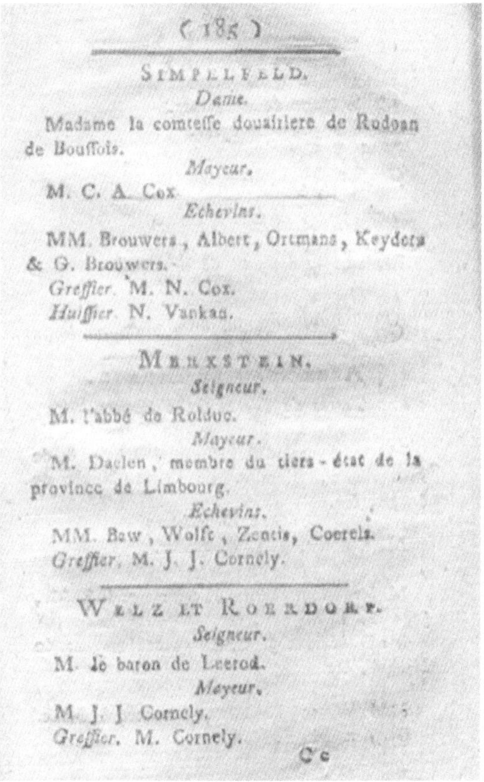
(185)

SIMPELFELD.

Dame.

Madame la comtesse douairiere de Rodoan de Bouffois.

Mayeur.

M. C. A. Cox.

Echevins.

MM. Brouwers, Albert, Ortmans, Keydets & G. Brouwers.

Greffier. M. N. Cox.

Huissier. N. Vankan.

MERKSTEIN.

Seigneur.

M. l'abbé de Rolduc.

Mayeur.

M. Daelen, membre du tiers-état de la province de Limbourg.

Echevins.

MM. Baw, Wolfs, Zentis, Coerels.

Greffier. M. J. J. Cornely.

WELZ ET ROERDORF.

Seigneur.

M. le baron de Leerod.

Mayeur.

M. J. J. Cornely.

Greffier. M. Cornely.

Cc

Abb. 1: Welz und Rurdorf im Staatskalender für Limburg 1794.

Obwohl der westlich von Rurdorf gelegene Ort Welz erst seit 1222 belegt ist, vermutet Helmut Rönz auf Grund des (maasländischen!) Patroziniums St. Lambertus doch eine frühmittelalterliche Gründung. Seine Pfarre ist jedenfalls wesentlich älter als die von Rurdorf. Bereits seit dem Ende des 15. Jahrhunderts lag ihr Patronatsrecht bis zur Säkularisation 1802 bei der Deutschordenskommende Siersdorf, die in Welz erheblichen Grundbesitz hatte und den Pfarrer stellte. 1794 war dies Jacques Oligschlager, ein Priester des Deutschen Ordens.[5]

Auch in Welz wurde die 1853-1856 errichtete Kirche im Zweiten Weltkrieg zerstört und 1964 durch einen Neubau ersetzt.

Als *„Seigneur“* (Grundherr) erscheint in Welz wie in Rurdorf 1794 der Freiherr von Leerod(t), dessen Stammsitz das gleichnamige Wasserschloss im Wurmtal bei Geilenkirchen war. Als *„Mayeur“* (Schultheiß, Bürgermeister) beider Orte fungierte J.J. Cornely, als *„Greffier“* (Gerichtsschreiber) M. Cornely, der anscheinend gleichzeitig Schreiber in Merkstein war.[6] Auch Welz wurde um 1800 zur selbständigen französischen Mairie, danach aber schon 1816 der Bürgermeisterei Linnich und 1936 dem Amt Linnich-Land zugeschlagen.

Der Zugehörigkeit Rurdorfs und Welz‘ zu Limburg verdanken wir auch eine exakte kartographische Darstellung beider Dörfer vom Ende des 18. Jahrhunderts. Beide sind in der sog. *„Ferraris-Karte“* enthalten, einem bereits maßstäblichen Kartenwerk, das in den Jahren 1771-1774 auf Initiative des österreichischen Generalleutnants Joseph Johann von Ferraris im Auftrag der Kaiserin Maria Theresia in den damals

---

dementsprechend nicht aufgeführt. Auch bei Sabine GRAUMANN, Französische Verwaltung am Niederrhein. Das Roerdepartement 1798-1818, Essen 1990, die (S. 18) ausführlich auf Grenzveränderungen des Departements eingeht, kommen die beiden Dörfer nicht vor.

5 Grand Calendrier (wie Anm. 3), S. 142 (s. Abb.)

6 Ebd., S. 185 (s. Abb.).

habsburgischen Niederlanden erstellt wurde und genaue Angaben über Häuser, Bodengestalt und Bodennutzung enthält.[7]

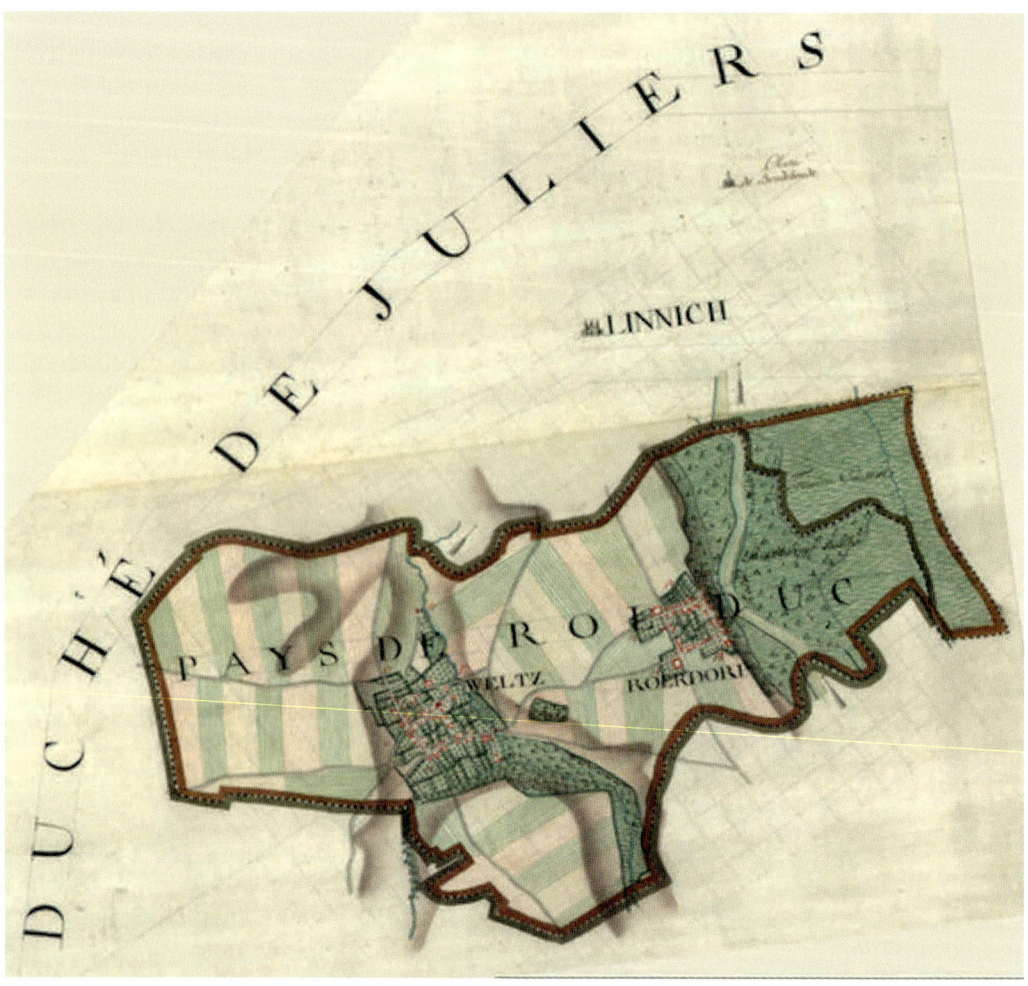

Abb. 2: Ausschnitt aus der Ferraris-Karte.

Rurdorf und Welz werden als *„Land von Herzogenrath"* hier sehr detailliert dargestellt, während das umgebende Jülicher Gebiet weiß bleibt.[8] Deutlich erkennbar ist die quadratische, beinahe festungsähnliche Anlage der Dörfer, die sich in beiden Orten jeweils um einen ebenfalls quadratischen Grünplatz gruppieren. Hinter den Häusern liegen kleinteilige Grundstücke, die dann in bebaute Äcker und Wiesen übergehen. Östlich von Rurdorf erscheint (noch Limburg zugehörig) das teils bewaldete, teils sumpfige Rurtal, während Welz, das auf einem Höhenrücken liegt, vom schmaleren,

---

[7]   Crédit Communal de Belgique (Hrsg.), La Cartographie au XVIIIe siècle et l'oeuvre du Comte de Ferraris 1926-1814 (Collection Histoire Pro Civitate, Bd. 54), Brüssel 1978. Der gleiche Herausgeber veranlasste auch einen modernen Nachdruck der Karten.

[8]   Quelle des Kartenausschnitts: Art. *„Rurdorf"*, wikipedia.org/wiki/Rurdorf, eingesehen 16.06.2020.

ebenfalls bewaldeten Lauf des Merzbachs durchflossen wird. Noch heute entspricht die Anlage der Straßen insbesondere Rurdorfs dem Grundriss der Ferraris-Karte.

Ebenso wie die Orte Alsdorf, Herzogenrath, Merkstein und Übach, die innerhalb des Roerdepartements ebenfalls Exklaven des Departements Niedermaas blieben, zeigen Rurdorf und Welz, dass die neuen französischen Herren bei der Grenzziehung zwischen den Departements Roer und Niedermaas in den Jahren 1798/1800 keineswegs willkürlich vorgingen, sondern weitgehend Rücksicht auf bisherige Zugehörigkeiten nahmen, selbst wenn dies eine Erschwerung für die neuen Departementsverwaltungen bedeutete.[9] Erst der Wiener Kongress zog 1815 die Grenzen im westlichen Rheinland radikal neu, ohne auf sprachliche oder ältere historische Bindungen Rücksicht zu nehmen.

---

[9] *„L'état actuel des deux départements a perpetué tous les desavantages de la multiplicité des souverains, qui a toujours été condideré comme le fléau de ce pais",* klagte der Unterpräfekt von Roermond am 14 fructidor an 10 (1. September 1802) über die oft verworrenen Grenzen zwischen Niedermaas und Roer, hier am Beispiel von Wegberg (Kanton Erkelenz). Zit. Nach NUYENS (wie Anm. 4), Anm. S. 3.

Augustinus M.P.P. Janssen

Das Testament des 'Kontroverstheologen' Franciscus Agricola († 2. Dezember 1621)

Einführung

Wilhelm Bers und sein Neffe Günter Bers haben beide dem Kontroverstheologen Franciscus Agricola historische Beiträge gewidmet (1936, 1969 und 1999).[1] Obwohl dieser Schriftsteller fast fünfzig Publikationen veröffentlicht hat und vierzig Jahre in Sittard Pfarrer gewesen ist, hat er vor Ort nur wenige Spuren hinterlassen. Der Sittarder Dechant Petrus Vrancken (1839-1847) soll versucht haben, für Agricola ein Grabdenkmal in seiner Kirche (die ehemalige Stiftskirche) zu errichten, was aber ohne Erfolg geblieben ist. Ein Model dieses Denkmals hat es noch um 1890 im Pfarramt gegeben.[2] Erst 1928 hat Agricola in der Sittarder Pfarrkirche eine Gedenktafel bekommen. An ihn erinnert weiter die nahe dem Stadtpark gelegene Agricola-straat.

Abb. 1: Gedenktafel in der Sittarder Pfarrkirche (Foto: Verfasser).

Für eine ausführliche Beschreibung des Lebens und der Werke Agricolas verweise ich auf den fundierten Aufsatz von Professor Bers von 1999. Die wichtigsten Daten hier in Kürze:

Franciscus Agricola (oder Franz Bauer, alias Franz Georgaeus/Georg oder Franciscus Fabricius) wurde um 1540 in der Ortschaft Lohn bei Aldenhoven geboren.[3] Nach seinen

---

[1] Wilhelm BERS, Die Schriften des ehemaligen Pfarrers von Rödingen und Sittard, Franz Agricola (1540-1621), in: Annalen des Historischen Vereins für den Niederrhein 129, 1936, 116-118; Wilhelm BERS, Theologen aus dem Jülicher Land vom 16. bis 19. Jahrhundert, in: Beiträge zur Jülicher Geschichte 26, 1969, S. 1-55; Günter BERS, Buchwidmungen eines Theologen. Der Adressatenkreis von Buchdedikationen des Sittarder Pfarrers Franz Agricola († 1621), in: P.H.M. BOSELIE & A.M.P.P. JANSSEN (ed.), Netwerken, opstellen aangeboden aan Drs J.M.A. Kreukels bij gelegenheid van zijn afscheid als gemeentearchivaris van Sittard, Sittard 1999, 9-26.

[2] B.A. POTHAST, Kurze Chronik von Sittard von 900 bis 1755, erschienen im Almanach von Augustin Dunckel für das Jahr 1823, fortgesetzt nach desselben Manuskripten und anderen Quellen samt drei Anhängen von 1757 bis in 1891, Sittard 1891, S. 18. Neubewertung Agricolas im Rheinland: Annalen des Historischen Vereins für den Niederrhein 46, 1887, S. 191-195 (Vortrag Pfarrer Esser aus Köln).

[3] O. REDLICH, Jülich-Bergische Kirchenpolitik 2.1, Bonn 1911, S. 472 nach dem Liber Praesentationum des Herzogs: 3.10.1569.

Studien am Tricoronatum in Köln und an der Universität von Löwen[4] wurde er vom Lütticher Fürstbisschof Gerard von Groesbeek (1565-1580) zum Priester geweiht.[5] Er war *„vicarius"* in Weisweiler und ab 1569 Pfarrer in Rödingen. Am 13. Dezember 1581 wurde er Pfarrer in Sittard und am 13. März 1584 Kanoniker am S. Petrusstift daselbst.[6] Am 4. Oktober 1599 wurde er zum Landdechanten des Landdekanats Susteren (Archidiakonat Kempenland, Bistum Lüttich) gewählt und in diesem Amt vom Lütticher Bischof am 9. Oktober 1599 konfirmiert.[7]

Schon bald nach seinem Antritt als Pfarrer in Rödingen begann Agricola mit der Publikation seiner Auffassungen. Seine erste bekannte Veröffentlichung ist im Jahre 1574 erschienen. Dabei versuchte er, meistenteils als eine Reaktion auf die Reformation, die katholischen Ansichten gemäß den Schlussfolgerungen des Trienter Konzils für seine Kollegen Seelsorger und einem breiten Publikum zu übersetzen. Er befolgte die Standpunkte des Bistums Lüttich und des Erzbistums Köln, wo seit 1581 beziehungsweise 1583 Ernst von Bayern die Macht ausübte.

Gerade in Sittard wurde er mit der Reformation konfrontiert. Ab 1568, als Alba seine Maßnahmen in den Niederlanden einführte, und mehr noch ab 1579, nachdem Alexander Farnese Maastricht erobert hatte, wurde Sittard ein Asylantenort. Aus Maastricht, Brabant, Aachen und dem Fürstbistum Lüttich strömten ‚Religionsverwandte' auf das Jülichsche Sittard zu, und dadurch fühlte die katholische Behörde sich bedroht.[8] Daraus versteht sich der polemische Grundton in den Schriften Agricolas.

Agricola starb am 4. Dezember 1621. Am 9. März 1615 hatte er eigenhändig sein Testament geschrieben und daran am 7. März 1617 ein Kodizil zugefügt. In diesem Testament vermachte er sein Eigentum - vor allem Bücher - den Sittarder Armen, dem Lütticher Domstift, dem Sittarder St. Petrusstift, seinem Vetter [= Neffe] Ulrich, Pfarrer in Gemmenich, den Dominikanern, Augustinern, Kapuzinern und Jesuiten in Maastricht, den Jesuiten in Aachen und Roermond, den Minderbrüdern in Maastricht, den Sittarder Kanonikern Joannes Cloet, Franciscus Oyenbrugge und Joannes Salden, und schließlich seinen Nichten und Dienstmägden Nalen und Engen.[9]

---

[4] AGRICOLA, Warhafftiger Bericht (1583), Vorrede S. 28: *„daselbst ich mein studium philosophicum absolviert und theologicum etliche zeit exerciert und getrieben hab."*

[5] AGRICOLA, De cultu et veneratione divorum (1580) S. 9: Leodiensium quidem primario, non paucis tamen in locis nostrae etiam Patriae Iuliacensis, iam olim Episcopo vigilantissimo (sub quo & à quo ego indignus etiam sacris Praesbyterii ordinibus fui inauguratus).

[6] Augustinus M.P.P. JANSSEN, Prosopographie des St. Petrusstiftes zu Sittard (1299-1802) (Forum Jülicher Geschichte 75), Jülich/Sittard 2019, S. 44.

[7] Archives de l'évêché de Liège, E III, 18. A. Munsters gibt für die Konfirmierung das Datum 22. Oktober 1599, obwohl die Urkunde 9. Oktober 1599 zeigt; A.J. MUNSTERS, De verkiezing der landdekenen in het aartsdiakenaat Kempenland in de 17e en 18e eeuw (Publications de la Société historique et archéologique dans le Limbourg 85), 1949 413-448.

[8] Für die historische Lage in Sittard zur Zeit Agricolas: A.M.P.P. JANSSEN, Katholiek versus protestant in Sittard 1609-1648; de geschiedenis van de hervormde godsdienstuitoefening in Sittard, door Frederik Adolf Reuter (m.m.v. J.M.A. Kreukels en D.J.J. Lauwers) (Monografieën uit het Land van Sittard deel 12), Sittard 1998.

[9] Regionaal Historisch Centrum Limburg, Maastricht, Kapittel van Sint-Pieter te Sittard [14.B004], no. 8, p. 181-186; vgl. A.M.P.P. JANSSEN, Testamenten van Sittardse kanunniken

Den Neffen Ulrich haben wir in einem Register des Lütticher Diözesanarchivs wiedergefunden. Im September 1613 hat sich in Lüttich Udalricus Pastoris aus Jülich gemeldet. Er möchte gerne examiniert werden (*„concursus"*) für die Pfarrstelle der Hubertuskirche in Gemmenich. Er wurde aber nach Hause geschickt wegen seiner Unwissenheit (*„ignorantia"*).[10] Im Testament Agricolas wird erwähnt, dass er Ulrich schon ein Buch überreicht hatte, als dieser wegen der Taufe eines Kindes seiner Schwester in Sittard verweilte. Tatsächlich hat Agricola in das Taufregister dreimal ein Kind seiner Nichte (*„neptis"*) Gertrudis (*„Drutgen"*) eingetragen und dabei wird zweimal *„dominus Ulricus frater (puerperae)"* als Taufzeuge erwähnt (24. September 1617 und 21. November 1618). Im Jahre 1618 wurde der Täufling, Ulricus Schlossmecher, sogar nach seinem Onkel benannt.[11]

Weil in diesem Testament mehrere Bücher namentlich erwähnt werden und auch die Beziehungen Agricolas zu den geistlichen Instituten deutlich hervorgehen, lohnt es

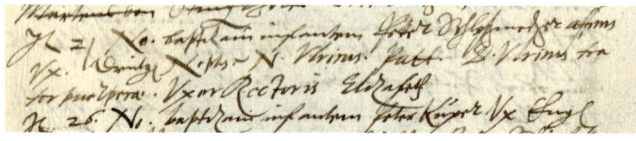

Abb. 2: Eintragung im Taufregister (Foto: Verfasser).

sich, den Text in extenso zu publizieren. Die aufgelisteten Bücher haben wir versucht zu trassieren, vorzugsweise die in der Maastrichter Universitätsbibliothek (MU) vorhandenen Exemplare. Dabei fanden wir noch drei Ausgaben Agricolas, womit die von Onkel und Neffen Bers gemachte Bibliographie ergänzt werden kann. Weil diese hervorragende Bibliographie in einem niederländischen Liber Amicorum publiziert worden und deshalb den deutschen Forschern nicht leicht zugänglich ist, haben wir sie als Beilage zugefügt.

Das Testament von Agricola

<186> Testament oder letzter Will deren Francisci Agricolae, pastoren unnd canonichen der collegiatkirche zu Sittert, gemacht und mit eigener handt geschreben im jhar Christi thausent sexhondert und vunffzehen cum revocatione [mit Widerrufung] *und auffhebung aller deren so hiebevoren auffgericht oder verfasset gewesen.*
<181> In nomine Sanctissimae Trinitatis Amen. [In Namen der Allerheiligsten Dreifaltigkeit]
Demnach alle Menschen ein mall sterben müssen und denselben nichts sichereres als der leiblige naturlige todt und nichts unsicherers als die eigentlige stundt des todts, und dan neben einem gottseligem leben auch zu einem seligem end machung und

(1513-1641), in: Historisch Jaarboek voor het Land van Zwentibold 12, 1991 113-124.

10 Archives de l'évêché de Liège, vicariat général, E 1, 1, fol. 148; G. SIMENON, Les examens pour l'admission aux cures dans l'ancien diocèse de Liège (1596-1614), in: Leodium 1908-1922, extrait S. 126. In einem Visitationsprotokol der Pfarre Gemmenich aus 1624 wird als Pfarrer (seit 1619) erwähnt: Henricus Aubel aus dem Bistum Köln; G. SIMENON, Visitationes archidiaconales archidiaconatus Hasbaniae ab anno 1613 ad annum 1763, Leodii 1939, I, S. 243.

11 Archief De Domijnen te Sittard-Geleen, Parochiearchief Petrus & Michaël Sittard, Doopregister Agricola, sub Ophoven 6.10.1616, 24.9.1617, 21.11.1618.

beschreibung eines testaments, da das vannothen oder nutzlich eracht, sehr dienlich und rhatsam gehalten wirt.

Also hab ich unterschrebner zur zeit alhie zu Sittart pastor unnd canonich mein testament und letzten willen, da ichs villicht in meiner kranckheit oder sterbzeit zuthun verhindert, in meinem leben und gutter gesundtheit selbst machen und schrifftlich verfassen wollen, mit dem beding das mir dasselb als lang mir Gott das leben vergunnen wirt, zu enderen zu extendiren oder auch gentzlich oder zumal zu neweren vorbehalten, und freystehen, und dafern an der volliger solennitet eines richtigen testaments iehtwas ermangelen thate, gleichwoll per modum codicilli oder donationis [mittels eines Kodizills oder einer Schenkung] *oder letzten willens oder wie ich des am besten mechtig, gelten und gehalten werden sollen, in massen wie folgt.*

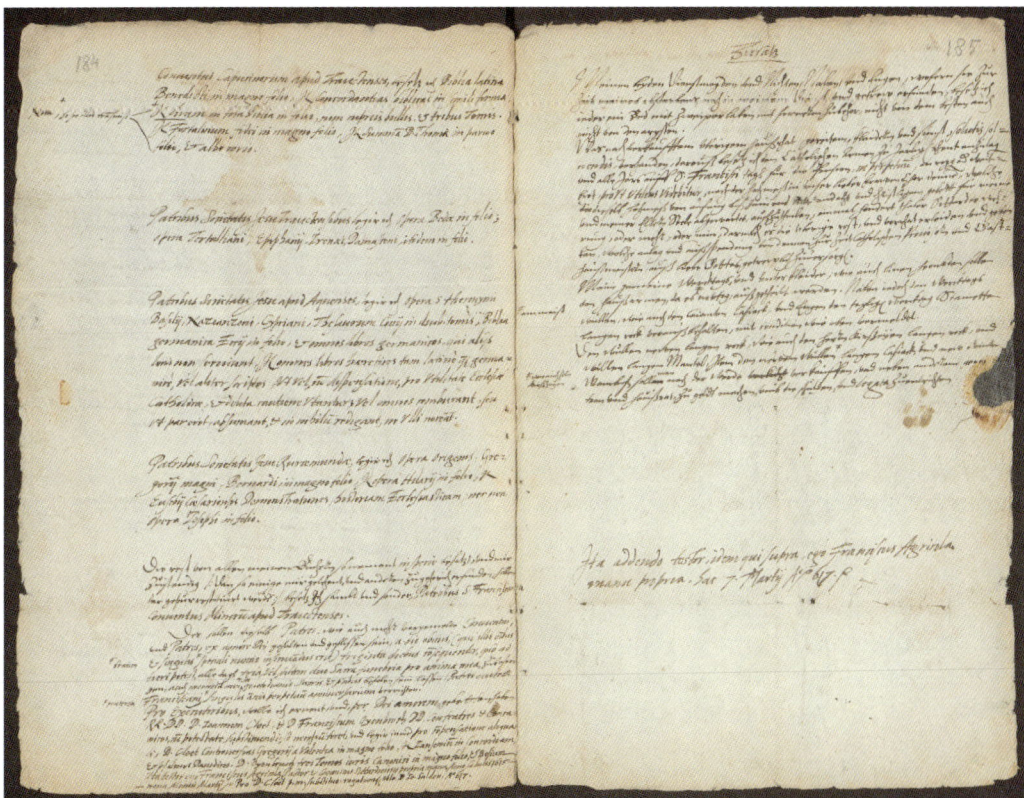

Abb. 3: Testament des Franciscus Agricola (Foto: Verfasser).

Erstlich und fur all befel ich mein leib und principal mein seel in den gnadenschutz und bermbhertzigkeit Gottes, der sie geschaffen, und Christi Jesu, unsers einigen Erlosers, heylands und Seligmechers, der sie durch seinen theuren todt und vergossen unschuldig blut am holtz des heiligen creutz verdienstlich, durch die heilige tauff aber wircklig erlost und zugleich durch dieselb wie auch durch andere heilige sacramenten allengenedigst geheiliget und zur seligkeit bereittet hat, und das zwar alle die tag meines unsicheren lebens, insonderheit aber in der stunde meines entligen absterbens, den leib aber, als die seel darvon gescheiden, folgents, nach lobligem

287

catholischem brauch dieser collegiat und pfarkirchen, zur erden fur dem kirspelsaltar zubestatten, pittendt Gott den Vatter durch Christum Jesum, das er mir durch denselben ein heiligs leben und selig sterben verlihen und zu dem end, das gebett der gantzer catholischer kirchen, und zudem auch die vorbitt aller seligen heiligen im himmel sonderlich aber der hochst heiligster mutter Marie und unser sonderlichen patronen Petri und Pauli, neben anderen patronen, allergenedigst wille zu hilff kommen und dienen lassen.

<182> Am tag der begrebnus allen den armen wie welche catholisch sein und die seelmes von anfang bis zum end abgewartet das brot von zweien malderen zu dreyen und etlige auch vunffponden nach gelegenheit der armen, desgleichen auch in die exequiarum [am Tag der Exequien] ausgetheilt werden.

Der fabriken alhier zu Sittart besetz ich einmal zwentzig, der fabriken aber S. Lambert zu Luck [Domstift S. Lamberti in Lüttich] 10 st. [Stüber]

Vor allen dingen solle auß meiner verlassenschafft und Nachfal einem iedem richtig bezalt werden, was sicher und erfindtlich, das ich im schuldig und vor meinem absterben nicht zalt habe.

Desgleichen soll auch meinen zur zeit dienstmagden vollig zalt werden was beweißlich das an ihrem verdientem lohn noch zu zalen restiren wirt, ohn das Erbnuß das ich ihnnen weiters zulegen und legiren werde, alsfern sie sich fromb und woll gehalten.

Wiewoll festum S. Laurentii, festum Ecclesiae duplex unde solemne [ein doppeltes Kirchenfest und deshalben feierlich] ist, das sein vigiliam und darzu auch octavam habe und derwegen an ihm selb durch die gantze christenheit feirlich gehalten wirt, so legir ich ex singulari intentione [aus außergewöhnlicher Intention] gleichwoll auch darzu ad maiorem solennitatem [zu einer größeren Feier] so vill haubtgelts das jarlichs einen brabants gulden fur pension thun kan, in manus capituli [in die Hände des Stiftes], umb treulich anzuwenden und festum solenne et simul festum factum [das feierliche Fest und zugleich das gestiftete Fest] zu continuiren.

Gleichfals vunff und zwentzig gb [brabantische Gülden] hauptsummen umb jarlich primis vacantibus et festo aliquo non impeditis diebus post festum circumcisionis [an den ersten freien und nicht durch eine Feier beschwerten Tagen nach dem Beschneidungsfest = 1. Januar] darfur drey messen von dem zur zeit pastoren treulich zu besorgen, ein pro viva [für eine Lebende] genant Gertruda und auch da sie sturbe pro defuncta [für eine Gestorbene], die zweitte pro viro [für ihren Mann] Joanne die dritte pro filia eius [für ihre Tochter] <Lücke> für die pension dero gemelter haubt-summen, welche ich auch noch zur zeit auff negste gelegenheit anzulegen und außzusetzen an mich behalte, in meinung das sie ehrst bey einem guttem sicheren man angelagt solle werden.

Pro anniversario [für ein Jahresamt] wie den statuten gemeß und rechten billig sein wirt.

Den kupfferen luchter mit dem langen spitz so in der Stuben fur dem crucifixbildt stehet, besetz ich dem hohem altar und sunst im winter wanne man ein sonder kertz entzunden muß furß licht, umb zu lesen und singen. Die andere zwe hohe kupffere luchters auch auff dem tresor stehend fur dem crucifix - und ich alle drey fur mich selbst gegolden - besetz dennen altaren S.Joannis und Nicolai, deweill sie kein eigene altarluchter haben alternatim [wechselweise] zu brauchen.

<183> *Auß meinen Buchern (darin mein gulden und silbern schatz begriffen und verborgen) sollen keine verkaufft werden, alßfern und lang einiger ander vorrhat und verkaufflige mittel von dem gereitten vorhanden, sonder die selb sollen bleiben und außgetheilt werden, wie ich hernacher legiren besetzen und specisiren werde.*

Meinem vetteren herren Ulrichen zur zeit pastoren in Gemmenich bey Achen besetz [vermache] *ich aus meinen trisoren Biblia latina recognita in octavo und Biblia Detenberg Teutsch auch in octavo* [im Oktavformat][12], *item Liram in tota biblia*[13]*, die in der stuben stehen boven der Thur von der erster truck in quatuor tomis et folio* [in vier Bänden und Folio]. <*in margine: nota Liram hab ich im uberantwordt alß er alhie auff dem wegens seiner swister kindttauff essen gewesen*>*. Item controversias Bellarmini in folio et tribus tomis* [ebenso die Controversiae von Bellarmino in Folio und drei Bänden][14]*. Item Dionysium Carthusianum 40 in quatuor evangelistas et in omnes epistolas S. Pauli in octavo* [ebenso Dionysius der Kartäuser im Quartformat: Kommentar zu den vier Evangelisten und im Oktavformat Kommentar zu allen Briefen S. Pauli][15]*. Item Bellarminum in psalmos Davidicos in quarto* [Ebenso Bellarmino Kommentar zu den Psalmen Davids im Quartformat][16]*. Item Sahrbaut in epistulas Pauli in octavo* [ebenso Sahrbaut Kommentar zu den Briefen St. Pauli im Oktavformat].[17] *Item tres tomos Becani contra haereticos in octavo et albo corio* [ebenso drei Bände von Becanus gegen die Häretiker im Oktavformat und weißem Leder].[18] *Item Calepinum in parvo folio* [ebenso Calepinus in Kleinfolio][19]*. Item catechismum consilii Tridentini ad parochos in 4.* [ebenso ein

Bellarmin (Foto: Verfasser).

---

12 Johannes DIETENBERGER, *Biblia, das ist die gantze Heilige Schrifft*, Mainz 1609 (MU 2042 F 12).

13 Walafridus STRABO, Nicolaus de LYRA, Francois FEUARDENT, Bibliorum sacrorum glossa ordinaria, Venedig 1603, 6 vol. (MU Wa 9 H 8).

14 Roberto BELLARMINO, Disputationes de controversiis Christianae fidei adversus hujus temporis haereticos, Ingolstadt 1586-93 (MU 1157 A 4-5, ed. 1613).

15 D. Dionysii CARTHUSIANI in Sancta quattuor D.N. Iesu Christi Evangelia praeclarae admodum enarrationes, Venedig 1586 (Radboud University OD 721 c41)

16 Roberto BELLARMINO, In omnes Psalmos dilucida explanatio, Brixen (apud Io. Baptistam & Antonium Bozzolas) 1611 (MU 2070 E 1, ed. Köln 1619).

17 Adam SASBOUT, In omnes D. Pauli et quorundam aliorum apostolorum epistolas explicatio, Löwen 1557 (MU Wa 80 B 3, ed. Antwerpen 1561).

18 Martinus BECANUS, Opusculorum theologicorum volumina tres, Mainz 1610 (MU 1204 H 14-15, ed. Paris 1617).

19 z.B. Ambrosius CALEPINUS, Dictionarium, Paris 1588 (MU ENC 5).

Katechismus des Trienter Konzils für die Pfarrer im Quartformat][20] *Item eiusdem elucidationem R.D. vicarii Chapeaville in 8* [ebenso die Erklärung desselben von Generalvikar Chapeaville][21], *necnon summam eiusdem eodem auctore in 12* [und auch eine Zusammenfassung desselben vom gleichen Autor im Duodezformat].[22] *Item vitas sanctorum Grasii latinas in octavo et pergameno, in quatuor tomis et Coloniae apud Bernardum impressas* [Ebenso die Lebensbeschreibungen der Heiligen auf lateinisch von Grasius im Oktavformat und Pergament, in vier Bänden und gedruckt zu Köln bei Bernhard].[23] *Item primum tomum Baronii annalium folio* [Ebenso den ersten Teil der Annalen von Baronius in Folio].[24] *Item allen von nur in truck verfertigten bucheren als vil deren vorhanden ein exemplar.*

Conventui Dominicanorum Traiecti besetz ich opera S. Chrysostomi, summam D. Thomae in folio cum annotationibus Caietani[25], *item catenam D.Thomae in quatuor evangelistas et commentaria in epistulas Pauli et canonicas.*[26] [Dem Dominikanerkonvent in Maastricht vermache ich die Werke des Hl. Chrysostomus, die Summa des Hl. Thomas in Folio mit Anmerkungen des Caietanus, ebenso die Catena des Hl. Thomas zu den vier Evangelisten und die Kommentare zu den Briefen des Paulus und den kanonischen Briefen]

Conventui S. Augustini Traiecti besetz ich Opera S. Augustini, Opera S. Ambrosii et Opera S. Leonis cum confessione Augustiniana [Dem Augustinerkonvent in Maastricht vermache ich die Werke des Hl. Augustinus, die Werke des H. Ambrosius und die Werke des Hl. Leo mit dem Bekenntnis des Augustinus].

184. Conventui Capucinorum apud Traiectenses besetz ich Biblia latina Benedicti in magno folio, item concordantias biblicas in simili forma [nota: *so sie illis transmisi*], *item Liram in tota biblia in folio cum cupreis bullis et tribus tomis, item Fortalicium fidei in magno folio*[27], *item summam D. Thomae in parvo folio et albo corio* [Dem Kapuzinerkonvent in Maastricht vermache ich die lateinische Bibel des Benedictus in großem Folio, ebenso die Bibelkonkordanzen im gleichen Format [nota: wie ich die Ihnen geschickt habe], ebenso den Kommentar von Lira zu der ganzen Bibel in Folio mit kupfernen Knöpfen und in drei Bänden, ebenso Fortalitium Fidei in großem Folio, ebenso die Summa des Hl. Thomas in kleinem Folio und in weißem Leder].

Patribus Societatis Jesu Traiectensibus legir ich opera Bedae in folio, opera Tertulliani, Epiphanii, Irenaei, Damasceni, itidem in folio [Den Patres der Sozietät Jesu in Maastricht vermache ich die Werke des Bedas in Folio, die Werke Tertulians,

---

[20] Catechismus ex decreto concilii Tridentini ad parochos, Köln 1570 (MU Wa 253 C 4).

[21] Joannes CHAPEAVILLE, Catechismi Romani elucidatio scholastica, Lüttich 1594.

[22] Joannes CHAPEAVILLE, Summa Catechismi Romani, Lüttich 1605 (MU TH nIII 25).

[23] Cornelius GRASIUS, Vitae Sanctorum, Köln (Bernard Walther) 1603 (MU Wa 48 A 52, ed. 1616).

[24] Caesar BARONIUS, Annales ecclesiastici, I, Antwerpen 1610 (MU HE al 17, ed. 1612).

[25] Summa totius theologiae d. Thomae de Aquino; accessere commentaria Thomae de Vio CAIETANI, Venedig 1612 (MU 1183 A 11).

[26] Thomas de AQUINO, Catena aurea / Divi Thomae Aquinatis … commentaria in omnes D. Pauli apos. epistolas, Antwerpen 1620.

[27] Alphonso de SPINA, Fortalitium Fidei, Lyon 1511.

Epiphanius, Irenaeus, Damascenus, gleichfals in Folio].

Patribus Societatis Jesu apud Aquenses legir ich opera S. Hieronymi, Basilii, Nazianzoni, Cypriani, Thesaurum Gaii duobus tomis[28]*, Biblia germanica Eccii in folio*[29]*, et omnes libros germanicos, qui aliis locis non serviunt, item omnes libros haereticos tam latine quam germanice vel aliter scriptos, ut vel cum dispensatione pro utilitate ecclesiae catholicae et debita cautione utantur, vel omnes comburant, seu ut par erit, absumant et in nihilum redigant, ne ulli noceant* [Den Patres der Sozietät Jesu in Aachen vermache ich die Werke der Heiligen Hieronymus, Basilius, Gregorius von Nazianze, Cyprianus, Cyprianus, den Thesaurus von Gaius in zwei Bänden, die deutsche Bibel von Eckius in Folio, und alle deutschen Bücher, die an anderen Orten nicht nützlich sind, ebenso alle häretischen Bücher, in lateinischer, deutscher oder anderer Sprache verfasst, damit sie entweder mit Dispensation zum Wohle der katholischen Kirche und mit benötigter Vorsicht verwertet werden, oder damit sie alle verbrennen, oder wie es geziemend sein wird zerstören und vernichten, damit sie keinem schaden].

Patribus Societatis Jesu Ruraemundae legir ich opera Origenis, Gregorii Magni, Bernardi in magno folio, item opera Hilarii in folio, item Eusebii Caesariensis demonstrationes historiam ecclesiasticam necnon opera Iosephi in folio [Den Patres der Sozietät Jesu in Roermond vermache ich die Werke der Origenes, Gregorius des Großen, Bernardus in großem Folio, ebenso die Werke des Hilarius in Folio, ebenso die Demonstratio (Evangelica) und Kirchengeschichte des Eusebius von Caesarea und die Werke von Josephus in Folio].

Die rest von allen meinen buchern so ernant in specie besatzt und mir zustendig (den so einige mir gelehent und anderen zugehorich erfunden sollen der gepur restituirt werden) besetz ich sambt und sonder patribus S. Francisci conventus Minorum apud Traiectenses [den Patres des Hl. Franciscus des Minoritenkonvents in Maastricht].

Des sollen dieselb patres wie auch mehr vorgemelte conventus und patres ex amore Dei [aus Liebe Gottes] *gehalten und geflissen sein a die obitus (qui illis omnibus et singulis statim speciali nuncio insinuandus erit) triginta diebus consequenter quoad fieri potest alle tags tria vel saltem duo sacra funebria pro anima mea zubesorgen, auch memoriam mei in quotidianis sacris et precibus befolen sein lassen, patres autem franciscani praeterea singulis annis perpetuum anniversarium verrichten* [vom Tage des Sterbens an (der ihnen zusammen und einzeln gleich durch eine Sondernachricht mitgeteilt werden soll) dreißig fortlaufende Tage, insofern es geschehen kann, täglich drei oder mindestens zwei Totenmessen für meine Seele zu besorgen, dass ihnen auch ein Gedächtnis an mir in den täglichen Messen und Gebeten befohlen wird, die Patres Franziskanen sind aber gehalten überdies jedes Jahr ein ewiges Jahresamt zu verrichten].

Pro executoribus [Als Testamentsvolstrecker] *wolle ich ernent und per Dei amorem* [durch die Liebe Gottes] *gebetten haben rr.dd. d. Joannem Cloet et d. Franciscum Oyenbroch dd. confratres et concanonicos cum potestate substituendi si necessum*

---

[28] Vielleicht: Caius Julius SOLINUS, Polyhistor vel rerum toto orbe memorabilium thesaurus, Genève 1605

[29] Johan ECKIUS, Bibel, Alt unnd New Testament, Köln 1611.

foret, und legir innen pro compensatione aliquali d. Cloet controversias Gregorii a Valentia in magno folio[30], item Jansenium in concordiam[31] et psalmos Davidicos[32], d. Oyenbruch tres tomos iuris canonici in magno folio et Bosium[33] [die ehrwürdige Herren Joannes Cloet und Franciscus Oyenbroch, Herren Mitbrüder und Mitkanoniker mit dem Vermögen zur Ersetzung, wenn es nötig wäre, und ich vermache ihnen einigermaßen als Entschädigung Herrn Cloet die Controversiae des Gregorius von Valencia in großem Folio, ebenso den Kommentar des Jansenius zur Concordia und den Psalmen von David, Hernn Oyenbruch drei Bände des kanonischen Rechts in großem Folio und Bosius].

Ita testor ego Franciscus Agricola pastor et canonicus Sittardiensis propria manu, anno salutis 1615, nona mensis martii. Pro d. Cloet p.m. substituo rogatumque volo d. Io. Salden anno 1617 [So bezeuge ich Franciscus Agricola, Pfarrer und Kanoniker zu Sittard eigenhändig, im Jahre des Heils 1615, am 9. März. Statt Herrn Cloet frommer Gedächtnis ersetze ich und will ich, dass gefragt wird Herr Joannes Salden, im Jahre 1617].[34]

185. Zusatz.

Item meinen beyden dienstmegden und nichten Nalen und Engen, wofern sie zur zeit meines absterbens noch in meinem dienst und getrew erfunden, besetz ich ieder ein Bed mit zwei par laken mit ferneren zubehor, nicht von dem besten auch nicht von dem argsten.

Was nach verkaufttem ubrigem haußrhat gereiten kleideren und sunst solutis solvendis [nachdem was bezahlt werden muss, bezahlt ist] *vorhanden, darauß besetz ich den catholischen Armen zu jarlichen rhent anzulegen und alle jars auff S. Francisci tagh fur die pension, in perpetuum* [für ewig] *an roggen oder weisbrot prout utilius videbitur* [wie es praktischer scheinen wird] *nach der hochmeß in unser lieber Frawen Chor dennen welche in der selb hochmeß von anfang biß zum end mit andacht und Christligem gebett für meine und meiner Elteren Seele abgewartet außzutheilen einmal hondert thaler Sittarder wahrung oder mehr, oder min, darnach es die uberige rest und vorrhat erleiden und geben kan, welche anlag und mißspendung von dennen zur zeit catholischen provisoren und gasthaußmeisteren auß liebe Gottes getrewlich zuversorgen.*

Meine gemeine wercktags und unterkleider wie auch linen hemeden sollen den haußarmen da es meist nottig außgetheilt werden. Nalen jedoch den wercktags wullen wie auch den leinere casiack [Kasack (Mantel)] *und Engen den taglichen werckens stametten* [grobes Leinen] *langen rock voraußbehalten mit conditien wie eben vermeldet.*

---

[30] Gregorius a VALENTIA, De rebus fidei suo tempore controversis, Lyon 1591.

[31] Cornelius JANSENIUS, Commentariorum in suam concordiam ac totam historiam evangelicam partes IIII, Löwen 1572 (MU Wa 234 C 14, ed. Antwerpen 1593).

[32] Cornelius JANSENIUS, Paraphrase in omnes psalmos Davidicos, Löwen 1574 (MU TH cII 77).

[33] Sehr wahrscheinlich nicht der Altphilologe Simeon Bosius (1536-1581), sondern Jacobus Bosius, La trionfante e gloriosa croce, Rom 1610 [= Crux triumphans et gloriosa, Antwerpen 1617].

[34] Die Kanoniker des Sittarder Stifts: Prosopographie (Siehe Anm. 6).

Den wullen newen langen rock wie auch den herten kirszeyen [seiden?] *langen rock, und wullen langen mantel, item den newen wullen wie auch herten kirszeyen langen casiack und new winter wambiß* [Wams] *soll man nach der werde verkauffen und neben anderem gereiten und haußrat zu geldt machen umb die schulden und legata zuentrichten.*

Ita addendo testor idem qui supra ego Franciscus Agricola manu propria hac 7 martii anno 1617 [So bezeuge ich zufügend dergleiche wie oben: Franciscus Agricola eigenhändig heute dem 7. März 1617].

186. 1621, 5. 10bris. Anno millesimo sexcentesimo vigesimo primo, quinta die mensis decembris, retroscripto testamento, per inibi nuncupatos executores, dd. decano & capitularibus, pro obtinenda eiusdem confirmatione, praesentato, dd. praevia lectura & examine, admittunt, approbant & ratificant, quod attestor Joannes Mosanus canonicus & scholasticus p.m. salvo jure cuiuslibet [1621, am 5. Dezember. Im Jahre 1621 am 5. Dezember, nachdem das hiervor geschriebene Testament von den darin benannten Testamentsvollstreckern dem Dechant und den Kanonikern präsentiert worden ist, um dessen Bestätigung zu bekommen, gewähren die Herren es, nach vorgehender Vorlesung und Prüfung, sie genehmigen und ratifizieren es, was ich bezeuge, Joannes Mosanus, Kanoniker und Scholaster eigenhändig, mit Erhaltung jedermanns Rechtes].

Bibliographie von Franciscus Agricola (Wilhelm und Günter Bers; a-Nummer: Ergänzung)

1. Kurtzer Bericht vom waren aufrichtigen Gottesdienst der heiligen Meß, Köln (Cholinus) 1574.
2. Gründtlicher Bericht von dem hochwirdigsten heiligsten sacrament des abendmals Christi Jhesu …, Köln (Baum) 1575.
2a. > 21.
3. Evangelischer Wegweiser. Das ist, Eine Catholische leichpredigt …, Köln (Cholinus) 1577.
4. Biblischer Amptsspiegel. Das ist ein recht, ungefelscht, evangelisch Handtbüchlein eines waren auffrichtigen Christenburgers, Köln (Baum) 1577.
5. Evangelicarum demonstrationum libri IV, in quibus … contra Calvianos et caeteros haereticos demonstratur, Christum secundum animam revera ad Inferna descendisse (= Evangelischer Beweis der Höllenfahrt Christi), Köln (Cholinus) 1578.
6. Evangelischer Communionsspiegel, Köln (Cholinus) 1579.
7. Biblischer Fastenspiegel, Köln (Cholinus) 1579.
8. Appendix S. Scripturae (= Beweis für das Priestertum nach der Hl. Schrift), Köln (Cholinus) 1579 = Köln (Falckenburgk) 1593.
9. Decreta und Satzungen des general Concilii zu Trient, Köln 1580.
10. De cultu et veneratione divorum tractatus duo catholici (= Zwei Bücher über die Verehrung der Heiligen und ihrer Bilder), Köln (Cholinus) 1580.
11. Biblische Instruction von der catholischer bapstischer Meß, Köln (Cholinus) 1580.
12. Evangelischer Augenschein, das ist bescheidener, in göttlicher evangelischer Schrifft gegründetee beweis, das Christus die zweyerley gestalt deß h. sacraments … zwancklich … mit nichten befohlen, Köln (Cholinus) 1580.
13. Diatriba evangelica de coniugio et coelibatu sacerdotum … (= Priesterehe oder Coelibat?), Köln (Cholinus) 1581.
14. Tractatus orthodoxus de Sanctorum … reliquiis, Köln (Cholinus) 1581.

15. Evangelischer Buß- und Gnadenspiegel, Köln (Cholinus) 1582.

16. Beichtspiegel (= no. 15?), 1582.

17. Erster Evangelischer Proceß wider allerley grausame Irrtummen der Widdertäuffer …, Köln (Cholinus) 1582.

18. Ketzerbrunn, oder Grundtwurzel alle Secten, Köln (Cholinus) 1583.

19. Warhafftiger Bericht von Martini Lutheri und seiner Consorten … handtgereifflicher unbestandigkeit (Übersetzung des Werkes von Theodor Malcotius), Köln (Cholinus) 1583.

20. De aeterno et vero Deo, libri III, Köln (Grevenbruch) 1583.

21. Catholischer Bericht von dem christlichen Gebett, Köln (Cholinus) 1585 = Köln (Cholinus) 1575 [UB Freiburg VD16 A 899].

22. Fürstliche und allerley andere außerlesene, feurige, catholische Gebett, Köln (Cholinus) 1585.

23. Heylbrunn und Gnadenstul des Neuwen Testaments …, Köln (Cholinus) 1586.

23a. Trewhertzige Christliche Instruction: Darinn auß grundt Gottlicher H. Schrifft bewerten Catholischen Authoren von dem hochhailigsten Sacrament des Abendtmal Jesu Christi Klarer bericht gegeben wirdt, auff alle oder die fürnembsten Argumenta verschiedener widersacher, in welcher klarlich abzunehmen, was ein frommer Christ dem seiner Seelen heill mit ernst angelegen zu diesen gefährlichen zeiten darvon halten soll, damit er durch die viel und mancherley jetzt schwbende Secten von dem rechten Weg der warheit nicht abgeführt werde / durch Franciscum Georgaeum (Franciscus Agricola), Köln (Baum) 1589, 620 S. [UB Freiburg oclc: 313231784].

24. Zweyter Evangelischer Proceß von der Kinder Tauff, das ist wider allerley grewliche irrthumben dero Widdertäuffer, Köln (Cholinus) 1591.

25. De verbo Dei scripto et non scripto, seu de scriptura sacra et viva tantum, sed certo divina et apostolica traditione, Lüttich (Hovius) 1597.

26. Gründtlicher bericht, ob Zauberey die argste und grewlichste sünd auf Erden sey, Köln (Falckenburg) 1597.

27. Biblischer Ehe-Spiegel. In siben catholischen ehe- oder brautpredig[t]en verfasst, Köln (Wolther) 1599.

28. S. Joannis Baptistae Evangelium, seu evangelica doctrina de Christo salvatore …, Köln (Hoberg) 1599.

29. Tractatus de primatu Sancti Petri Apostoli et successorum eius Romanorum pontificium, Köln (Hoberg) 1599.

30. De lectione horarum Canonicarum; de lectione S. Scripturae eiusque interpretibus orthodoxis, Lüttich 1600.

31. De assidua lectione Sacrae Scripturae illiusque orthodoxorum interpretum … tractatus duo, Lüttich (de Corswarem) 1600.

32. Nova Apodixis evangelica: de periculoso, multisque nominibus infoelici statu concubinariorum impoenitentium, Köln (Hoberg) 1604.

33. Demonstrationes evangelicae, de horrendo et abomininabili … statu concubinatoriorum impoenitentium, maxime eorum, qui sunt ordinis ecclesiastici, Köln (Hoberg) 1604.

34. Eine catholische Braut- oder Ehepredig[t]…, Köln (Hoberg) 1604.

35. Gründtlicher Beweiß auß der heiligen Schrifft, daß alle fromme und Gottliebende, christliche Eltern, ihre Kinder, alßbald sie geboren, … unverzögerlich teuffen zu lassen schuldig seien …, Köln (Grevenbruch) 1604.

36. De aeterno et vero Deo nec non indubitato Christo atque Messia Christianorum … libri III, Köln (Grevenbruch) 1605.

37. Attestatio SS. Patrum tam Graecorum quam Latinorum, quod S. Petrus Apostolus

Romae fuerit, Köln (Hoberg) 1605.

38. De amplissimis privilegiis et certissimis … signis … verae Christi in terris ecclesiae, Köln (Wolther) 1606.

39. Umbstendlicher Bericht vom christlichen Gehorsamb gegen Gott und von Gottes wegen gegen die Menschen, Köln (Hoberg) 1609.

40. Paralleli S. Bibliorum, hoc est Demonstratio ocularis, quod plurima, quae uni solique Deo competunt, etiam hominibus et aliis creaturis per accomodationem recte tribui possint, Köln (Kinckius) 1614.

41. Propugnaculum fidei sive defensio honotis divini et sanctorum contra haereses huius saeculi, Köln (Kinckius) 1614.

41a. Simius Genevensis, in decretis synodi nationalis, a ministris Galliae reformatis in privas anno M.DC.XII. circa Mensem Iunium indictae, detectus ex gallico latine factus, Köln (Kinckius; 2. Petrus von Brachel) 1614 [Erzbischöfliche Diözesan- und Dombibliothek Köln, Stadtbibliothek Weberbach; Bayerische Staatsbibliothek GB] (Übersetzung von: Le Magot Genevois és Arrests du synode national des Ministres reformez tenu à Privas l'an 1612, s.l. 1613).

42. Rettung der Ehren Gottes. Das ist: außführlicher … Beweiß auß heiliger Schrifft, das … Gott … keine Lust hab, einigen Menschen zu verdammen, Köln (Christoffel) 1615.

43. Ehrenrettung Mariae, der Mutter Gottes, Köln (Wolther) 1616.

44. Von dem Newen und frembden Gott der Calvinisten und ihrem Fegfewr. Auß den Schriften mehrenteils deß … Martini Becani … zu teutsch verfertigt, Köln (Kinckius) 1616.

45. Vitae Sanctorum, Das ist: Leben und Sterben der fürnemsten Heiligen, Köln (Kinckius) 1618.

46. (Wöchentliche Betrachtungen über das Leben und Sterben des Herrn) Erwähnung H.J. Floß (1882). [46a = Meditationes hebdomadales de Passione ac Morte Dominica, item Precationes catholicae ad SS. Trinitatem etc. - Erwähnung Valerius Andreas, *Bibliotheca Belgica*, Löwen 1643 (1623?)].

47. (Katholische Gebete zur heiligsten Dreifaltigkeit) Erwähnung H.J. Floß (1882).

48. De Christo salvatore eiusque regno gratiae cum cognoscendo tum capessendo. Erwähnung Valerius Andreas 1643 (1623?)

Guido von Büren

„Eigentliche Beschreibung und Delineation" - Eine wiederent-
deckte Darstellung der Belagerung Jülichs 1610 durch den jülich-
bergischen Geographen Jordan von der Wayhe

Die Stadt Jülich mit ihren heute knapp 34.000 Einwohnern, von denen etwa die
Hälfte in der Kernstadt leben, kann auf eine reiche und vielschichtige Vergangenheit
unter anderem als Festungsstadt zurückblicken. Dieser Umstand hat zur Folge, dass
es außergewöhnlich viele historische bildliche Darstellungen der Stadt gibt, die vor allem auf ihren Festungscharakter zwischen der Mitte des 16. Jahrhunderts und der Mitte
des 19. Jahrhunderts zurückzuführen sind. In einem umfangreichen Katalog hat 1991
Hartwig Neumann eine Zusammenstellung der ihm bei seinen europaweiten Recherchen bekanntgewordenen bildlichen Darstellungen Jülichs vorgelegt.[1] Ihm selbst war
klar, dass dieser Katalog nur eine Momentaufnahme sein konnte. Tatsächlich sind in
den vergangenen nahezu 30 Jahren zahlreiche weitere Pläne und Ansichten gefunden
worden, die es wert wären, einmal gebündelt vorgelegt zu werden.[2] Zudem hatte
Neumann auf einzelne Stücke verwiesen, die es einmal gegeben haben musste, auf
die er aber nicht mehr zugreifen konnte. So findet sich im die Stadt Jülich betreffenden
Abschnitt des 1902 von Paul Clemen herausgegebenen entsprechenden Bandes der
„Kunstdenkmäler der Rheinprovinz" eine erste Aufstellung von *„Ältere*[n] *Ansichten und
Pläne*[n]*"* Jülichs.[3] Diese bezog sich wohl weitgehend auf den Bestand, der sich damals
im Stadtarchiv Jülich und im gerade in Gründung befindlichen Heimatmuseum im Hexenturm befand.[4] Von den 40 aufgeführten Nummern lassen sich die meisten identifi-
zieren. Das galt bis vor kurzem jedoch nicht für folgendes Blatt: *„14. Stich, Ansicht aus
der Vogelschau mit Belagerung von 1610, l. u. Kartusche mit der Inschrift: EIGENTLI-
CHE BESCHREIBUNG UND DELINEATION, WIE DIE FESTUNG … DURCH JOR-
DAN VON DER WAYE, GEOGRAPH. Darauf Ansicht des Hauses Vogelsang, 32,5 x*

---

[1] Hartwig NEUMANN, Stadt und Festung Jülich auf bildlichen Darstellungen. Von der Tabula
Peutingeriana bis zur Grundkarte der 2. Hälfte des 20. Jahrhunderts (= Architectura militaris
5), Bonn 1991.

[2] Vgl. Marcell PERSE, Jülich im Bild (0–1900), in: Jülicher Geschichtsblätter 72/73, 2004/2005,
2007, S. 49-80, mit der Publizierung einer Reihe bis dahin unbekannter Pläne und
Stadtansichten.

[3] Edmund RENARD/Karl FRANCK-OBERASPACH (Bearb.), Die Kunstdenkmäler des Kreises Jülich
(= Die Kunstdenkmäler der Rheinprovinz, hrsg. von Paul CLEMEN, Bd. 8.1), Düsseldorf 1902,
S. 98-102. Vgl. die Konkordanz zwischen dieser Aufstellung und dem Katalog von NEUMANN,
Stadt und Festung Jülich (wie Anm. 1) im Anhang zum vorliegenden Beitrag.

[4] Der große Raum im zweiten Obergeschoss des Hexenturms war an den Wänden mit
zahlreichen historischen Ansichten der Stadt Jülich ausgestattet, die zeitgenössisch leider
kaum dokumentiert sind; vgl. Barbara SCHEIDT, Alterthümer - Ein Rundgang durch das
Jülicher Heimatmuseum im Hexenturm 1902-1944, in: Jülicher Geschichtsblätter 72/73,
2004/2005, 2007, S. 137-182, hier: S. 166 f.

51,5 cm."[5] Das war vor allem deshalb bedauerlich, da es nur wenige Ansichten des Kartäuserklosters Vogelsang gibt und zudem die Wiedergabe der Belagerung von 1610 durch einen örtlichen Geographen einen Genauigkeitsgrad verspricht, der den häufig rein illustrativen Darstellungen auf den weit verbreiteten Einblattdrucken der Zeit meist nicht inhärent ist. Insoweit ist es ein großer Glücksfall, dass im Jahr 2018 ein Exemplar des verschollen geglaubten Blattes über eine Online-Verkaufsplattform in den USA wieder auftauchte und für das Museum Jülich erworben werden konnte (Abb. 1).[6] Es ist nur eine Spekulation, dass sich dieses Blatt bis 1945 in den Trümmern des Jülicher Heimatmuseums im Hexenturm befunden hat. Es ist aber bekannt, dass auch andere Sammlungsstücke als Trophäen von US-amerikanischen Soldaten nach der Einnahme der Stadt am 23. Februar 1945 mitgenommen wurden. Prominentestes Beispiel hierfür ist der symbolische Stadtschlüssel, der Napoleon bei seinem Jülich-Besuch im Oktober 1804 übergeben worden war. Er kam erst 1965 nach Jülich zurück.[7]

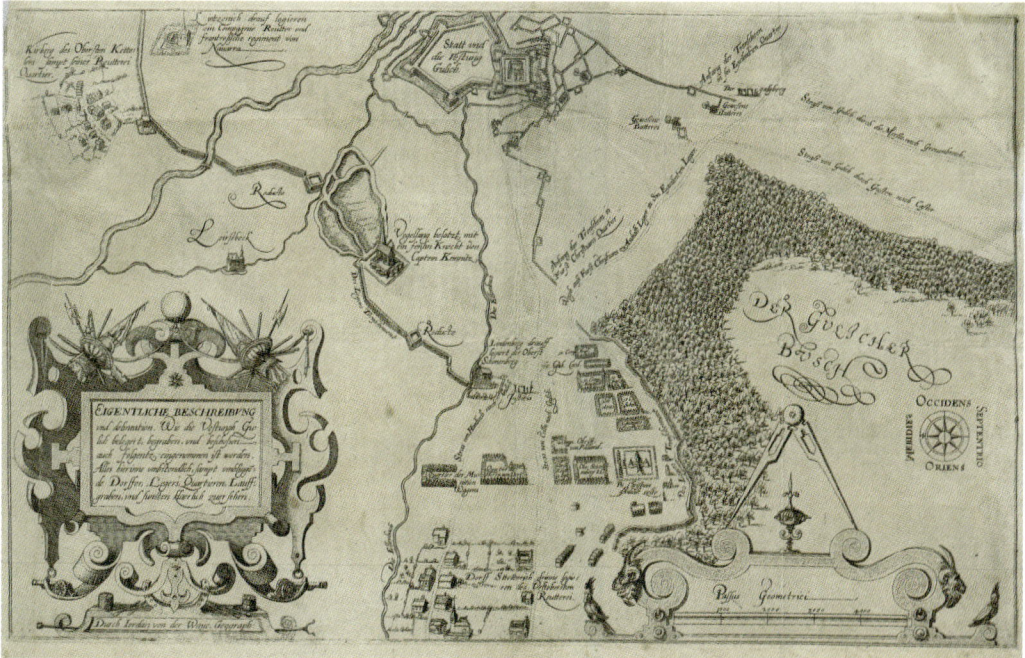

Abb. 1: Jordan von der Wayhe, Vogelschauansicht der Belagerung der Festung Jülich 1610, Kupferstich auf Vergé-Papier, 35 x 53 cm, 1610 (?), Museum Zitadelle Jülich, Inv.-Nr. 2018-0223 (Reproduktion: Susanne Richter).

---

5   Vgl. NEUMANN, Stadt und Festung Jülich (wie Anm. 1), S. 55, Nr. 22.

6   Wolfgang HOMMEL/Guido von BÜREN, Jülich. Geschichte der Festungs- und Forschungsstadt (= Heimatkundliche Schriftenreihe des Jülicher Landes 31), 2. Aufl. Jülich 2020, S. 63, Abbildung des unrestaurierten Zustands nach dem Erwerb.

7   Marcell PERSE (Hrsg.), Einhundertmal - Erinnerungsschätze aus der Sammlung des Museums Jülich (= Führer des Museums Zitadelle Jülich 17), Aachen 2018, S. 168 f., Nr. 74 (Heinz Spelthahn).

Der Jülich-Klevische Erbfolgestreit und die Belagerung der Festung Jülich 1610

Anlass für die Darstellung der Festung Jülich und ihrer näheren Umgebung ist die Belagerung im Spätsommer des Jahres 1610 als Folge des Jülich-Klevischen Erbfolgestreits. Dieser brach aus, als am 25. März 1609 Herzog Johann Wilhelm I. von Jülich-Kleve-Berg (geb. 1562) ohne eigene Kinder verstarb.[8] Die Erbfolge war offen, da es unterschiedliche rechtliche Auffassungen über die eingetretene Situation gab. Kaiser Rudolf II. ging davon aus, dass der Territorienverbund Jülich-Kleve-Berg (-Mark-Ravensberg-Ravenstein) als erledigtes Reichslehen an ihn zurückfiele und von ihm entsprechend neu vergeben werden konnte. Aus aktuellen politischen Gründen, aber auch Bezug nehmend auf Erbansprüche, die bis in das 15. Jahrhundert zurückreichten, belehnte er noch im Jahr 1609 Kurfürst Christian I. von Sachsen mit den Vereinigten Herzogtümern. Dagegen stellten sich der Kurfürst von Brandenburg und der Herzog von Pfalz-Neuburg sowie eine Reihe weiterer Erbanwärter. Diese beriefen sich auf eine Zusage Kaiser Karls V. aus dem Jahr 1546. Bei der Hochzeit Herzog Wilhelms V. von Jülich-Kleve-Berg mit Maria von Österreich, einer Nichte des Kaisers und Tochter König Ferdinands I., war dem Paar das Recht eingeräumt worden, dass auch die älteste Tochter erbberechtigt sei. Nun war 1609 Maria Eleonore, die erstgeborene Tochter, bereits verstorben. Ihre Tochter Anna war mit Kurfürst Johann Sigismund von Brandenburg verheiratet, der sich nun über seine Ehefrau als rechtmäßiger Erbe ansah. Dagegen stand der Herzog von Pfalz-Neuburg auf, der mit Anna von Jülich-Kleve-Berg, der zweitältesten Tochter Wilhelms V., verheiratet war. Er argumentierte, dass seine Ehefrau die nun älteste lebende Schwester Johann Wilhelms I. von Jülich-Kleve-Berg sei und deshalb Anspruch auf das Erbe habe. Die Ereignisse erhielten dadurch eine verstärkte Dringlichkeit, dass sie Teil der konfessionellen Auseinandersetzungen der Zeit waren. Während der Kurfürst von Brandenburg und der Herzog von Pfalz-Neuburg Lutheraner waren, vertrat Kaiser Rudolf II. selbstredend die katholischen Interessen im Reich, wenngleich er mit Christian von Sachsen aus politischen Gründen ebenfalls einen Lutheraner als neuen Landesherrn einsetzte. Durch Vermittlung des Landgrafen Moritz von Hessen-Kassel einigten sich der Kurfürst von Brandenburg und der Herzog von Pfalz-Neuburg im sogenannten Dortmunder Rezess am 10. Juni 1609 auf eine vorläufige gemeinsame Regentschaft in den Vereinigten Herzogtümern. Von nun an nannten sie sich die Possidierenden, d.h. die in Besitz nehmenden Fürsten, wobei sie vor Ort vertreten wurden von Markgraf Ernst von Brandenburg und Wolfgang Wilhelm von Pfalz-Neuburg. Da der Kurfürst von Sachsen nicht mit eigenen Truppen eingriff und die Landstände zur Huldigung aufforderte, blieb seine Belehnung ohne praktischen Folgen. Dagegen gelang es dem Jülicher Amtmann Johann von Reuschenberg, die Festung Jülich im Namen des Kaisers zu besetzen, was nun zu einer militärischen

8 Einen guten Einstieg in die komplexe Thematik bietet: Olaf RICHTER, Der Jülich-Klevische Erbfolgestreit, in: Sigrid KLEINBONGARTZ (Hrsg.), Fürsten, Macht und Krieg. Der Jülich-Klevische Erbfolgestreit (= Schriftenreihe Stadtmuseum Düsseldorf), Düsseldorf 2014, S. 10-18. Siehe auch: Manfred GROTEN/Clemens von LOOZ-CORSWAREM/Wilfried REININGHAUS (Hrsg.), Der Jülich-Klevische Erbstreit 1609. Seine Voraussetzungen und Folgen (= Publikationen der Gesellschaft für Rheinische Geschichtskunde. Vorträge, Bd. 36), Düsseldorf 2011.

Eskalation führte. Der Kaiser entsandte seinen Neffen Erzherzog Leopold von Österreich, Bischof von Passau, nach Jülich, um die Festung in Verteidigungsbereitschaft zu
setzen.[9] Sehr bald musste der Erzherzog aber eingestehen, dass er beim Ernstfall einer Belagerung kaum Aussicht auf Erfolg haben konnte. Seine Besatzung umfasste
nur etwa 2.000 Mann und ihm fehlte es an finanziellen Mitteln und an einer ausreichenden Bestückung der Festung mit Waffen. Seine Hoffnung, er werde von Albrecht von
Österreich und seiner Gemahlin Isabella von Spanien, dem Statthalterpaar in den benachbarten Spanischen Niederlanden, unterstützt, zerschlugen sich rasch. Erst 1609
war zwischen diesen und den Generalstaaten der sieben nördlichen Provinzen der Niederlande ein zwölfjähriger Waffenstillstand geschlossen worden. Die Ressourcen der
Spanischen Niederlande waren erschöpft. Zudem wollte man die gerade getroffenen
Regelungen nicht unterlaufen. Erzherzog Leopold verließ deshalb Jülich im Sommer
1610 wieder, als sich abzeichnete, dass die Possidierenden im Kampf um Jülich von
bedeutenden Bündnispartnern unterstützt werden würden. Hier wurden Koalitionen
und Konfliktlinien erkennbar, die acht Jahre später im Dreißigjährigen Krieg zur vollen
Entfaltung kommen sollten. Ganz Europa schien im Spätsommer 1610 auf die Festungsstadt Jülich zu schauen, wie die zahlreichen zeitgenössischen Flugblätter und
Relationes (Berichte) deutlich machen. Das weit über 30.000 Mann starke Belage-
rungsheer wurde von Moritz von Oranien-Nassau und Christian von Anhalt angeführt,
allein daran ist schon erkennbar, dass die Auseinandersetzung zwar im Namen der
Possidierenden stattfand, diese aber kaum persönlich eine Rolle spielten. Moritz von
Oranien-Nassau war der Heerführer der Generalstaaten und einer der führenden Militärs seiner Zeit. Christian von Anhalt vertrat die Interessen der Union, des protestantischen Fürstenbündnisses im Reich. Neben Truppen dieser beiden Heerführer nahmen
noch englische und französische Truppenkontingente an der Belagerung teil. In geradezu mustergültiger Weise wurde die Belagerung gegen die Nordseite der Festung und
vor allem gegen die Nordostecke der Zitadelle, die später Marianne genannten Bastion,
vorgebracht.[10] Schon Daniel Specklin hatte 1589 in seinem Traktat *„Architectura von
Vestungen"* Jülich als Beispiel dafür genommen, wie man eine Zitadelle mit vier Bastionen am besten belagern sollte, indem man nämlich den Angriff auf eine der Bastionen
konzentrierte, da die Flankierung durch die beiden daneben liegenden Bastionen nur
schwer möglich war. Zudem erleichterte die topographische Situation in Jülich die Be-
lagerungsarbeiten. Von der Merscher Höhe aus konnten die Belagerer von erhöhter
Position aus die Festung beschießen und ihren Angriff mit Annäherungsgräben voran-
treiben. Moritz von Oranien-Nassau reichte ein Monat aus, um die nordöstliche Bastion
der Zitadelle nahezu sturmreif zu schießen. Am 1. September 1610 kapitulierte der
Verteidiger der Festung Jülich, Johann von Reuschenberg, und durfte mit seinen Trup-

---

[9]   Vgl. die ältere Literatur zusammenfassend: Daniel WINKENS, Der Krieg um Jülich während
      des Jülich-Klevischen Erbfolgestreits in den Jahren 1609 und 1610, in: Jülicher
      Geschichtsblätter 82/83/84, 2014/2015/2016, 2018, S. 149-190.

[10] Vgl. Guido von BÜREN, Die militärischen Auseinandersetzungen am Niederrhein infolge des
      Jülich-Klevischen Erbfolgestreits aus der Perspektive von Stadt und Festung Jülich, in:
      GROTEN/von LOOZ-CORSWAREM/REININGHAUS 2011 (wie Anm. 8), S. 177-201, bes. S. 186-194.

pen abziehen. Von nun an stand die Festung unter dem Kommando der Generalstaaten, die damit einen wichtigen geostrategischen Punkt am Niederrhein besetzt hielten. Die spektakuläre Einnahme der Festung Jülich, die bis dahin als eine der stärksten und uneinnehmbarsten Festungen der Zeit gegolten hatte, erregte in ganz Europa Aufsehen. Wie Stolz die Belagerer über ihre Leistung waren, erkennt man an einer Erinnerungsmedaille aus demselben Jahr, die mit der Umschrift *„Nihil inexpugnabile" - „Nichts ist uneinnehmbar"* versehen ist. Neben nahezu tagesaktuellen illustrierten Flugblättern, erschienen solche auch noch mit einem gewissen zeitlichen Abstand. Neumann weist in seinem Katalog 56 historische Ansichten in Form von Zeichnungen, Kupferstichen, Radierungen, Gemälde und Medaillen nach.[11]

Vogelschauansicht und militärische Perspektive

Ein Großteil der zeitgenössischen Darstellungen des Belagerungsgeschehens von 1610 sind Vogelschauansichten, wobei die Blickrichtung von Norden über die Merscher Höhe auf die Festung dominiert (Abb. 2). Die gewählte Perspektive aus der Luft in Schrägsicht auf die Erdoberfläche entwickelte sich im Laufe des 16. Jahrhunderts und erlebte ihre Perfektionierung vor allem im militärischen Bereich. Die geometrischen Grundrisse der Festungsanlagen orientierten sich an den Schusslinien der Feuerwaffen, sodass deren Plandarstellung hervorragende Kenntnisse in der darstellenden Geometrie bedingten.

Grundrisse definiert man als *„rechtwinkelige Parallelprojektionen eines Gegenstandes auf eine waagerechte Fläche"*.[12] Es ist ein Signum der Frühen Neuzeit, dass sorgfältig vermessene Grundrisse entstehen, die als zuverlässig einzustufen sind. Voraussetzung dafür war die Entwicklung und Anfertigung qualitativ hochwertiger Vermessungsinstrumente.[13] Strecken konnten ganz einfach mit dem Zählen von Schritten gemessen werden, aufwendiger war die Vermessung bzw. das Einmessen mit Schnur und Kette. Der Schrittkompass war ein wichtiges Instrument zur Bestimmung von Winkeln. Ausgehend von der magnetischen Nordrichtung las man den Winkel zwischen dieser und dem angepeilten Zielpunkt ab. Für die Bauausführung benötigte man maßstabsgerechte Pläne, denen eine exakte Bauaufnahmen voranging. Für den Planungsvorgang sei hier eine zeitgenössische Beschreibung zitiert, die sich auf den für die Entwicklung des Bastionärsystem wichtigen Festungsbaumeister Michele Sanmichele bezieht. Sanmichele hatte 1531 den Auftrag erhalten, für den Herzog von Mailand die

---

[11] NEUMANN, Stadt und Festung Jülich (wie Anm. 1), S. 136-227, Nr. 27-81. Aufgeführte Varianten sind hier nicht mitgezählt. Die unter Nr. 34 katalogisierte Zeichnung bezieht sich nicht auf die Belagerung von 1610, sondern auf die von 1621/1622. Vgl. auch PERSE, Jülich im Bild (wie Anm. 2), S. 62, Abb. 12, mit der Vorlage eines Kupferstichs, der Neumann unbekannt war.

[12] Hatto KÜFFNER/Edmund SPOHR, Technikgeschichtlicher Überblick, in: Düsseldorf im Kartenbild. Die Entwicklung der Stadt vom 16.-19. Jahrhundert in Karten und Plänen, Düsseldorf 1998, S. 13-25, hier: S. 13.

[13] Vgl. Wolfram DOLZ, Instrumente und Methoden der Landvermessung in der Frühen Neuzeit, in: Michael BISCHOFF/Vera LÜPKES/Wolfgang CROM (Hrsg.), Kartographie in der Frühen Neuzeit. Weltbild und Wirkung (= Studien zur Kultur der Renaissance 5), Marburg 2015, S. 79-92.

Stadt Alessandria neu zu befestigen: *„Nach seiner Ankunft ging Meister Michele mehr-mals über das Gelände und vermaß es. Dann setzte er sich nieder, um zu zeichnen, zunächst in der Form, die der Ort heute hat, dann - nachdem er eine besondere Zeich-nung mit jenen Ergänzungen gemacht hatte, mit denen er ihn möglichst stark machen wollte - verschaffte er sich eine Vorstellung von den verschiedenen Höhen des Gelän-des, um auch die Verteidigung gegen Unterminierung zu optimieren. Zum Abschluss machte er einige saubere Zeichnungen, um sie dem Herzog zu zeigen.“*[14]

Abb. 2: Abraham Hogenberg, „Belegerung der Vestung Gulich so angefangen den 28. Julij hat sich ergeben den 2. Sept. 1610", Kupferstich, 28,7 x 21,2 cm, 1610 (Digitalisat der Universitäts- und Landesbibliothek Düsseldorf).

Bei den Zeichnungen sind die Skizze (der Entwurf), der Grundriss (die Horizontal-projektion) und der Aufriss (Orthographie) zu unterscheiden. Zu Letzteren gehören der Quer- und der Längsschnitt sowie die Profilzeichnung. Die großflächigen Festungsan-lagen waren schwer in ihrer Gesamtheit zu überblicken. Hinzu trat das Problem, dass die Ansicht aus der Luft vorerst verwehrt blieb, also nur zeichnerisch oder in Form von Modellen zu visualisieren war. Gerade im Hinblick auf die Erläuterungen von Entwürfen war die perspektivische Ansicht oder das Modell geradezu unabdingbar. Auch für den Entwurfsprozess der Zitadelle Jülich in den 1540er-Jahren ist ein Modell dokumentiert,

14 Zitiert nach: Thomas BILLER, Die Wülzburg. Architekturgeschichte einer Renaissancefestung, München/Berlin 1996, S. 38.

das leider im Zweiten Weltkrieg verloren ging.[15] Die Vogelschauansicht übertrug nun dreidimensionale Modellperspektiven in zweidimensionale Darstellungsweisen. Die

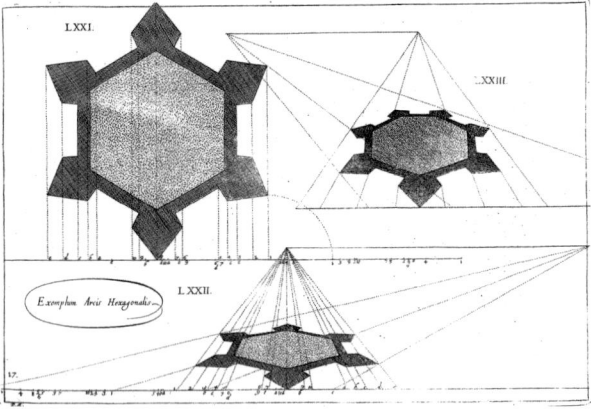

Abb. 3a und b: Darstellung der militärischen Perspektive anhand einer (a) sechsbastionären Festung sowie (b) einer vier- und einer fünfbastionären Festung aus Samuel Marolois, Opera mathematica, Den Haag 1614, Museum Zitadelle Jülich, Inv.-Nr. 1996-0016 (Reproduktion durch den Verf.).

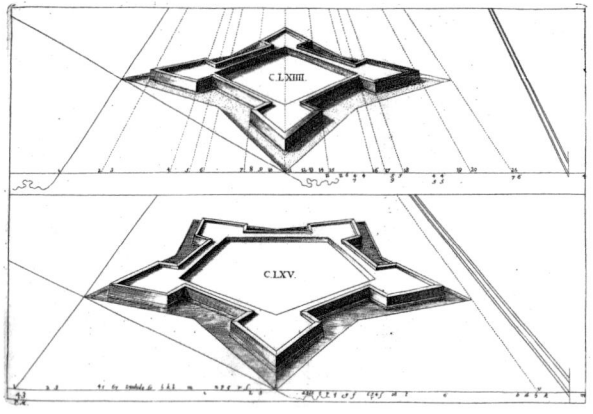

unterschiedlichen perspektivischen Darstellungsmodi fanden in der militärischen Perspektive ihre Synthese, in dem lineare Perspektive mit orthogonaler Projektion zusammengeführt wurden (Abb. 3a und b). Wichtige Theoretiker für die perspektivische Darstellung im Hinblick auf den Festungsbau waren Hans Vredeman de Vries, Hans von Schille und Hendrik Hondius [16] Dieser Prozess ging einher mit grundlegenden Fortschritten in der Kartographie während des 16. und 17. Jahrhunderts, wobei die Niederlande und das Rheinland mit seinem Zentrum Köln eine herausragende Rolle in dieser Entwicklung spielten. Genannt seien an dieser Stelle nur Gerhard Mercator, der als jülich-klevischer Kosmograph in Duisburg wirkte, Christian Sgrooten in Kalkar (siehe unten) sowie Michael von Eitzing und sein Verleger Frans Hogenberg in Köln. [17] Zu diesem Kreis gehörte auch der Verfasser des Blattes, das uns im Folgenden interessieren soll.

---

15 Jürgen EBERHARDT, Alessandro Pasqualinis Entwurfsmodell von 1545 für den Renaissance-Neubau der herzoglichen Residenz zu Jülich. Die mathematisch-philosophischen Hintergründe des Modell-Grundrisses und ihre Bedeutung für die reduzierte Ausführungsplanung von 1549 (= Jülicher Forschungen 14 = Pasqualini-Studien VIII), Aachen 2020 (im Druck).

16 Piet LOMBAERDE, New Techniques for Representing the Object: Hans Vredeman de Vries and Hans van Schille, in: Heiner BORGGREFE/Vera LÜPKES (Hrsg.), Hans Vredeman de Vries und die Folgen (= Studien zur Kultur der Renaissance 3), Marburg 2005, S. 101-108. Siehe auch den materialreichen Überblick zu dieser Thematik: Ulrike GEHRING/Peter WEIBEL (Hrsg.), Mapping Spaces. Networks and Knowledge in 17th Century Landscape Painting, München 2014.

17 Vgl. Peter H. MEURER, Atlantes Colonienses. Die Kölner Schule der Atlaskartographie 1570-1610, Bad Neustadt an der Saale 1988.

Jordan von der Wayhe

Als Inventor der Darstellung *„Eigentliche Beschreibung und Delineation ...“* wird unten links angegeben *„durch Iordan von der Waije, Geograph“*. Hierbei handelt es sich um den jülich-bergischen Geographen Jordan von der Wayhe, dessen Biographie noch zu schreiben ist. Der Vater Jordans, Johann von der Wayhe (gest. 1612), stammte aus Kalkar. Er ist in den 1570er-Jahren in der Werkstatt des bedeutenden Kartographen Christian Sgrooten (gest. 1613) nachweisbar. Die erste eigene Arbeit Johanns liegt mit einer Karte des Stiftes Werden aus dem Jahr 1582 vor.[18] Jordan von der Wayhe (um 1580-um 1646) wird ebenfalls bei Christian Sgrooten in die Lehre gegangen sein. Für Peter H. Meurer ist er *„einer der produktivsten niederrheinischen Kartographen in der ersten Hälfte des 17. Jahrhunderts.“*[19] Der Sohn Jordans, Dietrich, der sich 1646 als klevischer Landmesser beworben hatte, bildete die dritte und letzte Generation der Kartographenfamilie.[20]

Von Jordan von der Wayhe hat sich im Bayerischen Hauptstaatsarchiv in München eine Karte der Herzogtümer Jülich-Kleve-Berg erhalten, die dieser für Herzog Wolfgang Wilhelm von Pfalz-Neuburg im Jahr 1618 angefertigt hat (Abb. 4). Die Art der Karte, die äußerst detailreich und genau gearbeitet ist, erinnert stark an das Werk seines Lehrers Christian Sgrooten.[21] Die *„kartographische Spitzenleistung“* gelangte *„auf noch unbekanntem Wege [...] in die Hände Amsterdamer Verleger [...] Von dort fand es Eingang in die europäische Kartenproduktion der Folgezeit.“*[22] Vom Duktus mit dem Jülicher Blatt gut vergleichbar ist eine Manuskriptkarte Jordan von der Wayhes aus dem Jahr 1607, die den Eiper Wald anlässlich von Grenzstreitigkeiten zwischen dem Herzogtum Berg und der Grafschaft Sayn-Altenkirchen dokumentiert.[23] 1608 hatte sich Jordan von

---

[18] Vgl. Peter H. MEURER (Bearb.), Die Manuskriptatlanten Christian Sgrootens. Kommentarband, Alphen aan den Rijn 2007, S. 30. Eine S/W-Reproduktion der Karte des Stiftes Werden findet sich ebd., S. 32. Siehe auch die Flurkarte mit den Schanzen bei Oberkassel, Niederkassel und Lörick von 1594 bei Edmund SPOHR, Düsseldorf. Stadt und Festung, 2. Aufl. Düsseldorf 1979, S. 194 f., Abb. 95. Die von Peter H. Meurer (†) an verschiedenen Stellen, so auch hier (siehe oben, S. 30, Anm. 77), angekündigte größere Arbeit zur Kartographenfamilie von der Wayhe ist leider nie erschienen.

[19] Vgl. Peter H. MEURER, Corpus der älteren Germania-Karten. Ein annotierter Katalog der gedruckten Gesamtkarten des deutschen Raumes von den Anfängen bis um 1650, Alphen aan den Rijn 2001, S. 338.

[20] Vgl. MEURER, Die Manuskriptatlanten (wie Anm. 18), S. 30; NEUMANN, Stadt und Festung Jülich (wie Anm. 1), S. 55.

[21] Vgl. NEUMANN, Stadt und Festung Jülich (wie Anm. 1), S. 113 f., Nr. 15. Ein zweites, fast zeitgleiches Exemplar befindet sich in der Bibliothèque National in Paris; Peter H. MEURER, Rezension von Neumann, Stadt und Festung Jülich (wie Anm. 1), in: Neue Beiträge zur Jülicher Geschichte 4, 1993, T. 2, S. 220-222, hier: S. 221.

[22] Peter H. MEURER, Aldenhoven im Kartenbild des 16. Jahrhunderts, in: Günter BERS (Hrsg.), Aldenhoven: Alte Ansichten. Neue Einblicke. Schritte zur Erforschung der Ortsgeschichte, Teil 1 (= Forum Jülicher Geschichte 27), Jülich 1999, S. 123-144.

[23] Landesarchiv NRW, Abteilung Rheinland, Duisburg, Karte Nr. 2597; vgl. Hermann Josef ERSFELD, Eine Landkarte von 1607 zwischen grobem Schematismus und Detailgenauigkeit, in: Rheinische Heimatpfege, N.F., Jg. 28, 1991, H. 4, S. 259-269. Verwiesen sei an dieser Stelle auch auf: Kurt HAMBURGER, Mercatorkarte und Wayhekarte. Zur Abhängigkeit früher Regionalkarten des südlichen Oberberg. Ein Diskussionsbeitrag, in: Beiträge zur

der Wayhe auf die Artillerie- und Schultheißenstelle in Düsseldorf beworben.[24]

Abb. 4: Jordan von der Wayhe, Karte der Vereinigten Herzogtümer Jülich-Kleve-Berg, kolorierte Federzeichnung, 117,5 x 115 cm, 1618, Bayerisches Hauptstaatsarchiv München, Plansammlung, Nr. 3528 (Digitalisat des Bayerischen Hauptstaatsarchivs München).

Die Darstellung der Belagerung 1610 durch Jordan von der Wayhe

Die vollständige Betitelung in einer aufwendig dekorierten, mit Kriegstrophäen besetzten Rollwerkkartusche lautet: *„EIGENTLICHE BESCHREIBVNG / und delineation [= Abgrenzung]. Wie die Vestungh Gu= / lich belagert, begraben, vnd beschossen, / auch folgentz eingenommen ist worden. / Alles hierinne umbstendlich, sampt umbliggen= / de Dorffer, Legers, Quartieren, Lauff= / graben, vnd sunsten klaerlich zuersehen.“* Ein Erscheinungsjahr wird ebenso wenig angegeben wie der Kupferstecher oder der Verleger. Da die Belagerung schon beendet ist, muss man aber davon ausgehen,

---

oberbergischen Geschichte 7, 2000, S. 96-107.

[24] NEUMANN, Stadt und Festung Jülich (wie Anm. 1), S. 55.

dass das Blatt nach dem 1. September 1610 herausgegeben wurde. Sicherlich nicht allzu lange nach den Ereignissen, da dann das Interesse an einer solchen Darstellung noch frisch war und mit einem gewissen Absatz gerechnet werden konnte. Das Blatt befand sich beim Erwerb in keinem guten Zustand, wurde aber inzwischen restauratorisch behandelt.[25]

In der Mitte oben ist die „Statt vnd die Vestung Gulich" wiedergegeben. Dem militärischen Hintergrund der Karte entsprechend, stehen in der Darstellung die Festungsanlagen im Vordergrund, nicht aber die Struktur der innerstädtischen Bebauung. Dagegen ist in der Zitadelle das herzogliche Schloss als vierflügelige, quadratische Anlage gut zu erkennen (Abb. 5).

Abb. 5: „Statt vnd die Vestung Gulich", Ausschnitt aus Abb. 1.

Wie auch auf anderen zeitgenössischen Darstellungen sind nur der Südost- und der Nordostturm dargestellt.[26] Im Westen fehlen die Türme, das Schlossquadrum ist aber als geschlossen angegeben, was wohl nicht der baulichen Realität entsprach.[27] Bemerkenswert ist der Umstand, dass die aus der Ostfassade heraustretende Apsis der Schlosskapelle zu identifizieren ist. Zudem wird der Ostflügel, der ja die herzoglichen Wohnräume enthielt, von drei mächtigen Kaminen bekrönt. Vor der Nordfront sind die Annäherungsgräben und Stellungen der Angreifer eingetragen, wobei gut nachvollziehbar ist, dass sich die Belagerung auf die nordöstliche Ecke der Zitadelle konzentrierte. Zur örtlichen Orientierung sind Flussläufe und

---

25 Die Restaurierung erfolgte durch die in Düsseldorf ansässige Papierrestauratorin Barbara SÖHN-VEIGL. Sie beschreibt den Zustand vor ihren Maßnahmen wie folgt: „Das Papier ist von der Rückseite mit Selbstklebestreifen in das Passepartout geklebt. An den Knickstellen, die vermutlich durch Falten des Planes entstanden sind, wurden rückseitig zahlreiche Klebestreifen in der Senkrechten und Waagerechten über die gesamte Papierfläche aufgebracht. Am oberen Rand befindet sich zusätzlich ein Japanpapierstreifen. Weiterhin befinden sich im Papier zwei Risse und zwei Löcher und kleine Fehlstellen und durch Tesastreifen entstandene Verbräunungen. Insgesamt ist das Papier gebräunt." Als Maßnahmen führte sie durch: „Die Oberfläche des Papiers wurde trocken gereinigt. Die Klebestreifen auf der Rückseite des Objektes wurden mit Hilfe von Methylcellulose angelöst und anschließend mechanisch abgehoben. Die durch Tesafilm entstandenen Verbräunungen wurden mit Ethylacetatpaste entfernt. Weiterhin wurde das Papier auf einem feuchten Fließkarton aufgehellt. Anschließend wurden die Risse gereinigt und geglättet und mit Japanpapier und Methylcellulose hinterlegt und die Fehlstellen ergänzt. Zuletzt wurde das Papier in der Feuchtekammer gefeuchtet und anschließend unter Druck getrocknet." Alle Fotos zeigen den Kupferstich nach der restauratorischen Behandlung.

26 Vgl. NEUMANN, Stadt und Festung Jülich (wie Anm. 1), S. 161 f., Nr. 37, S. 169 f., Nr. 41, S. 173-175, Nr. 43 A.

27 Vgl. DERSELBE, Das ursprüngliche Konzept von Schloß Jülich wurde nie realisiert, in: Beiträge zur Jülicher Geschichts 41, 1974, S. 32-37.

Straßen eingetragen. Während „Die Ellenbach" gleich zwei Mal bezeichnet wird, fehlt eine solche für die Rur und den Iktebach. Korrekt dargestellt ist der Jülicher Stadtteich, der in die Festung hineingeführt wird. Rechts oben werden die „Straß von Gulich durch die Merße, nach Greuenbroich" und die „Straß von Gulich durch Gusten nach Cas-

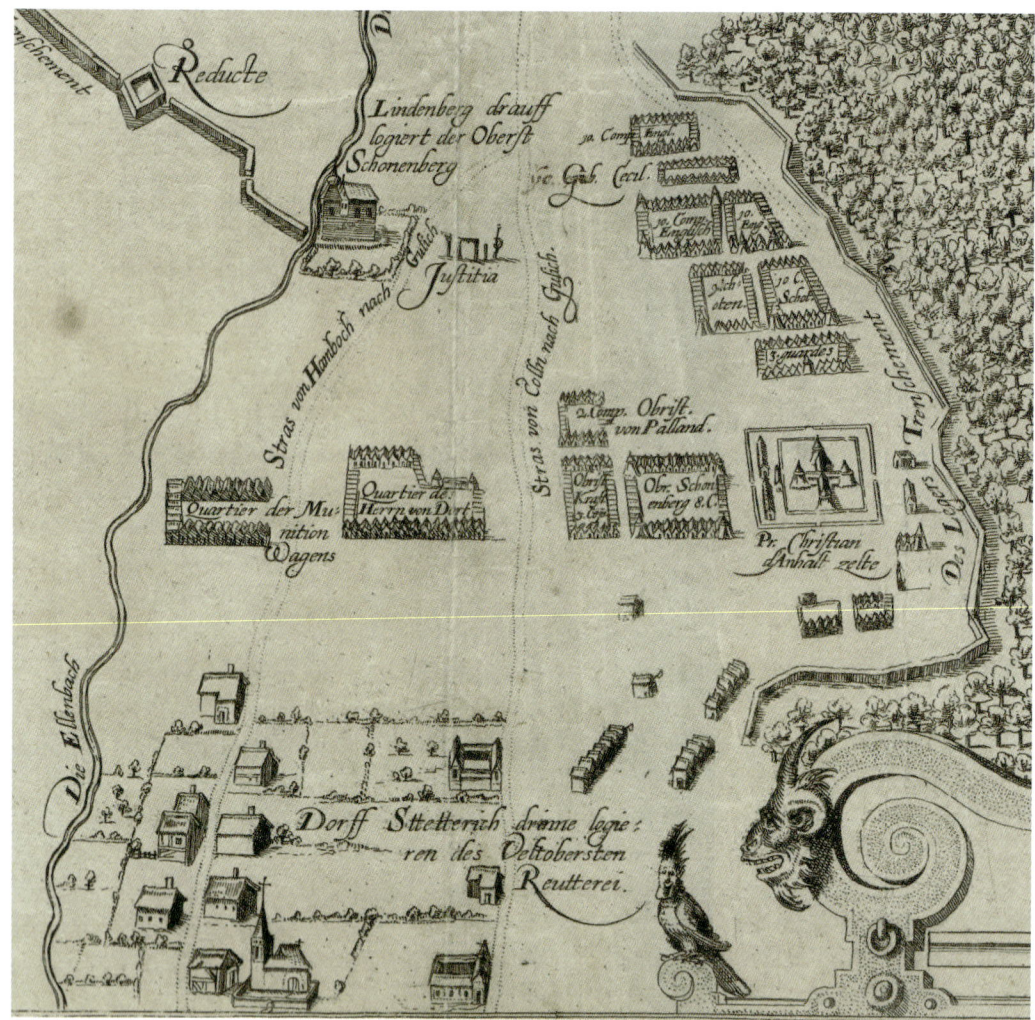

Abb. 6: Haus Lindenberg, Dorf Stetternich und das danebenliegende Lager des Christian von Anhalt, Ausschnitt aus Abb. 1.

ter" angegeben. Etwa durch die Bildmitte von unten nach oben laufen die „Stras von Colln nach Gulich" und die „Stras von Hamboch nach Gulich". Als geographische Orientierung ist zudem an der rechten Seite „DER GVLSCHER BVSCH" eingetragen. Auf der Merscher Höhe und in Stetternich gibt es jeweils eine Richtstätte, die mit Galgen und Rädern angegeben ist: „Der galgberg" und „Justitia". Alle anderen Beschriftungen beziehen sich unmittelbar auf die Ereignisse des Belagerungsgeschehens. Der zurückgewandte Blick wird schon allein daran deutlich, dass zwei nebeneinander liegende Geschützbatterien auf der Merscher Höhe jeweils als „Gewesene Batterei" bezeichnet sind. Das Lager Christians von Anhalt befindet sich bei dem Dorf Stetternich (Abb. 6). Es wird durch einen Wall („*Des Legers Trenschement*") gegen den Jülicher Busch geschützt, der sich bis zur Zitadelle fortsetzt („*Anfang der Trenscheen* [Tranchée] *in / Furst Christians Quartier*"), hier aber wohl in einen Graben als Teil der Sappen (Laufgräben) auf der Hauptangriffsseite übergeht. Aus dem Lager Christians von Anhalt führt ein

Abb. 7: Kloster Vogelsang, Ausschnitt aus Abb. 1.

Weg quer über die Merscher Höhe zum Lager von Moritz von Oranien-Nassau bei Broich, das aber außerhalb des gewählten Kartenausschnittes liegt: „*Wegh auß Furst Christians zu Anhalt Leger in Sin Excilentia Leger*". Das Lager bei Stetternich enthält von unten nach oben „*Pr*.[inz] *Christian d'Anhalt zelte*" sowie die Zelte von „*Obrist Kraft*[28] *3. Co*[m]*p*.[agnie]", „*Obr*.[ist] *Schonenberg*[29] *8. C*.[ompagnie]", „*2. Comp*.[agnie] *Obrist* [Casilius] *von Palland*",[30] „*3 guardes*", „*9. und 10. C*.[ompagnie] *Schotten*" und „*10. Comp*.[agnie] *Engl*.[änder] */ Englisch*" unter der Führung von „*Gub*.[ernator][31]

---

28 Vermutlich Oberst Hildebrand von Kracht; vgl. Ernst von SCHAUMBURG, Der Jülich-Clevische Erbfolgestreit und die Belagerung von Jülich, vom 28. Juli bis 2. September 1610, in: Zeitschrift des Aachener Geschichtsvereins 1, 1879, S. 286-370, hier: S. 323.

29 Gemeint ist Hans Meinhard von Schönberg (1582-1616), der als Obrist einen wichtigen Anteil an der erfolgreichen Belagerung 1610 hatte; vgl. Bernhard von POTEN, Schönberg, Hans Meinhard von, in: Allgemeine Deutsche Biographie 32, Leipzig 1891, S. 262-264. Nach der Einnahme der Stadt wurde er zum Gouverneur ernannt; vgl. von SCHAUMBURG, Der Jülich-Clevische Erbfolgestreit (wie Anm. 28), S. 366.

30 Vgl. von SCHAUMBURG, Der Jülich-Clevische Erbfolgestreit (wie Anm. 28), S. 353.

31 Lesung unklar, da das Blatt an dieser Stelle beschädigt ist.

[Edward] *Cecil"*. Im daneben liegenden Haus Lindenberg *„logiert der Oberst / Scho-*
nenberg". Zwischen Lindenberg und Stetternich sind das *„Quartier der Mu= / nitia /*
Wagens" und das *„Quartier des Herrn* [Johann] *von Do*[e]*rt"*[32] eingetragen. Im *„Dorff*
Sttetternich drinnen logie= / ren des Veltobersten / Reutterei". Von Lindenberg über die
Kartause Vogelsang bis Haus Linzenich ist *„Des Legers Trenschement"* eingetragen,
das durch zwei *„Reducte"* (Redute) verstärkt ist. *„Vogelsang* [ist] *besatzt mit / ein fenlin*
Knecht von / Captem Kemnitz". Neben Vogelsang mit seinen Fischteichen ist das Gut
„Loirßbeck" wiedergegeben. Am linken oberen Bildrand sehen wir schließlich *„Kirberg*
des Obersten Kette= / lers[33] *sampt seiner Reutterei / Quartier"* und *„Lintzenich drauf*
logieren / ein Compagnie Reutter und / frantzosische regiment von / Navarra".[34]

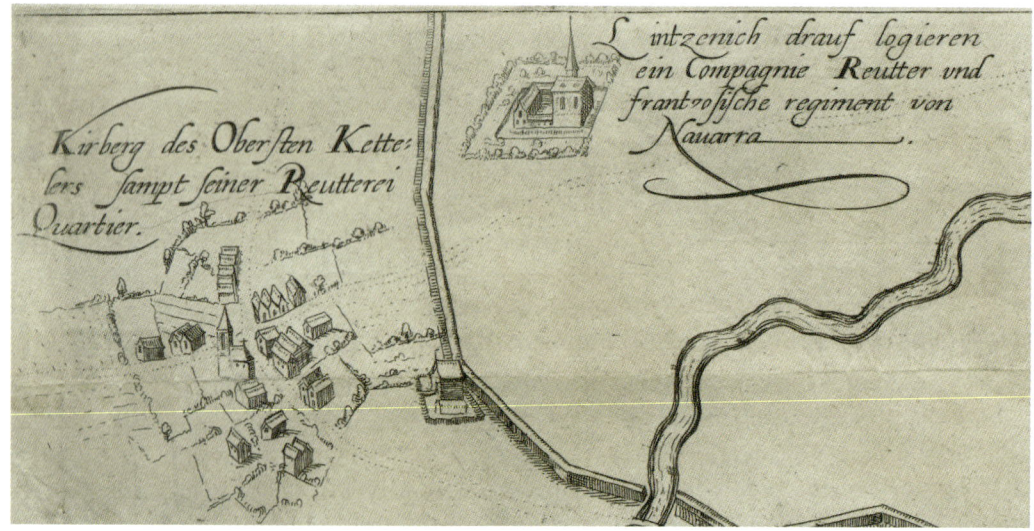

Abb. 8: Kirchberg und Haus Linzenich, Ausschnitt aus Abb. 1.

Am Blattrand rechts im unteren Drittel findet sich eine Windrose mit den Angaben
der Himmelsrichtungen: Occidens (Sonnenuntergang, Westen), Septentrio (Siebenge-
stirn, Norden), Oriens (Sonnenaufgang, Osten), Meridies (Mittag, Süden); letztere ist
interessanterweise in Spiegelschrift.

Die Wiedergabe der einzelnen Örtlichkeiten zeigt deutlich, dass der Kartenverfasser
mit dem Raum vertraut war. Auch wenn die einzelnen Bauten beispielsweise von Kirchberg und Stetternich keinen Porträtcharakter beanspruchen dürfen,[35] so sind doch
markante Einzelbauten wie das Kartäuserkloster Vogelsang mit der Kirche und den
rechteckigen Kreuzgang herum angeordneten einzelnen Mönchshäuschen (Abb. 7)[36]

---

[32] Vgl. von Schaumburg, Der Jülich-Clevische Erbfolgestreit (wie Anm. 28), S. 334.

[33] Ebd., S. 333.

[34] Vgl. von Schaumburg, Der Jülich-Clevische Erbfolgestreit (wie Anm. 28), S. 363.

[35] *„Einzelne oder gruppenweise eingezeichnete Häuschen, dazu ggf. eine Kirche, - so stellt*
man zu Wayes Zeit grundsätzlich noch Ansiedlungen auf Landkarten dar."; Ersfeld, Eine
Landkarte von 1607 (wie Anm. 23), S. 261.

[36] Zur Baugestalt des in Folge der Säkularisation verschwundenen, ältesten Klosters von Jülich
vgl. Harald Goder, Die Kartause zum Vogelsang bei Jülich 1: Bau und Ausstattung - Archiv

oder das Haus Linzenich mit Haupthaus, Turm und Vorburg (Abb. 8)[37] recht genau wiedergegeben. Selbst der Wymarshof in Kirchberg ist als freistehender, wasserumwehrter Einzelbau in der Darstellung berücksichtigt. Die Ortskenntnis von Jordan von der Wayhe korrespondiert mit der einige Jahre später entstandenen Karte der Vereinigten Herzogtümer Jülich-Kleve-Berg für Herzog Wolfgang Wilhelm von Pfalz-Neuburg und Jülich-Berg (Abb. 9). Wie schon in den Karten von Christian Sgrooten ist die Festung Jülich in perspektivischer Ansicht wiedergegeben. Deutlich erkennt man die Zitadelle

und die Stadtbefestigung. Die Ortschaften um Jülich sind - dem Maßstab der Karte geschuldet - nur mit kleinen Symbolen und ihrem Namen eingetragen. Im Einzelnen sind dies: Petternich,[38] Lindenberg, Stetternich, Vogelsang, Lorsbeck, Kirchberg, Linzenich, Bourheim, Nierstein, Koslar, Overbach, Barmen und Broich.

Abb. 9: Die Festungsstadt Jülich mit den umliegenden Ortschaften, Ausschnitt aus Abb. 4.

Mit der Belagerungsdarstellung von Jordan von der Wayhe gut vergleichbar ist das deutlich größere Blatt von Andries Sersanders aus dem Jahr 1611, das durch die verkleinerte Kopie von Johann Bleau von 1649 popularisiert wurde (Abb. 10).[39] Perspektive und Landschaftsausschnitt sind hier etwas anders. Die Rur läuft hier in etwa mittig waagerecht durch das Blatt, sodass neben Kirchberg und Linzenich auch noch Bourheim, Nierstein, Koslar, Overbach, Barmen und Broich mit dem Lager von Moritz von Oranien-Nassau verzeichnet sind. Die Darstellung kombiniert die Vogelschauperspektive der Landschaft und den Jülich umgebenden Orten mit Grundrisswiedergaben sämtlicher militärisch relevanter Strukturen: Festung Jülich, Lager, Annäherungsgräben, Stellungen etc. Ein ähnliches Aufmaß, das auf den 9. September 1610 datiert ist, bietet der in kurpfälzischen Diensten stehende Ingenieur Adam Stapff

und Bibliothek - Historische Übersicht (= Analecta Cartusiana 162), Salzburg 2000.

37 Vgl. Guido von Büren, Die Stadt Jülich und das Haus Linzenich in einer Ansicht von Renier Roidkin, in: Jülicher Geschichtsblätter 74/75, 2006/2007, 2008, S. 129-137.

38 Von der Wayhe positioniert das Jülicher Stadtdorf Petternich etwa auf halber Strecke zwischen Jülich und Broich. Es ist bemerkenswert, dass er diese Ansiedlung überhaupt vermerkt, wurden doch die Bewohner mit ihren Häusern um 1580 in die Stadt Jülich umgesiedelt. Das Dorf lag in den frei zu bleibenden Schussbahnen der Festung Jülich. Willi Dovern, Das verschwundene Dorf Petternich, Jülich 2000, S. 1, situiert das Dorf mit guten Gründen in den Bereich der heutigen Geldener Straße. Siehe auch: Horst Dinstühler, Eine Baurechnung zur Umsiedlung der Petternicher Bevölkerung nach Jülich 1581/83, in: Wolfgang Herborn/Barbara Schellenberger (Hrsg.), Zwischen Jülich und Kurköln. Festgabe der Joseph-Kuhl-Gesellschaft zum 60. Geburtstag für Prof. Dr. Günter Bers, Jülich 2000, S. 43-59.

39 Vgl. Neumann, Stadt und Festung Jülich (wie Anm. 1), S. 147-160, Nr. 35 (93 x 93 cm) und 36. Von Sersanders stammt auch eine zeitgenössische Federzeichnung, die sich heute in Turin befindet; ebd., S. 137, Nr. 27.

(Abb. 11).[40] Dieselbe Perspektive nimmt auch die bekannte Darstellung Jülichs von Matthäus Merian d.Ä. ein, wobei es sich auch hier um eine Grundrisswidergabe handelt (Abb. 12). Die Annäherungsgräben sind alle in ihrer Struktur vergleichbar dargestellt. Ob es zwischen den verschiedenen, sehr ähnlichen Darstellungen einen direkten inneren Bezug gibt, ist schwer zu sagen, da schließlich das wiedergegebene Objekt

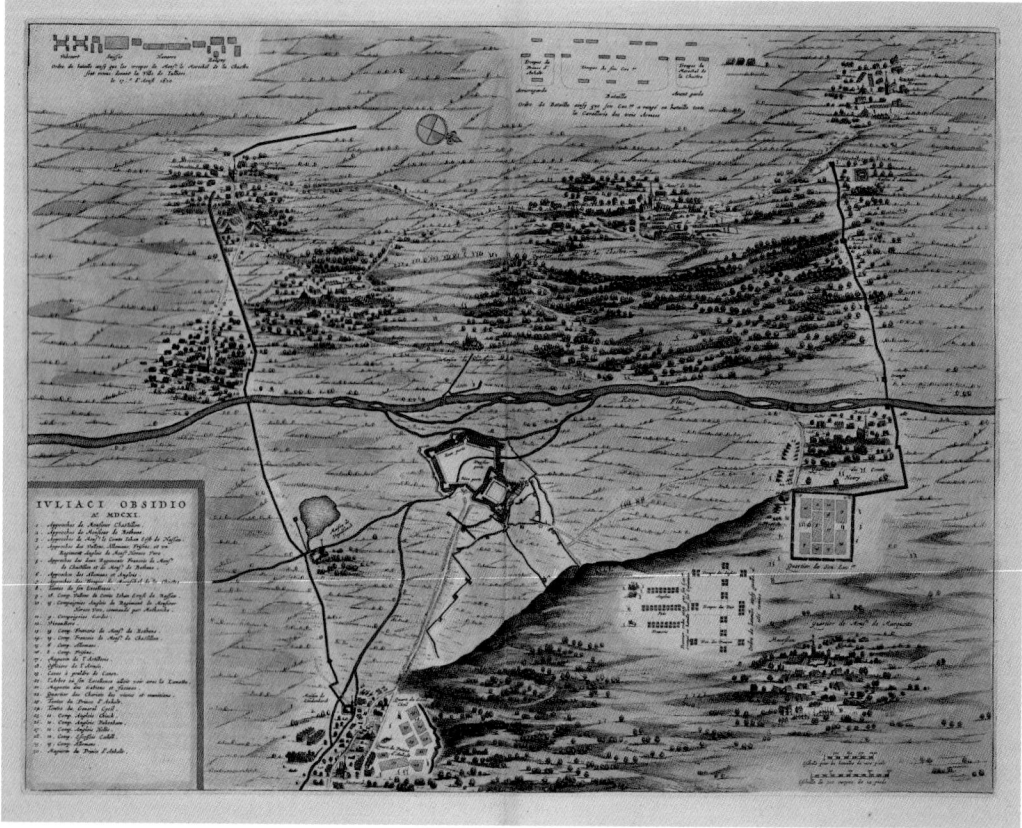

Abb. 10: Johann Blaeu nach Andries Sersanders, Die Belagerung der Festung Jülich 1610, alkolorierter Kupferstich, 52,4 x 41,8 cm, 1649 (Bildarchiv Museum Zitadelle Jülich).

(Festung Jülich) bzw. das dargestellte Ereignis (deren Belagerung im Jahr 1610) in allen Fällen das Gleiche ist. Sicherlich kursierten mehrere Aufmaße der Festung und der Belagerungseinrichtungen gleichzeitig in Europa. Jordan von der Wayhe, Andries Sersanders und Adam Stapff kommen sich dabei auffällig nahe, was aber eher für die gleich gute fachliche Qualifikation als Geographen bzw. Kartographen spricht als für ein voneinander „abkupfern" der Darstellung. Schließlich ist die Anwesenheit Sersanders während der Belagerung im Tross von Moritz von Oranien-Nassau sehr wahrscheinlich, genauso wie die von Jordan von der Wayhe und Adam Stapff im Gefolge der Possidierenden.

---

[40] NEUMANN, Stadt und Festung Jülich (wie Anm. 1), S. 178, Nr. 45.

Im Auge der Geschichte: Der belagerte Horizont

Die Vogelschauansicht der Belagerung der Festung Jülich 1610 durch Jordan von der Wayhe verfolgt zwei Ziele: Zum einen dokumentiert sie die Festung Jülich und die sie umgebende Landschaft, um eine möglichst genaue räumliche Vorstellung davon zu geben, wo sich die Belagerung des Jahres 1610 abgespielt hat. Zum anderen verortet sie die Ereignisse des Spätsommers 1610 in den Raum, indem sie genaue Angaben zu Position von Lagern, Stellungen und Laufgräben macht. Mit zahlreichen Beschriftungen werden Erläuterungen gegeben, die das Geschehen an konkrete Orte zurück-

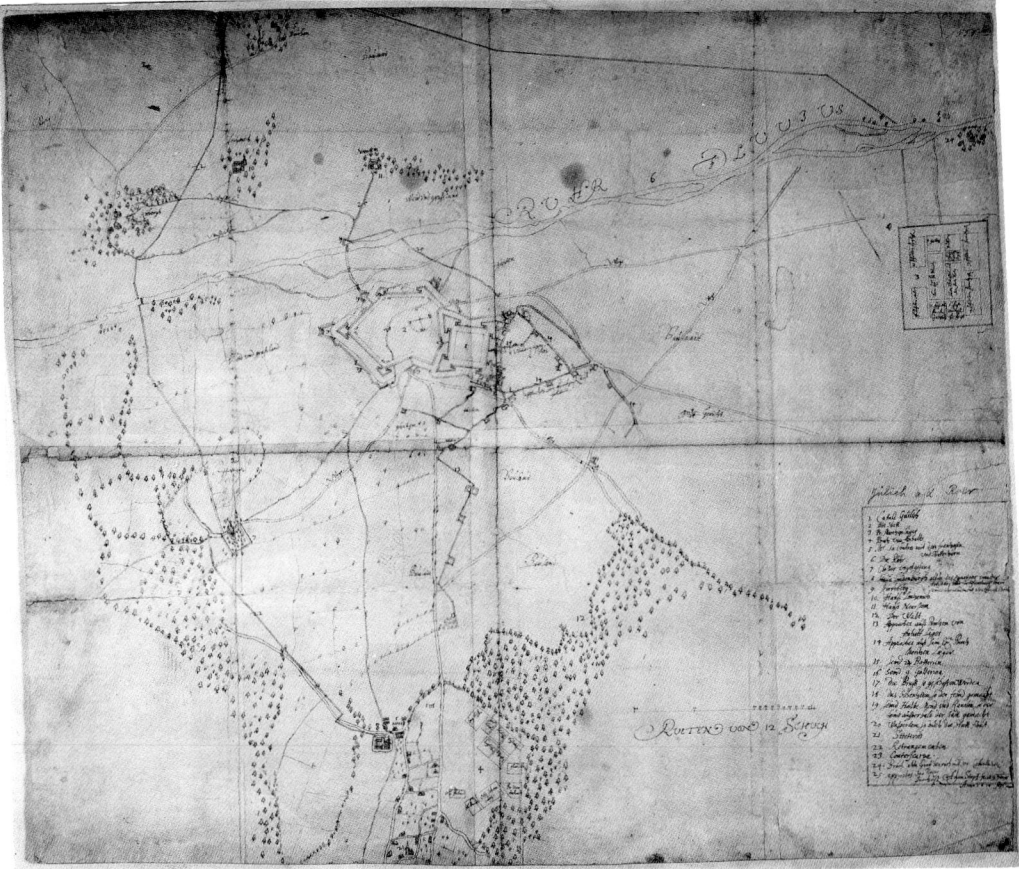

Abb. 11: Adam Stapff, Belagerung der Festung Jülich 1610, Federzeichnung auf Papier, 70 x 60 cm, 9. September 1610, Kölnisches Stadtmuseum Köln, Graphische Sammlung, Jülich Nr. 10 (Reproduktion aus: Neumann, Stadt und Festung Jülich [wie Anm. 1], S. 178).

bindet. Der Betrachter kann sich so erschließen, wo etwa Christian von Anhalt sein Lager hatte und auf welchem Weg er in das Lager des Prinzen Moritz von Oranien-Nassau kam. Er erfährt, dass es englische, schottische und französische Truppenkontingente gab und, dass zuerst von zwei Batterien auf der Merscher Höhe in die Festung geschossen wurde, ehe man sich der Nord- und Ostfront der Zitadelle mit Laufgräben annäherte. Ein umfassendes Bild der Ereignisse ergibt sich dadurch jedoch nicht. Ohne eine parallele textliche oder erzählerische Beschreibung der vom 28. Juli bis 1. September 1610 andauernden Belagerung bleiben die einzelnen Informationen ohne Kontext und zeitliche Differenzierung, die aber für ein Verständnis der Abläufe unabdingbar sind. Insoweit setzt die Karte beim Betrachter ein umfangreiches Wissen voraus, was schon das Ereignis an sich betrifft, wird es doch im Titel nicht einmal eindeutig benannt und zeitlich zugeordnet. Der hohe Detailreichtum der Karte steht dadurch in einem merklichen Kontrast zum tatsächlichen Informationsgehalt. Die Funktion als Erinnerungsblatt erfüllte die Karte letztlich nur für denjenigen, der an der Belagerung teilge-

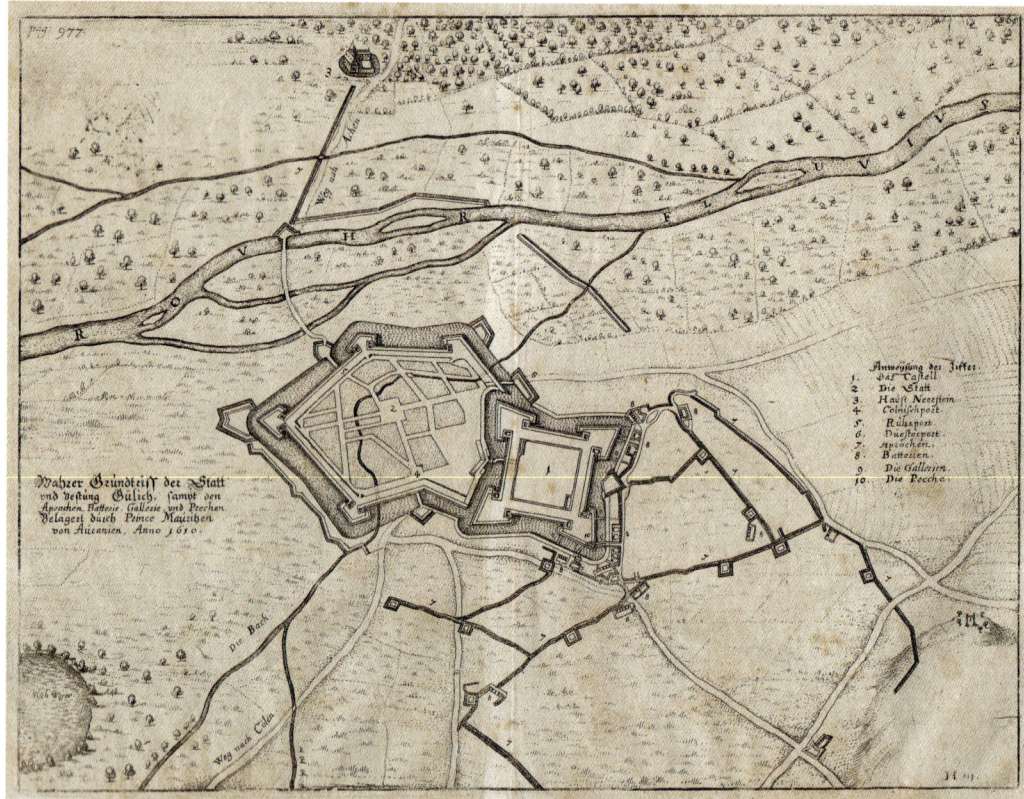

Abb. 12: Matthäus Merian d.Ä., „Wahrer Grundtriss der Statt und Vestung Gülich, sampt den Approchen, Batterie, Gallerie und Prechen, Belägert durch Prince Mauritzen von Auranien, Anno 1610", Kupferstich, 38,2 x 48 cm, um 1630, aus: Topographiae Westfaliae, Frankfurt am Main 1647, Museum Zitadelle Jülich, Inv.-Nr. 1993-0008 (Foto: Bernhard Dautzenberg).

nommen hat. Es liegt daher die Vermutung nahe, dass genau dies die Funktion des Kupferstichs war. So wie die nach der Belagerung geschlagenen Medaillen oder die gesammelten Notklippen, hielt das Blatt die Erinnerung an die Ereignisse für diejenigen wach, die damals dabei gewesen waren. In der Mittelachse des Kupferstichs ist das Lager Christians von Anhalt als militärischer Führer der Truppen der protestantischen Union und seiner Verbündeten wiedergegeben. Das dürfte kein Zufall sein, befanden sich doch hier auch die pfalz-neuburgischen Kontingente, während der Jungherzog Wolfgang Wilhelm von Pfalz-Neuburg und der Markgraf Ernst von Brandenburg als

Vertreter der Possidierenden auf Schloss Hambach logierten.[41] Mit Blick darauf, dass Jordan von der Wayhe auch später für Wolfgang Wilhelm als Herzog von Jülich-Berg arbeitete, könnte er für diesen und sein näheres Umfeld den Kupferstich geschaffen haben, auch wenn das Blatt selbst keine offensichtlichen Hinweise auf einen Auftraggeber gibt. Vergleicht man nun die vorliegende Darstellung mit anderen zeitgenössischen bildlichen Wiedergaben in der Druckgraphik muss man jedoch konstatieren, dass auch bei diesen der eindeutige Nachvollzug der Geschehnisse meist nicht möglich ist. Die inhaltlichen Unschärfen sind vielmehr der Gattung Flugblatt bzw. Einblattdruck, vor allem wenn es an einer weitergehenden textlichen Erläuterung gebricht, immanent.[42]

Man hat die Kartographie und die eng mit ihr verbundene Wiedergabe kriegerischer Ereignisse in der bildenden Kunst des 16. und 17. Jahrhunderts als *„Auge der Geschichte"*,[43] die angewandte militärische Perspektive im Hinblick auf die häufig anzutreffende Thematik auch als *„belagerter Horizont"*[44] bezeichnet. Beides ist richtig, trägt uns aber die Aufgabe auf, nach der Intentionalität[45] der gewählten Darstellung und damit nach dem Grad der Objektivität der *„EIGENTLICHE[N] BESCHREIBVNG"* zu fragen. Kein ganz leichtes, aber durchaus fruchtbares Unterfangen, wie die vorliegenden Ausführungen hoffentlich zeigen konnten.[46]

---

41 Vgl. von SCHAUMBURG, Der Jülich-Clevische Erbfolgestreit (wie Anm. 28), S. 361.

42 Vgl. Wolfgang HARMS/Alfred MESSERLI (Hrsg.), Wahrnehmungsgeschichte und Wissensdiskurs im illustrierten Flugblatt der Frühen Neuzeit (1450–1700), Basel 2002.

43 Swetlana ALPERS, Kunst als Beschreibung. Holländische Malerei des 17. Jahrhunderts, Köln 1985, S. 275 f.

44 Jeroen GOUDEAU, The Horizon Besieged. Ways of Capturing Space in Early Modern Fortication Theory, in: GEHRING/WEIBEL, Mapping Spaces (wie Anm. 16), S. 300-307.

45 Zu diesem Begriff vgl. Tanja MICHALSKY, Karten unter sich. Überlegungen zur Intentionalität geographischer Karten, in: Ingrid BAUMGÄRTNER (Hrsg.), Fürstliche Koordinaten. Landvermessung und Herrschaftsvisualisierung um 1600 (= Schriften zur sächsischen Geschichte und Volkskunde 46), Leipzig 2014, S. 321-339.

46 Eine vergleichbare Untersuchung nimmt die beiden Gemälde von Pieter Snayers, die die Belagerung von 1621/1622 thematisieren, zum Ausgangspunkt: Bernhard DAUTZENBERG, Der Ausbau der Festung Jülich in der ersten Hälfte des 17. Jahrhunderts, in: Guido von BÜREN (Red.), Festungsbaukunst in Europas Mitte. Festschrift zum 30-jährigen Bestehen der Deutschen Gesellschaft für Festungsforschung (= Festungsforschung 3), Regensburg 2011, S. 283-309, bes. S. 300 f.

Anhang

Konkordanz

Renard/Franck-Oberaspach (wie Anm. 3)	Neumann (wie Anm. 1)	Bemerkung
Nr. 1	Nr. 123	Ausbauzustand Mitte 17. nicht 16. Jh.
Nr. 2	Nr. 60	
Nr. 3	Nr. 37	
Nr. 4	Nr. 46	Gülichische Chronik 1611
Nr. 5		Es scheint eine Verwechslung vorzuliegen. Die hier angegebene Beschriftung „VON DEN SPAINISCHEN EINGENOMMEN" müsste sich auf die zweite Belagerung von 1621/1622 beziehen, zu der es auch zwei Flugblätter aus dem Verlag Hogenberg gibt.
Nr. 6	Nr. 44	hier: Abb. 2
Nr. 7	Nr. 47	
Nr. 8	Nr. 46	Stammregister 1610
Nr. 9	Nr. 46	
Nr. 10	Nr. 51	
Nr. 11	Nr. 36	hier: Abb. 10
Nr. 12	Nr. 138	
Nr. 13	Nr. 59	
Nr. 14	S. 55, (14)	hier: Abb. 1
Nr. 15	Nr. 52	nicht genau den beiden möglichen Publikationsorten zuzuordnen
Nr. 16	Nr. 52 B	hier: Abb. 12
Nr. 17	Nr. 52 A	
Nr. 18	Nr. 58	
Nr. 19	Nr. 41	
Nr. 20	Nr. 51	1616

Nr. 21	Nr. 95	
Nr. 22	Nr. 102	
Nr. 23	Nr. 101	
Nr. 24		nicht zu identifizieren
Nr. 25	Nr. 98	
Nr. 29	Nr. 139	
Nr. 30	Nr. 162	
Nr. 31	Nr. 158	
Nr. 32	Nr. 171	
Nr. 33	Nr. 164	
Nr. 34	Nr. 79; S. 225, (3)	
Nr. 35	Nr. 177 (?)	Angaben zu ungenau für eine sichere Identifizierung.
Nr. 36	S. 54, (5)	
Nr. 37	S. 54, (6)	
Nr. 38	S. 54, (12)	
Nr. 39	Nr. 334	Nicht im Original erhalten, nur in Nachzeichnung bzw. als Fig. 67 bei Renard/Franck-Oberaspach 1902 (wie Anm. 3)
Nr. 40	S. 54, (14)	

Hans Otto Brans

Zur medizinischen Versorgung der Landbevölkerung im Herzogtum Jülich im 18. Jahrhundert - Das Beispiel der Unterherrschaft Stolberg

Spezielle Statistiken über Medizinalpersonen im gesamten Gebiet der Herzogtümer Jülich und Berg wurden im 18. Jahrhundert offensichtlich noch nicht angefertigt, wenn es auch an Anfragen der Düsseldorfer Zentralbehörden an einzelne Städte zu Ärzten, Wundärzten, Apothekern und Hebammen nicht mangelt. Derartige flächendeckende Erhebungen wurden erst in den Jahren 1804 und 1806 nach der Eingliederung der linksrheinischen Gebiete in das französische Staatsgebiet in den neuen Departements durchgeführt. Trotz gewisser Mängel erlauben diese Aufzeichnungen einen Blick auf die letzten Jahrzehnte des 18. Jahrhunderts, da sie nicht nur Namen, sondern auch Approbationsdaten und Prüfungsorte enthalten.[1] Für den gleichen Zeitraum können ergänzend die 1799 ebenfalls von den Franzosen erstellten Bevölkerungslisten herangezogen werden, die bisher aber nur zum Teil ausgewertet wurden.[2] Zeitlich etwas weiter zurück reichen die Kalender des Niederrheinisch-Westfälischen Reichskreises und die Kurpfälzischen Hof - und Staatskalender, die - letztere in der Rubrik *„Gülichische Landbeamte"* - ab 1764 die Ärzte und einige Wundärzte aufführen, die amtliche Aufgaben wahrnahmen. Sie sind also nur für diesen kleinen Personenkreis von Bedeutung.[3]

Für den größten Teil des 18. Jahrhunderts bleibt also nur der Rückgriff auf lokale Quellen, deren Umfang und Qualität naturgemäß sehr unterschiedlich ist. Obwohl zum Beispiel die Aktenlage in den Städten Düren und Jülich noch als relativ gut zu bezeichnen ist, ist man selbst dort und erst recht in ländlichen Gemeinden auf Zufallsfunde angewiesen. Deren Interpretation ist wiederum oft nicht einfach, da die einmalige Nennung eines Arztes oder Apothekers nicht immer zweifelsfrei beweist, dass dieser am

---

[1]   Vgl. Landesarchiv NRW, Abteilung Rheinland, Roerdepartement, Präfektur, Nr. 2117 und 2118, dort die Listen dieses Départements. Auszugsweise zu den Daten von 1806 vgl. Karl BOVENTER, Zur Medizinalgeschichte im Bereich des Regierungsbezirkes Aachen bis zur Mitte des 19. Jahrhunderts, in: Zeitschrift des Aachener Geschichtsverein 83, 1976, S. 59-142, hier S. 79- 85.

[2]   Vgl. Willi DOVERN/Günter BERS, Aldenhoven im Jahre 1799. Bevölkerungsstruktur und soziale Verfaßtheit einer rheinischen Kleinstadt in französischer Zeit, Jülich 1997 (Forum Jülicher Geschichte 19), und die Untersuchungen von Claudia WENDELS, Jülich im Jahre 1799: Alt und jung, arm und reich, Männer, Frauen, Kinder (Forum Jülicher Geschichte 24), Jülich 1998; DIESELBE, Bergheim an der Erft im Jahre 1799: Händler, Handwerker und Tagelöhner (Forum Jülicher Geschichte 28), Jülich 1999, und DIESELBE, Die Bevölkerungs- und Sozialstruktur der Stadt Düren im Jahre 1799 (Beiträge zur Geschichte des Dürener Landes 24), Düren 2004.

[3]   Vgl. BOVENTER, Medizinalgeschichte (wie Anm. 1), und die detaillierte Auswertung der genannten Kalender für Stadt und Amt Jülich bei Günter BERS/Sabine GRAUMANN, Funktions-Eliten einer Territorial-Hauptstadt. Jülich in regionalen Staatskalendern 1748-1800 (Forum Jülicher Geschichte 26) Jülich 1998.

Ort auch gelebt und praktiziert hat. Letztendlich kann hier also nur der - selbstverständlich vorläufige - Versuch unternommen werden, anhand von Beispielen die medizinische Versorgung von Stadt und Land - letztere vertieft für die Unterherrschaft Stolberg - im Herzogtum Jülich zu erläutern, Entwicklungslinien aufzuzeigen, Begriffe zu klären und die Möglichkeiten der damaligen Medizin anzusprechen.

Die Medizinalgesetzgebung in den Herzogtümern Jülich-Berg im 18. Jahrhundert

1778 forderte der Düsseldorfer Arzt Dr. Johann Peter Brinckmann, der 1773 die noch zu besprechende (zweite) Medizinalordnung der Herzogtümer Jülich-Berg maßgeblich gestaltet hatte und von 1774 bis 1785 Vorsitzender des *„Consilium medicum"* war, des höchsten medizinischen Verwaltungsgremiums der Herzogtümer, wegen des schlechten Zustandes des Wundarzt- und Hebammenwesens auf dem *„platten Lande"* eine bessere Aus- und Fortbildung in diesen Berufen.[4] Offensichtlich schienen ihm die Chirurgen- und die Hebammenschule nicht ausreichend, die 1765 und 1771 der Garnisons- und Stabschirurg Dr. Bernard Guérard, selbst von 1766 bis 1784 Mitglied des *„Consilium medicum"*, in Düsseldorf gegründet hatte.[5] Allerdings lag Brinckmann schon ab 1775 mit Guérard und den übrigen Mitgliedern des *„Consilium"* im Streit, da diese sich ebenso wenig an die Medizinalordnung von 1773 hielten wie die Regierung der Herzogtümer selbst.[6]

Brinckmann hatte in erster Linie nicht die Städte, sondern das sogenannte platte Land im Visier, das zu definieren nicht ganz leicht fällt. Dazu zählten natürlich alle Dörfer, wohl auch kleinere Stadtrechtsorte, aber sicher nicht Düren, Jülich, Euskirchen und Münstereifel, die vier Hauptstädte des Herzogtums Jülich, und vielleicht auch nicht Städte wie Heinsberg und Erkelenz. Ganz eindeutig ist der Sachverhalt allerdings nicht, da die Jülicher Landstände am 4. Februar 1777 bei einem Landtag den Beschluss fassten, dass in den Hauptstädten je ein Arzt sein sollte, der nicht nur in den Städten und den *„Ritterschaftlichen Häusern"*, sondern auch in den umliegenden Flecken und Dörfern ärztlichen Beistand leisten sollte. In Jülich und Düren waren zwar Ärzte vorhanden, in Münstereifel und Euskirchen aber nicht oder nicht mehr. Die Empfehlung, deshalb dort entsprechende Stellen zu schaffen, die aus Landesmitteln mit jeweils 100 Reichstalern im Jahr honoriert werden sollten, wurde am 4. April 1777 in Düsseldorf ratifiziert.[7] In einem wohl in diesem Zusammenhang verfassten Reskript vom 1. März

---

4 Vgl. Johann Peter BRINCKMANN (1746-1785), Patriotische Vorschläge zur Verbesserung der Medicinalanstalten, hauptsächlich der Wundarznei und Hebammenkunst auf dem platten Lande, Düsseldorf 1784, Faksimiledruck Düsseldorf 1997, mit einer Einführung von Alfons LABISCH, Johann Peter Brinckmann (1746-1785). Ein aufklärerischer Arzt und Reformer in seiner Zeit, S. 5-67.

5 Vgl. Bernard GUÉRARD, Anfangsgründe der Geburtshilfe, Düsseldorf 1775, Titelblatt. Hier nennt Guérard sich ehemaliger Wundarzt der französischen Kriegsheere, Stabschirurg und Garnisonsmedicus zu Düsseldorf und der *„Arzeney- und Wundgelehrtheit Doctor"*.

6 Ausführlich zu den Auseinandersetzungen vgl. Landesarchiv NRW Rheinland, Duisburg, Jülich-Berg II, Nr. 5070, Das Medizinalwesen in Jülich-Berg.

7 Stadtarchiv Düren, Nr. 333, Sanitätswesen, Bl. 54-56. Danach praktizierten in Jülich damals die beiden Ärzte Wezel und Michels, von denen ersterer als Garnisonsmedicus voll beansprucht sei, und in Düren nur der Arzt Mögling.

1777, das der Dürener Magistrat am 29. März genehmigte, wurde übrigens unter anderem erklärt, dass nur ein approbierter *„Medicus"* sich in einer Hauptstadt niederlassen dürfe, und dieser dort *„für immer"* seinen Wohnsitz nehmen und alle *„armen und preßhaften"* innerhalb und außerhalb des Gemeinwesens kostenlos behandeln müsse.[8]

Die Probleme waren 1778 nicht neu. Zu ihrer Behebung waren erste Medizinalordnungen seit dem 16. Jahrhundert zunächst in größeren Städten wie Straßburg, Frankfurt und Köln erschienen, denen 100 bis 150 Jahre später auch die Territorialstaaten folgten. Herzog Johann Wilhelm von Jülich-Berg und gleichzeitig Kurfürst von der Pfalz ließ zunächst am 16. April 1698 in Düsseldorf eine ältere kurpfälzische Landesordnung nochmals in Druck geben, die sich dem Medizinalwesen am Rande und ausführlich nur den Apotheken widmete.[9] Unter ausdrücklichem Bezug auf diese Ordnung machte sich dann die Verwaltung der Herzogtümer Jülich-Berg in Düsseldorf am Beginn des 18. Jahrhunderts daran, das Gesundheitswesen zu normieren und zu regulieren. Zu diesem Zweck wurde das *„Consilium medicum"* geschaffen, das aus drei bis vier Ärzten, meist Düsseldorfer Hof-, Garnisons- und Stadtärzten, zeitweise einem Chirurgen und später auch ein bis zwei Pharmazeuten bestand und das die in den Medizinalordnungen vom 25. April 1708 und vom 8. Juni 1773 sowie weiteren Einzelgesetzen formulierten Bestimmungen exekutieren sollte. Der zentrale, schon 1708 formulierte Grundsatz, nur noch in Düsseldorf geprüfte und approbierte Personen zuzulassen, wurde allerdings nie flächendeckend umgesetzt.[10] Dies beweisen unter anderem Erlasse vom 14. September 1714, 5. Februar 1722, 24. März 1738 und 27. September 1745, die immer wieder an diese Verpflichtung erinnern.[11]

Diese Misserfolge in Jülich-Berg entsprachen den Erfahrungen in anderen deutschen Territorien. Auch dort wurden derartige Gesetze nur in den Hauptstädten und Residenzen befolgt, aber nicht im weiten Lande.[12] Recht gesetzestreu verhielt man sich zumindest in Düren, der größten Stadt des Herzogtums Jülich: Der Stadtarzt Dr. Dilckens erhielt schon am 8. Juni 1708 eine Bescheinigung über seine Befähigung von Dr. Johann Conrad Brunner (von Brunn), dem Leibmedicus des Kurfürsten Johann Wilhelm und *„collegii medici praeses";* ebenso approbiert wurden im Jahre 1715 die Dürener Wundärzte Johannes Gerardus Otten, Johann Michael Michels, Ferdinand Dawr, 1727 ihre Berufskollegen Theodor Meyer und Christophorus Heyden und schließlich

---

8   Stadtarchiv Düren, Nr. 334, Chirurgenzunft, Bl. 21/22.

9   Vgl. Churfürstlicher Pfaltz bei Rhein […]. Ernewert und Verbessertes Landrecht, Weinheim 1700, s. https://www.2.uni-mannheim.de/mateo/desbillons/land/seite789.html.

10   Johann Josef Scotti, Sammlung der Gesetze und Verordnungen, welche in den ehemaligen Herzogthümern Jülich, Cleve und Berg und in dem vormaligen Großherzogthum Berg über Gegenstände der Landeshoheit, Verfassung, Verwaltung und Rechtspflege ergangen sind, 4 Bände, Düsseldorf 1821/1822, Bd. 1, Nr. 1036 (zu 1708) und 2. Bd, Nr. 2096 (zu 1773).

11   Ebd., Gesetze, Bd. 1, Nr. 1133, 1419 und 1593; s. auch die gedruckten Erlasse von 1738 und 1745 im Stadtarchiv Düren, Nr. 333, Sanitätswesen, Bl. 106, und Bl. 93.

12   Vgl. Rudolf Schmidt-Wetter, Zur Geschichte des nordrheinischen Apothekenwesens, Frankfurt a. M. 1970, S.18, hier auch weiterführende Literatur.

1732 der Chirurg Johann Georg Mögling und der Apotheker Thomas Tilz.[13]

Die Prüfung in Düsseldorf war mit relativ hohem Aufwand und nicht geringen Kosten verbunden. Wegen seiner Armut bat deshalb der Dürener Chirurg Henricus Schlechter von dem Examen vor dem *„Consilium medicum"* entbunden zu werden; sein Antrag wurde aber am 4. Dezember 1760 abgelehnt.[14] Wenige Jahre später wurden in einem Schreiben aus Düsseldorf vom 15. Mai 1766 an die Beamten des Amtes Düren und in einem weiteren vom 1. März 1768 an die des Oberquartieres Jülich Aufstellungen aller Ärzte, Chirurgen und Apotheker eingefordert. Nach einem Brief aus Düren vom 3. Juni 1766 hatten die Dres. med. Heinrich Ferdinand Höver und Johann Theodor Otten, der Medicus Georg Mögling und die Wundärzte Johann Werner Wenge, Henrich Schlechter, Michael Zorres, Georg Franz Detling und Petrus Hansen ihre Approbationsscheine vorgelegt; auch Schlechter hatte sich 1761 qualifiziert. Mögling war zwar 1750 vom Wundarzt zum Arzt aufgestiegen, trug aber keinen Doktortitel und war als *„Medicus"* gewissen, nicht weiter erläuterten Einschränkungen unterworfen. Zwei Wundärzte fielen allerdings durch das Raster, Heinrich Sago war nicht approbiert und verzichtete auf jede Tätigkeit, und Johann Ernest Cordone wollte sich auf das Rasieren beschränken. Auch nach dem Bericht vom 5. März 1768 waren in Düren dieselben drei Ärzte, fünf Wundärzte und außerdem drei Apotheker ansässig.[15] Ob man Ausnahmen von der Vorstellungspflicht in Düsseldorf zuließ, ist nicht ganz klar. Jedenfalls baten am 2. Juni 1738 die vier Dürener Hebammen ebenfalls wegen ihrer Armut darum, ihnen die Reise zu ersparen; sie legten ein *„Attestatum"* des Stadtarztes Dr. Dilckens vor, der sie approbiert habe.[16]

Die konsequente Handhabung der Gesetze in Düren war aber im Herzogtum offensichtlich die Ausnahme, denn in der Präambel der neuen Medizinalordnung von 1773 heißt es wieder, dass trotz der früheren Edikte nach wie vor Missbräuche im Bereich der Medizin, Chirurgie und Pharmazie bestünden und sich *„allerhand Stände und Handwerker das innere und äußere Curiren anmaßten";* diese Verfehlungen sollten unter der Aufsicht des *„Consilium medicum"* in Düsseldorf endlich abgestellt werden. Dieses Gremium forderte aus dem gleichen Grund am 2. Juni 1784 die Amtsphysiker auf, über den lokalen Zustand des Medizinalwesens ausführlich zu berichten und namentliche Verzeichnisse aller Medizinalpersonen einzureichen.[17] Diese Stadt- und Amtsärzte oder Physici wie auch die entsprechenden Wundärzte waren die hoheitlichen Amtsträger auf kommunaler und regionaler Ebene. Sie übten in der Regel eine Privatpraxis aus, erhielten aber zusätzlich ein festes Salär. Zu ihren Aufgaben zählten die Seuchenhygiene, die Kontrolle der anderen Heilberufe, insbesondere der Apotheker, die kostenlose Behandlung der Orts- und eventuell Spitalarmen und schließlich - zusammen mit den Stadtchirurgen - die Vornahme von Leichenschauen bei unklaren

---

13 Stadtarchiv Düren, Nr. 337, Patente. Nachweis der Approbationsscheine, Bl. 2-8, bzw. zu Tilz Stadtarchiv Düren, Nr. 335, Apothekenrechnungen, Bl. 2.

14 Ebd. Nr. 334, Chirurgenzunft, Bl. 8/9.

15 Ebd., Nr. 337, Patente, Bl. 9-14, und Nr. 333, Sanitätswesen, Bl. 2 (zu 1766), bzw. 335, Apothekenrechnungen, Bl. 6 (zu 1768).

16 Ebd., Nr. 333, Sanitätswesen, Bl. 95/96, bzw. Nr. 337, Patente, Bl. 2/3.

17 SCOTTI, Gesetze (wie Anm. 10), 2. Bd, Nr. 2227.

Todesfällen. Einige ärztliche Berichte hierüber, sogenannte *„Visa reperta"*, sind zum Beispiel aus Düren und Umgebung noch erhalten.

In Aachen bezog schon 1346 der Magister Nicolaus medicus laut der Stadtrechnung dieses Jahres als Stadtarzt ein Salär von 100 Mark, der Stadtwundarzt gleichzeitig nur die Hälfte.[18] Auch in den Städten Jülich, Düren, Euskirchen und Münstereifel sind von der Stadt jährlich honorierte Ärzte und Chirurgen ab dem 16./17. Jahrhundert belegt, die nicht unbedingt immer das ganze eben skizzierte Aufgabenspektrum abdeckten, sondern manchmal auch nur als Armenärzte tätig waren. Später als in den Städten werden beamtete Physici und Wundärzte in den Ämtern des Herzogtums Jülich aktenkundig, meist erst ab 1764 in den erwähnten Kalendern des Niederrheinisch-Westfälischen Reichskreises und den Kurpfälzischen Hof- und Staatskalendern.[19] Allerdings ist eine flächendeckende Versorgung hier nicht erkennbar. Zwar werden dort alle Ämter und Herrschaften des Landes aufgezählt, Amtsärzte aber zum Beispiel nie in den Ämtern Aldenhoven, Eschweiler, Grevenbroich, Wilhelmstein oder der Wehrmeisterei. Nur in den Ämtern Brüggen und Dahlen wird 1774 und in einigen weiteren Jahren ausdrücklich betont, die Stelle des Amtsphysicus sei nicht besetzt. Gut und regelmäßig versorgt waren ab 1764 die Städte und Ämter Jülich, Düren (das Amt Düren ab 1777 kombiniert mit dem Dingstuhl Pier und Merken), Boslar und Linnich und ein Komplex, der die Ämter Heinsberg, Geilenkirchen, Randerath, Wassenberg und kurzfristig Millen mit Born und sogar Sittard umfasste. Dieses große Territorium betreute als Amtsphysicus bis in die 1790er Jahre Dr. Johann Martin Laurentii, gleichzeitig Stadtphysicus, Schöffe und 1787 Bürgermeister von Heinsberg. Münstereifel hatte erst 1769 einen Amtsphysicus (nach einer Literaturangabe schon 1721), Euskirchen 1780 und Bergheim 1791 in Kombination mit den Ämtern Jüchen und Kaster. Die Stelle in Euskirchen übernahm von 1780 bis 1794 Dr. Sigismund Zehnpfenni(n)g, der zuvor in Düren als Arzt und von 1760 bis 1766 als Ratsmitglied nachgewiesen ist, dann aber auf diese Stelle verzichtete, da er als *„Medizinalrat"* nach Düsseldorf berufen wurde.[20] Als solcher wurde er Mitglied des *„Consilium medicum"* und blieb es auch als Stadtarzt von Euskirchen, wo er am 19. August 1800 verstarb.

Zusätzliche Beamtenstellen waren in der Garnisons- und Festungsstadt Jülich zu vergeben: Dort praktizierte ab 1720 Dr. Johann Adam von Gangelt, der von 1737 bis zu seinem Tod 1741 als Stadt- und Garnisonsmedicus nachgewiesen ist. Dr. Johann Peter Wetzel (Wezel) finden wir in den Kalendarien von 1759 bis 1794 in der gleichen Doppelfunktion (von 1755 bis 1797 auch als Schöffe), Dr. Joseph Michels in den 1780er Jahren ebenfalls als Stadtphysicus und stellvertretenden Garnisonsarzt (adiunctus) und um die gleiche Zeit außer einigen Feldscherern der in Garnison liegenden

---

[18]   Egon Schmitz-Cliever, Die Heilkunde in Aachen von römischer Zeit bis zum Anfang des 19. Jahrhunderts, Sonderdruck aus Zeitschrift des Aachener Geschichtsvereins, Bd. 74/75, 1962/63, S. 98/99.

[19]   Die zitierten Kalender sind in mehreren Landes- und Universitätsbibliotheken in digitalisierter Form einsehbar, s. den Karlsruher Virtuellen Katalog (KVK).

[20]   Gottfried Ruland, Geschichte des Medizinalwesens der Stadt Düren bis zum Jahre 1910 (Med. Diss. Düsseldorf), Düren 1939, S. 38, dort auch das Folgende.

Regimenter mehrere ortsansässige Stadt- und Gouvernementschirurgen.[21] Auch Monschau besaß eine Garnison besonderer Art, die auf der Burg einquartiert war und nur aus Veteranen ohne militärischen Wert bestand. 1772 lagen hier zwei Invalidenkompanien mit insgesamt 157 Mann, zu denen auch ein Garnisonsmedicus und ein Feldscher gehörten.[22]

In den Medizinalordnungen von 1708 und 1773 wird übrigens einer der unverzichtbaren Pfeiler des heutigen Gesundheitswesens, die Institution Krankenhaus, nicht erwähnt. Krankenhäuser im heutigen Sinne zur Diagnose und Therapie von Krankheiten existierten in Deutschland im 18. Jahrhundert erst vereinzelt und im Herzogtum Jülich noch nicht oder höchstens in Ansätzen. Zwar gab es zahlreiche Hospitäler oder Gasthäuser zur Aufnahme von Pilgern, Armen und natürlich auch Kranken, daneben aber nur die kleinen Krankensäle in den Hospitalklöstern der Elisabethinnen in Düren (ab 1650) und Jülich (ab 1678), die mit ihren wenigen Pflegebetten quantitativ nicht ins Gewicht fielen. Aber immerhin fasste man auf Veranlassung des erwähnten Reformers Dr. Brinckmann 1772 den Plan, ein Krankenhaus neuer Art zu bauen und dies durch Spenden aller Bürger des Landes zu finanzieren.[23] Deshalb ließ Kurfürst Carl Theodor unter dem 23. Oktober 1776 allen Bürgermeistern, Schöffen und Räten mitteilen, es sei eine Kollekte für das neue Spital in Düsseldorf durchzuführen, da dort Kranke aus dem ganzen Land, die einer *„besonderen Cur"* bedürften, aufgenommen werden sollten.[24] Da mehrere dieser Sammlungen keine nennenswerten Ergebnisse brachten, scheiterte das Vorhaben, das erst im 19. Jahrhundert realisiert wurde.

Die Heilberufe
Die Ärzte mit akademischem Grad

Nicht zuletzt durch den Einfluss der Kirche kam es im christlichen Abendland früh zu einer Aufgabenteilung in der ärztlichen Kunst. Kleriker konnten höhere Weihen nicht empfangen, wenn sie, in welcher Form auch immer, Blut vergossen hatten, und so verbot ihnen das 4. Laterankonzil unter Papst Innozenz III. 1215 ausdrücklich die Ausübung der Chirurgie.[25] Entsprechend lehrten die frühen europäischen Universitäten nur eine sehr theoretische, auf dem Studium antiker Autoritäten wie Hippokrates, Aristoteles und Galen basierende Form vorwiegend der Inneren Medizin. Jeder Eingriff vom Aderlass bis zu größeren Operationen blieb bis weit ins 18. Jahrhunderte in der Regel

---

[21] Vgl. BERS/GRAUMANN, Funktions-Eliten (wie Anm. 3), zu Wetzel auch Günter BERS, Eine Stadt im Niedergang und ein Hilferuf des Jülicher Rates (1790), in: Neue Beiträge zur Jülicher Geschichte 28, 2015, S. 141-148, hier S. 142, zu Michels (1745-1814) vgl. Günter BERS, Aufklärertum und Traditionalismus in der Region (Veröffentlichungen des Jülicher Geschichtsvereins 6), Jülich 1985, S. 47 f.

[22] W. VOGT, Etat der Schloßbesatzung im Jahre 1772, in: Der Eremit am hohen Venn, Mitteilungen des Geschichtsvereins Monschau, 3. Jg., Nr. 10, 1928, S.145-148, hier S. 146.

[23] Dies und das Folgende nach Wilhelm HABERLING, Die Geschichte der Düsseldorfer Ärzte und Krankenhäuser bis zum Jahre 1907, in: Düsseldorfer Jahrbuch 38, Düsseldorf 1936, S. 1-141, hier S. 25.

[24] Stadtarchiv, Düren, Nr. 333 Sanitätswesen, Bl. 101.

[25] Conciliorum Oecumenicorum Decreta, curantibus J. Alberigo et alii, 1973, S. 230-271.

den Handwerkschirurgen überlassen. Derart einseitig ausgebildet waren die Kleromediziner, die uns ab dem 13. Jahrhundert als Kanoniker mit dem Grad eines Lizentiaten oder Doktors der Medizin an den Stiftskirchen von Köln, Trier, Aachen und Heinsberg oder auch bei den Prämonstratensern in Steinfeld in der Eifel begegnen. Die Ärzte am Hof der Jülicher Grafen im frühen 14. Jahrhundert waren zunächst ebenfalls Kleriker[26], denen bald auch weltliche Leibärzte und Leibwundärzte als Mitglieder des Hofstaates folgten. Herzog Johann Wilhelm II., der noch als Kurfürst von der Pfalz bis 1716 in Düsseldorf residierte, beschäftigte gleich 14 Mediziner, darunter sechs Leibärzte für die eigentliche fürstliche Familie. Die Kurfürstin aus der Familie der Medici konsultierte außerdem drei Leibärzte aus ihrer italienischen Heimat.[27]

Das Studium der Medizin wurde mit dem Titel eines Lizentiaten oder Doktors der Medizin abgeschlossen. Die Ausbildung war identisch, nur sparte der Lizentiat die immensen Promotionskosten, genoss aber auch nicht ganz die hohe Reputation seiner promovierten Kollegen, die einer Standeserhöhung gleichkam. Allerdings sagte der Doktorgrad über die medizinische Befähigung wenig aus, sondern diente eher als Nachweis einer *„medizinisch gewichteten Allgemeinbildung"*.[28] Dies änderte sich auch bis zum Ende des 18. Jahrhunderts nur allmählich. So galt der Stolberger Peter Conrad Peill (1745 - 1788), der zunächst ab 1761 Theologie studiert hatte, schon hierdurch als qualifiziert für seinen späteren Wechsel zur Medizin in Duisburg (*„majorum artium exercitatione jam formatus"*).[29] Das Medizinstudium führte ihn 1771 ebenso in nur zwei bis drei Jahren bis zur Promotion wie in den Jahren von 1782 bis 1785 seinen Nachfolger in Stolberg Carl Georg Theodor Kortum (1765 - 1847).[30]

Da der Doktortitel als einziger Qualifikationsnachweis nicht ausreichte, wurde in Jülich-Berg schon in der Medizinalordnung von 1708 verlangt, dass die Ärzte wie alle Medizinalpersonen nur zugelassen würden, wenn sie vorher vom *„Consilium medicum"* in Düsseldorf nach dessen *„gutfinden"* examiniert worden waren.[31] Die zweite Ordnung vom 8. Juni 1773 verschärfte diese Bestimmung noch, indem jeder Arzt nicht nur Belege für sein Universitätsstudium vorzulegen hatte, er musste auch an einer Leiche seine anatomischen Kenntnisse demonstrieren. Der Kandidat für ein Physikat wurde zusätzlich in der *„Jurisprudentia medica"* geprüft. Den graduierten Ärzten vorbehalten blieb das *„innere Curiren"* wie das äußerliche den Wundärzten. Branchenübergreifende Tätigkeiten auch in Bezug auf die Apotheker waren aber erlaubt, wenn kein

---

26 Heinz ANDERMAHR, Graf Gerhard VII. von Jülich, Bonn 1988, S. 84, bzw. Walter KAEMMERER, Urkundenbuch der Stadt Düren 748-1500, I. Band, Teil 1 (Beiträge zur Geschichte des Dürener Landes 12), Düren 1971, Nr. 70.

27 HABERLING, Düsseldorfer Ärzte (wie Anm. 23), S. 261 und 285.

28 Ulrich TRÖHLER, Vom Medizinstudenten zum Doktor. Die Göttinger Medizinischen Promotionen im 18. Jahrhundert, S. 7-87, Göttingen 1993. Hier auch das Folgende.

29 Vgl. den lateinischen Lebenslauf in PEILLS Dissertationsschrift *„De Machinae Definitione et quatenus Corpus humanum sit machina"*, Duisburg 1771; diese in der Medizinhistorischen Sammlung der Ruhr-Universität Bochum, Diss. Med. 26.

30 Vgl. Hans Otto BRANS, Gesundheitswesen und Heilkunde in Stolberg vom 17. Jahrhundert bis 1950 (Beiträge zur Stolberger Geschichte 20), Stolberg 1992, S. 22 f. und 169.

31 SCOTTI, Gesetze (wie Anm. 10), Bd. 1, Nr. 1036.

Vertreter des anderen Faches am Ort war, und dies war auf dem Land eher die Regel als die Ausnahme.

Die relativ wenigen Doktoren der Medizin waren jahrhundertelang außer an Fürstenhöfen nur in größeren Städten vertreten, in Aachen mit einem *„Petrus fisicus"* ab dem Jahre 1300.[32] Die Landstädte des Herzogtums Jülich folgten erst 200 oder mehr Jahre später. Den Reigen eröffnet hier 1486 in der damals noch geldrischen Exklave Erkelenz der Schöffe Johann de Speculo, *„medicine ac artium magister Parisiensis"*.[33] Er war als Neffe des Ortspfarrers Johannes Krysch offensichtlich der Stadt persönlich verbunden, ein weiterer Arzt in Erkelenz ließ jedenfalls fast 200 Jahre auf sich warten. Sogar schon 1473 erscheint in der Stadt Jülich in einer Häuserliste der *„artzeder"* Peter Muntz.[34] Er zählte wohl eher zu den Wundärzten der Stadt, die auch in Düren gelegentlich als *„artzeder"* oder *„erzitter"* bezeichnet werden. Eindeutig als Arzt in Jülich ist erst ab 1590 Dr. med. Lambrecht Wolf (+ 1603/04) belegt, der auch als Schöffe wirkte und zuvor, ab 1585, Leibarzt des Herzogs in Düsseldorf war.[35] In Düren sind in Stadtrechnungen 1553 ein Lizentiat und 1561/62 der Doktor der Medizin Adam Knauff als von der Stadt honorierte Ärzte bezeugt.[36] In beiden Städten sind im 17. und 18. Jahrhundert noch eine ganze Reihe von Ärzten nachzuweisen, viele von ihnen, besonders die Stadtärzte, gleichzeitig als Schöffen, Ratsherren oder gar Bürgermeister, und somit als Vertreter der Oberschicht. In Düren und Jülich hatten anscheinend im 17. Jahrhundert jederzeit ein oder zwei Ärzte ihr Auskommen, lückenlos gesichert ist dies erst ab circa 1680, in den beiden anderen Hauptstädten, Euskirchen und Münstereifel, nochmals rund 100 Jahre später.

Neben einigen durchaus begüterten und gut vernetzten Ärzten fanden andere häufig keinen ausreichenden Raum. Die Fluktuation war im 18. und bis weit ins 19. Jahrhundert groß, viele Niederlassungsversuche scheiterten aus finanziellen Gründen. So heißt es 1740 in Münstereifel, in den letzten 12 Jahren hätten sechs Ärzte wegen *„defectum subsistenziae"* wieder aufgegeben.[37] Manchmal versprach eine andere Stadt auch bessere Aussichten. So wechselte Dr. Bernhard Bischoff 1645 von Düren nach Jülich, Dr. Rudolf Deutgen 1675 als Stadtarzt von Düren in die gleiche Position in Aachen, Dr. Zehnpfenning, wie schon berichtet, 1766 von Düren nach Düsseldorf. Dr. Everhard Aegidius Liberti ist von 1669 bis 1697 als Bewohner eines Hauses in Jülich

---

32 SCHMITZ-CLIEVER, Heilkunde in Aachen (wie Anm. 18), S. 98.

33 Franz WERHAHN, Ein Reliquienfund im Triumphkreuz der Pfarrkirche zu Erkelenz, in: Annalen des Historischen Vereins für den Niederrhein 135, 1939, S. 80-82.

34 Friedrich LAU, Quellen zur Rechts- und Wirtschaftsgeschichte der Rheinischen Städte. Jülichsche Städte II, Jülich (Publikationen der Gesellschaft für Rheinische Geschichtskunde 29), Bonn 1932 S. 83.

35 Horst DINSTÜHLER, Wein und Brot, Armut und Not (Forum Jülicher Geschichte 31), Köln 2001, S. 603/04; HABERLING, Düsseldorfer Ärzte (wie Anm. 23), S. 54. Der erste graduierte Arzt in Düsseldorf, ein herzoglicher Leibarzt, ist 1527 belegt, ebd., S. 8.

36 Vgl. RULAND, Medizinalwesen (wie Anm. 20), S. 34/35, bzw. August SCHOOP, Quellen zur Rechts- und Wirtschaftsgeschichte der Rheinischen Städte, Jülichsche Städte I: Düren (Publikationen der Gesellschaft für Rheinische Geschichtskunde 18), Bonn 1920, S. 114.

37 Jakob KATZFEY, Geschichte der Stadt Münstereifel und der nachbarlichen Ortschaften, Erster Theil, Köln 1854, S. 340.

nachgewiesen, erschien aber 1685 als zweiter Arzt neben dem Stadtarzt Dr. Lemmen in Düren, wurde dort noch im gleichen Jahr in einen Rechtsstreit verwickelt und gab deshalb wohl wieder auf.[38] Einen beruflichen Aufstieg bedeutete der Wechsel des Dr. Bernard Joseph Reyland aus seiner Vaterstadt Jülich 1794 als Garnisons- und Stabsmedicus nach Düsseldorf, wo er noch 1814 als Hof- und Medizinalrat bezeichnet wird.[39] Als ausgesprochen wechselhaft erwies sich der Berufsweg des Dr. med. Wilhelm Willibrord Lemmen, der 1656 und 1666 als erster Arzt und als Schöffe im Städtchen Kaster genannt wird.[40] Er war 1634 als Sohn des Chirurgen und „Apothekers" („chirurgus et chimicus") Balthasar Lemmen in Titz geboren und ließ dort 1672 auch ein Kind taufen.[41] Möglicherweise hat er damals dort gewohnt und beide Orte medizinisch versorgt. Weitere Kinder wurden allerdings 1676 bis 1678 in Jülich getauft und schließlich wohnte er ab 1682 als Stadtarzt und ab 1685 als Jungrat in Düren; 1693 soll er in Düren gestorben sein.[42]

Ab dem Ende des 17. Jahrhunderts lassen sich Ärzte in anderen Städten nachweisen, so kaufte 1683 ein Doktor der Medizin in Geilenkirchen ein Grundstück, ein weiterer Medikus wird aber erst 1783 aktenkundig.[43] Der ältere Beleg beweist eine ärztliche Tätigkeit sicherlich nicht. Gesichert ist aber, dass 1690 ein „doctor medicinae" namens Muneck aus Heinsberg den Steinfelder Chorherrn Edmundus Doverack in Wassenberg vor seinem Tod behandelte.[44] In Heinsberg ließ sich 1718 auch Dr. Gerhard Lambert Begasse (1694-1758) nieder.[45] Euskirchen und Münstereifel, immerhin zwei der vier Hauptstädte des Herzogtums Jülich, waren 1777, wie geschildert, ohne Arzt. Allerdings lebte in Euskirchen von 1759/60 bis 1766 ein Dr. Croye, der jährlich ein Roggendeputat für die Behandlung der Armen erhielt; sein Nachfolger wurde 1780 als

---

38 Vgl. RULAND, Medizinalwesen (wie Anm. 20), S. 36-38, bzw. zu Liberti Stadtarchiv Düren, Nr. 336.

39 Vgl. August HIRSCH/Franz HÜBOTTER (Hsg.), Biographisches Lexikon hervorragender Ärzte vor 1880, 5 Bände, 3. Auflage, München-Berlin 1962, Bd. 4., S. 783. Danach war er am 29. April 1766 in Jülich als Sohn es Chirurgen (Philipp) Reiland geboren, wurde 1787 in Ingolstadt promoviert und hatte sich 1 ½ Jahre später in Jülich niedergelassen. Während seiner Jülicher Zeit schrieb er zwei medizinische Bücher, die „Medizinisch-praktische Abhandlung von verborgenen und langwierigen Entzündungen", Wien 1790, (die deutsche Fassung seiner Dissertation) und „Ueber den Nutzen der Pockeninoculation", Aachen 1791.

40 Heinz ANDERMAHR/Uwe DEPCIK, Geschichte der Stadt Kaster. Von den Anfängen bis zur kommunalen Neugliederung 1975 (Forum Jülicher Geschichte 46), Jülich 2007, S. 132 und 137.

41 Franz J. BURGHARDT, Die Geheimen Räte der Herzogtümer Jülich und Berg 1692-1742, Meschede 1992, Anhang S. LXXXVIII, dort auch das Folgende, s.a. Lothar MÜLLER-WESTPHAL, Wappen und Genealogien Dürener Familien, Düren 1989, S. 528.

42 S. die vorige Anmerkung. Mehrere Mitglieder der Familie Lemmen erreichten als Hof-, Kammer-, Kommerzien- und Geheimräte hohe Positionen in der Düsseldorfer Regierung.

43 Margret WENSKY, Rheinischer Städteatlas, Lieferung VIII, Nr. 47, Geilenkirchen, 1985, S. 8.

44 J. W. J. BRAUN, Zur Geschichte der Abtei Steinfeld in der Eifel, in: Annalen des Historischen Vereins für den Niederrhein 11, 1862, S. 198-227, hier S. 200.

45 August LENTZ, Das Arztdiplom des Gerhard Lambert Begas, in: Heimatkalender des Selfkantkreises Geilenkirchen-Heinsberg 1961, S. 87-89. Dieser Arzt war der Stammvater der Künstlerfamilie Begas in Heinsberg, an die das heutige Museum Begas-Haus erinnert.

Stadtphysicus der schon erwähnte Dr. Sigismund Zehnpfennig.[46] In Münstereifel wird sogar schon 1721 der Medicus licentiatus und Amtsphysicus Johann Adolf Hoffmann erwähnt, der auch die Konzession für eine Apotheke besaß; nach seinem Tod folgten 1731 Dr. med. von Passera als Armen- und Stadtarzt und ab 1755 weitere Ärzte.[47]

Ohne Anspruch auf Vollständigkeit seien hier noch die Stadt Bergheim, in der von 1743 bis 1788 der jüdische Arzt Moses Samuel Levi (* 1717, gestorben vor 1799) eine Praxis führte[48], und die Gemeinde Eschweiler erwähnt. Dort ließ sich um 1737 Dr. med. Alexander Schombart (* Duisburg 29. November 1714, + 9. März 1759) als Arzt nieder, führte aber auch eine Apotheke. Sein Nachfolger in beiden Berufen wurde sein Stiefbruder Dr. med. Henrich Arnold Hartweck (* 4. August 1730 in Duisburg, + 17. Dezember 1791 in Eschweiler), der 1780 zum Kreisphysicus von Linnich avancierte.[49] Über die Verhältnisse in Stolberg wird noch zu sprechen sein.

Die Wundärzte

Die graduierten Ärzte waren schon aufgrund ihrer geringen Zahl, ihrer einseitigen Ausbildung, aber auch wegen ihrer für den ärmeren Teil der Bevölkerung kaum erschwinglichen Honorare nicht in der Lage, eine flächendeckende medizinische Versorgung zu gewährleisten. Diese Aufgabe übernahmen in Stadt und Land die handwerklich ausgebildeten Wundärzte, Chirurgen, Barbiere oder Feldscherer. Alle diese Bezeichnungen sind Synonyme, wobei auch Wundärzte, die nie im Militär gedient hatten, im Zivilleben Feldscherer genannt wurden.[50] Allerdings sollten nach der Medizinalordnung des Jahres 1773 diejenigen Chirurgen, die tatsächlich im Feld gestanden hatten, bei der Approbation bevorzugt werden.

Trotz der Bemühungen der Behörden konnte der Düsseldorfer Arzt Dr. Brinckmann 1778 behaupten, die meisten Wundärzte, besonders auf dem Lande, seien nur fähig, *„den Bart zu scheren, zur Ader zu lassen und höchstens ein gebrochenes Bein elend zu schindeln und zu verbinden“*.[51] Einige nannten sich auch ohne fachliche Ausbildung einfach Wundärzte. Auf der anderen Seite waren manche durchaus hochqualifiziert und gebildet, und gar nicht selten holten diese später noch ein Medizinstudium nach. Als Beispiel möge hier der berühmteste Chirurg des Rheinlandes und zu seiner Zeit auch ganz Deutschlands dienen, der 1560 in Hilden nahe Düsseldorf geborene Fabricius Hildanus alias Wilhelm Fabry, der *„Vater der deutschen Chirurgie“*: Er absolvierte

---

46 Walther RECHMANN, Gesundheitswesen und Gesundheitspflege in der Stadt Euskirchen, Euskirchen 1985, S. 80; HABERLING, Düsseldorfer Ärzte (wie Anm. 23), S. 55.

47 KATZFEY, Geschichte der Stadt Münstereifel (wie Anm. 37), S. 340/341.

48 Heinz ANDERMAHR, Bergheim. Geschichte einer rheinischen Stadt (Forum Jülicher Geschichte 42), Köln 2005, S. 143.

49 Walter LEHMANN, Die Eschweiler Arzt- und Apothekerfamilie Schombart, in: Schriftenreihe des Eschweiler Geschichtsvereins 2, 1979, S. 24-31; DERSELBE, Zur Geschichte der ersten Apotheke in Eschweiler, in: Schriftenreihe des Eschweiler Geschichtsvereins 4, 1981, S. 87-91.

50 Zum Thema s. Ralf VOLLMUTH, Die sanitätsdienstliche Versorgung in den Landsknechtsheeren des ausgehenden Mittelalters und der frühen Neuzeit (Würzburger medizinhistorische Forschungen Band 51), Würzburg 1991, S. 242-244

51 BRINCKMANN, Patriotische Vorschläge (wie Anm. 4), S. 61.

zunächst ab 1576 die übliche Ausbildung zum Wundarzt mit einer vierjährigen Lehre in Neuss und sechs Jahren Gesellenzeit in Düsseldorf bei dem Leibwundarzt Cosmos Slotanus des Herzogs Wilhelm V. von Jülich-Berg. Nach langen Wanderjahren in Deutschland, Frankreich und der Schweiz, in denen er auch 1588 bis 1591 in Hilden und 1591 bis 1596 in Köln praktizierte, wurde er schließlich 1614 bis zu seinem Tod 1634 als Stadtarzt in Bern in der Schweiz sesshaft. Er hinterließ ein umfangreiches schriftstellerisches Werk, unter anderem zu neuen Operationstechniken bei Amputationen, der Behandlung von Schusswunden, Verbrennungen und zur Geburtshilfe und ersann auch neue Instrumente.[52]

In größeren Städten waren die Chirurgen als Handwerker in Zünften organisiert, in Aachen erhielten sie 1427 eine eigene Zunftordnung, die *„Barbierer Roll"*, die 1701 erneuert wurde: Danach konnte ein Wundarzt nur Meister werden, wenn er je vier Jahre in Aachen und auswärts gelernt hatte. Geprüft wurde er von den Stadtärzten und den Greven der Zunft.[53] In Düren waren die *„barbierer"* oder *„wundarzter"* nach den Polizeiordnungen vom 31. Oktober 1545 und 31. Oktober 1558 der Ambacht oder Gaffel der Schneider *„zuverordnet"* und genossen deshalb als Angehörige einer Zunft einen Schutz gegen Konkurrenten.[54] So stellte der Dürener Magistrat am 14. Juni 1729 klar, dass es dem Feldscher eines in Garnison liegenden Regiments verboten sei, am Ort seinen Beruf auszuüben; die Bürger hätten sich an die Stadtfeldscherer zu halten.[55]

1746 zeigten in Düren die ansässigen fünf *„längst approbierten"* Chirurgen Eigeninitiative; sie schrieben an den Kurfürsten, in der Hauptstadt Düren und anderen Städten hätten sich Personen niedergelassen, die nur rasierten, und andere, die durch *„allerhand Irrungen und Inconvenientien das publicum"* schädigten.[56] Sie hätten mit Zustimmung des Dürener Arztes und Medizinalrates Dr. Lintermann beschlossen, eine *„beständige societät"* zu bilden und baten, diese durch kurfürstliches Edikt wie in Ratingen als *„quasi zunft genossenschaft"* vom Magistrat anerkennen zu lassen. Nach einem Vermerk vom 23. September 1746 scheint die Bestätigung auch erfolgt zu sein. Dieses Vorgehen der Dürener Wundärzte stand in Details im Widerspruch zu einer Zunftordnung, die Herzog Johann Wilhelm am 2. September 1711 für die Chirurgen der Stadt Düsseldorf erlassen hatte, die aber auch für alle Beamten und *„Insassen"* in Jülich-Berg gültig war.[57] Danach sollte unter anderem nur der in die Zunft aufgenommen werden, der drei Jahre in Düsseldorf und acht Jahre *„auswärts"* gelernt hatte und vom *„Consilio medico"* geprüft und approbiert worden war. Nach Artikel 52 dieser von Kurfürst Karl Theodor am 1. Juli 1769 nochmals ausdrücklich bestätigten Ordnung mussten alle Lehrlinge des Landes bei der Düsseldorfer Zunft registriert und geprüft werden.[58] Unter Bezug auf diesen Artikel 52 beschwerten sich 1771 die Düsseldorfer

52 HIRSCH/HÜBOTTER, Biographisches Lexikon (wie Anm. 39), Bd. 2, S. 462-464.
53 SCHMITZ-CLIEVER, Heilkunde in Aachen (wie Anm. 18), S. 51 ff., hier auch die einzelnen Bestimmungen dieser Ordnung.
54 SCHOOP, Quellen (wie Anm. 36), Abschnitt I, Texte, S. 2 und 10.
55 Stadtarchiv Düren, Nr. 334, Chirurgenzunft, Bl. 6/7.
56 Ebd., Chirurgenzunft, Bl. 13 und 16; hier auch das Folgende.
57 Landesarchiv NRW, Abteilung Rheinland, Fotokopie Nr. 89.
58 Stadtarchiv Düren, Nr. 334, Chirurgenzunft, Bl. 19.

Chirurgen beim Landesherrn über die Wundärzte in Düren, Jülich und Elberfeld, weil sie verbotswidrig selbst Lehrbriefe ausgestellt hätten. Der Kurfürst forderte am 1. März 1771 eine Stellungnahme des Dürener Magistrates an, der dieses Anschreiben an den *„ältesten Chirurgen Mögeling"* weitergab.[59]

Nach den Medizinalordnungen von 1708 und 1773 unterstanden die Chirurgen der Aufsicht der Ärzte. Innerliche Arzneien durften sie - zumindest theoretisch - nur verabreichen, wenn kein Arzt am Ort war, aber nie *„heftige Mittel"*. 1773 wurden auch die Zulassungsbedingungen für die Wundärzte verschärft und präzisiert: Sie mussten belegen, dass sie wenigstens sieben Jahre als Gesellen gedient und die Anatomie auf einem *„Theatro anatomico"* erlernt hatten. Dies hatten sie beim Examen an einer Leiche oder an einzelnen Knochen zu demonstrieren und außerdem bei einer Operation ihr Können zu zeigen. Natürlich standen die Paragraphen auch der Medizinalordnung von 1773 zunächst nur auf dem Papier, besonders die Abgrenzung der Tätigkeitsfelder der Heilberufe war zwar theoretisch relativ klar, aber in der Praxis umstritten. So wurde in Düren schon 1685 bis 1687 ein Verfahren der drei Apotheker Johann Edmund Knor, Matheis Deutgen und Conrad Fredrichs gegen den Arzt Dr. Aegiduus Everhard Liberti geführt, weil er Medikamente verkauft hatte.[60] Auch musste sich am 18. Oktober 1732 der Dürener Chirurg Johann Georg Mögling in einem Schreiben an Bürgermeister und Rat der Stadt gegen Vorwürfe verteidigen, er habe aus seiner *„barbierstube"* ihm als Chirurg nicht zustehende Medikamente ausgegeben und *„gefährliche Kranke"* angenommen, zu deren Behandlung ein Arzt hätte zugezogen werden müssen.[61] Er wies die Vorwürfe zurück, fügte eine Aufstellung der Pflaster, Salben, Pulver und Tinkturen bei, die er als Wundarzt in seiner Praxis vorhalte und vorhalten dürfe, klagte aber seinerseits darüber, dass Leute ohne entsprechende Ausbildung mit Arzneien handelten.

Hiermit sprach er ein Problem an, das mehr als die Ärzte die Apotheker, aber ganz besonders die Chirurgen betraf, nämlich die Konkurrenz durch ortsansässige Laienheiler und fahrende *„Marktschreier"*, Stein- und Bruchschneider, Starstecher oder Okulisten. Unter diesen befanden sich sicherlich viele Scharlatane, die lautstark ihre Wundermittel anpriesen, aber auch fähige und anerkannte Spezialisten, die Blasensteine, Leistenbrüche und den grauen Star operativ angingen. Zwar heißt es 1715 in der Stadt Jülich, die Barbierer und Feldscherer dürften ihre *„scherbecken"* nur aushängen, wenn sie die Approbation für ihre *„Chirurgenkunst"* belegen könnten[62], das Verhalten der Obrigkeit gegenüber den ansässigen wie fahrenden Heilern schwankte aber zwischen großzügiger Genehmigung besonders auf lokaler Ebene und striktem Verbot durch staatliche Gremien. Nach der Kurpfälzischen Landesordnung in ihrer Fassung von 1698 und der Medizinalordnung von 1708 war es den Okulisten, Stein- und Bruchschneidern gestattet, ihre Kunst auszuüben, wenn sie sich mit *„Lehr und anderen Zeugnuß-Brieff"* ausweisen konnten. Am 24. März 1738 heißt es aber, Marktschreier und andere Quacksalber dürften nicht geduldet werden, und 1773 wurde das Auftreten von

---

59 Stadtarchiv Düren, Nr. 334, Chirurgenzunft, Bl. 16 und 19.

60 Ebd., Nr. 336, Prozeß ca. Apotheker Liberty Everhard 1685-1687.

61 Ebd., Nr. 335, Apothekenrechnungen, Bl. 44/45.

62 Joseph KUHL, Geschichte der Stadt Jülich, 4 Teile, Jülich 1890-1897, hier Teil 3, S. 266/267.

Bruchschneidern, Zahnärzten und Wurzelkrämern wieder generell untersagt und außerdem allen Medizinstudenten, Geistlichen, Chymisten, Laboranten, Scharfrichtern und Pferdeärzten das innerliche und äußerliche Kurieren an Menschen verboten.[63]

Diese Verbote mögen zwar im Einzelfall Wirkung gezeigt haben, generell gilt aber wohl auch für die Verhältnisse in den Jülicher Städten die Feststellung Jüttes, nach der in Köln bis ins 18. Jahrhundert neben Ärzten und Wundärzten mit Duldung des Magistrates zahlreiche ortsansässige Laienheiler neben dem fahrenden Volk Heilmittel verkauften und kurierten.[64] In Euskirchen beantragte um 1690 der Chirurg Bolte die Ausweisung des Johannes Jungbluth aus der Stadt, da er *„der Heilkunde nicht kundbar sei"* und trotzdem Menschen und Tiere behandelte; der Magistrat kam diesem Antrag zunächst nach, entschied aber dann, es sei jedem überlassen, welchen Chirurg er gebrauche.[65] In Münstereifel wurde 1774 dem Simon Leo, da er nicht geprüft war, nur der Aderlass gestattet, aber die Ausübung der eigentlichen Chirurgie untersagt, ein Verbot, dass er 1777 und um 1780 angeblich wieder missachtete.[66] Geschickter verhielt sich Jakob Schwickart, der sich um 1768 als Wundarzt in Münstereifel niederlassen wollte. Als dies abgelehnt wurde, da er nicht examiniert war, eröffnete er eine Praxis im heutigen Münstereifeler Ortsteil Arloff, der damals zum Kurfürstentum Köln gehörte. Dort blieb er jahrzehntelang unbehelligt, obwohl auch im Erzstift Köln der Landesherr 1748 und 1765 Verordnungen erlassen hatte, dass Ärzte, Chirurgen und Apotheker nur nach Prüfung durch seinen Leibarzt praktizieren durften. 1779 herrschte in Kurköln aber noch *„größte Unordnung im Medizinalwesen"*[67], anscheinend noch größere als in Jülich-Berg.

Schon 1286 sind in der Reichsstadt Aachen der Barbitonsor Hermannus und 1295 ein Gyselbertus cyrurgicus belegt, 1324 ein Barbitonsor in Mönchengladbach, 1351 ein Rasor in Gangelt und 1375 ein Barbier oder Rasor in Düren.[68] In der Residenzstadt Heinsberg, die wie Gangelt erst 1472 an Jülich fiel, sind im 14. Jahrhundert schon drei Barbiere nachzuweisen, ein weiterer 1438 in Geilenkirchen.[69] Im 15. Jahrhundert praktizierten in Düren bereits mehrere Wundärzte, in der Stadt Jülich, wie erwähnt, 1473 der *„artzeder"* Peter Muntz, der wohl als Chirurg zu identifizieren ist, und 1499/1500 ein

63 Scotti, Gesetze (wie Anm. 10), Bd, 1, Nr. 1419.

64 Robert Jütte, Ärzte, Heiler und Patienten, München 1991, S. 26/27.

65 Rechmann, Gesundheitswesen Euskirchen (wie Anm. 46), S. 90.

66 Katzfey, Geschichte Münstereifel (wie Anm. 37), S. 341/342, dort auch das Folgende.

67 Rembert A. Watermann, Vom Medizinalwesen des Kurfürstentums Köln und der Reichsstadt Köln, Neuss 1977, S. 27.

68 Zu Aachen s. Schmitz-Cliever, Heilkunde in Aachen (wie Anm. 18), S. 96, zu Mönchengladbach Peter Koof, Die Entstehung der altjülichschen Städte, Bonn 1926, S. 40; zu Gangelt A.M.P.P. Jansen (Übersetzer und Bearbeiter), Jacobus Kritzraedt (1602-1672), Annales Gangeltenses, 2 Bände, Maastricht/Heinsberg 2005, hier Band 1, S. 143; zu Düren s. Urkundenbuch der Stadt Düren, Bd. 2, Schöffenurkunden von 1261-1550 (Beiträge zur Geschichte des Dürener Landes 14), Düren 1978, Nr. 55.

69 Leo Gillessen, Altes Handwerk, Geilenkirchen 1988 (Museumsschriften des Kreises Heinsberg 9), S. 115.

Meister Ludwig.[70] Ebenfalls noch ins 15. Jahrhundert gehören Bartscherer in (Düren)-Gürzenich (1474) und in Erkelenz (1480)[71]. Bei geistlichen Gemeinschaften standen Barbiere seit dem Mittelalter in einem festen Dienstverhältnis, so vor 1468 im Heinsberger Gangolfstift und 1479/80 im Kollegiatstift von Nideggen.[72] Diese Barbiere hatten dort sicherlich schon mit dem Scheren der Bärte und des Haupthaares (der Tonsur der Mönche) genug zu tun, üblich war aber noch bis ins 18. Jahrhundert in Männer- wie Frauenklöstern ein- bis zweimal jährlich ein Aderlass zur Reinigung des Blutes. Als Beispiel möge hier die Jülicher Kartause zum Vogelsang genügen, die zum Aderlass und Schröpfen einen Barbier oder Chirurg unter Vertrag hatte, aber 1661 den Rasor Nikolaus *„pro mala incisione venae"* entließ.[73] Er hatte also die Vene schlecht getroffen, möglicherweise versehentlich eine Arterie verletzt und dadurch ein Blutbad angerichtet.

In den Städten des Herzogtums Jülich sind im 16. und 17. Jahrhundert in Düren, Erkelenz und Jülich Chirurgen schon in der Mehrzahl nachzuweisen, je einer im 16. Jahrhundert auch in (Wegberg)- Beeck, Wassenberg, (Heinsberg)- Randerath und Linnich. Später nimmt die Zahl der Städte und selbst kleiner Gemeinden zu, in denen Wundärzte lebten und arbeiteten, häufig aber auch noch Nebentätigkeiten, etwa als Krämer oder Branntweinzapfer, ausübten. Ohne hier weiter ins Detail zu gehen und unter Verzicht auf die Namen und Einzelbelege mag hier noch eine entsprechende Aufstellung mit Jahreszahlen folgen, um eine Vorstellung von der Verbreitung der Wundärzte zu geben. So sind die Hauptstädte Euskirchen und Münstereifel ab etwa 1618 vertreten, Titz 1634, Gangelt wieder um 1650, (Heinsberg)- Dremmen 1671, Stolberg um 1680, Nideggen wieder um 1700, (Baesweiler)- Oidtweiler 1719, Niederkrüchten 1720, Übach-Palenberg 1734, (Eschweiler)-Nothberg 1716, Eschweiler selbst 1748 und (Eschweiler)-Weisweiler 1767, Monschau um 1770, Pier 1776, Bergheim 1788, (Erkelenz)- Holzweiler 1795, Aldenhoven 1799 und ebenfalls im 18. Jahrhundert auch (Mechernich)-Eicks.

Nicht so häufig wie die Ärzte und eher in kleineren Gemeinwesen finden wir Chirurgen als Inhaber städtischer Ämter. So starb 1719 in Baesweiler-Oidtweiler der Wundarzt und Schöffe des Gerichtes Baesweiler Andreas Brewer, und in Jülich gehörte der Chirurg Philipp Reylandt bis 1794 dem Stadtrat an.[74] In Nideggen heiratete 1736 der Chirurg Johann Christoph Siebold, der als Feldscher mit einem kurbayerischen

70 Zu Muntz s. LAU, Quellen (wie Anm. 34), zu Meister Ludwig DINSTÜHLER, Wein und Brot (wie Anm. 35), S. 603.

71 Zu Gürzenich s. KAEMMERER, Urkundenbuch Düren 1.2. (Beiträge zur Geschichte des Dürener Landes 13), Düren 1974, Nr. 343, zu Erkelenz Helmut VENNEDEY, Erkelenzer Personennamen am Ende des Mittelalters (Veröffentlichungen der Westdeutschen Gesellschaft für Familienkunde 57), Köln 1991, S. 63.

72 Heinz KOULEN, Das Anniversarienbuch des St. Gangolfus-Stiftes zu Heinsberg (15./16. Jh.) (Forum Jülicher Geschichte 15), Jülich 1996, S. 45- 96, und Archiv der Propsteipfarre Jülich, Bd. 341.

73 Otto DRESEMANN, Aus einer Chronik des Kartäuserklosters zum Vogelsang bei Jülich, in: Annalen des Historischen Vereins für den Niederrhein 61, 1895, S. 79-94, hier S. 81/83.

74 Hubert BECKERS, Eilendorfer Flurdenkmäler, Aachen-Eilendorf 1981, S. 18-20; Waltraut TRILSBACH, Neubürger in der Stadt Jülich 1742-1797, in: Neue Beiträge zur Jülicher Geschichte 14, 2003, S. 83-113, hier S. 106.

Regiment ins Rheinland gekommen war, Esther Brünninghausen, Angehörige einer der führenden Familien; er saß selbst lange Jahre im Stadtrat, avancierte 1760 zum Bürgermeister und verstarb am 16. September 1766.[75] Sein Sohn Carl Caspar wurde zum Stammvater einer erstaunlichen Gelehrtenfamilie, der in insgesamt vier Generationen vier Professoren der Medizin, zwei weitere Ärzte, zwei Hebammen, ein Professor der Zoologie und ein Japanforscher (der auch Arzt war) und zwei Diplomaten in Japan angehörten.[76] Der 1801 geadelte Carl Caspar von Siebold (* 4. November 1736 in Nideggen, + 5. April 1807 in Würzburg) besuchte die Lateinschule der Minoriten in Nideggen und die Jesuitenschule in Düren, erlernte das Handwerk des Wundarztes von 1754 bis 1757 bei seinem Vater und dann in je drei Jahren in französischen Militärspitälern und im Juliusspital in Würzburg. Dort führte er 1769 an der Universität ein Medizinstudium mit seiner Promotion zum Abschluss. An der Universität Würzburg hatte er über Jahrzehnte einen Lehrstuhl für Anatomie, Chirurgie und Geburtshilfe inne. Gleichzeitig mit ihm wirkten drei seiner Söhne als Professoren derselben Fakultät, die am Ende des 18. Jahrhunderts von den Siebolds geradezu dominiert wurde.

Die Apotheker

Die Entwicklung des Berufsstandes der Apotheker als spezialisierte Arzneizubereiter und gleichzeitig als aus dem Kaufmannsstand hervorgegangene Händler mit Medikamenten, aber auch mit Gewürzen, Wein, Zucker, Chemikalien und Kosmetika, war in größeren Städten bereits im Mittelalter - in Aachen im 14. Jahrhundert - vollzogen.[77] In kleineren Gemeinwesen nahm die Entwicklung mehr Zeit in Anspruch, insbesondere erfüllte dort manche Apotheke erst im 19. Jahrhundert eigentlich längst erforderliche Voraussetzungen wie zum Beispiel eine behördliche Genehmigung zur Eröffnung und eine Approbation ihres Inhabers. Am 16. April 1698 ließ Kurfürst Johann Wilhelm in Düsseldorf die erneuerte Landesordnung der Kurpfalz in Druck geben[78], die sich ausführlich mit den Apothekern befasste und die Basis für den betreffenden Abschnitt der ersten Jülich-Bergischen Medizinalordnung vom 25. April 1708 bildete. Wie die übrigen Vertreter der medizinischen Berufe durften auch die Apotheker sich erst nach der Prüfung durch das *„Consilium medicum"* niederlassen und außerdem keine Arzneien *„von consequentz"* ohne ärztliche Verordnung abgeben. Die Stadtärzte sollten *„alle Jahr fleißig"* die Apotheken visitieren.

Am 29. November 1756 wurde sogar ein Mitglied des *„Consilium medicum"* in Düsseldorf, der Arzt (Werner Friedrich) Schumacher, beauftragt, in Jülich zusammen mit dem Stadtmedicus Dr. Wetzel die Offizin des Apothekers Petrus Wilhelm Kaesmacher

---

[75] Vgl. Hans KÖRNER, Die Würzburger Siebold. Eine Gelehrtenfamilie des 18. und 19. Jahrhunderts, Leipzig 1967, S. 18 und 588. Das Todesdatum nach Stadtarchiv Nideggen, Bd. 21, Bl. 44 v.

[76] Vgl. KÖRNER, Die Würzburger Siebold (wie Anm. 75), S. 18 ff., und HIRSCH/HÜBOTTER, Biographisches Lexikon (wie Anm. 39), Bd. 5, S. 258-263. Danach auch das Folgende.

[77] Zum Thema allgemein s. Rudolf SCHMITZ, Geschichte der Pharmazie 1. Von den Anfängen bis zum Ausgang des Mittelalters, Eschborn 1998, S. 453 - 458.

[78] Churfürstlicher Pfaltz bei Rhein [...]. Ernewertes Landrecht (wie Anm. 9), S. 163 - 179; s. die Anm. 9.

zu überprüfen.[79] Letzterer hatte die Befreiung von bürgerlichen Lasten beantragt, die ihm aber der Jülicher Magistrat wegen des schlechten Zustandes seiner Apotheke nicht zubilligen wollte.

Die zweite Jülicher Medizinalordnung vom 8. Juni 1773 ergänzte die von 1708 noch in einigen Punkten: Die Apotheker mussten beim Examen durch das Consilium Medicum Lehrbriefe über mindestens sechs Jahre Lehrzeit vorweisen, durften selbst nicht *„innerlich curieren"*, Rezepte nur von approbierten Ärzten annehmen und auch Giftstoffe nur auf ärztliche Anweisung herausgeben. Der Verkauf von Medikamenten war den Apothekern vorbehalten. Eine akademische Vorbildung war zwar nicht vorgeschrieben, Kenntnisse der lateinischen Sprache waren aber nicht nur erwünscht, sondern sogar notwendig. So war das in der Kurpfalz und damit auch in Jülich-Berg gültige Arzneibuch von 1764 mit detaillierten Anweisungen zur Herstellung von Elixieren, Pulvern, Pillen, Pflastern usw. mit seinen weit über 200 Seiten geradezu selbstverständlich in Latein verfasst.[80] Ein 25 Seiten umfassendes Bruchstück dieser Pharmakopöe ist noch in Düren erhalten und beweist ihre Verbreitung im Land.[81]

Im Unterschied zu den übrigen Medizinalpersonen benötigten die Apotheker neben einer persönlichen Approbation ein Privileg für den Betrieb ihrer Apotheke, das später meist zu einem dinglichen und damit vererbbaren Recht wurde.[82] So konnte die kurfürstliche Regierung zwar entscheiden, dass in Düren nur drei Apotheken sein durften, aber am 22. August 1732 das Gesuch des Franciscus Lintermann, ihm nach dem Tod des Apothekers Roß dessen Offizin zu übertragen, im Prinzip genehmigen, dies aber genau genommen nur empfehlen.[83] Die Erben Roß widersprachen, sie hätten zu entscheiden, ob sie die Apotheke veräußern oder einen Provisor einstellen wollten, und gaben vor dem Magistrat zu Protokoll, sie hätten die Apotheke mit Zustimmung der Kaufmann- und Krämerzunft, der sie angehörten, am 6. September 1732 verkauft. Als 40 Jahre später der Apotheker Tils in Düren verstorben war, meldete sein Schwiegersohn Heinrich Josef Rumpel, ebenfalls Apotheker, Ansprüche an. Er legte zwar eine *„concession"* des Kurfürsten Carl Theodor vom 21. Juni 1771 auf die *„negst zu vaciren kommende"* Dürener Apotheke vor, musste sich aber mit den Miterben auf einen Preis für die *„Tilsische Behausung"* und den Medikamentenbestand einigen.[84]

In Aachen sind Apotheker bereits im 14. Jahrhundert ungefähr gleichzeitig mit den ersten Vertretern des ärztlichen Berufsstandes nachgewiesen. Rund 100 Jahre später berief Herzog Reinald von Jülich den Apotheker Heinrich von Rees aus Köln nach

[79] Stadtarchiv Jülich, Bestand I, Bund 40, Nr. 17-20.

[80] Verfasst wurde die Pharmacopoea Palatina bzw. das Dispensatorium Medico-Pharmaceuticum von den Hofärzten des Kurfürsten Karl Theodor; vgl. Universitäts- und Landesbibliothek Sachsen-Anhalt: https://digitale.bibliothek.uni-halle.de/vd18/content/structure/4832883.

[81] Stadtarchiv Düren, Nr. 333, Sanitätswesen.

[82] SCHMITZ, Geschichte der Pharmazie 1 (wie Anm. 77), S. 537-543.

[83] Stadtarchiv Düren, Nr. 335, Apothekenrechnungen, Bl. 3-5 und 7-9. Franciscus Lintermann dürfte der Bruder des Dr. med. Willebrand Sebastian Lintermann (ca. 1691- 1750) sein, der zu dieser Zeit in Düren praktizierte und von 1735 bis 1750 Schöffe und zweimal Bürgermeister war; zur Familie vgl. MÜLLER-WESTPHAL, Genealogien, S. 544.

[84] Stadtarchiv Düren, Nr. 335, Apothekenrechnungen, Bl. 13-43, und RULAND, Medizinalwesen, (wie Anm. 20), S. 57/58.

Düren als damals einzigen seines Herzogtums. Der Landesherr bat von seiner Residenz Hambach aus in zwei Briefen vom 6. Dezember 1419 und 4. Mai 1420 den Aachener Magistrat für ihn um freies Geleit, damit er ihn und seine Ritterschaft versorgen könnte.[85] Weitere Apotheker sind in Düren erst wieder ab 1597 bezeugt, die, wie üblich, auch mit Wein, Zucker und Gewürzen handelten. Vom 17. bis ins späte 19. Jahrhundert zählte man in Düren immer drei reguläre Apotheken, deren Besitzer ohne wesentliche Lücken bekannt sind. In der Stadt Jülich lebte 1572/73 der Apotheker Meister Peter, der wie einige seiner Nachfolger auch Wein verkaufte.[86] Im 17. und 18. Jahrhundert bestanden in Jülich immer mindestens zwei, zeitweise sogar drei Apotheken.[87]

1643 besaß ein Apotheker namens Wilhelm Pfaffenthal ein Haus zu „Pyrn", dem späteren (Inden)-Pier.[88] Dass er dort seinen Beruf ausübte, scheint doch eher unwahrscheinlich. Namen von Apothekern tauchen ab 1670 in Mönchengladbach und 1695/96 in Kaster auf[89], und um 1685 ist erstmals eine Apotheke in der Stadt Heinsberg belegt, die über Jahrzehnte im Besitz der Familie Krahe blieb.[90] Ungewöhnlich ist die Situation in Münstereifel, wo ab 1669 eine Apotheke im Besitz der Familie Stadeler bestand.[91] Einer der Namensträger hatte einen medizinischen Grad und wollte 1755 zusätzlich das Amt des Stadtphysikus übernehmen; dies wurde von der Regierung abgelehnt und war natürlich schon deshalb nicht denkbar, da es zu den Aufgaben eines Physikus gehörte, die Apotheken jährlich zu überprüfen. Weitere Nennungen von Apothekern und Apotheken in anderen Orten gehören dann schon dem 18. Jahrhundert an, sind zum Teil aber unsicher oder widersprüchlich. Unsicher sind zum Beispiel die Jahreszahlen 1737 für Süchteln und 1764 für Euskirchen und (Schwalmtal)-Waldniel, nicht anzuzweifeln ist, dass in Linnich von 1747 bis 1756 der Apotheker Johann Henrich Grünewald

---

85 Josef GEUENICH, Heinrich von Rees, 1419 Apotheker in Düren, ältestnachweisbarer Apotheker im Herzogtum Jülich, in: Dürener Geschichtsblätter 37, 1965, S. 841-848; danach auch das Folgende. Nach dem Text des ersten Briefes hatte es im Herzogtum Jülich *„seit geraumer Zeit"* keinen Apotheker gegeben. Nimmt man dies wörtlich, hatte Heinrich von Rees einen Vorgänger.

86 DINSTÜHLER, Wein und Brot (wie Anm. 35), S. 613/614.

87 S. unter anderem KUHL, Geschichte Jülich (wie Anm. 62), Bd. 1, S. 105, Bd. 3, S. 267 und 291, und Bd. 4, S. 236. In Jülicher Steuerlisten werden 1725/26 drei, 1769/70 und 1793/94 nur zwei Apotheker genannt, s. Uwe HEYER, Die Berufsstruktur in der Stadt Jülich im 18. Jahrhundert, in: Beiträge zur Jülicher Geschichte 55, Teil 2, 1987, S. 153-157. Die Angaben bei SCHMIDT-WETTER, Apothekenwesen (wie Anm. 12), S. 191/192, sind fehlerhaft.

88 Vgl. Monika DEGENHARD, Personengeschichtliche Quellen für den Dingstuhl Pier-Merken, in: Mitteilungen der Westdeutschen Gesellschaft für Familienkunde, Bd. 43, Jg. 95, Heft 3, 2007, S. 84, nach einem Lagerbuch der Abtei Siegburg, die im Raum Pier begütert war.

89 Zu Mönchengladbach s. SCHMIDT-WETTER, Apothekenwesen (wie Anm. 12), S. 186, zu Kaster ANDERMAHR/DEPCIK, Geschichte Kaster (wie Anm. 40), S. 136.

90 Monika GUSSONE/Eberhard LOHMANN/Peter K. WEBER (Bearb.) Das Archiv der Freiherren v. Spiering im Stadtarchiv Wegberg (Inventare nichtstaatlicher Archive 41), Brauweiler 2002, Nr. 261. Erhalten sind Rechnungen über Medikamentenlieferungen des Apothekers Johann Heinrich Krahe aus den Jahren 1699 bis 1706 an die Witwe Freifrau Catharina Dorothea von Spiering zu (Wegberg)-Tüschenbroich.

91 KATZVEY, Geschichte Münstereifel (wie Anm. 37), S. 342.

lebte.[92] In Erkelenz vermachte 1749 der Schöffe Johann Eckart seinem Sohn Rener seine Apotheke, außerdem chirurgische Instrumente und Medizinbücher. Er kann somit als Chirurg mit Hausapotheke angesprochen werden; eine Vollapotheke ist wohl erst 1790 gegründet worden.[93] In Eschweiler betrieb der Arzt Dr. Alexander Schombart (1714-1759) eine Apotheke, die nach seinem Tod sein Stiefbruder Dr. med. Henrich Arnold Hartweck (1730-1791) und schließlich 1788 sein Enkel, der approbierte Apotheker Isaac Schombart, übernahm.[94] Nicht ganz sicher ist auch hier, ob die beiden Ärzte wirklich eine konzessionierte Apotheke führten. Aber wie dem auch sei, 1790 erklärte der Stolberger Fabrikant Matthias Schleicher, er habe um 1750/60 für sich und die Seinigen nur die Apotheke des Dr. Schombart in Eschweiler benutzt, und in einem zwischen 1760 und 1773 verfassten Bericht über das Herzogtum Jülich ist zu lesen, es stünde mit den *„Apoteckeren"* in allen Städten und sogar einigen Flecken nicht zum Besten, *„doch scheinen mir die Hirsch-Apotheke zu Düsseldorf, dann die Schombartische zu Eschweiler und die zu Sittard nicht gänzlich zu verachten zu seyn"*.[95] In Monschau gehörte von 1754 bis zu seinem Tod 1759 der Apotheker Friedrich Wilhelm Beuerhaus (1702-1759) als Ältester der evangelischen Gemeinde an, generell gilt aber sein Kollege Johann Gottfried Satzger als erster Apothekengründer im Jahre 1790.[96] In Nideggen zog 1766 als Neubürger der Apotheker Johannes Heinrich Josef Rumpel zu, der hier in zweiter Ehe eine Tochter des Chirurgen Siebold heiratete, aber bereits 1771 eine Apotheke in Düren übernahm.[97] Mehrere Apothekengründungen erlebte das Herzogtum Jülich in den beiden letzten Dezennien seiner Existenz, nur kurz aufgezählt seien hier Geilenkirchen (1781), Stolberg (um 1780/1790), (Mönchengladbach)-Rheydt und Bergheim (beide 1793) und Aldenhoven (1796).[98]

Die Hebammen

Bis ins 18. Jahrhundert rechnete man die Geburtshilfe zu den *„Weiberkünsten"*, in

---

92 Zu Euskirchen, Süchteln und Waldniel s. SCHMIDT-WETTER, Apothekenwesen (wie Anm. 12), S. 183, 213 und 215, zu Linnich Willi DOVERN, Familienbuch der evangelischen Kirchengemeinden in Jülich 1611-1798, Frankfurt/Main 1999, S. 291, 301 und 403.

93 Vgl. Klaus FLINK, Stadtwerdung und Wirtschaftskräfte in Erkelenz (Schriftenreihe der Stadt Erkelenz 2), Köln 1976 S. 17/18, bzw. Josef LENNARZ, Die Erkelenzer Apotheken, in: Heimatkalender des Kreises Heinsberg 1983, S. 97-102, hier S. 97.

94 LEHMANN, Zur Geschichte der ersten Apotheke in Eschweiler (wie Anm. 49), S. 87/88.

95 Landesarchiv NRW, Abteilung Rheinland, Herrschaft Stolberg, Akte 165, bzw. Karl MEISEN, Eine volkskundliche "Beschreibung" von Jülich und Berg aus dem 18. Jahrhundert, in: Annalen des Historischen Vereins für den Niederrhein 126, 1935, S. 77-107, hier S. 98. Im heute niederländischen Sittard bestanden um 1780 schon zwei Apotheken, s. SCHMIDT-WETTER, Apothekenwesen (wie Anm. 12), S. 128.

96 Walter SCHEIBLER Geschichte der evangelischen Gemeinde Monschau 1520-1939, Aachen 1939, S. 113 und 238, bzw. Otto ISAAC, Monschauer Apothekengeschichte im Spiegel von Verwaltungsberichten, 1. Mitteilung, in: Der Eremit am hohen Venn, 29. Jg., 1957, S. 17-27, und DERSELBE, 2. Mitteilung, in: Der Eremit, 31. Jg., 1959, S. 8-16.

97 Stadtarchiv Nideggen 21, Bl. 48, bzw. Stadtarchiv Düren, Nr. 335, Apothekenrechnungen, Bl. 13-43.

98 Vgl. SCHMIDT-WETTER, Apothekenwesen (wie Anm. 12), dort unter den einzelnen Orten.

die sich die Männer nicht einzumischen hatten. Eine fachliche Qualifikation der „Weh-mütter" oder „Weisfrauen" wurde lange Zeit höchstens in größeren Städten verlangt, während sich diese in den Dorfgemeinschaften eher auf ihr Erfahrungswissen und den Unterricht durch ältere Hebammen berufen konnten. Alle aber unterstanden in erster Linie den Sendgerichten der Kirche, die von ihnen nicht nur einen untadeligen Lebens-wandel erwartete, sondern sie auch verpflichtete, über das Seelenheil von Mutter und Kind zu wachen, uneheliche Geburten und Taufverweigerer zu melden, in dringenden Fällen selbst eine Nottaufe vorzunehmen und natürlich Kindstötungen und Abtreibun-gen zu verhindern. Die Hebammen wurden somit generell vor ihrer Zulassung in erster Linie nicht durch einen Arzt, sondern durch den Pfarrer und außerdem noch von den Abgesandten des Kölner Erzbischofs geprüft, die im 17. und 18. Jahrhundert die Land-dekanate des Herzogtums Jülich visitierten.[99] In erster Linie ging es dabei um die Frage, ob die Hebammen Amtseid und Glaubensbekenntnis vor den Ortsgeistlichen abgelegt hatten.

In Düren weist schon die Stadtrechnung von 1546 eine Zahlung von 10 Mark an eine Hebamme mit dem Vermerk „wie gewöhnlich" aus, in Jülich erscheint die erste Hebamme 1562/63, und 1579/80 werden zwei von ihnen von der Stadt honoriert.[100] Zugelassen waren in Jülich bis zum Ende des 18. Jahrhunderts in der Regel zwei Heb-ammen, in Düren zwei bis vier, in Aachen sieben und in Köln sogar zwölf. Mit Namen genannt werden sie in den Quellen nicht sehr häufig: So wurde zum Beispiel 1583 Johanna Kalff, die „Hebelsche", mit den Einwohnern des Dorfes Petternich nach Jülich umgesiedelt[101], und in Nideggen erhielt die Hebamme „Ursul" nach den Hospitalrech-nungen der Jahre 1607, 1611 und 1613 jeweils ein Almosen.[102] In Erkelenz starben 1607 zwei Kinder einer Hebamme im Hospital, in Aldenhoven lebte 1659 die Hebamme Maria von Aachen und eine weitere 1672 in (Kreuzau)-Thum.[103]

Die erwähnten kirchlichen Visitationsberichte belegen dann eindeutig die eigentlich selbstverständliche Anwesenheit von Hebammen in vielen Dörfern, so zum Beispiel zwischen 1647 und 1712 in (Baesweiler)-Loverich, Langerwehe, Bardenberg und den heutigen Eschweiler Ortsteilen Dürwiß, Nothberg, Laurenzberg und Weisweiler. Bei ei-ner Visitation des Archidiakonates Kempen des Bistums Lüttichs im Jahre 1697, zu dem ein Teil des Herzogtums Jülich zählte, fanden sich je zwei Hebammen in

---

[99] Zu Aachen s. SCHMITZ-CLIEVER, Heilkunde (wie Anm. 18), S. 57-66, zu den Kirchenvisitatio-nen im Dekanat Jülich vgl. Historisches Archiv der Erzdiözese Köln, Prot. Vis. Dec. Jul. A-F, 1630-1802.

[100] SCHOOP, Quellen (wie Anm. 36), Abschnitt 3, S. 442; DINSTÜHLER, Wein und Brot (wie Anm. 35), S. 259 und 611.

[101] Horst DINSTÜHLER, Eine Baurechnung zur Umsiedlung der Petternicher Bevölkerung nach Jülich 1581/83, in: Zwischen Jülich und Kurköln I. Festgabe der Joseph-Kuhl-Gesellschaft zum 60. Geburtstag für Professor Dr. Günter Bers, Jülich 2000, S. 43-59, hier S. 47.

[102] Stadtarchiv Nideggen, Bd. 98, Belege zur Gasthausrechnung etc., Bl. 73 r, 77 r und 85 r.

[103] Vgl. Westdeutsche Gesellschaft für Familienkunde, CD - 2, 2. Auflage, Katholisches Kirchen-buch Erkelenz (Bearb. Hubert JANSEN), 2000; Günter BERS, das miraculöß Mariae bildlein zu Aldenhoven. Geschichte einer rheinischen Wallfahrt 1655-1685 (Schriften zur rheinischen Geschichte 6), Köln 1986, S. 14/15, und Stadt- und Kreisarchiv Düren, Kirchenbuch Berg vor Nideggen, S. 125.

Heinsberg, Gangelt und Wassenberg und je eine in (Heinsberg)-Randerath, (Schwalmtal)-Amern, Waldfeucht, (Selfkant)-Höngen, (Selfkant)-Havert und (Wassenberg)-Birgelen.[104] Für das 18. Jahrhundert lassen sich die Beispiele problemlos vermehren.

Wie in Nideggen um 1600 wird in vielen Orten bis ins 19. Jahrhundert immer wieder die Armut der Hebammen beklagt. Über die vier Hebammen aus Düren, die deswegen 1738 baten, sie von einer Reise zur Prüfung nach Düsseldorf zu entbinden, wurde schon berichtet; zwei von ihnen bezeichneten sich als arme Witwen, eine andere hatte einen kranken Ehemann und kleine Kinder.[105] Die Reise nach Düsseldorf war zeitaufwendig und teuer, betrugen doch 1769 die Gebühren für Examen und Approbationsbescheinigung - ohne die Fahrkosten und Ausgaben für Unterbringung und Verpflegung - 54 Stüber.[106] Zum Vergleich: Die Taxa, die eine Hebamme nach der Medizinalordnung von 1773 bei einer Geburt erhielt, lag „bei geringen Handwerkern oder Bauern" bei 15 Stübern, bei „gut gestellten" bei 40; Arme zahlten nichts.

Kurz zuvor hatten sich aber die Umstände geändert: Zwar hatten schon die Medizinalordnung von 1708 und Edikte der folgenden Jahrzehnte von allen Hebammen in Jülich-Berg ein Examen vor dem „Consilium medicum" verlangt, wirklich ernsthaft umgesetzt wurden diese Verfügungen aber erst nach der Gründung einer Hebammenschule in Düsseldorf im Jahre 1771 unter der Leitung von Dr. Bernard Guérard, der, wie erwähnt, 1775 auch ein Lehrbuch für die in Düsseldorf ausgebildeten Hebammen verfasste.[107] Dort schrieb er in der Vorrede, dass vor wenigen Jahren in den Herzogtümern Jülich und Berg die „Hebammenkunst" so wenig bekannt und geübt gewesen sei, dass es unglaublich scheinen würde. Auf diese Schule nimmt auch die Medizinalordnung von 1773 Bezug, die für alle Hebammen eine Prüfung in Düsseldorf, ein zweites Examen für Amts- oder Stadthebammen und zumindest für Berufsanfängerinnen den Besuch eines dreimonatigen Kurses in der neuen Schule vorschreibt. Entsprechend wird in einem Schreiben vom 18. Juni 1776 dem Dürener Schultheiß mitgeteilt, der Hebamme Nickel sei die Berufsausübung verboten, bis sie ein Examen abgelegt habe; sie könne aber ihre Tochter zur Erlernung der Kunst anmelden.[108] Immerhin versuchte man den Hebammen finanziell entgegenzukommen, erließ ihnen bei Bedürftigkeit die Kursgebühren und verordnete am 14. September 1784, dass die Gemeinden eines jeden Amtes den zur Erlernung der Hebammenkunst geeigneten und anzustellenden Personen ein kleines Gehalt von 12 oder 15 Reichstalern zahlen sollten, wogegen diese dann „den armen Kreißenden Hülfe zu leisten verpflichtet sind"; es folgte noch ein Erlass vom 8. März 1785, dass die Ehemänner und Kinder der Hebammen, letztere

---

104   Landesarchiv NRW, Abteilung Rheinland, Jülich-Berg II, Nr. 237.

105   Stadtarchiv Düren, Nr. 333, Sanitätswesen, Bl. 95/96.

106   Vgl. Raphaela GMEINER, Lernen am „ledernen Kind". Die Hebammenausbildung im Erzstift Köln und in angrenzenden Gebieten von 1740 bis zur französischen Besetzung, in Daniel SCHÄFER (Hsg.), Rheinische Hebammengeschichte im Kontext (Kölner Beiträge zur Geschichte und Ethik der Medizin 1), Kassel 2010 S. 49-64.

107   Vgl. Anm. 5. Der Text des Buches ist verfügbar unter: Bayerische Staatsbibliothek München, http://mdz-nbn-resolving.de/urn:nbn:de:bvb:12-bsb10248121-9.

108   Stadtarchiv Düren, Nr. 333, Sanitätswesen, Bl. 12.

nur, wenn sie noch im Elternhaus wohnten, von allen Personallasten befreit werden sollten.[109] Der Rat der Stadt Nideggen hatte um diese Zeit schon den Beschluss gefasst, die Kosten für die Ausbildung in Düsseldorf zu übernehmen.[110]

Die zitierten Beschlüsse zeitigten Ergebnisse, in der Hebammenschule Düsseldorf wurden bis 1794 insgesamt 300 Hebammen ausgebildet, die meisten Ämter und Dörfer des Landes galten somit als versorgt.[111] Eine Geburtsklinik (Accouchieranstalt) gab es aber in Düsseldorf nicht. Die Ausbildung erfolgte mit ledernen Puppen und an einem aus Knochen mit Lederbezug bestehenden Phantom, das dem Becken einer Frau nachgebildet war. Um die Mitte des 18. Jahrhunderts hatte aber auch die - rein männliche - Ärzteschaft die Geburtshilfe als medizinisches Fachgebiet entdeckt. An den Universitätskliniken von Göttingen und Berlin entstanden 1751 die ersten Geburtskliniken in Deutschland. Ungefähr 20 Jahre später enthält die Medizinalordnung von 1773 den Passus, dass die Hebammen bei Komplikationen einen Geburtshelfer herbeiholen müssten. Allerdings durften nach einem Erlass vom 2. Juni 1784 nur in der Hebammenkunst geprüfte Ärzte oder Chirurgen Operationen bei Kreißenden vornehmen.[112] Ein entsprechendes *„Patent"* des *„Consilium medicum"* als Geburtshelfer konnte in Jülich der Artilleriefeldscher Monnheim vorlegen und ebenso der Arzt Dr. Michels ein *„wegen betreibung der heebammen kunst erhaltenes attestatum"*,[113] und schließlich erwarb auch der Dürener Chirurg Peter Goor (Gohr) 1784 in Düsseldorf eine Approbation als Chirurg und Geburtshelfer.[114]

Die Heilkunde in der Unterherrschaft Stolberg[115]

Burg und *„Flecken"* Stolberg bildeten eine kleinere der 50 Unterherrschaften des Herzogtums Jülich und können deshalb, was die Entwicklung des Medizinalwesens betrifft, sicherlich als exemplarisch für das *„platte Land"* im anfangs erwähnten Sinne gelten. Die Einwohnerzahl lag 1798 mit 1747 Personen etwa gleichauf mit der des Nachbarortes Eschweiler, wobei beide Orte als vor- und frühindustrielle Zentren - Stolberg speziell in der Eisen- und Messingindustrie - im Herzogtum Jülich eine gewisse Sonderstellung einnahmen. Auch existierten in Stolberg inmitten einer katholischen Bevölkerungsmehrheit und geschützt von den katholischen Burgherren schon früh zwei evangelische Gemeinden, die kleinere lutherische und die größere reformierte, der die

---

[109]   Scotti, Gesetze (wie Anm. 10), 2. Bd., Nr. 2235 und 2241.

[110]   Johannes Wilhelm Josef Schmitz, Nideggen im 18. Jahrhundert - eine Kleinstadt im Herzogtum Jülich zwischen Beharrung und Wandel (Forum Jülicher Geschichte 62), Jülich 2011, S. 208.

[111]   Gmeiner, Lernen am *„ledernen Kind"* (wie Anm. 6), S. 54, hier, S. 56 und 60, auch das Folgende.

[112]   Scotti, Gesetze (wie Anm. 10), 2. Bd., Nr. 2227.

[113]   Waltraud Trilsbach, Berufstätige Frauen in Jülich in der zweiten Hälfte des 18. Jahrhunderts, in: Neue Beiträge zur Jülicher Geschichte 17, 2005, S. 91-94, hier S. 92.

[114]   Ruland, Medizinalwesen (wie Anm. 20), S. 40.

[115]   Soweit nicht anders vermerkt, wird bezüglich der Quellen- und Literaturhinweise zu diesem Kapitel auf die zitierte Untersuchung des Verfassers verwiesen, vgl. Brans, Gesundheitswesen von Stolberg (wie Anm. 30).

als Kupfermeister bekannten Messingfabrikanten angehörten. Die Unterherren besaßen in ihren Territorien eine eigene Gerichtsbarkeit und weitgehende Herrschaftsrechte, die sich möglicherweise auch auf die Zulassung eines Arztes oder Apothekers erstreckten. Genaueres ist hierüber aber bisher nicht bekannt.

Wie im ländlichen Bereich häufig stammen die älteren Belege für Medizinalpersonen in Stolberg aus Kirchenbüchern. Taucht dort ein Name nur einmal auf, ist natürlich nicht erkennbar, ob der Betreffende wirklich am Ort praktiziert hat. So ließen in Stolberg am 18. Dezember 1637 der *„Balbirer von Ipen"* (Eupen?) Gilles Hamel eine Tochter reformiert, und am 7. Mai 1769 der *„Chimicus"* Sebastian Kuntz aus Neustadt an der Aisch, also wohl ein Händler mit Chemikalien und eventuell Arzneien, einen Sohn lutherisch taufen. Über beide ist sonst nichts bekannt, ebenso wenig wie über den *„wolerfahrenen"* Wundarzt Augustus Ehlers, gen. Hadeler, der am 15. Juli 1768 auf der Festung Lüttich verstarb und in der Stolberger Vogelsangkirche der Lutheraner beigesetzt wurde. Denkbar ist, dass alle drei als Protestanten in katholischem Umfeld zu ihren Stolberger Glaubensbrüdern fanden. Das mag auch für den *„Apotecker"* Emond Schardinel gelten, der einer reformierten Aachen-Stolberger Kupfermeisterfamilie angehörte und 1664 mit Frau und Schwiegermutter aus Aachen nach Stolberg übersiedelte, am 2. November 1669 aber wieder nach Aachen zurückkehrte. Allerdings ist er dort bisher nicht als Apotheker nachgewiesen.

Ganz unklar ist die Situation auch bei einem Dr. med. Jacob Guinant, der während des Jahres 1739 dem Unterherrn von Stolberg *„Nachbarschaftssteuer"* schuldete, und schließlich sei noch Dr. med. Heinrich Ferdinand Höfer genannt, der am 7. März 1768 mit seiner Frau Theresia Reuters in der katholischen Pfarrkirche einen Sohn taufen ließ. Da er mit einem Patent des Kurfürsten Carl Theodor vom 21. Mai 1767 zum Physikus ernannt und am 30. Juni dieses Jahres in Düren auch als solcher verpflichtet wurde[116], kann sein Aufenthalt in Stolberg im Folgejahr kaum einen beruflichen Grund gehabt haben. Etwas anders sieht die Sache bei Dr. med. Carl Theodor Gottfried Scheidt aus, der zwar auch nur einmal eindeutig durch die reformierte Taufe einer Tochter am 20. Dezember 1789 nachgewiesen ist, aber wahrscheinlich als Nachfolger des im Vorjahr verstorbenen Dr. Peill vorgesehen war.

Am Ende des 17. Jahrhundert betreten wir aber schon relativ sicheren Boden, neun oder 10 Chirurgen, je zwei Ärzte und Apotheker und einige Hebammen waren hier bis zum Jahre 1800 aktiv. Allerdings wissen wir wie vielerorts über die Hebammen sehr wenig: Bei der Kirchenvisitation von 1716 genossen sie einen guten Ruf, einen Namen erfahren wir erst durch die erwähnte *„Liste générale"* von 1806. Danach hatte die damals einzige Stolberger Hebamme Sybille Vils am 21. Dezember 1784 in Düsseldorf - sicher nach dem Besuch der Hebammenschule - ihre Approbation erhalten. Ein gutes Zeugnis stellt auch 1796 der Stolberger Arzt Dr. Carl Georg Theodor Kortum den Hebammen seiner Heimat aus, die *„wenigsten im Jülichschen nicht so unwissend und ungeschickt"* zu sein pflegen wie in anderen Gegenden Deutschlands; allerdings waren *„frühzeitige Geburten und Misfälle"* bei den zahlreichen Niederkünften schwächlicher

---

116   Stadtarchiv Düren, Nr. 333, Sanitätswesen, Bl. 97/98.

Frauen nicht selten.[117] Laut Kortum galten 15 bis 18 Geburten einer Frau in allen Bevölkerungsschichten nicht als ungewöhnlich.

Die Wundärzte stellten auch in Stolberg lange die medizinische Versorgung sicher, wobei wir von den ersten beiden nur die Namen kennen. Dies war zunächst der „Chirurg" Heinrich Heymanns, der am 19. Oktober 1681 bei einer Taufe in der katholischen Pfarrkirche als Pate bei der Familie Drießen mitwirkte. Er war sicherlich identisch mit einem Mann dieses Namens, der mit Maria Antonette Drießen verheiratet war und mit ihr am gleichen Ort zwischen 1685 und 1690 vier eigene Kinder taufen ließ.[118] Wenig später, im Jahre 1693, wurde ebenfalls katholisch eine Tochter von Gertrud Baur und Johann Georgi getauft, der hierbei als „hiesiger Chirurg" bezeichnet wird. Die folgenden acht Wundärzte haben Zeugnisse ihrer Berufstätigkeit hinterlassen, als erster 1705 Jonas Lang (eventuell identisch mit einer 1694 und 1707 in den katholischen Kirchenbüchern genannten Person dieses Namens), dann 1713 bis 1746 Matthias Hermann(s), 1735 bis 1773 Conrad Hausmann (*19. Oktober 1696 in Stolberg, dort reformiert getauft, + am 20. Januar 1781), 1725 bis 1754 Ludwig Lang, vielleicht identisch mit einer nach dem katholischen Kirchenbuch am 6. Mai 1757 verstorbenen Person dieses Namens (vielleicht ein Sohn des Jonas Lang), 1755 bis 1786 Johann Daniel Spalt, 1782 bis 1788 Isaac Hausmann (als Sohn des Conrad H. * 1741, + 14. April 1803), der wahrscheinliche Gründer der Stolberger Apotheke, 1787 bis 1793 Daniel Duren oder Düren (* 1749 in Cochem, katholisch, + 1810 in Stolberg). Wie auch in anderen Orten konnten viele Chirurgen von ihrem Beruf allein nicht leben, so verkaufte Matthias Hermanns 1730 und 1736 nicht nur Abführpillen, Wurmkraut, Alaun und Franzbranntwein, sondern auch „Mostertsmehl", Branntwein, roten und blauen „boy" (ein wollenes Futtertuch) und rotes Garn. Johann Daniel Spalt ging mit seinen „Winkelwaren" 1770 sogar in Konkurs.

1746 wurden drei von ihnen gemeinsam tätig: Als nämlich eine Magd aus dem obersten Dachfenster eines Hauses fiel und „auf den Tod beschädiget" war, wurde sie vom Ortsgericht den „hiesigen Chirurgis Mattheisen Hermans, Conraden Hauhsman undt Ludtwigen Lang anvertrawet".[119] Die drei Chirurgen erhielten von der Gemeinde 18 Reichstaler und außerdem die Witwe Scholl 13 Reichstaler für die Pflege der Schwerverletzten über 140 Tage. Ludwig Lang war auch am Rande beteiligt, als 1725 sein Kollege Matthias Hermanns den Prediger der reformierten Gemeinde, Heinrich Höbbing, wegen einer fieberhaften Erkrankung behandelte. Hermanns ließ den Kranken zur Ader, verordnete Fieberpulver, sechzehnmal einen Trank aus Rhabarber und Manna und berechnete unter anderem auch 20 Albus für einen Gang Langs ins rund 10 km entfernte Aachen. Hierzu liegt ergänzend noch eine Rechnung des Apothekers Gerardt Goris über Medikamente vor, die er 1723 bis 1725 geliefert hatte. Auch 1730 stellte Hermanns nachträglich noch eine Rechnung für den 1729 verstorbenen

---

117 Carl Georg Theodor KORTUM, Beiträge zur praktischen Arzneiwissenschaft, Göttingen 1796, S. 7/8.

118 Westdeutsche Gesellschaft für Familienkunde, WGfF - CD 6, 2012, Katholische Pfarrkirche St. Luzia in Stolberg (Bearb. Matthias FLESCH/Gerhard GÜLDE/Winfried KANUS), dort auch das Folgende.

119 Stadtarchiv Stolberg, Steuerbuch 3 B, Bl. 1746. Für diesen Hinweis auf danke ich Herrn Helmut Schreiber aus Stolberg-Vicht ganz herzlich.

Prediger aus, die einen Posten von 30 Albus für einen *„express gang"* nach Aachen und einen weiteren für ein von Dr. Hagen verordnetes Mittel enthält. Den Nachfolger Höbbings, den Prediger Johann Werner, behandelte 1740 der Chirurgus Conrad Hausmann. Er konsultierte für diesen 1739/40 sogar dreimal den genannten Dr. Hagen und ließ von einem Boten Arzneien von dem Apotheker Coebergh aus Aachen holen.[120] Zu ergänzen ist noch, dass nach der ältesten der erhaltenen Chirurgenrechnungen schon Jonas Lang 1705 zweimal einen Gang nach Aachen zu einem ungenannten Doktor und zu einer Apotheke in Ansatz brachte, um dort einen Trank zu holen.

Die Stolberger Oberschicht wünschte eine in ihren Augen kompetentere medizinische Versorgung am Ort. Dr. med. Peter Conrad Peill (1745-1788), der sich 1771 nach seiner Promotion an der Universität Duisburg als erster graduierter Arzt auf Dauer niederließ, war als Abkömmling einer Elberfelder Pfarrersfamilie und Sohn des Predigers der Stolberger reformierten Gemeinde sowieso einer der ihren. Als sein Nachfolger erschien im November 1790 ausdrücklich auf Veranlassung der *„biederen und angesehenen Kauffmannschaft"* Stolbergs der Lutheraner Dr. Carl Georg Theodor Kortum (1765-1847). Peill heiratete in zwei Ehen Frauen aus den Kupfermeisterfamilien, Kortum in erster Ehe eine Frau aus der vor allem in Düren und Maastricht ansässigen lutherischen Familie Homberg und nach ihrem Tod im Kindbett ebenfalls die Tochter eines Kupfermeisters. Peill starb sehr früh, während Kortum in Stolberg über 50 Jahre - davon 35 Jahre als einziger Arzt - praktizieren sollte. Für den Durchschnittsbürger mag sich durch die Niederlassung eines Arztes zunächst nicht viel geändert haben, zumal dessen Gebühren sicherlich höher waren als die der Chirurgen und letztere sich nicht sofort, wie es die Medizinalordnungen verlangten, auf das *„äußere Curiren"* beschränkten. So behandelte der Wundarzt Spalt noch 1786 ein *„hitziges Fieber"*.

Peill erwarb sich Verdienste im Kampf gegen die Pocken, die im 18. Jahrhundert in Europa im Abstand weniger Jahre immer wieder auftraten und zahllose Tote forderten. Peill führte ab circa 1775 die Pockenimpfung - noch mit dem Erreger der Menschenpocken - ein, selbst die Monschauer Tuchmacherfamilien ließen sich von ihm immunisieren. Dr. Kortum in Stolberg und Dr. Johann Christian Jonas (1765-1834) in Monschau setzten diese Impftätigkeit umgehend fort und übernahmen auch schon 1801, etwa zeitgleich mit dem Aachener Arzt Dr. Gerhard Reumont, die wesentlich verträglichere Vaccination, die Impfung mit dem Erreger der Kuhpocken. Diese Variante war gleich wirksam, aber wesentlich verträglicher als die mit dem Virus der Menschenpocken. Ihr weltweiter Einsatz hat schließlich dazu geführt, dass die Erkrankung seit 1980 als ausgerottet gilt.

Die beiden gleichaltrigen Landärzte Kortum und Jonas waren nicht nur befreundet, sie zeigten auch medizinisch-wissenschaftlichen Ehrgeiz und verfassten Aufsätze zu ihren Erfahrungen mit der Pockenimpfung und unter anderem auch eine medizinische Topographie zu ihrem jeweiligen Wohnort.[121] In dieser besonderen Sparte der

---

[120] Gemeint ist hier wohl Dr. Johannes Hagen, zu ihm s. SCHMITZ-CLIEVER, Heilkunde (wie Anm. 18), S. 140.

[121] Ausführlich zu Leben und Werk des Dr. Jonas vgl. die Monographie von Elmar NEUß/Toni OFFERMANN, Der Arzt und Aufklärer Johann Christian Jonas (1765-1834), Köln-Weimar-Wien 2017.

Fachliteratur versuchte man alle örtlichen Faktoren zu erfassen, die einen Einfluss auf die menschliche Gesundheit ausüben konnten, angefangen von Klima, Ernährung und allgemeiner Hygiene bis zu berufsbedingten Gefährdungen. Kortum sammelte mit den Arbeitsbedingungen in der Messing- und Jonas mit denen in der Tuchindustrie reichliche Erfahrungen. Kortum war der produktivere der beiden, nach Studium und Promotion 1785 in Göttingen war er zunächst fünf Jahre in seiner Heimatstadt Dortmund niedergelassen und begann bereits dort seine erstaunliche Karriere als medizinisch-wissenschaftlicher Schriftsteller, die ihn in ganz Deutschland bekannt machte. Sein Gesamtwerk umfasst außer seiner Dissertation vier Bücher als Autor, ein weiteres und eine medizinische Fachzeitschrift als Herausgeber und über 20 Aufsätze in deutschen und mindestens drei in niederländischen Journalen. Hierbei folgte er zunächst dem zeitüblichen Verfahren, seine Gelehrsamkeit durch eine möglichst umfassende Darstellung eines Themas anhand der Publikationen früherer Autoritäten zu beweisen. Dies tat er 1789 mit der lateinischen Fassung seines ersten - zweibändigen - Werkes über die Skrofulose (eine deutsche Version folgte 1793)[122], und 1791/93 auch mit einem *„Medicinisch-chirurgischen Handbuch der Augenkrankheiten"* in ebenfalls zwei Bänden. Sein Fachwissen zu diesem Thema hatte Kortum wohl als Student in Göttingen von Professor Dr. August Gottlieb Richter bezogen, der sich bemühte, die Chirurgie und die damals noch dieser zugehörige Augenheilkunde mit der inneren Medizin zusammenzuführen. Kortum nannte sich zwar *„Doktor der Arzneykunde und der Wundarzneykunst"*, beherrschte letztere aber sicherlich eher theoretisch. So gibt er selbst 1820 an, er werde nur in Notfällen als Chirurg oder Geburtshelfer aktiv, Operationen führte 1822 der ansässige Chirurg Heinrich Schweigger unter seiner Leitung durch.

Mit inzwischen zehnjähriger Berufserfahrung fand Kortum in seinen Schriften von 1796 bis 1826 zu der Position des Praktikers, der sich keiner der medizinischen Schulen seiner Zeit einordnen lässt und nur durch präzise Beobachtung und Beschreibung zu therapeutisch verwertbaren Erkenntnissen kommen wollte. Sein Buch *„Beiträge zur praktischen Arzneiwissenschaft"*, Göttingen 1796, wurde wegen dieser Praxisbezogenheit sogar in zwei unterschiedlichen Versionen ins Niederländische übersetzt. Letztendlich war Kortum aber in den alten Denkschemata seiner Zeit verwurzelt, die so gut wie alle Krankheiten auf *„Unreinigkeiten"* im Unterleib und im Blut kreisende *„Schärfen"* zurückführten. Diese galt es durch Brech- und Abführmittel und durch Aderlässe dem Körper zu entziehen, unterstützt durch eine medikamentöse Therapie mit überwiegend pflanzlichen, aber auch tierischen und mineralischen Wirkstoffen. Kortum hat in seinen Schriften zahlreiche Behandlungsvorschläge und Rezepturen hinterlassen. Als Beispiel mag hier das Wechselfieber, die Malaria, dienen, die in Stolberg, Aachen und im Jülicher Land bis zur Mitte des 19. Jahrhunderts weit verbreitet war. Kortum schreibt 1803, dass er sie üblicherweise mit Brech- und *„gelinden"* Abführmitteln und der *„fein gepülverten China"* behandele. Gemeint ist hier die Chinarinde, die trotz

---

[122]   Carl Georg Theodor KORTUM, Commentarius de Vitio Scrofuloso etc., Lemgo 1789, bzw. Abhandlung von den Scrofeln etc., Lemgo 1793. Der heute obsolete Terminus Skrofulose umfasste ein ganzes Spektrum von Symptomen, zu denen Drüsenschwellungen am Hals, Hautveränderungen, aber auch Erkrankungen innerer Organe und Allgemeinerscheinungen wie Fieber gehören konnten.

dieses Namens im 17. Jahrhundert aus Peru nach Europa gelangte und deren Inhalts-stoff, das Chinin, bis heute gegen die Malaria eingesetzt wird. Ergänzend setzte Kortum auch Opiumtinktur ein, gelegentlich auch einen Aderlass und Mischungen von Wermut mit Branntwein und Alaun mit Muskatnuss. In einem seiner Aufsätze lobte er sogar die Wirkung eines mit Zucker versetzten Breis aus Lilienwurzeln, der auf die Nabelgegend aufgetragen werden musste.

Man mag aus dieser Aufzählung ersehen, dass Jahrzehnte vor der Entdeckung der Krankheitserreger und ihrer Übertragungswege die Medizin noch eine recht spekula-tive Wissenschaft war. Im Grunde verfügten die Ärzte über die gleichen Arzneimittel wie die Chirurgen, wenn letzteren auch bestimmte Therapieformen wie zum Beispiel die „Mercurialcur", die Behandlung von Geschlechtskrankheiten mit dem hochgiftigen Quecksilber, untersagt war. In den erhaltenen Rechnungen Stolberger Wundärzte er-scheint nur ein- oder zweimal ein niedrig dosiertes Opiumpräparat, ansonsten rechnen sie aber nicht nur typische Wundarztleistungen wie Aderlässe, das Setzen von Klistie-ren, die Anfertigung von Bruchbändern und die Anwendung von Wundsalben, Wund-tränken und Verbänden ab, sondern auch ein ganzes Arsenal von Arzneimitteln. Dazu gehörten auch die Chinarinde (Cortex peruviana), gebranntes Hirschhorn (Cornu cervi ustum) und zahlreiche pflanzliche Substanzen wie Engelwurz, Rhabarber, Wermut, Ka-mille, Süßholzwurzeln, die bei Magen- und Darmbeschwerden eingesetzt wurden, aber auch Wurmkräuter (Wurmfarn), Mandelöl und viele andere. Nicht fehlen durfte auch hin und wieder ein „Vesicatorium", ein Pflaster, das zermahlene Teile von „spanischen Flie-gen", einer Käferart, enthält. Dieses führte bei örtlicher Anwendung zu einer starken Hautreizung mit der Bildung von Blasen, die wiederum Krankheitsstoffe aus dem Kör-per ableiten sollten.

Es fehlte also nur noch eine Apotheke in Stolberg. Unstrittig ist, dass hier vor 1800 zwei Personen lebten, die als Apotheker bezeichnet wurden; es bleibt aber unklar, ob sie eine den damaligen Bestimmungen entsprechende Offizin betrieben. Der eine der beiden, Isaak Hausmann (1741-1803), gehörte wie sein Vater Conrad Hausmann (1696-1781) der reformierten Gemeinde an und übte wie dieser zunächst den Beruf eines Wundarztes aus. Isaak wird 1782 als Chirurg bezeichnet und behandelte auch 1788 noch einen „verrenkten Fuß". Während eines „bösartigen" Fiebers im Jahre 1783 mit rund 300 Kranken und zahlreichen Toten in Stolberg stellte er aber acht Rechnun-gen an den Armenprovisor Hamächer über Medikamente aus, die er „gemacht" oder „verfertiget" hatte. Meist handelte es sich um nicht weiter spezifizierte Mixturen und Tropfen, genannt sind aber Brech- und Abführmittel; auch ist einmal ein ärztliches Re-zept zur Anfertigung eines Sirups beigelegt, der Holunder, Ysopkraut, Weinessig und Honig enthielt. Offensichtlich verrichtete Isaak Hausmann damit die Arbeit eines Apo-thekers. Erstmals ausdrücklich so genannt („apoticaire") wird er in der Bevölkerungs-liste des Jahres 1799 und dann wieder bei seinem Tod 1803.[123] Den Tod zeigte sein Sohn Johann Conrad Hausmann (1783-1812) ebenfalls als „apoticaire" an, der aber erst kurz vor seinem eigenen Tod 1812 eine Prüfung als „pharmacien" ablegte. Die

123   Landesarchiv NRW, Abteilung Rheinland, Roerdepartement, Akte 1677.

Apotheke gehörte zu diesem Zeitpunkt seiner Mutter, der Witwe Isaac Hausmanns, die diese aber 1815 verkaufen musste, weil sie keinen Provisor finden konnte.

Der zweite im gleichen Zeitraum lebende und in Stolberg geborene und gestorbene Apotheker, Johann Christian Halbgebauer (1757-1810), war lutherischen Glaubens. Auch er erscheint in der Bevölkerungsliste von 1799 als *„apoticaire",* wie übrigens auch sein achtzigjähriger Vater, Jacques Benjamin Halbgebauer. Johann Christian schaffte es 1804 und 1806 in die Listen der Medizinalpersonen des Roerdepartements, obwohl er dort nur das Jahr 1790 und nicht das Datum seiner Approbation und ebenso nicht den Approbationsort angeben konnte. Offen bleibt die Frage, ob er ein Konkurrent der Hausmannschen Apotheke war oder dort als Provisor arbeitete, weil deren Inhaber nicht über eine Approbation verfügte. Jedenfalls existierte 1810 nach dem Tod Halbgebauers nur eine Apotheke im Besitz der Familie Hausmann, und der bereits schwerkranke Johann Conrad Hausmann bemühte sich umgehend um eine Konzession. Der genaue Ablauf ist aber bisher nicht eindeutig geklärt. Manches spricht dafür, dass es für die Gründung der ältesten Stolberger Apotheke, der späteren Adler-Apotheke, eine offizielle Konzession nie gegeben hat. Eher haben in den Wirren der ersten Jahre der französischen Besetzung ihre Inhaber die Chance genutzt, ohne Zulassung eine Hausapotheke in eine Vollapotheke umzuwandeln.[124]

---

[124] Vgl. SCHMIDT-WETTER, Apothekenwesen (wie Anm. 12), S. 95, der zwei weitere 1796 erstmals genannte Apotheken zu diesen *„wilden Gründungen"* in französischer Zeit zählt.

Chantal Kröber

„Gefängnißgesellschaft - Jülicher Hülfs-Verein" (1830)

Die Anfänge der „Rheinisch-westphälischen Gefängniß-Gesellschaft" gehen auf
Pfarrer Theodor Fliedner aus Kaiserswerth zurück, der 1822/23 auf einer Kollekten-
reise nach England anscheinend von den Tätigkeiten der „Britischen Gefängnisgesellschaft" inspiriert wurde.[1] Nachdem erst zu Beginn der 1820er Jahre von dem englischen Philanthropen John Venning unternommene Versuche, einen gesamtpreußi-
schen Verein dieser Art mit Sitz in Berlin zu gründen, fehlschlugen, unternahm man
1826 einen erneuten, jetzt lokal auf Rheinland und Westfalen begrenzten Anlauf. Ein
sich am 18. Juni 1826 versammelndes sechsköpfiges Gründungskomitee, ein so ge-
nannter „Provisorischer Ausschuß", bestehend aus drei Juristen, zwei evangelischen
Geistlichen und einem Fabrikanten, arbeitete für eine derartige, bisher noch nie da gewesene Gesellschaft am Rhein die entsprechenden Statuten aus, deren Zweck „[...]
eine mit den Staatsgesetzen übereinstimmende Beförderung der sittlichen Besserung
der Gefangenen, durch Beseitigung nachtheiliger und Vermehrung wohltätiger Einwir-
kungen auf dieselben, sowohl während der Haft, als nach der Entlassung" war. Der 24
Paragraphen umfassende, am 18. Juni 1826 aufgestellte Satzungsentwurf wurde be-
hördlicherseits erst am 15. Dezember 1827 von den Ministern der geistlichen Unter-
richts- und Medizinalangelegenheiten, des Innern, der Polizei und der Justiz genehmigt. Die langwierigen Genehmigungsverhandlungen lagen in einem erhöhten Misstrauen des Staates begründet, der eine solche Vereinsgründung als Eingreifen in seine
Hoheitsrechte begriff. Auch in Zukunft sollte der Staat trotz der für ihn sich ergebenden
finanziellen Entlastungen die Gesellschaft nicht sonderlich unterstützen. Die erste Generalversammlung, bei der ein Ausschuss aus 15 in oder bei Düsseldorf lebenden und
drei auswärtigen Mitgliedern gewählt wurde, fand am 12. Mai 1828 im dortigen Land-
gerichtsgebäude statt. Ein bereits 1813 gegründeter „Düsseldorfer Frauenverein" konstituierte sich im Jahre 1829 als „Frauen-Gefängniß-Verein der Rheinlande und Westphalen" neu, dessen Aktivitäten sich jedoch weitgehend nur auf das Düsseldorfer

---

[1] Zu den folgenden Ausführungen über die Rheinisch-Westfälische Gefängnis-Gesellschaft
siehe: Eberhard ILLNER, Bürgerliche Organisierung in Elberfeld 1775-1850 (Bergische Forschungen 18), Neustadt an der Aisch 1982, S. 61 ff. und S. 220; N., N.: Zweiter Jahresbericht
der Rheinisch-westfälischen Gefängnisgesellschaft, 1829. Die Statuten der „Rheinisch-westphälischen Gefängniß-Gesellschaft" befinden sich im Stadtarchiv Wuppertal (O VII 51 A 722);
Alfred KALL, Katholische Frauenbewegung in Deutschland. Eine Untersuchung zur Gründung
katholischer Frauenvereine im 19. Jahrhundert, Paderborn 1983, S. 216; Gerhard DEIMLING,
Die Entstehung der rheinisch-westfälischen Gefängnisgesellschaft 1826-1830, in: Zeitschrift
des Bergischen Geschichtsvereins 92, Neustadt an der Aisch 1987, S. 69-100, hier S. 69, S.
71-73, S. 75 ff., S. 80, S. 82 ff., S. 89, S. 91, S. 94, und S. 97 f.; Gustav von ROHDEN/Theodor
JUST, Hundert Jahre Geschichte der Rheinisch-Westfälischen Gefängnis-Gesellschaft 1826-
1926, Düsseldorf 1926, S. 7 f., S. 17 f., S. 28, S. 39 ff., S. 60, S. 80 f., S. 97, S. 107 f., S. 136,
S. 191-195 und S. 197.

Arresthaus beschränken sollten. In den kommenden Jahren entstanden vorwiegend an Standorten von Arrest- und Zuchthäusern so genannte Tochtergesellschaften. 25 Jahre nach der Gründung existierten zehn Tochtergesellschaften mit mehr als 100 ihr angeschlossenen Hilfsvereinen. Letztere setzten sich aus Mitgliedern der Gesellschaft zusammen als deren *„örtliche Organe sowohl in bezug auf die Interessen der Gesellschaft überhaupt als in bezug der häuslichen Verhältnisse der Familien der Sträflinge sowohl während der Haft, als nach der Entlassung der letzteren"*. *„Die bedeutendste Wirksamkeit des Hilfsvereins beginnt gegen die Zeit der Entlassung des Sträflings. Das Gefängnis-Komitee hat dann schon den Hilfsverein von der Zeit der Entlassung, von der Führung während der Haft und der darin erzielten anscheinlichen religiösen und sittlichen Besserung, von seinem Charakter, seiner Befähigung und von seinem Fleiße, von seinem allenfallsigen Überverdienste in der Anstalt, von dem freilich mit Vorsicht zu beachtenden Wunsche des Gefangenen über die Art der ihm nach seiner Entlassung zu leistenden Hilfe, da sie selbst ihre Verhältnisse oft am besten zu beurteilen wissen, usw. unterrichtet. Der Hilfsverein muß nun sein Unterkommen, unter umsichtiger Prüfung der Wünsche des Gefangenen nach den örtlichen Verhältnissen, den Wiedereintritt in seinen Familienkreis, in das bürgerliche Leben, vorbereiten, und dem zur Besserung Hoffnung gebenden allseitig eine wohlwollende Teilnahme erwirken. Was von dem Überverdienste nicht zur Rückreise notwendig ist, wird dem Hilfsverein anvertraut. Der Hilfsverein empfängt den Entlassenen und Belehrten mit einer Karte von der Gesellschaft versehen, aus den Händen des Komitees, und wacht mit väterlicher Strenge, daß ihm keine Veranlassung gegeben wird zur Rückkehr zu seinen früheren Verirrungen."* Mit dem Vereinszweck *„Verbesserung der Gefangenenanstalten"* erfasste man gleichermaßen die in den rheinisch-westfälischen Provinzen Preußens existierenden Institutionen in Benninghausen, Bonn, Brauweiler, Düsseldorf, Hamm, Herford, Kleve, Köln, Münster, Werden und Wesel. Die Ziele versuchten sie durch religiösen und schulischen Unterricht, die Ausübung sinnvoller Arbeiten während der Haft und durch die Einteilung der Gefangenen nach ihren Vergehen zu realisieren. Darüber hinaus stellte man zur Betreuung und geordneten Seelsorge den Inhaftierten meist einen katholischen als auch einen evangelischen Geistlichen zur Seite. Als interkonfessionell angelegte Vereinigung unternahm man durch die beiderseitig angestrebte Reform des Strafvollzugs gleichzeitig den Versuch, die beiden Kirchen einander anzunähern. Die katholischen Geistlichen wurden meist von ihren vorgesetzten Behörden zum Eintritt in die Gesellschaft veranlasst und gehörten im Vergleich zu den evangelischen Pfarrern vorwiegend den *„oberen Rängen der kirchlichen Hierarchie"* an. Die Präsidentschaft lag bis 1848 durch Graf von Spee und Fasbender in katholischer Hand, während bis 1905 ausschließlich Protestanten die Führung übernommen hatten. Des Weiteren schloss das Vereinsengagement noch die materielle Versorgung der Familie und den Schulunterricht der Kinder mit ein. Die Vereinsmitglieder konnten sich unabhängig von ihrem Religionsbekenntnis an der Wiedereingliederung der einstigen Häftlinge beteiligen. Schon anlässlich der Generalversammlung im Jahre 1848 hatten die Hilfsvereine angeregt, dass die *„Rheinisch-westphälische Gefängniß-Gesellschaft"* einen Agenten einstellen sollte, der die Tochtergesellschaften und Hilfsvereine besuchen würde, um die zahlenmäßig gesunkene Teilnahme wieder anzuheben. Neben Besuchen in Gefängnissen war es an ihm, an Orten von Gefängnissen Besuchsvereine für Gefangene zu errichten und in den Ortschaften, wo besonders viele Straftäter herkamen, die Bildung von Schutzvereinen anzuregen. Erst nachdem der preußische König einen jährlichen Zuschuss von 450 Talern, an die Bedingung knüpfend, dass das Gehalt auf mindestens 700 Taler aufgestockt würde, bewilligte, konnte die Gesellschaft im Oktober 1857 Pastor Schultze aus Neustadt-Eberswalde als Agenten der *„Rheinisch-westphälischen Gefängniß-Gesellschaft"* anstellen. Nach einem sich andeutenden Niedergang der Gesellschaft Ende der 1840er und zu Beginn der 1850er - der interkonfessionelle Hilfsverein in Düsseldorf hatte sich 1849 aufgelöst - sollte sich der Verein letztlich doch noch in der Mitte des fünften Jahrzehnts des 19. Jahrhunderts erholen.

Unabhängig von der Frage nach den Gründen war es gerade die Honoratiorengesellschaft, die jene Vereinigung z. B. im Wuppertal förderte. Mitunter mag dies damit zusammenhängen, dass die Gesellschaft *„nach der Höhe der Beitragsleistungen die Position eines lebenslänglichen Direktors (mindestens 50 Taler), eines Direktors (mindestens 5 Taler p. a.), eines Mitglieds (mindestens 1 Taler p. a. oder 2 Taler gesammelt) und eines Wohltäters (geringer oder einmaliger Beitrag)"* vergab. Als Mitglied von Tochtergesellschaft oder Hilfsverein gehörte man gleichzeitig in dieser Stellung der Hauptgesellschaft an. Die finanziell eigenständigen Tochtergesellschaften, als eigentliche *„Fürsorgeorgane für die aus der Strafanstalt des betreffenden Ortes Entlassenen"*, hatten jährlich über Aktivitäten, Namen und Mitgliederzahl, Höhe der Beiträge, Spenden, Einnahmen und Ausgaben Bericht zu erstatten. Eine Veröffentlichung der Angaben erfolgte regelmäßig im Jahresbericht der Rheinisch-Westfälischen Gefängnis-Gesellschaft. Im Jahre 1829 konnte die Gesellschaft einen Gesamtmitgliederbestand von 1.801 Personen und Firmen, worunter sich nur 56 weibliche Mitglieder befanden, verzeichnen. Von den 1.753 lokalisierbaren Mitgliedern konnte Gerhard Deimling in seiner Untersuchung lediglich vier für den im Vergleich mitgliederschwächsten aus elf Kreisen bestehenden Regierungsbezirk Aachen, namentlich je zwei in den Kreisen Aachen und Gemünd, verorten. Der 1833 ins Leben gerufenen Tochtergesellschaft in Aachen sollte dann auch der Jülicher Hilfsverein angehören. Der in zehn Jahresintervallen angelegten Statistik in der Publikation Gustav von Rohdens kann entnommen werden, dass für die Jahre 1832, 1842, 1852, 1872, 1902, 1912 und 1922 eine Vereinsniederlassung in Jülich existierte. Als die Aachener Tochtergesellschaft ihre Verbindung im Jahre 1860 mit dem Zentralverein gelöst hatte, wurde auch die Jülicher Filiale nicht mehr aufgeführt. Später sollte sich dann die Aachener Dependance wieder reorganisieren und unter dem Namen *„Gefängnisverein"* firmieren. Zu den in den Jahren 1900/01 erfolgten Neugründungen gehörte dann auch ein solcher Verein in Jülich.

Die darüber hinaus nur gering zu nennenden Mitgliederzahlen in Westfalen lagen vielfach auch in der aus verkehrstechnischer Sicht bescheidenen Lage begründet, die sich erst durch den Bau der Düsseldorf-Elberfelder und der Köln-Mindener Eisenbahnstrecke bessern sollte. Hinzukommend stellte Deimling fest, dass ein kleiner, aber einflussreicher Teil der Mitglieder den Freimaurerlogen angehörte. Weiterhin war vor allem die Oberschicht bzw. die gehobenere Mittelschicht zahlenmäßig stark vertreten. Auch wenn vorwiegend das gewerbetreibende Bürgertum fast die meisten Mitglieder stellte, wurde die Verwaltung doch oftmals durch Beamte und Geistliche übernommen. Resümierend stellte Deimling letztlich fest, dass die Rheinisch-Westfälische Gefängnis-Gesellschaft in ihren Anfangsjahren eine *„autonome, interkonfessionelle,* *überregionale, voluntaristische Vereinigung von Personen der Mittel- und Oberschicht, die in den Vollzug der staatlichen Freiheitsstrafe im Sinne eines philanthropisch-religiösen Konzepts der „Besserung" der Straftäter durch religiöse Erziehung, biblische Unterweisung, Elementarunterricht, Arbeits- und Berufserziehung sowie Entlassenenhilfe eingriff und deren Resozialisierung durch Rechristianisierung bzw. durch deren Rückführung in die christlich-bürgerliche Gemeinde beabsichtigte".*

Schlussendlich hatte der Initiator vor allen Dingen eines mit der nach außen gegenüber staatlichen und kirchlichen Behörden autonomen und Gleichberechtigung aller Stimmberechtigten anstrebenden Gesellschaft erreicht, nämlich die Bevölkerung auf die Schwierigkeiten von Kriminalität und Strafvollzug aufmerksam zu machen.

In Zusammenhang mit der Beantwortung eines Fragenkatalogs zu den in der Stadt Jülich existierenden Vereinen ging aus den Ausführungen vom 19. April 1844 hervor, dass sich der *„Hülfsverein der Rheinisch-westphälischen Gefängniß-Gesellschaft"*, der im Jahre 1830 in Jülich gegründet wurde, entlassenen Sträflingen widmete, indem er ihnen eine Unterkunft verschaffte und für ihre moralische Besserung Sorge trug. Die Einkünfte basierten auf freiwilligen Mitgliedsbeiträgen. Die durchschnittliche Anzahl der jährlich freigelassenen Häftlinge belief sich auf etwa drei Personen, die das Wohl des Vereins genossen. Unter dem Vorsitz der städtischen Behörde wurde den Mitgliedern in der Jahresversammlung Rechenschaft über die Wirksamkeit des Vereins gegeben. Eigentlicher Vereinschef war der Aachener Regierungspräsident, da die Jülicher Filiale unter Aufsicht der in Aachen befindlichen Tochtergesellschaft stand.[2] An anderer Stelle hieß es jedoch, dass die Gründung eines solchen *„Hülfsvereins"*, der sich der erheblichen Anzahl von Bettlern und der aus den verschiedenen Straf- und Besserungs-Anstalten Entlassenen widmen sollte, im Jahre 1829/30 aus Mangel an Mitgliedern nicht realisiert werden konnte. Eine im April 1829 zirkulierende Subskribentenliste verzeichnete für den gesamten Kreis Jülich nur fünf sich für diesen Zweck einsetzende Einwohner.[3] Der Pfarrer und Sekretär der Rheinisch-Westphälischen Gefängniß-Gesellschaft Gerhard Wilhelm Eduard Hoefer lud die im Kreis Jülich lebenden stimm- und wahlfähigen Vereinsmitglieder zu einer am 14. Juni 1831 um 11 Uhr im Jülicher Stadthaus stattfindenden Versammlung ein.[4] Von 1832 bis 1840 stand dem Jülicher Hülfsverein Johann Peter Mathias Joseph Nepomuc Brewer[5] als Präsident vor und dies obwohl er

---

[2]   Vgl. StA Jülich, Rep. II, Akte 547, unpaginiert, Frage-Tabelle vom 19.04.1844; LAV NRW R, Regierung Aachen, Nr. 1253, Bl. 22-25, Uebersicht der in dem Kreise Jülich bestehenden Vereine gegen die verderblichen Wirkungen des Pauperismus und der sittlichen Rohheit der niedern Volksklaßen gerichtet vom 4.05.1844 und LHA Koblenz, Abt. 403, Nr. 912, In der Rheinprovinz bestehende Vereine gegen die verderblichen Wirkungen des Pauperismus und der sittlichen Rohheit der niederen Volksklassen, Bl. 108 f. Siehe auch: Chantal KRÖBER, Hungerleider und Besserverdienende - *„Armensuppen"* in Jülich als Mittel gegen den Pauperismus 1830-1850 (Forum Jülicher Geschichte 44), 2005, S. 20, Anm. 48.

[3]   Günter BERS, Der Jülicher *„Cigarren-Abschnitt-Sammelverein"* 1881-1914. Ein Beitrag zur Geschichte bürgerlicher Armen-Fürsorge, in: Beiträge zur Jülicher Geschichte 49, 1982, S. 127-144, hier S. 129. Vgl. Kreis Jülicher Verwaltungsblatt Nr. 14 vom 2.04.1830. Wiedergabe des Originals siehe Anlage Nr. 2.

[4]   Kreis Jülicher Verwaltungsblatt Nr. 23 vom 10. Juni 1831.

[5]   Der spätere Rechtsgelehrte Johann Peter Mathias Joseph Nepomuc Brewer wurde am 9. April 1789 als Sohn des Jülicher Vize-Amtmanns Johannes August Caspar Brewer und Anna

seit 1831 nicht mehr Jülicher Bürgermeister und bereits nach Aachen verzogen war.[6] Franz Freiherr von Hallberg zu Broich bei Jülich hatte sein im Jahre 1835 veröffentlichtes Werk *„Das Alphabetische Namen-Verzeichniß von Schlachten und Gefechten, rühmlich für Preußens Krieger und Chronologische Zusammenstellung über das Leben der beiden größten Feldherren unserer Zeit"* zum Besten der Rheinisch-Westphälischen Gefängniß-Gesellschaft zu Düsseldorf herausgegeben. Schon in den Vorjahren

---

Maria geb. Koch in Jülich geboren. In der Sterbeurkunde wird seltsamerweise als Geburtsort Oidtweiler (Regierungsbezirk Aachen) genannt. Eine Einsicht in die Taufregister von Oidtweiler ergab trotz häufiger Nennung von gleichlautenden Vor- und Nachnamen kein positives Ergebnis. Demzufolge muss die Eintragung im Taufregister Jülich den Tatsachen entsprechen. Die Familie stammte aber aus Oidtweiler. Er war von 1814 bis zum 19. April 1831 Bürgermeister der Stadt Jülich. Seit dem Jahr 1815 war er Mitglied der St. Antonii- und St. Sebastiani-Armbrust-Schützenbruderschaft, ab 1819 auch Schützenmeister. Ebenfalls 1815 Bataillonschef der Jülicher Bürgermiliz, 1828 Kreisdeputierter und 1829/30 Präfekt der Barmherzigen Bruderschaft in Jülich. Am 6. Mai 1831 folgte ihm, der nun nach Aachen verzogen war, als Bürgermeister der Lederfabrikant Max Königs. Brewer verstarb 64-jährig am 2. Juli 1853 als Rentier in Aachen. Für hilfreiche Informationen sei Herrn Prof. Dr. Günter Bers in Köln gedankt. Vgl. LAV NRW R, Standesamt Aachen, Sterberegister Nr. 747/1853 und LAV NRW R, FA Brewer, Nr. 20, Bl. 6 und Nr. 21, Bl. 33, Bl. 45, Bl. 49. Siehe auch: Günter BERS, Jülich. Geschichte einer rheinischen Stadt, Jülich ³2004, S. 125 sowie Willi DOVERN, Familienbuch Sankt Mariä Himmelfahrt Jülich (Jülicher Genealogische Blätter, Heft 12, Band 1 A-D), Jülich 2000, Nr. 821, S. 199 f. als auch StA Jülich, Bruderschaftsbuch der St. Antonii- und St. Sebastiani-Armbrust-Schützenbruderschaft, Bl. 117 b und Bl. 121 a und StA Jülich, Rep. II, Akte 1117, 1831. Siehe auch: Adolf FISCHER, Chronik der Bürgermeisterei Jülich von 1814-1846, in: Rur-Blumen. Heimatbeilage zum Jülicher Kreisblatt, Nr. 26 vom 30. Juni 1928 (ohne Seitenangabe). Vgl. auch: KRÖBER, Hungerleider und Besserverdienende (wie Anm. 2), S. 14, Anm. 26.

6   N. N., Fünfter Bericht, enthaltend den in der fünften General-Versammlung am 27. July 1832 vorgelegten Jahresbericht der Rheinisch-Westphälischen Gefängniß-Gesellschaft zur sittlichen und bürgerlichen Besserung der Gefangenen, Berlin 1832, S. 40; N., N., Sechster Bericht, enthaltend den in der sechsten General-Versammlung am 24. July 1833 vorgelegten Jahresbericht der Rheinisch-Westphälischen Gefängniß-Gesellschaft zur sittlichen und bürgerlichen Besserung der Gefangenen, Crefeld 1833, S. 46; N. N., Siebenter Bericht, enthaltend den in der siebenten General-Versammlung am 22. July 1834 vorgelegten Jahresbericht der Rheinisch-Westphälischen Gefängniß-Gesellschaft zur sittlichen und bürgerlichen Besserung der Gefangenen, Crefeld 1834, S. 48; N. N., Neunter Jahresbericht, enthaltend die in der General-Versammlung am 18. Juli 1836 vorgetragene Darstellung des Umfanges und der Wirksamkeit der Rheinisch-Westphälischen Gefängniss-Gesellschaft zur sittlichen und bürgerlichen Besserung der Gefangenen, Düsseldorf 1836, S. 36; N. N., Zehnter Jahresbericht, enthaltend die in der General-Versammlung am 3. Juli 1837 vorgetragene Darstellung des Umfanges und der Wirksamkeit der Rheinisch-Westphälischen Gefängniss-Gesellschaft zur sittlichen und bürgerlichen Besserung der Gefangenen, Düsseldorf 1837, o. S.; N. N., Elfter Jahresbericht, enthaltend die in der General-Versammlung am 30. Juli 1838 vorgetragene Darstellung des Umfanges und der Wirksamkeit der Rheinisch-Westphälischen Gefängnißgesellschaft zur sittlichen und bürgerlichen Besserung der Gefangenen, Düsseldorf 1838, o. S.; N., N., Zwölfter Jahresbericht, enthaltend die in der General-Versammlung am 22. Juli 1839 vorgetragene Darstellung des Umfanges und der Wirksamkeit der Rheinisch-Westphälischen Gefängniss-Gesellschaft zur sittlichen und bürgerlichen Besserung der Gefangenen, Düsseldorf 1839, o. S.; N. N., Dreizehnter Jahresbericht, enthaltend die in der General-Versammlung am 20. Juli 1840 vorgetragene Darstellung des Umfanges und der Wirksamkeit der Rheinisch-Westphälischen Gefängniss-Gesellschaft zur sittlichen und bürgerlichen Besserung der Gefangenen, Düsseldorf 1840, o. S.

widmete er seine diversen Publikationen den bedürftigen Einwohnern verschiedener Städte wie Jülich, Linnich, Aachen und Krefeld.[7]

Bereits am 10. Juli 1838 hatte sich der Kölner Generalvikar Hüsgen in einem Schreiben an die Landdechanten des Regierungsbezirks Aachen gewandt, in dem er die Meinung der Tochtergesellschaft, dass *„in jeder Pfarrgemeinde eine Special-Commission für die Beaufsichtigung und Versorgung der Sträflinge nach ihrer Entlassung aus der Haft"* vorhanden sein müsse, nur befürwortete.[8] Nachdem den Mitteilungen im Jahresbericht der Rheinisch-Westphälischen Gefängniß-Gesellschaft zufolge bereits 1833 zu entnehmen ist, dass sich der Jülicher Hülfsverein aufzulösen drohe, gab man 1839 bekannt, dass dieser *„leider als aufgelöst betrachtet werden"* müsse, wobei man hoffe, ihn bald in kräftigerer Weise wieder aufblühen zu sehen, was auch in nicht allzu ferner Zukunft eintreten sollte.[9]

Seit dem Jahre 1841 bis mindestens 1844 stand dem Jülicher Hülfsverein der Landrat Johann Carl Wilhelm von Bülow als Präsident vor.[10] Er war in Berlin geboren und amtierte in Jülich von 1816 bis 1848 als Landrat.[11]

---

[7] Der spätere Obrist-Leutnant und Ritter in kgl. spanischen Diensten Franz Freiherr von Hallberg zu Broich wurde am 16. Juni 1784 auf dem Rittersitz Broich bei Jülich geboren und verstarb 66-jährig am 28. Februar 1851 in Wiesbaden. Aus seinem Engagement, sich für die Bedürftigen einzusetzen, sind u. a. folgende Schriften aus seiner Feder erwachsen: Franz von HALLBERG ZU BROICH, Till Eulenspiegels Geniestreiche in Knittelversen. Zum Besten der Armen zu Linnich, Krefeld 1830; DERSELBE, Einige Erfahrungen bei ansteckenden Krankheiten zur Bekämpfung der Cholera. Zum Besten der Armen in Jülich, Jülich 1831; DERSELBE, Zur Geschichte der Sitten, Gebräuche und Moden. Zum Besten des St. Vincent-Spitals für unheilbar Kranke zu Aachen, Aachen/Leipzig 1832; DERSELBE, Historia der alten Genovefa in Knittelversen. Zum Besten der Armen, Krefeld 1833; DERSELBE, Gedanken und Vorschläge über eine Versorgung der armen Mitmenschen. Zum Besten der Armen in Jülich, Jülich 1834; DERSELBE, Alphabetisches Namen-Verzeichniss von Schlachten und Gefechten, rühmlich für Preußens Krieger. Zum Besten der Rheinisch-Westphälischen Gefängniß-Gesellschaft zu Düsseldorf, Jülich 1834. Für hilfreiche Informationen sei Herrn Prof. Dr. Günter Bers in Köln gedankt. Vgl. Jülicher Correspondenz- und Wochenblatt Nro. 9 vom 1. März 1834 und Jülicher Correspondenz- und Wochenblatt Nro. 20 vom 16. Mai 1835. Siehe auch: KRÖBER, Hungerleider und Besserverdienende (wie Anm. 2), S. 35, Anm. 111.

[8] StA Jülich, Rep. II, Akte 370, unpaginiert, Schreiben vom 10. Juli 1838.

[9] N., N., Sechster Bericht (wie Anm. 6), S. 7; N. N., Zwölfter Jahresbericht (wie Anm. 6), S. 2.

[10] N., N., Vierzehnter Jahresbericht, enthaltend die in der General-Versammlung am 21. Juni 1841 vorgetragene Darstellung des Umfanges und der Wirksamkeit der Rheinisch-Westphälischen Gefängniß-Gesellschaft zur sittlichen und bürgerlichen Besserung der Gefangenen, Düsseldorf 1841, o. S.; N. N., Fünfzehnter Jahresbericht, enthaltend die in der General-Versammlung am 18. Juli 1842 vorgetragene Darstellung des Umfanges und der Wirksamkeit der Rheinisch-Westphälischen Gefängniß-Gesellschaft zur sittlichen und bürgerlichen Besserung der Gefangenen, Düsseldorf 1842, S. 48; N. N., Sechzehnter Jahresbericht, enthaltend die in der General-Versammlung am 29. Mai 1843 vorgetragene Darstellung des Umfanges und der Wirksamkeit der Rheinisch-Westphälischen Gefängniß-Gesellschaft zur sittlichen und bürgerlichen Besserung der Gefangenen, Düsseldorf 1843, S. 50; N. N., Siebenzehnter Jahresbericht, enthaltend die in der General-Versammlung am 15. Juli 1844 vorgetragene Darstellung des Umfanges und der Wirksamkeit der Rheinisch-Westphälischen Gefängniß-Gesellschaft zur sittlichen und bürgerlichen Besserung der Gefangenen, Düsseldorf 1844, S. 51.

[11] Johann Carl Wilhelm von Bülow wurde am 13. August 1778 in Berlin als Sohn des Rittergutsbesitzers Carl Leopold Daniel von Bülow, dieser war evangelischer Dechant bei dem

Am 5. Februar 1841 wandte sich der Präsident der Aachener „Gefängniß-Tochter-Gesellschaft" Jakob Christoph von Cuny an den Jülicher Landrat Johann Carl Wilhelm von Bülow, bedankte sich zunächst für die erfolgten Bestrebungen zur Bildung eines „Hülfsverein" für den Kreis Jülich, regte an, die Pfarrer, Bürgermeister und Friedensrichter desselben zu einer Mitgliedschaft zu motivieren und einen Termin zwecks Konstituierung des Vereins in einem Jülicher Lokal einzuberufen. Man stellte fest, dass sich von Bülow selbst bisher noch nicht als Mitglied benannt hatte, setzte jedoch voraus, dass er es sich angelegen sein lassen würde, den Vorsitz und die Leitung des Vereins übernehmen zu wollen. Als Sekretär der Jülicher Filiale sollte der Kreissekretär Carl Wilhelm Büttner[12] und als Schatzmeister der Kreiseinnehmer Johann Jacob Hoffstatt[13] gewählt werden. Darüber hinaus hielt es Jakob Christoph von Cuny noch für sinnvoll, einen evangelischen als auch einen katholischen Geistlichen in den Vorstand zu berufen. Des Weiteren war man überzeugt, dass auch der Linnicher Bürgermeister

---

Kollegialstift in Halberstadt, geboren. Im Juni 1805 heiratete er die katholische Josefine Katharine Apollonia Praxida Kempki [* um 1778 in Posen, † 22. November 1835 in Jülich]. Vom 1. Mai 1816 bis zum 15. April 1848 steht er als erster Landrat an der Spitze des Kreises Jülich. Vgl. Horst WALLRAFF, Vom preußischen Verwaltungsbeamten zum Manager des Kreises. Landräte und Landratsamt in den Kreisen Düren und Jülich von 1816 bis zur Gegenwart, Düren 2004, S. 145-150; Willi DOVERN, Militärangehörige und ihre Familien in Jülich in der Zeit zwischen 1794 und 1920 (Jülicher Genealogische Blätter 20, 1 Band und 1 Registerband), Jülich 2004, P 227, P 228; Jülicher Correspondenz- und Wochenblatt Nr. 18 vom 29. April 1848. Siehe auch: StA Jülich, Rep. II, Akte 545, E., Nr. 19 und D. Zusammenstellung der zu Ehrenmeistern und Mitgliedern ernannten Brüder, A. Ehrenmeister, Nr. 4. Carl Wilhelm von Bülow, Major a. D. und Landrat, 37 Jahre alt, wohnhaft in Jülich, wird am 30. August 1816 durch Affiliation in II. bzw. III. in die Loge aufgenommen. 1817 wird er 1. Vorsteher, deckte im selben Jahr, um am 29. November 1829 wieder einzutreten. 1830-1845 Ehrenmeister und von 1845-1848 Deputierter Meister. Am 28. Mai 1845 leistete er den Eid auf sein neues Logenamt. (Vgl. GStA PK, FM 5.1.4. Nr. 5957, Bl. 188. Wiedergabe des Originals siehe Anlage 17.) Im Jahr 1848 deckte v. Bülow erneut. Vgl. auch: Fritz Georg EUNIKE, Geschichte der Loge. Wahrheit und Einigkeit zu den „7 vereinigten Brüdern" in Jülich. Gegründet am 18. Oktober 1815, Jülich 1960, S. 6. Der Major von Bülow, Ritter des Eisernen Kreuzes wurde am 25. August 1816 als Ehrenmitglied in die St. Antonii- und St. Sebastiani-Armbrust-Schützenbruderschaft aufgenommen. Vgl. StA Jülich, Bruderschaftsbuch der St. Antonii- und St. Sebastiani-Armbrust-Schützenbruderschaft, Bl. 118 b. Vgl. auch: Chantal KRÖBER, Vergesellschaftung in kleinstädtischen Strukturen. Die rheinische Kreisstadt Jülich und ihre Vereine im 19. Jahrhundert (Forum Jülicher Geschichte 53), 2008, S. 110 f., Anm. 489.

12 Standesamt Jülich, Sterberegister Nr. 34 / 1853, [* zu Marienwerder, † 5. März 1853 in Jülich im Alter von 60 Jahren, Stand: Kreissekretär]. Vgl. auch: N. N., Casino-Gesellschaft Jülich 1843-1893, Jülich 1893, S. 27. Mitglied seit 1843. Gemäß der Todesanzeige der Witwe Elise Büttner geb. Vandenhoff im Jülicher Kreis- Correspondenz- und Wochenblatt Nr. 19 vom 9.März 1853 verstarb C. W. Büttner nach 14-monatlichem Nervenleiden. Vgl. auch: KRÖBER, Hungerleider und Besserverdienende (wie Anm. 2), S. 54, Anm. 205.

13 Standesamt Jülich, Sterberegister Nr. 120 / 1851, [* zu Heinsberg, † 24. Dezember 1851 in Jülich im Alter von 86 Jahren, Stand: pensionierter Kreiseinnehmer]. Vgl. auch: Leo SELS, Die Beamten und Geistlichen des Kreises Jülich vor hundert Jahren, in: Rur-Blumen. Heimat-Wochenschrift zum Jülicher Kreisblatt, 17. Jahrgang, Nr. 42 vom 15. Oktober 1938, S. 326. Der Kreiseinnehmer Hoffstatt leitete die Kreiskasse in Jülich und war Inhaber des Roten-Adler-Ordens 4. Klasse. Vgl. auch: N. N., Casino-Gesellschaft Jülich (wie Anm. 12), S. 27. Mitglied seit 1843. Vgl. auch: KRÖBER, Hungerleider und Besserverdienende (wie Anm. 2), S. 60, Anm. 233.

Bernhard Merckens,[14] Graf von Hompesch aus Rurich, die Steuerempfänger Rudolph von Collenbach und Anton Bresser sowie Bürgermeister Jacob Jüssen[15] einen Beitritt wohl nicht verweigern würden. Für den Fall, dass die im ersten Jahresbericht der Hauptgesellschaft veröffentlichten Statuten nicht mehr bei den Akten des früheren dortigen Hülfsvereins aufzufinden seien, bot man an, eine Abschrift zuzusenden.[16] Einem Zirkular des Landrates von Bülow vom 15. Februar 1841 zufolge wurden die Bürgermeister und, durch deren Ermunterung, die Pfarrer des Kreises zu einer Mitgliedschaft aufgerufen, nachdem schon der Indener Bürgermeister Bausch, der Siersdorfer Bürgermeister Hommelsheim sowie die evangelischen Pfarrer Demmer aus Inden und Johann Friedrich Wilhelm Reinhardt[17] aus Jülich dem für den hiesigen Kreis Jülich zu

---

[14] Der Personal-Wechsel fand am 23. November 1847 statt. Bernhard Merckens, der bereits seit März 1837 als Bürgermeister von Linnich tätig war, starb im Januar 1856. Vgl. Zeitschrift des landwirthschaftlichen Vereins für Rheinpreußen, 15. Jahrgang, Nr. 12, Dezember-Lieferung 1847, S. 451; Zeitschrift des landwirthschaftlichen Vereins für Rheinpreußen, 16. Jahrgang, Nr. 2, Februar-Lieferung 1848, S. 79-80; Zeitschrift des landwirthschaftl. Vereins für Rheinpreußen, Nro. 1, Januar 1856, S. 3. Siehe auch: Peter FISCHER, Das politische Leben im Kreise Jülich 1848-1918. Erster Teil: Von der Revolution 1848 bis zur Reichsgründung 1871, Jülich o. J., S. 7 und Jülicher Correspondenz- und Wochenblatt Nro. 11 vom 18. März 1837. Siehe auch: Chantal KRÖBER, Der Landwirtschaftliche Verein für Rheinpreußen - Die Lokal-Abteilung XI.b zu Jülich 1840-1914 (Forum Jülicher Geschichte 65), 2014, S. 280, Anm. 1448.

[15] Jacob Jüssen wurde am 15. April 1802 als Sohn eines Halbwinners in Liblar bei Brühl geboren. Am 6. Juni 1827 heiratete er Anna Odilia Hubertina Hilbert aus Jülich. Seit dem 28. Januar 1833 war der Kaufmann Jüssen Mitglied des katholischen Kirchenvorstandes in Jülich. Am 17. Dezember 1833 wurde er in Jülich zum Stadtrat ernannt, vom 27. März - 10. Mai 1837 war er 2. Beigeordneter, vom 10. Mai 1837 bis zum 10. Mai 1848 Bürgermeister der Stadt Jülich, war in den 1840er Jahren Mitglied im Landwirtschaftlichen Verein für Rheinpreußen, emigrierte 1848 in die USA und verstarb 1876 in Milwaukee (USA). Zudem war er ein Onkel des 1848ers Carl Schurz. Vgl. LAV NRW R, Standesamt Liblar, Geburtsregister Nr. 30/Jahr X sowie BERS, Jülich (wie Anm. 5), S. 125 und DERSELBE, Der „Männerverein zu Jülich" und seine Handwerkerschule. Eine Bürgerinitiative zur Bekämpfung des Pauperismus (1843/47), in: Neue Beiträge zur Jülicher Geschichte 10, 1999, S. 266, Anm. 32, sowie Willi DOVERN, Auswanderer aus der Stadt Jülich 1816-1934, in: Neue Beiträge zur Jülicher Geschichte 10, S. 296. Siehe auch: StA Jülich, Rep. II, Akte 555,1, unpaginiert sowie Akte 1117, 1833 und FISCHER, Chronik der Bürgermeisterei Jülich von 1814-1846 (wie Anm. 5). Vgl. BDA, Gvo Jülich 2, I, unpaginiert, Schreiben vom 28. Januar 1833. StA Jülich, Bruderschaftsbuch der St. Antonii- und St. Sebastiani-Armbrust-Schützenbruderschaft, Bl. 124 b und 132 a. Mitglied seit dem 17. Januar 1828 und 1835 Schützenmeister. Vgl. auch: N. N., Casino-Gesellschaft Jülich (wie Anm. 12), S. 27. Mitglied seit 1843. Siehe auch: KRÖBER, Hungerleider und Besserverdienende (wie Anm. 2), S. 64, Anm. 246.

[16] StA Jülich, Rep. II, Akte 370, unpaginiert, Schreiben vom 5.02.1841.

[17] Johann Friedrich Wilhelm Reinhardt wurde 1778 in Waltershausen bei Gotha geboren und war seit dem Jahr 1812 bis zu seinem Tod 1857 Pfarrer der lutherischen Kirchengemeinde in Jülich. Ebenso war Reinhardt u. a. neben dem Pfarrer Caspar Reger im Rektorat der Stadtschule. Hier kam es zu Unstimmigkeiten, da Reinhardt diese in eine Bürgerschule umfunktionieren wollte. Ein Bestreben, dass letztlich erfolglos bleiben sollte, da man der Meinung war, dadurch das Ende der Schule herbeizuführen. Vgl. Albert ROSENKRANZ (Hrsg.), Das Evangelische Rheinland (Schriftenreihe des Vereins für Rheinische Kirchengeschichte 7), Bd. 2, Düsseldorf 1958, S. 405 und Herbert LEPPER, Das Gymnasium Jülich 1816-1945 (Sonderdruck Beiträge zur Jülicher Geschichte 42), Jülich 1975, S. 14. Gemäß der Bevölkerungsliste von 1812 findet sich der mit Sibille Gertrud Nadeler (Standesamt Jülich, Sterberegister Nr.

bildenden Verein beigetreten waren und die geringste jährliche Beitragszahlung nur ein Taler betragen würde.[18] Wie man einen Monat später mitteilen konnte, waren noch Bürgermeister Jacob Jüssen, Dechant Andreas Johannes Hennes[19] und Pfarrer Gerhard Wilhelm Eduard Hoefer Mitglieder des Vereins geworden.[20] Am 27. Februar 1841 hatte Jüssen bei den Pfarrern von Mersch und Güsten anfragen lassen, ob dieselben gesonnen seien, demselben als Mitglied beizutreten.[21] Der Jülicher Landrat von Bülow lud dann schlussendlich am 24. Mai 1841 um 9 Uhr zur Gründung des Vereins auf das Jülicher Rathaus ein.[22] Landrat von Bülow eröffnete die Sitzung, indem er einleitend auf die Vereinszwecke hinwies. In diesem Zusammenhang erwähnte er auch die erstmals am 1. Juli 1830 vorgenommene Gründung eines *„Hülfsvereins der rheinisch-westphälischen Gefängniß-Gesellschaft",* der allein durch Abgang oder Entfernung zahlreiche Mitglieder verlor. Auf diesem Wege erklärten sich nochmals neunzehn Mitglieder am 24. Mai 1841 zur neuerlichen Konstituierung eines solchen Vereins bereit. Die Vorstandswahl hatte ergeben, dass fortan Landrat von Bülow zum Präsidenten, Landdechant Hennes, Pfarrer Hoefer und Bürgermeister Jüssen zu

---

48 / 1817, [Sybilla Gertrud Nadler * zu Geldern, † 10. April 1817 in Jülich im Alter von 43 Jahren, Stand: -]) verheiratete Pfarrer Johann Friedrich Wilhelm Reinhardt unter der laufenden Nr. 10 34-jährig mit wohnhaft in Jülich. Vgl. Horst DINSTÜHLER, Die Einwohner der Stadt Jülich im Jahre 1812. Sozialstruktur und Namensverzeichnis (Forum Jülicher Geschichte 33), 2002, S. 32. Vgl. auch: Leo SELS, Die Beamten und Geistlichen des Kreises Jülich (wie Anm. 13), S. 326. 1838 wurde er auf evangelischer Seite als Kreisschulinspektor der Stadt Jülich genannt. N. N., Casino-Gesellschaft Jülich (wie Anm. 12), S. 27. Mitglied seit 1843. Siehe auch: KRÖBER, Hungerleider und Besserverdienende (wie Anm. 2), S. 72, Anm. 279.

18 StA Jülich, Rep. II, Akte 370, unpaginiert, Schreiben vom 15. Februar 1841.

19 Der einstige Vikar von Berg und seit Juli 1824 als Hilfspfarrer in Stetternich tätige Andreas Johannes Hennes wurde am 6. Dezember 1838 mit Einverständnis des Oberpräsidenten der Rheinprovinz zum Landdechanten des Dekanates Jülich ernannt. Nach dem Tod des Jülicher Hauptpfarrers Caspar Reger erfolgte am 14. April 1840 durch den Kölner Erzbischof seine Ernennung zum Hauptpfarrer erster Klasse in Jülich. Die Genehmigung derselben hatte der Oberpräsident der Rheinprovinz am 27. April 1840 gegeben. Am 30. November 1857 ließ man ein dem Dechanten Hennes gewidmetes Gedicht in die Jülicher Ortspresse einrücken. Am 6./7. Juni 1865 beging man das 25-jährige Jubiläum des Dechanten Andreas Johannes Hennes als Oberpfarrer von Jülich. An diesem Ereignis nahmen auch die städtischen Vereine und Bruderschaften, so die Marianische Sodalität, die St. Antonii- und St. Sebastianii-Armbrust-Schützenbruderschaft, die St. Rochus-Bruderschaft, die Marianische Kongregation, der Männer-Gesang-Verein, der Männer-Gesang-Verein *„Olympia",* der Jülicher Schützen-Verein, der Gesellige Arbeiter-Verein, die Barmherzige Bruderschaft, der Katholische Bürger-Verein und der Jülicher Kranken-Arbeiter-Verein teil. Vgl. BDA, Gvd Jülich 1, I, (18 123), unpaginiert, Schreiben vom 28. November 1838 und vom 6. Dezember 1838; BDA, Gvo Jülich St. Marien 1, I, (11 360), Bl. 22. Vgl. Amts-Blatt der Regierung zu Aachen, Jahrgang 1824, Aachen 1824, S. 288, No. 35 vom 1. Juli 1824; Jülicher Kreis- Correspondenz- und Wochenblatt Nr. 95 vom 28. November 1857; Jülicher Kreis- Correspondenz- und Wochenblatt No. 43 vom 31. Mai 1865, No. 44 vom 3. Juni 1865, No. 45 vom 7. Juni 1865 und No. 46 vom 10. Juni 1865. Vgl. auch: KRÖBER, Vergesellschaftung in kleinstädtischen Strukturen (wie Anm. 11), S. 396, Anm. 2411.

20 StA Jülich, Rep. II, Akte 370, unpaginiert, Schreiben vom 26. März 1841.

21 Ebd., Schreiben vom 27. Februar 1841.

22 Ebd., gedrucktes Schreiben No. 2635 vom 12. Mai 1841. Vgl. Jülicher Correspondenz- und Wochenblatt Nro. 20 vom 15. Mai 1841.

Vizepräsidenten, Bresser aus Linnich zum Schatzmeister, Beigeordneter August Berns[23], ebenfalls aus Linnich, zum Sekretär sowie Friedensrichter Mathias Broudlet[24] aus Aldenhoven, Pfarrer Demmer aus Inden, Pfarrer F. A. Jansen aus Mersch und Bürgermeister Merckens aus Linnich zu beratenden Mitgliedern bestimmt wurden.[25] Schon am 27. Mai 1841 nahm die Aachener *„Gefängniß-Tochter-Gesellschaft"* die Errichtung des Jülicher Hülfsvereins freudigst entgegen. In Bezug auf die Wahl des Linnichers August Berns zum Sekretär bemerkte man, dass gemäß § 8 die Mitglieder mindestens einen Taler Beitrag im Jahr zahlen mussten, dieser allerdings nur als *„Wohltäter"* zu betrachten sei und er nur dann wahlfähig sei, wenn der Beitrag auf einen Taler erhöht werden würde. Da man es in Aachen für wünschenswert hielt, dass der zuständige Sekretär aus Jülich selbst käme, wurde vorgeschlagen, eine zweite Persönlichkeit zur Übernahme dieser Tätigkeit ausfindig zu machen. Sodann forderte man noch den gewählten Schatzmeister zum sofortigen Einzug der Beiträge auf, wobei $^1/_5$ derselben zur Disposition des Hülfsvereins stünden. Auch wurde dem Hülfsverein eine Art Anleitung an die Hand gegeben, welche in acht Punkten die Aufgaben und Ziele desselben formulierte.[26] Am 24. Juni 1841 zeigte der Linnicher Bürgermeister Bernhard Merckens dem Kreis-Jülicher Hülfsverein an, dass er aufgrund einer Reise nicht in der Lage war, die während dieser Zeit angekommenen Einladungsschreiben zur Jahresversammlung der Aachener *„Gefängniß-Tochter-Gesellschaft"* rechtzeitig zu verschicken, welche schon am 14. Juni 1841 getagt hatte. Neben ihm hatte auch der Jülicher Bürgermeister Jacob Jüssen dementsprechende Einladungen zur Verteilung bekommen. Weiterhin teilte Merckens mit, dass Herr Berns nicht bereit sei, die ihm angedachte Sekretärstelle zu übernehmen und er Schatzmeister Anton Bresser eine Liste zur Einziehung der Beiträge übergeben habe.[27] Das demzufolge noch unbesetzte Amt

---

[23] In der Bürgermeisterei Linnich wurde der bisherige Beigeordnete August Berns im September 1846 in seiner Amtstätigkeit auf weitere sechs Jahre bestätigt. Ein Jahr später wurde er mit der kommissarischen Verwaltung der Bürgermeisterei Brachelen (Kreis Geilenkirchen) beauftragt. Vgl. Amtsblatt der Regierung zu Aachen, Stück 42 vom 10. September 1846, N. 426, Aachen 1846, S. 249 und Amts-Blatt der Regierung zu Aachen, Stück 44 vom 16. September 1847, N. 500, Aachen 1847, S. 282. Siehe auch: KRÖBER, Der Landwirtschaftliche Verein für Rheinpreußen (wie Anm. 14), S. 46, Anm. 216.

[24] Mathias Broudlet, Friedensrichter, geb. in Aachen, gest. am 11. Januar 1850 in Aachen im Alter von 49 Jahren, Ehemann von Catharina Friederike Hacker. Vgl. LAV NRW R, Standesamt Aachen, Sterberegister Nr. 43 / 1850. Broudlet amtierte zunächst als Friedensrichter in Gemünd, dann in Aldenhoven bis 1845, um schließlich nach Aachen versetzt zu werden. Am 18. Mai 1852 verkaufte seine Witwe zwei in Aldenhoven an der Landstraße gelegene Häuser. Vgl. Handbuch für den Kgl. Preußischen Hof und Staat (zahlreiche Jahrgänge); Kreis Jülicher Correspondenzund Wochenblatt No. 39 vom 15. Mai 1852 und Gemeindearchiv Aldenhoven, Chronik der Gemeinde Aldenhoven 1823-1848, Akten Nr. 562, 1845. Siehe auch: LAV NRW R, Regierung Aachen, Nr. 240, unpaginiert, Schreiben vom 3. Oktober 1838. Vgl. auch: Chantal KRÖBER (Bearb.): Chronik der Gemeinde Aldenhoven 1823-1877 (Forum Jülicher Geschichte 59), 2010, S. 72, Anm. 188.

[25] StA Jülich, Rep. II, Akte 370, unpaginiert, Schreiben vom 24. Mai 1841.

[26] Ebd., Schreiben vom 27. Mai 1841, 5.06.1841 und Beilage I., Entwurf einer Instruction für die Hülfsvereine der Gefängnißgesellschaft. Wiedergabe des Originals siehe Anlage Nr. 1.

[27] Ebd., Schreiben vom 29. Mai 1841, 5. Juni 1841 und 24. Juni 1841.

des Sekretärs wurde einstweilen durch einen Vizepräsident übernommen.[28] Im November 1841 erhielt die *„Gefängniß-Tochter-Gesellschaft"* mehrere Exemplare des 14. Jahresberichts des zentralen Vereins zwecks Verteilung an Mitglieder und Wohltäter. Darüber hinaus erinnerte der Aachener Präsident Jakob Christoph von Cuny an die Einreichung des Jahresberichts, in dem u. a. anzugeben war, wie die Führung der im Bezirke wohnhaften, entlassenen Gefangenen verlaufen sei.[29] Am 28. Februar 1842 ließ von Bülow bei Bürgermeister Jüssen anfragen, ob diejenigen, welche sich im Jahre 1841 zu einer Beitragszahlung bereit erklärt hätten, diese auch in diesem Jahr fortzusetzen gewillt seien.[30] Pfarrer F. A. Jansen aus Mersch stiftete 1842 für das katholische Asyl in Ratingen einen Betrag von einem Taler.[31] Nachdem Jüssen am 31. Mai 1842 zur Einziehung der Mitgliedszahlungen für das Jahr 1842 aufgerufen wurde, welcher dann die Gelder an den Schatzmeister Bresser aushändigen oder dem Kreissekretär Büttner übergeben und der dann den Betrag auf Rechnung Bressers an die kgl. Kreiskasse einzahlen sollte, überwies er am 23. Juni 1842 vier Taler. Damit hatten Jüssen, Hennes, Reinhardt und Hoefer ihre Beiträge bezahlt.[32] Auch in diesem Jahr wurde der Jülicher Hülfsverein von der Aachner *„Gefängniß-Tochter-Gesellschaft"* zu der am 13. Juni 1842 stattfindenden Jahresversammlung eingeladen.[33] Für das in Kaiserswerth existierende Asyl für evangelische weibliche Entlassene hatte Stadtdiener Rausch von Bürgermeister Jüssen und Dechant Hennes jeweils 10 Sgr., den Pfarrern Reinhardt und Hoefer sowie von Friedensrichter Friedrich Martin[34] und Pfarrer F. A. Jansen jeweils 5 Sgr. eingesammelt, worüber Kreissekretär Büttner nunmehr Bürgermeister Jüssen um diesbezügliche Mitteilung bat.[35] Gemäß Generalversammlungsbeschluss der Aachener *„Gefängniß-Tochter-Gesellschaft"* vom 8. Mai 1843 hatten die Hülfsvereine im Sinne der Statuten von jetzt an freie Disposition behufs der eingezogenen Beitragsgelder der Mitglieder. Mittlerweile hatte der Aachener Präsident der Tochtergesellschaft und Regierungspräsident von Jakob Christoph Cuny sein Amt niedergelegt und Regierungsrat Heyse war ihm in seinem Amt gefolgt.[36] Wie Schatzmeister Anton Bresser am 9. Juni 1843 auf Anfragen mitteilen sollte, war kein Kapitalbestand mehr

---

28 Ebd., Schreiben vom 8. Juni 1841.

29 Ebd., Schrciben vom 15. November 1841 und 25. November 1841.

30 Ebd., Schreiben vom 28. Februar 1842.

31 Ebd., Schreiben ohne Datum.

32 Ebd., Schreiben vom 31. Mai 1842 und 23. Juni 1842.

33 Ebd., Schreiben vom 3. Juni 1842.

34 N. N., Casino-Gesellschaft Jülich (wie Anm. 12), S. 27. Mitglied seit 1843. Im Juni 1836 übernahm der Friedensrichter Martin die Stelle des verstorbenen Friedensrichters Peter Joseph Capellmann. Vgl. StA Jülich, Rep. II, Akte 1117, 1836 und FISCHER, Chronik der Bürgermeisterei Jülich von 1814-1846 (wie Anm. 5); Jülicher Kreisblatt, Nr. 27 vom 7. Juli 1928 (ohne Seitenangabe). StA Jülich, Rep. II, Akte 1117, 1846. Der Friedensrichter Friedrich Martin wurde als Notar nach Deutz [fälschlicherweise gibt Adolf Fischer anstelle der Stadt Deutz die Stadt Neuss an] berufen, die erledigte Richterstelle dem Landgerichts-Assessor Savels verliehen. Vgl. auch: KRÖBER, Hungerleider und Besserverdienende (wie Anm. 2), S. 70, Anm. 268.

35 StA Jülich, Rep. II, Akte 370, unpaginiert, Schreiben vom 8. Juli 1842 und 9. Juli 1842.

36 Ebd., Schreiben vom 17. Mai 1843.

vorhanden, da die Beiträge des Jahres 1842 in Höhe von 33 Talern bereits abgeliefert wurden und bisher noch keine Weisung für eine diesjährige Einziehung erfolgt sei. Darüber hinaus hielt er es aufgrund der Tatsache, dass immer mehr Personen als Mitglieder ausschieden oder dies beabsichtigen, für erforderlich, eine neue Subskriptionsliste zirkulieren zu lassen.[37] Am 27. November 1844 forderte der Jülicher Landrat von Bülow die Herren Bürgermeister von Jülich, Hambach und Steinstraß und im darauf folgenden Jahr noch diejenigen von Rödingen, Titz sowie Hottorf auf, die alljährlichen Unterstützungsbeiträge einsammeln zu lassen, wobei er darauf hinwies, dass dieselben zur freien Disposition dem Hülfsverein verbleiben würden.[38]

Aus Jülich musste Bürgermeister Jacob Jüssen am 20. Januar 1846 vermelden, dass der Kollektenaufruf auf keinen Erfolg gestoßen sei. Die Mitglieder hatten mitgeteilt, über die Beiträge hinaus, welche vergeblich direkt an den Vereinsrendanten Bresser in Linnich überwiesen wurden, keine weitere Unterstützung mehr leisten zu können. Darüber hinaus weigerten sich auch die wohlhabenden städtischen Bewohner, von denen man aus humanitären Gründen eine Hilfestellung erwartet hatte, zu zahlen, da sie durch näher liegende Zwecke wie die derzeitig eingerichtete Suppenanstalt[39] sowie andere mildtätige Obliegenheiten zu sehr in Anspruch genommen wurden.[40] Der Landrat sollte dann noch der Angelegenheit nachgehen, warum die Gelder anscheinend vergeblich eingereicht worden seien. Wie Bresser mitteilte, waren von keinem einzigen Mitglied die Beiträge direkt übermittelt worden. Daraufhin wurde Jüssen aufgefordert herauszufinden, an wen die besagten Zahlungen der Beiträge des Jahres 1845 letztlich erfolgt seien.[41] Auch im Jahre 1846 sollte eine Beteiligung an einer Kollekte für die entlassenen „Verbrecher" ausbleiben. Ebenso hatte man dieses Mal angeführt, dass die hier herrschende große Not die Mildtätigkeit bereits schon allzu sehr in Anspruch genommen habe.[42] Auf Anfragen Jüssens bewilligte man von Seiten der Aachener „Gefängniß-Tochter-Gesellschaft" für den entlassenen Sträfling Friedrich Noack eine Unterstützung in Höhe von fünf Talern, die zur Anschaffung notwendiger Arbeitsgeräte und Kleidungsstücke verwandt werden sollte.[43] In den noch überlieferten Jahresberichten der Rheinisch-Westphälischen Gefängniß-Gesellschaft wird der zur Tochtergesellschaft zu Aachen für den Regierungsbezirk Aachen gehörige Jülicher Hülfs-Verein erstmals im Jahre 1852 aufgeführt.[44] In den Jahren 1860-1870 hatte man

---

[37] Ebd., Schreiben vom 9. Juni 1843.

[38] Ebd., Schreiben vom 27. November 1844 und 11. Oktober 1845.

[39] Siehe auch: KRÖBER, Hungerleider und Besserverdienende (wie Anm. 2).

[40] StA Jülich, Rep. II, Akte 370, unpaginiert, Schreiben vom 20. Januar 1846.

[41] Ebd., Schreiben vom 24. Januar 1846 und 28. Januar 1846.

[42] Ebd., Schreiben vom 21. Dezember 1846 und 25. Januar 1847.

[43] Ebd., Schreiben vom 27. März 1847, 31. März 1847 und 6. April 1847

[44] LAV NRW R, Regierung Aachen, Nr. 923, unpaginiert, Fünf und zwanzigster Jahresbericht enthaltend die in der General-Versammlung vom 26. Juli 1852 vorgetragene Darstellung des Umfanges und der Wirksamkeit der Rheinisch-Westphälischen Gefängniß-Gesellschaft zur sittlichen und bürgerlichen Besserung der Gefangenen, XXV., Coblenz 1852, Regierung Aachen, Nr. 923, unpaginiert, Fünf und zwanzigster Jahresbericht enthaltend die in der General-Versammlung vom 26. Juli 1852 vorgetragene Darstellung des Umfanges und der

in den jährlichen Berichten bei der *„Nachweisung über die gegenwärtige Organisation der Gesellschaft, namentlich über die mit dem Ausschusse in thätiger Verbindung stehenden Tochter-Gesellschaften, Hülfsvereine und einzelnen Freunde der Gefangenen"* darauf hingewiesen, dass die Tochtergesellschaft zu Aachen, wenn sie denn noch bestehe, die Verbindung mit dem Ausschuss aufgegeben habe.[45] Wie der Jülicher Landrat Freiherr Philipp Ludwig Caspar von Hilgers[46] am 7. Januar 1867 der Aachener

---

Wirksamkeit der Rheinisch-Westphälischen Gefängniß-Gesellschaft zur sittlichen und bürgerlichen Besserung der Gefangenen, XXV., Coblenz 1852, S. 28.

[45] LAV NRW R, Regierung Aachen, Nr. 923, unpaginiert, Drei und dreißigster Jahresbericht der Rheinisch-Westphälischen Gefängniß-Gesellschaft von August 1859 bis August 1860, Düsseldorf 1860, S. 44; Vier und dreißigster Jahresbericht der Rheinisch-Westphälischen Gefängniß-Gesellschaft über das Vereinsjahr 1860/61, Düsseldorf 1861, S. 93. Vgl. auch LAV NRW R, Regierung Aachen, Nr. 924, unpaginiert, Fünf und dreißigster Jahresbericht der Rheinisch-Westphälischen Gefängniß-Gesellschaft über das Vereinsjahr 1861/62, Düsseldorf 1862, S. 75; Sechs und dreißigster Jahresbericht der Rheinisch-Westphälischen Gefängniß-Gesellschaft über das Vereinsjahr 1862/63, Düsseldorf 1863, S. 108; Siebenunddreißigster Jahres-Bericht der Rheinisch-Westphälischen Gefängniß-Gesellschaft über das Vereinsjahr 1863/64, Düsseldorf 1864, S. 80; Achtunddreißigster Jahres-Bericht der Rheinisch-Westphälischen Gefängniß-Gesellschaft über das Vereinsjahr 1864/65, Düsseldorf 1865, S. 88; Neununddreißigster Jahres-Bericht der Rheinisch-Westphälischen Gefängniß-Gesellschaft über das Vereinsjahr 1865/66, Düsseldorf 1866, S. 68; Zweiundvierzigster Jahres-Bericht der Rheinisch-Westphälischen Gefängniss-Gesellschaft über das Vereinsjahr 1868/69, Düsseldorf 1870, S. 108; Dreiundvierzigster Jahres-Bericht der Rheinisch-Westphälischen Gefängniss-Gesellschaft über das Vereinsjahr 1869/70, Düsseldorf 1871, S. 69; Einundvierzigster Jahres-Bericht der Rheinisch-Westphälischen Gefängniss-Gesellschaft über das Vereinsjahr 1867/68, Düsseldorf 1869, S. 101; Vierundvierzigster Jahres-Bericht der Rheinisch-Westphälischen Gefängniß-Gesellschaft über das Vereinsjahr 1870/71, Düsseldorf 1872, S. 101; Fünfundvierzigster Jahres-Bericht der Rheinisch-Westphälischen Gefängniß-Gesellschaft über das Vereinsjahr 1871/72, Düsseldorf 1873, S. 110; Sechsundvierzigster Jahres-Bericht der Rheinisch-Westphälischen Gefängniß-Gesellschaft über das Vereinsjahr 1872/73, Düsseldorf 1873, S. 99.

[46] Philipp Ludwig Caspar Freiherr von Hilgers wurde am 6. Januar 1816 in Heister (Kreis Neuwied) als Sohn von Philipp Joseph Ludwig Franz Salesius Johann Nepomuk Freiherr von Hilgers (Landrat in Linz, später in Neuwied) und Sophie geb. von Dhaem geboren. Er besuchte das Gymnasium in Koblenz, legte 1835 seine Reifeprüfung ab und begann im selben Jahr das Studium der Rechtswissenschaften in Bonn. Nach Beendigung seiner Studienzeit ist er an mehreren Gerichtsstätten, so in Arnsberg, Köln und Koblenz tätig. Vom 18. August 1849 bis zum 11. Mai 1850 hatte er die Verwaltung des Landratsamtes Altenkirchen als Vertretung für seinen Bruder inne. Im gleichen Jahr wird er nach Aachen überwiesen. Ab dem 20. September 1850 war er kommissarischer und 1852 definitiver Landrat in Jülich. Im September 1852 heiratete er in Aachen Hildegard geb. Freiin Coels von der Brüggghen. Infolge angeblich getätigter misslicher Äußerungen gegen den König sowie gegen die Regierung wurde er am 25. Juni 1868 vom Dienst suspendiert. Die nachfolgende Gerichtsverhandlung endete für ihn in einem Freispruch und der Wiederaufnahme seines Amtes. Am 1. September 1871 tritt von Hilgers in den Ruhestand. Er verstarb am 22. Mai 1891 in Bonn. Vgl. Horst ROMEYK, Die leitenden staatlichen und kommunalen Verwaltungsbeamten der Rheinprovinz 1816-1945 (Publikationen der Gesellschaft für Rheinische Geschichtskunde 69), Düsseldorf 1994, S. 530 f. Der Landrat Freiherr von Hilgers wurde am 17. Januar 1853 als Ehrenmitglied in die St. Antonii- und St. Sebastiani-Armbrust-Schützenbruderschaft aufgenommen. Vgl. StA Jülich, Bruderschaftsbuch der St. Antonii- und St. Sebastiani-Armbrust-Schützenbruderschaft, Bl. 143 a. Siehe auch: KRÖBER, Vergesellschaftung in kleinstädtischen Strukturen (wie Anm. 11), S. 117, Anm. 537.

Regierung mitteilte, waren bei einer evangelischen Kirchenkollekte für die Rheinisch-Westphälische Gefängniß-Gesellschaft im Kreise Jülich 3 Taler, 3 Pfennige zusammengekommen.[47] Am 9.01.1868 konnte von Hilgers übermitteln, dass 2 Taler, 2 Sgr., 4 Pf., am 18.01.1869 2 Taler, 27 Sgr., 10 Pf., am 25.02.1870 3 Taler, 18 Sgr., am 24.01.1871 2 Taler, 8 Sgr., 4 Pf. (Verteilung auf die Perzepturen: Jülich: 11 Sgr., 7 Pf; Linnich: 1 Taler, 4 Sgr., 9 Pf.; Aldenhoven: 22 Sgr.), am 16.01.1872 2 Taler, 5 Sgr., 4 Pf. (Verteilung auf die Perzepturen: Jülich: 16 Sgr., 2 Pf; Linnich: 27 Sgr., 6 Pf.; Aldenhoven: 21 Sgr., 8 Pf.), am 19.02.1873 2 Taler, 18 Sgr., 1 Pf. (Verteilung auf die Perzepturen: Jülich: 19 Sgr., 3 Pf; Linnich: 1 Taler, 5 Sgr., 3 Pf.; Aldenhoven: 23 Sgr., 7 Taler) eingesammelt und bereits der Kreiskommunalkasse überantwortet worden waren.[48] Der Ausschuss der Rheinisch-Westphälischen Gefängniß-Gesellschaft in Düsseldorf erbat in Anbetracht eines Tagungspunktes der Generalversammlung bezüglich der *„Aufgabe und Organisation öffentlicher Arbeitshäuser für Arbeitsuchende mit besonderer Berücksichtigung der Zweck der Gefängniß-Gesellschaft u. des Bedürfnisses unserer Provinzen"* am 13. Juli 1868 das Ausfüllen eines diesbezüglichen Formulars. Wie Joseph Jungbluth[49] bemerkte, umfasste die Bürgermeisterei Jülich 3.200 Zivil- und

---

[47] LAV NRW R, Regierung Aachen Nr. 924, unpaginiert, Schreiben vom 7. Januar 1867 und Nachweisung des Ertrages der evang. Kirchencollecte für die Rheinisch Westphälische Gefängniß-Gesellschaft vom 23. Februar 1867.

[48] Ebd., unpaginiert, Schreiben vom 9. Januar 1868 und Nachweisung des Ertrages der evangel. Kirchencollecte für die Rhein. Westphäl. Gefängnißgesellschaft vom 11. März 1868, Schreiben vom 18. Januar 1869 und Nachweisung des Ertrages der evangel. Kirchencollecte für die Rhein. Westphäl. Gefängniß-Gesellschaft vom 3. März 1869, Schreiben vom 25. Februar 1870 und Nachweisung des Ertrages der evangel. Kirchencollecte für die Rhein. Westphälische Gefängniß-Gesellschaft vom April 1870, Schreiben vom 24. Januar 1871 und Nachweisung des Ertrages der evangelischen Kirchencollecte für die Rheinisch-Westphälische Gefängniß-Gesellschaft vom August 1871, Schreiben vom 16. Januar 1871 [richtig: 1872] und Nachweisung des Ertrages der evangelischen Kirchen-Collecte für die Rheinisch-Westphälische Gefängniß-Gesellschaft vom 21. April 1872, Schreiben vom 19. Februar 1873 und Nachweisung des Ertrages der evangelischen Kirchen-Collecte für die Rheinisch-Westphälische Gefängniß-Gesellschaft vom 22. September 1873.

[49] Wilhelm Franz Joseph Edmund Hubert Jungbluth wurde am 18. Mai 1807 als Sohn von Edmund Jungbluth (Friedensrichter in Kerpen sowie letzter kurpfälzischer Hofrat und Stadtschultheiß in Jülich) und Maria Anna von Wittmann in Haus Laach bei Bergheim geboren. Er besuchte das Gymnasium in Köln, studierte dann 1825 in Bonn und Heidelberg Rechtswissenschaft, wo er relegiert wurde und somit kein abgeschlossenes Studium aufweisen konnte. Des Weiteren wurde er Mitglied in der allg. dt. Burschenschaft. Als Mitinitiator von Studenten-Unruhen in Heidelberg wurde er 1828 in Arrest gesetzt. Jungbluth wurde Einjährig-Freiwilliger bei dem 2. Bataillon des 28. Infanterie Regiments und kam mit diesem Truppenteil, welcher Jülich zur Garnison erhielt, 21-jährig in die Stadt. Dort heiratete er am 25. Juli 1831 Elisabeth Hubertina Schneiders († 15. Dezember 1882), die Tochter des Posthalters. Er selbst wurde 1831 Kgl. Preußischer Posthalter in Jülich und blieb dies bis zum Jahre 1851. 1837 erfolgte von der königl. Regierung die Ernennung zum Mitglied des Stadtrats und 2. Beigeordneten. Joseph Jungbluth war seit den 1840er Jahren Mitglied im Landwirtschaftlichen Verein für Rheinpreußen und wurde gemäß Protokoll vom 14. Juni 1840 zum Stellvertreter der Sektion für Viehzucht ernannt. 1847 war er Mitglied des Vereinigten Landtags und 1848 war er zunächst kommissarischer Bürgermeister von Jülich. Im gleichen Jahr gehörte er dem Frankfurter Vorparlament an. 1849/1850 Abgeordneter zur 1. Kammer für den Wahlkreis Aachen, 1850/52 Abgeordneter zur 2. Kammer für Erkelenz-Heinsberg-Jülich, 1853-58 Abgeordneter für den Wahlbezirk Grevenbroich-Neuß. Bereits seit dem 16. Januar 1851 war er

2.200 Militär-Personen, als Hauptzweige waren Handel-, Ackerbau-, Handwerk- und Tagelohnarbeit vertreten, durchschnittlich vier bis fünf Menschen wurden wegen Vergehens bestraft, des Weiteren gab es keine Arbeitsscheuen oder arbeitsfähigen Bettler und keine Fälle, in denen es schwer fiel, Arbeitslosen eine Tätigkeit zu verschaffen. Eine ständige Einrichtung zur Beschäftigung von arbeitslosen Einwohnern war nicht gegeben, im Bedürfnisfalle würden allerdings geeignete Fürsorgemaßnahmen getroffen werden, schlussendlich schrieb er noch, dass hierorts keine Notwendigkeit zur

---

Bürgermeister der Gesamtgemeinde. Er stand mit dem seit 1850 kommissarisch, dann seit 1852 definitiv amtierenden Landrat Philipp Freiherr von Hilgers († 1891 in Bonn) in einem von Animositäten geprägten Verhältnis. Am 28. Dezember 1867 übernahm Jungbluth das Amt des Bürgermeisters für die neuabgegrenzte Stadtgemeinde Jülich, Ende des Jahres 1871 legte er dieses nieder. Im Jahr 1868 wurden Bürgermeister Jungbluth und Notar Scheuer als Abgeordnete zum Kreistag gewählt. Vgl. Jülicher Kreis- Correspondenz- und Wochenblatt No. 23 vom 18. März 1868. Im Juli 1874 und Oktober 1876 unterzeichnete er den Wahlaufruf des liberalen Wahl-Comitées und zählte darüber hinaus zu den regierungsfreundlichen Katholiken in Jülich. Als Vater von acht Kindern verstarb er am 20. April 1886. Zeit seines Lebens unterhielt er gute Beziehungen zum Prinzregenten und späteren König und Kaiser Wilhelm I. von Preußen. Dieser stieg 1860 bei der Schleifung der Festung in Jülich in seinem Haus ab. Aus diesem Anlass wurde an seinem Haus in der Bayerstraße bei der Centenarfeier 1897 eine Gedenktafel aus Marmor von der Stadt angebracht. Am 26. Juli 1881 sandte der Kaiser anlässlich der Goldenen Hochzeit Jungluths ein Glückwunschtelegramm aus Bad Gastein. Der Todesanzeige im Kreis- Jülicher Correspondenz- und Wochenblatt Nr. 33 vom 24. April 1886 zufolge ist der Gutsbesitzer und Bürgermeister a. D. Joseph Jungbluth, seit 1860 Ritter des Roten Adler-Ordens IV. Klasse sowie Inhaber der Landwehr-Dienst-Auszeichnung, an einem Schlaganfall am 20. April 1886 im Alter von 79 Jahren in Jülich verstorben. Die nachfolgende Ausgabe der Tageszeitung Nr. 34 vom 28. April 1886 berichtet in den lokalen und vermischten Nachrichten ausführlich über seinen Leichenzug. Er wurde auf dem im Jahre 1784 vor den Stadtwällen angelegten alten Jülicher Friedhof begraben. Vgl. Standesamt Jülich, Heiratsregister Nr. 26 / 1831 sowie Wilhelm JOHNEN, Alte Familien des Jülicher Landes, Heft 10, Jülich 1973, S. 158-175 und BERS, Jülich (wie Anm. 5), S. 34 f. und 125, als auch derselbe, „Jülich - eine Festung des Katholizismus“. Der „Deutsche Verein für die Rheinprovinz“ in Jülich im Jahre 1875. Dokumentation einer Pressepolemik zwischen Katholiken und Liberalen während des „Kulturkampfes“ (Forum Jülicher Geschichte 17), 1996, S. 13, S. 16 und S. 39, sowie Jakob OFFERMANNS, Geschichte der Städte, Flecken, Dörfer, Burgen und Klöster in den Kreisen Jülich, Düren, Erkelenz, Geilenkirchen und Heinsberg nebst statistischen Angaben (bearb. von Joh. BRÜCKMANN), Jülich 1912, S. 94. Siehe auch: Claudia WENDELS, Die rheinische Kreisstadt Jülich im Spiegel der Bevölkerungsliste von 1858 (Forum Jülicher Geschichte 22), 1998, Nr. 6, S. 49 und Ferdinan DOHR, Das Postwesen am linken Niederrhein 1550-1900, Viersen 1972, S. 155. Ebenso: Horst WALLRAFF, Vom preußischen Verwaltungsbeamten zum Manager des Kreises (wie Anm. 11), S. 66, Anm. 350 sowie Jülicher Volkszeitung Nr. 283 vom 8. Dezember 1950. Vgl. Adolf FISCHER, Auf dem alten Jülicher Friedhof, in: Rur-Blumen. Blätter für Heimatgeschichte, Unterhaltung, Belehrung. Beilage zum Jülicher Kreisblatt, Nr. 43 vom 31. Oktober 1925. Siehe auch: Heinrich SCHIFFERS, Wilhelm Edmund Jungbluth (1765-1819), der letzte kurpfälzische Stadtschultheiß von Jülich, in: Neue Beiträge zur Jülicher Geschichte 3.2, 1992, S. 127-134, hier S. 132. StA Jülich, Bruderschaftsbuch der St. Antonii- und St. Sebastiani-Armbrust-Schützenbruderschaft, Bl. 128b, 134 a und 208 a. Mitglied seit dem 17. Januar 1832, 1839 Schützenmeister sowie 1856 Schützenkönig. Vgl. N., N., Casino-Gesellschaft Jülich (wie Anm. 12), S. 27. Mitglied seit 1843. Siehe auch: StA Jülich, Rep. II, Akte 555,1, unpaginiert. Siehe auch: KRÖBER, Hungerleider und Besserverdiener (wie Anm. 2), S. 65 f., Anm. 247.

Gründung von Arbeitshäusern bestünde.[50] In dem Bericht für das Vereinsjahr 1867/68 und 1868/69 wurde erwähnt, dass in der Synode Jülich die Fürsorge für die Entlassenen dem *„Synodal-Verein für innere und äußere Mission"* unter Vorsitz des Superintendent Reinhart in Düren übertragen worden war. Die Verbindung der Synode mit dem Ausschuss wurde durch Pastor Bender in Linnich hergestellt.[51] In den Vereinsjahren 1870/71, 1871/72 und 1872/73 stand der *„Synodal-Verein für innere und äußere Mission"* unter dem Vorsitz von Superintendent Bökelmann in Randerath.[52] Gemäß den Jahresberichten von 1869/70, 1871/72 und 1872/73 hatte die Rheinisch-Westphälische Gefängniß-Gesellschaft durch den Synodal-Hülfsverein der Synode Jülich an Jahresbeiträgen resp. Geschenken 5 Taler eingenommen.[53]

Die Zentralgesellschaft versuchte im Hinblick auf die von ihr projektierte Abschaffung des § 55 des Reichsstrafgesetzbuches: *„Wer bei Begehung einer Handlung das zwölfte Lebensjahr nicht vollendet hat, kann wegen derselben nicht strafrechtlich verfolgt werden"* in einem Schreiben vom 2. Januar 1874 herauszufinden, inwieweit die jeweiligen Bürgermeistereien davon betroffen waren. Gemäß den Ausführungen des Jülicher Bürgermeisters Friedrich Heinrich Nyssen zufolge, der den hiesigen Polizeirichter Friedrich Haaß[54] um Auskunft ersuchte, seien die hier vorkommenden Fälle im Allgemeinen selten, dagegen bei Wald- und Feldfreveln als auch Holzdiebstählen eher häufig. In diesen Belangen griff u. a. allerdings das Holzdiebstahlgesetz, wodurch die Eltern direkt bestraft wurden. Weiterhin war es bisher auch noch nicht zur Bildung von Kinderbanden gekommen.[55] Für den 18. April 1901 ersuchte der hiesige Gerichtsassessor D. Mertens den Jülicher Bürgermeister Wilhelm Vogt zu einem Termin auf dem Jülicher Amtsgerichtsgebäude zwecks Gründung eines Vereins für die Fürsorge entlassener Strafgefangener, indem *„den Gefangenen sowohl während ihrer Haft als nach ihrer Entlassung bessernd und helfend nahe zu treten, für die Familie Verhafteter zu sorgen und den Verhafteten nach ihrer Entlassung soweit möglich durch Verschaffung von Arbeit, geeignetenfalls durch Gewährung einer Unterstützung die Rückkehr in geordnete Erwerbsverhältnisse und den Wiedereintritt in einen sittlichen Lebenswandel zu erleichtern sei".[56]* Am 14.05.1901 wurde Bürgermeister Vogt zum stellvertretenden

---

50 StA Jülich, Rep. II, Akte 370, unpaginiert, Schreiben vom 13. Juli 1868, 20. Juli 1868 und 25. Juli 1868.

51 LAV NRW R, Regierung Aachen Nr. 924, unpaginiert; Zweiundvierzigster Jahres-Bericht (wie Anm. 45), S. 107; Dreiundvierzigster Jahres-Bericht (wie Anm. 45), S. 68; Einundvierzigster Jahres-Bericht (wie Anm. 45), S. 100.

52 Ebd., unpaginiert, Vierundvierzigster Jahres-Bericht (wie Anm. 45), S. 100; Fünfundvierzigster Jahres-Bericht (wie Anm. 45), S. 109; Sechsundvierzigster Jahres-Bericht (wie Anm. 45), S. 98.

53 Ebd., unpaginiert, Dreiundvierzigster Jahres-Bericht (wie Anm. 45), S. 24; Fünfundvierzigster Jahres-Bericht (wie Anm. 45), S. 48; Sechsundvierzigster Jahres-Bericht (wie Anm. 45), S. 61.

54 Zu Friedrich Haaß vgl. auch: KRÖBER, Vergesellschaftung in kleinstädtischen Strukturen (wie Anm. 11), S. 139, Anm. 667.

55 StA Jülich, Rep. II, Akte 370, unpaginiert, Schreiben vom 2. Januar 1874, 17. Januar 1874 und 19. Januar 1874.

56 Ebd., Schreiben vom 13. April 1901.

Vorsitzenden des Gefängnisvereins für den Amtsbezirk Jülich gewählt.[57] Der Aachener Regierungspräsident setzte am 14.06.1902 den Jülicher Bürgermeister davon in Kenntnis, dass der Ausschuss der *„Rheinisch-Westfälischen Gefängnißgesellschaft"* in einem Schreiben an das königliche Staatsministerium erwiderte, dass trotz des bedeutenden Interesses seitens der Staatsregierung für die Anliegen der Gefängnisvereine eine Unterbringung der entlassenen Sträflinge selbst in untergeordneten Anstellungen vielfach nicht möglich und eine solche auch innerhalb von Privatbetrieben maßgeblich erschwert sei. Nach der Meinung Vogts sollten betreffende Personen nach abgebüßter Strafe und längerer Zeit der guten Führung zumindest versuchsweise in öffentlichen Betrieben zu Tätigkeiten zugelassen werden, wodurch das Ehrgefühl derselben erhöht und ihnen ein Antrieb zur Verhütung von Straffällen gegeben sein würde.[58] Der Jülicher Bürgermeister Wilhelm Vogt wurde in der Generalversammlung des *„Gefängnißvereins für den Amtsgerichtsbezirk Jülich"* am 1.07.1912 an Stelle des verstorbenen Gutsbesitzers Harff in Krauthausen, wie ihm der Vorsitzende Amtsrichter Zander und der Schriftführer Gerichtsassessor Schumacher mitteilten, zum Vorstandsmitglied gewählt. Der Verein mit Sitz in Jülich bezweckte gemäß § 1, *„den Gefangenen während ihrer Haft helfend und bessernd nahe zu treten, für die hülfsbedürftigen Familien von Gefangenen zu sorgen und den Gefangenen nach ihrer Entlassung, soweit möglich durch Verschaffung von Arbeit, geeignetenfalls durch Gewährung einer Unterstützung die Rückkehr in geordnete Erwerbsverhältnisse und zu einem sittlichen Lebenswandel zu erleichtern."* Vogt nahm die auf ihn gefallene Wahl mit Dank an.[59] Eine weitere Generalversammlung fand am 8.07.1913 um 18 Uhr im Hotel Dissmann statt. Auf der Tagesordnung standen der Jahresbericht, die Prüfung der Rechnung und die Entlastung des Kassierers.[60]

Resümierend lässt sich konstatieren, dass die *„Gefängnißgesellschaft. Jülicher Hülfs-Verein"* seit dem Jahr 1830 bis ins 20. Jahrhundert immer mal wieder existent war und sich ihrem Ansinnen, die Gemeinschaft für aufkommende Kriminalität und Strafvollzug zu sensibilisieren sowie für eine Resozialisierung Sorge zu tragen, widmete. Das Interesse seitens der Stadt- und Kreis-Jülicher Gesellschaft, Mitglied zu werden, war zahlenmäßig gering. Dies hängt u. a. mit der hohen Vereinsdichte vor Ort zusammen. Hinzukommend scheint auch eine Priorisierung örtlicher Belange dazu geführt zu haben, dass z. B. auf die Jülicher Suppenanstalt ein größeres Augenmerk gelegt wurde als auf die *„Gefängnißgesellschaft. Jülicher Hülfs-Verein"*. Zudem schien man auch später keinen weiteren Handlungsbedarf zu sehen, handelte es sich im näheren Umfeld doch meist um Delikte im Bereich Wald- und Feldfrevel als auch Holzdiebstahl. Ein diesbezügliches Holzdiebstahlgesetz regelte dann alles Weitere. Vorwiegend waren es politische Honoratioren und Geistliche, die sich in ihrer Funktion und aufgrund ihrer finanziellen Lage, in diesem Hilfsverein organisierten und soziale

---

57 Ebd., Schreiben vom 14. Mai 1901.

58 StA Jülich, Rep. II, Akte 370, unpaginiert, Schreiben vom 14 Juni 1902 und 3. Juli 1902.

59 StA Jülich, VI-St, Akte 151, unpaginiert, Schreiben vom 5. Juli 1912 und Schreiben vom 9. Juli 1912 sowie Statuten des Gefängnißvereins für den Amtsgerichtsbezirk Jülich zu Jülich. Wiedergabe des Originals siehe Anlage Nr. 3.

60 StA Jülich, VI-St, Akte 151, unpaginiert, Schreiben vom 3. Juli 1913.

Verantwortung übernahmen. Auch wenn diese Assoziation letztlich keine Breitenwirkung im Jülicher Land erfahren hat, stellt sie trotzdem einen Beitrag sozialer Fürsorge dar.

Anlage 1

Beilage I.
Entwurf einer Instruction
für
die Hülfsvereine der Gefängnißgesellschaft.[61]

Die Hülfsvereine, gebildet aus Mitgliedern der Gesellschaft, sind deren örtliche Organe, sowohl in Beziehung auf die Intereßen der Gesellschaft überhaupt, als in Beziehung auf die häuslichen Verhältniße der Familien der Sträflinge, sowohl während der Haft als auch nach der Entlaßung der letztern.

Der Auschuß fühlt sich daher verpflichtet, über die Art und Weise der menschenfreundlichen Wirksamkeit der Hülfsvereine, und über die wesentlichen Förderungsmittel derselben, die allgemeinen Gesichtspunkte festzuhalten.

I. Anfang der Theilnahme bei Sträflingen.

Die Theilnahme des Hülfsvereins beginnt in denjenigen Landestheilen, in welchen die französische Legislation noch Gesetzeskraft hat, mit dem Urtheilsspruche; in den, der allgemeinen Preußischen Gesetzgebung unterworfenen Landestheilen aber mit der Abgabe des zur Untersuchung gezogenen Verbrechers in das Zuchthaus, zum Antritt der noch zu gegenwärtigen Strafe. Diese Theilnahme tritt nur für denjenigen Sträfling ein, welcher, oder deßen Familie einer solchen Theilnahme bedarf.

Mag auch schon während der Untersuchung und während des Vorarrestes ein Bedürfniß der Theilnahme eintreten: die Verhältniße der Familie eines Untersuchungs-Gefangenen sind zu delikat, als daß sich unsere Gesellschaft darein mischen dürfte. Ist aber das Urtheil gefällt, oder der Gefangene zum Zuchthause abgegeben, dann tritt die Vermit/telung der Gesellschaft zwischen der Familie und dem ihr entzogenen Sträflinge ein.

II. Familien-Verhältniße der Sträflinge.

Bei der Familie eines solchen Sträflings sind dann zunächst die ökonomischen Verhältniße ins Auge zu faßen, ob nämlich durch Entziehung des strafbaren Familiengliedes die Wirthschaft leide, oder gar eine Armenhülfe nothwendig werde.

Im letzten Falle muß gleich der Orts-Armenvorstand in Kenntniß gesetzt werden.

Sind verlaßene Kinder vorhanden, so sind die dafür bestimmten Unterstützungsmittel durch den Armen-Vorstand in Anspruch zu nehmen; auch wird der Hülfsverein den bei fremden Pflegeeltern untergebrachten Kindern der Verbrecher, wofür der Staat die Pflegekosten bestreitet, seine theilnehmende Aufmerksamkeit widmen.

Sind schulfähige Kinder da, so muß bewirkt werden, daß durch das der Familie zugestoßene Unglück der Unterricht der Kinder nicht gestört und darüber mit dem Schulvorstande Rücksprache genommen werden.

---

[61] StA Jülich, Rep. II, Akte 370, unpaginiert, Beilage I., Entwurf einer Instruction für die Hülfsvereine der Gefängnißgesellschaft.

III. Wirksamkeit bei der Entlaßung der Gefangenen.

Die bedeutendste Wirksamkeit des Hülfsvereins beginnt aber gegen die Zeit der Entlaßung des Sträflings. Das Gefängniß-Comité hat dann schon den Hülfsverein von der Zeit der Entlaßung, von der Führung während der Haft und der darin erzielten anscheinlichen religiösen und sittlichen Beßerung, von seinem Character, seiner Befähigung und von seinem Fleiße, von seinem allenfalsigen Ueberverdienste in der Anstalt, von dem freilich mit Vorsicht zu beachtenden Wunsche des Gefangenen über die Art der ihm nach seiner Entlaßung zu leistenden Hülfe, da sie selbst ihre Verhält/niße oft am richtigsten zu beurtheilen wißen, etc. unterrichtet. Der Hülfsverein muß nun sein Unterkommen, unter umsichtiger Prüfung der Wünsche den Wiedereintritt in seinen Familienkreis, in das bürgerliche Leben, vorbereiten und dem Zur Beßerung Hoffnung gebenden allseitig eine wohlwollende Theilnahme erwirken. Was von dem Ueberverdienste nicht zur Rückreise nothwendig ist, wird dem Hülfsverein anvertraut. Der Hülfsverein empfängt den Entlaßenen und Belehrten mit einer Karte von der Gesellschaft versehen, aus den Händen des Comité's und wacht mit väterlich strenger Aufsicht, daß ihm keine Veranlaßung gegeben wird zur Rückkehr zu seinen frühern Verirrungen. Ist cr Ackerwirth oder Pachter, so ist die Sorge für Ackergeräthe, Saatkorn u. s. w. Bedürfniß; ist er Handwerker, hat er vielleicht ein Handwerk in der Strafanstalt erlernt, so bedarf er des Werkgeräthes zur Fortsetzung deßelben; gehört er zur dienenden Claße, so ist für sein Unterkommen als Knecht, Magd, Gärtner etc. zu sorgen, allenfalls mit Zusicherung einer kleinen Mitgift für den Brodherrn, der sich seiner annimmt. Gelingt es den Hülfsvereinen, die Zahl der rückfälligen Verbrecher zu vermindern, so ist ihr schönster Beruf erfüllt.

IV. Verpflanzung der gebeßerten Sträflinge.

Beispielsweise mag hier ein Fall der Theilnahme erörtert werden, wie sie leider ! nur zu häufig Noth thut. Oft werden nämlich die Sträflinge so traurigen Familien-Verhältnißen und Umgebungen entrückt, daß ihre Wiedereinkehr in dieselben keine Beßerung für sie erwarten läßt, sondern sie unaufhaltsam in ihre frühern Verirrungen zurückziehen muß. Dann ist für ein Unterkommen in neuen, den frühern fremden, und von diesen wo möglich entfernten Umgebungen Bedacht zu nehmen, welches / bei der dienenden Claße wenig Schwierigkeit findet. Mancher Hülfsverein hegt vielleicht jetzt schon Besorgniße wegen eines oder andern Individuums, deßen verbrecherische Verbindungen sich vielleicht nach der Entlaßung in der Gegend leicht wieder anknüpfen, und ihn, wenn auch nicht in dem ersten Augenblicke, doch nach und nach wieder umstricken möchten. Könnte ihm dagegen ein entferntes Unterkommen bei ihm fremden, guten Leuten verschafft werden, so wäre Hoffnung, daß die Keime der religiösen und sittlichen Beßerung, welche die Einwirkung der Gefängnißgesellschaft in ihn gelegt hat, gedeihen würden. Das nächste Mittel zur Erreichung dieses Ziels wäre, wenn der Hülfsverein ein solches Unterkommen für ein, dem Vereine und der Gegend fremdes ähnliches Subject bei einem Ackerwirthe, Handwerker etc. unter der Bedingung ermittelte und anböte, daß jenes gefährlich erachtete fern gehalten würde. So würde sich eine gemeinnützige Reciprozität bilden, wovon sich gewiß viel Gutes erwarten ließe.

V. Jugendliche Sträflinge.

Hinsichtlich der jugendlichen Sträflinge erinnern wir die Hülfsvereine an die den Pfarrern bereits mitgetheilte Ministerial-Verfügung vom 11. July 1828., worin derselben ein unabläßiges aufmerksames Bemühen empfohlen wird, solche einzelne Personen aufzufinden und in der Intereße zu ziehen, welche einer lebendigen und dauernden

Theilnahme und Hingebung für die Sache fähig seyn möchten. Zu solchen sind insbesondere und vor allen gerechnet:

1 menschenfreundlich und christlich gesinnte Werkmeister, welche verwilderte Knaben in der Werkstatt neben sich, in Liebe und Ernst zu werktüchtigen Bürgern, Menschen und Christen bilden, oder

2 eben solche Hausfrauen, welche im Hause und in der Wirthschaft, in der Wohnstube und in der Küche, an verwahroseten Mädchen treue Mütterlichkeit / üben.

VI. Wirksamkeit auf Ausbreitung der Gesellschaft.

Die Mitglieder der Hülfsvereine als Mitglieder der gesammten Gefängnißgesellschaft, sind zugleich verpflichtet, ihre ganze Thätigkeit der Ausbreitung der Gesellschaft in dem ganzen Umfange ihres Bezirks zu widmen und Theilnehmer anzuwerben; weil nur dadurch die Zwecke der Gesellschaft erreicht werden können. Der gewählte Präsident jedes Hülfsvereines tritt mit den Comiteen der Tochtergesellschaften und der Central-Gesellschaft in geschäftliche Verbindung, wo bei ihm der gewählte Secretair Aushülfe leistet und die Correspondenz mit ihm unterzeichnet. Tritt ein örtliches Gelderforderniß ein, so wendet sich der Hülfsverein an die Gesellschaft, welche das Erforderniß und die Verpflichtung der Gesellschaft hinsichtlich deßelben prüft, und im Falle der Billigung die Unterstützung etc. anweist, oder die desfallsige Anweisung auf den Schatzmeister des Hülfsvereins delegirt. Je größer die Kräfte und Mittel der Hülfsvereine sind an Theilnehmern und Beiträgen, desto mehr vermögen dieselben zu leisten.

VII. Obliegenheiten der Schatzmeister der Hülfsvereine.

Der gewählte Schatzmeister bei jedem Hülfsvereine besorgt die Einsammlung und Einsendung der Beiträge aus dem Bezirke des Hülfsvereins an den hiesigen Ausschuß, oder an den Ausschuß der betreffenden Tochtergesellschaft und korrespondirt in Geld-Angelegenheiten unmittelbar, nach Anleitung unserer Bekanntmachung vom 6.08.1828. Derselbe wird noch mit einer besondern Geschäfts-Anweisung versehen werden.

VIII. Zusammensetzung der Hülfsvereine.

Aus den vorstehenden Grundzügen der / Wirksamkeit der Hülfsvereine ergibt sich schon, auf welche Art von Theilnehmern bei der Wahl und Zusammensetzung derselben, welche an keine Zahl gebunden ist, Bedacht zu nehmen sey. Ein geschäftskundiger Mann an der Spitze ist von wesentlichem Einfluße. Die Pfarrgeistlichen werden sich schon vermöge ihres Berufes anschließen; desgleichen die Beamten, namentlich die Landräthe, Bürgermeister und die Mitglieder der Schul- und Armen-Vorstände, indem es Hauptgrundsatz der Hülfsvereine seyn muß, sich an die gleichartige amtliche Wirksamkeit der Behörde anzuschließen und derselben entgegen zu kommen. Die Notablen jeder Claße müßen dem Hülfsvereine Kraft und Bestand geben. Zum Schatzmeister hat man vielfältig einen Caßen- oder Rechnungsbeamten gewählt. Doch vertrauen wir zu freien Wahl der theilnehmenden Menschenfreunde, daß sie überall die geeignetsten Männer für diese verschiedenen Zwecke wird herauszufinden wißen. Dadurch daß ein Drittheil der Mitglieder des Hülfsvereins nach dem Alter ihres Eintrittes jährlich durch Neugewählte ersetzt wird, wobei jedoch die ausgetretenen Mitglieder wieder wählbar sind, erhält sich der Verein eine stets sich verjüngende Theilnahme.

Anlage 2

Verordnungen und Bekanntmachungen.[62]

Nro. 54797. Bildung eines Hülfs-Vereins zu der Rheinisch-Westphälischen-Gefäng-niß-Gesellschaft.

Unter den Bettlern welche fortwährend hin und wieder aufgegriffen werden, befin-den sich viele, so dieses Vergehen schon früher durch Detention in den Arbeits-Anstal-ten büßten. Die Meisten davon geben an, daß sie nach ihrer Entlassung keine Arbeit, überhaupt die gehoffte Unterstützung Seitens der Lokal-Behörden nicht gefunden, und deshalb sich genöthigt gesehen, abermals der Bettelei sich zu ergeben. Andere[,] wel-che von den betreffenden Arbeits-Anstalten aus, untergebracht wurden, und ihre Brod-herrschaften verließen, haben bei ihrer Wiederaufgreifung erklärt, sie seien von dersel-ben schlecht behandelt und von Niemanden unterstützt, endlich aus Mißmuth davon gelaufen.

Es mögen diese Entschuldigungen mitunter gegründet sein, und mag mancher Bett-ler, wenn er nach seiner Entlassung aus einer Anstalt eine angemessene Leitung resp. Beistand entbehrt, wiederum auf Abwege gerathen, was dann mit einer neuen De-tention endiget.

Auf diese Weise entstehen die leider so zahlreich vorkommende[n] Rückfälle, die sich jedoch bei weitem nicht so häufig ereignen würden, fänden die Entlassenen den nöthigen Beistand, wenigstens wäre denselben alsdann bei ihrer neuen Detention je-der Vorwand benommen.

Am meisten aber bedürfen die entlassenen jüngeren Bettler einer fortgesetzten Lei-tung, und menschenfreundlichen Theilnahme, welche bei ihrer Unerfahrenheit mehr als die Erwachsenen der Verführung ausgesetzt sind, weshalb es durchaus nöthig ist, dieselben bis zu einem reiferen Alter unter väterlicher Obhut zu halten. Oft werden dergleichen Kinder, wenn sie etwa als Handwerker oder Dienstboten untergebracht sind, von den Brodherrschaften auf eine unpassende mit unter harte Weise behandelt, wodurch ihr Karakter eine üble Richtung erhält, und endlich die Lust zum Davonlaufen erzeugt wird.

Seit der Existenz der Rheinisch-Westphälischen-Gefängniß-Gesellschaft haben sich in mehreren Kreisen Hülfs-Vereine gebildet, die sich der entlassenen Gefangenen in dem oben bezeichneten Sinne annehmen, und ist es nicht zu verkennen, daß deren Wirkungen von heilsamen Folgen sein müssen.

Bei der jährlich zunehmenden Zahl von aus den verschiedenen Straf- und Besse-rungs-Anstalten zurückkehrenden Individuen hiesigen Kreises, ist die Bildung eines solchen Hülfs-Vereins in demselben gewiß sehr wünschenwerth; welcher bis jetzt nur der Mangel an Mitgliedern der vorerwähnten Gefängniß-Gesellschaft aus dem Kreise Jülich entgegen stehet, da die Hülfs-Vereine nach den Statuten dieser Gesellschaft nur aus Mitgliedern derselben zusammengesetzt sein sollen.

Bei dem anerkannten wohlthätigen Sinne der Bewohner des hiesigen Kreises, ist es wohl nicht zu bezweifeln, daß ein solcher Hülfs-Verein bald wird ins Leben treten können, wenn Sie, wie ich mich von Ihnen versichert zu halten berechtigt bin, sich es angelegen sein lassen, in Ihren Verwaltungs-Bezirken, dahin zu wirken, daß eine an-gemessene Anzahl Mitglieder zur Gefängniß-Gesellschaft zusammengebracht werde.

Mitglied dieser Gesellschaft wird ein Jeder der einen jährlichen Beitrag von wenigs-tens einem Thaler u n t e r z e i c h n e t, oder mindestens jährlich zwei Thaler sammelt,

---

62 Kreis Jülicher Verwaltungsblatt Nro. 14 vom 2.04.1830.

und Alle welche auch nur einmal einen Beitrag geben, sey es der geringste, werden als Wohlthäter der Gesellschaft anerkannt.

Durch meine Circular-Verfügung vom 10. April 1829 Nro. 50,489 wurden Sie zu Sammlungen von Subscribenten zu dem vorgedachten Zwecke veranlaßt, welche indessen nicht den gehof[f]ten Erfolg gehabt haben, da sich im Ganzen nur fünf Einwohner hiesigen Kreises, worunter zwei mit einem Thaler jeder zu jährlichen Beiträgen unterzeichnet haben, es mag indessen die bisherige Urkunde über das hei[l]same Wirken der vorerwähnten Gefängniß-Gesellschaft die Folge dieses ungünstigen Resultats sein, wie solches auch aus verschiedenen dieserhalb eingekommenen Berichten hervorgeht, weshalb ich Sie hierdurch wiederholt veranlasse, sich einer anderweitigen Sammlung von mir die Subscribtions-Listen binnen 4 Wochen zugehen zu lassen.

Jülich[,] den 27. März 1830.   Der Königl. Landrath *v. B ü lo w*.
An sämmtliche Herren Bürgermeister des Kreises.

Anlage 3

Statuten
des Gefängnißvereins für den Amtsgerichtsbezirk Jülich
zu Jülich.[63]

§ 1.

Der Gefängnißverein für den Amtsgerichtsbezirk Jülich mit dem Sitz in Jülich bezweckt, den Gefangenen während ihrer Haft helfend und bessernd nahe zu treten, für die hülfsbedürftigen Familien von Gefangenen zu sorgen und den Gefangenen nach ihrer Entlassung, soweit möglich durch Verschaffung von Arbeit, geeignetenfalls durch Gewährung einer Unterstützung die Rückkehr in geordnete Erwerbsverhältnisse und zu einem sittlichen Lebenswandel zu erleichtern.

§ 2.

Der Verein tritt der Rheinisch-Westfälischen Gefängnißgesellschaft als Hülfsverein bei; leistet derselben einen Jahresbeitrag entsprechend seinen eigenen Mitteln und den Bedürfnissen der Gesellschaft und verpflichtet sich, die Ziele und Bestrebungen der Gesellschaft in jeder Weise zu fördern.

§ 3.

Mitglieder des Vereins sind alle, welche sich verpflichten, einen Jahresbeitrag von 1 Mark zu zahlen.

Stimmberechtigt auf der Generalversammlung der Rheinisch-Westfälischen Gefängnißgesellschaft ist dagegen nur der, welcher 3 Mark Jahresbeitrag entrichtet.

§ 4.

Die Angelegenheiten des Vereins leitet der Vorstand.

Derselbe besteht aus dem aufsichtführenden Amtsrichter und Gefängnißvorsteher bezw. dessen Stellvertreter, dem Landrath des Kreises Jülich, dem Bürgermeister von Jülich, dem katholischen und evangelischen Pfarrer der Stadt Jülich und 7 von der

---

63 StA Jülich, VI-St, Akte 151, unpaginiert, Statuten des Gefängnißvereins für den Amtsgerichtsbezirk Jülich zu Jülich.

Vereinsversammlung gewählten Mitgliedern, von denen 4 in Landgemeinden des Bezirks wohnen müssen.

§ 5.

Der Vorstand wählt unter seinen Mitgliedern einen Vorsitzenden, einen Stellvertreter desselben, einen Schriftführer und einen Kassirer.

Der Vorstand ist beschlußfähig bei Anwesenheit von 3 Mitgliedern.

Im ersten Jahre scheiden 3, in den beiden folgenden Jahren je 2 Mitglieder aus. Die das erste und zweite Mal ausscheidenden Mitglieder werden durch das Loos bestimmt.

Der Vorstand tritt auf Berufung und unter Leitung des Vorsitzenden zusammen zur Berathung und Beschlußfassung der Vereinsangelegenheiten und der Fürsorgefälle so oft es erforderlich ist.

Der Vorsitzende übernimmt in dringenden Fällen die unmittelbare Sorge für die Pflege der Gefangenen, der Entlassenen und deren Familien und ist zur Verabfolgung von Unterstützungen direkt befugt.

§ 6.

Das Vereinsjahr läuft vom 1. April bis 31. März.

Im April, Mai oder Juni jeden Jahres findet auf Einladung und unter Leitung des Vorsitzenden eine Vereinsversammlung statt, in welcher der Rechenschaftsbericht über das abgelaufene Vereinsjahr erstattet und die erforderliche Wahl von Vorstandsmitgliedern vorgenommen wird.

Der Zeitpunkt der Versammlung ist wenigstens eine Woche vorher durch die in Jülich erscheinenden Zeitungen bekannt zu machen, auch dem Ausschusse der Rheinisch-Westfälischen Gefängnißgesellschaft unter Angabe der Tagesordnung mitzutheilen.

Außerdem findet eine Vereinsversammlung statt, so oft der Vorstand eine solche im Interesse des Vereins für nöthig hält oder zwölf Vereinsmitglieder unter Angabe des zu verhandelnden Gegenstandes darauf antragen.

§ 7.

Bei allen Beschlüssen des Vorstandes und der Vereinsversammlung entscheidet einfache Stimmenmehrheit. Im Falle der Stimmengleichheit entscheidet die Stimme des Vorsitzenden.

Die Wahlen erfolgen gleichfalls nach einfacher Stimmenmehrheit, bei Stimmengleichheit entscheidet das Loos.

§ 8.

Im Falle der Auflösung des Vereins wird das Vereinsvermögen der Rheinisch-Westfälischen Gefängnißgesellschaft für die Zwecke dieser Gesellschaft überwiesen.

Druck von Jos. Fischer in Jülich.

Horst Dinstühler

Octroi, Mahl- & Schlachtsteuer, Klassen- und Einkommensteuer - Von der Finanzierung des stadt-jülicher Haushaltes im 19. Jahrhundert.

Vorbemerkung. Die Beschränkungen in vielen Bereichen des öffentlichen Lebens im Zuge der Maßnahmen gegen die derzeitige *„Corona-Krise"* haben auch die Arbeiten zu diesem Aufsatz beeinträchtigt. Glücklicherweise verfügt das Stadtarchiv Jülich über umfangreiche Unterlagen zur Steuergeschichte des 19. Jahrhunderts, ergänzende Konsultationen von Beständen anderer Archive wurden aber durch die Schließung dieser Einrichtungen verhindert. Auch die Heranziehung der über die diesbezüglich eher mageren Bestände der Jülicher Archivbibliothek hinausreichenden Fachliteratur scheiterte wegen der Einstellung des Fernleihe-Dienstes der Bibliotheken. Die vorliegende Arbeit schöpft daher ausschließlich aus den Quellen des Jülicher Stadtarchivs, weswegen auf entsprechende Hinweise in den Anmerkungen verzichtet worden ist.

Octroi

Als die Preußen 1815 die Verwaltung ihrer künftigen westrheinischen Landesteile übernahmen, trafen sie auch im Steuerwesen auf Strukturen, die unter der französischen Regierung ausgeformt worden waren. Haupteinnahmequelle der Stadt Jülich war dabei eine indirekte Steuer, der sogenannte Octroi, mit dessen Erträgen ein großer Teil der laufenden Ausgaben finanziert werden konnte. Der Octroi wird in den Schriftstücken der Jülicher Verwaltung bisweilen auch als Akzise bezeichnet, unterschied sich aber vor allem in der Erhebungsform von denjenigen Akzisen, die in der Zeit vor der französischen Besetzung als Verbrauchssteuern auf Wein, Bier und weitere vornehmlich innerstädtisch gehandelte Waren erhoben worden waren und damals als Hauptträger des Jülicher Finanzwesens fungierten. Zwar handelte es sich beim Octroi ebenfalls um eine Verbrauchssteuer, sie wurde aber auf Grund einer speziellen obrigkeitlich erteilten Befugnis beim Eingang in die Stadt gewissermaßen als Zoll auf bestimmte Waren erhoben.

Die Octroi-Abgaben, wie sie noch 1818 zu zahlen waren, gingen zurück auf einen vom französischen Finanzminister am 18. Oktober 1807 genehmigten Tarif.[1] Betroffen waren alkoholische Getränke (Wein, Fruchtbranntwein, Hefe-Branntwein, Arack, Rum und Liköre sowie Bier), Essig und Öl (Weinessig, Apfel- u.a. Essig, Baumöl, *„Saamen und Fischoel"*), Fleisch und Vieh (Ochsen, Kühe, Rinder, Schweine, Hammel, Schafe, Lämmer und Ziegen, *„Spanferkel oder Milchschweinchen"*, frisches, geräuchertes und gesalzenes Fleisch), Fische (frische, geräucherte und gesalzene Fische sowie

---

[1] Arreté portant établissement d´un octroi municipal dans la commune de Juliers, mit Tarif vom 2. Oktober 1807, in: Recueil des actes de la Préfecture du Département de la Roer, an 1807 / Sammlung der Präfektur-Akten des Roer-Departements, Jahr 1807, [Aachen] o.J., No. 37, S. 421-424.

Stockfische), Heizstoffe (Brennholz, Holz- und Steinkohlen) und Baumaterialien (Kalk, Schiefer, eichene Bretter). Bestandteil des Tarifs waren aber nicht nur eingeführte Waren, sondern auch einige in der Stadt hergestellte (Fruchtbranntwein und Bier, Apfel- und andere Essigsorten), für die allerdings wesentlich weniger entrichtet werden musste als für die importierten (zwischen 50 und 75%).[2]

Aufgrund der Einführung einer staatlichen *„Zoll- und Verbrauchssteuer"* mit Wirkung zum Jahresbeginn 1819 (Edikt vom 26. Mai 1818) durfte von dieser Zeit an *„kein ausländischer Gegenstand mehr besteuert werden, von dem der Zoll oder die Consumtions-Steuer an den Staat bezahlt worden ist oder werden muß"*.[3] Dies musste nun zu Einnahme-Ausfällen beim städtischen Octroi führen, die vom Stadtrat auf jährlich 1200 bis 1300 Franken beziffert wurden.[4] Aufgefordert, Vorschläge zur Deckung des Verlustes einzubringen, einigte sich der Stadtrat auf eine Verdoppelung der Abgabe auf Bier. Die Taxe des in der Stadt produzierten Getränks sollte von bisher 25 auf künftig 50 Centimes pro Hektoliter angehoben werden, die des eingeführten Biers von 40 auf 80 Centimes.[5] Trotz einer sofortigen Beschwerde *„sämmtlicher Bierbrauer der Festungs Stadt Jülich"*,[6] die diese Erhöhung, die sie zu Preissteigerungen zwänge, als unsozial brandmarkten, weil sie den armen Bürger und Soldaten belaste, während die Begüterten *„ihre Labung im Weintrinken suchen"* könnten, setzten Bürgermeister und Rat sich durch. Sie bezeichneten die derzeit gültige Abgabe von 25 Centimes als unbedeutend. Nach dem Einzug der Alliierten in die Stadt seien die hohen *„Fabrikations Gebühren"*, wie sie unter den Franzosen und auch früher unter der pfälzischen Regierung hätten gezahlt werden müssen, abgeschafft worden und dennoch hätten die Bierbrauer damals den Preis für eine *„Maaß"* von 3 auf 4 Stüber erhöht. Die Beschwerde gegen die aktuelle unbedeutende Erhöhung der Akzise sei daher unbegründet.[7] Die Brauer, bei denen es sich durchweg auch um Bierwirte handelte, mussten also die Erhöhung der Produktionskosten hinnehmen. Übrigens war kein einziger von ihnen im städtischen Rat vertreten.

Erhoben wurde der Octroi an den beiden damaligen Stadttoren, dem Kölntor (damals meist Neutor genannt) und dem Rurtor. An diesen Toren war je ein Octroi-Einnehmer[8] postiert, die beide einem Octroi-Aufseher unterstanden. Der Octroi-Aufseher hatte die Einnahmen zu protokollieren und bei Problemen in polizeilicher Funktion einzugreifen. 1818 war als Aufseher der Polizei-Sergeant Krichel eingestellt worden.

---

2   Octroi-Tarif der Stadt Jülich vom 9. Dezember 1818, in: II-25, Bl. 101/102 sowie 104/105.

3   II-25, 98 a: Königliche Regierung Aachen an Landrat von Bülow vom 17.09.1818.

4   II-25, 108 a-b.

5   Ebd.

6   II-25, 112 a-113 a, vom 11.01.1819. Es handelte sich um Heinrich Thelen, Jos. Lambertin, Conrad Hoevels, T[heodor] Beyer, H[enrich] Kehren, M. Buderath, W[ilhelm] Welty und Hugo Tillessen.

7   II-25, 114 a-115 a: Schreiben des Bürgermeisters an den Landrat vom 20.01.1819.

8   1818 waren dies der 1778 in Jülich geborene Johann Wilhelm Baur (seit April/Mai 1818, s. II-25, 81 ff.) und der 1779 ebendort geborene Heinrich Joseph Welty (seit mindestens 1815, s. II-1168, No. 333); vgl. auch II-27, 13 a; zu den Personen: Horst Dɪɴsᴛüʜʟᴇʀ (Bearb.), Die Stadt Jülich und ihre Bewohner im Jahr 1822 (Forum Jülicher Geschichte 63), Jülich 2012, S. 88 bzw. 93.

Krichel sei zwar *„wegen im französischen Kriege erhaltenen Schußwunden zu schwerer Arbeit unfähig"*, könne aber *„gut schreiben"* und besitze *„die zum Polizei Sergeant erforderliche Kühnheit"*.[9] Die Oberaufsicht als Akzise-Kontrolleur lag damals bei dem mit 24 Jahren noch sehr jungen beigeordneten Bürgermeister Hermann Joseph Speck.[10]

Der Octroi war zunächst eine 90%ige Gemeindesteuer, 10% wurden bis Ende März 1814 an den französischen Staat abgeführt,[11] später an den preußischen.[12] Zu den Einnahmen aus dem Octroi standen den Gemeinden außerdem 13% des Netto-Ertrages aus der an den preußischen Staat abzuführenden Gewerbesteuer zu. Auf die Bürgermeisterei Jülich bemessen entsprach dies 1816 einer Summe von etwas mehr als 76 Talern.[13]

Die Erträge des städtischen Octroi, so der Jülicher Bürgermeister 1819, seien bislang ausreichend gewesen, um die im Haushalt vorgesehenen Ausgaben zu bestreiten, 1818 seien *„beinahe 12.000 Franken"* (ca. 4.000 Taler) eingenommen worden. Die Mitte dieses Jahres eingeführte staatliche *„Zoll- und Verbrauchssteuer"* habe aber zu enormen Einnahme-Ausfällen geführt. Zur Bestreitung des Defizits habe man für das Haushaltsjahr 1820 vor allem hinsichtlich der Verwaltungskosten und für die Realisierung der erforderlichen Kommunalbauten und Reparaturen eine *„außergewöhnliche, den Einwohnern empfindliche Umlage"* (auf die Grundsteuer) in Höhe von 1.846 Talern aufbringen müssen.[14]

Die Erhebung des städtischen Octroi endete am Abend des 10. September 1820,[15] vom nächsten Tag an wurde die Mahl- und Schlachtsteuer eingeführt.

Mahl- und Schlachtsteuer

Die Mahl- und Schlachtsteuer, die in Jülich ab dem 11. September 1820 den bisherigen Octroi ablöste, war zum einen eine Verbrauchssteuer auf eingeführtes Mehl, Graupen, Grütze, Gries, geschrotetes Getreide und Hülsenfrüchte sowie auf Brot, Backwerk, Nudeln, Stärke und *„Puder"*, zum anderen auf Fleisch, Fett und alle

---

9   II-25, 94 b. Es handelte sich um den 1781 in Jülich geborenen Jacob Krichel, der wenige Jahre später beim 3. Landwehr-Regiment aktiv war; vgl. DINSTÜHLER, 1822 (wie Anm. 8), S. 69 und 111.

10 II-25, 106 a: Schreiben des Bürgermeisters an diesen vom 29.12.1818; DINSTÜHLER, 1822 (wie Anm. 8), S. 62.

11 So in: Bestand I, G 9, Nr. 665 vom 19.07.1816 (*„Die Erhebung des Zehntel vom Octroi ex a[nn]o 1814 betreffend"*.

12 II-1168, No. 260: Am 10. Januar 1815 bemängelt der General-Gouvernements-Kommissar im Roer-Departement in einem Schreiben an den Jülicher Bürgermeister, das Verzeichnis der bis Ende Dezember 1814 *„in Ihrer Stadt erhobenen Octroye-Gefälle so wie des der Regierung davon zukommenden Zehntels und Stempel-Gelds"* sei ihm noch nicht zugegangen.

13 II-1141, 10 a-b.

14 II-191, Hauptverwaltungsbericht 1819, Abschnitt XII: *„Das gesammte Communal weesen"*. 1814 hatten die Einnahmen trotz der langen Blockade der Stadt 12.842 Franken eingebracht, wie der damalige Empfänger der Bürgermeisterei Jülich, Tilmann Krey, am 17. März 1815 dem Jülicher Bürgermeister mitteilte; vgl. II-1168, Nr. 333.

15 II-27, 11 a; Mitteilung der Regierung AC an den Jülicher Landrat vom 08.09.1820.

„Zubereitungen daraus".

Das dazu erlassene Gesetz über die Einrichtung des Abgabewesens vom 30. Mai 1820[16] hatte den einzelnen Städten die Wahl zwischen einer künftigen Einführung einer Mahl- und Schlachtsteuer und der einer Klassensteuer gelassen,[17] während für die Landgemeinden wohl wegen des Mangels an Bäckern und Metzgern die Klassensteuer sofort obligatorisch wurde. Am 26. August fragte die Aachener Regierung beim Jülicher Landrat an,[18] für welche Steuer man sich zu entscheiden gedenke, und wies als Entscheidungshilfe auf die Vor- und Nachteile beider Steuerarten hin. Für die Mahl- und Schlachtsteuer spreche die allmähliche Entrichtung in kleinen Beträgen, die niemandem wehtue, ferner, dass ein Teil auch durch den Konsum Auswärtiger finanziert würde, durch die vielen Durchreisenden und in der Stadt verweilenden Fremden. Nachteilig sei hier die Belastung der *„ersten Lebensbedürfnisse",* die vor allem die untere Einwohnerklasse treffe, die ja ohnehin schon durch die vor nicht langer Zeit erhobene Getränkesteuer beschwert worden sei. Bei der Klassensteuer hingegen bleibe die unterste Klasse, diejenigen Armen, die auf städtische Unterstützung angewiesen seien, steuerfrei.

Weiterhin wurde der Stadtrat aufgefordert, Vorschläge bezüglich der künftigen Finanzierung des städtischen Haushalts vorzulegen. Für beide Steuerarten sollte dies mittels *„Beischlag",* also eines Zuschlages auf die an den Staat abzuführende Steuersumme geschehen. Von der Regierung waren hier Höchstsätze vorgegeben, die sich auf maximal ⅓ der Mahlsteuer und ⅙ der Schlachtsteuer belaufen sollten. Für den Fall, dass auch diese Summen nicht hinreichen sollten, die Einnahme-Ausfälle im Vergleich zum früheren Steuersystem auszugleichen bzw. die Ausgaben zu decken, wurden Vorschläge erbeten, wie dies geschehen könne.

Die Sitzung des Gemeinderates vom 6. September, in der beide Fragen, die nach der Steuerart und die nach dem kommunalen Zuschlag erörtert wurden, erbrachte nun folgende Ergebnisse. Man entschied sich für die Mahl- und Schlachtsteuer aus den schon oben genannten, für diese Steuer sprechenden Gründen, und fügte hinzu, es sei bei den *„vielen bedürftigen Einwohnern"* unmöglich, die von der Regierung vorgegebene, an den Staat abzuführende Summe von wenigstens 3.038 Talern auf dem Wege der Klassensteuer aufzubringen. Dies könne durch die Mahl- und Schlachtsteuer viel leichter und gerechter geschehen, zumal die Durchreisenden und die Garnison mit beitragen müssten.[19]

Was den eigenen Haushalt betreffe, so verfüge man zur Zeit über *„gewöhnliche"* Einnahmen von ca. 1.000 Talern bei Ausgaben von 3.800 Talern, müsse also ein

---

16 Amtsblatt der Regierung zu Aachen (künftig: Amtsblatt Aachen) Nr. 44 vom 04.09.1820, S. 417-426; zur Mahl- und Schlachtsteuer S. 423-426; genaue Ausführungsanweisungen im 13 Seiten umfassenden *„Regulativ wegen Entrichtung einer Mahl- und Schlachtsteuer in der Stadt Jülich"* mit einer Erhebungs-Rolle, in: Ebd., Nr. 45 vom 07.09.1820, Beilage.

17 Ein Verzeichnis der 132 Städte (von Königsberg im Osten bis Jülich im Westen), *„in welchen die Mahl- und Schlachtsteuer erhoben wird",* in: Amtsblatt Aachen, No. 44 vom 04.09.1820, S. 422.

18 II-27, 1 a-2a.

19 II-27, 8 a-b.

Defizit von 2.800 Talern ausgleichen. Dies solle geschehen durch einen Zuschlag von ⅓ auf die Mahlsteuer und von etwa ¼ auf die Schlachtsteuer, durch die Fortsetzung der Abgabe auf Brennmaterial, wie sie beim Octroi festgelegt war, und eine außergewöhnliche Umlage auf die Grundsteuer.[20] Mit diesen Vorstellungen konnte sich die Stadt nur teilweise durchsetzen, genehmigt wurden schließlich die *„Maximal-Zuschläge"* von ⅓ bzw. ⅙ auf die Mahl- und die Schlachtsteuer, die je nach Bedarf durch eine Umlage auf die Grundsteuer (für 1821: 1.000 Taler)[21] ergänzt werden konnte.[22] Schon bald, ab März 1822, sind dann die unterschiedlichen Prozentsätze für den *„Kommunalzusatz"* auf 25% auf die Gesamtsumme der abzuführenden Mahl- und Schlachtsteuer vereinheitlicht worden.[23]

Einer der Gründe, die für die Einführung der Mahl- und Schlachtsteuer sprachen, war ihre Verwandtschaft mit dem Octroi hinsichtlich des Einzugsverfahrens. Dieses und die daran beteiligten Personen konnten größtenteils beibehalten werden. So wurden die Gelder weiterhin am Aachener und am Kölner Tor erhoben, wo die beiden Steuer-Einnehmer, lediglich ausgestattet mit neuen Instruktionen, weiter ihrer Arbeit nachgingen. Die hier entstehenden Personal- und sonstigen Verwaltungskosten mussten nun durch die Stadt nicht mehr, wie beim Octroi, vollständig bezahlt werden, sondern jetzt nur noch entsprechend dem Anteil, der der Stadt an den gesamten Mahl- und Schlachtsteuer-Einnahmen zufiel. Diese Verwaltungskosten, die bald auf 5% des Kommunal-Zuschlags festgelegt wurden, umfassten anfangs die Jahresgehälter für den *„Steueraufseher"* (der frühere Akzise-Kontrolleur Speck) in Höhe von 250 Talern[24] und die beiden Steuer-Empfänger, die 6% ihrer Gesamteinnahmen, jedoch mindestens 200 und maximal 250 Taler neben einer Amtspauschale (vermutlich für Dienstkleidung und Ausrüstung) von insgesamt 40 Talern jährlich erhalten sollten. Ferner wurden Mietzahlungen für das *„Empfangsgelaß"* am Aachener Tor in Höhe von 60 Talern fällig,[25] das vor dem Kölner Tor blieb mietfrei, befand sich wohl in städtischem Eigentum.[26] Die dortigen Räume dürften übrigens sehr spartanisch eingerichtet gewesen sein, die *„Utensilien"* am Kölner Tor, die von der *„Octroi-Behörde"* übernommen worden waren, umfassten lediglich einen kleinen *„Stubenofen"* nebst Pfeife und ein *„hölzernes Repositorium".*[27]

---

[20] II-27, 9a-10a.

[21] II-191: Hauptverwaltungsbericht 1820.

[22] II-27, 21 a: Regierung Aachen an den Jülicher Landrat vom 16.09.1820.

[23] II-27, 45 a-47 a, 56 a, 57 a.

[24] Auf seine Bitte vom 22. Januar 1823 gewährte ihm der Stadtrat eine einmalige Zahlung in Höhe von 150 Talern, weil er durch den Übergang auf die Mahl- und Schlachtsteuer Einkommenseinbußen erlitten habe (früher 900 Francs [etwa 300 Taler], jetzt 250 Taler bei schwererem Dienst); gleichzeitig bat er um eine Obersteuer-Kontrolleurstelle, wie er sie früher innegehabt habe; vgl. II-27, 69a-73a.

[25] Regierung Aachen, II. Abt., an Bürgermeisterei Jülich vom 26.01.1821: II-27, 27 a-28 a.

[26] Es handelte sich um die frühere Dienstwohnung des Bauschreibers, der sich jetzt aber in der Stadt eingemietet habe, weshalb das Gebäude nun weiter für den Steuerempfang genutzt werden könne; Bürgermeister Brewer an Regierungsrat de l'Egre vom 10.09.1820: II-27, 14a.

[27] II-27, 39 a-40 a.

Die Einnahmen aus der Mahl- wie aus der Schlachtsteuer sind an beiden Toren akribisch protokolliert worden, für die Anfangszeit sind die wöchentlichen Aufstellungen erhalten. Danach haben sich die Einnahmen relativ gleich auf die beiden Tore verteilt, am Aachener Tor wurde, zumindest in den Anfangsjahren, in der Regel mehr Mahlsteuer kassiert, am Kölner Tor war die Schlachtsteuer ertragreicher; insgesamt hielten sich die Erlöse aus beiden Steuern in etwa die Waage.[28] Die Einnahmen aus dem Kommunal-Zuschlag wurden zunächst wöchentlich dem städtischen Steuer-Einnehmer Collenbach entrichtet,[29] für die staatlichen Steuergelder war ein Obersteueraufseher am Dürener Hauptsteueramt zuständig.[30] Ab etwa Mitte der 1820er Jahre ist der Kommunal-Zuschlag noch durch einen weiteren Abzug gemindert worden und zwar um etwa 10% für die *„Militair-Menagen"*, den Anteil der Garnison für die gezahlte Schlachtsteuer.

Insgesamt beliefen sich die jährlichen Einnahmen aus dem *„Zuschlag"* nach Abzug der Verwaltungskosten und der Militair-Menagen auf 1.000 bis etwa 1.700 Taler, nach anfänglicher Steigerung dann mit abnehmender Tendenz. Dies war nur ein Bruchteil dessen, was zuvor durch den Octroi eingekommen war und machte von Anfang an einen weiteren Zuschlag erforderlich, der auf die Grundsteuer gelegt wurde und damit neben den städtischen Steuerzahlern auch die der Landgemeinden traf.[31] Die Höhe dieses Zuschlages war variabel und richtete sich nach dem erwarteten Bedarf, war somit nicht nur von den Einnahmen aus der Mahl- und Schlachtsteuer abhängig, sondern auch von der Höhe der erwarteten Ausgaben. 1821 wurden dafür 1.000 Taler veranschlagt und auch eingenommen,[32] 1824 ist von 700 Talern die Rede,[33] 1825 verminderte sich der Bedarf auf nur noch 160 Taler.[34] Dies drückte keine allgemeine Tendenz aus, in den nächsten Jahren schwankte der Ertrag der Grundsteuer-Umlage zwischen 330 Talern 1826, 190 Talern 1827 und 590 Talern im Jahr 1828 - letzterer Betrag diente zur Deckung hoher Kosten für die Allgemeine Stadtschule.[35] 1829 waren dann 1.040 Taler zur Deckung des Defizits notwendig, im Jahr 1831 661 Taler.[36]

Die Steuersumme, die von den Jülicher Bürgern für die Mahl- und Schlachtsteuer an den Staat, also ohne den städtischen Zuschlag, aufzubringen war, belief sich auf einen Betrag von jährlich 6.000 bis 7.000 Talern. Für 1826 wurde beispielhaft folgende Rechnung aufgestellt. Nach der damaligen Gemeinde-Rechnung belief sich der 25%ige *„Communal-Zusatz"* an der Mahl- und Schlachtsteuer auf 1.799 Taler, 24 Silbergroschen und 9 Pfennige. Der Garnison wurde der Anteil der gezahlten Schlachtsteuer mit 125 Talern, 28 Silbergroschen und 5 Pfennigen erstattet. Der nach Abzug

---

[28] II-27, 24 a-113 a.

[29] II-27, 16 a. Instruktion von Bürgermeister Brewer vom 18.09.1820.

[30] II-27, 174 a.

[31] II-150, Hauptverwaltungsbericht 1826.

[32] II-192, Hauptverwaltungsbericht 1821.

[33] II-150, Hauptverwaltungsbericht 1823, 1824.

[34] II-150, Hauptverwaltungsbericht 1825.

[35] II-150, Hauptverwaltungsbericht 1826-1828.

[36] II-151, Hauptverwaltungsbericht 1829 und 1831.

dieser Summe verbleibende Kommunal-Zusatz betrug 1.673 Taler, 26 Silbergroschen und 4 Pfennige. Diesen Betrag mit 4 multipliziert ergab die Summe von 6.695 Talern, 15 Silbergroschen und 4 Pfennigen, die die Jülicher Zivil-Bevölkerung über die Mahl- und Schlachtsteuer an den preußischen Staat abgeführt hatte. Die Einwohnerzahl Jülichs bezifferte sich damals auf 2.749 Personen, zu denen aber noch die beitragenden Auswärtigen hinzugerechnet werden mussten. *„Die tägliche Anzahl von Fremden"*, so hieß es, könne *„nach den im Polizei-Amte stattfindenden Anmeldungen im Durchschnitt auf 15"* angenommen werden. Dadurch steige die zur Mahl- und Schlachtsteuer beitragende Bevölkerung auf 2.764. Daraus folge, dass trotz *„der vielen Unvermögenden"* pro Kopf 2 Taler, 12 Silbergroschen und 8 Pfennige an den Staat abgeführt worden seien. Dies sei eine fundamentale Benachteiligung gegenüber vergleichbaren Städten der Region, die klassensteuerpflichtig seien. Man verwies dazu auf Erkundigungen, die man 1823 in Düren, Heinsberg und Erkelenz eingeholt hatte, mit dem Resultat, dass erstere Stadt nur 23 Silbergroschen und 8 Pfennige pro Kopf zahlte und die beiden letzteren mit 21 Silbergroschen und 1 Pfennig noch darunter lagen.[37] Nach dieser Rechnung zahlte man in Jülich also mehr als das Dreifache dessen, was in den Nachbarstädten aufgebracht werden musste.

Dies war das Hauptargument, mit dem sich die Jülicher Stadtvertretung seit Juli 1823, als sie die entsprechenden Erkundigungen eingezogen hatte, für eine Umwandlung der Mahl- und Schlachtsteuer in eine Klassensteuer verwendete. Dazu benötigte die Stadt einen langen Atem, erst nach über zwei Jahrzehnten waren die Bemühungen von Erfolg gekrönt.

Vielleicht interessanter noch als der Ablauf der Auseinandersetzungen mit dem Berliner Finanzministerium und die beiderseits vorgebrachten Argumente für und wider die Umwandlung war dabei ein innerstädtischer Konflikt, der durch die unterschiedlichen Interessenlagen der von der Steuer mehr oder weniger Betroffenen befeuert worden war. Die angenommene Mehrbelastung der Jülicher gegenüber den Bewohnern benachbarter Städte wurde dabei von weiteren, inhaltlichen Argumenten unterstützt. Die betrafen vor allem Handel und Gewerbe. So habe infolge der Einführung der Mahl- und Schlachtsteuer der *„hieselbst bestandene unbedeutende Kleinhandel nicht allein noch merklich abgenommen, sondern wirklich den letzten Stoß erhalten"*. Er sei mittlerweile *„einzig nur auf den innern Verkehr beschränkt, wo doch früherhin die umliegenen Orter Brod, Fleisch und andere zum täglichen Bedarf nötige Lebensmitteln und Waaren hier kauften, welche diese jetzt (besonders da die unentbehrlichste Lebens Artiklen in den von der Schlacht- und Mahlsteuer befreyten Ortern wohlfeiler zu haben sind) anderswo verschaffen."* Hätten die Metzger sonst *„jeder oder wenigstens zwey zusammen"* wöchentlich eine Kuh geschlachtet, so müssten sie sich jetzt auf weniger als die Hälfte ihres früheren Absatzes beschränken. Das Bäcker-Gewerbe könne an Roggenbrot nur noch die Hälfte, an Weißbrot aber nur noch ein Fünftel ihrer früheren Produkte absetzen.[38] Dieses Schreiben des Bürgermeisters Brewer an Landrat von Bülow, datiert vom 24. Juli 1823, gab dabei ein *„Gesuch der Einwohner von Jülich"* zum Zwecke der

---

[37] II-28, 99 a: Sitzung des Stadtrats vom 09.11.1827.

[38] II-27, 88 a-90 a.

Umwandlung der Mahl- und Schlachtsteuer in eine Klassensteuer wider, das von 90 Personen, größtenteils Gewerbetreibenden, unterzeichnet war.[39] Hier hatte sich offenbar eine Art Bürgerinitiative gebildet, die schon am 28. Mai einen entsprechenden „Antrag" an den Stadtrat gestellt hatte.[40] Das vom Landrat an die Aachener Regierung weitergeleitete „Gesuch" wurde kurz und bündig abgelehnt, da es erstens nicht verfassungsgemäß sei und zweitens nicht mit dem Steuergesetz von 1820 in Einklang gebracht werden könne. Dieses erlaube eine Umwandlung der Steuer nur dann, wenn mit der Klassensteuer das gleiche Steuerquantum erreicht werde wie mit der Mahl- und Schlachtsteuer. Dies sei aber für eine Stadt wie Jülich nicht realisierbar. Außerdem sei der Antrag nicht von den Vertretern der Stadt ausgegangen, sondern nur von einer Anzahl dazu nicht berechtigter, interessegeleiteter Einwohner.[41] Als der Bürgermeister diesen Bescheid am 18. Oktober an den Gastwirt Joseph Wynen,[42] den Kopf der Initiative, weiterleitete, sah dieser darin keinen Grund, seine Bemühungen aufzugeben. Am 5. Januar 1824 wandte er sich mit einer nun von „130 Familienvätern und Einwohnern" unterzeichneten Eingabe direkt an die Aachener Regierung.[43] Die Mitteilung vom Oktober habe „die mehrsten Einwohner von Jülich in große Trauer" versetzt. Dass „die Herren Stellvertreter der Stadt Jülich" dem Antrag vom 28. Mai 1823 nicht beigepflichtet hätten, zeige wie wenig sie sich um „das Wohl des Ganzen" bemühten. „Die Reichen" seien nicht nur bei der Entrichtung der Mahl- und Schlachtsteuer, sondern auch bei der Erhebung des Kommunal-Zuschlages dazu die Wenigstbesteuerten. Auf die Bitte an den Bürgermeister, den Stadtrat zu versammeln, habe dieser erwidert, er könne dies ohne Erlaubnis der hohen Regierung nicht und dazu bemerkt, er würde diese Erlaubnis in Betreff der Mahl- und Schlachtsteuer auch nie nachsuchen. Nach dieser Absage habe man sich entschlossen, „noch einen Schritt zu wagen" und sich an den als rechtschaffen bekannten Stadtrat [Wilhelm] Segers (ein Apotheker) mit der Bitte gewandt, den übrigen „Stadträten die Gründe unserer Beschwerden mitzutheilen". Die Stellungnahme Segers sei beigefügt, man appelliere nun an den Minister des Innern und der Finanzen und an den preußischen König, der gewiss nicht wolle, dass auch nur ein

---

[39] II-27, 91 a-92 a.

[40] II-27, 122 a-126 a.

[41] II-27, 97 a-b.

[42] Joseph Wynen (1781-1853), in „Gladbach" geboren, hatte 1816 in Jülich eine Gastwirtstochter geehelicht und betrieb seit mindestens 1818 die Wirtschaft an der Ecke Schloss-/ Kapuzinerstraße. Als er 1837 das noch heute „Jägerhaus" benannte Gebäude an der Kölner Landstraße bezog, bezeichnete er sich als Förster des Jülicher Erbwaldes; vgl. Horst DINSTÜHLER, Marktplatz-Attraktionen, Lustbarkeiten und Kommerz in Jülich im frühen 19. Jahrhundert (Forum Jülicher Geschichte 66), Jülich 2013, S. 19. Weitere Facetten und Stationen seiner überaus vielfältigen Tätigkeiten (Unternehmer bei den Jülicher Festungsbauten 1814, zuvor „Fabrikant" in Mönchengladbach, Schreiner und Mechaniker für Spinnmaschinen, Holzhändler, aus der Loge ausgeschlossener Freimaurer) bei Chantal KRÖBER, Vergesellschaftung in kleinstädtischen Strukturen. Die rheinische Kreisstadt Jülich und ihre Vereine im 19. Jahrhundert (Forum Jülicher Geschichte 53), Jülich 2008, S. 95, Anm. 426. In der „Nachweisung über die Verhältnisse der klassensteuerpflichtigen Einwohner" vom 30.10.1853 (III-95-13) befindet sich unter Nr. 1073 eine detaillierte Einschätzung der gehobenen Vermögensverhältnisse der beiden Söhne des Wynen kurz nach dem Tod des Vaters.

[43] II-27, 122 a-126 a.

Untertan unverschuldet zu Grunde gehe, *„geschweige die Mehrzahl einer Stadt."* Auch Segers teilte die Auffassung Wynens und seiner Mitstreiter, dass die Mahl- und Schlachtsteuer, sollte sie fortbestehen, *„unser kleines unbedeutendes Städtchen ganz zu Grunde richten"* werde. Seine Ausführungen, in denen er die damalige Entscheidung zur Einführung dieser Steuer entschuldigend, aber nicht immer plausibel begründete, sind von weiteren neun Stadträten und damit der deutlichen Mehrheit des Gremiums beipflichtend unterzeichnet worden.[44] Segers hatte Wynen auch geraten, die Aachener Regierung zu bitten, den Jülicher Bürgermeister zu beauftragen, die neue Bittschrift der Bürger dem Gemeinderat vorzulegen und einen Antrag dazu zu formulieren. Dies geschah mit allen schon oben angeführten Begründungen am 17. Mai 1824. Nun unterschrieben neben dem Bürgermeister auch alle 14 Stadträte.[45] Auf den Bericht aus Aachen an das Berliner Finanzministerium vom 23. September 1824 entschied dieses in einer Resolution vom 1. November gegen den Antrag. Eine höhere Pro-Kopf-Belastung durch die Mahl- und Schlachtsteuer wurde in Abrede gestellt, der höhere Ertrag der Steuer sei *„durch die mit darin begriffene Konsumtion der Garnisonen, Fremden, der städtischen Umgebung, hauptsächlich aber durch die unmerkliche Erhebung hinlänglich ausgeglichen"*. Es sei grundsätzlich abzulehnen, *„eine mit einer bedeutenden Garnison versehene Festungsstadt, wo die Steuer-Erhebung wohl gesichert ist, von der Mahl- und Schlachtsteuer wieder auszunehmen"*.[46]

Drei Jahre darauf, im August 1827, wurden die Bemühungen der Jülicher um die Umwandlung der Mahl- und Schlachtsteuer in eine Klassensteuer fortgesetzt. Initiator war wiederum Joseph Wynen, der sich am 10. August dieses Jahres mit einer Gruppe Gleichgesinnter und, wie es scheint, unter Umgehung des Stadtrates, vielleicht über die Aachener Regierung, vielleicht aber auch auf direktem Wege an den preußischen Finanzminister Freiherrn von Motz gewandt hatte. Zur selben Zeit hatte er erneut versucht, den Stadtrat für seine Sache zu mobilisieren, was wohl auf den Widerstand des Bürgermeisters getroffen war. In einem Schreiben des Beigeordneten Kaiser an Brewer vom 5. November 1827 ist die Rede von einer *„Denuntiation von Seiten der Consorten Wynen gegen die Person des Herrn Bürgermeister[s]"* und von einem *„Rapport"* des *„Wynen et Consorten"*, in dem Brewer *„Schwäche"* vorgeworfen worden sei. Kaiser versicherte Brewer seiner Solidarität und riet ihm, sich nicht, wie dies der Bürgermeister wohl erwogen hatte, vom Vorsitz bei der anstehenden Stadtratssitzung entbinden und durch einen der Beigeordneten ersetzen zu lassen.[47] Brewer folgte dem Ratschlag, leitete die Ratssitzung vom 9. November 1827 und unterzeichnete zusammen mit den 14 Ratsmitgliedern das Protokoll. In der Sitzung wurde, wie schon Jahre zuvor, die Umstellung auf die Klassensteuer propagiert und den Argumenten, mit denen dies 1824 abgelehnt worden war, widersprochen. Widersprochen wurde auch der

---

[44] II-27, 121 a-b: Segers an Wynen vom 18.11.1823.

[45] II-27, 118 a-119b.

[46] II-27, 138 b-139 a. 138a der Bescheid der Aachener Regierung an den Jülicher Landrat vom 29.11.1824, der diesen am 05.12.1824 an Bürgermeister Brewer weiterleitete. Am 14.12. wurde Joseph Wynen informiert.

[47] II-28, 103 a-b.

zwischenzeitlich erfolgten Anregung der Aachener Regierung,[48] den *„Zuschuß"* zur Mahl- und Schlachtsteuer zur *„Bestreitung der Communal Bedürfnisse"* zur *„Erleichterung der geringeren Einwohner"* wegfallen zu lassen und dafür die benötigten Mittel durch eine direkte Umlage, etwa auf die Grundsteuer zu beschaffen. Man ziehe dazu auch weiterhin indirekte Abgaben vor, aus denen die *„Gemeinde-Bedürfnisse"* schon *„zur Churpfälzischen Zeit aus der Stadt-Accise und der Barriere-Einnahme, zur Zeit der französischen Herrschaft aus dem Stadt Octroi bestritten"* worden seien. Zudem sei ein (weiterer) Zusatz auf die Grundsteuer *„für die Ackerbesitzer zu drücken"*.[49]

Auch Finanzminister von Motz blieb in seiner erst am 28. Februar 1828 ausgestellten Antwort an *„die Einwohner Herrn Jos. Wynen und andere zu Jülich"* und in Kenntnis der Verhandlungen des Stadtrats vom 9. November bei seiner ablehnenden Haltung, erklärte die für eine zu hohe Belastung der Jülicher Einwohnerschaft vorgebrachten Argumente für nicht stichhaltig und äußerte lediglich die vage Möglichkeit, die Belastung der Bäcker und Schlächter durch die Gewerbesteuer etwas herabzusetzen.[50]

Auch 1829 setzten sich die Bemühungen durch die Stadt und die Wynen-Gruppe fort. Ermutigend wirkte hier die durch Kabinettsordre des preußischen Königs vom 1. Dezember 1828 genehmigte Kontingentierung der Klassensteuer für die fünf rheinischen Regierungsbezirke. Dies schien eine günstige Gelegenheit zum Wechsel auf die Klassensteuer, weil, wie Wynen und weitere Unterzeichnete[51] *„in der Eigenschaft als Bevollmächtigte der übrigen Einwohner Jülichs"* in einem weiteren Bittschreiben an von Motz[52] vom 19. Juli 1829 bemerkten, dadurch *„der Betrag, den wir auf dem Wege der Klassensteuer weniger bezahlen wie jetzt die Schlacht und Mahlsteuer aufbringt, leicht und unbemerkbar auf's Ganze vertheilt werden"* könne. Wynen fühlte sich wohl auch deswegen zu seinem neuerlichen Vorstoß berechtigt, weil ihm, wie es in dem Schreiben an den Finanzminister ausgedrückt wurde, kürzlich die *„Gnade zu Theil"* geworden war, von Motz im Rahmen einer Audienz persönlich zu sprechen, als dieser sich in Jülich aufgehalten hatte. Auf seine *„Beschwerden"* hatte Wynen damals die *„tröstende Antwort"* erhalten, *„es würde alles geschehen zu unsern Gunsten, was sich nur mit dem Staats-Intereße vereinigte"*. Nur wenige Tage nach Absendung des Schreibens erhielt Bürgermeister Brewer eine Abschrift, verbunden mit der Bitte, das Gesuch höheren Orts nach Kräften zu unterstützen.

Die Kontingentierung der Klassensteuer auf die Regierungsbezirke gab dann auch Anlass für den Stadtrat, in der Ratssitzung vom 25. und 29. Juli 1829[53] nochmals eine Stellungnahme zu verfassen. Wieder werden hier die bekannten Punkte behandelt und behauptet, eine Fortdauer der Mahl- und Schlachtsteuer müsse besonders für die

---

[48] II-28, 95 a: Regierung Aachen an den Jülicher Landrat vom 30.08.1827, Bürgermeister Brewer anzuweisen, die besagte Angelegenheit nochmals dem Gemeinderat zur Beratung und gutachtlichen Äußerung vorzulegen.

[49] II-28, 97 a-101 a.

[50] II-28, 142 a-b; gleichlautend in: II-29, 2 a.

[51] Genannt sind der Müller der Jülicher Stadtmühle Jacob Dahmen und der Schreiner Matthias Jumpertz, s. DINSTÜHLER, 1822 (wie Anm. 8), S. 104 bzw. 63.

[52] II-28, 144 a-145 a.

[53] II-28, 147 a-148 b; signiert durch 13 Stadträte und den Bürgermeister.

Gewerbetreibenden den „*gänzlichen Ruin nach sich ziehen*". Der wiederholt von Seiten des Finanzministeriums gemachte Einwand, dass die Zahl der städtischen Bevölkerung „*durch Fremde und Durchreisende einen bedeutenden Zuwachs erhalte*", könne nur als „*irrig betrachtet*" werden, „*indem die Lage Jülichs (zwischen Köln und Aachen) nur einen Ruhepunkt für Wechselung der Postpferde und Genuß einiger Erfrischungen darbietet und nur diejenigen hier verweilen, welche örtliche Geschäfte zurückhalten.*" Letztlich glaube man verlangen zu können, dass Jülich hinsichtlich der Steuerabgaben mit anderen Orten gleichgestellt werde, die „*Erhebung der Art der Steuer möge einen Namen führen, welchen sie wolle.*" Erneut erfolgte eine ablehnende Antwort, über die Bürgermeister Brewer auch Wynen informierte. Der durch einen Steuerwechsel entstehende finanzielle Ausfall müsse, auf welche Art auch immer, als vorschriftsmäßig gedeckt nachgewiesen werden, den „*Ausfall auf das Klassensteuer Contingent des Regierungs-Bezirks zu übernehmen seye unzulässig*".[54]

Nachdem nun in den letzten Jahren alle Petitionen der Stadt um eine Verminderung der Sätze der Mahl- und Schlachtsteuer oder aber eine Umwandlung zur Klassensteuer schon im Ansatz gescheitert waren, kam 1830 die Anregung aus den Reihen des Stadtrats, die Sache doch den Provinzialständen vorzulegen und über diese eine günstige, vom König autorisierte Entscheidung zu erreichen. Nachdem man bei der Aachener Regierung die Versicherung eingeholt hatte, dass dies auf dem Weg einer „*Immediat-Eingabe*" auch statthaft sei,[55] trat der Stadtrat am 5. Juni 1830 zusammen, um über die Beschwerdepunkte zu beraten, die der Abgeordnete der Stadt beim Rheinischen Provinzial-Landtag, der Kaufmann und Weinhändler [Tillmann] Koch, diesem vortragen solle.[56] Hauptkritikpunkt war hier wieder die Mahl- und Schlachtsteuer mit ihren vermeintlich verderblichen Auswirkungen auf den städtischen Wohlstand, der auch mit der gegenüber früheren Gegebenheiten schwächeren Garnison zu tun habe. „*Zur Churpfälzischen Zeit hatte Jülich gewöhnlich eine Garnison von 2 Regimentern Infanterie und einigen Compagnien Artillerie und zur französischen wenigstens von 1.500 Mann, meistens aber mehr, die dermalen jedoch nur circa 800 beträgt. Die bedeutenden Festungs-Arbeiten beschäftigten den größten Theil der Einwohner aus der geringen Klasse, welche aber seit mehreren Jahren aufgehört haben.*"[57] Auch das Gewerbesteuergesetz vom 30. Mai 1820 mit der Einstufung Jülichs in die 2. statt in die niedriger besteuerte 3. Abteilung wirke schädlich, sie sei hinsichtlich der viel höheren Gewerblichkeit in anderen dieser Abteilung zugeordneten Städten unverhältnismäßig. Weiterhin fühle man sich durch eine zu hohe Einschätzung der Häuser zur Grundsteuer „*überhoben*".[58] Die Aachener Regierung habe sich zwar stets „*für uns sehr günstig*

---

[54] II-28, 150 a-b.

[55] II-28, 172 a-b.

[56] II-28, 174 a-176 b. Koch war wenige Jahre später, von 1832 bis 1837, Jülicher Bürgermeister; s. Günter BERS, Jülich. Geschichte einer rheinischen Stadt, Jülich ²2004, S. 125; DINSTÜHLER, 1822 (wie Anm. 8), S. 91.

[57] II-28, 174 b.

[58] Detaillierte Bemerkungen zur Mehrbelastung der Stadt durch die Steuergesetzgebung des Jahres 1820 hinsichtlich der Gebäude-, der Tür- und Fenstersteuer und der Gewerbesteuer ebenda, 177a.

verwendet", allerdings bisher vergeblich. Da nun der preußische König im Landtagsabschied vom 17. März 1828 die Zusicherung gegeben habe, nicht abgeneigt zu sein, *„die Einführung der Klassensteuer statt der Mahl- und Schlachtsteuer den Umständen nach auch ohne Verpflichtung der Städte zur Gewährung eines vorher bestimmten Ertrags in dazu sich eignenden Fällen zu bewilligen"*, meine man, ganz besondere Ansprüche auf diese Begünstigung geltend machen zu können. Wie einer Mitteilung des Bürgermeisters an den Landrat vom 31. Dezember 1830 zu entnehmen ist, hatte Koch nach seiner Rückkehr in der Versammlung des Stadtrats die *„zuverlässige Versicherung gegeben, daß die Stände-Versammlung das Gesuch der Stadt Jülich [...] einstimmig unterstützt und Sr Majestät [...] vorgetragen habe."*[59]

Eine Entscheidung zur Sache ließ aber weiterhin auf sich warten. Im Rahmen der Wirtschafts- und Teuerungskrise von 1830/31, von der gerade die Ärmeren durch die Verknappung des Roggens und daraus resultierender hoher Brotpreise betroffen waren,[60] brachte die Regierung in Aachen erneut ihren Vorschlag ein, den *„Communalbeischlag"* abzuschaffen oder doch zu vermindern und den Ausfall durch Umlagen zu ersetzen, die der ärmeren Klasse weniger drückend seien.[61] Dies, erwiderte Bürgermeister Königs am 18. Juli 1831, würde die Probleme der Armen nicht lösen und gleichzeitig die der Stadt verschlimmern. Schon jetzt müssten wegen fehlender Finanzmittel ihre Ausgaben, etwa für notwendige bauliche Reparaturen, von Jahr zu Jahr aufgeschoben werden, was letztlich höhere Ausgaben bewirke. *„Der Stadtrath, im Vertrauen auf die Gnade Sr Majestät, erwarte einen günstigen Bescheid auf den von den Rheinischen Landständen motivirten Antrag zur Abschaffung der Schlacht- und Mahlsteuer und Einführung einer mit den Kräften der Stadt im billigen Verhältniß stehenden Claßensteuer."*[62] Diese Hoffnung endete ein gutes Jahr darauf mit dem Abschied des Rheinischen Provinzial-Landtages vom 30. Oktober 1832. Unter § 12 dieses Abschieds wurde zur *„Mahl- und Schlachtsteuer in Jülich"* ausgeführt: *„Was die Verwendung Unserer getreuen Stände für die Stadt Jülich anlangt, so bringt das, was angeführt worden, noch nicht die Ueberzeugung hervor, daß wirklich die Mehrheit der Einwohner die Verwandlung der Mahl und Schlachtsteuer in die Klassensteuer wünsche. Und da früher die Erfahrung gemacht worden, daß Communen, auf deren Antrag die Verwandlung zugestanden worden war, nachher die Wiederaufhebung der Klassensteuer und eine Herstellung der Mahl und Schlachtsteuer verlangt haben, so nehmen wir zur Zeit mit der Entschließung auf diesen Antrag Anstand und wollen erwarten, ob die Stadt Jülich, wenn sie nach Einführung der Städteordnung mit einer von der Commune selbst gewählten Repräsentation versehen sein wird, durch die letztere auf den Antrag zurückkommen werde."*[63]

---

[59] II-28, 193 a-b.

[60] Ein achtpfündiges Schwarzbrot (eine Mischung aus Roggen und Weizen) kostete im Sommer 1831 in Jülich den Tagelohn eines *„Handarbeiters"*; vgl. II-28, 215 a-b.

[61] II-28, 216 a, Landrat von Bülow an Bürgermeister Königs vom 15.07.1831.

[62] II-28, 220 a-221 a.

[63] II-28, 248 a-b. Diese Landtagsentscheidung ist Bürgermeister Koch übrigens erst Monate später durch den Landrat mitgeteilt worden, vgl. ebenda, 247 a vom 13.02.1833.

Gegen Joseph Wynen als den Anführer der Jülicher Bürgerinitiative wurde wohl im September 1830 ein gerichtliches Untersuchungsverfahren eröffnet. Der königliche „Instructionsrichter" Foerster bat damals Bürgermeister Brewer um die Angabe sämtlicher Namen derjenigen Stadträte, die von Wynen damals (gemeint ist wohl die Konsultation Segers und anderer 1823) aufgesucht worden waren. Diese Räte wurden namhaft gemacht und am 30. September 1830 im Gerichtssaal auf dem Rathaus durch Friedensrichter Klein zur Sache vernommen.[64] Es finden sich in den Akten keine Hinweise auf eine Bestrafung Wynens und seiner Mitstreiter, die Angelegenheit wurde aber bis vor das Innenministerium und den Oberpräsidenten der Rheinprovinz gebracht, der zwei Jahre darauf, am 14. September 1832, das ganze Vorgehen Wynens als „verfassungs- und polizeiwidrig" rügte. Keinem einzelnen Einwohner stehe das Recht zu, „in allgemeinen Angelegenheiten Abstimmungen in den Gemeinden zu veranlassen", dies sei allein Sache der verfassungsmäßigen Gemeindeorgane, die ihre Wünsche dem König oder den Staatsbehörden vortragen könnten. Im Auftrag des königlichen Ministeriums des Innern ersuche er die (Aachener) Regierung, „die Weisung zu erlassen, dergleichen Stimmensammlungen von einzelnen Personen nicht zu dulden."[65]

So wurden die Jülicher weiterhin zur Mahl- und Schlachtsteuer herangezogen, bis nach einem weiteren Dutzend Jahren durch eine „Allerhöchste Cabinetts-Ordre" vom 15. Dezember 1845 von König Friedrich Wilhelm IV. die Genehmigung erteilt wurde, in der Stadt Jülich unter Aufhebung der Mahl- und Schlachtsteuer vom 1. April 1846 an die Klassensteuer einzuführen.[66] In vielen preußischen Städten wurde sie aber bis Ende 1874 in der hergebrachten Form weiter erhoben.[67]

Als im Jahr 1863 Landrat Freiherr von Hilgers Bürgermeister Franz Joseph Jungbluth im Auftrag der Aachener Regierung aufforderte, sich gutachtlich zu den Erfahrungen und Auswirkungen zu äußern, die sich mit dem Wechsel der Steuerart vor fast zwei Jahrzehnten ergeben hätten, zog dieser eine eher negative Bilanz und bestätigte dabei im Wesentlichen diejenigen Einwände, die staatlicherseits gegen eine Umstellung auf die Klassensteuer erhoben worden waren. So unterstrich Jungbluth, dass die Erhebung der Mahl- und Schlachtsteuer als einer indirekten Steuer viel leichter zu bewirken sei als die direkter Steuern; zudem würden die Steuerauflagen selbst einschließlich der kommunalen Zuschläge von den wenigsten Steuerpflichtigen als belastend empfunden. Dabei bringe sie „jederzeit" mehr ein als „eine auch noch so scharf umgelegte Klassensteuer", wobei zu bedenken sei, dass sie eben nicht allein von den Ortseinwohnern, „sondern größtentheils durch den Fremden Verkehr beigebracht" werde. Bei einer Beurteilung seien aber auch die damaligen Verhältnisse zu

---

[64] II-28, 182 a-184 b.

[65] II-28, 243 a-b.

[66] Amtsblatt Aachen Nr. 6 vom 29.01.1846. Diese Genehmigung zählt wohl zu den frühesten Auswirkungen von aktuellen, durch den König veranlassten Planungen im Berliner Finanzministerium, die die landesweite Abschaffung der Mahl- und Schlachtsteuer und ihre Ersetzung durch eine reformierte Klassensteuer vorsahen; vgl. Mark SPOERER, Steuerlast, Steuerinzidenz und Steuerwettbewerb. Verteilungswirkungen der Besteuerung in Preußen und Württemberg (1815-1913) (Jahrbuch für Wirtschaftsgeschichte, Beiheft 6), Berlin 2004, S. 56.

[67] Vgl. SPOERER, Steuerlast (wie Anm. 66), S. 30 und 68.

berücksichtigen. *„Zur Zeit als die Stadt Jülich um Aufhebung der Schlacht- und Mahl-steuer petitionirte, waren alle Verkehrs Verhältnisse in Folge der Eröffnung der Eisen-bahn gänzlich niedergedrückt und der früher blühende Verkehr der Stadt war auf Acker- und Vieh Wirthschaft reduzirt. Unter diesen Umständen wurde allerdings die Schlacht und Mahlsteuer drückend und so behindernd, daß selbst der städtische Ackerbaubetrieb nicht mehr bestehen konnte. Im Lauf der Jahre und insbesondere durch die günstigen Fruchtpreise hat sich der Verkehr der ländlichen Umgegend wieder mehr und mehr nach Jülich gezogen, und damit hat sich auch der städtische Gewer-bebetrieb wieder gehoben, so daß jetzt der Ackerbaubetrieb in der Stadt selbst nur noch Nebensache geblieben ist.“* Es dürfe, so bilanziert Jungbluth, *„kühn behauptet werden, daß unter diesen Umständen von den allermeisten städtischen Einwohnern mit Ausnahme der Schlächter und Bäcker und einzelner Ackerbürger die Schlacht- und Mahlsteuer in Stelle der mehr empfindlichen Klassensteuer zurückgewünscht“* werde.[68] Obwohl Jungbluth hier zwischen den unterschiedlichen Zeitumständen differenziert, dürfte sein auf die aktuellen Gegebenheiten bezogenes Urteil subjektiv geprägt gewe-sen sein. Die Mehrbelastung für die Masse der Bevölkerung durch die Klassensteuer war weniger gravierend als für die oberste Klasse - Jungbluth war einer der reichsten Bürger der Stadt - vor allem seit 1851, seit die Einführung der klassifizierten Einkom-mensteuer die Wohlhabenden stärker belastete.

Klassen- und Einkommensteuer

Die Klassensteuer war eine direkte Steuer, deren Höhe nach grober Einschätzung des Einkommens und Vermögens jedes einzelnen Einwohners bemessen wurde. Sie wurde verstanden als Kompromiss zwischen einer die lückenlose Aufdeckung der Ver-mögensverhältnisse erfordernden *„Einkommensteuer“* und einer unterschiedslos alle Einwohner treffenden *„Kopfsteuer“*.[69] Das Steuergesetz vom 30. Mai 1820 sah dabei eine grobe Einteilung nach ständischem Muster für *„in der Regel“* fünf Bevölkerungs-klassen vor.[70] In die erste und höchste Steuerklasse sollten *„Besitzer großer Landgü-ter“*, *„Großhändler“* oder *„Inhaber größerer Fabriken, Kapitalisten“* eingruppiert werden, für die ihr Vermögen oder ihr Gewerbe *„eine bequeme und unabhängige Existenz ge-währt.“* Zur zweiten und dritten Klasse zählten die *„wohlhabenden Einwohner“*, auch hier sollte ausdrücklich, wie bei der ersten Klasse, nur eine *„ganz ungefähre Schät-zung“* des Ertrages vorgenommen werden. Der *„geringere Bürger- und Bauerstand“* war der vierten Klasse zugewiesen, die unterste, fünfte Klasse umfasste die *„Lohnar-beiter, gemeines Gesinde und Tagelöhner“*. Die Steuerpflichtigen zahlten dabei entwe-der als Haushalt oder als Einzelperson (dann 50% der Summe). Nicht zur Klassen-steuer herangezogen wurden insbesondere Kinder unter 14 Jahren (später: unter 16 Jahren), *„aktive Militairpersonen“* (Heer und Landwehr) und Arme, die auf öffentliche

---

68 II-29, 55 a-56 b.

69 Amtsblatt Aachen, Nr. 51 vom 05.10.1820, S. 482.

70 Amtsblatt Aachen, Nr. 47 vom 18.09.1820, S. 446-451; eine genauere *„Instruction“* zu den einzelnen Klassen, in: Ebenda, Nr. 51 vom 05.10.1820, S. 481-484.

Kosten und in öffentlichen Anstalten verpflegt wurden oder von *„Almosen aus Staats- oder Gemein[d]ekassen"* lebten.

Als ein Vierteljahrhundert nach Erlass der entsprechenden Gesetze die Klassensteuer in Jülich zum 1. April 1846 eingeführt wurde - sie blieb in dieser Form bis 1851 bestehen -, hatte sich hinsichtlich der Erhebung einiges geändert. Die Klassensteuerpflichtigen der Stadt Jülich wurden jetzt vier Einkommensklassen zugeordnet, die aber nochmals in insgesamt 20 Stufen unterteilt waren.[71] 19 Stufen waren dabei nach Haushaltungen und Einzelpersonen unterschieden, nur die 20. und unterste Stufe wurde ausschließlich nach Köpfen berechnet. In der Regel zahlten die Einzelpersonen, wie schon zuvor, die Hälfte desjenigen Betrages, der für die Haushaltungen eingezogen wurde. Die abzuführenden Steuerbeträge der Haushalte reichten dabei in der 1. Klasse von jährlich 144 Talern (1. Stufe) bis 48 Talern (6. Stufe), in der 2. Klasse von 36 Talern (7. Stufe) bis 12 Talern (12. Stufe), in der 3. Klasse von 10 (13. Stufe) bis 4 Talern (17. Stufe) und in der 4. von 3 (18. Stufe) über 2 Talern (19. Stufe) bis zu 15 Silbergroschen (= ½ Taler) für Einzelsteuernde in der 20. Stufe, für die aber maximal 3 Personen aus derselben Haushaltung herangezogen werden durften. Während in den ersten drei Klassen die Einzelsteuernden die Ausnahme bildeten (maximal insgesamt 4 Personen pro Jahr), dominierten sie die 4. Klasse, lagen dort um das sechs- bis siebenfache über der Anzahl der herangezogenen Haushaltungen.

Schon die Verteilung der Jülicher auf die vier Klassen gibt einigen Aufschluss über die Vermögensverteilung in der Stadt, die Schere zwischen Arm und Reich. So umfasste die 1. als die reichste Klasse von 1846 bis 1849 nur drei Haushaltungen, 1850 und 1851 waren es fünf. Dabei war niemand den ersten beiden Stufen, also den Höchstbesteuerten zugeordnet, nur einmal, 1850, wurde ein Haushalt in die 3. Stufe eingruppiert (96 Taler pro Jahr), in der Regel gehörten sie der 4. bis 6. Stufe an. Zur 2. Klasse gehörten im Zeitraum zwischen 1846 und 1851 22 bis 32 Haushaltungen und maximal 1 Einzelsteuernder, zur 3. Klasse 64 bis 88 Haushalte plus 2 bis 4 Einzelsteuernde. Die 4. Klasse schließlich umfasste 80 bis 110 Haushaltungen sowie 543 bis 605 Einzelpersonen, machte also den Löwenanteil der Steuerpflichtigen aus. Diese Menschen gehörten zwar nicht zu den Ärmsten, viele von ihnen konnten sich aber gerade selbst über die Runden bringen und waren finanziell außer Stande, eine Familie zu ernähren. Von der Steuer befreit waren nun die über 60-jährigen, ferner alle Geistlichen, Schullehrer, Hebammen sowie Offiziere und Militär-Beamten. Aufgehoben wurden diese Befreiungen für die genannten Berufsgruppen durch das Gesetz vom 7. Dezember 1849, wobei Hebammen, deren Ehemänner schon zur Klassensteuer veranlagt waren, befreit blieben.[72]

Insgesamt wurden nach der Klassensteuer-Veranlagung der Jahre 1846 bis 1851 bei 2.811 Einwohnern im Jahr 1846 - eine Zahl, die bis 1849 wegen der Wirtschaftskrise mit zahlreichen Auswanderern auf 2.581 zurückging, um dann bis 1851 wieder auf 2.643 anzusteigen - 1.814 Steuerpflichtige (= 64,5% der Einwohner) gezählt (1849

---

[71] II-58, 146 b-150 a.

[72] II-52, 45 a sowie Gesetz-Sammlung für die Königlichen Preußischen Staaten, Nr. 41/1849 (Nr. 3197).

1.567 Personen = 60,7%, 1851 1.751 Personen = 66,25%), denen 997 (35,5%) Unbe-
steuerte (Kinder, Alte, Arme) gegenüberstanden.[73]

Aus diesem Zuteilungsmodus resultierte im genannten Zeitraum ein jährliches Steueraufkommen im Bereich zwischen 1.708 Talern (1849) und 1.909 Talern im Jahr 1850.
Für die Jahre 1850-1852 wurde dann der aufzubringende Betrag nach dem Durchschnitt des Soll-Aufkommens der Jahre 1847-1849 zu 1.750 Talern berechnet, eine
Summe, zu der noch repartierte Kosten für die Justizverwaltung in Höhe von 39 Talern
und für den Bezirksstraßenbau von 87½ Talern hinzutraten.[74] Diese Kosten waren nun
also mittels *„Individual-Veranlagung"* auf die Jülicher Klassensteuerpflichtigen aufzuteilen. Auf den 1845 nochmals von der Stadt Jülich gestellten Antrag zur Einführung
der Klassensteuer war zunächst eine vom Ministerium veranlasste *„Probe-Veranla-
gung"* erfolgt, die Zuordnung zu den einzelnen Steuerklassen und -stufen dann aber
stadtseitig vorgenommen worden. Man hatte eine *„Klassensteuer-Verteilungs Commission"* eingerichtet, die aus drei vom Rat gewählten Mitgliedern bestand, zu denen noch
vier weitere *„Beisitzer"* kamen, die Ende 1848 vom landrätlichen Kommissar auf Vorschlag des Rates ernannt worden waren. Diese sieben Männer waren durchweg Rats-
mitglieder und gehörten damit zu den reichsten der Stadt. Dass hieraus Interessenkon-
flikte erwachsen konnten, war wohl allen Beteiligten klar. Schon der landrätliche Kommissar hatte bei der Ernennung der Beisitzer gemahnt, dass dazu eigentlich *„einige
Personen, die in der niedrigern Stufe besteuert sind"*, in Vorschlag hätten gebracht
werden müssen.[75] Auch Bürgermeister Jungbluth äußerte sich kritisch gegen die Ver-
teilungskommissionen, die *„manchmal sehr ungünstig für die Steuerpflichtigen zusammengesetzt"* seien.[76] Konkret äußerte sich die einseitige Besetzung des Gremiums in
einer aus Sicht der vorgesetzten Behörden immer wieder zu niedrigen Veranschlagung
einzelner, den obersten Klassen zuzurechnender Personen. Nach Einreichung der
Steuerlisten beim Landratsamt kamen diesbezüglich von Anfang an kritische Rückfra-
gen, die dann oft aufwändig und unter Inkaufnahme weiterer Recherchen Fall für Fall
beantwortet werden mussten. Noch größeren Arbeitsaufwand verursachten die zahlreichen Reklamationen der betroffenen Steuerzahler selbst, die nicht verwunderlich
sind, wenn man sich die Liste der Elemente anschaut, die in die Bewertung einfließen
mussten und für die Veranlagung zu berücksichtigen waren. Sie beruhten eben nicht
immer auf konkreten, leicht recherchierbaren Zahlen, sondern beinhalteten auch
Schätzwerte, die dann entsprechend anfechtbar sein konnten. Nach einer Aufstellung
der Steuerbehörde bei der Aachener Regierung kam es dabei an: *„1. auf die Größe*

---

[73] II-58, 145 a-146 a.

[74] II-58, 141 a-b. Gesetz vom 21.01.1839 zum Beitrag zu den Kosten der Justizverwaltung und
Regulativ vom 20.01.1841 über die vom Klassensteuer-Prinzipal-Kontingent aufzubringenden 5% zum Bezirksstraßen-Baufonds (vgl. Amtsblatt Aachen, Nr. 8 v. 18.02.1845).

[75] II-58, 129 a, 130 a. Nach einem Schreiben der Aachener Regierung an den Jülicher Landrat
vom 19.09.1848 sollten die Bewertungs-Kommissionen bestehen aus dem Bürgermeister als
dem Vorsitzenden, drei vom Gemeinderat zu wählenden Mitgliedern desselben, dem Steu-
ereinnehmer und vier klassensteuerpflichtigen Einwohnern der Bürgermeisterei, *„soviel thun-
lich aus jeder Hauptclasse einer"*; s. II-52, 74 a.

[76] II-58, 131 a-132 b: Bericht des Bürgermeisters an den landrätlichen Kommissar vom
24.12.1848.

des eigenthümlichen oder gepachteten Grundbesitzes; 2. auf die Höhe des Reinertrages und der Grundsteuer; 3. auf den Betrag der Gewerbesteuer, wenn ein steuerpflichtiges Gewerbe betrieben wird, resp. auf das muthmaaßliche Einkommen aus einem nicht steuerpflichtigen Gewerbebetriebe; 4. auf den notorischen Kapitalbesitz resp. auf die Schulden; 5. auf die Zahl der Familien-Glieder und deren Verhältnisse; und 6. auf die Anzahl des Gesindes und des Viehstandes."[77]

Ab 1846 und bis 1851 war, wie gesehen, als Höchststeuerbetrag eine jährliche Belastung von 144 Talern für die oberste Stufe der Steuerzahler vorgesehen, die in Jülich aber niemand auch nur annähernd erreichte - alle real gezahlten Steuerbeträge hatten weit unter dem Höchstsatz gelegen und blieben ausnahmslos unter dem Betrag von 100 Talern. Dies änderte sich mit dem Reformgesetz vom 1. Mai 1851,[78] das als Ausdruck der wachsenden Kritik an der mangelnden Steuergerechtigkeit des damaligen Systems zu werten ist. Die Höchstbesteuerten zahlten von nun an keine Klassensteuer mehr, sondern mussten einen beträchtlich höheren Steuersatz in der *„klassifizierten Einkommensteuer"* entrichten. Bis zum Einkommen von 1.000 Talern jährlich unterlag man weiterhin der Klassensteuer, die nun, bei einem halben Taler für die unterste Stufe Ia, einen Höchstsatz von 24 Talern pro Jahr (Stufe 12) vorsah. Einkommen von mehr als 1.000 Talern wurden der klassifizierten Einkommensteuer zugewiesen, die bei einem Steuertarif von ca. 3% in der untersten Stufe 30 Taler einbrachte, während die maximale Steuerbelastung für Einkommen von 240.000 Talern bei 7.200 Talern lag.[79] Die Einkommensgrenze von 1.000 Talern wurde dabei im Bereich der Stadt Jülich zwischen Mitte und Ende der 1850er Jahre von etwas mehr als 30 Haushalten bzw. Personen überschritten,[80] die in der Spitze mit 120 Talern (Gutsbesitzer Thelen) allerdings nicht so wesentlich mehr an den Staat abführten, als sie es vorher im Rahmen der Klassensteuer getan hatten. Es wurden nun eingehendere Recherchen zur Einkommensermittlung angestellt, die ab 1873 auch auf die Klassensteuer angewendet wurden. Insgesamt wuchsen damit die staatlichen Steuereinnahmen erheblich. Waren für den Regierungsbezirk Aachen 1850 noch etwa 194.500 Taler an Klassensteuer-Einnahmen verbucht worden, so betrug 1853 die Summe aus Klassensteuer und

---

[77] II-58, 139a. Regierung Aachen, Abteilung für die Verwaltung der Steuern, Domänen und Forsten, an das Landratsamt Jülich vom 28.03.1849.

[78] Siehe dazu die *„Instruktion über die Veranlagung der durch das Gesetz vom 1. Mai 1851 angeordneten Klassensteuer"*, in: Amtsblatt Aachen, Nr. 24 vom 19.05.1851. Die erste *„Nachweisung über die Verhältnisse der klassensteuerpflichtigen Einwohner"* der Bürgermeisterei Jülich als Beilage zur Klassensteuerrolle für 1852 in: III-95-10, aufgestellt am 21.11.1851.

[79] Claudia WENDELS, Arm und reich in Jülich. Wiedergabe und Auswertung der städtischen Steuerlisten 1877/1878 (Forum Jülicher Geschichte 71), Jülich 2017, S. 8 f.; SPOERER, Steuerlast (wie Anm. 66), S. 56 f.

[80] II-73, unpag.; hier Listen der Jahre 1855, 1856 sowie 1858 bis 1859 mit detaillierten Auskünften zur finanziellen Lage dieser Personengruppe. 1858 zahlten 39 Personen aus der Bürgermeisterei die klassifizierte Einkommensteuer, die drei höchstveranschlagten der 31 stadtjülicher Steuerzahler verfügten dabei über ein Einkommen von jeweils ca. 4.000 Talern: der Notar Franz Ludwig Scheuer, die Gutsbesitzerin Witwe Bernhard Grünewald und der Gutsbesitzer Christian Joseph Thelen; das höchste Einkommen der Bürgermeisterei Jülich konnte der Güstener Gutsbesitzer Caspar Wilhelm Zillekens mit 4.833 Talern vorweisen.

klassifizierter Einkommensteuer etwa 249.000 Taler, wovon 64.000 allein auf letztere entfielen.[81]

Nach dem Ende der Mahl- und Schlachtsteuer musste auch eine Neuorganisation der städtischen Einkünfte erfolgen. Dabei galt wie schon zuvor die Zielsetzung, das Defizit zwischen den für das nächste Haushaltsjahr vorgesehenen Einnahmen und Ausgaben durch Zuschläge zu den Staatssteuern auszugleichen. Dies geschah durch einen Zusatz auf die Grundsteuer (und später auf die Grund- und Gebäudesteuer[82]) und die Klassensteuer in - von Ausnahmen abgesehen - stets gleicher anteiliger Höhe, die aber Jahr für Jahr, je nach den Bedürfnissen der Stadtkasse, schwankte. Bis zum Ende der 1860er Jahre lag der Anteil häufig bei etwa zwei Dritteln (66-68%) der an den preußischen Staat abzuführenden Summe und kletterte in den 1870er und 80er Jahren auf Werte von bis zu 140%,[83] d.h. die Belastung der Steuernden durch den städtischen „Zuschlag" war zu dieser Zeit höher als die staatliche Quote. Ab 1851 trat noch ein Anteil an der Gewerbesteuer hinzu, der anfangs 25% betrug und sich bis 1890 auf 40% erhöhte.

Inzwischen hatten sich die städtischen (wie auch die staatlichen) Einkünfte aus den Steuern durch verschiedene Gesetzesänderungen erhöht. So machten noch 1867 die Einnahmen aus den Steuer-Zuschlägen in Höhe von etwa 5.240 Talern 57,1% der städtischen Gesamteinnahmen von 9.175 Talern aus. Auf die Klassen- und Einkommensteuer entfielen dabei ca. 29,4% (etwa 2.697 Taler), auf die Grund- und Gebäudesteuer 21,8% (ca. 2.001 Taler) und auf die Gewerbesteuer ca. 5,9% (ca. 541 Taler). Während also etwas mehr als die Hälfte aller städtischen Einnahmen durch die beiden erstgenannten Steuerarten einkamen, lag die Gewerbesteuer in der Rangliste der städtischen Einkünfte auf Platz 5. Profitabler waren hier noch die Mieteinnahmen von Häusern, Gebäuden und Grundstücken mit 1.268 Talern (ca. 13,8%) und die Schulgelder mit 680 Talern (ca. 7,4%).[84]

Die Klassensteuer hatte durch die Einführung der klassifizierten Einkommensteuer 1851 für die Staats- wie die Stadtkasse deutliche Zuwächse erbracht. Lag das staatliche Einkommen aus der stadt-jülicher Klassensteuer 1850 noch bei etwa 1.848 Talern, so war es 1867 aus Klassensteuer plus klassifizierter Einkommensteuer bereits auf 4.025 Taler gestiegen. Die Stadt erzielte 1850 aus ihrem Zuschlag von 40% damit einen Erlös von 739 Talern, 1867 waren es aus knapp 67% bereits 2.697 Taler.

Weitere Steuerreformen brachten weiteres Geld in die städtische Kasse. Im Dezember 1873 frohlockte der Jülicher Bürgermeister. Die mit Ratszustimmung am 1. Januar 1873 erfolgte Einführung einer „Communal-Einkommensteuer" habe „sich auf das Beste bewährt". Die Summe der Einnahmen aus dieser Steuer, die sich über den von

---

[81] SPOERER, Steuerlast (wie Anm. 66), S. 57.

[82] Die Grundsteuer war mit Gesetz vom 21. Mai 1861 und Ergänzungsgesetz vom Februar 1867 reformiert worden. Dabei wurde nun die bis heute praktizierte Aufteilung in unbebaute und bebaute Grundstücke vorgenommen und für letztere eine „Gebäudesteuer" eingeführt; vgl. WENDELS, Arm und reich (wie Anm. 79), S. 10 f.; SPOERER, Steuerlast (wie Anm. 66), S. 60 f.

[83] Eine Liste der prozentualen Anteile der „Communal-Umlage" an den einzelnen Staatssteuern für die Jahre 1865 bis 1886/87 in: II-1143, 1 a.

[84] Vgl. Verwaltungsbericht 1868, unpag.

der Klassensteuer und der klassifizierten Einkommensteuer betroffenen Personenkreis hinaus auch auf *„Forensen"* erstreckte (auswärts wohnende physische oder auch juristische Personen - also etwa Firmen -, die im Jülicher Stadtbezirk über Grundbesitz verfügten oder ein stehendes Gewerbe ausübten), habe allein 346 Taler (1.038 Mark) betragen, die Heranziehung der Bergisch-Märkischen Eisenbahngesellschaft werde diese Summe künftig bedeutend erhöhen.[85] Diese Einschätzung erwies sich als richtig, im Haushaltsjahr 1884/85 wurden aus diesen Quellen schon 3.600 Mark eingenommen, in den beiden Folgejahren waren es 5.145 bzw. 5.838 Mark.[86] Der absehbare Erfolg der *„kommunalen Einkommenssteuer"* ermöglichte es auch, die Steuerzahler der untersten Klassensteuerstufe Ia von ihrem Beitrag zu den Kommunalsteuern zu befreien.[87] Die Erfassung und Veranlagung der neu hinzugekommenen, nicht schon von der Klassensteuer oder der klassifizierten Einkommensteuer betroffenen Personen erfolgte stadtseitig durch einen Ausschuss nach den Einschätzungsgrundsätzen, wie sie auch für die Staatseinkommensteuer galten.[88]

Im selben Jahr 1873, durch Gesetz vom 25. Mai, wurden weitere Änderungen bei der Klassensteuer und der klassifizierten Einkommensteuer vorgenommen,[89] indem nun auch die Klassensteuer nach dem möglichst genau zu ermittelnden Einkommen und nicht mehr nur durch Einschätzung nach äußeren, ständisch begründeten Merkmalen veranschlagt wurde. Für etwas mehr Steuergerechtigkeit sorgte nun auch eine Steuerprogression von bis zu 2,7% in der Spitze. Die klassifizierte Einkommensteuer, bislang bei 7.200 Talern gedeckt, blieb nun nach oben offen. Während bisher nur die unterstützungsbedürftigen Armen, Kranken und Alten von der Klassensteuer befreit geblieben waren, so gab es nun einen Steuerfreibetrag von 420 Mark im Jahr, der 1883 auf 900 Mark erhöht wurde. So war die Klassensteuer nun nur noch formal von der

---

[85] Verwaltungsbericht 1873 (vom 03.12.1873), S. 9. Das in der Stadtverordnetenversammlung vom 5. Dezember 1872 aufgestellte *„Regulativ"* zur Steuer (II-1143, 66 a-69 b) bezog sich insbesondere auf § 4 und 49 der Rheinischen Städteordnung vom 15. Mai 1856, das eine Beteiligung des bezeichneten Personenkreises an den Gemeindeabgaben vorsah; es handelte sich also um eine kommunale Erweiterung der auch weiterhin durch Zuschläge auf die staatliche Klassensteuer und klassifizierte Einkommensteuer erzielten Gemeindeeinkünfte. - Allein schon die zu erwartenden Einnahmen nach Inbetriebnahme der Eisenbahn 1873 (erfolgt am 1. Oktober), so Bürgermeister Nyssen in einem Schreiben vom 11. Dezember 1872 an das Landratsamt, würde die Einführung der betreffenden Steuer rechtfertigen; vgl. II-1143, 60 a-b.

[86] Verwaltungsbericht 1886/87 (vom 18.03.1887), S. 30 f.

[87] Verwaltungsbericht 1873, S. 9. Dies geschah allerdings erst, nachdem Landrat von Wenge-Wulffen einen ersten Entwurf des Regulativs zurückgewiesen hatte; Bürgermeister Nyssen argumentierte daraufhin unzutreffend, ein Verzicht auf die Einnahmen aus dieser niedrigsten Steuerstufe würde zu einer Mehrbelastung der anderen Steuerzahler führen, die höher sei als beim bisherigen Verteilungsmodus; vgl. II-1143, 60 a-65 b.

[88] S. das Regulativ vom 05.12.1872 und die leicht geänderten *„zusätzlichen Bestimmungen"* dazu (II-1143, 76 a-b). Weitere Änderungen erfuhr das Regulativ im April 1886 und im Januar 1892; s. II-1143.

[89] Zum Folgenden: SPOERER, Steuerlast (wie Anm. 66), S. 68; WENDELS, Arm und reich (wie Anm. 79), S. 9; Hue de GRAIS, Handbuch der Verfassung und Verwaltung in Preußen und dem Deutschen Reiche, Berlin, 19. Aufl. 1908, S. 219 ff.

klassifizierten Einkommensteuer unterschieden, eine Trennung, die durch die Miquel-schen Steuerreformen der ersten Hälfte der 1890er Jahre endgültig aufgehoben wurde.

Mit dem Einkommensteuergesetz vom 24. Juni 1891 wurde eine einheitliche Einkommensteuer geschaffen, die eine allgemeine Steuerpflicht für alle Staatsangehörigen und juristischen Personen umfasste. Damit verbunden war eine Deklarationspflicht für steuerpflichtige Bezieher von Einkommen über 3.000 Mark,[90] das bisher eingeschränkte Zugriffsrecht der Finanzbehörde auf steuerlich relevante Unterlagen mit der Folge verbreiteter Steuerhinterziehung wurde nun durch eine Offenlegungspflicht für die Geschäftsbücher bedeutend erweitert.[91] Aus diesen neuen Regelungen resultierten für den Staat wie auch, über den Zuschlag, für die Kommunen erhöhte Einnahmen. Lag das Steueraufkommen aus Klassensteuer und klassifizierter Einkommensteuer in Jülich im Haushaltsjahr 1891/92 bei 23.715 Mark, so brachte die neue Einkommensteuer für das nächste Jahr 1892/93 mit 26.346 Mark bereits ein Plus von 2.631 Mark.[92] Auch die Einnahmen aus der Gewerbesteuer, die in einem ebenfalls am 24. Juni 1891 erlassenen Gesetz zugunsten der Kleinbetriebe reformiert und durch eine neu eingeführte Betriebssteuer[93] ergänzt worden war, stiegen an. Während die Gewerbesteuer in der alten Form im Haushaltsjahr 1892/93 noch 5.115 Mark erlöst hatte, erbrachte sie inklusive der Betriebssteuer nach der erstmaligen Veranlagung für 1893/94 5.906 Mark (Gewerbesteuer 5.076 Mark, Betriebssteuer 830 Mark).[94] Die genannten Steuersummen bezeichnen dabei nur die an den Staat abzuführenden Beträge, zusätzlich wurden die Steuerzahler mit den städtischen Zuschlägen belastet, die zu Anfang der 1890er Jahre durchweg auf 100% oder mehr der staatlichen Quote zu veranschlagen sind.

Weitere erhebliche Einnahmezuwächse für die Kommunen folgten mit dem drei Gesetze umfassenden Reformpaket vom 14. Juli 1893, das am 1. April 1895 in Kraft trat.[95] Mit dem Gesetz *„wegen Aufhebung directer Staatssteuern"* verzichtete der Staat auf die Hebung der bisherigen klassischen Ertragssteuern, der Grund-, Gebäude- und Gewerbesteuer, zugunsten der Kommunen, wobei aber die bisherige Art der Veranlagung aufrechterhalten wurde.[96] Die Kommunen berechneten also weiterhin ihren prozentualen *„Zuschlag"* auf ein staatlich vorgegebenes Veranlagungs-Soll. Als Ausgleich für die daraus resultierenden Einnahmeverluste des Staates wurde im *„Ergänzungssteuer-Gesetz"* zur Einkommensteuer eine als *„Ergänzungssteuer"* bezeichnete Vermögenssteuer etabliert. Zuschläge konnten die Kommunen wie bisher auch auf die staatliche

---

90 Verwaltungsbericht 1894/95, S. 32.

91 Zu den Hintergründen der Reform des preußischen Steuersystems unter verstärkter Berücksichtigung sozialpolitischer Belange vgl. SPOERER, Steuerlast (wie Anm. 66), S. 72 ff.

92 Verwaltungsbericht 1894/95, S. 32.

93 Die Betriebssteuer belastete neben Gast- und Schankwirtschaften auch den Kleinhandel mit Branntwein oder Spiritus; vgl. SPOERER, Steuerlast (wie Anm. 66), S. 75.

94 Verwaltungsbericht 1894/95, S. 32.

95 Genaue Ausführungen dazu im Verwaltungsbericht 1894/95, S. 32. Vgl. auch de GRAIS, Handbuch (wie Anm. 89), S. 210.

96 Vgl. dazu die in Folge des Kommunalabgabengesetzes am 29.03.1895 durch die Stadtverordneten-Versammlung erlassene *„Ordnung betreffend die Erhebung der directen Steuern"* (Verwaltungsbericht 1894/95, S. 40-42), womit das letzte Regulativ für die Gemeindeeinkommensteuer in der Stadtgemeinde Jülich vom 22.01.1892 außer Kraft trat.

Einkommensteuer erheben, nicht aber auf die Vermögenssteuer.[97] Das *„Kommunal-Abgaben-Gesetz"* schließlich verpflichtete die Gemeinden lediglich, von ihrer Befugnis auf Steuererhebung nur insoweit Gebrauch zu machen, *„als ihre sonstigen Einnahmen, insbesondere aus dem Gemeinde-Vermögen, aus Gebühren, Beiträgen und den vom Staate oder weiteren Kommunalverbänden überwiesenen Mitteln zur Deckung ihrer Ausgaben nicht ausreichen."*[98] Im Grunde war auf diese Weise, also mit Steuererträgen die Differenz zwischen Einnahmen und Ausgaben zu überbrücken und den Haushalts-ausgleich zu erreichen, schon immer zur preußischen Zeit verfahren worden.

Die Finanzierung des städtischen Haushaltes gelang auf der Basis dieser Reform-gesetze ohne ersichtliche Probleme bis zum Ersten Weltkrieg.[99] Auf diese Art und Weise konnte die Stadtverwaltung in einer Zeit wachsender Wirtschaftskraft, aber auch ständig erhöhter Anforderungen relativ mühelos auf die steigenden Ausgaben reagie-ren, so etwa 1896/97 durch eine kurzfristige Erhöhung der Grund-, Gebäude- und Ge-werbesteuer auf bis zu 160% wegen *„des Wegfalls der Wirkung der lex Huene und des erstmaligen Erscheinens einer nicht unerheblichen Kreisumlage".*[100] Umgekehrt be-dingten zwischenzeitlich vermehrte Einnahmen oder geringere Ausgaben eine Redu-zierung der Steuerquoten, wie sie etwa im Verwaltungsbericht 1897/98 angekündigt wurden. *„Die Erklärung hierfür"*, heißt es dort, liege *„hauptsächlich in der durch die Verstaatlichung des Progymnasiums eintretenden nicht unerheblichen Entlastung der Stadt, zum Theil aber auch in der durch günstigen Geschäftsgang von Industrie pp. wachsenden Steuerkraft hiesiger Einwohner."*[101] Die Quoten stabilisierten sich im ers-ten Jahrzehnt des 20. Jahrhunderts nach den für diese Zeit lückenlos erhaltenen Ver-waltungsberichten auf fast durchweg erhobene 135% für die Grund-, Gebäude- und Gewerbesteuer, während Einkommen- und Betriebssteuer stets mit 100% veran-schlagt wurden. Dabei stiegen die von der Stadt zu tätigenden Ausgaben zwischen Mitte der 1890er Jahre bis 1910 um etwa 80% von rund 100.000 Mark auf über 177.000

---

[97] So SPOERER, Steuerlast (wie Anm. 66), S. 19; de GRAIS, Handbuch (wie Anm. 89), S. 222 ff.

[98] Verwaltungsbericht 1894/95, S. 32. Als Anlage zu diesem Bericht ist ein *„Finanz-Plan zur Ausführung des Kommunal-Abgaben-Gesetzes"* vom 9. April 1895 ausgeführt, der exempla-risch verdeutlicht, wie der städtische Haushalt diesen Vorgaben entsprechend aufgestellt wurde: Das *„Umlage-Soll"* für das laufende Haushaltsjahr war auf 52.015 Mark festgesetzt. Hinzu addiert wurden 3.750 Mark für den mit dem neuen Gesetz eintretenden Wegfall der *„lex Huene"* (ein Gesetz vom 14. Mai 1885, *„betreffend die Ueberweisung von Beträgen, wel-che aus landwirtschaftlichen Zöllen eingehen, an die Kommunalverbände"*), eine Zulage aus der Stadtkasse für *„Einquartierungen"* in Höhe von 3.600 Mark, ferner die Kosten für die Stra-ßenreinigung von 2.500 Mark. Abgezogen wurden ein Zuschuss aus der Kasse der Gasan-stalt über 3.000 Mark, die Hundesteuer und eine Lustbarkeitssteuer in Höhe von 150 bzw. 200 Mark. Um den verbleibenden Betrag von 59.850 Mark zu finanzieren, mussten der Ertrag der Grundsteuer in Höhe von 5.000 Mark, der der Gebäudesteuer (8.000 Mark) und der der Gewerbe- und Betriebssteuer (6.800 Mark) mit jeweils 140% belastet werden, während der Rest von 32.130 Mark durch einen Betrag in Höhe von 100% auf die Einkommensteuer ge-deckt wurde.

[99] Hierzu trugen allerdings nicht nur die Steuereinnahmen bei, die Haushaltsbilanz wurde auch durch die Wirtschaftskraft eines städtischen Eigenbetriebs, der Gasanstalt, positiv beein-flusst, die um die Wende zum 20. Jahrhundert satte Gewinne an die Stadtkasse abführte.

[100] Verwaltungsbericht 1895/96 vom 10.04.1896, S. 6.

[101] Verwaltungsbericht 1897/98 vom 29.04.1898, S. 7.

Mark pro Jahr. Der Anteil, den die Steuereinnahmen daran hatten, belief sich in dieser Zeit auf 55%-60%, die der Einkommensteuer allein auf ein knappes Drittel.

Thomas Hartmann-Wendels / Claudia Wendels

„Ein Kreditinstitut für Lieschen Müller und große Unternehmer"[1] - Die Geschichte der Jülicher Sparkassen bis zur Fusion mit der Kreissparkasse Düren

Wer die Geschichte einer Sparkasse nachzeichnet, beschreibt damit zugleich auch die Geschichte der sie tragenden Institutionen, d. h. der Stadt und/oder des Landkreises, die das Geschäftsgebiet einer Sparkasse markieren. Sparkassen handeln im öffentlichen Auftrag, sie sind somit nicht der Gewinnmaximierung verpflichtet, sondern sollen eine flächendeckende Versorgung mit Finanzdienstleistungen sicherstellen. Dazu gehören neben dem Einlagengeschäft der Zahlungsverkehr und das Kreditgeschäft. Die wirtschaftliche Entwicklung einer Region hängt eng mit der Leistungsfähigkeit ihrer Sparkasse zusammen, wie auch umgekehrt eine Sparkasse nur gedeihen kann, wenn die Region, in der sie tätig ist, prosperiert. Sparkassengeschichte ist damit auch immer ein Stück Regionalgeschichte.

1. Das Bankwesen in Jülich vor Gründung der Jülicher Sparkassen

Die Gründung einer Sparkasse im Jülicher Land erfolgte erst Ende des 19. Jahrhunderts, zu einer Zeit, in der Sparkassen im Rheinland bereits weit verbreitet waren. Eine Vielzahl an Sparkassengründungen sind ab Ende der 30er Jahre des 19. Jahrhunderts zu verzeichnen. Wesentlicher Impulsgeber hierfür war das im Jahre 1838 verabschiedete Preußische Sparkassenreglement. So wurden in den Regierungsbezirken Düsseldorf und Köln sowie in den südwestlichen Gebieten der Regierungsbezirke Münster und Arnsberg allein in den Jahren 1839 bis 1854 fast 70 Sparkassen gegründet, in der darauffolgenden Periode bis zur Gründung des Kaiserreichs entstanden in diesen Gebieten nochmals mehr als 70 Institute.[2] Der Regierungsbezirk Aachen schien von dieser Entwicklung weitgehend abgekoppelt zu sein. Lediglich in Aachen und Düren kam es 1829 bzw. 1832 zu kommunalen Sparkassengründungen, beide Institute agierten aber wenig erfolgreich und wurden 1851 wieder aufgelöst. Noch 1894 beklagte

---

[1] Diese Formulierung geht auf den Landrat Wilhelm Johnen zurück. In seiner Ansprache anlässlich der 75 Jahrfeier sagte er u. a., dass die Sparkasse Bankgeschäfte sowohl für Lieschen Müller als auch für große Unternehmer abwickele und sie damit den Vertrauensbeweis für alle Bevölkerungsschichten rechtfertige. Vgl. Stadtarchiv Linnich, Jülicher Nachrichten vom 12. Mai 1970, S. 11. Zu Wilhelm Johnen vgl. Abschnitt *„Veränderungen durch das Sparkassengesetz von 1958".*

[2] Vgl. Paul THOMES, Sparkassen und Banken im nördlichen Rheinland 1789 bis 1913 (Geschichtlicher Atlas der Rheinlande, Beiheft VII/16), Bonn 2007, S. 13.

der Jülicher Bürgermeister Joseph Hochstenbach[3], dass es im gesamten Regierungs-bezirk Aachen keine einzige öffentliche Sparkasse gebe, obwohl in der übrigen Rhein-provinz mittlerweile 148 Institute existieren würden.[4]

Der geringe Erfolg des kommunalen Sparkassenwesens im Regierungsbezirk Aachen ist aber weniger auf die mangelnde Sparbereitschaft der Bevölkerung zurück-zuführen, als vielmehr auf die Existenz des *„Aachener Vereins zur Beförderung der Ar-beitsamkeit"* (im Folgenden kurz Aachener Verein genannt). Dieser, 1834 auf Initiative von David Hansemann[5] gegründete Verein, förderte soziale Einrichtungen wie Kindergär-ten, Waisenhäuser und Schulen und richtete Spar- und Prämienkassen ein. Während die Sparkassen allen Bürgern des Regierungsbe-zirks Aachen offenstanden, war der Zugang zu den Prämienkassen besonders bedürftigen Personenkreisen vorbehalten. Hierzu gehör-ten *„Handwerker ohne selbständige Gesellen, nicht selbständige Handwerksarbeiter, Fabrik- und Bergwerks-Arbeiter, Tagelöhner, Dienst-boten sowie Personen, welche zwar wegen Altersschwäche, Krankheit, Arbeitsmangel o-der Dienstlosigkeit eine kürzere oder längere Zeit nicht zu den vorbezeichneten gehören, gleichwohl ihren Stand nicht eigentlich verän-dert haben."*[6] Diese Zweiteilung in Spar- und

Abb. 1: Bürgermeister Josef Hochsten-bach 1893 (Foto: Stadtarchiv Jülich, Foto-sammlung 03-013-8, Ausschnitt, Fotograf: Matthias Schiffer).

---

3   Joseph Hochstenbach wurde 1844 in Kerkrade/Niederlande geboren. Er verstarb im April 1899 in Bonn. Von Juli 1884 bis zu seinem Tode hatte er das Amt des Bürgermeisters von Jülich inne. Vgl. Günter BERS, Jülich. Geschichte einer rheinischen Stadt, Jülich 1989, S. 126.

4   Begleitschreiben des Bürgermeisters Hochstenbach vom 9. Juli 1894 zum Entwurf eines Sta-tuts für die städtische Spar- und Darlehenskasse zu Jülich. Vgl. Stadtarchiv Jülich, Bestand II/1138.

5   David Justus Ludwig Hansemann wurde am 12. Juli 1790 in der Nähe von Hamburg geboren. Er war Kaufmann, Bankier und Politiker. Nach einer kaufmännischen Lehre zog er Anfang des 19. Jahrhunderts ins Rheinland, wobei er im Jahre 1817 zunächst als Wollhändler in Aachen ein eigenes Unternehmen gründete. Er förderte den Eisenbahnbau und gründete verschiedene Unternehmen, wie z. B. die Aachener Feuer-Versicherungs-Gesellschaft (1824), den Aachener Verein zur Beförderung der Arbeitsamkeit (1834) oder die Disconto-Gesellschaft (1851). Hansemann verstarb am 4. August 1864 während eines Kuraufenthaltes in Schlangenbad. Vgl. Erich ANGERMANN, David Justus Ludwig Hansemann, in: Neue Deut-sche Biographie (NDB), Bd. 7, Berlin 1966, S. 626-629; Paul THOMES, Entrepreneur und Cor-porate Citizen - Zum 150. Todestag von David Hansemann (1790-1864), in: Paul THO-MES,/Peter M. QUADFLIEG (Hrsg.), Unternehmer in der Region Aachen zwischen Maas und Rhein, Rheinisch-Westfälische Wirtschaftsbiographien, Bd. 19, Münster 2015, S. 96-111.

6   Aachener Verein zur Beförderung der Arbeitsamkeit: Allgemeine Bedingungen der Prämien-kasse, (Nach deren Abänderung durch die Bezirks-Versammlung vom 6. Dezember 1858.) Art. 2. Vgl. Stadtarchiv Jülich, Bestand II/1136.

Prämienkassen entsprach der Zielsetzung des Aachener Vereins: Breiten Bevölkerungsschichten sollte die Möglichkeit gegeben werden, auch kleine Beträge sicher und zu attraktiven Zinsen anzulegen. Neben dem sozialpolitisch motivierten Ziel der Verbesserung der Lebensbedingungen sollte mit dem Anreiz zum Sparen auch ein erzieherisches Ziel erreicht werden: Der breiten, meist in relativer Armut lebenden Bevölkerung sollte vor Augen geführt werden, dass es möglich ist, durch Fleiß und Sparsamkeit Kapitalien anzusammeln, die sich dann durch Zinsen zu einem kleinen Vermögen vermehren. Wer auf diese Weise zu bescheidenem Wohlstand gekommen ist - so das Kalkül des Vereins - wird eher geneigt sein, einen an bürgerlichen Werten wie Ordnung und Mäßigung orientierten Lebenswandel zu führen. Dementsprechend sahen die Statuten des Vereins auch vor, dass Personen aus *„sittlichen Gründen" oder „wegen notorischer Wohlhabenheit"* vom Zugang zur Prämienkasse ausgeschlossen werden konnten.[7]

Um die gewünschte Anreizwirkung zu erzielen, mussten die Sparguthaben attraktiv verzinst werden. So zahlte die Sparkasse 1858 auf ein Guthaben bis zu 600 Talern $3\frac{1}{3}$ Prozent Zinsen und auf diesen Betrag übersteigende Einlagen erhielt man $2\frac{1}{3}$ Prozent.[8] Die Prämienkasse gewährte darüber hinaus noch zusätzliche Zins- und Extraprämien. Als Zinsprämie wurde 1858 ein Silbergroschen und sechs Pfennige pro Taler gezahlt (= 5 Prozent), auf die ersten zwanzig Taler eines Guthabens wurde nach drei Jahren Spartätigkeit die Extraprämie von vier Silbergroschen und sechs Pfennigen pro Taler gewährt (= 15 Prozent).[9]

Diese attraktiven Zinsen und Prämien konnten die Spar- und Prämienkassen nur deshalb entrichten, weil sie nicht darauf angewiesen waren, die Zinszahlungen an die Sparer durch Geldanlagen und Kreditausreichungen zu verdienen, sondern weil sie von den Zuschüssen der Muttergesellschaft, der Aachener und Münchener Feuer-Versicherungs-Gesellschaft profitierten. Diese hatte sich verpflichtet, die Hälfte ihres jährlichen Gewinns dem Aachener Verein zur Verfügung zu stellen. Diese Subventionierung der Sparzinsen endete 1874, als die Aachener und Münchener Feuer-Versicherung ihre in den Statuten als Höchstgrenze festgelegte Lebensdauer von 50 Jahren erreicht hatte und sich in einer veränderten Rechtsform neu konstituierte.

Angesichts der attraktiven Zinsen ist nicht verwunderlich, dass der Aachener Verein zügig expandierte und bereits zehn Jahre nach seiner Gründung 20 Prämien- und 15 Sparkassen unterhielt.[10] Darunter befand sich auch die am 23. Mai 1841 eröffnete Spar- und Prämienkasse zu Jülich, die sonntags, in der Zeit zwischen 11.30 Uhr und 12.30 Uhr, ihre Pforten in der Wohnung des Herrn Steuerempfängers Klein für das Publikum öffnete. Vorangegangen war dem eine gründliche Bearbeitung des Marktge-

---

[7] Ebd.

[8] Ebd.

[9] Aachener Verein zur Beförderung der Arbeitsamkeit: Allgemeine Bedingungen der Prämienkasse, (Nach deren Abänderung durch die Bezirks-Versammlung vom 6. Dezember 1858.) Art. 29-39. Vgl. Stadtarchiv Jülich, Bestand II/1136.

[10] Vgl. Hans POHL, Die rheinischen Sparkassen. Entwicklung und Bedeutung für Wirtschaft und Gesellschaft von den Anfängen bis 1990, Stuttgart 2001, S. 59.

bietes: Bereits ab dem Frühjahr 1838 wurden dem Jülicher Bürgermeister 200 Exemplare der 14-tägig erscheinenden Mitteilungen des Aachener Vereins zugesandt, mit der Bitte, diese in geeigneter Weise in Umlauf zu bringen.[11]

Der Erfolg des Aachener Vereins lässt sich am Einlagevolumen, der auf das Stadtgebiet Jülich entfiel, eindrucksvoll ablesen: Die Prämienkasse zählte Ende des Jahres 1864 genau 1.267 Sparer zu ihren Kunden, die einen Betrag von 107.520 Talern aufbrachten. Der Sparkasse hatten 1.032 Sparer einen Betrag von insgesamt 392.044 Talern anvertraut. Da die Prämienkassen den besonders Bedürftigen vorbehalten waren, erstaunt es nicht, dass der durchschnittliche Einlagenbetrag bei den Prämienkassen mit 84 Talern weniger als ein Viertel des durchschnittlichen Guthabens bei den Sparkassen, der bei 379 Talern lag, ausmachte.[12]

Der Aachener Verein verhinderte die Gründung von Sparkassen nicht nur wegen seiner marktbeherrschenden Stellung im Sparverkehr, sondern auch aufgrund seiner anderweitigen Unterstützung wohltätiger Projekte, die den Gemeinden zugutekamen. Diese hatten kein Interesse an der Gründung von Sparkassen, weil sie befürchteten, dass hierdurch die Konkurrenz auf dem Bankenmarkt verschärft und damit der Fortbestand dieser Unterstützung durch den Aachener Verein gefährdet werden könnte.

Neben der Spar- und Prämienkasse des Aachener Vereins gab es Ende des 19. Jahrhunderts in Jülich noch die 1872 gegründete Jülicher Volksbank. Diese geriet jedoch kurz nach ihrer Gründung in Schwierigkeiten, da sie Hauptgläubiger der 1875 in Konkurs gegangenen Düsseldorfer Gewerbebank war.[13] Als Folge des Kreditausfalls wurden die Geschäftsanteile um 50 Prozent gekürzt und die Dividendenzahlungen für vier Jahre ausgesetzt.[14] Neben dem mangelnden wirtschaftlichen Erfolg dürfte einer größeren Verbreitung der Volksbank auch entgegengestanden haben, dass die Höhe des Geschäftsanteils 750 Mark betrug. Auch wenn diese Summe in Raten von vierteljährlich mindestens 5 Mark aufgebracht werden konnte, war die Verpflichtung, eine derartige Summe zu entrichten, doch für weite Kreise der Bevölkerung ein Ausschlusskriterium.[15] Daher ist nicht verwunderlich, dass die Jülicher Volksbank bis in die 90er-

---

11 Vgl. Aachener Verein zur Beförderung der Arbeitsamkeit (wie Anm. 6), Brief des Vorstands an den Herrn Bürgermeister zu Jülich.

12 Die Zahlen zu dem Einlagenbestand wurden von den Verfassern aus den Angaben des Aachener Vereins zu den Guthaben der Sparer berechnet.

13 Die Insolvenz der Düsseldorfer Gewerbebank ist auf Misswirtschaft, gepaart mit dubiosen Geschäftspraktiken, die zu hohen Verlusten aufgrund von fragwürdigen Wechselgeschäften, Kreditausfällen und Immobilienspekulationen führten, zurückzuführen. Vgl. hierzu ausführlich: Cornelius KNOBLAUCH (Hrsg.), Die fallierte Düsseldorfer Gewerbebank und deren Verwaltung. Ein Wort zur Beherzigung an alle Genossenschafter Deutschlands. Bericht der Super=Revisions=Commission über die Bilanz pro 1874, Düsseldorf 1875.

14 Vgl. Jülicher Volksbank: Bericht über das 25. Geschäftsjahr 1896, Vorbericht, vgl. Stadtarchiv Jülich, Bestand: II/1137.

15 Dass der Betrag für einen Geschäftsanteil in Höhe von 750 Mark für viele Sparer eine zu hohe Hürde darstellte, sieht man, wenn man die Beträge der Sparguthaben des Aachener Vereins aus dem Jahre 1865 zum Vergleich heranzieht. So erreichten bei der Jülicher Prämienkasse des Aachener Vereins 1865 nur 103 von 1.267 Sparern ein Guthaben von mehr als 750 Mark. Bei der Jülicher Sparkasse des Aachener Vereins wiesen nur gut ein Drittel der Sparer ein Guthaben von mehr als 750 Mark auf. Die Angaben zu den Sparguthaben

Jahre des 19. Jahrhunderts nicht mehr als 450 Mitglieder hatte. Verglichen mit dem Aachener Verein nahm sich das Einlagenvolumen der Jülicher Volksbank bescheiden aus. Es betrug Ende 1878 bezogen auf den gesamten Landkreis Jülich nur 827.000 Mark.[16] Die Jülicher Volksbank fusionierte im Dezember 1977 mit der Aachener Bank.

2 Die Gründungsphase der Jülicher Sparkassen
2.1 Die Jülicher Darlehenskasse als Vorläuferinstitut

Erste Überlegungen zur Gründung eines Kreditinstituts in öffentlicher Trägerschaft in Jülich kamen Ende der 70er-Jahre des 19. Jahrhunderts auf. Der damalige Landrat Karl Freiherr von Hollen ergriff die Initiative zur Gründung einer Darlehenskasse für den Kreis Jülich und unterbreitete dem Kreistag im November 1879 einen entsprechenden Vorschlag.[17] Hierbei ging es jedoch - wie der Name des Instituts bereits nahelegt - nicht um den Spargedanken, sondern darum, das vorübergehende Kreditbedürfnis der kleinen Gewerbetreibenden, der kleinen Landbesitzer und Pächter zu befriedigen. Der Kapitalbedarf dieser Klientel wurde nämlich durch den Aachener Verein nicht befriedigt, da dieser die eingesammelten Einlagen vorwiegend dazu verwendete, Hypothekar- und Lombardkredite auszureichen, Wechseldiskontkredite zu gewähren und ausländische Wertpapiere zu erwerben. Später vervollständigten staatlich garantierte Aktien und Anleihen von Eisenbahngesellschaften das Aktivgeschäft. Das Konzept einer Darlehenskasse, die sich um das Kreditbedürfnis kleiner Gewerbetreibender und Landwirte kümmerte, kann somit als komplementär zum Geschäftsmodell des Aachener Vereins angesehen werden.

Obwohl das Vorhaben einer Darlehenskasse durchaus eine erkennbare Lücke füllte, war ihr nur ein kurzes Dasein beschert. Sie existierte nur bis 1895 und ging dann in die neu gegründete Jülicher Spar- und Darlehenskasse auf. Der geringe Erfolg der Darlehenskasse lag vor allem in ihrer restriktiven Kreditvergabepolitik sowie in ihrer mangelnden Kapitalausstattung begründet. Da die Darlehenskasse kein Einlagengeschäft betrieb, konnte sie Darlehen nur aus einem vorhandenen Kassenbestand (*„Betriebsfonds"* genannt) vergeben. Dieser war mit 6.000 Mark bewusst gering gehalten, um zu verhindern, dass Darlehen leichtfertig gewährt werden, *„um nur den Betriebsfonds nicht müßig liegen zu lassen"*.[18] Die Kreditvergabebestimmungen sahen vor, dass Kredite *„nur an Einwohner des Kreises Jülich von unbescholtenem Rufe und die dem Trunke und Müßiggang nicht ergeben sind"*[19], ausgereicht werden durften. Gelder

---

wurde einer Aufstellung des Aachener Vereins für das Jahr 1865 entnommen. Vgl. Stadtarchiv Jülich, Bestand II/1136.

[16] Vgl. Jülicher Volksbank: Geschäftsübersicht pro 1878, vgl. Stadtarchiv Jülich, Bestand II/1137. Im Vergleich dazu betrug das Einlagenvolumen der Spar- und Prämienkasse, bezogen nur auf die Stadt Jülich im Jahre 1864 knapp 500.000 Taler, d. h. umgerechnet ca. 1,5 Millionen Mark. Vgl. Stadtarchiv Jülich, Bestand II/1136.

[17] Vgl. Beschlussvorlage für die Sitzung des Kreistages am 26. November 1879, vgl. ebd., Bestand II/1137.

[18] Vgl. ebd.

[19] Vgl. Statuten der Darlehenskasse für den Kreis Jülich, ebd.

durften darüber hinaus nur dann ausgeliehen werden, wenn der Schuldner zwei Bürgen stellte, die ebenfalls von unbescholtenem Rufe sein mussten und über Immobiliarbesitz im Kreis Jülich im Wert von mindestens dem vierfachen des nachgesuchten Kredits verfügen mussten. Der Kreditbetrag war auf 500 Mark begrenzt und musste entweder in einem Betrag oder bei einem Kreditbetrag bis 200 Mark in zwei Jahresraten zurückgezahlt werden. Bei darüberhinausgehenden Kreditbeträgen durfte das Darlehen auch in drei Jahresraten getilgt werden.

Es ist offensichtlich, dass das Konzept der Darlehenskasse im Widerspruch zu der Umsetzung der Geschäftsidee stand. Selbst bei einer nur mittleren Ausschöpfung des Kreditrahmens hätte die Darlehenskasse nicht mehr als 24 Kredite vergeben können. Darüber hinaus dürften die Bonitätsanforderungen für die Zielgruppe der kleinen Gewerbetreibenden und Landwirte zu streng gewesen sein. Auch der Zinssatz von 5 Prozent, zu dem die Darlehen ausgereicht wurden, dürfte wenig attraktiv gewesen sein, wenn berichtet wird, dass der Aachener Verein Kredite meist zu 3 Prozent vergeben hat.[20]

2.2 Die Gründung der Spar- und Darlehenskasse des Kreises Jülich

Die mangelnde Überlebensfähigkeit der Jülicher Darlehenskasse führte dazu, dass der Kreistag am 26. Oktober 1894 beschloss, ein neues Institut zu gründen, dass neben der Vergabe von Darlehen auch das Einlagengeschäft betreiben sollte. Da der Aachener Verein zu dieser Zeit nicht mehr von den Zuschüssen der Aachener und Münchener Feuer-Versicherung profitieren konnte, hatte sich das Wettbewerbsumfeld im Einlagenbereich geändert, so dass die berechtigte Aussicht bestand, konkurrenzfähige Zinsen zu zahlen. Entsprechend des neuen Geschäftsmodells führte das Institut den Namen *„Spar- und Darlehenskasse des Kreises Jülich"*, im Jahre 1910 erfolgte die Umbenennung in *„Kreissparkasse zu Jülich"* (im Folgenden kurz Kreissparkasse genannt). Der Beschluss zur Gründung durch den Kreistag erfolgte am 26. Oktober 1894, die Genehmigung der Statuten durch den Oberpräsidenten der Rheinprovinz wurde am 7. Mai 1895 erteilt, es verging dann aber noch einmal ein Jahr, bis die Jülicher Sparkasse am 1. Mai 1896 ihre Pforten für den Publikumsverkehr öffnete.[21]

Geleitet wurde die Kreissparkasse von einem ehrenamtlich tätigen Vorstand mit dem Landrat als Vorsitzendem und vier weiteren, jeweils auf sechs Jahre vom Kreistag gewählten Mitgliedern.[22] Der Vorstand tagte mindestens einmal monatlich, er vertrat die Sparkasse in allen Angelegenheiten nach außen, entschied über die Gewährung von Darlehen und die Höhe des Einlagenzinses und gab dem zunächst nebenamtlich,

---

[20] Vgl. Beschlussvorlage für die Sitzung des Kreistages am 26. November 1879, ebd.

[21] Vgl. A[ugust] KLUGHARDT, Das Sparkassenwesen im Kreise Jülich. Geschichte der Kreis- und Stadtsparkasse Jülich, in: Heimatkalender für den Landkreis Jülich, 2. Jg., Jülich 1952, S. 137-141, hier S. 138.

[22] Alle Angaben zur Organisationsstruktur und zu den Geschäftstätigkeiten sind dem Statut der Spar- und Darlehenskasse des Kreises Jülich entnommen; vgl. Stadtarchiv Jülich, Bestand II/1138.

später dann hauptamtlich tätigen Rendanten, der die Abwicklung des täglichen Bankgeschäftes leitete, Geschäftsanweisungen. Neben dem Rendanten gab es noch Kassenbeamte und einen Kontrolleur, dessen Aufgabe darin bestand, sämtliche Einzahlungen mitzuzeichnen und alle Ausgaben zu erfassen.

Abb. 2: Kreis-Sparkasse Jülich 1919 (Stadtarchiv Jülich, Ansichtskartensammlung, Alb 10 S 51 1939)

Die Geschäftstätigkeit der Kreissparkasse Jülich erstreckte sich auf der Passivseite auf die Entgegennahme von Einlagen gegen Ausstellung von Sparkassenbüchern und auf der Aktivseite auf die Gewährung von Krediten gegen Stellung von Sicherheiten. Die Anforderungen an die Sicherheiten waren allerdings weit weniger streng formuliert als bei dem Vorgänger-Institut. Die Beleihungsgrenze für Grundstücke belief sich auf zwei Drittel, bei Gebäuden auf die Hälfte und bei der Verpfändung von Wertpapieren auf 80 Prozent des Wertes der Sicherheit. Darlehen auf Wechselbasis und Schuldscheine wurden nur akzeptiert, wenn zwei solvente Bürgen gestellt wurden, darüber hinaus war die Laufzeit auf ein Jahr begrenzt. Weiterhin durften die Einlagen in Anleihen angelegt werden, die von der öffentlichen Hand oder von anerkannten Kirchengemeinden ausgegeben wurden. Die Beschränkung der Risiken im Aktivgeschäft verfolgte den Zweck, das Risiko für den Landkreis, der für alle Verbindlichkeiten der Sparkasse haftete, zu begrenzen. Der Risikobegrenzung des Kreises diente auch die Vorschrift, dass der Gewinn zunächst einem Reservefonds (nach heutiger Terminologie Rücklagen) zugeführt werden musste, um damit mögliche Verluste auffangen zu können. Für gemeinnützige Zwecke ausschüttbar waren Gewinne nur dann, wenn der Reservefonds 10 Prozent der Einlagen überstieg.[23]

Die Geschäftsentwicklung der Kreissparkasse verlief erfolgreich. Während der Einlagenbestand am Ende des ersten Jahres nur bescheidene 284.000 Mark erreichte, wurde bereits drei Jahre später die Millionen-Grenze überschritten, 1903 betrugen die Einlagen bereits mehr als drei Millionen Mark und Ende 1942, dem letzten Geschäftsjahr vor der Zusammenlegung mit der Stadtsparkasse Jülich belief sich das Einlagenvolumen auf knapp 40 Millionen Reichsmark.[24] Mit dem Einlagenvolumen wuchs auch das Zweigstellennetz: 1896, als der Geschäftsbetrieb aufgenommen wurde, startete die Kreissparkasse mit einer Haupt- und einer Außenstelle. 1897 wurden in Aldenhoven, Linnich und Rödingen Zweigstellen eingerichtet, 1899 folgten dann Dürwiß und Titz, und im darauf folgenden Jahr wurde in Müntz eine Annahmestelle eröffnet.[25]

2.3 Die (zunächst gescheiterte) Gründung der Stadtsparkasse Jülich

Zu Beginn der 90er-Jahre des 19. Jahrhunderts ergriff der Bürgermeister der Stadt Jülich, Joseph Hochstenbach, die Initiative zur Gründung einer städtischen Spar- und Darlehenskasse. Auf seinen Vorschlag hin beschloss die Stadtverordnetenversammlung am 25. Juli 1890, eine Kommission einzusetzen, die sich mit der Gründung eines solchen Instituts befassen sollte. Die Arbeit der Kommission kam zunächst gut voran, so dass bereits im Juni 1891 ein Entwurf für ein Statut vorlag. Dann allerdings geriet der Gründungsprozess ins Stocken, da es eine Reihe von Bedenken gab. Gefürchtet wurde vor allem die Konkurrenz durch den Aachener Verein und die Jülicher Volksbank. Daneben bezweifelte man, ob es möglich sein würde, die eingelegten Gelder zinsbringend anzulegen ohne dabei unübersehbare Risiken für die Stadt Jülich, die für die Verbindlichkeiten der Sparkasse haften musste, einzugehen. Schließlich wurden Bedenken laut, ob es überhaupt möglich sei, geeignete Personen für den Vorstand und den Verwaltungsrat zu gewinnen. Nachdem man die Gründung einige Jahre nicht weiterverfolgt hatte, brachte der Bürgermeister Hochstenbach die Angelegenheit im Juli 1894 erneut auf die Tagesordnung der Stadtverordnetenversammlung. In der Zwischenzeit hatte er Erkundigungen über die Erfahrungen anderer Städte vergleichbarer Größe mit ihren Sparkassen eingeholt, um die vorgebrachten Bedenken auszuräumen. Tatsächlich gelang es ihm auch, die Zustimmung der Stadtverordneten zur Gründung einer städtischen Sparkasse zu erhalten. Nun aber erwies sich die preußische Regierung als Hemmschuh für die Umsetzung des Gründungsbeschlusses. Unter dem Ein-

---

[23] Diese Vorschrift entsprach dem preußischen Sparkassenreglement von 1838. Vgl. Thorsten WEHBER, Das preußische Sparkassenreglement von 1838. Individuelle finanzielle Vorsorge in kommunaler Regie - Regulierung mit großer Langzeitwirkung, in: Börsen-Zeitung, Nr. 243, vom 18. Dezember 2013, S. 19.

[24] Vgl. KLUGHARDT, Sparkassenwesen (wie Anm. 21), S. 139-140.

[25] Vgl. Josef LANGEN, Das Filialsystem der Jülicher Kreis- und Stadtsparkasse in historischer Sicht, in: Heimatkalender des Kreises Jülich, 18. Jg., Jülich 1968, S. 132-142, hier S. 132; Stadtarchiv Jülich, Jülicher Volkszeitung vom 12. Mai 1970, Geschichte der Sparkasse, S. 13.

druck der positiven Geschäftsentwicklung des Aachener Vereins favorisierte die Regierung anstelle von Stadtsparkassen Kreissparkassen, weil sie auch ländliche Gebiete abdecken. Dies führte dazu, dass der Gründung einer Stadtsparkasse Hemmnisse in den Weg gelegt wurden, während man bei der Genehmigung von Kreissparkassen weniger restriktiv vorging. Im Ergebnis führte dies dazu, dass die Genehmigung der Spar- und Darlehenskasse des Kreises Jülich erfolgte, bevor die Stadt Jülich die Gründung einer städtischen Sparkasse umsetzen konnte. Mit der Etablierung der Spar- und Darlehnskasse im Kreis Jülich entfiel zunächst die Grundlage für die Gründung einer weiteren Sparkasse in der Stadt Jülich. Erst 1919, nach dem Ende des Kaiserreiches und nach der Eingemeindung der südlichen Vororte, wurde die *„Städtische Sparkasse Jülich"* (im Folgenden kurz Stadtsparkasse genannt) ins Leben gerufen.

Abb. 3: Sparkassengebäude 60er-Jahre (Foto: KrB Düren, Dia 795 Ausschnitt).

Obwohl bereits eine Kreissparkasse am Ort existierte, entwickelte sich auch die Stadtsparkasse Jülich positiv, blieb aber gegenüber der Kreissparkasse stets das deutlich kleinere Institut. Ende 1942 betrug das Einlagenvolumen gut 9 Millionen Reichsmark, somit weniger als ein Viertel des Volumens der Kreissparkasse.[26]

Beide Institute, die Stadtsparkasse und die Kreissparkasse, existierten bis Ende Juni 1943 nebeneinander. Das Ende des Nebeneinanders wurde durch einen Erlass des Reichswirtschaftsministers vom 22. Juni 1943 besiegelt. Dieser Erlass forderte für alle nicht kreisfreien Städte, in denen es neben einer Stadt- auch eine Kreissparkasse gab, eine Zusammenlegung beider Institute. Ziel des Erlasses war die Hebung von Rationalisierungsvorteilen, insbesondere die Einsparung von Personal, das dann für den Kriegsdienst zur Verfügung stehen sollte. Im Jülicher Stadtrat wurde diese Anordnung mit Verbitterung zur Kenntnis genommen, da in dem Verlust der Stadtsparkasse eine erhebliche Beeinträchtigung der kommunalen Selbstverwaltung gesehen wurde.

---

[26] Vgl. KLUGHARDT, Sparkassenwesen (wie Anm. 21), S. 140.

Die Verbitterung des Stadtrates dürfte auch damit zusammenhängen, dass der Erlass den Kreissparkassen gegenüber den Stadtsparkassen den Vorzug gab. Damit war klar, dass der Stadt Jülich nicht nur wegen der geringeren Größe der Stadtsparkasse, sondern auch aufgrund des politischen Drucks die Rolle des Juniorpartners bei der Zusammenlegung zufiel. Da aber offensichtlich war, dass jeglicher Protest zwecklos war, stimmte der Stadtrat der angeordneten Überführung der Stadtsparkasse in die Kreissparkasse notgedrungen zu, d. h. die Kreissparkasse war das aufnehmende Institut.[27]

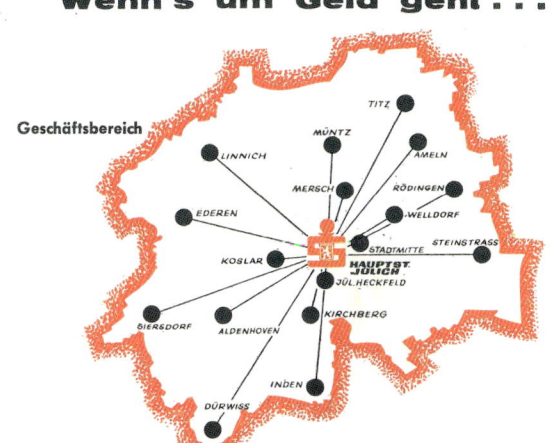

Seit 1896 dienen wir der gesamten Kreisbevölkerung

Wenn's um Geld geht . . .

KREIS- UND STADTSPARKASSE JÜLICH

Hauptstelle: Jülich, Bahnhofstraße 1 — Tel. 2033

Abb. 4: Zweigstellennetz, entnommen: Heimatkalender des Kreises Jülich 1966, 16. Jg., Rückseite des Umschlags.

Träger der neuen Kreis- und Stadtsparkasse Jülich war ein zu diesem Zweck gegründeter Gewährverband, bestehend aus dem Kreis und der Stadt Jülich. Dieser haftete im Außenverhältnis unbeschränkt für die Verbindlichkeiten der Sparkasse. Im Auseinandersetzungsvertrag wurde festgelegt, dass - in etwa analog zum Größenverhältnis der beiden Sparkassen - der Kreis und die Stadt Jülich im Verhältnis 4/5 zu 1/5 an dem Vermögen und an den Überschüssen beteiligt werden und entsprechend dieser Relation auch im Innenverhältnis für die Verbindlichkeiten des Instituts haften sollten. Diese Relation sollte für mindestens fünf Jahre beibehalten werden, und danach in Abhängigkeit von der Geschäftsentwicklung in der Stadt und im Kreis Jülich Anpassungen vorgenommen werden. Dementsprechend wurden später in unregelmäßigen Abständen Erhebungen durchgeführt, um zu ermitteln, wieviel des Geschäftsvolumens auf die Stadt und auf den Kreis entfallen. Dies führte dazu, dass ab 1965 die Überschüsse zwischen dem Kreis und der Stadt im Verhältnis ¾ zu ¼ aufgeteilt wurden.

Die Leitung der fusionierten Kreis- und Stadtsparkasse lag in den Händen des bisherigen Leiters und des stellvertretenden Leiters der Kreissparkasse. Auch im Vorstand, dem die Überwachung der Geschäftsleitung oblag, übernahm der Kreis Jülich die führende Rolle: Der Landrat übernahm den Vorsitz, während der Bürgermeister

---

27   Vgl. Stadtarchiv Jülich, Protokollbuch des Stadtrates vom 22. Juni 1928 bis 25. Juli 1944, S. 431-432.

sich mit der Rolle des Stellvertreters begnügen musste. Für die weiteren sechs Mitglieder des Vorstands hatte der Bürgermeister nur für ein Mitglied das Vorschlagsrecht.[28]

3. Entwicklung der Kreis- und Stadtsparkasse Jülich nach dem Zweiten Weltkrieg
3.1 Die Rolle der Sparkasse beim Wiederaufbau während der Nachkriegszeit[29]

Im November 1944 wurde der Sitz der Sparkasse nach einem verheerenden Bombenangriff auf die Stadt Jülich, bei dem auch das Sparkassengebäude zerstört wurde, nach Wiehl verlegt. Im Juni 1945 nahm die Sparkasse ihren Betrieb in einem Raum der Berufs- und Handelsschule wieder auf. Bis zur Währungsreform am 21. Juni 1948 war allerdings ein normaler Geschäftsbetrieb nicht möglich. Durch die weitgehende Zerstörung des Sachvermögens hatte das Geld seine Funktion als Zahlungs- und Wertaufbewahrungsmittel verloren. Die Spareinlagen erreichten am Vorabend der Währungsreform zwar einen Betrag von 76 Millionen Reichsmark, dieser hohe Betrag war aber nicht dem Sparwillen geschuldet, sondern dem Umstand, dass die Reichsmark zur Befriedigung der Konsumwünsche kaum verwendet werden konnte. Lebensmittel waren rationiert und andere Waren gab es meist nur im Tausch gegen Waren. Am Tage der Währungsreform startete die Kreis- und Stadtsparkasse Jülich mit einem Bilanzvolumen von 3 Millionen DM, konnte dieses aber bis Ende des Jahres 1948 bereits auf 5 Millionen DM steigern. Um den Wiederaufbau durch Kredite finanzieren zu

Abb. 5: Schalterhalle der Kreis- und Stadtsparkasse Jülich 1956 (Foto: Stadtarchiv Jülich, Nr. IV/82).

können, war es wichtig, Spareinlagen zu attrahieren. Da das Vertrauen der Sparer in die Sicherheit ihrer Einlagen durch die Währungsreform erschüttert war und es zudem einen enormen Bedarf an lebenswichtigen Gütern gab, waren der Sparwille und die Sparmöglichkeiten der Bevölkerung zunächst noch sehr gering. So betrugen die Spareinlagen Ende 1948 gerade einmal 2,7 Millionen DM und wuchsen in den folgenden Jahren nur zögerlich an. Erst in den 50er-Jahren stiegen die Spareinlagen sprunghaft an und erreichten bereits 1956 knapp 20 Millionen DM. Begünstigt durch die staatliche Sparförderung setzte sich der Aufwärtstrend bei den Spareinlagen über viele Jahre unvermindert fort.

---

[28] Vgl. Auseinandersetzungsvertrag zwischen dem Kreiskommunalverband Jülich und der Stadt Jülich vom 5. April 1943. Vgl. Stadtarchiv Jülich, Bestand IV/100.

[29] Dieser Abschnitt stützt sich weitgehend auf die Festschrift zum 75-jährigen Bestehen der Sparkasse.

Das rasante Wachstum der Spareinlagen ermöglichte der Kreis- und Stadtsparkasse Jülich, einen wichtigen Beitrag zum Wiederaufbau des Kreises und der Stadt Jülich zu leisten. Einen Schwerpunkt bei der Kreditvergabe war die Finanzierung des Wohnungsbaus. Betrug der Bestand an Hypothekendarlehen 1950 noch spärliche 950.000 DM, so verzehnfachte sich der Bestand bis 1955 und verdoppelte sich dann nochmals bis zum Ende des Jahrzehnts. Auch zum Wiederaufbau der durch den Krieg zerstörten Industrie leistete die Kreis- und Stadtsparkasse einen wichtigen Beitrag: Die Kreditbewilligungen an Handwerk und Industrie, Handel und Landwirtschaft stiegen - überlagert von konjunkturell bedingten Schwankungen - stark an.

In den 50er-Jahren setzte der bargeldlose Zahlungsverkehr ein, ein Geschäftsfeld, dessen Förderung mit zum Auftrag der Sparkassen gehörte. Ende der 60er-Jahre hatte beinahe jeder zweite Arbeitnehmer im Kreis Jülich ein Spargirokonto, über das die Lohn- und Gehaltszahlungen abgewickelt wurden.

Abb. 6: *Schusssicherer Kassenschalter, Zweigstelle Steinstraß, entnommen: Geschäftsbericht 1966, Kreis- und Stadtsparkasse Jülich, S. 20).*

Das steigende Geschäftsvolumen sicherten der Kreis- und Stadtsparkasse auskömmliche Gewinne, die zum Teil an den Kreis und die Stadt ausgeschüttet wurden, um damit Projekte zu finanzieren, die nicht zu den gesetzlich vorgeschriebenen Aufgaben der Kommunen gehörten, *„sondern in den Bereich der freiwilligen, sozialen und kulturellen Aufgaben des Gewährträgers fallen (z. B. Kunstpflege, Volks- und Erwachsenenpflege, Heimatpflege, Kindergärten, Volks- und Jugendheime, Sportstätten, Park- und Gartenanlagen, Freibäder u.a.).‟*[30] Die jährlichen Ausschüttungen schwankten in den 60er-Jahren je nach Ertragslage zwischen 30.000 und 186.000 DM. Ende der 60er-Jahre war die Kreis- und Stadtsparkasse Jülich mit einem Marktanteil von 77 Prozent - gemessen an der Bilanzsumme - zum dominierenden Kreditinstitut im Kreis Jülich avanciert.[31] Den größten Anteil an der Bilanzsumme machten die Spareinlagen aus, hier zahlte sich offensichtlich die offensive Werbung für das Spargeschäft aus. So warb die Sparkasse z. B. mit dem Slogan *„Kaninchengeld‟*, um den Sparern zu verdeutlichen, dass sich Geld bei der richtigen Anlage wie die Nachkommenschaft der

---

[30] Schreiben der Kreis- und Stadtsparkasse Jülich an den Oberkreisdirektor Dr. Innecken vom 22. September 1964. Vgl. Stadt- und Kreisarchiv Düren, Bestand 2276.

[31] Siehe Anlage 1 zur Stellungnahme des Rheinischen Sparkassen- und Giroverbandes zur Vereinigung der Kreissparkasse Düren, der Kreis- und Stadtsparkasse Jülich und der Städtischen Sparkasse Düren. Vgl. Stadt- und Kreisarchiv Düren, Bestand 2270.

Kaninchen vermehrt.

Kaninchengeld: Geld, das sich von selbst vermehrt: durch Prämien vom Staat plus Zinsen von uns.

Prämienbegünstiges Sparen macht aus Ihrem Geld viel mehr. Deshalb: Jeden Monat ein paar Mark aufs Konto „Kaninchengeld".

Fragen Sie unseren Berater für „Regelmäßiges Sparen"

Abb. 7: Werbung Kaninchengeld, Sparkassenhistorisches Dokumentationszentrum des DSGV, Bonn, Sig. D/3/00033.

3.2 Veränderungen durch das Sparkassengesetz von 1958

Die Sparkassen waren traditionell eng an die sie tragende Kommune angebunden. Mit dem Sparkassengesetz von 1958 wurde ein wichtiger Schritt unternommen, um die Sparkassen ein Stück weit aus der engen Verzahnung mit den Gewährträgern herauszulösen und sie zu selbständigen, wettbewerbsfähigen Unternehmen umzuformen.[32] Dementsprechend wurden auch die Leitungsstrukturen an die in der Privatwirtschaft üblichen Gegebenheiten angepasst. Die Leitungsorgane bestanden aus dem ehrenamtlich tätigen Sparkassenrat (mit dem Sparkassengesetz von 1970 in Verwaltungsrat umbenannt) als Überwachungsorgan, aus dem hauptberuflich tätigen Vorstand, dem die Geschäftsleitung oblag, und aus dem Kreditausschuss, der über größere Kreditanträge entschied. Mit geringen Modifikationen hat diese Organisationsstruktur auch heute noch Bestand.

Sichtbares Zeichen der neuen Selbständigkeit war, dass - mit Ausnahme der Vorstandsmitglieder - die Mitarbeiter nun nicht mehr Bedienstete des Gewährträgers waren, sondern zu Beamten und Angestellten der Sparkasse wurden. Der Stellenplan der Kreis- und Stadtsparkasse Jülich weist für das Jahr 1959 insgesamt 63 Stellen aus,

---

[32] Vgl. POHL, Die rheinischen Sparkassen (wie Anm. 10), S. 238-239.

darunter sieben Stellen als Beamte, 54 Stellen für Angestellte und zwei Stellen für Lehrlinge.[33]

Bei der Besetzung der Stellen schien neben den fachlichen Qualifikationen eine Verwurzelung im christlich-konservativen Milieu gern gesehen worden zu sein. So schrieb der Landrat des Kreises Euskirchen, Rudi Blaß, in einem Empfehlungsschreiben für einen Mitarbeiter, der sich auf die Stelle eines Kreditsachbearbeiters bei der Kreis- und Stadtsparkasse Jülich beworben hatte, an den in Jülich beheimateten Landtagspräsidenten Wilhelm Johnen[34]: *„Ich darf wohl sagen, daß es sich bei Herrn F. um einen ausgezeichneten Sachkenner des Sparkassenwesens handelt, im Verkehr mit den Kunden sehr geschickt und doch auch bestimmt. […] Falls Sie, sehr geehrter Herr Präsident, in dieser Angelegenheit beschäftigt sind oder werden, möchte ich Ihnen diesen Bewerber bestens empfehlen. Am Rande bemerkt: Er gehört selbstverständlich zur CDU und ist ein ausgezeichneter kath. Christ."*[35] Herr F. bekam die Stelle.

Abb. 8: Wilhelm Johnen anlässlich der Verleihung der Ehrenbürgerrechte der Stadt Jülich am 19. Mai 1962 (Foto: Stadtarchiv Jülich, Fotoslg. 03-0-21-7), Ausschnitt.

Eine angemessene Bezahlung der Mitarbeiter war ein immer wiederkehrendes Thema. Bei den privatwirtschaftlich organisierten Banken hatte sich die Praxis durchgesetzt, als Kompensation für Überstunden ein zusätzliches Monatsgehalt zu zahlen. Auch die bei den Sparkassen tätigen Angestellten und Arbeiter hatten eine vergleichbare Regelung tarifvertraglich durchgesetzt. Allein für die Beamten der Sparkassen fehlte eine entsprechende Vergütung. Anstatt eines - besoldungsrechtlich nicht möglichen - zusätzlichen Monatsgehalts wurden ihnen sog. *„Zehrzulagen"* als Ersatz für den durch die Überstunden entstehenden Aufwand gewährt. Da es hierfür im Besoldungsrecht keine Grundlage gab, wurde diese Praxis vom Innenminister des Landes NRW untersagt. Der Sparkassenrat der Jülicher Sparkasse setzte sich aber über

---

[33] Stellenplan der Kreis- und Stadtsparkasse Jülich für das Jahr 1959. Vgl. Stadt- und Kreisarchiv Düren, Bestand 2273.

[34] Wilhelm Johnen wurde am 19. Mai 1902 in Inden geboren. Er studierte Rechtswissenschaften und war seit 1931 als Rechtsanwalt in Jülich tätig. Bis 1933 hatte er einige Funktionen in der Zentrumspartei inne. Während der nationalsozialistischen Zeit musste Johnen sich ganz auf seinen Beruf konzentrieren. Mit einer kurzen Unterbrechung war er von 1945 bis Ende 1971, als der Kreis Jülich aufgelöst wurde, Landrat dieses Kreises. Er war von 1947 bis 1966 Mitglied des Landtages Nordrhein-Westfalen, von 1959 bis 1966 bekleidete er das Amt des Landtagspräsidenten. Daneben hatte er noch weitere politische Ämter inne. Er wurde in Jülich scherzhaft der *„Herzog von Jülich"* genannt. 1962 verlieh die Stadt Jülich ihm das Ehrenbürgerrecht. Nach ihm wurde auch eine Straße in Jülich benannt. Er verstarb am 28. März 1980 in Jülich. Vgl. Bers, Jülich (wie Anm. 3), S. 70-71.

[35] Schreiben des Landrats von Euskirchen Rudi Blaß an den Landtagspräsidenten Wilhelm Johnen vom 15. Mai 1962. Vgl. Stadt- und Kreisarchiv Düren, Bestand 2270.

dieses Verbot hinweg, da er der Meinung war, dass es *„untunlich sei, die Beamten, die alle verantwortliche Stellen bekleiden, in dieser Hinsicht schlechter zu stellen als den kleinsten Angestellten."*[36] Dieses Vorgehen wurde zwar vom Regierungspräsidenten gerügt, auf eine Rückforderung der gezahlten Zehrzulagen wurde aber verzichtet.[37] Befriedet wurde der Streit um die Zehrzulagen schließlich durch eine Verordnung der Landesregierung, die den Sparkassen die Möglichkeit einräumte, ihren Beamten eine monatliche Zulage von höchstens 1/12 der Dienstbezüge zu zahlen.

Das Besoldungsrecht setzte der Bezahlung der Vorstandsmitglieder enge Grenzen. Die Höhe der Dienstbezüge richtete sich nach Bemessungskennziffern wie Einlagen- und Kreditbestand. Aufgrund des Sparkassengesetzes von 1958 wurde der Vorstands- vorsitzende der Kreis- und Stadtsparkasse Jülich, Sparkassendirektor Clemens Bar- toldus, in das Beamtenverhältnis auf Lebenszeit berufen und in die Besoldungsgruppe A 14 eingestuft, für seinen Vertreter, August Klughardt war die Besoldungsgruppe A 13 vorgesehen. Der Sparkassenrat, der die Führungsqualitäten von Clemens Bartoldus sehr schätzte, fürchtete, dass diese Bezahlung nicht konkurrenzfähig sei. So wurden bisweilen Vergleiche mit den Gehältern der Vorstände anderer Banken angestellt, um daraus gegenüber der Landesregierung Argumente abzuleiten, die eine Höhergruppie- rung rechtfertigen sollten. Und tatsächlich gelang es, die Besoldung der beiden Vor- standsmitglieder bereits 1960 um eine Stufe anzuheben, 1965 erfolgte dann eine noch- malige Anhebung um eine Besoldungsstufe. Im Jahre 1970 war es dann der Vorstand selbst, der eine Höhergruppierung anstieß.[38] Für seine letzten fünf Dienstjahre wurde Sparkassendirektor Clemens Bartoldus nach der Besoldungsgruppe B 2 entlohnt, so betrugen am Ende seiner Dienstzeit seine jährlichen Dienstbezüge 88.725 DM.[39] Mit dem Sparkassengesetz von 1970 wurde dann der Beamtenstatus für neu eingestellte Mitarbeiter abgeschafft. Der 1970 als neuer Vorstand und stellvertretender Sparkas- senleiter berufene Heinz Liebeler erhielt - wie auch heute noch durch das Sparkassen- gesetz vorgeschrieben - einen Fünfjahresvertrag.

3.3 Das 75-jährige Jubiläum 1970

Das 75-jährige Bestehen im Jahre 1970 sollte sich als das einzige Jubiläum im Le- ben der Kreis- und Stadtsparkasse Jülich erweisen, das durch Feierlichkeiten begleitet wurde. Sowohl die 25-jährige Wiederkehr der Gründung im Jahre 1920 als auch das 50-jährige Bestehen 1945 wurden durch (Nach-) Kriegswirren überschattet, die keinen

---

[36] Schreiben des Sparkassenrates der Kreis- und Stadtsparkasse Jülich an den Oberkreisdi- rektor Grobben vom 5. Januar 1959. Vgl. Stadt- und Kreisarchiv Düren, Bestand 2283.

[37] Schreiben des Präsidenten des Regierungsbezirks Aachen an den Vorsitzenden des Spar- kassenrates der Kreis- und Stadtsparkasse Jülich vom 26. August 1959. Vgl. Stadt- und Kreisarchiv Düren, Bestand 2283.

[38] Brief des Vorstandes der Kreis- und Stadtsparkasse Jülich an den Oberkreisdirektor Dr. In- necken vom 16. April 1970. Vgl. Stadt- und Kreisarchiv Düren, Bestand 2283.

[39] Zum Vergleich: Das Jahresdurchschnittsgehalt männlicher Beschäftigter lag zu dieser Zeit bei 12.156 DM. Vgl. www.destatis.de/DE/Themen/Arbeit/Verdienste.

Raum für Festlichkeiten boten. Dass das 75-jährige Jubiläum auch das letzte sein würde, dürfte den Verantwortlichen der Sparkasse bewusst gewesen sein, denn bereits 1970 zeichnete sich ab, dass die Kommunalreform auch Auswirkungen auf den Sparkassensektor haben würde.[40]

Aus Anlass des 75-jährigen Bestehens gab es mehrere Feierlichkeiten und öffentlichkeitswirksame Aktionen.[41] Den Auftakt bildete am 8. Mai 1970 eine Feierstunde im Hotel „Kaiserhof". Hieran nahmen die Mitglieder der Organe der Sparkasse sowie der Personalrat teil. Die Würdenträger von Stadt und Landkreis betonten in ihren Grußworten und Ansprachen die Leistungen der Sparkasse und ihre Bedeutung für die Bevölkerung und die wirtschaftliche Entwicklung von Stadt und Landkreis. Diese Leistungen wurden von Sparkassendirektor Clemens Bartoldus in seiner Rede noch einmal mit Daten untermauert. So berichtete er, dass „von den rund 20.000 Privat-Girokonten allein 14.000 auf Lohn- und Gehaltskonten" entfielen. Im Vergleich lag „die Bilanzsumme pro Kopf im Kreis Jülich mit 3.100 DM um 400 DM höher als im Bundesdurchschnitt" und „neun von zehn Einwohnern des Kreisgebietes" besaßen mittlerweile ein Sparbuch. Den Werdegang der Sparkasse zeichnete Berufsschuldirektor i. R. Josef Langen nach. Bürgermeister Karl Knipprath[42], der seinen Glückwunsch namens der Stadt Jülich überbrachte, „erinnerte an die Stunde Null vor genau 25 Jahren." Er führte aus, „daß Stadt und Kreis Jülich in dieser Zeit den heutigen Stand erreicht hätten, sei in hohem Maße „unserer Kasse" [...] zu verdanken, die insbesondere dem „kleinen Manne" und der Kommune geholfen hätte." In seiner Ansprache bezeichnete Bürgermeister Knipprath Herrn Direktor Bartoldus als „Bankfachmann ersten Ranges und überreichte dem Direktor als äußeres Zeichen der Anerkennung den Wappenteller der Stadt Jülich"[43]. Zum Abschluss der Feier wurden von der Sparkasse zwei Schecks über 40.000 DM und 20.000 DM an wohltätige Einrichtungen zur Unterstützung geistig- und körperbehinderter Kinder überreicht.

Abb. 9: Bürgermeister Karl Knipprath, ca. 1980er-Jahre (Foto: Stadtarchiv Jülich, Fotosammlung 0-0-13-8, Fotografin: Inge Petersen).

---

40   Vgl. hierzu ausführlicher den nächsten Abschnitt.

41   Die Angaben in diesem Abschnitt wurden entnommen: Stadt- und Kreisarchiv Düren, Bestand 2276; Stadtarchiv Linnich, Jülicher Nachrichten vom 12. Mai 1970, S. 11.

42   Karl Knipprath wurde 1920 in Engelsdorf geboren. Er war zunächst Krankenkassenangestellter, später Molkereibesitzer. Bürgermeister von Jülich war er von 1956 bis zum Jahre 1984, er gehörte der CDU an. Im Jahre 1987 verstarb er in Jülich. Vgl. BERS, Jülich (wie Anm. 3), S. 127.

43   Die Zitate in diesem Abschnitt wurden entnommen: Stadtarchiv Linnich, Jülicher Nachrichten vom 12. Mai 1970, S. 11.

Eine weitere Feier, an der 350 Personen aus Kundschaft, Wirtschaft und den öffentlichen Institutionen teilnahmen, fand am 4. November 1970 in der neu eröffneten Stadthalle von Jülich statt. Der damalige Präsident des Deutschen Sparkassen- und Giroverbandes und Vorstandsvorsitzende der Westdeutschen Landesbank, Dr. h. c.

Ludwig Poullain, hielt den Festvortrag zum Thema *„Sparen im Atomzeitalter"*. Für die künstlerische Unterhaltung sorgte Lore Lorentz vom *„Düsseldorfer Kom(m)ödchen"*.

Auf der Rheinlandschau präsentierte sich die Sparkasse Jülich mit technischen Neuerungen. Hierzu gehörten ein Terminal zur Datenfernübertragung im Sparverkehr sowie ein Video-Recorder. Zu den weiteren öffentlichkeitswirksamen Maßnahmen im Jubiläumsjahr zählten u. a. ein Auftritt des Sparkassendirektors Bartoldus als Experte zum Thema *„Weihnachtsgeld und Geld fürs Weihnachtsfest"* bei Radio Luxemburg sowie eine Sonderauslosung von Kleinradios, Geschenkgutscheinen und Schallplatten unter den Kunden der Sparkasse.

Um das Verständnis für wirtschaftliche Zusammenhänge zu fördern, unterstützte die Sparkasse ein Projekt, bei dem die Schüler der höheren Handelsschule in Jülich und der Staatlichen Ingenieurschule Jülich Wertpapierkäufe und -verkäufe tätigen konnten.[44] Zur Abrundung der Öffentlichkeitsarbeit erstellte die Sparkasse eine vielseitige Dokumentationsschrift mit dem Titel *„Partner des Bürgers, Partner der Wirtschaft"*.

Abb. 10: Stand der Kreis- und Stadtsparkasse Jülich auf der Rheinlandschau (Foto: KrB Düren, Dia 1274).

4. Fusion der Kreissparkassen Jülich und Düren im Zuge der Kommunalreform

Von der ab Mitte der 60er-Jahre durchgeführten kommunalen Gebietsreform waren auch der Kreis und die Stadt Jülich betroffen. Zum einen sollten in die Stadt Jülich einige umliegende Ortschaften eingemeindet werden und zum anderen war vorgesehen, die beiden Landkreise Jülich und Düren zusammenzulegen. Damit war naheliegend, dass auch die beiden in den jeweiligen Landkreisen tätigen Sparkassen fusionieren sollten. Eine zusätzliche Komplikation ergab sich daraus, dass einige Ortschaften aus dem Kreis Düren in die Stadt Düren eingemeindet werden sollten, was eine neue Abgrenzung der Geschäftsgebiete der Stadtsparkasse Düren und der Kreissparkasse Düren erforderte. Angesichts dieser Gemengelage war eine Fusion aller drei

---

44 Vgl. Stadt-und Kreisarchiv Düren, Bestand 2276, Öffentlichkeitsarbeit.

Sparkassen, der Kreis- und Stadtsparkasse Jülich, der Kreissparkasse Düren und der Stadtsparkasse Düren, naheliegend und wurde auch vom Wirtschaftsministerium angestrebt.

Obwohl eine solche Fusion als die beste Lösung erschien, beschloss der Sparkassenzweckverband Jülich, zunächst nur Fusionsgespräche mit der Kreissparkasse Düren zu führen. Gespräche mit der Stadtsparkasse Düren wurden als wenig sinnvoll erachtet, da die Stadt Düren sich in der Vergangenheit fusionsunwillig gezeigt hatte. Zudem glaubte man, dass der Rheinische Sparkassen- und Giroverband (RSGV) eine solche Fusion nicht befürworten würde.[45] Diese Einschätzung erwies sich allerdings als falsch, denn in einer von den drei betroffenen Sparkassen erbetenen Stellungnahme plädierte der RSGV eindeutig für die Dreier-Fusion, da er der Ansicht war, dass eine größere Sparkasse leistungsfähiger sei und sich im Wettbewerb mit anderen Banken besser behaupten könne.[46] Darüber hinaus befürchtete er, dass es aufgrund der Eingemeindungen in Düren zu einer Konkurrenzsituation zwischen der Stadt- und Kreissparkasse kommen könne, wenn die Stadtsparkasse in den neu eingemeindeten Ortschaften Zweigstellen eröffnen würde.

Die Zusammenlegung der Kreise Düren und Jülich zu dem neuen Kreis Düren ab dem 1. Januar 1972 machte es erforderlich, den Sparkassenzweckverband Jülich vorher aufzulösen. Infolgedessen wurde die Stadt- und Kreissparkasse Jülich in Kreissparkasse Jülich umbenannt. Ab 1972 gab es somit im neu gebildeten Kreis Düren zwei Kreissparkassen. Da beide denselben Gewährträger hatten, waren für eine Zusammenlegung keine langwierigen Verhandlungen über Beteiligungsverhältnisse oder Ausschüttungsanteile notwendig. So beschloss der Kreistag des Kreises Düren bereits am 17. Mai 1972 einstimmig die Fusion der beiden Kreissparkassen Düren und Jülich mit Wirkung zum 1. Januar 1973.[47] Kurze Zeit nach diesem Beschluss wurde bei der Stadt Düren angefragt, ob Interesse bestehe, sich mit der Stadtsparkasse an dieser Fusion zu beteiligen. Diese Anfrage blieb jedoch zunächst ohne Antwort, erst am 27. Oktober 1972 teilten der Oberbürgermeister Vogt von Düren und der Oberstadtdirektor Lentz von Düren mit, dass voraussichtlich am 8. November 1972 eine Kommission eingesetzt werde, die die Fusionsgespräche führen solle.[48]

Aufgrund der grundsätzlichen Verhandlungsbereitschaft der Stadt Düren und wegen der Haltung des Wirtschaftsministeriums, das als oberste Aufsichtsbehörde einer Zweier-Fusion die Zustimmung verweigerte, weil sie die durch die Neuordnung im Stadtgebiet Düren entstandene Gemengelage nicht beseitige[49], beschloss der Kreisausschuss am 31. Oktober 1972, den Zusammenschluss der beiden Kreissparkassen

---

45 Protokoll der Sitzung der Verbandsversammlung des Sparkassenzweckverbandes Jülich am 10. Dezember 1970. Vgl. ebd., Bestand 2270.

46 Stellungnahme des Rheinischen Sparkassen- und Giroverbandes zur Vereinigung der Kreissparkasse Düren, der Kreis- und Stadtsparkasse Jülich und der Städtischen Sparkasse Düren, S. 29-44. Vgl. ebd.

47 Protokoll über die 2. Sitzung des Kreistages am 16. Mai 1972. Vgl. ebd.

48 Schreiben der Stadt Düren an den Landrat Kaptain und den Oberkreisdirektor Dr. Innecken des Kreises Düren vom 27. Oktober 1972. Vgl. ebd.

49 Erlass des Ministers für Wirtschaft, Mittelstand und Verkehr vom 30. Oktober 1972. Vgl. ebda.

um drei Monate zu verschieben.[50] Da die Gespräche mit der Stadt Düren nur mühsam vorankamen, wurde die Frist später noch einmal verlängert. Obwohl das Ministerium auch im weiteren Verlauf massiv auf eine Dreier-Fusion drängte und sogar mit dem Gedanken spielte, diese notfalls anzuordnen[51], blieben die Gespräche mit der Stadt Düren letztlich erfolglos. Am 8. Juni 1973 lehnte die Stadtverordnetenversammlung der Stadt Düren mit 32 zu 10 Stimmen den von der Verhandlungskommission ausgearbeiteten Entwurf zur Bildung eines Sparkassenzweckverbandes ab. Einige Stadtverordnete waren grundsätzlich gegen die Aufgabe der Selbständigkeit der Stadtsparkasse, andere waren zwar nicht grundsätzlich dagegen, sahen aber bei dem Verhandlungsergebnis die Interessen der Stadtsparkasse nicht hinreichend gewahrt.[52] Da die beiden Kreissparkassen in ihrer Gesamtheit erheblich größer waren als die Stadtsparkasse, sollten Vertreter des Kreises in allen Gremien (Sparkassenzweckverband, Verwaltungsrat, Kreditausschuss) den Vorsitz übernehmen. Die weitere Sitzverteilung in den Gremien war aber angesichts der Größenverhältnisse der Sparkasse für die Stadt Düren durchaus vorteilhaft.[53]

Nach der Ablehnung durch die Stadt Düren genehmigte das Wirtschaftsministerium die Fusion der Kreissparkassen Düren und Jülich zum 1. Januar 1974.[54] Die neue Sparkasse trug den offiziellen Namen *„Kreissparkasse Düren, vormals Kreissparkassen Jülich und Düren."* Damit ist allerdings die Geschichte der Fusion noch nicht zu Ende. Im weiteren Verlauf ordnete die Landesregierung einen Zusammenschluss der neuen Kreissparkasse Düren mit der Stadtsparkasse an. Eine Klage der Sparkassen gegen diese Verfügung vor dem Verfassungsgericht des Landes Nordrhein-Westfalen war erfolgreich, so dass beide Institute unabhängig blieben. Daraufhin ordnete der Regierungspräsident an, dass die Kreissparkasse mit Wirkung vom 30. Juni 1984 die acht Zweigstellen, die seit der Kommunalreform im Stadtgebiet Düren lagen, an die Stadtsparkasse Düren abtreten müsse. Sowohl ein Widerspruch als auch eine Klage der Kreissparkasse gegen diese Verfügung blieben ohne Erfolg. Erst im Jahre 2000 schlossen sich Kreis- und Stadtsparkasse zur heutigen Sparkasse Düren zusammen.

Die Geschichte der Jülicher Sparkassen ist ein markantes Beispiel dafür, wie eng

---

[50] Schreiben des Oberkreisdirektors Dr. Innecken an den Regierungspräsidenten in Köln vom 3. November 1972. Vgl. ebd.

[51] Vermerk über eine Besprechung über die Vereinigungen der Kreissparkassen Düren und Jülich und der Städtischen Sparkasse Düren am 30. März 1973 im Kreishaus Düren. Vgl. ebd.

[52] Schreiben des Oberstadtdirektors Dr. Lentz an den Regierungspräsidenten in Köln vom 12. Juni 1973. Vgl. ebd.

[53] So hätte das Volumen der Spareinlagen einer fusionierten Kreissparkasse Düren/Jülich 1970 etwa das 3,4-fache der Spareinlagen der Stadtsparkasse betragen. Unter Herausrechnung der acht Zweigstellen, die ab 1972 zum Stadtgebiet Düren gehörten, hätte sich die Relation zwar zugunsten der Stadt Düren verschoben, dennoch wäre die Stadtsparkasse eindeutig das kleinere Institut geblieben. Berechnungen der Verfasser auf der Basis von Zahlenangaben, die in der Stellungnahme des Rheinischen Sparkassen- und Giroverbandes zur Vereinigung der Kreissparkasse Düren, der Kreis- und Stadtsparkasse Jülich und der Städtischen Sparkasse Düren, genannt werden. S. 34. Vgl. ebd.

[54] Erlass des Ministers für Wirtschaft, Mittelstand und Verkehr vom 31. August 1973. Vgl. ebd.

die Geschichte der öffentlichen Sparkassen und deren Gewährträger miteinander verbunden sind. Der hohe Marktanteil der Kreis- und Stadtsparkasse am Jülicher Bankenmarkt verdeutlicht die große Bedeutung, die die Sparkasse für die breiten Bevölkerungsschichten, aber auch für die dort ansässige Industrie hatte. Umgekehrt wurden aber auch die Geschicke der Sparkasse maßgeblich durch Entscheidungen mit kommunalem Bezug beeinflusst. So sind die Gründungen der Jülicher Sparkassen einerseits auf Initiativen kommunaler Entscheidungsträger zurückzuführen, andererseits aber auch durch kommunale Neuordnungen bedingt. Beispiel hierfür ist die Entstehung der Stadtsparkasse Jülich, die nach der Eingemeindung einiger Ortschaften in die Stadt Jülich gegründet wurde. Die kommunale Neuordnung in den 60er- und 70er-Jahren des letzten Jahrhunderts ist wiederum auch die Ursache dafür, dass es heute keine Sparkasse mehr gibt, die den Namen Jülich führt. Dennoch sind die Jülicher Sparkassen ein wichtiger Bestandteil einer Epoche in der neueren Geschichte des Jülicher Landes.

Wolfgang Schaffer

Zum Wirken der Erlenbader Franziskanerinnen in der Pfarrei Brauweiler 1929-1975

„Eine der segensreichsten Einrichtungen für die Gemeinde war die Gründung eines Schwesternheimes, das jedoch nicht nur für die engere Pfarrgemeinde Brauweiler, sondern auch den übrigen Teil der Zivilgemeinde, mit Ausschluß von Widdersdorf, schon in Rücksicht auf die Mithilfe der Gemeinde bestimmt wurde."[1] So kommentiert die Pfarrchronik den Beginn eines kleinen Konvents von Ordensschwestern, dem immerhin einige wenige Jahrzehnte Wirksamkeit beschert sein sollte.

Vom 1. Mai 1929 bis zum 30. Juni 1975 bestand in (Pulheim-)Brauweiler in der Mathildenstraße 20 ein kleines Schwesternhaus von Franziskanerinnen, die ihr Mutterhaus im badischen Obersasbach bei Achern hatten bzw. immer noch haben (Kloster Erlenbad). Obwohl heute noch der eine oder andere alteingesessene Bewohner von Brauweiler das ehemalige Schwesternhaus kennen wird, so hat doch das Wirken der Schwestern im Ort im schriftlichen Nachleben fast keine Spuren hinterlassen. Die Überlieferung im Pfarrarchiv St. Nikolaus in Brauweiler, im Historischen Archiv des Erzbistums Köln und im Provinzarchiv der Erlenbader Franziskanerinnen ist, gelinde gesagt, bescheiden und konzentriert sich zudem auf sehr wenige Zeitphasen, darunter ganz besonders die Gründungsjahre.

Auch in der Literatur hat die Niederlassung der Erlenbader Franziskanerinnen in Brauweiler bisher nur in der im Jahre 2004 erschienenen Festschrift der Pfarrgemeinde Brauweiler eine Erwähnung gefunden.[2] Die Publikation von Helmut Weingarten über die Klöster und Stifte im Erftkreis aus dem Jahr 1988 hat gerade einmal drei Sätze dafür übrig.[3] In den gedruckten Schriften der Kongregation findet sich nur eine Erwähnung dieses Apostolats in einer Gesamtübersicht der Niederlassungen in der immer noch grundlegenden Publikation von Heberle.[4]

Dies soll ein Grund sein, das Wirken der Schwestern einmal zusammenfassend der Nachwelt zu überliefern. In den vier Jahrzehnten vor Ausbruch des Zweiten Weltkriegs war die Präsenz von Schwesterngemeinschaften im katholischen Rheinland nicht nur in den Städten, sondern auch im ländlichen Raum ungemein ausgeprägt. Überwiegend waren es die großen und zumeist im 19. Jahrhundert in der Phase des sogenannten

---

[1] Pfarrarchiv (künftig: PfA) Brauweiler, Nr. 53 (Chronik), S. 149.

[2] 200 Jahre Pfarrgemeinde St. Nikolaus Brauweiler, Pulheim-Brauweiler 2004, S. 129-133.

[3] Helmut WEINGARTEN, Die Ordensniederlassungen im 19. und 20. Jahrhundert, in: Klöster und Stifte im Erftkreis, Pulheim-Brauweiler 1988, S. 279-299, hier S. 289. In der einleitenden Übersicht ebd., S. 279 steht irrtümlich *„Erlenbacher Franziskanerinnen"*.

[4] Archangela HEBERLE OSF, Die Erlenbader Franziskanerinnen. Beiträge zur Geschichte der Europäischen Provinz der Kongregation der Schwestern des hl. Franziskus in Erlenbad, Erlenbad 1976, S. 197. Eine sehr knappe dreiseitige Selbstbeschreibung findet sich zuletzt in Theodor HOGG/Bernd Mathias KREMER (Hrsg.), Wo Gott die Mitte ist. Ordensgemeinschaften in der Erzdiözese Freiburg in Geschichte und Gegenwart, Lindenberg 2002, S. 212-214.

Frauenkongregationsfrühlings gegründeten neuen Gemeinschaften, die zahlreiche Filialen übernahmen. Für den Großraum Köln und das angrenzende Gebiet seien stellvertretend genannt die Armen-Schwestern vom hl. Franziskus (Mutterhaus Aachen), die Cellitinnen zur hl. Elisabeth (Mutterhaus Köln), die Cellitinnen zur hl. Maria in der Kupfergasse (Mutterhaus Köln) oder auch die Cellitinnen nach der Regel des hl. Augustinus (Mutterhaus Köln).[5]

So ist es sicherlich auffällig, dass eine Kongregation von Franziskanerinnen, die ihr Provinzhaus im oberrheinischen Obersasbach hat und schwerpunktmäßig Apostolate im Erzbistum Freiburg und im südlichen Bistum Limburg wahrnahm, ihre Aktivitäten bis in das nördliche Rheinland ausdehnte. Ein Blick in die zeitgenössischen Schematismen der Kongregation macht allerdings schnell klar, dass die Niederlassung in Brauweiler keineswegs ein Einzelfall war, sondern sich in eine Gruppe von weiteren sieben Filialen derselben Kongregation einreiht, die zwischen 1927 und 1935 am Niederrhein gegründet wurden:

- Mönchengladbach-Holt, St. Josefs-Kloster 1927-1980
- Essen-Heidhausen, Haus Hoheneck 1928-1933
- Mönchengladbach, Kolpinghaus 1929-1931
- Wülfrath, Corneliushaus 1930-2003
- Mönchengladbach-Rheydt, Asthmaklinik 1931-1997
- Wülfrath-Düssel 1934-1945
- Düsseldorf-Bilk, Schwiertz-Stephan-Stift 1935-1981

Immerhin vier dieser Niederlassungen - mit Brauweiler fünf - lagen in nicht zu großer Entfernung voneinander, so dass nicht nur eine gewisse regionale Vernetzung, sondern auch die Möglichkeit nicht zu aufwändiger Visitationen von Seiten des Provinzhauses gegeben war.

Die Kongregation der Schulschwestern vom hl. Franziskus geht auf Franziska, spätere Mutter Alexia, Höll (1838-1918) zurück, welche von der in Baden bedeutenden Priesterpersönlichkeit Franz Xaver Lender (1830-1913) in das von ihm 1859 gegründete Waisenhaus in Schwarzach bei Bühl berufen wurde, wo sich ein kleiner Konvent von Schwestern nach der Regel des hl. Franziskus konstituierte.[6] Neben dem Waisenhaus kümmerten sich die Schwestern dort auch um eine Handarbeitsschule und die ambulante Krankenpflege. Drei Schwestern des Konventes gingen im Zuge des badischen Kulturkampfes in das Exil in die USA, während die übrigen in Zivil vor Ort blieben und ihre Tätigkeit fortsetzten. Später erfolgte die Gründung eines europäischen Zentralhauses in Straßburg, doch sind diese Entwicklungen hier nicht weiter Gegenstand des Interesses. Im Jahre 1919 wurde jedenfalls im badischen Kloster Erlenbad bei Obersasbach ein deutsches Provinzhaus errichtet. Von diesem Standort aus breitete

---

[5]   Eine strukturierte Übersicht nach Standorten über die seit dem 19. Jahrhundert im Rheinland wirkenden Orden und Kongregationen bietet Wolfgang SCHAFFER, Ordensentwicklung seit dem 19. Jahrhundert (Geschichtlicher Atlas der Rheinlande, Beiheft IX/5), Bonn 2008.

[6]   Vgl. HEBERLE, Die Erlenbader Franziskanerinnen (wie Anm. 4), S. 14-16.

sich die Kongregation in Europa vor allem im Erzbistum Freiburg, aber auch in der Schweiz, in Hessen und im Rheinland aus.[7]

Am 7. Juli 1913 bat Pfarrer Alfons Gerson[8] (1865-1961, amt. 1904-1920) in Brauweiler das Kölner Generalvikariat um Genehmigung zur Errichtung einer klösterlichen Niederlassung von Cellitinnen aus der Antonsgasse, also Cellitinnen zur hl. Elisabeth, in Köln. Die Niederlassung sollte zunächst aus drei Schwestern bestehen und den Zweck haben: 1) Ausübung der ambulanten Krankenpflege innerhalb der Bürgermeisterei Freimersdorf; 2) Leitung einer Kinderbewahrschule für nicht-schulpflichtige Kinder; 3) Leitung einer Handarbeits- und Haushaltungsschule für katholische, der Schule entlassene Mädchen; 4) Aufnahme von altersschwachen oder arbeitsunfähigen pflegebedürftigen Personen. Den Schwestern sollte ein für sie passendes Haus nebst Einrichtung zur Verfügung gestellt werden. Ihr Unterhalt sollte durch den Ertrag ihrer Tätigkeit und durch Zuschuss der Gemeinde bestritten werden. - Bereits am 9. Juli 1913 genehmigte der Kölner Erzbischof Felix Kardinal von Hartmann (1851-1919, amt. seit 1912) den Antrag.[9] Durch Erlass vom 9. Januar 1914 erteilten auch die Minister der geistlichen und Unterrichts-Angelegenheiten und des Innern ihre Zustimmung.[10] Am 22. Mai 1914 beschloss der Kirchenvorstand, ein dem Oberaufseher Lorenz Schieffer in Brauweiler gehörendes und an der Dansweiler Straße gelegenes Grundstück nebst aufstehenden Gebäulichkeiten für 14.000 Mark zu erwerben. Diese Summe sollte allmählich durch regelmäßige Sammlungen in der Gemeinde und durch Schenkungen zusammenkommen.[11] Es wird am Kriegsausbruch gelegen haben, dass diese Gründung letztlich nicht zustande kam.

Im Jahre 1925 griff der Brauweiler Pfarrer Leonhard Lummerich[12] (1881-1961, amt. 1924-1934) den Gedanken an die vor dem Krieg geplante Schwesternniederlassung wieder auf. Die Pfarrgemeinde befürwortete auf einer Versammlung dieses Projekt. Am 15. März ersuchte der Pfarrer erneut um die Genehmigung des Generalvikariates für eine Schwesternniederlassung mit dem Zweck der Ausübung der ambulanten Krankenpflege, Abhaltung von Nähkursen und Unterhaltung eines Kindergartens.[13]

Warum es erneut knapp drei Jahre dauerte, bis wieder Konkretes geschah, ist unklar. Am 26. Oktober 1928 beschloss jedenfalls der Kirchenvorstand der Pfarrei Brauweiler einstimmig, mit Rücksicht auf die anstehende „Eingemeindung" von einem Verkauf des alten Pfarrhauses Abstand zu nehmen. Der Vorsitzende wurde beauftragt, mit dem Bürgermeister Rücksprache zu nehmen, ob die Zivilgemeinde als solche oder in Gemeinschaft mit den beteiligten drei Kirchengemeinden Brauweiler, Sinthern und

---

[7] Ebd., S. 44 ff. und passim. Zu den Anfängen vgl. auch M. Francis BORGIA OSF, Er sandte zwei. Geschichte der Schulschwestern des hl. Franziskus von der Gründung der Kongregation bis zum Tode der Gründerinnen Mutter Alexia und Mutter Alfons, o.O. 1974.

[8] Vgl. 200 Jahre (wie Anm. 2), S. 37.

[9] Historisches Archiv des Erzbistums Köln (künftig: AEK) Gva I 695; vgl. auch 200 Jahre (wie Anm. 2), S. 129.

[10] AEK, Gva I 695; vgl. auch 200 Jahre (wie Anm. 2), S. 129.

[11] Ebd.

[12] Vgl. 200 Jahre (wie Anm. 2), S. 38.

[13] Ebd., S. 129 f.

Widdersdorf das alte Pfarrhaus als Schwesternheim einzurichten bereit sei.[14] In der Kirchenvorstandssitzung vom 7. Februar 1929 berichtete der Vorsitzende über das Ergebnis der bisherigen Verhandlungen wegen Einrichtung des alten Pfarrhauses als Schwesternheim. Die Versammlung verständigte sich dahingehend, in einer öffentlichen Versammlung die Stimmung der Bürgerschaft zu diesem Vorhaben kennenlernen zu wollen. Zu dieser Versammlung sollten auch die Einwohner von Sinthern und Widdersdorf eingeladen werden.[15]

Eine für Sonntag, den 17. Februar 1929, einberufene gut besuchte Versammlung brachte die Berufungsangelegenheit ein großes Stück weiter. Es war, so die Pfarrchronik, wohl niemand anwesend, der nicht eine Schwesternniederlassung für notwendig erachtet hätte. Nach intensiver Diskussion traten die meisten Anwesenden einem Verein bei, der die Finanzierung des Unternehmens leiten und durchführen sollte. Der Beitrag wurde auf mindestens 50 Pfg. pro Monat festgesetzt. Mehrere Frauen und Männer unternahmen es, sofort mit der Werbung neuer Mitglieder für den Verein zu beginnen. Ein geschäftsführender Vorstand trat schon am nachfolgenden Donnerstag zusammen, um die weiteren Pläne zu beraten, die der Versammlung möglichst bald vorgelegt werden sollten. Beschlossen wurde am 17. Februar zudem, dass jeder, der dazu in der Lage sei, gebeten werden solle, entweder überzählige Möbelstücke für die Einrichtung des Hauses zur Verfügung zu stellen oder einen einmaligen Geldbeitrag zu leisten. Auch wollte man versuchen, von *„internationalen Verbänden"* Beihilfe zu erlangen. In Aussicht genommen wurde zudem ein Zuschuss des Gemeinderates, wie ein solcher auch für die örtliche Sanitätskolonne bewilligt worden war. In der Versammlung wurden von einer Seite 100 Mark, von anderer 20 Mark gestiftet. Dem Pfarrer wurden weitere 20 Mark überwiesen sowie ein weißlackiertes Bett mit Matratze und Keilkissen, ein Waschtisch, ein Nachttisch sowie zwei Stühle zur Verfügung gestellt.[16]

Eine weitere für Sonntag, den 3. März 1929, einberufene Versammlung im Gasthaus Schugt in Brauweiler erfreute sich eines noch zahlreicheren Besuchs als die Versammlung vom 17. Februar. Bedenken gegen die Gründung des Vereins und gegen die Schwesternniederlassung als solche wurden nicht vorgebracht.[17] Es konstituierte sich nunmehr förmlich ein *„Verein Schwesternhaus Pfarrei Brauweiler-Dansweiler und Sinthern e.V. [zu] Brauweiler"*. Sein Zweck war nach den in der Versammlung aufgestellten Satzungen *„die Einrichtung, Finanzierung, Unterhaltung und Bewirtschaftung des von den Schwestern zu leitenden Schwesternhauses, das den Zwecken der Wohlfahrt: ambulante Krankenpflege, Sorge für alleinstehende resp. ältere Leute, Jugendpflege (Kindergarten und praktische Lehrkurse)"* dienen sollte. Mitglied konnte jeder Bürger Brauweilers werden, der sich zu einem monatlichen Beitrag von 50 Pfg. bzw. jährlich sechs Mark verpflichtete.[18] Aus Brauweiler - miteingerechnet wohl auch

---

14 PfA Brauweiler, Nr. 115. Welche *„Eingemeindung"* konkret gemeint ist, bleibt unklar. 1928 wurde das *„Amt Freimersdorf"* in *„Amt Brauweiler"* umbenannt, 1934 wurden die Ämter Brauweiler und Lövenich zusammengeschlossen.

15 Ebd., Nr. 115.

16 Ebd., Nr. 54.

17 Ebd., Nr. 54.

18 Ebd., Nr. 53 (Chronik), S. 149; AEK, Gva I 695; vgl. auch 200 Jahre (wie Anm. 2), S. 130.

Dansweiler und Freimersdorf - lagen bereits 190 Anmeldungen, aus Sinthern 91 vor. Die Statuten, die vom geschäftsführenden Ausschuss vorberaten worden waren, fanden einstimmig Annahme. Es wurde hervorgehoben, dass die Schwestern die Krankenpflege unentgeltlich leisteten. *„Endlich sei daran erinnert, daß es sich bei dem ganzen Unternehmen nicht um die Errichtung eines Krankenhauses handelt."* Offensichtlich war dies im Vorfeld unklar gewesen. Die Anwesenden wurden zudem darüber informiert, dass man als Schwestern Franziskanerinnen aus Obersasbach in Baden hätte gewinnen können, die in der Erzdiözese schon eine Niederlassung in Mönchengladbach-Holt errichtet hätten, darüber hinaus im Rheinland mehrere Filialen besäßen.[19]

Am 15. März 1929 stellte Pfarrer Lummerich als Vorsitzender des Vereins *„Schwesternhaus Brauweiler"* beim Generalvikariat den förmlichen Antrag um Genehmigung einer Schwesternniederlassung in Brauweiler. Träger solle der Verein sein, dessen Eintragung in das Vereinsregister beantragt werde. Die Schwestern sollten sich vor allem in der ambulanten Krankenpflege betätigen, ferner in der Abhaltung von Nähkursen und der Unterhaltung eines Kindergartens. Damit war das Wirken auf jene typische Trias des Wirkens von Ordensschwestern fokussiert, wie sie in vielen ländlichen rheinischen Gemeinden jener Zeit praktiziert wurde. Ambulante Krankenpflege war ein unersetzbarer Beitrag zur medizinischen Versorgung der Bevölkerung in einer Zeit defizitärer und von höchster Arbeitslosigkeit geprägten Strukturen, ein Kindergarten ermöglichte Berufstätigkeit von Müttern (und sei es in Feldarbeit), und in Nähschulen konnten schulentlassene Mädchen sich die Grundlagen für einen Zuverdienst durch Näharbeiten in Heimarbeit verschaffen. Der Verein wollte die Mittel aufbringen durch regelmäßige Mitgliedsbeiträge, Sammlungen, Kollekten und durch Zuschüsse, die von *„den interessierten Behörden und Organisationen"* zu erwarten seien. Die Schwestern sollten im alten Pfarrhaus untergebracht werden, das der Kirchenvorstand an den Verein für 600 Mark jährlich vermieten wollte.[20]

Am 15. April 1929 wurde zwischen dem Verein *„Schwesternhaus"* in Brauweiler und dem Provinzhaus der Franziskanerinnen in Erlenbad ein halbjährlich kündbarer Vertrag abgeschlossen: Die Genossenschaft übernahm in Brauweiler für den Bezirk der Gemeinde Brauweiler, ausgenommen Widdersdorf mit Rath und Vogelsang, die ambulante Krankenpflege, eine Nähschule für schulentlassene Mädchen und eine *„Kinderverwahrschule"*. Als Wohnung stellte der Verein den Schwestern das mit den nötigen Einrichtungen ausgestattete frühere Pfarrhaus der Pfarrgemeinde Brauweiler zur Verfügung und zahlte an das Mutterhaus für jede Schwester eine Aufwandsentschädigung von monatlich 30 Mark. Die Schwestern führten einen eigenen Haushalt und bezogen das erforderliche Haushaltungsgeld vom Verein. Alle Einnahmen aus ihrer Tätigkeit und aus den von den Schwestern veranstalteten Haussammlungen, zu deren jährlich mindestens zweimaliger Abhaltung sich die Schwestern verpflichteten, flossen dem

---

[19] Ebd., Nr. 54.

[20] AEK, Gva I 695.

Verein zu. Der Verein übernahm die Reisekosten der Schwestern bei Übernahme der Station. Die Schwestern sollten am Jahresende einen Tätigkeitsbericht abgeben.[21]

Nach einer bei den Akten des Generalvikariats abgehefteten Notiz des Domkapitulars und Diözesan-Caritasdirektors Albert Lenné (1878-1959, amt. 1921-1930) („Lé") vom 24. April 1929 wurde die Genehmigung des Antrags nach Rücksprache mit Pfarrer Lummerich als „dringend wünschenswert" erachtet. Die Pfarrgemeinde sei gegenüber den stärker auf dem Lande um sich greifenden Wohlfahrtsmaßnahmen der „Sozialisten" auf baldige Hilfe durch Ordensschwestern angewiesen. Nach vielen vergeblichen Bemühungen biete sich dazu nunmehr die Möglichkeit.[22] Am 24. April 1929 erteilte das Generalvikariat eine ab 1. Mai 1929 zunächst auf drei Jahre befristete Genehmigung der Übernahme der Station durch Erlenbader Franziskanerinnen. Am 9. Mai 1932 erfolgte die endgültige Genehmigung.[23] Am 1. Mai kamen die ersten beiden Schwestern nach Brauweiler, und bald folgten zwei weitere für Krankenpflege und Nähschule.[24] Die Unterstützung der Neugründung durch die Bevölkerung fand auch darin ihren Ausdruck, dass der Männergesangverein Brauweiler Ende 1929 zu Gunsten des Schwesternhauses ein gut besuchtes Konzert durchführte. Der Reinertrag von 162 Mark wurde dem Verein überwiesen.[25]

Weitere Möglichkeiten der Finanzierung des Schwesternhauses neben dem Vereinsbeitrag waren gegeben durch Erteilung von Nähunterricht, durch jährliche Hauskollekten und durch öffentliche Zuschüsse. Als Wohnung diente das alte Pfarrhaus, die - ursprünglich höher veranschlagte - Miete betrug 500 Mark pro Jahr. An Möbeln und Einrichtungsgegenständen wurde Vieles für das Heim gestiftet, der Rest aus Vereinsmitteln beschafft. Die Hauptbeschäftigung der Schwestern bestand in der ambulanten Krankenpflege in den Ortschaften Brauweiler, Freimersdorf, Dansweiler und Sinthern und zwar ohne Rücksicht auf die Konfession der Erkrankten. Kranke, die nicht Mitglied des Vereins waren, mussten, wenn sie Pflege in Anspruch nahmen, dafür bezahlen. Arme wurden frei behandelt. Da die Tätigkeit der beiden Schwestern schnell zunahm, musste am 28. Oktober 1929 eine dritte und am 6. Oktober 1930 eine vierte Schwester eingestellt werden.[26] Über die Jahrzehnte hinweg bestand der Konvent allerdings weitestgehend aus drei Schwestern.

Im Jahre 1930 zählte der Verein, der am 11. April 1935 als milde Stiftung anerkannt wurde,[27] bereits 335 Mitglieder (Brauweiler 239, Dansweiler 37, Sinthern 59). Seine Einnahmen überstiegen zwar die Ausgaben, allerdings hatte dadurch, dass die Schwesternzahl zeitweise wieder auf drei zurückgegangen war, Geld eingespart werden können. Die von den Schwestern abgehaltene Hauskollekte erbrachte damals außer Lebensmitteln 288 Mark. Aus der Nähschule gingen 634 Mark ein. Von den

---

[21] Ebd.

[22] Ebd.; vgl. auch 200 Jahre (wie Anm. 2), S. 130.

[23] Ebd.; vgl. auch 200 Jahre (wie Anm. 2), S. 130 f.

[24] Ebd.

[25] PfA Brauweiler, Nr. 54.

[26] Ebd., Nr. 53 (Chronik), S. 150.

[27] Ebd., Nr. 160.

Schwestern wurden 3.345 Krankenbesuche gemacht, 44 Tagpflegen und 80 Nachtwachen gestellt. Durch Entgegenkommen der Gemeindeverwaltung konnte das Schwesternhaus zudem durch Arbeitslose ordentlich in Stand gesetzt werden. Für die Instandhaltung des Gartens wurde ein Gartenarbeiter gestellt. Der vom Männer-Gesangverein Brauweiler veranstaltete Blumentag brachte 101 Mark ein.[28]

Einige Monate später (1931) betrug die Mitgliederzahl des Vereins 295. Drei Mitglieder waren durch Tod ausgeschieden, 13 durch Wegzug. 24 Personen waren wegen der drückenden wirtschaftlichen Not ausgetreten. Seit Oktober 1931 war ständig eine neue dritte geprüfte Krankenschwester tätig. Das Schwesternhaus konnte im Laufe des Jahres von außen gänzlich und im Inneren teilweise renoviert werden. Die Gemeindeverwaltung stellte für diese Arbeiten sowie für die Besorgung des Gartens Arbeitslose zur Verfügung, so dass die Ausgaben geringgehalten werden konnten. Der Besuch der Nähschule - hierfür war i.d.R. ein finanzieller Beitrag zu entrichten - ließ infolge der wirtschaftlichen Not allerdings nach, was zu geringeren Einnahmen führte. Für das Schwesternhaus bzw. die Schwestern stellte ein Bäckermeister das Brot und ein Milchlieferant die Milch drei Jahre lang ohne Entgelt zur Verfügung.[29]

Der Regimewechsel im Jahre 1933 hatte wenig Auswirkungen auf das Wirken der Schwestern in der Pfarrei. Deren caritative Tätigkeit wurde wohl nicht in Frage gestellt, was vielleicht auch dadurch begünstigt wurde, dass hinter dem Wirken der Schwestern ein öffentlich-rechtlich konstituierter Verein stand. Am 24. September 1934 genehmigte der Reichsschatzmeister der NSDAP im Einvernehmen mit dem Reichsminister der Finanzen durch Erlass die Durchführung von *„Herbst-Sammlungen für die caritativen Anstalten"* im Zeitraum 23. September bis 7. Oktober 1934. Zu den davon profitierenden *„bedürftigen Anstalten"* gehörte auch die Anstalt *„Schwesternhaus e.V."* in Brauweiler. Im Pfarrarchiv finden sich drei Listen mit insgesamt 47 Privatpersonen, die sich bereit erklärten, verschiedene Lebensmittel zur Verfügung zu stellen.[30]

„Im Jahre 1934 wurden insgesamt 409 Kranke gepflegt und zwar in Brauweiler 255, in Dansweiler 91, in Sinthern 63. Krankenbesuche wurden gemacht 3.082, die Hauskollekten brachten ein 1933 zu Ostern 134,44 Mark, im Herbst 137,05 Mark."[31] Hinzu kamen Naturalspenden, so dass der Verein das neue Jahr mit einem Barüberschuss von 1.192,34 Mark beginnen konnte. An Zuschüssen wurden 1934 gegeben von dem Hauptschaltwerk der RWE 100 Mark, von der Landesversicherungsanstalt der Rheinprovinz 200 Mark, von der örtlichen Gemeinde 200 Mark und von der Reichsversicherungsanstalt in Berlin 125 Mark.[32] Die Tätigkeit der Schwestern fand demnach in der Kirchen- wie in der Zivilgemeinde Akzeptanz.

Das Schwesternhaus profitierte offensichtlich auch von einem unbezahlten Engagement einzelner Personen, denn am 13. Januar wandte sich Heinrich Vogel aus Sinthern an den Pfarrer und verwies darauf, dass er bereits drei Jahre im Schwesternheim

---

[28] Ebd., Nr. 54.

[29] Ebd., Nr. 54.

[30] Ebd., Nr. 160.

[31] Ebd., Nr. 53 (Chronik), S. 150.

[32] Ebd., Nr. 53 (Chronik), S. 150.

Brauweiler *„in Pflichtarbeit"* ohne Entgelt arbeite, nun aber in Not geraten sei und Unterstützung brauche. Er betonte, er könne seine Miete nicht mehr zahlen, und die Wohlfahrtsunterstützung reiche nicht aus. Sieben seiner zehn Kinder lebten noch in seinem Haushalt.[33] Pfarrer Matthias Rütz (1883-1942, amt. 1934-1942)[34] wies im Jahre 1935 darauf hin, dass der Krankenpflegedienst konfessionsunabhängig und kostenlos sei, bat aber zugleich um Spenden.[35]

Durch Zuweisungsschein des Winter-Hilfswerks des Deutschen Volkes (WHW) 1935/36 vom 24. Oktober 1935 erhielt das Schwesternhaus der Pfarreien Brauweiler, Dansweiler und Sinthern 25 Zentner Kartoffeln, einen halben Zentner Roggenmehl, einen Zentner Obst, vier Stück Brot sowie Zucker und Butter zugewiesen. Die Empfänger waren verpflichtet, der Reichsleitung des WHW eine Empfangsbestätigung zukommen zu lassen.[36] Diese Form der Bezuschussung setzte sich fort: Am 9. Januar 1936 ließ das WHW dem Schwesternhaus fünf Zentner Kartoffeln zukommen. Bei diesen Zuweisungen war offensichtlich der Diözesan-Caritasverband für das Erzbistum Köln beteiligt, da er den Kontakt mit dem WHW hielt. In einem Rundschreiben vom 10. Januar 1936 an die *„caritativen Anstalten der Erzdiözese Köln im Gau Köln-Aachen"* machte er zudem darauf aufmerksam, dass ihm mitgeteilt werden solle, wieviel von der Menge von Zentnern Kartoffeln für *„Ihr Haus bzw. für Ihre Armen"* benötigt werde, für den Fall, dass man sich schon aus anderer Quelle hätte versorgen können. Am 24. März 1936 erhielt das *„Schwesternhaus der Pfarreien Brauweiler, Dansweiler und Sinthern"* in der Kölnstraße 22 in Brauweiler durch das WHW eine Zuweisung von 0,66 Zentner Roggenmehl zugebilligt.[37]

Für das Jahr 1937 sind für das Schwesternhaus in Brauweiler Sr. M. Alipia Heilbrock (1889-1979), Sr. M. Ehrentrude Eckstein (1905-1973), Sr. M. Epiphania Kastenhuber (1903-1987) und Sr. M. Meinharda Pospischil (1906-1968) als in ambulanter Krankenpflege und Nähschule tätig benannt.[38]

Im Jahr 1938 wurde die Nähschule dem Schulungsgewerbe des Caritasverbandes angeschlossen. Da im Krieg die Teilnahme an der Nähschule beachtlich zunahm, schickte das Mutterhaus der Augustinerinnen in Köln im Austausch eine besonders geschulte Schwester, die dann auch für den zum Militär eingezogenen Küster und Organisten den Küsterdienst übernahm und bis 1952 bei der Jugendarbeit half.[39]

Als die katholische Kirchengemeinde St. Nikolaus nach Ende des Krieges den Kindergarten der Nationalsozialistischen Volkswohlfahrt - diese hatte vor allem Anfang der 1940er Jahre hunderte konfessioneller Kindergärten in Eigenregie übernommen - übernahm, stellte sich bald die Notwendigkeit heraus, einen neuen Kindergarten zu errichten, da der bisherige in der Volksschule lag, die infolge des Anwachsens der

---

33 Ebd., Nr. 160.

34 Vgl. 200 Jahre (wie Anm. 2), S. 38.

35 Ebd., S. 131.

36 PfA Brauweiler, Nr. 160.

37 Ebd.

38 Provinzarchiv (künftig: ProvA) Erlenbad 03-236.

39 Vgl. 200 Jahre (wie Anm. 2), S. 131.

Bevölkerung mehr Schulräume benötigte. Damals entschloss sich die Pfarrgemeinde, den Kindergarten in den Garten des Schwesternhauses zu verlegen.[40]

Am 13. Juni 1948 stimmte der Kirchenvorstand dem Umbau bzw. der Erweiterung des Schwesternheimes grundsätzlich zu. Endgültige Gestaltung und Ausführung wurden bis nach der Währungsreform zurückgestellt. Vorarbeiten wie Projektausfertigung und Materialbeschaffung sollten allerdings sofort in Auftrag gegeben werden.[41] Am 21. August 1949 befürwortete der Kirchenvorstand wohlwollend den Vorschlag des *„Bearbeiters"* des Schwesternhauses Alois Steiger, im Schwesterngarten ein Hühnerhaus aufzustellen. Auch war der Kirchenvorstand bereit, einen Teil des Gartens für einen Kinderspielplatz bereitzustellen.[42] Am 28. April 1950 berichtete der Vorsitzende des Kirchenvorstands mit Verweis auf Zeitungsartikel, dass der Kindergarten aus der Schule entfernt werden solle. Falls die Gemeinde die Baracke hinreichend entschädige oder eine Ersatzbaracke liefere, werde erwogen, den Kindergarten im Klostergarten einzurichten.[43]

Allerdings erwies sich der bauliche Zustand des Schwesternhauses in den Nachkriegsjahren als zunehmend problematisch und machte Maßnahmen notwendig. In der Kirchenvorstandssitzung vom 30. August 1950 stellten Pfarrer Paul Tücking[44] (1898-1972, amt. 1942-1970) und Hr. Stühlen das *ungeheure Ausmaß des baulichen Verfalls"* des Schwesternhauses dar. Das Haus war vom Schwamm befallen und der Fußboden verfault.[45] Am 23. März 1951 sprach sich der Kirchenvorstand einstimmig dafür aus, das zukünftige Jugendheim inkl. Kindergarten gemäß vorgelegtem Lageplan im alten Pfarrhausgarten mit Front nach der Nikolausstraße zu erbauen.[46] Am 25. November 1951 gab der Kirchenvorstand gegenüber der Zivilgemeinde Brauweiler eine verbindliche Erklärung ab, dass sich die katholische Kirchengemeinde Brauweiler verpflichte, in Brauweiler einen Kindergarten für die Kinder aller Konfessionen zu unterhalten.[47] Der in der Schule untergebrachte Kindergarten war der Kirchengemeinde zum 1. April 1952 gekündigt worden.[48]

Die Lage verkomplizierte sich noch dadurch, dass von Seiten der Provinzleitung der Franziskanerinnen offensichtlich - wohl nicht zuletzt auch auf Grund der unbefriedigenden Situation vor Ort - der Gedanke erwogen wurde, die Schwestern zurückzuziehen. Im Protokollbuch des Kirchenvorstands fand sich bei den Protokollen des Jahres 1952 ein eingelegter gedruckter Zettel *„Wollen wir unsere Schwestern verlieren???"*. Hintergrund war die Mitteilung der Provinzoberin der Franziskanerinnen an den Verein, dass die Pflegestelle Brauweiler wegen des großen Mangels an Schwestern *„kaum mehr*

---

[40] PfA Brauweiler, Nr. 276.

[41] Ebd., Nr. 116.

[42] Ebd.

[43] Ebd.

[44] Vgl. 200 Jahre (wie Anm. 2), S. 38.

[45] PfA Brauweiler, Nr. 116; vgl. auch 200 Jahre (wie Anm. 2), S. 132.

[46] PfA Brauweiler, Nr. 116.

[47] Ebd.

[48] Ebd.

lange aufrecht erhalten" werden könne. Die Aufgabe des Vereins „*Schwesternhaus*" sei, für das leibliche Wohl der Schwestern (Nahrung, Kleidung, Unterkunft, Medikamente, Behandlungsgegenstände und Altersversorgung) Sorge zu tragen. Diese Aufgabe erfordere durch die allgemeine Teuerung des Lebensstandards auch erhöhte Einnahmen. Von den bisher einkommenden Geldern könne der nötige Bedarf nicht mehr gedeckt werden. Im Auftrag der Generalversammlung des Vereins werde daher jede Familie und jeder Einzelbürger der Gemeinde um den Eintritt in den Verein gebeten. Der Beitrag betrage monatlich 0,50 DM; wer in der Lage sei, einen höheren Beitrag zu leisten, werde gebeten, den Betrag auf 1 DM zu erhöhen.[49]

Der Rückzug der Schwestern konnte verhindert werden, wobei zu vermuten ist, dass der Neubau des Schwesternhauses und vermutlich auch die Erhöhung des Einkommens zu einem Fortbestand der Station beitrugen. Um 1956 betätigten sich die Schwestern in Krankenpflege, Kindergarten und Nähschule. In einem Dokument des Provinzarchivs in Erlenbad werden Reisehinweise benannt: „*Bahnstation Köln-Lövenich, mit Auto weiter nach Brauweiler. Koffer nach Großkönigsdorf Rhld*".[50] Regelmäßig sorgte der Verein Schwesternhaus jedenfalls neben dem Auskommen der Schwestern für die Hilfsmittel, die zur Krankenpflege benötigt wurden. Im Schwesternhaus ließ er eine kleine Kapelle einrichten, 1964 finanzierte er einen Pkw für den Einsatz der Schwestern.[51]

Im Jahr 1961 wirkten im Schwesternhaus in Brauweiler, Mathildenstr. 20 Sr. M. Amantia Eckmann (1901-1979) als Oberin, Sr. M. Agathella Nied (1899-1967) und Sr. M. Edgara Weinmann (1926-1993).[52] Unter dem 29. Dezember 1962 findet sich eine Tagesordnung, die offensichtlich für Brauweiler galt: 5.30 Uhr aufstehen, 6 Uhr Laudes, Prim, Terz, Sext, 6.30 Uhr „*Betrachtung*", 7 Uhr hl. Messe, 7.30 Uhr Frühstück, geistliche Lesung, 8 Uhr Berufsarbeit, 12 Uhr Mittagessen, Lesung, 12.50 Partikularexamen, 13 Uhr Non, Vesper, 13.30 Uhr Berufsarbeit, 17.30 Uhr Nachtessen, Rekreation, 18 Uhr Komplet, Matutin, 18.30 Uhr „*Besuchung*" (= Gebet vor dem Allerheiligsten), Rosenkranz, 19 Uhr Berufsarbeit, 21.30/22.30 Uhr Nachtruhe.[53]

Am 16. Februar 1967 bat Pfarrer Paul Tücking, Dechant und I. Vorsitzender des „*Schwesternhaus der Pfarreien Brauweiler-Dansweiler und Sinthern zu Brauweiler e.V.*" das Provinzhaus in Erlenbad um die Zuweisung einer zweiten Krankenschwester. Durch die Bevölkerungszunahme von Brauweiler und Umgebung habe sich der Arbeitskreis der Krankenschwester Amantia derart vergrößert, dass es ihr sehr schwer falle, die Krankenpflege allein zur allgemeinen Zufriedenheit durchzuführen. „*Mir ist auch persönlich bekannt, dass mit der Ausübung der Krankenpflege vielfach zusätzlich seelsorgerische Betreuung der Patienten verbunden ist.*" Tücking hielt es zudem für begrüßenswert, wenn sich die betreffende Schwester zur Erwerbung eines

---

[49] Ebd. Das Argument des „*Schwesternmangels*" ist hier wohl eher als ein Druckmittel anzusehen, eine deutliche Verbesserung der Situation der Schwestern vor Ort zu erreichen.

[50] ProvA Erlenbad 03-319.

[51] Vgl. 200 Jahre (wie Anm. 2), S. 132.

[52] ProvA Erlenbad 03-238.

[53] Ebd. 03-020. Im Februar 1965 stand der Kindergarten unter der Leitung von Sr. M. Edgara. Weiter wirkten dort Frau Panzer und Frl. Johanna, vgl. PfA Brauweiler, Nr. 276.

Führerscheins eignen würde. Er verwies darauf, dass zur Begleichung der anfallenden Kosten zur Erlangung eines Führerscheins für eine zweite Krankenschwester nach einer Verfügung des Innenministers des Landes NRW die Aussicht bestünde, solche Kosten durch Gewährung eines Landeszuschusses zu decken.[54] Am 25. Februar 1967 musste die Provinzoberin allerdings den Wunsch nach einer zweiten Krankenschwester ablehnen. Viele der Stationen seien nur noch so lange besetzt, wie *„eben die Schwestern durchhalten"*, die zu einem großen Teil schon recht alt und wenig gesund seien. Neue Aufgaben könnten nicht übernommen werden.[55] Der sich immer dramatischer auswirkende Schwesternmangel wirkte sich zunehmend auch auf die Station in Brauweiler aus.

Am 14. Juni 1967 teilte der Direktor der Rheinischen Landesarbeitsanstalt Brauweiler Rudolf Müller (1903-1978, amt. 1956-1968) der Sr. Oberin M. Amantia in *„5026 Brauweiler, Schwesternhaus"* mit, dass er nicht in der Lage sei, ihr auf ihre Bitte hin über den 30. Juni hinaus eine Korrigendin, also eine in die Arbeitsanstalt eingewiesene Frau, als Haushilfe zur Verfügung zu stellen. Die Belegung der Frauenabteilung sei stark rückläufig und werde weiter absinken. Die eigenen Arbeitsbetriebe könnten schon nicht mehr mit der benötigten Anzahl von Frauen besetzt werden, die Eigenbetriebe hätten aber gegenüber jeder anderen Art der Beschäftigung unbedingten Vorrang. Dies sei auch der Grund dafür gewesen, dass im Vernehmen mit der Zentralverwaltung des Landschaftsverbandes Rheinland, dem Träger der Einrichtung, die Abstellung sogenannter Haushilfen für Privathaushalte gänzlich hatte eingestellt werden müssen. *„Es war dies auch für unsere Bediensteten eine bittere Entscheidung"*. Im Übrigen seien auch ab dem 1. Juli 1967 Ausnahmen in keinem Fall zugelassen.[56] Diese Stellungnahme lässt vermuten, dass es in den Vorjahren durchaus zur Abstellung von Hilfskräften aus der Arbeitsanstalt zu Gunsten der Schwesternstation gekommen ist.

Am 17. Dezember 1968 nahm der Kirchenvorstand Kenntnis von einem Schreiben der Kindergartenleiterin Sr. M. Clarella Häberle (1914-2007) bezüglich der damaligen Kindergärtnerin. Er wolle sich weiterhin um die Einstellung von zwei Kindergärtnerinnen kümmern.[57] Offensichtlich stellte sich die Situation kräftemäßig als immer belastender für die Schwester dar.

Der Schematismus der Kongregation weist für das Jahr 1970 mit Sr. M. Amantia (seit 1954) und Sr. M. Clarella (seit 1965) noch zwei Schwestern in Brauweiler aus.[58]

In einem Pfarrbrief zu Pfingsten 1972 wurde speziell auf die beiden defizitären Kindergärten in Brauweiler und Dansweiler hingewiesen. In Dansweiler gebe es eine Lücke von 13.000 DM, die das Generalvikariat abdecken müsse. *„In Brauweiler konnte eine Kostendeckung nur dadurch erreicht werden, weil die dort tätige Schwester für*

---

[54] ProvA Erlenbad 03-020.

[55] Ebd.

[56] Ebd.

[57] PfA Brauweiler, Nr. 117.

[58] ProvA Erlenbad 03-362.

ihre Arbeit eine Entschädigung erhält, die im normalen Arbeitsleben einen General-streik zur Folge haben würde."[59]

Am 13. September 1972 informierte die Provinzoberin den Pfarrer Theodor Holl[60] (1930-2010, amt. 1971-1983) darüber, dass Sr. M. Amantia im Verlauf der Exerzitien sehr eindringlich zum Ausdruck gebracht habe, nicht mehr in der Lage zu sein, die kranken und alten Leute der Pfarrei zu versorgen. Gleichzeitig habe sie erwähnt, dass Sr. M. Clarella ihrer angeschlagenen Gesundheit wegen der Aufgabe im Kindergarten auch nicht mehr gewachsen sei und man infolgedessen die Station kündigen möge. Der Bitte von Sr. M. Amantia solle man entsprechen, und ihr sei daher zugeredet wor-den, Brauweiler zu verlassen. Nach Rücksprache mit Sr. M. Clarella sei aber festzu-stellen, dass diese noch gerne dort tätig sei und auch noch einige Zeit die Arbeit leisten könne. Sr. M. Amantia sei darüber sehr enttäuscht und der Ansicht, unbedingt bei Sr. M. Clarella bleiben zu müssen. Sr. M. Amantia sollte daher die Krankenpflege aufge-ben, auch wenn sie Brauweiler nicht verlassen werde. Am 2. Oktober 1972 verließ Sr. M. Amantia dann doch Brauweiler.[61] Das Provinzhaus der Franziskanerinnen plante nunmehr zunehmend die definitive Schließung der kleinen Schwesternstation.

Am 16. November 1972 beschloss der Kirchenvorstand, eine Gemeindekranken-schwester einzustellen, sobald die finanziellen Voraussetzungen durch den Caritasver-band sichergestellt seien.[62] Am 19. September 1974 entschied er zudem, die Träger-schaft für die Krankenschwester auf den Verband der katholischen Kirchengemeinden zu übertragen, vorbehaltlich der Genehmigung durch das Generalvikariat.[63] Mit Be-schluss vom 14. November sollte die Trägerschaft der von der Kirchengemeinde St. Nikolaus angestellten ambulanten Krankenschwester ab 1. Januar 1975 dem Kreis-caritasverband übertragen werden.[64]

Für den Verein Schwesternhaus bedeutete der Weggang der Franziskanerinnen eine Veränderung seiner satzungsgemäß festgelegten Aufgaben. Er wollte jedoch wei-terhin den caritativen Anliegen der Pfarrgemeinde dienen und beschloss 1973 eine Satzungs- und Namensänderung. Als *„Verein zur Unterstützung der ambulanten Kran-kenpflege und zur Förderung karitativer Aufgaben"* kam er noch bis 1990 diesen Auf-gaben nach.[65]

Anfang 1975 zeigte sich bei Sr. M. Clarella ein Krankheitsbild, welches zunehmend die Frage auftauchen ließ, wie es weitergehen solle. Die Provinzleitung schlug ihr am 3. Februar 1975 vor, die Leitung des Kindergartens abzugeben und nur noch eine Gruppe zu übernehmen. Tatsächlich war Sr. M. Clarella seit Februar krankheitsbedingt nicht mehr in der Lage, ihre Tätigkeit als Kindergartenleiterin auszuüben oder eine Gruppe zu übernehmen. Ihre Tätigkeit wurde daher zum 1. September 1975 gekündigt.

---

[59] Ebd. 03-020.

[60] Vgl. 200 Jahre (wie Anm. 2), S. 39.

[61] ProvA Erlenbad 03-020.

[62] PfA Brauweiler, Nr. 117.

[63] Ebd.

[64] Ebd.

[65] Vgl. 200 Jahre (wie Anm. 2), S. 133.

Da die Station seit Oktober 1972 ohnehin nur noch mit einer Schwester besetzt war und ein Ersatz nicht gestellt werden konnte, schloss das Provinzhaus die Station zum 31. August. Damit konnte noch rechtzeitig die Neubesetzung der Leitungsstelle nach Ende der Sommerferien durch eine weltliche Fachkraft auf den Weg gebracht werden.[66] Bereits am 15. Mai 1975 hatte der Kirchenvorstand beschlossen, ab 1. September 1975 eine Fachkraft als Leiterin des Kindergartens in Brauweiler einzustellen.[67]

Der Blick auf das Wirken der kleinen Schwesternstation in Brauweiler zeigt alles andere als Aufregendes. Dies ist aber auch mitnichten ein Grund, deren Existenz nicht der Nachwelt zu überliefern. Vielmehr ist die Erinnerung an die einige Jahrzehnte lang durch die Ordensschwestern in Brauweiler ausgeübten Apostolate eine Erinnerung an ein christlich motiviertes und unmittelbar caritatives Handeln an den Armen, Kranken und Schwachen sowie in der Kindererziehung in der Pfarrgemeinde Brauweiler. Ein Engagement, wie es seit dem fortschreitenden 19. Jahrhundert bis tief in das 20. Jahrhundert hinein gerade im Rheinland im ländlichen wie im städtischen Umfeld typisch gewesen ist: Die institutionalisierte (Krankenhäuser, Heime usw.) und nicht-institutionalisierte Tätigkeit von Ordensschwestern in Bereichen, in denen vor allem auf Grund des Mangels an öffentlicher Konkurrenz Handlungsbedarf bestand. Als die Professionalisierung in der Gesundheitsversorgung und die zunehmende Übernahme entsprechender Tätigkeiten durch „profane" Träger und Anbieter einerseits und der dramatische Rückgang an Ordensnachwuchs andererseits sich immer stärker auswirkten, kam auch die Station in Brauweiler an ihr Ende - in der zweiten Hälfte des 20. Jahrhunderts alles andere als ein Einzelschicksal.

---

[66] ProvA Erlenbad 03-020.
[67] PfA Brauweiler, Nr. 117.

Sabine Graumann

Abt Norbert Stoffels OSB (1936-2013) - Von Jülich im Rheinland nach Neresheim in Schwaben

In der freien online-Enzyklopädie *„Wikipedia"* werden aktuell unter *„Jülich"* 37 Persönlichkeiten genannt, die in dieser bekannten rheinischen Stadt gebürtig sind. Darunter befindet sich auch Norbert Stoffels OSB (1936-2013), Abt von Neresheim.[1] Die Abtei Neresheim, rund 430 Kilometer südöstlich von Jülich in Schwaben befindlich, ein Benediktinerkloster in der Diözese Rottenburg-Stuttgart, Mitglied der Beuroner Kongregation, liegt oberhalb der Stadt Neresheim in dominierender Lage (Abb. 8). Die zugehörige Kirche, ein Bauwerk Balthasar Neumanns (1687-1753) mit wertvollen 1770 bis 1775 geschaffenen Fresken von Martin Knoller (1725-1804)[2], *„erschütternd großartig",* ist eine der bedeutendsten deutschen Kirchenbauten des Spätbarock.[3] Das 1095 gegründete Kloster wurde bereits 1106 Benediktinerabtei, 1803 durch die Säkularisation aufgehoben und 1920 restituiert. Abt Norbert stand der Abtei als 43. Abt von Neresheim[4] und als dritter Abt des 20./21. Jahrhunderts von 1977 bis 2012 vor.

Abb. 1: Abt Norbert Stoffels OSB, 1995 (Foto in Familienbesitz).

Während Neresheim als Benediktinerkloster ein Begriff ist, ist vermutlich Norbert Stoffels kaum einem Jülicher Bürger geläufig, es sei denn, er hat vor einigen Jahren aufmerksam die Presse verfolgt: Als der Abt am 24. April 2013 im Stuttgarter Marienhospital an einem Krebsleiden verstarb, wurde nach seinem Tod entdeckt, dass er ein bis dahin völlig unbekanntes Vermögen von über 4 Millionen Euro hinterlassen hatte. Das Geld sollte zu einem großen Teil aus einem Geldwäsch-

1   Jülich, URL: de.wikipedia.org/wiki/Jülich (20.04.2019).

2   Siehe Ludwig WINDSTOßER (Fotografie)/Norbert STOFFELS (Text), Martin Knoller: seine Kuppelfresken in der Abteikirche Neresheim, Neresheim 1976.

3   Abtei Neresheim, URL: de.wikipedia.org/wiki/Abtei_Neresheim (16.02.2020).

4   Weihe des 43. Abtes von Neresheim Norbert Stoffels OSB durch den Bischof von Rottenburg Dr. Georg Moser in der Abteikirche der Hl. Ulrich und Afra zu Neresheim am Fest der Geburt Mariens, 8. September 1977, [Neresheim] 1977.

esystem namens *„Weinberg"* stammen.[5] So hieß es: Nachdem *„Alt-Abt Norbert Stoffels 2013 gestorben war* [fand man] *in dessen Schreibtisch Unterlagen über zwei Konten* [...]. *Auf diesen befanden sich zusammen 4,3 Millionen Euro. Das dubiose Vermögen war nicht in den Büchern der Abtei verzeichnet. Auf einen Teil des Geldes, etwa drei Millionen Euro, hatte ein Krefelder Anwalt Ansprüche erhoben* [...]."[6]

Auf diesen überaus *„skandalträchtigen Fall"* stürzten sich die Medien in den nachfolgenden Jahren, es entstanden spekulative Geschichten, die man noch heute mittels Suchmaschine leicht im Internet findet. Man titelte:

2014	Geldwäschereiverdacht: Die rätselhaften Millionen des Abts Norbert[7]
2014	Das Millionengeheimnis des Altabts[8]
2014	Staatsanwalt ermittelt im Fall der rätselhaften Klostermillionen[9]
2014	Geldwäsche? Die Geheim-Akte der Kloster-Millionen[10]
2014	Der Weinberg des Herrn[11]
2016	Kloster Neresheim. Bei einem toten Abt werden Millionen entdeckt[12]
2016	Wie im Film. Rätselhafter Millionen-Fund im Kloster Neresheim[13]
2018	Mysteriöser Geldfund im Kloster.[14]

Die Reihe der Schlagzeilen könnte noch erweitert werden. Jahrelang befassten

---

[5]   Norbert Stoffels, URL: de.wikipedia.org/wiki/Norbert_Stoffels (16.02.2020).

[6]   Ulrike SCHNEIDER, Die Millionen bleiben im Kloster, Heidenheimer Zeitung, 24.02.2019, URL: https://www.hz.de/meinort/nachbarschaft/die-millionen-bleiben-im-kloster-31334388. html (16.02.2020).

[7]   Roland BÖHM, Die rätselhaften Millionen des Abts Norbert, Frankfurter Allgemeine Zeitung, 03.11.2014, URL: https://www.faz.net/aktuell/wirtschaft/agenda/geldwaescheverdacht-die-raetselhaften-millionen-des-abts-norbert-13246553.html (16.02.2020).

[8]   Bernhard HAMPP, Das Millionengeheimnis des Altabts, Schwäbische Zeitung, 03.11.2014, URL: https://www.schwaebische.de/sueden/baden-wuerttemberg_artikel,-das-millionen ge-heimnis-des-altabts-_arid,10114852.html (16.02.2020).

[9]   Ulrike SCHNEIDER/Martin SIMON, Staatsanwalt ermittelt im Fall der rätselhaften Klostermillionen, 04. 11. 2014, URL: https://www.swp.de/suedwesten/landespolitik/staatsanwalt-ermittelt-im-fall-der-raetselhaften-klostermillionen-21667881.html (16.02.2020).

[10]   Nikolaus HARBUSCH/S. WALTER, Geldwäsche? Die Geheim-Akte der Kloster-Millionen, Bild, 06.11.2014,   URL: https://m.bild.de/regional/stuttgart/geldwaesche/die-geheimakte-der-kloster-millionen-38450100.bildMobile.html###wt_ref=https%3A%2F%2Fwww.google. Com %2F&wt_t=1581882848903 (16.02.2020).

[11]   Matthias BARTSCH/Simone SALDEN, Der Weinberg des Herrn, Der Spiegel 45/2014, S. 87, URL: http://magazin.spiegel.de/EpubDelivery/spiegel/pdf/130093001 (16.02.2020).

[12]   Andreas FÖRSTER, Kloster Neresheim. Bei einem toten Abt werden Millionen entdeckt, Berliner Zeitung, 19.10.2016, URL: https://archiv.berliner-zeitung.de/panorama/kloster-neresheim-bei-einem-toten-abt-werden-millionen-entdeckt-24943466 (16.02.2020).

[13]   Wie im Film. Rätselhafter Millionen-Fund im Kloster Neresheim, Hamburger Morgenpost, 22. Oktober 2016, URL: https://www.mopo.de/news/panorama/wie-im-film-raetselhafter-millionen-fund-im-kloster-neresheim-24956836 (16.02.2020).

[14]   Mysteriöser Geldfund im Kloster. Mönche warten geduldig auf ihre Millionen, 04.02.2018, URL: https://www.n-tv.de/panorama/Moenche-warten-geduldig-auf-ihre-Millionen-article202 67646.html (16.02.2020).

sich mehrere Gerichte mit zweifelhaften Finanztransaktionen im Umfeld der Abtei.[15] Spekulationen um das Vermögen fanden glücklicherweise Anfang 2019 nach sechs Jahren ein Ende: *„[...] die 4,3 Millionen Euro, die 2013 im Nachlass des Neresheimer Altabts Norbert Stoffels gefunden worden waren, gehören zweifelsfrei der Mönchs-gemeinschaft auf dem Ulrichsberg. Der Bundesgerichtshof hat in letzter Instanz die Forderungen eines [Krefelder] Anwalts zurückgewiesen [...].“*[16]

Damit wurde der Gerüchteküche endlich ein Ende gesetzt. Es wurde im Internet still um Abt Norbert.[17] Wer war dieser Abt vor seinem Klostereintritt? Wie sieht es mit seiner privaten Biografie und seinem familiären Umfeld aus? Dazu geben neben schriftlichen auch mündliche Quellen von Zeitzeugen Auskunft, und der *„oral history"* ist es zu verdanken, dass durch Erinnerungen von Familiemitgliedern und Kollegen des Vaters seine ersten Lebensjahrzehnte nun etwas genauer beleuchtet werden können - allen Beteiligten sowie den engagierten Archivmitarbeitern gilt an dieser Stelle besonderer Dank!

Die Stoffels stammten aus der Eifel. Der Großvater des Abtes, der Kaufmann Hermann Josef Stoffels (1877-1951), hatte ein Eisenwerk in Dalbenden (Kreis Schleiden, Regierungsbezirk Aachen, Rheinprovinz), das damals zu Preußen gehörte. Verheiratet war er mit Margareta Zimmermann (1877-1951) aus Kallmuth (heute Mechernich, Kreis Euskirchen). Beide waren katholischer Konfession.[18] Das Hammerwerk war von der Familie 1870 gekauft worden, und man produzierte einige Jahre für den regionalen landwirtschaftlichen Bedarf Radreifen, Pflugschare und son-stige landwirtschaftliche Geräte.[19] Hermann Josef (wohl der Vater) war 1884 und 1908 Wahlmann bei den Wahlen zum Deutschen Reichstag im Kreis Schleiden.[20] Am 26. Mai 1894 wurden die Firma *„Schneider & Stoffels"* sowie die Firma *„Herm. Jos. Stoffels"* zu Dalbenden in das Handels-Firmen-Register des Königlichen Amtsgerichts

---

[15] Abtei prüft Umgang mit Millionenfund, Die Tagespost, 27.02.2019, URL: https://www.die-tagespost.de/kirche-aktuell/Abtei-prueft-Umgang-mit-Millionenfund;art312,196112 (16.02.2020).

[16] Viktor TURAD, Der 4,3-Millionen-Euro-Nachlass gehört dem Kloster Neresheim, Schwäbi-sche Zeitung (Wangen), 22.02.2019; siehe auch die Stellungnahme des Konventualpriors Pater Albert Knebel OSB vom 17.10.2018, URL: https://www.abtei-neresheim.de/ (20.02.2020).

[17] Zu seinem Leben in Neresheim siehe vor allem Stoffels, Norbert, in: Biographia Benedictina (Benedictine Biography), URL: http://www.benediktinerlexikon.de/wiki/Stoffels,_Norbert (16.02.2020); Helmut ENGISCH, Ein Rheinländer in *„Schwäbisch Sibirien"*: der Neresheimer Abt Norbert Stoffels, in: Schwäbischer Heimatkalender 108, 1997, S. 71-73.

[18] Standesamt Kall, Geburtsurkunden 19/1905; Roswitha Stoffels-Uhling, Herten, Februar 2020.

[19] Peter NEU, Eisenindustrie in der Eifel. Aufstieg, Blüte und Niedergang, Köln/Bonn 1988, S. 178.

[20] Unterhaltungsblatt und Anzeiger für den Kreis Schleiden und Umgegend. (Amtliches Kreis-blatt) 53 (1884), S. 329, URL: www.kreis-eu.eu/kreishaus/downloads/.../1884-11_Unterhaltungsblatt_Schleiden.PDF (15.05.2019). Unterhaltungsblatt und Anzeiger für den Kreis Schleiden und Umgegend. (Amtliches Kreisblatt) 77, 1908, S. 189, URL: https://www.kreis-euskirchen.de/.../ublatt/1908-06_Unterhaltungsblatt_Schleiden.PDF (15. 05.2019).

in Gemünd eingetragen.[21]

Das Ehepaar hatte sieben Kinder (fünf Töchter, zwei Söhne).[22] Darunter war der später über seine Grenzen hinaus bekannte Pädagoge, Musikkritiker, Komponist und Chronist des Krefelder Musiklebens[23] Hermann Josef Johann Stoffels (1905-1982) der älteste Sohn. Er wurde am 5. Mai 1905 in Dalbenden geboren.[24] Die Geschäfte liefen offenbar nicht gut, denn der Abt-Großvater verkaufte alles, um den Kindern eine bessere Ausbildung und Zukunft bieten zu können. Die Familie zog um etwa 1914 nach Krefeld, rund 110 Kilometer nördlich von Dalbenden gelegen. Dort übernahm der Großvater das Geschäft *„Hermann Diepers Nachfolger"* auf der damaligen Kronprinzenstraße (heute Philadelphiastraße).[25] Die Stoffels wohnten auf der Kronprinzenstraße 92.[26] In Krefeld war bereits eine Schwester des Großvaters namens Christina ansässig. Sie war mit Anton Platzbecker, einem Lehrer in Fischeln (heute Stadtteil von Krefeld), verheiratet. In den Jahren 1931/32 wohnte der Konrektor mit seiner Frau in Krefeld auf der Gladbacher Straße 104 im Erdgeschoß.[27]

Der junge Hermann besuchte die Oberrealschule (das spätere Fichte-Gymnasium). In seiner Jugend litt er an Asthma und bekam deshalb Gesangsunterricht. Dabei kam er in Kontakt zu Opernsängern, was der Vater nicht gerne sah. Seine musikalische Begabung kam offenbar früh in der ansonsten unmusikalischen Familie durch.[28] Nach dem Abitur ging Hermann zum Studium an die Universität zu Köln und erhielt dort am 3. April 1924 seine Anmeldekarte. Zum Sommersemester nahm er an der philosophischen Fakultät das Studium auf. Er wohnte damals in Köln auf der Bonner Straße 120. Nach bestandener Prüfung im Wintersemester 1924/25 ließ er sich am 28. März 1925 sein Abgangszeugnis ausstellen[29] und wechselte von Köln nach München. Dort wurde er wenige Tage später am 2. Mai mit der Anmelde-Nr. 1465 an der Universität München aufgenommen. Der junge Student bezog seine

---

21 Unterhaltungsblatt und Anzeiger für den Kreis Schleiden und Umgegend. (Amtliches Kreisblatt) 63 (1894), S. 182, URL: https://www.kreis-euskirchen.de/.../ublatt/1894-06_Unter-haltungsblatt_Schleiden.PDF (15.05.2019).

22 Roswitha Stoffels-Uhling, Herten, Mai 2019.

23 Britta MARZI, Theater im Westen - die Krefelder Bühne in Stadt, Region und Reich (1884-1944). Rahmen, Akteure, Programm und Räume des Theaters in der Provinz, Münster, New York 2017, S. 113 (Studien zur Geschichte und Kultur Nordwesteuropas 27).

Siehe Ernst KLUSEN/Hermann STOFFELS/Theo ZART, Das Musikleben der Stadt Krefeld 1780-1945, 2 Bde., Köln 1979-1980 (Beiträge zur rheinischen Musikgeschichte 124); Theo ZART/Hermann STOFFELS, Die Geschichte des Krefelder Orchesters, des Konzert- und Chorwesens sowie der Musikschulen: von 1870-1945, Köln 1980. Siehe auch mehrere Beiträge in der Krefelder Zeitschrift *„Die Heimat"*.

24 Standesamt Kall, Geburtsurkunden 19/1905.

25 Roswitha Stoffels-Uhling, Herten, Mai 2019.

26 Adreßbuch der Stadt Krefeld-Uerdingen a. Rh. 1931-32, Krefeld, Berlin 1931, S. 276, URL: http://www.adressbuecher.net/addressbook/entry/547484b41e6272f5d258c945 (23.05.2019).

27 Ebd., S. 216, URL: http://www.adressbuecher.net/addressbook/entry/547484b 61e6272f 5d258f200 (23.05.2019).

28 Roswitha Stoffels-Uhling, Herten, Mai 2019.

29 Universitätsarchiv Köln, 600-78, Stoffels, Hermann.

„Bude" in der Biedersteinerstraße 29 am Englischen Garten und begann das Studium „Philologie I" mit Germanistik und Neuen Sprachen. Nach nur kurzer Zeit wurde er am 21. Oktober 1925 exmatrikuliert.[30] Es zog Stoffels zurück nach Köln, und er konnte sich bereits am 29. Oktober zum Wintersemester 1925/26 erneut an der Universität Köln einschreiben. Er blieb zehn Semester dort und verließ die Universität zum Sommersemester 1930. Seine Matrikelkarte trägt den Vermerk: „Studiert mehr als 8 Semester." Damit wurden ihm 50% der Studiengebühr erlassen.[31] Neben Deutsch und Englisch studierte der junge Stoffels in Köln und in München Musik (Klavier und Gesang).[32]

Hermann Stoffels strebte den Lehrerberuf an. Er muss direkt im Anschluß an sein Studium den Referendardienst absolviert haben. Ab 1. Oktober 1932 wurde sein „Diätendienstalter" als Studienassessor berechnet.[33] Stoffels begegnet uns wieder anlässlich seiner Eheschließung mit Anna Maria Elisabeth Nakaten (1905-1998) im Jahr 1935.[34] Sie stammte aus einer Metzger-Familie auf der Breitestraße in Krefeld.[35] Noch in demselben Jahr zogen die Stoffels nach Jülich. Sie wohnten dort am Stadtrand auf der Kuhlstraße 8 (Abb. 2), nahe des Flusses Rur. Das Haus Nr. 8 wurde im Jahre 1928 errichtet. Im März 1935 gab es dort einen Mieterwechsel. Es ist denkbar, dass die Stoffels zum 1. April 1935 diese Wohnung in dem Neubau übernahmen, am 1. April begann das neue Schuljahr. Das Haus an der Kuhlstraße 8 wurde im Krieg zerstört. Der Jülicher Historiker Guido von Büren, selbst heute noch auf der Kuhlstraße wohnend, erinnert sich, in den Trümmern des Hauses gespielt zu haben.[36]

In seiner Jülicher Zeit setzte Hermann Stoffels sein Musikstudium fort und musste von Jülich aus des öfteren nach Berlin, um an Übungen für das absolute Gehör (Tonhöhengedächtnis) teilzunehmen. Auch hatte er weiter Gesangsunterricht.[37]

Am 12. Februar 1936 wurde der Sohn und spätere Abt Norbert Wolfram Hermann Stoffels (Abb. 7) in Jülich geboren.[38] Einen Beleg über seine Taufe in der katholischen Pfarrkirche St. Mariä Himmelfahrt in Jülich (Abb. 3) gibt es nicht, da die

---

[30] Universitätsarchiv München, Studentenkartei I.

[31] Universitätsarchiv Köln, 600-78, Stoffels, Hermann.

[32] Stadtarchiv (im weiteren Verlauf abgekürzt StA) Krefeld, 46/3070, Ausschnitt Westdeutsche Zeitung, Rheinische Post, 7.12.1982; Roswitha Stoffels-Uhling, Herten, Februar 2020.

[33] StA Krefeld, 72/5/1737.

[34] Standesamt Kall, Geburtsurkunden 19/1905.

[35] Roswitha Stoffels-Uhling, Herten, Mai 2019.

[36] Aufzeichnungen von Dr. Peter Nieveler, Jülich, Mai 2019. Quelle: Archiv des MGJ, Signatur I.13a(1), Jahresberichte der Schule betr. Schuljahre 1936/37 und 1937/38. Dr. Nieveler, ehemaliger Bürgermeister von Jülich, stellte seine Unterlagen dankenswerterweise zur Verfügung.

Im Archiv der Franziskanerinnen, Olpe, existieren keine Akten über Hermann Stoffels, freundliche Auskunft der dortigen Archivarin, Schwester Marion Hamm, 21. Mai 2019.

[37] Roswitha Stoffels-Uhling, Herten, Februar 2020.

[38] StA Jülich, Dezennaltabellen, Geburten 23/1936. Für diese und weitere freundliche Mitteilungen sei Susanne Richter, StA Jülich, gedankt.

Unterlagen im Zweiten Weltkrieg vernichtet wurden.[39] Getauft wurde der Junge von einem nahen Krefelder Freund des Vaters, dem Religionslehrer und Priester Dr. Rudolf Besouw (1906-1998).[40] Letzterer war später allseits hoch geehrt und ausgezeichnet und wurde vor allem wegen seiner Standhaftigkeit im NS-Regime gerühmt.[41] Dr. Besouw war wie Hermann Stoffels Lehrer am Jülicher Mädchengymnasium (MGJ), einer privaten katholischen Mädchenschule unter Leitung von Franziskanerinnen, die in Olpe ansässig waren. Es kann also angenommen werden, dass die Taufe durch Dr. Besouw an der Jülicher Pfarrkirche vorgenommen wurde.

Abb. 2: Luftbildaufnahme Kuhlstraße 8, Jülich, 1932 (Bildarchiv Museum Zitadelle Jülich).

Die Schule des MGJ hatte erst 1930 einen Neubau an der Römer- und an der Vereinsstraße (heute Dr. Weyer-Straße) bezogen. Der Bau war in seiner modernen Gestaltung mit großen hellen Fenstern und breiten Fluren für Jülich damals spektakulär (Abb. 4).[42]

In der Unterrichtsverteilung des Schuljahres 1936/37 ist Hermann Stoffels als Studienassessor genannt. Er unterrichtete über alle Klassen hinweg Deutsch, Englisch und Musik und leitete den Schulchor.[43] Vor allem im Musikunterricht kam ihm seine Gesangsausbildung zugute, da damals nicht immer Tonträger zur Verfügung standen.[44]

„Am 13. Dezember 1936 feierte die Schule den Tag der Deutschen Hausmusik. Besonders die „Kleine vaterländische Kantate" für Chor, Solo und Klavier nach Gedichten von H.[anns] Johst (1890-1978) und W.[ill] Vesper (1882-1962) von Karl Kraft (1903-1978) wurde unter Leitung von Studienassessor Stoffels wirksam zu Gehör gebracht." Im Schuljahr 1937/38 war Hermann Stoffels als akademische Lehrkraft mit den Fächern des Vorjahres tätig. Zudem unterrichtete er in beiden Schulhalbjahren in einer

---

[39] Prof. Dr. Günter Bers, Köln, 24.02.2020.

[40] Roswitha Stoffels-Uhling, Herten, Mai 2019; über Dr. Besouw siehe ausführlich seine Aufzeichnungen: Rudolf BESOUW, in: Erwin GATZ (Hrsg.), Erinnerungen rheinischer Seelsorger aus den Diözesen Aachen, Köln und Lüttich, Aachen 1988, S. 72-107; Peter NIEVELER, Die Geschichte der St. Josef-Schule - Mädchen-Gymnasium Jülich (MGJ) von 1891 bis 2016. Ein Beitrag zur regionalen Mädchenbildung in einer katholischen Schule (Forum Jülicher Geschichte 69), Jülich 2016, S. 177-183.

[41] Ebd., S. 12 f., 183.

[42] Ebd., S. 87.

[43] Dr. Peter Nieveler, Jülich, Mai 2019.

[44] Roswitha Stoffels-Uhling, Herten, Februar 2020.

unteren Klasse zwei Stunden Erdkunde.

Ende der 1960er Jahre kamen zwei ehemalige Lehrer des Mädchengymnasiums Jülich zu den Abiturfeiern der Schule. Es waren vermutlich Stoffels[45] und Besouw.

Das Mädchengymnasium liegt etwa 1,3 Kilometer von der heutigen Kuhlstraße 8 entfernt. Es kann mit Sicherheit angenommen werden, dass der Lehrer Stoffels die Strecke - wie in seiner anschließenden Krefelder Zeit - mit dem Fahrrad zurücklegte. Die Route ist in 5 Minuten zu bewältigen, der Fußweg dauert gut 15 Minuten. Einen Führerschein besaß der passionierte Pädagoge damals noch nicht. Diesen erwarb er erst mit 70 Jahren in Krefeld. Damals hatte man ihm *„befohlen"*, den Schuldienst zu beenden. Daraufhin ging er das nächste Projekt an und lernte Autofahren.[46]

Abb. 3: Jülich, Marktpatz mit Rathaus und katholischer Pfarrkirche, in der Wolfram vermutlich getauft wurde, 1924 (Stadtarchiv Jülich, Ansichtskartensammlung Alb 10 S 28 109 a).

Was war Vater Stoffels für ein Mensch? Seine „[...] *Leidenschaft und Energie* [galten] *der Musik und ihrer Vermittlung an junge Menschen. Sein Ruf als Gestalter musikalischer Schulaufführungen war legendär. Daneben nahm er sich Zeit zu eigenen Kompositionen* [...] *Seine pädagogische Arbeit* [...] *war geleitet von einem klaren erzieherischen Ziel: die jungen Menschen durch Anforderungen zu ihrer höchsten geistigen Leistung anzuspornen* [...]."[47]

Die Verfasserin dieses Beitrages hat ihn selbst von der Sexta an über lange Jahre im Musikunterricht in Krefeld erlebt, die Besprechungen von Beethovens (1770-1827) fünfter Symphonie, Wagners (1813-1883) *„Meistersinger"* oder der *„Carmina Burana"*

---

[45] Dr. Peter Nieveler, Jülich, Mai 2019.

[46] Dr. Klaus-Ulrich Düwell, Krefeld, 06.05.2019.

[47] StA Krefeld, 46/3070, Ausschnitt Westdeutsche Zeitung, Rheinische Post, 07.12.1982.

von Carl Orff (1895-1982) sind unvergessen.[48] Leider gab es damals keine der grandiosen Schulaufführungen mehr, wie sie in den Jahren zuvor Schülerinnen mit einem 180-köpfigem Chor und 35-köpfigem Orchester bei Aufführung der Oper *„Der Fischer und sine Fru"* von Stoffels Freund Eberhard Werdin (1911-1991) erlebten.[49] Hermann Stoffels war überaus engagiert, wollte Wissen vermitteln und duldete keine Dummheit oder Faulheit. Er verstand es, Schüler zu begeistern, durch sein manchmal aber aufbrausendes Temperament hatten Schüler auch Angst vor ihm. Es konnte sein, dass im Unterricht die Kreide durch die Klasse flog oder der Klavierdeckel heftig donnernd zugeschlagen wurde. Auch konnte er Schüler manchmal ärgern, wenn er beispielsweise Flötisten des Schulorchesters im Vorbeigehen als Ohrenbläser bezeichnete.[50]

Abb. 4: Mädchengymnasium Jülich, Luftbildaufnahme, 1931 (StA Jülich, Fotosammlung 03-0-20-06).

Ein Krefelder Kollege erinnert sich an einen Stoffel'schen Eintrag im Klassenbuch: *„Wegen Unfähigkeit der Schüler wurde der Unterricht abgebrochen. Herr Stoffels*

---

[48] Siehe Hermann STOFFELS, Die Meistersinger von Nürnberg: von Richard Wagner, Berlin 1965 (Schriftenreihe *„Die Oper"* 11). Vgl auch DERSELBE, Die verkaufte Braut: von Friedrich Smetana, Berlin 1977 (Schriftenreihe *„Die Oper"* 17).

[49] StA Krefeld, 46/3070, Rheinische Post, 24. Juni 1978, Nr. 144; Ursula Jansen, Krefeld, 06.05.2019.

[50] Heidi Stocken, Grünwald, 11.02.2018.

rannte im Anschluss in seiner Hitzigkeit in der Stadt mitten durch eine Glasscheibe.[51] Er konnte [...] schnell auf *„100" sein.*[52] Spontan konnte man ihn erleben: So legte er ungeplant mit einer Referendarin einen Wiener Walzer auf's Parkett des Musikzimmers, eine Mitschülerin begleitete am Flügel - die Klasse schaute belustigt zu. Manches wird sich auch in Jülich am Mädchengymnasium zugetragen haben. Ob er in Jülich auch an einem Stammtisch teilgenommen hat? In der späteren Krefelder Zeit traf er sich regelmäßig mit Kollegen in der Gastwirtschaft *„Zum Schwarzen Pferd"* am Krefelder Stadtwald.[53]

Eines ist wohl wahr, Mutter Stoffels war in Jülich unglücklich.[54] Sie dürfte heilfroh gewesen sein, als 1938 Studienassessor Hermann Stoffels einen Lehrauftrag an die Schäfer-Voss-Schule in Krefeld (heute Moltke-Gymnasium) erhielt. Da die private katholische Mädchenschule in Jülich ohnehin kurz vor ihrer Aufhebung durch die Nationalsozialisten stand (sie erfolgte 1940), gab es für Vater Stoffels dort keine Zukunft mehr.[55] Stoffels wurde mit Erlass des Oberpräsidenten der Rheinprovinz, Abteilung für das höhere Schulwesen, in Koblenz vom 27. April 1938 an obige Schule überwiesen und sollte einen Studienrat vertreten. Vorher sollte überprüft werden, ob er in Jülich bereits der Partei zugehörte. Sofern es nicht der Fall war, sollte *„dies gegebenenfalls freundlichst"* nachgeholt werden. Dienstantritt in Krefeld war bereits der 1. April 1938. Die Umzugskosten nebst Reisekostenrechnung übernahm der Staat. Die Familie ließ sich in Krefeld-Bockum auf der Grenzstraße 29 nieder.[56] Im Mai kam das zweite Kind, Tochter Roswitha, zur Welt. Sie wurde im Säuglingsheim auf der Peterstraße in Krefeld geboren.[57] Stoffels blieb nicht lange an der neuen Schule und wurde zum 1. April 1939 an die Gudrun-Schule, die städtische Oberschule für Mädchen, in Krefeld-Uerdingen überwiesen (heute Gymnasium am Stadtpark Uerdingen, Städtisches Gymnasium für Jungen und Mädchen Sekundarstufe I und II). Dort übernahm er die unbesetzte Stelle eines Studienrates.[58]

Im Jahr 1939 wurde die zweite Stoffels-Tochter Sigrid geboren. Sie wurde daheim auf der Grenzstraße entbunden.[59] Die Stoffels-Familie war nunmehr komplett: Die Eltern mit den Kindern Wolfram, Roswitha und Sigrid.

Hermann Stoffels blieb während des Zweiten Weltkrieges Lehrer in Uerdingen. Von dort aus wechselte er an das Städtische Mädchengymnasium in Krefeld (heute Ricarda-Huch-Schule).[60] Gegen Ende des Krieges war er in Nordnorwegen, geriet in amerikanische Kriegsgefangenschaft und wurde nach Hamburg bzw. Heidelberg

---

[51] Karl Giebels, Krefeld, 04.05.2019.

[52] Dr. Helmut Kötting, Bonn, 08.05.2019.

[53] Ursula Jansen, Krefeld, 06.05.2019.

[54] Roswitha Stoffels-Uhling, Herten, Mai 2019.

[55] Dr. Peter Nieveler, Jülich, Mai 2019.

[56] StA Krefeld, 72/5/1737.

[57] Roswitha Stoffels-Uhling, Herten, Februar 2020.

[58] StA Krefeld, 72/5/1737.

[59] Roswitha Stoffels-Uhling, Herten, Februar 2020

[60] Dieselbe, Mai 2019.

gebracht. 1945 kam er frei.[61] In Krefeld wirkte er weiter an der Ricarda-Huch-Schule. Als die Schule 1961 geteilt wurde, übernahm er die provisorische Leitung des neu gegründeten Maria-Sibylla-Merian-Gymnasium in Krefeld und ging 1968 mit dieser Schule in das neu erbaute Gebäude an der Westparkstraße im Westen der Stadt (heute Krefeld-Fischeln, Johannes-Blum-Straße). Dort unterrichtete er, inzwischen auch Fachleiter für Musik, bis zu seinem 70. Lebensjahr.

Kehren wir nun nach dem Blick auf die Familie Stoffels zu Abt Norbert bzw. Wolfram zurück. Bei seinem Wegzug aus Jülich 1938 war er gerade zwei Jahre alt. Nach der Geburt seiner zweiten Schwester Sigrid 1939 siedelte Familie Stoffels in das von den Großeltern mütterlicherseits um 1935 gekaufte Haus auf der Südstraße 44 über (Abb. 6). Es wurde erst nach dem Tod der Mutter Stoffels († 1998) verkauft. In unmittelbarer Nähe des Hauses lag die katholische Volksschule an St. Josef, die Wolfram besuchte. Sie war so nah, dass - wie sich Roswitha Stoffels-Uhling amüsiert erinnert - die Schwestern jeweils heimlich durch einen losen Metallstab am Zaun daheim auf die Toilette gehen konnten.

Abb. 5: Krefeld, Mehrbildkarte, gelaufen 1940. Die Verlängerung des unten rechts zu sehenden Südwalls ist die Südstraße, auf der die Stoffels lebten (Postkarte in Privatbesitz).

Die Großeltern Stoffels von der Krefelder Kronprinzenstraße wurden im Krieg ausgebombt und fanden in dem Eifeldörfchen Kallmuth (heute Stadt Mechernich), dem Geburtsort der Großmutter, einen Unterschlupf (sie kehrten später nach Krefeld zurück). Nach Kallmuth kam auch vorübergehend Wolfram, um sich von einer Sepsis

---

[61] Dieselbe, Februar 2020.

zu erholen. Er wohnte dort bei entfernten Verwandten, ging in dem Ort zur Schule und 1944 auch in der Kirche St. Georg zur Kommunion[62] (Abb. 7). Das elterliche Haus auf der Südstraße in Krefeld, das zweifach von Brandbomben getroffen, aber gerettet wurde, überlebte das katastrophale Bombardement der Stadt am 21./22. Juli 1943; so zählten die Stoffels zu den wenigen Stadtbewohnern, die nicht ausgebombt waren. Sämtliche Geschwister des Vaters mit Anhang, die ihr Heim verloren hatten, hielten sich aber dort auf, man lebte mit 15 bis 16 Personen unter einem Dach. Mutter Stoffels und die drei Kinder hatten zwei Betten in einem Bunker in Krefeld-Fischeln, die sie jeden Abend aufsuchten und morgens auf die Südstaße zurückkehrten.[63]

Abb. 6: Haus der Familie Stoffels, Krefeld, Südstraße 44 (Zeichnung von Ralf Diepers, Krefeld, 1999, in Familienbesitz).

Der Krefelder Josefs-Kirche war Wolfram zeitlebens verbunden. 1961 feierte er in seiner Heimatgemeinde St. Josef in der dortigen Pfarrkirche seine feierliche Primiz, seine erste heilige Messe nach der Priesterweihe. Im Mai 1980 zelebrierte er als Abt anlässlich des 90-jährigen Stiftungsfestes der Josefskirche ein Pontifikalamt.[64] Bei dieser Gelegenheit brachte der Josefs-chor als Uraufführung die *„Missa brevis"* (*„Kurze Messe"*) für vierstimmigen gemischten Chor seines Vaters zu Gehör. Letzterer spielte gewöhnlich in dem Krefelder St. Josefs-Krankenhaus (Tannenstraße) Orgel.[65]

Wolfram wurde zum 1. April 1946 auf dem humanistischen Arndt-Gymnasium (heute Hannah-Arndt-Gymnasium) in Krefeld eingeschult, verblieb bis zum Abitur dort und ging am 31. Mai 1955 von der Schule ab.[66] Das Arndt-Gymnasium im Stadtzentrum war von der Südstraße aus in zwei Fahrradminuten gut zu erreichen. Auf dem Gymnasium

---

[62] Roswitha Stoffels-Uhling, Herten, Februar 2020; Isolde Frings, Pfarrbüro St. Georg, Kallmuth, 03.03.2020.

[63] Roswitha Stoffels-Uhling, Herten, Februar 2020.

[64] Von einem Bischof, Abt oder Prälaten gehaltenes Hochamt.

[65] Christoph DOHR/Doris KÖHLER, 100 Jahre Kirchenchor St. Josef Krefeld, 1891-1991, Festschrift, Köln 1991, S. 55, 64, 70.

[66] Roswitha Stoffels-Uhling, Herten, Mai 2019; StA Krefeld Bestand 72/6/1041.

wurden nur Jungen unterrichtet, Lehrerinnen gab es nicht. Die Schüler wurden in der Unter- und Mittelstufe in der Regel mit dem Nachnamen angeredet, ab der 11. Klasse wurde man mit *„Sie"*, im Abitur mit *„Herr"* angesprochen.[67] Wolfram ging zügig durch das Gymnasium. Seine Abiturklausuren in den Fächern Mathematik, Griechisch, Latein und Deutsch sowie die Reifeprüfungsverhandlungen mit dem Gesuch zur Zulassung haben sich bis heute erhalten, sein Abiturzeugnis hingegen liegt nicht vor.[68]

Abb. 7: Wolfram Stoffels (1936-2013), anläßlich seiner Kommunion in Kallmuth (Eifel), 1944 (Foto in Familienbesitz).

In Deutsch beispielsweise war der Titel der Abiturklausur: *„Kann man im Ernst behaupten, Dichtung sei eine Lebenshilfe? (Nachzuweisen an Beispielen aus der erzählenden Literatur)."*[69]

Entscheidend geprägt wurde der Junge durch das katholisch geführte Elternhaus mit dem dominanten Vater und durch den Freund seines Vaters, Dr. Besouw, der - wie oben erwähnt - bereits die Jülicher Assessorenzeit mit Vater Hermann teilte. Auch er verließ Jülich und ging zurück nach Krefeld. Nach dem Krieg wurde er dort zum 1. Oktober 1946 Studienrat an demselben Gymnasium, an dem Wolfram nun Gymnasiast war.[70] Dr. Besouw, von den Schülern *„der Rudi"* genannt,[71] war *„Gruppen- und Gaukaplan der Jungengemeinschaft im Bund Neudeutschland."* Diese Gemeinschaft wurde 1946 in Krefeld wiederbegründet[72] und orientierte sich an dem 1919 entstandenen Verband der katholischen Jugendbewegung (1939 durch die Gestapo aufgelöst).[73] Motto der Jugendbewegung war die *„Lebensgestaltung in Christus in uns und um uns"*. Höhepunkte im Leben der Gruppen waren die Zeltlager und Exkursionen. *„ [...] Es gab wohl kaum ein Fähnlein, das nicht in den Sommerferien unter der Leitung seines*

---

[67] Guido Neu, Hinter Schloss und Riegel. Erinnerungen eines Anstaltsleiters, Norderstedt 2010, S. 63.

[68] StA Krefeld, Bestand 72/6. Freundliche Auskunft von Andreas Münzer, StA Krefeld, 19.02.2020.

[69] StA Krefeld, Bestand 72/6/186.

[70] P. Nieveler, a.a.O., S. 181.

[71] Guido Neu, Hinter Schloss und Riegel (wie Anm. 67), S. 34.

[72] R. Besouw (wie Anm. 40), S. 96.

[73] Bund Neudeutschland, URL: https://de.wikipedia.org/wiki/Bund_Neudeutschland (05.03. 2020).

Führers auf Fahrt ging [...]."[74] So radelte auch Dr. Besouw mehrfach mit jungen Leuten von Krefeld aus zur gut 450 Kilometer entfernten Abtei Neresheim. Der Lehrer hatte Kontakte zu einem Neresheimer Mönch. An der Abtei befand sich damals eine landwirtschaftliche Schule, in den Schlafsälen konnten die Reisenden preiswert übernachten und bei der Ernte mithelfen.[75] Auf einer solchen Fahrt mit Dr. Besouw kam Wolfram in der Oberstufe nach Neresheim und fuhr von dem Zeitpunkt an öfter mit.[76]

Manfred Stocken aus Grünwald, der Sohn eines Freundes von Vater Stoffels und Internatszögling, erinnert sich an eine weitere Radtour, die durchaus den Charakter einer *„Bildungsreise"* hatte und von Wolfram Stoffels geführt wurde: Wolfram *„war als Schüler in einem Jugendbund [...] Mein Vater hatte erfahren, daß Wolfram, der als Fünfzehn- oder Sechzehnjähriger eine Gruppe „Wölflinge" leitete, mit denen in den Pfingstferien eine Radtour durch Tauberfranken plante und bereit war, mich mitzunehmen. Die Tour hat mir nachhaltigen Eindruck gemacht, sowohl wegen der schönen Landschaften, als auch wegen der Kunst, die ich erstmals erlebte: in Creglingen und Ellwangen Riemenschneider-Altäre, die Stuppacher Madonna von Grünewald, Schloß Weikersheim, Rothenburg und neben noch anderem eben die Abtei Neresheim, die ich als wohl erste Barockkirche mit großer Bewunderung zur Kenntnis nahm. Natürlich ist mir nicht bekannt, ob Wolfram allein den Tourverlauf geplant hat. Auch kann ich nicht sagen, ob er etwa damals schon die Absicht hatte, einmal dort Mönch zu werden. Genauso gut ist denkbar, daß auch er damals einen tiefen Eindruck erfuhr, der später nachgewirkt hat. Als Gruppenleiter und Organisator hat er sicher umsichtig gewirkt, jedenfalls ist mir nichts Negatives in Erinnerung. Inwieweit er als „Fremdenführer" aufgetreten ist und uns Erklärungen gegeben hat, weiß ich nicht. Übernachtet haben wir in Jugendherbergen. Aufgefallen ist mir seine starke Gläubigkeit. Wir anderen nahmen die Sache mit der Religion etwas gelassener.*

Ich habe nachgerechnet, daß Wolfram zur Zeit der Radtour (sie muß 1951 oder 1952 stattgefunden haben) wohl nur 1 - 2 Jahre älter war als ich. Dennoch war er für uns Jüngere eine Respektsperson [...] Wir waren, denke ich, so etwa ein Dutzend Teilnehmer. Ich selbst hatte auf der Fahrt auch eine nachhaltige negative Erfahrung. Auf einer frisch geteerten, abschüssigen Straße ließ ich das Rad zu schnell laufen, stürzte und landete mit dem Kopf hart neben einem noch da liegenden Teerfaß. Das hätte höchst übel ausgehen können. An dem gestreuten Splitt stieß ich mir das Knie blutig [...] Man darf annehmen, daß unser „Fähnleinführer" in dieser Situation das Richtige getan hat. So eine Führungsfunktion hätte ich mir für mich nie vorstellen können. War das bereits ein Vorspiel für seine spätere Rolle als Abt?"[77]

Der junge Wolfram kam schließlich als Abiturient nochmals mit dem Rad nach Neresheim, um 1955 mit 19 Jahren endgültig in die Benediktinerabtei einzutreten.[78] Eine

---

[74] R. BESOUW (wie Anm. 40), S. 98 f.

[75] Roswitha Stoffels-Uhling, Herten, Februar 2020.

[76] Dieselbe, Herten, Mai 2019; R. BESOUW (wie Anm. 40), S. 100; StA Krefeld 46/3070, Krefelder zum Abt gewählt, Westdeutsche Zeitung, 27. August 1977.

[77] Manfred Stocken, Grünwald, 11.02.2018.

[78] Abt Stoffels wird 70, Schwäbische Post, 11.02.2006, URL: https://www,schwaebische-

vorab mit dem Vater getätigte Überlegung, in Bonn Theologie zu studieren, wurde verworfen.[79] Nach Noviziat und Profess (1956) studierte Wolfram Philosophie in Neresheim und katholische Theologie an der Ordenshochschule in Beuron. 1961 wurde er zum Priester geweiht. Im Anschluß war er Buchhalter in der Klosterverwaltung und war als Zeremoniar tätig, seit 1964 als Gebäudeinspektor. 1970 wurde er Prior des Klosters, 1974 Novizenmeister, 1977 Abt von Neresheim. Bereits in jenem Jahr erhielt er das Bundesverdienstkreuz am Bande. 1996 wurde er mit dem Bundesverdienstkreuz Erster Klasse ausgezeichnet und 2006 mit der Verdienstmedaille des Landes Baden-Württemberg geehrt.[80]

Die Eltern Stoffels besuchten ihren Sohn jährlich in Neresheim. Nach dem Tod des Vaters verbrachte die Mutter jeden Sommer dort und wohnte in dem klostereigenen Gästehaus. Von seinem Vater hatte der Abt die große Begeisterung für die Musik Richard Wagners (1813-1883) geerbt und besuchte regelmäßig die Bayreuther Festspiele. Dorthin wurde er von Margarete Jaumann (1926-2012), Witwe des deutschen CSU-Politikers Anton Jaumann (1927-1994) und Bayerischer Staatsminister für Wirtschaft und Verkehr, jährlich eingeladen.[81]

Über *„Vater Abt"*, wie er genannt wurde, hieß es: *„ [...] Wer dem oft Fröhlichkeit ausstrahlenden Rheinländer, der nie Schwäbisch lernte, begegnete, bekam Neues berichtet. Er war ein vielbelesener Mann und einer, der immer ein offenes Ohr hatte - keinen zurückwies, der seinen Rat suchte."* Von sich selbst sagte er: *„Ich bin hier im Kloster der Hausmeister. Als Mitbruder im Konvent lebte er zurückgezogen, trug über der schwarzen Kutte die blaue Schürze - um mitzuarbeiten, wo gerade Aufgaben zu erledigen waren".*[82]

Abt Norbert *„hat seine ganze Kraft und seinen außergewöhnlichen persönlichen Einsatz zum Wohle des Klosters und der Abtei Neresheim eingesetzt. Er hat sich unschätzbare Verdienste bei der Sanierung der Abteikirche und darüber hinaus beim Erhalt des gesamten barocken Gebäudeensembles des Klosters erworben [...]."*[83]

---

post.de/p/200042/ (04.05.2019).

[79] Roswitha Stoffels-Uhling, Herten, Februar 2020.

[80] Norbert Stoffels, URL: http://www.benediktinerlexikon.de/wiki/Stoffels,_Norbert (19.02.2020); Norbert Stoffels, URL: https://de.wikipedia.org/wiki/Norbert_Stoffels (20.02.2020).

[81] Roswitha Stoffels-Uhling, Herten, Februar 2020.

[82] Klaus-Dieter KIRSCHNER, Neresheimer Abt Norbert Stoffels ist tot, Heidenheimer Zeitung, 26.04.2013, URL: https://www.hz.de/meinort/nachbarschaft/neresheimer-abt-norbert-stoffels-ist-tot-31546702.html (16.02.2020).

[83] Traueranzeige der Stadt Neresheim, 27. April 2013, URL:
https://www.ostalbtrauer.de/traueranzeige/abtnorbert-stoffels (19.02.2020).
Siehe auch: Norbert STOFFELS, Aus dem Bautagebuch der Abteikirche Neresheim, in: Pro Neresheim 2, 1968, S. 17-21; DERSELBE, Herbert von Moser: Die Wiederherstellung der Abteikirche Neresheim von 1966-1975, o.O. 1975 [in: Pro Neresheim 6, 1975, [S. 2-11]; auch in: Studien und Mitteilungen zur Geschichte des Benediktinerordens und seiner Zweige 86, 1975, S. 429-444]; Norbert STOFFELS, Paulus WEIßENBERGER, 900 Jahre Benediktinerabtei Neresheim, Aalen 1995.

Die Verfasserin des Beitrages erinnert sich an eine Schulstunde, in der Hermann Stoffels stolz von seinem berühmten Sohn berichtete und der Klasse sogar eine Postkarte von der Abtei Neresheim zeigte. Ansonsten hielt er sich sehr zurück mit Äußerungen über seine Familie: *„Leider hat er die Familie immer außen vorgelassen"*, so entsinnt sich ein einstiger Junglehrer.[84] Bekanntlich wissen Sekretärinnen fast alles, aber auch die langjährigen Sekretärinnen Hildegard Hendricks und Regina Pantleon vom Maria-Sybilla-Merian-Gymnasium in Krefeld konnten von der Familie Stoffels nicht viel erzählen.[85] Einem Fachkollegen fiel richtig ein, eine Stoffels-Tochter sei Grundschullehrerin gewesen.[86] Stoffels-Nachfahren gibt es noch. Sie sind heute in Deutschland zerstreut; einer, der Neffe von Abt Norbert, ist in regem Kontakt mit der Abtei Neresheim, in der sein berühmter Onkel 63 Jahre lebte und wirkte.

Abb. 8: Abtei Neresheim, Luftbildaufnahme, nach 1965 (Postkarte in Privatbesitz).

Es bleibt zu wünschen, dass Jülich Wolfram Stoffels bzw. Abt Norbert Stoffels als Sohn der Stadt ein ehrendes Denkmal setzt und vielleicht sogar einen Platz oder eine Straße nach ihm benennt.

Manfred Stocken aus Grünwald, der Junge, der 1951/52 eine Radtour mit Wolfram nach Neresheim machte, hat jüngst Abt Norbert ein Chronogramm gewidmet, zu dem der oben erwähnte *„Weinberg"* als *„Arbeitsgebiet"* des Altabtes Anregung gab: *„Abbas monasterii, Wolfram Norbert Stoffels, gratia Dei obiit in vinea Domini."* Abt Wolfram

---

84   Dr. Helmut Kötting, Bonn, 08.05.2019.

85   Regina Pantleon, Krefeld, Mai 2019.

86   Dr. Klaus-Ulrich Düwell, Krefeld, 06.05.2019.

Norbert Stoffels starb durch Gottes Gnade im Weinberg des Herrn.

Nach den Chronogrammregeln behandelt, ergibt der letzte Satzteil *„gratia Dei obiit in vinea Domini"* genau 2013, also das Todesjahr: *„gratIa DeI obIIt In VInea DoMInI"*; ordnet man diese Buchstaben nicht in der Reihenfolge ihres Auftretens, sondern nach dem Zahlenwert an, ergibt sich in absteigender Größe M D D V IIIII III, M D D V IIIII III, addiert 2013.

Wer wollte, könnte es nach Manfred Stocken einerseits so deuten, als habe es Gott gefallen, seinen Diener als frommen Christen (nämlich im Weinberg des Herrn) sterben zu lassen, gewissermaßen eine Art durch das Todesjahr beglaubigte Unschuldsbekundung, oder aber, bezogen auf die ermittelte Jahreszahl, dass es Gottes Ratschluß gewesen sei, seinen Diener in eben diesem Jahr aus dem irdischen Leben abzuberufen.[87] Abt Norbert Stoffels aus Jülich wurde am 1. Mai 2013 auf dem Klosterfriedhof der Abtei Neresheim beigesetzt.[88]

---

[87] Manfred Stocken, Grünwald, 18.02.2020.

[88] Stoffels, Norbert, URL: http://www.benediktinerlexikon.de/wiki/Stoffels,_Norbert (20.02. 2020).

Horst Wallraff

Im Bunde mit Baal ? - Rheinische Regionalgeschichte im „Dritten Reich" *

I.

Obschon der Nationalsozialismus bereits zu Beginn der neunziger Jahre wohl mit Recht als der vielleicht am gründlichsten erforschte Abschnitt der deutschen Geschichte deklariert[1] und dem vor zwei Jahrzehnten aufgrund immer weiter ausufernder Aufarbeitungsanstrengungen eine „fortschreitende Unübersichtlichkeit" attestiert worden ist[2], muss die Rolle der Geisteswissenschaften im „Dritten Reich" dennoch als ein Stiefkind der deutschen Forschung bezeichnet werden.[3] Ganz im Gegensatz zur internationalen Wissenschaftslandschaft, in der der Themenbereich „Nazism and science" bereits seit den siebziger Jahren des 20. Jahrhunderts im Forschungsfokus gestanden hatte[4], ist die Geschichte der Geschichtswissenschaften im „Dritten Reich" immer noch nicht ausreichend ausgeleuchtet.[5] Das gilt in besonderem Maße für die

---

* Der vorliegende Aufsatz basiert zum überwiegenden Teil auf meiner Abhandlung über die Regional- und Landesgeschichte in dem 2008 im Franz Steiner Verlag erschienenen, von Jürgen ELVERT und Jürgen NIELSEN-SIKORA herausgegebenen Sammelband „Kulturwissenschaften und Nationalsozialismus" (HMRG 72), dort abgedruckt auf den Seiten 246-288. Vgl. zur Betitelung meiner Ausführungen Otto Gerhard OEXLE: „Zusammenarbeit mit Baal". Über die Mentalitäten deutscher Geisteswissenschaftler 1933 - und nach 1945, in: Historische Anthropologie 8, 2000, S. 1-27. Vgl. auch die Anmerkungen 144 und 192. Meinem langjährigen Freund und Kollegen Peter Boddeutsch danke ich für zahlreiche kritische Korrekturen und Anmerkungen.

1 Vgl. z. B. Vgl. Peter DUDEK, Sozialwissenschaften und Nationalsozialismus. Zum Stand der disziplingeschichtlichen „Vergangenheitsbewältigung", in: Neue Politische Literatur [NPL] XXXV, 1990, S. 407-442, hier S. 407; Wolfgang MICHALKA (Hrsg.), Deutsche Geschichte 1933-1945. Dokumente zur Innen- und Außenpolitik, Frankfurt/Main 1993 [Neuausg.], S. 7 (= Vorwort).

2 So Norbert Frei in der Süddeutschen Zeitung, Nr. 57 v. 9.3.2001 im Rahmen einer Rezension zu Michael RUCKS Bibliographie zum Nationalsozialismus, Darmstadt 2000, Bd. 1, S. XXI.

3 Vgl. Frank-Rutger HAUSMANN, „Deutsche Geisteswissenschaft" im Zweiten Weltkrieg. Die „Aktion Ritterbusch" (1940-1945), Dresden/München 1998, S. 7 (= Vorwort); DERSELBE, „Auch im Krieg schweigen die Musen nicht". Die Deutschen Wissenschaftlichen Institute [DWI] im Zweiten Weltkrieg, Göttingen 2001, S. 11.

4 Vgl. Alan D. BEYERCHEN, What We Now Know About Nazism and Science, in: Social Research 59, 1992, S. 615-641, passim u. bes. S. 628.

5 Vgl. z.B. Peter SCHÖTTLER, Von der rheinischen Landesgeschichte zur nazistischen Volksgeschichte oder Die „unhörbare Stimme des Blutes", in: Winfried SCHULZE/Otto Gerhard OEXLE (Hrsg.), Deutsche Historiker im Nationalsozialismus, Frankfurt/Main 1999, S. 89-113, hier S. 90. Vgl. auch Karen SCHÖNWÄLDER, Historiker und Politik. Geschichtswissenschaft und Nationalsozialismus, Frankfurt/Main/New York 1992, S. 11; Michael FAHLBUSCH, Wissenschaft im Dienst der nationalsozialistischen Politik? Die „Volksdeutschen Forschungsgemeinschaften" von 1931-1945, Baden-Baden 1999, S. 17 (Vorwort), auch S. 42 f. Vgl. jedoch einschränkend Willi OBERKROME in seiner Rezension zu HAUSMANN, DWI (wie Anm. 3) in NPL 47, 2002, S. 353 f.

Landesgeschichte, die weder als einstige Territorial- und Provinzial- noch als heutige Regionalgeschichte und schon gar nicht als Landesgeschichte der 1920er und 1930er Jahre wissenschaftshistoriographisch und methodologisch in adäquatem Umfang untersucht worden ist[6], was die Erörterung des für die vorliegende Abhandlung zentralen Zusammenhanges von Landesgeschichte und „Volksgeschichte" naturgemäß nicht eben einfacher macht.[7] Gleichwohl sind es gerade die Landeshistoriker gewesen, die - so viel mag vorwegnehmend bereits an dieser Stelle gesagt sein - dem „Dritten Reich" willen- und unwillentlich und wissend und unwissentlich gedient haben, indem sie in Gestalt des damals modernen Paradigmas der „Kultur- und Volksraumforschung" jenes trojanische Pferd mitbauten, durch das die Nationalsozialisten ihre Ideologie von „Rasse" und „Lebensraum" in die zwar schon brüchige, aber auch während der dreißiger Jahre durchaus noch defensionsbereite Historismusfestung der deutschen Geschichtswissenschaft zogen.[8] Keineswegs zufällig haben die 1998 auf dem turbulenten Frankfurter Historikertag namentlich „angeklagten" sechs prominenten Geschichtswissenschaftsgrößen Otto Brunner, Werner Conze, Hermann Heimpel, Theodor Schieder, Franz Petri und Franz Steinbach ausnahmslos auch landesgeschichtliche Leistungen in ihrem Oeuvre vorzuweisen (gehabt)[9], und nicht von ungefähr ist beispielsweise das weiter unten noch mehrfach zu erwähnende „Institut für geschichtliche Landeskunde der Rheinlande" - im folgenden IGL genannt - von den beiden letztgenannten viele Jahre lang geleitet worden[10], derweil der Initiator dieses Institutes und des ihm

---

[6] So die noch immer gültige Beobachtung von Pankraz FRIED in der Einleitung des von ihm hrsg. Aufsatzbandes „Probleme und Methoden der Landesgeschichte" (Wege der Forschung, Bd. CDXCII), Darmstadt 1978, S. 1-12, hier S. 1 f. Verifiziert wird diese Feststellung implicite durch Rucks Bibliographie (wie Anm. 2), S. 895-955. Vgl. auch - als eine der raren Ausnahmen - Luise SCHORN-SCHÜTTE, Territorialgeschichte - Provinzialgeschichte - Landesgeschichte - Regionalgeschichte. Ein Beitrag zur Wissenschaftsgeschichte der Landesgeschichtsschreibung, in: Helmut JÄGER/Franz PETRI/Heinz QUIRIN (Hrsg.), Civitatum Communitas. Studien zum europäischen Städtewesen. Festschrift Heinz Stoob zum 65. Geburtstag, Teil 1, Köln [u.a.] 1984, S. 390-416, hier S. 391 (Anm. 5), auch S. 392 (Anm. 13).

[7] Vgl. SCHÖNWÄLDER (wie Anm. 5), S. 325 (Anm. 109).

[8] „Die Konjunktur, welche die Landes- und Siedlungsgeschichte spiegelbildlich zur Krise des Historismus in den zwanziger und dreißiger Jahren besaß, ging nicht auf den Nationalsozialismus zurück, der aber diese Ansätze zur modernen Sozialgeschichte durch die Überstülpung des Rassenparadigmas pervertierte." Hans MOMMSEN, Der faustische Pakt der Ostforschung mit dem NS-Regime. Anmerkungen zur Historikerdebatte, in: SCHULZE/OEXLE (wie Anm. 5), 265-273, hier S. 272.

[9] Vgl. z. B. das ungemein hilfreiche biographische Glossar in Rüdiger HOHLS/Konrad JARAUSCH (Hrsg.), Versäumte Fragen. Deutsche Historiker im Schatten des Nationalsozialismus, Stuttgart/München 2000 auf den Seiten 441-476, hier die S. 445 f., 454, 465 f., 469 f. und 473.

[10] Vgl. Marlene NIKOLAY-PANTER, Geschichte, Methode, Politik. Das Institut für geschichtliche Landeskunde der Rheinlande 1920-1945, in: Rheinische Vierteljahrsblätter [RhVbl] 60, 1996, S. 233-262, passim. Edith ENNEN, Hermann Aubin und die geschichtliche Landeskunde der Rheinlande, in: RhVbl 34, 1970, S. 9-42, hier S. 22, 29; Bernd A. RUSINEK, „Westforschungs"-Traditionen nach 1945. Ein Versuch über Kontinuität, in: Burkhard DIETZ/Helmut GABEL/Ulrich TIEDAU (Hrsg.), Griff nach dem Westen. Die „Westforschung" der völkisch-nationalen Wissenschaften zum nordwesteuropäischen Raum (1919-1960), 2 Bd. Münster [u.a.] 2003, hier Bd. 2, S. 1141-1201, passim. Vgl. zu DIETZ/GABEL/TIEDAU auch die - überaus kritische -

innewohnenden innovativen Forschungsansatzes, Hermann Aubin, nicht nur einer der einflussreicheren Vertreter der deutschen Geschichtswissenschaft im gesamten Zeitraum von den 1920er bis zu den 1960er Jahren[11], sondern auch und vor allem stets Landeshistoriker gewesen ist.[12] Dabei dürfte es im vorliegenden Kontext eher unerheblich sein, dass Aubin als *„geistiger Urheber"* der berüchtigten *„Polendenkschrift"* des späteren bundesdeutschen Historikermonumentes Theodor Schieder ausgemacht worden ist[13] - fest steht, dass Hermann Aubin und Theodor Schieder ebenso wie andere, nach 1945 in der Bundesrepublik zu akademischem Ruhm und (wissenschafts-) politischem Einfluss gekommene Geschichtsforscher sich als *„Schildknappen des NS-Regimes"*[14] zunächst mit landeshistorischen Leistungen bewährt hatten.[15]

Gemäß der immer noch gültigen Feststellung, dass die bundesdeutsche

---

Rezension von Hans FENSKE, in: RhVbl 68, 2004, S. 225-230. Vgl. zu Steinbach und Petri den Aufsatz von SCHÖTTLER (wie Anm. 5), passim u. S. 95-104.

[11] Eduard MÜHLE, Hermann Aubin, der *„Deutsche Osten"* und der Nationalsozialismus. Deutungen eines akademischen Wirkens im Dritten Reich, in: Hartmut LEHMANN/Otto Gerhard OEXLE (Hrsg.), Nationalsozialismus in den Kulturwissenschaften, Bd. 1: Fächer, Milieus, Karrieren (Veröffentlichungen des Max-Planck-Instituts für Geschichte, Bd. 211), Göttingen 2004, S. 531-591, hier S. 531. Vgl. zu Aubin auch die über 700seitige Marburger Habilitationsschrift von Eduard MÜHLE, Für Volk und deutschen Osten. Der Historiker Hermann Aubin und die deutsche Ostforschung, Düsseldorf 2005, passim, und hierzu auch die Rezension von Matthias WERNER in: RhVbl 74, 2010, S. 235-253, in welcher Mühles Aubin-Biographie als *„wegweisend"* (S. 251 u. passim) bewertet wird. Vgl. auch ebd. S. 236, auf der WERNER Aubin als den *„wohl wichtigsten und umstrittensten Vertreter der in die Diskussion geratenen deutschen Landesgeschichtsforschung"* bezeichnet. Vgl. auch den biographischen Beitrag von Eduard MÜHLE im (Internet-) *„Portal Rheinische Geschichte"* unter der folgenden Adresse: https://www.rheinische-geschichte.lvr.de/Persoenlichkeiten/hermann-aubin/DE-2086/lido/57 adba98616a97.12472310 vom 12.2.2020.

[12] Vgl. ebd., passim; ENNEN (wie Anm. 10), passim, und Wolfgang J. MOMMSEN, *„Gestürzte Denkmäler"*? Die Fälle Aubin, Conze, Erdmann und Schieder, in: Jürgen ELVER/Susanne KRAUSS (Hrsg.), Historische Debatten und Kontroversen im 19. und 20. Jahrhundert. Jubiläumstagung der Ranke-Gesellschaft in Essen, 2001, Stuttgart 2003, S. 96-109, hier S. 102.

[13] Ebd., S. 104 f.

[14] Ebd., S. 104.

[15] Indes sind nur wenige Historiker NSDAP-Mitglieder oder Mitglieder von NS-Organisationen und der *„Angeschlossenen Verbände"* gewesen, so dass das 2004 in Heidelberg erschienene *„Biographische Lexikon zur nationalsozialistischen Wissenschaftspolitik"* von Michael GRÜTTNER lediglich Günther Franz (auf S. 51) und Erich Maschke (auf S. 114) als Vertreter der Landesgeschichte verzeichnet. Daneben finden sich hier die durchaus als zumindest bekannte *„Zunft"*-Mitglieder zu bezeichnenden Willy Andreas, Ernst Anrich, Alfred Baeumler, Albert Brackmann, Walter Frank, Karl Alexander von Müller, Walter Platzhoff, Gustav Adolf Rein und Paul Schmitthenner aufgeführt. Auch Wolfgang J. MOMMSEN weist in einem Interview (in HOHLS/JARAUSCH (wie Anm. 9), S. 213) auf den Tatbestand hin, dass kaum ein Historiker der ersten Kategorie Mitglied der NSDAP gewesen ist. Vgl. dazu auch Winfried SCHULZE, Deutsche Geschichtswissenschaft nach 1945, München 1989, S. 34. Andererseits weist der Regensburger Mediävist Hans-Henning KORTÜM in einem unlängst (2018) erschienenen Aufsatz nach, dass der Wiener Ordinarius Otto Brunner um seine NSDAP-Mitgliedschaft geradezu gerungen hat: *„Gut durch die Zeiten gekommen"*. Otto Brunner und der Nationalsozialismus, in: Vierteljahreshefte für Zeitgeschichte [VFZG] 66, 2018, S. 117-160. Vgl. hierzu auch weiter unten im vorliegenden Text, ebenso die Anm. 21, 45-49, 60, 162-164, 186.

Erforschung des Nationalsozialismus weder systematisch noch stringent verlaufen ist[16], kam die Beschäftigung der deutschen Historiker mit ihrer eigenen NS-Vergangenheit erst Ende der 1960er Jahre mit Helmut Heibers Studie über *„Walter Frank und sein Reichsinstitut für Geschichte des neuen Deutschland"* und Karl Ferdinand Werners Untersuchung über *„Das NS-Geschichtsbild und die deutsche Geschichtswissenschaft"* ebenso spät wie mühsam in Gang.[17] Bis dahin galt das *„eher milde Urteil"* des NS-unbelasteten Gerhard Ritter, der mehr als anderthalb Jahrzehnte zuvor konstatiert hatte, dass die deutsche Historiker-Elite eher der wissenschaftlichen Objektivität und weitaus weniger dem Nationalsozialismus verpflichtet gewesen war[18], und auch nach Heibers und Werners Forschungen reklamierte die deutsche Historikerriege weiterhin ihre *„Renitenz"* gegen das Hitler-Regime, zumal sich nun jeder Geschichtsforscher exkulpiert wähnte, der nichts mit Walter Franks - letztlich nur an den Uferzonen des historiographischen Wissenschaftsflusses gelegenen - *„Reichsinstitut"* zu tun gehabt hatte.[19] Dieser Grundkonsens innerhalb der deutschen Geschichtswissenschaft, demzufolge das elitäre Ethos eigener Wissenschaftlichkeit und die dem Nationalsozialismus inhärente intellektuellenfeindliche Intoleranz die *„Zusammenarbeit mit Baal"* (Otto Gerhard Oexle) von vornherein verhindert hatte und so eine NS-Komplizenschaft der Historiker eo ipso unmöglich gewesen war, brach dann auch erst Ende der 1980er Jahre auseinander, als jüngere Forscher wie Michael Burleigh, Willi Oberkrome, Karen Schönwälder und Ursula Wolf jene *„Enthüllungshistorie"* initiierten[20], die während und im Gefolge des Frankfurter Historikertages von 1998 wohl ihren Zenit erreichte.

Es stellt sich also die Frage, welche Rolle die Geschichtswissenschaft - als *„Mutterdisziplin"* der Regional- und Landesgeschichte - im geisteswissenschaftlichen Kontext

---

[16] Vgl. Peter HÜTTENBERGER, Bibliographie zum Nationalsozialismus, Göttingen 1980, S. 8 (Vorwort).

[17] Beide Monographien erschienen in Stuttgart 1966 respektive 1967.

[18] Vgl. Jürgen ELVERT, Geschichtswissenschaft, in: Frank-Rutger HAUSMANN (Hrsg.), Die Rolle der Geisteswissenschaften im Dritten Reich 1933-1945, München 2002, S. 87-135, hier S. 87; Ursula WOLF, Litteris et Patriae. Das Janusgesicht der Historie, Stuttgart 1996, S. 15, einen Forschungsüberblick ebd. auf den S. 15-20. Siehe auch SCHULZE (wie Anm. 15), S. 32, 37; SCHÖNWÄLDER (wie Anm. 5), S. 11 f. Wolfgang J. MOMMSEN (wie Anm. 12, S. 97) betont, dass selbst Gerhard Ritter *„immer wieder partielle Kompromisse mit den* [NS-] *Machthabern eingegangen ist."*

[19] So Wolfgang SCHIEDER in: HOHLS/JARAUSCH (wie Anm. 9), S. 295. Vgl. auch SCHÖNWÄLDER (wie Anm. 5), S. 13.

[20] Vgl. Winfried SCHULZE/Gerd HELM/Thomas OTT, Deutsche Historiker im Nationalsozialismus. Beobachtungen und Überlegungen zu einer Debatte, in: SCHULZE/OEXLE (wie Anm. 5), S. 11-48, hier S. 15 f.; ELVERT, Geschichtswissenschaft (wie Anm. 18), S. 88; mit besonderem Blick auf die westlichen Grenzgebiete auch Burkhard DIETZ, Die interdisziplinäre *„Westforschung"* der Weimarer Republik und NS-Zeit als Gegenstand der Wissenschafts- und Zeitgeschichte. Überlegungen zu Forschungsstand und Forschungsperspektiven, in: Geschichte im Westen (GiW) 14, 1999, S. 189-209, passim. Siehe zu dem für die vorliegende Studie titelgebenden Diktum OEXLES von der *„Zusammenarbeit mit Baal"* die einleitende Bemerkung des Verfassers. Diese von Oexle ersonnene Metapher wird auch an anderen Stellen zitiert, beispielsweise bei Bernd WEISBROD, Das Moratorium der Mandarine. Zur Selbstentnazifierung der Wissenschaften in der Nachkriegszeit, in: LEHMANN/OEXLE (wie Anm. 11), S. 259-279, hier auf der S. 259.

der Jahre 1933 bis 1945 gespielt hat und ob sie gar als ein (Muster-) Beispiel der *„Gleichschaltung"* von Geisteswissenschaften im *„Dritten Reich"* deklariert werden kann. Fest steht in jedem Falle, dass sich die deutschen Historiker durch ihre traditionelle Nähe zum Staat in der Melange aus Wissenschaft und Politik überaus wohlfühlten[21] und von selbst die Nähe zur Politik suchten, und *„wenn [dann] die Macht rief, waren sie alle da !"*[22] Nicht zufällig ist eine der wichtigsten historiographie-historischen Studien der letzten Jahrzehnte zur Geschichte der Geschichtswissenschaft zwischen Kaiserreich und Weimarer Republik als *„Ideologie des deutschen Weges"* übertitelt worden[23], kann doch die Geschichtswissenschaft als die a priori *„vielleicht ideologischste und ideologisch gefährdetste Geisteswissenschaft"* bezeichnet werden.[24]

In den Zeiten der *„kulturhistorisch"* orientierten Jacob Burckhardt, Karl Lamprecht und Wilhelm Riehl war es diesen letztlich nicht gelungen, an die Stelle des alten, *„geisteswissenschaftlich"* geprägten geschichtswissenschaftlichen Paradigmas ein neues in Gestalt einer *„historischen Kulturwissenschaft"* oder zumindest doch einer kulturwissenschaftlich orientierten Historiographie zu setzen.[25] So kam es, dass es der naturgemäß weniger auf Nation und Staat kaprizierten Landesgeschichtsschreibung vorbehalten blieb, das Erbe dieser alten deutschen Kulturgeschichte zu tradieren[26], weshalb - beispielsweise - die Bonner *„Westforscher"* um Aubin und Petri Karl Lamprecht als ihren Ahnherren betrachteten[27] und dass die letztlich erst nach dem Ersten Weltkrieg als

---

[21] Vgl. z.B. SCHÖNWÄLDER (wie Anm. 5), S. 15, 276 u. passim; Michael SALEWSKI, Die Ranke-Gesellschaft und ein halbes Jahrhundert, in: ELVERT/KRAUß (wie Anm. 12), S. 124-142, hier S. 126 f., der zu Recht betont, dass mit *„Politik"* in diesem Kontext gerade nicht Partei-Politik gemeint ist, weshalb trotz des hohen Politisierungsgrades nur wenige Historiker Mitglieder der NSDAP gewesen sind: siehe dazu auch die Anm. 15, 45 bis 49, 60, 162 bis 164 und 186 und die entsprechenden Stellen im Text.

[22] So Wolfgang J. MOMMSEN in: HOHLS/JARAUSCH (wie Anm. 9), S. 213. Vgl. auch Hans MOMMSEN, ebd., S. 174. Vgl. auch - spiegelbildlich zur Formulierung im Text - SCHULZE/HELM/OTT (wie Anm. 20), S. 19: *„Die Autonomie der Wissenschaft hielt man am besten in der Nähe zur Macht gewahrt."*

[23] Bernd FAULENBACH, Ideologie des deutschen Weges. Die deutsche Geschichte in der Historiographie zwischen Kaiserreich und Nationalsozialismus, München 1980.

[24] So Immanuel GEISS in: HOHLS/JARAUSCH (wie Anm. 9), S. 233. Vgl. auch Georg G. IGGERS, Deutsche Geschichtswissenschaft. Eine Kritik der traditionellen Geschichtsauffassung von Herder bis zur Gegenwart, Wien/Köln/Weimar 1997 [Neuausg. d. 3. Aufl. v. 1976/Amerik. Originalausg. u. d. Titel *„The German Conception of History"*], S. III (= Vorwort).

[25] Vgl. Horst Walter BLANKE, Historiographiegeschichte als Historik, Stuttgart-Bad Cannstatt 1991, S. 404. Vgl. auch Otto Gerhard OEXLE, Geschichte als Historische Kulturwissenschaft, in: Wolfgang HARDTWIG/Hans-Ulrich WEHLER (Hrsg.), Kulturgeschichte heute, Göttingen 1996, S. 14-40, hier passim u. S. 19 f., 29 f. Vgl. hierzu auch Irmline VEIT-BRAUSE, Eine Disziplin rekonstruiert ihre Geschichte: Geschichte der Geschichtswissenschaft in den 90er Jahren I [respektive] II, in: NPL, hier Teil I in NPL LXLIII, 1998 auf den S. 36-66, hier S. 37-46 u. bes. S. 47.

[26] Vgl. IGGERS (wie Anm. 24), S. 28; SCHORN-SCHÜTTE (wie Anm. 6), S. 503.

[27] Vgl. RUSINEK (wie Anm. 10), S. 1198. Vgl. zu Lamprecht die biographische Skizze von Luise SCHORN-SCHÜTTE im *„Portal Rheinische Geschichte"* unter https://www.rheinische-geschichte.lvr.de/Persoenlichkeiten/karl-lamprecht-/DE-2086/lido/57c93ccdb6ca71.95735587.

eigenständige Teildisziplin anerkannte Landesgeschichte[28] im Kanon der interdisziplinär ausgerichteten Kulturwissenschaften jene Metamorphosen erlebte, die ihre Wissenschaftshistorie im 20. Jahrhundert prägen sollten. Und da Region und (Geschichts-) Kultur seit jeher komplementäre Begrifflichkeiten waren und sind[29], konnte

Abb.1: Das Institut für Geschichtliche Landeskunde in Bonn (Foto: Archiv der Universität Bonn (Keller).

es nur folgerichtig sein, wenn die Landesgeschichte sich seit Ende des 19. Jahrhunderts in interdisziplinären Schritten der Geographie und damit jener *„Kulturraumforschung"* näherte[30], die in den Weimarer Jahren dann im Bonner *„Institut für Geschichtliche Landeskunde der Rheinlande"* und weiteren landeskundlichen Instituten im Zeichen eines der Heimatbewegung entstammenden *„Kultur"*-Begriffes betrieben wurde, demzufolge unter *„Kultur"* weniger *„[...] Moral oder die traditionellen Spitzenleistungen von Kunst und Wissenschaften [...], sondern mehr der individuelle Ausdruck des*

---

28 Vgl. FRIED (wie Anm. 6), S. 4.

29 *„Die Verkopplung der Begriffe Region und Kultur liegt nahe [...]."* Volker DAHM, Kulturpolitischer Zentralismus und landschaftlich-lokale Kulturpflege im Dritten Reich, in: Horst MÖLLER/Andreas WIRSCHING/Walter ZIEGLER (Hrsg.), Nationalsozialismus in der Region. Beiträge zur regionalen und lokalen Forschung und zum internationalen Vergleich, München 1996, S. 123-138, hier S. 123. Vgl. auch Bernd SCHÖNEMANN, Die Region als Konstrukt. Historiographiegeschichtliche Befunde und geschichtsdidaktische Reflexionen, in: Blätter für deutsche Landesgeschichte 135, 1999, S. 153-187, passim u. bes. S. 178-182.

30 Vgl. Karl DITT, Raum und Volkstum. Die Kulturpolitik des Provinzialverbandes Westfalen 1923-1945, Münster 1988, S. 98.

„*Wesens" der Rassen, Völker und Stämme*" verstanden wurde.[31] Im Gefolge einer solchermaßen geprägten *„Kulturraumforschung"* und *„Landeskunde"*[32] kam es zu einer Konjunktur letztlich sogar metaphysisch interpretierbarer Termini von *„Raum"* bis *„Rasse"*, so dass „[...] *eine um die Begriffe „Volk" und „Lebensraum" kreisende, gegenüber der „Rassenforschung" offene Geschichtsauffassung [...] zunehmend an Boden* [gewann], *insbesondere unter landesgeschichtlich und volkskundlich orientierten Historikern."*[33] Wenn also, wie Oscar J. Hammen schon 1941 im *„Journal of Modern History"* festgestellt hatte, bereits während der Weimarer Republik eine jüngere deutsche Historikergeneration den Weg „[...] *weg von der bis dahin vorherrschenden soliden fakten-positivistischen Forschungsarbeit* [hin] *zu einer spekulativen Historie, die Geschichte als Manifestation von Kräften wie „Geist", „Idee", „Blut" oder „Schicksal" begriff* [...]"[34], eingeschlagen hatte, dann verbietet es sich, den durch das Jahr 1933 geschaffenen Graben zwischen den geisteswissenschaftlichen Forschungen in Weimar und NS-Deutschland allzu tief auszuheben, zumal beispielsweise Hans Friedrich Karl Günthers *„Rassenkunde des deutschen Volkes"* schon 1922 erschienen war![35] Es stellt sich also die Frage, ob die in Weimar als *„Kulturraumforschung"* betriebene Landesgeschichte als ein Wegbereiter der Nazifizierung der deutschen Geschichtswissenschaft bezeichnet werden kann.

II.

Mit der nationalsozialistischen *„Machtergreifung"* des Jahres 1933 und dem damit einhergehenden aggressiven Expansionismus gewannen die Konzepte für die Eroberung *„deutschen Volks- und Kulturbodens"*[36] zunehmend an Gewicht, und *„Raum"* und

---

[31] Ebd., S. 30. Vgl. zu Heimatbewegung und *„Kultur"*-Begriff auch ebd., S. 34, 58.

[32] Bezeichnenderweise firmierte die seit den 1880er Jahren in Deutschland als Teil der Fremdsprachenvermittlung betriebene *„Landeskunde"* auch als *„Kulturkunde"*: vgl. Hans-Jürgen LÜSEBRINK in: Ansgar NÜNNING/Vera NÜNNING (Hrsg.), Konzepte der Kulturwissenschaften. Theoretische Grundlagen, Ansätze, Perspektiven, Stuttgart/Weimar 2000, S. 310 f. (im Rahmen des dort auf den S. 307-328 abgedruckten Abschnittes *„Kulturraumstudien und Interkulturelle Kommunikation"*).

[33] FAULENBACH (wie Anm. 23), S. 33.

[34] So zusammengefasst ebd, S. 439 (Anm. 52). Siehe auch Oscar J. HAMMEN, German Historians and the Advent of the National Socialist State, in: Journal of Modern History XIII, 1941, S. 161-188.

[35] Dieses Bild vom *„geisteswissenschaftlichen Graben"* und das Beispiel H. F. K. Günther bei RUSINEK (wie Anm. 10), S. 1148. Vgl. auch Wolfgang HARDTWIG, Die Krise des Geschichtsbewusstseins in Kaiserreich und Weimarer Republik und der Aufstieg des Nationalsozialismus, in: Jahrbuch des Historischen Kollegs 2001, S. 47-75, hier S. 48 f., wo Hardtwig u.a. darauf hinweist, dass Günthers *„Rassenkunde"* als sog. *„Volks-Günther"* bis 1943 eine Gesamtauflage von 295.000 Exemplaren erreichte ! Auf die Bedeutung einer Einbeziehung der Weimarer Jahre für eine Geschichte der Geschichtswissenschaften unter NS-Vorzeichen weist auch ELVERT, Geschichtswissenschaft (wie Anm. 18) auf S. 95 hin. Vgl. zu Günther auch Jürgen ELVERT, Mitteleuropa ! Deutsche Pläne zur europäischen Neuordnung (1918-1945), Stuttgart 1999, S. 311-314.

[36] Vgl. SCHÖNWÄLDER (wie Anm. 5), S. 51-53 (= Abschnitt: *„Der deutsche Volks- und Kulturboden"*).

„*Rasse*" rückten ins Zentrum einer zunehmend zentralisierten Kulturpolitik, deren regionale Ergänzung und Kompensation der „*Volkstumsgedanke*" wurde[37] - „[...] *eine höchst widersprüchliche Ergänzung freilich, weil sich rassistisch-unitarisch-nationales Denken mit völkischem „Stammes"- und Raum-Denken ebenso wenig vereinbaren ließ wie sich die antizivilisatorischen Affekte [...] mit [...] der wirtschaftlichen und technischen Modernität [...] des Nationalsozialismus vertrugen.*"[38] Mehr und mehr wandelte sich die zwar schon „*völkisch*" orientierte Landeshistoriographie zumindest teilweise zur „*nationalsozialistisch verseuchten Volksgeschichte*" (Gerhard A. Ritter)[39], wobei es eine zentrale Aufgabe des vorliegenden Aufsatzes sein wird zu quantifizieren und zu qualifizieren, inwieweit die deutsche Historiographie und hier besonders die allein schon durch ihre Interdisziplinarität als „*innovativ*" geltende Landesgeschichtsschreibung als Garant einer „*Gleichschaltung*" der deutschen Geschichtswissenschaft gedient hat und deren Instrumentalisierung als „*Volksgeschichte*" dem NS-Regime weit mehr als auf halbem Wege entgegengekommen ist.

Bereits im Jahre 1934 stellte der junge, kurz zuvor in Berlin mit einer Arbeit über „*Deutsch-polnische Beziehungen 1918-1932*" promovierte amerikanische Historiker Shepard Arthur Stone fest, dass „*history has been hitched to the Nazi-steam roller* [...]"[40], und der schon seit Anfang der 1920er Jahre mit Hitler bekannte und nach der „*Machtergreifung*" dann zu einem „*Renommierhistoriker des Dritten Reiches*" avancierte Geschichtsprofessor Karl Alexander von Müller hatte schon ein Jahr zuvor - 1933 ! - zu Recht konstatiert, dass die deutsche Geschichtswissenschaft den Nationalsozialismus keineswegs „*mit leeren Händen*"[41], sondern, wie zu zeigen sein wird, mit einem Füllhorn „*nationaler*" und antirepublikanischer Überzeugungen empfangen hatte.[42] Aber auch wenn die Mehrheit der deutschen Historikerschaft die Errichtung des NS-Regimes mit distanziertem Wohlwollen registriert hatte[43], war es mitnichten ein Zufall, dass der überzeugte Nationalsozialist Karl Alexander von Müller - seines Zeichens

---

[37] Vgl. den Titel der Arbeit von DITT (wie Anm. 30). Vgl. auch: DERSELBE, Regionalismus in Demokratie und Diktatur. Die Politisierung der kulturellen Identitätsstiftung im Deutschen Reich 1919-1945, in: Stephan LENNARTZ (Red.), Auf der Suche nach regionaler Identität. Geschichtskultur im Rheinland zwischen Kaiserreich und Nationalsozialismus, Bergisch Gladbach 1997, S. 13-29, hier S. 23. Vgl. auch DAHM (wie Anm. 29), passim, u. bes. FAHLBUSCH (wie Anm. 5), S. 74.

[38] Ebd., S. 127.

[39] In HOHLS/JARAUSCH (wie Anm. 9), S. 134.

[40] Zit. bei WOLF (wie Anm. 18), S. 18. Vgl. zu STONE auch den jüngst erschienenen Band von Volker BERGHAHN, America and the intellectual cold wars in Europe: Shepard Stone between philanthropy, academy, and diplomacy, Princeton 2001, passim.

[41] Vgl. diese oft zitierte Beobachtung von Müllers z.B. zit. bei SCHULZE/HELM/OTT (wie Anm. 20), S. 16, ebenso Schulze (wie Anm. 5), S. 70. Die Dissertation des 1908 geborenen Stone ist 1933 als Teilabdruck in Berlin publiziert worden. Die Bezeichnung „*Renommierhistoriker*" (für Karl Alexander von Müller) findet sich bei Eike WOLGAST, Geschichtswissenschaft in Heidelberg 1933-1945, in: LEHMANN/OEXLE (wie Anm. 11), S. 145-168, hier S. 152.

[42] Pars pro toto HAMMEN (wie Anmerkung 34), S. 164: „*The opponents of the Republic were most numerous.*" Auf die „*nationalen*" Überzeugungen der meisten deutschen Historiker verweist z.B. VIERHAUS in HOHLS/JARAUSCH (wie Anm. 9), S. 82.

[43] Vgl. SCHÖNWÄLDER (wie Anm. 5), S. 90. Vgl. auch ebd., S. 20-22, 268.

der Doktorvater *d e s* NSDAP-Historikers Walter Frank - zum Zeitpunkt der *„Machter-greifung"* noch kein Ordinarius gewesen ist[44], derweil sich vice versa im Januar 1933 unter den Ordinarien der deutschen Geschichtswissenschaft *kein* Mitglied der NSDAP fand ![45] Und auch wenn nach 1933 - neben Karl Alexander von Müller - noch ein knappes Dutzend NS-überzeugter und zum Teil -angehöriger Historiker mit Ordinarien ausgestattet[46] und umgekehrt etwa zwei Dutzend Inhaber geschichtswissenschaftlicher Lehrstühle im Zeitraum zwischen 1933 und 1945 aus politischen und ideologischen Gründen aus dem Amt gedrängt wurden[47], überstanden grob gesprochen nicht weniger als fast achtzig Prozent der 147 Geschichtsordinarien das große gesellschaftliche Revirement der Jahre nach 1933, weshalb nicht die Rede davon sein kann, dass die deutsche Historikerzunft nach dem 30. Januar nahezu geschlossen zum Nationalsozialismus konvertiert sei.[48] Andererseits aber - und darin bestand wohl das von Karl Alexander von Müller angesprochene *„Begrüßungspräsent"* an die Nationalsozialisten - war die deutsche Geschichtswissenschaft in ihrer überwältigenden Mehrheit der Republik von Weimar feindgeblieben[49], so dass sich über das (deutsch-) nationale Scharnier die Tore zum *„Dritten Reich"* mühelos öffnen ließen und - beispielsweise - ein Nichtnationalsozialist und Nichtantisemit wie der Heidelberger Neuzeitordinarius Willy Andreas „[...] *nach dem 30. Januar 1933 nicht* [...] *verbrennen* [musste], *was er bisher verehrt hatte; er brauchte auf seinem Gesinnungsaltar den Leuchter nur etwas mehr in die nationale Richtung zu verschieben* [...]."[50]

Dabei hatten viele dieser antirepublikanischen Historiker, die im Übrigen meist *jeder*

---

44 Vgl. Karl Ferdinand WERNER, Das NS-Geschichtsbild und die deutsche Geschichtswissenschaft, Stuttgart 1967, S. 43. Vgl. auch ebd., S. 27; Helmut HEIBER, Walter Frank und sein Reichsinstitut für Geschichte des neuen Deutschland, Stuttgart 1966, S. 1223. Zu Franks zweifelhaftem Charakter ebd., S. 1212-1225 (!).

45 Vgl. IGGERS (wie Anm. 24), S. 320, der ebenda darauf hinweist, dass Karl Alexander von Müller dann 1933 - bezeichnenderweise - der erste NSDAP-angehörige Geschichtsordinarius wurde. Vgl. auch die Anm. 15, 21, 46-49, 60, 162, 163, 164 und 186.

46 Eine Auflistung findet sich bei SCHULZE (wie Anm. 15), S. 34.

47 Eine Namenliste der nach § 3 des *„Gesetzes zur Wiederherstellung des Berufsbeamtentums"* aus *„rassischen Gründen"* entlassenen Historiker bei Hans SCHLEIER, Die bürgerliche Geschichtsschreibung der Weimarer Republik, Berlin 1975, S. 107 f. Vgl. auch ELVERT, Geschichtswissenschaft (wie Anm. 18), S. 110 u. 112, der von 26 Lehrstühlen im Zeitraum von 1933 bis 1945 berichtet. SCHÖNWÄLDER (wie Anm. 5) gibt für den Zeitraum bis 1939 (auf S. 88) 17 Ordinarien an.

48 Wie dies beispielsweise Peter SCHÖTTLER (wie Anm. 5) behauptet: vgl. ELVERT, Geschichtswissenschaft (wie Anm. 18), S. 113, auch S. 131 f. u. passim. Vgl. dort auch eine detaillierte *„Übersicht über die Geschichtslehrstühle an den deutschsprachigen Universitäten"* 1930-1945 ebd. auf den S. 98-108.

49 Unter den 180 Weimarer Ordinarien findet ELVERT, Geschichtswissenschaft (ebd. auf den S. 114 u. 116) *„nur etwa ein Dutzend"* Republikaner (vgl. eine namentliche Auflistung bei Hammen (wie Anm. 74), S. 163 f.). Von ELVERT abweichende Zahlenangaben finden sich bei FAULENBACH (wie Anm. 55) auf der S. 4.

50 WOLGAST (wie Anm. 41), S. 153. Vgl. auch ebd., S. 149-159 (zu Andreas).

Parteizugehörigkeit ablehnend gegenüberstanden[51], mehr vom Brüning'schen Präsidialkabinett als von einer Hitler'schen *„Machtübernahme"* erhofft und diese dann - wie beispielsweise der für unser Thema überaus bedeutsame Landeshistoriker Hermann Aubin - nüchtern und neutral als *„nationalen"* Fortschritt gutgeheißen.[52] Denn Weimar war für sie nicht nur gleichbedeutend mit Weltkriegsniederlage und *„nationaler Schmach"*, sondern auch mit einer bis dahin kaum gekannten Akademikerarbeitslosigkeit und -armut[53] und der *„Krise des Geschichtsbewußtseins"*[54], die sich in einem aus Sicht der professionellen Historiker geradezu beängstigenden Boom historischer Belletristik und populärwissenschaftlicher Biographien manifestierte und mit der allgemein empfundenen und allerorten propagierten *„Kulturkrise"* korrespondierte.[55] Im Verbund mit der Ablehnung von allem nach Versailles Verdächtigen und der Betonung von Macht, Staat und *„großem Einzelnen"*[56] - einem wie auch immer gestalteten *„Führer"* also - glaubte die konservative und rückwärtsgewandte Weimarer Historikerschaft, der, wie Hans Herzfeld 1954 richtig feststellte, die *„Dimension der Zukunft"* völlig fehlte[57], Schnittmengen mit der jungen NS-*„Bewegung"* zu besitzen, was sich letztlich als großer Irrtum herausstellen sollte.[58] Denn die Nationalsozialisten waren im Unterschied zur Historiker-Mehrheit *„Rasse"*-fixiert und nicht staatsorientiert, sie waren allein schon durch die süddeutschen Wurzeln der NS-*„Bewegung"* österreichisch-großdeutsch und nicht preußisch-kleindeutsch und Produkt und Promotor derselben Massen, die der elitären Historiker-*„Zunft"* mindestens suspekt sein mussten.[59] Vielleicht sahen oder fühlten die meist ebenso raffiniert wie antiakademisch und antiintellektuell daherkommenden Nationalsozialisten diese Kluft zwischen ihnen und der geistigen und wissenschaftlichen deutschen Elite viel früher und in stärkerem Maße als letztere, die aller Anpassungsanstrengungen zum Trotz - in der Endphase des NS-Regimes waren immerhin

---

[51] Wie beispielsweise Hermann Aubin, vgl. MÜHLE (wie Anm. 24), S. 559. Siehe auch die Anm. 53.

[52] Vgl. z. B. MÜHLE (wie Anm. 11), S. 557-559.

[53] Vgl. Konrad H. JARAUSCH, Die Not der geistigen Arbeiter: Akademiker in der Berufskrise, 1918-1933, in: Werner ABELSHAUSER (Hrsg.), Die Weimarer Republik als Wohlfahrtsstaat. Zum Verhältnis von Wirtschafts- und Sozialpolitik in der Industriegesellschaft, Stuttgart 1987, S. 280-299, passim u. bes. S. 287, 291 f., 297.

[54] So der Titel des Aufsatzes von HARDTWIG (wie Anm. 35).

[55] Vgl. ebd., S. 48-55. Vgl. auch JARAUSCH (wie Anm. 53), S. 297 f. u. passim; HAMMEN (wie Anm. 34), S. 176 (bes. Anm. 69).

[56] Vgl. dazu beispielsweise ebd., S. 173-175.

[57] Und „[...] *die die Instanz der Vergangenheit gegen eine bedrohliche Gegenwart und eine düster genug sich abzeichnende Zukunft aufrief."* Zit. bei FAULENBACH (wie Anm. 23), S. 315 f. Vgl. zur Verbreitung des *„Führer"*-Gedankens z. B. Karl Ferdinand WERNER (wie Anm. 44), S. 23; Horst WALLRAFF, Landratsamt und *„Führerprinzip"* in der Region - Zur Rolle und Bedeutung der Landräte in den Kreisen Düren und Jülich während der NS-Zeit, in: Geschichte in Köln 51, 2004, S. 89-118, hier passim u. bes. S. 101-106.

[58] Vgl. HAMMEN (wie Anm. 34), S. 188 u. passim; HARDTWIG (wie Anm. 35), S. 56-68.

[59] Vgl. IGGERS (wie Anm. 24), S. 320.

zwei Drittel aller etwa 7500 Hochschullehrer Mitglied der NSDAP![60] - in den Jahren 1933 bis 1945 Substanz und Status einbüßte[61], derweil die Universitäten ein tiefes Tal durchschritten.[62] Angesichts der bekannten und vielfach belegten Wissenschaftsfeindlichkeit Hitlers[63], der schon in *„Mein Kampf"* expressis verbis erklärt hatte, dass in einem zu errichtenden NS-Staat und dessen Bildungs- und Erziehungswesen *„[...] erst als letztes die wissenschaftliche Schulung"* positioniert werden würde[64], war es fast schon folgerichtig, dass die Nationalsozialisten zum Zeitpunkt ihrer *„Machtübernahme"* keine Vorstellung davon hatten, wie mit dem existierenden Wissenschaftssystem zu verfahren sei.[65] Gleichwohl machten sie sich im Geschwindigkeitsrausch ihres 1933 sofort losrasenden *„Gleichschaltungs"*-Zuges daran, die Wissenschaften nach ihrer (NS-) Nutzbarkeit für Volk und Vaterland und nicht länger nach dem Humboldt'schen Ideal vom wissenden Menschen auszurichten: *„In short, scholarship was expected to*

---

[60] Darunter befanden sich überproportional viele jüngere Assistenten, Privatdozenten und außerplanmäßige Professoren: vgl. Michael GRÜTTNER, Wissenschaft, in: Wolfgang BENZ/Hermann GRAML/Hermann WEISS (Hrsg.), Enzyklopädie des Nationalsozialismus, Stuttgart 1997, S. 135-153, hier S. 147. Die Gesamtzahl von 7500 Hochschullehrern findet sich bei Helmut HEIBER, Universität unterm Hakenkreuz, Teil 1: Der Professor im Dritten Reich. Bilder aus der akademischen Provinz, München [u.a.] 1991, S. 316. Vgl. zum Antiintellektualismus in der NSDAP z.B. GRÜTTNER (wie oben), S. 146 f.

[61] So mussten nach 1933 zwischen 2000 und 3000 zum Teil hochkarätige Wissenschaftler Deutschland verlassen, darunter nicht weniger als 24 Nobelpreisträger: vgl. GRÜTTNER (wie Anm. 61), S. 137. Vgl. dagegen exakt 1684 entlassene Hochschuldozenten (nebst weiteren Zahlenangaben) bei Karl Dietrich BRACHER/Wolfgang SAUER/Gerhard SCHULZ, Die nationalsozialistische Machtergreifung. Studien zur Errichtung des totalitären Systems in Deutschland 1933/34, Köln/Opladen 1960, S. 320-322. FAHLBUSCH (wie Anm. 5) nennt (auf der S. 37 f.) für den Zeitraum von 1933 bis 1935 die Zahl von 1500 meist jüdischen Forschern, während bei dem Soziologen M. Rainer LEPSIUS von 3000 entlassenen Hochschullehrern die Rede ist (Demokratie in Deutschland. Soziologisch-historische Konstellationsanalysen. Ausgewählte Aufsätze, Göttingen 1993, S. 125).

[62] *„The Third Reich was a dark age for the German Universities."* Hans REISS, Geisteswissenschaften in the Third Reich: Some Reflections, in: German History 21, 2003, S. 86-103, hier S. 86. Dagegen Notker HAMMERSTEIN, dem zufolge die Hochschulen *„im Grunde den im Kaiserreich erreichten Standard"* konservieren konnten: Notker HAMMERSTEIN, Wissenschaftssystem und Wissenschaftspolitik im Nationalsozialismus, in: Rüdiger VOM BRUCH/Brigitte KADERAS (Hrsg.), Wissenschaften und Wissenschaftspolitik. Bestandsaufnahmen zu Formationen, Brüchen und Kontinuitäten im Deutschland des 20. Jahrhunderts, Stuttgart 2002, S. 219-224, hier S. 219.

[63] *„Hitler despised scholars."* REISS (wie Anm. 62), S. 87. Vgl. auch BEYERCHEN (wie Anm. 4), S. 618, und Michael H. KATER, Das *„Ahnenerbe"* der SS 1935-1945. Ein Beitrag zur Kulturpolitik des Dritten Reiches, Stuttgart 1974, der dort (auf S. 50-53) darauf hinweist, dass Hitler, Göring und Himmler Anhänger der ebenso bizarren wie unwissenschaftlichen *„Welteislehre"* gewesen sind.

[64] Hier zit. bei BRACHER/SAUER/SCHULZ (wie Anm. 61), S. 318 (Anm. 280). Vgl. auch ebd., S. 318.

[65] Vgl. GRÜTTNER (wie Anm. 60), S. 135; HAMMERSTEIN (wie Anm. 62), S. 219; HAUSMANN (wie Anm. 3), S. 19, und DERSELBE, *„Termitenwahn"* - Die Bedeutung der Gemeinschaftsforschung für die NS-Wissenschaft, in: Georg BOLLENBECK/Clemens KNOBLOCH (Hrsg.), Semantischer Umbau der Geisteswissenschaften nach 1933 und 1945, Heidelberg 2001, S. 58-77, hier S. 58.

be subordinated to the NS-Weltanschauung, which rejected „objectivity" in all discipli-
nes."[66] Dass die *„Gleichschaltung"* der Wissenschaft aufs Ganze gesehen dennoch
misslungen ist und die *„Gottähnlichkeit des Ordinarius"* gewahrt blieb[67], war dabei zum
einen der auch im wissenschaftspolitischen Sektor auszumachenden signifikanten NS-
„Polykratie" geschuldet[68] und zum anderen - in vielleicht noch stärkerem Maße - darin
begründet, dass sich solche wüsten Pseudowissenschaften wie die nationalsozialistische *„Rassenlehre"* a priori jedem seriösen Versuch wissenschaftlicher Fundierung
entzogen[69], zumal in der NSDAP niemand an eigenständigen Denkern und einer un-
nötigen Komplizierung der - ohnehin enorm eklektizistischen - NS-Ideologie gelegen
war.[70]

Vice versa kam nun besonders den Geisteswissenschaften und hier bevorzugt der
Volkskunde und der Geschichtswissenschaft zugute, dass man sich schon <u>vor</u> dem
30. Januar 1933 zum Werkzeug politischer Erziehung hatte instrumentalisieren lassen.[71] Insofern von vornherein als NS-konform und -kompatibel wahrgenommen, verknüpften sich der *„nationalkonservative Grundkonsens"* der Geschichtswissenschaft
und die Gemeinsamkeiten in puncto *„völkischer"* Ambitionen zu einem *„Netz innerer
Verbindungen mit den Zielen des Nationalsozialismus"*[72], der sich seinerseits dennoch
gerade mit der Geschichtswissenschaft schwer tat.[73] Grundsätzlich an Geschichte
höchst interessiert - nicht von ungefähr gestand ihr Hitler in *„Mein Kampf"* überproportional breiten Raum zu[74] - und sich der Wirksamkeit von *„Geschichte als Waffe"*[75] bewusst - so schrieb signifikanterweise der vielleicht einzige echte *„NS-Historiker"* Walter
Frank in einer Festschrift anlässlich des 50. Geburtstages von Adolf Hitler: *„Geschichte*

---

[66] REISS (wie Anm. 62), S. 95. Vgl. auch BEYERCHEN (wie Anm. 4), S. 617 f. (bes. Anm. 8).

[67] HAMMERSTEIN (wie Anm. 62), S. 220. Zum Scheitern der *„Gleichschaltung"* der Wissenschaften z. B. BRACHER/SAUER/SCHULZ (wie Anm. 61), S. 325.

[68] Vgl. beispielsweise HAMMERSTEIN (wie Anm. 62), S. 222; GRÜTTNER (wie Anm. 60), S. 135;
BEYERCHEN (wie Anm. 4), S. 641. Vgl. auch HAUSMANN, *„Termitenwahn"* (wie Anm. 65), der
hier (auf S. 61) vier verschiedene NS-Hochschulkonzepte vorstellt.

[69] Vgl. BRACHER/SAUER/SCHULZ (wie Anm. 61), S. 325. Wohl zu Recht verweist BEYERCHEN (wie
Anm. 4) auf S. 628 darauf, dass die NS-Ideologen unter NS-Wissenschaft weniger den Nationalsozialismus unterstützende Wissenschaften, sondern genuin nationalsozialistische, auf
der *„Rassenlehre"* fußende *„Wissenschaften"* verstanden.

[70] Vgl. GRÜTTNER (wie Anm. 60), S. 143. Im Übrigen hat keine Institution existiert, die eine NS-
„Lehre" verbindlich vorgegeben hat: vgl. ebd., S. 144.

[71] Vgl. Michael H. KATER (wie Anm. 63), S. 48 f., der dort noch die Germanistik als eine derjenigen Wissenschaften auflistet, die lange vor 1933 dem *„nationalen"* Zeitgeist gefolgt waren
und darüber wissenschaftliche Standards vernachlässigt hatten.

[72] SCHULZE (wie Anm. 15), S. 40.

[73] Vgl. ebd., S. 38.

[74] Vgl. diesen Hinweis bei Michael SALEWSKI, Geschichte als Waffe: Der nationalsozialistische
Missbrauch, in: Jahrbuch des Instituts für deutsche Geschichte XIV, 1985, S. 289-310, hier
S. 294 f.

[75] Ebd. (= Titel dieses Aufsatzes).

kann tödlich wirken" [76]-, bestand doch eine nahezu unüberbrückbare Kluft zwischen dem Geschichtsverständnis Hitlers und dem der Historiker-*„Zunft".* Denn obwohl das nationalsozialistische Weltbild ein Geschichtsbild war[77], dachten weder Hitler noch Himmler daran, Geschichte als möglichst wahrheitsgetreue Abbildung der Vergangenheit zu begreifen[78]; vielmehr sollte die Geschichte als *„starkherzige Künderin großer Taten* […] *ein Geschlecht erziehen, das große Taten nicht nur* [sic] *zu verstehen, sondern auch zu tun vermag"*[79], wobei die (NS-) Geschichtswissenschaft *„das Gesamtbild der National- und Weltgeschichte von der nationalsozialistischen Revolution her schöpferisch neu"* zu sehen und zum Kampf zu erziehen hatte.[80] Diese jenseits von Wahrheit und Objektivität liegende Pseudogeschichte Hitler'scher Prägung hatte bei aller ostentativen Betonung ihres Geschichtsbewusstseins überhaupt kein Interesse an der nur zum Schein beschworenen preußisch-deutschen Vergangenheit[81], weshalb die von den bürgerlichen und konservativen Kreisen angenommenen geschichtsbildlichen Gemeinsamkeiten vom Revisionismus bis hin zu der - besonders am *„Tag von Potsdam"* zelebrierten - Preußeneuphorie realiter nur Chimären gewesen sind, denen die *„Einrahmer"* um Papen und Hindenburg aufsaßen.[82] Das erklärt, warum selbst die *„Volkshistoriker"* um Aubin, Brunner, Conze, Kötzschke, Lamprecht, Petri, Steinbach et alii von den NS-Ideologen durchaus kritisch beäugt wurden[83], und natürlich kümmerte sich die SS *„[…] den Teufel darum, ob irgendeine deutsche Volksgruppe in Hirschenhof seit dem 16. Jahrhundert existiert hat* […]"[84] Es war letztlich ein glücklicher Umstand für die deutsche Geschichtswissenschaft, dass die Nationalsozialisten ihre abstruse *„Rassen"*-Historie au fond nur nach vorne gerichtet dachten, so dass sie zum einen *„im Stadium der glaubensmäßigen Verkündigung"* steckenblieb[85] und zum anderen eine

---

[76] Walter FRANK, Geschichtswissenschaft, in: Deutsche Wissenschaft. Arbeit und Aufgabe, Leipzig 1939, S. 21-23, hier S. 21.

[77] So lautet fast wortgetreu der erste Satz der wichtigen Studie von Karl Ferdinand WERNER (wie Anm. 44), S. 9.

[78] Vgl. SALEWSKI (wie Anm. 74), S. 297 f. (bes. Anm. 17), 301 f., 309 u. passim.

[79] FRANK (wie Anm. 76), S. 21.

[80] Ebd., S. 21 f.

[81] Was FRANK ebd. auf S. 21 deutlich werden lässt, indem er die Rückwärtsgewandtheit von *„Preußens unseligem König"* Friedrich Wilhelm IV. als Hauptgrund für dessen politisches Scheitern nennt. Vgl. auch SALEWSKI (wie Anm. 74), passim.

[82] Vgl. SALEWSKI (wie Anm. 74), S. 310 u. passim. Vgl. auch Horst WALLRAFF, Preußische Traditionen und *„Nationale Revolution"* - Der *„Tag von Potsdam"* am 21. März 1933 in Jülich, in: Neue Beiträge zur Jülicher Geschichte V, 1994, S. 101-113, passim.

[83] Vgl. ELVERT , Geschichtswissenschaft (wie Anm. 18), S. 92.

[84] So Wolfgang J. MOMMSEN in HOHLS/JARAUSCH (wie Anm. 9 respektive 15), S. 206. Karl Ferdinand WERNER (Das NS-Geschichtsbild und die deutsche Geschichtswissenschaft = Anm. 17) hat schon 1967 (auf der S. 35, siehe auch die S. 36-40) darauf hingewiesen, dass im Bannkreis Himmlers das Deutsche hinter das Germanische zurücktrat: *„Niemand hat mehr deutsche Geschichte verleugnet als die Nazi-Ideologen* […]." Ebd., S. 40.

[85] BRACHER/SAUER/SCHULZ (wie Anm. 61), S. 312. Vgl. auch Frantisek GRAUS in seiner Rezension zu Karl Ferdinand WERNERS Studie in den VfZG 17 von 1969 (= Geschichtsschreibung und Nationalsozialismus (Miszelle) auf den S. 87-95, hier S. 90).

offizielle einheitliche NS-Geschichtslehre nicht existiert hat, weshalb die „*Gleichschaltung*" der Geschichtswissenschaft grosso modo auf halber Strecke stehengeblieben ist.[86]

III.

Indem Hitler in einer von dem Bonner Landeshistoriker Franz Petri so betitelten „*großen Nürnberger Kulturrede*"[87] betonte, dass der NS-Staat „*Macht*" und „*Kultur*" verbinden wolle und er „*[…] nach einem Reiche der Kraft in der Gestaltung einer starken sozialen und beschirmten Gemeinschaft als Träger und Wächter einer höheren Kultur*" strebe[88], so war damit alles ausgedrückt, was Sinn und Zweck der NS-„*Kultur*" gewesen ist: Sie sollte der „*völkischen Erneuerung*" der „*Volksgemeinschaft*" dienen, sie sollte regimekonforme Kultur von „*entarteter*" Kunst und Kultur trennen und - vor allen Dingen - an die „*höheren*", irrationalen Dinge wie „*Blut*", „*Boden*", „*Heimat*" und - natürlich - „*Rasse*" heranführen[89], bis schließlich „*Kultur*" und „*Rasse*" synonym werden würden.[90] Nicht von ungefähr lautete der Titel eines ebenso abstrusen wie von Walter Frank als „*großes Werk*" gefeierten, kurz vor Beginn des Zweiten Weltkrieges erschienenen Buches „*Das Reich und die Krankheit der europäischen Kultur*", in welchem die nichtdeutsche Kultur in NS-signifikanter Weise medizinisch-biologisch als „*krank*" und nur durch arisch-deutschen Einfluss als „*heilbar*" diagnostiziert wurde.[91] Dieser Vorwurf einer gesamteuropäischen „*Kultur-Krankheit*" korrespondierte dabei mit dem Vorwurf deutscher „*Volkshistoriker*", die in Replik auf den polnischen Historikerkongress von 1933 und der dort entwickelten expansiven „*jagiellonischen Idee*" entrüstet die

---

[86] „*[…] die akademische Hierarchie war zeitweise stark erschüttert, sie war nicht vernichtet.*" WERNER (wie Anm. 44), S. 45. Zur Inexistenz einer offiziellen NS-Geschichtslehre ebd., S. 24.

[87] Franz PETRI, Die fränkische Landnahme und das Rheinland, Bonn 1936, S. 9.

[88] Hier zit. bei HAUSMANN (wie Anm. 3), S. 19 f. Diese Rede hielt Hitler auf dem Nürnberger Parteitag vom 7. September 1937, während die von PETRI (in Anm. 87) angesprochene „*Kulturrede*" Hitlers vom September 1935 datiert.

[89] Vgl. DITT (wie Anm. 30), passim u. bes. S. 151-161; LEPSIUS (wie Anm. 61), S. 126 f.; SCHÖNWÄLDER (wie Anm. 5), S. 52. Vgl. auch Herwart VORLÄNDER, Heimat und Heimaterziehung im Nationalsozialismus, in: Peter KNOCH/Thomas LEEB (Hrsg.), Heimat oder Region? Grundzüge einer Didaktik der Regionalgeschichte, Frankfurt/Main/Berlin/München 1984, S. 30-43, passim u. bes. S. 31. KORTÜM (wie Anm. 15) weist in seinem aktuellen Aufsatz zur NS-Überzeugung von Otto Brunner auf dessen jahrzehntelang als verschollen geltendes, kriegsbedingt nie veröffentlichtes und nun aufgetauchtes Buch mit dem Titel „*Der Schicksalsweg des deutschen Volkes*" hin, in dem Brunner vom „*Volk als Bluts- und Abstammungsgemeinschaft*" schreibt, für dessen „*Entdeckung und Erfahrung […] [man im] Suchen nach den Ursprüngen nach dem germanischen Norden [gegriffen habe], um […] ursprünglich germanisches Wesen zu finden.*" Zit. ebd., S. 143. Dass solch „*krude, völkisch-rassistisch aufgeladene Schicksalsinterpretation*" mit der Geschichtsphilosophie des nationalsozialistischen „*Chefideologen*" Alfred Rosenberg nahezu deckungsgleich war, bedarf kaum einer Erwähnung (ebd., S. 144, auch 148 und 151). Völlig zurecht spricht KORTÜM (ebd. auf der S. 146) in summa von Brunners „*vollständiger Akzeptanz auch der dunkelsten Seiten des Nationalsozialismus.*"

[90] „*Kultur ersetzte den Begriff der Rasse vor 1939.*" FAHLBUSCH (wie Anm. 5), S. 797.

[91] So FRANK (wie Anm. 76), S. 22.

„*Kulturunfähigkeit*" der Polen angeprangert und bis 1939 dann so weit ausgefeilt hatten, dass die Politikberatung des NS-Regimes durch „*volkshistorisch*" versierte Landeshistoriker vom Schlage eines Hermann Aubin geradezu zwangsläufig schien.[92]

Apodiktisch verkündete der Mediävist Otto Brunner im bereits von Bombenhagelstürmen heimgesuchten „*Reich*" 1943, dass „[...] *nicht politische Geschichte, nicht Rechtsgeschichte, Wirtschaftsgeschichte* [...], *sondern* [die] *politische Volksgeschichte* [...] *das Gebot der Stunde*" sein würden.[93] Indem der wegen seiner NS-Nähe 1945 von seiner Wiener Professur entbundene Landeshistoriker und Mediävist Otto Brunner die oben zitierte „*politische Volksgeschichte*" aus dem Vorwort seines 1943 in dritter Auflage erschienenen (Standard-) Werkes über „*Land und Herrschaft*" in der 1959 publizierten vierten Auflage einfach entfernte, durch „*Struktur-*" und „*Sozialgeschichte*" ersetzte[94] und dabei gleichzeitig seine Bedenken gegenüber der von ihm als Gegensatz zur „*politischen Volksgeschichte*" empfundenen „*Kulturgeschichte*" vortrug, machte er überdies ungewollt und implicite deutlich, dass die Regional- und Landesgeschichte schon unter zahlreichen „*Labels*" mehrfache Metamorphosen durchlaufen hatte. Als „*Territorial-*", „*Provinzial-*" und „*Landes- und Regionalgeschichte*", als „*geschichtliche Landeskunde*", „*historische Kulturraumforschung*" und „*Grenzlandforschung*", als „*Kulturgeschichte in landeshistorischer Sicht*"[95] nebst weiteren Etikettierungen in der Gegenwart meist als „*moderne Regional- und Landesgeschichte*" und auch in der Druckausgabe des „*Brockhaus*" dennoch nur als „*Landesgeschichte*" (und nicht als „*Regionalgeschichte*") firmierend[96], lagen Landesgeschichtsschreibung und Kulturwissen-

---

[92]   Vgl. Willi OBERKROME, Historiker im „*Dritten Reich*". Zum Stellenwert volkshistorischer Ansätze zwischen klassischer Politik- und neuerer Sozialgeschichte, in: Geschichte in Wissenschaft und Unterricht [GWU] 50, 1999, S. 74-98, hier S. 84-86, und MÜHLE (wie Anm. 11), S. 573-582.

[93]   Zit. bei SCHULZE (wie Anm. 5), S. 290.

[94]   Zit. ebd. Vgl. biographische Daten zu Brunner, der notabene 1955 in Hamburg trotz seiner NS-Affinität erneut eine ordentliche Professur erhielt, HOHLS/JARAUSCH (wie Anm. 6), S. 445, und neuerdings Hans-Henning KORTÜM (wie Anm. 15), passim und bes. S. 118, wo Kortüm darauf hinweist, dass sich besonders Hermann Aubin erfolgreich für Brunners Hamburger Professur eingesetzt hat. Kortüm weist in seinem Aufsatz nach, dass neue Dokumente Brunner [...] „*eindeutiger und stärker als bisher bekannt als äußerst aktiven und zutiefst überzeugten Anhänger des Nationalsozialismus*" zeigen (S. 119 und passim). Auch Aubin bescheinigt Kortüm im Übrigen eine „*tiefe* [NS-] *Verstrickung*" (S. 121). Vgl. auch Otto BRUNNER, Neue Wege der Verfassungs- und Sozialgeschichte [sic], Göttingen ²1968. Vgl. zu den „*braunen*" Bedeutungsmustern in Brunners Hauptwerk „*Land und Herrschaft*" z.B. Hans-Ulrich WEHLER, Nationalsozialismus und Historiker, in: SCHULZE/OEXLE (wie Anm. 5). S. 306-339, hier S. 329.

[95]   So der Titel des Aufsatzes von Roderich SCHMIDT, Kulturgeschichte in landeshistorischer Sicht, in: Zeitschrift für Ostforschung 30, 1981, S. 321-348.

[96]   Brockhaus, Die Enzyklopädie in vierundzwanzig Bänden, Leipzig/Mannheim ²⁰1996, hier Bd. 13, S. 38. Im Bd. 18 findet sich hingegen nicht das Stichwort „*Regionalgeschichte*", dafür jedoch auf den S. 175-177 der Terminus „*Regionalismus*" als „*Schlüsselbegriff*". Es ist erstaunlich, dass die Begriffe „*Landesgeschichte*" und „*Regionalgeschichte*" in IGGERS grundlegendem geschichtswissenschaftstheoretischen Werk (wie Anm. 24) an keiner Stelle auftauchen (vgl. passim u. das Register). Vgl. zu der „*Bezeichnungsvielfalt*" der Regional- und Landesgeschichte auch Ernst HINRICHS, Landes- und Regionalgeschichte, in: Hans-Jürgen

schaften meist mindestens so nah beieinander, wie dies das Begriffspaar „*Kultur*" und „*Region*" vermuten lässt, weshalb zu Beginn der 1980er Jahre sehr zu Recht bemerkt worden ist, dass „*Landesgeschichte in moderner Form*" nichts anderes als „*regionale Kulturgeschichte*" sei.[97]

Der durch seine landeshistorischen Arbeiten als Gründer einer deutschen Kulturgeschichtsschreibung geltende Karl Lamprecht hatte im letzten Viertel des 19. Jahrhunderts maßgeblich dazu beigetragen, dass ein gerütteltes Maß an Interdisziplinarität Einzug in die Geschichtswissenschaft gehalten hatte, was nach Lamprecht besonders durch die Landesgeschichtsschreibung tradiert werden sollte.[98] Diese Tradierung lag in der Natur der Landeshistoriographie selbst begründet, da die unverzichtbaren Verbindungen zu Volkskunde, Archäologie, Orts- und Flurforschung und Siedlungs- und Rechtsgeschichte das Fach a priori (bis heute) interdisziplinär prädisponierten[99] und so der Brückenschlag zu verwandten Disziplinen geradezu als eine Notwendigkeit erscheinen musste, wie dies Hermann Aubin als einer der wichtigsten „*Erben*" von Karl Lamprecht in seinem im Jahre 1925 erschienenen Aufsatz über die „*Aufgaben und Wege der geschichtlichen Landeskunde*" expressis verbis formuliert hat: „*Wir waren ferner gewillt, eine innige Zusammenarbeit aller geschichtlich gerichteten Fächer, der Archäologie und Kunstgeschichte, Sprachwissenschaft und Volkskunde, selbstredend auch der Kirchen-, Rechts- und Wirtschaftsgeschichte samt der historischen Soziologie herbeizuführen, soweit sie zur Beleuchtung dieser Landschaft* [der Rheinprovinz, von Aubin „Rheinpreußen" genannt] *beitragen können. Dafür schien gleicherweise die geschichtliche Landeskunde als gemeinsame Plattform und neutraler Sammelbegriff geeignet* [...] *Die Richtung, die wir unseren Studien gaben, entspricht der Wendung,*

GOERTZ (Hrsg.), Geschichte. Ein Grundkurs, Reinbek bei Hamburg 1998, S. 539-556, hier S. 549.

[97] So SCHMIDT (wie Anm. 95), S. 345. Vgl. ebenso Werner BUCHHOLZ, Vergleichende Landesgeschichte und Konzepte der Regionalgeschichte von Karl Lamprecht bis zur Wiedervereinigung im Jahre 1990, in: DERSELBE (Hrsg.), Landesgeschichte in Deutschland. Bestandsaufnahme - Analysen - Perspektiven, Paderborn [u.a.] 1998, S. 11-60, hier S. 17. Auch REULECKE plädiert für diese „*regionale Kulturgeschichte*": Jürgen REULECKE, Von der Landesgeschichte zur Regionalgeschichte, in: Geschichte in Wissenschaft und Unterricht 66, 1991, S. 202-208, hier S. 206. Vgl. allg. zur Bedeutung des Begriffspaares „*Region*" und „*Kultur*" im Rahmen der „*kulturalistischen Wende*" auch Thomas KÜSTER, „*Regionale Identität*" als Forschungsproblem. Konzepte und Methoden im Kontext der modernen Regionalgeschichte, in: Westfälische Forschungen 54, 2002, S. 1-44, passim, demzufolge (S. 44) eine erweiterte Regionalgeschichte gleichbedeutend ist mit Kulturgeschichte.

[98] Vgl. die Anm. 25 bis 28.

[99] Vgl. Ulrike ALBRECHT, Zum Stellenwert der historischen Regionalforschung heute, in: Hans-Jürgen GERHARD (Hrsg.), Struktur und Dimension. Festschrift für Karl Heinz Kaufhold zum 65. Geburtstag, Bd. 2: Neunzehntes und Zwanzigstes Jahrhundert, Stuttgart 1997, S. 597-608, hier S. 601. Vgl. zum nach wie vor „*interdisziplinären und integrativen*" Ansatz der heutigen Regionalgeschichte z.B. Axel FLÜGEL, Der Ort der Regionalgeschichte in der neuzeitlichen Geschichte, in: Stefan BRAKENSIEK [u.a.] (Hrsg.), Kultur und Staat in der Provinz. Perspektiven und Erträge der Regionalgeschichte (Studien zur Regionalgeschichte 2), Bielefeld 1992, S. 1-28, hier S. 15. Vgl. ebenso REULECKES Plädoyer für multidisziplinäre Anstrengungen, abgedruckt bei Detlef BRIESEN, Regionalismus und Regionalgeschichte: Forschung, Theorie, Praxis - Bericht einer Sektion des Historikertages, in: Informationen zur modernen Stadtgeschichte 2, 1992, S. 65-67, hier S. 65.

welche die Geschichtswissenschaft im Verlauf der zweiten Hälfte des 19. Jahrhunderts zur Kulturgeschichte [...] genommen hat. Für das Rheingebiet kann man Lamprechts Jugendwerk über das Wirtschaftsleben des Mosellandes aus den [18]80er Jahren als den ersten Markstein der neuen Richtung bezeichnen."[100] Wenn es also demgemäß Ursprung und Ziel des „*Instituts für geschichtliche Landeskunde an der Universität Bonn*" war, die Kulturgeschichte Lamprecht'scher Prägung fortzuführen und „*[...] mit allen Mitteln die alte deutsche Kultur zu pflegen*"[101], so galt gleiches naturgemäß auch für das erste landesgeschichtliche Institut in Deutschland, das Lamprecht höchstselbst im Jahre 1906 als „*Seminar für Landesgeschichte und Siedlungskunde*" an der Universität Leipzig gegründet hatte und das sein Habilitand Rudolf Kötzschke dann (mit einer fünfjährigen Unterbrechung) bis zu seinem Tod im Jahre 1949 leitete.[102] Im Verein mit dem 1909 ebenfalls von Lamprecht begründeten, an das eben erwähnte Leipziger Seminar angeschlossene „*Institut für Kultur- und Universalgeschichte*"[103] und dem 1920 entstandenen Bonner IGL gelangen so die entscheidenden Schritte hin zu einer institutionalisierten Verbindung von Landesgeschichte und Kulturgeschichte, deren Interdisziplinarität und Innovationskraft unter anderem in dem 1926 von Aubin zusammen mit dem Germanisten Theodor Frings und dem Volkskundler Josef Müller herausgegebenen Werk über „*Kulturströmungen und Kulturprovinzen in den Rheinlanden*" manifest geworden ist.[104]

---

[100] Hermann AUBIN, Geschichtliche Landeskunde. Anregungen in vier Vorträgen, Bonn/Leipzig 1925, S. 29 f. Ebenso zit. von ENNEN (wie Anm. 10), S. 22. Auch an anderer Stelle hat Aubin das 1886 von LAMPRECHT publizierte Werk über „*Deutsches Wirtschaftsleben im Mittelalter*" als „*Markstein*" für die „*Wendung, welche die Geschichtsforschung von der politischen und Staatengeschichte zur Untersuchung der materiellen Kultur*" genommen hat, bezeichnet: Hermann AUBIN, Das Institut für geschichtliche Landeskunde an der Universität Bonn, in: Die Westmark 1, 1921, S. 30-34, hier S. 31.

[101] Ebd., S. 34. Vgl. auch SCHMIDT (wie Anm. 95), der die Begründung des Bonner Instituts (auf S. 334 f.) als entscheidenden Schritt einer Verbindung von Landesgeschichte und Kulturgeschichte bewertet. Vgl. ebenso SCHORN-SCHÜTTE (wie Anmerkung 6), S. 412.

[102] Vgl. SCHMIDT (wie Anm. 95), S. 331 f.; Stefan HAAS, Historische Kulturforschung in Deutschland 1880-1930. Geschichtswissenschaft zwischen Synthese und Pluralität (Münstersche Historische Forschungen 5), Köln/Weimar/Wien 1994, S. 204 f. Vgl. zu Kötzschke auch ebd. die S. 204-210, die bezeichnenderweise mit „*Kulturgeschichte zwischen Landes- und Wirtschaftsgeschichte: Rudolf Kötzschke*" übertitelt sind.

[103] Vgl. dazu bes. Stefan HAAS, Transdisziplinarität als Paradigma der kultur- und sozialhistorischen Forschung, in: DIETZ/GABEL/TIEDAU (wie Anmerkung 10), hier Bd. I, S. 27-51, hier S. 37-40; SCHMIDT (wie Anm. 95), S. 331. Vgl. biographische Angaben zu Theodor Frings (von Georg *Cornelissen*) im (Internet-) „*Portal Rheinische Geschichte*" unter https://www.rheinische-geschichte.lvr.de/Persoenlichkeiten/theodor-frings/DE-2086/lido/57 c6c0cf_12c1c5.53852583 vom 22.4.2020. Es war Frings gewesen, mit dem zusammen Hermann Aubin 1920 das Bonner IGL gegründet hatte (vgl. z.B. ebd.).

[104] Vgl. ebd., S. 336; NIKOLAY-PANTER (wie Anm. 10), S. 245; ENNEN (wie Anm. 10), S. 24 u. 34. Vgl. auch Marlene NIKOLAY-PANTER, Geschichte und methodischer Ansatz des Bonner Instituts. Eine Skizze, in: Manfred GROTEN/Andreas RUTZ (Hrsg.), Rheinische Landesgeschichte an der Universität Bonn. Traditionen, Entwicklungen, Perspektiven, Göttingen 2007, S. 11-37. Auf der Seite 11 heißt es dort, dass das im Aufbau befindliche IGL erstmals im Sommersemester 1920 „*an die akademische Öffentlichkeit*" getreten sei; darüber hinaus habe man durchgängig „*einen dezidiert allgemeingeschichtlichen Anspruch*" gehabt und

Überhaupt ist das mittlerweile seit anderthalb Jahrzehnten nicht mehr existierende *„Institut für Geschichtliche Landeskunde"* (IGL) nicht allein dazu geeignet zu zeigen, dass die Landesgeschichtsschreibung der *„Bonner Richtung"* in den Weimarer Jahren durchaus *„auf dem Weg zu einer transdisziplinären Wissenschaft"* gewesen ist[105], sondern vielmehr auch die weiteren Metamorphosen, Kontinuitäten und Brüche zu konkretisieren, die die deutsche Landes- und Regionalgeschichte bis heute zu verzeichnen gehabt hat. Dabei lag, wie IGL-Gründer Hermann Aubin selbst konstatierte, die moderne Methodik eines von der früheren Territorialgeschichte radikal abweichenden Ansatzes im rheinländischen *„Raum"* selbst begründet, da, so Aubin, *„in einer aus 100 Staatspartikeln zusammengesetzten Provinz wie Rheinpreußen für die vom Staate ausgehende Landesgeschichte der organische Anknüpfungspunkt"* ganz einfach fehlte.[106] Deshalb entwickelte er zur landeshistorischen Erforschung der verschiedenen *„Rheinlandschaften"*[107] sein innovatives und damals höchst modernes Konzept des *„Kulturraumes"*, dessen Neuartigkeit neben der Interdisziplinarität eben darin bestand, sich von (territorial-) staatlichen Grenzen zu lösen und den Untersuchungs-*„Raum"* flexibel festzulegen.[108] Gleichwohl waren *„Geschichtliche Landeskunde"* und *„Kulturraum"*-Konzeption auch *„Kinder der unbewältigten Niederlage von 1918"*[109] und als solche von Geburt an mit dem Virus des chronischen Versailles-Hasses infiziert: *„Die Forschung des IGL war somit fast immer vom Gedanken des Kampfes grundiert."*[110] Ging

---

sich keineswegs nur auf den rheinischen Raum beschränkt (S. 15, vgl. auch S. 15-18). Vgl. zur vielfältigen Bedeutung des *„Kultur"*-Begriffes in allen seinen Schattierungen für das IGL und zum Konnex mit dem Kulturgeschichtspionier Karl Lamprecht ebd. S. 18-24, auch passim. Vgl. auch Matthias WERNER, Die deutsche Landesgeschichtsforschung im 20. Jahrhundert. Aufbrüche, Umbrüche, Perspektiven, in: GROTEN/RUTZ [s.o.], S. 157-178, hier S. 161-166 und 177 f.

[105] So HAAS (wie Anm. 103), S. 44. Vgl. zur Auflösung des IGL ab Sommersemester 2005 das Vorwort der beiden Herausgeber Manfred GROTEN und Andreas RUTZ in: DIESELBE (wie Anm. 104), S. 7 f.

[106] AUBIN, Geschichtliche Landeskunde (wie Anm. 100), S. 28. Auch zit. bei ENNEN (wie Anm. 10), S. 22. Vgl. auch AUBIN, Institut (wie Anm. 100), S. 30 f. Aus dem im Text angegebenen Grund nannte Aubin das Bonner Institut nicht *„Institut für rheinische Geschichte"*, sondern eben *„Institut für Geschichtliche Landeskunde"*: AUBIN, Institut (wie Anm. 100), S. 31. Vgl. auch NIKOLAY-PANTER (wie Anm. 10), S. 237. Vgl. zur Entstehungsgeschichte des IGL auch ebd., S. 233-238; ENNEN (wie Anm. 10), S. 9-16. Vgl. auch HAAS (wie Anm. 102), S. 340 f.

[107] So AUBIN selbst in Geschichtliche Landeskunde (wie Anm. 100), S. 44.

[108] Vgl. zur terminologischen Problematik bes. NIKOLAY-PANTER (wie Anm. 10), S. 238. Vgl auch Thomas KLEINKNECHT, *„Kulturraum"* und *„Volksboden"* in der Wissenschaftskritik. Eine methodologische und ideenpolitische Miszelle zu Beispielen aus der deutschen *„Westforschung"*, in: DIETZ/GABEL/TIEDEN (wie Anm. 10), Bd. I, S. 53-66, passim; ENNEN (wie Anm. 10), S. 26-28, bes. S. 27 (Anm. 39 a); WOLF (wie Anm. 18), S. 297 f.

[109] Zit. bei BUCHHOLZ (wie Anm. 97), S. 20.

[110] Hermann Aubin schrieb 1921 expressis verbis: *„Aber das Institut soll auch die Heimatliebe fördern [...]."* Zit. bei Georg MÖLICH, *„Zu den Rheinlanden reden…".* Rheinische Neujahrsblätter. Fortbildungskurse und andere öffentlichkeitsorientierte Aktivitäten des Bonner Instituts nach 1920, in: GROTEN/RUTZ (wie Anm. 104), S. 113-127, hier S. 114. RUSINEK (wie Anm. 10), S. 1144. Vgl. auch ebd., S. 1194 und 1142, wo Rusinek von *„kampffixierten IGL-Wissenschaftlern"* schreibt. Auch der Lamprecht-Schüler Rudolf KÖTZSCHKE hat in einem

es bei Gründung des IGL im Jahre 1920 noch gemäß Satzung darum, die „*Heimatliebe*" zu fördern[111], so verriet ein im gleichen Jahr verfasstes Schreiben des an der Konstituierung des Instituts entscheidend mitbeteiligten Bonner Ordinarius Aloys Schulte, demzufolge das IGL „*für die Stärkung deutscher Gesinnung sehr, sehr viel*" würde tun können und wollen[112], worauf die Zeichen der Zeit hindeuteten - nämlich auf die Ideologisierung und Indienstnahme der innovativen IGL-Methodik durch eine Politik, die zuvorderst die Vernichtung des Versailler Vertrag-Werks zum Ziel hatte.[113] Spätestens durch die Ende der 1920er Jahre dann von Weimarer Regierungsstellen finanzierte und besonders vom IGL betriebene „*Grenzlandforschung*"[114] machte man einen nächsten Schritt hin zu einer weiteren landeshistoriographischen Metamorphose, an deren Ende die weiter unten noch einmal zu thematisierende „*Volksgeschichte*" und eine eng(er)e Bindung zum Nationalsozialismus und dessen expansiven Ambitionen stehen sollte.[115] Und nach 1945 war das IGL wieder als Hüter einer „*praktischen Heimatpflege*" und als abermaliger Identitätsstifter - diesmal gegen östliche Flüchtlingsströme und westliche Besatzungsmächte - gefragt[116], derweil man unter dem Etikett „*Sozialgeschichte*" nun in Ruhe nach neuen Forschungsfeldern und Methoden suchte[117] und der seit 1926 das Institut leitende Franz Steinbach seine Amtszeit erst 1960 ausklingen ließ[118]: damit hatte sich die in Weimar, NS-Deutschland und noch in den 1950er Jahren

---

1923/24 erschienenen Aufsatz den „*gesunden Wiederaufstieg*" Deutschlands als oberstes Ziel der Landesgeschichtsschreibung angegeben (Nationalgeschichte und Landesgeschichte, [abgedruckt] in: FRIED (wie Anm. 6), dort auf den S. 13-37, hier S. 36. Vgl. zu Kötzschkes Ambitionen auch WERNER, Landesgeschichtsschreibung (wie Anm.104), S. 164.

[111] Vgl. AUBIN, Institut (wie Anm. 100), S. 34; NIKOLAY-PANTER (wie Anm. 10), S. 240; RUSINEK (wie Anm. 10), S. 1142. Vgl. zur Beziehung des IGL zur Heimatbewegung und -forschung NIKOLAY-PANTER (wie Anm. 10), S. 239-241. DITT, Raum (wie Anm. 30) weist (auf S. 18) darauf hin, dass (auch) die Heimatbewegung durch die Weltkriegsniederlage ideologisiert worden ist. Für HAAS (wie Anm. 102) ist der „*Heimat*"-Begriff neben dem der „*Kultur*" die zweite entscheidende Synthesekategorie der Landesgeschichte (S. 341-347).

[112] Zit. bei Horst LADEMACHER, Politik und Wissenschaft. Über Nachteil und Notwendigkeit einer umstrittenen Beziehung, in: DIETZ/GABEL/TIEDAU (wie Anm. 10), Bd. I, S. 1-25, hier S. 2.

[113] Vgl. ebd., passim.

[114] Vgl. ebd., S. 6; NIKOLAY-PANTER (wie Anm. 10), S. 248 f. (bes. Anm. 64). Auf die Tatsache, dass auch überzeugte republikanische Weimarer Politiker wie der preußische Kultusminister Carl Heinrich Becker oder selbst Hugo Preuß die Rückbesinnung auf die „*unbesiegbaren kulturellen Kraftquellen*" der Heimatbewegung forderten, verweist DITT, Regionalismus (wie Anmerkung 37) auf S. 19.

[115] „*Durch ihre Politisierung hatte sich die kulturhistorische Landesgeschichte [...] selbst diskreditiert und trug so zum Traditionsbruch der Kulturgeschichte seit den 1930er Jahren bei.*" HAAS (wie Anmerkung 102), S. 347. Vgl. - beispielsweise - auch BUCHHOLZ (wie Anm. 97), dem zufolge (S. 20) die „*Geschichtliche Landeskunde*" sich in ihrer Variante als „*Volksgeschichte*" durchaus in den Dienst des Nationalsozialismus gestellt hat.

[116] RUSINEK (wie Anm. 10), S. 1144.

[117] Vgl. z.B. BUCHHOLZ (wie Anm. 97), S. 25 f. (bes. Anm. 60).

[118] Vgl. Angaben zum Personal des IGL bei RUSINEK (wie Anm. 10), S. 1150-1156. Vgl. im einzelnen - jeweils stellvertretend - zu Hermann Aubin (1885-1969) MÜHLE (wie Anm. 11), passim; HOHLS/JARAUSCH (wie Anm. 9), S. 442; ENNEN (wie Anm. 10), passim u. bes. S. 9-16 (analog zur Entstehungsgeschichte des IGL); Wolfgang J. MOMMSEN (wie Anm. 12), passim;

unter dem Label der „*Westforschung*" betriebene IGL-Geschichtsschreibung nicht nur personell als „*anwendungsorientierte*" Geisteswissenschaft in nicht weniger als drei politischen Gesellschaftsformen - dem semipräsidentiellen System der Republik von Weimar, der totalitären Berliner NS-Diktatur und der parlamentarischen Bonner Demokratie - behauptet![119]

IV.

Indem Hermann Aubin im Jahre 1925 ein kategorisches „*Bekenntnis zur Heimat als dem Nährboden unseres Volksbewußtseins*" forderte[120], deutete sich bereits die Metamorphose der Anfang 1930 von Helbok erstmals als „*Volksgeschichte*" bezeichneten Landesgeschichte[121] an, nach welcher sie sich als durchaus NS-kompatibel erweisen sollte. Dabei ist sicher die Frage zentral, ab wann diese als „*Geschichtliche Landeskunde*", „*Kulturraumforschung*" und „*Grenzlandforschung*" interdisziplinär betriebene Weimarer Landesgeschichtsschreibung in die „*intellektuellen Grauzonen des Dritten Reiches*" mündete[122]; fest steht in jedem Fall, dass die methodische Modernität der Bonner, Leipziger und auch Innsbrucker „*Richtung*" von ihrer Instrumentalisierung für den - jeweiligen - revanchistischen „*Grenzkampf*", ihrem Ethnozentrismus und ihrer dogmatisch vorgetragenen rückwärtsgewandten Zivilisationskritik insofern

---

ein Photo von Aubin findet sich bei Dɪᴛᴛ, Raum (wie Anm. 30) auf der S. 96 als Abb. 12. Vgl. zu Franz Steinbach (1895-1964) und Franz Petri (1903-1993) z.B. Hᴏʜʟs/Jᴀʀᴀᴜsᴄʜ (wie Anm. 9), S. 473 u. 465 f.; Fᴀʜʟʙᴜsᴄʜ (wie Anm. 5), passim; Sᴄʜöɴwäʟᴅᴇʀ (wie Anm. 5), S. 324 (Anm. 107 u. 108) und die S. 105-111; Wᴏʟғ (wie Anm. 18), S. 305-314 (allein zu Petri). Vgl. zu Franz Steinbach auch Marlene Nɪᴋᴏʟᴀʏ-Pᴀɴᴛᴇʀ, Der Steinbach-Lehrstuhl an der Universität Bonn und seine Wiederbesetzung (1960-1962), in: Benedikt Mᴀᴜᴇʀ (Hrsg.), Das Heute hat Geschichte. Forschungen zur Geschichte Düsseldorfs, des Rheinlandes und darüber hinaus. Festschrift für Clemens von Looz-Corswarem zum 65. Geburtstag (Quellen und Forschungen zur Geschichte des Niederrheins 10), Essen 2012, S. 279-295, passim.

[119] Vgl. Rᴜsɪɴᴇᴋ (wie Anm. 10), S. 1145 u. 1193.

[120] Aᴜʙɪɴ, Geschichtliche Landeskunde (wie Anm. 100), S. 91.

[121] Vgl. Willi Oʙᴇʀᴋʀᴏᴍᴇ, Volksgeschichte. Methodische Innovation und völkische Ideologisierung in der deutschen Geschichtswissenschaft 1918-1945 (Kritische Studien zur Geschichtswissenschaft 101), Göttingen 1993, S. 98. Vgl. jetzt zur „*Öffentlichkeitsarbeit*" im Rheinland während des Überganges zum NS-Regime Möʟɪᴄʜ (wie Anm. 119), passim, und neuerdings Mark Hᴀᴀʀғᴇʟᴅ, Deutsche Propaganda im Rheinland 1918-1936, Essen 2017, passim. Wᴇʀɴᴇʀ, Landesgeschichtsforschung (wie Anm. 104) weist darauf hin, dass (erst) der gemeinsame „*Auftritt*" der drei jungen Leiter der landesgeschichtlichen Institute in Leipzig (Rudolf Kötzschke seit 1906), Bonn (Hermann Aubin seit 1920) und Innsbruck (Adolf Helbok seit 1923) auf dem Frankfurter Historikertag von 1924 den „*Durchbruch*" bedeutet hat; erst danach „[...] *setzte der große Aufbruch des neuen Faches ein.*" Es folgten seit 1926 dann elf (!) weitere Gründungen von landeskundlichen Instituten (S. 167 f.), die - analog zu ihren Gründern - zum überwiegenden Teil einen mediävistischen Schwerpunkt hatten (S. 169 f.). Möʟɪᴄʜ (wie Anm. 110) zufolge hatte sich die Landesgeschichte auf dem Historikertag von 1924 als ein „*möglicherweise sogar hochpolitisches Fach*" präsentiert (zit. ebd. auf der Seite 117).

[122] Willi Oʙᴇʀᴋʀᴏᴍᴇ, „*Grenzkampf*" und „*Heimatdienst*". Geschichtswissenschaft und Revisionsbegehren, in: Tel Aviver Jahrbuch für deutsche Geschichte XXV, 1996, S. 187-204, hier, S. 202. Auch Jost Düʟғғᴇʀ bezeichnet (in seiner Rezension zu Dɪᴇᴛᴢ/Gᴀʙᴇʟ/Tɪᴇᴅᴀᴜ - wie Anm. 10 - auf S. 277) die im Text gestellte Frage als „*zentrale Kategorie der Debatte*".

konterkariert wurde[123], als diese Landeshistoriker durch ihre zumindest zeitweilige Liaison mit den Nationalsozialisten mittels der genannten Ingredienzien der (Landes-) Geschichtsschreibung einen - aus Sicht der NS-Gegner - bitteren Beigeschmack hinzufügten, der bis heute noch nicht ganz verschwunden ist. Gerade durch den immer häufiger verwendeten *„Volkstums"*-Begriff öffneten die Bonner und Leipziger Landeshistoriker um Aubin, Steinbach und Kötzschke die Pforten zum NS-Reich des Irrationalismus[124], in dem Termini wie *„Blut"* und *„Rasse"* die SS-Welt dann Wirklichkeit werden ließen und die Landesgeschichte als *„Volksgeschichte"* eine bis heute nachwirkende *„Pervertierung"* erfuhr.[125]

Abb. 2: Hermann Aubin (Foto: Archiv der Universität Köln).

„Blut" und *„Boden"*, *„Volkstum"* und *„Seele"* - solche dem Irrationalismus inhärenten Begrifflichkeiten waren schon lange vor dem Ersten Weltkrieg in Heimatbewegung und Heimatdichtung weit verbreitet gewesen[126], so wie vice versa Hermann Aubin 1925 konstatierte, dass *„Heimat"* dem Herzen und nicht dem Verstand verpflichtet sei[127], während sein Leipziger Kollege Rudolf Kötzschke ein Jahr zuvor in der Heimat *„das Innerste"* an sich erblickte und behauptete, dass *„aus bodenbedingten Zuständen […] Erscheinungen seelischer Art"* entspringen würden.[128] Es war deshalb alles andere als verwunderlich, wenn - wie

---

123 Vgl. Bernd SCHÖNEMANN, Die Region als Konstrukt. Historiographiegeschichtliche Befunde und geschichtsdidaktische Reflexionen, in: Blätter für deutsche Landesgeschichte 135, 1999, S. 153-187, hier S. 163-165; LADEMACHER (wie Anm. 112), S. 5-7. SCHLEIER (wie Anm. 47) spricht (auf S. 73 in der Anm. 165) von der *„Anwendung neuer und komplexer Forschungsmethoden einerseits und revanchistischer Beschränktheit andererseits"*.

124 Vgl. ebd., S. 244-253. Vgl., allein bezogen auf das Bonner IGL, auch NIKOLAY-PANTER (wie Anm. 10), S. 253 u. 258.

125 Zit. bei ALBRECHT (wie Anm. 99), S. 602. Vgl. auch den folgenden (abschließenden) Abschnitt V des vorliegenden Aufsatzes.

126 *„Bei „Heimat" wird's […] mysthisch und mythisch, andachtsvoll und altertümelnd, hymnisch und „kündend", ahnungsvoll und raunend."* VORLÄNDER (wie Anm. 89), S. 37 f. Vgl. auch ebenda, passim, des weiteren LADEMACHER (wie Anm. 112), S. 3. AUBIN, Geschichtliche Landeskunde (wie Anm. 100) hatte 1925 (auf S. 93) festgestellt, dass die Heimatbewegung schon vor 1914 gegen die *„Wurzellosigkeit"* des *„modernen Arbeitsmenschen"* gewirkt habe. DITT (wie Anm. 37) zufolge (S. 18) hatte der von ihm so bezeichnete *„kulturalistische Typ"* des Regionalismus seine Ursprünge in der Heimatbewegung.

127 AUBIN, Geschichtliche Landeskunde (wie Anm. 100), S. 91 f.

128 KÖTZSCHKE (wie Anm. 110), S. 34: *„Endlich das Innerste: Heimat"*.

erwähnt - die Forcierung von „*Heimatliebe*" zu den vordergründigen Aufgaben des Aubin'schen Institutes gehörte[129] und „*Heimat*" hier geradezu als Schlüsselbegriff galt[130]: „*Die ethnohistorische Betrachtung deutscher Verhältnisse profilierte sich in einer früh geschmiedeten Allianz mit der „deutschen Heimatbewegung". Ihre […] Programmatik wurde von den Landeshistorikern geteilt und geschichtswissenschaftlich untermauert.*"[131] Demzufolge besaßen Institutionen wie der bereits 1904 gegründete „*Deutsche Bund Heimatschutz*" (DBH) durchaus Einfluss auf die Weimarer Geschichtswissenschaft und hier besonders auf die von der Landesgeschichtsschreibung geleistete „*akademische Volkstumsforschung*"[132], was in ähnlichem Ausmaß - natürlich - auch für das „*Auslands- und Grenzdeutschtum*" galt, welches durch die in Versailles dekretierten Gebietsverluste zu einem Millionenheer angewachsen war und dem nun die Landesgeschichte insofern als Hoffnungsträger erschien, als letztere durch die thematisierte Verbindung von „*Volk*" und „*Boden*" zeigen konnte, dass revanchistische Ansprüche gerechtfertigt waren.[133] Nicht zufällig hatten so alle irgendwie vom Versailler Vertrag betroffenen Gebiete und Gruppierungen „*ihre*" zentralen Landeshistoriker - die Karpatendeutschen Raimund Friedrich Kaindl, die Baltendeutschen Hans Rothfels, die Südtiroler Paul Herre, die Danziger Korridor-„*Insassen*" Erich Keyser, die Schleswig-Holsteiner Otto Brandt und Arnold Oskar Meyer, die Oberschlesier Victor Loewe und nicht zuletzt die Rheinländer Hermann Aubin und Franz Steinbach -, für die selbstredend nur das „*Volk*" und gerade nicht der „*Staat*" Basis und Gegenstand ihrer Forschungen sein konnte.[134] Und auch hier bestand von Beginn der Weimarer Republik an ein Konnex zwischen den „*Volks- und Kulturbodenforschern*" und den „*auslandsdeutschen*" Organisationen wie dem „*Verein für das Deutschtum im Ausland*" (VDA), dem „*Deutschen Auslands-Institut*" (DAI) und dem „*Deutschen Schutzbund für das Grenz- und Auslandsdeutschtum*"[135], wobei die institutionelle Förderung und Vernetzung der von den Geographen Albrecht Penck und Wilhelm Volz geleiteten Leipziger

---

[129] Vgl. AUBIN, Geschichtliche Landeskunde (wie Anm. 100), S. 4.

[130] Vgl. SCHMIDT (wie Anm. 95), S. 333 f.

[131] OBERKROME, Historiker (wie Anm. 92), S. 82. KÖTZSCHKE (wie Anm. 110) zufolge bildete die „*historische Heimatforschung*" die Grundlage der Landesgeschichte: vgl. SCHORN-SCHÜTTE (wie Anm. 6), S. 413 und 416. Umgekehrt war es Aubin angelegen, die Heimatforschung durch die Landesgeschichte „*mit wissenschaftlichen Grundgedanken*" zu speisen: zit. bei MÜHLE (wie Anm. 11), S. 564.

[132] Der entsprechende Abschnitt bei OBERKROME, Volksgeschichte (wie Anm. 121) lautet „*Die Anfänge der akademischen Volkstumsforschung nach 1918*" (S. 22-41). Vgl. zum Konnex des „*Bundes Heimatschutz*" (respektive seit 1913 „*Deutscher Bund Heimatschutz*") auf die Landesgeschichte ebd., S. 30-32; DERSELBE, „*Grenzkampf*" (wie Anmerkung 122), S. 199-201. Vgl. auch DERSELBE, Probleme deutscher Landesgeschichtsschreibung im 20. Jahrhundert. Regionale Historiographie im Spannungsfeld von Politik und Wissenschaft, in: Westfälische Forschungen 46, 1996, S. 1-32, hier S. 12.

[133] Vgl. HAMMEN (wie Anm. 34), S. 183 f. (bes. Anm. 97); HAAS (wie Anm. 103), S. 346; SCHORN-SCHÜTTE (wie Anm. 6), S. 412 f.

[134] Vgl. - auch die Auflistung - bei HAMMEN (wie Anm. 34), S. 185 f. (bes. Anm. 107).

[135] Vgl. OBERKROME, Volksgeschichte (wie Anm. 121), S. 25-30; DERSELBE, Probleme (wie Anm. 132), S. 7 f.; FAHLBUSCH (wie Anm. 5), S. 39 f.

„*Stiftung für deutsche Volks- und Kulturbodenforschung"* und letztlich auch dem Auswärtigen Amt angelegen war.[136]

In jedem Fall machte der Verlust von „*Staats"*-Substanz an den deutschen Grenzen nach 1918 andere, neue Forschungs-Paradigmen notwendig, die in erster Linie von den Vertretern der „*neuen"* Landesgeschichtsschreibung in Form von „*Kultur"* und „*Volk"* ausgemacht und angewandt wurden, um in interdisziplinärer Zusammenarbeit mit Geographen, Volkskundlern und Philologen die in Versailles festgelegten Grenzen wissenschaftlich in Frage zu stellen: „*Im Diskurs der anwendungsorientierten Historiker und Politiker spielte seit den 1920er Jahren der Topos oder das Konstrukt des deutschen „Volks- und Kulturbodens" eine zentrale Rolle.*"[137] Pionier und Protagonist dieses neuen Forschungsansatzes in Gestalt einer Landesgeschichte des „*Kulturraumes"* war zweifellos der 1885 als Sohn eines böhmischen Fabrikanten geborene Hermann Aubin, der nach Kriegsende als junger Privatdozent in Bonn ein „*innovatives Konzept landesgeschichtlicher Forschung* [entwickelte], *das die Prozesse des regionalen Kulturaustauschs ins Zentrum rückte*"[138] und das er nach den 1925 und 1929 erfolgten Berufungen nach Gießen und Breslau immer weiter nach Osten quasi dorthin zurücktrug[139], wo Karl Lamprecht und Rudolf Kötzschke an ihren Leipziger Instituten bereits seit Beginn des Jahrhunderts jene Ideen und Innovationen vorgedacht hatten, auf denen das im Dezember 1918 von Aubin der „*Gesellschaft für Rheinische Geschichtskunde"* vorgelegte Konzept für das am 6. Mai 1921 gegründete Bonner IGL unter anderem fußte.[140] Die dergestalt institutionalisierte, von Lamprecht, Kötzschke und Aubin erdachte und entwickelte neuartige, „*Kulturraumforschung"* und „*Geschichtliche Landeskunde"* genannte Landesgeschichtsmethode, die als „*die umfassende Erforschung aller Lebensbereiche in einem begrenzten Raum mittlerer Größe im interdisziplinären*

---

[136]   Vgl. bes. ebd. ebenso OBERKROME, Probleme (wie Anm. 132), S. 8. Vgl. zum Engagement Aubins in so gut wie allen im Text genannten Institutionen und Organisationen die erstmals in Anmerkung 11 zitierten Studien von Eduard MÜHLE, passim.

[137]   KLEINKNECHT (wie Anm. 108), S. 58. Vgl. - beispielsweise - auch SCHÖNWÄLDER (wie Anm. 5), S. 51-53.

[138]   MÜHLE in LEHMANN/OEXLE (wie Anm. 11), S. 551. Vgl. zu Aubins Biographie natürlich besonders die in Anm. 11 erwähnte Habilitationsschrift von MÜHLE, passim. Vgl. auch FAHLBUSCH (wie Anm. 5), S. 181-183; SCHÖNWÄLDER (wie Anm. 5), S. 321 (Anm. 60); WOLF (wie Anm. 18), S. 288, 289 (Anm. 39), 305; ENNEN (wie Anm. 10), S. 12. DITT (wie Anm. 30) bezeichnet Aubin (auf S. 16) als „*historischen Hauptvertreter"* der „*Kulturraumforschung"*. Siehe auch die Anm. 118.

[139]   SCHÖNWÄLDER (wie Anm. 5) betitelt (auf den S. 100-102) einen Abschnitt „*Deutsche „Ostbewegung" als überhistorische Ganzheit: Hermann Aubin*". Zwar war Aubin 1922 in Bonn zum nichtbeamteten außerordentlichen Professor ernannt worden, hatte jedoch kein Ordinariat erhalten, weshalb er 1925 dem Ruf nach Gießen und 1929 nach Breslau folgte: vgl. MÜHLE (wie Anm. 11), S. 553 f.; WOLF (wie Anm. 18), S. 289; ENNEN (wie Anm. 10), S. 21.

[140]   Explizit zur IGL-Entstehungsgeschichte ebd., S. 16-18. Vgl. auch NIKOLAY-PANTER (wie Anm. 10), S. 234. Dies., Steinbach-Lehrstuhl (wie Anm. 118), S. 280 f., die hier auf die bedeutende Rolle der Wirtschaftsgeschichte rekurriert, die diese in den Forschungsansätzen von Lamprecht, Aubin und Steinbach gespielt hat. Siehe zu den 1906 und 1909 von Lamprecht und Kötzschke gegründeten und geführten Leipziger Instituten die Anm. 102 und 103.

Zusammenwirken aller historisch orientierten Fächer" definiert werden kann[141], trat nun im Zeichen des auf *„Grenzkampf", „Volksboden"* und - eben - *„Kulturraum"* eingeschworenen Zeitgeistes von Bonn, Leipzig und auch Innsbruck aus ihren Siegeszug an, der von den staatlichen Stellen mit *„einer fast beispiellosen bürokratischen Alimentierung"*[142] forciert wurde, was wiederum zur Entstehung zahlreicher weiterer landesgeschichtlicher Einrichtungen der später so genannten *„Ostforschung"* und *„Westforschung"* entscheidend beitrug.[143] Andererseits aber waren das Bonner wie auch das Leipziger Institut keineswegs nur die Avantgarde einer neuen, interdisziplinären Landesgeschichtsschreibung, sondern auch Ausgangspunkt eben dieser *„West-"* und *„Ostforschung"*, die im Verbund nicht weniger als eben jene *„Volksgeschichte"* ausmachten, die der deutschen Geschichtswissenschaft erst den Weg zur *„Zusammenarbeit mit Baal"* (Otto Gerhard Oexle) gewiesen hat.[144] Schon Mitte der 1920er Jahre war die *„Westforschung"* im Umfeld zweier den *„Westdeutschen Volksboden"* thematisierenden Tagungen grundgelegt[145] und im Zuge der ab Ende des Jahrzehnts vom IGL und auch von staatlichen Stellen forcierten *„Grenzlandforschung"* 1931 als *„Rheinische Forschungsgemeinschaft"* institutionalisiert worden, wobei als Leiter notabene der 1926 als IGL-Chef Aubin nachfolgende Franz Steinbach fungierte.[146] In diesem Kontext konstituierten sich dann nach dem Bonner IGL-Muster weitere *„westforschende"* landesgeschichtliche Institute wie das *„Alemannische Institut"* und das *„Oberrheinische Institut für geschichtliche Landeskunde"* in Freiburg, das *„Wissenschaftliche Institut der Elsaß-Lothringer [!]"* in Frankfurt am Main, das *„Saarpfälzische Institut"* in Kaiserslautern, das *„Institut für fränkisch-pfälzische Geschichte"* in Heidelberg und nicht zuletzt das *„Provinzialinstitut für westfälische Landes- und Volksforschung"* in Münster[147], die in Zusammenarbeit mit der Leipziger *„Stiftung für deutsche Volks- und*

---

[141] So BUCHHOLZ (wie Anm. 97), S. 18. Vgl. eine ähnlich konzise Definition bei OBERKROME, Probleme (wie Anm. 132), S. 10.

[142] OBERKROME, Historiker (wie Anm. 92), S. 81.

[143] KÖTZSCHKE (wie Anm. 110) nannte das Bonner IGL, die an der Universität Köln eingerichtete Professur für rheinische Landesgeschichte und das *„Institut für geschichtliche Siedelungs- und Heimatkunde"* an der Universität Innsbruck landesgeschichtliche *„Pflegstätten von neuer Art"*.

[144] Siehe den - etwas abgewandelten - Titel dieses Aufsatzes! Vgl. - pars pro toto - DIETZ (wie Anm. 20), der (auf S. 201) feststellt, dass die *„West-"* und *„Ostforschungserträge"* besonders vom *„Ahnenerbe"* der SS und von der kultur- und auslandswissenschaftlichen Abteilung im Reichssicherheitshauptamt instrumentalisiert worden sind.

[145] Vgl. ebd., S. 200.

[146] Am 27. Juli 1931 wurde die später als *„Westdeutsche Forschungsgemeinschaft"* firmierende *„Rheinische Forschungsgemeinschaft"* gegründet: vgl. FAHLBUSCH (wie Anm. 5), S. 353; NIKOLAY-PANTER (wie Anm. 10), S. 249 f., auch 255. Vgl. auch die Anm. 114. Vgl. zur *„Westdeutschen Forschungsgemeinschaft"* bes. FAHLBUSCH (wie Anm. 5), S. 350-440 (!). Vgl. zu Franz Steinbach auch den biographischen Eintrag von Marlene NIKOLAY-PANTER im (Internet-) *„Portal Rheinische Geschichte"* unter der URL-Adresse https://www.rheinische-geschichte.lvr.de/Persoenlichkeiten/franz-steinbach/De-2086/lido/5 7c95564389fa.83735719 vom 11.4.2020. Vgl. auch die Anm. 164.

[147] Vgl. ebd., S. 369-379; DIETZ (wie Anm. 20), S. 202. Vgl. zum 1928 gegründeten Münsteraner Provinzialinstitut DITT (wie Anm. 30), S. 85-95.

Kulturbodenforschung"[148], den ab 1931 von Reichsinnenministerium und Auswärtigem Amt betreuten *„Volksdeutschen Forschungsgemeinschaften"* (zu denen auch die *„Westdeutsche Forschungsgemeinschaft"* zählte), zahlreichen universitär verankerten Instituten und Einrichtungen und schließlich dann auch mit genuin nationalsozialistischen Stellen wie SS-*„Ahnenerbe"* und Reichssicherheitshauptamt *„Westforschung"* betrieben.[149] Dabei wirkte die dergestalt nach Westen *„greifende"*, im Bonner IGL entwickelte *„Kulturraumforschung"* schon zu Weimarer Zeiten als *„politische Gegenaufklärung"* und stand - ironischerweise - exakt der politischen Philosophie des Westens entgegen[150], was aber angesichts der Tatsache, dass die Vorstellung vom französischen *„Erbfeind"* als Gründungsmythos von *„Kulturraum-"*, *„Grenzland-"* und letztlich auch *„Westforschung"* gelten, dann doch nicht weiter verwundert.[151]

V.

Es war bezeichnend und mitnichten ein Zufall, dass ausgerechnet ein junger Landeshistoriker die nationalsozialistische Forderung, „[...] *der Historiker* [solle] *zum Pfaffen der* [NS-]*Bewegung werden"*, im Rahmen seiner Dissertation 1938 fertiggestellten Doktorarbeit über die Stadt Monschau frank und frei zitierte.[152] Dies war angesichts des Inhalts seiner die *„Siedlungs- und Rassengeschichte des Hohen Venns"* auch anhand von Schädelmessungen behandelnden Doktorarbeit nicht überraschend und zeigte, auf welchen abschüssigen Weg sich die einstige *„Kulturraumforschung"* und *„Geschichtliche Landeskunde"* durch ihre Paradigmata wie *„Volk"* und *„Raum"* begeben hatte.[153] Es ist bedrückend und bezeichnend zugleich, dass der Kölner Mediävist

---

148   Die DIETZ (wie Anm. 20) auf S. 202 als *„Geburtsstätte"* der *„Grenzlandforschung"* deklariert.

149   Vgl. ebd., S. 202-205. DIETZ weist des Weiteren (auf S. 202 f.) darauf hin, dass sich bei den universitären Institutionen besonders Köln und hier der Kölner Wirtschaftshistoriker Bruno Kuske *„westforschend"* hervortaten, wobei Kuske zu den politisch eher indifferenten Landeshistorikern der NS-Zeit gezählt werden muss: vgl. ELVERT, Geschichtswissenschaft (wie Anm. 18), S. 121. Vgl. dazu auch HEIBER (wie Anm. 60), hier Teil II, Bd. 1, 2 (Die Kapitulation der Hohen Schulen. Das Jahr 1933 und seine Themen, München [u.a.] 1992), S. 363-365. Vgl. zu Kuske, der ja in Köln in seiner Funktion als Nationalökonom besonders die Wirtschaftsgeschichte des Rheinlandes erforschte, auch ELVERT, Mitteleuropa (wie Anm. 35), S. 265 f., des weiteren DIETZ (wie Anm. 20), S. 202 f. u. LADEMACHER (wie Anm. 112), S. 11, dem zufolge Kuske derjenige gewesen ist, „[...] *der das Wort vom rheinisch-westfälischen Industriegebiet"* nach 1945 kreiert hat.

150   KLEINKNECHT (wie Anm. 108), S. 61-66, wo der entsprechende Abschnitt mit *„Westforschung als politische Gegenaufklärung"* betitelt ist.

151   Vgl. SCHÖTTLER (wie Anm. 5), S. 93.

152   Zit. bei Klaus PABST, *„Blut und Boden"* auf rheinische Art. Gerhard Kallen, der Nationalsozialismus und der *„Westraum"*, in: DIETZ/GABEL/TIEDEN (wie Anm. 10), Bd. II, S. 945-987, hier S. 960. Vgl. auch den biographischen Beitrag von Klaus PABST zu Gerhard Kallen im *„Portal Rheinische Geschichte"* unter https://www.rheinische-geschichte.lvr.de/Persoenlichkeiten/gerhard-kallen/DE2086/lido/57c9318ad56b66.44143121 vom 1.5.2020.

153   Der Titel seiner Doktorarbeit lautete *„Die Bevölkerung von Monschau. Geschichte, Zustand und Entwicklungstendenz"*. Nach seiner Promotion kehrte RÜBEL zum Rasse- und Siedlungshauptamt der SS (!) zurück und wurde 1942 zum *„Sonderkommando K"* des *„Ahnenerbe"*-Forschers Bruno Beger abkommandiert, um für dessen obskure Schädelsammlung

Gerhard Kallen in seiner Eigenschaft als Gutachter dieses *„ahistorischen und in seinen Konsequenzen geradezu gefährlichen Machwerks"* die Note *„Gut"* beantragte, womit er das vernichtende Votum des für die NSDAP im Reichstag sitzenden (!) Kölner Neuzeitlers Martin Spahn konterkarierte[154] und sich so die gleiche gutachterliche Diskrepanz ergab, die schon bei der am 31. Mai 1935 unter dem Titel *„Germanisches Volkserbe in Wallonien und Nordfrankreich - Die fränkische Siedlung in Frankreich und in den Niederlanden und die Bildung der germanisch-französischen Sprachgrenze (Volkstum, Staat und Nation an der deutschen Westgrenze)"* eingereichten, über tausendseitigen Habilitationsschrift des *„radikalsten"* IGL-Historikers Franz Petri zutage getreten war.[155] Obwohl kein Schüler von Franz Steinbach - der am 22. Februar 1903

„Material" unter den Häftlingen des KZ Auschwitz zu suchen. Nach 1945 lebte Rübel unangetastet in Augsburg. Vgl. PABST (wie Anm. 152), S. 963, ebenso S. 960.

[154] Ebd, S. 961 und - zur zumindest teilweise fragwürdigen Habilitationsschrift Petris - passim. Vgl. dazu bes. Martina PITZ, Franz Petris Habilitationsschrift in inhaltlich-methodischer und fortschrittsgeschichtlicher Perspektive, in: DIETZ/GABEL/TIEDEN (wie Anm. 10). Bd. I, S. 224-246, passim. Vgl. zu Martin Spahn und seinem Kölner Lehrstuhl auch ELVERT, Geschichtswissenschaft (wie Anm. 18), S. 114-117.

[155] Vgl. PITZ (wie Anm. 154), S. 228 (auch Anm. 18), und PABST (wie Anm. 152), der auf S. 958 f. davon berichtet, dass Gerhard Kallen Petris Habilitationsschrift *„außerordentlich positiv"* bewertete, während die anderen drei Gutachter mit Spahn an der Spitze *„[...] nicht recht sehen* [konnten], *wie das, was er* [Petri] *bisher verfaßt hat, als Unterlage einer Habilitation auf dem Gebiet der Geschichte ausreichen sollte."* Die Bezeichnung Petris als *„radikalster"* IGL-Historiker findet sich bei RUSINEK (wie Anm. 10) auf der S. 1151. Vgl. auch den biographischen Beitrag zu Franz Petri von Karl DITT im (Internet-) *„Portal rheinische Geschichte"* unter https://www.rheinische-geschichte.lvr.de/Persoenlichkeiten/franz-petri/DE-2086/lido/ 57c958e8544940.89284661 vom 10.3.2020.

Es ist vielleicht mehr als eine Fußnote, dass der mittels vorliegender Festschrift gewürdigte Jubilar Günter Bers Ende der 1960er Jahre für kurze Zeit aushilfsweise wissenschaftlicher Assistent von Franz Petri gewesen ist, den er im persönlichen Umgang als überaus disziplinierten und sehr integren akademischen Lehrer kennen gelernt hat, der ihm aus einer schweren persönlichen Krise - Bers' Vater war plötzlich gestorben - heraus half, indem er die gekürzte Fassung von Bers' Dissertation akzeptiert und durch die Fakultät gebracht hat: *„Ich werde Petri bis ans Ende meiner Tage* [dafür] *dankbar sein!"* So Günter Bers in einem Telefonat mit dem Verfasser vom 25.6.2020. Vgl auch die anlässlich des Todes von Franz Petri erschienenen Würdigungen der Person Petris und seines Werkes von Horst LADEMACHER und Wolfgang HERBORN (in: RhVbl 57, 1993, S. VI-XIX respektive XX-XXIII) und Peter JOHANEK in der von Bernhard SICKEN herausgegebenen Gedächtnisschrift *„Herrschaft und Verfassungsstrukturen im Nordwesten des Reiches. Beiträge zum Zeitalter Karls V. Franz Petri zum Gedächtnis"* (Köln/Weimar/Wien 1994), hier die Seiten VII-X. Vgl. auch ebd. (auf den Seiten 349-353) ein von Maria Elisabeth GRÜTER zusammengestelltes Schriftenverzeichnis von Petri. Lademacher betont in seinem Nachruf (ebd. S. VII) die *„Gemeinsamkeit der Haltung"* von Petri und Steinbach, die beide grundsätzlich für ein gegenwartspolitisches Engagement des Historikers plädiert haben; darüber hinaus sind beide wohl auch persönlich befreundet gewesen. Vgl. auch ebd. S. XIII, wo LADEMACHER darauf hinweist, dass Petri immer dort *„Renitenz"* gezeigt habe, *„[...] wo Wissenschaft dem* [NS-] *Stiefel geopfert werden"* sollte. HERBORN weist in seiner Würdigung Petris darauf hin, dass Petri, entgegen der oft getätigten Annahme, kein Schüler Steinbachs gewesen ist, was Letzterer anlässlich des 60. Geburtstages von Petri eigens betont hat (S. XX). Nicht ohne Belang für die vorliegende Untersuchung ist auch die Behauptung von HERBORN (ebd.), dass er Petri als *„liberalen akademischen Lehrer"* erlebt und empfunden hat. Auch passim vermittelt Herborn einen überaus positiven menschlichen Eindruck, den er von Franz Petri gehabt hat. In ihrem geborene und 1992 gestorbene Petri hatte 1925 bei dem alldeutsch ausgerichteten Dietrich Schäfer in Berlin (mit einer Arbeit über die evangelische Diakonie in Bremen !) promoviert[156] - bildeten Steinbach und der (nur) sieben Jahre jüngere Petri ein kongeniales *„Westforscher"*-Paar, dessen Werk im Zuge des seit dem Frankfurter Historikertag von 1998 zeitweise grassierenden moralischen Rigorismus als repräsentative *„Symbiose von Landesgeschichte und nazistischer „Volksgeschichte""* deklariert worden ist.[157] Natürlich standen der seit 1926 als IGL-Leiter und seit 1928 als außerordentlicher Professor in Bonn fungierende Steinbach und der seit 1926 als wissenschaftlicher Assistent in Marburg und ab 1932 als Forschungs-Stipendiat in Belgien arbeitende Petri im Kontext seiner erwähnten Habilitationsschrift in ständigem Kontakt, und sicher sah der ältere Steinbach in Petri seinen *„Wunschnachfolger"* im IGL, wo es 1961 ja auch zur Wachablösung im (einstigen) *„Westforschungs"*-Zentrum kam.[158] Aber auch wenn beide darüber hinaus selbst ihre Arbeiten als Teil der in den dreißiger Jahren modernen *„Volksgeschichte"* und akademischen Beitrag zum *„Volkstumskampf"* betrachteten[159] und Hitler bekanntermaßen *„begeisterter Leser"* von Franz Petris Habilitationsschrift über das *„Germanische Volkserbe in Wallonien und Nordfrankreich"* gewesen ist[160], sollte man nicht vorschnell hier *„NS-Historie"* herauslesen zu können glauben.[161] Zwar war Steinbach gewiss einer der *„geistigen Mentoren"* der grenzüberschreitenden *„Volkstumsforschung"*, aber er war - wie Kallen (!)[162] und im Gegensatz zu

---

Aufsatz über die Wiederbesetzung des *„Steinbach-Lehrstuhls"* im Jahre 1960 (wie Anm. 118) schildert Marlene NIKOLAY-PANTER ausführlich (bes. auf den S. 283-288), wie Franz Steinbach im Auswahlverfahren seinen Weggefährten Franz Petri zu installieren gewusst hat. Der Aufsatz von Hans DERKS (German Westforschung, 1918 at the present. The Case of Franz Petri, 1903-1923, in: Ingo HAAR (ED.), German scholars and ethnic cleansing, New York [u.a] 2005, S. 175-199) war für die vorliegende Untersuchung auf Grund der sogenannten *„Corona-Pandemie"* im Frühjahr 2020 und der damit verbundenen Schließung aller wissenschaftlichen Bibliotheken leider nicht zugänglich.

[156] Vgl. SCHÖTTLER (wie Anmerkung 5), S. 97; SCHÖNWÄLDER (wie Anmerkung 5), S. 324 (Anm. 108); HOHLS/JARAUSCH (wie Anmerkung 9), S. 465.

[157] SCHÖTTLER (wie Anm. 5), S. 95. Im Verlaufe des im Text erwähnten moralisierenden Überschwanges glaubt SCHÖTTLER (wie Anm. 5) auf den S. 92, 95 u. 106 (Anm. 16) konstatieren zu können, dass Franz Steinbach seinen Nachlass *„bewußt vernichtet"* hat. RUSINEK (wie Anm. 10) betont (auf der S. 1154 (auch Anm. 59)), dass Steinbach seinen Nachlass nicht vernichtet, sondern lediglich Aussortierungen vorgenommen hat.

[158] Vgl. PABST (wie Anm. 152), S. 965; HOHLS/JARAUSCH (wie Anm. 9), S. 465 f. u. 473; SCHÖTTLER (wie Anm. 5), S. 97.

[159] Vgl. SCHÖNWÄLDER (wie Anm. 5), S. 100, 110 f., auch 275 u. 277.

[160] HAUSMANN, *„Deutsche Geisteswissenschaft"* (wie Anm. 3), S. 317. Vgl. auch NIKOLAY-PANTER (wie Anm. 10), S. 256, und SCHULZE/HELM/OTT (wie Anm. 20), S. 19; SCHÖTTLER (wie Anm. 5), S. 100 f. Vgl. auch LADEMACHER: Nachruf Petri (wie Anm. 155), S. X-XI.

[161] Vgl. ELVERT (wie Anm. 18), S. 113 f., auch 127.

[162] *„Kallen war selbst niemals Mitglied der NSDAP, gab aber 1935 an, Mitglied des SA-Landsturms (S.A.L.), der NS-Volkswohlfahrt (NSV), der NS-Kulturgemeinde (Ortsgruppe Köln) und des NS-Lehrerbundes (N.S.L.B., später statt dessen der NS-Dozentenbund genannt) zu sein - also in typischen Mitläufer- und Standesorganisationen."* PABST (wie Anm. 152), S. 969. Vgl. zur NSDAP-Mitgliedschaft einzelner Historiker auch die beiden nachfolgenden

Petri[163] _kein_ Mitglied der NSDAP[164] - noch weit weniger der den innersten Kern des Nationalsozialismus ausmachenden „_Rassenlehre_" verpflichtet, sondern im Gegenteil

zuweilen sogar antirevisionistisch, wie sein in einem 1940 angefertigten Gutachten geforderter Verzicht auf Elsaß-Lothringen belegte.[165] Insoweit vielmehr Reaktionär denn Nationalsozialist[166], finden sich im Gegensatz zu Steinbach im Forschungswerk Petris durchaus rassistische Elemente, wenn er beispielsweise 1944 schrieb, „[...] _dass die Wallonie neben anderem Erbgut auch ein bedeutendes germanisches Erbe in sich trägt_" und 'die germanisch-romanische Sprachgrenze in Belgien gegen Osten so wenig wie gegen Norden eine unmittelbare Rassengrenze bilden' würde.[167] Aber selbst den damals schon wissenschaftlich angefeindeten und heute als pulverisiert geltenden Thesen Petris[168] muss in puncto „_Rassenlehre_" eine ambivalente Position zugebilligt werden, hieß es doch in seiner eben zitierten Monographie von 1944 weiter, dass es „_der weiteren Forschung_ [...] _vorbehalten bleiben_ [muss], _die Blutsanteile_ [des „germanischen Erbes" der Wallonen] _genauer zu er-_

Abb. 3: Franz Petri (Foto: Archiv der Universität Köln (Bleibtreu).

mitteln, falls ihr das jemals gelingen wird [Hervorhebung vom Verfasser]."[169]

Anmerkungen und die Anmerkungen 15, 21, 45-49, 60 und 186, nebst den dazugehörigen Textstellen.

[163] Seit 1938 war Petri Mitglied der NSDAP: vgl. SCHÖTTLER (wie Anm. 5), S. 98.

[164] Aber - analog zu Kallen - seit 1934 Mitglied des NS-Lehrer- respektive -Dozentenbundes: vgl. FAHLBUSCH (wie Anm. 5), S. 355. Hier finden sich auch auf den S. 355-357 biographische Angaben zu Steinbach. Vgl. zur Nichtmitgliedschaft in der NSDAP und weitere Literatur von und über Steinbach in Marlene NIKOLAY-PANTERS NDB-Beitrag unter https://www.deutsche-biographie.de/pnd118753118.html. Vgl. auch die Anm. 146 und - natürlich - den Nachruf von Franz PETRI in: RhVjbl 29, 1964, S. 1-27, passim.

[165] Vgl. RUSINEK (wie Anm. 10), S. 1175 f. Andererseits garantierte Steinbach in diesem Gutachten von Seiten seiner „_Westforschung_" der in Teilen durchaus rassistischen „_Ostforschung_" entschiedene Unterstützung: vgl. ebd., S. 1174, 1177 u. 1193. SCHÖNWÄLDER (wie Anm. 5) weist (auf S. 109 f.) darauf hin, dass schon 1938/39 im IGL ein „_Akzentwechsel_" stattgefunden hatte, nachdem man nun (sogar) Verständigungsbereitschaft gegenüber Frankreich und dem Westen favorisierte.

[166] Vgl. RUSINEK (wie Anm. 10), S. 1177 u. 1179.

[167] Franz PETRI, Holland, Flandern, Wallonien. Vorlande des Reiches [sic] im Nordwesten, Brüssel 1944, S. 95. Auch SCHÖNWÄLDER (wie Anm. 5) konstatiert (auf S. 107 f., auch 326 (Anm. 128)), dass rassistische Elemente im Werk Petris zu finden seien. Noch dezidierter SCHÖTTLER (wie Anm. 5), S. 97-99, 103, 113 (Anm. 74) u. passim.

[168] Vgl. ebd., S. 102 f., ebenso PITZ (wie Anm. 154), S. 233-245; WOLF (wie Anm. 18), S. 312 (Anm. 136) u. bes. NIKOLAY-PANTER (wie Anm. 10), S. 256 f.

[169] PETRI (wie Anm. 167), S. 95. Vgl. zu Petris „_ambivalenter Position_" in puncto „_Rassenlehre_" auch WOLF (wie Anm. 18), S. 311. Vgl. zu Petris Schriften auch ebd., S. 311-314.

Da sich das „*Dritte Reich*" von Beginn an als „*globale, blutsgebundene, dem Jus sanguinis verpflichtete und von den allgemein anerkannten Staatsgrenzen abgekoppelte Volksgemeinschaft*" verstand[170], schien der Schulterschluss zwischen der den Paradigmen „*Volk*" und „*Raum*" verpflichteten modernen „*kulturräumlichen*" Landesgeschichte und den Nationalsozialisten stets nur eine Frage der Zeit zu sein, zumal Landeshistoriker wie Adolf Helbok nach 1930 begannen, anstelle von „*Landeskunde*" und „*Kulturraumforschung*" von „*Volksgeschichte*" zu sprechen und nach 1933 nun explizit von „*Volks-*", „*Volkstums-*" und „*Volkheitsgeschichte*" die Rede war.[171] Schon vor 1933 hatte der Generaldirektor der preußischen Archive Albert Brackmann (1871-1952) als der „*institutionell wohl einflussreichste deutsche Historiker*" der frühen 1930er Jahre damit begonnen, ein weitgespanntes Netzwerk für den akademischen Angriff auf Polen zu knüpfen, was die Gründung von Institutionen wie die „*Nord- und Ostdeutsche Forschungsgemeinschaft*" (NOFG), die „*Publikationsstelle*" am preußischen Geheimen Staatsarchiv Berlin und die sogenannten „*Arbeitsstellen*" in Posen, Königsberg und Breslau bewirkte.[172] Im Zuge dieser von 1931 bis 1934 andauernden Gründungsphase der - bezeichnenderweise sogenannten - „*Volksdeutschen Forschungsgemeinschaften*"[173] entstanden des Weiteren die schon mehrfach erwähnte „*Westdeutsche Forschungsgemeinschaft*"[174] und die späterhin unter der Leitung Otto Brunners mehr als eintausend Mitarbeiter zählende „*Südostdeutsche Forschungsgemeinschaft*", die mehr oder minder allesamt „*einen germanozentrischen, slawenfeindlichen, antisemitischen* [*und*] *expansionistischen Kurs*" fuhren und durch die „*Erfindung von Traditionen*" der Durchsetzung der nationalsozialistischen „*Weltanschauung*" zugearbeitet haben.[175] Angezogen von einem interdisziplinären Trio in Gestalt des Leipziger Soziologen Hans Freyer, des Königsberger Demographen und „*Volkslehre-Apostels*" Gunther Ipsen und des ebenfalls in Königsberg lehrenden Historikers Hans Rothfels wirkten spätere bundesrepublikanische Geschichtswissenschaftsgrößen wie Werner Conze und Theodor Schieder am Beginn ihrer Karriere im Kontext einer „*Volksgeschichte*"[176], deren

---

[170] FAHLBUSCH (wie Anm. 5), S. 55.

[171] Vgl. OBERKROME, Volksgeschichte (wie Anm. 121), S. 98. Vgl. zur rasanten Durchsetzung des „*Volks*"-Paradigmas schon während der Weimarer Zeit ebd., S. 99.

[172] Wolfgang J. MOMMSEN (wie Anm. 12), S. 101 f. Vgl. explizit zu den landeskundlichen Instituten der NOFG FAHLBUSCH (wie Anm. 5), S. 188-212, auch OBERKROME, Volksgeschichte (wie Anm. 121), S. 133-146. Biographische Notizen zu Brackmann finden sich z.B. bei FAHLBUSCH (wie Anm. 5), S. 178-181.

[173] Ebd., S. 65-73.

[174] Siehe die Anm. 146 und 147.

[175] Hans-Ulrich WEHLER, Nationalsozialismus und Historiker, in: SCHULZE/OEXLE (wie Anm. 5). S. 306-339, hier S. 309 f. Vgl. zur „*Südostdeutsch-österreichischen Volkstumsforschung*" OBERKROME, Volksgeschichte (wie Anm. 121), S. 146-151.

[176] WEHLER (wie Anm. 175), S. 311 f. Vgl. auch OBERKROME, Probleme (wie Anm. 132), S. 14 f., und HANS MOMMSEN in HOHLS/JARAUSCH (wie Anm. 9), S. 172 f. Vgl. auch die Anm. 9. Es würde zu weit führen, hier einzelne Stationen der Lehrtätigkeit Conzes und Schieders aufzulisten; siehe deshalb stellvertretend Wolfgang J. MOMMSEN (wie Anm. 12), passim, auch HOHLS/JARAUSCH (wie Anm. 9), S. 446 u. 469 f. Schieder war 1934 nach Königsberg gegangen, um bei Rothfels zu habilitieren, was aber an seiner „*halbjüdischen*" Herkunft letztlich scheiterte, so dass Schieder schließlich bei Brackmann habilitierte: vgl. WEHLER (wie

Vertreter zu Beginn der 1990er Jahre als „*Vordenker der Vernichtung*" verdammt worden sind.[177]

Aber auch wenn ein solches Urteil besonders im Lichte der in den beiden letzten Jahrzehnten vorgelegten Forschungsleistungen insoweit abgeschwächt oder gar revidiert werden muss, als junge Historiker wie Schieder und Conze zum Zeitpunkt ihrer Befürwortung von „*Entjudungs-Aktionen*" Auschwitz kaum antizipieren konnten[178], bleibt dennoch eine Linie, die von den Anfängen der „*Volkstumsforschung*" zur Vernichtungspolitik führt.[179] Ohne die an anderen Stellen detailliert dargestellte Ausformung und Ausbreitung „*volksgeschichtlicher*" Innovationen und Institutionen seit der Mitte der 1930er Jahre hier beschreiben zu wollen[180], mag der Verweis auf die Tatsache genügen, dass der Ausbruch des Zweiten Weltkrieges und die damit verbundene Besinnung des Nationalsozialismus auf seine ureigenste „*Bestimmung*" in Gestalt genozidaler „*Rassen-Reinigungs-*" und Weltreichsambitionen nun der „*Volkswissenschaft*" die Möglichkeit bot, ihre Theorien in praxi zu testen und - willen- und unwillentlich - und wissend und unwissentlich - der (NS-) „*Macht*" dadurch näherzukommen.[181] In jedem Fall spielten die „*volksgeschichtlich*" orientierten „*Ostforscher*" und auch die „*Westforscher*" beim bereits 1940 beginnenden „*Kriegseinsatz der Geisteswissenschaften*" die ihnen vom

Abb 4: Franz Steinbach (Foto: Archiv der Universität Köln (Bleibtreu).

Anm. 175), S. 316 f. Vgl. zu Schieder auch Christoph Nonn, Theodor Schieder. Ein bürgerlicher Historiker im 20. Jahrhundert, Düsseldorf 2013. Nikolay-Panter weist in ihrem Aufsatz über die Wiederbesetzung (und Teilung) des „*Steinbach-Lehrstuhls*" (wie Anm. 118) darauf hin, dass Werner Conze 1961 den Ruf für den neugegründeten Lehrstuhl für Verfassungs-, Sozial- und Wirtschaftsgeschichte an der Universität Bonn erhalten, ihn aber aus organisatorischen Gründen - wegen Raummangels! - dann doch noch abgelehnt hatte (ebd. S. 288-293).

[177] Götz Aly/Susanne Heim, Vordenker der Vernichtung. Auschwitz und die deutschen Pläne für eine neue europäische Ordnung, Hamburg 1991, passim. Diese These vertrat Götz Aly noch auf dem Frankfurter Historikertag von 1998 (vgl. Wolfgang J. Mommsen (wie Anm. 12), S. 96). Vgl. hierzu auch: Schulze/Helm/Ott (wie Anm. 20), S. 30, 38.

[178] Vgl. z.B. ebd., S. 104. Ähnlich Wehler in Hohls/Jarausch (wie Anm. 9), S. 254 f., ebenso Rudolf Vierhaus ebd. auf der S. 85.

[179] So das Resümée Fahlbuschs (wie Anm. 5), S. 796.

[180] Siehe dazu das einschlägige Kapitel bei Oberkrome, Volksgeschichte (wie Anm. 121), S. 171-219, und Fahlbusch (wie Anm. 5), S. 65-468 („*Friedenseinsatz der Volkswissenschaften*").

[181] Allzu bestimmt sprich Oberkrome, Probleme (wie Anm. 132) auf S. 16 von der „*ersehnten Möglichkeit*" für die „*Volkswissenschaft*", nun das Fachwissen in den Dienst des nationalsozialistischen Expansionismus' zu stellen. Siehe auch die Anm. 22.

nationalsozialistischen Reichserziehungsministerium zugedachte Rolle[182], die die „ost-
forschenden" NOFG-Historiker so dezidiert interpretierten, dass von einem „wissenschaftlichen Dienstleistungsunternehmen der SS" gesprochen worden ist[183], was wiederum die Frage provoziert, ob nicht die aus „Kulturraumforschung" und „Landeskunde" erwachsene „Volksgeschichte" zumindest in Teilen jener „NS-Historie" entspricht, die terminologisch nicht eben leicht zu fassen ist.[184]

Das entscheidende Kriterium dürfte dabei die Kompatibilität mit der nationalsozialistischen „Rassenlehre" sein, die letztlich die Wasserscheide zwischen konservativem
Revisionismus und nationalsozialistischem Expansionismus gewesen ist und den Weg
nach Auschwitz gewiesen hat.[185] Es war wohl kein Zufall, dass Vorzeige-„Volkshistoriker" wie Aubin und Steinbach *nicht* Mitglied der NSDAP und ebenso wenig Antisemiten
gewesen sind[186], was keineswegs verbietet, ihnen und vielen anderen „Volksforschern"
wie Conze, Keyser, Kötzschke, Maschke, Petri und Schieder u.am. „ethische Mängel"
und „politische Fehlleistungen" vorzuwerfen.[187] Natürlich rekurrierten besonders jüngere Forscher aus Karrieregründen immer wieder einmal auf den nationalsozialistischen „Rasse"-Begriff[188], indem sie wie Theodor Schieder in seiner berühmt-berüch-
tigten „Polendenkschrift" und Werner Conze in seinen „bevölkerungsgeschichtlichen"
Schriften Termini wie „Entjudung" bedenkenlos benutzten[189] oder wie Hans Joachim
Beyer und Rudolf Craemer sich so tief der SS-Welt - im wahren Wortsinne - „verschrieben", dass sich Jungforscher wie die letztgenannten nicht nur biographisch jener „Generation des Unbedingten" anschlossen, als die das junge hochrangige Führerkorps
des Reichssicherheitshauptamtes so treffend bezeichnet worden ist.[190] Und

---

182   Vgl. HAUSMANN, „Deutsche Geisteswissenschaft" (wie Anm. 3), passim u. bes. S. 17-98;
     SCHÖNWÄLDER (wie Anm. 5), S. 209-216. Explizit zum „Kriegseinsatz" der „Westdeutschen
     Forschungsgemeinschaft" FAHLBUSCH (wie Anm. 5), S. 691-727, auch OBERKROME, Volks-
     geschichte (wie Anm. 121), S. 217-219. Im Übrigen wurde der politische Vorrang der „Ost-
     forschung" ohne Einschränkung von den „Westforschern" anerkannt: vgl. PABST (wie
     Anm. 152), S. 964 (Anm. 122).

183   So OBERKROME, Probleme (wie Anm. 132), S. 14.

184   Vgl. ELVERT (wie Anm. 18), S. 113 f., 127.

185   Bezeichnenderweise erhoben die Nationalsozialisten sofort nach dem 30. Januar 1933 die
     „rassische" Umdeutung der deutschen Geschichte und auch der Weltgeschichte zur „For-
     derung des Tages": BRACHER/SAUER/SCHULZ (wie Anm. 61), S. 311.

186   Vgl. für Aubin: MÜHLE (wie Anm. 11), S. 559 u. 561 f., ebenso die Anm. 51; für Steinbach
     die Anm. 164 bis 166.

187   Wie dies OBERKROME, Historiker (wie Anm. 92) auf S. 91 tut. WOLF (wie Anm. 18) zählt unter
     den 183 Geschichtsordinarien und planmäßigen Extraordinarien immerhin (oder: lediglich?)
     50 Nationalsozialisten: zit. bei ELVERT, Geschichtswissenschaft (wie Anm. 18) auf der
     S. 122.

188   Vgl. RUSINEK (wie Anm. 10), S. 1179 f.; allgemeiner, aber ähnlich argumentierend Hans MO-
     MMSEN in HOHLS/JARAUSCH (wie Anm. 9), S. 181.

189   Vgl. OBERKROME, Probleme (wie Anm. 132), S. 18; DERSELBE, Historiker (wie Anm. 92),
     S. 88; WEHLER (wie Anm. 175), S. 318-324 u. passim. Schieder war i.ü. im Mai 1937 in die
     NSDAP eingetreten (vgl. ebd., S. 321).

190   Michael WILDT, Generation des Unbedingten. Das Führungskorps des Reichssicherheits-
     hauptamtes, Hamburg 2002 (vgl. zu dieser „fundamentalen Studie" die Rezension von

selbstredend klang der 1939 von Hermann Aubin an Albert Brackmann geschriebene Satz, nach der *„die [Geschichts-] Wissenschaft nicht einfach warten kann, bis sie gefragt wird* [und sich stattdessen] [...] *selber zum Worte melden* [muss]*"*[191], zumindest aus heutiger Sicht nach vorauseilender Selbst-Gleichschaltung: es dürfte nicht zu viel gesagt sein zu behaupten, dass die Landesgeschichte in Gestalt der *„Volksgeschichte"* in der Tat ein *„Garant für die „Gleichschaltung" der Geschichtswissenschaft im Nationalsozialismus"* gewesen ist ![192]

Natürlich ist die Vereinbarkeit von Raum- und Volkstheorien und NS-Eroberungs- und *„Rassen"*-Politik keineswegs eine Chimäre gewesen[193], doch zeigte der nicht zu stillende Gebietshunger der Nationalsozialisten im Verlaufe des Zweiten Weltkriegs überdeutlich, dass *„[...] die Anknüpfung an „Tradition"* [für Hitler et alii] *nicht Ziel, sondern Mittel"* gewesen ist.[194] Und man wird konstatieren müssen, dass es nur sehr wenige deutsche Historiker gegeben hat, die wie Anrich, Botzenhorst, Franz, Maschke, Rassow oder Schramm Geschichte gemäß der nationalsozialistischen *„Rassenlehre"* gedacht und geschrieben haben.[195] Vielmehr ließen sich - wie Conze und Schieder - selbst die durchaus ethnische Flurbereinigungen befürwortenden *„Volkshistoriker"* letztlich doch nicht zu volksmörderischen Vertretern einer reinen Pseudowissenschaft degradieren und instrumentalisieren, was auch daran ersichtlich wird, dass die landesgeschichtlichen Arbeiten eines Hermann Aubin oder Franz Steinbach bis heute Bestand haben und selbst *„Ostforschungs"*-Ergebnisse wie diejenigen aus der Feder von Werner Conze nicht grundsätzlich revidiert werden müssen.[196] Dabei war es gewiss von Vorteil, dass der Nationalsozialismus keine *„eigene"* Geschichtsauffassung gehabt respektive wegen Hitlers *„hybridem Schöpfungsbewußtsein"* eine solche noch nicht einmal angestrebt hat[197], wodurch die deutsche Geschichtswissenschaft - bis auf Walter Franks ephemerem und letztlich nur von ihm selbst ernstgenommenem *„Reichsinstitut"* - gewissermaßen *„außer Konkurrenz"* arbeitete und sich die Nationalsozialisten leidlich mit dem zufrieden geben mussten, was man ihnen vorlegte. Dies war besonders von Seiten der *„Volksgeschichte"* gewiss nicht wenig, und auch wenn sie sich nicht als *„Vordenkerin der Vernichtungspolitik"* ganz in die ideologischen Fänge des

---

Johannes HÜRTER in FAZ Nr. 57 v. 8.3.2003). Vgl. auch OBERKROME, Historiker (wie Anm. 92), S. 88-91; DERSELBE, *„Grenzkampf"* (wie Anm. 122), S. 202 f.; DERSELBE, Probleme (wie Anm. 132), S. 20 f. Auch WEHLER (wie Anm. 175) plädiert (auf der S. 315) für eine Prosopographie *„junger Rechtsintellektueller"* und weniger für die Biographie einzelner Historiker (im *„Dritten Reich"*).

[191] Zit. bei SCHULZE/HELM/OTT (wie Anm. 20), S. 38.

[192] Vgl. Horst WALLRAFF, Regional- und Landesgeschichte, in: Jürgen ELVERT/Jürgen NIELSEN-SIKORA (Hrsg.), Kulturwissenschaften und Nationalsozialismus (Historische Mitteilungen 72), Stuttgart 2008, S. 246-288, hier die S. 280-285. Siehe auch die zu Beginn des vorliegenden Aufsatzes dem Fußnotenapparat vorangestellte Bemerkung !

[193] Vgl. pars pro toto SCHULZE/HELM/OTT (wie Anm. 20), S. 19 f.

[194] DITT, Raum (wie Anm. 30), S. 387.

[195] Vgl. WOLF (wie Anm. 18), S. 287 f.

[196] Vgl. z.B. OBERKROME, Historiker (wie Anm. 92), S. 86-88 u. 93-95.

[197] SALEWSKI (wie Anm. 74), S. 298. Vgl. auch ebd., S. 302 u. 309, ebenso Karl Ferdinand WERNER (wie Anm. 44), S. 24.

Nationalsozialismus begeben hat, so war sie zwar einerseits hochgradig innovativ durch ihre Interdisziplinarität *„unter Einschluss des gesamten Spektrums der Geistes-, Kultur- und Gesellschaftswissenschaften"* und insofern höchst *„modern"*[198], aber andererseits eben auch in hohem Maße irrational. Dadurch aber öffnete sie sich in unverantwortlicher Weise solch' unwissenschaftlichen, ja unvernünftigen Begrifflichkeiten wie *„Blut"* und *„Boden"*[199] und letztlich dem *„Rassen"*-Ideologem, wodurch sie sich selbst dergestalt diskreditierte, dass nach 1945 eine Fortsetzung dieser Forschungsrichtung unmöglich schien.[200]

---

[198] ELVERT, Geschichtswissenschaft (wie Anm. 18), S. 97. Diese Interdisziplinarität wurde auch von der zeitgenössischen *„Zunft"* schon herausgestellt, wenn etwa Theodor MAYER (in seinem Artikel über *„Wirtschafts- und Sozialgeschichte"* in der Festschrift zu Adolf Hitlers 50. Geburtstag (= Deutsche Wissenschaft. Arbeit und Aufgabe, Leipzig 1939, dort auf den S. 26-28) die nachgewiesene *„Einheit von Siedlungs-, Volks- und Staatsgeschichte* [sic]" betonte (ebd. auf S. 27) und stolz bemerkte, dass bei der *„O*stforschung" ausnahmslos *„[...] alle in Frage kommenden Wissenschaftszweige in mustergültiger Weise mitgewirkt"* hätten (ebd.). Es fällt im Übrigen auf, dass in diesem von Walter Frank herausgegebenen Band die Landesgeschichte als solche nicht eigens behandelt wird, lediglich Geschichtswissenschaft, Wirtschafts- und Siedlungsgeschichte und Osteuropäische Geschichte werden thematisiert.

[199] Schon 1932 hatte der hellsichtige Ernst Robert Curtius den *„Deutschen Geist in Gefahr"* gesehen: *„Der Appell an das Irrationale ist eine sehr zweischneidige Sache. Denn er umfaßt nicht nur das, was höher ist als Vernunft, sondern auch das Untervernünftige und das Unvernünftige."* Zit. bei Lepsius (wie Anm. 61), S. 127.

[200] Vgl. WALLRAFF (wie Anm. 192), dort das Schlusskapitel auf den S. 285-288 (*„Diskreditiert auf Dauer? - Landesgeschichte als Regionalgeschichte"*). Dennoch erlebte die Landesgeschichte als Fach *„[...] nach 1945* [zunächst, bis in die späten 1960er Jahre] *eine bemerkenswerte Blüte, weil man eine „Heimstatt in den neuen kleineren föderalen Strukturen"* zu finden gezwungen war. WERNER, Landesgeschichtsforschung (wie Anm. 104), S. 158 und 172 f., was sich jedoch seit den 1990er Jahren - eben durch die *„völkischen"* und *„volksgeschichtlichen"* Schnittstellen zum Nationalsozialismus - dramatisch zu Ungunsten der Landesgeschichte geändert hat (ebd. S. 160). Nicht zuletzt durch die Auflösung des Bonner IGL ab 2005 wird diese Aussage verifiziert.

Georg Mölich

„*Rheinisch-liberal bedingte Preußenfremdheit*"? - Max Braubachs Preußen-Darstellung von 1933 im zeithistorischen Kontext

Es dürfte relativ unbekannt sein, dass der Bonner Historiker Max Braubach (1899-1975)[1] im Jahr 1933 an durchaus prominenter Stelle eine Gesamtdarstellung zum Thema *„Der Aufstieg Brandenburg-Preußens 1640-1815"* publiziert hat. Der erfolgreiche und hochgeehrte Historiker wird heute meist im Kontext ganz anderer Themen verortet - genannt seien nur seine umfänglichen Arbeiten zur Geschichte Kurkölns,[2] seine fünfbändige Gesamtdarstellung zum Prinzen Eugen[3] oder seine viel genutzten Handbuchbeiträge zum Zeitraum zwischen 1648 und 1815.[4]

Es wird darauf verzichtet, hier einen Kurzabriss der Vita Braubachs einzufügen, da hierzu in den genannten Aufsätzen und im biographischen Beitrag im Portal Rheinische Geschichte die wesentlichen Daten und Zusammenhänge gut greifbar sind. Zunächst

---

[1] Zur Vita Braubachs liegen u.a. folgende Beiträge vor: Johannes SPÖRL, Max Braubach 1899-1975, in: Historisches Jahrbuch (im folgenden HJb) 95, 1975, S. 170-187 (Nachruf mit vielen wichtigen Informationen); Konrad REPGEN, Max Braubach. Leben und Werk, in: AHVN 202, 1999, S. 9-41; Joachim SCHOLTYSECK, Vom Spanischen Erbfolgekrieg zur Widerstand gegen Hitler: der Universalgelehrte Max Braubach (1899-1975), in: Institut für Geschichtswissenschaft (Hrsg.), 150 Jahre Historisches Seminar. Profile der Bonner Geschichtswissenschaft. Erträge einer Ringvorlesung, Siegburg 2013, S. 179-193; Christoph KAMPMANN, Max Braubach, in: Internetportal Rheinische Geschichte, www.rheinische-geschichte.lvr.de/Persoenlichkeiten/max-braubach-/DE-2086/lido/57c58712221d48.46896572 [20.05.2020]. Der Nachlass von Max Braubach erwies sich für die Fragestellung dieses Beitrags als relativ wenig ergiebig. Bedingt durch einen Brandschaden nach einem Luftangriff vom 28. Februar 1944 fehlen für die frühen Jahre Braubachs entsprechende Unterlagen, Akten, Briefe und Manuskripte. Vgl. Archiv der Rheinischen Friedrich-Wilhelms-Universität Bonn, NL Braubach; Findbuch unter: www.uni-bonn.de/einrichtungen/universitaetsverwaltung/organisationsplan/archiv/die-bestaende/findbuecher/nl-braubach [20.04.2020].

[2] Dazu zuletzt der Vortrag von Michael ROHRSCHNEIDER zum Thema *„Die Herrschaftspraxis während der Regierungszeit Kurfürst Clemens Augusts im Spiegel der Arbeiten von Max Braubach"*, gehalten auf der Bonner Tagung *„Herrschaftsnorm und Herrschaftspraxis im Kurfürstentum Köln im Mittelalter und in der Frühen Neuzeit"* (23./24. September 2019), die Publikation der Tagungsbeiträge ist vorgesehen. Zur Tagung und zur dortigen Beschäftigung mit Max Braubach siehe Judith ROSEN, Rheinischer Feudalismus, in: FAZ vom 2. Oktober 2019. Der Aufsatz von Rohrschneider enthält auch eine knappe Darstellung der Vita Braubachs aufgrund der vorhandenen Darstellungen. Ich danke Herrn Rohrschneider dafür, dass er mir das Manuskript seines Vortrages zur Verfügung gestellt hat.

[3] Erschienen 1963-1965 unter dem Titel *„Prinz Eugen von Savoyen. Eine Biographie"*. Dazu einordnend Christoph KAMPMANN, Eine Biographie *„alten Stils"*? Prinz Eugen und seine Zeit in der historischen Forschung seit 1965, in: AHVN 202, 1999, S. 43-62. Zu bibliographischen Nachweisen der Schriften Braubachs sei verwiesen auf Thomas P. BECKER, Bibliographie Max Braubach (1923-1974), in: AHVN 202, 1999, S. 75-93.

[4] Nach Braubachs Tod erschien noch Max BRAUBACH, Vom Westfälischen Frieden bis zum Wiener Kongress (1648-1815), in: Franz PETRI/Georg DROEGE (Hrsg.), Rheinische Geschichte in drei Bänden, Bd. 2: Neuzeit, Düsseldorf 1976, S. 219-365. Zu den weiteren Handbuch-Beiträgen Braubachs seit 1931 siehe unten.

soll die Position Braubachs im Kontext der deutschen Geschichtswissenschaft um 1930 angerissen werden, bevor dann seine Überblicksdarstellung zum Thema Brandenburg-Preußen und deren Rezeption behandelt wird. Abschließend sollen dann noch einige allgemeinere Überlegungen zu Max Braubach angestellt werden.[5]

I

Max Braubach konnte schon unmittelbar nach dem Abschluss seines Bonner Habilitationsverfahrens im Sommer 1924 intensive Erfahrungen bei der Realisierung eines umfangreichen Handbuches zur rheinischen Geschichte sammeln. Im Juli 1924 war die Rheinische Provinzialverwaltung in der Person des Landeshauptmannes Johannes Horion an Braubachs Bonner Lehrer Aloys Schulte (1857-1941)[6] herangetreten, um diesen mit der Erarbeitung eines umfassenden Werkes zur rheinischen Geschichte zu beauftragen.[7] Dieses Buch wurde von Schulte in kürzester Zeit (zwischen August 1924 und April 1925) in großen Teilen selbst geschrieben. Es erschien unter dem Titel „*Tausend Jahre deutscher Geschichte und deutscher Kultur am Rhein*".[8] 1925 und war ein ausgesprochen erfolgreicher Fachbeitrag zur umfänglich begangenen „*Jahrtausendfeier*" der Rheinlande, die als große Veranstaltungsfolge geplant wurde, um öffentlichkeitswirksam die Zugehörigkeit der Rheinlande zum Deutschen Reich in Zeiten der Besatzungsherrschaft nach dem Ersten Weltkrieg zu untermauern.[9] Braubach

---

5   Es sei an dieser Stelle darauf hingewiesen, dass die Arbeit an diesem Beitrag deutlich durch die Corona-Pandemie und ihre Folgen für die Zugänglichkeit von Bibliotheken und Archiven seit dem Frühjahr 2020 eingeschränkt war. Einige denkbare Erweiterungen des Themas sowie Recherchen konnten daher leider nicht umgesetzt werden.

6   Aloys Schulte hatte seit 1903 einen historischen Lehrstuhl an der Bonner Universität inne. Eine umfassende Würdigung Schultes stellt ein dringendes wissenschaftsgeschichtliches Desiderat dar. Sein Schüler Braubach hat sich in mehreren Aufsätzen mit Einzelaspekten beschäftigt und Teileditionen aus dem Nachlass Schultes vorgelegt (vgl. die Nachweise in der Bibliographie von Becker (wie Anm. 3) Nrn. 80, 81, 91, 92, 133, 156, 162, 163, 164, 165, 194, 201, 205, 222, 229, 240). Im Nachlass Braubachs (wie Anm. 1), NL 21 (III) befindet sich ein umfangreiches handschriftliches Konvolut von mehr als 100 Seiten mit Exzerpten Braubachs aus dem Briefnachlass von Aloys Schulte, die Grundlage für einige der genannten Publikationen waren. Zur Vita Schultes zuletzt Stefan JORDAN/Konrad REPGEN, Art. Aloys Schulte, in: Neue Deutsche Biographie, Bd. 23, Berlin 2007, S. 687-689.

7   Max BRAUBACH, Aloys Schulte und die rheinische Geschichte. Zum 100. Geburtstag des großen Bonner Historikers, Bonn 1957, S. 27 f. Zu der Publikation von 1925 und ihrem Hintergrund Franziska WEIN, Deutschlands Strom - Frankreichs Grenze. Geschichte und Propaganda am Rhein 1919-1930, Essen 1992, S. 129-131.

8   Aloys SCHULTE (Hrsg.): Tausend Jahre deutscher Geschichte und deutscher Kultur am Rhein, Düsseldorf 1925.

9   Zu den „*Jahrtausendfeiern*" von 1925, die in den letzten beiden Jahrzehnten aus verschiedenen Perspektiven Gegenstand historischer und kulturwissenschaftlicher Beiträge waren, zusammenfassend: Klaus PABST, Die „*Historikerschlacht*" um den Rhein, in: Jürgen ELVERT/Susanne KRAUß (Hrsg.), Historische Debatten und Kontroversen im 19. und 20. Jahrhundert, Stuttgart 2003, S. 70-81, hier S. 78-80, speziell zur Rolle der Historiker Kerstin THEIS, Die Historiker und die Rheinische Jahrtausendfeier von 1925, in: Geschichte im Westen 20, 2005, S. 23-48, zum kulturwissenschaftlichen Kontext Gertrude CEPL-KAUFMANN, Die Jahrtausendfeiern. Ein Fall für die Kulturwissenschaft. Statt einer Einleitung, in: DIESELBE (Hrsg.),

übernahm einige Kapitel als Autor, weitere als Koautor.[10] Zudem war er als Mitarbeiter Schultes umfassend in den gesamten Arbeitsprozess der Entstehung des Handbuches eingebunden,[11] so dass man mit Fug und Recht von einer intensiven und für Braubach sicher lehrreichen Arbeitsphase sprechen kann.

Engagiert hatte sich der junge Lehrstuhlinhaber Braubach bei der Mitarbeit an der Neuauflage des fachintern zentralen bibliographischen Handbuches *„Dahlmann-Waitz"*, dessen 9. Auflage 1931 erschien.[12] Die Über-

nahme dieser Grundlagenarbeit war ein überregional zusätzlich wahrgenommenes Renommee Braubachs. Schon als Privatdozent war Braubach zudem als Mitarbeiter an den ab 1927 (Berichtszeitraum 1925) neu erscheinenden, von Fritz Hartung und Albert Brackmann herausgegebenen *„Jahresberichten für deutsche Geschichte"*[13] beteiligt, die neben bibliographischen Informationen jeweils auch knappe Forschungsberichte zu den verschiedenen Gebieten umfassten. Braubach übernahm hier die Forschungsberichte zunächst für den Zeitraum 1648-1740, ab 1932 (Berichtszeitraum 1930) informierte er über Neuerscheinungen zum erweiterten Geschichtszeitraum von 1648-1815, der ja in der Folge der von ihm vorrangig bearbeitete Geschichtszeitraum bleiben sollte. Ab 1934 (für das Berichtsjahr 1932) war der von Braubach bearbeitete Zeitraum überschrieben mit *„Der Ausgang des alten Reiches und die Befreiungskriege 1648 bis 1815"*. Der letzte Beitrag Braubachs vor dem Zweiten Weltkrieg erschien 1939 (für das Berichtsjahr 1937).[14]

Abb. 2: Der junge Max Braubach (Foto: Archiv der Universität Bonn).

Jahrtausendfeiern und Befreiungsfeiern im Rheinland. Zur politischen Festkultur 1925 und 1930, Essen 2009, S. 11-33, sowie die weiteren Beiträge in diesem Sammelband.

[10] Vgl. den Nachweis der von Braubach geschriebenen Texte in der von Becker bearbeiteten Bibliographie von 1999 (BECKER, wie Anm. 3), S. 77, Nr. 8.

[11] Vgl. Aloys SCHULTE, Vorwort, in: Schulte (wie Anm. 8), unpaginiert, zur Rolle Braubachs: *„Er war [...] mein unermüdlicher, täglicher Helfer bei der Niederschrift wie bei den Korrekturen."*

[12] Hermann HAERING (Hrsg.), Dahlmann-Waitz. Quellenkunde der deutschen Geschichte, Leipzig ⁹1931. Braubach hatte die Nummern 11.403-11.518 sowie 11.636-11.783 als einer von 54 Mitarbeitern des Handbuches bearbeitet. Zu speziell dieser Auflage des *„Dahlmann-Waitz"* knapp: Werner RÖSENER, Das Max-Planck-Institut für Geschichte (1956-2006). Fünfzig Jahre Geschichtsforschung, Göttingen 2014, S. 116.

[13] Zur Neugründung und zur Bedeutung dieses Referenzwerkes knapp Hans SCHLEIER, Die bürgerliche deutsche Geschichtsschreibung der Weimarer Republik [...], Berlin 1975, S. 178-180. Die Forschungsberichte waren *„ein besonders wichtiges und gefragtes Hilfsinstrument für die wissenschaftliche Arbeit in dieser Zeit"*, Hans-Christof KRAUS, Fritz Hartung - Persönlichkeit und Lebenswerk, in: DERSELBE (Hrsg.), Fritz Hartung. Korrespondenz eines Historikers zwischen Kaiserreich und zweiter Nachkriegszeit, Berlin 2019, S. 1-38, Zitat S. 12.

[14] Die *„Jahresberichte"* für die Berichtszeiträume von 1925-1937 sind online als Retrodigitalisat verfügbar und leicht recherchierbar, danach die Angaben: http://pom.bbaw.de/JDG/ [20.05.2020]. Die Beiträge Braubachs sind mit Seitenzahlen nachgewiesen in Elfriede MERLA, Bibliographie Max Braubach 1923-1961, in: Konrad REPGEN/Stephan SKALWEIT (Hrsg.),

Schon kurz darauf konnte Braubach seine am Handbuch zur rheinischen Geschichte erworbenen Fähigkeiten äußerst nutzbringend anwenden. Für die vom Mediävisten Robert Holtzmann betreute Neuauflage des renommierten Gebhardt-Handbuches der Deutschen Geschichte übernahm Braubach - wahrscheinlich auf Empfehlung Aloys Schultes - vier Abschnitte, die den Zeitraum zwischen dem Regierungsantritt Friedrichs des Großen und 1815 abdeckten.[15] Die Texte wurden von Braubach - wie Holtzmann im Vorwort schrieb - *„einer völligen Neubearbeitung unterzogen."*[16]

Max Braubach hatte sich somit durch die Mitarbeit an zwei zentralen Publikationsprojekten der deutschen Geschichtswissenschaft um 1930 und durch den Handbuchbeitrag im wichtigen Gebhardt-Handbuch eine Position verschafft, die ihn im Kontext seiner Generation (Braubach war gerade einmal dreißig Jahre alt!) doch recht deutlich hervorhob.

Ein anderes Publikationsfeld sei wenigstens angesprochen, da es bei Darstellungen zum Profil von Historikern oft vernachlässigt wird. Gerade umfangreichere Sammelbesprechungen erlauben den Autoren zuweilen, pointiert und wirksam auf den Wissenschaftsprozess einzuwirken. Die Erforschung des Rezensionswesens steht dabei für die Geisteswissenschaften erst am Anfang.[17] Max Braubach hat seit den frühen 1930er Jahren in erheblichem Umfang durch Sammelbesprechungen zu neueren Darstellungen und Forschungen vornehmlich zum *„langen"* 19. Jahrhundert Position bezogen - ähnlich wie er es ab 1950 für fast 25 Jahre mit seinen vielgelesenen Sammelbesprechungen zu zeitgeschichtlichen Veröffentlichungen im *„Historischen Jahrbuch"* gehandhabt hat.[18] Die Besprechungen erschienen zwischen 1932 und 1939 im

Spiegel der Geschichte. Festgabe für Max Braubach zum 10. April 1964, Münster 1964, S. 964-976, hier: S. 975. In der Summe handelt es sich um insgesamt ca. 94 Druckseiten mit intensiven Forschungsberichten.

15 Robert HOLTZMANN (Hrsg.), Gebhardts Handbuch der Deutschen Geschichte. Siebente Auflage, Bd. 2, Stuttgart etc. 1931, darin von Max BRAUBACH, Das Zeitalter Friedrichs des Großen (1740-1786), S. 1-69; Das Zeitalter der Französischen Revolution (1789-1804), S. 70-114; Das Zeitalter Napoleons I. (1804-1812), S. 115-148; Die Befreiungskriege und Deutschlands Neugestaltung (1813-1815), S. 149-171. Im Rückblick von Johannes Spörl von 1975 offenbarte Braubach in diesen Beiträgen erstmals *„sein Geschick für zusammenfassende Epochenübersichten"*, SPÖRL (wie Anm. 1), S. 175. Braubach hat in den weiteren Gebhardt-Auflagen bis in die 1970er Jahre weiterhin mitgewirkt, vgl. BECKER, Bibliographie (wie Anm. 3), Nr. 171, 232, 233. Durch die Taschenbuchausgabe des Gebhardt-Handbuches der 9. Auflage von 1970 (die noch 1998 neu aufgelegt wurde) wirkten diese Handbuchdarstellungen Braubachs lange Zeit weiter.

16 Robert HOLTZMANN, Vorwort, in: DERSELBE (Hrsg.): Gebhardts Handbuch der Deutschen Geschichte. Siebente Auflage, Bd. 1, Stuttgart etc. 1930, S. V f., Zitat S. VI.

17 Vgl. dazu den Themenschwerpunkt *„Rezensionswesen - Erkundungen in einer Forschungslücke"*, in: Mitteilungen des Instituts für österreichische Geschichtsforschung 121, 2013, hier Martin SCHEUTZ/Andrea SOMMERLECHNER, Einleitung, S. 1-7.

18 Zu den Berichten, die zwischen 1950 und 1974 publiziert wurden vgl. Rudolf MORSEY, Max Braubach und die Zeitgeschichte, in: AHVN 202, 1999, S. 63-74, hier S. 69-71, in: FN 41 sind die Sammelbesprechungen vollständig aufgeführt. Sie erreichten einen Gesamtumfang von ca. 700 Druckseiten.

„*Historischen Jahrbuch*"[19] und wurden flankiert durch eine große Zahl von Einzelbesprechungen, die hier nicht aufgeführt werden können. Braubachs intensive Beschäftigung mit dem 19. und dem frühen 20. Jahrhundert schlägt sich auch in einer Fülle von Lehrveranstaltungen nieder, die er zwischen 1928 und 1939 in Bonn abhielt. Themen war neben der europäischen Geschichte vor allem die nationale Geschichte Deutschlands zwischen „*Befreiungskriegen*" und dem Ende des Kaiserreiches 1918.[20] Die aufwändige Erarbeitung der Sammelbesprechungen dienten ihm sicherlich auch zur Vorbereitung der Lehrveranstaltungen zur neueren deutschen Nationalgeschichte. Mit welchem Impetus Braubachs Besprechungen auftraten, erhellt die einleitende Formulierung zu einer dieser Sammelbesprechungen von 1934: „*Die Geschichte unseres Volkes ist in eine neue Epoche eingetreten. Das neue Deutschland will aufräumen mit den bösen Erbschaften der Vergangenheit, es hat insbesondere auch den Nachwirkungen der Sünden des 19. Jahrhunderts, der liberalen und marxistischen Ideen, den Kampf angesagt.*"[21] Das lag deutlich im Mainstream der deutschen Geschichtswissenschaften in der Zeit des Nationalsozialismus und zeigt, dass Braubach letztlich eben auch auf dieser Welle mitschwamm.

II

Der Band mit dem hier im Zentrum stehenden Beitrag von Braubach „*Der Aufstieg Brandenburg-Preußens 1640 bis 1815*" erschien 1933 im katholisch geprägten Freiburger Verlag Herder (Herder & Co. GmbH Verlagsbuchhandlung) als Band 15 einer ambitionierten Verlagsreihe zur Weltgeschichte, die seit 1931 unter dem Reihentitel „*Geschichte der führenden Völker*" durchaus erfolgreich veröffentlicht werden konnte.[22]

---

[19] Max BRAUBACH, Aus dem neueren Schrifttum zur Geschichte der deutschen Einheitsbewegung, in: HJb 52, 1932, S. 79-86; DERSELBE, Deutschland und die Französische Revolution, in: HJb 52, 1932, S. 225-236; DERSELBE: Vom Ende des alten Reichs bis zur Reichsgründung Bismarcks. Ein Literaturbericht, in: HJb 54, 1934, S. 348-376; DERSELBE, Deutschland und Europa im 19. Jahrhundert. Ein Sammelbericht, in: HJb 56, 1936, S. 524-580; DERSELBE, Deutsche Geschichte vom Untergang des ersten Reiches bis zur Reichsgründung Bismarcks. Ein Sammelbericht, in: HJb 58, 1938, S. 463-509; DERSELBE, Vom Untergang des ersten Reiches bis zur Reichsgründung Bismarcks. Ein Sammelbericht (Fortsetzung und Schluss), in: HJb 59, 1939, S. 171-201.

[20] Nach Durchsicht der Bonner Vorlesungsverzeichnisse z.B.: „*Der Kampf um die deutsche Einheit im 19. Jahrhundert*" (SS 1930), „*Gründung, Blüte und Sturz des 2. Deutschen Kaiserreiches 1862-1918*" (SS 1934, ebenso WS 1937/1938), „*Geschichte der deutschen Erhebung 1807-1815*" (WS 1934/1935), „*Geschichte der Ersten deutschen Erhebung 1807-1815*" (WS 1936/1937, ebenso angekündigt für WS 1939/1940), „*Das Ringen um die deutsche Einheit 1815-1862*" (SS 1937). Bezeichnend für den Zeitgeist ist die Benennung der „*Befreiungskriege*" als „*Erste deutsche Erhebung*".

[21] Max BRAUBACH, Vom Ende des alten Reichs bis zur Reichsgründung Bismarcks. Ein Literaturbericht, in: HJb 54, 1934, S. 348-376, Zitat S. 348.

[22] Die Publikationsreihe wird knapp erwähnt bei Heinz HÜRTEN, Deutsche Katholiken 1918-1945, Paderborn etc. 1992, S. 458. Die Reihe sollte „*dazu beitragen [...], den Katholiken das Bewusstsein der eigenen Tradition und ihres kulturellen Eigenwertes zu erhalten*", wobei die „*wissenschaftlichen Monographien*" „*auch den fachlich nicht vorgebildeten Leser ansprachen*".

GESCHICHTE DER FÜHRENDEN VÖLKER

Herausgegeben von Heinrich Finke, Hermann Junker u. Gustav Schnürer

Jedes Jahr erscheinen vier bis fünf Bände, jeder etwa 320 Seiten stark mit je 8 bis 10 Bildern.

10% Preisermäßigung bei Subskription auf das ganze Sammelwerk!

VERLAG HERDER / FREIBURG IM BREISGAU

Abb. 2: Verlagswerbung zur Reihe „Geschichte der führenden Völker" aus Band 15 der Reihe, Freiburg 1933, nach S. 382. Die Anzeige zeigt eindrucksvoll die Bandbreite der Reihe. Im Herbst 1933 wurde noch angekündigt der Band von Arthur Allgeier mit dem Titel „Das Judentum als religiöse Großmacht" (als Band 8), was aber von der Zensur des NS-Staates verboten wurde. Eine Abschrift der Zensurverfügung ist überliefert in: AEK 6410.185. Der Band erschien dann 1937 außerhalb der Reihe im Herder-Verlag unter dem unverfänglichen Titel „Biblische Zeitgeschichte".

Diese weltgeschichtlich ausgerichtete Buchreihe ist bisher noch nicht Gegenstand einer fachwissenschaftlichen Analyse geworden[23] - hier kann nur knapp auf das Großprojekt verwiesen werden. Treibende Kraft für die Reihe[24] war der Verleger Hermann Herder (1864-1937), der zusammen mit dem ebenfalls in Freiburg als Universitätsprofessor tätigen Herausgeber Heinrich Finke (1855-1938) die Aktivitäten der Autorenbetreuung und die Planung der konzeptionellen Struktur bündelte.[25] Insgesamt sollten

---

[23] Dieses Defizit ist erstaunlich, da die seit Jahren den geschichtswissenschaftlichen Diskurs dominierende Hinwendung zur *„Globalgeschichte"* zwangsläufig auch die wissenschaftsgeschichtliche Frage nach Vorläufern stellen sollte. In der Literatur zum Thema *„Universalgeschichte"* sucht man nach der Reihe vergeblich: Ernst Schulin (Hrsg.), Universalgeschichte, Köln 1974 bietet eine umfängliche Liste entsprechender Reihen und Werke (S. 381 f.), ohne die *„Geschichte der führenden Völker"* zu benennen. Das gilt auch für die Einführung (S. 11-65). Auch aktuellere Darstellungen zur *„Globalgeschichte"* behandeln die Reihe nicht, siehe z. B. Sebastian Conrad, Globalgeschichte. Eine Einführung, München 2013.

[24] Erwähnung findet die Buchreihe etwa in älteren Publikationen zum Verlag Herder: Oskar Köhler, Die Wahrheit in der Geschichte, in: Der Katholizismus in Deutschland und der Verlag Herder 1801-1951, Freiburg 1951, S. 129-172, hier S. 161 f., dort FN 48 die Auflistung der erschienenen Titel, Titelnachweise zudem im Anhang des Bandes, Sp. 86-88. Zur Einschätzung der Reihe schreibt Köhler: *„Man mag manches gegen die Gesamtanlage der ‚Geschichte der führenden Völker' einwenden - gegen den Titel, weil sich die Weltgeschichte nicht nach Völkern gliedern läßt; gegen die Raumverteilung an die ‚Führenden' - aber man wird eher die Zurückhaltung des Planes schätzen müssen, der die Geschichte als Weltgeschichte jedenfalls nicht einsichtiger erscheinen läßt, als sie es ist."* Zum Beitrag von Braubach schreibt Köhler: *„Einer Schablone entzog sich Max Braubach, wenn er den preußischen Staat nicht nur als Ergebnis einer Räuberei, sondern auch politischer Tugenden gesehen wissen wollte [...]"* (S. 162). Hinweise zur Reihe auch in Albert M. Weiß/Engelbert Krebs, Im Dienst am Buch. Bartholomä Herder - Benjamin Herder - Hermann Herder, Freiburg 1951, S. 389 u. 454 (hier Hinweise zu Zensurmaßnahmen gegen einzelne Bände der Reihe im *„Dritten Reich"*, wovon auch der Band 15 mit dem Beitrag von Braubach betroffen war). Zum Verlag Herder im zeitgeschichtlichen konfessionellen Kontext vgl. Olaf Blaschke/Wiebke Wiede, Konfessionelle Verlag, in: Ernst Fischer/Stephan Füssel (Hrsg.), Geschichte des deutschen Buchhandels im 19. und 20. Jahrhundert, Bd. 2: Die Weimarer Republik 1918-1933, Teil 2, Berlin/Boston 2012, S. 139-182. Im Historischen Archiv des Erzbistums Köln gibt es im Bestand *„Archiv der Görres-Gesellschaft"* eine Akte *„Geschichte der führenden Völker (Herders Weltgeschichte)"*, die für diesen Beitrag herangezogen wurde und die vielfältiges Material zur Reihe enthält: AEK Signatur 6410.185 (nicht paginiert).

[25] Die beiden weiteren Reihenherausgeber waren der Ägyptologe Hermann Junker (1877-1962), seit 1929 Direktor des Deutschen archäologischen Instituts in Kairo, und der Historiker Gustav Schnürer (1860-1941), Professor in Freiburg (Schweiz). Schnürer war intensiv auch an der Konzeption der Gesamtreihe beteiligt, vgl. das umfängliche Schreiben Schnürers an Heinrich Finke vom 25. Januar 1928 (mit Anlage des Arbeitsplanes für die Reihe), in dem Schnürer als Vorschlag für den Reihentitel *„Geschichte der führenden Völker"* vorschlägt, in AEK 6410.185. Gustav Schnürers eigener Beitrag zur Reihe erschien 1933 als Band 11 unter dem Titel *„Die Anfänge der abendländischen Völkergemeinschaft"*.

nach den Planungen etwa dreißig Einzeldarstellungen veröffentlicht werden, die thematisch vom *„Sinn der Geschichte"* über die *„Strom- und Hochlandvölker"* und die *„Abendländisch-europäischen Völker"* bis zu den *„Außereuropäischen Völker"* reichten. Einen Überblick zum Publikationsprogramm vom Sommer 1933 vermittelt eine Verlagswerbung aus dem Band von Hantsch/Braubach.

Man darf davon ausgehen, dass Aloys Schulte seinen Mitarbeiter Braubach als Autor für die Reihe vorgeschlagen hat.[26] Nach den Planungen und den gedruckten Ankündigungen war Braubach als Autor nicht nur für die Darstellung zu Brandenburg-Preußen (zunächst unter dem Titel *„Das Emporkommen Preußens - 1815"*) vorgesehen, sondern auch für den zweiten (der Frühen Neuzeit gewidmeten) Frankreich-Band der Reihe, welcher jedoch nie erschien.

Die Preußen-Darstellung von Braubach erschien gemeinsam mit einer Gesamtdarstellung zum Thema *„Die Entwicklung Österreich-Ungarns zur Großmacht"* aus der Feder des österreichischen Historikers Hugo Hantsch (1895-1972), der als Privatdozent an der Universität Wien tätig war.[27] Er hatte sich 1930 bei Heinrich von Srbik[28] habilitiert - also bei jenem Historiker, der spätestens seit 1929 wirkmächtig für eine *„gesamtdeutsche Geschichtsauffassung"* eintrat, die in seinem vierbändigen, einflussreichen Werk *„Deutsche Einheit. Idee und Wirklichkeit vom Heiligen Römischen Reich bis Königgrätz"* (erschienen 1935-1942) zum Ausdruck gebracht wurde. Braubach hatte von Srbik schon 1925 persönlich in Wien kennengelernt - und der Österreicher hielt große Stücke auf den jungen Bonner Privatdozenten, was in einem umfangreichen Schreiben an Aloys Schulte deutlich wird, in dem er Braubach als Nachfolger für Schulte in Bonn vorschlägt und ihn in den höchsten Tönen lobt.[29]

Weniger bekannt ist die Tatsache, dass Braubach die ersten beiden Bände der

---

26 In einem Schreiben Finkes an Schulte vom 29. Dezember 1927, in dem dieser zu einer Besprechung über die Reihe nach Freiburg eingeladen wird, heißt es, dass *„doch vor allem auch Deine Schüler"* als mögliche Autoren in Frage kämen, in: AEK 6410.185, Durchschlag. In der von Braubach publizierten Briefdokumentation Finke-Schulte ist dieses Schreiben nicht enthalten. Vgl. Max BRAUBACH, Zwei deutsche Historiker aus Westfalen. Briefe Heinrich Finkes an Aloys Schulte, in: Westfälische Zeitschrift 118, 1968, S. 9-113; DERSELBE, Zwei deutsche Historiker aus Westfalen. Ein Nachtrag, in: Westfälische Zeitschrift 120, 1970, S. 239-244.

27 Vgl. Johannes HOLESCHOFSKY, Hugo Hantsch (1895-1972). Ein großösterreichischer Verfechter der Reichsidee, in: Karel HRUZA (Hrsg.), Österreichische Historiker. Lebensläufe und Karrieren 1900-1945, Bd. 2, Wien etc. 2012, S. 451-488, zur Darstellung von 1933 besonders S. 466-471. Braubach scheint den Kontakt zu seinem Ko-Autor Hantsch nicht verloren zu haben - zumindest steuerte er einen Beitrag zur Festschrift des österreichischen Historikers bei, vgl. Max BRAUBACH, Friedrich Karl von Schönborn und Prinz Eugen, in: Österreich und Europa. Festgabe für Hugo Hantsch zum 70. Geburtstag, Graz 1965, S. 111-131.

28 Zusammenfassend zu von Srbik: Martina PESDITSCHEK, Heinrich (Ritter) von Srbik (1878-1951), in: Karel HRUZA (Hrsg.), Österreichische Historiker. Lebensläufe und Karrieren 1900-1945, Bd. 2, Wien etc. 2012, S. 263-328.

29 Schreiben von v. Srbik an Schulte vom 3. Dezember 1927, abgedruckt in: Jürgen KÄMMERER (Hrsg.), Heinrich von Srbik. Die wissenschaftliche Korrespondenz des Historikers 1912-1945, Boppard a. Rhein 1988, S. 316-319 (Nr. 184). Auf diese Zusammenhänge verwies u. a. auch schon REPGEN 1999 (wie Anm. 1), S. 14 f.

„Deutschen Einheit" umfassend und sehr positiv rezensiert hat.[30] Umgekehrt hatte von Srbik in „Deutsche Einheit" Braubachs Preußenbeitrag nach kursorischer Durchsicht nur ein einziges Mal zitiert.[31] Braubach stand der „gesamtdeutschen Geschichtsauffassung" im Sinne von Srbiks durchaus nahe;[32] als Vorsitzender des „Historischen Vereins für den Niederrhein" begrüßte Braubach 1938 den „Anschluss" Österreichs.[33]

Braubachs monographischer Beitrag zur Entwicklungsgeschichte Brandenburg-Preußens von 1933[34] muss natürlich gesehen werden im Kontext einer breiten Auseinandersetzung mit der Rolle Preußens und seiner „deutschen Mission", die in der Historiographie der Weimarer Republik intensiv geführt wurde.[35] In Darstellungen zur Historiographiegeschichte Preußens wird Braubachs Darstellung meist nur knapp erwähnt[36] - des Öfteren wird aber besonders die unten behandelte Kontroverse zwischen

---

[30] Max BRAUBACH, Deutsche Einheit, in: HJb 56, 1936, S. 245-257, die Besprechung zu v. Srbik, Bd. I und II: S. 250-257, weitere Besprechungen in den genannten Sammelbesprechungen Braubachs im HJb. Zu der umfassenden Besprechung von 1936 und zur Sichtweise Braubachs auf v. Srbiks Konzeption vgl. Ursula WIGGERSHAUS-MÜLLER, Nationalsozialismus und Geschichtswissenschaft. Die Geschichte der Historischen Zeitschrift und des Historischen Jahrbuchs 1933-1945, Hamburg 1998, S. 214 f. Die Autorin ordnet diese Besprechung in ihrer Kategorisierung der „Resistenz gegenüber der NS-Geschichtsauffassung" zu, da Braubach die politischen Implikationen des Reichsbegriffs bei von Srbik unterschlage. Darüber wäre zu diskutieren.

[31] Heinrich Ritter von SRBIK, Deutsche Einheit. Idee und Wirklichkeit vom Heiligen Reich bis Königgrätz, Bd. 1, München 1935, S. 96. Er verweist auf Braubachs Beitrag im Kontext der folgenden vorwurfsvollen Ausführung: „Der Große Kurfürst, der Schöpfer des stehenden Heeres Brandenburgs, trug reiche Schuld, daß kostbarer deutscher Reichsboden an den westlichen Nachbarn verloren ging, daß der Raub der ‚Reunionen' gelang, daß Straßburg fiel und französisches Eigen blieb."

[32] Vgl. seine eigene Äußerung von 1937 zur Intention seiner Preußendarstellung, unten FN 49.

[33] Dazu Klaus PABST, Vom Ersten zum Zweiten Weltkrieg. Der Historische Verein für den Niederrhein in der Zeit der beiden Weltkriege, der Weimarer Republik und des Nationalsozialismus (1914-1945), in: AHVN 207, 2004 [Festschrift zum 150jährigen Bestehen], S. 125-183, S. 179.

[34] Max BRAUBACH, Der Aufstieg Brandenburg-Preußens 1640 bis 1815, in: Geschichte der führenden Völker, Bd. 15, Freiburg 1933, S. 165-367 (im folgenden Braubach, Aufstieg). Im Vorwort, das auf den 1. Juni 1933 datiert ist (S. 166), erläutert Braubach: „Das Manuskript lag am 1. April 1932 abgeschlossen vor und hat seitdem, von Kürzungen abgesehen, keine Änderungen mehr erfahren." Etwas merkwürdig und erklärungsbedürftig für einen Autor eines historischen Handbuchs ist meines Erachtens Braubachs ebenfalls im Vorwort formulierte Selbsteinschätzung: „Ich möchte nur die Versicherung abgeben, daß das Urteil über diesen Aufstieg und seine Etappen bei mir nicht von vornherein festgestanden hat, sondern sich erst nach jahrelanger kritischer Beschäftigung mit Quellen und Literatur gebildet hat."

[35] Bernd FAULENBACH, Ideologie des deutschen Weges. Die deutsche Geschichte in der Historiographie zwischen Kaiserreich und Nationalsozialismus, München 1980, S. 44-47 (Kapitel „Preußens Aufstieg und seine ‚deutsche Mission"). Dort heißt es: „Die These von Preußens ‚deutscher Mission' war die Prämisse einer Ineinssetzung von preußischer und deutscher Geschichte, an der vielfach […] festgehalten wurde." (S. 44).

[36] Etwa bei Jürgen MIROW, Das alte Preußen im Geschichtsbild seit der Reichsgründung, Berlin 1981, S. 143: „Die einzige Gesamtdarstellung zur preußischen Geschichte dieses Zeitabschnitts, die in der Zeit der Weimarer Republik entstand und die von Max Braubach verfasst wurde, unterschied sich in ihrer Auffassung so gut wie gar nicht von Otto Hintzes Gesamtdarstellung aus dem Jahr 1915."

Carl Hinrichs und Braubach in den „*Forschungen zur Brandenburgischen und Preußischen Geschichte*" (1936/1937) aufgegriffen.[37]

Braubachs monographische Darstellung gliedert sich nach einer Einleitung („*Brandenburg-Preußen zu Beginn des 17. Jahrhunderts*") in fünf chronologisch angeordnete Kapitel.[38] Es kann hier nicht der Ort sein, den Gang seiner Darstellung im Einzelnen zu beleuchten und einzuordnen. Insgesamt ist die Sichtweise Braubachs eher von einer gewissen Distanz zu seinem Gegenstand geprägt, die man aber durchaus auch als angemessene Nüchternheit gegenüber der ansonsten weit verbreiteten „*borussischen*" Geschichtssicht interpretieren kann.[39] Wenigstens am Beispiel der Bewertung der Rolle des „*Großen Kurfürsten*" Friedrich Wilhelm soll Braubachs Charakterisierung der Herrscher gezeigt werden. „*Der Ruhm und die Macht seines Hauses waren ihm wichtiger als das Reich. […] es war eine partikularistische Real- und Machtpolitik, die er trieb.*"[40] Der Große Kurfürst wird sogar anachronistisch als „*ehrgeiziger Realpolitiker*"[41] bezeichnet, was durchaus negativ gemeint war. Im Schlussteil der Monographie mit dem Untertitel „*Das neue Preußen und das Schicksal Deutschlands*" geht Braubach dann grundsätzlicher auf den Charakter des preußischen Staates ein. „*Die brandenburgischen Kurfürsten und preußischen Könige hatten ihren Staat und ihre Macht geschaffen nicht im Gedanken an Deutschland, sondern in egoistischem dynastischem und staatlichem Ehrgeiz.*"[42] Ein entscheidender Umbruch für Preußen bedeutete aber die Entwicklung nach 1806/07: „*Gerade die Neugestaltung aber, die Preußen äußerlich durch die Bestimmungen des Wiener Kongresses, innerlich durch die Reform der*

---

[37] Schon im Nachruf von Johannes SPÖRL von 1975 (wie Anm. 1, S. 175 f.) wird die Kontroverse relativ ausführlich erwähnt. Zur Kontroverse: MIROW (wie Anm. 36), S. 188 f.; Peter-Michael HAHN, Friedrich der Große und die deutsche Nation. Geschichte als politisches Argument, Stuttgart 2007, S. 118 f.; Wolfgang NEUGEBAUER, Preußen in der Historiographie. Epochen und Forschungsprobleme der Preußischen Geschichte, in: DERSELBE (Hrsg.), Handbuch der preußischen Geschichte, Bd. I: Das 17. und 18. Jahrhundert und Große Themen der Geschichte Preußens, Berlin/New York 2009, S. 3-109, hier S. 71 f.; DERSELBE, Preußische Geschichte als gesellschaftliche Veranstaltung. Historiographie vom Mittelalter bis zum Jahr 2000, Paderborn 2018, S. 519 f.; Hartwin SPENKUCH, Preußen - eine besondere Geschichte. Staat, Wirtschaft, Gesellschaft und Kultur 1648-1947, Göttingen 2019, S. 374. Zur Zeitschrift „*Forschungen zur Brandenburgischen und Preußischen Geschichte*" umfassend: Klaus NEITMANN, Preußische Geschichtsschreibung während der Weimarer Republik und des Nationalsozialismus im Spiegel der „*Forschungen zur Brandenburgischen und Preußischen Geschichte*", in: DERSELBE, Land und Landesgeschichte. Beiträge zur Geschichte der brandenburgisch-preußischen und deutschen Landesgeschichtsforschung, Berlin 2015, S. 171-244.

[38] BRAUBACH, Aufstieg: Vom Territorium zur Macht. Das Werk des Großen Kurfürsten, S. 178-212; Königskrone und Staatsbildung, S. 213-242; Friedrich der Große und der Aufstieg Preußens zur Großmacht, S. 243-293; Die Epigonen und der große Rückschlag, S. 296-320; Reform und Erhebung. Das neue Preußen und das Schicksal Deutschlands, S. 321-361.

[39] Dazu immer noch klug und erhellend Wolfgang HARDTWIG, Von Preußens Aufgabe in Deutschland zu Deutschlands Aufgabe in der Welt. Liberalismus und borussianisches Geschichtsbild zwischen Revolution und Imperialismus, in: DERSELBE, Geschichtskultur und Wissenschaft, München 1990, S.103-160.

[40] BRAUBACH, Aufstieg, S. 189.

[41] Ebd., S. 203.

[42] Ebd., S. 358.

Notjahre erhalten hatte, mußte diesen Staat allmählich auf den Weg der Machtergreifung in ganz Deutschland, der Einigung des größten Teils des deutschen Volkes unter seiner Führung bringen."[43] Vor allem die Verschiebung der territorialen Struktur Preußens wird dann zum Wendepunkt: *"Für die deutsche Politik Preußens aber bedeutete der Gewinn der Provinzen am Rhein und in Westfalen unendlich viel: der Staat, der das Deutschtum gegen Osten verteidigte, übernahm damit auch die Wacht am Rhein gegen Westen. Gab es eine andere deutsche Macht, der gleich wichtigen nationale Aufgaben gestellt waren?"*[44] Die Gesamtbewertung der Rolle der Hohenzollern verweigert explizit die genannte national-teleologische Betrachtungsweise, wenn Braubach zusammenfassend schreibt: *"Man wird in den Taten der Hohenzollern seit dem Beginn des 17. Jahrhunderts wahrhaftig nicht einen bewußten Dienst an der deutschen Sache sehen: ihr Aufstieg war alles andere als eine nationale Erhebung. Aber was sie in dem bei der Auflösung der Reichsgewalt verständlichen und historisch berechtigten Streben nach Ausdehnung der eigenen Macht schufen, ist doch schließlich Deutschland von Nutzen gewesen."*[45]

Die sicherlich schärfste Kritik an Braubachs Darstellung stammt aus der Feder des in Berlin wirkenden Preußen-Spezialisten Carl Hinrichs (1900-1962).[46] Auf mehr als fünf Druckseiten[47] setzt sich Hinrichs mit Braubachs Darstellung kritisch auseinander,

---

[43] Ebd., S. 359.

[44] Ebd.

[45] Ebd. S. 360.

[46] Zu Hinrichs Preußenforschungen vgl. Carl HINRICHS, Preußen als historisches Problem. Gesammelte Abhandlungen, hrsg. von Gerhard OESTREICH, Berlin 1964, darin bes. die Einleitung von Oestreich, S. 1-12. Neuerdings eher kritisch NEUGEBAUER, Preußische Geschichte (2018) (wie Anm. 37), passim (Personenregister).

[47] Carl HINRICHS, Rez. Braubach, in: Forschungen zur Brandenburgischen und Preußischen Geschichte 48, 1936, S. 420-426. Seine Kritik veröffentlichte Hinrichs in gekürzter Form auch noch in den Jahresberichten für deutsche Geschichte (vgl. Anm. 14, Bd. 9/10 [1933/34], 1936, § 40, S. 517). Sie sei hier zitiert, um die Schärfe der Besprechung zu charakterisieren: *"Innerhalb des Sammelwerkes eines großen katholischen Verlages legt M. B r a u b a c h eine neue zusammenfassende Darstellung des brandenburg-preußischen Absolutismus und seines Ausganges vor: die erste große Gesamtschilderung - wenn man von Küntzels drei Porträts absieht - seit Hintzes Hohenzollernwerk. Wenn die großen Erwartungen, die sich naturgemäß auf ein solches Unternehmen richten, nicht ganz erfüllt werden, so liegt das zwar keineswegs an einer vorwiegend konfessionell bedingten Abneigung gegen die protestantische Vormacht, aber doch an einer gewissen Preußenfremdheit, die wohl mit in einer »rheinischen« Tradition des 19. Jh.'s wurzelt. Dazu kommt noch der Umstand, daß der Verf. nicht durch größere eigene Forschungen auf dem Gebiet der brandenburg-preußischen Geschichte an irgendeinem Punkte tiefer in das Wesen dieser einzigartigen Staatsschöpfung eingedrungen ist, um von hier aus das Ganze einheitlich zu überblicken; so ist seine Leistung mehr als Hand- oder Lehrbuch zu werten, denn als eine Leistung von eigenem Rang, die mit innerer Notwendigkeit und einer neuen Sicht neben die großen Darstellungen von Ranke, Droysen und Hintze treten könnte. Der antidroysensche Standpunkt des Verf., daß in den Taten der großen Hohenzollern keineswegs ein bewußter Dienst an der deutschen Nationalstaatsentwicklung zu sehen sei, ist sicherlich richtig, aber ein historischer Realismus, der diese großen Fürsten als Kinder ihrer Zeit betrachtet, muß dem Format der geschichtlichen Persönlichkeiten und Ereignisse gewachsen sein, um nicht Gefahr zu laufen, eng und verkleinernd zu wirken."* Es sei daran erinnert, dass Braubach ebenfalls Mitarbeiter an den „Jahresberichten" war.

der er „*nicht eine vorwiegend konfessionelle Einstellung, etwa eine katholische Abnei-gung gegen die protestantische Vormacht [...] sondern eher eine mangelnde Tiefe der historischen Auffassung überhaupt, verbunden mit dem Fehlen tieferen Eindringens in die Probleme der brandenburg-preußischen Geschichte aufgrund eigener größerer Forschungen*" vorwirft, verbunden mit dem Hinweis: „*Braubachs Preußenfremdheit ist wohl mehr rheinisch-liberal bedingt.*"[48]

Max Braubach fühlte sich durch diese in seinen Augen „*abfällige Kritik*" herausge-fordert und reagierte mit einer „*Erklärung*", die im nächsten Band der Zeitschrift er-schien.[49] Braubach ging einleitend vor allem auf den von Hinrichs artikulierten Vorwurf der „*rheinisch-liberal bedingten Preußenfremdheit*" ein. Er führte dazu aus, „*[...] daß ich zwar aus einer rheinischen Familie stamme, die jedoch keinen Zusammenhang mit dem rheinischen Liberalismus aufweist, daß ich überhaupt nicht im Rheinland, sondern als Sohn eines preußischen, dann deutschen Beamten in Elsaß-Lothringen geboren und aufgewachsen bin und daß ich während des Krieges mit Stolz dem aktiven preu-ßischen Offizierkorps angehörte.*" Die Intention der Preußen-Darstellung hat Braubach dann so umrissen: „*Mit meinem Buche verfolgte ich in erster Linie das Ziel, die von mir als einseitig und irrig erkannten antipreußischen Vorstellungen, die noch immer große Teile unseres Volkes nicht nur im Westen und im Süden erfüllen, zu berichtigen, ihnen die Eigenart und Berechtigung jenes Aufstiegs, die Größe und Leistung seiner Führer und die Bedeutung des Vorganges für eine neue Einigung Deutschlands zu zeigen und damit an meinem Teil zu der Überwindung von Gegensätzen beizutragen, die noch immer die allgemeine Anerkennung einer gesamtdeutschen Geschichtsauffassung hin-dern.*"[50] Braubach bleibt im Übrigen bei seinem Standpunkt der Ablehnung, „*die Taten der drei großen Hohenzollern als eine nationale Erhebung gelten zu lassen.*"[51] Carl Hinrichs reagierte auf diese Erklärung noch mit einem „*Schlußwort*",[52] auf das hier nicht mehr eingegangen werden kann, da es zur grundsätzlichen Debatte wenig beitrug.[53]

Ein Blick auf weitere Reaktionen auf Braubachs Preußenbuch sei angefügt, um den harschen Verriss von Hinrichs etwas einordnen zu können. Auf eine Besprechung im katholisch-großdeutschen Kontext hatte Braubach in seiner „*Erklärung*" selbst hinge-wiesen. In der in Wien publizierten „*Wochenschrift für Religion und Kultur, Soziologie und Volkswirtschaft*" unter dem Titel „*Schönere Zukunft*" erschien 1935 eine

---

[48] HINRICHS (Anm. 47), S. 421.

[49] Max BRAUBACH, Erklärung, in: Forschungen zur Brandenburgischen und Preußischen Ge-schichte 49, 1937, S. 225-228.

[50] Ebd., S. 225.

[51] Ebd., S. 226.

[52] Carl HINRICHS, Schlußwort, in: Forschungen zur Brandenburgischen und Preußischen Ge-schichte 49, 1937, S. 229-234.

[53] Hingewiesen sei auf den interessanten Aspekt des „*Ehrdiskurses*", wie er in solchen persön-lichen „*Fehden*" nach wissenschaftlichen Besprechungen deutlich wird. Dazu instruktiv an einem Beispiel aus Österreich: Martin SCHEUTZ, Turba ist ein gemeiner Kerl! Rezensionen als Ehrdiskurs am Beispiel der MIÖG (1920-1939), in: Mitteilungen des Instituts für österrei-chische Geschichtsforschung 121, 2013, S. 63-86.

umfangreiche Besprechung des Wiener Wirtschaftshistorikers Arnold Winkler.[54] Die Besprechung beginnt mit einer durchaus positiven Würdigung der Leistung Braubachs: *„Gründliche Kenntnis der Tatsachen und ausgezeichnete Schilderungskunst verbanden sich bei Braubach zur Schaffung eines bedeutenden Gemäldes."* Er wirft aber der Darstellung vor, dass sie die Auflösung der Reichsgewalt durch Preußen verschweigt: *„In dieser Hinsicht hätte, damit Recht und Unrecht klar ins Licht gesetzt werde, der jahrhundertelange Zerstörungskrieg Preußens gegen das Mächteverhältnis und die habsburgische Führung im Heiligen Römischen Reich Deutscher Nation durch Braubachs Buch geschildert werden müssen. Das geschah nicht, obwohl die von Braubach dargestellte Epoche Preußens dem genannten Kriege nahezu ausschließlich gewidmet ist."* Gelobt wird dagegen, dass Braubach *„sich kühlen Urteiles nach Möglichkeit befleißigte"* und dabei *„viele tapfere, sachlich gefällte Urteile"* formuliert.

In der *„Historischen Zeitschrift"* rezensierte der Historiker Hans Haußherr (1898-1960) Braubachs Darstellung recht verspätet 1937.[55] Er moniert die fehlende Darstellung der preußischen Geschichte, die *„umfassender aus der deutschen Volksgeschichte"* zu deuten sei. *„Die inneren Beziehungen des Vf.s zu dem brandenburgisch-preußischen Staat sind nicht lebendig genug, und daraus erklären sich viele Irrtümer in der Bewertung einer Politik, deren Zwangsläufigkeit nicht erkannt wird [...]."* Er verweist auf die umfassende Kritik durch Hinrichs und kritisiert dann entschieden die Herausgeber der Gesamtreihe, da in der Doppelbetrachtung des Bandes Hantsch/Braubach das *„Nebeneinander als Geschichte eines führenden Volkes angeboten wird"*, was *„die Verwirrung der wichtigsten Begriffe"* zeige. Als vorbildlich im Sinne einer echten Volksgeschichte wird Helmut Berves Darstellung der Griechischen Geschichte in der Buchreihe der *„Geschichte der führenden Völker"* angepriesen.[56] Der großdeutsch orientierte Historiker Wilhelm Schüßler (1888-1965) rezensierte den Doppelband wohlwollend in der *„Historischen Vierteljahrschrift"*.[57] Er betonte dabei, dass Braubach *„sein durchaus selbständiges Urteil wohl begründet habe"*.

Die Rezeption des Doppelbandes Hantsch/Braubach in den Tageszeitungen[58] fiel insgesamt positiv aus. In der *„Kölnischen Zeitung"* rezensierte der Althistoriker Hans

---

54 Arnold WINKLER, Neues Schrifttum zur Geschichte Österreichs und Preußens, in: Schönere Zukunft 11, 1935, H. 7/8, S. 168 f. und S. 197 f. Im zweiten Teil der Besprechung die folgenden Zitate.

55 Hans HAUßHERR, Rez. Hantsch/Braubach, in: HZ 155, 1937, S. 592-594.

56 Helmut BERVES Darstellung *„Griechische Geschichte"* war 1931 bzw. 1933 als Bände IV und V in der *„Geschichte der führenden Völker"* erschienen. Die in heutiger Sicht hochproblematische Darstellung in *„völkischer"* Perspektive wurde 1951/1952 erneut mit wenigen kaschierenden Überarbeitungen neu aufgelegt, als dreibändige Taschenbuchdarstellung erlebte das weit verbreitete Werk insgesamt bis in die 1960er Jahre noch drei Auflagen. Umfassend dazu und zur Person von Berve Stefan REBENICH, Alte Geschichte in Demokratie und Diktatur. Der Fall Helmut Berve, in: Chiron 31, 2001, S. 457-496, bes. S. 467.

57 Wilhelm SCHÜßLER, Rez. Hantsch/Braubach, in: Historische Vierteljahrschrift 29, 1935, S. 815 f.

58 Im Nachlass von Braubach befindet sich eine Sammlung von Zeitungsausschnitten mit Besprechungen (wie Anm. 1, NL 144), aus der die folgenden Beispiele stammen. Besprechungen neben den unten zitierten liegen noch vor aus dem Literaturblatt der Frankfurter Zeitung vom 23. September 1934 und aus Die Christliche Welt vom 16. Dezember 1934 (Nr. 24)

Ulrich Instinsky den Band. Zu Braubachs Preußendarstellung schreibt er: „*Mit Recht hebt er* [...] *hervor, daß die Schöpfer des preußischen Staates nur aus dessen eigenem Egoismus heraus handelten, ohne alle nationalen Rück- und Absichten in einem deutschen Sinne, die ihrer Zeit ganz fern lagen.*"[59] In der „*Kölnischen Volkszeitung*" wird konstatiert: „*Braubachs gediegene Sachkenntnis bietet in formschöner Sprache ein vollendetes Bild vom Werden dieses Nordstaates.*"[60] In der katholisch ausgerichteten, in Wien erscheinenden „*Reichspost*" merkte der Rezensent, Prof. Dr. Friedrich Zoepfl, positiv zu Braubach an: „[...] *die Sünden der Hohenzollern im alten Reich deutet er nicht zu Heldentaten um* [...]".[61]

Die Preußendarstellung Max Braubachs wurde auch nach 1945 zwar in Literaturlisten eher pflichtbewusst zitiert; eine Auseinandersetzung mit dem Buch hat aber langfristig kaum stattgefunden, obwohl Braubachs Sichtweisen durchaus Anknüpfungspunkte für eine eher „*kritische*" Sichtweise auf die Hohenzollern und den „*Aufstieg Brandenburg-Preußens*" erlaubt hätten.

III

Max Braubach hatte sich durch seine zielgerichteten Aktivitäten um 1930 und durch die frühe Erlangung eines Lehrstuhles in Bonn eine durchaus exponierte Position erarbeitet. Sein Preußenbuch ist darin sicherlich ein Baustein gewesen - erwies er doch die Fähigkeit, einen für ihn vermeintlich „*fremden*" Gegenstand darstellerisch in den Griff zu bekommen. In der Zeit des „*Dritten Reiches*" verhielt Braubach sich weitgehend systemneutral (wobei einige hier gebrachte Zitate wissenschaftshistorisch auch eine etwas andere Interpretation ermöglichen könnten). Michael Rohrschneider beschreibt Braubachs Haltung so: „*Er lavierte sich durch die Jahre der NS-Diktatur mit einer distanzierten Haltung gegenüber dem Regime, die offene Konfrontationen vermied und nach Wegen suchte, einen wissenschaftlichen Kurs jenseits der NS-Rasseideologie zu steuern.*"[62] Mittlerweile wird Braubach auch in der neuesten Gesamtdarstellung zur Geschichte der Bonner Universität durchaus auch etwas kritischer gesehen.[63] Erwähnt wird dort als Beispiel die Rede Braubachs auf Ernst Moritz Arndt, die im Dezember

---

[59] Kölnische Zeitung vom 26. November 1933. Der Rezensent arbeitete damals als Journalist, wurde später als Althistoriker Ordinarius an der Mainzer Universität. Vgl. Wolfgang HOBEN, Hans Ulrich Instinsky (1907-1973), in: Heinz DUCHHARDt (Hrsg.), Mainzer Historiker, Mainz 2020, S. 19-38.

[60] Literarische Blätter der Kölnischen Volkszeitung vom 24. Juli 1934 (Rezensent E. Fleig). Schon vorher wurde in einer Besprechung positiv angemerkt, dass „*bei Braubach eine um Objektivität ringende Betrachtung des Gegenstandes*" erkennbar sei, Literarische Blätter der Kölnischen Volkszeitung vom 28. Januar 1934.

[61] Bücherschau, Reichspost, Wien, vom 26. März 1934, die Rezension findet sich in AEK 6410.185.

[62] ROHRSCHNEIDER, Manuskript (wie Anm. 2), S. 3.

[63] Uwe BAUMANN/Claudia WIECH-REIF, Die Philosophische Fakultät, in: Thomas P. BECKER/Philip ROSIN (Hrsg.), Die Buchwissenschaften. Geschichte der Universität Bonn, Bd. 3, Bonn 2018, S. 473-783, hier S. 569: „*Und selbst ein besonnener Kopf wie der Historiker Max Braubach (1899-1975), der in seine Eloge auf Ernst Moritz Arndt subtil das Plädoyer für die Notwendigkeit geistiger und akademischer Freiheit einflocht, vermochte sich unter diesen neuen Umständen einer deutschtümelnden Rhetorik nicht völlig zu verweigern.*"

1933 gehalten wurde und in der es heißt: *„Wir erleben heute eine Wiedergeburt der Ideen und Zielsetzungen Arndts, der Mann des Volkes ist heute kein Prophet in der Wüste mehr."*[64]

Max Braubach erscheint 25 Jahre nach seinem Tod aus heutiger Sicht als Historiker in seiner Zeit, der seiner Jetztzeit dann im *„Dritten Reich"* doch so etwas wie eine historische Tiefenschärfe zu verleihen suchte, wie sich in seinen Rezensionsbeiträgen zur deutschen Nationalgeschichte[65] und auch anderen Beiträgen zeigen lässt. Darüber soll hier nicht geurteilt werden. Das Anfang der 1930er Jahre konzipierte und geschriebene, 1933 publizierte Buch *„Der Aufstieg Brandenburg-Preußens"* steht deutlich etwas außerhalb dieser Sichtweise, was aber den besonderen Reiz dieses Werkes *„aus moderat rheinisch-katholischer Sicht"*[66] ausmachen kann.

---

[64] Max BRAUBACH, Ernst Moritz Arndt. Rede, gehalten in der neuen Aula der Universität am 3. Dezember 1933, aus Anlaß der Einweihung des Arndthauses, Bonn 1934, S. 14.

[65] Vgl. z. B. das Zitat oben bei Anm. 21.

[66] SPENKUCH (wie. Anm. 37), S. 374.

Peter Nieveler

Bild- und Dokumentenfunde zur Jülicher Pfarrkirche St. Mariae Himmelfahrt in verschiedenen Archiven - und der Versuch, Zusammenhänge zu verstehen

Seit fast zehn Jahren verwaltet und behütet Prof. Dr. Günter Bers das Archiv der Jülicher Propstei-Pfarrkirche St. Mariae Himmelfahrt. Er tut das ehrenamtlich und hält diese Arbeit für eine wichtige, aber sicher nicht für seine einzige Aufgabe, weil er auch im achten Lebensjahrzehnt bisher nicht aufgehört hat, die rheinischen Archive zu durchsuchen nach bisher unerkannten Neuigkeiten, nach alten Unterlagen, die Zeugnis ablegen vom Leben, Arbeiten und - Beten in vergangenen Zeiten.

Günter Bers war und ist ein treuer Sohn seiner - der römisch-katholischen - Kirche, und vor allem auch der Kirche seiner Heimatstadt, in der er Messdiener war, als das

Gebäude am alten Platz zerstört und alle Gottesdienste in der Turnhalle der Volksschule an der Düsseldorfer Straße, dem heutigen Westgebäude des Gymnasiums Zitadelle, stattfanden.

Im Jülicher Stadtarchiv befindet sich ein Foto aus dieser Zeit (s. Abb. 2), das zeigt, wie Jülicher Bürger auch in schlimmsten Zeiten totaler Zerstörung nach dem Zweiten Weltkrieg ihre Kirche so gestalten wollten, dass die Heiligkeit des Ortes erkennbar wurde. Das große Wandbild auf der Westwand der

Abb. 1: Zur Notkirche (1946-1952) für die Jülicher Pfarre St. Mariae Himmelfahrt umgenutzte und nach Westen erweiterte Turnhalle der Volksschule an einem nicht mehr vorhandenen Teil der Aachener Straße (heute Propst-Bechte Platz) (Foto Archiv W. Gunia).

um den Altarraum vergrößerten Turnhalle zeigt zwei Engel, die sich vor der Mittelgestalt des Bildes tief verneigen. Dabei hat der Maler wohl an einen die Apsis romanischer Kirchen schmückenden mit der rechten Hand segnenden Christus als Allherrscher gedacht, dem die Engel huldigen. In dem Jülicher Bild ist Christus aber eine priesterliche Gestalt. Auch er segnet, hält aber zudem in der Linken den Kelch mit seinem Blut, wie die katholische Kirche lehrt.

Gemalt wurde das Bild von Peter Dohmen (1904-1977) aus Linnich-Körrenzig, der noch nach dem Zweiten Weltkrieg in Jülich lebte, später in die USA zog und dort besonders als Glasmaler bekannt, ja berühmt wurde.[1] Das Bild verschwand mit dem Abriss der Turnhalle. Im Pfarrarchiv befindet sich ein weitaus schlechteres Foto als das hier in Abb. 2 wiedergegebene.

Abb. 2: Notkirche St. Mariae Himmelfahrt in Jülich mit dem Gebälk der Turnhalle und dem Wandgemälde von Peter Dohmen über dem Altar in den Jahren 1947-1952.[2]

Weil sich Günter Bers zeit seines Lebens mit der Geschichte seiner Heimat befasst hat und dabei auch immer wieder auf Gestalten der Jülicher Kirchengeschichte stieß, zu deren Leben er die historischen Unterlagen nicht nur des Pfarrarchivs bis in die fernsten Quell-Hintergründe und die dunkelsten Winkel alter Zeitungsartikel zu dokumentieren und zu erschließen versuchte[3], war es für ihn eigentlich keine Frage, dass

---

[1] Dass Dohmen der Maler des Bildes in der Notkirche war, weiß der Verfasser dieser Zeilen aus mündlicher Überlieferung. Das *„Museum Zitadelle"* in Jülich besitzt von Peter Dohmen Fotos von Gemälden und Zeichnungen mit religiösen und historischen Themen, die der Künstler in den 1930er Jahren malte. Damals entstand auch ein Deckengemälde im sogenannten *„Rittersaal"* im Nordflügel des Schlosses in der Zitadelle. Der Saal und das Gemälde überstanden den Zweiten Weltkrieg nicht (Zu P. Dohmen siehe auch Abb. 3).

[2] Zur *„Notkirche"* siehe: August ENGELS, Geschichte der Propsteikirche St. Mariae Himmelfahrt in Jülich, 1994, S. 16. Das Foto befindet sich in der Fotosammlung des Stadtarchivs Jülich, *„Nachlass Engels"* und wurde dem Verfasser durch Frau Susanne Richter vom Stadtarchiv zur Verfügung gestellt.

[3] Hingewiesen sei hier nur auf die *„Selige Christina von Stommeln"*, der er zwei Veröffentlichungen widmete (Heft 9 der *„Veröffentlichungen des Jülicher Geschichtsvereins"* 1988 und

er die Pflege des Pfarrarchivs der Propsteipfarrkirche St. Mariae Himmelfahrt[4] in Jülich nach dem Tod von Helmut Scheuer im Jahre 2011 übernahm, als man ihn darum bat.[5] Er vergrößerte die Sammlung, deren Altbestände wie vieles in Jülich im Zweiten Weltkrieg verloren gingen und die seit 1945 neu aufgebaut werden musste, und er erschloss sie Interessierten auch durch mehrere eigene Veröffentlichungen.[6]

Bildexkurs

Abb. 3: Im *„Museum Zitadelle Jülich"* findet sich von Peter Dohmen als Aquarell und Tuschezeichnung auf Papier (Inv. Nr. 2014-0159) der Entwurf eines farbigen Fensters für die *„Trinity First Lutheran Church"* in Minneapolis, Minnesota, USA. Ob er ausgeführt wurde, ist unklar. Das Blatt ist im Winkel rechts unter dem untersten linken Bildkreis mit *„Peter Dohmen"* signiert. Gegenüber dem Schwarz-Weiß-Bild aus der Jülicher Notkirche soll dieser Entwurf einen etwas farbigeren Eindruck von der Kunst des Malers vermitteln.

Thema: *„Die acht Seligpreisungen",* Evangelium nach Matthäus 5.3-10:

„Selig, die arm sind vor Gott;/denn ihnen gehört das Himmelreich.

Selig die Trauernden;/denn sie werden getröstet werden.

Selig die Sanftmütigen;/denn sie werden das Land erben.

Selig, die hungern und dürsten nach der Gerechtigkeit;/denn sie werden gesättigt werden.

Selig die Barmherzigen;/denn sie werden Erbarmen finden.

Selig, die rein sind im Herzen;/denn sie werden Gott schauen.

Selig, die verfolgt werden um der Gerechtigkeit willen;/denn ihnen gehört das Himmelreich." (Bibeltext nach der Einheitsübersetzung aus dem Jahr 2016).

Bd. 60 des *„Forum Jülicher Geschichte"* 2011) und auf die *„Katakombenheilige Albina",* deren Reliquien lange in Jülich aufbewahrt wurden (*„Kleine Schriftenreihe der Joseph-Kuhl Gesellschaft",* Nr. 24, 2013).

4 Im Gedenken an das 1802 aufgelöste Stift, das eng mit den in Jülich aufbewahrten Reliquien der *„Seligen Christina von Stommeln"* verbunden war, wurde die Pfarrkirche St. Mariae Himmelfahrt 1936 zur *„Ecclesia praeposita",* zur Propsteikirche, erhoben. Der jeweilige Pfarrer trägt seitdem den Titel *„Propst".*

5 Scheuer hatte das Archiv von August Engels übernommen, der es bis zu seinem Tod 1997 lange Jahre betreut hatte.

6 Hingewiesen sei auch hier nur auf den Jülicher Oberpfarrer und Landdechanten Andreas Hennes, der von 1840 bis zu seinem Tod 1878 an der Jülicher Pfarrkirche wirkte (Forum Jülicher Geschichte 68, 2015) und auf den *„St. Bernardus-Bauverein an der katholischen Pfarrkirche in Jülich (1877-1914)",* der nicht geringe finanzielle Mittel zur Ausstattung des Kirchenneubaus im 19. Jahrhundert aufbrachte (Kleine Schriftenreihe der Joseph-Kuhl Gesellschaft 30, Jülich 2019).

Die Bilder Dohmens als Deutungen der *„Acht Seligkeiten"* zu verstehen, muss dem Betrachter überlassen werden.

Es schien dem Autor dieser Zeilen daher angebracht, für die Festschrift zum 80. Geburtstag von Prof. Dr. Günter Bers ein wenig im Pfarrarchiv St. Mariae Himmelfahrt und wenn nötig auch in anderen Archiven zu *„kramen"*. Der Aufsatz verzichtet dabei auf Gesamtübersichten und auf Vollständigkeit. Seine wissenschaftlichen Ansprüche sind eher gedämpft. Beim Suchen im Findbuch des Archivs fanden sich sorgsam aufgezeichnet sechs Nummern zu alten Fotos von Entwürfen für Glasfenster der 1944 zerstörten Kirche. Auf nicht mehr nachvollziehbare Weise haben diese Fotos den Krieg überstanden. August Engels, der 1997 verstorbene Pfarr-Archivar, hat sie registriert und mit Anmerkungen versehen, und nun sollen sie Anlass oder *„Aufhänger"* zum vorliegenden Aufsatz sein. Die Fotos sind natürlich Schwarz-Weiß-Aufnahmen, und sie fordern geradezu und wie selbstverständlich heraus zum Vergleich mit den farbenprächtigen Fenstern der heutigen Kirche. Wenn die Sonne diese in voller Pracht erstrahlen lässt, dann mag dem Nachdenklichen ein Licht aufgehen, wie es war, wenn die Kirchenbesucher des Mittelalters im farbigen Glanz solcher Fenster den Abglanz des Göttlichen selbst zu erkennen glaubten.[7] Johann Thorn Prikker (1868-1932), einer der Väter moderner expressiver Glasmalerei zu Beginn des vorigen Jahrhunderts, war beinahe berauscht von der Möglichkeit, *„mit der Sonne selbst malen zu können."*[8]

Abb. 4 (links): Ansichtskarte, Cramers Kunstanstalt Dortmund: Pfarrkirche St. Mariae Himmelfahrt Jülich von 1878/1899 bis 1944. - Abb. 5 (rechts): Ansichtskarte Jos. Fischer Jülich: Bis 1952 neu errichtete Pfarrkirche St. Mariae Himmelfahrt Jülich.

Ein einziger vergleichender Blick auf die nördlichen Fassaden des 1944 zerstörten und des bis 1952 neu entstandenen Gebäudes der Pfarrkirche St. Mariae Himmelfahrt

---

[7] Für das Jahr 2022 ist eine große Publikation mit dem Arbeitstitel *„Gläserne Schätze des 20./21. Jahrhunderts im Jülich-Dürener Raum"* geplant, an der ein Arbeitskreis der Pfarrei Heilig Geist unter Mitarbeit von Dr. Iris Nestler, der früheren Direktorin des Glasmalereimuseums in Linnich, arbeitet. Der Band soll auch ein umfassendes Inventar-Verzeichnis aller Glasmalereien in den Kirchen der Pfarrei Heilig Geist enthalten.

[8] Myriam WIERSCHOWSKI (Hrsg.), …mit der Sonne selbst malen…, Johan Thorn Prikker und der Aufbruch der Moderne in der Glasmalerei. Katalog zu einer Ausstellung im Deutschen Glasmalerei-Museum Linnich 2007, Titel und S. 11.

in Jülich macht deutlich, dass Bauherr und Planer nach dem Zweiten Weltkrieg Visionen solcher „Sonnengemälde" vor Augen gehabt haben müssen, als sie im Neubau bei ihrer Planung noch unbekannten „Sonnenmalern" riesige Fensterflächen für ihre farbigen Bilder zur Verfügung stellten. Da wirken die „Fensterchen" der ehemaligen Kirche wie „Schießscharten" zur Verteidigung der „Gottesburg" und des göttlichen Geheimnisses im Innern der Kirche, wohingegen in die neue Kirche das göttliche Licht von außen hineinstrahlen und alles hell und frei machen soll.

Die Kirchen haben fast den gleichen Grundriss, stehen auf denselben Fundamenten. In den Jahren ab 1878 wurde das Langhaus des romanischen, mehrfach umgebauten Vorgängerbaus aus dem 13. Jahrhundert niedergelegt und nach Plänen des Kölner Diözesanbaumeisters Heinrich Wiethase (1833-1893) im neoromanischen Stil erneuert. Gleichzeitig wurde der Turm saniert. In dem Jahrzehnt zwischen 1899 und 1909 wurden auch Chorraum und Innenausstattung erneuert. Dabei erhielt die Kirche ein Querschiff. Baumeister war nun Wiethases Neffe, der Erzdiözesanbaumeister Heinrich Renard (1868-1928). Den Neubau dieser Zeit begleitete von 1886 bis 1910 Oberpfarrer und Dechant Andreas Esser.[9]

Abb. 6: Propsteikirche Jülich 1947 von Südwesten (Stiftsherrenstraße) (Foto Pfarrarchiv St. Mariae Himmelfahrt Jülich, Signatur Fotoarchiv Kasten 1-VIII-13).

Trotz aller Zerstörungen im Herbst und Winter 1944 hätte die Kirche wohl im alten Stil wiederaufgebaut werden können. Aber der seit 1946 amtierende neue Pfarrer, Propst Josef Breuer (1904-1968), wollte neue Wege beschreiten und nach dunklen Kriegszeiten ein helleres und lichteres Bild von Kirche verwirklichen.

Und er träumte sicher schon beim Bau der nach Plänen des Aachener Architekten Peter Salm (1892-1981) errichteten neuen Kirche von strahlenden Fenstern und leuchtenden Farben, zumal mit der Neuverglasung der vielen kriegszerstörten Kirchenfenster in der gesamten Region die hohe Zeit moderner Glasmalerei mit vielen modernen Künstlern angebrochen war. Man musste also nicht weit suchen, um Glasmaler zu finden, die mit moderner Formen- und Farbensprache auch in Jülich die Kirche gestalten konnten, zumal zur selben Zeit in Aachen das gotische Chorhaus, der „gläserne Schrein" der Aachener Reliquien, mit neuen Fenstern ausgestattet wurde.[10] So bekam

9   Vgl. dazu Udo MAINZER, St. Mariae Himmelfahrt in Jülich. Baugeschichte und Baugestalt (Rheinische Kunststätten 441, 1. Aufl. 1999). - Zu A. Esser siehe: Günter BERS, Bernardus-Bauverein (wie Anm. 6), S. 7, Anm. 29.

10   Petra SCHIER, Das Glashaus von Aachen, online unter: https://www.petra-schier.de/2015/08/12/das-glashaus-von-aachen/; s. auch im Internet „Forschungsstelle

auch die neue Propsteikirche in Jülich zwischen 1958 und 1960 ihr neues gläsernes Gewand.[11]

Den Auftrag für die Propsteikirche bekam 1958 Anton Wendling (1891-1965), einer von den Künstlern, die auch in Aachen gearbeitet hatten.[12] Dass es nach der Einweihung der Jülicher Kirche sechs Jahre gedauert hatte, bis man mit den neuen großen Glasbildern beginnen konnte, lag ganz sicher an der Finanzierung, hatte doch der Neubau eine Menge Geld gekostet, sodass die Ausstattung warten musste. Der Künstler Anton Wendling gehört zu den Großen seiner Zunft. 1891 in Mönchengladbach im katholischen Arbeiter- und Handwerker-Milieu geboren und dort aufgewachsen, machte er nach dem Besuch der Volksschule eine Lehre in einer grafischen Anstalt in Mönchengladbach und wechselte danach in das Entwurfsatelier einer Glasmalerei in Trier. Nach dem Wehrdienst war er im gesamten Ersten Weltkrieg an der Westfront Soldat und wurde dreimal verwundet. Von 1920 bis 1923 studierte er bei Jan Thorn Prikker in München. Studienaufenthalte führten ihn nach Italien und zu Heinrich Nauen (1880-1940) an die Kunstakademie Düsseldorf. Wie Thorn Prikker gehörte auch Nauen zur künstlerischen Avantgarde damals moderner Malerei. 1927 wurde Wendling Leiter der *„Fachklasse für Glasmalerei, Monumentalmalerei und Mosaik"* an der von Rudolf Schwarz (1897-1961) geleiteten Kunstgewerbeschule in Aachen. Schwarz war Architekt. In den Jahren 1929-1930 entwarf und baute er nach völlig neuen Prinzipen kirchlicher Raumgestaltung die Kirche St. Fronleichnam in Aachen und 1956 St. Anna in Düren. Wendling wurde 1929 Professor an der RWTH Aachen. Er erhielt Aufträge in

Abb. 7: „Maria Himmelskönigin". Mutter und Kind erheben in gleicher Weise segnend die rechte Hand. In der linken trägt das Kind die Kugel der durch sein Kreuz erlösten Welt. - Glasgemälde von Anton Wendling in der Taufkapelle der Jülicher Propsteikirche. Die Madonna überschaut den gesamten Altarraum der ihr seit mehr als tausend Jahren geweihten Kirche. - Die nach oben heller werdenden Ornamente sammeln das hellblaue Himmelslicht, in dem die Madonna schwebt, und machen den Raum licht und hell (Foto Carolin Schmitz Jan. 2020).

Glasmalerei des 20. Jhds. eV." unter „NRW, Aachen, Hohe Domkirche" (Zugriff in beiden Fällen am 18.02.2020).

[11] Als Beleg für Zeitstellung und Ausführung der Fenster siehe: Archiv der „Glasmalerei Oidtmann" in Linnich, Kommissionsbuch.

[12] „Forschungsstelle Glasmalerei" (wie Anm. 10) unter „Hohe Domkirche" die Nummern 11, 19, 20, 30, 31 (Zugriff am 19.02.2020).

den Städten Luxemburg und Echternach und fuhr dreimal in die USA zur Erledigung von Aufträgen. Nach seiner Emeritierung zog er um von Aachen nach Kreuzlingen am Bodensee, wo er 1965 starb.[13]

Ganz ohne farbiges Glas blieb die Jülicher Pfarrkirche aber auch gleich nach ihrer Fertigstellung nicht. 1952 wurden fünfzehn kleinere romanisch anmutende Fenster für die drei östlichen Apsiden der Kirche nach Entwürfen von Ludwig Schaffrath (1924-2011)[14] in der Glasmalerei Dr. H. Oidtmann in Linnich hergestellt und in Jülich einge-

Abb. 8: Fenster in der Apsis der Taufkapelle der Jülicher Pfarrkirche nach Entwurf von Ludwig Schaffrath aus dessen Zeit als Assistent von Anton Wendling am „Lehrstuhl für Freihandzeichnen und Aquarellieren in der Abteilung Architektur" an der RWTH Aachen (1947-1954). Trotz des großen Unterschieds zwischen der Ornamentik Schaffraths und der seines Lehrers (s. Abb. 7) glaubt man erstaunt, in Farbe und Rhythmus die Verwandtschaft der Künstler in dieser Zeit zu ahnen (Foto Carolin Schmitz Jan. 2020).

baut. Schaffrath war über ein halbes Jahrhundert hinweg bis zu seinem Tod einer der angesehensten und am meisten beschäftigten Glaskünstler der Region um Aachen und weit darüber hinaus. Er war in Alsdorf geboren, wo er auch Zeit seines Lebens seinen Hauptwohnsitz behielt. Und er starb nur wenige Kilometer von seiner Heimatstadt entfernt im Krankenhaus von Bardenberg, einem Ortsteil von Würselen. Seine letzte Ruhestätte fand er in der „Grabeskirche" St. Josef in Aachen, deren Fenster nach seinen Entwürfen in den Jahren 1965-1982 entstanden

waren.[15] Schaffrath gestaltete große Fensterwände wie in St. Anna in Düren und in St. Martinus Aldenhoven. In St. Martinus Linnich gibt es von ihm das sogenannte „Friedensfenster".[16] Als er die kleinen Fenster in Jülich schuf, war er gerade acht-

13 Myriam Wierschowski (Hrsg.), Anton Wendling. Facettenreiche Formenstrenge. Katalog zu einer Ausstellung im „Deutsches Glasmalereimuseum" Linnich 2009/2010, S. 229.

14 Dieselbe (Hrsg), Ludwig Schaffrath. Universum in Glas. Katalog zu einer Ausstellung im „Deutschen Glasmalerei Museum Linnich" 2012.

15 „Forschungsstelle Glasmalerei" (wie Anm. 11) unter „Aachen Grabeskirche St. Josef" (Zugriff 19.02.2020).

16 Für Aldenhoven, Düren und Linnich siehe „Forschungsstelle Glasmalerei" (wie Anm.10) unter den Ortsnamen. (Zugriff 20.02.2020).

undzwanzig Jahre alt. Sie gehören also zu seinen frühen Werken.[17] Leider fehlen die Jülicher Fenster im Werkverzeichnis Schaffraths auf S. 264 des großen Katalogs des Linnicher „Glasmalerei-Museums" von 2012.[18] Sie hätten an erster Stelle stehen müssen.

Im Archiv der Propsteipfarrkirche Jülich befindet sich ein undatierter farbiger Entwurf mit Fensterornamenten des Glasmalers Josef Höttges (1908-1980)[19], der in den Jahren 1963 bis 1965 sehr schöne figürliche Glasfenster zum Thema der „Sieben Schmerzen Mariens" für die Kirche St. Martinus in Jülich-Barmen schuf. Ob sich Hött-

ges mit seinem Entwurf in Jülich um einen Auftrag bewarb und ob er es schon 1952 oder doch erst in der Ära Wendling tat, muss dahingestellt bleiben. Die Formensprache spricht eher für 1952, die Farbenpracht für die spätere Zeit.

Im Archiv der „Gasmalerei Dr. Heinrich Oidtmann" in Linnich, die im Jülich-Dürener Raum in der zweiten Hälfte des 20.

Abb. 9: Detail aus einem Entwurf für ein Glasfenster mit Ornamenten von Josef Höttges im Jülicher Pfarrarchiv. (Signatur im Jülicher Pfarrarchiv, Nr. 290 /später: 010-195 Z-0290).

Jahrhunderts in fast allen Kirchen mit fast allen Künstlern der Zeit gear-

beitet hat, sind aus dieser Zeit zu allen Aufträgen Pläne, Kostenabsprachen, Fotos der fertigen Glasgemälde und nicht selten auch Auftraggeber genannt. Es lohnt sich daher, einen Zettel aus diesem Archiv zu den Jülicher Fenstern von 1952 genauer zu betrachten.

Es handelt sich um einen „Mahszettel", heute würde man wohl „Masszettel" oder „Maßzettel" schreiben. Eigentlich ist man sich in der Orthografie bis heute nicht klar geworden, wie man das nur im deutschen Alphabet vorkommende „ß" in Großbuchstaben schreiben soll. Ganz modern lässt man gerne das „ß" zwischen lauter Versalien stehen und schreibt „MAßZETTEL".[20]

---

[17] Im Aachener Dom arbeitete er erst 1958. (Wie Anm. 14 aber unter „Aachen Hohe Domkirche", Nr. 34, 35, 36, 37, 38 - Zugriff 19.02.2020).

[18] S. Anm. 14.

[19] Zur Biografie des Josef Höttges s. Iris NESTLER (Hrsg.), Meisterwerke der Glasmalerei des 20. Jahrhunderts im Rheinland, Bd. 1, Mönchengladbach, 2015, S. 230. Die Verehrung der „Sieben Schmerzen Mariens" hat in Barmen eine lange Tradition (s. Jülich unter Denkmalschutz. Die eingetragenen Bau- und Bodendenkmale der Stadt Jülich, 2013, S. 45).

[20] Duden. Die deutsche Rechtschreibung, Berlin 27 2017. D 159, D. 160.

Die fünfzehn relativ kleinen Fenster machen zusammen eine Fläche von 26,5 qm (m²) aus.

Bestellt wurden die Fenster von Pfarrer Propst Josef Breuer. Ihn begleiteten nach Linnich zur Auftragsvergabe der oben schon genannte Architekt der neuen Kirche Peter Salm und außerdem wohl vom Kirchenvorstand Josef Burtscheidt (1902-1966), der zur Zeit der Entstehung dieser Fenster Rektor der Jülicher Volksschule an der Düsseldorfer Straße war. Er hatte von 1919 bis 1923 das Staatliche Lehrerseminar in Linnich besucht, war dann aber, weil es für Lehrer in den 1920er Jahren keine Aussicht auf Anstellung gab, Bankkaufmann und bis zu seiner Einberufung zum Kriegsdienst 1941 Geschäftsführer bei der „Glasmalerei Oidtmann" geworden. Er kannte also die Glaskunst und auch das Geschäft mit den farbigen Gläsern.[21] Das war vielleicht für die Preisgestaltung der Fenster gar nicht unwichtig. Jedenfalls kosteten die fünfzehn Fenster insgesamt 2.800 DM „gem. mündlicher Vereinbarung", wie es im „Mahszettel" heißt. Da war vorher wohl ein höherer Preis im Spiel gewesen. Es ist nicht leicht, diesen Preis in heutige Preisvorstellungen einzuordnen,

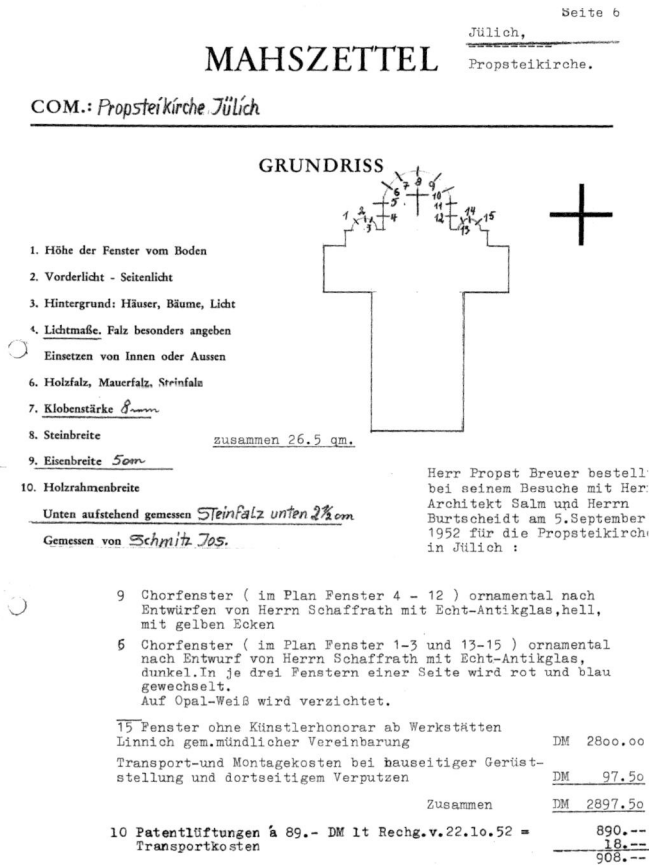

Abb. 10: Seite aus dem Kommisionsbuch der Glasmalerei Oidtmann in Linnich aus dem September 1952, die Apsisfenster der neuen Propsteikirche in Jülich betreffend (Mit freundlicher Genehmigung von Heinrich Oidtmann, einem der heutigen Geschäftsführer der Firma, der den Maßzettel zur Verfügung stellte).

weil sich in den dazwischen liegenden sieben Jahrzehnten fast alles verändert hat. Stundenlöhne und Wochenarbeitszeit sind nicht mehr die von damals und Sozialabgaben und Steuern auch nicht. Den heutigen Leser mutet es sonderbar an, wenn im „Mahszettel" die „Transport- und Montagekosten" für alle fünfzehn Fenster mit 97,50

---

21 Zu J. Burtscheidt s. Peter NIEVELER, Das Licht des Himmels und die Welt in farbigen Fenstern. Fakten, Gedanken und Erläuterungen zum Fenster in der Kapelle des Mädchengymnasiums Jülich, in: Jahrbuch des MGJ 2010, S. 146.

DM angegeben werden. Die „bauseitige Gerüststellung" mag angehen, weil da wohl noch das Gerüst vom Bau und Verputzen der Kirche stand, die am 14. Dezember 1952[22] eingeweiht wurde, während die Fenster „spätestens Anfang Oktober 52" fertig sein sollten. Der Termin wurde eher nicht gehalten, da die „Patentlüftungen" erst nach dem 22. Oktober 1952 eingesetzt wurden. Beigeputzt wurden die fünfzehn Fenster dann sicher von der Baufirma und das eher unentgeltlich. Ein sicher hinkender Preisvergleich zwischen 1952 und 2020 soll noch versucht werden: Im Jahre 1952 lag der Monatslohn im praktisch arbeitenden Gewerbe umgerechnet in die heutige Währung bei 147,00 Euro. Derzeit liegt er bei rund 2.600 Euro. Und ein weiterer Vergleich: Ein kg Brot kostete 1952 wieder umgerechnet rund 0,25 Euro, heute rund 4,00 Euro.[23] Die Werte liegen bei Brot und Arbeitslohn so weit nicht auseinander. Der Arbeitslohn stieg um das rund Achtzehnfache, der Brotpreis um das Sechzehnfache. Man bekommt also heute mehr Brot für sein Geld. Dass es uns heute auch über das Brot hinaus viel besser geht als damals, liegt nicht zuletzt daran, dass die Freizeit viel größer geworden ist. Rund achtundvierzig Stunden musste man damals für den Wochenlohn arbeiten, heute nur noch 38 Stunden.[24]

Abb. 11a, b, c, d, e: Fünf Fensterentwürfe aus dem Propsteipfarrarchiv St. Mariae Himmelfahrt Jülich ohne Signum und ohne Datum.

Im Februar 2020 machte Prof. Günter Bers eher beiläufig, ohne von der vorliegenden Arbeit zu wissen, den Verfasser dieser Zeilen auf fünf Fensterentwürfe im Archiv der Propsteipfarrkirche Jülich aufmerksam, auf die er selbst zufällig gestoßen war. Die Entwürfe tragen kein Entstehungsdatum und sind auch nicht signiert. Der Form nach sollte es sich um Entwürfe für die von L. Schaffrath gestalteten Apsis-Fenster handeln. Im Findbuch des Pfarrarchivs tragen sie die Nr. 294, in der späteren Fassung des Findbuchs steht „010-195 Z-0294" mit dem Zusatz „Schaffrath Alsdorf (?) 5 Entwürfe

[22] S. August ENGELS (wie Anm. 2), S. 16.

[23] https://www.was-war-wann.de/historische_werte/ (Brotpreise, Arbeitslöhne) (Zugriff 20.02. 2020).

[24] https://www.gewerkschaftsgeschichte.de/downloads/tab_arbeitszeit_industrie_1919_1990. pdf (Zugriff 20.02.2020).

Chorfenster". Das Fragezeichen scheint auf jeden Fall angebracht, da Ornamentik und Farbe weniger zu Schaffrath zu passen scheinen. Die streng geometrischen, zumeist dem Kreis entlehnten Formen lassen sich eher Wendling zuordnen, der 1951 im Aachener Dom Chorfenster mit zum Teil ähnlichen Ornamenten geschaffen hat.

Es wäre also denkbar, dass Wendling auch schon bei den Chorfenstern in Jülich 1952 im Gespräch war, dass der Auftrag dann aber an Schaffrath gegangen ist. Als Beleg dafür, dass die fünf Jülicher Entwürfe von Wendling stammen könnten, mag Abb. 12 dienen.

Am Ende der 1950er Jahre dachte man bei der Jülicher Pfarre auch über die Ausgestaltung der Chorwand in der zentralen Apsis der Kirche nach. Dazu findet sich im

Abb. 12: Anton Wendling, Kreis-ornament, Detail aus einem Fenster in der Nordseite der Chorhalle des Doms zu Aachen aus dem Jahre 1951. (Wendling, Facettenreiche Formenstrenge, wie Anm. 14, S. 184, Katalog 58. Siehe auch „Forschungsstelle Glasmalerei", Aachen, wie Anm. 11, Hohe Domkirche Nr. 19 und 20 <Zugriff 23.03.2020>).

Archiv der Pfarrkirche ein ebenso schöner wie interessanter Vorschlag des Kölner Künstlers Peter Hecker (1884-1971). Er war einer der bekanntesten religiös bestimmten Maler seiner Zeit. Zu seinen wichtigsten Werken gehört die Malerei unter der Orgelempore in der nordöstlichen Ecke des Querschiffs im Kölner Dom. Im Jülich-Dürener Raum wurde er bekannt durch die Wand- und Glasbilder in der Arnolduskapelle in Düren-Arnoldweiler[25] sowie durch den großen Zug heiliger Frauen und Männer an der Brüstung der Empore der Pfarr- und Wallfahrtskirche St. Martinus in Aldenhoven.[26] Letztere entstanden zwischen 1956 und 1960. Der Jülicher Entwurf als Aquarell auf dünnem, fast transparentem Pergamentpapier ist in der unteren rechten Ecke mit „P. Hecker 1959" signiert. Da stimmt der Zeitzusammenhang: Vielleicht haben Jülicher Gemeindemitglieder den in Aldenhoven arbeitenden Peter Hecker um einen Entwurf gebeten.

Das Aquarell von Peter Hecker zeigt in der Mitte die Krönung Mariens zur Himmelskönigin durch ihren Sohn Jesus Christus und Gott Vater, zwischen denen der Hl. Geist in Gestalt der Taube das Geschehen besiegelt. Maria steht auf der Mondsichel und erinnert so an die Frau aus der Offenbarung des Johannes 12.1-5, deren Sohn *„zu Gott und zu seinem Thron entrückt wird."* Unter dem zentralen Bild ein Schriftband mit dem lateinischen *Text: „AS-SUMTA EST MARIA IN CAELUM. GAUDENT ANGELI COLLAUDANTES*

---

[25] *„Forschungsstelle Glasmalerei"* (wie Anm. 11) unter Düren, Arnoldsweiler, Arnolduskapelle (Zugriff 05.03.2020) und Wilhelm ARNOLDS, Arnold von Arnoldsweiler, Geschichte und Überlieferung, Köln 2015, S. 475; s. auch Ruth SCHLOTTERHOSE, St. Arnold in Düren Arnoldsweiler, Aachen 1997, S. 14.

[26] https://de.wikipedia.org/wiki/St._Martin_(Aldenhoven) (Zugriff 23.02.2020).

BENEDICUNT DOMINUM. ALLE." ("Aufgenommen ist Maria in den Himmel. Es freuen sich die Engel. Sie loben und preisen den Herrn. Alleluja."). Diese Antiphon (Kehrvers) gehört zum liturgischen Textbestand des Festes „Mariae Himmelfahrt" am 15. August. Daher malte der Künstler Engel über dem Zentralbild und in seinem Hintergrund. Hoch über den Fenstern sind Sonne, Mond und Sterne angedeutet. Unter dem Hauptbild

sieht man einen Altar mit Tabernakel und Expositorium, dem Platz für die Ausstellung des Allerheiligsten, der in Christi Fleisch gewandelten Hostie. Blüten schmücken die Wand hinter dem Altar, und ein Blütenband umzieht das zentrale Bild. Mit den vier Gestalten am Altar sind wohl die vier Evangelisten gemeint, die das Geheimnis des Gottessohnes Jesus den Menschen verkündet haben und es weiter tun. Eingerahmt wird das Zentralbild von sechs Heiligen: Oben links „Santa Ursula" (4. oder 5. Jh.), zu deren Kölner Stift die Jülicher Kirche tausend Jahre lang gehörte. Oben rechts: „Santa Christina". Gemeint ist wohl die Sel. Christina von Stommeln (1242-1312) im weißen Gewand der Dominikanerinnen, auch wenn sie Begine und nicht Dominikanerin war, oft aber zu diesen gerechnet wurde, weil ihr Seelenfreund Petrus von Dacien (1235-1289) Dominikaner war. Die mittleren Bilder zeigen links den Handwerker „St. Joseph", den Verlobten Marias, mit einem Holzblock und einem Wanderstab mit Tasche. Ihm war in der Jülicher Pfarrkirche bis 1944 einer der beiden Seitenaltäre gewid-

Abb. 13: Peter Hecker, Entwurf für die Chorwandgestaltung der Pfarrkirche in Jülich (1959) (Pfarrarchiv St. Mariae Himmelfahrt Jülich, Signatur Nr. 291/später 010-195-Z-291).

met. Rechts steht St. Antonius der Einsiedler (251-356), der Begründer des christlichen Mönchstums, dargestellt mit einem Schwein zu seinen Füßen, weil der Antoniter-Orden Schweine hielt, die sogar frei herumlaufen durften. In Jülich gibt es die aus dem 15. Jh. stammende „St. Antonii- et Sebastiani-Schützenbruderschaft", deren zweiter Patron „St. Sebastian" (Ende des 3. Jh.) in der unteren Reihe links mit dem Symbol seines Martyriums, dem Bogen, steht. Rechts unten „St. Rochus" (1349-1379). Zusammen mit Sebastian gilt er als Pestheiliger, der in der Pandemie des 14. Jahrhunderts auf seinen Pilgerreisen viele Menschen pflegte und heilte. Peter Hecker stellt ihn mit Pilgerstab dar. St. Rochus stand in Jülich schon immer in hohem Ansehen. Daher auch trägt die

St. Rochus-Kirche seinen Namen.[27]

Eine solch farbig lebendige Wandmalerei hätte der Jülicher Kirche sicher gut gestanden. Aber wenn ein solches Bild die Zeiten überdauern soll, muss es immer wieder gereinigt und instandgehalten werden. Das aber übersteigt dann wohl vor allem die finanziellen Möglichkeiten einer kleinstädtischen Pfarre.

Sechzig Jahre vor der Entstehung des Entwurfs von Peter Hecker hatte Heinrich Renard im Jahre 1899 mit dem Neubau des Chorraums der Kirche im neoromanischen

Abb. 14: Romanischer Chorraum der Jülicher Pfarrkirche vor 1899 mit der Bildunterschrift: „Jülich Inneres der kath. Pfarrkirche vor der Restauration im Jahre 1899."

Stil begonnen.

Das „LVR-Amt für Denkmalpflege im Rheinland/Abteilung Dokumentation. Foto- und Planarchiv" in der ehemaligen Abtei Brauweiler stellte freundlicherweise ein Foto aus der Zeit vor dem Abbruch des mehrere hundert Jahre alten romanischen Chors der Jülicher Kirche zur Verfügung.

Das Foto zeigt drei Chorfenster, deren Gestaltung kaum erkennbar ist. Das mittlere könnte gemäß dem Kirchenpatrozinium eine Madonna mit Kind zeigen.[28] Leider haben sich weder im LVR-Archiv noch im Archiv der Glasmalerei Oidtmann in Linnich Einzelfotos von Glasmalereien in der Kirche aus der Zeit vor 1944 erhalten.

Im Archiv der Propsteikirche befinden sich allerdings sechs Fotos, deren Veröffentlichung lohnt, auch wenn sie historisch nicht genau zuzuordnen sind. Alle Bilder hat der verstorbene Pfarr-Archivar August Engels mit dem gleichen Text versehen: „Bildmotiv: Kirchenfenster Propsteipfarrkirche (Name des/der dargestellten Heiligen). Angaben zum Bild: Entwurf wahrscheinlich von Architekt Wiethase, der um 1878 die Kirche umgebaut hat. Ausführung Glasmalerei Dr. H. Oldtmann, Linnich. Foto Dr. H. Oidtmann. Fenster wurde am 16.11.1944 zerstört." (Fotos im Pfarrarchiv St. Mariae Himmelfahrt Jülich, Fotoarchiv Kasten 1-IV-1 bis 6).

Die Bildmotive der sechs Fotos sind: Nr. 1 St. Elisabeth, Nr. 2 St. Antonius und St. Sebastian, Nr. 3 St. Paulus, Nr. 4 St. Andreas, Nr. 5 Heiligstes Herz Jesu, Nr. 6 St.

---

27   Zu den Viten der Heiligen s. Joachim SCHÄFER, Ökumenischen Heiligenlexikon online (Zugriff 24.02.2020).

28   Dem entspricht ein Hinweis bei BERS, Bernardus-Bauverein (wie Anm. 6), S. 15, dass auch der neue Chor zwanzig Jahre später ein Fenster mit dem Thema „Maria Himmelfahrt" erhalten sollte.

Joseph. (Die Nummern entsprechen der Nummerierung im Archiv der Propsteikirche.)

Abb. 15: Aufhängung der Fotos an einer Wand. Die Reihenfolge ergibt sich aus den erkennbaren Überlappungen: von links: Andreas, Elisabeth, Herz Jesu, Josef und Paulus. In den Fotos auch abgebildete Bauelemente (Fialen) und schwarze Streifen, die der Verfasser dieses Aufsatzes nicht zu deuten vermag. (Siehe auch unten Anm. 34).

Fünf der Entwürfe wurden zum Fotografieren eng nebeneinander an einer Wand aufgehängt und dann abgelichtet. Dabei entstanden fünf Fotos, wobei die Bilder nicht scharf abgegrenzt wurden, sondern immer auch Teile der danebenhängenden Bilder mit aufgenommen wurden. Aus den so entstandenen Überlappungen kann man die Reihenfolge der Bilder an der Wand erschließen. Nur das Bild der heiligen Antonius und Sebastian wurde einzeln aufgenommen. Ob die Entwürfe von Wiethase selbst stammen oder von einem seiner Mitarbeiter oder vielleicht auch von Mitarbeitern der Glasmalerei Oidtmann, lässt sich nicht feststellen

Abb. 16 (links): Das von floralen Mustern eingerahmte Bild zeigt die aus dem ungarischen Königshaus stammende Landgräfin von Thüringen, die hl. Elisabeth, mit Krone. Zu ihren Füßen zwei arme Menschen, denen sie Brot bringt. Auf die die Gestalt der Heiligen umschlingenden Band steht: „BEATI MISERICORDES QUONIAM MISERICORDIAM CONSEQUENTUR: MATT V.VII" („Selig die Barmherzigen; denn sie werden Barmherzigkeit finden." (Mt 5.7). Auf dem unter der Heiligen quer laufenden Band steht: „S^(ta) ELISABETHA PATRINA [???] ORA PRO NOBIS". („Heilige Elisabeth, Patronin [???]. Bitte für uns."). Von zwei Zeilen ganz unten kann nur das Ende entziffert werden:

IM JAHRE 18[??]. (Links neben dem Fensterentwurf mit der hl. Elisabeth ein Stück aus dem Foto des Andreas-Bildes.)

Abb. 17 (links): St. Antonius und St. Sebastian. Abb. 18 (rechts): St. Paulus.
Abb. 17: Im linken Teil des Fenster-Entwurfs der Mönchsvater Antonius mit seinem (Hirten-) Stab, an dem eine Glocke hängt, zu seinen Füßen ein Schwein (s. oben Erläuterungen zu Abb. 13). Im rechten Teil St. Sebastian, von Pfeilen durchbohrt, in einer für sein Martyrium üblichen Darstellung. Über den beiden in einem Kreis eine Armbrust mit Pfeilen. In der Umschrift des Kreises unten die Jahreszahl: MDCCCLXXIX (1879), in der Umschrift oben: [IN] TROUVE FAST („In Treue fest"), der Wahlspruch der St. Antonii- et Sebastiani Armbrustschützenbruderschaft Jülich, die auch wohl als Stifterin des Fensters vorgesehen war.[29] Neben dem halben Wappen

---

29 „In Treu Vast" war auch der Wahlspruch des von Herzog Johann Wilhelm II. von Jülich-Berg (reg. 1679-1716) im Jahre 1708 erneuerten Hubertusritterordens, den Herzog Gerhard von Jülich (reg. 1435-1475) 1444 gestiftet hatte und der im Erbgang zum höchsten Orden des Königreiches Bayern wurde. (Guido von BÜREN, Der Hubertusritterorden, in: Die Jagd, ein Schatz an Motiven, Katalog zu einer Ausstellung im Städtischen Museum Schloss Rheydt und im Museum Zitadelle Jülich 2019 und 2020, Mönchengladbach 2019, S. 47. (W. GUNIA und P. NIEVELER, Die Herren von Jülich, Jülich 2006, S. 63.) „In Treue fest" lautet heute noch

der Stadt - die andere Hälfte, der Löwe, ist aus einem unbekannten Grund geschwärzt – steht auf der linken rechteckigen Platte: SAGIT. IULIAC. Auf der rechten ist lesbar: CONFR. Ergänzt kann man lesen „Sagittariorum Iuliacensis Confraternitas" („Jülicher Bruderschaft der Bogenschützen"). Wahrscheinlich versteckt sich noch ein „dono dedit" („stiftete") hinter schwarzen Stellen des Bildes.

Abb.18: Der Text auf dem Bild des hl. Paulus ist stark überblendet und an keiner Stelle lesbar. Daher kann auch zu den beiden kleinen Gestalten unter dem Bild des Paulus, einem Bischof und einer Nonne, keine Aussage gemacht werden. Paulus selbst ist durch sein Marter-Werkzeug, das Schwert gekennzeichnet.

Abb. 19 (links): St. Andreas. Abb. 20 (rechts): Heiligstes Herz Jesu).
Abb. 19: Der Apostel Andreas trägt das nach ihm benannte Kreuz. Unter dem Bild auf einem Band steht: AD MEMORIAM ANDREAE HENNES PASTOR HUIUS ECCLESIAE („Zum Gedenken an Andreas Hennes, Pfarrer dieser Kirche"). Und ganz unten kann man lesen: FAM. A. HENNES DONO DEDIT („Familie A. Hennes stiftete [das Fenster]). Pfarrer und Dechant Andreas Hennes starb 1878. Infolge des sogenannten Kulturkampfes zwischen der kath. Kirche

---

der Wahlspruch der „Historischen Gesellschaft Lazarus Strohmanus Jülich", die ihn auch auf ihren einmal im Jahr vergebenen Hexenturmorden prägt.

und dem preußischen Staat, der stärkeren Einfluss auf die kirchlichen Stellenbesetzungen nehmen wollte, gab es in Jülich einen neuen Pfarrer erst wieder mit Andreas Esser im Jahre 1886.[30]

Abb. 20: Der Fensterentwurf ist dem „Heiligsten Herzen Jesu" gewidmet. Die Verehrung des Herzens Jesu geht auf mittelalterliche Christus-Frömmigkeit zurück, nach der das von Liebe zu den Menschen überfließende Herz Jesu von der Sünde des Menschen am Kreuz durchbohrt wurde (Joh 19.37). In einer Vision sah die französische Nonne Maria Margareta Alacoque (1647-1690) das „von Liebe entflammte Herz Jesu" brennen und setzte sich seitdem für ein „Herz Jesu Fest" der Kirche ein. Ihr Wunsch ging aber erst 1856 in Erfüllung, als Papst Pius IX. ein solches Fest für die ganze Kirche vorschrieb. Darauf wird sich der Fensterentwurf beziehen. Im neuen Chor der Jülicher Kirche wurde um 1905 dem Herzen Jesu eine der drei Apsiden mit Altar geweiht. In seiner ersten Enzyklika „Deus Caritas est" - „Gott ist die Liebe" - von 2005, bezieht sich Papst Benedikt XVI. ausdrücklich auf die „durchbohrte Seite Jesu" als Zeichen der Liebe Gottes zu den Menschen.[31] Der Schriftzug über der Jesus-Gestalt lautet: PONE ME UT SIGNACULUM SUPER COR TUUM (Cant. Cantic. 8.6) („Leg mich wie ein Siegel auf dein Herz" (Hohelied 8.6). Unter der Gestalt Jesu zwei heilige Frauen, Katharina mit dem Rad und (vielleicht) Petronella. So jedenfalls könnte man aus der Kreisinschrift lesen: SS CATHARINA E[t] [Petro]NELLA ORAT[e pro nobis]. „Hl. Catharina und hl. Petronella bittet für uns!". Vielleicht waren diese Heiligen Namenspatroninnen von Damen aus der Stifter-Familie des Fensters, die in der untersten Zeile genannt ist: FA[mi]LIA FINCK [Don]O DED[it] 1879 - („Familie Finck stiftete [dieses Fenster] 1879.").

Abb. 21 (rechts): St. Josef
Auf dem Postament des mit drei Lilien, den Blumen der Reinheit, dargestellten hl. Josef steht: ST. JOSEPHUS PATRONUS ECCLESIAE. ORA PRO NOBIS. („Hl. Josef, Patron der Kirche, bitte für uns.") Dazu muss man wissen, dass Papst Pius IX. den hl. Josef 1870 zum Patron der gesamten katholischen Kirche ernannt hat. Darauf wird sich der zitierte Text beziehen. Dem hl. Josef war zudem vor 1944 die andere der drei Apsiden mit Altar in Jülich gewidmet.

---

[30] Zu A. Hennes vgl. G. BERS (wie Anm. 5) und zu A. Esser, Kleine Schriftenreihe der Joseph-Kuhl-Gesellschaft 30, beide wie Anm. 6.

[31] Zu Maria Margareta Alacoque s. „Wikipedia - Die freie Enzyklopädie" unter dem Stichwort dieses Namens (Zugriff 29.02.2020). - Zum Bezug Benedikts XVI. auf das Herz Jesus. „Deus Caritas est" Nr. 12 am Ende.

Zu den frühchristlichen Heiligen Katharina und Petronilla s. Joachim SCHÄFER, Artikel Katharina und Petronillas, Ökumenisches Heiligenlexikon online (Zugriff 29.02.2020).

Wiethase hat - wie schon oben gesagt - in den Jahren 1878-1879 das Langhaus der Kirche erneuert und den Turm saniert. Der Neubau des Chorraums erfolgte erst ab 1899.[32] Von vornherein waren aber wohl für die ganze Kirche neue Fenster geplant, obwohl im alten Hauptschiff wie im alten Chor (Abb.12) sicher farbige Fenster vorhanden gewesen waren, die aber wohl entsorgt wurden. Zur Finanzierung der Ausstattung des Neubaus wurde eigens ein Förderverein gegründet, der St. Bernardus-Bau-Verein.[33]

Es muss noch angemerkt werden, dass die Texte auf den einzelnen Entwürfen meist nur schwer zu lesen sind und im Detail am PC vergrößert werden mussten. Dennoch lässt sich nicht mit Sicherheit sagen, ob alles richtig gelesen wurde.

Innerhalb von dreißig Jahren war zwischen 1878/79 und 1909 in Jülich eine ganz neue Kirche im Stil der Neo-Romanik entstanden, obwohl der Bau in der Zeit von 1878 bis 1886 durch den Kulturkampf stark behindert worden war. Die gezeigten Fensterentwürfe gehören in die Anfänge der Gestaltungsvorstellungen für diese neue Kirche. Es ist fraglich, ob sie je ausgeführt wurden.[34]

In einer seiner jüngsten Veröffentlichungen, in der sich Prof. G. Bers wie mehrfach bemerkt mit dem „Bernardus-Bauverein" an St. Mariae Himmelfahrt in Jülich befasst, hat er mit der von ihm gewohnten Akribie dargelegt, wie der Verein zwischen 1877 und 1914 das für die relativ kleine Jülicher Pfarre gewaltige Unternehmen des Neubaus einer recht großen Kirche mit seinen Spenden unterstützt und zum Erfolg geführt hat.[35] Treibende Kraft des Kirchbaus war der seit 1886 in Jülich wirkende Pfarrer Andreas Esser (1838-1910). Er erlebte 1909 mit der Aufstellung des neuen Hochaltar-Retabels, das heute wieder die Kirche ziert, noch den krönenden Abschluss aller Arbeiten und starb 1910. Zum zielstrebigen Vorgehen Essers bemerkt Bers: *„Eine neue Satzung [des Bernardus-Vereins] wurde am 1. März 1887 verabschiedet. Schon nach einem Vierteljahr konnte Esser feststellen, dass der Verein jetzt 1.500 (!) Mitglieder zähle, d.h. die gesamte Pfarrgemeinde von 3.387 Katholiken war wohl durch wenigstens ein Familienmitglied im Verein organisiert."*[36] Mit dem vollen Einsatz seiner Persönlichkeit

---

[32] Stefanie LIEB, Die romanische Bauornamentik am Westturm der Propstei-Pfarrkirche St. Mariae Himmelfahrt in Jülich, in: Jülicher Geschichtsblätter 74/75, 2006/2007, S. 139. Siehe auch BERS (wie Anm. 6). In dieser Neuerscheinung finden sich auch viele andere wichtige Hinweise auf den Bau der Kirche und die Finanzierung des Gebäudes und seiner Ausstattung.

[33] § 1 der Vereinssatzung von 1877 nennt als Vereinszweck *„die Beschaffung von Geldern zur stylgerechten inneren Ausstattung der Pfarrkirche zu Jülich."* Im § 1 der Vereinssatzung von 1887 wird der Satz erweitert und nun heißt es: Der Verein hat den Zweck, *„die hiesige Maria Himmelfahrtskirche stylgerecht auszustatten, beziehungsweise dieselbe zur Vollendung zu führen."* (BERS, wie Anm. 6, S. 22 und 25).

[34] Denkbar wäre, dass es sich gar nicht um Fotos von Entwürfen, sondern um solche von schon in den Neubau von 1879 eingesetzten neuen Fenstern handelt. Das würde möglicherweise auch die auf einigen Bildern sichtbaren Architekturelemente erklären. Die filigranen Giebel könnten dann eventuell zu Beichtstühlen gehören, die mitfotografiert wurden.

[35] Genaue Titelangabe der Veröffentlichung zum *„Bernardus Bauverein"* siehe Anm. 6.

[36] Ebd. S. 8. Bers weist auf derselben Seite in Anm. 34 darauf hin, dass der Verein nach einem Jahr schon 1.800 Mitglieder hatte.

gelang es Esser, von jedem, sogar *„von Dienstmädchen und Kindersparbüchsen"*[37] eine geringe oder eine größere und große Spende für seine Kirche zu erhalten. In Anm. 86 auf S. 17 seines kleinen Werkes weist Bers zudem noch darauf hin, *„dass auch Kirchenbank-Plätze zur Ergänzung der finanziellen Möglichkeiten der Pfarrgemeinde versteigert wurden. […] Im Jahre 1913 konnte somit eine Einnahme von 1549 Mark erzielt werden."*

Auch das Sponsern und Stiften von farbigen Kirchen-Fenstern der neuen Kirche gehörte zu den vielfältigen Möglichkeiten finanzieller Unterstützung des Baus. Das war allerdings Bessergestellten vorbehalten. So mag ein Dokument aus dem Archiv der Glasmalerei Oidtmann in Linnich diesen Aufsatz abschließen.

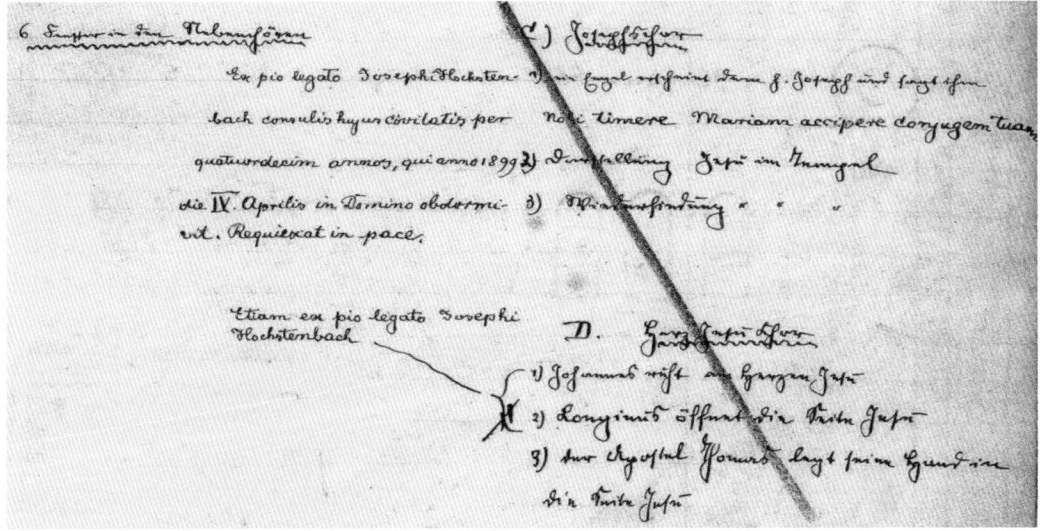

Abb. 22 Detail aus der Seite 386 des Kommissionsbuches der „Glasmalerei Dr. H. Oidtmann Linnich" vom Mai 1899. Der schwarze Diagonal-Strich besagt, dass der Auftrag erledigt wurde. Das Archivblatt wurde freundlicherweise von Heinr. Oidtmann, einem der Geschäftsführer der Glasmalerei, zur Verfügung gestellt.

Transkription des Textes in der Ordnung von Abb. 20

6. Fenster in den Nebenchören
Ex pio legato Josephi Hochstenbach consulis hujus civitatis per
quattuordecim annos, qui anno 1899
die IV. Aprilis in Domino abdormi-
vit. Requiescat in pace.

C) Josephschor
1) Ein Engel erscheint dem h. Joseph
und sagt ihm Noli timere Mariam ac-
cipere conjugem tuam.
2) Darstellung Jesu im Tempel.
3) Wiederfindung [Jesu im Tempel]

Etiam ex pio legato Josephi
Hochstenbach

D. Herz Jesu Chor
1)   Johannes ruht am Herzen Jesu

---

[37] Ebd. S. 17.

2) Longinus öffnet die Seite Jesu
3) Der Apostel Thomas legt seine
Hand in die Seite Jesu

Übersetzung, Anmerkungen und Erläuterungen zu Abb. 22

„Gemäß dem frommen Vermächtnis des Joseph Hochstenbach, der vierzehn Jahre lang Bürgermeister dieser Stadt war und am 04. April 1899 im Herrn entschlafen ist."
„Auch gemäß dem frommen Vermächtnis des Joseph Hochstenbach." (Der Pfeil weist auf die Nummern 1 und 2 unter D.

J. Hochstenbach wurde 1844 in Kirchrath (Kerkrade NL) geboren, war seit 1872 Bürgermeister von Kornelimünster und ab 1. Juli 1884 von Jülich, was er auch bis zu seinem Tod blieb. Aus dieser Zeit ist sein Einsatz gegen den Stadtrat für den Bau einer Wasserleitung in Jülich bemerkenswert. *(*Günter BERS, Geschichte einer rheinischen Stadt, Jülich 1989, S. 126 und Jacek GRUBBA, Die Entstehung der Stadtwerke Jülich in preußischer Zeit, in: Das preußische Jahrhundert. Jülich, Opladen und das Rheinland 1815-1914, Goch 2016, S. 223).

Die im Mai 1899 vermerkte Auftragsvergabe der fünf aus dem Nachlass von Hochstenbach gestifteten Fenster erfolgte demnach kurz nach dem Tod des Bürgermeisters. Ob die Stiftung testamentarisch erfolgte oder durch seine Erben vollzogen wurde, kann nicht gesagt werden.

Die zentrale Apsis der neuen Jülicher Kirche war Maria, ihrer Patronin gewidmet, der rechte Nebenchor dem Herzen Jesu und der linke dem hl. Joseph.

Die drei Fenster des Josephs-Chores verweisen auf folgende Stellen des Neuen Testamentes: 1) Der Engel sagt zu Joseph: *„Fürchte dich nicht, Maria als deine Frau zu dir zu nehmen"* (Mt 1.20). 2) Maria und Josef gingen nach Jerusalem, um, dem Gesetz des Moses folgend, ihren erstgeborenen Sohn im Tempel dem Herrn zu weihen. (Lk 2.22) und 3) Maria und Josef suchten auf der Heimreise von Jerusalem nach Nazareth ihren zwölfjährigen Sohn, und finden ihn im Tempel von Jerusalem, wo er zurückgeblieben war und den Schriftgelehrten die heiligen Texte ausgelegt hatte. (Lk 2.46).

Im Herz-Jesu-Chor bezieht sich das Fenster 1) auf Joh.13.23, wo Jesus vom Verrat des Judas spricht und der Lieblingsjünger ganz nahe bei seinem Herrn sein möchte. 2) Nach Joh 19.34 öffnet nach dem Kreuzestod Jesu einer der Soldaten seine Seite mit einer Lanze, um den sicheren Tod festzustellen. Der Legende nach hieß dieser Soldat Longinus. Noch unter dem Kreuz erkannte und verkündete er die Gottheit Christi: *„Wahrhaftig, dieser Mensch war Gottes Sohn."* (Mk 15.39) Deshalb wird er als Heiliger verehrt. (Joachim SCHÄFER, Artikel Longinus, aus dem Ökumenischen Heiligenlexikon online <Zugriff 04.03.2020>. 3) Nach Joh. 20.24-28 zeigt Jesus dem Apostel Thomas die Wunde seiner Seite, sein von den Sünden der Welt geschundenes Herz (s. oben zu Abb. 20).

Uwe Cormann

Kreuze, Bildstöcke und Kreuzwegstationen als wichtige Zeugnisse der Volksfrömmigkeit

Vorwort

„Es, ist in unserem Teutschland ein sehr altes und löbliches Herkommen, an den offenen Landstraßen gottselige Bilder uffzurichten, damit die Vorüberreisenden dadurch einen Antrieb zu der Gottseligkeit [...] empfinden mögen", so schrieb im Jahre 1607 der Würzburger Weihbischof Eucharius Sang über Bildstöcke und Wegekreuze.[1] Kreuze, Bildstöcke und Passionsstationen in der Landschaft sind Zeichen eines lebendigen Glaubens und wichtige Meilensteine im Leben der Gläubigen.

Das Kreuz

Exemplarisch möchte ich hier das hohe Kreuz aus der Schwedenschanze bei Broich vorstellen. Es steht an einem geschichtlichen Ort am östlichen Ortsrand des vormaligen Straßendorfes. Die *„Schwedenschanze"* ist eine alte Feldbefestigung mit einem Graben zur Absicherung gegen angreifende Feinde. Mit großer Wahrscheinlichkeit stammt die Anlage aus dem frühen 17. Jahrhundert, als die Festungsstadt Jülich im Jahre 1610 von den Truppen der possedierenden Fürsten Johann Sigismund von Brandenburg und Philipp Ludwig von Pfalz-Neuburg belagert wurde, um in den Streitigkeiten mit Kaiser Rudolf II. (1552-1609) nach dem Tode des erblosen Herzogs von Jülich-Kleve-Berg das Erbe für sich zu erstreiten.

Eine wichtige Rolle hatten diese Schanzen auch im Befreiungskrieg gegen den französischen Kaiser Napoleon (1769-1821), als die verbündeten Preußen und Russen die damals französische Festung Juliers (Jülich) belagerten. Seit März 1814 gehörten auch schwedische Truppen zu den Belagerern, die ihre Einheiten bei Broich stationierten. Die *„Schwedenschanze"* wurde von ihnen wiederhergerichtet; so waren sie die Namensgeber dieses Platzes, der heute aus drei Gründen unter Denkmalschutz steht:

1. als Bodendenkmal der *„Schwedenschanze"*;
2. wegen des hohen Flurkreuzes von 1832;
3. wegen der vierzehn Kreuzwegstationen vom Ende des 19. Jahrhunderts.[2]

Das Flurkreuz weist eine Höhe von 3,75 m und eine Breite von 0,70 m auf. Es wurde aus Aachener-Raerener Blaustein (Kalkgestein) hergestellt in den typischen Formen des Klassizismus und zeigt folgende Inschrift:

„AN DIE STELLE DES DURCH DIE ZEIT VERALTETEN HOLZKREUZES MISSIONS KREUZES WOVON DER REST HIER RUHT WURDE DAS GEGEBWAERTIGE

---

1   Zitiert bei: Dagmar van OEFFALEN und Franz LEBEN, *„Gottselige Bilder"* allein auf weiter Flur, in: Neues Rheinland, Jg. 34, Nr. 7, Juli 1991, S. 3-6.
2   Detlev BRAUN, Die Schwedenschanze in Broich bei Jülich, in: Jahrbuch des Kreises Düren, 2019, S. 130.

ZUR ERHÖHUNG DER ANDACHT GEWUDMET VON DEN EHELEUTEN F: W: KEUTMANN UND M. A. FROITZHEIM IN BROICH 1832. "

Gestiftet wurde das Kreuz vom damaligen Bürgermeister von Hambach, zu dessen Amtsbezirk damals auch Broich gehörte. In zweiter Ehe, nach dem Tode seiner ersten Ehefrau Maria Catarina Ahn aus Brandenberg, war er vermählt mit Maria Anna Froitzheim, der Tochter des Halfen von Linzenich. Bürgermeister Friedrich Wilhelm Keutmann wurde nach dem Tode auf dem Friedhof von Broich am 24. Mai 1841 beigesetzt.[3]

Wie Braun in seinem Beitrag schreibt, wird in der lokalen Geschichtsschreibung die Meinung vertreten, dass der frühere Pfarrer von Broich, Wilhelm Hoss (1798-1860), aus Dankbarkeit über das Ende der damaligen Kriegswirren das Holzkreuz habe errichten lassen.[4] Das Holzkreuz wäre aber dann nach 1815 errichtet worden und bereits vor 1832 morsch gewesen. Dieser Zeitraum von etwa 15 Jahren erscheint

mir zu kurz. Vielmehr vertrete ich die Meinung, dass das Holzkreuz bereits vor 1794 aufgerichtet worden ist, also in vorfranzösischer Zeit. In einer Verfügung ordnen die französischen Machthaber am 2. April 1798 in ihren neu eroberten Departements im Rheinland per Dekret an, alle religiösen Symbole außerhalb der Kirchen zu entfernen. So mussten alle Dorf- und Feldkreuze sowie die auf den Kirchtürmen weichen. Viele Kreuze überstanden diese Zeit in Erdverstecken, sie wurden *„begraben"* - ein Brauch, der auch zu anderen Anlässen geübt worden war. Wenn ein altes, schadhaftes Kreuz hinfällig wurde, verbot die Pietät eine Zerstörung des Kreuzes, es wurde begraben, meist an dem Ort, an dem es gestanden hatte (vgl. die Kreuzesinschrift).[5]

In mehreren Eintragungen in den *„Annales ecclesiastici"* (Kirchengeschichte) ist zu erkennen, dass es bereits eine frühchristliche Sitte war, Kreuze zu errichten. Im Bericht über das Jahr 57 n. Chr. steht: Seit apostolischer Zeit ist

Abb. 1: Kreuz in der Schwedenschanze: Das hohe Flurkreuz von 1832 in Broich-Schwedenschanze (Federzeichnung von Uwe Cormann, 1983).

es üblich, dort, wo eine Kirche errichtet werden sollte, ein Kreuz als *„edle Trophäe des Sieges" „in titulum"* aufzustellen. Dies geschah nur vierundzwanzig Jahre nach Jesu Tod und Auferstehung und zehn Jahre vor der großen Christenverfolgung in Rom unter Kaiser Nero (37-68 n. Chr.), der die Christen der Brandstiftung Roms bezichtigte. Ursprünglich meint die Bezeichnung *„in titulum"* die Kennzeichnung eines

---

[3]   Ebd.

[4]   Ebd.

[5]   Norbert LANGEN und Uwe CORMANN, Kreuze im Jülicher Land, Jülich 1988, S. 47; Bürgerbeirat der historischen Festungsstadt Jülich (Hrsg.), Jülich unter Deckmalschutz, Jülich 2012, S. 66; vgl. auch BRAUN, Die Schwedenschanze (wie Anm. 2), S. 123-135.

kaiserlichen Besitzes. Diese Ausdrucksweise übernahmen die Christen für die Häuser, in denen sie ihre Gottesdienste feierten. Als christlichen Titel hatten die Christen das Kreuz an diesen Häusern angebracht. In seinen Ausführungen zum Jahr 60 n. Chr. schrieb dies der berühmte Forscher Cesare Baronio bereits 1624.[6] Cesare Baronio (*20.8.1538 +30.6.1607 in Rom), war Oratorianer, Kardinal und ein hervorragender Historiker der Kirchengeschichte. Im Jahre 2008 wurde im Auftrag von Papst Benedikt XVI. der Seligsprechungsprozess für ihn wieder aufgenommen.[7] Baronio schrieb die Institutionsgeschichte der römischen Kirche. Die *„Annales ecclesiastici"* erschienen in zwölf Bänden in Rom erstmals zwischen 1588 und 1608. Hier wurde die Geschichte der Kirche von den Anfängen bis ins 12. Jh. aus katholischer Sicht geschildert. Dabei stützte er sich nicht nur auf die allgemein zugänglichen Schriften der Kirchenväter, sondern auch auf zahlreiche unveröffentlichte Quellen, die er in römischen Archiven des Vatikans fand. In seine Forschungen bezog er auch Zeugnisse des Christentums als historische Quellen ein. Dazu stand er in engem Kontakt mit führenden Antiquaren Roms. In den Forschungen Baronios hatte das Kreuz Jesu Christi einen zentralen Ort. Für ihn war das Kreuz seit dem Frühchristentum das Symbol des Christentums schlechthin[8], dass sowohl die Tradition der geschlagenen Kreuzzeichen als auch die der Errichtung materieller Kreuze im Zusammenhang mit dem Kampf für die Verbreitung des christlichen Glaubens entstanden seien. Gegen die Feinde Christi, und damit gegen den Teufel selbst, hätten die Gläubigen Kreuze aus Holz *„in titulum"* errichtet und geehrt. Als Beleg hierfür gilt u.a. ein Zitat aus einem Brief von Ignatius von Antiochia (+35 n. Chr. - +117 n. Chr.), eines Schülers des Apostels Johannes.[9]

Die sieben Fußfallstationen

Viele dieser stummen Zeugen haben als Kleindenkmale die Zeiten bis heute überdauert. So auch im Jülicher Land die zahlreichen Wegekreuze oder die *„Sieben-Fußfallstationen"*[10] in der *„Barmer Heide"* auf dem Plateau zwischen dem Baumbestand zwischen den Orten Barmen im Norden, Merzenhausen im Nordwesten und Koslar im Süden, die durch Margareta von Loe errichtet worden sind.[11]. Auffällig ist

---

6   Vgl. Cesare BARONIO, Annales ecclesiastici, Bd. 1, Köln 1624, Anno 60, VII; vgl. Katja RICHTER, Der Triumph des Kreuzes. Kunst und Konfession im letzten Viertel des 16. Jahrhunderts, in: Kunsthistorische Studien, Bd. 143, Berlin-München 2009, S. 162 f.
7   Wikipedia, die freie Enzyklopädie vom 13. Jan. 2017.
8   Vgl. BARONIO (wie Anm. 6); RICHTER, Der Triumph des Kreuzes (wie Anm. 6), S. 20.
9   RICHTER, Der Triumph des Kreuzes (wie Anm. 6), S. 162 f.
10 Die *„Sieben Fußfälle"* zur Verehrung des bitteren Leidens Jesu oder die *„Sieben Fußfälle"* zur Verehrung der Schmerzen Mariens errichteten die gläubigen Vorfahren in den Notzeiten, besonders nach dem Dreißigjährigen Krieg. In den Nischen der Fußfälle wurden Leidensszenen Jesu Christi dargestellt oder Szenen des Leidens Marias, wie sie Simeon im Tempel von Jerusalem Maria und Josef bei der Darbringung des Herrn geweissagt hatte: *„Dir, (Maria) aber wird ein Schwert durch die Seele dringen"* (Lk 2,35).
11 Maria von Loe ließ zur Abwendung der Pestgefahr in der Barmer Heide die sieben Fußfallstationen aufrichten. Sie war die erste Gemahlin des Johann von Reuschenberg, der als kaiserlicher Obrist im Jahre 1610 die Festung Jülich verteidigt hat. Sie war die Enkelin von Rüttger von der Horst, des Erbauers von Schloss Horst (heute Stadtteil von Gelsenkirchen).

die Bauweise an den Stationsbauten. Im Grundriss tauchen vielfältige Formen auf: Dreieck, Viereck, Sechseck bzw. Halbkreis. Dies ist im Aufriss und in den schiefergedeckten Dächern ebenfalls ablesbar. Dabei entstanden sechs Stationshäuschen, die an der Vorderseite eine Nische mit dem Stationsbild aufweisen sowie eine kleine Kapelle an der südlichen Verbindungsstraße nach Merzenhausen. Sie kann durch eine an der Südseite angebrachte Türöffnung betreten werden.

„Sehr eindrucksvoll sind die den Schmerz und das Leid Christi zeigenden Vesper- und Pietadarstellungen der spätgotischen Zeit. Sie offenbaren eine Nähe zum gekreuzigten Christus. In diesen Bildern spiegelt sich das Leid einer Zeit, die von Seuchen und Pest heimgesucht wurde. Die Menschen fanden in ihrem Leid Trost in dem am Kreuz leidenden und sterbenden Leidensmann, in der Gestalt, die Jesaja so ausdrucksvoll schildert" (Jes 53,3-12) (12). Aber auch in den Bildnissen der *„MATER DOLOROSA"* (der schmerzhaften Mutter Maria). Zu Beginn des neuen Jahrtausends wurde durch die Kreuzzüge ins Heilige Land mehr über das Leiden und Sterben Jesu bekannt. Heute noch drückt sich dies in den Kreuzwegandachten und Heilig-Kreuz-Verehrungen aus.

Anlass für die Errichtung der *„Sieben-Fußfallstationen"* in der *„Barmer-Heide"* war die Pestepedemie, die damals in Koslar gewütet hatte. Doch in Barmen und Merzenhausen war die Krankheit nicht ausgebrochen. Seit dieser Zeit ist die Verehrung der *„Sieben Schmerzen Mariens"* an diesem Ort ein fester religiöser Bestandteil.

Eine Grabplatte, die sich an der Westseite des südlichen Seitenschiffes in der St. Martinus Kirche in Barmen befindet, erinnert an Margareta von Loe. Die Inschrift auf dem Epitaph lautet:[12]

MARGARETA VON LOE FREIFRAUE
ROCHETTE UND HORST IS(T) IN
GOTT VERSTORBEN A(nn)O 1600DEN 26 7 bre
(= 26. September)

Unter dem Namen *„Bruderschaft von der vorzüglichen Liebe des Leidens Christi und des Mitleidens der Jungfrau Maria"* wurde sie von Papst Alexander VII. (1655-167) und gemäß der Breve vom 24. Juli 1655 bestätigt und mit vielen Ablässen und Privilegien beschenkt.[13] Unter Erzbischof Maximilian Heinrich von Köln wurde die Bruderschaft am 14. August 1655 in Barmen eingeführt. Mit großer Wahrscheinlichkeit hat der spätere Ordensgeneral Goswin Nickel aus Koslar durch vermittelnde Gespräche dafür gesorgt, dass der Heilige Vater im ersten Jahr seines Pontifikates die

---

Vgl. Klaus GOUSKA, Das Hueß zor Horst. Die Adelsfamilie von der Horst im Emscherbruch und der Erben im 16. und 17. Jahrhundert, in: Materialien zur Kunst- und Kulturgeschichte in Nord- und Westdeutschland, Bd. 10, Marburg 1994, S. 75-87.

[12] Vgl. Uwe CORMANN, Die katholische Pfarrkirche St. Martinus in Barmen, in: Jülich - Stadt - Territorium - Geschichte. Festschrift zum 75-jährigen Jubiläum des Jülicher Geschichtsvereins 1923 e.V. (Jülicher Geschichtsblätter. Jahrbuch des Jülicher Geschichtsvereins, Bd. 67/68), 1999/2000, S. 642.

[13] Uwe CORMANN, Das Kreuz als immerwährende Herausforderung an die christliche Kunst, in: Norbert LANGEN und Uwe CORMANN, Kreuze im Jülicher Land, Jülich 1988, S. 9.

Bruderschaft aus Barmen mit Ablässen und Privilegien beschenkte. Sicher kannten sich der spätere Papst Alexander VII., vormals Nuntius Fabio Chili mit Sitz in Köln, und Goswin Nickel, der spätere Ordensgeneral, aus ihrer gemeinsamen Zeit aus Köln; hier bekleidete Nickel das Amt des Provinzials von 1630 bis 1643. Ab 1649 wirkte der Jesuit aus Koslar in Rom als Angehöriger der Generalkongregation und somit als Vertreter des Ordens für alle deutschen Gebiete. Am 17. März 1652 - mit 70 Jahren - wurde er zum Ordensgeneral der Gesellschaft Jesu gewählt, die von Papst Innozenz X. (*1574 1644-1655) unterstützt wurde.[14]

Wenn Margareta von Loe bereits im Jahre 1600 starb, dann ließ sie die *„Sieben-Fußfall-Stationen"* in den letzten Jahren des 16. Jahrhunderts errichten. Damit sind diese älter als viele andere im Rheinland. Hier ist die Frage erlaubt: Warum verbreitete sich dieser Typus der Volkfrömmigkeit so stark im Rheinland? Die *„MATER DO-LOROSA"* (die Schmerzensmutter), der man den Leichnam ihres am Kreuze gestorbenen Sohnes Jesus in den Schoß gelegt hatte, war den leidgeprüften Menschen in ihrem Leid nahe, sie konnte ihnen Trost spenden.

Abb. 2: Kapelle von den Stationen der *„Sieben Schmerzen Mariens"* in der Barmer Heide (Federzeichnung von Uwe Cormann, 1990).

Papst Alexander VII. hatte Beziehungen zur Stadt Jülich, denn zwei Mal war er als päpstlicher Nuntius Fabio Chili Gast im Kapuzinerkloster St. Franziskus. Am 19. und 20. Dezember 1649 - am 20. Dezember las er dort die heilige Messe - sowie bei einer Reise nach Rom im Jahre 1650. Als Nuntius war er ein wichtiger Friedensvermittler in Münster vor dem Westfälischen Frieden 1648 zu Ende des Dreißigjährigen Krieges. Goswin de Nickel (1582-1664), der spätere Ordensgeneral der Gesellschaft Jesu (Jesuiten Orden) war ab 1649 in Rom als Assistent des Ordens für alle deutschen Gebiete eingesetzt, ab 1652 mit 70 Jahren zum Ordensoberen der Gesellschaft Jesu gewählt.[15]

Sicherlich war Goswin de Nickel dem Nuntius bekannt, denn der Nuntius hatte seinen Amtssitz in Köln und Goswin de Nickel war in Köln ab 1630 als Provinzial der Niederrheinischen Ordensprovinz tätig.

Im Zyklus der Darstellungen der *„Sieben Schmerzen Mariens"* werden meist - auch hier - folgende Szenen dargestellt:

    1.   Die Weissagung Simeons (vgl. Lk 2,35).

---

[14] Helmut HOLZ, Die Bruderschaft von den Sieben Schmerzen Mariens, in: Barmen, hrsg. vom Kultur- und Verkehrsverein Barmen e.V., Barmen, Jülich 1979, S. 67 f.; vgl. Marzena VOMBERG, *„Heide Prozession"* erinnert an die Pest, in: Jülicher Zeitung, Nr. 223 vom 25.09.2018.

[15] Peter NIEVELER, Goswin Nickel aus Koslar 1582-1664, 10. Generaloberer der Gesellschaft Jesu (1652-1664). Zum 350. Todestag am 31. Juli 2014, hrsg. vom Geschichtsverein Koslar e. V. und dem Jülicher Geschichtsverein 1923 e. V., Jülich 2014, S. 29-32 f.

2. Die Flucht nach Ägypten (vgl. Mt 2, 13-23).
3. Auffindung des 12-jährigen Jesu im Tempel (vgl. Lk 2,41-52).
4. Abschied Jesu von seiner Mutter.
5. Jesus begegnet (auf dem Kreuzweg) seiner Mutter.
6. Jesus stirbt am Kreuz (vgl. Mt 27,50; Mk 15,37; Lk 23,46; Joh 19,30).
7. Jesus wird in den Schoß seiner Mutter gelegt.

Wie die ursprünglichen Bildszenen aus der Spätrenaissance gestaltet waren, wissen wir heute nicht mehr. Die derzeitigen schuf der Aachener Künstler und Kunstprofessor Benno Werth (4. April 1929 - 31. Januar 2015) im Jahre 1974; sie besitzen eine starke expressive Aussagekraft.

An den Bildstöcken sowie der einen Kapelle, die zu den *„Sieben-Fußfallstationen"* gehören, beteten im Zweiten Weltkrieg die Ehefrauen und Mütter für die glückliche Heimkehr ihrer Ehemänner und Söhne, die an den Fronten kämpfen mussten, oder für deren Seelenheil, wenn sie im Kampf gefallen waren. Offiziell war dies vom Nazi-Regime untersagt, denn die *„Helden fielen für Führer, Volk und Vaterland, sie opferten sich auf dem Schlachtfeld. Es war ja kein Leid und Schmerz, das die Hinterbliebenen traf, sie sollten vielmehr stolz darauf sein, den Ehemann, Sohn und Vater auf dem Altar der Nation opfern zu dürfen."* Offensichtlich vertrat der damalige Ortspolizist von Koslar, Ludwig Offermann, diese Meinung nicht.[16] Wie mir Zeitzeugen in Koslar versicherte, nahm er es mit dem Verbot durch die NSDAP nicht so genau. Wenn er die Frauen in der Barmer Heide antraf, meinte er etwa: *„Macht Du wohl bei dem schönen Wetter einen Spaziergang? Das kann ich verstehen. Mach es gut, bis zum nächsten Mal"*, oder er sprach Ähnliches. Die Bildstöcke auf der Barmer-Heide waren ihm also seit seiner Kindheit bekannt.

Bildstöcke, Kreuze, Kapellen und Passionsstationen in der freien Landschaft kündet noch heute von der Sehnsucht des Menschen nach dem Himmel und der Bindung des Menschen an Gott und der Bindung Gottes an den Menschen. Die *„Sieben-Schmerzen-Mariens"* in der Barmer Heide sind unter Denkmalschutz gestellt. Jährlich finden hier Prozessionen statt, und das seit mehr als 350 Jahren, am Wochenende nach Pfingsten und eine Woche nach dem Fest *„Mariä Geburt"* am 8. September. Die Pflege der einzelnen Bildstöcke wird von verschiedenen Familien aus Barmen und Merzenhausen seit Generationen übernommen.

Die vierzehn Kreuzwegstationen

So wie die Bilder des leidenden Jesus uns in unserem Leid stärken sollen, weil er so den leidenden Menschen sehr nahe ist, so wollen auch die Gläubigen ihrem Herrn auf der *„Via Dolorosa"* nahe sein; sie wollen ihn verehren und zu ihm beten. Dabei dürfen sie im Gedenken den Weg abschreiten, den vermutlich die jungfräuliche Mutter Maria als erste nach ihrem Sohn gegangen ist an dem Tag, an dem ihr Sohn sterben musste. Er nahm alle Pein und den Tod auf sich, damit wir wieder ausgesöhnt

---

[16] Ludwig Offermann war bis Oktober 1944 Ortspolizist in Koslar. Er wohnte in der Lobsgasse und stammte ursprünglich aus Barmen. Somit kannte er die Stationen seit seiner Kindheit. Diese Information erhielt ich von Herrn Karl Heinz Felder aus Koslar.

wurden mit Gott. Nicht weil Jesus dies durch den Zwang des Vaters musste, sondern freiwillig, aus Liebe zu uns Menschen. Durch seine Wunden sind wir geheilt worden. Vorläufer der *„Vierzehn Kreuzwegstationen"* waren besonders im Rheinland die *„Sieben-Fußfallstationen"*. Kreuzwege gibt es in Gotteshäusern, an Ortsrändern und auf den Feldern.[17] An den Kreuzwegstationen wird besonders in der Fastenzeit an die Passion Jesu[18], an das Leiden und Sterben Jesu, gedacht und an den einzelnen Stationen gebetet.

Die Kreuzwegverehrung mit den vierzehn Stationen, wie wir dies heute kennen, verbreitete sich im Rheinland hauptsächlich erst im 19. Jahrhundert. Aus dieser Zeit gibt es noch viele Kreuzwege in den Kirchen, die im Stil des Historismus (Nazarener-

---

[17] Bekannt im Jülicher Land sind die Kreuzwegstationen aus Jülich-Broich in der *„Schweden-schanze"*. Hier stehen 14 Stationen radial um das im Jahre 1832 errichtete hohe Feldkreuz (Höhe 3,75), das die Eheleute F. W. Keutmann und seine Ehefrau M. A. Froitzheim errichten ließen. Das Hochkreuz (Langen schreibt, ein Riese unter den Kreuzen im Jülicher Land) aus Aachen-Raerener Blaustein (Kalkgestein) gehört in die Zeit des Klassizismus, während die Kreuzwegstationen, aus Feldbrandsteinen errichtet, aus der zweiten Hälfte des 19. Jahrhunderts stammen, aus der Zeit des Historismus. Die Tontafeln der einzelnen Stationen zeigen den Leidensweg Jesu.

[18] Die Passion Jesu Christi (Ikonographie). In der frühchristlichen Kunst kennt man noch nicht die Darstellung der Passion Christi. (Diese war Juden ein empörendes Ärgernis, für Heiden eine Torheit (1. Kor 1,23). Die Götter wurden in der antiken Welt von Griechen und Römern als strahlende Helden dargestellt. Für Menschen, die im antiken Geist erzogen waren, war die Verkündigung des Gekreuzigten im Wort selbstverständlich, doch die Darstellung am Schandpfahl unmöglich). Gezeigt wurden damals lediglich die Gefangennahme und Jesus vor Pontius Pilatus, nicht sein Leiden. Thematisiert wurde Christi Triumpf über den Tod und seine Auferstehung. In der Übergangszeit zum Frühmittelalter werden bereits 13 von den heute bekannten Passionsszenen dargestellt. 1) Einzug Jesu in Jerusalem, 2) die Fußwaschung, 3) das Abendmahl, 4) Jesus am Ölberg, 5) Jesu Verrat und Gefangennahme, 6) Jesus vor dem Hohen Priester Kajaphas und dem Hohen Rat, 7) Verleugnung Petri, 8) Reue und Tod des Judas, Verhör vor Pontius Pilatus, 10) Jesu Geißelung, 11) Dornenkrönung, 12) Verspottung, 13) Kreuztragung, Veronika mit dem Schweißtuch, 14) Kreuzigung, 15) Kreuzabnahme und Grablegung. Mit dem allmählichen Wandel der Passionsfrömmigkeit setzte man die Akzente anders (als Folge des Gedankengutes, das durch die Kreuzritter aus dem Heiligen Land nach Europa kam u. a. durch Bernhard von Clairvaux). So kommen folgende Szenen hinzu: Heranführen Christi an das Kreuz, Trankverweigerung, Entkleidung und Verhüllung Jesu durch Maria, Besteigung des Kreuzes, und Jesus wurde am Kreuz hinaufgezogen, legendenhafte Abbildung der Anfertigung der Nägel durch den Schmied: Passionsallegorien, Christus in der Kelter, Christus in der Rast, Erbarmebild, Arma Christi, Veronika). Auf den Retabeln der spätmittelalterlichen Schnitzaltäre haben die Passionsdarstellungen einen besonderen Stellenwert. Es entsteht der Bildtypus des *„volkreichen Kalvarienbergs"*. Seit der Zeit des Manierismus und des Barocks wird die Passion in Einzelbildern, die jeweils nur einen Aspekt der Passion behandeln, dargestellt. (Und es setzt sich durch die Volkfrömmigkeit ein weiterer Typus durch: die Darstellung der *„Sieben-Schmerzen-Marien"*). Seit etwa der Mitte des 18. Jahrhunderts werden für die Darstellung der Passion 14 Stationen verbindlich. In den Epochen des Klassizismus und Historismus - hier besonders durch die Nazarener-Schule - werden die Motive in der jeweils eigenen Formensprache übernommen. Im 20. Jahrhundert geht die moderne Kunst neue Wege in der äußeren Form. Als Künstler können hier vor allem Otto Dix, Oskar Kokoschka, Georges Roulat, Ewald Mataré und von der zeitgenössischen Kunst Josef Beuys, Emil Scheibe sowie HAP Grießhaber genannt werden. (Vgl. Lexikon für Theologie und Kirche, 3. Aufl. Freiburg 1998, S. 1426 f.). Ein *„Kreuzweg"* von HAP Grießhaber hängt als Dauerleihgabe der Diözese Aachen in der Jülicher St. Franz-Sales-Kirche.

Schule) geschaffen worden sind.[19] Die einzelnen Stationen zeigen folgende Szenen des Leidensweges Jesu:

1. Jesus wird zum Tode verurteilt (Mt. 27,26; Mk 15,15; Lk 23,25; Joh 19,16).
2. Jesus nimmt sein Kreuz auf sich (Mt 27,31; Mk 15,20b; Lk 23,26; Joh 19,16b).
3. Jesus fällt zum ersten Mal unter dem Kreuz.
4. Jesus begegnet seiner betrübten Mutter.
5. Simon von Cyrene hilft Jesus, das Kreuz tragen (Mt 27,32, Mk 15,21; Lk 23,26).
6. Jesus nimmt von Veronika das Schweißtuch.
7. Jesus fällt zum zweiten Mal unter dem Kreuz.
8. Jesus tröstet die Frauen von Jerusalem ((Lk 23,28).
9. Jesus fällt zum dritten Mal unter dem Kreuz.
10. Jesus wird seiner Kleider beraubt (Mt 27,35; Mk 15,24; Lk 23,34; Joh 19,23-24).
11. Jesus wird ans Kreuz genagelt (Mt 27,31: Mk 15,24; Lk 23,33; Joh 19,18).
12. Jesus stirbt am Kreuz (Mt 27,50; Mk 15,37; Lk 23,46; Joh 19,30).
13. Jesus wird vom Kreuz genommen und in den Schoß seiner Mutter gelegt (Mt 27,59; Mk 15,46; Lk 23,53; Joh 19,38).
14. Jesus wird ins Grab gelegt (Mt 27,60; Mk 15,46; Lk 23,53; Joh 14,42).

Die nicht oben mit einer Bibelstelle gekennzeichneten Stationen gehören somit zum Erzählgut, das die Kreuzritter mit nach Europa brachten und somit zu den mündlichen Überlieferungen der Christen im Heiligen Land von Jesu Tod bis zur Zeit der Kreuzzüge (zwischen 1095 bis zum 13. Jahrhundert). Den Kreuzweg Jesu verehren die Christen besonders in der Fastenzeit während der Kreuzwegandacht. Priester und Messdiener gehen dabei von der ersten bis zur letzten Station, und der Priester (Vorbeter) verrichtet vor den einzelnen Stationen die vorgesehenen Gebete. Die Gläubigen antworten darauf. An jeder Station beginnt das Gebet durch den Priester oder Vorbeter (hierbei knien alle Anwesenden nieder):

P. *„Wir beten dich an, Herr Jesus Christus, und preisen dich".*
Und die Gläubigen antworten:
A. *„Denn durch dein heiliges Kreuz hast du die Welt erlöst"*
Danach stehen alle Anwesenden wieder auf.

Beispielhaft sollen nun die 14 Stationen in Jülich-Broich in der *„Schwedenschanze"* und in der Jülicher Pfarrkirche St. Mariä Himmelfahrt vorgestellt werden.

Auch die 14 Stationen an der Schwedenschanze und das Kreuz sind noch heute Ziel mehrerer Prozessionen im Jahr.[20] Die Reliefbilder in diesen Stationen sind - bis

---

[19] Als nazarenische Kunst wird eine romantisch-religiöse Kunstrichtung bezeichnet. Sie wird auch *„Lukasbrüder"* genannt, weil der Evangelist Lukas in dem von ihm verfassten Evangelium ein wunderbar beschriebenes Bild von der Mutter Jesu hinterlassen hat. Es waren Maler, die christliche Szenen in der Tradition früher italienischer Kunst aus der Renaissance-Zeit darstellten. In Europa hatte diese Bewegung Einfluss auf das Kunstgeschehen. Sie strebten eine Kunst im Geiste des Christentums an.

auf wenige, die ersetzt werden mussten - vom „Nazarener-Stil" beeinflusst. Früher kamen an den Tagen vor Christi-Himmelfahrt - 40 Tage nach Ostern - die drei Bittprozessionen hinzu. In der Fastenzeit gehen u. a. die Kommunionkinder Broichs zu den Stationen und beten den Kreuzweg in der Art, wie er zu Kindern passt. Leider ist die Anlage heute in keinem guten Zustand.

Den Kreuzweg mit 14 Stationen für die Jülicher Pfarrkirche St. Mariä Himmelfahrt schuf Aloys Woltz. Er war ein begnadeter Goldschmied und Künstler aus Jülich. Am 22. Juni 1886 wurde er in der Raderstraße 15 als Sohn der Eheleute Paul Woltz und dessen Ehefrau Johanna Schmitter geboren. Er erlernte ebenfalls den Beruf des Goldschmieds, darüber hinaus war er auch künstlerisch tätig. Im Führer der Pfarrkirche St. Mariä Himmelfahrt in Jülich hat Udo Mainzer den Künstler nicht erwähnt.[21] Nach Mitteilung seiner Zeitgenossen entwarf Aloys Woltz vor allem Gegenstände für den kirchlichen Raum; regional war er ein bekannter Goldschmied.[22] Bei der Kunst- und Werkbundausstellung 1929 im damals neu errichteten Reichsbankgebäude in Jülich auf dem Neusser Platz stellte er selbstgefertigte Schmucksachen aus.[23] Das Gotteshaus, für das Woltz den Kreuzweg als messinggetriebenes Relief anfertigte, wurde am 16. November 1944 zerstört, der Kreuzweg hat überlebt. Heute hängen die einzelnen Stationen an der Innenseite der Nordwand des Langhauses unter fünf der sechs Apostelfenster, die im Jahre 1958 vom Künstler Anton Wendling geschaffen worden sind. Die einzelnen Stationsbilder sind realistisch dargestellt. So passten sie sich den Skulpturen in der neoromanischen Kirche an und harmonieren auch heute mit den Bildhauerarbeiten aus der Nachkriegszeit: mit dem Marienbildnis mit ihrem göttlichen Kind auf dem Arm sowie der St. Antonius Skulptur an der rechten (südlichen) Säule, welche die Orgelempore trägt. Auch zum Corpus am Sakramentsaltar von Hein Minkenberg harmonieren sie. Im Aufbau, in Gestalt und Material gleichen die vierzehn Stationsbilder in der Kapelle von Haus Overbach in Jülich-Barmen den Darstellungen in der Jülicher Kirche St. Mariä Himmelfahrt. Sie wurden in der Zeit zwischen 1969 bis 1971 angebracht. Von welchem Künstler in welcher Werkstatt und in welchem Zeitraum sie angefertigt wurden, war leider nicht zu ermitteln.[24]

Die Reliefbilder bestehen nur aus den Figuren und dem Kreuz. Sie ruhen auf einem schmalen Metallstreifen. Auffallend ist bei der Darstellung Jesu Christi die Ähnlichkeit mit Bildern, die einst Albrecht Dürer in der Frührenaissance geschaffen hatte,

---

[20] Das Bodendenkmal „Schwedenschanze" liegt östlich von Broich in der Hanglage zur Merscher Höhe. Sie besteht aus einem Erdwall und einem davor befindlichen Graben, etwas 7 m breit, die im Grundriss einem fünfzackigen Stern gleicht. Im Süden des Sterns befindet sich in der Grundrissform ein fast gleichschenkliges Dreieck als Vorwerk mit einer Seitenlänge von 60-65 Metern. Im Zentrum der Sternform steht das hohe Kreuz, um das radial die 14 Kreuzwegstationen angeordnet sind.

[21] Udo MAINZER, St. Mariä Himmelfahrt in Jülich. Baugeschichte und Baugestalt (Rheinische Kultstätten, Heft 441), 1. Auflage 1999.

[22] Günter BERS, Kunst- und Werkausstellung in Jülich 1929, in: Neue Beiträge zur Jülicher Geschichte, Bd. XX, 2008, S. 191.

[23] Ebd.

[24] Freundliche Mitteilung von Herrn Pater Manfred Karduck von Haus Overbach im April 2020.

z. B. beim Titelblatt: Die große Passion von 1511, der Schmerzensmann und Kriegs-knecht.[25]

Die Reliefbilder sind sehr nüchtern gestaltet. Alle Nebensächlichkeiten sucht man vergeblich, nur die wichtigen Personen, die zur Handlung gehören sowie das Kreuz sind abgebildet. Jesus ist erkennbar durch den Kreuznimbus in allen Abbildungen. Maria, die Mutter Jesu, wird nur in der vierten Station, bei der Begegnung mit ihrem Sohn, mit dem Heiligenschein dargestellt. In den weiteren Bildszenen hat der Künst-ler darauf verzichtet. Auch bei den übrigen heiligen Personen sucht der Betrachter den Heiligenschein vergebens. Weder die heilige Veronika, die Jesus das Schweißtuch reicht, noch der Lieblingsjünger Johannes, auch nicht Maria Magdalena oder Josef von Arimatäa, in dessen Grab Jeus gelegt worden ist, zeigen einen Heili-genschein. Auch nicht Simon von Cyrene, der Jesus half, das schwere Kreuz zu tra-gen.

In den letzten Jahrzehnten begegnet uns im Jülicher Land die Kreuzwegverehrung in einer neuen Form. Im Jahre 1983 führte Pfarrer Josef Jansen, damals tätig in der Pfarrgemeinde St. Rochus in Jülich, die Prozession auf die Sophienhöhe ein. Die Prozession stand unter dem Motto: *„Bewahrung der Schöpfung"*. Das Thema ist bis heute hochaktuell. Damals waren die ersten Teile des *„Hambacher Waldes"* gefällt und auf diesem Standort wurde die Sophienhöhe als Außenkippe des abgetragenen Deckgebirges aufgefüllt.

Aus diesem Kreuzweg entwickelte sich im Laufe der Zeit ein ökumenischer Kreuzweg, der am Karfreitag von vielen hundert Gläubigen aller christlichen Konfes-sionen besucht wird.

---

[25] In Albrecht Dürer 1471-1528. Das gesamte graphische Werk, Druckgraphik, Bd. 2, Mün-chen 1971, S. 1524 f.

Karl-Dieter Dahmen

Die Arbeiten des Aachener Künstlers Benno Werth in der Umgebung von Jülich

Benno Werth[1] wurde im Jahre 1929 in Riesa/Elbe geboren und besuchte dort die Volksschule und die Oberrealschule.[2] 1946 floh die Familie zum Großvater nach Zweibrüggen/Übach-Palenberg. Von 1947 bis 1950 besuchte er die Werkkunstschule in Düsseldorf und erhielt schon 1949 einen Lehrauftrag für Jugend- und Erwachsenenbildung der Stadt Düsseldorf. Im selben Jahr zog er um nach Bredenscheid bei Hattingen. Von 1953 bis 1956 studierte er am Werklehrerseminar in Düsseldorf mit dem Abschluss als „Werklehrer", d. h. er erhielt die Berechtigung, Werkunterricht an Volks-, Mittleren und Höheren Schulen zu erteilen. 1958 wurde er Dozent für Bildende Kunst an der Akademie in Remscheid, 1960 Dozent an der Pädagogischen Hochschule in Aachen, wo er sich dann auch ansiedelte, später war er dort Studienprofessor und ab 1985 Professor für bildende Kunst und ihre Didaktik. 1962 erfand er das Negativ-Form- und Gussverfahren, wodurch auch komplexe Gestaltungen in Guss ohne Schweißarbeiten möglich wurden. Als 1985 die Ausbildung von Primarstufenlehrern in Aachen eingestellt wurde, wechselte er an die dortige Fachhochschule, wo er 1986 Professor für Plastisches Gestalten und Formgestaltung im Fachbereich Design wurde, dessen Dekan er von 1992 bis 1994 war. Er starb 2015 in Aachen.

Es ist fast überflüssig zu erwähnen, dass er neben dieser umfangreichen Tätigkeit als Ausbilder immer auch Aufträge vor allem als Maler und Bildhauer annahm. In dieser Hinsicht gilt Benno Werth als regionaler Künstler - eine Bezeichnung, die keineswegs seine Arbeiten diskreditieren soll, sondern wörtlich zu verstehen ist: Ein solcher Kunstschaffender ist vor allem in einer oder mehreren Regionen, also geographischen Räumen, vertreten und einflussreich.[3] Dass Professor Werth einige Male die Möglichkeit hatte, auch international auf seine Werke aufmerksam zu machen, und dass er vor allem aus finanziellen Gründen sowie aus Rücksicht auf seine Familie und auf seine Lehrtätigkeit nicht energisch in Angriff nahm, sich überregional zu positionieren, wird von Dahmen-Beumers nachvollziehbar dargelegt.[4]

Da dieser regionale Künstler lange Zeit in Aachen gelebt hat, ist es nicht verwunderlich, dass sich auch im Jülicher Umland einige Arbeiten von ihm befinden.

---

[1] Zum Lebenslauf vgl. https://www.bennowerth.de/biografie/lebenslauf/ und Judith DAHMEN-BEUMERS, Eine exemplarische Untersuchung zur Regionalität in der Kunst. Der Aachener Bildhauer und Maler Benno Werth (*1929), Diss. Aachen 2005, S. 98 ff.

[2] Der Abschluss an einer solchen Schule berechtigte vornehmlich zum Studium naturwissenschaftlicher und technischer Fächer.

[3] Vgl. bei der in Anm. 1 zitierten Dissertation S. 13 ff.

[4] Vgl. ebd. S. 63 f.

In Titz, einem Ort etwa 10 km von Jülich entfernt, steht in der katholischen Pfarrkirche zu den heiligen Märtyrern Cosmas und Damian, der Legende nach frühchristliche Zwillinge, die als Heilkundige tätig waren,[5] eine kleine, aber relativ frühe Arbeit von Benno Werth, die leider kaum dokumentiert ist bzw. über die sich nur eine relevante Angabe - die Maße - finden ließ. Er schuf für dieses Gotteshaus im Jahre 1961 einen Tabernakel.[6]

Mit diesem Namen wird der Raum bezeichnet, in dem die geweihten Hostien aufbewahrt werden, die nach katholischer Lehre der Leib Christi sind. Häufig ist der Tabernakel in den Altar eingebaut - so auch in Titz.

Abb. 1: Benno Werth 2006 (Foto: Gisela Engeln-Müllges, Benno Werth, o.O. 2015, S. 67).

Der dortige Altar ist ein Antwerpener Werk aus der Zeit um 1510/1520.[7] Von diesen Flandrischen Schnitzaltären gibt es heute noch etwa 200 Stück[8], von denen ein beträchtlicher Teil in der Gegend um Jülich herum zu finden ist. Charakteristisch für diese Stücke ist u. a. eine reiche Schnitzarbeit, deren einzelne Teile in Gefachen angeordnet sind, die ihrerseits biblische Szenen darstellen. Sie haben bemalte Flügel, die zusammengeklappt werden können, sodass die Schnitzereien verdeckt sind. Dies geschieht heute aber im Unterschied zu früheren Zeiten nur noch selten, z. B. in der Fastenzeit.[9] In Titz stammen diese Flügel aus dem 19. Jahrhundert.[10]

Die künstlerische Aufgabe für Benno Werth bestand also darin, einen Tabernakel zu konzipieren, dessen Maße mit 61 cm Breite, 69 cm Höhe und 37 cm Tiefe schon dadurch vorgegeben waren, dass ein solcher Tabernakel in technischer Hinsicht eine Art Safe ist. Weiter war zu beachten, dass er in der Mitte des Gesamtaltares oberhalb des Altartisches und unterhalb des Retabels anzubringen war und dass er den *„beherrschenden"* Eindruck des Retabels, also des Altaraufsatzes, nicht stören durfte.

---

[5] Vgl. https://de. wikipedia.org/wiki/Kosmas_und_Damian; letzter Zugriff am 6.12.2018.

[6] Handbuch des Bistums Aachen, 3. Ausgabe, hrsg. vom Bischöflichen Generalvikariat Aachen 1994, Stichwort *„Titz"*. Dort sind auch die Maße mitgeteilt.

[7] Vgl. https://www.kuladig.de/Objektansicht/KLD-261932; letzter Zugriff am 6.12.2018.

[8] Vgl. https://de.wikipedia.org/wiki/Antwerpener_Retabel; letzter Zugriff am 5.12.2018.

[9] Wer sich über die Antwerpener Retabel informieren will, sei auf eine ausführliche Bibliografie hingewiesen: godehardhoffmann.mynetcologne.de/html/antNRWlit.html. Leider enthält dieser Literaturhinweis keine Angaben, welcher Zeitraum erfasst ist.

[10] Vgl. www.godehardhoffmann.mynetcologne.de/html/retabel-rheinland.html; letzter Zugriff am 6.12.2018.

Dazu verkleidete Werth eine Doppeltüre mit zwei Metallblechen - vielleicht aus Messing -, die goldgelb schimmern. Dieses Material ist sicher bewusst ausgewählt worden; denn für die Fassung der Schnitzfiguren in den Antwerpener Retabeln werden wenige Farben dezent verwendet; eine dieser „Farben" ist Gold. Möglicherweise sollte dieser Goldschimmer auch auf eine Kostbarkeit hindeuten, was in Bezug auf einen Tabernakel sicher plausibel wäre. In die Seitenteile sind mit verschiedenen Musterungen relativ dünne Linien eingearbeitet - mit welcher Technik, kann ich nicht sagen -, die, vom Betrachter aus gesehenen, an der rechten Seite von rechts oben nach links unten und an der linken Türhälfte von links oben nach rechts unten verlaufen. Sie treffen sich - außer in den unteren Teilen der Türflügel - an einer unbearbeiteten etwa 5 cm breiten Mittelleiste aus dem „Goldmaterial", die sich mit dem rechten Türteil öffnet. Auch diese dünnen Linien wirken, vor allem mit einigem Abstand zum Altar, sehr zurückhaltend, mit ihnen wird aber auf ein Mittelteil hingewiesen, hinter dem sich wiederum ein zentraler Aspekt des katholischen Glaubens „verbirgt", die Realpräsenz Christi. Auf beide Türteile sind jeweils fünf matt-weiße, polierte, also auch relativ unauffällige, „Halbedelsteine" in eine Fassung aus dem gleichen „goldenen" Werkstoff eingesetzt, die rd. 4 cm hoch, 2,5 cm breit sind und etwa 2 cm aus dem Blech nach vorne abstehen. Dazu kommt noch jeweils ein Drehknopf in derselben Machart zum Öffnen des Tabernakels. Diese „Knöpfe" sind symmetrisch zueinander angebracht - im Unterschied zu den übrigen „Steinen", die nicht im gleichen Abstand zur Mittelleiste und die rechts 2 - 3 cm tiefer als links stehen. Der Sinn dieser Anordnung erschließt sich mir nicht. Deutlich erkennbar sind auch die Schrauben, mit denen die Platten am Hintergrund, dem „Safe", befestigt sind.

Ich bin mir nicht sicher, ob es angebracht ist, in Hinsicht auf die Anzahl dieser Steine die Zahlensymbolik zu bemühen. Aber einen Sinn ergäbe es schon. Während der Fünf keine besondere Bedeutung zugesprochen wird, steht die Sechs für „Unvollkommenheit und Unzulänglichkeit", die Zehn für alle und alles, und die Zwölf setzt sich aus 3 x 4 zusammen, wobei die Drei Sicherheit und Gewissheit und die Vier die ganze Welt symbolisiert.[11] Ohne große Probleme ließen sich alle Zahlen im Sinne der Bedeutung der Hostie interpretieren.

Die Türen sind von innen mit den griechischen Buchstaben Alpha und Omega - Anfang und Ende - sowie mit Weinreben und -ranken geschmückt, die sicher nicht von Werth stammen.

Insgesamt vermittelt diese Arbeit einen „schlichten" Eindruck - eben um die Wirkung des Gesamtaltares nicht zu stören.

Im Jahre 1974 schuf Benno Werth ein Flachrelief des heiligen Lambertus von Lüttich, des Pfarrpatrons von Tetz, einem Ortsteil von Linnich, aus gebranntem Ton für eine Außenwand neben dem Haupteingang der dortigen katholischen Kirche.

Lambertus wurde um das Jahr 635 in Maastricht geboren, er starb am 17. September 705 in Lüttich. Er war Bischof von Tongern-Maastricht und gilt als Märtyrer.[12] Aus

---

11 Vgl. https://anthrowiki.at/Numerologie, letzter Zugriff am 6.12.2018.

12 Zu seinem Leben vgl. https://de.wikipedia.org/wiki/Lambert_von_Lüttich; letzter Zugriff am 12.11.2018; vgl. auch den entsprechenden Artikel im Lexikon für Theologie und Kirche, hrsg.

einer gräflichen Familie stammend, wurde er 670 Bischof von Maastricht. Der fränkische Hausmeier, so wurde der oberste *„Beamte"* unter den Merowingern genannt, und tatsächliche Inhaber der Macht, Ebroin, setzte ihn 675 ab und verbannte ihn in das Kloster Stablo, heute Stavelot in Ostbelgien, Provinz Lüttich. Ebroins Nachfolger, Pippin der Mittlere, setzte ihn wieder in sein Amt ein, und Lambertus soll mit Willibrord, dem angelsächsischen Mönch und *„Apostel der Friesen"* sowie Bischof von Utrecht

und Gründer des Klosters Echternach, zusammengearbeitet haben. Weil er in seiner Funktion als Bischof und damit auch als Organisator seiner Diözese die Immunitätsrechte der Kirche, also die Befreiung von Personen und Lokalitäten von Abgaben, Lasten oder weltlichen Eingriffen, verteidigte, geriet Lambertus in Konflikt mit weltlichen Kräften, und er wurde am 17. September, wahrscheinlich im Jahre 705, in seinem Haus in Lüttich ermordet. Zunächst beerdigte man seinen Leichnam in Maastricht, dann ließ ihn sein Nachfolger Hubertus, der Heilige, dem der Legende nach ein Hirsch mit einem Kreuz im Geweih begegnet sein soll, nach Lüttich überführen. Gleichzeitig wurde auch der Bischofssitz nach dorthin verlegt. Eine solche Übertragung von Gebeinen war in der Zeit ein üblicher Ritus bei einer Kanonisierung und gleichbedeutend mit einer - heutigen - Heiligsprechung, die bis etwa zum Jahre 1000 in der Regel vom Ortsbischof vorgenommen wurde.[13] Lambertus hat demnach mindestens den größten Teil seines Lebens in der Nachbarschaft von Aachen verbracht. Über seinem Haus und seinem Grab wurde eine 718 vollendete Basilika erbaut, wo recht schnell eine besondere Verehrung einsetzte. Sein Namensfest ist am 18. September.

Abb. 2: Flachrelief des hl. Lambertus an der Kirche in Tetz (wie Anm. 19, Schiffer, Kirchen).

Benno Werth stellte den Heiligen in Tetz im Priestergewand mit seinen traditionellen Attributen Mitra und Bischofsstab dar. Das Flachrelief ist etwa 2,35 m hoch und rd. 80 cm breit, jeweils an den *„Extremstellen"* gemessen. Es besteht in der Breite aus fünf Reihen von rotbraunen Tonsteinen, die drei in der Mitte haben das Format 20 x 29 cm, die - vom Betrachter aus gesehen - äußere an der linken Seite misst 9 x 29 cm, die rechts 10 x 29 cm. Nach oben sind jeweils sieben Platten angebracht, den Abschluss bildet ein Halbrund. Die Darstellung liegt unten auf einer

---

von Walter KASPER mit anderen, Sonderausgabe 2006, 6. Bd., Freiburg i. Br. 2006, Spalte 618.

[13] Vgl. dazu den Artikel über die Heiligsprechung im Lexikon für Theologie und Kirche (wie Anm. 12), Bd. 4, Freiburg i. Br. 2006, Spalte 1328 ff, hier vor allem Spalte 1329.

Metallleiste auf und ist an den Seiten verfugt. Zwischen den einzelnen „*Fliesen*" sind sehr enge Fugen, um den Gesamteindruck des Reliefs nicht zu stören. Das untere Ende bildet eine 5 cm hohe und 71,5 cm breite Inschrift „*ST. LAMBERTUS*".

In die einzelnen Platten, die rd. 5 cm „*dick*" sind, hat der Künstler „*Linien*" eingearbeitet - mit welcher Technik er dies gemacht hat, ließ sich leider nicht feststellen -, die unterschiedlich tief sind, etwa 0,5 cm bis 2 cm, und die auch in der Breite variieren. Der „*Heiligenschein*" am Kopf des Lambertus besteht aus glasierten Steinen, ebenso der mittlere Teil der Kasel, wobei sich dort die Glasierung von unten nach oben verjüngt. Mit welchem Material die Steine an der Wand befestigt wurden, war ebenfalls nicht mehr zu ermitteln. Der verwendete Ton wird als Westerwälder Ton bezeichnet.[14]

Insgesamt wirkt die Tetzer Darstellung mit ihrer klaren und auf das Wesentliche konzentrierten Linienführung sehr ausdrucksstark, und sie kann unter diesem Aspekt ihre „*Verwandtschaft*" mit den etwa gleichzeitig entstandenen Werken von Werth im benachbarten Jülich-Barmen nicht verleugnen. So heißt es z. B. in dem erwähnten Pressebericht: „[...] *schlicht und geradlinig ist die zeichnerisch anmutende Gestaltung des einfarbigen Lambertusbildes.*" Insoweit können die Tetzer und die Barmer Arbeiten als exemplarisch für eine bestimmte Schaffensperiode von Werth gelten, wenn auch das Relief in Tetz in Bezug auf das verwendete Material nach meinem Kenntnisstand einmalig ist.

In den Zeitungsberichten ist ebenfalls erwähnt, dass der damalige Pfarrer von Tetz, Heinrich Joussen, in seiner Predigt zur Einweihung herausstellte, alle Linien in dem Relief würden nach oben führen. Dies lässt mehrere Deutungen zu: In der Tat kann man davon ausgehen, dass die Linienführung den Kopf betont, den Kopf als Sitz des Verstandes, und dann wäre hier möglicherweise das Thema angesprochen, wissenschaftliche Erkenntnisse mit Glaubenssätzen in Einklang zu bringen. Dies war z. B. ein großes Anliegen von Kardinal Ratzinger, dem späteren Papst Benedikt XVI., und es scheint mir auch gerade an diesem Ort nicht abwegig, denn Tetz ist nicht weit entfernt vom heutigen Forschungszentrum Jülich, das damals stark und schnell wuchs und auch für Veränderungen in der Bevölkerungsstruktur sowie im Denken vieler Menschen sorgte. Dabei hätte Werth sich sicher gegen eine Einschränkung des Wissenschaftsbegriffes auf die Natur- und Ingenieurswissenschaften, wie es heute oft festzustellen ist, gewehrt und die Geisteswissenschaften einbezogen.

Pfarrer Joussen betont einen anderen Aspekt: Er will einen Heiligen, der nach außen wirkt, der die Menschen in ihrem Alltag anspricht. Deshalb sei das Relief ganz bewusst an der Außenwand der Kirche angebracht worden - und nicht etwa im Innenraum. Wenn man sich daraufhin das „*Bild*" anschaut, dann wird man sofort darauf verwiesen, dass der Kopf geprägt ist von zwei großen Augen, die offen, aufmerksam und neugierig den Betrachter, aber auch die Umwelt anschauen. Zudem „*ruht*" der Heilige nicht „*an der Wand*", sondern er geht auf die Menschen zu, so jedenfalls deute ich die Darstellung des rechten Fußes. Auch die ausgebreitete linke Hand bzw. der Arm

---

14 Bericht der Jülicher Volkszeitung vom 25.9.1974 über die Einweihung des Reliefs. Die Jülicher Nachrichten berichteten darüber am 24.7.1974.

zeigen meiner Meinung nach eine Geste der Zuwendung.[15] Insgesamt spricht also einiges für die Interpretation, die der Pfarrer im Sinn hatte. Um den von ihm gewünschten Effekt zu erzielen, wurde über der „*Figur*" ein Scheinwerfer mit einer Zeitschaltuhr angebracht, sodass der Heilige auch bei Dunkelheit gesehen werden kann.[16] Meiner Ansicht nach wirkt diese Lampe aufgrund ihrer Nähe zu der Darstellung allerdings etwas störend auf deren Gesamteindruck.

Beide Deutungen müssen sich nicht gegenseitig ausschließen, und wenn jemandem noch eine weitere plausibel erscheint, dann spricht das auch keinesfalls gegen das Kunstwerk - ganz im Gegenteil.

Die Arbeit von Werth, für die er zwei Entwürfe angefertigt hatte, von denen der Kirchenvorstand den größeren auswählte[17], wurde am Sonntag nach dem Namensfest des Heiligen, am 22. September 1974, feierlich eingesegnet. Der Tag war gleichzeitig Kirmessonntag in Tetz, und die Wahl dieses Zeitpunktes zeigt die enge Verbindung zwischen geistlichen und weltlichen Festen, gerade im ländlichen Raum der damaligen Zeit. Die „*Tonplastik*" hatte 7500,- DM gekostet, wobei unklar bleibt, ob dies die Gesamtkosten sind oder „*nur*" das Künstler-Honorar gemeint ist.[18] Das Geld wurde aufgebracht durch den Fonds des Kirchbau-Vereins.[19] Zum Vergleich sei darauf hingewiesen, dass das durchschnittliche Bruttoarbeitsentgelt 1974 für die Rentenversicherung der Angestellten und die der Arbeiter mit 20.381,- DM berechnet wurde[20] und dass der Grundpreis für das günstigste Modell des ab Mitte 1974 bei VW vom Band laufenden Golf I mit 50 PS 7.995,- DM betrug. Wegen der „*sparsamen*" Ausstattung wurden von dieser Variante allerdings nur wenige Autos verkauft.[21]

In einem Nachbarort von Tetz, nur durch die Rur getrennt, stehen Arbeiten von Benno Werth, die bisher nicht die ihnen zustehende Würdigung erfahren haben - nicht einmal in seinem „*Werksverzeichnis*"[22] sind sie aufgeführt. Es handelt sich um sieben

---

[15] Nach dem Bericht in den Jülicher Nachrichten vom 24. Juli 1974 hatte Pfarrer Joussen in seiner Predigt diese Geste als Zeichen der Bereitschaft gedeutet, „*Gottes Hilfe und Güte zu empfangen*".

[16] So ist es vermerkt in einer handschriftlichen, undatierten „*Darstellung des hl. Lambertus*" aus der Feder des Pfarrers Joussen. Ich danke dem Pfarramt Tetz für die Zusendung einer entsprechenden Kopie.

[17] Vgl. Anm. 16.

[18] Vgl. Anm. 16. Die erste Ziffer ist schlecht geschrieben.

[19] Das geht hervor aus einem Vorbericht der Jülicher Volkszeitung vom 18.9.1974 zur Einweihung. Dort ist ebenfalls ein Foto der Darstellung veröffentlicht. Eine Ablichtung mit wenigen Angaben zum Relief ist auch zu sehen bei Hans Peter SCHIFFER, Kirchen, Kapellen und Bildstöcke im Stadtgebiet Linnich. Geschichte - Bauart - Ausstattung (Kirchen und Kapellen im Bistum Aachen und im Erzbistum Köln 22), Eigenverlag des Autors, Kall 2016, S. 208.

[20] Vgl. www.flegel-g.de/brutto-entgeld.html, tatsächlich mit diesem Rechtschreibfehler; letzter Zugriff am 12.11.2018.

[21] Vgl. https://de.wikipedia.org/wiki/vw_Golf_I; letzter Zugriff am 12.11.2018.

[22] Vgl. www.bennowerth.de/biografie/ueberblick-werkwirkung/, letzter Zugriff am 30.3.2015.
Fotos der „*Heiligenhäuschen*", der Reliefs von Benno Werth und der folgende Text über die Barmer Arbeiten von Prof. Werth in etwas anderer Form sind auch im Internet verfügbar

„*Bildtafeln*", die er 1974 für die damals noch selbständige katholische Gemeinde St. Martinus Barmen-Merzenhausen geschaffen hat. Sie sind installiert in den so genannten Heiligenhäuschen, von denen sich fünf auf der Heide, einem Gebiet zwischen den Jülicher Stadtteilen Koslar, Merzenhausen und Barmen und davon eines an der Straße von Merzenhausen nach Barmen befinden, ein weiteres steht am Ortseingang von Barmen aus Richtung Koslar und das siebte seit 1856 auf der Friedhofsmauer an der Pfarrkirche. Alle haben Nischen, in deren Rückwand die von Professor Werth bearbeiteten Steine eingelassen sind, die unterschiedliche Maße haben, da auch die jeweiligen „*Stationen*" nicht gleichartig sind. Seit 1986 stehen sie - einschließlich der Werke von Professor Werth - unter Denkmalschutz.

Nachdem die früheren „*Bilder*" mehrheitlich in der Kriegs- und Nachkriegszeit zerstört worden waren, entschloss sich der damalige Kirchenvorstand in den frühen 70er

Jahren, neue anfertigen zu lassen, und auf Vermittlung seines in Barmen lebenden Bruders wurde der Kontakt zu Professor Werth hergestellt. Ich erinnere mich als Mitglied des Kirchenvorstandes gut, dass Herr Werth schnell an diesem „*Auftrag*" sehr interessiert war - vor allem aus zwei Gründen: Zum einen wollte er in Stein arbeiten, aber noch viel wichtiger war es ihm, für Altes etwas Neues zu schaffen. Das Neue sollte die Umsetzung seiner Ideen sein; denn niemand konnte ernsthaft erwarten, dass er sich auf konventionelle Gestaltungen einlassen würde. Das Alte war eine Fülle von Traditionen und Gewohnheiten - und auch die Beachtung dessen, was man einer Gemeinde in zwei kleinen Orten 1974 zumuten konnte. Mich hat damals schon sehr beeindruckt, wie sensibel er sich in diesem „*Geflecht*" von Interessen bewegt hat, indem er z. B. immer sehr genau zugehört hat.

Abb. 3: Siebte Station (Foto: wie Anm. 23, S. 277).

Diese Traditionen sollen im Folgenden genauer dargestellt werden: Wohl seit dem 16. Jahrhundert wird die Verehrung der Sieben Schmerzen Mariens in Barmen gepflegt.[23] Im Jahre 1655 hat Papst Alexander VII. eine entsprechende Bruderschaft bestätigt und mit Ablässen und Privilegien

---

unter: https://www.bennowerth.de/kirchenkunst/sieben-schmerzen-mariens; letzter Zugriff am 6.6.2019.

[23] Auguste und Helmut HOLTZ, Die Bildstöcke und Kirchenfenster der Sieben Schmerzen Mariens in Jülich-Barmen, in: Jülicher Geschichtsblätter. Jahrbuch des Jülicher Geschichtsvereins 72/73, 2004/2005, S. 273 ff; dort auch ältere Literatur.

ausgestattet.[24] Am Dreifaltigkeitssonntag - ursprünglich am Pfingstmontag, seit 1803 am Dreifaltigkeitsfest, weil unter der französischen Besatzung der Pfingstmontag Werktag war[25] - und am Sonntag nach Mariä Geburt - dieses Fest wird am 8. September gefeiert - zieht eine Prozession über die Heide. Dabei führte seit 1851 der Priester eine Reliquie mit, die für eine Kreuzpartikel gehalten wird; seit einer Reihe von Jahren geht kein Geistlicher mehr mit, auch die Kreuzpartikel *„fehlt"* seitdem, und es wird keine Predigt mehr an der 5. Station gehalten. Aber auch heute besuchen noch viele Menschen bei privaten Sorgen und Nöten die Heidehäuschen, wie z. B. Kerzen vor den Bildtafeln beweisen.

Die in Barmen verehrten Schmerzen sind nicht ganz gleich mit denen, die sich im Laufe der Jahrhunderte aus der Weissagung des Simeon, dass ein Schwert Marias Seele durchdringen werde, im Allgemeinen herauskristallisiert haben. *„Mit der aufblühenden Kreuzesfrömmigkeit seit dem 12. und 13. Jahrhundert geht Hand in Hand die Verehrung der schmerzhaften Mutter* [...].*"*[26] Seit dem 13. Jahrhundert werden die verschiedenen Leiden zunächst zu 5 und dann zu 7 zusammengefasst[27], und ihre Darstellung geht zurück auf die 7-Schmerzen-Andacht vom Ende des 15. Jahrhunderts:[28] 1. Weissagung des Simeon, 2. Flucht nach Ägypten, 3. Verlust des 12jährigen Jesus im Tempel, 4. Abschied am Kreuzweg, 5. Kreuzigung, 6. Abnahme vom Kreuz, 7. Begräbnis.[29] In Barmen sind die ersten 5 Stationen genau so, es folgt die 6. Maria unter dem Kreuz und die 7. Jesu Leichnam auf dem Schoß seiner Mutter.

Dass zwei Heideprozessionen stattfinden, mag auch damit zusammenhängen, dass die Verehrung der Sieben Schmerzen früher in der katholischen Kirche eine deutlich höhere Bedeutung hatte als heute. Es gab oder gibt zwei Feste zu Ehren bzw. zum Andenken an diese Schmerzen: ein erstmalig 1423 erwähntes, das zur Sühne für den Hussitensturm dienen sollte und das Benedikt XIII. 1727 für die ganze Kirche verpflichtend machte, und ein weiteres, das 1668 dem Servitenorden als Eigenfest am dritten Sonntag im September zugestanden, seit 1814 als Dankfest für die *„Befreiung"* Pius VII. aus französischer *„Gefangenschaft"* gefeiert und 1913 auf den 15. September terminiert wurde. Nach der Kalenderreform von 1969 ist das seit 1727 verpflichtende Fest

---

24 Religiöse Gemeinschaften, die durch Bezüge auf Maria hin gekennzeichnet sind, gab es in dieser Zeit häufig.

25 Helmut HOLTZ, Die Bruderschaft von den Sieben Schmerzen Mariens, in: Barmen. Ein Buch des Kultur- und Verkehrsvereins e. V. Barmen, Jülich, 1979, S. 72.

26 Franz FLECKENSTEIN, Marienverehrung in der Musik, in: Handbuch der Marienkunde, hrsg. von Wolfgang Beinert und Heinrich Petri, Regensburg 1984, S. 656.

27 Georg SÖLL, Maria in der Geschichte von Theologie und Frömmigkeit, in: Handbuch der Marienkunde, vgl. Anm. 26, S.164.

28 Georg Martin LECHNER, Marienverehrung und Bildende Kunst, in: Handbuch der Marienkunde, vgl. Anm. 26, S. 609.

29 Vgl. Anm. 27.
Zu den Themen der Barmer Darstellungen vgl. Jülich unter Denkmalschutz. Die eingetragenen Bau und Bodendenkmale der Stadt Jülich - 2013, hrsg. vom Bürgerbeirat Historische Festungsstadt Jülich, o. O. Jülich 2013, S. 46 und Anm. 2, S. 278 f.

ein Nichtgebotener und das am 15. September ein Gebotener Gedenktag.[30]

Als Stifterin der Heidehäuschen gilt Margareta von Loe, die Frau des Johann von Reuschenberg, der im Streit um das wirtschaftlich, politisch und militärisch außerordentlich bedeutsame Erbe des 1609 kinderlos gestorbenen geisteskranken Herzogs Johann Wilhelm I. von Jülich den inzwischen verbündeten aussichtsreichsten Bewerbern Brandenburg und Pfalz-Neuburg die Stadt Jülich nicht übergab.[31] Er handelte vielmehr im Interesse des Kaisers Rudolf II., der diesen Erbfall für sich nutzen wollte. Eine juristische Einschätzung oder gar Entscheidung erwies sich als äußerst komplex und schwierig. So herrschte insgesamt eine sehr explosive Lage, und niemand hätte sich wundern dürfen, wenn damals schon der Krieg ausgebrochen wäre, der unter dem Namen *„Dreißigjähriger Krieg"* bekannt wurde und unsägliches Leid und Elend vor allem über Deutschland brachte. Schließlich teilten Brandenburg und Pfalz-Neuburg das große Erbe untereinander auf. Die Grabplatte der Margareta von Loe befindet sich in der Barmer Pfarrkirche neben der Tür zur alten Sakristei.

Vor dem Hintergrund dieser Traditionen - heute kann ich natürlich nicht mehr genau sagen, was wir ihm damals im Einzelnen berichtet haben - schuf Professor Werth Bildtafeln, die aus meiner Sicht ausgesprochen beachtlich sind und die ich auch für die künstlerische Entwicklung von Benno Werth für bedeutsam halte: Der Gemeinde war schlicht etwas *„Abstraktes"* nicht zumutbar, und daher schuf er sehr expressive Werke, bei deren näherer Betrachtung sich aussagekräftige Feinheiten erschließen. Wenn man etwa die siebte Station genauer anschaut, dann fällt die ausdrucksstarke Umsetzung des Themas *„Christus auf dem Schoß seiner Mutter"* - gemeint ist eine Szene nach der Kreuzabnahme, für die die Bibel aber keinen Beleg liefert - auf: Wie bei allen Platten so arbeitet der Künstler auch hier mit nur wenigen, aber kräftigen und zu zentralen Aussagen führenden *„Strichen"* auf einem polierten dunklen Stein, der für die jeweilige Darstellung mit *„Elefantenhaut"* abgedeckt wurde. Auf der so entstandenen Fläche wurden Teile freigelegt, die mit Sandstrahl bearbeitet wurden, sodass sie heller erscheinen als der Untergrund. Im Laufe der Jahre sind sie allerdings *„nachgedunkelt"*, sodass der Kontrast nicht mehr so groß ist wie früher und man, vor allem bei ungünstigen Sichtverhältnissen, sorgfältig hinschauen muss. Bei diesem Bild sieht man, wie es sich von oben nach unten verbreitert und die wichtigen Elemente in der Mitte angeordnet werden: Oben erkennt man das Gesicht Mariens und in der Mitte den Kopf Jesu, der von einer Hand gehalten wird. Im Übrigen sind Andeutungen von Kleidern auszumachen. Kennzeichnend ist die Betonung von horizontalen und vertikalen Bildelementen, die die Komposition klar gliedern, was an dieser Station dazu führt, dass das Gesicht Jesu in der Mitte platziert ist - wie bei allen Bildtafeln in den Heidehäuschen die

---

[30] Bruno KLEINHEYER, Maria in der Liturgie, in: Handbuch der Marienkunde, vgl. Anm. 26, S. 430 ff.

[31] Zu dieser Thematik vgl. Der Jülich-Klevische Erbstreit 1609. Seine Voraussetzungen und Folgen, hrsg. von Manfred GROTEN, Clemens von LOOZ-CORSWAREM und Wilfried REININGHAUS, (Publikationen der Gesellschaft für Rheinische Geschichtskunde, Vorträge 36, Veröffentlichungen der Historischen Kommission für Westfalen, Neue Folge 1, Veröffentlichung des Arbeitskreises Niederrheinischer Kommunalarchivare), Düsseldorf, 2011.

Figur Christi einen betont prominenten Platz hat. Durch die klare Strukturierung wird im Übrigen auch der Blick des Betrachters *„gelenkt"*.

Dass Benno Werth die Bedeutung Jesu herausstreicht, ist theologisch und auch für die künstlerische Aussage recht interessant. Selbstverständlich kann man die Sieben Schmerzen Mariens zum Anlass nehmen, über das Schicksal dieser Frau und ihre Stellung im Heilsgeschehen nachzudenken. Man kann aber auch - und das ist m. E. der tiefere theologische Sinn - bei der Betrachtung der Sieben Schmerzen, die sich alle auf Ereignisse im Leben Jesu beziehen, über Christus und sein Wirken reflektieren. Werths Umsetzung des Themas wird auch dadurch gestützt, dass während der Heideprozession der Rosenkranz gebetet wird, der im Kern ja ebenfalls eine Meditation über das Wirken Christi ist, das in den einzelnen Gesätzen knapp und prägnant vor Augen geführt wird. Dass sich die Darstellungen Werths insgesamt deutlich von den nur 10 Jahre früher entstandenen Kirchenfenstern in Barmen zum selben Themenkreis deutlich unterscheiden, erscheint mir besonders reizvoll.

Die Rolle Mariens kann man im Kontext der Barmer Verehrung auch noch unter einem anderen Aspekt betrachten. Schon in der Einleitung des alten Bruderschaftsbuches schreibt Pfarrer Friedrich Ludwigs 1702: *„[...] ich habe [...] zur Förderung der Verehrung und zum Einprägen des Gedächtnisses des Leidens der seligen Jungfrau Maria in die Herzen der Menschen den vollkommenen Ablaß [...], der meinen Pfarrangehörigen gewährt worden ist für alle Eintretenden, die die hl. Kommunion empfangen und zur Intention der seligen Jungfrau Maria beten, für alle, die reuig aufgenommen und bei dem Gottesdienst [...] gestärkt worden sind, sowie diejenigen, die ebenso in der Todesstunde reuig und gestärkt sind, nachdem sie mit dem Munde oder im Herzen den Namen Jesu ausgesprochen haben, [...] verkündet."*[32]

Also: Selbstverständlich sollen die Schmerzen Mariens *„eingeprägt"* werden, wobei man im Zitat *„Verehrung"* nicht fehldeuten darf in dem Sinne, dass die Katholiken etwa Maria anbeten würden, man bittet sie um Fürsprache bei ihrem Sohn - dabei spielt durchaus die Vorstellung mit, dass er seiner Mutter nur schwerlich etwas abschlagen kann -, aber sie ist keinesfalls eine *„Göttin",* zu der man betet.[33] Wenn es dann um die eigentliche theologische Dimension, das Erlangen des vollkommenen Ablasses, geht, ist Maria sozusagen *„außen vor",* von Bedeutung sind nur Reue, Kommunionempfang und das Aussprechen des Namens Jesu, nicht etwa Mariens, - und das Beten im Sinne Marias - keinesfalls zu ihr. Diese Intention ist vielleicht noch deutlicher dem Breve Alexanders VII. zu entnehmen[34] - und von Benno Werth in beeindruckender Weise umgesetzt worden, wobei ich ihn gerne einmal gefragt hätte, ob dies das Ergebnis einer intellektuellen Auseinandersetzung mit dem Thema war oder aufgrund allgemeiner religiöser Kenntnisse oder Empfindungen zustande gekommen ist.

---

[32] Zitat aus dem als Anm. 23 angeführten Aufsatz, S. 67.

[33] Ob die Volksfrömmigkeit dieser Unterscheidung zwischen *„Anbetung"* und *„um Fürsprache bitten"* immer gefolgt ist, darf bezweifelt werden. Die Gebete bei der Heideprozession sind allerdings eindeutig *„nur"* Bitten um Fürsprache.

[34] P. Hermann JASPER, Stationen und Kirchenfenster der 7 Schmerzen Mariens in Barmen, in: Heimatkalender des Kreises Jülich, 16. Jahrgang, 1966, S. 71 ff.

Die Geschichte der Heideprozession ist aus primär regionalgeschichtlicher Perspektive gut erforscht, und dies ist eigentlich eine tragfähige Basis für eine Einordnung in übergreifende Kontexte, die noch fehlt. So wäre z. B. das Breve Alexanders VII. einmal genau daraufhin zu untersuchen, unter welchen „Bedingungen" Ablässe gewährt werden. Auch nach einem Zusammenhang der Förderung der Barmer Bruderschaft und ihrer Aktivitäten mit Bestrebungen, in der konfessionell „gemischten" Bevölkerung dieser Gegend katholische Gruppierungen zu stärken, könnte man fragen. Hier seien nur einige Aspekte aufgezeigt:[35] Die Verehrung der Mater Dolorosa, der Schmerzensmutter, ist ein typisch barockes Gnadenbildthema, wobei die Marienverehrung ein wichtiges Zeichen der Abgrenzung gegenüber den protestantischen Christen war, die Förderung solcher Bemühungen durch den Adel ist kennzeichnend für diese Zeit, und Wallfahrten im weitesten Sinne sowie das Rosenkranzgebet galten als ein Mittel zur Erneuerung der Frömmigkeit.

Dass die Jesuiten häufig Protagonisten bei der Propagierung katholischer Positionen waren, ist eine Binsenweisheit. Deshalb wäre einmal genauer zu erörtern, ob bei der Erteilung des Breves durch Alexander VII. - nur etwa 3 Monate nach seiner Wahl - eventuell der im Nachbarort Koslar geborene und in Rom residierende erste deutsche General des Jesuitenordens, Goswin de Nickel, eine Rolle gespielt hat. An dieser Stelle sollen nur ein paar Fakten genannt werden, die eine solche Überlegung rechtfertigen.[36] Bevor er Papst wurde, war Fabio Chigi, der spätere Alexander VII., päpstlicher Nuntius in Köln. Er hatte mehrmals Jülich besucht und kannte Nickel aus dieser Zeit in Köln. Er schätzte den Jesuitengeneral offenbar sehr; denn der hatte jederzeit die Möglichkeit, zu ihm zu kommen, und galt als Berater des Papstes. Nickel wiederum war Jülich sehr verbunden, er „versorgte" z. B. mehrere katholische Einrichtungen in der Stadt mit Reliquien.[37] Aber dies sind Gedanken, die Benno Werth nicht kennen konnte, sie werden hier erstmals veröffentlicht. Sein Schüler[38] Arnold Schlader hat übrigens für den Kreisverkehr zwischen Barmen und Koslar eine eindrucksvolle Keramiksäule zum Gedenken an Goswin Nickel geschaffen - und so schließt sich ein Kreis.

---

[35] Klaus GUTH, Geschichtlicher Abriß der marianischen Wallfahrtsbewegungen im deutschsprachigen Raum, in: Handbuch der Marienkunde, vgl. Anm. 26, S. 775 ff.

Auguste und Helmut Holtz berichten - vgl. Anm. 23, S. 274 -, dass die Bildstöcke nach mündlichen Berichten gestiftet worden seien, um bei Pestgefahr angerufen zu werden. Man sollte diese vagen Aussagen nicht verabsolutieren, als seien sie eindeutig belegt, sondern auch andere Möglichkeiten der „Gründung" in Betracht ziehen - so wie hier geschehen. Dabei sind die beiden Versionen nicht unbedingt widersprüchlich.

[36] Konrad GROß, Goswin Nickel SJ (1582 - 1664). Skizzen zu Leben und Werk. Zum 400jährigen Ordenseintritt und zum 340-jährigen Todestag, in: Analecta Coloniensia, Jahrbuch der Diözesan- und Dombibliothek Köln, Bd. 2004, Köln 2005, S. 278 ff.; Peter NIEVELER, Goswin Nickel aus Koslar 1582 - 1664, 10. Generaloberer der Gesellschaft Jesu (1652 - 1664). Zum 350. Todestag am 31. Juli 2014, hrsg. vom Geschichtsverein Koslar e. V. und dem Jülicher Geschichtsverein 1923 e. V., Jülich 2014; Frank POHLE, P. Goswin Nickel SJ zum 350. Geburtstag, in: Jülicher Geschichtsblätter 82/83/84, 2014/2015/2016, Aachen 2018, S. 381 ff. Die Werke und das Wirken von Nickel sollten einmal gründlich erforscht werden.

[37] Günter BERS, Der Kult der Katakomben-Heiligen Albina in der Stadt Jülich 1665 - 1944 (Kleine Schriftenreihe 24), Jülich 2013, insbesondere S. 8 ff.

[38] Bestätigung durch Frau Anja Schlader aus Jülich am 1.4.2015.

Für den 4. Juni 1983, einen Samstag, hatte die Post an und in ihr neues Gebäude in Aldenhoven zu einem Tag der offenen Tür eingeladen. Bei dieser Gelegenheit wurde mit einem Kran eine 5 Meter hohe Stele von Prof. Werth vor dem Postamt installiert.[39] Beide Jülicher Zeitungen berichteten am folgenden Montag, dem 6. Juni 1983, ausführlich und mit Bild von diesem Ereignis.[40] Der Artikel in den Jülicher Nachrichten mit dem Titel *„Überragende Bronzesäule am Aldenhovener Postamt"* ist allerdings in Bezug auf das Kunstwerk deutlich informativer als der in der Jülicher Volkszeitung unter der Überschrift *„Hohe Säule soll Anregung für positives Denken sein".* Die Stele wird in den *„Nachrichten"* beschrieben: *„Sie hat eine zylindrische Form und ist an der Außenseite durch 13 Ringe in zwölf Abschnitte unterteilt. Oben endet sie dann mit einer im Durchmesser deutlich kleineren ,Krone'."* Auf Fotos zähle ich allerdings 14 Ringe und 14 Segmente. Offenbar hatte Professor Werth die Gelegenheit auch genutzt, um die Bedeutung seiner Stele, die in dem von ihm erfundenen Substraktiv-Formverfahren entstanden war,[41] zu erläutern: *„Sie [...] soll in ihrer klaren geometrischen Form und der eindeutigen Ausrichtung nach oben ein positives Zeichen setzen, eine Verbindung nach draußen herstellen und ein Zeichen der positiven Kräfte im Innern des Menschen zeigen. Merkmale hierfür seien die Aufrecht-Plazierung des Werkes und das die Umgebung überragende Moment."*[42] Auch hier also erfolgt ein Hinweis auf die für Werth und seine Arbeiten typische positive und optimistische Grundauffassung vom Menschen und seinem Wirken.

Gerade unter diesem Aspekt steht die Säule, die trotz oder gerade wegen ihrer Größe zahlreiche filigrane Elemente aufweist, heute völlig deplaziert in einem *„Vorgarten",* der von einer Hecke begrenzt wird, die den Blick auf den unteren Teil des Kunstwerkes verdeckt. Neuerdings ist neben ihm auch noch eine Reklametafel platziert worden. In der bereits mehrfach erwähnten Dissertation wird über eine Befragung berichtet, die 1984, also ein Jahr nach der Errichtung der Säule, durchgeführt wurde und die u. a. zeigt: *„Der Bedeutungsgehalt der Stele war für fast alle Befragten nicht erkennbar."*[43] Andererseits wird aber auch darauf hingewiesen, *„dass die Stele von der Aldenhovener Bevölkerung als Teil ihres Lebensraumes wahrgenommen und als*

---

[39] In der bei Anm. 1 zitierten Dissertation werden auf S. 90 5,50 m genannt. Der Künstler selbst gibt in einer offensichtlich privat zusammengestellten und verteilten Broschüre *„Benno Werth. Arbeiten aus den Jahren 1964 bis 1998"* o. O. und o. J., (Aachen 1998), ohne Seitenzählung, 6 m an. Dies kann zutreffen, wenn man den Betonsockel, in den die Stele verschraubt ist, *„mitrechnet".*

[40] Die Datierungen in der in Anm. 1 zitierten Dissertation auf S. 95 und S. 247 - 5.6.1983 - sind also zu korrigieren.

[41] Bei diesem Verfahren erübrigt sich die Anfertigung eines Modells, und es bietet *„[...] neue, bisher nicht dagewesene Möglichkeiten der künstlerischen Gestaltung. Es wurden Formungen und Hinterschneidungen in nahezu beliebiger Komplexität ermöglicht, die mit anderen Gussverfahren nicht erreichbar waren. Dabei können Teile einer Großskulptur nach einem Gesamtplan zu einer Gussform zusammengefügt werden, spätere Verschweißungen sind überflüssig."* So in der Dissertation von DAHMEN-BEUMERS (Anm. 39), auf S. 118.

[42] Jülicher Nachrichten vom 6.6.1985.

[43] Vgl. Anm. 39, S. 95.

Ortorientierung akzeptiert wurde."[44] Man muss nicht über hellseherische Fähigkeiten verfügen, um zu prognostizieren, dass sich diese Einstellungen unter den gegebenen Umständen nicht verbessern bzw. sogar verschlechtern werden.

Das Postamt in Aldenhoven gibt es nicht mehr, und bei den Nachfolgeinstitutionen der Post sind offenbar auch keine Archivalien über das Amt und die Arbeit von Professor Werth mehr vorhanden.[45] Das wiederum wirft auch an dieser Stelle die Frage auf, wie öffentliche Einrichtungen mit ihren Kunstwerken umgehen sollen, welche Verantwortung sie auch nach der Auflösung von Betriebsstätten für die darin oder daran befindlichen Kunstgegenständen haben.

Alle hier vorgestellten Arbeiten von Benno Werth sind übrigens auf Empfehlung bzw. in Kooperation mit seinem Bruder Heinz-Josef, der in Jülich-Barmen als Architekt ansässig war, entstanden.

Da Professor Werth nie ein Verzeichnis seiner Werke geführt hat, ist es nicht ausgeschlossen, dass noch weitere Schöpfungen aus seiner Hand auftauchen können. So habe ich z. B. die Stirnwand des Tabernakels in Titz erst nach einer langen Recherche entdeckt, auf die Heiligenfigur in Tetz bin ich eher zufällig bei der Lektüre zu einem anderen Thema gestoßen, die Arbeiten in Barmen und Aldenhoven waren allerdings bekannt.

---

[44] Ebd., S. 97.

[45] E-mail des Museums für Kommunikation in Frankfurt vom 5.3.2019 und E-mail der Deutschen Telekom AG, Group Headquarters, Corporate Art vom 6.3.2019.

Mitarbeiter dieser Festschrift

Heinz Andermahr, Agnes-Miegel-Str. 3, 50126 Bergheim

Dr. Hans Otto Brans, Otto-Lilienthal-Str. 2, 52222 Stolberg

Guido von Büren, Kuhlstr. 20, 52428 Jülich

Uwe Cormann, Berliner Str. 38, 52428 Jülich

Dr. Karl-Dieter Dahmen, Steinweg 12, 52428 Jülich

Dr. Horst Dinstühler, Lindenstr. 13, 52428 Jülich

Prof. Dr. Jürgen Elvert, Hist. Institut der Universität Köln, Gronewaldstr. 2, 59931 Köln

Dr. Harald Goder, Geschwister-Scholl-Str. 8, 52428 Jülich

Dr. Sabine Graumann, Kiefernstr. 27, 47877 Willich

Wolfgang Gunia, Wendelinusstr. 10, 52428 Jülich

Prof. Dr. Thomas Hartmann-Wendels, Universität Köln, Albertus-Magnus-Platz, 50923 Köln

Dr. Paul Hoffmann, Kaarster Str. 19, 40670 Meerbusch-Osterath

Dr. Lutz Jansen, Luchbergstr. 43, 01237 Dresden

Drs. Augustinus M.P.P. Janssen, Simpsonstraat 2, 6135 CT Sittard - NL

Prof. Dr. Michael Klöcker, Werderstr. 37, 50672 Köln

Dr. Chantal Kröber, Käthe-Kollwitz-Schule, Petersenstr. 7, 51109 Köln

Dr. Wolfgang Löhr, Wolfsittard 33b, 41199 Mönchengadbach

Georg Mölich M.A., LVR-Institut für Landeskunde und Regionalgeschichte, Endenicherstr. 133, 53115 Bonn

Dr. Peter Nieveler, Elsenkamp 23, 52428 Jülich

Dr. Klaus Pabst, Platanenallee 7, 50169 Kerpen

Marcell Perse M.A., Stadtmuseum Jülich, Schloßstraße, 52428 Jülich

Dr. Wolfgang Schaffer, LVR-Archivberatungs- und Fortbildungszentrum, Ehrenfriedstr. 19, 50259 Pulheim

Prof. Dr. Wolfgang Schmitz, Universitäts- und Stadtbibliothek Köln, Universitätsstr. 33, 50931 Köln

Dr. Horst Wallraff, Stadt- und Kreisarchiv Düren, Stefan-Schwer-Str. 6, 52349 Düren

Dr. Claudia Wendels, Universität Köln, Albertus-Magnus-Platz, 50923 Köln

Prof. Dr. Dieter P.J. Wynands, Sillebend 18, 52224 Stolberg

Rudolf Wyrsch, Stürtzstr. 15, 52349 Düren